전정판

상법학쟁점

정경영

Issues in Commercial Law

박영사

전정판 서문

상법학쟁점이 출간된 6년 만에 전정판을 출간한다. 상법학쟁점 초판은 활자를 작게 하고 지면을 확대하여 책의 페이지를 줄이려 노력하였다. 이렇게 압축 편집된 초판은 변호사시험 준비하는 많은 학생들로부터 호응을 받은 바 있지만, 상법을 처음 접하는 학생들에게는 다소 부담스러운 체제였다고 본다. 그래서 상법학쟁점 전정판은 활자를 키우고 지면을 보다 여유 있게 편집하였고 키워드를 중심으로 체제를 재편하여 책의 가독성을 높였다. 초판이 수험서로서의 성격이 강했다면, 전정판은 상법학 전체를 이해하기 위한 교재의 성격을 더 부각시켰다.

상법학쟁점 전정판은 체제 개선 외에도, 기존의 쟁점사항을 정리하여 회사법 쟁점을 100여 개로 줄이면서 중요 쟁점을 부각시키고 내용을 보완하였다. 특히 회사법 쟁점사항들은 곧 출간될 '회사법학'의 쟁점과 연결시켜 본서로 파악한 회사법 쟁점에 관한 더 풍부한 논의를 '회사법학'에서 쉽게 참조할 수 있게 하였다. 전정판에는 최근 회사법 개정사항에 관한 논의를 담았고 전정판 재교가 완료되는 시점까지 최신 대법원 판결을 포함시키려 노력하였다. 보완된 주요 내용을 보면, 회사의 실체에 관한 논쟁과 회사 기부금에 대한 이사의 책임, 형식주주와 실질주주 문제, 이사·감사의 임용행위, 전단적 대표행위의 효과, 감사제도와 감사위원회 위원 선임, 상장회사 특례규정의 적용범위, 주식회사 분할·합병, 상사시효와 보험금청구권 등에 관한 최근 상법 개정, 대법원 판결, 학술적 논의 등이 추가되었고 이에 따라 전정판의 분량이 많이 늘어났다.

상법은 기업의 생활관계에 관한 법률이고 상법학은 그 법적 쟁점에 관한 해석과 입법을 연구하는 학문이다. 시장경제의 중심인 기업 특히 회사의 경영은 상법과 밀접하게 관련되므로 상법학의 발전에 국가경제가 의존하는 바가 크다. 따라서 상법학의 정확한 이해는 기업의 이윤추구와 사회적 책임수행을 원활하게 하는 데 필수적이라 할 수 있다. 상법학쟁점 전정판이 상법 쟁점에 관한 논리적인 해석론을 통해 상법학에 대한 이해를 돕고, 상법을 학습·연구하거나 실무에서 상법 관련 문제를 해결하려는 분들에게 친절한 길잡이가 되길 기대한다.

2021년 8월 26일
창덕궁을 바라보는 연구실에서
저자 씀

서 문

『상법학강의』를 출간한 지 거의 10년이 되어간다. 강산도 변한다는 기간 동안 회사법을 비롯하여 상법 전 분야가 개정되었고, 많은 대학에서 법학전문대학원이 도입되는 변화가 있었다. 저자는 법학전문대학원에서 『상법학강의』를 교재로 사용하면서, 변화된 환경에 맞게 교재가 개선될 필요가 있다고 생각했다. 학생들도 회사법을 자세히 공부하면서도 양적 부담을 줄이고 싶어 했고, 기타 분야도 중요 내용을 중심으로 효과적으로 전체를 개괄하면서 판례의 비중이 증가한 변호사시험의 경향이 반영된 강의 교재를 필요로 했다. 저자는 강의에 적정한 분량이면서 학생들의 변화된 수요를 충족하는 상법학 교재의 출간을 계획하였고, 연구년 기간 동안의 집필 끝에 『상법학쟁점』이 세상의 빛을 보게 되었다.

저자는 『상법학쟁점』에 Espresso의 향기를 담고자 노력하였다. 보다 압축된 표현에 의한 서술을 통해 독자들이 상법의 깊은 맛을 느끼면서도 상법 전체의 향기를 체계적으로 경험하도록, 즉 나무도 보고 숲도 볼 수 있도록 배려하였다. 회사법의 증가된 비중을 반영하여 회사법부터 서술하는 체제를 선택하였고, 기타 상법 분야에 관해서도 법리 논쟁의 소개보다 판례소개에 충실하였다. 그밖에 상법학의 쟁점을 명확히 소개하면서 학설의 출처는 생략하였고, 판례번호와 조문을 간단히 인용하였으며 편집을 통해 보다 풍부한 내용을 500면이 넘지 않는 제한된 지면에 담도록 하였다. 그러면서 학술적인 논의와 그 출처, 외국의 입법례 등은 향후 출간 예정인 『상법학강의 전정판』에서 쉽게 참조할 수 있도록 쟁점번호를 붙여 정리하였다.

『상법학쟁점』은 법학전문대학원의 강의용 교재로 집필되었지만, 본서의 체계적 서술은 학교시험이나 변호사시험, 사법시험 등 국가고시를 준비하는 데도 활용될 수 있으리라 본다. 뿐만 아니라 실무에서 상법을 참조하고, 문제된 쟁점을 명확히 이해하고자 할 경우에도 본서는 활용되리라 예상한다. 저자의 많은 욕심을 한 권의 책에 담았지만 아직 미흡한 점이 다소 있으리라 생각되며 이는 독자의 질정을 받아 개선되리라 본다. 본서의 내용에 표현상 또는 논리상 오류가 있을 경우 저자의 메일주소(gyjung@skku.edu)로 알려주시면 이를 검토하여 향후 집필에 참고하도록 하겠다.

저자의 원고가 출간될 수 있는 기회를 마련해 주신 박영사 안종만 회장님과 애정 어린 편집을 통해 본서의 완성도를 높인 이승현 대리님, 출판일정 등 본서의 출판을 챙긴 강상희 차장님과 마지막 교정을 함께 도와 준 아내에게 감사드린다. 끝으로 『상법학쟁점』이 독자들로 하여금 상법학을 보다 쉽게 이해하여 법조인으로 성장하는 데 일조하고, 실무에서도 상법 관련 사안을 해결하는 길잡이가 되길 기대한다.

2016년 7월 30일
커피의 도시 시애틀에서
저자 씀

차 례

제1편 회 사 법

제1장 회사의 의의

제2장 주식회사

제 3 장 합명회사, 합자회사, 유한책임회사, 유한회사

제 4 장 벌 칙

제 2 편 상법총칙·상행위법

제 1 장 상법의 의의

제 2 장 기업의 인적 구성요소

제 3 장 기업의 물적 구성요소

제 4 장 상행위법 통칙

제 5 장 상행위법 각칙

제 3 편 보험편

제 1 장 보험계약

제2장 손해보험

제 3 장 인보험

제 4 편 어음·수표법

제 1 장 유가증권제도

제 2 장 어음·수표의 의의

제 3 장 어음행위와 수표행위

제 4 장 각종 어음·수표행위

제 5 장 어음상의 권리

제 6 장 특수한 제도

제 7 장 약속어음과 수표

법령약어표

(약어)	(법령명)
〔상〕	상법
〔민〕	민법
〔어〕	어음법
〔수〕	수표법
〔거절〕	거절증서령
〔공사〕	공사채등록법
〔국제〕	국제사법
〔기준〕	기업회계기준
〔담보〕	담보부사채신탁법
〔도선〕	도선법
〔독규〕	독점규제 및 공정거래에 관한 법률
〔물류〕	물류정책기본법
〔민소〕	민사소송법
〔민집〕	민사집행법
〔법인〕	법인세법
〔보험〕	보험업법
〔비송〕	비송사건절차법
〔상규〕	상법 시행규칙
〔상등〕	상업등기법
〔상령〕	상법 시행령
〔선등〕	선박등기법
〔선물〕	선물거래법
〔선박〕	선박법
〔선원〕	선원법
〔신탁〕	신탁법
〔약관〕	약관의 규제에 관한 법률
〔외감〕	주식회사 등의 외부감사에 관한 법률
〔외감령〕	주식회사 등의 외부감사에 관한 법률 시행령

〔외투〕 ………………………………………… 외국인투자촉진법
〔우편〕 ………………………………………… 우편법
〔자배〕 ………………………………………… 자동차손해배상보장법
〔자본〕 ………………………………………… 자본시장과 금융투자업에 관한 법률
〔자본령〕 ……………………………………… 자본시장과 금융투자업에 관한 법률 시행령
〔자산〕 ………………………………………… 자산재평가법
〔전등〕 ………………………………………… 주식·사채 등의 전자등록에 관한 법률
〔전어〕 ………………………………………… 전자어음의 발행 및 유통에 관한 법률
〔증권〕 ………………………………………… 증권거래법
〔증권령〕 ……………………………………… 증권거래법 시행령
〔채무〕 ………………………………………… 채무자 회생 및 파산에 관한 법률

제 1 편 회 사 법

사인의 생활관계를 규율하는 민법과 달리 상법(실질적 의의의 상법)은 **상인(기업)의 생활관계**를 규율한다. 비영리성, 일회성의 특성을 가지는 사인의 생활관계와 비교할 때 기업적 생활관계는 영리성, 계속성, 반복성을 가진다는 점이 특징이다. 기업적 생활관계를 규율하는 상법전(형식적 의의의 상법)은 6편(상인·상행위, 각종 상행위, 회사, 보험, 해상운송, 항공운송)으로 구성되어 있고 강학상 상법과 유사한 해석원리가 적용되는 어음법·수표법(민법의 특별법)도 상법에 포함시킨다. **상법 제3편(회사법)**은 상인의 대표적인 유형인 회사의 조직과 운영을 규율하는 법으로서 현대 시장경제의 중심법제를 이루고 있어 그 비중을 고려하여 먼저 기술한다.

제 1 장 회사의 의의

Ⅰ. 회사란 무엇인가?

1. 회사의 의의

1) **회사의 개념** : 회사법에 따라 등기된 영리사단법인을 회사라 한다. 회사란 다수인이 사단형식으로 결합되므로 일반 개인상인과는 개념상 구별된다(**단체성**). 그리고 사단법인성에 따라 다수의 투자자는 회사 경영자에게 자신의 재산(투자금)을 실질적으로 위탁하고 경영에 대해 간섭할 권한이 제한된다(**자산수탁성**). 주식회사 등 물적회사의 출자자인 사원(주주)은 유한책임으로 보호되어 회사 채무자로부터 자신의 개인재산을 원칙적으로 보호할 수 있어 무한책임을 지는 개인상인과 다르다(**유한책임성**). 회사법은 단체성의 법리가 개인의 의사에 의해 왜곡되지 않고, 자본다수결에 따른 지배주주의 사익추구로부터 소외주주의 이익을 보호하여야 하며,

회사의 부실 경영으로 채권자, 소비자, 공동체에 회복할 수 없는 손해가 발생하지 않도록 할 책무를 부담한다. 요컨대 회사법은 회사의 순기능을 위해 부여된 **법인특권**(단체성, 자산수탁성, 유한책임성)이 훼손되지 않게 하여 주주는 물론 투자자와 채권자, 공동체를 보호할 책무를 가진다. 이를 위해 임의규정을 원칙으로 하는 일반 사법규정과 달리 회사법은 **강행규정**으로 구성되어 있으며 특히 주식회사의 지배구조 등은 자율적이지 않고 회사법이 이에 간섭하게 된다(**회사법의 간섭현상**).

2) **회사의 실체·실재성** : 회사는 실체성을 가지는가?(**쟁점1**) 회사가 회사법에 따라 법인성을 가짐에도 불구하고 '회사의 실체성'을 긍정할 것인지에 논란이 있다. 회사의 실체를 긍정하는 견해로는 의제설, 실재설, 공동생산설이 주장되고 있고(**실체설**), 회사의 실체를 부정하는 견해로는 회사를 법적 허구(fiction)로 이해하고 이를 단순 조합·집합으로 보거나(조합·집합설) 다수의 계약(노동·타인자본·자기자본계약)의 결합체(계약결합체설)로 보는 견해이다(**계약설**). 실체설은 전통적인 법인이론에 따라 회사의 실체를 파악하고 회사법을 법인의 법률관계에 적용되는 규범으로 이해한다. 이에 반해 계약설은 법경제적 분석을 통해 효율성을 중시하면서 회사를 단순히 투입요소간의 복잡한 일련의 계약적 관계를 나타내는 법적 허구로 이해하고, 회사법을 계약관계의 모델로 이해하면서 종국적으로 회사를 법적 구속으로부터 자유롭게 하고자 한다.

3) **회사행위** : 회사행위(corporate action)란 회사의 목적범위 내에서 대표자가 회사의 의사결정절차를 거쳐 회사의 명의로 하는 대표행위(대외적 행위)를 의미한다. 영업거래, 임용계약, 조직개편계약 등 회사행위는 법률행위로서 거래상대방은 물론 회사에 대한 효력이 발생한다. 법인의 관점에서 회사행위는 법인행위라 할 수 있으며, 대표자의 행위가 모두 회사행위로서 효력을 가지는 것은 아니며 일정한 요건을 충족하여야 회사행위가 된다. 대표자의 행위가 회사행위로서의 요건을 충족하지 못할 경우 대표자 개인의 행위가 되고 회사에 효력이 발생하지 않는다. 요건을 충족한 회사행위만이 회사에 대해 효력이 발생하고(회사채무의 발생) 회사는 그 행위에 대해 책임을 부담한다. 회사행위가 되기 위해서는 1) 회사의 정관에 규정된 목적 범위 내에서, 2) 회사의 적법한 의사결정절차를 거쳐, 3) 회사의 대표자(대표이사)가, 4) 회사의 명의로, 5) 회사의 이익(영리성)을 위하여, 6) 법률행위가 이루어져야 한다.

2. 회사법의 의의

1) **개 념** : 상법(기업법)의 일부인 회사법은 **회사기업의 조직과 운영에 관한 사법**(*私法*)이고(실질적 의의의 회사법), 그 중요한 내용은 **상법 제3편**에 회사법으로 규정되어 있다(형식적 의의의 회사법). 회사법은 공동기업의 하나인 **회사기업**을 그 적용대상으로 하며, 회사기업이 아닌 공동기업(일반조합: 민703, 익명조합: 상78, 합자조합: 상86조의2 등)은 적용대상이 아니다. 회사법은 **회사의 조직과 운영**(정관, 자본구조, 지배구조 등)에 관한 규범을 내용으로 하고, 기타 회사의 개별적 영업활동(예, 은행업 등)은 상법의 규율대상이지 회사법이 규율하지 않는다. 회사법은 대외적으로 회사, 대내적으로 사원(주주)이라는 평등한 경제주체를 규율하는 **사법**적 성질을 가지므로, 불평등한 관계(공권력)를 전제하고 규제적 성질을 가지는 공법(공정거래법, 세법 등)과는 성질을 달리한다. 다만 회사범죄에 관한 처벌규정 등 공법적 규정을 사법인 회사법을 보완하기 위한 범위 내에서 회사법(형식적 의의의 회사법) 내에 두고 있다. 요컨대 회사에 관한 규범은 형식적 의의의 회사법(상법 제3편)에서 뿐만 아니라 실질적 의의의 회사법(외감법, 자본시장법 등)에도 존재하므로, 회사규범은 형식적 회사법을 중심으로 실질적 회사법으로 외연이 확장되어 있다고 볼 수 있다.

2) **강행법적 성질** : 회사법은 강행법규인가?(**쟁점2**) 회사법은 사법(*私法*)질서의 일부여서 계약자유의 원칙이 지배하는 영역에 속하지만 회사법은 강행법규성을 가진다는 견해(통설)와 이에 의문을 제기하는 견해가 대립되고 있다. 강행법규설은 회사의 단체성에 근거하고 있는데, 단체성과 강행법규간에는 논리필연성이 없다고 보면서 강행법규성은 회사법이 규제법적 성격을 가진다는 점에서 부분적 강행법규성을 주장하는 견해와 영미 계약설적 관점에서 임의규정성을 주장하는 견해가 있다. 미국법에서도 회사의 본질을 계약의 결합체(nexus of contracts)로 보고 사적 질서(private ordering)를 존중하는 견해가 유력하며, 일본에서도 **정관자치**의 개념과 **강행법규성**의 한계에 관해 논의가 진행되고 있다. 회사법의 강행법규성에 관한 논의도 회사의 본질에 관한 회사실재설과 계약설의 주장과 밀접하게 관련되어 회사법의 입법과 해석에 영향을 주고 있다. 회사법 규정을 살펴보면, 회사설립에 관한 의사표시에 하자가 있더라도 민법과 달리 일정한 시점 이후에는

하자의 주장이 제한되도록(상320) 강행규정성을 선언하고 있는 경우도 있고, 합명회사의 내부관계에는 임의규정인 조합규정이 준용되고(상195) 주식회사 이사의 보수는 주주총회의 결의로 정하지만 정관으로 정할 수도 있다(상388).

3) **판례** : 주식회사법의 강행법규성을 인정하는 판례는 다수 있다. 1주 1의결권의 원칙에 관한 규정(상369.1)은 강행규정이므로 법률에서 위 원칙에 대한 예외를 인정하는 경우를 제외하고 정관의 규정이나 주주총회의 결의 등으로 위 원칙에 반하여 의결권을 제한하더라도 효력이 없다고 보았다(2009다51820). 주식회사가 소비대차를 하면서 함께 체결한 주식전환계약에서 전환권 부여조항은 상법이 정한 방법과 절차에 의하지 아니한 신주발행 내지는 주식으로의 전환을 예정하는 것이어서 효력이 없다고 보았다(2005다73020). 그리고 정관이나 주주총회의 특별결의를 통해서도 주식매수선택권의 요건(상340의4.1)을 완화하는 것은 허용되지 않아 본인의 귀책사유가 아닌 사유로 퇴임 또는 퇴직하게 되더라도 퇴임 또는 퇴직일까지 '2년 이상 재임 또는 재직' 요건(상340의4.1)을 충족하지 못한다면 위 조항에 따른 주식매수선택권을 행사할 수 없다고 보았다(2010다85027).

4) **소결** : 인적회사의 내부관계에 관해서는 회사법이 민법 조합규정을 준용함으로써 임의규정성을 선언하고 있어, 회사법의 강행법규성은 인적회사의 외부관계, 물적회사 그리고 특히 주식회사법과 관련된다. 주식회사법의 강행법규정의 근거로서 회사의 '단체성'을 살펴보면, 주주총회의 의결정족수(예. 다수결원칙) 등 단체의 의사결정원리의 획일적 적용의 필요성을 고려할 때 강행법규성의 근거가 될 수 있다고 본다. 하지만 회사의 단체성은 모든 주식회사법규의 강행법규성을 설명하기는 부족하다고 보고, 오히려 회사에 부여된 특권이 회사법의 강행법규성의 근거라 보아야 한다. 개인기업, 공동기업과 달리 회사기업은 명의·책임의 분리, 자산수탁, 유한책임이라는 법인특권을 향유하므로 개인기업·인적회사와 관계에서 규제차익이 발생한다. 따라서 회사 형태의 자유로운 선택이 이뤄지기 위해서는 법인특권을 가지는 회사에는 회사법의 간섭(강행법규)이 가해지는 것이 논리적이다. 실질적 관점에서 보더라도 회사법이 임의법규일 경우 '책임분리'(유한책임)는 '책임 없는 자율'이 될 가능성이 있어 회사채권자, 공동체이익을 침해할 수 있고, 자신의 자산을 회사에 투자한 소수주주를 지배주주나 경영자의 사익추구로부터 보호하도록 회사법의 간섭이 요구된다. 시장의 불완전성, 계약당사자의

정보의 불균형, 외부효과의 발생 등을 고려할 때 회사법은 임의규정일 수 없으며, 회사 특히 주식회사의 책임분리 현상으로부터 수탁자산을 투자한 소외주주, 채권자, 이해관계자들의 보호를 위해 강행법규성을 가질 수밖에 없다. 이렇게 볼 때 주식회사법은 법 자체에서 규정의 적용을 정관 등에 유보한 경우(상388, 389, 416 등)를 제외하고는 원칙적으로 강행법규성을 가진다고 본다.

Ⅱ. 회사의 개념

회사는 **영리사단법인**이다. 회사는 상인인 공동기업의 한 형태이지만 사단법인이라는 점에서 익명조합이나 합자조합과 구별된다. 회사의 법적 성질은 1) 영리성, 2) 사단성, 3) 법인성으로 요약될 수 있다. 그러나 이는 회사의 원칙적 성질이고 비영리법인, 1인회사, 법인격부인론 등의 등장으로 개념의 엄격성이 완화되고 있는 실정이다. 회사는 다양한 유형이 있을 수 있지만 상법은 합명회사, 합자회사, 유한책임회사, 주식회사, 유한회사 등 5가지 유형의 회사만을 인정하고 있다.

1. 영리성

1) **개　념** : 회사의 **영리성의 개념**에 관해, **영리사업설**은 영리사업을 경영하여 회사에 이익이 귀속되면 영리성이 달성된다고 보고, **이익분배설**(**통설**)은 회사가 영리사업을 경영하여 회사에 귀속된 이익이 다시 사원에게 분배되어야 한다고 본다. 생각건대 영리사업을 하면서도 이익분배를 하지 않는 기업(공법인, 협동조합, 상호회사)과 회사의 구별을 위해서도 영리사업성뿐만 아니라 이익의 분배가능성까지 고려하는 이익분배설이 타당하다고 본다. 이익분배는 정상적 영업시 이익배당뿐만 아니라 청산시 잔여재산분배의 방식으로도 가능하다.

2) **영리성과 사회적 책임** : 회사의 목적인 영리성과 회사의 사회적 책임은 충돌하는가? 회사법상 회사는 '영리를 목적'으로 설립된 법인이다(상169), 회사의 영리성은 사원(주주)의 이익이 아니라 '회사의 이익'을 대상과 본질로 하고, 사원(주주)는 이익분배를 받을 권리를 가질 뿐이다. 그렇다면 회사의 경영자는 회사를 경영함에 있어 사원(주주)뿐만 아니라 회사와 관련된 이해관계자(피용자, 외부 공급자, 소비자, 공동체 등)의 이익을 고려할 수 있는가?(**사회적 책임**) 우리법

상 회사의 사회적 책임론을 기업의 자율적인 행동원리로 보는 데는 대체로 이견이 없다. 하지만 사회적 책임을 법적 책임으로 도입할 것인지(쟁점3)에 관해서는 학설이 대립되고 있다. **부정설**은 사회적 책임론을 법적 책임으로 수용할 경우 회사법구조를 공익적 성격으로 변색시킬 우려가 있다는 점, 의무내용이 모호하고 의무의 대상도 부존재한다는 점, 사회적 책임은 비법률적 개념일 수밖에 없다는 점 등에서 부정한다. **긍정설**은 주주지상주의의 허구성을 지적하면서 이해관계자주의의 관점에서 사회적 책임론의 법적 수용을 긍정한다. 그리고 이사의 광범위한 재량을 허용하는 경영판단원칙 등을 논거로 회사이익은 주주이익만을 의미하는 것이 아니라 채권자와 근로자, 지역사회의 주민 등 관련된 모든 이해관계자들의 이익을 포함한 총합으로 이해한다.

3) **이사의 책임** : 이사가 회사의 사회적 책임 수행을 위한 회사행위(예, 기부행위)는 유효하다고 해석하더라도 그러한 행위를 한 이사는 주의의무 위반으로 책임을 부담하는가?(쟁점4) 이에 관해 회사의 사회적 책임론에 근거하여 긍정하는 견해와 회사의 '장기적 영리론'에 근거하여 이를 제한적으로 긍정하는 견해가 대립하고 있다. 판례는 주식회사의 이사회에서 기부금의 성격, 기부행위가 그 회사의 설립 목적과 공익에 미치는 영향, 그 회사 재정상황에 비추어 본 기부금 액수의 상당성, 그 회사와 기부상대방의 관계 등에 관해 합리적인 정보를 바탕으로 충분한 검토를 거치지 않았다면, 이사들이 그 결의에 찬성한 행위는 이사의 선량한 관리자로서의 주의의무에 위배되는 행위에 해당한다고 본다(2016다260455). 동 판례는 기부행위가 충분한 정보검토를 거쳐 이뤄진 경우 이사의 선관주의의무에 위반되지 않을 수도 있음을 전제하고 있어 '공익'을 위한 회사행위에 대해 이사의 면책을 인정하고 있다. 요컨대 회사는 사회의 구성원으로서 사회성을 지닐 뿐만 아니라, 주주만의 이익추구를 넘어 이해관계자(근로자, 소비자, 환경 등)에 대한 배려가 회사의 이익·투자유치에도 밀접하게 관련되고 있어 회사의 사회적 책임을 인정할 필요가 있다.

2. 사단성

(1) 의 의

회사의 실체는 출자자(사원)들의 결합이어서 원칙적으로 사단성을 가진다.

인적결합에는 조합과 사단이 있는데, 조합과 사단의 구별은 명확하지 않고 상대적이며 대체로 구성원의 개성과 단체성의 강약으로 구분된다. 계약법리에 기한 **조합**에서는 단체성보다 구성원의 개성이 중시된다(사원이 누구인가가 중요함). 단체법의 법리에 따르는 **사단**에서는 구성원의 개성이 뒤로 물러나고 구성원으로부터 독립된 단체성이 전면에 나선다. 합명회사와 합자회사는 조합에 관한 민법규정을 준용하므로(상195, 269) 조합성이 강하고(인적회사), 주식회사와 유한회사, 유한책임회사는 사단성이 강하다(물적회사). 이러한 합명·합자회사인 인적회사의 실체는 조합인가 사단인가(**쟁점5**)에 관해 학설이 대립되고 있다. **조합설**은 합명회사, 합자회사, 유한책임회사의 사원 상호간의 관계는 조합법리에 따르므로 실질을 조합으로 이해한다. 이에 반해 **사단설**은 합명회사 사원 상호간의 관계도 출자관계로서 제한적이지만 사단이며 보충적으로 조합규정이 준용될 뿐이라 본다. 생각건대 **인적회사**는 조합성이 강하여 1인회사(사원이 1인인 회사)가 해산사유이고 회사의 사단성에 관한 근거규정(상169)이 삭제되었지만 조합과 달리 의사결정과 회사행위의 효과 귀속에서 사단성이 나타나므로 인적회사가 사단의 실체를 가진다는 점을 부인할 수 없어 원칙적 사단성을 가진다고 본다. 이하에서는 회사의 사단성의 예외적 현상으로서 1인회사에 관해 살펴본다.

(2) 1인회사

1) **개 념** : 1인의 사원이 회사의 지분을 모두 소유한 회사를 의미한다. 1인회사는 공동기업의 성격을 상실하게 되어 회사의 사단성과 모순되므로 인적회사인 합명회사와 합자회사의 경우 사원이 1인인 경우를 **해산사유**로 규정하고 있다(상227 3호, 269). 그러나 물적회사인 주식회사, 유한회사, 유한책임회사는 사원이 1인인 경우(1인회사)를 해산사유에 포함하고 있지 않다(상517, 609.1, 287의38).

2) **허용 여부** : 물적회사인 **1인회사의 허용성**에 관해, 부정설은 1인회사는 **사단성을 흠결**하였다는 점과 실질적으로 **유한책임의 개인기업을 인정**한 결과가 된다고 보아 이를 부정하는 입장이고, 긍정설은 물적회사는 사원보다는 회사의 재산이 더 중요한 의미를 지닌다는 점(**물적회사성**), 1인회사도 언제든지 쉽게 2인 이상의 사원으로 변모할 수 있다는 점(지분의 자유양도성, **잠재적 사단성**), 1인회사를 부정할 경우 언제 1인회사가 되었는지 파악이 불가능하여 법률관계의 혼란이 초래된다는 점(**사원의 비공시성**) 등을 근거로 1인의 물적회사는 허용된다고 주장한다.

생각건대 현행 상법은 1인에 의한 주식회사 설립허용(상288), 사단성 규정의 삭제(상169), 1인회사로의 변경 허용(소수주주의 주식매도·매수 청구, 상360의24, 360의25) 등 언제든지 1인의 물적회사가 탄생할 수 있다는 점에서 현행 상법은 물적회사의 경우 1인회사를 허용하고 있다고 본다(긍정설). 오히려 1인회사의 허용성보다는 1인회사의 법률관계로 논의의 초점이 옮겨졌다.

3) **법률관계**

① 주주총회 결의 – 1인회사에서 주식회사 의사결정기관인 **주주총회의 결의의 1인주주의 의사에 의한 대체가능성**(**쟁점6**)에 관해, 회사법의 강행법규성을 근거로 **부정설**이 있을 수 있으나 주주총회의 소집절차, 의결절차(보통·특별·특수결의), 총회의사록 작성 등 주주총회에 관한 각종 규정은 주주의 권익을 보호하기 위한 규정이므로 1인회사의 유일한 주주가 찬성할 경우 절차의 위반을 이유로 결의가 무효라는 형식논리는 무리하다고 보는 **긍정설**이 통설이다. 1인회사의 경우 소집절차가 불필요하고 의결절차 역시 다수결의 의미가 없어 1인주주의 의사로 대체될 수 있다고 본다. **판례**는 1인회사가 된 경우에는 그 주주가 유일한 주주로서 주주총회에 출석하면 전원총회로서 성립하여 그 주주의 의사대로 결의가 될 것이므로 … 회사의 중요한 영업재산을 양도하는 경우에도 따로 주주총회의 특별결의를 거칠 필요는 없다(63다743). 주주총회 소집절차의 위법(소집무권한자, 소집결의 흠결)도 문제되지 않고(66다1187), 실제로 총회를 개최한 사실이 없이 … 주주총회 의사록이 작성되었다면 특별한 사정이 없는 한 그 내용의 결의가 있다고 보고(74다1755), 실질적 1인회사의 경우에도 동일하게 본다(91다19500). 더 나아가 그 주주총회의사록이 작성되지 아니한 경우라도 증거에 의하여 주주총회 결의가 있었던 것으로 볼 수 있다고 한 판결도 있다(2004다25123), 하지만 설사 1인이 총 주식의 대다수(98%)를 가지고 있지만 1인주주가 아닌 지배주주에 의하여 의결이 있었던 것으로 주주총회의사록이 작성된 경우 그 결의가 존재한다고 볼 수 없을 정도로 중대한 하자가 있는 때에 해당하여 그 주주총회의 결의는 부존재하다고 보았다(2005다73020). 생각건대 1인주주의 의사는 총주주의 의사와 동일하므로 주주총회 규정의 형식적 준수는 문제되지 않는다고 본다(긍정설). 동일한 취지에서 1인회사에 특별이해관계인의 의결권제한(상409), 주식양도시 주총승인(상335.1, 383.4), 주총의사록 작성(상373) 등의 규정도 적용되지 않는다고 본다.

② 이사회 결의(자기거래의 승인) – 이사가 2인 이하인 주식회사(자본금 총액이

10억 미만인 회사)는 주주총회가 이사회를 대신하므로(상383.4) 1인주주의 의사가 당연히 이사회의 결의를 대신하게 된다는 점에는 의문이 없다. 이와 달리 정상적인 이사회가 구성된 1인회사에서 이사회결의가 1인주주 의사에 의해 대체될 수 있는지, 특히 1인주주가 대표이사인 회사에서 대표이사의 **자기거래에서 이사회 승인의 필요성**(**쟁점7**)에 관해, 주주와 회사간의 이익충돌이 없다는 점에서 이를 부정하는 **승인불요설**과 기관분화의 취지를 고려하여 이사회승인을 긍정하는 **승인필요설**이 있다. **판례**는 1인회사에 관한 것은 아니지만, 이사의 자기거래 … 그 채무부담행위에 대하여 사전에 주주 전원의 동의가 있었다면 회사는 이사회의 승인이 없었음을 이유로 그 책임을 회피할 수 없다고 보았고(91다16310), 1인회사에서 1인주주의 의사는 바로 주주총회나 이사회의 의사와 같은 것으로 보았다(92도1564). 생각건대 이사회는 주주총회와 별개의 기관이고 기관분화의 강행규정적 성질과 주주의 이익과 회사의 이익이 구별되어야 하는 점을 고려할 때 승인필요설이 타당하다고 본다.

③ **형사책임** – 1인회사의 대표이사인 1인주주가 회사의 재산을 횡령하거나 회사에 손해를 입힌 경우 **횡령죄·배임죄의 성립여부**(**쟁점8**)에 관해 이견이 있지만 통설은 이를 긍정한다, **판례**는 주식회사에서 피고인이 사실상 1인주주라고 하여도 피고인이 업무상 보관하고 있는 회사재산을 임의 소비하였다면 **횡령죄**의 범의를 부인할 수 없다고 보았고(83도693), 1인회사에 있어서도 행위의 주체와 그 본인은 분명히 별개의 인격이며, 그 본인인 주식회사에 재산상 손해가 발생하였을 때 **배임죄**는 기수가 된다고 보았다(83도2330전합).

3. 법인성

(1) 의 의

회사는 법인이어야 한다(상169). 법인은 명의와 책임이 구성원(출자자, 사원)과 분리되는 속성을 가진다는 점에서 조합과는 구별된다. 즉 법인은 법인의 명의로 법률행위를 하고 권리의무의 주체가 되고 소송당사자가 되며(**명의의 분리**), 사원(법인)에 대한 채권으로 법인(사원 개인)의 재산에 강제집행을 할 수 없다(**책임의 분리**). 명의의 분리는 모든 회사 형태에서 인정되나, 책임의 분리는 물적회사에서는 엄격하게 인정되고 인적회사에서는 자본제도가 없어 회사채권자를 보호하기 위해 사원이 회사채무에 무한책임을 부담하므로 제한적으로(회사가 사원채무에 무책임) 나타난다. 그리고 책임의 분리현상이 엄격하게 나타나는 주식회사의 경우에도 회사가 법인격을 부여한 법의 목적에 반하여 법인격을 남용할 경우 '책임의 분리'를 부인하는 이론(법인격부인론)이 받아들여지고 있어 '책임의 분리'의 적용은 상대적 개념으로 나타난다.

(2) 법인격부인론

1) **개 념** : 회사의 행위가 법인격이 부여된 목적에 반하는 경우(법인격이 남용된 경우. 예컨대 채권자 사해, 법적 의무 회피, 법규 잠탈, 독점·범죄행위 목적 등) 회사의 법인격을 전면적으로 부정하지 않고, 특별한 법률관계에 한하여 법인격을 부인한 후 그 법인의 배후에 있는 실체를 기준으로 하여 법률문제를 해결하려는 이론이다. 인적회사나 유한책임회사, 유한회사의 경우 사해행위 등 법인격이 남용된 경우 설립취소제도(상184, 269, 287의6, 552)로 제한적으로 해결 가능하며, 인적회사의 법인격 남용시 무한책임사원이 책임을 부담하므로 문제가 적다. 그러나 **주식회사**에는 설립취소제도·무한책임사원이 없어 법인격을 부인하여 유한책임을 부정함으로써 그 폐해를 시정하는 제도로서 법인격부인론은 효용을 가진다.

2) **근 거** : 법인격부인론은 영미 판례법상의 법인격부인의 법리, 독일의 실체파악이론에 근거하여 우리 판례상 도입된 이론이다. **법인격부인론의 법적 근거**(**쟁점9**)에 관해, 신의성실의 원칙(민2.1)에서 찾는 견해, 권리남용금지 규정(민2.2)에서 찾는 견해, 법인격의 개념에 내재하는 한계(상171.1)에서 찾는 견해가 있다. **판례**는 배후자의 책임을 부정하는 것은 신의성실의 원칙에 위배되는 법인격의 남용으로서 심히 정의와 형평에 반하여 허용될 수 없는 경우로 보아(2007다90982). 대체로 신의칙·권리남용금지 규정을 근거로 보고 있다. 생각건대 명문의 규정이 없어 법인격의 한계를 실정법상 근거로 보기는 어렵고, 권리행사뿐만 아니라 의무 이행에도 적용되어야 하므로 신의성실의 원칙에서 찾는 견해가 타당하다고 본다.

3) **유형(판례)** : 법인격부인론이 적용되는 사례의 유형에 관해, 판례는 이를 3가지로 구분하고 있다. i) **법인격의 형해화**로서 회사가 외형상으로는 법인의 형식을 갖추고 있으나 법인의 형태를 빌리고 있는 것에 지나지 아니하고 실질적으로는 완전히 그 법인격의 배후에 있는 사람의 개인기업에 불과한 경우이다(2007다

90982). ii) **법인격의 남용**이란 법인격이 형해화에 이르지는 않았지만, 배후자에 대한 법률적용을 회피하기 위한 수단으로 함부로 이용되는 경우이다(2008다82490). iii) **채무면탈 법인설립**이란 신설 회사가 채무자인 회사(또는 개인)의 채무를 면탈할 목적으로 설립된 경우이며(93다44531), 이를 법인격 부인의 역적용이라고도 한다. 다만 채무면탈 회사설립의 경우 법인격부인론을 적용할 것인가에 관해 학설이 대립되고 있다. 판례는 채무면탈 법인설립을 인정할(2020다275942) 뿐만 아니라, 개인의 채권자가 개인이 설립한 회사에 대하여 법인격 부인론의 역적용을 인정하였고(2019다293449), 기존회사의 자산이 기업의 형태·내용이 실질적으로 동일한 다른 회사로 바로 이전되지 않고 다른 회사가 개재되어 간접적으로 이전된 경우에도 적용된다고 본다(2017다271643).

4) **유형별 요건(판례)** : ① **법인격의 형해화**에 해당하기 위해서는 문제의 법률행위·사실행위 시점을 기준으로 회사와 배후자(지배주주 등)간의 i) 재산·업무의 혼용정도, ii) 의사결정절차(주주총회나 이사회) 개최여부, iii) 기타 요소(자본부실, 영업규모, 직원수) 등을 고려하여 판단한다(2007다90982).

② **법인격의 남용**에 해당하기 위해서는 남용행위를 한 시점을 기준으로 i) 배후자가 지배적 지위에 있는지, ii) 지배적 지위를 이용하여 법인격 남용, iii) 제반사정(형해화의 정도, 거래상대방의 인식·신뢰 등)을 종합적으로 고려하여 개별적으로 판단하여야 한다(2008다82490).

③ **채무면탈 기업설립**에 해당하기 위해서는 i) 기존회사의 당시 경영·자산상황, ii) 신설회사의 설립시점, iii) 기존회사에서 신설회사로 유용된 자산의 유무·정도·정당한 대가의 지급여부 등을 종합적으로 고려하여 판단해야 한다(2006다24438).

④ **모자회사간의 법인격 남용**의 경우, 친자회사는 상호간에 상당 정도의 인적·자본적 결합관계가 존재하는 것이 당연하므로, 일반적 법인격 남용 요건만으로 부족하고 i) **객관적 징표** 모회사의 완전한 지배력(모자간의 재산·업무·기업거래활동 혼용), ii) **주관적 의도** 법인격 남용의 주관적 의도 또는 목적이 인정되어야 한다(2004다26119).

5) **효 과** : 법인격부인의 법리가 적용되면 회사의 법인격이 전면적으로 소멸되는 것이 아니라 특정한 법률관계에 국한하여 인격이 부인되어 실체법적 효과가

발생하지만, 소송법상 효과는 부인된다. i) **실체법적 효과** 회사채권자는 회사에 대한 책임을 그 배후에 있는 사원(지배주주 등)에 대하여 추궁할 수도 있고, 채무면탈을 위해 설립된 회사에 대해 책임을 추궁하거나 자회사의 채권자는 자회사뿐만 아니라 배후에 있는 모회사에 대해서도 책임을 추궁할 수 있게 된다. ii) **소송법적 효과** 실체법적 효과가 발생하더라도 회사에 대한 판결의 기판력이나 집행력이 사원에게 확장되어 효력이 미치는 것은 아니다. **판례**도 소송절차 및 강제집행절차에 있어서는 그 절차의 성격상 채무회사에 대한 판결의 기판력 및 집행력의 범위를 신설회사에까지 확장하는 것은 허용되지 않는다고 보았다(93다44531).

6) **적용범위** : 법인격부인론은 전면에 나선 법인격체가 부담하는 **계약책임**을 배후의 실체에게 묻기 위한 이론이다. 그밖에 회사가 제3자에게 부담하는 **불법행위책임**도 실질적 소유자에게 부담시킬 수 있는가 하는 점에 관해서도 긍정설이 통설이다. 예컨대 과소자본으로 위험산업을 시작하여 이익이 생기면 투자자(지배주주)의 몫이 되고 위험이 현실화되면 불법행위책임을 부담하지 않으려는 구조에서 법인격부인론을 적용할 실익이 있다.

4. 회사의 능력

1) **권리능력** : 회사는 법인격을 가지므로 사원과는 독립된 권리능력을 가진다. 권리능력을 가지는 시기(始期)는 법인격을 취득한 시점인 설립등기 시점이지만 '설립중의 회사'라는 개념을 통해 설립등기 전에도 **제한적인 권리능력**이 인정된다. 권리능력의 종기(終期)는 해산시점이 되나 청산절차를 거칠 경우 '청산법인'도 청산의 목적범위 내에서 제한적 권리능력을 가진다고 볼 수 있다. 회사는 자연인과 구별되므로 권리능력은 **권리의 성질에 따른 제한**(생명권, 인격권, 가족법상 권리 등), **법률에 의한 제한**(회사는 무한책임사원이 될 수 없음, 상173)을 받는다. 그밖에 회사는 정관에서 목적을 정하고(상289.1 1), 법인의 권리능력은 **정관상의 목적에 의한 제한**을 받는다. 따라서 법인은 법률의 규정에 좇아 정관으로 정한 목적의 범위 내에서 권리와 의무의 주체가 된다(민34).

2) 회사의 권리능력의 **정관상 목적에 의한 제한 여부**(쟁점10)에 관해, **제한설**은 정관상 목적을 신뢰한 투자자인 사원과 채권자를 보호하기 위해 민법 제34조의

규정이 회사에도 유추적용되어야 한다는 견해로서, 회사의 대표기관이 정관의 목적범위를 넘어서 법률행위를 할 경우 이는 권리능력의 범위를 벗어난 행위가 되어 무효로 이해한다. **제한부정설**은 회사와 거래관계에 있는 제3자를 보호하기 위해 회사의 정관소정의 목적은 대내적인 효력만 가지므로 목적범위 외의 행위도 유효라는 견해로서, 목적범위를 벗어난 대표기관의 행위는 대표기관의 해임·손해배상책임의 근거가 될 뿐이라고 본다. **판례**는 회사의 권리능력은 회사의 설립근거가 된 법률과 회사의 정관상의 목적에 의하여 제한되나(제한설) 그 목적범위 내의 행위라 함은 정관에 명시된 목적 자체에 국한되는 것이 아니라 그 목적을 수행하는 데 있어 직접, 간접으로 필요한 행위는 모두 포함되고(2009다63236), 목적수행에 필요한지의 여부는 행위의 객관적 성질에 따라 판단할 것으로 보았다(2005다480). 생각건대 회사와 거래하는 자에게 회사의 권리능력의 범위를 사전에 확인할 책임을 부담시키는 것은 상법의 이념인 거래의 안전에 맞지 않으므로 제한부정설이 타당하다고 본다. 판례도 제한설에서 출발하지만 제한을 유연하게 해석하고 있어 실질적으로 제한부정설과 유사하다고 보며, 외국의 경우 능력외 이론(Ultra Vires)을 포기하여 정관 목적에 의한 제한을 대체로 부정한다.

3) **의사능력, 행위능력, 불법행위능력** : 법인의 행위는 기관(자연인)을 통해 실현되므로 법인 자체의 **의사능력과 행위능력**은 특별히 문제될 여지가 없다. 즉 법인에는 기관의 무능력만 문제될 뿐 법인 자체에는 무능력제도가 적용되지 않아 회사의 권리능력과 의사능력·행위능력은 항상 일치한다. 법인은 기관을 통해 불법행위를 할 수 있는 것으로 보아 법인의 **불법행위능력**을 인정하고 있다(민35.1). 법인인 회사도 불법행위능력을 가지므로 상법은 회사를 대표하는 사원이 업무집행으로 인하여 타인에게 손해를 가한 때 회사는 그 사원과 연대하여 손해를 배상할 책임을 부담한다(상210, 269, 287의20, 389.3, 567)고 규정한다. 이는 기관이 업무집행으로 인하여 불법행위를 한 경우에 한정되며(2011다50165), 직원의 불법행위에 대한 사용자책임(민756, 대위책임)과 구별된다.

Ⅲ. 회사제도 개요

1. 회사의 분류

1) **상법상 회사의 종류**는 **합명회사**, **합자회사**, **유한책임회사**, **주식회사**, **유한회사** 등 5가지 종류이다. 상법상 회사분류의 기준은 회사의 채무에 대해 사원이 어떠한 책임을 부담하는가(책임의 분리성)를 기준으로 하고 있다. 무한책임사원들로만 구성된 합명회사, 무한책임사원과 유한책임사원을 모두 가지는 합자회사(인적회사)와 유한책임사원들로 구성되는 유한책임회사, 주식회사, 유한회사(물적회사)는 회사채무에 대한 사원의 책임에서 서로 구별된다. 물적회사간의 구별은 지배·자본구조의 차이에 따라 나누고 있다. 기타 상법에는 내국회사와 외국회사(상614 이하)의 구분이 있으며, 구별기준에 관해 통설인 **설립준거법설**은 설립준거법이 내국법(우리법)이면 **내국회사**이고 외국법이면 **외국회사**로 본다.

2) 회사는 대외적 신용의 기초가 사원에 있는 **인적회사**와 회사의 재산에 있는 **물적회사**로 구분된다. 인적회사에는 합명회사, 합자회사가 포함되며 사원(특히 무한책임사원)이 누구인가, 즉 사원의 개성이 중시되는 데 반해, 물적회사에는 유한책임회사, 주식회사, 유한회사가 포함되며 책임관계에서 유한책임을 부담하는 사원의 개성은 중요하지 않고 회사의 재산이 얼마인가가 중시된다. 그리고 회사의 사원자격과 업무집행기관의 관계를 기준으로, 사원이 업무집행기관이 되는 **개인주의적 회사**와 사원이 아닌 자도 업무집행기관이 될 수 있는 **단체주의적 회사**로 구분된다. 인적회사는 무한책임사원이 업무집행기관이 되므로 개인주의적 회사이고 물적회사는 업무집행기관의 자격이 사원에 한정되지 않으므로 단체주의적 회사가 된다.

2. 회사의 설립

1) **회사의 설립**이란 사단의 형성과 법인격의 취득을 위한 행위로서, 정관의 작성으로부터 설립등기에 이르는 일련의 행위를 의미한다. 설립행위는 회사의 근본규범인 정관작성에서 출발하여 사원확정, 출자이행, 기관선임, 설립등기 등으로

구성된다. 인적회사와 유한책임회사, 유한회사는 정관작성만으로 회사의 실체가 거의 형성되어(사원·기관 확정) 설립절차가 간단하나, 주식회사는 정관작성 이외에 주주확정, 출자이행, 기관선임절차가 별도로 요구되어 복잡하다.

2) 설립행위의 **법적 성질**에 관해 계약설·단독행위설·합동행위설이 있으나, 합동행위설이 통설적 견해이다. 그리고 회사설립절차에 대한 규제는 자유설립주의, 특허주의, 면허·인가(행정처분)주의, 준칙주의로 변천되었다. 준칙주의에도 회사설립요건과 등기를 법정하여 법인격취득을 규제하는 단순준칙주의와 이와 함께 관계자의 책임을 가중하는 엄격준칙주의가 있다. 우리 상법은 설립의 요건을 강화하고 설립에 관한 발기인의 책임을 가중하고 있어 **엄격준칙주의**를 취하고 있다고 본다.

3) 회사의 **설립절차**는 대체로 **정관작성** 후 실체형성절차가 진행되어 완료되면 등기절차를 거친다. 주식회사의 실체란 정관·사원·자본·기관 등으로 볼 수 있으므로 이들을 형성하는 절차가 **실체형성절차**가 되고, **설립등기**에 의해 회사 설립은 마무리 되어 법인격을 취득한다. **등기사항**은 상법에 회사별로 구체적인 조항을 두고 있으며(상180, 181, 271, 287의5, 317, 549) **등기기간**에 관해서는 주식회사와 유한회사에만 '절차가 종료한 날로부터 2주간 내', '이행이 있은 날로부터 2주간 내'로 규정을 두고 있다(상317.1, 549.1). 법정기간 내에 등기하지 않으면 과태료의 제재를 받게 된다(상635.1 1호). 설립등기에는 상업등기의 일반적 효력에 관한 규정(상37)은 적용되지 않고, 회사설립이라는 특별한 효력(**창설적 효력**)과 주권을 발행할 수 있게 되고 주식양도가 가능하게 되는 **해제적 효력**(상319, 355), 주식청약서의 요건흠결을 이유로 주식인수의 무효를 주장하거나 착오·사기·강박을 이유로 주식인수의 청약을 취소할 수 없게 되는 **보완적 효력**(상320) 등이 부여되어 있다.

4) **설립에 하자**가 있을 경우 설립절차에 다수인이 관여하고 다수의 법률행위로 진행된다는 단체법적 특성으로서, 주장할 수 있는 하자를 제한하고 반드시 소(訴)의 형식에 의한 하자주장을 요구하고 있다. **객관적 하자**(절차상의 요건흠결)에는 정관의 절대적 기재사항이 흠결되었다든지 설립등기가 무효하다든지 하는 사정이 포함되며 이에 관해 **설립무효의 소**를 제기할 수 있다. **주관적 하자**(설립관여

자의 법률행위상 흠결)에는 발기인 또는 제3자의 주식인수행위에 의사표시의 흠결이 있는 경우 등이 포함되며 이에 관해 **설립취소의 소**가 제기된다. 주식회사를 제외한 모든 회사에서 설립무효의 소는 물론 설립취소의 소를 제기할 수 있지만(상184, 185, 269, 287의6, 552), 주식회사에서는 회사설립등기 이후에는 주관적 하자 자체를 주장할 수 없도록 제한하고 있으며(상320), 객관적 하자를 원인으로 하는 설립무효의 소만 제기할 수 있다. 그리고 설립하자의 소가 제기되어 판결이 있게 되면 특수한 효력(대세효, 불소급효)을 부여하고 있는데, 이에 관해 주식회사법에서 이를 자세히 살펴본다.

3. 회사의 해산·청산·계속

1) **회사의 해산**이란 회사의 법인격을 소멸시키는 원인이 되는 법률사실을 의미한다. 해산 후 회사의 법적 성질에 관해 학설이 대립되지만, 회사는 해산된 후에도 청산의 목적범위 내에서 존속하는 것으로 보므로(상245) 동일회사설이 타당하다고 본다. 각종 회사의 **해산사유**는 각 종류의 회사에 관한 규정에서 정하고 있는데(상227, 269, 285, 287의38, 517, 609) 이를 보면, i) 존립기간 만료, 정관상 해산사유의 발생, 합병·파산, 해산명령·판결(상176, 241, 520), 사원·주주총회의 결의 등(공통사유), ii) 사원이 1인으로 된 때(인적회사), 무한책임사원·유한책임사원의 전원의 퇴사(합자회사, 상285), iii) 분할·분할합병(주식회사, 상517) 등이다. 회사의 해산사유가 발생하면 특별한 개시행위 없이도 원칙적으로 청산절차가 개시된다. 해산사유 중 합병과 파산을 제외한 해산사유가 발생한 경우에는 본점 소재지에서는 2주, 지점소재지에서는 3주 내에 해산등기를 하여야 한다(상228, 269, 287의39, 528.1, 602).

2) **해산명령제도**란 공익상 회사의 존속을 허용할 수 없다고 인정되는 일정한 경우에 법원이 이해관계인이나 검사의 청구 또는 직권으로 회사의 해산을 명하는 재판을 하는 제도이다(상176.1). 이는 회사설립에 관해 준칙주의의 폐단을 시정함으로써 공익을 보호하기 위한 제도로서, 사익인 사원의 이익을 보호하기 위해 판결을 통해 회사를 해산시키는 해산판결제도와 구별된다. **해산명령사유**를 보면, i) 회사의 설립목적이 불법인 경우, ii) 회사가 정당한 사유 없이 설립 후 1년 내에 영업을 개시하지 아니하거나 1년 이상 영업을 휴지하는 경우, iii) 이사 또는 회사

의 업무를 집행하는 사원이 법령 또는 정관에 위반하여 회사의 존속을 허용할 수 없는 행위를 한 경우 등이다. 해산명령제도는 신청에 의한 해산명령과 직권에 의한 해산명령 두 유형이 있으며 절차를 달리한다(상176.4). **해산명령재판이 확정**되면 회사는 해산하므로 해산명령의 확정도 해산사유의 하나이다.

3) **해산판결제도**란 회사운영의 난관을 타개할 수 없는 경우 등 사원의 이익을 보호하기 위해 사원의 청구에 의해 법원이 판결로써 회사를 해산시키는 제도이다(상241, 269, 287의42, 520, 613.1). 인적회사에서 해산판결사유가 존재하면 각 사원은 회사의 해산을 법원에 청구할 수 있다. 그러나 주식회사에서는 해산판결사유가 존재하면 발행주식의 총수의 10/100 이상에 해당하는 주식을 가진 주주는 회사의 해산을 법원에 청구할 수 있다(상520.1). 해산판결청구는 회사의 본점소재지의 지방법원의 관할에 전속한다(상241.2, 520.2, 186). 해산판결 확정의 효력은 회사가 해산하는 해산사유의 하나가 되고 기타 해산효과는 해산명령재판이 확정된 경우와 동일하다(상241.2, 520.2, 191). **해산판결사유**를 보면, 인적회사의 경우 부득이한 사유가 있을 경우를 해산판결사유로 정하고 있으며(상241, 269, 287의42) 물적회사의 경우에는 일정한 사정(회사업무정돈상태+회복불가손해 또는 재산관리실당+존립위태)이 존재하고 그러한 사정이 부득이한 경우를 해산판결사유로 규정하고 있다(상520, 613.1). 여기서 '회사의 업무가 현저한 정돈상태를 계속하여 회복할 수 없는 손해가 생긴 때 또는 생길 염려가 있는 때'(상520.1 1호)란 이사 간, 주주 간의 대립으로 회사의 목적 사업이 교착상태에 빠지는 등 회사의 업무가 정체되어 회사를 정상적으로 운영하는 것이 현저히 곤란한 상태가 계속됨으로 말미암아 회사에 회복할 수 없는 손해가 생기거나 생길 염려가 있는 경우를 말하고, '부득이한 사유가 있는 때'란 회사를 해산하는 것 외에는 달리 주주의 이익을 보호할 방법이 없는 경우를 말한다(2013다53175).

4) **청산**이란 회사가 합병·파산 이외의 사유로 인하여 해산한 경우에 해산한 회사의 권리·의무 등 재산관계를 원만히 처리하고 회사의 법인격을 소멸시키는 절차를 의미한다. 청산회사의 법적 성질은 통설(**동일성설**)에 따를 때 해산 전의 회사와 동일한 회사로 보며, 상인성, 상호, 사원의 출자의무, 제3자에 대한 책임 등은 해산 전의 회사와 동일하다. 그러나 청산회사는 영업을 하지 않으므로 영업을 전제로 한 지배인 등 상업사용인을 둘 수 없으며, 청산중 인적회사의 무한책임

사원이나 물적회사의 이사는 경업금지의무를 부담하지 않게 된다. **청산인**이란 청산회사의 업무집행기관으로서 청산사무를 담당하는 자를 의미한다. 청산절차에는 인적회사가 해산한 경우 정관 또는 총사원의 동의로 회사재산의 처분방법을 임의로 정하는 청산방법인 **임의청산절차**와 물적회사가 해산한 경우 또는 예외적인 인적회사의 청산(엄격한 절차)인 **법정청산절차**가 있다. 청산인은 그 임무를 종료한 때에는 지체 없이 계산서를 작성하여 각 사원에게 교부하고 그 승인을 얻어야 하고(상263) 청산종결등기를 하여야 한다(상247.5, 264).

5) **회사의 계속제도**란 일정한 해산사유로 인하여 해산된 회사가 청산이 종료되기 전에 사원들의 자발적인 노력으로 다시 해산 전의 회사로 돌아가는 제도를 말한다. 회사계속에 의해, 해산사유의 발생으로 인해 청산 또는 파산의 목적범위 내로 축소된 권리능력이 다시 회복되어 정상적인 권리능력을 가지게 된다. 해산원인이 제거된 경우에 회사는 계속할 수 있는바, 모든 해산원인이 이에 해당하는 것은 아니고 회사의 존립기간의 만료 기타 정관에 정한 사유의 발생, 총사원의 동의(주주총회의 결의), 사원이 1인이 된 때 그리고 합자회사에서 각 종류 사원 전원이 퇴사한 경우에만 해산원인이 제거되면 회사는 계속할 수 있다(상229.1, 269, 285.2, 287의40, 519, 610.1). 회사계속의 경우에 이미 회사의 해산등기를 하였을 때에는 본점소재지에서는 2주간 내, 지점소재지에서는 3주간 내에 회사의 계속등기를 하여야 한다(상229.3). **회사계속 가능시한**에 관해, 청산종결등기 전까지라고 보는 견해와 잔여재산분배 전까지라고 보는 견해가 있다. 생각건대 회사계속은 예외적 제도이고 잔여재산분배 이후에 비로소 회사계속보다는 회사설립이 용이하므로 후설이 타당하다고 본다.

제 2 장 주식회사

제 1 절 주식회사의 의의

주식회사는 주식으로 분할되어 있는 회사의 자본이 대외적 신용의 기초가 되고, 출자의무를 부담할 뿐 회사의 채무에 대하여 추가적인 책임을 지지 않는 유한책임의 사원들로 구성된 회사형태이다. 따라서 주식회사의 개념에는 **자본단체성, 주식제도, 유한책임의 원리**가 중요한 요소가 된다.

(1) 자본단체성

1) **자본의 의의** : 주식회사의 **자본**이란 회사 설립시 또는 존속 중 주주의 출자에 의해 형성·등기되어 회사 운영의 기초가 되는 출자 재산의 장부상의 가액을 의미한다. 주식회사의 주주는 유한책임을 부담하므로 회사채권자는 회사의 **재산**을 신뢰하고 회사와 거래한다(물적회사). 회사의 재산은 수시로 증감하는 유동적인 개념이어서 상법은 회사 재산 형성의 기초가 되는 **자본금**이라는 개념을 도입하고 있다. 회사의 자본금은 정관에 액면가액과 발행주식의 총수로 기재된다(상 289.1 4호, 5호). 자본금은 출자재산의 가액으로서 의미를 가지지만 회사의 현재 재산상태를 나타내지는 못하므로 회사 존속 중에는 **재산과 자본의 괴리**가 발생한다. 현재의 재산상태를 반영하지 못하는 자본의 한계성(액면가의 한계성)을 반영하여 2011년 상법 개정으로 **무액면주식제도**가 도입되어, 정관에 액면가액의 기재 없이 발행주식의 총수만 기재할 수 있게 되었다.

2) **자본 3원칙** : 물적회사로서 주식회사의 재산은 대외적 신용의 기초가 되므로 회사법은 자본금이라는 개념을 통해 규제한다. 즉 자본은 재산 형성·보유의 기준이 되어 회사 재산이 원칙적으로 자본에 상응할 것을 요구하는 자본의 3원칙(자본확정의 원칙, 자본유지의 원칙, 자본불변의 원칙)이 상법에 투영되어 있다. i) **자본확정의 원칙**이라 함은 주식회사의 정관에 자본총액을 확정(기재)하여야 하며 그 자본에 대한 주식인수가 확정되어야 한다는 원칙으로서 상법상 정관기재사

항에 발행주식수와 액면가액을 기재하도록 한다. ii) **자본유지의 원칙**이란 주식회사가 그 존속 중에 원칙적으로 회사의 자본액에 상당하는 재산을 확보하고 있어야 한다는 원칙이다. 상법에는 주식의 액면미달발행 금지(상330), 주식인수가액의 전액납입(상305), 변태설립사항에 관한 엄격한 감독(상299, 311), 발기인·이사의 인수·납입담보책임(상321, 428), 자기주식의 취득·질취 제한(상341, 341의3), 이익배당의 제한(상462) 등이 그 표현이다. iii) **자본불변의 원칙**이란 일단 확정된 자본액은 법정된 엄격한 절차에 의하지 않고는 감소시킬 수 없다는 원칙이다. 수권자본제도를 취하고 있는 우리 상법은 수권자본 내의 증자는 이사회의 결의만으로 가능하여(상416) 동 원칙의 적용이 없지만, 정관개정(주주총회의 특별결의)이 요구되는 수권자본을 벗어난 증자를 하거나 감자(減資)시 적용된다.

3) **수권자본제도** : 회사설립시에는 자본총액에 대한 인수는 요구되지 않고 그 일부에 대한 인수만으로 회사가 설립할 수 있게 하여 자본금 형성에 유연성을 부여하는 제도이다. 우리 상법도 회사의 '발행예정주식'과 그 일부인 '발행주식'을 구분하여 정관에 기재케 하고 발행예정주식의 일부만 발행함으로써 회사를 설립할 수 있으며, 이사회결의만 있으면 발행예정주식총수의 범위 내에서는 발행주식수의 증가(신주의 발행)가 가능하다. 다만 발행예정주식총수를 넘어서 증자하려고 할 경우에는 정관개정이 필요하여 주주총회의 특별결의가 요구된다.

(2) 주식제도

1) **주식**이란 주식회사에서 주주의 출자에 의해 형성된 자본금의 구성단위를 의미하면서 동시에 출자에 상응하여 주주에게 부여된 사원권(지분권)의 의미도 가진다. 주식회사의 자본금은 주식으로 세분화되고(상329.1) 정관의 기재사항으로서 주식은 자본금의 구성단위로서의 의미이고, 주식양도는 사원권(지분권)의 양도를 의미한다.

2) **자본금의 구성단위**로서 주식을 살펴보면, 회사가 액면주식제도를 취할 경우 주식의 금액은 균일하여야 하되 1주의 금액(액면가)은 100원 이상(상329.2,3)으로 자유롭게 정할 수 있다. 주주총회의 특별결의로 주식을 분할할 수 있으며(상329의2), 요건을 갖추어 법원의 인가를 얻은 경우(상417)를 제외하고는 액면미달발행은 원칙적으로 금지된다(상330). 2011년 개정상법에 도입된 **무액면주식**이란

주권과 정관에 1주의 금액(액면가)이 표기되지 않고 주식의 수만 표기되는 주식을 의미하며, 회사의 총자본에 대한 비율적 지위만 인식되고 주권에 표창된다. **사원권**으로서 주식은 단일한 권리가 아니라 주식회사 사원으로서의 권리발생의 기초인 독립된 사원의 지위(자격)를 의미한다. 각 주식은 이러한 지위를 표창하며 이익배당청구권·잔여재산분배청구권 등의 **자익권**과 의결권·소수주주권 등의 **공익권**을 포함하며, 주주는 자신이 보유하는 주식의 수에 비례하여 이러한 권리를 행사할 수 있다.

(3) 유한책임원칙

1) 출자의무를 이행한 주주는 출자금액을 한도로 책임을 부담할 뿐 회사의 채권자에 대하여는 아무런 책임을 지지 않는다는 원칙이다(상331). 이를 주식의 인수가액을 한도로 하는 납입의무로 설명하는 견해가 있지만 납입의무는 주식인수인의 의무이지 주주의 의무는 아니라는 점에서 부적절하다고 본다. 유한책임의 원칙은 '책임의 분리'라는 법인의 특성이며 주주를 보호하여 대자본 형성을 가능하게 하고 지배와 경영의 분리를 실질적으로 가능하게 한다. 이는 주식회사의 본질적인 특성이므로 정관의 규정이나 주주총회의 결의로도 주주의 책임을 가중(추가출자의무 부담)시킬 수 없다.

2) 유한책임의 원칙에 다음과 같은 몇 가지 <u>예외</u>가 인정된다. i) **사실상의 이사의 책임**으로서 지배주주가 회사에 대한 자신의 영향력을 이용하여 이사에 대해 업무집행을 지시하거나, 이사 등의 명의로 직접 회사의 업무를 집행하는 경우에는 회사 또는 제3자에 대해 손해배상책임을 진다(상401의2). ii) **개별적 동의**를 얻은 경우로서 유한책임의 원칙은 강행법규 유사의 성질을 가지지만 개별주주의 동의를 얻어 회사채무를 주주들이 분담하는 것을 금지하는 취지는 아니다. **판례**도 주주 유한책임의 원칙은 주주의 의사에 반하여 주식의 인수가액을 초과하는 새로운 부담을 시킬 수 없다는 취지에 불과하고 주주들의 동의 아래 회사채무를 주주들이 분담하는 것까지 금하는 취지는 아니라고 본다(82도735). iii) **법인격부인론**이 적용되는 경우로서 법인격이 형해화되거나 남용된 경우 예외적으로 법인격의 분리를 부인하여 배후의 주주에게 책임을 물을 수 있어 해당 사안에서 유한책임의 원칙이 부인된다. iv) **특별법상의 규정**이 있는 경우로서 세법, 상호저축은행법 등에 대주주, 과점주주의 책임을 규정하고 있다(상호37의3.1).

(4) 주식회사의 유형과 법제

1) **규모에 따른 유형** : 주식회사의 표준이 되는 일반 주식회사는 자본금 10억 이상의 비상장주식회사라 할 수 있다. 자본금 10억 미만의 **소규모 회사**에 관해 특별규정을 두고 있으며 **상장회사**에 관해 특례규정을 두고 있어, 회사법은 주식회사의 규모를 기준으로 소규모 주식회사, 일반 주식회사, 상장 주식회사로 구별한다고 볼 수 있다. 그밖에도 상법시행령은 상장회사에 적용될 회사법 규정과 관련하여 더 세부적인 구별기준을 가지고 있는데, '자본금이 1천억원' 기준(상시32, 소수주주권 완화), '자산총액이 1천억원' 기준(상시36, 상근감사설치), '자산총액 5천억원' 기준(상시39, 준법지원인제도 적용), '자산총액 2조원' 기준(상시33, 37, 38.2 집중투표, 필요적 감사위원회, 감사위원회 위원 선임시 의결권제한) 등이 그 예이다. 그밖에 직전 사업연도 말의 '자산총액이 500억원' 기준으로 주식회사 외부감사에 관한 법률에서 외부감사 필요여부가 결정된다(외감4).

2) **상장회사 법제** : 상장회사란 자본시장법에 따라 증권의 매매를 위하여 개설된 시장(증권시장)에 상장된 주권을 발행한 주식회사를 의미한다. 상장회사는 대규모 회사가 많으며 투자자인 주주가 다수이고 주식이 분산되어 있으며 언제든지 주식시장을 통해 주식을 매각하여 투자금을 회수할 수 있어 주주의 유동성이 높다(개방적 주식소유). 상장회사는 지배와 경영의 분리라는 주식회사의 특색이 강하게 나타나 전문경영인이 경영을 전담하는 경우도 많지만 대주주가 직접 경영하는 경우도 적지 않다. 상장회사에 관해서도 원칙적으로 회사법이 적용되지만 일정한 사항에 관해서는 상장회사에 대한 특례(상542의2－542의13)을 따로 두면서 동 규정의 우선적용을 규정하고 있다(상542의2). **상장회사 특례의 우선적용의 의미**는 무엇인가?(**쟁점11**) 상장회사에는 회사법의 일반규정은 적용되지 않고 특례규정만 적용된다는 **배타적 우선성**을 의미하는지, 아니면 특별한 의사표시가 없다면 특례규정이 적용되고 당사자가 특별히 특례규정의 적용을 회피하려고 할 경우에는 회사법상의 규정도 적용될 수 있는 **선택적 우선성**을 의미하는가 하는 점이다. 생각건대 회사법과 자본시장법상의 특례규정은 특별히 보충성을 명시하지 않았다면 특례규정의 성격상 당연히 배타적 우선성을 가진다고 보인다. 그리고 특례규정의 '우선적용'을 명시한 규정이 있고 보충성에 관한 명시가 없음에도 불구하고 규정의 불완전성 등을 이유로 보충적 규정이라 해석하는 것(선택적 우선적용설)은 의

문이다. 하지만 회사법은 특히 소수주주권의 행사와 관련하여 상장회사 특례규정에도 불구하고 일반회사에 관한 규정도 적용됨을 명시하였다(상542의6.10).

3) **소규모회사 법제** : 회사법상 소규모회사란 자본금총액이 10억 미만인 주식회사를 의미한다. 소규모 주식회사에 관해 상장회사와 같은 특례규정을 마련하지는 않고 회사법의 일반규정을 적용하면서 특정한 사항에 관해 특별한 규정을 두고 있다. 소규모 주식회사의 지배구조는 대주주를 중심으로 주주가 경영하는 참여하는 경우가 많아 지배와 경영이 일치하여 주주간의 이익충돌은 의사결정과정에서 해소되거나 문제되는 경우가 많다. 소규모 비상장회사는 폐쇄적 소유구조를 가져 주주들이 회사 경영에 참여하거나 적극적으로 감시함으로써 자신의 이익을 방어할 수 있어 경영자의 사적이익 추구가 나타날 가능성이 상대적으로 낮다. 소규모회사에 관한 회사법상 특별규정을 보면, i) 발기설립시 정관에 대한 공증의무가 면제되고(상292), ii) 주금납입금 보관증명서를 잔고증명서로 대체할 수 있으며(상318), iii) 주주총회 소집절차가 간소화되었으며(상363), iv) 감사선임의무가 면제된다(상409.46). 특별규정의 취지는 소규모회사의 설립을 간편, 용이하게 하고 회사법의 복잡한 지배구조 관련 규정의 적용을 일부 면제함으로써 회사의 운영을 간소화하고자 함에 있다. 다만 동 규정들은 소규모회사에 대한 이익규정이므로 소규모회사가 일반 주식회사의 규정의 적용을 따르는 것은 무방하고 이 경우 그 효력을 부인할 수는 없으므로 상장회사 특례규정과 같은 다툼은 생겨나지 않는다.

제 2 절　주식회사의 설립

Ⅰ. 설립의 의의

1) **개　념** : 회사설립절차는 **실체형성절차**와 **설립등기**로 구성된다. 기타 회사의 설립절차는 정관작성에 의해 사원과 출자액이 확정되므로(상179 4호) 정관작성만으로 실체형성절차가 완료되지만, 엄격준칙주의를 따르는 주식회사의 설립절차에서 실체형성은 정관작성 이외에 복잡한 절차로 구성된다. 사원모집을 위해 주식인수절차, 출자이행절차가 요구되고 기관구성절차, 설립감독절차를 통해 설립의

하자를 사전에 방지하고 설립관여자의 엄격책임을 묻고 있다. 실체형성절차는 설립사무를 담당하는 **발기인·발기인조합**에 의해 진행되며, 설립등기 전이라도 제한적 권리능력을 가지는 **설립중의 회사**가 인정된다.

2) **설립행위의 법적 성질** : 주식회사의 설립행위의 법적 성질은 어떠한가?(**쟁점12**) 이에 관해 계약설·단독행위설·합동행위설 등이 주장되고 있다. 우리법상 통설은 사단의 설립행위를 합동행위로 이해하지만, 합동행위설도 순수하게 합동행위로 보는 견해(**합동행위설**)와 계약과 합동행위가 병합된 행위로 보는 견해(**병합행위설**)로 나뉜다. 생각건대 설립행위는 정관작성이 중심이 되지만 설립등기까지 포함하는 모든 행위를 포괄하고 있어 복합적 행위이므로 설립행위의 법적 성질을 논하는 것은 무의미하고 구체적 개별적 설립행위의 성질을 논의하는 것이 적절하다. 먼저 대표적인 설립행위라 할 수 있는 정관작성행위는 거래상대방에 대한 (교환적) 의사표시가 아니고 정관작성이라는 동일 방향의 의사표시라는 점에서 합동행위적 성질이 강하다. 그러나 주식인수행위에 관해서 보면 발기인의 주식인수는 원칙적으로 합동행위적 성질을 가진다고 보아야 하나, 1인의 발기인에 의한 주식인수 또는 제3자의 주식인수는 단독행위 또는 설립중의 회사와 주식인수인간의 계약으로 볼 수 있다. 그리고 발기인 등 주식인수인의 납입행위는 계약의 이행행위로서 사실행위이고, 임원선임행위는 계약적 성질을 가진다고 볼 수 있지만 설립경과조사절차는 사실행위에 해당하고 설립등기신청은 단독행위적 성질을 가진다.

1. 발기인·발기인조합

1) **개 념** : 발기인이란 실질적으로 회사설립의 기획자이며 설립사무의 담당자를 의미하나, 법률적으로는 정관에 발기인으로 기명날인·서명한 자를 의미한다. 발기인은 반드시 1주 이상을 인수하여야 하며(상293), 1인의 발기인도 가능하다(상288). 발기인이 2인 이상일 경우 회사설립이라는 목적을 위해 모인 발기인의 조합을 **발기인조합**이라 한다. 자연인이나 법인(학설대립) 모두 발기인이 될 수 있으며 발기인·발기인조합은 **설립중의 회사**의 업무집행기관으로서의 권한·의무를 부담한다. 발기인이 자신의 권한범위 내에서 설립중의 회사의 기관으로서 한 행위의 효과는 성립 후의 회사에 귀속한다. 회사설립에 관련되는 행위는 i) 정관작

성·사원확정 등의 **설립행위**와 ii) 설립사무소·창립총회 회의장 임차·주식청약서 인쇄 등 회사설립에 필요한 법률상·경제상의 행위인 **설립을 위한 행위**와 iii) 점포·기계·공장의 매입, 영업의 양수 등 개업을 위한 행위인 **개업준비행위**로 구별될 수 있다.

2) **권한의 범위** : 발기인은 설립행위와 법정요건을 갖춘 개업준비행위(예컨대 재산인수: 상290 3호)를 할 수 있다는 점에는 이견이 없으나, 설립을 위한 행위와 법정요건을 갖추지 못한 개업준비행위에 관해서는 견해가 대립된다. **발기인 권한의 범위**(**쟁점13**)에 관해, **설립행위설**은 회사 설립 자체를 직접적인 목적으로 하는 행위에 국한된다는 견해로서, 발기인의 지위 남용을 억제하려는 취지의 주장이다. **설립준비행위설**은 회사의 설립을 위해 필요한 법률상·경제상의 행위가 발기인의 권한에 포함된다는 견해이고, **개업준비행위설**은 영업의 개시(개업)를 준비하는 행위도 발기인의 권한에 포함된다는 견해이며, **무제한설**은 회사의 설립목적에 반하지 않는 한 모든 행위가 다 포함된다는 견해이다. **판례**는 발기인이 회사의 영업을 위하여 체결한 계약(자동차조립계약, 개업준비행위)을 발기인의 권한 범위 내의 행위로 보고 설립 후의 회사에 책임을 인정하였다(70다1357). 그리고 아직 원시정관의 작성전이어서 발기인의 자격이 없는 자가 장래 성립할 회사를 위하여 '재산인수계약'을 체결하고 그 후 그 회사의 설립을 위한 발기인이 되었다면 이를 재산인수로 보았다(91다33087). 생각건대 재산인수를 제외한 개업준비행위는 회사법이 규제하고 있지 않지만, 이를 허용할 경우 설립단계에서 발기인의 권한남용에 의해 자본충실원칙이 훼손될 수 있다는 점, 정관의 상대적 기재사항 규정(상290)의 취지 등을 고려할 때, 제한적 권리능력을 가지는 설립중의 회사가 성립회사가 할 행위(개업준비행위)를 아무런 통제(정관기재, 주총특별승인) 없이 무제한적으로 하는 것은 부적절하므로 설립준비행위설이 타당하다고 본다.

3) **효과 귀속** : 발기인이 설립을 위한 행위를 하는 경우에도 발기인·발기인조합은 자신 또는 설립중의 회사의 명의로 할 수도 있다. 설립중의 회사의 명의로 할 경우에는 별다른 이전행위 없이 성립 후의 회사가 그 효과를 받게 된다는 견해가 통설(**동일성설**)이다. 하지만 발기인·발기인조합의 명의로 행위한 경우 그 효과는 일단 발기인·발기인조합에 발생한다. 특히 채무를 부담할 경우 법적 요건을 구비한 경우(예, 설립비용으로서 정관기재)에 한해서 별도의 이전행위(양수·채무

인수)를 거쳐 성립 후의 회사에 귀속된다고 본다. **판례**도 발기인명의로 취득한 부동산에 대해 회사의 자금으로 취득하였다는 기재와 그 토지를 관리하였다는 사실만으로 발기인의 매수인의 지위를 회사가 양수하였다고 볼 수 없다고 보았고(90누2536), 설립중의 회사로서의 실체가 갖추어지기 이전에 발기인이 취득한 권리·의무도 구체적 사정에 따라 발기인 개인 또는 발기인조합에 귀속되는 것으로서 이들에게 귀속된 권리·의무를 설립 후의 회사에 귀속시키기 위하여는 양수나 채무인수 등의 특별한 이전행위가 있어야 한다고 보았다(93다50215).

2. 설립중의 회사

1) **의 의** : 회사의 실체의 일부만 형성된 미완성의 회사를 의미하며 회사의 태아에 해당한다. 설립중의 회사는 주식회사의 설립과정에서 발기인이 회사의 설립을 위하여 취득하게 된 권리·의무가 회사의 설립과 동시에 그 성립회사에 귀속되는 관계(권리의무 귀속관계)를 설명하기 위한 강학상의 개념이다(93다50215). 설립중의 회사의 **법적 성질**에 관해 특수성질 단체설도 있으나 성립후 회사와 권리능력만 차이가 있을 뿐 동일한 존재(**동일성설**)라고 보는 **권리능력 없는 사단설**이 통설이다. **판례**도 명확하게 설립중의 회사의 법적 성질을 권리능력 없는 사단이라고 한 판결은 없지만, 동일성설을 따르고 있어 사실상 권리능력 없는 사단으로 이해한다(70다1357). 설립중의 회사가 권리능력 없는 사단의 성질을 가지고 있으므로 사단의 법률관계가 그대로 적용되며, 창립총회가 설립중의 회사의 사원총회에 해당하고 업무집행기관은 발기인이 된다.

2) **제한된 권리능력** : 설립중의 회사는 회사설립의 목적범위 내에서 권리의무의 주체가 되며, 청산중의 회사가 청산목적범위 내에서 권리의무의 주체가 되는 것과 유사하다. 대체로 법률행위능력을 포함하여 소송상 당사자능력(민소52), 등기능력(부동30), 어음행위능력, 예금거래의 주체가 될 수 있는 능력 등이 인정된다고 본다. 그리고 설립중의 회사의 불법행위능력은 논란의 여지가 있지만, **판례**는 발기인 중 1인이 회사의 설립을 추진 중에 행한 불법행위가 외형상 객관적으로 설립 후 회사의 대표이사로서의 직무와 밀접한 관련이 있다고 보아 회사의 불법행위책임을 인정한 사례(99다35737)가 있어, 설립중의 회사의 불법행위능력을 직접 인정하지는 않았지만 동일성설에 근거하여 성립 후 회사의 불법행위책임을

인정하였다.

3) **성립시기 : 설립중의 회사의 성립시점**(쟁점14)에 관해, **정관작성시설**은 발기인은 반드시 한 주 이상을 인수하여야 하므로 정관작성만으로 구성원이 일부 확정되고 단체법적 규율이 개시되어 정관작성시에 설립중의 회사가 성립한다고 본다. **발기인인수시설**은 발기인이 정관을 작성하여 공증인의 인증을 받고 발기인의 일부가 1주 이상을 인수한 때를 기준으로 보며(통설), **주식총액인수시설**은 발행주식총수의 인수가 확정되어야 주주가 확정되므로 실체의 중요부분이 형성된다고 보아 주식총액에 대한 인수가 확정되는 시점을 기준으로 본다. **판례**는 설립중의 회사는 정관이 작성되고 발기인이 적어도 1주 이상의 주식을 인수하였을 때 비로소 성립한다고 보아(97다56020) 발기인인수시설을 따르고 있다. 생각건대 설립중의 회사는 권리이전관계를 설명하기 위한 도구개념인데, 발기인인수시설이 가장 적절한 시점에 실체를 인정함으로써 그 이후부터 설립중의 회사명의로 법률행위를 할 수 있게 되어 효용성이 높아 타당한 견해라 생각한다.

4) **권리·의무의 귀속** : 발기인이 설립중의 회사의 명의로 취득한 권리와 의무는 일단 설립중의 회사에 귀속하였다가 회사가 성립되면 별도의 이전행위 없이 성립 후 회사에 귀속된다고 통설, 판례는 이해한다. 별도의 이전행위 없이 성립 후 회사에 귀속하는 근거에 관해, 설립중의 회사는 회사설립을 목적으로 하는 권리능력 없는 사단으로서 설립된 회사와 법인격의 유무에서 차이가 있을 뿐 실질적으로 동일한 존재로 보고(동일성설), 설립중의 회사의 권리·의무는 별다른 이전행위 없이도 성립 후의 회사의 권리·의무가 된다고 본다. 판례도 발기인이 회사설립을 위하여 취득하고 부담한 권리·의무는 그 실질에 따라 회사의 설립과 동시에 회사에 귀속된다고 보고 있다(97다56020). 성립 후 회사에의 권리·의무 **승계요건**은 대체로 i) 발기인의 행위가 권한범위 내이고, ii) 설립중의 회사의 명의로 하였어야 하고, iii) 재산인수의 경우 법정요건을 갖추어야 한다. **발기인의 권한초과행위의 추인 허용성**(쟁점10)에 관해, **부정설**은 발기인의 권한 외의 행위는 무효이고 추인을 인정하는 것은 변태설립사항을 정한 상법 제290조의 취지에 반한다고 보는 견해이고, **긍정설**은 이를 무권대리행위로 보고 원칙적으로 추인할 수 있으며 추인을 부정하더라도 동일한 행위를 반복할 수 있고 이 경우 무권한임을 알고 있는 상대방에게 선택권을 준다는 점에서 추인을 긍정하려는 견해이며, **구별설**

은 상법 제290조의 사항(변태설립사항)들은 추인의 대상이 될 수 없지만, 기타 사항에 관해서는 발기인의 권한 외의 행위는 무권대리의 실질을 가지고 있으므로 추인을 허용할 수 있다고 보는 견해이다. 생각건대 상법 제290조의 해석상 발기인의 재산인수는 사후추인의 대상이 되지 않지만, 개업준비행위 등은 사후추인이 가능하다고 해석하는 구별설이 상법 제290조의 취지와 무권대리의 실질을 가장 잘 반영하여 타당하다고 본다.

Ⅱ. 설립 절차

1. 개 요

1) **설립의 유형** : 설립절차는 누가 주식을 인수하는지 여부를 기준으로 발기설립절차와 모집설립절차로 구별된다. **발기설립**이란 회사설립시에 발행하는 주식의 총수를 발기인이 모두 인수하는 회사설립방식으로서 설립절차가 간단하다. **모집설립**이란 설립시 발행주식 총수 중 일부는 발기인이 인수하고 나머지 주식에 관해 일반 주주를 모집하는 회사설립 방식으로서, 발기인 외의 주식인수인이 존재하게 되어 주식인수인이 주금의 납입을 해태한 경우에는 실권절차가 인정되고, 창립총회가 개최되어 이사·감사의 선임이 이루어진다.

2) **설립절차** : 설립절차를 구체적으로 보면 i) 정관작성, ii) 주식발행사항의 결정, iii) 주식의 인수(발기인)까지는 양 유형에서 공통적으로 진행된다. 다만 모집설립절차에서는 주식인수절차에서 iii-1) 주주의 모집, iii-2) 주식인수의 청약, iii-3) 주식의 배정의 순서로 발기설립에는 없는 절차가 진행된다. 이후 iv) 출자의 이행절차는 공통적으로 진행되나 모집설립절차에서는 iv-1) 실권절차가 진행될 수 있다. 이후 절차는 서로 달리 진행되는데, v) 이사·감사의 선임은 발기설립절차에서는 발기인에 의해 이뤄지지만 모집설립절차에서는 창립총회에서 이뤄지며, vi) 변태설립사항은 설립절차 구분 없이 발기인의 청구에 의해 법원이 선임한 검사인에 의해 이뤄지는 것이 원칙이다. 마지막으로, vii) 설립등기는 양 절차에 공통된 절차로서 설립등기가 완료하면 회사가 성립한다.

3) **형식상 모집설립** : 구 상법 하에서는 발기설립에 관한 엄격한 설립경과 조

사절차를 회피하기 위해 발기설립의 실체를 가졌음에도 형식상 모집설립의 절차를 밟는 경우가 많았다. 발기인이 실질적으로 주식의 전부를 인수하는 실질상 발기설립이지만 타인명의를 차용·모용하는 방법 등을 통해 모집설립절차를 거친 경우(**형식상 모집설립절차**)**의 유효성**에 관해, 판례는 발기인이 타인의 명의를 모용하여 주식을 인수하였다면 명의모용자가 주식인수인이라 할 것이어서 결국 주식 전부를 발기인이 인수한 결과가 된다 할 것이므로 회사의 설립을 발기설립으로 보아야 한다고 보고, 정관의 작성, 검사인의 조사보고 등 발기설립의 절차를 전혀 밟지 아니하여 무효라고 판단하였다(91다31494). 하지만 변경된 형식설을 따른 판례(2015다248342)에 의하면 회사와의 관계에서 명의모용시 형식주주를 주주로 이해하므로 실질적 발기설립으로 이해한 위 판결이 유지될 수 있을지 의문이다.

2. 정관 작성

(1) 의 의

정관이란 회사가 제정한 자치법규로서 회사의 조직 및 운영에 관한 단체법상의 근본규범을 의미한다. 회사의 단체적 성질을 고려할 때 정관의 법적 성질을 계약으로 이해하기보다는 자치법규로 이해하는 편이 타당하다고 본다. 회사설립시에 작성하는 **원시정관**에는 발기인 전원의 기명날인·서명(상289.1), 공증인의 인증(상292)이 요구되나, 설립 후 정관을 변경하거나 자본금총액이 10억원 미만인 소규모회사의 원시정관(상292)에는 공증인의 인증은 불필요하다. 정관은 자치법규로서 그 내용이 강행법규에 반하지 않는 한 발기인·주주·기관을 구속하는 효력이 있지만, 정관에 제3자에 관한 규정이 있더라도 제3자에게 효력이 미치지는 않는다. 그리고 정관은 객관적 기준에 따라 그 규범적인 의미·내용을 확정하는 법규해석의 방법으로 해석되어야 하는 것이지, 작성자의 주관이나 해석 당시의 사원의 다수결에 의한 방법으로 자의적으로 해석될 수는 없다(99다12437). 정관의 기재사항은 기재의 효력(기재흠결시 효력)에 따라 절대적 기재사항과 그 밖에 상대적 기재사항, 임의적 기재사항 등으로 구분된다.

(2) 절대적 기재사항

정관에 반드시 기재하여야 하고 기재가 누락될 경우 정관이 무효가 되어 결과적으로 회사의 설립이 무효가 되게 하는 기재사항을 말한다. 상법은 정관의 절대적 기재사항으로 8가지를 열거하고 있다(상289.1). **회사의 동일성**을 인식할 수 있는 요소로서 i) 목적, ii) 상호를 기재하여야 한다. 정관기재 '목적'은 회사의 권리능력범위와 관련된다. 회사의 상호에는 주식회사라는 문자를 반드시 사용하여야 하며(상19) 은행·신탁·보험·증권 등의 사업은 상호 중에 그 업종도 표시될 것이 특별법상 요구된다. 그리고 회사의 **자본금액**을 인식할 수 있는 요소로서 iii) 회사가 발행할 주식의 총수, iv) 1주의 금액(액면금액, 무액면주식 도입시 불기재), v) 회사의 설립시에 발행하는 주식의 총수(발행예정주식총수의 1/4 이상 요건은 삭제됨)를 기재하여야 한다. 회사설립 후에 증자시 발행하는 주식의 수는 정관의 기재사항이 아니다. 그리고 회사의 **영업상 중요사항**으로 vi) 본점소재지, vii) 회사가 공고를 하는 방법 등을 기재하여야 한다. 회사의 공고방법으로 관보 또는 일간신문을 특정하여야 하지만 정관으로 전자적 공고로 대체할 수 있다(상289.3). 이 경우 회사는 대통령령으로 정하는 기간까지 계속 공고하고, 재무제표를 전자적 방법으로 공고할 경우에는 정기주주총회에서 재무제표 등의 승인을 한 후 2년간(상450) 계속 공고하여야 하고, 공고기간 이후에도 누구나 그 내용을 열람할 수 있도록 하여야 한다(상289.3,4). 회사가 전자적 방법으로 공고를 할 경우에는 게시기간과 게시내용에 대하여 증명하여야 하며, 기타 회사의 전자적 방법으로 하는 공고에 관하여 필요한 사항은 대통령령으로 정한다(상289.5,6). 마지막으로 설립절차에 관한 일차적 **책임부담자**로서 발기인을 특정하기 위해 viii) 발기인의 성명·주민등록번호·주소를 기재하여야 한다. 이러한 8가지 정관의 절대적 기재사항과 함께 발기인이 정관작성에 관해 책임을 부담한다는 것을 확인하는 취지에서 발기인이 기명날인·서명을 하여야 한다.

(3) 상대적 기재사항

1) 정관에 기재되어야만 그 기재사항이 효력을 가지도록 법정된 기재사항을 의미하며, 변태설립사항이 그 대표적인 예이다. **변태설립사항**이란 통상적인 설립절차(단순설립)와 구별되는 설립절차(변태설립)에 관한 사항으로서(상290), 계약만으로는 효력이 발생하지 않고 그 사항이 정관에 기재되어야(정관을 통한 공시) 그 사항이 효력을 가진다. 발기인 또는 제3자의 이익추구로 회사의 재산적 기초를 위태롭게 하여 결과적으로 회사와 주주 및 회사채권자의 이익을 해할 수 있는 위험한 사항이 이에 해당된다. 변태설립사항 4가지(발기인의 특별이익, 현물출자, 재산인수, 설립비용·발기인보수)는 i) 상대적 기재사항으로 규정함으로써 공시주

의가 실현되도록 하고, ii) 검사인의 조사대상이며(공증인의 조사보고, 감정인의 감정으로 대체 가능: 상299의2), iii) 발기인의 책임의 대상이 된다.

2) **발기인의 특별이익(1호)** : 발기인의 회사설립에 따른 위험부담에 대한 대가·보상(예, 이익배당·잔여재산분배·주식매수선택권·신주발행시우선권, 회사설비의 무상이용, 제품의 할인거래 등)으로서 발기인에게 부여된 이익을 의미한다. 그러나 자본충실의 원칙에 반하는 이익(예, 주식에 대한 납입의무의 면제, 무상주교부 등)의 부여는 정관에 기재되더라도 효력이 없다. 특별이익의 법적 성질은 **채권적 권리**로 볼 수 있어 주식과 분리하여 양도가능하며, 정관개정에 의해 박탈할 수 없고 이를 위해서는 수익자의 동의가 있어야 한다.

3) **현물출자(2호)** : ① **개념** – 금전출자에 대비하여 금전 이외의 재산을 목적으로 하는 출자를 의미한다. 출자된 자산의 과대평가를 방지함으로써 자본충실을 도모하여 다른 주주나 회사채권자를 보호하고, 과소평가도 방지하여 평가익에 의한 이익배당을 하지 못하도록 상대적 기재사항으로 정하고 있다. 출자행위의 한 유형으로서 현물출자의 법적 성질은 출자자가 금전이 아닌 현물자산의 이전행위를 하고 그에 대한 대가로서 회사가 출자자에게 주주의 지위를 부여한다는 점에서 유상·쌍무계약의 성질을 가지므로 민법상 위험부담·하자담보책임에 관한 규정이 유추적용될 수 있다.

② **출자목적** – 금전 이외의 재산으로서 경제적 가치를 확정할 수 있고 양도가 가능하고 대차대조표의 자산으로 계상할 수 있는 재산이다. 예를 들면 동산·부동산·채권·유가증권·특허권·상호, 영업상의 비결 등 재산적 가치 있는 사실관계와 영업의 전부 또는 일부 등이 포함되나, 노무·신용출자는 금지되므로 현물출자에 포함되지 않는다. 특히 **영업을 현물출자**할 경우 영업양도와 유사하게 각 영업용 재산의 이전행위가 요구된다. 영업의 현물출자에 관해 **판례**는 영업을 출자하여 주식회사를 설립하고 그 상호를 계속 사용하는 경우에는, 영업의 양도는 아니지만 출자의 목적이 된 영업의 개념이 동일하고 법률행위에 의한 영업의 이전이란 점에서 영업의 양도와 유사하며 채권자의 입장에서 볼 때는 외형상의 양도와 출자를 구분하기 어려우므로, 새로 설립된 법인은 상법 제42조 1항의 규정의 유추적용에 의하여 출자자의 채무를 변제할 책임이 있다고 보았다(95다12231).

③ **출자이행** – 현물출자자는 납입기일에 지체 없이 출자의 목적인 재산을 인

도하고 등기, 등록 기타 권리의 설정 또는 이전을 요할 경우에는 이에 관한 서류를 완비하여 교부하여야 한다(상295.2, 305.3). 현물출자는 금전출자와 달리 출자목적물이 특정되어 있어 현물출자의 불이행시 실권절차가 적용되기 어렵고(논란의 여지가 있음) 민법상 채무불이행에 따른 강제집행이 가능하다고 본다.

4) **재산인수**(3호) : ① **개념** – 발기인이 회사의 성립을 조건으로 다른 발기인·주식인수인·제3자로부터 일정한 재산을 매매의 형식으로 양수할 것을 약정하는 개인법상의 계약으로서, 인수약정 재산의 종류·수량·가격과 그 양도인의 성명을 정관에 기재하여야 재산인수가 효력을 가진다(상290 3호). 재산인수는 **현물출자**에 대한 탈법수단이 되어 자본의 충실을 해할 가능성이 있어 상법은 규제하고 있으며, 재산인수의 대상이 되는 재산도 현물출자와 동일하지만 회사성립 후 2년 내에 이뤄지는 **사후설립**(상375)과는 구별된다. 재산인수의 실질은 장차 회사성립 후 재산을 양수할 것을 미리 약속하는 것이므로 이는 일종의 **조건부 매매계약**의 성질을 가진다고 볼 수 있다.

② **정관 불기재 재산인수의 효력** – 원시정관에 기재 없이 실행된 재산인수에 관해, 학설은 재산인수가 위험한 계약이므로 원시정관에 기재되지 않은 이상 거래상대방에 대해서도 무효로 본다. 판례도 **실질적 재산인수**(현물출자에 따른 번잡함을 피하기 위하여 성립 후 회사와 현물출자자 사이의 매매계약에 의한 방법에 의하여 위 현물출자를 완성하기로 약정)에 관해, 회사설립을 위한 소정의 절차를 거쳐 위 약정에 따른 현물출자가 이루어진 것이라면, 위 현물출자를 위한 약정은 (실질적) 재산인수에 해당한다고 할 것이어서 정관에 기재되지 아니하는 한 무효라고 보았다(94다323).

③ **추인가능성** – 원시정관에 기재되지 않은 **재산인수의 추인가능성**(**쟁점15**)에 관해, **추인부정설**은 개업준비행위는 설립중의 회사의 권리능력의 범위에 포함되지 않으므로 설립 후 회사의 승인에 의해서도 치유될 수 없다고 보는 견해이다. **추인긍정설**은 발기인이 설립중의 회사의 명의로 성립 후의 회사의 계산으로 한 재산인수는 비록 그것이 발기인의 권한 밖의 행위라 할지라도 무권대리행위로서 민법 제130조 이하의 규정에 의하여 추인할 수 있다고 본다. 따라서 성립 후의 회사가 사후설립의 경우를 유추하여 특별결의로써 이를 추인하면 상대방이 추인 전에 무효를 주장하지 않는 이상 그 효과가 회사에 귀속된다고 본다. **판례**는 매매계약에 의한 현물출자약정은 재산인수에 해당하고 정관에 기재되지 않은 재산인수는 무

효이지만, 동 현물출자가 동시에 사후설립에 해당하고 이에 대해 주주총회의 특별결의에 의한 추인이 있었다면 회사는 유효하게 현물출자로 인한 부동산의 소유권을 취득한다고 보았다(91다33087). 생각건대 현물출자·재산인수·사후설립의 강행규정성(회사·투자자 보호 목적)에 비추어 볼 때 정관에 기재되지 않은 재산인수는 사후설립의 요건(회사성립후 취득)을 구비하지 못하는 한 무효이므로 주주총회의 특별결의로 승인될 수 없다고 보아야 하며(추인부정설), 성립회사가 이를 다시 단순취득하거나 사후설립의 요건을 갖추어 취득하여야 한다고 본다.

5) **설립비용과 발기인의 보수액**(4호) : ① **설립비용**이란 회사설립에 필요한 행위로 인하여 발생한 비용(예, 정관·주식청약서의 인쇄비, 광고비, 통신비, 설립사무소 임차료, 급료, 창립총회비용 등)을 의미한다. 설립비용의 과다계상으로 인해 회사가 과중한 부담을 지게 되는 것을 방지하고 자본충실을 도모하려는 취지에서 이를 상대적 기재사항으로 정하였다. 따라서 정관에 기재되지 않은 설립비용은 설립중의 회사의 명의로 하였든 발기인의 명의로 하였든 그리고 발기인이 자신의 비용으로 미리 지급하였든, 성립 후의 회사의 부담이 되지 않고 발기인의 채무가 되어 그 비용을 회사에 대하여 구상할 수 없다.

② 정관에 기재된 **설립비용의 부담**(**쟁점16**)에 관해, **발기인부담설**은 발기인이 지급하고 정관기재 범위 내에서 회사에 대해 구상할 수 있다는 견해이고, **회사부담설**은 회사가 부담하고 정관기재 범위 내에서 발기인에게 구상할 수 있다는 견해이며, **회사·발기인 중첩부담설**은 설립비용에 관해 회사·발기인이 중첩적으로 책임을 부담한다는 견해이고, **회사·발기인 분담설**은 정관기재 여부에 따라 회사와 발기인이 각각 분담하여야 한다는 견해이다. **판례**는 회사의 설립비용은 발기인이 설립중의 회사의 기관의 지위에서 회사설립을 위하여 지출한 비용으로서 원래 회사성립 후에는 회사가 부담하여야 한다고 본다(93마1916). 생각건대 발기인과 (설립중의) 회사의 관계는 위임관계이고 발기인은 회사의 업무라 할 수 있는 회사설립업무를 담당한 자이므로, 수임사무 처리과정에 발생한 설립비용의 부담의 주체는 당연히 위임인인 (설립중의) 회사가 되고 성립회사의 채무가 된다(회사부담설). 이를 구체적으로 보면, 설립중의 회사가 부담한 설립비용채무 중 정관에 기재되지 않은 비용채무는 성립회사의 채무가 될 수 있지만 정관에 기재되지 않아 회사채무로서 효력이 없으므로 발기인이 채무변제의 책임을 부담한다. 그리고 정관에 기재된 발기인의 설립비용채무는 성립회사에 이전하거나 발기인이 체당하고

체당금을 성립회사에 구상할 수 있다.

③ **발기인의 보수**란 회사의 설립을 위하여 발기인이 제공한 노무에 대한 보수로서 보수액의 과다한 책정으로 회사에 과중한 부담의 발생을 방지하기 위해 상대적 기재사항으로 정하고 있다. 이는 보수라는 점에서 앞서 본 발기인이 받을 특별이익과는 구별된다.

6) **기타 상대적 기재사항** : 변태설립사항 이외에 상대적 기재사항은 회사법에 산재되어 있는데, 예를 들면 주식의 양도제한(상335.1단서), 종류주식(상344), 이사선임을 위한 집중투표의 배제(상382의2.1), 이사회의 소집통지기간의 단축(상390.3), 이사회의 결의요건의 가중(상391.1단서), 명의개서대리인의 설치(상337.2) 등이 포함된다.

(4) 임의적 기재사항

강행법규, 선량한 풍속 기타 사회질서, 주식회사의 본질에 반하지 않는 사항은 정관에 기재될 수 있다. 이러한 사항으로는 주식발행사항, 주식의 명의개서절차, 주권의 종류, 영업연도, 인감신고, 주주총회의 장소·의장, 이사·감사의 인원수 등이다. 임의적 기재사항이라 하더라도 이를 변경하려면 정관변경의 절차를 밟아야 하므로 수시로 변경될 필요가 있는 사항은 정관에 기재하지 않는 것이 바람직하다.

(5) 공증인의 인증

정관(**원시정관**)은 공증인의 인증을 받음으로써 효력이 생긴다(상292). 정관은 회사의 근본규범을 정하고 있어 회사관계자의 권리·의무에 중요한 영향을 미치므로 정관의 동일성에 관해 다툼이 발생할 여지가 있다. 따라서 원시정관은 공증인의 인증을 조건으로 효력이 발생하는 것으로 규정하고 있다. 그러나 정관을 변경할 경우(**변경정관**)에는 공증인의 인증을 받을 필요가 없으며, 자본금총액이 10억 미만인 소규모회사의 경우 간이·신속한 회사설립을 위해 발기설립시 정관에 대한 공증의무가 면제된다(상292 2문).

3. 자본형성절차

(1) 주식발행사항의 결정

회사설립시에 종류를 달리하는 주식을 발행할 경우 주식의 종류·수·발행가액을, 무액면주식을 발행하는 경우에는 주식의 발행가액·자본금계상금액(주식발행사항)을 결정하여야 하며, 정관에 다른 정함이 없으면 **발기인 전원의 동의**로 정한다(상291). **전원동의의 시기**에 관해 전원동의를 회사성립 이후에 얻어도 하자가 보완된다는 견해도 있으나, 발기인은 설립단계에서만 존재하는 개념이고 주식의 종류는 정관기재사항이므로 설립등기 전에 결정되어야 하고 그렇지 못한 경우에는 설립무효의 원인이 된다고 본다.

(2) 주식의 인수절차

1) **발기인의 주식인수** : ① 주식인수 – **발기설립절차**에서는 발기인만 주식인수를 하므로 발기인들이 정관에 기재된 '회사설립시에 발행할 주식총수'에 대해 주식인수를 하여야 한다. 주식인수의 의사표시는 서면에 의하도록 하고 있으며(상293), 주식인수정보는 서면(또는 전산)으로 회사설립등기 신청시에 첨부서류가 되고(상등규129 2호), 모집설립과 달리 주식인수청약서의 이용을 강제하지 않는다(상302). 발기인별로 별도의 서면을 작성할 필요는 없고 1매의 서면에 각자의 인수내용을 기재하고 전원이 기명날인·서명해도 문제는 없다. 발기인의 주식인수에 대해서는 회사의 별도의 배정행위 없이 인수행위의 효력이 발생한다.

② 법적 성질 – **발기인의 주식인수의 법적 성질**(**쟁점17**)에 관해, 발기인간 계약설(조직계약설), 입사계약설이 있지만, 발기인의 인수행위는 설립절차의 일부를 구성하면서 설립중의 회사 또는 완성된 회사를 설립하는 행위로 볼 수 있고, 각 발기인의 인수행위는 회사의 설립이라는 동일한 목적을 가지며, 대립되는 급부를 목적으로 하지 않으므로 **합동행위**(설립행위)로 보는 견해가 타당하다고 본다. 그리고 **발기인의 주식인수시기**에 관해, 정관작성 전이라도 무방하다고 하는 견해(무제한설)와 정관작성 전에는 발기인이란 지위도 생기지 않으므로 주식인수가 불가하다고 보는 견해(제한설)가 대립되고 있다. 생각건대 설립절차의 순서에 관해 상법은 특별한 규정을 두고 있지 않으므로 설립행위는 서로 모순되지 않는 범위에서 상법의 순서와 불일치하더라도 설립행위를 무효로 보기 어렵다는 점에서 무제

한설이 타당하다고 본다.

2) **제3자 주식인수(모집설립절차)** : ① **주식인수청약 – 모집설립절차**에서는 발기인에 의한 주식 일부 인수 후에 나머지 주식에 대해서 제3자의 인수청약을 받는 절차가 따른다(상301). 주식을 인수하고자 하는 자는 주식인수청약서에 의해 주식인수청약을 하면 설립중의 회사는 배정을 하여 주식인수가 성립한다.

② **법적 성질 – 제3자의 주식인수의 법적 성질**에 관한 통설은 **입사계약설**이다. 판례도 신주인수의 법률적 성질을 상법상으로는 사원관계의 발생을 목적으로 하는 입사계약으로 보고 있다(2002두7005). **입사계약의 상대방**에 관해 성립할 회사로 보는 견해도 있지만, 설립중의 회사로 보는 견해가 통설이자 판례로서 타당하다. 주식인수는 법인설립을 위한 회사내부의 사단적 법률관계이므로 상행위성은 부정되어 상사소멸시효·법정이율의 적용은 없다고 보아, 주식인수로 인한 채권은 10년의 민사채권의 소멸시효에 걸린다.

③ **주식청약서주의 – 주식인수의 청약**을 하고자 하는 자는 주식청약서 2통에 인수할 주식의 종류와 수 및 주소를 기재하고 기명날인·서명하여 발기인에게 주식인수를 청약하여야 한다(**주식청약서주의**). 주식청약서에는 상법 제302조 2항에 규정된 10가지 사항을 기재하여야 하는데, 기재사항에는 정관의 절대적 기재사항 전부와 변태설립사항, 주식인수인에게 중요한 사항을 기재하도록 규정하고 있다(상302). 1통의 주식청약서는 회사에 보관하고 나머지 1통은 설립등기의 신청서에 첨부하여야 한다. 종종 주식의 청약시 주식수에 비례하여 청약증거금을 요구하는 경우가 있는데, 이는 납입금에 충당되거나 위약금의 역할을 하게 된다.

④ **하자주장 제한 – 주식인수 청약행위에 하자**가 있을 경우 민법이 그대로 적용될 경우 설립절차에 관여한 다수에게 불이익하게 될 가능성이 있다는 단체법적 특수성을 이유로 상법은 **주식인수 의사표시의 하자의 주장을 제한**하고 있다. i) 비진의에 의한 주식인수청약시 민법 제107조 1항 단서 부적용(상302.3), ii) 주식인수청약서 기재사항 흠결, 착오·사기·강박에 의한 청약시 회사성립 후 또는 창립총회에서 주주권 행사 후에는 하자주장 불가(상320) 등이다. 하지만 행위무능력자의 청약은 취소가능하고, 통정한 허위표시인 주식청약은 무효이다.

⑤ **배정** – 주식청약에 대해 주식의 인수를 승낙하는 의사표시(**주식배정**)가 이뤄지는데, 발기인은 청약자의 자금능력 등을 고려하여 자유롭게 배정할 수 있다(**배정자유의 원칙**, cf. 신주발행시 비례배정). 주식청약자에 대해 주식을 배정하게

되면 주식인수계약이 성립하게 되어 주식인수인에게 납입의무(출자이행의무)가 발생한다(상303). 배정의 의사표시에 하자가 있을 경우 주식인수청약의 경우와 달리 의사표시의 하자의 주장을 제한하는 규정이 없다.

3) **타인명의의 주식청약** : ① 납입의무 – 타인(가설인 포함)명의로 주식을 청약한 자는 주식인수인으로서 **납입의무**를 부담하나, 타인의 승낙을 얻은 경우(승낙사용)에만 타인과 연대하여 납입할 의무를 부담한다(상332). 결과적으로 청약의 명의는 불문하고 실질적 주식인수인이 납입의무를 부담하고 별도로 무단사용에 대한 처벌규정이 있다(상634).

② 주식의 귀속 – **타인명의의 주식인수·출자시 주식의 귀속**(**쟁점18**)에 관해, **형식설**은 명의대여자가 주식인수인 권리를 취득하고 명의차용자는 납입의무만 부담한다고 보며, 주식청약의 집단적 처리를 위해 형식적 기준이 필요하다는 점을 근거로 한다. **실질설**은 사실상의 청약자인 명의차용자가 주식인수인의 권리를 가지고 명의대여자는 납입에 관한 연대책임만 부담한다고 하는 견해(통설)이다. **판례**도 주식을 인수함에 있어 타인의 승낙을 얻어 그 명의로 출자하여 주식대금을 납입한 경우에는 실제로 주식을 인수하여 그 대금을 납입한 명의차용인만이 실질상의 주식인수인으로서 주주가 된다고 할 것이고 단순한 명의대여인은 주주가 될 수 없다고 보아(2002다29138), 실질설을 따랐으나, 최근 판례를 변경하여 형식설을 따르고 있다. 동 판결은 특별한 사정이 없는 한 주주명부에 적법하게 주주로 기재되어 있는 자는 회사에 대한 관계에서 그 주식에 관한 의결권 등 주주권을 행사할 수 있고, 주주명부에 기재를 마치지 아니한 자의 주주권 행사를 인정할 수 없다고 보았다(2015다248342). 동 판결은 회사에 대한 권리행사자를 주주명부를 기준으로 판단하여야 한다는 입장이어서 명의대여자·차용자간에 누가 주주인가 하는 점을 판단한 것은 아니다. 하지만 주식은 회사에 대한 권리행사가 그 권리내용의 전부이므로, 판례의 입장은 형식설의 입장과 사실상 동일한 것으로 이해되지만 그 타당성에 관해서는 주주(3장2절)에서 후술한다.

③ **가장납입과 구별** – **가장납입과 관련**하여 판례는 설사 주주가 주금을 가장납입하였다 하더라도 그 주주를 실질상의 주식인수인에게 명의만을 빌려 준 차명주주와 동일시 할 수는 없다고 보아, 주금납입의 연대책임에 관한 상법 제332조 2항은 이미 주금납입의 효력이 발생한 주금의 가장납입의 경우에는 적용되지 않는다고 보았다(93마1916). 그리고 실질주주의 증명책임에 관해 판례는, 타인의 명의를

차용하여 가장납입한 경우 명의차용자가 주주임을 주장하기 위해서 차용자의 납입사실 주장만으로 부족하고 원인관계(명의신탁관계) 증명책임을 부담한다고 보았다(2007다27755).

(3) 출자의 이행절차

1) **개념** : **출자**라 함은 인수한 주식의 납입의무를 이행하여 자본을 형성하는 것을 의미한다. **발기설립절차**에서 발기인은 회사의 설립시에 발행하는 주식의 총수를 인수한 때에 지체 없이 각 주식에 대하여 그 인수가액의 전액을 납입(출자)하여야 한다(**전액납입주의**, 상295.1). 그리고 **모집설립절차**에서는 주식인수청약과 배정에 의해 주식인수계약이 성립하면 인수인은 배정한 주식의 수에 따라서 인수가액을 납입할 의무를 부담하고(상303), 발기인은 발행주식총수가 인수된 때에는 지체 없이 인수가액의 전액을 납입시켜야 한다(상305.1). 그런데 외형상 출자에도 불구하고 실질적으로 출자가 이루어지지 않는 경우(**가장납입**)도 있고 출자가 불이행되는 경우(**출자불이행**)도 있다.

2) **이행방식** : ① 이행과 납입 – 주식회사의 출자는 **재산출자**만 허용되며 인적회사와는 달리 노무출자·신용출자는 허용되지 않는데, 재산출자는 금전출자와 현물출자로 구별된다. 우리 상법은 금전출자의 이행에 관해서는 '납입'이라는 용어를 사용하고 있고 현물출자의 경우에는 '이행'이라는 용어를 사용한다(상295, 303).

② **금전출자** – **발기설립**시에는 전액납입주의(상295.1)에 따라 출자불이행시 실권절차는 없고 강제집행할 수 있다. 현물출자에 대한 엄격한 규제를 고려할 때 금전출자의 이행은 대물변제나 경개의 방법이 허용되지 않으며, 어음·수표금으로 이행한 경우 그 지급이 있는 때(결제시점)에 납입된 것으로 본다. **모집설립**에서도 전액납입주의가 적용되지만, 주식인수인이 납입의무를 이행하지 않을 경우에 관해 상법은 실권절차가 진행된다(상307).

③ **현물출자** – 현물출자를 하는 발기인이나 제3자인 주식인수인은 납입기일에 지체 없이 출자의 목적인 재산을 인도하고 등기·등록 기타 권리의 설정 또는 이전을 요할 경우에는 이에 관한 서류를 완비하여 교부하여야 한다(상295.2, 305.3). 즉, 현물출자의 목적이 동산인 경우에는 동산의 인도가 요구되고 출자의 목적이 부동산인 경우에는 부동산의 등기·등록에 필요한 서류를 교부하여야 한다.

④ **납입금 보관** – 발기설립의 경우 납입을 맡을 은행 기타 금융기관(**납입보관**

자)과 **납입장소**(지점명 등)를 발기인이 지정하여야 하고(상295.1), 모집설립시 주식청약서에 납입장소 등을 기재하여야 하며(상302.2 9호), 출자의 이행을 납입장소에서 하여야 한다(상305.2). 그리고 납입금의 보관자 또는 납입장소를 변경할 때에는 법원의 허가를 얻어야 한다(상306). 그리고 납입금을 보관한 은행 기타의 금융기관은 발기인 또는 이사의 청구가 있는 때에는 그 보관금액에 관하여 증명서(**납입금보관증명서**)를 교부하여야 한다. 은행 기타의 금융기관은 증명한 보관금액에 대하여는 납입의 부실 또는 그 금액의 반환에 관한 제한이 있음을 이유로 하여 회사에 대항하지 못하며(상318), 납입금보관증명서는 회사설립등기시 제출이 요구된다. 다만 소규모회사(자본금 총액이 10억원 미만인 회사)를 발기설립하는 경우에는 납입금보관증명서를 은행이나 그 밖의 금융기관의 잔고증명서로 대체할 수 있다(상318.3). **납입금의 반환시기**를 보면, 설립비용 등의 지급의 편의상 창립총회가 종료하면 반환되어야 한다는 견해가 있으나, 회사설립등기 후에 반환이 가능하다고 보는 견해가 통설로서 타당하다. 그 이전에 반환할 경우 금융기관은 이로써 회사에 대항하지 못한다고 본다.

3) **실권절차(모집설립절차)** : 모집설립에서 주식인수인이 상법의 전액납입주의(상305.1)에 따른 납입을 하지 아니한 때에는 발기인의 선택에 따라 강제집행절차를 밟을 수도 있고 상법이 규정하는 실권절차에 따를 수 있다(cf. 발기인의 납입지체시 강제집행만 가능). **실권절차**란 발기인이 일정한 기일을 정하여 주식인수인에게 그 기일 내에 납입을 하지 아니하면 그 권리를 잃는다는 뜻을 기일의 2주 전에 그 주식인수인에게 통지(**실권예고부 최고**)하여야 하고, 통지를 받은 주식인수인이 그 기일 내에 납입의 이행을 하지 아니한 때에는 그 권리를 잃게 되는 절차이다. 실권절차가 완료되면 발기인은 다시 그 주식에 대한 주주를 모집할 수 있으며(상307.2), 발기인이 스스로 인수할 수도 있다. 주금을 납입하지 않은 주식인수인에 대해 손해배상청구를 할 수 있다(상307.3).

(4) 가장납입

1) **개 념** : 주식의 인수가액이 실질적으로 납입되지 않고 형식적으로만 이루어지는 일련의 행위를 의미한다. 이는 자본충실의 원칙에 정면으로 반하여 회사의 자본적 기초를 위태롭게 하므로 상법은 이를 규제하고 있는데, 납입금 보관은행과의 공모에 의한 경우와 일시적 차입금에 의한 경우 등이 있다.

2) **공모에 의한 납입가장(預合)** : 발기인이 납입금 보관은행으로부터 금전을 차입하여 납입금에 충당하면서 회사설립 후에 차입금을 변제하지 않고는 납입금을 인출하지 않는다는 것을 납입금 보관은행과 약정하는 형태의 가장납입이다. 그러나 납입금 인출제한에 관한 약정은 상법 제318조 2항의 '납입금액의 반환에 관한 제한'에 해당하고 이로써 회사에 대항할 수 없으므로 현행법상 은행으로서는 공모를 하지 않게 되어 공모에 의한 납입가장은 사실상 불가능하게 되었다.

3) **일시차입금에 의한 가장납입(위장납입)** : ① 개념 – 발기인이 제3자로부터 납입금 전액을 차입하여 주금으로 납입하고 회사를 설립한 다음 납입금 전액을 인출하여 반환(차입금을 변제)하는 일련의 행위를 의미한다. 납입금보관은행과의 공모(장부조작에 의한 납입가장) 없이, 위장납입은 차입금에 의해 일응 현실적으로 납입이 이루어진다.

② **효력** – 위장납입은 납입가장죄로 처벌된다(상628). **위장납입의 납입으로서의 효력**(**쟁점19**)에 관해, **무효설**은 차입금에 의한 납입도 유효하지만 회사의 설립 후에 모두 인출하여 반환할 의도로 납입하였다면 이는 자본의 확보와 충실을 위하여 법정한 강행법규의 탈법행위이고 납입금의 차입과 반환은 하나의 계획된 납입가장행위로 무효라 본다. **유효설**은 위장납입의 경우에도 차입금이기는 하나 주금액의 납입으로 사실상 금원의 이동이 있었는데, 발기인의 주관적 의도를 이유로 주금납입의 효력을 좌우함은 부당하여 위장납입을 유효하다고 본다. 이 견해는 납입금 상당금액 차입 후 납입행위와 회사설립등기 후에 이를 인출하여 채무의 변제를 위해 사용하는 반환행위를 분리하여, 반환행위는 위법이지만 차입 후 납입행위 자체는 합법적이라고 보고 있다. **판례**는 주금의 가장납입의 경우에도 금원의 이동에 따른 현실의 불입이 있는 것이고, 설령 그것이 실제로는 주금납입의 가장 수단으로 이용된 것이라고 할지라도 이는 그 납입을 하는 발기인 또는 이사들의 주관적 의도의 문제에 불과하므로, 이러한 내심적 사정에 의하여 회사의 설립이나 증자와 같은 집단적 절차의 일환을 이루는 주금납입의 효력이 좌우될 수 없다고 보았다(95다5790). 생각건대 회사 자본금에 의한 차입금변제는 불법이지만, 차입금에 의한 납입도 유효라 보는 유효설이 타당하다고 본다.

③ **회사·주주관계** – 판례는 주금의 가장납입이 일시 차입금을 가지고 주주 등의 주금을 **체당납입**한 것으로 볼 수 있어 주금납입이 종료된 후에도 주주는 회사에 대하여 체당납입한 주금을 상환할 의무가 있다고 보았다(2002다29138).

④ **관련자의 책임** – 발기인·이사에 의한 납입금의 반환행위는 회사 혹은 제3자에 대하여 손해배상책임을 부담하고(상322.1,2), 배임죄(상622), 업무상 횡령죄, 상법상의 납입가장죄(상628), 공정증서원본부실기재죄 등 형사상의 책임도 문제된다. 이에 관해 판례는 납입가장죄 외에 배임죄(2005도856), 업무상 횡령죄의 성립를 부인하였지만, 공정증서원본불실기재·동행사죄의 성립을 긍정하였다(2003도7645전합).

⑤ **회사대여 가장납입** – 회사설립 후 신주발행시에 회사자금에 의한 납입이 이루어지는 경우에 관해, 판례는 회사가 처음부터 제3자에 대하여 대여금 채권을 행사하지 아니하기로 약정되어 있는 등으로 대여금을 실질적으로 회수할 의사가 없었고 제3자도 그러한 회사의 의사를 전제로 하여 주식인수청약을 한 때에는, 그 제3자가 인수한 주식의 액면금액에 상당하는 회사의 자본이 증가되었다고 할 수 없으므로 위와 같은 주식인수대금의 납입은 단순히 납입을 가장한 것에 지나지 아니하여 무효라 보았다(2001다44109).

4. 기관구성 및 설립경과조사 절차

(1) 기관구성

금전출자의 납입과 현물출자의 이행이 완료된 경우 발기설립절차에서는 발기인은 지체 없이 의결권의 과반수로 이사와 감사를 선임하여야 하고(상296), 모집설립절차에서는 지체 없이 창립총회를 소집하여야 한다(상308). 창립총회의 기능에는 여러 가지가 있지만 그 중 임원의 선임이 중요한 기능이다.

1) **발기인회의(발기설립)** : 발기설립절차에서는 **발기인회의**에서 **이사·감사의 선임결의**를 한다. 선임결의에서 발기인의 의결권은 인수주식의 1주에 대해 1개의 의결권이 부여되므로(상296.2), 두수주의가 아닌 **지분주의**를 취하고 있다는 점이 일반조합과 다르다. 발기인은 의사록을 작성하여 의사의 경과와 결과를 기재하고 기명날인·서명한다(상297). 발기인회의 소집 없이 각각의 의결권행사를 집계하여 이사·감사를 선임한 후 이를 의사록에 기재(서면결의)하더라도 전원출석주주총회를 인정하는 것과 같은 취지로 유효한 선임이라고 판단된다.

2) **창립총회(모집설립)** : 모집설립절차에서는 발기인과 제3자인 주식인수인의

의결체인 창립총회가 소집되고 여기서 이사와 감사를 선임한다(상312). **창립총회**란 주식인수인으로써 구성된 설립중의 회사의 의결기관이자 주주총회의 전신이다. 창립총회의 결의는 출석한 주식인수인의 의결권의 2/3 이상이며 인수된 주식의 총수의 과반수에 해당하는 다수로 하여(상309) 조직 완비전에 업무집행의 신중을 배려하고 있다. 창립총회에는 주주총회에 관한 상법의 규정(소집의 통지·공고, 소집지, 의결권의 대리행사·제한·불통일행사, 의결권수 및 그 계산, 연기·속행 결의, 의사록, 결의취소·무효확인·부존재확인의 소, 종류주주총회)을 준용한다(상308.2). 창립총회의 **권한**에는 임원선임권한 외에 설립경과감독권한(상313.1), 발기인·이사의 보고수리권한(상311), 변태설립사항 변경권, 정관변경·설립폐지권한(상316) 등이 포함된다.

(2) 설립경과 조사

1) **원 칙** : 선임된 이사와 감사의 회사설립사항의 법령·정관 위반여부에 관한 조사·보고는 발기인(발기설립, 상298)에게 또는 창립총회(모집설립, 상313)에서 이뤄진다. 이때 발기인·현물출자자·재산인수거래당사자인 이사·감사는 조사·보고에 참가하지 못하고(상298.2), 전원에 결격사유가 있을 경우에는 공증인이 대신한다(상298.3). 특히 **변태설립사항**이 있을 경우에는 조사를 위해 이사(모집설립의 경우 발기인)는 검사인의 선임을 법원에 청구하여야 하나(상298.4, 310.1), 공증인의 조사·보고, 감정인의 감정으로 대체할 수 있다(상299의2). 다만 i) **소액재산출자**(현물출자나 재산인수 총액이 자본금의 1/5를 초과하지 아니하고 대통령령으로 정한 금액(5천만원, 상시7.1)을 초과하지 아니하는 경우), ii) **유가증권출자**(현물출자나 재산인수의 재산이 거래소에서 시세가 있는 유가증권인 경우로서 정관에 적힌 가격이 대통령령으로 정한 방법으로 산정된 시세를 초과하지 아니하는 경우), iii) 기타 이에 준하는 경우로서 대통령령으로 정하는 경우에는 검사인의 조사·보고를 면제하고 있다(상299.2).

2) **검사인의 선임** : 검사인은 변태설립사항과 현물출자의 이행을 조사하여 법원(발기설립절차) 또는 창립총회(모집설립절차)에 보고하고 조사보고서를 작성하여 그 등본을 발기인에게 교부하여야 한다(상299.1,2, 310.2). 검사인의 보고서에 문제가 있을 경우, 발기설립절차에서 발기인은 조사보고서에 사실과 상위한 사항이 있는 경우 법원에 설명서를 제출할 수 있다(상299.3, 310.3). 법원(또는 모집설

립절차에서 창립총회)은 검사인의 조사보고서와 발기인의 설명서를 심사하여 변태설립사항이 부당하다고 인정한 때에는 이를 변경하여 각 발기인에게 통고할 수 있다(상300.1, 314.1). 발기인은 이에 불복하여 주식인수를 취소할 수 있으며(상300.2, 214.2), 변경결의는 발기인에 대한 손해배상책임에 영향을 미치지 않는다(상315). 이 경우 정관을 변경하여 설립에 관한 절차를 속행할 수 있다(상300.2, 314.2). 법원(또는 모집설립절차에서 창립총회)의 통고가 있은 후 2주 내에 주식의 인수를 취소한 발기인이 없는 때에는 정관은 통고에 따라서 변경된 것으로 본다(상300.3, 314.2).

3) **검사인 불선임(대체)** : 변태설립사항 중 발기인이 받을 특별이익이나 설립비용·발기인의 보수액(상290 1호, 4호)에 관하여는 공증인의 조사·보고로, 현물출자·재산인수(상290 2호, 3호)와 제295조의 규정에 의한 현물출자의 이행에 관하여는 공인된 감정인의 감정으로 검사인의 조사에 갈음할 수 있다(상299의2, 310.3). 그리고 이 경우 공증인 또는 감정인은 조사 또는 감정결과를 법원에 보고하여야 한다(상299의2).

5. 설립등기

회사가 설립되기 위해서는 최종적으로 설립등기가 이루어져야 하는데, 설립등기는 회사의 설립에 관한 **준칙주의**에 따라 설립요건 구비 여부를 조사하려는 취지와 **공시주의**의 이념에 따라 회사의 성립과 중요한 내부적 사실을 외부적으로 공개함으로써 회사와 거래하는 거래상대방의 이익을 보호하려는 취지이다. 발기설립의 경우 법원의 변경처분이 완료된 후, 모집설립의 경우에는 창립총회의 종료일 또는 변태설립사항의 절차가 완료된 날로부터 2주 내에 이사가 설립등기를 공동신청하여야 한다(상317.1). **등기사항**에는 정관의 기재사항과 자본금, 이사, 대표이사(대표집행임원), 감사위원 등 12가지 사항이 포함된다(상317.2). 설립등기를 해태한 때에는 과태료의 제재가 있고(상635.1 1호), 등기사항의 변경시에는 본점 소재지에서 2주 내, 지점 소재지에서 3주 내에 변경등기하여야 한다(상317.4→183). **설립등기의 효력**은 i) 설립중의 회사에 법인격을 부여하여 권리능력 있는 회사가 되게 하며(상172), 주식인수인은 주주가 된다. ii) 주식인수의 무효 또는 취소를 제한하는 효력이 있고(상320.1), iii) 발기인의 자본충실책임이 발생하고(상

321.1,2), iv) 권리주의 양도제한이 해제되고(상319), v) 주권발행이 허용된다(상355.2).

Ⅲ. 설립에 관한 책임

주식회사의 설립절차는 복잡하고 준칙주의를 취하고 있어 과오나 부정이 생기기 쉽다. 상법은 이를 보완하기 위해 엄격준칙주의에 따라 설립관여자에게 엄격한 책임을 인정하고 있다.

1. 발기인의 책임

(1) 회사가 성립한 경우

1) **자본충실책임** : ① 개념 – 설립등기를 마친 회사의 자본흠결에 대해 부담하는 발기인의 책임을 의미하고 무과실책임이다. 회사는 설립시에 발행하는 주식총수에 대해 인수가 이루어지고(총액인수주의) 이에 대해 전액 납입이 완료되어야 설립등기를 신청할 수 있다. 그런데 주식인수행위에 취소·무효사유(무능력, 통정허위표시)가 있었다든가 납입이 없었음에도 불구하고 착오로 설립등기가 이루어졌다면 설립무효의 원인이 되지만, 일정한 경우 경제적 관점에서 발기인의 책임을 인정함으로써 회사의 설립의 효력을 유지시키고 있다(기업유지의 이념). 발기인의 **자본충실책임의 한계**에 관해, 회사채권자 및 주주의 보호를 위해 주금액의 납입이 전혀 없는 경우에도 발기인의 납입담보책임이 생긴다고 보는 **무제한설**도 있지만, 자본 흠결의 정도가 경미한 경우에만 발기인의 자본충실책임으로 보완할 수 있고 현저한 경우에는 설립무효의 사유가 된다는 **제한설**(통설)이 타당하다. 발기인의 자본충실책임은 회사의 성립과 동시에 발생된다고 보아야 하며, 회사 성립 후 주식인수가 취소될 경우 취소시점에 책임이 발생한다. 발기인의 책임을 추궁하기 위하여는 소수주주에 의한 대표소송이 인정되고(상324 → 403~406), 이는 회사의 성립시(또는 책임발생시점)로부터 10년의 소멸시효의 경과로 소멸된다고 볼 수 있다. 그러나 일반의 손해배상책임(상324 → 400)과는 달리 총주주의 동의(상400.1)로도 발기인의 자본충실책임을 면제할 수는 없다.

② 내용 – 발기인의 자본충실책임은 인수담보책임과 납입담보책임으로 구별된다. **인수담보책임**이란 회사설립시에 발행한 주식으로서 회사성립 후에 아직 인

수되지 아니한 주식이 있거나 주식인수의 청약이 취소된 때에는 발기인이 이를 공동으로 인수한 것으로 보아(상321.1) 발기인이 부담하는 연대납입의무를 의미한다. **납입담보책임**이란 회사성립 후 납입(상295.1, 305.1)을 완료하지 아니한 주식이 있는 때에는 발기인은 연대하여 납입을 하여야 하는 책임(상321.2)을 의미한다. 납입담보책임은 해당 주식인수인과 발기인의 부진정연대책임이며 설사 발기인이 담보책임을 이행한 경우에도 주식인수인의 의무를 대신 이행(체당)한 것이 된다. 따라서 납입을 대행한 발기인은 주식인수인에 대하여 구상권을 행사할 수 있고, 회사의 납입청구권을 대위행사하여 회사로부터 주권의 교부를 받아 유치할 수 있다.

③ **자본충실책임의 현물출자에의 적용 여부**(**쟁점20**)에 관해, **제한적 긍정설**은 발기인의 자본충실책임의 취지를 설립무효의 구제뿐만 아니라 다른 주주나 회사채권자 보호에 있다고 보아 대체가능한 현물출자의 불이행의 경우에도 담보책임이 인정된다고 보고, **부정설**은 현물출자의 불이행의 경우에는 원칙적으로 발기인의 자본충실책임에 의해 설립무효가 구제될 수 없다고 본다(다수설). 생각건대 현물출자는 출자목적물마다 개성이 있어 대행될 수 없는 특징이 있고, 대체가능한 현물출자라 하더라도 동 책임의 요건인 '납입'미필(상321.2)에는 현물출자의 '이행' 미필은 포함되지 않는다고 보아 부정설이 타당하다고 본다.

2) **손해배상책임** : ① **개념** – 발기인은 자본충실책임뿐만 아니라 회사 또는 제3자에 대하여 일정한 요건충족을 전제로 손해배상책임을 부담한다. 회사설립단계에서 이사 또는 감사가 상법에 규정한 임무(상313)를 해태하여 회사 또는 제3자에 대하여 손해를 입힌 경우에도 손해배상책임이 발생하며 이때 그 이사, 감사와 발기인은 연대하여 손해를 배상할 책임이 있다(상323).

② **회사에 대한 책임** – 발기인이 회사의 설립에 관하여 그 임무를 해태한 때에는 그 발기인은 회사에 대하여 연대 손해배상책임이 있다(상322.1). 발기인은 설립중의 회사의 기관으로서 민법상의 위임계약관계에 있는바, 발기인이 선관주의 의무를 해태하여 손해를 발생시킨 경우 성립 후 회사에 대하여 책임을 부담하게 된다. 회사성립 후 설립무효판결시에도 개념상 발기인이 손해배상책임을 부담할 수 있지만, 회사불성립시에는 배상책임을 물을 수 있는 주체가 성립되지 않아 사실상 동조의 책임은 문제되지 않는다. 발기인의 회사에 대한 책임의 **법적 성질**은 발기인의 임무해태를 요건으로 하고 있다는 점에서 과실책임(채무불이행책임)

이고 무과실책임인 자본충실책임과는 구별된다. 물론 발기인은 설립중의 회사에 대해서 이러한 책임을 부담하나 설립중의 회사의 모든 채권·채무는 성립 후의 회사에 귀속되므로 발기인이 회사에 대해서 책임을 부담하게 된다. 이사의 책임과 같이 대표소송, 총주주의 동의에 의한 면책이 준용된다(상324→400).

③ 제3자에 대한 책임 – 발기인이 악의 또는 중대한 과실로 인하여 그 임무를 해태한 때에는 그 발기인은 제3자에 대하여도 연대 손해배상책임이 있다(상322.2). 발기인의 제3자에 대한 책임의 **법적 성질**에 관해 불법행위책임설과 법정책임설(통설)이 있지만, 경과실을 문제삼지 않고 악의·중과실은 발기인의 임무해태에 있으면 족하고 직접 제3자에 대한 위법행위에 관해 존재할 필요가 없다는 점에서 일종의 **법정책임**으로 이해된다. 따라서 제3자에 대한 불법행위의 요건을 구비한 경우에는 본조에 의한 청구권과 불법행위에 따른 청구권이 경합한다고 본다. **제3자·손해의 범위**에 관해 주주가 포함되고(통설), 직접손해만 포함된다는 견해와 간접손해도 포함된다는 견해의 대립은 '이사의 책임'에서 자세히 본다.

(2) 회사가 불성립한 경우

회사가 설립등기까지 이르지 못한 경우 발기인이 회사의 설립에 관한 행위에 대하여 연대책임을 부담하고 회사의 설립에 관하여 지출한 비용은 발기인이 부담한다(상326). 이러한 책임은 회사의 설립행위, 설립을 위한 행위, 예컨대 설립사무소의 임차, 사무원의 고용 등에서 발생하는 비용에 국한되고, 개업준비행위가 발기인의 권한에 포함되지 않음을 고려할 때 개업준비비용은 발기인의 개인의 채무로서 성격을 가지고 이에 대해 상법 제326조를 적용할 수는 없다고 본다. 그리고 회사가 불성립한 경우에 대한 발기인의 책임에 관한 상법 제326조는 회사가 설립등기를 하지 못한 경우에 발생하는 책임이고, 일단 설립등기를 경료하였으나 설립무효의 판결이 확정된 경우는 해당되지 않는다. 회사가 불성립한 경우의 발기인의 **책임의 성질**에 관해, 회사불성립의 경우에는 권리·의무의 귀속주체가 존재하지 않으므로 주식인수인의 이익보호를 위해 인정한 무과실연대책임이라고 보는 **당연설**이 있지만, 설립이 좌절되어 사실상 청산절차를 수행하는 경우에도 설립중의 회사가 권리·의무의 주체가 되나 주식인수인·채권자 보호를 위하여 정책적으로 모든 발기인의 연대책임을 인정하고 있다고 보는 **정책설**이 타당하다고 본다.

2. 기타 설립관여자의 책임

(1) 이사·감사·검사인의 책임

이사·감사의 설립경과보고의무(상298.1, 313), 검사인의 변태설립사항 조사·보고의무(상299, 310)를 해태한 때에는 회사 혹은 제3자에 대해 발기인과 동일한 책임을 부담하며(상323, 325), 특히 이사·감사는 발기인과 연대책임을 진다(상323). 이사·감사·검사인 모두 설립관여자로서 회사와는 위임관계에 있다고 보므로 앞서 본 발기인의 책임과 달리 해석할 아무런 이유가 없다. 따라서 이사·감사의 책임요건에 고의·중과실이 규정되지 않은 것(상323)은 상법규정상의 오류로 보여지고 해석상 위임관계에 따라 동일한 책임을 부담한다고 해석할 필요가 있다. 그 밖에 책임추궁의 방법이라든가 책임면제는 발기인의 경우와 동일하다.

(2) 유사발기인의 책임

사실상 발기인은 아니지만 주식청약서 기타 주식모집에 관한 서면에 성명과 회사의 설립에 찬조하는 뜻을 기재할 것을 승낙한 자를 유사발기인이라 하고, 이 자는 발기인과 동일한 책임을 부담한다(상327). 이 규정은 정관상에는 발기인으로 기명날인·서명하지 않았지만 주식청약서나 사업설명서, 주주모집광고 등에 회사의 설립에 관여하는 듯한 외관을 만든 경우 이를 신뢰한 제3자에게 책임을 부담시킨다는 취지로서 **외관존중의 법리**, 금반언의 법리의 표현이다. 책임의 성질이나 책임의 추궁방법 등은 발기인의 경우와 동일하게 해석할 수 있다. 하지만 유사발기인의 책임의 범위에 관해, 주식청약서를 신뢰한 주식인수인 기타 제3자 보호라는 취지에서 발기인과 동일하게 회사성립시의 자본충실책임, 회사불성립시 책임은 인정될 수 있으나, 유사발기인이 실제 업무를 담당할 권한을 가지지 않으므로 임무해태가 성립할 수 없어 손해배상책임은 인정되기 어렵다고 본다. 다만 유사발기인이 회사 설립사무와 관련한 일정한 행위를 한 경우 손해배상책임이 인정될 수 있고, 이 경우 통상의 발기인이라면 부담하였을 선관주의의무 위반 여부가 문제되며 이는 사실상의 이사의 책임(상401의2)에서의 해석론과 유사하다.

Ⅳ. 설립 무효

1) **의 의** : 회사의 설립시 주식인수의 의사표시의 취소·무효주장을 제한하고 있으며(상320), 인적회사와 달리 설립취소의 소(상184, 185, 269, 287의6, 552)를 인정하지 않는다. 하지만 **설립절차에 흠결**(예, 주식발행사항 결정시 발기인 전원동의 흠결, 정관의 절대적 기재사항 흠결)시 회사설립이 무효로 된다. 그런데 무효주장에 관해 일반법리에 따를 경우, 다수가 참여하는 회사의 설립행위와 성립후 회사가 진행시킨 법률관계의 혼란이 예상된다. 따라서 설립절차를 포함하여 회사법상의 법률관계는 다수의 관련자들에게 획일적으로 확정되게 할 필요가 있고, 법률관계의 안정을 위해 무효의 소급효도 제한할 필요가 있다. 물론 회사의 설립절차가 전혀 없거나 설립등기만 존재하는 경우, 즉 **회사의 부존재**는 이러한 설립무효의 소에 관한 상법의 규정은 적용되지 않고 소송법의 일반이론에 따라 해결된다고 본다.

2) **설립무효 원인** : 회사의 설립절차의 강행법규성에 따라 회사의 설립절차를 위반하였을 경우 설립무효의 원인이 되지만, 주식인수행위상의 하자는 주장이 제한되고 현저하지 않는 자본흠결은 발기인의 자본충실책임으로 보완된다. 그 밖에 회사의 설립 자체가 선량한 풍속 기타 사회질서에 반한다든가 주식회사의 본질에 반하는 경우도 무효원인이라 할 수 있을 것이다. 무효원인을 예시해 보면, 정관의 절대적 기재사항을 기재하지 않았다든지 상법에 위반한 기재시, 정관에 공증인의 인증이 없는 경우, 현물출자의 불이행, 변태설립사항에 관한 조사 등의 규정위반이 있는 경우, 창립총회가 무효한 경우 등을 들 수 있다. 다만 주식의 인수와 납입이 현저하게 흠결된 경우에 관해서는 발기인의 자본충실책임이 적용된다는 견해도 있지만 무효원인으로 본다.

3) **설립무효의 소** : 주식회사설립의 무효는 주주·이사·감사에 한하여 회사성립의 날로부터 2년 내에 소(訴)만으로 이를 주장할 수 있다(상328.1). 원고적격을 주주·이사·감사로 제한하고 있는데, 해석상 의결권 없는 주식을 가진 주주, 회사성립 후에 주식을 취득한 자, 법원이 선임한 가이사(상386.2)도 포함된다고 보며, 발기인이나 회사채권자 등은 법률적인 이해관계가 있더라도 설립무효의 소를 제

기할 수 없다. 설립무효의 소는 제소기간이 2년인 **형성의 소**로서, 관할을 비롯하여 소송에 관련된 규정은 합명회사의 설립무효·취소의 소에 관한 규정을 준용한다(상328.2; 이하 규정은 준용규정임). 따라서 동소는 본점소재지의 지방법원의 관할에 전속하고(상186), 소가 제기된 때에는 회사는 지체 없이 공고하여야 한다(상187). 수 개의 설립무효의 소가 제기된 때에는 법원은 이를 병합심리하여야 하고(상188), 설립무효의 소의 심리 중에 원인이 된 하자가 보완되고 회사의 현황과 제반 사정을 참작하여 설립을 무효로 하는 것이 부적당하다고 인정한 때에는 법원은 그 청구를 기각하는 재량기각이 가능하다(상189).

4) **무효판결의 효과** : ① **원고승소시** 설립무효의 판결은 제3자에 대하여도 그 효력이 있다(상190본문). 원고가 승소한 경우에 내려지는 판결인 설립무효의 판결은 기판력이 소송당사자에게 미친다는 민사소송의 일반원칙과 달리, 법률관계의 획일적 확정을 위해 소송당사자뿐만 아니라 제3자에게도 효력이 미치는 이른바 **대세효**(대세적 효력)를 가진다. 그리고 상법은 판결확정 전에 생긴 회사와 사원 및 제3자간의 권리의무에 영향을 미치지 아니하여(상190, 단서), 소급효가 인정되는 무효의 일반의 법리와는 달리 **불소급효**를 인정함으로써 기존의 법률관계를 보호(법률관계의 안정 도모)한다. 따라서 설립무효의 판결이 있기까지 성립후 회사와 발기인·주주·제3자간의 각종 권리·의무, 계약상·불법행위상의 책임 등은 회사가 유효하게 설립된 경우와 같은 법률적 효력을 가지게 되어, 설립무효의 판결시까지 사실상 회사가 존속하는 효과(**사실상의 회사**)가 발생한다. 하지만 설립무효의 판결확정 이후에 성립하는 법률관계에 있어서는 회사의 **법인격상실**의 효과가 미친다. 설립무효의 판결이 확정된 때에는 해산의 경우에 준하여 청산하여야 하고 이 경우 법원은 사원 기타의 이해관계인의 청구에 의하여 청산인을 선임할 수 있다(상328.2 → 193). 그리고 설립무효의 판결이 확정된 때에는 본점과 지점의 소재지에서 이를 등기하여야 한다(상328.2 → 192).

② **원고패소시** 회사의 존속이 인정되므로 불소급효는 문제되지 않으며, 제소기간 내에 다른 제소권자가 동일하거나 다른 원인으로 설립무효의 소를 제기할 수 있어 대세효가 인정되지 않는다. 이는 원고승소의 경우 대세효와 불소급효를 인정하는 것과 효과를 달리한다. 설립무효의 소를 제기한 자가 패소한 경우에 악의 또는 중대한 과실이 있는 때에는 회사에 대하여 연대하여 손해를 배상할 책임을 인정하여(상191) 남소의 폐해를 예방하고 있다.

제 3 절 주식제도

Ⅰ. 주 식

1. 의 의

주식은 **자본의 구성단위**(상329.2, 464 등)와 **주주의 권리**(상335 등, 사원권)의 두 개념을 가지고 있다. 인적회사에서 지분이 주식회사에서는 주식에 해당하는데, 인적회사의 지분은 복수가 아니고 단일한 개념이지만 주식회사의 주식은 **지분복수주의**를 취하고 있어 구별된다. 주주의 투자로 자본금이 구성되고(자본구성단위) 투자의 목적이자 대가로 얻게 되는 사원의 지위(주주권)에서 각종 권리가 발생하게 된다. 주주의 의무를 보면, 주식인수인의 지위에서 인수가액을 한도로 납입의무를 부담하지만 주주의 지위에 부담되는 의무는 없다고 할 수 있다. 다만 대주주 등에게 일종의 신인의무(충실의무)를 인정하려는 논의가 있다. 주주권의 **법적 성질**에 관해서 자익권과 공익권으로 구성되는 사원권이라는 **사원권설**이 통설이나, 공익권을 주주가 회사의 기관의 자격에서 가지는 권한으로 파악하는 사원권부인설, 주주의 권리를 이익배당청구권이라는 사단법상의 채권으로 보는 채권설도 있다.

2. 종류주식

(1) 의 의

1) **개 념** : 정관으로 이익배당, 잔여재산분배, 주총 의결권행사, 상환·전환 등에 관하여 내용을 달리 정하여 발행한 주식을 의미한다(상344.1,2). 종류주식은 정관에 따라 발행되나(상344.2) 회사는 주식의 종류에 따라 **신주인수**, **주식배정**(주식병합·분할·소각·회사합병·분할)에 관하여 정관규정 없이 특수하게 정할 수 있다(상344.3). 신주인수·주식배정 이외의 사항에 관해서도 특수한 정함을 할 수 있는지 규정상 명확하지 않지만 동 규정을 제한적 규정으로 보아 기타 사항은 제한할 수 없다고 본다(**제한규정설**). 종류주식은 개정전 상법상의 **수종의 주식**(우선

주의 속성으로서 재산적 가치만 차별 가능)을 대체하는 개념으로서, 재산적 가치(이익배당·잔여재산분배)는 물론 의결권, 상환·전환시 권리의 내용을 달리할 수 있다.

2) **보통주식과 종류주식** : 이익형 종류주식의 기준이 되는 보통주식도 종류주식에 해당하는가? **보통주식의 종류주식에의 포함 여부(쟁점21)**에 관해, **포함설**은 전환주식에서 보통주식으로 전환(상346.1)을 허용하기 위해서는 보통주식도 종류주식에 포함되어야 한다는 견해이다. **불포함설**은 보통주가 상환주식이 되는 것은 허용되지 않으므로(상345.5) 보통주는 종류주식에 포함되지 않는다고 보며, 보통주식을 광의의 종류주식에 포함시키는 **절충설** 등도 있다. 생각건대 보통주식은 회사법상 정의된 용어가 아니고 이익형 종류주식의 한 유형이긴 하지만, 종류주식의 취지상 보통주식을 종류주식으로 볼 수는 없다. 따라서 종류주식에 허용되는 특수한 정함(상344.3), 종류주주총회(상435), 상환대가성(상345.4), 상환주식의 허용성(상345.5) 등을 해석함에 있어 보통주식은 배제된다고 본다. 특히 보통주식의 상환주식화는 실질적으로 출자의 환급이 되어 자식주식의 취득과 같은 예외적인 경우를 제외하고는 자본충실의 원칙상 금지되므로, 상환주식의 발행(상345.5)에서 보통주식은 '종류주식'에 해당하지 않는다고 보아야 한다(불포함설). 다만 전환주식의 발행(상346.1)에 있어 보통주식은 다른 종류의 주식을 의미하는 '다른 종류주식'에는 해당될 수 있고 종류주식의 보통주식으로의 전환은 아무런 문제를 야기하지 않으므로 보통주식은 '다른 종류주식'에는 해당한다고 본다.

(2) 유 형

1) **이익형 종류주식** : ① **개념** – 주식의 재산적 이익(이익배당, 잔여재산분배)에 관해 내용을 달리하는 종류주식을 의미한다(개정전 '수종의 주식'에 해당). 재산적 이익에서 표준이 되는 주식을 **보통주**라 하고, 보통주를 기준으로 우선적 지위를 가지는 **우선주**(예, 이사회결의로 액면금액 기준 연 1% 이상으로 우선 배당), 열후한 지위를 가지는 **후배주**, 부분적 우선, 부분적 열후한 **혼합주**가 있다.

② **우선주의 유형** – 우선주는 정관소정의 우선적 배당을 받고 잔여 미처분이익이 있을 경우 잔여이익에 대하여 다시 배당받을 수 있는 **참가적 우선주**(예, 우선주에도 우선배당금 이외에 보통주의 배당률과 동일한 비율로 참가)와 그렇지 못한 **비참가적 우선주**로 구별되며, 배당가능이익이 없어 우선배당률에 못 미치는 배

당을 실시한 경우 다음 연도의 이익배당에서 이를 보상받을 수 있는지(예, 우선주에 대해 소정의 배당을 하지 못한 경우 누적된 미배당분을 다음 사업연도 배당시 우선 배당)에 따라 누적적·비누적적 우선주로 구별된다.

③ **정관 규정** – **이익배당 관련 종류주식**의 경우 정관에 주주에게 교부하는 배당재산의 종류·가액의 결정방법, 이익을 배당하는 조건 등 이익배당에 관한 내용을 정하여야 하지만(상344의2.1), 배당률에 관한 제한은 없다. **잔여재산분배 관련 종류주식**은 회사가 잔여재산의 분배에 관하여 내용이 다른 종류주식을 발행하는 경우에는 정관에 잔여재산의 종류·가액의 결정방법, 그밖에 잔여재산분배에 관한 내용을 정하여야 한다(상344의2.2).

2) **의결권형 종류주식** : ① **의결권제한주식** – 회사가 의결권이 없거나 제한되는 종류주식을 발행하는 경우에는 정관에 의결권행사 불가사항을 정하고 의결권행사·부활조건은 선택적으로 정할 수 있다(상344의3.1). 의결권형 종류주식은 의결권제한·배제주식만 허용되고 차등의결권주식은 허용되지 않는다. 의결권제한주식이란 일정한 사항에 관해 주주의 의결권이 제한되는 종류주식을 의미하고, 기타 사항에는 정상적으로 의결권을 행사할 수 있다.

② **의결권배제주식** – 의결권배제주식이란 의결권이 배제된 종류주식(무의결권주식)을 의미하는데, 회사는 이를 통해 지배관계를 유지하면서 배당에 관심이 있는 투자자를 유치할 수 있고 기업의 지배와 경영을 분리하는 수단이 된다. 의결권배제주식은 주식종류의 하나로 우선주와 무관하게 발행될 수 있어, 우선적 배당을 받지 못할 경우에도 의결권이 부활(구상370)하지 않는다.

③ **발행 제한** – 의결권제한·배제주식에 의한 지배와 경영의 왜곡 현상을 방지하기 위해 의결권배제·제한의 종류주식의 총수는 발행주식총수의 1/4을 초과하지 못하고, 1/4을 초과하여 발행된 경우에는 회사는 지체 없이 필요한 조치를 하여야 한다(상344의3.2). 그러나 상장법인의 경우에는 발행주식총수의 1/2까지 의결권배제·제한주식을 발행할 수 있다(자본165의15.2).

3) **상환형 종류주식** : ① **개념** – 주식의 발행시부터 회사의 이익으로 소각이 예정되어 있는 주식을 **상환주식**이라 한다(상345.1). 상환이 예정되어 사채와 유사하지만 이자지급이 없고 이익으로만 상환되므로 사채와는 다르다. 예컨대 이익배당 우선주를 발행하여 자금조달을 용이하게 하면서 일정한 기간이 경과하고 이익

이 생길 경우 그 자금으로 상환함으로써 회사로 하여금 이익배당의 부담을 면하게 하는 제도이다. 상환주식의 발행은 전환주식(상347)과 달리 회사법에 청약방식 등에 관한 제한이 없어 정관에 정해진 내용과 절차에 따르면 된다. 상환결정의 방법에 따라 강제상환(회사가 일방적 상환결정)과 임의상환(회사·주주가 합의하여 매입), 의무상환(주주의 선택) 등으로 구별될 수 있지만, 상법은 회사가 상환권을 가지는 주식(상환권부주식)과 주주가 상환권을 가지는 상환주식(상환청구권부주식)을 규정하고 있다.

② **상환권부주식 – 상환권부주식**은 회사가 이익으로 소각할 수 있는 상환권을 가지는 종류주식으로서, 그 발행을 위해 회사는 정관에 상환가액·기간·방법과 상환할 주식수를 기재하여야 하므로(상345.1) 일종의 정관의 상대적 기재사항에 해당한다. 회사가 상환주식의 취득을 위해서는, 상환대상인 주식의 취득일로부터 2주 전에 그 사실을 그 주식의 주주 및 주주명부에 적힌 권리자에게 따로 통지하여야 하는데, 통지는 공고로 갈음할 수 있다(상345.2).

③ **상환청구권부주식 – 상환청구권부주식**은 주주가 회사에 대하여 상환을 청구할 수 있는 종류주식으로서, 그 발행을 위해 회사는 정관에 상환청구권(주주가 회사에 대하여 상환을 청구할 수 있다는 뜻)을 기재하여야 하고 상환가액·청구기간·방법 등을 정하여야 한다(상345.3).

④ **상환의 재원** – 회사는 상환주식의 취득의 대가로 현금·유가증권·기타 자산을 교부할 수 있는데, 실질적 자본감소를 막기 위해 교부되는 자산의 장부가액은 배당가능이익을 초과할 수 없다(상345.4). 이익발생이 상환주식 상환의 법정조건화되어 있어 배당가능이익이 존재하지 않는다면 상환은 금지되므로, 회사는 정상적 상환을 위해 매년 이익의 일부를 상환기금으로 적립할 필요가 있다. 그리고 상환가액은 자유로이 정할 수 있으나, 주금액의 일부상환은 인정되지 않는다고 본다.

⑤ **상환의 효과** – 상환주식의 상환을 위해 회사는 자기주식을 취득하게 되므로, 이에 대해 주식실효절차를 밟게 된다. 이 과정에서 자본금(형식적 자본)은 감소되지만 이익으로 상환되므로 자본(실질적 자본)은 감소되지 않아 형식적인 자본과 실질적인 자본의 불일치가 생긴다. 결과적으로 회사의 자본(실질적 자본)은 발행주식총수의 액면총액이라는 등식이 성립하지 않는 예외적인 현상이 발생한다. 그리고 회사가 상환을 한 부분은 다시 발행예정주식수에 산입되어 **재발행의 가능성**이 문제되지만, 상환주식에 대해서는 이미 발행권한을 행사하였다는 점에

서 우선주나 보통주 등을 재발행하지 못한다고 보는 견해가 다수설의 입장이고 수권자본제도의 취지에서 볼 때 타당하다고 본다. 상환주식이 상환되어 형식적 자본이 감소되더라도 변경등기는 요구되지 않는 점이 전환주식(상351)과 다르다.

⑥ **효력발생시기** – 주주가 상환권을 행사하면 회사는 주식의 취득의 대가로 주주에게 상환금을 지급할 의무를 부담하고, 주주는 상환금을 지급받음과 동시에 회사에게 주식을 이전할 의무를 부담한다. 따라서 정관이나 상환주식인수계약 등에서 특별히 정한 바가 없으면 주주가 회사로부터 그 상환금을 지급받을 때까지는 상환권을 행사한 이후에도 여전히 주주의 지위(주주지위설)에 있다고 본다(2017다251564).

4) **전환형 종류주식** : ① 개념 – 회사·주주가 다른 종류의 주식으로 전환(청구)할 수 있는 주식을 **전환주식**이라 한다(상346.1,2). 전환주식 역시 주식의 다양성을 유지함으로써 자금조달의 편의를 위해 마련된 제도이다. 우선주의 속성이 아닌(우선주와 무관하게 발행되는) 주식의 종류의 하나로서, 전환권을 누가 가지는가에 따라 전환권부주식과 전환청구권부주식으로 구별된다. 전환권부주식이나 전환청구권부주식 양자 모두 정관에는 물론 주식청약서 또는 신주인수권증서에도 주식전환의 뜻, 전환조건, 전환발행할 주식내용, 전환(청구)기간 등을 기재하여야 한다(상347). 회사는 전환기간 또는 전환청구기간 내에 전환으로 발행하게 될 종류의 주식발행권한을 유보하여야 하고(상346.2), 유보하지 않은 상태에서 전환청구하여도 전환의 효력이 발생하지 아니한다.

② **전환권부주식** – **전환권부주식**이란 회사가 전환권을 가진 전환주식인데, 회사는 전환사유·조건·기간, 전환발행할 주식수·내용을 정관에 정해야 한다. 회사의 전환권 행사를 위해 이사회는 전환할 주식, 주권의 회사제출(2주 이상 기간), 부제출시 주권의 무효화 등에 관해 그 주식의 주주 및 주주명부에 적힌 권리자에게 통지·공고하여야 한다(상346.3).

③ **전환청구권부주식** – **전환청구권부주식**이란 주주가 전환권을 가진 전환주식인데, 회사는 전환조건·청구기간, 전환발행할 주식수·내용을 정관에 정하여야 한다(상346.1). 전환주식을 소유하고 있는 주주는 전환기간이 도래하게 되면 회사에 대하여 전환청구를 할 수 있는데, 이를 위해서는 전환하고자 하는 주식의 종류, 수와 청구연월일을 기재하고 기명날인·서명한 청구서 2통에 주권을 첨부하여 회사에 제출하여야 한다(상349). 이때 전환청구권은 형성권이어서, 구주식의 소

멸, 신주발행의 효력(주식전환의 효력)은 전환청구시점에 발생한다(상350.1).

④ **전환의 효과** – 전환청구권부주식의 경우에는 주주가 전환을 청구한 때, 전환권부주식의 경우에는 주권을 회사에 제출하도록 정한 기간(주권제출기간)이 끝난 때에 그 효력이 발생한다. 다만 주주명부 폐쇄기간 중에 전환된 주식의 주주는 그 기간 중의 총회의 의결에 관하여는 의결권을 행사할 수 없다(상350.2). 그리고 전환권을 행사한 주식의 이익배당에 관하여는 전환청구권부주식의 경우 청구시점, 전환권부주식의 주권제출기간이 속하는 영업연도 말에 전환된 것으로 본다. 신주의 이익배당에 관하여는 정관에서 정하는 바에 따라 청구시점, 주권제출기간 종류시점이 속하는 영업연도의 직전 영업연도 말에 전환된 것으로 본다(상350.3). 그리고 주식전환으로 인한 변경등기는 전환시점 또는 주권제출기간의 종료시점이 속하는 달의 말일부터 2주 내에 본점소재지에서 이를 하여야 한다(상351).

⑤ **발행가액** – 전환으로 인하여 신주식을 발행하는 경우 전환 전의 주식의 발행가액을 신주식의 발행가액으로 한다고 규정하고 있는데(상348), **전환주식 발행가액규정의 취지**에 관해, 신주의 액면미달발행을 방지하는 규정으로 해석하는 견해가 있지만, 이는 액면미달발행을 방지를 넘어 전환권의 행사로 인한 실질적인 자본의 증감을 방지하자는 취지로 보아야 한다. 즉, 구주식의 발행가액이 2만원이었을 경우(액면가는 5,000원, 프리미엄이 15,000원) 전환권을 행사하여 발행되는 주식수에 무관하게 신주식의 발행가액은 2만원이 되어 결과적으로 4주를 초과하는 주식배정은 불가능하고 4주의 범위 내(예, 액면가+프리미엄 10,000원으로 2주 또는 액면발행의 4주)에서 전환조건을 결정하게 된다. 이러한 실질적 자본증감 방지의 취지에는 액면미달발행금지가 전제되어 있으며, 결과적으로 형식적 자본은 증가(5,000원에서 10,000원 또는 20,000원으로)될 수 있다. 전환으로 소멸된 전환주식의 수만큼 그 종류의 주식의 미발행분이 다시 회복되어 재발행이 가능한가에 관해 부정설도 있지만, 상환주식과 달리 전환주식은 전환으로 인하여 다른 종류의 주식으로 교체되었으므로 전환으로 인하여 소멸된 주식 종류의 주식수는 미발행주식이 되어 다시 발행할 수 있어 부활한다고 보아 재발행이 가능하다고 보는 긍정설(통설)이 타당하다.

3. 무액면주식제도

(1) 의 의

1) **개 념** : 주권과 정관에 1주의 금액(주식의 권면액)을 기재하는지 여부에 따라 액면주식과 무액면주식으로 구분된다. 액면주식이란 주권·정관에 1주의 금액이 표기되는 주식(상289.1 4호, 356 4호)이고, 무액면주식은 주권·정관에 액면가는 표기되지 않고 주식의 수만 표기되는(상289.1 3호) 주식으로서 회사의 **총자본에 대한 비율적 지위**만 인식되고 주권에 표창된다. 이와 같이 주식발행의 효율성과 자율성을 제고하기 위해 무액면주식제도가 도입되었다. 즉 주식의 시가가 액면가를 하회하고 있을 경우 액면주식발행이 용이하지 않았지만 무액면주식제도 하에서는 주식발행이 가능하다. 무액면주식은 주식의 액면가와 자본금의 연계고리를 끊은 주식이라 할 수 있다. 무액면주식의 발행가액 중 **자본금계상금액**(발기인·이사회가 결정하고 발행가의 1/2 이상)을 정하게 하여(상291 1호, 416), 자본충실의 원칙이 유지된다.

2) **공 시** : 무액면주식을 발행할 경우 1주의 금액(액면가액)이 정관(상289.1.4호)·주권(상356.4호)에 공시되는 액면주식과 달리 자본금계상금액은 정관·주권에 공시되지 않는다. 하지만 발행주식총수와 자본금액는 정관기재사항은 아니고 등기사항이어서(상317.1 3호) 액면주식 발행시뿐만 아니라 무액면주식을 발행할 경우에도 발행주식총수와 자본금액의 변경사항을 변경등기하여야 한다.

(2) 발행 요건

1) **주식발행사항 결정** : 무액면주식을 발행하는 경우 정관에 발행과 액면주전환에 관한 근거규정을 두어야 하고, 이 경우 액면주식과 함께 발행하는 것은 금지된다(상329.1). 회사가 정관규정에 따라 무액면주를 발행할 경우 회사설립·증자시 발기인·이사회가 주식발행사항을 결정함에 있어 무액면주식의 발행가액과 자본금계상금액에 관한 사항을 포함하여야 한다(상291 3호, 416 2의2호). 자본형성의 기준이라는 액면가의 기능이 상실됨으로써 자본충실의 원칙과 자본유지의 원칙에 중대한 변화가 초래되었으므로, 상법은 발행가액의 결정문제와 발행가액내에서 자본구성문제에 관한 기준을 제시하고 있다.

2) **발행가액** : 무액면주식을 발행함에 있어서는 1주의 금액이 인식되지 않으므로 액면가, 액면미달발행 등의 개념이 적용되지 않으나 주식 발행의 대가라 할 수 있는 주식의 발행가액은 정해진다. 발행가액의 결정에 관해 개정상법은 회사설립시에는 정관 또는 발기인의 전원동의로 주식의 발행가액을 정하여야 한다는 규정을 두고 있는데(상291 3호), 신주발행의 경우에는 발행가액과 자본금비율 결정권한을 이사회(예외적으로 주주총회)에 부여하고 있다(상416 2의2호, 451.2). 무액면주식의 발행가액은 이사회(발기인)의 재량에 맡겨져 있는데 시가에 미달하는 가액으로 발행하게 되면 구주의 주주는 경제적 피해를 보게 된다. 불공정한 가액으로 무액면주식이 발행될 경우 신주발행유지청구의 소(상424), 신주발행무효의 소(상429)를 제기할 수 있고(학설 대립), 이사의 의무위반을 이유로 책임을 물을 수 있다

3) **자본금계상금액** : 무액면주식을 발행함에 있어 자본구성의 문제라 함은 발행가액 전부를 자본금으로 계상할 것인지 아니면 일부를 자본금으로 계상하고 나머지를 다른 항목(예, 자본잉여금)으로 계상할 것인지 하는 문제이다. 회사의 자본금을 일정 수준으로 유지한다는 것은 회사채권자 보호를 위해 필요하고 무액면주식 발행가액의 자본구성은 회사의 담보가치와 관련된다고 볼 수 있다. 이를 위해 상법은 이사회는 주식발행가액의 1/2 이상의 금액을 자본금으로 계상하도록 하고 나머지를 자본준비금으로 계상하도록 규정을 두고 있다(상451.2).

(3) 액면·무액면주식의 전환

1) **절 차** : 무액면주식과 액면주식은 병용할 수는 없지만, 액면주와 무액면주간의 전환은 허용된다. 주식전환의 절차에 관해 주식병합에 관한 규정을 준용하고 있는데(상329.5→440, 441본문, 442), 먼저 i) **주식발행사항 결정** 액면주식으로 전환하는 경우에는 액면가, 무액면주식으로 전환하는 경우 자본금계상금액을 결정하고 이에 따라 전환주식수도 결정되며, ii) **정관개정** 무액면주식(또는 액면주식)을 발행할 수 있는 근거를 정관에 두어야 하고, iii) **공고** 주권제출공고기간(1월 이상) 동안 전환의 뜻과 주권제출을 공고·개별통지(주주명부주주·질권자)하며(상440), iv) **신주권의 교부** 공고기간이 종료된 후 무액면주권(또는 액면주권)을 주주에게 교부하는데, 구주권을 제출할 수 없는 경우에는 3월 이상의 이해관계인의 이의기간이 경과한 후에 청구자에게 신주권을 교부한다(상442). v) **주주명부**

의 개서절차 주식전환이 있으면 주주의 주식수에 변동이 있고 소유주식의 성질이 변경되므로 주주명부의 개서절차가 요구된다고 해석된다.

2) **효 력** : 주식전환의 효력은 주권제출공고기간의 만료시점에 효력이 발생한다(상441본문). 그리고 회사의 **자본금**은 액면·무액면주식의 전환에 의해 변경할 수 없어(상451.3) 자본금의 변동은 발생하지 않는다. 따라서 회사 채권자에 미치는 영향은 없다고 볼 수 있어 채권자이의절차는 적용되지 않으므로 이의절차의 완료가 주식전환의 효력발생에 영향을 미치지 않는다(상329.5→441본문). 주식전환시 주식의 수에는 변화가 생길 수 있는데, 이에 관해 상법에는 특별한 규정을 두고 있지 않다. 주주의 신청 없이 회사가 직권으로 주식수의 변경을 주주명부에 기재해야 한다고 볼 수 있다. 주식전환으로 자본금이 변경될 수 없으므로 액면주식의 액면가와 무액면주식의 자본금계상금액의 관계에 따라 무액면주식·액면주식의 수가 결정된다.

(4) 다른 제도와의 관계

무액면주식제도는 자본감소가 용이하다는 것이 또 다른 특징인데, 무액면주식이 발행될 경우 액면가액에 상응하는 자본금계상금액이 존재하지만 이는 자본금 편입금액만 나타낼 뿐 액면주식과 같은 액면가액의 고정성이 주식에 발생하지 않는다. 주식분할·병합은 무액면주식의 경우 자본금계상금액의 분할·병합에 의해 가능하다. 다만 액면가액은 정관·주권의 기재사항이어서(상289.1.4호, 356.4호) 액면가액 변경에 의한 주식분할·병합시 주주총회의 특별결의가 요구되지만, 자본금계상금액은 정관기재사항이 아니어서 이를 변경하더라도 주주총회의 특별결의는 요구되지 않는다. 다만 무액면주식이 발행된 경우에도 실질적 감자절차인 주식병합(감자병합)의 경우에는 자본감소절차에 따른 주주총회 특별결의(상438.1)가 요구된다.

4. 주식의 기타 분류

신주를 발행함에 있어서 주금을 납입시키고 발행하는 주식을 **유상주**라 하고, 자본의 재평가적립금이나 준비금을 자본금에 전입하여 주주에게 무상으로 교부하는 주식을 **무상주**라 한다. 그리고 **단주**란 1주 미만의 주식(예, 신주발행시에 구

주 5주당 3주를 배정할 경우 3주를 가진 주주에게 배정된 신주 1.8주 중 0.8주)을 의미한다. 이는 주식배당, 준비금의 자본전입에 의한 무상주의 교부, 주식병합·합병·전환사채전환과 신주인수권부사채의 신주인수권행사로 신주를 발행하는 경우에도 발생할 수 있다. 단주처리는 단주를 경매하여 각 주수에 따라 그 대금을 종전의 주주에게 지급하지만 거래소의 시세가 있는 주식은 거래소를 통하여 매각하고 거래소의 시세 없는 주식은 법원의 허가를 받아 경매 외의 방법으로 매각할 수 있다(상443.1). 그밖에 주주의 성명이 주주명부와 주권에 공시되는지를 기준으로 **기명주식·무기명주식**으로 구별되었는데, 2014년 상법개정시 무기명주식에 관한 규정을 삭제하였다. 따라서 현재 주식회사는 무기명주식을 발행할 수 없게 되었다(상537, 358 삭제).

5. 주식의 변화

(1) 주식소각

1) **개 념** : **주식의 소각**이란 회사의 존속 중에 특정한 주식을 절대적으로 소멸시키는 회사의 행위이다(상343). 회사의 존속 중에 일부 주식에 관해서 이루어진다는 점에서 회사의 해산과 구별되고, 주권의 소멸이 아니라 주식의 소멸이라는 점에서 제권판결에 의한 주권의 무효선언과는 구별된다. 소각의 방법은 주주의 동의를 얻어 회사가 자기주식을 매입하여 소각하는 **임의소각**과, 추첨, 안분비례 등 회사의 일방적 행위에 의해 주주의 동의 없이 소멸시키는 **강제소각**으로 구별된다. 그리고 소각의 대가가 지급되느냐에 따라 **유상소각·무상소각**으로 구별되며, 상법은 자본금 감소규정에 따른 주식소각(**감자소각**)과 회사보유 자기주식의 소각으로 구별하고(**자기주식소각**, 상343.1), **상환주식의 소각**에 관해서도 별도의 규정을 두었다(상345.1). 자기주식의 소각이나 상환주식의 소각은 배당가능이익을 재원으로 한다는 점에서 동일하다.

2) **감자소각** : 주식소각은 주주나 회사채권자에게 영향을 미치므로 상법은 주식소각의 요건을 엄격하게 정하고 있는데, 특히 자본감소규정에 의한 소각은 엄격한 절차를 요구한다. 감자소각을 위해서는 정관의 규정은 필요가 없지만 자본감소의 절차를 거쳐야 하므로(상343.1), **주주총회의 특별결의**가 요구되고(상438.1) **채권자보호절차**(상439.2, 232)가 요구된다. 그리고 자본금감소규정에 따른 주식소

각의 경우에는 주식병합의 절차에 관한 상법 제440조, 제441조를 준용한다(상343.2). 따라서 주식소각시 회사는 1월 이상의 기간을 정하여 그 뜻과 그 기간 내에 주권을 회사에 제출할 것을 공고하고 주주명부에 기재된 주주와 질권자에 대하여는 각별로 그 통지를 하여야 한다(상440). 주식소각의 효력은 주권제출기간이 만료한 때에 발생하나 채권자이의에 따른 절차(상232)가 종료하지 아니한 때에는 채권자보호절차가 종료한 때에 발생한다(상441). 자본감소규정에 따라 주식이 소각된 경우에는 이익을 재원으로 하는 자기주식의 소각이나 기타 이익소각과는 달리 형식적 자본 자체가 감소되는 효과가 발생한다.

3) **이익소각** : 상법은 자기주식의 취득을 원칙적으로 허용하였는데, 회사는 이사회의 결의에 따라 언제든지 **자기주식의 소각**을 할 수 있으며 채권자보호절차가 요구되지도 않는다(상343.1단서). 이는 이미 배당가능이익의 재원으로 취득한 주식이므로 자본금을 변경하지 않고 주식을 소각할 수 있기 때문이며 임의·이익소각에 해당한다. 따라서 이는 일단 재원규제와 절차규제에 따라 자기주식을 취득한 후 취득한 주식을 이사회결의에 따라 소각하면 된다. **상환주식의 소각**의 경우에는 자기주식 취득 후 소각과는 달리 상환주식에 관한 상법의 규정을 준수할 것이 요구된다. 그리고 자기주식의 소각이나 상환주식의 소각 모두 형식적인 자본과 실질적인 자본 간의 불일치가 발생한다는 점에서는 동일하다. 회사법 개정전 판례는 자기주식으로서 취득하여 소각하는 주식의 임의소각의 경우 그 소각의 효력이 발생하는 시점은 회사가 그 주식을 취득하고 상법 소정의 자본금감소의 절차뿐만 아니라 (구)상법 제342조가 정한 주식실효절차까지 마친 때로 보았지만, 주주가 주식소각대금채권을 취득하는 시점은 임의소각에 관한 주주의 동의가 있고 상법 소정의 자본금감소의 절차가 마쳐진 때로 보았다(2005다24981). 개정 회사법에서는 자기주식의 실효절차(구상342)를 삭제하였고, 감자소각에만 주식병합절차를 준용하고 있어(상343.2) 임의소각시에는 주식병합절차를 거칠 필요가 없게 되었다. 하지만 주식의 효력을 절대적으로 소멸시키는 행위는 요구되는데(채권자보호절차는 불요) 그 의사결정과 소멸절차에 관해서 상법은 규정이 흠결되어 있다. 다만 자기주식에 대한 이사회의 처분결의(상342)의 '처분방법'에 소각이 포함되는 것으로 해석될 여지는 없지 않지만, 동조 3호는 처분방법 결정시 상대방을 정하도록 하고 있어(상342.3호) 처분방법에 주식소각이 포함된 것으로 해석하기는 어렵다고 본다.

(2) 주식의 병합

1) **개 념** : 수 개의 주식을 합하는 행위를 의미하며, 주식의 병합에 의해 주식수는 감소한다. 주식병합은 자본을 감소하려는 경우와 합병시에 당사 회사의 1주의 가치가 서로 상이할 경우 이용된다. 예컨대 기존의 5주를 3주로 병합하는 경우가 이에 해당하며 단순히 주권을 단위가 더 큰 상위 주권으로 합치는 **주권의 병합**과는 구별된다. 주식병합은 자본감소가 초래되는 주식병합(감자병합)과 자본감소가 없는 주식병합(액면병합)으로 구별된다. **감자병합**의 경우 병합주식수가 피병합주식의 수에 미치지 못하는 경우(예, 구주 5주를 신주3주로 병합)를 의미하고, **액면병합**은 병합주식의 액면가액이 피병합주식의 액면가액의 합계액과 동액일 경우(예, 액면가 1,000원 주식 5주를 액면가 5,000원 주식 1주로 병합)를 의미하여 이는 액면가액의 병합을 의미한다(2008다15520). 다만 회사법상 주식병합은 자본감소의 절에 포함되어 규정되어 있어 원칙적으로 감자주식병합을 의미하고 단순 주식병합은 예외적 주식병합으로 볼 수 있다.

2) **절 차** : 주식병합시 원칙적으로 회사의 자본금이 감소하므로 회사는 먼저 i) **자본금감소절차**(주총특별결의, 채권자보호절차)를 진행하여야 한다. 이를 완료하면 회사는 주식병합을 위해 ii) **주권제출기간공고**를 진행하는데, 회사는 1월 이상의 기간을 정하여 그 뜻과 그 기간 내에 주권을 회사에 제출할 것을 공고하고 주주명부에 기재된 주주와 질권자에 대하여는 각별로 그 통지를 하여야 한다(상440). 다음으로 iii) **신주권의 교부**절차가 진행되는데, 구주권을 제출한 주주에게 병합이 완료된 신주권을 교부한다. 만일 구주권 제출이 불가할 경우 회사는 이의신청기간(3월 이상)을 거쳐 그 기간이 경과한 후에 신주권을 청구자에게 교부할 수 있고(상442.1), 공고의 비용은 청구자가 부담한다(상442.2). 병합에 적당하지 아니한 수의 주식이 있는 때에는 그 부분에 대하여 발행한 신주를 경매·거래소매각·법원허가매각을 하여 각 주식수에 따라 그 대금을 종전의 주주에게 지급하여야 한다(상443.1).

3) **효 과** : 감자병합에 의해 수 개의 주식이 그보다 적은 수의 주식으로 합쳐지는 효과가 발생한다. 이러한 주식의 병합의 효력은 주권제출기간이 만료한 때에 발생한다. 주식병합은 자본의 변경을 초래하여 채권자보호절차가 요구되므로,

회사는 합병의 결의가 있은 날부터 2주 내에 회사채권자에 대하여 합병에 이의가 있으면 일정한 기간 내에 이를 제출할 것을 공고하고, 알고 있는 채권자에 대하여는 따로 이를 최고하여야 한다. 이러한 채권자이의절차가 종료하지 아니한 때에는 그 종료한 때에 효력이 생긴다(상441). 그리고 주식병합이 완료되면 주식수가 감소하게 되어 발행주식의 액면총액인 **자본금(형식적 자본)이 감소**되나 회사의 자금이 외부로 유출되지는 않으므로 실질적 자본금은 그대로 유지되어 형식자본과 실질자본의 불일치가 생겨난다.

(3) 주식의 분할

1) **개 념** : 주식의 액면금액(무액면주식의 경우 자본계상금액)을 분할함으로써 발행주식수를 증가시키나 자본 자체를 증가시키지는 않는 절차를 의미한다(상329의2). 예컨대 액면가 5,000원인 주식을 액면가 1,000원인 5주로 분할하는 것과 같이 주식의 액면금액을 낮게 만드는 절차를 의미하는데, 100주권을 10주권 10매로 주권상의 표창 주식수를 나누는 **주권의 분할**과는 구별된다. 주식의 분할은 시장에서 주가가 너무 높을 경우 유통성이 낮아질 수 있으므로 주식의 유통성을 제고하기 위해 또는 합병시 합병비율의 결정에 편의를 제공하기 위해 실시된다. 주식이 분할되더라도 주주의 입장에서는 주식수가 증가되나 기존 주식수에 비례하여 증가하므로 지분이 변동되는 것은 아니다. 이론적으로 주식분할도 증자분할(예, 구주 3주를 신주 5주로 분할)과 액면분할(예, 액면금액 5,000원 주식을 액면금액 1,000원 주식 5주로 분할)로 구분할 수 있지만, 우리 회사법은 증자는 신주발행절차를 거쳐야 하므로 증자분할은 허용되지 않아 주식분할은 액면분할만 의미한다.

2) **절 차** : ① **정관변경** – 주식분할에는 필연적으로 액면가의 변경이 요구되는데, 액면가는 정관의 절대적 기재사항이므로 정관의 변경이 요구된다(상289.1 4호). 상법은 단순히 주주총회의 특별결의를 요하는데(상329의2.1), 결의시 주식분할과 관련되는 정관기재사항의 변경도 당연히 개정결의된 것으로 볼 수 있다. 따라서 주주총회의 안건을 정관변경건을 기재하지 않고 주식분할로만 명기하더라도 주식분할의 결의를 하고 이에 따라 정관을 변경하는 데는 아무런 문제가 없다고 본다. 주식분할의 경우 발행예정주식총수 증가를 위한 정관변경의 필요성에 관해, 미발행분이 충분하지 않다면 발행예정주식총수도 늘려야 하므로 정관변경이 요구

된다는 견해가 있지만, 발행예정주식총수는 액면가 변동에 따라 비례적으로 증가되어야 하므로 미발행분이 충분한지 여부가 문제되지는 않는다고 본다. 변경되는 액면가의 하한은 100원이며(상329의2.2) 액면가 변경으로 단주가 발생하여도 무방하며 그 처리절차는 상법 제443조를 준용한다(상329의2.3). ② **주권의 변경** – 주식을 분할하게 되면 구주권상의 액면가가 변경되고 주주의 보유주식수가 변경되므로 주권을 교체하여야 한다. 주권의 교체절차에는 주식의 병합시 절차를 준용하고 있다(상329의2.3). 따라서 1월 이상의 기간을 정한 주권제출기간공고(상440), 공고기간 만료시 주권변경의 효력발생(상441), 미제출 구주권에 대한 이의제출공고(상442), 단주처리(상443) 등의 절차가 준용된다.

3) **효 과** : 주식이 분할되면 주주의 보유주식과 회사의 총발행주식, 발행예정주식수가 비례적으로 증가한다. 그러나 회사의 자본에는 변경이 없고 주주의 지분에도 변동은 없다. 주권은 교환되지만 구주식과 신주식은 동일한 것으로 보아야 하므로 주권에 설정된 담보권도 그대로 존속한다고 보아야 한다. 즉, 주식에 대한 질권의 물상대위규정을 두어 주식의 분할로 종전의 주주가 받을 주식에 대하여도 종전의 주식을 목적으로 한 질권을 행사할 수 있다(상339).

Ⅱ. 주 주

1. 의 의

1) **개 념** : 주주란 회사설립·신주발행 시 인수절차에 의해 주식을 원시취득하거나 양수·합병·상속 등에 의해 주식을 승계취득한 자를 의미한다. 경우에 따라 주식을 타인의 명의로 보유하는 경우가 있을 수 있는데 이 경우 형식주주와 실질주주의 문제가 발생한다. 이 중 특히 타인의 명의로 주식을 인수한 경우 **주주확정문제**가 발생하는데 주주의 지위는 실질적 법률관계에 의해 결정된다.

2) **실질주주** : ① **개념** – 주권예탁제도 하에서 증권을 예탁함으로써 타인(예탁결제원) 명의로 주식을 소유하고 있는 자를 **협의의 실질주주**라 한다. 그밖에 주주명부상의 주주는 아니나 실질적으로 주식을 소유하고 있는 자로서, 예컨대 명의개서 미필주주(상337.1), 명의차용자(상332), 예탁·신탁주주, 종업원지주제에서

종업원 등을 **광의의 실질주주**라 한다.

② **권리** – 광의의 실질주주는 주주명부상 실질주주의 명의로 명의개서를 완료하지 않았으므로 회사에 대한 대항력이 없고, 회사가 형식주주에 대해 권리행사의 기회를 제공할 경우 악의·과실이 없는 한 면책된다. 따라서 광의의 실질주주는 회사에 대한 대항력을 갖추지 못한 주주가 되어 원칙적으로 주주의 권리를 행사할 수 없다. 그러나 협의의 실질주주는 증권예탁제도에 따라 탄생된 개념이고 실질주주의 권리를 실질주주명부를 통해 제도적으로 보장하고 있어 실질주주의 권리행사가 가능하다(자본315.1). 다만 예탁결제원은 예탁자 또는 그 투자자의 신청에 의하여 예탁증권 등에 관한 권리를 행사할 수 있다. 이 경우 그 투자자의 신청은 예탁자를 거쳐야 한다(자본314.1).

3) **공유주주** : 주식은 1주 미만의 단위로 분할할 수는 없으나 일정한 사유에 의해 1주를 여러 사람이 공동으로 소유할 수는 있다. 예를 들어 다수의 발기인이 인수담보책임을 부담하는 경우 각 발기인은 인수담보책임을 연대적으로 부담하므로 인수담보책임을 이행한 발기인들은 주식을 공유하게 된다. 주식을 공유할 경우 1주 1의결권을 원칙으로 하는 단체법적 원리에 따라 주주권을 공동으로 행사할 수는 없고, 행사자를 지정하여야 한다(상333.2). 주주의 권리를 행사할 자가 없는 때에는 공유자에 대한 통지나 최고는 공유자 중 1인에 대하여 하면 된다(상333.3). 그리고 수인이 공동으로 주식을 인수한 경우 연대하여 납입할 책임이 있다(상333.1).

4) **형식주주·실질주주** : 타인(A) 명의로 주식을 인수한 자(B)를 **실질주주**라 하고 A를 **형식주주**라 함은 회사 설립절차에서 주식인수와 관련하여 보았다. 형식주주·실질주주 중 누구에게 주식이 귀속될 것인지에 관해 형식설과 실질설이 대립되고 판례는 실질설을 따르다 최근 형식설로 입장을 변경하였음도 앞서 보았다. 특별한 사정이 없는 한 주주명부에 적법하게 주주로 기재되어 있는 자는 회사에 대한 관계에서 그 주식에 관한 의결권 등 주주권을 행사할 수 있고, 주주명부에 기재를 마치지 아니한 자의 주주권 행사를 인정할 수 없다고 보았다(2015다248342). 동 판결은 명의대여자·차용자간에 누가 주주인가 하는 점을 판단한 것은 아니고 회사에 대한 권리행사자를 판단한 것이다. 하지만 주주권은 회사에 대한 권리행사를 주된 내용으로 하므로 판례는 형식설을 따른다고 볼 수 있다. 그러

면서 판례는 위조된 주식매매계약서에 근거한 주주명부상의 형식주주(A)에 대해 주식을 인수하고 그 대금을 납입한 경우 실질주주(B)를 주주로 보기 위해서는 단순히 B가 주식인수대금을 납입하였다는 사정만으로는 부족하고 B와 A 사이의 내부관계, 주식 인수와 주주명부 등재에 관한 경위 및 목적, 주주명부 등재 후 주주로서의 권리행사 내용 등을 종합하여 판단해야 한다고 본다(2016다240338).

2. 주주(주식)평등의 원칙

1) **의 의** : 주주는 회사로부터 그가 가지고 있는 주식의 수에 따라 평등한 취급을 받아야 한다는 원칙을 주주평등의 원칙이라 한다. 이는 **1주 1의결권 원칙**으로 나타나며(지분주의), 비영리 사단법인의 두수주의와 구별되어 각 주식은 동일한 지위를 가진다는 의미에서 주식평등의 원칙이 더 정확한 표현이다. 상법상 주주평등의 원칙을 선언한 조문은 없으나 다수의 규정에서 주주평등의 원칙을 전제하고 있다. 예컨대 이익배당청구권(상462)·의결권(상369.1)·신주인수권(상418) 등에서 평등의 원리를 내용으로 하고 있고 이에 대한 예외를 인정하고 있다.

2) **효 력** : 1주 1의결권의 원칙을 내용으로 하는 주주평등의 원칙은 다수결의 남용으로부터 소수주주의 이익을 보호하는 기능을 하므로 주주이익보호(다수결에 의한 소수주주의 권리 박탈위험 방지)를 위한 **강행법적 성질**을 가진다. 판례도 1주 1의결권 규정(상369.1)은 강행규정이므로 법률에서 위 원칙에 대한 예외를 인정하는 경우를 제외하고, 정관의 규정이나 주주총회의 결의 등으로 위 원칙에 반하여 의결권을 제한하더라도 그 효력이 없다고 보았다(2009다51820). 따라서 상법에 근거를 가진 경우를 제외하고는 주주평등의 원칙을 위반한 정관규정, 주주총회, 이사회결의사항은 효력이 없으며, 불이익을 받는 주주의 개별적 동의가 있을 경우에만 그 하자가 치유된다. 이렇게 주주평등의 원칙이 소수주주의 보호를 위해서는 매우 중요한 법원칙이지만, 회사의 입장에서는 획일적인 주식만 발행할 수 있게 되어 자금조달·지배구조의 유연성을 가지기 어렵다. 따라서 주주평등의 원칙을 완화하여 종류주식제도를 도입하고 있고 그밖에 의결권차등주식의 도입이 논의되고 있다.

3) **예 외** : 상법은 자금조달의 유연성 등을 위해 주주평등의 원칙에 대한 예

외로서 종류주식(예, 이익형, 의결권형, 상환주, 전환주 등, 상344)을 인정하고 있다. 그밖에도 감사선임에 있어서 대주주의 의결권 제한(상409), 소수주주권에 관한 특수한 정함(상366 등), 단주를 매각하여 그 대가를 지급하도록 하는 단주처리방식(상443, 530.3) 등은 주주평등의 원칙에 대한 상법상의 예외로 이해된다.

3. 주주의 권리와 의무

1) **자익권·공익권** : 주주의 권리(주주권)는 구체적으로는 보호하는 이익에 따라 자익권과 공익권으로 구별된다. **자익권**이라 함은 주식회사의 투자자인 주주의 재산적 이익을 위하여 인정된 모든 개인적 권리를 의미한다. 이익배당청구권, 잔여재산분배청구권, 신주인수권, 명의개서청구권, 주식매수청구권 등이 포함된다. 이에 반해, **공익권**이라 함은 주주가 자신의 이익뿐만 아니라 회사의 이익을 위하여 회사운영에 관여하는 권리로서 의결권, 주주제안권, 단독주주권·소수주주권 등이 이에 속한다.

2) **단독주주권·소수주주권** : 주주의 공익권을 행사방법에 따라, 1주를 소유하는 주주라도 행사할 수 있는 **단독주주권**(의결권·설립무효제소권·합병무효제소권·신주발행유지청구권 등)과 일정한 수의 주식이 모여야 행사할 수 있는 **소수주주권**으로 구별된다. 소수주주권 행사를 위한 **요건주식수**에 관해, i) 전체 의결권 주식의 1/100 이상(대표소송권, 위법행위유지청구권 등), ii) 3/100 이상(총회소집청구권, 회사의 업무와 재산상태의 검사청구권, 이사·감사의 해임청구권, 주주제안권, 집중투표청구권 등), iii) 10/100 이상(회사의 해산청구권, 회사정리개시신청권 등)으로 구분하고 있으며, 권리 행사시 주식을 보유하면 족하고 일정기간 보유하여야 하는 것은 아니다. **상장법인**의 경우 소수주주권의 요건주식수는 일반 주식회사와 달리 요건을 완화하고 있지만(상542의6), 소수주주권 행사시 6월 전부터 주식을 보유하여야 하도록 규정하여 **보유기간**에 관한 요건을 따로 명시하고 있다(상542의6). 따라서 상장회사에서 보유기간 요건을 갖추지 못했지만 상법상의 요건주식수를 갖춘 주주가 상장회사 특례규정이 아닌 상법 규정에 따라 권리를 행사할 수 있는지 문제된다(상542의2 참조).

3) **고유권·비고유권** : 주주권의 내용이 되는 권리의 박탈가능성을 기준으로,

주주의 동의가 없이는 정관이나 주주총회 그리고 이사회의 결의로도 박탈할 수 없는 **고유권**(의결권, 이익배당청구권)과 주주권 중에 주주의 동의 없이도 정관, 주주총회·이사회의 결의로 박탈할 수 있는 **비고유권**으로 구별된다. 주주평등의 원칙에 따라 모든 주식은 개별주주의 동의 없이는 불이익을 받지 않으므로 원칙적으로 모든 주주권은 고유권이나, 예컨대 신주인수권과 같이 법률의 규정에 의해(상418.2) 비고유권이 발생할 가능성은 있다. **판례**는 주주권은 주식의 양도나 소각 등 법률에 정하여진 사유에 의하여서만 상실되고 단순히 당사자 사이의 특약이나 주주권 포기의 의사표시만으로 상실되지 아니하며 다른 특별한 사정이 없는 한 그 행사가 제한되지도 아니한다고 본다(2002다54691).

4) **주주의 충실의무** : 주주가 그 권리를 행사함에 있어서 회사와 다른 주주의 이익을 고려하여야 한다는 의무를 의미한다. 이를 인정할 경우 주주는 의결권을 행사하거나 회사와 거래함에 있어서 회사의 이익과 다른 주주의 이익을 고려하여 보호하여야 하고 이를 위반한 경우 손해배상책임을 부담하게 된다. 주주의 충실의무는 의무의 주체를 기준으로 지배주주의 충실의무와 일반주주의 충실의무로 구별될 수 있으며, 의무의 대상을 기준으로 회사에 대한 충실의무와 다른 주주에 대한 충실의무로 구별된다. 현행법상 근거를 가지지 않는 주주의 충실의무는 주주총회에서 다수결원리가 침해할 수 있는 회사의 이익, 소수주주의 이익을 보호하자는 취지이다. 하지만 **주주 충실의무의 인정 여부**(쟁점22)에 관해, 다수결원칙하에 지배주주가 소수주주를 희생시키면서 이기적 이익을 추구하는 것은 문제가 있으므로 지배주주에 한하여 또 회사의 비상한 사항에 관한 결의를 함에 있어서만은 주주의 충실의무를 인정하여야 한다는 **긍정설**과 주주의 충실의무는 주주들에게 제시하는 행동기준이 매우 불투명할 뿐만 아니라 충실의무에 반하는 행동의 사법적 효과에 관한 법리가 확립된 것이 아니어서 예측가능성을 부여하지 않는다는 이유에서 **부정설**이 있다. 생각건대 지배주주의 충실의무를 도입할 필요성은 있지만(입법론), 현행법상 법령이나 정관의 규정 없이 그에 따른 손해배상책임을 인정하기는 어렵다고 본다(해석론상 부정).

Ⅲ. 주 권

1. 의 의

1) **개 념** : **주권(株券)**이란 주식(주주권)을 표창한 유가증권을 의미한다. 주식의 양도는 주권의 교부에 의해 이루어지므로(상336.1) 주권의 존재는 주식양도에 원칙적으로 요구된다. 따라서 주권의 발행이 지체될 경우 주주는 자신의 재산권인 주식을 양도할 수 없어 재산권이 침해되는 결과가 된다. 주주는 회사성립 후 또는 납입기일 후 회사에 대하여 주권발행·교부청구권을 가지게 되므로 회사성립 전이나 증자시 납입기일 전에는 주권발행이 금지된다. 이에 위반하여 발행된 주권은 무효이다(상355.2,3).

2) **성 질** : 주권은 유가증권이기는 하나 어음·수표 등의 유가증권과 비교할 때 **불완전유가증권**으로서 주권의 발행과 무관하게 이미 주식의 인수와 납입이 완료됨으로써 또는 회사가 설립됨으로써 주주권은 발생하고(**비설권증권**), 주식의 인수행위 등 주식발행의 원인행위에 하자가 있을 경우 주식발행의 효력을 상실하며(**요인증권**), 주식인수계약에서 주식의 내용은 결정되고 주권에 표시된 문언대로의 효력이 인정되지 않으며(**비문언증권**), 주권의 기재사항이 법정되어 있으나 그 중 중요하지 않은 요건이 일부 기재되어 있지 않더라도 주권의 효력에는 영향을 미치지 않으며(**완화된 요식증권성**, 94다24039), 기명주식의 경우 주주권을 행사할 경우 주권을 제시하여 주주명부상 명의를 개서할 필요는 있지만 주권과 상환으로 권리를 행사하는 것은 아니라는 성질(**비상환증권성**)을 가진다고 이해된다. 하지만 주권을 제시하여야만 주주권을 행사할 수 있으므로 **제시증권성**을 가진다고 보며 주권의 교부만에 의해 양도되므로 **지시증권성**을 가진다.

3) **주권의 발행** : 주권은 주식을 표창한 것이므로 주식과 주권은 내용에서 서로 대응된다. 주권은 1주권을 가장 최소의 단위로 하며 이를 단일주권이라 하는데, 경우에 따라서는 10주권·100주권 등 병합주권도 존재한다. 주권은 회사성립 후 또는 신주의 납입기일 후 지체 없이 발행되어야 한다(상355). 요식증권성을 가지는 주권의 발행절차를 보면, i) 회사관련사항(회사상호·성립연월일), ii) 주식관

련사항(발행예정주식총수, 액면가, 신주의 발행연월일, 종류주식의 종류·내용, 주식양도에 관한 이사회승인, 주권번호)을 기재하고, 대표이사가 기명날인·서명하여야 한다(상356). 주권은 완화된 요식증권성을 가져, 판례는 기명주권의 경우에 주주의 이름이 기재되어 있지 않다거나 주식의 발행연월일의 기재가 누락되어 있다고 하더라도 이는 주식의 본질에 관한 사항이 아니므로 주권의 무효 사유가 아니라고 보았다(94다24039).

4) **주권불소지제도** : ① **개념** – 주식은 주권의 교부만에 의해 양도할 수 있으므로 주권을 상실하게 되면 쉽게 선의취득되어 주권을 상실한 자가 권리를 행사할 수 없게 될 가능성이 있다. 주권불소지제도는 주권상실의 위험에서 벗어나고자 기명주주의 신청에 의해 주권의 소지 없이 권리행사를 가능하게 하는 제도를 의미한다(상358의2).

② **절차** – 주권불소지절차를 보면, i) **주권불소지 신고와 주권 제출** 정관상의 제한이 없는 한 주주는 기명주식에 대하여 주권불소지를 회사에 신고할 수 있는데(상358의2.1), 주권불소지 신고를 위해 주권제출(효력요건), 주권무효화·임치(명의개서대리인)가 요구된다(상358의2.3). ii) **주주명부 기재·통지** 신고수령회사는 주권불발행의 뜻을 주주명부와 그 복본에 기재한 후 그 사실을 주주에게 통지하여야 한다(상358의2.2).

③ **효과** – 주권불발행시 회사는 주권발행권한·의무는 없게 되므로 만일 회사가 이에 위반하여 주권을 발행하였다면 주권의 요인증권성에 비추어 볼 때 무효한 주권으로 이해되고 선의취득의 대상이 될 수 없다고 본다. 주주는 주권불소지 신고에 의해 주권을 제출하였다 하더라도 언제든지 회사에 대하여 주권의 발행 또는 반환을 청구할 수 있다(상358의2.4). 다만 주권재발행비용은 주주가 부담한다고 본다.

2. 주권의 효력발생시기

1) **논 의** : 회사는 성립 후 또는 신주납입기일 후 주권을 발행할 수 있는데, 주권은 기재사항을 기재한 후 대표이사가 기명날인·서명함으로써 작성되며 이는 주주에게 교부된다. 주권이 작성되어 주주에게 교부되기 전에 상실된 경우 선의취득의 대상이 되는가, 주권이 효력을 개시하였는가, 즉 **주권의 효력발생시기**(**쟁점**

23)에 관해, **작성시설**은 주권의 작성과 동시에 주권은 효력이 발생한다고 보며, **발행시설**은 주권을 작성하여 타인에게 교부한 시점에 효력이 발생한다고 보고, **교부시설**은 당해 주권이 주주에게 교부된 경우에만 주권의 효력이 발생한다고 본다(통설). **판례**는 회사가 주주권을 표창하는 문서를 작성하여 주주에게 교부된 때에 비로소 주권으로서의 효력을 발생하는 것이므로 이를 주주가 아닌 제3자에게 교부하여 주었다 할지라도 위 문서는 아직 회사의 주권으로서의 효력을 가지지 못한다고 보았다(99다67529).

2) **검 토** : 작성시설은 주주에의 주권 교부와 무관하게 주권작성 후 대표이사의 기명날인·서명만으로 효력이 발생하여 선의취득·압류·제권판결 등이 가능하게 되는 데 반해, 교부시설에 따를 경우 주권이 정당한 주주에게 교부되기 전에는 주권의 효력을 가질 수 없어 선의취득이 될 수 없으며 정당한 주주는 여전히 주권교부청구권을 가진다. 생각건대 주권은 비설권증권성·요인증권성·비문언증권성 등을 가지는 매우 불완전한 의미에서 유가증권이어서 유통보다 거래의 실제가 보호되는 특징이 있다는 점을 고려할 때, 교부시설이 타당하다고 본다. 요컨대 주권은 정당한 주주에게 교부되기 전에는 효력이 발생되지 않으므로 선의취득·압류·제권판결의 대상이 될 수 없고 정당한 주주는 회사에 대해 주권의 교부를 구할 수 있다

3. 주권의 상실

(1) 의 의

주주가 주권을 상실한 경우 주권의 제시증권성으로 인해 더 이상 권리를 행사할 수 없게 되고, 제3자가 상실한 주권을 선의취득할 경우 주식(주주의 지위)을 상실한다. 따라서 주권을 상실한 주주로 하여금 주주권을 행사할 수 있게 하고 제3자에 의해 주권이 선의취득되는 것을 막기 위해, 상실된 주권을 무효하게 하고 주권으로 표창되었던 주주의 권리를 다시 주주에게 회복하는 절차가 **공시최고절차**에 의한 **제권판결절차**이다.

(2) 공시최고절차

일정한 기간 내에 신고를 하지 않으면 실권한다는 취지로 그 권리의 신고를

최고하는 법원의 공고를 말한다. 유가증권의 공시최고는 도난·분실·멸실된 증권을 무효화하기 위하여 권리의 신고를 최고하는 것으로서 협의의 공시최고이다(민소492~497). 공시최고절차를 보면 i) 서면(신청이유, 제권판결청구취지를 기재)에 의한 **공시최고신청**을 하고(민소477.1,2) 증권 관련 사항을 제시, 신청사유 등을 소명하여야 한다(민소494). ii) 공시최고의 허가 여부에 대한 재판은 **결정**으로 한다. 불허가결정에 즉시항고할 수 있으며(민소478.1), 공시최고 허가시 공고하여야 하며(민소480), 공시최고의 기간은 공고가 끝난 날부터 3월 뒤로 정하여야 한다(민소481). 공시최고에는 공시최고기일까지 권리 또는 청구의 신고를 하고 그 증서를 제출하도록 최고하고, 이를 게을리 하면 권리를 잃게 되어 증서의 무효가 선고된다는 것을 경고하여야 한다(민소495). **공시최고기간 중**이라도 주권의 선의취득자는 주주의 권리를 행사할 수 있으며, 공시최고기간 중에 증권의 선의취득도 가능하다고 본다. 따라서 공시최고기간 중에 증권을 선의취득한 자도 주주의 권리를 행사할 수 있어 주주명부에 명의개서를 신청할 수 있고 명의개서한 선의취득자에게 권리행사기회를 주면 회사는 면책된다.

(3) 제권판결

1) **권리의 신고** : 공시최고기간 중은 물론이고 공시최고기간이 지난 뒤에도 제권판결에 앞서 권리 또는 청구의 신고가 있는 때에는 그 권리를 잃지 아니한다(민소482). 신청이유로 내세운 권리 또는 청구를 다투는 신고가 있는 때에는 법원은 그 권리에 대한 재판이 확정될 때까지 공시최고절차를 중지하거나, 신고한 권리를 유보하고 제권판결을 하여야 한다(민소485).

2) **제권판결의 효력** : 제권판결에서는 증권 또는 증서의 무효를 선고하여야 하며(민소496), 제권판결이 내려진 때에는 신청인은 증권 또는 증서에 따라 의무를 지는 사람에게 증권 또는 증서에 따른 권리를 주장할 수 있다(민소497). 이와 같이 제권판결은 소극적 효력·적극적 효력을 가진다. 유가증권에 관한 제권판결의 **소극적 효력**이란 유가증권의 효력을 상실시키는 효력을 의미하고 **적극적 효력**이란 제권판결 신청인이 유가증권을 소지하지 않고도 증권상의 권리를 행사할 수 있게 하는 효력을 의미한다. 제권판결의 소극적·적극적 효력에 따라서 주주는 회사에 대해 주권의 재발행을 신청할 수 있다(상360). 제권판결로 주주권을 행사할 수 없게 된 자는 제권판결이 확정되기 전에 제권판결이 있다는 사실을 안 날로부터 1

월 내에 선고일로부터 3년 내에 **제권판결 불복의 소**에 의해 다툴 수 있다(민소 491).

3) **선의취득과의 관계** : 제권판결이 확정되면 그 이후부터는 주권은 효력을 상실하므로 더 이상의 선의취득은 있을 수 없다. 하지만 제권판결이 확정되기 전에는 상실된 주권은 유효하게 유통될 수 있으므로 상실된 주권이 선의의 제3자에 의해 선의취득될 수 있다. 이 경우 **선의취득자와 제권판결취득자간의 권리우선관계**(**쟁점24**)에 관해, **제권판결취득자우선설**은 제권판결제도의 취지를 존중하여 제권판결을 취득한 자가 선의취득자에 우선해서 권리를 행사할 수 있다고 보고, **선의취득자우선설**은 제권판결절차는 소송절차가 아니고 비송사건절차이므로 실질적 권리를 제한할 수 없고, 공시최고제도의 한계, 제권판결제도의 악용가능성 등을 논거로 하며, **절충설**(**제한적 선의취득자우선설**)은 공시최고에 관한 악의의 선의취득자는 배제하고 공시최고에 관해 선의인 선의취득자만 제권판결취득자에 우선한다고 본다. **판례**는 증권이나 증서의 무효를 선고한 제권판결의 효력은 공시최고 신청인에게 그 증권 또는 증서를 소지하고 있는 것과 동일한 지위를 회복시키는 것에 그치고 공시최고 신청인이 실질적인 권리자임을 확정하는 것은 아니다. 따라서 증권이나 증서의 정당한 권리자는 제권판결이 있더라도 실질적 권리를 상실하지 아니하고, 다만 제권판결로 인하여 그 증권 또는 증서가 무효로 되었으므로 그 증권 또는 증서에 따른 권리를 행사할 수 없게 될 뿐이라 보아(2011다112247) 선의취득자우선설을 따른 것으로 판단된다. 생각건대 제권판결제도의 제도적 한계를 고려하고 주권의 유통을 보호하기 위해서는 선의취득자우선설이 타당하다고 본다.

4) **주권의 재발행** : 주권은 제권판결절차에 의하여 이를 무효로 될 수 있으며, 주권을 상실한 자는 제권판결을 얻지 아니하면 회사에 대하여 주권의 재발행을 청구하지 못한다(상360). 상법은 주권을 상실하더라도 주권의 재발행을 신청할 수 없으며 제권판결을 얻은 경우에만 재발행이 허용된다. 다만 주권불소지제도(상358의2)에서도 주권의 발행을 청구할 수 있는데 이는 상실 후 재발행과 구별된다. 판례는 만일 **제권판결에 대한 불복의 소**가 제기되어 제권판결을 취소하는 판결이 확정되면 제권판결은 소급하여 효력을 잃고 정당한 권리자가 소지하고 있던 증권 또는 증서도 소급하여 그 효력을 회복하게 되고 기존 주권을 무효로 하는 제권판

결에 기하여 주권이 재발행되었다고 하더라도 제권판결에 대한 불복의 소가 제기되어 제권판결을 취소하는 판결이 선고·확정되면, **재발행된 주권**은 소급하여 무효로 되고, 그 소지인이 그 후 이를 선의취득할 수 없다고 보았다(2011다112247).

4. 주주명부

1) **의 의** : 주주 및 주권에 관한 사항을 명확하게 하기 위하여 회사가 상법상의 의무로서 작성하는 장부를 주주명부라 한다. 주식을 양도할 경우 양수인이 회사에 대해 권리취득을 대항하기 위해 명의개서를 하여야 하는데 이는 주주명부에 기재된다. 다만 증권예탁결제제도 하에서는 발행회사의 주주명부에는 예탁결제원이 주주로 등재되어 있고 예탁결제원의 예탁자계좌부에는 각 증권회사가 주주로 등재되어 있으며 증권회사의 고객계좌부에는 실질주주가 등재되어 있다. 따라서 주주명부상의 주주가 예탁결제원일 경우 예탁결제원이 실질주주에 관한 사항을 발행회사에 통지하면 발행회사는 실질주주의 명부를 작성하게 되는데, 이를 **실질주주명부**라 한다.

2) **취 지** : ① **주주확정** – 주주가 아님에도 주주명부에 주주로 등재된다면 주주로서 회사에 대해 권리를 행사할 수 있는가? 이는 **주주명부의 효력문제**(**쟁점26**) 인데, 주주명부가 주주를 확정하기 위한 제도인지 아니면 회사의 편의를 위한 명부인지 하는 **주주명부제도의 취지**(**쟁점25**)와 관련된다. **주주확정설**은 주주명부제도는 주식의 발행 및 양도에 따라 주주의 구성이 계속 변화하는 단체법적 법률관계의 특성상 회사가 다수의 주주와 관련된 법률관계를 외부적으로 용이하게 식별할 수 있는 형식적이고도 획일적인 기준에 의하여 처리할 수 있도록 하여 이와 관련된 사무처리의 효율성과 법적 안정성을 도모하려는 취지로 이해하며, 판례의 입장이다(2015다248342전합). **회사편의설**은 회사법은 주주명부에 추정적 효력만 부여하므로 주주명부제도는 주주를 확정하는 제도가 아니라 주주명부를 통해 주주를 추정함으로써 회사의 업무집행에 편의를 제공하려는 취지에 지나지 않는다고 본다. 생각건대 주주명부에 주주확정의 기능이 부여되려면 주주명부에의 명의개서에 관해 엄격한 절차규정이 요구되는데 회사법에는 이에 관한 규정이 없으며 주주명부에 대항력만 규정하고 있어 회사편의설이 타당하다고 본다.

② **권리귀속·행사의 구별** – 회사법은 주주명부의 기재를 회사에 대한 대항요

건으로 정하고 있을 뿐 주식 이전의 효력발생요건으로 정하고 있지 않으므로 명의개서가 이루어졌다고 하여 무권리자가 주주가 되는 것은 아니고, 명의개서가 이루어지지 않았다고 해서 주주가 그 권리를 상실하는 것도 아니라 보아 주식의 소유권 귀속에 관한 권리관계와 주주의 회사에 대한 주주권 행사국면은 구분하며 주주권의 귀속이 다투어지는 경우 이는 주식의 소유권 귀속에 관한 권리관계로 본다(2017다278385).

3) **작성·공시·열람청구** : 주주명부의 기재사항에는 주주의 성명과 주소, 각 주주가 가진 주식의 종류와 그 수, 각 주주가 가진 주식의 주권을 발행한 때에는 그 주권의 번호, 각 주식의 취득연월일 등이 포함된다(상352.1). 전환주식을 발행한 때에는 주식을 다른 종류의 주식으로 전환할 수 있다는 뜻, 전환의 조건, 전환으로 인하여 발행할 주식의 내용, 전환을 청구할 수 있는 기간 등도 주주명부에 기재하여야 한다(상352.3 → 347). 이사는 주주명부를 본점에 비치하여야 하나, **명의개서대리인**을 둔 때에는 주주명부 또는 그 복본을 명의개서대리인의 영업소에 비치할 수 있다(상396.1). 주주와 회사채권자는 영업시간 내에 언제든지 주주명부의 열람 또는 등사를 청구할 수 있다(상396.2). 회사는 정관으로 정하는 바에 따라 전자문서로 주주명부(**전자주주명부**)를 작성할 수 있다(상352의2.1). 전자주주명부에는 주주명부의 기재사항(상352.1) 이외에 전자우편주소를 기재하여야 하고, 전자주주명부의 비치·공시 및 열람의 방법에 관하여 필요한 사항은 대통령령으로 정한다(상352의2.2,3). 전자주주명부상의 전자우편주소를 이용하여 주주총회의 소집통지를 전자적으로 발송할 수 있고, 전자투표에 필요한 의결권행사양식과 참고자료를 발송할 수 있게 되었다.

4) **효 력** : ① **추정력** – 상법상 주권의 점유자는 적법한 소지인으로 추정하고 있으나(상336.2), 주주명부에 명의개서한 자도 그 기재의 자격수여적 효력에 의하여 주주로 추정되어 실질적인 권리를 증명하지 않고도 권리를 행사할 수 있다(**추정력**). 주주명부상의 주주에 대해 회사는 실질적 권리가 없다는 것을 증명하여야만 그 권리행사를 거절할 수 있다. **판례**도 주주명부에 기재된 명의상의 주주는 실질적 권리를 증명하지 않아도 주주의 권리를 행사할 수 있게 한 자격수여적 효력만을 인정한 것뿐이지 주주명부의 기재에 창설적 효력을 인정하는 것이 아니므로 반증에 의하여 실질상 주식을 취득하지 못하였다고 인정되는 자가 명의개서를 받

았다 하여 주주의 권리를 행사할 수 있는 것은 아니라고 하여(89다카5345) 주주명부에 추정력을 인정하고 있다.

② **면책력** – 회사는 주주명부상의 주주에게 권리행사의 기회를 제공하면 면책된다(**면책력**, 상353.1). 즉, 주주 또는 질권자에 대한 회사의 통지 또는 최고는 주주명부에 기재한 주소 또는 그 자로부터 회사에 통지된 주소로 하면 된다. 그러나 회사가 주주명부상의 주주가 진정한 주주가 아님을 알고 이를 쉽게 증명할 수 있었음에도 불구하고 권리행사의 기회를 제공한 경우에는 어음법 제40조 3항을 유추적용하여 회사는 면책되지 않는다고 본다(**면책력의 한계**). 판례도 주식회사가 주주명부상의 주주가 형식주주에 불과하다는 것을 알았거나 중대한 과실로 알지 못하였고 또한 이를 용이하게 증명하여 의결권행사를 거절할 수 있었음에도 의결권행사를 용인하거나 의결권을 행사하게 한 경우에는 그 의결권행사는 위법하게 된다고 보았다(96다45818).

③ **대항력** – 기명주식의 이전은 취득자의 성명과 주소를 주주명부에 기재하지 아니하면 회사에 대항하지 못한다(**대항력**, 상337.1). 회사가 정관이 정하는 바에 의해 명의개서대리인을 둔 경우 명의개서대리인이 취득자의 성명과 주소를 주주명부의 복본에 기재한 때에는 주주명부에 명의개서가 있는 것으로 간주한다(상337.2). 즉, 주식양도시 주주명부 또는 명의개서대리인의 주주명부 복본에 명의개서를 하여야 주식양도로써 회사에 대항할 수 있다. 회사는 명의개서가 되지 않은 주주에게 주주의 권리행사를 인정할 수 있는가?(쟁점26) **편면적 구속설**은 진실한 권리관계가 존중되어야 하고 회사대항력에 관한 규정은 회사의 편의를 위한 조항이라는 점을 논거로 주주지위를 인정할 수 있다고 보고, **쌍면적 구속설**은 회사가 주주명부상의 주주와 실질적인 주주 사이에 주주선택권을 가지는 것은 주주평등의 원칙에 반한다는 점에서 회사도 구속된다고 본다. **판례**는 편면적 구속설을 취하다가(89다카14714), 17년 판결에서 이를 변경하여 특별한 사정이 없는 한 주주명부에 적법하게 주주로 기재되어 있는 자는 회사에 대한 관계에서 그 주식에 관한 의결권 등 주주권을 행사할 수 있고, 주주명부에 기재를 마치지 아니한 자의 주주권 행사를 인정할 수 없다고 보았다(2015다248342).

5) **주주권 행사자의 확정** : 회사가 일정 절차(주주총회, 신주발행, 이익배당 등)에서 주주권(의결권, 신주인수권, 이익배당청구권)의 행사자를 확정하기 위해서는 일정 시점의 주주라는 기준을 제시하든지 아니면 일정기간 주주명부상의 주

주변경을 불허함으로써 현재의 주주를 권리행사자로 확정하는 등 주주의 확정을 위한 제도가 요구된다. 상법에는 이를 위해 기준일제도와 주주명부폐쇄제도를 두고 있다(상354).

① **기준일제도** – 일정일자의 주주명부상의 주주를 주주권 행사로 확정하기 위해 기준일자를 정하는 제도이다(상354.1). 기준일제도는 주주명부폐쇄제도와 달리 일정기간 명의개서를 금지하는 것이 아니므로 주식양도에 지장을 주지 않으면서 권리행사자를 확정할 수 있다는 장점이 있다. 다만 기준일을 너무 이른 날짜로 잡거나 급박하게 잡을 경우 명의개서를 미루고 있던 주주의 권리를 침해할 우려가 있어 상법은 이를 제한하고 있다. 즉 기준일은 주주 또는 질권자로서 권리를 행사할 날에 앞선 3월 내의 날로 정해야 하고(상354.3), 회사가 기준일을 정한 때에는 기준일의 2주 전에 이를 공고하여야 하나, 정관으로 기준일을 지정한 경우에는 예외이다(상354.4).

② **주주명부폐쇄제도** – 회사가 주주 또는 질권자로서 권리를 행사할 자를 확정하기 위하여 주주명부의 기재사항의 변경을 일시적으로 정지시키는 제도이다(상354.1). 기준일제도와 동일한 기능을 하지만 기준일제도는 특정한 주주권 행사자 확정을 위해서 이용되나, 주주명부폐쇄제도는 일정기간 다양한 주주권 행사에 활용할 수 있는 범용성이 있어 실무상 양 제도를 병용하는 것이 일반적이다. 주주명부폐쇄기간은 주식양도자유의 원칙을 실질적으로 침해할 우려가 있어 3월을 초과하지 못하며(상354.2) 그 기간의 2주 전에 이를 공고하여야 하나, 정관으로 기간을 지정한 경우에는 예외이다(상354.4). 통상적으로 매 결산기의 익일부터 주주총회의 종료일까지 폐쇄한다. 3월의 공고기간을 지키지 않은 경우 주주명부폐쇄의 효력에 관해 무효설과 유효설이 대립되고 있다. 그리고 폐쇄의 효과로서 폐쇄기간중 명의개서를 하지 못하나, 권리와 무관한 사항의 변경, 전환주식·전환사채의 전환청구, 신주인수권부사채권자의 신주인수권의 행사는 가능하다(상350.2, 516.2, 516의9). 폐쇄기간에 이뤄진 명의개서의 효력에 관해서도 명의개서를 확정적으로 무효로 보는 무효설과 명의개서는 유효하나 폐쇄기간 경과 후 효력이 발생한다고 보는 유효설이 대립되고 있다.

5. 전자등록제도

1) **개 념** : 회사가 주권, 사채, 신주인수권증서 등을 발행하는 대신 정관으로

정하는 바에 따라 전자등록기관의 전자등록부에 주식을 등록함으로써 주식의 발행, 유통할 수 있게 하는 제도를 전자등록제도라 한다(상356의2, 420의4, 478.3). 전자등록제도는 회사가 정관에 규정을 둔 경우에 이용할 수 있는 제도이고 주권제도가 폐지되고 강제적인 전자등록제도로 대체된 것은 아니다. 전자등록절차는 전자등록기관의 전자등록부에 이뤄진다는 점이 특징이며, 2016년 제정된 주식·사채 등의 전자등록에 관한 법률에서 상세한 사항을 정하고 있다.

2) **전자등록절차** : **전자등록기관**이란 유가증권 등의 전자등록 업무를 취급하는 것으로 허가 받은 기관을 의미한다(등록2 6호). 전자등록기관은 일정한 요건(등록5.2)을 갖추어 신청하여 허가될 수 있으며, 증권·사채·신주인수권·신탁법상 수익증권 등의 등록, 발행인관리·고객·고객관리계좌 등의 개설·폐지·관리, 등록증권 등에 대한 권리행사 대행, 발행 내역의 공시 등의 업무를 하게 된다. **전자등록계좌부**는 발행회사의 신청에 따라 주식, 사채권 등의 권리에 관해 권리의 발생·변경·소멸에 대한 정보, 즉 권리의 내용과 권리자를 등록하고 이들 권리를 이전하거나 담보설정할 경우 그 권리관계의 변동을 공시하는 장부로서 전자등록기관이 설치·운영하고 전자식으로 기재되는 장부로서(등록2 3호), 상법상의 전자등록부에 해당한다. 아직 전자등록 관련 시행령이 완성되지 않았지만, 전자등록부에의 등록은 그 내용에 따라 실질적으로 발행등록, 유통등록(담보권설정등록을 포함), 권리변경·행사등록 등으로 구분될 수 있다(등록24 이하).

3) **전자등록의 효력** : 전자등록부상의 권리는 그 권리의 본질이 사원권 또는 채권일지라도 전자등록부에 등록된 이후에는 등록부상의 기재가 권리의 공시방법이 된다(**공시력**). 주주권, 사채권 등의 권리가 발행·유통등록되는 전자등록부에 권리관계의 공시적 효력을 가진다. 개정상법은 전자등록부에 주식을 등록한 자는 그 등록된 주식에 대한 권리를 적법하게 보유한 것으로 추정하고(**추정력**, 상356의2.3), 전자등록부에 등록된 주식의 양도나 입질은 전자등록부에 등록하여야 효력이 발생한다고 정하고 있다. 이렇게 볼 때 개정상법은 전자등록부에 권리의 공시력을 부여하고 있으며, 등록된 주식 등의 권리변동에 관해서는 전자등록을 권리변동의 효력요건으로 보고 있다(**권리변동요건**). 그리고 전자등록된 주식이 무권한 양도된 경우, 전자등록부를 선의로 중대한 과실 없이 신뢰하고 등록에 따른 권리를 취득한 자는 그 권리를 적법하게 취득한다(**제한적 공신력**, 상356.3).

4) **등록부 기재 오류** : 전자등록부에 과다기재된 경우에 관해 전자등록제도에서의 특수한 문제로서 상법에는 이에 관해서는 별도의 규정을 두고 있지 않다. 이는 원칙적으로 기재의 오류에 책임이 있는 자의 재원으로 과다기재된 부분을 취득하여 말소하는 것이 한 방법일 것이다. 오류에 대한 책임이 있는 자가 없을 경우에는 시스템위험으로 보아 그 시스템에 참여하고 있는 자들이 그 비용을 부담하여야 할 것이다. 하지만 과다기재된 부분의 취득·말소가 즉시 이루어질 수 없을 경우 취득·말소시점까지 발행회사에 대한 권리행사가 문제될 수 있다. 이는 주권이나 사채권의 특정성이 부여되지 않으므로 특정 주주 혹은 사채권자에 귀속될 위험으로 볼 수는 없으므로 과다기재가 발생한 종류의 권리자 모두에게 평균적으로 그 위험이 분배되어야 하므로 일시적인 권리의 희석화 현상이 발생한다고 보아야 한다. 그리고 권리의 희석화로 인해 발생한 손해는 기재의 오류에 책임이 있는 자에게 손해배상을 청구할 수 있게 될 것이다. 주식·사채 등의 전자등록에 관한 법률은 초과분에 대한 해소 의무(등록42)와 초과분에 대한 권리 행사의 제한(등록43)을 규정하고 있다.

Ⅳ. 주식양도

1. 의 의

주식양도란 주주권(사원권)을 내용으로 하는 주식을 법률행위에 의해 이전하는 것을 의미한다. 이는 주주권 변동의 원인 중의 하나로서 주식인수, 주식의 선의취득과 같은 주식의 원시취득과는 승계취득이라는 점에서 구별되며, 상속·합병에 의한 주식의 취득과는 특정승계라는 점에서 구별된다. 주식양도는 주주권이 이전되는 원인행위가 아니라 주식양도에 의해 주주권이 종국적으로 이전하게 되므로 이행의 문제를 남기지 않는다는 점에서 일종의 준물권계약으로 볼 수 있다. 주식양도에 의해 양도인인 주주가 가지던 모든 권리는 양수인에게 이전되므로 자익권·공익권(추상적 권리) 중의 일부를 양도에서 배제할 수 없다. 주식양도는 투자자본의 유일한 회수방법이므로 유한책임의 원칙과 함께 주식회사의 발전을 위해 중요한 제도가 되어 왔다. 상법도 주식양도의 자유를 보장하기 위해 정관에 의하여서도 주식의 양도를 금지하거나 제한하지 못한다고 규정하여 이른바 **주식양도자유의 원칙**을 절대적으로 보장하고 있었다. 하지만 최근 **주주 구성의 동질성 확**

보를 위해 주식양도를 제한할 필요성도 제기되어 상법은 주식양도를 일정한 방식(정관규정+이사회승인)에 의해서만 제한할 수 있도록 하여(상335) 주식양도자유의 원칙과 타협을 하고 있으며, 그밖에 합의에 의한 주식양도제한이 가능한지 논란이 있다.

2. 계약·정관에 의한 주식양도의 제한

(1) 계약에 의한 주식양도제한

회사와 주주, 주주와 제3자 또는 주주 사이의 계약에 의하여 주식양도를 제한하는 것이 가능한가? 만일 이를 허용한다면 적대적 인수·합병을 방지하기 위한 유력한 수단이 될 수 있을 것이다. **주식양도제한에 관한 합의**는 주식양도자유의 원칙에 반하므로 무효로 보는 것이 통설·판례의 입장이다. 다만 이러한 합의도 기타 강행법규나 법의 일반원칙에 반하지 않을 경우 합의당사자간에 채권적 효력을 가진다. **판례**는 주주들 사이에 주식양도를 일부 제한하는 약정은 주식양도 당사자 사이에서는 원칙적으로 유효하다고 보았다(2007다14193). 하지만 이른바 신세기통신사건에서 설립 후 5년간 일체 주식의 양도를 금지하는 내용으로 이를 정관으로 규정하였다고 하더라도 주주의 투하자본회수의 가능성을 전면적으로 부정하는 것으로서 무효라는 이유로, 정관으로 규정하여도 무효가 되는 내용을 나아가 회사와 주주들 사이에서, 혹은 주주들 사이에서 약정하였다고 하더라도 이 또한 무효라고 보았다(99다48429).

(2) 정관에 의한 주식양도의 제한

1) **의 의** : 주식회사의 대부분을 차지하는 소규모 비상장회사는 대개 인적 유대를 기초로 운영되고 있어 주식양도를 제한함으로써 사원구성의 동질성을 부여하여 회사경영의 안전을 도모할 필요가 있다. 상법은 사원구성의 동질성의 확보와 주주의 투자자본회수의 기회 보장을 동시에 달성하기 위해 정관에 의한 주식양도제한 규정을 도입하였다. 즉, 주식양도에 이사회의 승인을 얻도록 함으로써 회사사원구성의 동질성을 유지할 수 있도록 하면서, 양수인지정청구·매수청구의 방법으로 주주의 투자자본회수를 보호한다(상335.1단서).

2) **제한절차** : 회사가 주식의 양도를 제한하는 것은, 주식을 양도할 경우 이사

회의 승인을 얻도록 정관을 두는 방법으로만 가능하여(상335.1단서), **정관규정에 의한 이사회 승인**이라는 요건 충족이 요구된다. 판례도 정관의 규정으로 주식의 양도를 제한하는 경우에도 주식양도의 **전면적 금지** 규정을 둘 수는 없다고 보았다(99다48429). 주식양도제한에 관해 **공시요건**을 규정하여 회사주식을 취득하려는 자를 보호하고 있다. 즉 이사회 승인절차는 정관에 규정되어야 하고 **등기사항**이며(상317.2 3의2호), 주식청약서(상302.2 5의2호)나 주권(상356 6의2호) 등에 기재하여야 한다. 따라서 주식양도 제한에 관한 등기를 하지 않은 경우 등기의 효력규정(상37)에 따라 선의의 제3자에게 대항하지 못하며, 양도제한을 명시하지 않은 주식청약서를 사용한 경우 인수의 무효사유가 된다고 본다.

3) **제한방법** : ① 정관의 규정에 따라 주식의 양도에 승인을 받게 할 경우, 주주평등의 원칙에도 불구하고 회사의 안정적 경영을 도모하기 위해 **주식의 종류에 따른 제한**도 가능하다고 본다. 상법 제344조 3항은 신주의 인수와 주식의 배정을 정하고 있는데, 이에 관해 주식양도제한 등의 제한도 종류주식의 특수한 정함에 포함될 수 있다는 **예시규정설**도 있지만 적절하지 못한 해석으로 본다. 종류주식의 특수사항은 회사법의 규정에 따라, 신주인수, 주식배정에 관해서만 특수사항에 한정된다고 보며(**제한규정설**), 주주평등의 원칙에 관한 예외인 종류주식은 법정된 사항에 한정하는 것이 타당하다고 본다.

② **제한대상**은 매매, 증여 등의 원인에 의한 양도만 제한 가능하고 합병·상속 등 포괄승계를 제한할 수는 없다. 주식의 입질 등 담보제공행위·압류에는 이사회의 승인을 요하지 않지만, 담보제공된 주식에 관해 담보권을 실행(경매)하는 경우 이사회의 승인을 요하고 회사가 그 승인을 거절할 경우 경락인은 매수인지정·매수청구를 할 수 있다고 본다. 양도제한된 주식의 선의취득이 성립하기 위해 이사회의 승인을 얻어야 하는가 의문은 있지만, 주식양도제한은 등기사항이므로 회사가 이를 등기한 경우 선의의 제3자에게도 대항할 수 있다는 점에서(상37) 긍정설이 타당하다고 본다.

③ **양수인의 제한**은 주주 일반에 대해 보편성이 지켜지는 한(예, 외국인에의 주식양도 제한, 주주·종업원 이외의 자에 주식양도제한 등) 무방하지만, 그 내용의 합리성이 인정되어야 한다(예, 특정 대주주 이외의 자에게 양도제한은 무효).

4) **양도승인절차** : i) 주식을 양도하고자 하는 주주는 회사에 대하여 양도의 상

대방 및 양도하고자 하는 주식의 종류와 수를 기재한 서면으로 **양도승인청구**를 하는데(상335의2.1), 주식의 양도인은 물론이고 양수인도 승인청구할 수 있다(상335의7.1,2). ii) 회사는 승인청구가 있는 날부터 1월 이내에 주주에게 그 승인 여부를 서면으로 통지하여야 한다(**승인·승인거부통지**, 상335의2.2). 승인 여부는 이사회의 결의에 의하는데, 이를 흠결하거나 결의가 무효임에도 불구하고 대표이사가 양도승인의 통지를 한 경우 전단적 대표행위로서 문제될 수 있다. iii) 회사가 1월 내에 주주에게 거부의 통지를 하지 아니한 때에는 주식의 양도에 관하여 이사회의 승인이 있는 것으로 본다(**승인간주**, 상335의2.3). iv) 양도승인 거부통지가 있을 경우 주주는 **양도상대방 지정청구**를 하거나 **매수청구권**을 행사할 수 있다(상335의2.4).

5) **승인거부시 주주의 권리** : ① **양도상대방 지정청구** – 양도승인거부의 통지를 받은 주주는 통지를 받은 날부터 20일 내에 회사에 대하여 양도의 상대방의 지정을 청구할 수 있다(상335의2.4). 이사회는 양도상대방을 지정하고 그 청구가 있은 날부터 2주 내에 주주 및 지정된 상대방에게 서면으로 이를 통지하여야 하는데(상335의3.1), **상대방지정의 통지**를 해태한 경우 승인간주된다(상335의3.2). 그리고 지정매수인은 지정통지를 받은 날부터 10일 이내에 지정청구를 한 주주에 대하여 서면으로 그 주식을 자기에게 매도할 것을 청구할 수 있는데(**주식선매권**, 상335의4.1), 지정매수인이 주식선매권 행사를 해태한 경우에도 승인간주된다(상335의4.2). 지정매수인의 주식선매권은 형성권으로 보며 지정청구인의 승낙을 요하지 않고 지정청구인은 지정매수인에게 주식을 양도해야 할 의무를 부담하며, 주식선매권은 포기할 수도 있다고 본다. 지정매수인이 매도청구를 할 경우 주식의 **매도가액**은 주주와 매도청구인간의 협의로 이를 결정함을 원칙으로 하고(상335의5.1), 청구 후 30일 내에 매도가액협의가 되지 않을 경우 영업양도 반대주주의 주식매수청구권 행사시 법원의 매수가액결정에 관한 규정을 준용한다(상335의5.2 → 337의2.4,5).

② **매수청구권 행사** – 승인이 거부된 경우 승인청구권자(양도인, 양수인)는 매수청구권을 행사할 수도 있다. 회사는 매수청구를 받은 날부터 2월 이내에 그 주식을 매수하여야 하며, 주식의 매수가액은 주주와 회사간의 협의에 의하여 결정한다(상335의6 → 374의2.2~3). 30일내 매수가액협의가 되지 않은 경우 법원의 매수가액결정절차는 양도상대방 지정청구와 동일하게 준용규정을 따른다(상335의6

→374의2.4,5).

③ **선택권의 귀속** – 상대방지정청구와 주식매수청구의 선택권을 누가 가지는가(**쟁점27**)에 관해, **회사선택설**은 법문(상335의2.4)의 표현은 주주의 선택권을 예정하고 있다고 볼 수 있으나, 주주에게 선택권을 인정할 경우 자본충실을 해하고 주주가 출자금을 회수해 가는 합법적인 수단으로 악용될 소지가 있다는 점에서 회사에 선택권을 부여하여야 한다고 본다. **주주선택설**은 상법 제335조의2 4항의 해석상 회사에 선택권을 인정하기는 어렵다고 본다. 생각건대 회사선택설에 따르더라도 대주주가 지배하는 회사가 매수청구를 선택하게 된다면 회사의 이익이 보호되지 않을 뿐만 아니라 주주선택설을 따르더라도 회사가 양도를 승인하면 자본반환을 피할 수 있으므로 주주가 양 청구 중 하나를 선택케 한 상법의 해석상 주주선택설이 타당하다고 본다.

6) **이사회승인 없는 양도의 효력** : 이사회의 승인 없이 한 주식양도는 회사에 대하여 효력이 없는데(상335.2), 이는 회사와의 관계에서 양도가 효력을 가질 수는 없으나 양도 당사자간에는 주식양도가 효력을 가진다고 이해한다. 정관에 의한 주식양도제한의 취지는 회사의 승인 없이 주주가 변경되는 것을 막기 위한 것이므로, 회사에 대한 효력이 없다고 봄으로써 취지는 달성되므로 당사자간의 효력까지 부인할 이유가 없기 때문이다. 회사에 대한 관계에서는 주식양도의 효력이 발생하지 않으므로, 양도인이 주권을 행사할 수 있고 양수인은 주권을 행사할 수 없다.

3. 상법 등에 의한 주식양도제한

(1) 권리주 양도제한

주식의 인수로 인한 권리(권리주)의 양도는 회사에 대하여 효력이 없다(상319). 회사성립 전 또는 신주발행의 효력발생 전의 주식인수인의 지위를 의미하는 **권리주의 양도**는 제한되는데, 회사설립사무·신주발행사무의 번잡을 방지하고 투기행위를 방지하기 위함이다. 권리주 양도제한규정에 위반하여 주식인수인의 권리를 양도한 경우 당사자간에 **채권적 효력**은 있다(통설). 하지만 회사에 대한 효력(특히 **승인가능성**: **쟁점28**)에 관해, **유효설**은 회사가 승인하는 것을 허용하자는 입장이고, **무효설**은 회사가 권리주의 양도를 승인해도 효력이 없다는 견해로서 다수설이다. **판례**는 권리주양도제한에 대한 회사승인은 무효라는 입장을 전제하고 주권보관증과 같은 증서와 상환으로 교부하기로 하는 특약은 이에 해당하지 않는다고 보았다(65다2069). 생각건대 권리주는 양도방법이 불확실할 뿐만 아니라 상법 제319조에서도 명확하게 회사에 대하여 효력이 없다고 정하고 있으므로 확정적으로 무효하다고 보는 무효설이 타당하다고 본다.

(2) 주권발행 전의 주식양도제한

1) **의 의** : 회사가 주권을 발행하기 전에 주식을 양도하더라도 회사에 대하여 효력이 없다(상335.3). 주권발행 전 주식양도제한은 주권발행 전에는 주권교부(양도방법)·주주증명·명의개서가 곤란하고 주권발행사무의 번잡을 피하기 위함이다. 하지만 실무에서 회사를 타인에게 양도한 자가 이후 회사의 가치가 증대되면 기업을 다시 탈환하기 위해 주권발행 전 주식양도제한규정을 악용하는 사례가 있을 뿐만 아니라 회사가 주권을 계속 발행하지 않을 경우 주식양도자유의 원칙이 실질적으로 침해되는 문제점이 있었다. 이후 상법은 동 규정을 개정하여 회사성립·신주납입기일 후 6월이 경과한 경우에는 주권발행 전의 주식양도라 하더라도 유효하다고 규정하였다(상335.3단서).

2) **6월 내 주권발행 전 주식양도** : ① **효력** – 회사설립·신주납입기일 후 6월이 경과되기 전에 이뤄진 주권발행 전 주식양도는 회사에 대하여 효력이 없다(상335.3). 6월내 주권발행 전 주식양도는 당사자간에 채권적 효력(당사자간에는 주식양도가 유효)을 가진다고 보지만, 회사에 대한 효력(승인 가능성)에 대해 승인을 부인하는 견해(**부정설**)가 통설·판례의 입장이다(80마446). 주권발행 전 주식양도가 있은 경우 회사가 주식양수인에게 주권을 발행하여도 주권으로서 효력이 발생하지 않으며(86다카982), 주권발행 전 주식양수인이 참여한 이사선임결의는 효력이 없어(83도1622) 이는 결의부존재의 원인이 된다. 하지만 주권발행 전의 주식을 전전 양수한 자가 회사에 대하여 원시주주를 대위하여 직접 그리고 자신에게 주권의 발행교부를 청구할 수는 없다 할지라도 원시주주들의 회사에 대한 주권발행 및 교부청구권을 대위행사하여 원시주주에의 주권발행 및 교부를 구할 수 있다(82다카21).

② **하자 치유** – 6월 내의 주권발행 전의 주식양도이더라도 6월의 기한이 경과한 후 **하자의 치유여부**에 관해, **부정설**은 이를 긍정할 경우 6월 내의 주권발행 전

의 주식양도를 조장할 우려가 있다는 점에서 효력을 부정하지만, **긍정설**은 효력을 부인할 경우 6월이 경과한 시점에 동일한 절차를 반복해야 하는 번거로움만 가져다 준다고 보아 긍정한다. **판례**는 상법 제335조 2항 소정의 주권발행 전에 한 주식의 양도는 회사성립 후 또는 신주의 납입기일 후 6월이 경과한 때에는 회사에 대하여 효력이 있다고 본다(94다36421). 생각건대 부정설의 실익이 없고 회사의 주권발행의무의 해태로부터 주주를 실질적으로 보호하기 위하여 긍정설이 타당하다고 본다.

3) **6월 후 주권발행 전 주식양도** : ① **효력** – 회사설립·신주납입기일 후 6월이 경과하여도 회사가 주권을 발행하지 않을 경우, 주권 없이 주식을 양도하였다면 당사자간은 물론이고 회사에 대하여도 유효한 주식양도가 된다(상335.3). 판례도 주식양수인은 주주명부상의 명의개서 여부와 관계없이 회사의 주주가 되고, 그 후 그 주식양도 사실을 통지받은 바 있는 회사가 그 주식에 관하여 주주가 아닌 제3자에게 주주명부상의 명의개서절차를 마치고 나아가 그에게 기명식 주권을 발행하였다 하더라도, 그로써 그 제3자가 주주가 되고 주식양수인이 주주권을 상실하지 않는다고 보았다(99다67529). 그리고 주식양도계약이 해제되면 계약의 이행으로 이전된 주식은 당연히 양도인에게 복귀한다(2002다29411).

② **양도방법** – 이 경우 주권이 발행되지 않아 주식의 양도방법이 문제되는데, 민법상 **지명채권 양도방법**인 의사표시의 합치에 의하여 주식을 양도할 수 있고, **대항요건**으로 회사에 대한 통지, 회사의 승낙이 요구되고, 제3자에 대해 대항하기 위해 확정일자 있는 증서에 의한 통지·승낙(민450)이 요구된다고 본다(통설·판례). 따라서 주식의 이중양도가 발생한 경우 회사 관련 통지·승낙, 확정일자 있는 증서에 따라 권리자가 결정된다. 판례는 확정일자 없는 증서에 의한 양도통지나 승낙 후에 그 증서에 확정일자를 얻은 경우에는 그 일자 이후부터 제3자에 대항력을 취득한다고 보았다(2009다88631). 주식양도의 대항요건과 별개로 회사에 대한 권리행사를 위해 **명의개서**가 요구되는데(통상 주권의 제시에 의함), 주권발행 전이므로 양수인은 명의개서를 위해 자신의 권리를 증명하여야 한다. **판례**도 주권발행 전에 한 주식의 양도는 회사성립 후 6월이 경과한 때에는 회사에 대하여 효력이 있는 것으로서, 이 경우 주식의 양도는 지명채권의 양도에 관한 일반원칙에 따라 당사자의 의사표시만으로 효력이 발생하는 것이고, 상법 제337조 1항에 규정된 주주명부상의 명의개서는 주식의 양수인이 회사에 대한 관계에서 주주의 권

리를 행사하기 위한 대항요건에 지나지 아니한다고 보았다(2003다29661).

③ **이중양도** – 주권발행전 주식이 이중양도되고 이중양도된 주식 모두 제3자에 대한 대항요건을 갖추지 못한 경우 후양수인이 먼저 주주명부에 명의개서하고 명의개서한 후양수인이 행사한 주주권은 적법한가? 생각건대 주식양도의 효력·대항력과 주주명부의 대항력은 구별되어야 하므로 주식양도법리에 따라 이중양수인이 모두 대항력을 갖추지 못하였다면 선양수인에게 주식이 귀속한다고 보아야 하므로 후양수인이 주주명부에 명의개서를 하였다 하더라도 후양수인의 주주권 행사는 부적법하다고 본다. 판례도 유사한 취지에서 주권발행전 주식이 이중으로 양수되고 이중양수인이 모두 확정일자 있는 증서에 의하지 않고 회사에 양도의 통지나 승낙의 요건을 갖춘 경우, 제2양수인은 제1양수인에 대한 관계에서 우선적 지위에 있음을 주장할 수 없고, 회사가 제2양수인의 명의개서청구에 따라 한 명의개서는 위법하다고 보았다(2009다88631).

④ **이중양도와 대항력 관계** – A가 B에게 다시 C에게 갑회사 주식을 이중양도한 경우 i) A, B간에는 양도의 합의만으로 B가 주식을 취득하고, ii) B가 갑회사에 권한을 행사하기 위해서는 갑회사에 대한 통지, 승낙이 요구되며(회사에 대한 주식양도의 대항력), iii) B가 C에게 대항하기 위해서는 통지, 승낙이 확정일자 있는 증서에 의해야 하고(제3자에 대한 주식양도의 대항력), iv) 양수인 둘 다 제3자에 대한 주식양도의 대항력을 갖추지 못한 경우에는 B가 이미 주식을 취득하였으므로 B가 C(설사 명의개서 하였더라도)에 우선하게 되지만, v) 17년 판결에 따르면 명의개서 부당거절 등의 사정이 없는 한 주주명부에 따라 권리행사기회를 부여하면 되므로 회사가 C에게 기회를 부여하면 C의 권리행사는 적법하다고 판단된다. 그런데 이러한 해석론은 주주가 아니고 제3자에 대한 주식양도의 대항력도 갖추지 못한 자에게 권리행사 기회를 부여한 것이 되어 부당한 결론에 이르게 된다는 점에서 17년 판결은 비판받을 수 있다고 본다.

⑤ **이중양도와 배임죄** – 주권발행 전 주식의 양도는 양도인과 양수인의 의사표시만으로 효력이 발생하지만 대항력을 갖추기 위해서는 확정일자 있는 통지나 승낙이 요구되므로, 양도인은 양수인으로 하여금 회사 이외의 제3자에게 대항할 수 있도록 확정일자 있는 증서에 의한 양도통지 또는 승낙을 갖추어 주어야 할 채무를 부담한다. 그런데 주권발행 전 주식에 대한 양도계약에서의 양도인은 양수인에 대하여 그의 사무를 처리하는 지위에 있지 아니하여, 양도인이 위와 같은 제3자에 대한 대항요건을 갖추어 주지 아니하고 이를 타에 처분하였다 하더라도 형법상

배임죄가 성립하지 않는다고 보았다(2015도6057).

주권발행전 주식양도의 법리 : i) **6월 전 양도** – 당사자간 유효, 회사에 대해 무효(승인불가), ii) 6**월 후 양도** – 당사자 합의+대항요건(양도통지/승낙: 권리자 확정요건)+명의개서(양도사실증명: 회사에 대한 권리행사 요건), iii) 6**월 후 주식이중양도** – 대항요건에 따르나 양자가 모두 불비한 경우 선양수인이 주식 취득(후양수인의 명의개서완료와 무관)

4) **예 외** : 자본시장법은 주권발행 전의 주식양도를 예외적으로 허용하고 있다. 즉, 주권발행 전에 증권시장에서의 매매거래를 투자자계좌부 또는 예탁자계좌부상 계좌간 대체의 방법으로 결제하는 경우에는 상법 제335조 3항에 불구하고 발행인에 대하여 그 효력이 있다고 정하고 있다(자본311.4). 이는 상장회사 주식의 경우 투자자계좌부 또는 예탁자계좌부에 증권점유의 효력을 인정하기 때문에(자본311.1) 주권의 발행 전에도 계좌부를 통해 주식의 거래를 허용한다는 취지의 규정이다.

(3) 자기주식의 취득제한

1) **원칙적 허용** : 구 상법은 회사의 계산에 의한 자기주식의 취득을 금지하였으나 현행 상법은 자기주식의 취득재원 등의 규제 하에 이를 허용하고 있다. **자기주식**이란 회사가 당해 회사의 주식을 취득함으로써 스스로 주주가 된 주식을 의미한다. 자기주식도 재산권의 하나로 볼 수 있지만 실질적 주금환급에 의한 자본공동화, 회사에 의한 투기 위험, 지배구조의 왜곡 등의 위험성이 있어, 개정상법은 배당이익의 한도 내에서만 회사의 자기주식 취득을 허용하도록 제한하고 있다. 하지만 자기주식을 특정 주주에게 매각의 기회를 제공하는 수단으로 이용함으로써 주주평등의 원칙에 반할 우려, 취득가액의 합리적 산정 보장, 자기주식의 권한행사문제 등이 발생하고, 자기주식 취득제한 규정에 위반하여 취득한 경우 취득행위의 효력 등이 문제된다. 자기주식취득은 원칙적으로 재원규제를 받지만(재원규제 취득), 이러한 제한을 받지 않는 예외적 취득(특정목적 취득)으로도 가능하다.

2) **재원규제 취득** : ① **취득재원** – 회사는 취득재원의 범위 내에서 자기의 명의와 계산으로 자기주식을 취득할 수 있다. 자기주식 취득가액의 총액은 배당가능

이익(직전 결산기의 대차대조표상의 순자산액에서 자본금액, 적립 자본·이익준비금액, 적립할 이익준비금액 등을 공제한 금액)으로 제한되고(상341.1), 해당 영업연도의 결산기에 대차대조표상 배당가능이익이 발생하지 않을 우려가 있는(예측되는) 경우에는 자기주식의 취득이 제한된다(상341.3).

② **자기주식의 범위** – i) **타인명의의 취득** 타인명의·회사계산에 의한 자기주식 취득에도 재원규제는 적용된다고 본다. 판례도 회사 아닌 제3자의 명의로 회사의 주식을 취득하더라도 그 주식취득을 위한 자금이 회사의 출연에 의한 것이고 그 주식취득에 따른 손익이 회사에 귀속되는 경우라면, 상법 기타의 법률에서 규정하는 예외사유에 해당하지 않는 한, 자기주식의 취득에 해당한다고 보았다(2006다33609). 다만 회사가 신주를 인수하려는 자 또는 자기주식을 취득하려는 자에게 금전을 대여하거나 보증하는 경우에 관해 가장납입으로 무효로 본 사례(2001다44109)가 있다. ii) **질취·양도담보** 회사의 자기주식의 취득은 재원규제만 받는 데 반해, 자기주식의 질취는 발행주식총수의 1/20을 초과할 경우 원칙적으로 금지되며(상341의3), 예외적으로 회사의 합병 또는 다른 회사의 영업전부의 양수로 인한 경우, 회사의 권리를 실행함에 있어 그 목적을 달성하기 위하여 필요한 경우에만 한도를 초과하여 자기주식을 질취할 수 있다(상341의3단서). 그리고 해석상 법률행위에 의한 담보취득(예, 양도담보)은 금지되지만 법정담보권(유치권)을 취득하는 것은 가능하다고 본다. iii) **신주인수** 회사가 회사의 계산으로 자기주식을 인수하는 것은 일종의 가장납입이어서 여전히 해석상 금지되며, 회사 발행의 신주인수권증서·증권을 취득하여 신주인수권을 행사하는 것도 통상 신주인수와 마찬가지로 금지된다고 본다. iv) **자기사채** 자기주식의 취득이 원칙적으로 허용되므로, 배당가능이익의 한도 내에서 취득한 자기사채로 신주인수권·전환청구권을 행사하여 자기주식을 취득하는 것도 허용된다고 본다.

③ **취득방법** – 상법은 자기주식의 취득을 원칙적으로 허용하면서 특정한 주주의 주식을 취득함으로써 주주평등의 원칙이 침해되는 것을 막기 위해 취득방법을 제한한다. 공개시장, 즉 거래소에 시세 있는 주식을 취득하거나(상341.1 1호), 동 시세가 없는 경우 각 주주가 가진 주식 수에 따라 균등한 조건으로 취득하는 것으로 상법시행령(모든 주주에 대한 자기주식 취득통지·공고, 공개매수 등)에 따라 취득하여야 한다(상령9).

④ **주총결의·이사회결의** – 자기주식 취득을 위해 주주총회결의 또는 정관규정에 의한 이사회결의가 있어야 한다(상341.2). 주주총회결의·이사회결의는 취득주

식의 종류·수·취득총액한도·취득기간(1년 내)을 정해야 하고, 그 밖에 이사회결의로 자기주식 취득목적, 1주가액, 교부재산과 그 산정 방법, 주식양도신청기간(20~60일), 대가교부시기(1월 내), 주식취득조건 등을 결의시마다 균등하게 정하도록 하고 있다(동령10).

⑤ **해석상 예외** – 해석상 다음의 경우에는 자본의 공동화 등의 우려가 발생하지 않으므로 재원규제나 취득절차의 규제를 받지 않고 자기주식 취득이 허용된다고 본다. i) 무상취득, ii) 타인계산, 예컨대 위탁매매업자가 위탁자의 계산으로 자기주식을 매수하는 경우, iii) 신탁회사가 자기주식의 신탁을 인수하는 경우 등이 이에 해당한다. **판례**도 회사가 자기주식을 무상으로 취득하는 경우 또는 타인의 계산으로 자기주식을 취득하는 경우 등과 같이, 회사의 자본적 기초를 위태롭게 하거나 주주 등의 이익을 해한다고 할 수 없는 것이 유형적으로 명백한 경우에도 자기주식의 취득이 예외적으로 허용된다고 보았다(2001다44109).

3) **특정목적 취득** : 회사는 다음과 같은 특정한 목적을 달성하기 위한 경우 재원규제를 받지 않고 자기주식의 취득이 허용된다. i) **합병·영업양수**(합병·영업양수의 대상재산 속에 포함된 자기주식), ii) **권리의 실행**(회사채무자의 재산에 대해 강제집행·소송상화해·대물변제시 자기주식이 채무자의 유일한 재산일 경우), iii) **단주처리**(단주를 매수·환가처분하여 금액을 반환), iv) **주식매수청구권 관련**(주주의 주식매수청구시) 등이 이에 해당한다. 개정전 상법에는 주식소각을 위해 자기주식을 취득할 수 있었지만 이는 상법 제341조의2에서 규정하지 않고 주식소각에 관한 규정에서 함께 규정하고 있다(상343). 판례는 상법 제341조 3호가 규정한 '회사의 권리를 실행함에 있어서 그 목적을 달성하기 위하여 필요한 때'라 함은 회사가 그의 권리를 실행하기 위하여 강제집행, 담보권의 실행 등에 있어 채무자에 회사의 주식 이외에 재산이 없는 때에 한하여 회사가 자기주식을 경락 또는 대물변제 등으로 취득할 수 있다고 해석되며 따라서 채무자의 무자력은 회사의 자기주식 취득이 허용되기 위한 요건사실로서 자기주식 취득을 주장하는 회사에게 그 무자력의 증명책임이 있다고 보았다(76다1292).

4) **자기주식의 처분** : ① **처분의무** – 개정상법에서는 자기주식의 즉시 실효·처분의무를 정한 조항을 삭제함으로써 취득재원제한에 따라 취득한 자기주식에 관해, 회사는 동 주식의 처분의무를 부담하지 않고 계속 보유할 수 있다고 본다.

특정목적을 위해 취득한 자기주식의 경우에는 재원규제나 절차규제를 받지 않고 취득한 주식이어서 자기주식 취득의 목적에 맞게 주식의 실효·처분의 조치가 요구된다는 입법론에도 불구하고, 상법은 별도의 규정을 두고 있지 않아 회사의 자율에 위임하였다고 보아 즉시 실효·처분의무가 없다고 해석함이 타당하다고 본다.

② **처분절차** – 회사가 보유하는 자기의 주식을 처분하는 경우에 i) 처분할 주식의 종류와 수, ii) 처분할 주식의 처분가액과 대가의 지급일, iii) 주식을 처분할 상대방 및 처분방법 등의 사항 중 정관에 규정이 없는 것은 이사회에서 결정하여야 한다(상342). 그리고 회사가 보유하고 있는 자기주식을 소각할 수도 있는데 이 경우에는 실제 자본금이 감소되지 않으므로 자본금감소규정에 따른 주식소각과는 달리 이사회의 결의를 거치면 족하다(상343.1).

③ **주식소각** – 개정 회사법은 자기주식의 실효절차(구상342)를 삭제하면서 감자소각에만 주식병합절차를 준용하고 있다(상343.2). 따라서 주식소각을 목적으로 자기주식을 취득한 경우에는 감자소각절차에 따르면 되지만 감자소각의 목적 없이 취득한 자기주식의 경우 소각이 가능한지 문제된다. 자기주식에 대한 이사회의 처분결의(상342)의 '처분방법'에 소각이 포함되는 것으로 해석하는 것은 동조 3호에서 처분방법 결정시 상대방을 정하도록 한 규정(상342.3호)과 상충하여 처분방법에 주식소각이 포함된 것으로 해석하기는 어렵다고 본다.

5) **자기주식의 지위** : ① **공익권** – 상법은 자기주식은 의결권이 없다고 규정하고 있어(상369.2), 의결권이 정지되고 정족수 계산상 발행주식의 총수에서도 제외된다(상371.1). 의결권 이외의 주주권에 대하여는 명문의 규정이 없어 해석상 문제되는데, 소수주주권이나 각종 소제기권 등과 같은 공익권은 성질상 인정될 수 없다는 점에 이견이 없다.

② **자익권** – 자익권 관련 전면적 휴지설 등 다양한 견해가 있지만 특히 지분율과 직접 관련되는 자기주식의 **신주인수권 행사가능성**에 관해, 회사가 자기주식의 가치를 유지해야 한다는 이유에서 인정해야 한다는 **전면적 신주인수권허용설**과 준비금의 자본전입으로 인한 신주발행시에만 회사의 권리를 인정해야 한다는 **제한적 신주인수권허용설**이 있다. 생각건대 유상증자의 경우에는 납입이 요구되므로 자본충실의 원칙상 허용할 수 없으나, 무상주의 교부인 경우에는 사실상 주식분할에 해당하고 자기주식의 가치유지를 위해서나 회사 내의 주주의 지분율 왜곡을

방지하기 위해서도 자기주식에 신주인수권을 허용할 필요가 있어 제한적 신주인수권허용설이 타당하다고 본다.

6) **위법한 자기주식의 취득행위의 효력**(쟁점29)에 관해, **유효설**은 거래의 안전을 위해 취득행위는 유효하나 이사는 위법행위에 대해 회사나 제3자에게 손해배상책임(상399, 401)을 부담하고 이사의 해임사유가 되며(상385) 처벌될 수도 있다고(상625) 본다. **상대적 무효설**은 자기주식 취득행위는 원칙적으로 무효이나 선의의 제3자(양도인)에게는 대항할 수 없다고 보며, **부분적 무효설**은 자기주식 취득행위는 원칙적으로 무효이지만 회사가 타인명의로 취득한 경우와 자회사가 모회사의 주식을 취득한 경우에는 상대방이 선의인 한 유효라 본다. **무효설**은 자기주식 취득행위는 주식회사의 본질인 자본충실의 원칙을 해치므로 절대무효라고 주장한다. **판례**는 자기주식 취득금지 규정에 위반한 경우 이는 당연 무효라는 무효설을 따르고 있다(2001다44109). 생각건대 자기주식취득을 원칙적으로 금지하던 구 상법과 달리 상법은 자기주식 취득을 원칙적으로 허용하고 다만 재원규제만 하고 있어 동 규정을 회사의 자본을 보호하기 위한 강행법적 성질을 가진 규정이라 해석하기 어렵게 되었다. 재원규제를 위반한 자기주식 취득행위의 경우에는 그 효과에 관해 이사의 연대책임과 그 면책규정(상341.4)을 두고 있어, 개정상법에서 재원규제에 위반한 자기주식의 취득행위는 원칙적으로 유효이고 이사의 책임(상399, 401, 385)이 문제될 뿐이라 본다. 그러나 자기주식의 취득을 위해서는 재원규제와는 별도로 원칙적으로 주주총회결의(예외적으로 이사회결의)가 요구되는데, **전단적 자기주식 취득행위**(결의를 흠결하여 대표이사가 자기주식을 취득한 경우)에는 전단적 대표행위의 효력에 관한 논의(주총위반시 무효, 이사회결의 흠결시 학설대립)가 적용된다.

(4) 주식의 상호소유금지와 규제

1) **취 지** : 자회사는 모회사(자회사 주식의 50/100을 초과하여 가진 회사)의 주식을 취득할 수 없다(상342의2). 주식의 상호소유란 A·B 두 회사간 A회사는 B회사의 주식을 소유하고 B회사는 A회사의 주식을 소유하는 것을 의미한다. 그러나 상법이 제한하고 있는 것은 A회사가 B회사의 주식 50% 초과하여 소유하고 있는 상태에서(이 경우 A회사를 모회사, B회사를 자회사라 함) B회사(자회사)가 A회사(모회사)의 주식을 소유하는 것을 상호소유로 금지하고 있다. 주식의 상호소

유를 금지시키는 것은 자본의 공동화와 주금의 환급에 의한 자본충실을 해하는 것을 막으며, 회사의 투기 위험과 회사지배의 왜곡을 방지하기 위한 취지이다.

2) **범 위** : 상법은 직접상호보유만 금지하는데, 자회사 개념을 확대해서 모·자회사가 합쳐서 혹은 자회사가 1/2 초과하여 소유하는 다른 회사(孫會社)도 자회사로 의제하고 있다(상342의2.3)(A+B or B가 C주식의 50% 초과 소유. 여기서 A는 모회사, B는 자회사, C는 손회사). 다만 증손회사의 개념을 인정할 것인가 하는 점에 관해서는 학설이 대립하고 있지만, 증손회사까지 자회사의 개념에 포함시킬 경우 상호소유의 범위가 과대하게 확장될 가능성이 있어 상법의 명문의 규정에 따라 손회사까지 적용된다고 본다. 그리고 주식의 상호소유금지규정은 주식회사와 유한회사간의 출자지분 상호보유에는 적용되지 않는다.

3) **예 외** : 자회사에 의한 모회사주식 취득금지에 대한 예외로서 자회사의 주식취득이 허용되는 경우가 있는데, 주식의 포괄적 교환·이전, 합병, 영업양도로 인한 취득, 권리실행을 위한 경우(내용은 자기주식의 경우와 동일함)가 그것이다(상342의2 11호, 2호). 이 경우 자회사는 6월 내에 모회사주식을 처분해야 한다(상342의2 2호). 그리고 취득 후 처분 전의 모회사주식의 지위는 예외적으로 취득한 자기주식의 지위와 동일하게 해석될 수 있다. 흡수합병시 존속회사는 합병대가로 소멸회사에 모회사의 주식도 제공되는 삼각합병의 경우에도 존속하는 회사는 그 지급을 위하여 모회사주식을 취득할 수 있다는 규정을 두었다(상523의2.1).

4) **위법한 상호주 취득행위의 효과**에 관해, **유효설**은 거래의 안전을 위해 취득은 유효이나 이사는 위법행위에 대해 회사나 제3자에게 손해배상책임(상399, 401)을 부담하고 이사의 해임사유가 되며(상385) 처벌될 수도 있다고(상625의2) 본다. **상대적 무효설**은 주식취득행위는 원칙적으로 무효이나 양도인은 무효를 주장할 수 없고 회사도 양도인이 선의인 경우 무효를 주장할 수 없다고 보아, 양도인이 악의인 경우 회사만 무효를 주장할 수 있다. **무효설**은 상호소유금지규정을 강행규정으로 이해하고 이에 반하는 주식취득은 절대무효라 하는 견해이다. 생각건대 선의의 제3자 보호의 필요성, 권리주 취득금지 규정과 달리 효력규정보다는 명령규정의 형식을 취하고 있다는 상법 규정의 취지를 고려할 때 상대적 무효설이 타당하다고 본다.

5) **비모자관계의 상호주의 의결권제한과 취득통지의무** : 모자관계가 아닌 경우에는 상호주를 취득할 수 있지만 상법은 일정한 통지의무를 규정하고 있다. i) A회사가 B회사의 주식의 10%를 초과하여 취득한 상태(유사모회사)에서 B회사(유사자회사)가 가진 A회사의 주식은 의결권이 없다(상369.3). ii) 타회사 주식 10% 초과 취득시 타 회사 주식의 의결권이 정지되므로 타 회사(B회사) 주식 10% 초과 취득시 취득하는 A회사는 B회사에 취득사실을 통지할 의무를 부담한다(상342의3). 동조의 통지의무의 취지에 관해 판례는, 상호보유주식의 의결권제한규정(상369.3)에 따라 서로 상대 회사에 대하여 의결권을 행사할 수 없도록 방어조치를 취하여 다른 회사의 지배가능성을 배제하고 경영권의 안정을 도모하도록 하기 위한 것으로 본다(2001다12973).

주식 상호소유 정리 : ① B회사가 A회사의 주식을 취득할 경우, 만일 A회사가 가진 B회사 지분이 50%를 초과한다면 상호소유로서 A회사 주식의 취득이 금지되고(상호주), ② A회사가 소유한 B회사 지분이 10% 초과 50% 이하인 경우(취득시 통지의무 부담)에는 A회사가 B회사의 모회사에 해당하지 않으므로 B회사가 A회사의 주식을 취득할 수는 있지만 취득주식의 의결권행사는 제한된다.

(5) 특별법에 의한 양도제한

상법 외에 특별법에도 주식의 양도를 제한하는 규정이 산재해 있다. 자본시장법에서는 공공적 법인이 발행한 주식의 소유를 제한(자본167), 외국인의 주식취득 제한(자본168)을 통해 주식의 양도를 제한하고 있다. 독점규제 및 공정거래에 관한 법률은 직접 또는 특수관계인을 통해 기업결합을 위한 다른 회사주식의 취득·소유를 제한하고(독규7.1 1호), 상호출자제한 기업집단의 계열회사 주식의 취득·소유를 제한하고 있다(독규9.1 1호). 그 밖에 은행법은 동일인은 금융기관의 의결권 있는 발행주식총수의 10/100을 초과하여 금융기관의 주식을 보유할 수 없다고 정하고 있다(은행15.1).

4. 주식양도방식

(1) 주식양도 유형

1) **주권에 의한 양도** : 주식의 양도는 주식양도 당사자간의 주식양도에 관한

합의와 주권의 교부만으로 가능하다(상336.1). **양도의 합의**라 함은 매매·교환 등 다양한 원인에 의한 합의를 포함하며 특별한 방식을 요하지 않는다. 주식의 양도가 유효하기 위해서는 **주권의 교부**가 있어야 하는데(상336.1), 이는 강행규정이므로 정관으로도 달리 정할 수 없다. 주권의 교부는 주식양도의 대항요건이 아니라 성립요건으로 해석된다. 따라서 주식양도의 합의를 하였지만 주권을 교부하지 않을 경우에는 제3자에 대한 효력은 물론 당사자간에도 주식양도의 효력이 발생하지 않는다. 주권의 교부방식은 현실의 인도뿐만 아니라 기타 간이인도방식(간이인도, 반환청구권양도－99다5847 외에 점유개정에 의해서도－2014다221258)도 가능하며, 상장회사의 주권대체결제제도는 이를 제도화한 것으로 본다. 양도의 합의와 주권교부로 양도당사자간의 주식양도는 완성되지만 회사에 대해 주식양수인이 자신이 주주임을 주장하기 위해 **명의개서**가 요구된다. 주식의 이전은 취득자의 성명과 주소를 주주명부에 기재하지 아니하면 회사에 대항하지 못하므로(상337.1), 주식양도는 양도합의·주권교부(성립요건) 외에 주주명부의 명의개서가 회사에 대한 대항요건이 된다.

2) **채권양도방식에 의한 양도** : 주권발행 전에는 원칙적으로 주식을 양도할 수 없으나 회사성립·신주발행 후 6월이 경과하도록 회사가 주권을 발행하지 않는 경우에는 예외적으로 주권발행 전이라 하더라도 주식을 양도할 수 있으며(상335.3), 이는 지명채권 양도방식에 의한다(통설·판례). **채권양도의 대항요건으로서 회사에 대한 주식양도의 통지**와 **명의개서를 위한 주식양도의 통지**가 중복되지만 양자는 방식을 달리하는 별개의 절차로서, 단순한 주식양도의 통지(채권양도의 대항요건)로 회사는 명의개서를 할 수는 없으며 주식양도계약서 제시 등을 통해 주식양도 사실을 증명하여야만 회사는 명의개서할 수 있다고 본다. 왜냐하면 주식양도의 대항력은 단순한 주식양도의 통지만으로 발생한다고 하더라도 무방하나, 대항력·면책력 등의 광범위한 효력을 가지는 주주명부상의 명의개서를 단순히 양수인의 통지만에 의해 이루어지게 할 경우 허위의 명의개서가 행해질 우려가 있기 때문이다.

3) **기타 방식 : ① 주권반환(발행)후 양도** － 주권불소지자(상358의2)가 주식을 양도하는 경우에도 상법 제336조 1항이 적용되므로 회사에 주권의 발행 또는 반환을 청구하여 주권을 교부받아 이를 양수인에게 교부함으로써 양도할 수 있다.

② **법률의 규정에 의한 이전** – 양도 이외에 상속·합병·유증 등이 원인이 되어 주식에 대한 권리가 이전되는 경우에는 주권의 교부 없이 주식이 이전되나 회사에 대한 대항요건으로 명의개서가 여전히 요구된다. ③ **주식의 회복** – 주식양도계약이 해제되거나 신탁계약이 해지된 경우 주권의 반환이 없더라도 주식양수인·수탁자는 주주의 지위를 상실하고(94다47728), 양도인·신탁자는 권리를 회복한다. ④ **증권대체결제제도** – 상장회사의 주식은 투자자계좌부와 예탁자계좌부의 대체기재에 의해 주권이 교부된 것과 동일한 효력이 인정된다(자본311). ⑤ **주식등록제도** – 주식등록에 의해 주권 없이 주주의 지위가 공시되고 이는 유통등록에 의해 양도, 담보설정이 가능하다(상356의2).

(2) 명의개서

1) **의 의** : 주주명부에는 주주의 성명·주소, 주식의 종류·수량, 주권의 번호·취득연월일 등이 기재된다(상352). 주식의 이전을 이유로 주식취득자의 성명과 주소를 주주명부에 기재하는 것을 **명의개서**라 한다. 주주의 동일성과 관련 없는 주주명부상의 기재사항을 수정하는 것은 명의개서에 포함되지 않는다. 주식을 취득한 자는 주주총회의 소집통지를 수령하는 등 주주권 행사기회를 보장받기 위해서 주주명부에 자신의 성명과 주소를 기재하는데 명의개서는 회사에 대한 대항요건이다. **판례**도 주주명부상의 명의개서는 주식의 양수인이 회사에 대한 관계에서 주주의 권리를 행사하기 위한 대항요건에 지나지 아니하므로, **주권발행 전 주식을 양수한 사람**은 특별한 사정이 없는 한 양도인의 협력을 받을 필요 없이 단독으로 자신이 주식을 양수한 사실을 증명함으로써 회사에 대하여 그 명의개서를 청구할 수 있으므로, 주주명부상의 명의개서가 없어도 회사에 대하여 자신이 적법하게 주식을 양수한 자로서 주주권자임을 주장할 수 있다(94다36421).

2) **절 차**

① **청구권자** – 주식을 양도받은 양수인은 단독으로 명의개서를 청구할 수 있는데, 청구의 상대방은 회사이고 양도인이 아니다. 명의개서청구권은 모든 주주에게, 즉 주식을 양수한 자뿐만 아니라 상속·합병 등을 통해 주식에 대한 권리를 취득한 자에게도 발생한다는 점에서 양도인으로부터 이전되는 권리가 아니라 원시적으로 발생하는 권리로 이해된다. 질권이 설정된 주식을 양수하더라도 명의개서를 신청할 수 있다고 본다.

② **주권의 제시** – 명의개서를 청구하기 위해서는 주권을 제시하여야 하며, 회사에 대해 주식을 양수한 사실을 통지하고 명의개서를 청구한 것은 적법한 청구가 아니다(94다25735). 명의개서에 주권의 제시 이외에 양도인의 인감증명을 요한다든지 기타 서류의 제출을 요하는 것은 주권의 권리추정력에 반하는 제한으로서 구속력이 없다고 본다(94다47728). 다만 주권발행 전의 주식양도의 경우에는 회사에 대한 주식양도의 통지(주권양수의 대항요건)와 별개로 **양수사실을 증명**함으로써 명의개서를 요청할 수 있다고 해석해야 한다. 그리고 상속·합병의 경우에도 상속·합병 사실을 증명함으로써 회사에 대하여 명의개서를 청구할 수 있다.

③ **회사의 심사** – 유가증권인 주권을 점유하는 자는 적법한 소지인으로 추정되므로(**권리추정력**) 주권의 제시를 받은 회사로서는 형식적 자격을 심사할 의무가 있고 실질적 자격을 심사할 의무는 없다(**형식적 심사의무**). 따라서 설사 무권리자에 의해 주권이 제시되어 명의개서가 되었다 하더라도 회사에 악의·중과실이 없는 한 책임이 없다. 회사가 청구자의 실질적 권리를 심사할 의무가 없다는 점은 이론이 없으나, **회사의 실질적 심사권**에 관해, **긍정설**은 회사에 주주의 이익을 위해 배려할 권리와 의무가 있으므로 청구자의 권리에 의심할 만한 상당한 이유가 있을 경우 회사는 조사를 위해 필요한 기간 명의개서를 거부할 수 있고, 요건에 부합하는 조사기간 중 명여개서지체의 책임을 부담하지 않는다고 보고, **부정설**은 회사조사를 이유로 명의개서가 지연될 우려가 있고 주권의 점유에 자격수여적 효력이 있으므로 청구자의 실질적 권리에 의문이 있는 경우에도 무권리를 증명할 수 없는 경우에는 심사권이 없고 심사로 인한 명의개서지연의 책임은 회사가 부담하게 된다고 본다. 생각건대 주권의 자격수여적 효력은 권리추정력을 의미하고 증명에 의해 추정을 번복할 수는 있지만 증명의 성공에 대한 부담은 증명자가 부담하므로 부정설이 타당하다고 본다.

④ **주주명부 폐쇄기간 중 명의개서** – 주주명부 폐쇄기간 중 명의개서를 하지 못하나 권리변경과 무관한 사항은 변경이 가능하다. 그리고 예외적으로 전환주식·전환사채의 전환청구, 신주인수권부사채권자의 신주인수권의 행사는 가능하다(상350.2, 516.2, 516의9). **폐쇄기간 중의 명의개서의 효력**에 관해, 명의개서를 확정적으로 무효로 보는 **무효설**과 명의개서는 유효하나 폐쇄기간 경과 후 효력이 발생한다고 보는 **유효설**이 대립한다. 생각건대 폐쇄기간 이후 명의개서에 효력을 부여하더라도 기간 중 권리행사는 불가능하여 다른 주주의 이익에 영향을 주지 않으므로, 주주명부 폐쇄제도의 강행법규성에도 불구하고 유효설이 타당하

다고 본다.

3) **명의개서의 효력** : 기명주식의 이전은 취득자의 성명과 주소를 주주명부상에 기재하지 아니하면 회사에 대항하지 못한다(**대항력**, 상337.1). 주주명부상의 주주는 주주로서의 자격이 추정되며(**추정력**), 회사는 주주명부상의 주주에게 권리행사의 기회를 제공하면 면책된다(**면책력**). 주주명부상의 권리추정력과 주권의 권리추정력이 충돌할 수 있는데, 주주명부의 대항력, 면책력을 고려할 때 주주명부상의 추정력이 사실상 우선한다고 본다. 그러나 명의개서에 권리의 설정적 효력은 없으므로 명의개서 후라도 무권리자임이 증명되면 주주권행사는 소급해서 효력을 잃는다.

4) **명의개서미필주주의 지위** : ① 명의개서의 부당거절 – 회사가 부당하게 명의개서를 거절할 경우 회사를 상대로 명의개서청구의 소, 임시주주의 지위를 구하는 가처분을 청구할 수 있고, 이사 등에게 벌칙이 적용된다(상635.1 7호). **명의개서 부당거절시 주주권 행사가능성**에 관해, 신의칙상 주주권행사가 가능하다는 긍정설이 통설이다. 따라서 명의개서청구 이후에는 이익배당·신주인수권을 주장할 수 있으며 주주총회 소집통지를 받지 못한 경우 그 결의의 취소도 구할 수 있다. 판례도 주식양도에 입회하여 그 양도를 승낙하였고 더구나 그 후 주식양수인들의 주주로서의 지위를 인정한 바 있는 회사의 대표이사가 정당한 사유 없이 그 명의개서를 거절한 것이라면 회사는 그 명의개서가 없음을 이유로 그 양도의 효력과 주식양수인의 주주로서의 지위를 부인할 수 없다(92다40952)고 보았다. 다만 주식취득자에 대한 주식양도의 효력이 다투어져 주주권확인소송 및 명의개서절차이행청구의 소가 제기되고, 그 주식이 전체 주식의 43%에 불과한 경우에, 회사가 그 주식취득자의 명의개서 요구에 불응하고 주주명부에 등재되어 있는 자에 대하여만 소집통지를 하여 주주총회를 개최하였다 하더라도 그러한 소집절차상의 하자는 주주총회결의의 무효나 부존재사유가 될 수 없다고 한 판례(96다32768)가 있다.

② 대항력 – **명의개서 전 회사의 주주지위 인정**에 관해, **편면적 구속설**은 진실한 권리관계가 존중되어야 하고, 회사대항력에 관한 규정은 회사의 편의를 위한 조항이라는 점을 논거로 주주지위를 인정할 수 있다고 보고, **쌍면적 구속설**은 회사가 주주명부상의 주주와 실질적인 주주 사이에 주주선택권을 가지는 것은 주주

평등의 원칙에 반한다는 점, 양자 권리를 모두 부인할 우려가 있어 회사법관계의 획일적 처리요청 등을 논거로 주주지위를 인정할 수 없다고 본다. **판례**는 명의개서를 하지 아니한 실질상의 주주를 회사 측에서 주주로 인정하는 것은 무방하다고 보았다지만(89다카14714), 최근 판결에서 쌍면적 구속설로 판례를 변경하였다(2015다248342). 생각건대 대항력('대항할 수 없다')의 의미는 요건을 갖추지 못한 주주에 대한 구속력(불이익)을 의미하고 상대방(회사)을 구속하지는 않는다는 점에서 쌍면적 구속설을 따른 판례의 입장에 의문이 있다.

③ **면책력의 한계** – 회사는 주주명부상의 주주가 진정한 주주가 아니라도 주주명부상의 주주에게 권리행사의 기회를 주면 면책된다(면책력). 그러나 판례는 회사가 주주명부상의 주주가 권리가 없는 자임을 알았거나 중대한 과실로 알지 못하고 또한 용이하게 무권리임을 증명할 수 있음에도 불구하고 주주권의 행사를 허용한 경우에는 책임을 면하지 못한다고 보았지만(96다45818), 이 역시 최근 판결에서 면책력의 한계를 부인하였는데(2015다248342), 그 타당성은 의문이다.

> **주주명부(명의개서)의 효력 정리** : ① 주권발행전 주식양도의 대항요건과 구별, ② 권리추정력, ③ 권리행사의 대항요건(대항력), ④ **대항력의 적용범위** – 회사는 명의개서미필주주에게 권리행사 허용 가능(편면적구속설: 판례), ⑤ **면책력의 한계** – 회사(주주임에 악의·중과실+증명수단)는 명의개서미필주주의 권리행사기회 부여해야(판례), ⑥ **명의개서의 부당거절** – 실질주주의 권리행사 적법(판례), ⑦ **명의개서의 정당거절** – 주식 귀속에 관해 다툼이 있는 경우 권리행사거절은 정당(판례)

④ **명의개서 지체 중 이익귀속관계(실기주)** – 주식양수인이 명의개서 청구를 지체하다가 주주권행사 기일을 경과함으로써 이익배당청구권이나 신주인수권 등 자익권을 행사하지 못한 경우(**광의의 실기주**), 이익배당청구권이나 신주인수권의 귀속관계가 문제된다. 특히 신주발행의 경우 구주의 양수인이 배정일까지 명의개서를 하지 않은 경우 양도인에게 신주(**협의의 실기주**)가 배정되는데, **신주의 귀속**에 관해, 당사자간에 이미 주주권이 양수인에게 이전하였으므로 그 권리는 양수인에게 귀속되어야 한다고 본다(통설). 만일 신주가 양도인에게 귀속되었을 경우 양수인의 양도인에 대한 **신주반환청구의 법적 근거**에 관해, 양도인이 법률상 원인 없이 이득을 얻었다고 보고 **부당이득반환의 법리**에 의해 그 이득을 양수인에게 반환하여야 한다는 견해, **사무관리의 법리**에 따라 양도인에게 반환청구할 수 있다는 견

해, 양도인을 **준사무관리**의 관리자로 보고 이에 따른 의무를 부담한다는 견해가 대립한다. 생각건대 양수인의 동의 없이 양도인에게 부여된 것은 부당이득을 구성한다고 보아, 양수인은 부당이득반환의 법리에 따라 협의의 실기주 반환을 청구할 수 있다고 본다.

5) **명의개서대리인제도** : 명의개서는 회사의 업무이지만 정관에 정하는 바에 의해 회사 주식의 명의개서사무를 대행하는 자인 **명의개서대리인**을 둘 수 있다(상337.2). 이는 명의개서절차의 편의성·신속성에 기여하며 기명사채에도 적용된다(상479.2). 명의개서대리인의 선임은 정관 또는 이사회결의에 의해 가능하며, 회사의 관계는 위임관계이고 그 자격은 상법 부칙(1984년)과 대통령령(상법시행령)에서 정하고 있으며 그 상호 그리고 본점소재지는 **등기사항**(상317.2 11호)이며, 주식청약서·사채청약서의 기재사항(상302.2 10호, 474.2 15호)이다. 명의개서대리인의 효과는 i) 주주명부·사채원부 또는 복본을 명의개서대리인의 영업소에 비치할 수 있으며(상396.1). ii) 기명주식의 취득자의 성명과 주소를 **주주명부의 복본**에 기재한 때에 회사의 주주명부에 명의개서를 한 것으로 본다(상337.2). 명의개서대리인은 회사의 이행보조자와 같은 지위에 있어 명의개서를 부당하게 거절한 경우 회사가 이해관계인에 대해 손해배상책임을 져야 할 것이다.

(3) 주권(증권)대체결제제도

1) **개 념** : 주권의 소유자가 그 증권을 증권회사에 예탁하고 증권회사는 이를 모아서 중앙기관인 대체결제회사(예탁결제원)에 예탁한 후 주권소유자는 증권회사의 고객계좌부에, 증권회사는 대체결제회사의 예탁자계좌부에 각기 계좌를 개설하고 주권의 이전이나 담보권의 설정을 장부상의 기재로 대체하는 방식을 의미한다.

2) **증권의 예탁** : 예탁결제원에 유가증권을 예탁하고자 하는 자는 예탁결제원에 계좌를 개설하여야 하는데, 예탁자는 자기가 소유하고 있는 유가증권과 투자자로부터 예탁받은 유가증권을 투자자의 동의를 얻어 예탁결제원에 예탁한다. 예탁결제원은 **예탁자계좌부**를 작성·비치하되, 예탁자의 자기소유분과 투자자예탁분을 구분해서 기재하고(자본309.1,2,3), 예탁유가증권을 종류·종목별로 혼합하여 보관한다. 예탁자 또는 그 투자자가 유가증권을 인수 또는 청약하거나 기타의 사

유로 새로이 유가증권의 발행을 청구하는 경우에 당해 유가증권의 발행인은 예탁자 또는 그 투자자의 신청에 의하여 이들에 갈음하여 예탁결제원을 명의인으로 하여 당해 유가증권을 발행 또는 등록할 수 있다(동조 5항). 예탁자는 투자자로부터 예탁받은 유가증권을 예탁결제원에 다시 예탁하게 되는데, 예탁자는 **투자자계좌부**를 작성·비치하여야 한다(자본310.1).

3) **계좌부기재의 효력** : 투자자계좌부와 예탁자계좌부에 기재된 자는 각각 그 유가증권을 점유하는 것으로 보고(자본311.1), 투자자계좌부와 예탁자계좌부에의 대체의 기재가 유가증권의 양도 또는 질권설정을 목적으로 하는 경우에는 유가증권의 교부가 있었던 것과 동일한 효력을 가진다(동조 2항). 그리고 투자자와 예탁자는 각각 투자자계좌부와 예탁자계좌부에 기재된 유가증권의 종류·종목 및 수량에 따라 예탁유가증권에 대한 공유지분을 가지는 것으로 추정한다(자본311.2). 투자자나 그 질권자는 예탁자에 대하여, 예탁자는 예탁결제원에 대하여 언제든지 공유지분에 해당하는 예탁유가증권의 반환을 청구할 수 있다. 이 경우 질권의 목적으로 되어 있는 예탁유가증권에 대하여는 질권자의 동의가 있어야 한다.

4) **예탁유가증권의 권리행사** : 예탁결제원은 예탁자 또는 투자자의 신청에 의하여 예탁유가증권에 관한 권리를 행사할 수 있으며 투자자는 예탁자를 거쳐서 신청한다(자본314.1). **예탁결제원**은 예탁유가증권에 대하여 자기명의로 명의개서 또는 등록을 청구할 수 있으며, 자기명의로 명의개서된 주식에 대하여는 예탁자의 신청이 없는 경우에도 상법 제358조의2에 규정된 사항과 주주명부의 기재 및 주권에 관하여 주주로서의 권리를 행사할 수 있다(동조 2, 3항). 주권의 발행인은 상법 제354조(주주명부 폐쇄, 기준일)에 따라 일정한 기간 또는 일정한 날을 정한 경우에는 예탁결제원에 이를 지체 없이 통지하여야 하며, 예탁결제원은 주주명부 폐쇄기준일의의 실질주주에 관하여 성명, 주소, 주식의 종류 및 수 등을 지체 없이 그 주권의 발행인 또는 명의개서를 대리하는 회사에 통지하여야 한다(자본315.3). 그리고 예탁결제원의 의결권 행사(shadow voting: 구자본314.5)는 폐지되었다. 예탁유가증권 중 주권의 공유자를 **실질주주**라 하며 주주로서의 권리행사에 있어서는 각각 공유지분에 상당하는 주식을 가지는 것으로 본다(자본315.1). 예탁결제원으로부터 권리행사 관련 통지를 받은 발행회사 또는 명의개서를 대리하는 회사는 통지받은 사항과 통지연월일을 기재하여 **실질주주명부**를 작성·비치하여야

한다(자본316.1).

5. 주식의 선의취득

1) **의 의** : 주식을 양도한 자가 무권리자라 하더라도 일정한 요건 하에서 양수인이 선의로 주권을 취득하면 양수인은 적법하게 주권을 취득하고 주주의 지위를 취득하게 되는 것을 주권의 선의취득이라 한다. 그런데 상법은 주권의 선의취득에 관해 수표법 제21조의 규정을 주권에 준용하고 있지만(상359), 주권은 배서 없이 권리가 이전하므로 배서의 연속을 요건으로 할 필요가 없다는 점에서 구별된다. 주권의 선의취득제도는 주권점유의 자격수여적 효력에서 출발하고 이를 근거로 주권을 선의로 취득한 자는 양도인이 무권리자라 하더라도 주권을 상실한 자에게 주권을 반환하지 않아도 된다.

2) **요 건** : ① 유효한 주권의 발행 – 주권의 선의취득이 성립하기 위해서는 유효한 주권의 발행이 전제되어야 한다. 실효, 주권불발행신고된 주권, 효력발생 전(주권의 효력발생시기에 관해 교부시설에 따를 경우 주주에 대한 주권의 교부 전)의 주권, 법률(효력규정)에 의하여 처분이 금지되는 주식 등은 선의취득의 대상이 될 수 없다.

② 무권리, 무효의 양도행위 – 선의취득제도는 무권리자로부터 권리를 취득한 선의의 취득자를 보호하기 위한 제도이므로 주권을 무권리자로부터 선의로 양수한 경우 선의취득이 성립한다. 그런데 **하자있는 양도행위로 취득한 자의 보호여부**에 관해, 상법 제359조에서 주권의 선의취득에 관해 수표법 제21조를 준용하도록 규정하고 있어 수표법상의 논의가 그대로 주권에도 타당하다고 본다. 따라서 '사유 여하를 불문하고'라고 정하고 있는 어음법 제16조, 수표법 제21조 규정을 근거로 어음·수표의 양도에서 다수설·판례의 입장은 선의취득을 양도인이 무권리인 경우에만 국한하지는 않는다고 본다. 요컨대 주권의 양도인이 무권리자인 경우뿐만 아니라 양도행위가 무효인 경우에도 선의취득이 성립한다고 본다(어음·수표의 선의취득 참조).

③ 주권의 유통방법에 의한 양수 – 선의취득은 동산·유가증권의 유통을 보호하기 위한 제도이므로 주권이 정상적인 유통방법에 의해 유통된 경우에만 양수인은 선의취득으로 보호받을 수 있다. 회사의 합병·상속 등에 의해 주권을 취득한

경우에는 선의취득제도가 적용되지 않는다. 주권의 유통방법이라 함은 주권의 교부를 의미하고 주권대체결제제도 아래에서는 고객계좌부상의 대체기재가 주권의 유통방법이라 할 수 있다. 그리고 회사성립, 신주발행 6월 후 주권발행전의 주식양도는 가능하지만 지명채권 양도방법에 의해 양도되므로 동 방법에 의한 주식의 선의취득은 불가능하다고 본다.

④ 양수인의 선의·무중과실 – 선의취득이 성립하기 위해서는 주권의 양수인은 선의이며 선의인 데 대해 중과실이 없어야 한다(상359, 수21). 동산의 선의취득과 달리 양수인의 경과실은 문제되지 않아 선의취득이 성립하며, 도품·유실품에 대한 특례 또한 적용이 없다.

3) **효 과** : 선의취득의 요건을 갖추어 주권을 취득하면 양수인은 주권을 유효하게 취득(원시취득)하고 주권을 상실자에게 반환할 의무가 없다. 다만 주권을 상실한 자가 공시최고신청을 하여 제권판결을 취득하게 될 경우 주권의 선의취득자와 제권판결취득자간에 권리의 충돌이 있게 된다(양자의 관계에 관해 주권의 상실·재발행 참조).

6. 상법규정에 의한 주식의 이전

(1) 주식매수선택권

1) **의 의** : 회사의 설립이나 경영·기술혁신 등에 기여하였거나 기여할 수 있는 회사의 이사·감사 또는 피용자에게 특별히 유리한 가격으로 신주를 인수하거나 자기주식을 매수할 수 있는 권리를 부여하는 제도를 의미한다(상340의2). 이는 회사의 발전에 기여할 수 있는 유능한 인재를 확보하고 회사가치 상승의 인센티브 역할을 하지만, 회사의 장래의 가치보다는 단기적인 주가상승에만 집착하게 할 위험도 있다. 정관이 정하는 바에 따라 **주주총회의 특별결의**에 의해 주식매수선택권을 부여할 수 있으며(상340의2.1), 주식매수선택권자는 회사의 승낙 없이도 일방적 의사표시에 의해 주식매수 등의 일정한 효과를 발생케 하므로 주식매수선택권은 **형성권적 성질**을 가진다.

2) **제 한** : ① 부여대상자 제한 – 주식매수선택권은 원칙적으로 이사·집행임원·감사·피용자에게 부여할 수 있다고 정하고 있는데(상340의2.1), 고용·위임계

약 없이 회사의 발전에 기여할 수 있는 제3자는 2년 이상 재직요건(상340의4)을 갖출 수 없어 포함되지 않는다. 다만 대주주 등 회사 지배적 지위에 있는 자(10/100 이상의 주식을 가진 주주, 회사의 주요경영사항에 대하여 사실상 영향력을 행사하는 자, 이들의 배우자·직계존비속)에 대해서는 부여할 수 없다(상340의2.2).

② **부여한도·양도금지** – 주식매수선택권에 의해 발행할 신주 또는 양도할 자기의 주식은 회사의 발행주식총액의 10/100을 초과할 수 없다(상340의2.3). 주식매수선택권은 이를 양도할 수 없으며(상340의4.2본문), 입질·압류도 허용되지 않는다고 본다. 주식매수선택권을 행사할 수 있는 자가 사망한 경우에는 그 상속인이 이를 행사할 수 있다(상340의4.2단서).

③ **상실** – 주식매수선택권은 권리부여에 관한 주주총회 결의일로부터 2년 이상 재임·재직하여야 권리를 행사할 수 있으므로(상340의4.1), 2년 내에 이직을 할 경우 권리를 상실한다. 그리고 정관에 규정이 있는 경우 주식매수선택권의 부여를 취소할 수 있다(상340의3.1 5호). 판례는 2년의 재직기간 경과 후 퇴직하는 경우 주식매수선택권 행사기간을 퇴직일로부터 일정기간(예, 3월)으로 제한하는 정관규정은 유효하다고 본다(2016다237714).

④ **부여방식** – 주식매수선택권의 부여는 **신주인수권방식**(선택권 행사시 회사가 신주를 발행하여 교부하는 방식)과 **자기주식교부방식**(선택권을 행사하면 회사가 미리 취득한 자기주식을 교부하는 방식)이 있다(상340의2.1). 다만 선택권 행사시 회사는 일정한 경우에 신주발행이나 자기주식양도 대신 차액을 지급하거나 차액 상당의 자기주식을 양도할 수 있다(상340의2.1단서).

3) **부여절차** : ① **정관규정·등기** – 주식매수선택권의 부여취지와 그 행사로 발행·양도할 주식의 종류·수, 주식매수선택권의 수령인자격요건·행사기간, 일정한 경우 이사회결의에 의한 주식매수선택권의 취소권한 등이 정관에 규정되어야 하고(상340의3.1), 이는 등기사항이다(상317.2 3의3호).

② **주주총회의 특별결의(상340의3.2)** – 주총 특별결의는 주식매수선택권의 수령인성명·부여방법·행사가액·조정사항·행사기간·발행 또는 양도주식종류와 수 등을 결의하여야 한다. 주식매수선택권에 관한 정관규정은 일반적 사항이고 주주총회결의는 보다 구체적인 사항이라 할 수 있다.

③ **부여계약의 체결** – 회사는 주식매수선택권을 부여받을 자와 계약을 체결하

고 상당한 기간 내에 그에 관한 계약서를 작성하여야 하고(동조 3항), 주식매수선택권계약서를 주식매수선택권의 행사기간이 종료할 때까지 본점비치, 영업시간 내에 주주 열람이 가능하도록 하여야 한다(동조 4항).

4) **행사가액** : 주식매수선택권의 행사가액은 상법에서 선택권을 부여하는 시점의 주식의 실질가액 이상이어야 하고 신주발생시에는 주식권면액 이상으로 정하도록 하고 있다(상340의2.4). 이를 부여방식에 따라 보면, i) **신주발행방식**의 경우에는 주식매수선택권의 부여일을 기준으로 한 주식의 실질가액과 주식의 권면액 중 높은 금액, ii) **자기주식양도방식**의 경우에는 주식매수선택권의 부여일을 기준으로 한 주식의 실질가액이 최저액이 된다(상340의2.4). 무액면주식을 발행한 경우에는 발행가액 중 자본금(cf. 자본준비금)으로 귀속되는 부분이 주식매수청구권의 행사가격을 결정하는 기준이 된다.

5) **행사요건** : 주식매수선택권자는 정관상의 행사기간에 맞춰 일방적 의사표시에 의하여 권리를 행사할 수 있다. 다만 동 권리의 행사와 관련해서 재직요건, 신주발행의 요건, 행사가격 등이 문제된다. i) **재직요건**으로서 주식매수선택권을 행사하기 위해서는 주식매수선택권 부여를 위한 주주총회결의일로부터 2년 이상 재임·재직하여야 이를 행사할 수 있다(상340의4.1). ii) 신주발행방식으로 주식매수선택권을 부여한 경우에는 **신주발행**을 하여야 이를 권리자에게 부여할 수 있으므로 신주발행절차가 진행되어야 한다. 다만 회사는 신주를 발행하지 않고 차액지급으로 대신할 수 있다. iii) **절차요건**으로 신주부여방식만 규정하고 있는데, 행사자는 청구서 2통을 회사에 제출, 금융기관의 납입장소에 행사가액 전액 납입해야 한다(상340의5 → 516의9). iv) 자기주식양도방식의 경우에는 특별한 규정이 없지만 선택권의 행사는 회사에 대한 의사표시이고 단체법상의 특성상 신주발행방식을 유추적용하여 청구서 2통을 작성하여 제출하는 권리행사절차에 관한 규정이 유추적용된다고 본다. 판례는 정관이나 주주총회결의로 위 요건을 완화하는 것은 허용되지 않고, 본인의 귀책사유가 아닌 사유로 퇴임·퇴직하게 되더라도 요건 불충족시 매수청구권을 행사할 수 없다고 본다(2010다85027).

6) **행사효과** : ① 일반적 효과 – 주식매수선택권은 형성권이므로 일방적 의사표시만으로 발행된 신주 또는 자기주식에 대한 주식매수의 효과가 발생한다. 즉

신주의 주금액, 자기주식에 대한 행사가액에 의한 대금을 납입하면 주주가 될 수 있는 조건부 권리가 발생한다. 다만 신주발행방식의 경우 신주발행절차가 진행되어야 하므로 후술하는 바와 같이 별도의 규정을 두고 있다. 신주발행방식의 경우에는 주금액의 납입시점, 자기주식양도방식의 경우에는 매수대금을 납입하고 주권을 교부받은 때 주주가 된다.

② **신주발행방식에 대한 특별규정** – 신주발행방식에 의해 주주명부폐쇄기간 중에 주식매수청구권을 행사하는 경우 발행된 신주에 대해 그 기간 중의 총회의 결의에 관하여는 의결권을 행사할 수 없다(상340의5, 350.2). 그리고 청구서 2통을 회사에 제출하고 행사가액 전액을 납입하는 등 신주인수권부 사채권자가 신주인수권을 행사하는 것과 동일한 절차를 진행하여야 한다(상340의5 → 516의8.1,3,4, 516의9전단).

(2) 반대주주·주식양도제한주주의 주식매수청구권

1) **의 의** : 영업양도 등의 결의사항에 반대하는 주주가 일정한 기간 내에 회사에 대하여 자기가 소유하는 주식의 매수를 청구할 수 있는 권리를 반대주주의 주식매수청구권이라 한다. 그리고 주식의 양도가 용이한 상장법인과 달리 비상장법인의 경우 주식양도시 정관규정으로 이사회의 승인을 받도록 할 수 있다(상335.1). 이 경우 소수주주의 이익보호를 위하여 주주가 주식매수청구권을 행사할 수 있는데 이를 주식양도제한주주의 주식매수청구권이라 한다. 주식매수청구를 할 수 있는 자(**매수청구권자**)에는 i) 주식양도 승인거부통지를 받은 주주(상335의2.4), ii) 주식교환·이전결의에 반대한 주주(상360의5.1, 360의5.2, 360의22), iii) 영업양도 등의 결의에 반대한 주주(상374), iv) 합병결의에 반대한 주주(상522의3.1), v) 지배주주에 대해 주식매수청구권을 행사하는 소수주주(상360의25) 등이 있다(상522의3).

2) **법적 성질** : 매수청구권의 법적 성질은 일방적 의사표시에 의해 일정한 효과가 발생한다는 점에서 **형성권**으로 이해한다(통설). **주주의 주식매수청구의 효과**(**쟁점30**)에 관해, **매매계약성립설**에 따르면 매수청구권은 형성권으로서 회사가 2월 이내에 매수하여야 한다는 것을 2월 이내에 이행을 하여야 한다는 뜻으로 해석하고, **매수협의설**은 매수청구권의 행사로 회사에 대하여 매수가액협의의무를 생기게 한다고 본다. **판례**는 주주의 주식매수청구권은 이른바 형성권으로서 그 행사

로 회사의 승낙 여부와 관계없이 주식에 관한 매매계약이 성립하고, 상법 제374조의2 2항의 '회사가 주식매수청구를 받은 날로부터 2월'은 주식매매대금 지급의무의 이행기를 정한 것이라고 해석한다(2010다94953). 생각건대 동조의 '매수하여야 한다'를 '매수한 것으로 본다'로 해석하는 매매계약설은 문리해석을 넘어선 해석으로 판단되어 부당하다고 본다, 그리고 개정 전 조문('청구받은 날로부터 2월 이내')과 달리 개정 조문('매수청구기간이 종료하는 날로부터 2개월 이내')은 변경되어, 매매계약효과의 발생시점은 형성권 행사시점인 청구시점이 아니라 '매수청구기간 종료시점'이 되었다. 따라서 형성권 행사에 따른 매매계약의 성립시점과 불일치하여 매매계약설의 논리의 일관성도 유지되기 어렵게 되었다. 그리고 매수가액 협의절차를 앞두고 매매계약설을 따를 경우 매수청구인의 협의지연에 따라 회사가 채무불이행에 따른 손해배상책임을 부담하게 되어 부당한 결과가 발생한다. 요컨대 반대주주가 주식매수청구권을 행사하면 주식매수의 효과가 발생하는 것이 아니라 회사에 주식매수의무가 발생하는데, 이는 법문에 따라 2월내에 매수가액이 결정되지 않더라도 매매계약이 효력이 발생하게 되는 매수가액협의의무라 볼 필요가 있다(매수협의설).

3) **매수청구절차** : ① **사전서면통지** – 주식교환·이전결의, 영업양도 등의 결의에 반대하는 주주가 주주총회 전에 회사에 대하여 서면으로 그 결의에 반대하는 의사를 통지한 경우에만 주식매수청구를 할 수 있고(상374의2.1), 주식양도제한에 따른 주식매수청구시 주주가 회사에 대하여 양도상대방·양도주식종류·수를 기재한 서면으로 양도의 승인을 청구하였어야 주식매수청구를 할 수 있다(상335의2.1,4). 사전통지를 통해 주식매수청구를 예고함으로써 주주총회결의를 신중하게 처리하고 결의가 성립한 경우 회사의 부담을 미리 예측할 수 있게 된다.

② **주식매수청구** – 주식교환·이전결의, 영업양도 등에 관한 주주총회의 결의일부터 20일 내에 주식의 종류·수를 기재한 서면으로 회사에 대하여 자기가 소유하고 있는 주식의 매수를 청구할 수 있다(상374의2.1). 주식매수청구권은 형성권으로 매수청구에 의해 회사는 주식을 매수할 의무를 부담하게 된다. 따라서 매수청구 전에 매수의무가 성립하는 것은 아니므로 만일 주식매수청구권자가 서면에 의한 사전통지 후에 주식을 타인에게 양도하였다면 양수인이 주식매수청구권을 승계하는 것은 아니다.

③ **가액결정, 매수·처분** – 주식매수청구권자인 주주가 주식매수청구를 하면

회사는 결정된 가액에 따라 매수한다. 주식매수청구가 있게 되면 회사는 주식매수의무를 부담하므로 회사는 매수청구기간이 종료한 날로부터 2월 이내에 그 주식을 매수하여야 한다(상374의2.2).

④ **주권의 반환** – 가액이 결정되면 주식매수청구권자인 주주는 주권을 반환할 의무를 부담하고 회사는 매수대금을 지급할 의무를 부담하는데 양자는 동시이행 항변의 관계에 놓인다(2010다94953).

4) **가액결정** : ① 주식의 가액결정절차는 먼저 주주와 회사간의 협의에 의하여 결정하는데 **협의가액의 주주간 차별가능성**에 관해, **부정설**은 특정주주에게는 이익으로, 다른 주주에게는 손해로 가액이 결정될 수 있으므로 허용되지 않는다고 보고, **긍정설**은 우리 상법상 협의가액을 정하기 위한 기준일을 정하지 않고 또한 주식매수청구권자가 주식매수를 청구한 시기 및 소유하고 있는 주식수가 다름에 따라 각 주식매수청구권자마다 협의가액이 다를 수 있음은 부득이하다고 본다. 생각건대 매수청구권자의 동시협의절차 등이 보장되어 있지 않은 이상 협의가액을 일치시키는 것은 사실상 불가능하다는 점에서 긍정설이 타당하다고 본다.

② 매수청구를 받은 날부터 30일 이내에 협의가 이루어지지 아니하면 회사 또는 주식의 매수를 청구한 주주는 법원에 대하여 매수가액의 결정을 청구할 수 있다(**결정가액**). 법원이 주식의 매수가액을 결정하는 경우에는 회사의 재산상태 그 밖의 사정을 참작하여 공정한 가액으로 이를 산정하여야 한다(상374의2.4,5). 법원에 의한 결정가액도 법원에 따라 주식매수청구권자에 따라 다를 수 있다고 보는 견해가 있지만, 법원은 다수의 가액결정청구를 병합심리할 필요가 있고 청구가액이 상이하더라도 동일한 가액으로 결정하는 것이 상법이 규정하는 공정가액 산정방법이라 본다.

(3) 지배주주의 주식매도청구권

1) **개 념** : 특정주주가 회사 주식의 대부분을 보유하는 경우 회사운영비용을 줄이고 소수주주로서도 출자를 회수할 수 있도록 하기 위해, 상법은 회사의 발행주식총수의 95/100 이상을 자기의 계산으로 보유하고 있는 주주(지배주주)는 회사의 경영상 목적을 달성하기 위하여 필요한 경우에는 회사의 다른 주주(소수주주)에게 그 보유하는 주식의 매도를 청구할 수 있는데(상360의24.1) 이를 **지배주주의 매도청구권**이라 한다.

2) **행사 목적** : 지배주주가 매도청구권을 행사하기 위해서는 회사의 경영상 목적을 달성하기 위해서만 허용된다. 회사의 경영상 목적이란 매우 광범위한 개념이어서 매도청구권에 대한 제한이 될 수 있을지 의문이 있을 수 있지만, 지배주주의 개인적 목적달성을 위해서는 매도청구권을 행사할 수 없다는 소극적인 의미를 가진다고 볼 수 있다. 따라서 경영상 목적은 예컨대 소수주주가 주주권을 남용하여 회사운영을 정돈상태에 빠뜨려 이를 해소할 필요성 등의 경우를 들 수 있다.

3) **청구권자** : 주식매도청구권자는 **지배주주**인데, 회사의 지분관계를 근거로 다른 주주에게 주식의 매도를 청구할 수 있는 것은 지배주주(발행주식 총수의 95/100 이상을 보유하고 있는 주주)로 제한하고 있다. 다만 지배주주 여부를 판단함에 있어 타인명의·자기계산으로 보유하고 있는 주식을 포함하고, 보유주식수를 계산함에 있어 모회사와 자회사가 보유한 주식, 주주가 과반수 주식을 보유하는 회사가 보유하는 주식도 그 주주가 보유하는 주식과 합산한다(상360의24.2). 지배주주는 반드시 소수주주가 보유하고 있는 주식 전부에 대하여 권리를 행사하여야 하고, 행사시 '매매가액'은 소수주주와 협의결정금액 또는 법원산정가액이다(2018다224699).

4) **절 차** : ① 주주총회의 승인 – 먼저 주주총회의 승인을 얻어야 하는데(상360의24.3), 주식매도청구를 위한 주주총회의 소집통지를 위해서는 지배주주의 회사 주식의 보유 현황, 매도청구의 목적, 매매가액의 산정 근거와 적정성에 관한 공인된 감정인의 평가, 매매가액의 지급보증 등을 기재하여야 한다. 그리고 이렇게 소집된 주주총회에서 지배주주는 소집통지서에 기재된 매수청구 관련사항을 설명하여야 한다(상360의24.4).

② 매도청구공고 – 지배주주는 매도청구의 날 1개월 전까지 소수주주는 매매가액의 수령과 동시에 주권을 지배주주에게 교부한다는 뜻과 교부하지 아니할 경우 매매가액을 수령하거나 지배주주가 매매가액을 공탁한 날에 주권은 무효가 된다는 사실을 공고하고 주주명부에 적힌 주주와 질권자에게 따로 그 통지를 하여야 한다.

③ 매도청구와 매매계약 – 지배주주는 주주총회 승인결의와 매도청구공고를 한 후 소수주주에게 주식의 매도를 청구할 수 있다. 매도청구의 방식에 관해 상법은 특별한 규정을 두고 있지 않아 서면은 물론 구두로 청구하더라도 무방하다고

본다. 지배주주의 매도청구권의 법적 성질에 관해 형성권으로 이해하는 **형성권설**이 통설이다. 하지만 지배주주의 비용절감을 위해 소수주주의 재산을 동의 없이 일방적 의사표시에 의해 취득하는 것은 헌법상의 재산권 침해적 성질을 가진다는 점을 고려할 때, 소수주주의 재산권을 보호하기 위해 소수주주의 승낙이 있어야 주식의 매매가 성립한다고 보는 청약설이 있을 수 있다. 청약설을 따를 경우 매도청구의 효과, 즉 '주식을 매도하여야 한다(상360의24.6)'는 규정은 소수주주의 청약거절이 없을 경우의 효과로 이해할 수밖에 없는데, 특별규정이 없이 청약거절을 허용하기는 주식매도청구권의 입법취지에도 반하여 인정하기 어렵다고 본다(형성권설).

(4) 소수주주의 주식매수청구

1) **개 념** : 지배주주의 주식매도청구에 대응하여 소수주주의 입장에서도 지배주주에게 자신이 보유한 주식의 매수를 청구할 수 있으며(상360의25.1), 이를 **소수주주의 주식매수청구권**이라 한다. 이 경우 '회사의 경영상 목적을 달성할 필요'를 요구하지 않으므로 주식매수청구의 요건을 검토함에 있어 회사의 경영상 목적을 검토할 필요는 없다. 소수주주의 주식매수청구권은 지분관계에 따른 권리인데 반해, 영업양도, 주식의 포괄적 교환·이전·합병 등 회사의 중요한 의사결정에 반대하는 소수주주의 주식매수청구권(상360의5)은 주주총회의 의사결정과 관련하여 발생한다는 점에서 구별된다.

2) **청구권자** : 주식매수청구권자는 소수주주이다. 상법상 소수주주의 개념은 매우 다양한데 주식매수청구권을 행사하기 위한 소수주주는 회사 발행주식총수의 5/100 미만의 주식을 자신의 계산으로 보유하고 있는 주주를 의미한다. 지분율요건의 기준시점은 매수청구시점 뿐만 아니라 매수청구가 완료되는 시점까지 전 기간을 통해 지분율이 유지되어야 한다고 본다. 왜냐하면 주식을 초과하여 보유하게 되면 지배주주의 자격도 상실되고 소수주주의 자격도 상실되어 요건 흠결로 더 이상 주식매수청구절차는 진행될 수 없기 때문인데, 지배주주로부터 주식을 추가로 취득한 경우가 이에 해당한다. 청구상대방에는 모회사가 포함되며 판례는 이 경우 자회사의 자기주식도 95% 지분 계산시 포함된다고 본다(2016다230).

3) **절 차** : ① **주식매수청구** – 지배주주(발행주식총수의 95/100 이상을 보유

하는 주주)가 있는 회사의 소수주주는 언제든지 지배주주에게 그 보유주식의 매수를 청구할 수 있다.

② **주식매수** – 소수주주로부터 주식매수청구를 받은 지배주주는 매수청구일을 기준으로 2월 내에 매수를 청구한 주주로부터 그 주식을 매수하여야 한다(상360의25.2). 지배주주의 주식매도청구절차와는 달리 주주총회의 승인결의가 요구되지 않고 매수청구의 공고절차 등도 필요 없으며 소수주주의 매수청구에 따라 지배주주의 매수의무만 발생한다.

③ **매매가액의 협의·결정** – 매수청구주식의 가액은 매수청구한 소수주주와 매수청구를 받은 지배주주간의 협의로 정해진다(상360의25.3). 협의 불성립시 지배주주 또는 매수청구주주는 법원에 대하여 매매가액의 결정을 청구할 수 있으며, 법원은 회사의 재산상태와 그 밖의 사정을 고려하여 공정한 가액으로 산정하여야 한다(상360의25.4,5).

4) **효 과** : 주식매수청구권의 법적 성질은 일방적 의사표시에 의해 일정한 효과가 발생한다는 점에서 소수주주의 형성권으로 이해된다. 소수주주의 주식매수청구에 따라 발생하는 효과에 관해 반대주주의 주식매수청구권과 동일하게 매매계약성립설과 매수협의설이 대립될 수 있다(앞의 논의 참조). 지배주주가 주식매도청구권을 행사한 경우이거나 소수주주가 주식매수청구권을 행사한 경우 모두 주식을 취득하는 지배주주가 매매가액을 소수주주에게 지급한 때에 주식이 이전된 것으로 본다(상360의26.1). 만일 매매가액을 지급할 소수주주를 알 수 없거나 소주주주가 수령을 거부할 경우에는 지배주주는 그 가액을 공탁할 수 있으며 이 경우 주식은 공탁한 날에 지배주주에게 이전된 것으로 본다(상360의26.2).

Ⅴ. 주식의 담보

1. 의 의

1) **주식담보자유의 원칙** : 주식 특히 상장주식은 동산·부동산보다 담보설정이 용이하므로 금융거래에서 유용한 담보수단이 된다. 따라서 담보설정의 자유가 보장되어야 하고 또한 담보설정거래의 안전성, 즉 담보권자의 보호가 요구된다. 민법상 채권질권·권리질에 관한 규정을 두고 있지만 주식은 민법상의 지시채권이

나 일반 유가증권과 구별되는 특징이 있으므로 상법에 특칙을 두고 있다. 상장회사의 주식은 주권이 예탁결제원에 예탁되어 있으므로 담보를 설정하는 방법은 대체기재에 의하고 대체기재는 주권의 교부와 같은 효력이 인정된다(자본311).

2) **주식담보의 제한** : 일정한 경우 상법이 주식의 양도를 제한하는 것과 유사하게 주식의 담보도 제한된다고 해석한다. 따라서 권리주, 주권발행 전의 주식, 자기주식, 모회사의 주식 등의 담보는 회사에 대하여 효력이 없거나 금지된다. 특히 주식담보에 관해 1/20을 초과하여 자기주식을 질취하지 못하며(상341의3), 이를 위반하고 질취한 경우의 효과에 관한 논의도 양도제한을 위반한 경우의 효과와 동일하게 해석한다.

2. 주식의 입질

(1) 의 의

주식의 입질이란 주식을 담보물로 하여 질권을 설정하는 것을 의미하며 주식에 대한 질권의 성질은 **권리질권**으로 이해된다. 주식을 입질하는 방법은 기명주식이냐 무기명주식이냐에 따라 구별하였으나, 무기명주식제도가 폐지되어 주식의 질권 설정은 주주명부에 질권설정 사실이 기재되느냐에 따라 등록질과 약식질로 구별된다.

(2) 약식질

1) **질권설정** : 질권설정을 합의하고 주권을 교부하면 약식질이 성립하며, 주권의 계속적 점유는 제3자에 대한 대항요건이 된다(상338). 약식질은 권리질권으로서의 성질을 가지므로 권리질권의 효력인 유치권·우선변제권·전질권·물상대위권 등이 그대로 인정된다고 이해한다. 다만 상법 제339조에서는 주식의 소각·병합·분할 또는 전환이 있는 때에는 이로 인하여 종전의 주주가 받을 금전이나 주식에 대하여도 종전의 주식을 목적으로 한 질권을 행사할 수 있다고 하여 물상대위에 관한 구체적인 규정을 두고 있다. 물상대위의 목적물은 해석상 그밖에 주주가 회사에 대하여 주식매수청구권을 행사한 경우에 받는 주식의 매수대금, 회사의 정리절차에서 주주가 권리의 변경에 의하여 받는 금전, 신주발행무효에 의하여 주주가 반환받는 주식납입금 등에도 미친다고 본다. 그리고 권리질의 물상대

위에 관한 일반원칙에 따라 약식질권자는 금전의 지급 또는 주권의 교부 전에 이를 압류하여야 한다고 본다.

2) **질권자의 권리** : 약식질권자가 행사할 수 있는 권리의 범위에 관해 논의가 있다. i) **이익배당청구권**에 관해, 긍정설은 이익배당을 과실에 준하는 것으로 권리의 행사를 긍정하나, 부정설은 주식 자체의 재산적 가치만 담보의 목적이라는 점, 회사가 약식질의 성립을 알 수 없다는 점에서 권리의 행사를 부정한다. ii) **잔여재산분배청구권**에 관해, 동 권리는 해산시 주식의 변형물에 지나지 않는다는 점에서 상법상 명문의 규정은 없으나 통설은 긍정한다. iii) **신주인수권**에 관해, 긍정설은 신주발행시 입질된 주식의 가치가 하락한다는 점을 근거로 하나, 부정설은 신주인수를 위해서는 납입을 요하므로 입질된 주식의 변형물로 볼 수 없다는 점을 근거로 한다. iv) **주식배당**에 관해, 주식배당의 법적 성질을 이익배당으로 볼 경우(**이익배당설**) 이익배당청구권에서의 논의와 동일하게 되고 주식분할로 보면(**주식분할설**) 상법 제339조가 적용되어 물상대위의 효력이 미친다. v) **주식매수청구권 행사로 받은 매수대금**에 관해 주식의 변형물로 보아 질권의 효력이 미친다고 보는 견해가 통설이다. vi) **공익권**에 관해, 질권의 효력은 재산적 가치에만 미치므로 질권자가 의결권 등 공익권을 행사할 수는 없다고 본다.

(3) 등록질

등록질은 질권자와 질권설정자간에 질권설정을 합의하고 주권을 교부할 뿐만 아니라 주주명부에 질권을 등록함으로써 성립하는 방식이다(상340). 주주명부에 질권이 등록되어야 한다는 점이 약식질과 다른 점인데, 이는 등록질의 효력발생요건으로 본다. 그리고 주권의 계속적 점유는 제3자에 대한 대항요건이라는 점은 약식질과 동일하다(상338.2 유추적용). 등록질의 효력에 관해 상법에서 명문의 규정으로 이익배당, 잔여재산 분배를 받아 다른 채권자에 우선하여 자기채권의 변제에 충당할 수 있음을 정하고 있다(상340.1). 따라서 등록질권자는 자신의 권리로서 회사에 이들 권리를 행사할 수 있으므로 권리행사를 위한 압류가 불필요하다. 물상대위의 목적물인 금전채권의 변제기가 질권자의 채권(피담보채권)의 변제기보다 먼저 도래한 때에는 질권자는 제3채무자에 대하여 그 변제금액의 공탁을 청구할 수 있다. 이 경우에 질권은 그 공탁금 위에 존재한다(상340.2 → 민353.3). 기명주식의 등록질권자는 질권의 물상대위(상339)에 따라 회사에 대하여 주권의 교부를 청구할 수 있다(상340.3).

3. 주식의 양도담보

1) **의 의** : 상법은 주식의 담보로서 질권만 규정하고 있지만 실무상 주식의 양도담보가 활용되고 있으며, 주식의 양도담보는 질권설정방식을 그대로 따를 수 있다. 기명주식의 경우 약식양도담보(양도담보합의+주권교부)와 등록양도담보(양도담보합의+주권교부+명의개서)가 있을 수 있다. 약식양도담보는 주권이 교부되는 점에서 약식질과 외형이 동일하므로, 담보설정을 위해 주권이 교부된 경우 당사자의 의사가 불분명하다면 약식질로 볼 것인가 약식양도담보로 볼 것인가가 문제된다. 이에 관해 학설은, 약식질추정설과 약식양도담보추정설로 대립되며, 양 견해 모두 이른바 사실상의 추정문제로 이해한다. 생각건대 주권은 추정력이 있어 주권소지인의 주식에 대한 권리가 추정되는데 동 추정력은 주식에 대한 소유의 추정으로 본다. 따라서 주권을 점유하고 있는 담보권자에 대해 약식질 설정권자가 약식질임을 증명하지 못할 경우 주권의 추정력에 따라 담보권자의 주권소유가 추정되므로 결과적으로 양도담보로 추정된다고 할 수 있다(양도담보추정설).

2) **효 력** : ① **원칙** – 담보를 목적으로 소유권을 이전하는 양도담보의 특성상 주식의 양도담보의 효력에 관해서도 민법학에서 논의되는 대내적 효력·대외적 효력을 구분할 필요가 있고 질권설정자·질권자·제3자의 관계는 민법상 논의가 적용될 수 있다. 특히 주식의 양도담보권자가 주식을 제3자에게 처분한 경우 제3자는 주식을 취득하게 된다.

② **회사에 대한 권리행사** – 주식의 양도담보권자의 주주로서의 권리행사문제는 회사와의 관계에서는 주주명부의 면책력과 대항력을 고려할 때 주식의 양도담보권자는 주주권을 행사할 수 있다고 본다. **판례**는 채권담보의 목적으로 이루어진 주식양도 약정 당시에 회사의 성립 후 이미 6개월이 경과하였음에도 불구하고 주권이 발행되지 않은 상태에 있었다면, 그 약정은 바로 주식의 양도담보로서의 효력을 갖는다고 보고, 주식 양도담보의 경우 양도담보권자가 대외적으로 주식의 소유권자라 할 것이므로, 양도담보 설정자로서는 그 후 양도담보권자로부터 담보주식을 매수한 자에 대하여는 특별한 사정이 없는 한 그 소유권을 주장할 수 없다고 보았다(93다61338). 뿐만 아니라 형식설에 따르는 17년 판례에 의하면 양도담

보권자도 주주명부상의 주주가 되어, 채무자가 채무담보 목적으로 주식을 채권자에게 양도하여 채권자가 주주명부상 주주로 기재된 경우, 그 양수인이 주주로서 주주권을 행사할 수 있고 회사 역시 주주명부상 주주인 양수인의 주주권 행사를 부인할 수 없다(2020마5263).

제 4 절 주식회사의 기관

Ⅰ. 의 의

1) **개 념** : 회사가 법률행위를 하기 위해서 의사의 결정, 결정된 의사의 표시·실행이 요구되는데 이는 자연인을 통해 이루어진다. 여기서 법인인 주식회사의 의사를 결정하고 실행하는 주체를 **주식회사의 기관**이라 한다. 이러한 기관의 자격에 반드시 사원의 자격이 전제되는가에 관해, 이를 전제하는 인적회사(자기기관을 가지는 개인주의적 회사)와 달리 물적회사인 주식회사의 기관은 사원자격을 전제하지 않아(타인기관을 가진 단체주의적 회사) **지배와 경영이 분리**될 수 있다. 주식회사의 기관에는 **의사결정기관**으로서 주주총회와 **업무집행기관**으로서 대표이사와 대표이사의 업무집행의 **감독기관**으로 감사가 있으며, 영미법상의 이사회제도가 상법 제정시 도입되었다. 이러한 주식회사의 지배구조는 소규모의 폐쇄회사에서는 번잡함이 있고 반대로 대규모회사의 경우 권한분화에 의한 견제와 균형의 원리가 실천되지 않는 이른바 주식회사 **지배구조의 형식화** 현상이 나타나고 있다. 상법은 이를 극복하기 위해 자본금 총액 10억 미만의 주식회사(**소규모주식회사**)는 법정 이사수 3인의 제한을 삭제하고(상383.1) 감사를 두지 않아도 되도록 하였으며(상409.4), 지배주주의 전횡을 방지하고 투명한 경영을 실천하기 위해 사실상의 이사제도(상401의2), 사외이사제도(상382.3), 감사위원회제도(상415의2) 등을 도입하였다. 그리고 주식회사의 외부감사에 관한 법률은 주식회사의 기관으로 자산총액 120억원 이상의 주식회사의 경우 선임이 강제되는 외부감사인에 관한 규정을 두고 있다(외감2).

2) **지배구조 개요** : 주식회사의 **의사결정기관**으로 주주총회와 이사회가 있다. 주주총회는 주주들로 구성되며 이사·감사의 선임, 정관변경 등 상법 소정의 주요

사항에 관해 회사 내부의 최고 의사결정을 한다. 이사회는 상법의 규정에 따라 주주총회로부터 의사결정권한을 위임받은 기관이다. 대표이사도 주주총회와 이사회의 결의사항을 집행하면서 사실상 이들 기관으로부터 위임받은 사항에 관해 구체적이고 부분적인 의사결정을 한다고 볼 수 있다. 주주총회는 회사의 기본적 사항을 결정하고 이사회의 구성원인 이사를 선임하고 해임하는 권한을 가지고 있어 최고의사결정기관이라 할 수 있으며, 이사회는 의사결정의 효율성을 기하기 위해 상법의 규정에 의해 주주총회의 위임을 받은 범위 내에서 의사결정을 하는 기관으로 볼 수 있다. 주식회사의 **집행기관**에는 대표이사와 이사가 있으며 주주총회와 이사회가 결의한 사항을 집행한다. 최근 상법을 개정하여 대표이사 대신 집행임원을 둘 수 있으며 이 경우 집행임원이 회사의 집행기관이 된다. 이사회가 집행기관인가 하는 점에 관해서는 의문이 있으며 이사회는 회의체기관으로서 업무집행 의사를 결정하는 기관의 성질을 가질 뿐이라 본다. 주식회사의 **감독기관**에는 감사와 감사위원회가 있고 일정 규모 이상의 회사는 외부감사를 받는다. 감사는 주주총회가 선임하는 독임제적 기관으로서 이사회로부터 독립된 기관이어서 외부통제기관이라 할 수 있는 데 반해, 감사위원회는 이사회 내부에 두며 이사들로 구성하는 회의체기관이어서 이사회의 감독 하에 기능하는 내부통제기관(자기시정장치)이라 할 수 있고 양자를 동시에 둘 수는 없고 택일적이다(상415의2.1).

Ⅱ. 주주총회

1. 의 의

1) **개 념** : 주주총회란 주주로 구성되고 회사의 기본적인 사항에 관한 의사를 결정하는 주식회사의 필요적 기관이다. 주주들로 구성되는 **회의체기관**으로서 정기적으로 혹은 필요에 따라 소집되는 비상설기관이다. 주주총회는 상법과 정관에 정하는 사항에 한하여 결의할 수 있는 기관으로 규정하고 있어(상361) 주주총회의 권한은 축소되었으나, 이사를 선임·해임하는 이사회의 모태기관으로서 최고의 의사결정기관이라 할 수 있다.

2) **주주의 회의체기관** : 이사·감사·의장은 출석권이 있지만 주주총회의 구성원이 아니며, 의결권이 없는 주주도 출석권은 가져 토의에는 참여할 수 있어 주주

총회의 구성원이라 보아야 한다. 주주총회는 표결기관적 성격과 토론기관적 성격을 동시에 가지고 있지만, 의결만 문제되는 서면투표제도도 도입되어 있어, 이사회와 비교할 때 주주총회는 토의기관적 성격보다는 **표결기관**적 성격이 상대적으로 강하다.

3) **의사결정기관** : 주주총회는 대내적 의사결정에 관여하고 직접 대외적인 법률관계를 형성하는 일은 없다. 주주총회는 상법 기타 법률 또는 정관에 정해진 사항에 한해서만 결의하며 이들 사항은 주주총회의 결의를 요하고 총회의 결의로도 타 기관에 이를 위임하지 못한다(권한의 한정성과 전속성).

4) **최고기관** : 주식회사의 주주는 직접 회사의 경영에 관여할 권리를 가지지 않으므로, 회사의 의사결정기관인 주주총회는 주주들이 경영에 관여하는 통로로서 반드시 두어야 하는 **필요기관성**을 가진다. **주주총회의 상설기관성**에 관해 비상설기관설과 상설기관설이 대립되지만 주주총회는 소집절차를 거쳐 개회하고 폐회 중에는 주식회사의 의사결정이나 집행을 할 수 있는 조직과 권한이 없으므로 비상설기관으로 보는 견해가 타당하다고 본다. 주주총회는 이사회 구성원을 선임·해임하는 권한을 가지므로 **최고기관성**을 가진다. 주주총회는 타 기관을 선임·해임하며 주주총회의 결의는 타 기관 전부를 구속한다는 점에서 법적으로도 회사 내에서의 최고기관성을 인정할 수 있다.

2. 권 한

(1) 상법상의 결의사항

1) **보통결의사항** : 상법 또는 정관에 다른 정함이 없는 한 출석한 주주의 의결권의 과반수와 발행주식총수의 1/4 이상의 수로써 결의되는 사항을 말한다(상368.1). 여기서 '정관에 다른 정함'에 관해, 본 규정의 임의규정적 성질을 고려하여 의결정족수를 가중·완화할 수 있지만 과반수 요건은 논리상 최소한의 요건이라는 점에서 더 완화할 수는 없다고 본다. 다만, i) 의결권 제한·배제주식, 자기주식, (유사)상호주는 발행주식 총수에 산입되지 않고(상371.1), ii) 결의에 이해관계 있는 주주(상368.4), 감사·감사위원 선임에서 3% 초과주식을 보유한 주주(상409.2)의 의결권의 수는 출석한 주주의 의결권의 수에 산입하지 아니한다(상

371.2). 다만 판례는 상법 제371조의 규정에도 불구하고 감사선임시 3%를 초과하는 주식은 발행주식총수에 산입되지 않는 것으로 보았다(2016다222996). 상법상 보통결의사항에는 이사·감사·청산인의 선임과 그 보수결정(상382, 388, 409.1, 415, 542.2), 재무제표의 승인(상449.1), 주식배당(상462의2), 배당금지급시기의 특정(상464의2.1단서), 청산회사의 재산목록과 대차대조표의 승인(상533), 검사인의 선임(상366.3, 367, 542.2), 총회의 연기 또는 속행의 결정(상392), 청산인의 청산종료의 승인(상540.1), 청산인의 해임(상539.1) 등이 포함된다. 그밖에 자본금이 10억 미만이고 2인 이하 이사를 둔 회사(소규모주식회사)는 이사회가 구성되지 않으므로 예컨대 이사회의 자기거래승인(상398) 등 이사회의 결의사항을 주주총회의 보통결의사항으로 본다(상383.4).

2) **특별결의사항** : ① **정족수** – 주주총회에 출석한 주주의 의결권의 2/3 이상 그리고 발행주식총수의 1/3 이상의 동의를 얻어야 의결되는 사항을 말한다. 본 규정은 강행규정으로 해석되어 요건완화는 무효이지만 가중하는 것은 유효로 본다. 특별결의사항에는 정관변경, 영업 전부·중요일부의 양도, 영업 전부의 임대·경영위임, 영업손익의 공동부담계약 기타 이에 준하는 계약의 체결·변경·해약, 영업전부양수, 중대한 영업일부의 양수(상374), 이사·감사해임(상385.1, 415), 자본감소(상438), 사후설립(상375), 임의해산(상518), 회사의 계속(상519), 주식의 분할(상329의2.1), 주식의 할인발행(상417.1), 비주주에 대한 전환사채·신주인수권부사채의 발행사항(상513.3, 516의2.4), 신설합병시 설립위원선임(상175), 합병계약서의 승인(상522), 회사분할계획서·분할합병계약서의 승인(상530의3.1,2), 휴면회사의 계속(상520의2.3) 등이 포함된다. 판례는 회사의 자본금을 초과하는 채무를 부담하는 계약을 체결하는 행위에 주주총회의 특별결의가 요구되지 않는다고 보았고(77다868), 회사의 주식을 그 소유자로부터 양수받아 양수인이 회사의 새로운 지배자로서 회사를 경영하는 경우에는 회사의 영업이나 재산은 아무런 변동이 없고 주식만이 양도될 뿐이므로 주주총회의 특별결의는 이를 거칠 필요가 없다고 보았다(98다45546).

② **영업용재산 양도** – 특별결의사항으로 규정하는 '회사의 영업의 전부 또는 중요한 일부를 양도'에서 영업(상374.1)의 의미와 관련하여, **중요한 영업용재산의 양도에서 주총특별결의의 요건성**(**쟁점31**)에 관해, **불요설**은 영업양도란 경업금지의무를 수반하고 사실관계를 포함한 영업재산의 총체를 양도하는 것으로서 영업용

재산의 양도는 그것이 중요한 재산이라도 이에 포함되지 않으므로 주주총회의 특별결의를 요하지 않는다고 보고, **필요설**은 영업용재산의 양도가 회사의 영업 전부 또는 일부를 양도하거나 폐지하는 것과 같은 결과를 가져오는 경우에는 주주총회의 특별결의가 필요하다고 본다. **판례**도 단순한 영업용 재산의 양도는 영업양도에 해당하지 않으나 그로 인해 회사영업의 전부 또는 일부를 양도하거나 폐지하는 것과 같은 결과를 가져오는 경우에는 주주총회의 특별결의가 필요하다고 보았으나, 처분 당시 이미 그 존속기간이 만료되는 등으로 그 처분으로 비로소 영업의 전부 또는 일부가 폐지 또는 중단됨에 이른 것이라고 할 수 없는 경우는 주총특별결의가 불요하다고 보았다(96다54249). 판례는 염의 생산 등을 목적으로 하는 회사가 염전을 양도한 경우(4290민상460), 회사의 유일무이한 재산의 처분행위(62다538), 흄관몰드제작회사가 흄관몰드를 매도담보로 제공하는 행위를 특별결의사항으로 보았다(86다카553). 그러나 중요재산에 관련된 행위라도 근저당설정행위, 중요재산 처분당시에 이미 사실상 영업을 중단하고 있었던 경우에는 주주총회의 특별결의를 요하지 않는다고 보았다(95다6885). 그리고 주주 전원이 중요한 영업용재산의 양도약정에 동의한 경우 회사는 주주총회 특별결의 흠결을 이유로 양도약정의 무효를 주장하는 것은 신의칙에 반하여 허용되지 않는다고 보았다(2001다14085). 생각건대 상법상 영업양도의 대상이 되는 영업이라 함은 재산적 사실관계를 포함하는 조직화되고 유기적 일체로서의 기능적 재산을 의미하지만, 이에 이르지 않는 영업용재산의 양도라도 회사영업의 전부·일부의 양도·폐지와 같은 결과를 가져오는 경우에는 영업양도와 유사하게 의사결정과정의 신중을 위해 필요설이 타당하다고 본다. 요컨대 중요한 자산의 처분 및 양도를 이사회결의사항으로 규정하고 있지만(상393.1), 영업양도·폐지의 결과를 가져올 경우에는 주주총회의 특별결의도 요구된다.

3) **특수결의사항** : 이는 발행주식 전부의 동의를 요하는 사항으로서 상법상 이사 또는 감사의 회사에 대한 책임면제(상324, 400, 415, 542.2), 주식회사의 유한회사로의 조직변경(상604.1)이 이에 속한다. 이들은 회사의 재산적 가치를 부당하게 감소시킬 우려가 있거나 유한책임의 원칙에 변경이 생기게 하는 사항이어서 주주 전원의 동의를 필요로 한다. 특수결의사항은 전 주주의 동의를 요한다는 점에서 의결권 없는 주주의 동의도 필요하다고 본다.

(2) 정관상의 결의사항

주주총회는 상법 또는 정관에 정하는 사항에 한하여 결의할 수 있다고 정하고 있어(상361), 상법에서 정한 주주총회결의사항 이외에도 **정관에 의한 주주총회의 권한확대** 여지를 인정하고 있다. i) 상법이 명문으로 주주총회의 권한으로 할 수 있음을 유보한 경우(신주발행, 상416)에는 정관의 규정에 의해 주주총회의 권한으로 할 수 있다. ii) 상법에 이러한 유보조항이 없더라도 상법상 이사회의 권한사항을 주주총회의 권한사항으로 정한 **정관상의 주총권한확대의 효력**(쟁점32)에 관해, **긍정설**은 주주총회소집의 결정과 같이 논리적으로 주주총회의 권한이 될 수 없는 일부 권한을 제외하고는 주주총회의 최고기관성에 근거하여 이사회의 권한으로 상법에서 정한 어떠한 사항도 정관의 규정으로 주주총회의 권한으로 정할 수 있다고 본다. **부정설**은 지배와 경영의 분리이념, 주총권한 유보조항의 의미, 이사의 책임규정 등을 고려할 때 명문의 규정이 없는 경우 주주총회 권한의 확장에 대해 부정한다. 생각건대 이사회중심주의의 회사법 체계에서 주주가 이사를 선임하지만, 선임된 이사는 주주가 아닌 회사의 독립된 수임기관이다. 그리고 회사법상 유보조항이 없음에도 선임기관이라는 이유만으로 회사법에 반하는 권한을 인정할 경우 강행법규인 회사법의 지배구조가 지배주주에 의해 회피될 가능성이 있음을 고려할 때 확장부정설에 찬성한다. 그리고 정관상의 주주총회결의는 대표이사의 권한에 대한 제한이 되어(상389.3 → 상209) 그 제한을 위반하면 선의의 제3자에 대항하지 못한다.

(3) 주주총회 권한의 위임 등

1) **타기관 위임** : 법률·정관으로 정한 주주총회의 권한사항을 이사회나 대표이사에 위임할 수 있는가? 상법에서 정하고 있는 주주총회의 권한에 관한 규정은 강행법규에 해당한다고 해석되어 상법의 규정에 반하는 위임은 부적법하므로 무효로 본다(통설). 정관에서 주주총회의 권한으로 규정된 사항을 대표이사에 위임한 경우도 대외적인 효력은 별론으로 하더라도 대내적으로는 무효로 보아야 한다.

2) **주총결의 대체** : 주총결의를 거치지 않은 **절대다수의 주식을 보유한 대표이사의 전단적 대표행위의 효력**(쟁점38)에 관해, 기관의 분화와 그 권한 안배에 관한

법리를 일체 무시한 것이어서 효력을 가질 수 없다고 보는 **무효설**과 회사의 업무집행은 대외적으로 법률효과가 발생하므로 권리침해적 요소가 없는 업무집행은 효력을 가진다고 보는 것이 거래의 안전을 고려하여 효력을 인정하는 **유효설**이 대립되고 있다. **판례**는 임원의 직무집행의 대가로서 공로주를 지급할 경우 주주총회에서 같은 내용의 결의가 이루어질 것은 당연하므로 회사주식의 95%를 소유한 대표이사가 한 회사의 임원에 대한 주식의 양도는 유효하다고 보았으며(95누4353), 회사주식의 80%를 가진 대표이사가 주주총회결의에 의하지 않고 이사에게 공로상여금 지급을 약속한 경우에도 주주총회에서 이를 지급하기로 하는 결의가 이루어질 것은 당연하므로 주주총회의 결의가 있었음과 동일하게 보았지만(77다1788), 대표이사가 이사에 대한 보수 및 퇴직금에 관하여 한 약정은 그 대표이사가 동 회사의 전 주식 3,000주 중 2,000주를 가지고 있더라도 주주총회의 결의가 없는 이상 동 회사에 대하여 효력이 있다고 할 수 없다고 본 판결도 있어(79다1599) 판례의 입장은 일치하지 않는다. 생각건대 판례는 임원보수에 관한 주주총회결의에서 주주총회의 형식보다 실질(지배력)을 더 존중하는 입장이지만, 주식회사는 개인기업과 달리 설령 절차반복의 의미밖에 없더라도 기관분화의 강행법규성에 구속되며 그 예외(1인회사)는 엄격하여야 하며, 절대다수의 비율도 자의적일 수 있어 부정설이 타당하다고 본다.

3. 주주총회의 소집

(1) 소집권자

주주총회의 소집권자는 원칙적으로 이사회이고 소수주주·감사·감사위원회, 법원도 예외적으로 소집할 수 있다.

① 이사회(청산인회) – 주주총회의 1차적인 소집권자는 이사회로서(상362) 총회의 소집 외에 그 일시·장소·의안 등을 정하며(소집결의), 실제 소집행위는 이사회결의에 따라 대표이사가 행한다. 따라서 주주총회가 이사회의 소집결의 없이 소집되거나 대표이사가 소집하지 않은 경우 하자가 있는 주총이 된다. 다만 주주전원이 출석한 총회일 경우 소집권자에 의한 소집이 없을지라도 총회 개최에 동의하여 결의하면 유효한 주주총회(**전원참석동의총회**)가 되며(통설, 판례–2000다69927), 청산회사의 주주총회의 소집은 청산인회가 결정하고 대표청산인이 소집절차를 집행한다(상542.2, 362).

② **소수주주·감사·감사위원회** – 발행주식 총수의 3/100 이상(상장회사주주의 경우 0.01% 이상, 6개월 이상 보유: 상542의6.6)에 해당하는 주식을 가진 주주(소수주주)나 감사(감사위원회)는 회의의 목적사항과 소집의 이유를 기재한 서면을 이사회에 제출하여 임시총회의 소집을 청구할 수 있다. 청구가 있은 후 지체 없이 총회소집의 절차를 밟지 아니한 때에는 청구한 주주(감사, 감사위원회)는 법원의 허가를 얻어 총회를 소집할 수 있다. 소수주주(감사, 감사위원회)의 청구에 따라 소집된 주주총회의 의장은 법원이 이해관계인의 청구나 직권으로 선임할 수 있다(상366, 412의3, 415의2.7). 소수주주 등의 주주총회 소집권 남용을 방지하기 위해 법원의 허가를 받도록 하고 있는데, 주주총회 소집허가 신청에 대해 법원은 소수주주의 자격과 적법성, 권한남용 등을 심사한 후, 이유를 붙인 결정으로써 재판하여야 한다(비송81.1). **소수주주의 보유주식수 계산시 의결권배제·자기주식규정의 적용 여부**(**쟁점33**)에 관해, 소수주주의 지주율을 계산함에 있어서 발행주식총수에 의결권배제주식과 자기주식은 배제되어야 한다는 **적용긍정설**과 이 규정의 해석은 총회의 결의의 성립에 필요한 정족수의 계산에 관한 규정으로 보고 이를 소수주주의 범위를 정함에 있어서 적용할 수는 없다는 **적용부정설**이 대립된다. 생각건대 소수주주의 보유주식수 계산은 의결권의 행사와 직접적으로 관련되지 않고 발행주식 전체에서 일정한 비율만이 문제되고, 의결권 없는 주주도 주주총회 출석권·토의권이 인정되기 때문에 적용부정설이 타당하다고 본다.

③ **법원(소집명령)** – 회사의 업무집행에 관하여 부정행위 또는 법령이나 정관에 위반한 중대한 사실이 있음을 의심할 사유가 있는 때에는 발행주식 총수의 3/100 이상에 해당하는 주식을 가진 주주는 회사의 업무와 재산상태를 조사하게 하기 위하여 법원에 검사인의 선임을 청구할 수 있다. 검사인은 그 조사의 결과를 법원에 보고하여야 하고 법원은 필요하다고 인정한 때에는 대표이사에게 주주총회의 소집을 명할 수 있으며, 검사인은 보고서를 제출하고 이사와 감사는 보고서의 정확 여부를 조사하여 이를 주주총회에 보고하여야 한다(상467).

(2) 소집절차

① **소집시기** – 주주총회는 소집의 시기를 기준으로 정기총회와 임시총회로 구별되는데, 정기총회는 매년 1회 일정한 시기에 소집되며, 연 2회 이상 결산기를 정한 때에는 매기에 소집하여야 한다. 그리고 임시총회는 필요시 수시로 소집된다(상365).

② **소집지·소집장소** – 총회는 정관에 다른 정함이 없으면 본점소재지 또는 이에 인접한 지에 소집하여야 한다(상364). 이는 출석주주의 출석권과 편의를 보장하기 위함이지만 정관으로 본점소재지가 아닌 곳을 주주의 편의를 고려하여 주주총회 소집지로 정할 수 있으며, 소집장소는 대다수의 주주를 수용할 수 있는 장소이어야 한다.

③ **의제 기재** – 대표이사가 주주총회를 소집함에는 소집일시·소집지·소집장소뿐만 아니라 회의의 목적사항인 의제(예, '이사선임건'·'정관개정건')를 기재하여야 하고, 정관변경이나 자본감소, 회사합병 등 특별결의사항을 다룰 주주총회를 소집할 때에는 의안의 요령도 기재하여야 한다(상433.2, 438.2, 522.2). 따라서 특별규정이 없을 경우에는 해석상 의안의 요령을 기재하지 않고 통지하더라도 주주총회의 소집절차가 위법하다고 할 수는 없다. 주주총회는 원칙적으로 회의의 목적사항으로 통지한 것 이외에는 결의할 수 없으므로, 판례는 통지·공고한 회의의 목적사항 이외의 다른 안건을 부의하였다면 특단의 사정이 없는 한 상법 제376조의 총회의 소집절차 또는 결의방법이 법령에 위반한 경우로 본다(79다19).

④ **소집통지** – 주주총회는 대표이사가 이사회의 소집결의에 따라 소집한다. 총회를 소집함에는 총회일을 정하여 2주간 전에 각 주주에 대하여 회의의 목적사항을 기재한 서면 또는 전자문서(주주의 사전동의 요함)로 통지를 발송하여야 하지만, 3년간 통지부도달의 경우 소집통지를 생략할 수 있다(상363.1,2). 상법은 주주총회 소집통지에 관해 발신주의를 취하고 있으므로 통지의 발송일은 주총일로부터 2주(또는 10일) 전이어야 하며, 통지기간은 주주의 권익을 보호하는 측면에서 정관의 규정으로 연장은 가능하지만 단축은 허용되지 않는다고 본다.

(3) 소집절차의 예외

1) **상장회사 특례** : 상장회사가 주주총회를 소집하는 경우 의결권 있는 발행주식총수의 1/100 이하의 주식을 소유하는 주주(상령10.1)에게는 정관으로 정하는 바에 따라 주주총회일의 2주 전에 주주총회를 소집하는 뜻과 회의의 목적사항을 둘 이상의 일간신문에 각각 2회 이상 공고하거나 상법시행령에 따라 전자적 방법으로 공고함으로써 제363조 1항의 소집통지를 갈음할 수 있다(상542의4.1). 상장회사가 이사·감사의 선임에 관한 사항을 목적으로 하는 주주총회를 소집통지 또는 공고하는 경우에는 이사·감사 후보자의 성명·약력·추천인, 그 밖에 상법시행령에서 정하는 후보자와 최대주주와의 관계, 후보자와 해당 회사와의 최근 3년간

의 거래내역(동령10.2)을 통지하거나 공고하여야 한다(동조2항). 그리고 상장회사가 주주총회소집의 통지 또는 공고를 하는 경우에는 사외이사 등의 활동내역과 보수에 관한 사항, 사업개요 등 대통령령으로 정하는 사항을 통지 또는 공고하여야 한다(동조3항 본문).

2) **자본금 총액 10억 미만 회사 등** : 자본금 총액이 10억원 미만인 소규모회사에 주주총회 소집통지에 관해 예외 규정을 두고 있는데, i) 통지기한 10일로 단축, ii) 주주 전원동의에 의한 주총개최, iii) 주주 전원동의시 서면결의에 의한 주총대체, iv) 결의목적사항에 관한 전원서면동의의 서면결의 간주 등의 예외규정을 두고 있다(상363.3,4). 그리고 서면결의는 주총결의와 동일한 효력이 있으며, 서면결의에는 주총에 관한 규정을 준용한다(상363.5,6). 의결권 없는 주주에 대하여는 소집통지나 서면결의의 절차가 적용되지 않는다(상363.7). 그리고 의결권 없는 주식, 자기주식, 상호주, 유사상호주, 3년간 소재불명의 주주에 대하여는 소집통지·공고절차가 생략된다(상363.4, 363.1).

3) **전원참석동의총회, 1인회사 주총** : 회사의 전 주주가 총회개최에 동의하여 이루어진 주주 또는 그 대리인의 전원출석총회는 이사회의 결의, 소집통지 등의 규정에 반하나 총회는 유효하게 성립하고 결의 역시 유효하다고 본다(2000다69927). 1인회사의 유일주주가 총회개최사실 없이 의결이 있었던 것으로 주주총회의사록을 작성한 경우 이사의 동의를 요건으로 유효하다는 견해도 있으나, 이와는 상관없이 결의가 있었던 것으로 보는 것이 판례의 입장이다(96다24309). 이에 반해 개인기업과는 구별되는 주식회사의 특징을 이유로 이사회의 소집결정의 결여는 전원출석총회의 동의나 1인주주의 참석으로 치유되지 않는다는 견해도 있다. 생각건대 주주총회는 이사회와 달리 지분율(소유주식수)에 따른 의사결정이라는 표결기관적 성격이 강해 주주총회가 개최되지 않았다고 하더라도 이러한 절차상의 하자는 전원출석총회 또는 1인주주의 동의로 치유된다고 본다.

4) **연기·속행** : 주주총회의 **연기**란 총회가 성립한 후 의사에 들어가지 않고 회일을 다시 정하여 계속 논의하기로 하는 결정을 의미하고, **속행**이란 의사에 들어가기는 하였으나 종결하지 못하고 다음 회일에 계속하기로 하는 것을 의미한다. 일단 총회가 성립한 후에 연기·속행하기 위해서는 주주총회의 결의가 요구되

나 소집절차가 요구되는 것은 아니다(상372). 주주총회는 이사가 제출한 서류와 감사의 보고서를 조사하게 하기 위하여 검사인을 선임할 수 있다(상367.1). 회사 또는 발행주식총수의 1/100 이상에 해당하는 주식을 가진 주주는 총회의 소집절차나 결의방법의 적법성을 조사하기 위하여 총회 전에 법원에 검사인의 선임을 청구할 수 있다(상367.2) 개정전 상법에서는 주주총회만이 검사인 선임권한을 가졌으나 개정상법은 이를 별개의 소수주주권의 행사대상으로 하여 소수주주에 의해 주주총회의 소집절차, 결의방법 조사를 위한 검사인 선임이 가능하게 되었다.

4. 주주의 권리

(1) 주주제안권

1) **개 념** : 회사에 의해 소집된 주주총회에서 주주가 일정한 사항을 총회의 목적사항으로 할 것을 제안할 수 있는 권리로서 주주의 공익권의 하나이다. 주주가 임시총회를 소집하기 위해서는 발행주식 총수의 3/100 이상에 해당하는 주식을 가져야 하고 다시 법원의 허가를 얻어야 하는 등 요건을 갖추어야 한다. 그리고 주주에 의한 임시주주총회의 소집은 주주총회가 불필요하게 빈번히 소집되어 비용과 노력의 낭비를 초래할 우려가 있어, 주주로 하여금 주주총회를 소집하지 않고도 회사 측이 예정하고 있는 주주총회에서 논의될 의제를 제안할 수 있게 하는 취지의 제도이다.

2) **제안의 유형** : 통상적으로 주주제안권에는 일정한 사항을 주주총회의 목적사항으로 할 것을 제안할 수 있는 권리인 **의제제안권**과 주주총회의 목적사항에 추가하여 의안의 요령을 제출할 수 있는 권리인 **의안제안권**이 포함된다. 여기서 의제라 함은 총회의 목적사항을 의미하고 의안이라 함은 의제에 관한 구체적 내용으로 이해된다. 주주의 의제제안권은 회사가 제출한 목적사항에 추가할 것을 청구하는 권리(추가제안권)이다. 의안제안권은 주주 자신이 제안한 목적사항에 대하여 행사할 수도 있고 회사가 채택한 목적사항과 의안의 요령에 대하여 행사할 수도 있는데, 후자의 경우에는 회사 측의 의안제안에 대하여 수정제안 또는 반대제안이 될 수 있다.

3) **행사요건** : ① 주식보유비율 – 주주제안의 상대방은 이사이며, 이 점에서 이

사회에 청구하는 주주총회 소집청구와는 구별되며, 상법은 소수주주권(발행주식총수의 3/100, 상장회사는 5/1000, 6월보유)으로 규정하고 있다(상363의2.1, 542의6.2). 주주권을 행사하는 시점에 자격주식수만 보유하면 주식을 일시적으로 보유한 자도 행사할 수 있다고 본다. 주식을 보유한 자에는 주식을 소유한 자, 주주권 행사에 관한 위임을 받은 자, 2명 이상 주주의 주주권을 공동으로 행사하는 자 등이 포함된다(상542의6.8 참조). 다만 상장회사는 정관에서 단기의 주식보유기간을 정하거나 낮은 주식보유비율을 정할 수 있다(상542의6.7).

② **서면·전자문서에 의한 청구** – 소수주주권자는 이사에 대하여 회일의 6주 전에 서면·전자문서로 의제제안을 하거나 의안요령의 기재청구를 하여야 한다(상363의2). 이른바 의안제안은 회의의 목적으로 할 사항에 추가하여 당해 주주가 제출하는 의안의 요령을 제363조에서 정하는 통지와 공고에 기재할 것을 청구하는 방식으로 행사된다(상363.2). 제안을 수령한 이사는 이를 이사회에 보고하고, 이사회는 주주제안의 내용이 법령 또는 정관에 위반되는 경우를 제외하고는 이를 주주총회의 목적사항으로 하여야 하고 이 경우 주주총회 소집통지·공고에 목적사항으로 기재될 것이다. 그리고 주주제안을 한 자의 청구가 있을 때에는 주주총회에서 당해 의안을 설명할 기회를 주어야 한다(의안설명권: 상363의2.3).

③ **주총 6주 전 행사** – 주주총회일로부터 6주 전에 주주제안권을 행사하도록 한 것은 주주총회의 소집을 위한 준비기간을 고려한 것이라 이해된다. 이 기간 내에 이사는 이사회에 제안사항을 보고하고 이사회는 그 제안이 법률 또는 정관에 위반되었는가를 판단하게 된다. 주주총회의 회일 전 6주에 미달하는 기간에 주주제안을 하는 경우 즉 기한 후 제안의 효과에 관해 논의가 있으나 주주제안권 행사에 있어 6주간의 기간을 요건화한 것은 제안의 검토 및 절차진행을 위한 회사의 이익보호를 위한 규정으로 볼 수 있어 회사로서는 이러한 이익을 포기할 수 있다고 본다. 뿐만 아니라 이사회의 결의로 주주가 늦게 제안한 의제를 스스로의 판단에 따라 주주총회의 목적사항으로 정하는 것은 주주제안권의 실현이 아니라 이사회의 결의에 따른 의제선정으로 볼 수도 있을 것이다.

4) **주주제안의 효과** : ① **처리절차** – 소수주주의 상법 제363조의2 1항의 의제제안, 동조 2항의 의안요령기재청구(의안제안)를 받은 이사는 이를 이사회에 보고하여야 한다. 제안사항 중 총회의 결의사항이 아닌 사항이라든가 상법에 위반되는 사항이 제안된 경우에는 이사회는 이를 무시할 수 있다. 그러나 법률 또는 정

관에 반하지 않는 사항이 제안된 경우에는 주주총회의 목적사항으로 포함시켜 총회소집절차를 진행시켜야 하지만, 이사가 소집통지에 당해 의제가 주주의 제안이라는 뜻을 기재하여야 하는 것은 아니다. 그리고 주주제안을 한 자의 청구가 있을 때에는 주주총회에서 당해 의안을 설명할 기회를 주어야 한다(상363의2.3).

② 주주제안 거부사유 – 상법시행령은 이사회가 주주제안을 거부할 수 있는 경우로 i) 주주총회에서 의결권의 10/100 미만의 찬성밖에 얻지 못하여 부결된 내용과 동일한 의안을 부결된 날부터 3년 내에 다시 제안하는 경우, ii) 주주 개인의 고충에 관한 사항, iii) 주주가 권리를 행사하기 위해서 일정 비율을 초과하는 주식을 보유해야 하는 소수주주권에 관한 사항, iv) 상장회사의 경우 임기 중에 있는 임원의 해임에 관한 사항, v) 회사가 실현할 수 없는 사항 또는 제안이유가 명백히 거짓이거나 특정인의 명예를 훼손하는 사항 등을 열거하고 있다(상령5). 주주제안 거부사유는 과거 증권거래법에서 규정한 사항이어서 상법과 불일치함으로 인해 적용범위 관련 문제가 있었으나 상법에 규정됨으로써 이러한 문제는 자연히 해소되었다.

5) **주주제안의 부당거절** : ① 의제제안의 부당거절 – 적법한 의제제안에도 불구하고 이사가 이사회에 이를 보고하지 않거나, 제안된 의제를 무시하고 총회의 목적사항으로 기재하지 않고 소집통지를 발송한 경우, 주주총회를 진행함에 있어 제안된 의제를 다루지 않고 총회를 종결한 경우 등 주주제안권이 침해된 경우, 관련된 회사관계자의 책임과 의제로 다루지 않고 종결된 주주총회결의의 효력이 문제될 수 있다. 의제제안권을 침해하여 성립된 총회의 다른 결의는 유효하고 다만 이사는 그러한 주주에 대하여 손해배상책임을 지거나 또는 과태료의 제재(상635.1 19의3호)를 받는다고 본다. 의제와 함께 의안이 제안되어 있으며 그것이 다른 결의의 내용과 실질적으로 저촉되는 경우에 한하여 당해 다른 결의의 취소사유가 된다는 견해도 있다.

② 의제제안의 부당거절 – 주주가 적법하게 의안요령의 기재를 청구하였음에도 불구하고 주주가 제출하는 의안의 요령을 주주총회 소집통지나 공고에 기재하지 않고 주주총회를 소집함으로써 결과적으로 주주의 청구를 무시하고 주주총회가 진행되었다면 주주의 의안요령 기재청구권이 침해된 것으로 볼 수 있다. 이에 관해 의안의 수정제안을 무시하고 회사 측 원안을 가결한 결의는 주주총회결의취소의 소의 대상이 된다고 보는 견해가 있다. 생각건대 부당거절행위와 주주총회

결의의 성립이 상당인과관계에 있을 경우 주주총회결의에 하자가 있는 것으로 볼 수 있다.

③ **의안설명권의 침해** – 상법은 제안주주의 청구가 있을 경우 주주총회에서 당해 의안을 설명할 기회를 주어야 하는데, 여기서 의안이라 함은 의안의 요령을 의미하는 것이 아니라 의제를 의미한다고 보아야 한다. 이 역시 의안요령 기재청구가 부당하게 거절된 경우와 동일하게 의안설명권 침해와 주주총회결의 성립간의 상당인과관계에 따라 주주총회결의의 하자가 판단된다고 본다.

(2) 주주의 의결권

1) **의 의** : 의결권이란 주주총회에 출석하여 회사의 의사결정에 참가할 수 있는 주주의 권리를 의미한다. 모든 주주는 1주마다 1개의 의결권을 가지는데(상369.1)(**1주1의결권의 원칙**), 이 규정은 강행법규로 해석되므로 당사자간의 계약·정관·주총결의로도 이와 달리 정할 수 없다고 보지만, 상법에 의한 의결권배제주식, 의결권 행사제한은 허용한다. 의결권은 공익권이며 고유권으로서 정관으로도 박탈·제한할 수 없으며, 이를 포기하거나 주식과 분리하여 양도할 수 없다. 의사결정에 참가할 수 있는 권리인 의결권과는 별도로 총회의 출석권과 의견진술권이 인정되므로 의결권배제주주도 주총에의 출석권과 의견진술권이 인정된다고 본다. 주주의 의결권은 이사·감사선임을 통해 회사를 지배할 수도 있어 가장 중요한 주주권이지만, 회사의 지배에 관심이 없고 이익배당을 중시하는 주주를 위해 의결권배제주식의 발행을 제한적으로 허용하고 있다(상344의3.1). 총회의 결의가 가부동수일 경우 의안은 과반수의 원칙상 부결된 것으로 보고 의장에게 결정권을 위임할 수 없다고 해석된다.

2) **의결권배제·제한주식** : ① **발행** – 회사가 의결권이 없는 종류주식이나 의결권이 제한되는 종류주식을 발행하는 경우에는 의결권을 행사할 수 없는 사항을 의결권행사 또는 부활의 조건을 정한 경우에는 그 조건 등을 정관에 정하여야 한다(상344의3.1). 의결권배제주식은 결산기의 우선적 배당 여부와는 무관하게 의결권이 배제된다. 주주총회에서 정족수를 계산함에 있어서 의결권 없는 주식의 수는 발행주식의 총수에 산입하지 않는다(상371.1).

② **발행제한** – 의결권배제·제한주식이 과다하게 발행될 경우 지배와 경영의 왜곡 현상이 생길 수 있으므로 이를 방지하기 위해 의결권배제·제한 종류주식의

총수는 발행주식총수의 1/4(상장법인, 1/2)을 초과하지 못하도록 규정하고 있다. 이 경우 의결권이 없거나 제한되는 종류주식이 발행주식총수의 1/4을 초과하여 발행된 경우에는 회사는 지체 없이 필요한 조치를 하여야 한다(상344의3.2, 자본165의15.2).

③ **법적 지위** – 의결권배제·제한주식의 수는 의결권수의 계산시 발행주식의 총수에 산입하지 아니한다(상371.1). 그러나 의결권배제·제한주식의 주총출석·토의권·주총하자제소권의 유무에 관해, 주주총회의 소집통지조항을 의결권 없는 주주에 대하여는 적용하지 않는다고 규정하고 있어(상363.7) 논란의 여지가 있다. 생각건대 이 조항은 의결권 있는 주주들처럼 의결권행사 기회를 회사가 적극적으로 보장해 줄 의무는 없음을 규정한 것에 지나지 않는다고 본다. 따라서 의결권제한·배제주식의 주주가 스스로 주주총회에 출석하는 것은 막을 수 없고, 의결권과 주주총회의 출석권 및 각종 소권 등은 개념을 달리하므로 이를 행사할 수 있다고 본다.

3) **의결권 행사 제한** : ① **개요** – 상법에는 의결권배제·제한주식 이외에도 일정한 경우 의결권을 일시적으로 제한하는 규정을 두고 있다. 이는 주식의 종류로서 의결권배제·제한주식과 달리 주식보유자와 회사와의 관계에서 비롯된 제한(법률효과)이어서 그러한 관계(요건)가 해소될 경우 의결권의 제한(법률효과)은 소멸한다.

② **자기주식** – 특정회사가 가진 특정회사의 주식을 의미하며, 자기주식으로 있는 상태에서는 의결권이 제한된다(상369.2). 자기주식은 의결권의 대리행사도 인정되지 않으나, 회사가 자기주식을 타인에게 양도할 경우에는 의결권은 다시 회복된다. 회사의 계산으로 타인명의로 소유하는 주식도 의결권이 없다고 본다. 자회사가 가진 모회사의 주식도 자기주식의 범주에 포함시키는 견해가 있으나, 자회사는 모회사의 주식을 취득할 수 없으며, 예외적으로 만일 자회사가 모회사의 주식을 취득하였다면 자기주식의 범주에 포함되기 때문이 아니라 상호주의 개념에 해당하므로 의결권행사가 제한된다고 보아야 한다.

③ **(유사)상호주** – 자회사에 의한 모회사의 주식취득은 금지된다. 다만 그 예외적으로 자회사의 주식취득이 허용되는 경우(주식의 포괄적 교환·이전, 합병, 영업양도로 인한 취득, 권리실행을 위한 경우)에는 자회사는 6월 내 모회사주식을 처분해야 하는데(상342의2.2). 취득 후 처분 전의 모회사주식의 의결권은 제한된

다(상369.3). 유사자회사(A회사가 B회사의 주식의 1/10 이상을 가지고 있는 경우 B회사)가 취득한 유사모회사(A회사)의 주식(**유사상호주**)의 의결권행사도 제한된다(상369.3). 그리고 유사자회사 관계가 형성되면 유사모회사(A회사)는 유사자회사(B회사)에 주식취득사실을 통지하여야 한다(상342의3). A가 B회사 주식 10% 이상을 전부 소유하고 있는 경우도 해당되지만 A의 모회사인 AA회사, A의 자회사 A'회사가 가진 B회사의 주식 모두를 합칠 경우 10%를 초과하는 경우도 포함되고, A'회사가 B회사의 주식 10% 이상을 가진 경우에도 B회사가 A 또는 AA회사의 주식을 취득한다면 그 주식은 의결권행사가 제한된다.

④ **특별이해관계인 보유주식** – 총회의 결의에 관하여 특별한 이해관계가 있는 자(예, 영업양도결의에서 양수인인 주주)는 의결권을 행사하지 못한다(상368.3). **특별이해관계의 범위**(**쟁점34**)에 관해, 법률상 특별이해관계로 제한하는 **법률상 이해관계설**, 모든 주주가 아닌 특정주주의 이해에 관계되는 경우로 해석하는 **특별이해관계설**, 주주로서의 지위와 무관하게 개인적 이해관계를 가지는 경우로 해석하는 **개인법설**(통설) 등이 주장된다. **판례**는 특별이해관계를 주주의 입장을 떠나 개인적으로 이해관계를 가지는 경우로 보고 주주총회가 재무제표를 승인한 후 2년 내에 이사와 감사의 책임을 추궁하는 결의를 하는 경우 당해 이사와 감사인 주주는 그 결의에 관한 특별이해관계인에 해당하여 의결권이 제한된다고 보았다(2007다40000). 개인법설에 따르면 이사 등의 면책결의, 보수결정에 있어서 해당 지위에 있는 주주, 영업양도 등의 결의에서 거래상대방인 주주 등은 특별한 이해관계를 가지는 자로서 의결권이 없지만, 이사·감사의 선임 또는 해임결의에 있어서 당사자인 주주, 재무제표의 승인결의에서 이사나 감사인 주주 등은 특별한 이해관계인에 해당하지 않는다. 특별이해관계인은 대리인을 통한 의결권행사도 제한되는데, **특별이해관계에 있는 대리인에 의한 의결권 행사**에 관해, 상법 제368조 4항이 '특별한 이해관계가 있는 자'라고 하고 있지 주주에 한정하고 있지 않은 점, 대리인이 본인의 의사를 좇지 않더라도 의결권행사는 유효하고 의결권행사에 대리인의 이해관계가 반영될 수 있으므로 의결권이 제한된다고 본다.

⑤ **감사·감사위원회위원 선임결의에서 대주주의 주식(소위 3%룰)** – 의결권 없는 주식을 제외한 발행주식의 총수의 3/100을 초과하는 수의 주식을 가진 주주는 그 초과하는 주식에 관하여 감사의 선임에 있어서는 의결권을 행사하지 못한다(상409.2). 이사 선임에 관여하는 대주주가 감사 선임에의 개입을 제한함으로써 회사경영의 투명성을 확보하려는 취지이다. 상법은 감사선임결의에서 대주주의 의결

권행사 한도(3/100) 초과의 의결권 행사를 제한하고 있는데, 회사는 정관으로 이보다 낮은 비율을 정할 수 있다(상409.3). 그리고 3/100을 초과하는 대주주가 소유하는 주식은 발행주식총수에 산입되나 의결정족수에 산입되지 않는다. 다만 판례는 감사의 선임에 있어서 3% 초과 주식은 위 제371조의 규정에도 불구하고 발행주식총수의 1/4 요건 달성이 어려운 경우 상법 제368조 제1항에서 말하는 '발행주식총수'에 산입되지 않는다고 보았다(2016다222996). '3%룰'은 일정한 경우 문제가 있고 입법적 보완이 요구된다고 볼 수 있는데, 현행법 해석론 관련 발행주식총수 요건충족이 어려운 경우, 즉 3%룰이 적용되어 행사 가능한 의결권 수가 25% 미만인 경우에는 판례와 같은 해석은 불가피하지만 3%룰이 문제되는 모든 경우에 발행주식총수에서 배제된다고 보기는 어렵다(**예외적 적용설**). 상장회사가 선택적 감사위원회를 두어 위원을 선임·해임하는 경우에는 의무적 감사위원회 위원의 선임·해임 규정이 준용되어, 소위 전원단순3%룰과 사내이사위원을 선출할 경우 최대주주확대3%룰이 준용된다(상542의12.7). 최대주주인 경우에는 그의 특수관계인, 그 밖에 대통령령으로 정하는 자가 소유하는 주식을 합산(최대주주확대3%룰)한다고 규정하고 있는데(상542의12.7), 동 규정이 사외이사가 아닌 감사위원회 위원의 선임·해임시만을 의미하는 것인지 아니면 선택적 감사위원회를 둔 상장회사의 모든 감사위원회 위원들을 선임·해임할 때 적용되는지 규정의 의미는 애매하다. 하지만 선택적 감사위원회에서 의무적 감사위원회보다 요건을 더 강화할 특별한 이유가 없다는 점에서 의무적 감사위원회 위원 선임·해임과 동일하게 사외이사가 아닌 감사위원회 위원의 경우에만 최대주주확대3%룰이 적용된다고 해석함이 타당하다고 본다.

4) **의결권의 대리행사** : ① 개념 – 기명주주는 주주명부상의 명의개서만으로 주권의 제시 없이 의결권을 행사할 수 있다. 의결권은 주주 본인이 직접 행사하는 것이 원칙이나 대리에 친한 행위이므로 대리인이 의결권을 행사할 수 있다(상368.2). 주주는 회사의 지분을 소유하고 있는 자로서 주주의 의결권은 회사의 지배와 관련된 중요한 권리이므로, 대리행사를 허용하여 권리행사를 용이하게 하고 정족수 확보에 기여한다. 의결권 대리행사를 허용한 규정은 강행규정으로 이해되어 이를 금지하는 정관 등은 무효로 본다(통설).

② 대리권의 증명·거절 – 의결권을 대리행사하는 자는 회사에 대리권을 증명하는 서면(위임장)을 제출하여야 한다(상368.2). 그리고 주식공유의 경우에는 행

사자 1인을 정하여야 하는데(상333.2), 이 역시 의결권 대리행사에 관한 규정이 유추적용되어 권한을 증명하는 서면의 제출이 요구된다고 본다. 다만 판례는 정관상 요구되는 주총 참석장 또는 위임장과 인감증명서를 지참하지 아니한 경우에도 주주 본인임을 확인할 수 있거나 위임사실을 증명할 수 있다면 의결권대리행사를 부정할 수 없다고 본다(2005다22701). **포괄적 위임장의 허용성**(**쟁점42**)에 관해, 매 총회마다 제출하여야 한다는 견해와 포괄적인 위임장도 허용된다는 견해가 대립하고 있다. 판례는 의결권대리행사로 말미암아 주주총회 개최가 부당하게 저해되거나 회사의 이익이 부당하게 침해될 우려가 있는 경우에는 대리인 선임을 거절할 수 있다고 본다(2005다22701). 생각건대 의결권의 계속적인 대리가 예정된 경우, 예컨대 은행·신탁회사 등의 관리회사의 경우 개별적 위임장을 요구할 특별한 이유도 없으므로 편의상 포괄적 위임장을 허용함이 타당하다고 생각한다.

③ 대리인 자격 – **대리인 자격의 주주제한 정관규정의 효력**(**쟁점35**)에 관해, **유효설**은 총회교란 방지라는 회사의 이익을 보호할 필요가 있고 이는 주주권의 근본적 제한이 아닌 회사의 자치에 속하는 사항이어서 유효로 본다. **제한적 유효설**은 원칙적으로 유효이지만 법인주주인 경우에는 그 직원을, 개인주주인 경우에는 그 가족을 대리인으로 선임하는 것을 제한할 수 없다는 견해이다(2005다22701). **무효설**은 대리인자격을 제한하는 것은 실질상 주주의 의결권행사를 제한하는 것으로서 일률적으로 무효라는 견해이다. 생각건대 법정대리인을 주주로 제한할 수 없음에는 논란이 없고, 임의대리인의 자격제한은 소규모 회사의 경우 의결권행사를 사실상 제한하는 결과가 될 수 있으므로 대리권 행사에 관한 규정의 강행법규성을 고려하여 대리인 자격을 제한하는 정관규정은 무효라 본다. 주주 이외의 자가 대리함으로 인해 발생하는 총회교란은 총회의장의 질서유지권(상366의2), 주총결의하자의 소에 의해 해결되어야 한다고 본다.

④ 대리인의 수 – **수인의 대리인의 선임 허용성**에 관해, 대리인의 수에 관해 상법에는 특별한 규정이 없고 수인의 대리인을 선임함으로써 1인의 독주를 견제하는 실익이 있어 허용된다고 보는 **긍정설**과 수인의 대리인을 선임할 수 없다고 보아 회사는 1인을 제외한 나머지 대리인이 총회에 출석하는 것을 거부할 수 있다고 보는 **부정설**이 있다. **판례**는 수인의 대리인의 선임을 전제하여, 요건을 갖추지 못한 채 의결권의 불통일행사를 위하여 수인의 대리인을 선임하고자 하는 경우에 회사는 이를 거절할 수 있다고 보고 있다(2001도2917). 생각건대 의결권의 불통일행사를 허용하고 있는 우리 상법의 취지와 공동대리에 의한 대리권 견제의 실익

에서 본다면 수인의 대리인을 선임할 수 있다고 본다(긍정설). 다만 수인의 대리인에 의한 권리행사는 대리인의 수가 통상의 범위를 벗어날 경우 권리남용으로 판단될 가능성도 높다고 본다.

⑤ **대리행사의 권유** – i) 회사 등(권유자)이 주주(피권유자)에게 의결권을 대리행사할 수 있도록 위임해 줄 것을 적극적으로 권유하는 행위를 말한다. 이는 주주총회의 의결정족수를 성립시키고 주주의 의사를 적극적으로 반영하기 위한 제도이나, 경영권 쟁취를 위한 수단으로 활용되기도 한다. 의결권 대리행사의 권유는 권유자에 의한 위임장의 권유(proxy solicitation)에 의해 행해지는데, 통상 주주총회 소집통지서와 함께 송부된 의결권 대리행사를 위임한다는 취지의 위임장에 주주(피권유자)는 일정 사항을 기재한 후 기명날인·서명만하여 반송함으로써 완료된다. ii) 의결권 대리행사의 **권유행위의 법적 성질**에 관해, 위임장의 송부는 위임계약의 대리인의 선임권에 관한 청약이고 주주가 하는 위임장의 반송은 승낙으로 볼 수 있어 회사에 도달한 때 대리인의 선임에 관한 위임계약이 체결되었다고 볼 수 있다(통설). iii) 수임인인 권유자 또는 권유자가 지정한 대리인의 **결의전 사퇴의 허용성**에 관해, 위임사항인 의결권 대리행사는 1회적이고 자칫 실기하기 쉬우므로 수임인은 사퇴할 수 없다고 하는 **부정설**과 이 역시 위임관계인 이상 민법 제689조가 적용되어 상호해지는 자유로우며 당사자 일방이 부득이한 사유 없이 상대방에 불리한 시기에 계약을 해지한 때에는 손해배상책임이 문제된다고 보는 **긍정설**이 대립되는데 긍정설이 타당하다고 본다. iv) 우리 상법상 대리행사 권유에 관해 규정을 두고 있지 않으므로 **권유방식** 역시 자유롭다고 할 수 있다. 하지만 상장회사의 경우 권유방식 등을 자본시장법에서 엄격하게 제한하고 있다(자본152~158). v) 권유자는 위임장용지에 나타난 피권유자의 의사에 따라 의결권을 행사하여야 한다(자본152.5 참조). 만일 권유를 하면서 주주총회의 목적사항을 적시하고 그에 대한 찬부를 명기하도록 하였는데, 대리인이 명기된 주주의 의사에 반하여 의결권을 행사한 경우 **위임에 반한 의결권행사의 효력**에 관해, 이는 일종의 대리권의 남용으로서 이를 알 수 없는 회사에 대한 의사표시로서 의결권행사는 유효하고 수임인의 손해배상책임이 문제될 뿐이다. 다만 회사가 권유자이거나 대리권자일 경우 악의의 상대방이 되어 무효를 주장할 수 있다고 보아 결의에 하자가 있는 것으로 된다.

5) **의결권의 불통일행사** : ① 개념 – 주주는 2개 이상의 의결권을 통일하지 않

고 행사하는 것(예, 100주 중 60주는 안건에 찬성, 30주는 반대, 10주는 기권)을 말한다(상368의2.1), 그 실익은 다수의 실질주주로부터 위탁받아 주식을 소유하는 명의주주(수탁자, 증권사, 우리사주조합대표 등)가 실질주주의 의사를 반영하여 의결권을 행사할 수 있게 한다.

② **절차** – 의결권을 불통일행사하려는 주주는 회일의 3일 전에 회사에 대하여 서면으로 그 뜻과 이유를 통지하여야 한다(상368의2.1). 모든 주주총회에서 통지의무가 면제되는 **포괄적인 의결권 불통일행사의 허용성**(**쟁점37**)에 관해, **긍정설**은 계속적 불통일행사의 이유만 있다면 허용된다고 보고, **부정설**은 통지는 실질주주를 확정하는 의미가 있으므로 총회 때마다 통지하여야 한다고 본다. 생각건대 상법 제368조의2는 실질주주를 확정하기 위한 규정은 아니며 총회시마다 회사는 부당할 경우 이를 거부할 수 있어 회사에 불리하지 않으므로 긍정설이 타당하다고 본다.

③ **회사의 거부** – 주주의 의결권 불통일행사 통지에 대해 회사는 심사 후 일정한 요건을 갖추지 못한 경우에는, 회사는 신탁의 인수, 타인주식의 보유 등의 경우 외에는 이를 거부할 수 있다고 규정하고 있다(상368의2.2). '타인을 위한 주식보유'는 위탁매매인의 위탁자, 주식예탁증서(DR)를 발행한 예탁기관, 공유자 1인 등의 주식보유를 의미한다.

④ **효과** – 주주의 의결권의 불통일행사를 회사가 거부하지 않은 경우에 행사된 의결권은 찬성·반대의 의결권이 서로 상계되지 않고 각각 계산된다. 그리고 의결권의 불통일행사는 의안마다 하는 것이므로 어떤 의안에 대해서 불통일행사하고 다른 의안에 대해서는 통일적으로 행사해도 무방하다고 본다.

6) **서면에 의한 의결권행사** : ① **개념** – 주주는 정관이 정한 바에 따라 총회에 출석하지 아니하고 서면 또는 전자문서에 의하여 의결권을 행사할 수 있는데(상368의3), 이를 의미한다. 회사는 총회의 소집통지서에 주주의 서면에 의한 의결권 행사에 필요한 서면과 참고자료를 첨부하여야 한다(상368의3). 서면에 의한 의결권행사제도는 회사의 경영에 무관심한 소수주주의 의결권행사를 용이하게 함으로써 주주총회를 원활하게 하기 위한 제도이다. 이는 주주총회는 개최하면서 행사주주의 의결권만 서면으로 행사되므로 주주총회가 개최되지 않는 자본금 10억원 미만 회사의 **서면결의**(상363.4)와는 구별된다.

② **요건** – 주주가 서면에 의해 의결권을 행사하려면 i) 정관의 근거규정, ii)

의결권행사 서면과 참고서류의 송부, iii) 주주의 총회에의 불출석과 서면·전자문서에 의한 의결권 행사가 요구된다. 따라서 정관에 서면투표를 허용하면 회사는 주주총회 소집통지시마다 주주의 서면투표를 위해서 모든 주주에게 의결권행사 서면과 참고서류를 소집통지서에 첨부하여야 한다.

③ **효력** – 서면으로 의결권을 행사하는 주주는 회사가 보낸 의결권을 행사할 서면에 찬부의 의사를 표기하여 회사에 제출하여야 하고 회사에 도달함으로써 투표의 효력이 발생하며 부도달의 위험은 주주가 부담한다. 서면에 의한 의결권행사는 주주총회에 출석한 주주의 의결권행사와 동일한 가치가 부여된다. i) 서면에 의한 의결권 행사가 유효하기 위한 **도달시한**에 관해, 총회 전일까지 도달하여야 한다는 명문의 규정을 두고 있는 일본상법과 달리 관련 규정이 없는 우리 상법에서 해석상 문제된다. 총회개시 전까지로 보는 견해와 주주총회일 전일까지로 보는 견해가 있다. 생각건대 총회 당일의 개표의 어려움, 혼란을 고려할 때 총회개시 전일까지 도달하여야 한다는 견해가 타당하다고 본다. ii) 총회소집통지서에 기재된 회의의 목적사항의 **수정제안에 대한 서면투표의 해석**에 관해, 일본의 학설상 결석설·기권설·반대설·수정설 등이 대립하고 있다. 생각건대 서면투표자의 출석의사는 변함이 없고 예상하지 못한 수정제안에 대한 서면투표자의 의사를 추측·해석하는 것은 부적절하므로 기권으로 처리하는 것이 적절하다고 본다. iii) 서면으로 행사한 의결권에 대해 주주총회 **출석·번복의 허용성**에 관해, 서면으로 행사한 의결권의 번복이라 함은 서면투표의 효력이 발생하기 전에 의결권행사를 철회하고 다시 의결권을 행사하는 것이므로 정관 등에 특별히 이를 금지하는 규정이 없는 한 가능하다고 본다.

7) **전자적 방식에 의한 의결권행사** : ① **개념** – 주식회사의 주주총회에서 의사결정을 함에 있어 주주 또는 그 대리인이 현장주주총회에 출석하거나 서면투표를 하는 대신 전자적 방법으로 의결권을 행사하는 것을 의미하며(상368의4), **전자투표**라고도 한다. 이사회가 회의진행을 전자적 방식으로 진행할 수 있도록 이미 상법에 관련규정이 도입되었으며(상391.2), 전자투표제도는 주식회사의 주주총회에서 의결권 행사의 방식으로 도입되었다.

② **행사절차** – 전자적 방식에 의한 의결권 행사를 위해서는 이사회결의(cf. 서면투표시 정관규정)가 있어야 하고(상368의4.1), 주총소집시 이를 통지하여야 하고(상368의4.2), 회사는 의결권행사에 필요한 양식과 참고자료를 주주에게 전자적

방법으로 제공한다(상368의4.3). 즉 전자투표를 실시하는 회사는 의결권을 행사할 수 있도록 전자투표양식과 주주총회의 목적사항과 의안의 요령을 전자문서의 형식으로 송부하여야 한다. 회사가 전자적 방법에 의한 의결권행사를 정한 경우에 주주는 주주확인절차 등 대통령령으로 정하는 바에 따라 의결권을 행사하여야 한다(상368의4.3). 회사는 의결권행사에 관한 전자적 기록을 총회가 끝난 날부터 3개월간 본점에 갖추어 두어 열람하게 하고 총회가 끝난 날부터 5년간 보존하여야 한다(동조5항). 기록보존의무의 대상은 의결권행사 결과뿐만 아니라 주주총회 소집통지의 내용, 주주확인절차 등 의결권행사를 위한 사전절차에 관한 자료 또한 주주총회의 결의절차에 관련된 사항으로서 주주총회결의의 효력에 영향을 미치는 자료라 할 수 있다.

③ **서면투표와의 관계** – 서면투표제도는 정관의 규정을 요하지만 전자투표는 이사회의 결의에 의해 실시할 수 있어 절차적으로 구별되므로 별개의 제도로서 운영할 수 있어 양자가 상충할 가능성이 있다. 상법은 이러한 문제를 해결하기 위해 동일한 주식에 관하여 전자적 방법 또는 서면투표의 방법에 따라 의결권을 행사하는 경우 전자적 방법 또는 서면 중 어느 하나의 방법을 선택하도록 규정하고 있다(상368의4.5).

④ **해석상 문제** – 전자투표를 하는 과정에 기술적 문제(해킹, 시스템다운, 전자적 오류 등)가 발생한 경우 의결권을 어떻게 처리할 것인가 하는 문제, 그리고 전자적 의결권 행사시한, 전자적 의결권 위임이라든가 서면투표제도에서와 마찬가지로 현장주주총회에서 수정제안이 있었을 경우 전자투표자의 의사를 어떻게 처리할 것인가 하는 등 해석상 문제가 예상된다.

8) **이익공여금지의 원칙** : ① **취지** – 회사는 누구에게든지 주주의 권리행사와 관련하여 재산상의 이익을 공여할 수 없다(상467의2.1). 회사가 경영권의 유지를 위해 특정주주에게 재산상의 이익을 공여하고 의결권행사를 자신에게 유리하게 할 수 없도록 하여, 주주총회를 원활하게 하고 회사의 이익을 보호하기 위한 취지이다. 회사가 특정의 주주에 대하여 무상으로 재산상의 이익을 공여한 경우에는 주주의 권리행사와 관련하여 이를 공여한 것으로 추정한다. 회사가 특정의 주주에 대하여 유상으로 재산상의 이익을 공여한 경우에 있어서 회사가 얻은 이익이 공여한 이익에 비하여 현저하게 적은 때에도 또한 같다(상467의2.2).

② **권리행사** – 이익공여금지의 대상으로서 주주의 권리란 법률과 정관에 따

라 주주로서 행사할 수 있는 모든 권리를 의미한다. 따라서 주주총회에서의 의결권, 대표소송 제기권, 주주총회결의에 관한 각종 소권 등과 같은 공익권뿐만 아니라 이익배당청구권, 잔여재산분배청구권, 신주인수권 등과 같은 자익권도 포함하지만, 회사에 대한 계약상의 특수한 권리는 포함되지 아니한다. 그리고 권리행사 관련성이란 주주의 권리행사에 영향을 미치기 위한 것을 의미한다(2015다68355).

③ **위반 효과** – 회사가 이익공여금지규정에 위반하여 재산상의 이익을 공여한 때에는 그 이익을 공여받은 자는 이를 회사에 반환하여야 한다(상467의2.3). 이 경우 회사에 대하여 대가를 지급한 것이 있는 때에는 그 반환을 받을 수 있다. 주주대표소송에 관한 상법상의 규정을 이익의 반환을 청구하는 소에 대하여 준용한다(상467의2.4 → 403~406). 위법한 신용공여는 이사의 자기거래와 달리 이사회의 승인 유무와 관계없이 금지되는 것이므로 이사회의 사전 승인이나 사후 추인이 있어도 유효로 될 수 없지만, 제3자가 그에 대해 알지 못하였고 알지 못한 데에 중대한 과실이 없는 경우에는 그 제3자에 대하여는 무효를 주장할 수 없다고 본다(2017다261943).

9) **계약에 의한 의결권행사의 제한(의결권계약)** : 주주간에 의결권의 행사에 관해 이루어지는 합의로서, 예를 들어 이사선임에서 특정후보의 선출에 찬성하기로 하는 등 주주간의 계약이다. 의결권구속계약에 관해 미국 주회사법은 대체로 그 유효성을 인정할 뿐만 아니라 합의에 회사법상 구속력까지 부여하고 있다. 우리 법상 특별한 규정은 없지만 신의칙에 반하지 않고 특정주주의 의결권행사를 부당하게 제한하는 것이 아니라면 합의 당사자간에 채권적 효력은 가진다고 이해된다(다수설). 다만 의결권매수, 즉 의결권의 유상거래는 의결권을 주주권으로부터 사실상 분리하므로 허용될 수 없다고 본다. 생각건대 의결권행사의 합의는 사회상규나 주식회사의 본질을 해하지 않는 채권계약으로서 효력을 인정할 수 있다. 그런데 의결권구속계약에 대가가 제공되면 의결권의 매수가 되고 이는 의결권의 공익적 성질에 반하게 되어 회사의 정상적인 운영을 방해할 위험이 있게 된다. 이는 금전적 대가가 결부됨으로써 거래가 반사회질서적인 것으로 되는(99다56833) 전형적인 예가 되리라 본다. 의결권행사와 관련하여 이익공여를 금지하고 있어(상467의2), 동일한 취지에서 의결권의 유상매수도 금지된다고 볼 수 있다. 그 밖에 의결권의 신탁계약, 자격양도계약 등의 효력이 문제되나 이들은 주주의 지위로부터 의결권만을 거래하는 것이어서 그 유효성에 의문이 있다.

5. 주주총회의 의사와 결의

1) **의 장** : 상법에는 의사진행에 관해 총회의 질서유지(상366의2)·연기·속행에 관한 규정(상372), 의사록작성(상373)만 둘 뿐 의장 및 주주총회의 의사진행에 관한 아무런 규정을 두고 있지 않다. 따라서 정관이나 총회결의에 따라 주주총회의 의사가 진행되고 정관에도 별도의 규정이 없으면 주주총회 진행에 관한 관행, 회의의 일반원칙에 따라 진행된다. i) **선임** 의장은 총회의사록에 기명날인하여야 하는데(상373.2), 통상적으로 정관에 따라 대표이사가 맡으나 정관에 특별한 규정이 없는 경우 주주총회에서 선출된다(상366의2.1). ii) **의사진행권·질서유지권 등** 총회의 의장은 주주총회를 진행(연기·속행)하며, 총회의 질서를 유지하고 의사를 정리하고, 고의로 의사진행을 방해하기 위한 발언·행동을 하는 등 현저히 질서를 문란하게 하는 자에 대하여 그 발언의 정지 또는 퇴장을 명할 수 있다(상366의2.2,3). iii) **의사록 작성·비치의무** 총회의 의사에는 의사록을 작성하여야 하며, 의사록에는 의사의 경과요령과 그 결과를 기재하고 의장과 출석한 이사가 기명날인·서명하여야 한다(상373). 그리고 주주총회의 의사진행은 주주에 중요한 이해관계를 가지므로 그 내용에 관해 주주들간의 다툼을 미연에 방지하고자 등기사항과 관련된 의사록은 공증을 요구하고 있다(공증66의2). 이사는 주주총회의 의사록을 본점과 지점에 비치하여야 하며 주주와 회사채권자는 영업시간 내에 언제든지 총회 의사록의 열람 또는 등사를 청구할 수 있다(상396).

2) **결 의** : 주주총회의 결의는 대체로 다수결의 원리에 의해 형성된 주주총회의 의사표시로 이해한다. 사단법인의 실질을 가진 주식회사의 의사결정은 주주총회에서 이루어지며 이는 대표이사의 업무집행에 의해 실현된다. **주주총회결의의 법적 성질**(**쟁점38**)에 관해, **합동행위설**은 의결권의 내용에 나타나는 의사표시를 요소로 하는 법률행위이며 의안에 대한 복수의 의사표시가 결의요건을 충족하여 성립하는 사단법상의 합동행위라고 보고, **특수법률행위설**은 의사가 불합치하더라도 다수결의 원칙에 따라 성립한다는 점에서 합동행위와 구별되어 법률행위나 의사표시에 관한 일반원칙의 대부분을 결의에 적용하기에 적합하지 않다고 본다. 생각건대 구별된 의사를 다수결에 따라 하나의 결의로 완성하려는 점에 관해서는 모든 주주가 합치된 의사를 가지고 있어, 결의도 약간의 특수성은 있지만 합동행

위의 범주에 포함된다고 보아 합동행위설이 타당하다고 본다. 의결권의 행사 역시 도달주의(민111)에 따르며 법인내부의 문제이므로 수령능력은 특별히 문제되지 않는다고 본다. 다만 의결권행사는 조건에 친하지 않은 행위로서 조건을 붙일 수 없다고 본다. **결의방법**에는 제한이 없으며 거수에 의한 방법, 투표에 의한 방법 등 어떠한 방법을 이용하더라도 상관이 없다. 다만 주식회사는 지분주의에 입각해 있으므로 무기명투표는 지분이 나타날 수 없다는 점에서 도입이 어렵다고 본다. 서면결의도 가능하다고 본다. 이때 서면결의를 상법 제368조의3에서 정하고 있는 서면투표와 동일한 개념으로 보는 견해도 있지만, 동조의 서면투표제도는 주주총회 불출석을 전제한 제도이므로 서면결의와는 다른 개념이다.

3) **결의요건** : 주총결의사항은 결의요건에 따라 보통결의사항·특별결의사항·특수결의사항으로 구분된다(전술함). **보통결의**로서, 상법 또는 정관에 다른 정함이 있는 경우를 제외하고는 출석한 주주의 의결권의 과반수와 발행주식총수의 1/4 이상의 수로써 하여야 한다(상368.1). 보통결의사항의 결의요건은 상법과 정관에 의한 완화가 가능하며 그 한계에 관해 앞서 '의결권'에서 살펴보았다. **특별결의**는 출석한 주주의 의결권의 2/3 이상의 수와 발행주식총수의 1/3 이상의 수로써 하여야 한다(상434). 특별결의요건의 완화는 회사법의 강행규정성에 반해 허용되지 않지만 이를 강화하는 것은 특별결의 요건규정의 취지에 부합하므로 정관규정에 의해 가능하다고 본다. 특수결의는 총주주의 동의를 요하며 회사에 대한 이사의 책임면제(상400), 유한회사로의 조직변경(상604)가 이에 해당하며 구체적인 내용은 앞서 '의결권'에서 본 바 있다.

6. 종류주주총회

1) **개 념** : 회사가 종류주식을 발행한 경우에 정관을 변경함으로써 특정 종류의 주주에게 손해를 미치게 될 때에는 주주총회의결의 이외에 그 종류의 주주총회의 결의가 있어야 한다(상435.1). 이와 같이 특정한 종류의 주주들로 구성되는 주주총회를 종류주주총회라 한다. 만일 어느 종류의 주주에게 손해를 미칠 사안임에도 불구하고 주주총회의 결의만 거치고 종류주주총회의 결의를 거치지 않았을 경우 주주총회의 결의는 효력이 발생하지만 정관변경은 효력이 발생하지 않는다(2004다44575).

2) **결의사항** : 종류주주총회는 주주총회처럼 독립된 회사의 기관이라기보다는 특정한 사안에 관한 주주총회의 결의가 효력을 가지기 위한 절차라 할 수 있다. i) 회사가 정관을 변경하여 특정 종류주주에게 손해를 미치게 될 때(상435.1), ii) 종류주식에 따라 신주의 인수, 주식을 병합·분할·소각 또는 회사의 합병·분할로 인한 주식의 배정에 관하여 특수한 정함을 할 경우(상344.3, 436), iii) 주식교환, 주식이전 및 회사의 합병으로 인하여 어느 종류의 주주에게 손해를 미치게 될 경우(상436) 등 3가지 경우에 상법상 종류주주총회가 있어야 주주총회결의가 효력을 가진다. 판례는 '어느 종류의 주주에게 손해를 미치게 될 때(상435.1)'라 함에는, 어느 종류의 주주에게 직접적으로 불이익을 가져오는 경우는 물론이고, 외견상 형식적으로는 평등한 것이라고 하더라도 실질적으로는 불이익한 결과를 가져오는 경우도 포함되며, 나아가 어느 종류의 주주의 지위가 정관의 변경에 따라 유리한 면이 있으면서 불이익한 면을 수반하는 경우도 이에 해당된다고 보았다(2004다44575).

3) **효 력** : 종류주주총회는 주주총회결의의 효력요건에 해당하며, 종류주주총회의 결의가 효력을 가지기 위해서는 특별 의결정족수를 충족하여야 한다. 즉 종류주주총회의 결의요건은 출석한 주주의 의결권의 2/3 이상의 수와 그 종류의 발행주식총수의 1/3 이상이 찬성하여야 하며, 주주총회에 관한 규정을 준용한다(상435.2,3). 다만 종류주주총회에서는 의결권배제주식을 가진 주주도 의결권을 행사할 수 있다(상435.3). 상법은 의결권배제주식의 경우 의결권이 회복됨을 정하고 있으나 의결권제한주식에 관해서는 아무런 규정을 두고 있지 않지만 동일하게 해석된다. 판례는 정관변경에 관하여 종류주주총회의 결의가 아직 이루어지지 않았다면 그러한 정관변경의 효력이 아직 발생하지 않는 데에 그칠 뿐이고, 그러한 정관변경을 결의한 주주총회결의 자체의 효력에는 아무런 하자가 없다고 보며 회사가 종류주주총회의 개최를 거부하는 경우 주주총회결의가 그러한 '불발효 상태'에 있다는 것의 확인을 구할 필요는 없다고 보았다(2004다44575).

7. 주주총회결의의 하자

(1) 의 의

주주총회의 결의의 하자란 외관상 주주총회결의로 인정할 수 있는 결의가 존재하나 그 결의의 절차·내용이 법령·정관에 위반했거나 부당하여 효력이나 존재 자체를 인정할 수 없는 경우를 말한다. 주주총회결의의 하자를 일반 법률관계 효력과 같이 주장할 수 있게 한다면 단체법적 관계인 회사의 법률관계에 혼란을 초래할 염려가 있다. 상법은 단체법적 고려(회사의 법률관계의 획일적 확정, 거래관계의 법적 안정성, 주주 등 이해관계인의 이익보호)에서 주주총회의 결의절차, 결의내용에 하자가 있을 경우 일정한 소송의 형태로 주장할 수 있도록 규정을 두고 있다. 주주총회결의의 하자를 주장하는 방법에는 4종의 소송을 허용하고 있는데, 하자의 종류와 정도에 따라 결의취소의 소, 결의무효확인의 소, 결의부존재확인의 소로 구별하고 특별이해관계인에게 부당한 결의에 대해서는 부당결의취소·변경의 소를 두고 있다.

(2) 주주총회결의취소의 소

1) **의 의** : 총회소집절차 또는 결의방법이 법령 또는 정관을 위반하거나 현저하게 불공정한 경우 등 **절차상의 하자**가 있거나 결의내용이 정관에 반하는 **내용상의 하자**가 있을 경우, 주주·이사·감사가 제기할 수 있는 회사법상의 소송이다(상376). 주주총회의 절차상의 하자가 있는 경우와 결의내용에 가벼운 하자(정관위반)가 있는 경우에 허용되는 소송이다. 결의취소의 소는 결의의 날로부터 2월 내에 제소할 수 있고 주주·이사 또는 감사가 제소할 수 있어, 제소기간(권리행사의 제척기간)과 제소권자를 제한한다는 점에서 **형성의 소**로 이해한다(판례·통설). 따라서 주주총회결의의 하자를 다른 소송에서 항변이나 선결문제로 주장할 수 없다.

2) **소의 원인** : ① 절차상의 하자 – 주주총회의 소집절차 또는 결의방법이 법령 또는 정관을 위반하거나 현저하게 불공정하게 진행된 경우이다. i) **소집절차상의 하자**에는, 예컨대 이사회결의도 없이 대표이사가 주주총회를 소집한 경우, 일부 주주에 대한 소집통지를 누락하거나 소집통지의 법정기간을 준수하지 않은 경우 등이다. ii) **결의방법의 하자**에는 의장이 아닌 자가 총회를 진행한 경우, 소집통지서에 기재되지 않은 사항을 의결한 경우, 주주가 아닌 자의 결의참가, 결의요건에 미달한 결의 등 결의방법이 법령을 위반한 경우와 주주의 발언을 부당하게 제한한 경우라든지 적절한 이유 없이 주주에게 퇴장을 명령하고 주주총회를 진행한 경우 등 결의방법이 현저하게 불공정한 경우가 포함된다.

② **내용상의 하자** – 주주총회의 결의내용이 정관에 반한 경우도 주주총회결의 취소의 소의 대상이다. 내용상의 하자는 모두 결의무효확인의 소의 대상이었으나, 상법을 개정하여 정관위반과 같이 가벼운 내용상의 하자는 주주총회결의취소의 소의 대상이 된다. 예컨대 정관에서 정한 이사·감사의 수를 초과한 이사·감사의 선임결의 등이 내용상의 하자가 있는 주주총회결의가 될 것이다.

3) **소의 당사자** : 결의취소의 소의 원고, 즉 제소권자는 주주·이사·감사로 제한된다. 판례는 미리 주주에게 통지하지 아니한 사항에 관해 결의에 가담한 주주가 그 결의의 취소를 구함이 곧 신의성실의 원칙 및 금반언의 원칙에 반한다고 볼 수 없다고 보아(79다19), 결의참여주주도 제소할 수 있다고 보았다. 결의 당시 주주가 아니더라도 제소 당시의 주주이면 족하고(통설), 주주명부상의 주주만 의미하고 명의개서 전 주식양수인은 상환청구할 이익이 없다(90다6774). 이사의 의사결정기관 구성원으로서의 지위는 일신전속적인 것이어서 상속의 대상이 되지 않기 때문에 이사가 제소 또는 사실심 변론종결 후에 사망한 경우 소송은 종료된다(2015다255258). 결의에 의한 주주의 개별적 불이익 유무를 묻지 않으며, 주주는 다른 주주에 대한 소집절차의 하자를 이유로 주주총회결의 취소의 소를 제기할 수도 있다(2001다45584). **의결권 없는 주주의 제소 허용성**(**쟁점39**)에 관해, **부정설**은 제소권을 의결권이 전제된 권리로 이해하나, **긍정설**은 제소권을 의결권과 독립된 권리로 이해한다. 생각건대 결의에 참여할 수 있는 권리인 의결권과 부적법한 주주총회결의의 취소를 청구하는 권리인 제소권은 이익을 달리하는 별개의 권리이므로 긍정설이 타당하다고 본다. 그리고 하자 있는 주주총회결의에 의해 해임당한 이사·감사도 제소권이 있다고 본다. 피고에 관해서는 상법에 명문의 규정을 두고 있지 않지만 회사로 한정된다는 것이 통설·판례이다(80다2425). 회사는 대표이사가 대표하나 원고가 이사인 경우 감사가 회사를 대표한다(상394.1).

4) **제소기간·절차** : 결의취소의 소는 주주총회결의가 있은 날로부터 2월 내에 제기할 수 있으며(상376.1), 제소절차에 관해 회사법상의 소의 일반규정을 준용하고 있다(상376.2). 결의취소의 소는 본점소재지의 지방법원의 전속관할에 속하며(상186) 결의취소의 소가 제기된 때에는 회사는 지체 없이 공고하여야 한다(상187). 수 개의 결의취소의 소가 제기된 때에는 법원은 이를 병합심리하여야 한다(상188). 그리고 악의 또는 중대한 과실이 있는 패소원고는 회사에 대해 손해배상

책임을 부담하므로(상376.2, 191), 이러한 손해배상책임을 담보하기 위해 제소주주에게 담보제공의무를 부여하고 있다. 이사·감사가 아닌 주주가 결의취소의 소를 제기한 때에는 법원은 회사의 청구에 의하여 상당한 담보를 제공할 것을 명할 수 있다(상377). 다만 회사가 담보제공을 청구하기 위해서는 주주의 청구가 악의임을 소명하여야 한다(상377.2, 176.4). 결의취소의 소가 제기된 경우에 결의의 내용, 회사의 현황과 제반사정을 참작하여 그 취소가 부적당하다고 인정한 때에는 법원은 그 청구를 기각할 수 있는 재량기각제도를 두고 있다(상379). 이는 회사법과 같은 단체법관계에서 비록 결의취소의 원인이 인정되더라도 결의가 취소될 경우 회사 전체의 이익이 상당히 침해될 우려가 있을 경우 법원이 이를 판단하여 청구를 기각할 수 있도록 함으로써 주주개인의 이익보다는 회사의 이익을 우선시킬 수 있도록 하였다.

5) **판결의 효과** : ① **원고승소판결** – 결의취소의 판결은 제3자에 대하여도 그 효력이 있어 이른바 **대세적 효력**을 가진다(상376.2, 190). 따라서 소송을 제기하지 않은 주주·이사·감사는 물론 제3자에 대해서도 주주총회결의는 효력을 상실한다. 그런데 상법 제376조 2항에서 제190조 본문만 준용하고 단서규정은 준용하지 않음을 명시하고 있어 동조 단서에서 규정하고 있는 불소급효는 준용되지 않는다고 본다. 따라서 결의취소판결의 효력은 형성판결의 일반적 효력과 동일하게 **소급효**를 가지게 되어 주주총회결의가 있었던 시점부터 효력을 상실하게 된다. 결의한 사항이 등기된 경우에 결의취소의 판결이 확정된 때에는 본점과 지점의 소재지에서 등기하여야 한다(상378).

② **원고패소판결** – 결의취소의 소의 기각판결에 대해서는 특별한 규정을 두고 있지 않으므로 **대인적 효력**만 있고 대세적 효력은 부여되지 않으며 판결의 효력은 당연히 소급하지 않는다. 따라서 다른 주주가 다시 결의취소의 소송을 제기할 수 있으나, 제소기간 제한으로 다시 소송을 제기하기는 사실상 어렵다. 결의취소의 소가 기각된 경우 패소원고에 악의 또는 중대한 과실이 있는 때에는 회사에 대하여 연대하여 손해배상책임이 있다(상376.2, 191).

회사법상의 소의 판결의 효력 : i) **설립무효의 소** – 불소급(사실상의 회사), ii) **주총하자의 소** – 소급, iii) **신주발행무효의 소** – 불소급, iv) **합병무효의 소** – 불소급, v) **분할무효의 소** – 불소급, vi) **주식교환무효의 소** – 신주발행시(불소급), 자기주

식교부시(소급), vii) **주식이전무효의 소** – 불소급

(3) 주주총회결의 무효확인의 소

1) **개 념** : 주주총회의 결의내용이 법령에 위반할 경우 제기할 수 있는 회사법상의 소이다(상380). 결의내용이 정관에 위반한 경우는 결의취소의 소의 대상이고 결의내용이 법령에 위반한 경우만 포함된다. 예컨대 결의내용이 주주평등의 원칙, 유한책임의 원리, 주식회사의 본질, 선량한 풍속 기타 사회질서에 반하는 경우, 이사보수결정을 이사회에 위임하는 결의 등이 결의무효확인의 소의 원인이 된다.

2) **소의 성질** : 결의무효확인의 소의 법적 성질에 관해, **형성소송설**은 결의무효판결이 확정될 때까지는 유효하고, 결의의 무효는 소로써만 주장 가능하다고 보고 결의무효확인판결의 효력이 결의취소의 소의 판결의 효력과 동일하게 대세적 효력이 부여된다는 점을 주된 논거로 한다. **확인소송설**은 결의무효사유가 있으면 당연히 무효이므로 확인의 소로서의 성질을 가지며, 판결의 효력은 당연히 소급한다고 보고, 소로만 주장할 필요가 없고 항변으로 주장 가능하다고 본다. 이 견해는 결의취소의 소와 달리 제소권자, 제소기간의 제한이 없고, 형성의 소라고 볼 때 예컨대 배당금지급청구의 소를 제기할 경우 재무제표승인결의의 무효의 소를 반드시 제기해야 하는 불편(이중의 절차)이 있으므로 확인의 소로 보아야 한다고 주장한다(다수설). **판례**는 주주총회결의의 효력이 그 회사 아닌 제3자 사이의 소송에 있어 선결문제로 된 경우에는 당사자는 언제든지 당해 소송에서 주주총회결의가 처음부터 무효 또는 부존재하다고 다투어 주장할 수 있는 것이고, 반드시 먼저 회사를 상대로 제소하여야만 하는 것은 아니며, 이와 같이 제3자간의 법률관계에 있어서는 상법 제380조, 제190조는 적용되지 아니한다고 보았다(91다5365). 생각건대 확인소송설을 따르더라도 단체법적 특수성에 따라 판결의 효력에 대세효를 법률의 규정으로 부여할 수 있으며, 제소기간, 제소권자의 제한이 없다는 점에서 확인소송설이 타당하다고 보아 다른 소송에서 결의의 무효를 선결문제나 항변으로 주장할 수 있다.

3) **당사자** : ① **원고** – 결의무효확인의 소의 제소권자인 **원고**에 관해 상법은 특별한 제한을 두고 있지 않아, 결의의 무효확인을 구할 법률상 정당한 이익이 있

으면 누구나 제소가 가능하다. **판례**는 사임 등으로 퇴임한 이사는 그 퇴임 이후에 이루어진 주주총회나 이사회의 결의에 하자가 있다 하더라도 이를 다툴 법률상의 이익이 있다고 할 수 없으나, 이사나 대표이사가 사임하여 퇴임하였다 하더라도 그 퇴임에 의하여 법률 또는 정관 소정의 이사의 원수를 결하게 됨으로써 적법하게 선임된 이사가 취임할 때까지 여전히 이사로서의 권리·의무를 보유하는 경우(상386.1)에는 이사로서 그 후임이사를 선임한 주주총회결의나 이사회결의의 하자를 주장하여 부존재확인을 구할 법률상의 이익이 있다고 보았다(91다45141).

② **피고** – 결의무효확인소송의 피고는 회사라는 입장이 통설·판례이다. 이사·감사의 선임결의에 관한 무효확인소송에서 **당해 주총결의로 선임된 이사·감사의 회사대표성**에 관해, 이를 부정하던 판례를 변경하여, 회사의 이사선임 결의가 무효 또는 부존재임을 주장하여 그 결의의 무효 또는 부존재확인을 구하는 소송에서 회사를 대표할 자는 현재 대표이사로 등기되어 그 직무를 행하는 자라고 할 것이고, 그 대표이사가 무효 또는 부존재확인청구의 대상이 된 결의에 의하여 선임된 이사라고 할지라도 그 소송에서 회사를 대표할 자로 보았다(82다카1810전합). 다만 판결에 따를 경우 대표이사 선임결의의 무효가 판결로 확정될 경우 판결의 소급효(상380)에 의해 회사를 대표하여 진행한 소송행위의 효력이 문제될 여지가 있으며 이에 관해 후술한다.

4) **제소기간·절차** : 제소기간·제소권자에 대해서는 특별한 제한이 없으며, 결의무효확인의 소의 제소절차에 관해 회사법상의 소의 일반규정을 준용하고 있다(상380). 결의무효확인의 소는 본점소재지의 지방법원의 전속관할에 속하며(상186), 결의무효확인의 소가 제기된 때에는 회사는 지체 없이 공고하여야 한다(상187). 수 개의 결의무효확인의 소가 제기된 때에는 법원은 이를 병합심리하여야 한다(상188). 그리고 악의 또는 중대한 과실이 있는 패소원고는 회사에 대해 손해배상책임을 부담하므로(상376.2, 191), 이러한 손해배상책임을 담보하기 위해 제소주주에게 담보제공의무를 부여하고 있다. 이사·감사가 아닌 주주가 결의무효확인의 소를 제기한 때에는 법원은 회사의 청구에 의하여 상당한 담보를 제공할 것을 명할 수 있다(상377). 다만 회사가 담보제공을 청구하기 위해서는 주주의 청구가 악의임을 소명하여야 한다(상377.2, 176.4). 결의무효확인의 소는 결의취소의 소와 달리 재량기각제도가 적용되지 않는다.

5) **판결의 효과** : ① 대세효·소급효 – **원고승소판결**(결의무효확인의 판결)은 제3자에 대하여도 그 효력이 있어 이른바 **대세적 효력**을 가진다(상380, 190). 따라서 소송을 제기하지 않은 주주·이사·감사는 물론 제3자에 대해서도 주주총회결의는 효력을 상실한다. 그런데 상법 제380조에서 제190조 본문만 준용하고 단서규정은 준용하지 않음을 명시하고 있어 동조 단서에서 규정하고 있는 불소급효는 준용되지 않는다. 따라서 결의무효확인판결의 효력은 형성판결의 일반적 효력과 동일하게 **소급효**를 가지게 되어 주주총회결의가 있었던 시점부터 효력을 상실하게 된다. 결의한 사항이 등기된 경우에 결의무효확인의 판결이 확정된 때에는 본점과 지점의 소재지에서 등기하여야 한다(상378). **원고패소판결**(결의무효확인의 소의 기각판결)에 대해서는 특별한 규정을 두고 있지 않으므로 대인적 효력만 있고 대세적 효력은 부여되지 않는다. 따라서 다른 주주가 다시 결의무효확인의 소송을 제기할 수 있다. 결의무효확인의 소가 기각된 경우 패소원고는 악의 또는 중대한 과실이 있는 때에는 회사에 대하여 연대하여 손해배상책임이 있다(상380, 191).

② 대표이사 선임결의 무효판결 – **무효확인된 결의에 의하여 선임된 대표이사가 행한 소송행위의 효력**에 관해, 판례는 상법 제380조, 제190조에 의하면 이사선임결의 무효확인판결이 확정되더라도 그 결의에 의하여 선임된 이사가 그 판결확정 전에 회사의 대표자로서 행한 소송행위에는 아무런 영향을 미치지 않음이 명백하다고 보았다(82다카1810전합). 하지만 동 판결은 주총결의무효확인판결의 소급효가 상법개정에 의해 도입되기 전의 판결이어서 현행법상 소급효 규정과 충돌할 여지가 있지만, 선임결의하자에 관한 소송에서 회사법은 제3자 소송담당에 관한 규정을 두고 있지 않아 소급효에도 불구하고 회사를 대표한 소송행위에 관해 예외적으로 유효하다고 보는 해석이 요구된다.

(4) 주주총회결의 부존재확인의 소

1) **개 념** : 주주총회결의 부존재확인의 소는 총회의 소집절차 또는 결의방법에 총회결의가 존재한다고 볼 수 없을 정도로 중대한 하자가 있을 경우 제기할 수 있는 회사법상의 소이다(상380). 소의 원인은 절차상의 중대한 하자라 할 수 있으며 하자의 정도는 총회의 결의가 존재한다고 볼 수 없을 정도이어야 하고, 그 정도에 이르지 않는 절차상의 하자는 주주총회결의취소의 소의 원인이 된다. 판례상 나타난 결의부존재확인의 소의 원인으로는 소집권한이 없는 자에 의한 총회소집, 소집절차를 전혀 밟지 않은 총회결의, 부존재한 주주총회에서 선임된 대표이

사가 소집한 주주총회에서의 결의, 의사록만 작성된 경우 등이 해당한다.

2) **소의 성질** : ① 논의 – **결의부존재확인의 소의 법적 성질**에 관해, **형성소송설**은 결의부존재판결이 확정될 때까지는 유효하고, 결의의 부존재는 소로써만 주장 가능하다고 본다. 결의부존재확인판결의 효력이 결의취소의 소의 판결의 효력과 동일하게 대세적 효력이 부여된다는 점을 주된 논거로 한다. **확인소송설**은 결의부존재사유가 있으면 당연히 무효이므로 확인의 소로서의 성질을 가지며, 판결의 효력은 당연히 소급한다고 보아 소로써만 주장할 필요가 없고 항변으로도 주장 가능하다고 본다. 이 견해는 결의취소의 소와 달리 제소권자·제소기간의 제한이 없다는 점에서 확인의 소로 보아야 한다고 주장한다(다수설·판례).

② 검토 – 생각건대 주주총회결의무효확인의 소에서 본 바와 같이 소급효의 특수성, 제소기간·제소권자의 제한이 없는 점 등을 고려할 때 확인소송설이 타당하다고 본다. 다만 형식적 하자가 원인이 된 경우 형성의 소의 성질을 가지는 결의취소의 소와의 구별이 문제되나, '결의가 존재한다고 볼 수 없을 정도'라고 법문에서 명시하고 있어(상380) 동 요건의 해석문제라 할 수 있다. 그리고 판례는 회사의 총회결의에 대한 부존재확인청구나 무효확인청구는 모두 법률상 유효한 결의의 효과가 현재 존재하지 아니함을 확인받고자 하는 점에서 동일한 것이므로, 예컨대 사원총회가 적법한 소집권자에 의하여 소집되지 않았을 뿐 아니라 정당한 사원 아닌 자들이 모여서 개최한 집회에 불과하여 법률상 부존재로 볼 수밖에 없는 총회결의에 대하여는 결의무효확인을 청구하고 있다고 하여도 이는 부존재확인의 의미로 무효확인을 청구하는 취지라고 풀이함이 타당하므로 적법하다고 할 것이다(82다카1810전합).

③ 공동소송 – 주주총회결의 부존재·무효확인의 소를 여러 사람이 공동으로 제기한 경우 각 소송간의 관계를 어떻게 볼 것인가? 이에 관해 판례는 당사자 1인이 받은 승소 판결의 효력이 다른 공동소송인에게 미치므로 공동소송인 사이에 소송법상 합일확정의 필요성이 인정되고 상법상 회사관계소송에 관한 전속관할이나 병합심리 규정(상186, 188)도 당사자 간 합일확정을 전제로 하는 점 및 당사자의 의사와 소송경제 등을 함께 고려할 때, 민사소송법 제67조가 적용되는 필수적 공동소송으로 본다(2020다284977).

3) **절차·판결효과** : 결의부존재확인의 소의 제소권자, 즉 원고에 관해서도 상

법은 특별한 규정을 두고 있지 않아 주주총회의 결의부존재확인을 구할 법률상 정당한 이익이 있는 자는 제소할 수 있다. 판례상 소익이 인정된 경우로는 회사의 금전채권자, 결의에 영향을 받는 채권자, 임기만료 전 해임당한 이사 등이 있다. 결의부존재확인소송의 피고는 회사라는 입장이 통설·판례이다. 제소기간·제소권자에 대해서는 특별한 제한이 없으며, 결의부존재확인의 소의 제소절차에 관해 회사법상의 소의 일반규정을 준용하고 있다(상380). 따라서 기타 제소절차는 주주총회결의 무효확인의 소와 동일하다. 결의부존재확인의 판결의 효과도 결의무효확인의 판결의 효과와 동일하며, 재량기각제도를 준용하지 않는다(상380).

(5) 부당결의취소·변경의 소

1) **개 념** : 부당결의취소·변경의 소는 특별이해관계에 있어 의결권을 행사할 수 없었던 경우에 결의가 현저하게 부당하고 그 주주가 의결권을 행사하였더라면 이를 저지할 수 있었을 경우 제기할 수 있는 회사법상의 소이다(상381). 동 소송의 원고는 특별이해관계에 있다는 이유로 의결권이 제한당한 자(상368.4)이고 피고는 회사이다.

2) **소의 원인·성질·효력** : 제소원인인 특별이해관계에 있어 의결권을 행사할 수 없었던 경우라 함은 상법 제368조 4항에서 명시하고 있는 총회의 결의에 관하여 특별한 이해관계로 인하여 의결권을 행사하지 못하는 경우를 말한다. 다만 부당결의취소·변경의 소를 제기하기 위해서는 의결권을 행사하였더라면 부당한 주주총회의 결의를 저지할 수 있었을 경우에 한한다(상381.1). 동 소송의 성질에 관해서는 **형성의 소**라는 점에 학설이 일치하고 있으며, 제소기간은 결의일로부터 2월 내이며(상381.1), 제소절차는 결의취소의 소와 동일하나 재량기각규정은 준용하지 않는다(상381.2 → 186~188). 판결의 효력은 대세효·소급효가 인정된다(상381.2 → 190본문).

(6) 특수절차 무효의 소와의 관계

1) **양소의 관계** : 자본감소, 회사합병·분할·분할합병, 주식교환·주식이전 등의 절차에는 주주총회의 특별결의가 필요하고, 정관에서 신주발행을 주주총회의 결정사항으로 한 경우 신주발행에도 주주총회의 결의가 필요하다. 이들 주주총회결의에 하자가 있는 경우 각 이해관계인은 주주총회결의의 하자를 다투는 소를 제

기하여야 하는가 아니면 감자무효, 합병무효, 분할무효, 주식교환·이전무효, 신주발행무효의 소 등 특수한 소를 제기하여야 하는가 문제된다.

2) **제소기간** : 양 소송을 비교하면, 판결의 효력에 있어서는 대세효가 있다는 점에서 유사하지만 주주총회결의의 하자에 관한 소는 결의일로부터 2월 내에 제기하여야 하는 데 비하여, 위 특수한 소는 등기일(신주발행의 경우는 신주발행일)로부터 6월 내에 제기할 수 있는 점에서 차이가 있다. 제소기간의 차이를 가지는 양소송, 즉 **주총하자의 소와 특수절차무효의 소의 관계**(쟁점40)에 관해, **흡수설**은 후속행위에 주어진 효력에 의해 분쟁이 궁극적으로 해결될 수 있으므로 주주총회의 결의의 하자는 후속행위의 하자로 흡수되는 것으로 보아 후속행위의 무효를 주장하는 소(특수소송)만을 제기할 수 있다고 본다. 다만 특수한 소송이 일반 주주총회결의의 하자에 관한 소를 흡수하되 결의하자에 관한 소의 제기기간(2월)이 경과한 후에 특수절차무효의 소를 제기할 수 있는가에 관해 다시 견해가 나뉜다. **무제한 흡수설**은 결의취소원인과 부존재원인의 구별이 상대적이고 감자무효의 소로 흡수된 이상 구체적 하자의 원인과 무관하게 감자무효의 소의 제소기간을 따라야 하므로 6월 내에는 제소가 가능하다는 견해이다. **제한 흡수설**은 결의취소의 주장은 2월 내에만 할 수 있다는 취지를 구현하기 위해서는 이를 흡수한 감자무효의 소에서도 주총결의취소의 하자를 이유로 할 경우에는 2월 내에만 감자무효의 소를 주장할 수 있다는 견해이다. **병용설**은 결의하자에 관한 소의 제기기간 경과 전에는 양 소송제도 중 어느 것이나 자유로이 선택하여 제기할 수 있고 그 중 어느 하나라도 확정되면 자본감소·합병·신주발행이 무효로 된다는 견해이다. **판례**는 자본감소절차와 관련하여 주주총회의 자본감소결의에 취소 또는 무효의 하자가 있다고 하더라도 그 하자가 극히 중대하여 자본감소가 존재하지 아니하는 정도에 이르는 등의 특별한 사정이 없는 한 자본감소의 효력이 발생한 후에는 자본감소무효의 소에 의해서만 다툴 수 있다(2009다83599)고 하여 흡수설을 따르고 있다. 생각건대 특수절차는 일반절차를 포괄하므로 특수절차 무효의 소에 의해 하자를 다투어야 하고 주주총회결의 하자의 소의 제소기간을 둔 취지에서 제소기간 경과 후에는 주주총회결의 하자를 이유로 특수절차 무효의 소를 제기할 수 없다고 보아야 하므로 제한흡수설이 타당하다고 본다.

Ⅲ. 이사, 이사회, 대표이사

1. 업무집행기관

이사는 회사의 업무집행기관으로서 이사회를 구성하고 이사 중에서 대표이사가 선임된다. 이사로 구성되는 이사회는 업무집행 의사결정의 신중과 합리화를 위해 영미법상의 이사회(board of directors)제도가 도입된 것으로서, 결과적으로 주식회사의 의사결정기관이 주주총회와 이사회로 분화되었다. 대표이사는 대외적인 회사의 대표권 행사를 할 수 있는 포괄적 권한을 가진 자로서 이사회에서 선임된 자이다. 대내적인 업무집행은 원칙적으로 이사와 대표이사가, 대외적인 업무집행은 대표이사가 담당하고 이러한 업무집행의 의사결정은 이사회가 담당한다. 하지만 이사의 대내적 업무집행권한은 제한이 가능하여 상무에 종사하지 않는 이사, 사외이사 등을 둘 수 있으나(상317 8호), 대표이사의 대표권 제한은 선의의 제3자에게 대항할 수 없고(상389.3 → 209.2) 공동대표이사(상389.2)와 같은 상법상 예외만 허용된다. 최근 사외이사제도, 감사위원회제도 등이 상법에 도입되면서 업무집행 의사결정기관인 이사회의 성격이 변화하여 이사의 업무집행을 감독하는 감독기관적 성격이 강화되었다. 이에 상응하여 집행임원제도가 도입되었는바, 주식회사가 집행임원제도를 채택할 경우 업무집행기관은 다시 분화되어 집행임원이 업무집행기관이 되고 이사회는 업무집행 감독기관으로서의 성격이 강해진다.

2. 이 사

(1) 의 의

1) **개 념** : 이사란 주주총회에서 선출되어 회사등기부에 이사로 등기된 자이다. 이사는 주주들의 수임인으로서 상법이 정한 권리와 의무를 행사하고, 이사회의 구성원으로서 회사의 의사결정에 참여할 뿐만 아니라 대표이사가 될 수 있는 전제자격이 된다. 그런데 모든 이사가 업무를 담당하지 않아 **이사의 주식회사 기관성**에 관해, **긍정설**은 이사를 회사의 수임인으로서 회사의 업무를 집행하는 등 법정의 권한을 가진 주식회사의 필요적 상설기관으로 이해하고, **부정설**은 상법상 회사의 업무집행기관은 이사회와 대표이사이고 이사는 이사회의 구성원과 대표이사

가 될 수 있는 전제자격에 불과하다고 보고 이사의 제소권한(상376 등), 주주총회 의사록에 서명할 수 있는 권한(상373) 등은 기관구성원으로서 개인적 권리로 이해한다. 생각건대 회사의 기관이란 법인체인 회사의 의사를 결정하고 결정된 의사를 집행하는 주체라 볼 때, 이사(사외이사 포함)는 각종 제소권과, 주주총회에 출석하고 감사에게 일정한 요구를 할 수 있고, 감시권한·의무(상393.2,3), 경업금지의무 등을 부담하고 업무담당이사의 권한이 특정될 뿐이라 볼 때 이사도 기관이라 보는 긍정설이 타당하다.

2) **일반회사의 사외이사** : ① **개념** – 사외이사란 해당 회사의 상무에 종사하지 아니하는 이사로서 사외이사로 선출되어 등기된 자를 의미한다(상382.3). 사외이사로 하여금 이사회의 의사결정과정에서 주도적 역할을 하도록 함으로써 기업경영의 공정성·투명성을 제고하는 한편, 사외이사 중심의 지배구조를 구축하려는 취지에서 도입되었다.

② **자격** – 사외이사는 자연인이어야 하고 회사의 상무에 종사하지 않는 자로서 회사업무 및 이해 관련성이 적은 자여야 한다. 상법은 이를 사외이사의 제척사유(소극적 자격)로 구체화하고 있는바, 현재 또는 2년 내 상무종사한 이사·감사·집행임원(상무 임원), 피용자(1호), 최대주주와 최대주주 및 임원의 관계인(2~4호), 모자회사의 임원(5호), 이해관계 법인의 임원과 피용자(6호), 임원, 피용자가 임원인 회사의 임원 및 피용자(7호) 등이 이에 해당한다. 사외이사로 선임된 자가 제척사유에 해당할 경우 그 직을 상실한다(상382.3).

③ **선임·지위** – 통상 사내이사와 동일하게 주주총회에서 선임되나, 최근사업연도 말 현재의 자산총액이 2조원 이상인 상장회사(대규모 상장회사)의 경우 사외이사 후보추천위원회의 추천을 받아 주주총회에서 사외이사를 선임한다(상542의8.5). 사외이사는 업무를 담당하지는 않아 독립성을 가지지만, 사내이사와 동일한 상법상의 권한과 의무를 가지고 책임을 부담한다.

3) **상장회사의 사외이사** : ① **인원** – 상장회사는 자산규모 등을 고려하여 대통령령으로 정하는 경우를 제외하고는 이사총수의 1/4 이상을 사외이사로 하여야 한다. 다만 최근사업연도 말 현재의 자산총액이 2조원 이상인 상장회사(대규모 상장회사, 상령13.2)의 사외이사는 3명 이상으로 하되, 이사총수의 과반수가 되도록 하여야 한다(상542의8.1). 사외이사의 사임·사망 등의 사유로 인하여 사외이사의

수가 위의 이사회의 구성요건에 미달하게 되면 그 사유가 발생한 후 처음으로 소집되는 주주총회에서 위의 요건에 합치되도록 사외이사를 선임하여야 한다(상542의8.3).

② **자격** – 상장회사의 사외이사는 일반회사의 사외이사의 제척사유(상382조.3) 이외에 i) 능력제한자(미성년자·금치산자·한정치산자, 일정한 파산자·형집행자·해임자·면직자 1~4호), ii) 최대주주와 특수관계인(5호), iii) 주요주주(10% 이상 소유)와 관계인(6호), iv) 기타 직무수행곤란자 및 영향력 있는 자(7호)를 배제하고 있다(상542의8.2).

③ **선임** – 대규모상장회사는 사외이사후보를 추천하기 위한 위원회(**사외이사후보추천위원회**)를 설치하여야 한다. 이 경우 사외이사후보추천위원회는 사외이사가 총위원의 1/2 이상이 되도록 구성하여야 하고(상542의8.4), 사외이사후보추천위원회의 추천을 받은 자 중에서 사외이사를 선임하여야 한다. 사외이사후보추천위원회가 사외이사후보를 추천할 때에는 제542조의6 2항에 따른 주주제안권을 행사할 수 있는 요건을 갖춘 주주가 주주총회일의 6주 전에 추천한 사외이사후보를 포함시켜야 한다(상542의8.5).

4) **사내이사 등** : 사외이사와 구별하여 **사내이사**가 있는데, 상법상 이사(주총 선임되고 등기된 이사) 중 사외이사를 제외한 이사를 의미하고 상법상 개념이다(상317 8호). 사외이사를 제외한 이사는 회사 상무를 담당한 이사(흔히 **업무담당이사**라 함)와 상무를 담당하지 않은 이사(**비업무담당이사**)로 구분될 수 있고, 상법에 '상무에 종사하지 않는 이사'가 사내·사외이사와 별개의 등기사항으로 되어 있는 점(상317 8호)을 고려할 때 사내이사는 업무담당이사라 볼 수 있다. 다만 업무담당여부는 회사의 내부적 사항(보직)이어서 상법상 특별한 의미를 가지지 않으며, 실무상 담당업무의 내용에 따라 전무이사·상무이사 등의 명칭을 사용한다. 그밖에 실무상 이사의 명칭을 사용하지만 주주총회에서 선출되지도 않고 이사로 등기도 하지 않는 이사를 다수 임명하는 경우(이른바 **비등기이사**)가 있는데, 비등기이사는 상법상 이사에 포함되지 않는다. 그리고 상법에는 **임원**이라는 용어를 사용하고 있는 경우가 있는데 임원에는 이사와 감사가 포함되며(상296, 312), 후술하는 집행임원과는 구별된다. 다만 실무에서는 비등기이사를 포함하여 모든 이사와 감사를 임원으로 지칭하는 경우도 없지 않으나 이 경우 상법상의 개념과는 구별된다.

(2) 이사의 선임

1) **선임기관** : 이사는 주주총회에서 선임하며, 선임행위의 법적 성질은 단체법상의 의사결정으로서 합동행위로 본다. 이사의 선임권은 주주총회의 전속권한이므로 정관의 규정 또는 주주총회의 특별결의로도 타 기관에 위임하지 못한다. 이사선임의 의결정족수는 보통결의요건으로서 출석한 주주의 의결권의 과반수와 발행주식총수의 1/4 이상의 수이나(상368.1), 회사설립단계에서 이사를 선임할 경우(상296.1, 312) 정족수는 출석한 주식인수인의 의결권의 2/3 이상이며 인수된 주식의 총수의 과반수에 해당하는 다수로 하여야 한다(상309).

2) **자 격** : 이사의 자격에 관해 상법에 특별한 규정이 없으나, 회사의 정관으로 이사가 가져야 하는 주식의 수(**자격주**)를 정한 경우, 이러한 정관규정은 유효하고 이사는 그 수의 주권을 감사에게 공탁하여야 한다(상387). 그리고 **법인 이사의 유효성**에 관해, 법인이 발기인이나 회생절차상의 관리인이 될 수 있음에 비추어 법인도 이사가 될 수 있다고 보는 **긍정설**과 이사는 자연인인 대표이사의 전제자격이 된다는 점에서 법인이 이사가 될 수 없다고 보는 **부정설**이 대립하고 있다. 생각건대 이사의 자격을 자연인으로 제한하는 규정이 없고 법인인 이사의 업무수행은 법인의 대표자에 의해 수행될 수 있어 긍정설이 타당하며, 집합투자회사에서는 입법적으로 법인이사가 허용되어 있다(자본184.2). **이사와 감사의 겸임**에 관해, 이사는 업무집행기관이고 감사는 업무감독기관이므로 겸임이 허용되지 않는다. **판례**는 감사가 회사 또는 자회사의 이사 또는 지배인 기타의 사용인에 선임되거나 반대로 회사 또는 자회사의 이사 또는 지배인 기타의 사용인이 회사의 감사에 선임된 경우에는 법원은 그 선임행위는 각각의 선임 당시에 있어 현직을 사임하는 것을 조건으로 하여 효력을 가지고, 피선임자가 새로이 선임된 지위에 취임할 것을 승낙한 때에는 종전의 직을 사임하는 의사를 표시한 것으로 해석한다(2007다60080).

3) **인원·임기** : 이사는 3인 이상이어야 하지만, 자본의 총액이 10억원 미만인 회사는 2인 이하의 이사를 둘 수 있다(상383.1). **단독이사**의 회사는 이사회가 구성되지 않고 2인 이사의 경우에도 이사의 의사가 일치하지 않을 경우 기능을 할 수 없으므로 상법은 이사회의 권한 중 일부 권한(예, 상416－신주발행사항 결정)은

주주총회가 행사하도록 하고(상383.4), 일부 권한(예, 상362－주총소집 결정)은 이사가 담당하고(상383.6). 일부 규정(예, 상390－이사회 소집)은 적용하지 않는다(상383.5). **이사의 임기**는 3년을 초과하지 못하나(상383.2), 정관으로 그 임기중의 최종의 결산기에 관한 정기주주총회의 종결에 이르기까지 연장할 수 있다(상383.3). 다만 판례는 이때 '그 임기 중 최종 결산기'라 함은 임기 중에 도래하는 최종 결산기를 의미하고 임기가 종료한 후 도래하는 최종 결산기를 의미하는 것은 아니라 본다(2010다13541). 통상 이사 임기는 회사의 정관에서 규정하는데, 판례는 상법규정을 이사의 임기를 3년으로 정하는 취지라고 해석할 수는 없다고 보았다(2001다23928). 이사의 **임기개시시점**에 관해 선임결의시부터 개시한다는 견해(**선임시설**)와 취임시(동의시)에 개시한다는 견해(**계약시설**)가 대립한다. 이사 후보와 회사간에 사전 협의가 예상되고 회사의 이사임기 관리의 편의성을 고려할 때 이사의 동의가 전제된 경우라면 결의에 의해 임기는 개시되고 대표이사와 선임된 이사간의 임용계약이 불성립할 것을 해제조건으로 하여 선임결의시에 임기가 개시된다고 보는 견해가 타당하다고 본다.

4) **위임계약의 성립** : 이사는 주주총회의 선임결의만으로 임용되는 것이 아니라 회사와 이사간에 임용계약이 요구된다. 임용계약의 법적 성질은 위임계약이며 당연히 이사의 승낙이 있어야 성립한다. 다만 주주총회의 **이사선임결의의 법적 성질**(**쟁점41**)에 관해, **결의청약설**은 주주총회의 이사선임결의는 창설적 효력을 가지는 행위로서 그 자체가 청약의 효력을 가진다고 보고, **대표이사 청약설**은 주주총회의 선임결의가 있더라도 대표이사의 청약행위가 있어야 한다고 본다. 판례는 대표이사 청약설을 따르던 입장(94다31440)을 변경하여, 주주총회에서 이사나 감사를 선임하는 경우, 그 선임결의와 피선임자의 승낙만 있으면, 피선임자는 대표이사와 별도의 임용계약을 체결하였는지 여부와 관계없이 이사나 감사의 지위를 취득한다고 보았다(2016다251215), 생각건대 변경된 판례는 대표이사가 임용계약을 체결하지 않는 폐해를 방지하기 위한 해석이긴 하지만, 주식회사의 의사결정기관과 집행기관의 구별이라는 틀을 무너뜨린다는 점에 문제가 있어 부당하다고 본다. 대표이사가 주주총회 결의를 집행하지 않을 위험은 대표이사의 모든 업무집행에서 나타날 수 있는 권한남용의 문제이므로, 이는 법인이론의 예외로 해석할 것이 아니라 '부작위에 의한 대표권남용'의 법리로 보아야 한다. 주총결의로 계약의 중요사항이 거의 정해지고 대표이사의 계약만 남아 있는 경우(결의형계약)

선임결의는 대표이사의 계약체결 불이행을 해제조건으로 해서 효력이 발생한다고 수정해석을 할 필요가 있다고 본다. 그리고 이미 이사·감사의 동의가 전제된 경우 선임된 이사·감사에 대해 대표이사가 청약의 의사표시를 하지 않아 임용계약이 불성립하는 것은 하는 대표이사의 부작위에 의해 대표권한을 남용으로 볼 수 있다. 대표권 남용시 (부작위) 회사행위는 원칙적으로 유효하므로(상대적 유효설) 이사선임의 효력은 유지되어 권리남용의 결과라 할 수 있는, '임용계약의 불성립을 이유로 이미 개시된 이사 지위의 부인'을 할 수 없다고 본다. 요컨대 '상대방의 동의가 전제된 정형계약'은 주주총회 결의시에 대표이사의 계약체결을 해제조건으로 임용계약의 효력이 발생한다고 해석함이 타당하다고 본다.

5) **등기사항** : 이사가 선임되면 회사등기부에 이사의 성명·주민등록번호가 등기되어야 하는데(상317.2 8호). 실무상 이용되는 **비등기이사**는 등기되지 않으므로 상법상 이사가 아니다. **판례**도 회사의 이사 또는 감사 등 임원이라고 하더라도 그 지위 또는 명칭이 형식적·명목적인 것이고 실제로는 매일 출근하여 업무집행권을 갖는 대표이사나 사용자의 지휘·감독 아래 일정한 근로를 제공하면서 그 대가로 보수를 받는 관계에 있다거나 또는 회사로부터 위임받은 사무를 처리하는 외에 대표이사 등의 지휘·감독 아래 일정한 노무를 담당하고 그 대가로 일정한 보수를 지급받아 왔다면 그러한 임원은 근로기준법상의 근로자에 해당한다고 보았다(2002다64681).

6) **집중투표제** : ① 개념 – 2인 이상의 이사를 선임함에 있어서 각 주식에 대해 선임하려는 이사수만큼의 의결권을 부여하여 일부의 후보자에게 의결권을 모두 사용할 수 있는 투표제도로서 누적투표제도라고도 한다(상382의2.3). 집중투표제는 경영의 민주화, 지배구조의 투명성을 제고하기 위한 제도이지만 이사회 내부의 소모적 대립으로 이사회 운영의 능률성·효율성을 해칠 위험도 없지 않다.

② 소극요건 – 주식회사가 집중투표제를 활용하기 위해서는 i) **집중투표배제 정관규정이 없어야** 하고, 집중투표에 관한 적극적인 규정이 없더라도 집중투표를 요구할 수 있다. ii) **2인 이상의 이사선임 시**에만 집중투표가 활용될 수 있고 1인의 이사선임 또는 감사선임 시에는 집중투표를 요구할 수 없다.

③ 적극요건 – 의결권 있는 발행주식총수의 3/100 이상에 해당하는 주식을 가진 주주가 회사에 대하여 이사의 선임을 누적투표에 의할 것을 청구(**소수주주의**

청구)하여야 집중투표의 방법으로 이사를 선임할 수 있다(상382의2.1).

④ **절차** – 집중투표가 실시되는 구체적인 절차를 보면, 먼저 i) 청구서면 또는 전자문서가 주주총회일 7일 전(상장회사는 6주 전)까지 회사에 도달하여야 하는데(상382의2.2), 집중투표제를 실시할 경우 이사선임을 위한 주주총회의 소집통지 및 공고에서 이사의 인원수가 중요한 사항이 되어 반드시 통지·공고되어야 한다. ii) 의장은 의결에 앞서 집중투표청구가 있다는 취지를 알려야 하며(상382의2.5), iii) 이사의 선임결의에 관하여 각 주주는 보유주식수에 선임할 이사의 수를 곱한 수의 의결권을 이사 후보자 1인 또는 수 인에게 집중하여 투표하는 방법으로 행사한다(상382의2.3). iv) 투표의 최다수를 얻은 자부터 순차적으로 이사에 선임된다(상382의2.4). v) 청구서면은 총회가 종결될 때까지 이를 본점에 비치하고 주주로 하여금 영업시간 내에 열람할 수 있게 하여야 한다(상328의2.6).

⑤ **상장회사 특례** – 청구기간은 더 엄격하지만(주주총회일의 6주 전까지, 상542의7.1), 대규모상장회사는 소수주주권행사의 지주율을 1/100로 낮추고 있다(동조2항). 집중투표 배제정관의 도입 또는 배제정관의 변경시 대주주의 의결권이 제한되고(3/100 초과 보유주주는 초과분 행사 불가, 3항) 다른 의안과 별도 상정하도록 제한을 두고 있다(4항). 이사 집중투표배제 정관규정이 없는 경우에도 이사회가 집중투표에 의한 이사선임을 회피하기 위해 2인 이상의 이사를 2회 이상으로 나누어 선임하는 결의(**분할선임결의**)가 실질적으로 집중투표를 배제하므로 하자가 있는 것으로 볼 수 있을지 다툼의 여지가 있다. 그밖에 집중투표를 배제하기 위한 탈법행위로 미국 실무상 활용되는 이사의 **시차임기제**도 예상된다.

(3) 이사의 종임

1) **일반적 종임사유** : 회사와 이사간의 관계는 위임관계로 이해되므로 위임의 종료사유에 의해 종료된다. 임기만료, 정관소정의 자격상실, 이사의 사망·파산·성년후견개시의 심판, 회사의 파산 등으로 이사는 종임하게 되고(민690), 회사는 이사의 종임등기를 하여야 한다. 회사가 파산하는 경우에는 이사가 종임하고 주주총회에서 새로 이사를 선임하여야 하지만, 회사가 해산하는 경우에는 이사는 청산인이 된다(상531.1). 다만 이사의 임기만료(또는 사임)로 법률 또는 정관에 정한 이사의 원수를 결한 경우에는 임기만료로 퇴임한 이사는 새로 선임된 이사가 취임할 때까지 이사의 권리의무가 있다(상386.1).

2) **사 임** : 수임인인 이사는 위임의 상호해지자유의 원칙에 따라 언제든지 사임을 통해 위임계약을 해지할 수 있다(민689.1). 회사에 대한 사임의 **일방적 의사표시**로 사임의 효과는 발생하며 구체적으로 대표이사에게 도달한 시점에 효력이 발생하고(98다8615), 사임의사를 대표이사가 수리할지 여부 및 사임등기 여부는 사임의 효력발생시점에 영향을 미치지 않는다. 하지만 이사들이 일괄하여 대표이사에게 사표의 처리를 일임한 경우에는 사임의사표시의 효과발생 여부를 대표이사의 의사에 따르도록 한 것이므로 대표이사가 사표를 수리함으로써 사임의 효과가 생긴다(98다8615). 사임의 경우에도 임기만료의 경우와 동일하게 사임으로 이사의 인원이 부족하게 될 경우 이사의 임무가 연장된다(상386.1).

3) **해 임** : ① 해임결의 – 위임계약의 상호해지자유의 원칙에 따르면 회사도 정관에 특별한 규정(예, 해임사유)가 없는 경우 언제든지 주총특별결의에 의해 이사를 해임할 수 있으며, 해임권한행사를 통해 주주총회는 이사에 대한 감독기능을 강화할 수 있다. 다만 해임된 이사의 이익을 보호하기 위하여 이사의 임기를 정한 경우에 정당한 이유 없이 그 임기만료 전에 이사를 해임한 때에는 그 이사는 회사에 대하여 해임으로 인한 손해의 배상을 청구할 수 있다(상385.1). 판례는 여기서 '**정당한 이유**'란 주주와 감사 사이에 불화 등 단순히 주관적인 신뢰관계가 상실된 것만으로는 부족하고, 감사가 그 직무와 관련하여 법령이나 정관에 위반된 행위를 하였거나 정신적·육체적으로 감사로서 직무를 감당하기 현저하게 곤란한 경우, 감사로서 직무수행능력에 대한 근본적인 신뢰관계가 상실된 경우 등과 같이 당해 감사가 그 직무를 수행하는 데 장해가 될 객관적 상황이 발생한 경우를 의미한다고 보았다(2011다42348). 주주총회결의에 의한 해임 대상인 이사(상385.1)에는 임기만료 후 이사로서의 권리의무를 행사하고 있는 퇴임이사는 포함되지 않는다(2020다285406). 그리고 **손해배상액의 산정**과 관련하여, 판례는 그 해임으로 인하여 남은 임기 동안 회사를 위한 위임사무 처리에 들이지 않게 된 자신의 시간과 노력을 다른 직장에 종사하여 사용함으로써 얻은 이익이 해임과 사이에 상당인과관계가 인정된다면 이를 공제하여야 한다고 보았다(2011다42348). 그리고 해임대상(이사)인 주주는 주주총회의 해임결의에서 특별이해관계인(상368.4)이 아니어서 해임결의에서 반대의 의결권을 행사할 수 있다. 해임의 효과는 해임결의 즉시 발생하지 않고 피해임자에게 해임통지가 해임이사에게 도달한 때 발생한다고 본다.

② **이사해임의 소** – 이사가 그 직무에 관하여 부정행위 또는 법령이나 정관에 위반한 중대한 사실이 있음에도 불구하고 주주총회에서 그 해임을 부결한 때에는, 발행주식 총수의 3/100 이상에 해당하는 주식을 가진 주주는 총회의 결의가 있은 날부터 1월 내에 **이사해임의 소**를 제기할 수 있다(상385.2). 이사해임청구의 소는 형성의 소로서 본점소재지의 전속관할에 속하며(상186), 해임판결 전이라도 이사의 **직무집행가처분**(상407)을 법원에 신청할 수 있다.

③ **정관에서 정한 해임사유** – 법인의 정관에 이사의 해임사유에 관한 규정이 있는 경우 법인으로서는 이사의 중대한 의무위반 또는 정상적인 사무집행 불능 등의 특별한 사정이 없는 이상, 정관에서 정하지 아니한 사유로 이사를 해임할 수 없다(2011다41741).

④ **해임결의와 권리남용** – 해임결의가 권리의 남용으로 볼 수 있는 때, 예컨대 회사의 이익에 반하거나 법률에 위배되는 대주주의 요구를 거절하였다는 등의 이유로 해임결의를 한 경우, 즉 **남용된 해임결의의 효력**(**쟁점42**)에 관해, **긍정설**은 이사의 해임권은 주주가 이사를 통제하기 위하여 행사할 수 있는 가장 유용한 도구이고 이사해임사유를 제한하고 있지 않으므로 이사의 해임권이 남용된 경우에도 해임결의 자체는 유효하고 다만 회사가 손해배상의 책임을 지는 데 불과하다고 보고, **부정설**은 대주주가 해임권을 남용한 경우 생긴 손해에 대한 배상책임을 회사가 진다는 것도 회사의 이익을 해하므로 주주의 해임권 남용은 주주의 회사에 대한 충실의무의 위반으로 무효라 보는 견해이다. 생각건대 주주의 충실의무에 관해 이론이 정립되어 있지 않고 주주총회의 의사결정의 남용이라는 개념이 불명확하므로 결의는 유효하다는 긍정설이 타당하다고 본다.

4) **특별이사** : ① **정관임기연장** – 임기 중의 최종의 결산기에 관한 정기주주총회의 종결에 이르기까지 이사 임기를 정관으로 연장할 수 있다(상383.3). 이는 정관의 규정에 의한 임기연장으로서 법률의 규정에 의한 임기·지위 연장과 구별되며 회사가 임기연장 여부를 선택할 수 있다. 여기서 '임기 중의 최종의 결산기'의 의미에 관해 판례는 '임기 중의 최종의 결산기에 관한 정기주주총회'라 함은 임기 중에 도래하는 최종의 결산기에 관한 정기주주총회를 말하고, … 이사의 임기가 최종 결산기의 말일과 당해 결산기에 관한 정기주주총회 사이에 만료되는 경우에 정관으로 그 임기를 정기주주총회 종결일까지 연장할 수 있다고 보았다(2010다13541).

② **결원지위연장** – 임기만료, 사임으로 퇴임한 이사도 이사의 정원에 결원이 생긴 경우 결원이 보충될 때까지 이사로서 권리와 의무가 있다(상386.1). 이 경우 판례는 일시이사제도가 있음을 고려할 때, 직무수행 중인 퇴임이사를 상대로 해임사유의 존재나 임기만료·사임 등을 이유로 그 직무집행의 정지를 구하는 가처분신청은 허용되지 않는다고 본다. 그리고 이 경우 퇴임이사의 변경등기기간 기산일도 후임이사의 취임일로 본다(2009마1311).

③ **일시이사** – 법원은 법률·정관 소정의 이사의 숫자에 결원이 생긴 경우 이사·감사 기타의 이해관계인의 청구에 의하여 필요하다고 인정할 때에는 일시이사(가이사, 판례는 임시이사라고도 함)의 직무를 행할 자를 선임할 수 있으며, 본점의 소재지에서 이를 등기를 하여야 한다(상386.2). 판례는 일시이사 선임이 필요하다고 인정되는 때라 함은 이사가 사임하거나 장기간 부재중인 경우와 같이 퇴임이사로 하여금 이사로서의 권리의무를 가지게 하는 것이 불가능하거나 부적당한 경우를 의미하는 것으로서 그의 필요성은 임시이사 제도의 취지와 관련하여 사안에 따라 개별적으로 판단되어야 한다고 본다(2001그113결정). 일시이사는 후술하는 이사의 직무집행정지의 가처분과 함께 선임되는 직무대행자와 구별되므로 특별히 법원에 의하여 제한되지 않는 한 회사의 상무만이 아니라 통상 이사의 권한을 모두 행사할 수 있다고 본다.

④ **직무대행자** – 이사선임결의 무효·취소의 소나 이사해임의 소가 제기된 경우 판결확정시까지 법원은 당사자의 신청에 의하여 가처분으로써 이사의 직무집행을 정지시키거나(**이사직무집행정지가처분**) 직무대행자를 선임(**이사직무대행자선임가처분**)할 수 있다(상407.1). 이사직무대행자 선임가처분에 의해 선임된 직무대행자는 가처분명령에 특별한 정함이 있거나 법원의 허가를 얻은 경우를 제외하고는 회사의 상무에 속한 행위만 할 수 있다(상408.1). 직무대행자가 이를 위반한 경우에도 회사는 선의의 제3자에 대항하지 못한다(상408.2). 해산 전 가처분에 의하여 선임된 이사 직무대행자는 회사가 해산하는 경우 당연히 청산인 직무대행자가 된다(91다4355). **회사의 상무**란 일반적으로 회사의 영업을 계속함에 있어 통상업무범위 내의 사무, 즉 회사의 경영에 중요한 영향을 미치지 않는 보통의 업무를 의미한다(통설). **판례**는 변호사에게 소송대리를 위임하고 그 보수계약을 체결하거나 그와 관련하여 반소제기를 위임하는 행위는 회사의 상무에 속하나, 회사의 상대방 당사자의 변호인의 보수지급에 관한 약정은 회사의 상무에 속한다고 볼 수 없으므로 법원의 허가를 받지 않는 한 효력이 없다고 보았다(87다카2691). 법원이

상무 외 행위를 허가할 것인지 여부는 일반적으로 당해 상무 외 행위의 필요성과 회사의 경영과 업무 및 재산에 미치는 영향 등을 종합적으로 고려하여 결정하여야 한다(2008마277).

5) **이사직무집행정지(직무대행자선임)가처분** : ① **절차** – 본안소송인 이사선임결의무효·취소의 소나 이사해임의 소가 확정되기 전에 임시적 처분의 성질을 가지며, 본점과 지점의 소재지에서 그 **등기**를 하여야 한다(상407.3). 법원은 급박한 사정이 있는 때에는 본안소송의 제기 전에도 처분을 할 수 있으며(상407.1 2문), 당사자의 신청에 의하여 가처분을 변경 또는 취소할 수 있다(상407.2). 피신청인은 회사가 아니라 이사이며, 본안소송에서 가처분신청자가 승소하여 판결이 확정된 때에는 가처분의 효력이 상실된다고 본다. 판례도 가처분신청자가 본안소송에서 승소한 경우에는 존속기간을 정하지 않은 직무집행정지가처분은 목적달성을 이유로 당연히 효력을 상실한다고 보았다(87다카2691).

② **효력** – 판례에 의하면, 주식회사 이사의 직무집행을 정지하고 직무대행자를 선임하는 가처분은 성질상 당사자 사이뿐만 아니라 제3자에 대한 관계에서도 효력이 미치므로 가처분에 반하여 이루어진 행위는 제3자에 대한 관계에서도 무효이므로 가처분에 의하여 선임된 이사직무대행자의 권한은 법원의 취소결정이 있기까지 유효하게 존속한다(91다4355) 또한 주식회사의 대표이사 및 이사에 대한 직무집행을 정지하고 그 직무대행자를 선임하는 법원의 가처분결정은 그 결정 이전에 직무집행이 정지된 주식회사 대표이사의 퇴임등기와 직무집행이 정지된 이사가 대표이사로 취임하는 등기가 경료되었다고 할지라도 직무집행이 정지된 이사에 대하여는 여전히 그 효력이 있으므로 그 가처분결정에 의하여 선임된 대표이사 및 이사 직무대행자의 권한은 유효하게 존속하고, 반면에 그 가처분결정 이전에 직무집행이 정지된 이사가 대표이사로 선임되었다고 할지라도 그 선임결의의 적법 여부에 관계없이 대표이사로서의 권한을 가지지 못한다고 할 것이다(2013다39551).

(4) 이사의 권한

이사는 주주들의 수임인으로서 상법이 정한 이사의 권한과 의무를 부담하는데, 특히 이사회의 구성원으로서 업무집행에 관한 의사결정에 참여할 권한과 대표이사를 포함하여 다른 이사의 업무집행을 감시할 권한(상393.2,3)을 가진다. 상법에서 규정하고 있는 이사의 권한·의무·책임을 보면, 주주총회에 출석하여 의사록에 기명날인·서명할 권한(상373.2), 이사회 소집권(상390), 설립무효·주주총회결의취소·신주발행무효·자본감소무효·합병무효의소 제소권(상328, 376, 429, 445, 529), 이사의 충실의무(상382의3), 경업금지의무(상397), 회사기회유용금지의무(상397의2), 자기거래금지의무(상398), 임무해태로 인한 책임(상399, 401) 등이 있다. 최근 상법개정에 의해 이사의 정보접근권을 강화하여, 대표이사에 대한 보고요구권, 이사회에 대한 업무집행상황 보고의무 등을 신설하여, 이사는 대표이사로 하여금 다른 이사 또는 피용자의 업무에 관하여 이사회에 보고할 것을 요구할 수 있으며(상393.3), 3월에 1회 이상 업무의 집행상황을 이사회에 보고하여야 한다(상393.4).

(5) 이사의 보수

1) **주주총회 결의사항** : 이사의 보수란 이사의 직무집행에 대한 대가로 회사가 지급하는 급부를 의미한다. 이사회의 결의를 통해 이사의 보수를 결정할 경우 과다결정되어 회사와 주주의 이익에 반할 가능성이 있다. 따라서 상법은 이사의 보수는 **정관**에 그 액을 정하지 아니한 때에는 **주주총회의 결의**로 이를 정한다는 규정을 두고 있다(상388). 정관 또는 주주총회의 결의로 이사의 보수액을 결정함에 있어 보수총액을 정하여 구체적 금액결정을 **이사회에 위임**할 수 있다고 보나, 결정권 자체를 이사회에 위임하는 결의는 상법에 반하는 결의로서 무효로 본다. 주주총회의 이사에 대한 보수결의에서 주주인 이사는 **특별이해관계인**에 해당하므로 의결권이 제한된다고 본다(상368.4). 이사보수의 금액·지급방법·지급시기 등에 관해 구체적 정관규정이나 주주총회의 결의가 있었음을 인정할 증거가 없는 한 이사의 보수나 퇴직금청구권을 행사할 수 없다고 보는 것이 판례의 입장이다(2004다25123). 보수의 적정성에 관해 회사의 제반 형편과 이사의 직무의 성격에 비추어 과다한 보수를 정한 정관규정 또는 주주총회의 결의는 다수결의 남용으로서 무효로 보는 견해가 있다. 판례는 이사·감사가 회사에 대하여 제공하는 반대급부와 그 지급받는 보수 사이에는 **합리적 비례관계**가 유지되어야 하므로 그 보수가 합리적인 수준을 벗어나서 현저히 균형성을 잃을 정도로 과다한 경우 등에는 보수청구권의 일부 또는 전부에 대한 행사가 제한되고 회사는 합리적이라고 인정되는 범위를 초과하여 지급된 보수의 반환을 구할 수 있다고 보았다(2015다213308).

2) **보수의 범위** : 이사의 보수에는 봉급·각종의 수당·상여금·퇴직위로금 등 명칭을 불문하고 포함된다. 판례는 퇴직금을 당연히 이사의 보수개념에 포함시키고, 이사에 대한 퇴직위로금도 보수에 포함된다고 본다(2004다25123). 실무상 통상적으로 정관의 위임을 받아 제정된 퇴직금지급규정에 따라 지급된다. 회사가 정관에서 퇴직하는 이사에 대한 퇴직금액의 범위를 구체적으로 정한 다음, 다만 재임 중 공로 등 여러 사정을 고려하여 이사회가 그 금액을 결정할 수 있도록 하였다면, 이사회로서는 감액을 할 수는 있지만 퇴직금 청구권을 아예 박탈하는 결의를 할 수는 없다고 보았다(2003다16092). 그런데 이사가 사용인을 겸직하는 경우 사용인에 대한 급여(**겸직보수**)는 이사의 보수에 포함되는가에 관해, 사용인분 급여는 사용인의 노무에 대한 근로계약에 대한 대가로서 이사에 대한 보수와 성질을 달리하므로 포함되지 않는다고 보는 **불포함설**과 보수결정에 관한 탈법행위를 방지하기 위해 사용인겸직 급여도 포함되어야 한다는 **포함설**이 대립하고 있다. 회사와 주주의 이익을 침해할 우려를 고려할 때 겸직급여에도 상법 제388조가 유추적용된다고 본다. 판례는 유사한 취지에서 정관 등에서 이사의 퇴직금에 관하여 주주총회의 결의로 정한다고 규정하면서 퇴직금의 액수에 관하여만 정하고 있다면, 퇴직금 중간정산에 관한 주주총회의 결의가 있었음을 인정할 증거가 없는 한 이사는 퇴직금 중간정산금 청구권을 행사할 수 없고(2017다17436), '이사의 보수'에는 월급, 상여금 등 명칭을 불문하고 이사의 직무수행에 대한 보상으로 지급되는 대가가 모두 포함되고, 회사가 성과급, 특별성과급 등의 명칭으로 경영성과에 따라 지급하는 금원이나 성과 달성을 위한 동기를 부여할 목적으로 지급하는 금원도 포함된다고 본다(2018다290436). 주주총회가 이사 보수에 관한 결정을 이사회에 위임하였더라도 주주총회에서 직접 정할 수 있다(2016다241515).

3. 이사회

(1) 의 의

이사회란 회사의 업무집행에 관한 의사결정을 하는 이사로 구성되는 회의체 기관으로서 필요상설기관이다. 예외적으로 이사가 1인 또는 2인인 자본금 10억원 미만의 소규모 주식회사에는 이사회가 없고 주주총회 또는 이사가 단독으로 의사를 결정한다(상383). 이사회는 의사결정권한 이외에도 대표이사를 포함한 이사의 업무집행을 감독하는 권한을 가지고 있으며 업무집행권한을 집행임원에 위임한

집행임원 설치회사에서는 감독권한의 비중이 더욱 높게 된다.

(2) 소 집

① **소집권자** – 각 **이사**가 소집권자이며 정관이나 이사회결의로 소집권자를 지정할 수 있다. 이사회결의로 소집권을 특정이사에게 위임한 경우 소집권을 가진 이사가 소집권이 없는 이사의 정당한 소집요청을 이유 없이 거절할 경우 거절당한 이사가 직접 이사회를 소집할 수 있다(상390.2). **감사**도 필요하면 회의의 목적사항과 소집이유를 서면에 적어 이사, 소집권자가 따로 지정되어 있는 경우에는 그 해당 이사에게 제출하여 이사회 소집을 청구할 수 있다. 감사의 이사회 소집청구에도 불구하고 이를 수령한 이사가 지체 없이 이사회를 소집하지 아니하면 그 청구한 감사가 이사회를 소집할 수 있어 이사회 소집청구권과 예외적 소집권한을 가진다(상412의4).

② **소집절차** – 회일을 정하고 원칙적으로 회일 1주 전에 각 이사 및 감사에 대하여 통지를 발송하여야 하나 정관으로 1주일의 기간을 단축할 수 있다(상390.3). 주주총회와 동일하게 발신주의를 따르고 있으나 서면통지를 요하지 않으므로 구두통지도 가능하다는 점, 회의의 목적사항을 명기할 필요가 없다는 점 등에서 주주총회의 소집통지와 다르다. 감사에 대한 통지를 포함시킨 이유는 감사도 이사회에 출석·의견진술권을 가지고 있기 때문이다(상391의2.1). 이러한 소집절차 없이 이사 및 감사 전원의 동의가 있는 때에는 언제든지 이사회를 개최할 수 있어 **전원출석 이사회**의 개념을 상법은 명문으로 허용하고 있다(상390.4). 다만 판례는 회사 경영에 참여하지 않고 이사회 회의록에 날인만 하는 명목이사에 대한 소집통지를 흠결한 경우 참석하였더라도 그 결과에 영향이 없었다고 보여지는 경우에는 유효하다고 보았다(90다카22698).

③ **소집통지** – 회사의 정관에 이사들에게 회의의 목적사항을 함께 통지하도록 정하고 있거나, 회의의 목적사항을 함께 통지하지 아니하면 이사회에서 심의·의결에 현저한 지장을 초래하는 등의 특별한 사정이 없는 한, 주총 소집통지의 경우와 달리 회의의 목적사항을 함께 통지할 필요는 없다(2009다35033).

(3) 권 한

1) **의사결정권** : 이사회의 권한은 크게 의사결정권과 감독권한으로 구별할 수 있다. 의사결정권은 주주총회의 권한사항을 제외하고 회사의 업무집행에 관한 모

든 의사를 결정할 권한으로서 이러한 이사회의 법정권한사항을 상무회 등 다른 기관에 위임할 수 없다. 이사회의 주요한 의사결정권한을 보면, 주주총회소집결의(상362), 중요한 자산의 처분 및 양도·대규모 재산의 차입·지배인의 선임 또는 해임·지점의 설치·이전 또는 폐지(상393), 대표이사의 선임(상389), 신주발행사항의 결정(상416), 재무제표의 승인(상447), 사채의 모집(상469) 등이다. 상법에 주주총회나 감사·이사회의 권한사항으로 규정되지 않은 **업무집행에 관한 의사결정권의 귀속**에 관해, 상법 제393조가 포괄적으로 업무집행은 이사회의 결의에 의한다고 정하고 있어 이사회의 권한으로 본다. 판례는 중요한 자산의 처분에 해당하는 경우에는 이사회가 그에 관하여 직접 결의하지 아니한 채 대표이사에게 그 처분에 관한 사항을 일임할 수 없는 것이므로 이사회규정상 이사회 부의사항으로 정해져 있지 아니하더라도 반드시 이사회의 결의를 거쳐야 한다고 보았다(2005다3649). 소규모회사(자본금 10억 미만)는 **1인·2인 이사**를 둘수 있는데 이 회사에서는 이사회의 권한은 대체로 주주총회가 행사하나(상383.4), 주주총회 소집, 중요한 자산의 처분 및 양도, 대규모 재산의 차입, 지배인의 선임 또는 해임과 지점의 설치·이전 또는 폐지 등 회사의 업무집행(상393.1)은 1인이사가 이사회의 기능을 담당한다(상383.6).

2) **감독권한** : 이사회는 대표이사, 업무담당이사에 대한 감독권한을 가진다(상393.2). 감독권한의 보강을 위해 이사의 정보접근권을 강화하고 있어, 이사는 대표이사로 하여금 다른 이사 또는 피용자의 업무에 관하여 이사회에 보고할 것을 요구할 수 있다(상393.3). 이사회와 이사의 관계는 상하관계이어서 이사상호간·감사의 감사권 등(수평적 권리)과는 구별되고, 업무집행기관의 자기시정적 감독이므로 이사회의 감독권은 감사의 업무감독권과 달리 **업무집행의 적법성**뿐만 아니라 **업무집행의 타당성**에도 미친다(통설). 이사회의 업무감독권한을 실질적으로 보장하기 위해 이사에게 3월에 1회 이상 업무의 집행상황을 이사회에 보고하여야 의무를 부담시키고 있다(상393.4). 1인이사의 회사에서는 이사회가 없어 감독권한에 관한 상법 제393조 2항을 적용하지 않는다고 규정하고 있으나(상383.5), 해석상 주주총회에 감독권한이 있다고 보는 견해가 있다. 하지만 상법은 감독권한에 관해서는 주주총회를 이사회에 대신하는 기관으로 명시하지 않았고(상383.4) 이사회의 감독권한을 실질적으로 보장하는 감사의 이사회출석·의견진술권(상391의2), 이사회보고 요구권(상393.3), 이사의 보고의무(상393.4) 등을 행사하기 어렵고

주주총회가 이를 대신한다는 규정이 없을 뿐 아니라 주주총회가 이를 대행하기도 사실상 어려워(이사회와 달리 소집절차가 까다로움) 주주총회의 감독은 불가능하며, 1인이사의 해임을 통해 간접적으로 이사의 업무집행을 통제할 수밖에 없다고 본다.

(4) 결 의

1) **결의요건** : 이사회의 결의요건은 이사 과반수 출석의 의사정족수와 출석이사의 과반수찬성이라는 의결정족수를 요한다. 그리고 정관으로 요건을 가중하는 것은 가능하나 완화는 불가능하다(상391.1). 출석정족수를 산정함에 있어서 정관에서 달리 정하는 경우를 제외하고 이사회는 이사의 전부 또는 일부가 직접 회의에 출석하지 아니하고 모든 이사가 동영상 및 음성을 동시에 송·수신하는 통신수단에 의하여 결의에 참가하는 경우(전자결의) 당해 이사는 이사회에 직접 출석한 것으로 본다(상391.2). 이사직무대행자·가이사는 재임이사에 산입되나, 이사회의 결의에 관해 특별이해관계를 가지는 이사는 의결권을 행사하지 못하며 특별이해관계가 있는 이사는 출석한 이사의 수(의결정족수)에 산입하지 않는다(상391.3, 368.4, 371.2). 예컨대 이사 3인 중 2인이 자기거래에 해당할 경우 이사 3인의 출석으로 의사정족수는 충족되고 나머지 1인의 이사가 찬성할 경우 전원 찬성이 된다. 이사의 자기거래 승인에서 당해 이사는 이사회결의에 특별이해관계를 가지는 이사의 대표적인 예가 된다.

2) **결의방법** : 이사회의 결의방법에 제한은 없으나 이사회는 지분주의에 바탕을 둔 표결기관으로서의 성격을 지닌 주주총회와는 달리, 회사의 업무집행을 위임받은 회사경영의 전문가 집단이므로 의결권의 대리행사는 허용되지 않으며(통설·판례), 서면결의·무기명투표 등의 방식을 사용할 수는 없지만 화상회의방식으로 개최할 수도 있다(상391.2). 감사는 이사회에 출석하여 의견을 진술할 수 있으며, 감사는 이사가 법령 또는 정관에 위반한 행위를 하거나 할 염려가 있을 경우 이사회에 이를 보고할 의무가 있다(상391의2). 주주총회의 연기·속행에 관한 규정은 이사회에도 준용된다(상392). 정관규정 또는 이사회결의로 결의가 가부동수인 경우 **의장의 결정권**에 관해, **긍정설**은 주주총회와 달리 의결권의 평등성을 고려할 필요가 없다는 입장이고, **부정설**은 다수결의 일반원칙에 반하므로 허용해서는 안 된다는 견해이다. 생각건대 가부동수는 출석이사의 과반수에 미달하는 것이어

서 특정인에게 결정권을 주는 것은 동 요건의 완화에 해당하므로 이는 상법의 규정에 반하는 정관규정, 이사회결의가 된다는 점에서 부정설이 타당하다고 본다.

3) **결의의 하자** : 이사회결의의 하자에 관해 주주총회와 달리 특별한 규정이 없으므로 이해관계인은 소송이 아니더라도 항변 등 어떠한 방법으로도 이사회결의의 하자를 주장할 수 있다. 이사회결의 무효확인의 소가 제기되어 승소판결을 받더라도 동 판결에 대세적 효력은 없게 된다. 이사회결의가 무효일 경우 이사회결의에 따른 이사의 행위의 효력은 **전단적 대표행위**와 유사한 구조가 되므로 이사의 행위가 대내적 사항이면 무효이고 선의의 제3자와 관련되는 대외적 사항이면 선의의 제3자에게 이사회결의가 무효라는 사실로 대항할 수 없다고 본다. 판례는 이사회는 주주총회의 경우와는 달리 원칙적으로 이사 자신이 직접 출석하여 결의에 참가하여야 하며 대리인에 의한 출석은 인정되지 않고 따라서 이사가 타인에게 출석과 의결권을 위임할 수도 없는 것이니 이에 위배된 이사회의 결의는 무효이며 그 무효임을 주장하는 방법에는 아무런 제한이 없다고 보았다(80다2441). 이사가 주주의 의결권 행사를 불가능하게 하거나 현저히 곤란하게 하는 것은 주식회사제도의 본질적 기능을 해하는 것으로서 허용되지 아니하고 그러한 것을 내용으로 하는 이사회결의는 무효로 보아야 한다(2009다35033).

4) **의사록** : 이사회의 의사에 관하여는 의사록을 작성하여야 하며, 이사회의사록은 이사의 책임(상399, 401)의 판단에 영향을 미친다. 의사록에는 의사의 안건, 경과요령, 그 결과, 반대하는 자와 그 반대이유를 기재하고 출석한 이사 및 감사가 기명날인·서명하여야 한다. 주주는 영업시간 내에 이사회의사록의 열람 또는 등사를 청구할 수 있으나, 회사는 이러한 주주의 청구에 대하여 이유를 붙여 이를 거절할 수 있다. 이 경우 주주는 법원의 허가를 얻어 이사회의사록을 열람 또는 등사할 수 있다(상391의3). 판례는 상법 제391조의3 4항의 규정에 의한 이사회 의사록의 열람 등 허가사건은 비송사건절차법 제72조 1항에 규정된 비송사건이므로 민사소송의 방법으로 이사회 회의록의 열람 또는 등사를 청구하는 것은 허용되지 않는다고 보았다(2012다42604).

(5) 이사회 내 위원회

1) **개 념** : 이사회 운영의 효율성 제고 및 의사결정의 객관성을 확보하기 위

하여 이사회 내의 전문적인 소위원회를 둘 수 있도록 하였다. 이사회는 정관으로 위원회를 설치할 수 있어 위원회 설치 여부는 회사의 선택사항이다. 위원회의 구성을 보면, 2인 이상의 이사로 구성되나(상393의2.3), 감사위원회는 3인 이상의 이사로 구성된다(상415의2). 위원회의 위원은 이사의 자격이 전제되므로 이사의 자격을 상실하면 위원의 자격도 상실한다고 본다. 위원회의 설치와 그 위원의 선임 및 해임은 이사회의 전권사항이므로(상393의2.2 3호) 이사의 위원회 배정·임기 등은 이사회결의사항으로 판단된다. 법률 또는 정관에 정한 위원의 원수를 결한 경우에는 임기의 만료 또는 사임으로 인하여 퇴임한 이사는 새로 선임된 이사가 취임할 때까지 이사의 권리의무가 있다(상393의2.5 → 386.1). 위원회의 종류에는 집행위원회·보수위원회·이사후보지명위원회·재무위원회·공공정책위원회 등이 있으나, 우리 상법은 사외이사후보추천위원회와 감사위원회를 규정하고 있다(상542의8.4, 542의11).

2) **운　영** : **위원회의 소집**에 관해, 결의로 소집할 위원을 정하지 않은 경우에는 위원회는 각 위원이 소집하며, 운영방법은 이사회와 동일하다. 소집권자로 지정되지 않은 다른 위원은 소집권자인 위원에게 위원회 소집을 요구할 수 있다(상393의2.5, 390). 소집권자인 위원이 정당한 이유 없이 위원회의 소집을 거절하는 경우에는 다른 위원이 위원회를 소집할 수 있다. 위원회를 소집함에는 회일을 정하고 그 1주간 전에 각 위원 및 감사에 대하여 통지를 발송하여야 하나, 그 기간은 정관으로 단축할 수 있다. 위원회는 위원 및 감사 전원의 동의가 있는 때에는 절차 없이 언제든지 회의할 수 있다. **위원회의 결의방법**을 보면, 위원회의 결의는 위원 과반수의 출석과 출석위원의 과반수로 하여야 하나, 정관으로 그 비율을 높게 정할 수 있다. 정관에서 달리 정하는 경우를 제외하고 위원회는 위원의 전부 또는 일부가 직접 회의에 출석하지 아니하고 모든 위원이 동영상 및 음성을 동시에 송·수신하는 통신수단에 의하여 결의에 참가하는 것을 허용할 수 있다. 이 경우 당해 위원은 위원회에 직접 출석한 것으로 본다(상393의2.5). 이사회와 마찬가지로 특별이해관계 있는 위원은 의결권이 제한된다(상393의2.5 → 391). 위원회의 의사록을 작성하여야 하며(상393의2.5 → 391의3), 위원회의 연기·속행에 상법 제372조의 규정을 준용한다(상393의2.5 → 392).

3) **권한·의무** : 위원회는 이사회의 하부조직이므로 특정분야에 관해 이사회의

위임을 받아 의결하는 기관이다. 다만 상법은 일정한 사항은 위원회에 위임할 수 없고 반드시 이사회에서 처리하도록 정하고 있다. 주주총회의 승인을 요하는 사항의 제안, 대표이사의 선임·해임, 위원회 설치 및 위원의 선임·해임, 정관에 정하는 사항 등이 이에 속한다(상393의2.2). 위원회에서 결의된 사항을 각 이사에게 통지하여야 한다. 이 경우 이를 통지받은 각 이사는 이사회의 소집을 요구할 수 있으며, 이사회는 위원회가 결의한 사항에 대하여 다시 결의할 수 있다(상393의2.4). 다만 감사위원회의 결의에 관해서는 수정결의할 수 없다(상415의2.6). **수정결의제도**를 둔 것은 위원회의 결의가 부당할 경우 전체 이사의 뜻을 물어 결의를 변경하기 위한 제도로서 번복하는 이사회의 결의에 의해 위원회의 결의는 효력을 상실한다. 다만 위원회결의를 번복하기 위해 이사회를 소집하는 동안 **대표이사의 위원회결의의 실행가능성**에 관해, 동 제도를 이사회의 감시의무의 표현으로 보고 통지받은 이사의 요구에 의해 이사회를 소집할 수 있는 상당한 기간 내에는 위원회의 결의는 효력이 정지된다고 해석하는 견해가 있다. 생각건대 위원회는 이사회의 권한을 위임받은 기관이고 상법이 수정결의제도를 둔 취지를 고려할 때 위원회의 결의는 이사회의 수정결의를 해제조건으로 이사회결의로서 효력을 가진다고 보아야 한다. 다만 수정결의라는 해제조건이 성취되기 전에 대표이사가 행한 업무집행은 전단적 대표행위와 유사하게 대외적으로는 선의의 제3자에 대해 유효하나 대내적으로는 효력을 상실하여 대표이사의 책임이 발생한다.

4. 대표이사

(1) 의 의

1) **개 념** : 법인인 주식회사에는 주주총회·이사회에서 결정된 법인의 의사를 구체적으로 집행하는 기관이 요구된다. 주식회사에서 대외적으로 회사를 대표하고 대내적으로 업무를 집행하는 회사의 필요적 상설기관을 대표이사라 한다. 대표이사는 대내적 명칭과는 별개로 대표권 유무에 따라 결정된다. 대표이사는 이사의 자격을 전제하고 있고 이사회의 구성원이어서 의사결정에도 참여하며, 이사회로부터 위임받은 사항과 대표권의 범위 내에서 구체적 업무집행에 관한 의사결정을 할 수 있다.

2) **법적 지위** : **이사회와 대표이사의 관계**에 관해, **파생기관설**은 이사회는 업무

집행에 관한 의사결정과 구체적인 집행권한을 가지는 회사의 유일한 업무집행기관이지만, 회의체기관으로서의 이사회가 직접 업무집행을 하는 것은 성질상 부적당하므로 법이 실제상의 편의를 고려하여 이를 대표이사에게 맡긴 것이어서 이사회의 파생기관에 지나지 않는다고 보고, **독립기관설**은 이사회와 대표이사는 모두 회사의 업무집행기관이나 이것이 분화되어 이사회는 업무집행에 관한 의사결정기관이어서 대표이사는 그 결정된 의사에 따라 업무를 집행하고 회사를 대표하는 기관으로 양자는 서로 별개의 독립적 기관으로 본다. 생각건대 주식회사의 기관은 의사결정과 집행으로 분화되어 있으며, 대표이사는 주주총회에서 직접 선임할 수 있고(상389.1) 대표이사도 부분적 의사결정권을 가지고 있어 이사회의 하부기관이 아니라 별개의 독립기관이라고 보는 견해가 타당하다고 본다.

(2) 선임·종임

1) **선 임** : ① **선임기관** – 대표이사는 이사회의 결의로 선임하는 것이 원칙이나, 정관으로 주주총회에서 선임하도록 정할 수 있다(상389.1). 대표이사는 이사회 또는 주주총회의 결의에 의하지 않는 한 다른 방법으로 선임될 수 없으므로 회사의 운영권을 인수한 자라 하더라도 그가 이사회에서 대표이사로 선정된 바 없는 이상 회사의 적법한 대표자라고 볼 수 없다(94다7591). 대표이사의 선임에 관한 이사회결의의 무효확인의 소가 제기된 경우에는 이사선임결의의 무효·취소의 소에서 인정되는 가처분에 관한 규정(상407, 408)이 유추적용된다.

② **자격** – 대표이사의 자격에는 제한이 없고 이사이면 누구나 대표이사가 될 수 있으나, 정관으로 대표이사의 자격을 정하는 것은 무방하다고 본다. 대표이사는 1인 또는 수인을 선임할 수 있지만, 대표이사의 대표권의 남용을 방지하고 신중한 대표권 행사를 위하여 수 인의 대표이사를 공동대표이사로 선임할 수 있다(상389.2). 대표이사의 임기에 관해 상법에 규정이 없으나 대표이사는 이사의 자격을 전제로 하므로 이사의 임기를 초과할 수 없다고 본다.

③ **등기** – 대표이사를 선임한 경우 회사는 대표이사의 성명과 주민등록번호 및 주소를 등기하여야 한다(상317.2 9호). 그러나 대표이사 선임등기는 선임의 효력발생요건이 아니며, 상업등기의 일반적 효력과 같이 제3자에 대한 대항요건적 성격을 가지고, 등기부에 대표이사로 등기된 자는 반증이 없는 한 정당한 절차에 의하여 선임된 대표이사로 추정된다. 그러므로 대표이사인지 여부는 등기유무에 의하여 결정되는 것이 아니라, 대표이사의 선임행위로써 결정된다.

2) **종 임** : ① **종임사유** – 대표이사는 이사의 자격이 전제가 되므로 이사의 자격을 상실하면 대표이사의 자격도 잃게 된다. 대표이사의 임기만료나 사임 등의 원인에 의하여도 종임될 뿐만 아니라, 이사 임기의 만료·사임·사망·파산·금치산 등의 종임사유가 있는 때에는 대표이사도 종임된다. 대표이사가 종임한 때에는 회사는 이를 등기하여야 한다(상317.2 9호, 183). 상법 제386조, 제389조의 규정에 의하여 퇴임한 이사가 새로 선임된 이사가 취임할 때까지 여전히 이사의 권리의무가 있다 하여도 상법 제317조에 의하여 임기가 만료된 이사가 변경등기를 할 의무에는 아무런 영향도 없다고 보지만(67마921), 퇴임이사의 변경등기 기산일은 후임이사의 취임일이라고 본다(2007마311).

② **해임·사임** – 회사와 대표이사간의 관계도 위임관계이므로 위임의 상호해지자유의 원칙에 따라 대표이사는 언제든지 그 직무를 사임할 수 있으며, 대표이사를 선임한 이사회 또는 주주총회도 언제든지 대표이사를 해임할 수 있다. 사임의 효력은 그 의사표시가 회사에 도달한 때에 생긴다. **해임의 효력발생시기**(**쟁점 43**)에 관해, **고지불요설**은 대표이사의 자격만을 박탈하는 데 그치고 회사의 이익보호를 위해 고지를 요하지 않는다고 보고, **고지필요설**은 대표이사와 회사의 관계는 개인적인 위임관계이므로 해임결의라는 단체법상의 행위에 의하여 즉시 개인법상의 관계까지도 소멸한다면 대표이사가 알지 못하는 사이에 해임의 효과가 발생하여 부당하기 때문에 고지를 요한다고 본다. 생각건대 해임결의는 법인의 의사결정행위이지만 이는 상대방에게 통지되어야 효과가 생기므로 의사결정만으로 효과가 발생한다고 보는 견해는 부당하다고 본다. 따라서 해임고지가 도달하여야 효력이 생긴다는 고지필요설이 타당하다. 회사가 대표이사의 임기만료 전에 정당한 사유 없이 해임한 경우 회사에 대하여 **손해배상청구권**(**상**385.1**의 유추적용**)**의 가부**에 관해, 판례는 임기가 정하여진 이사가 그 임기 전에 정당한 이유 없이 해임당한 경우에는 회사에 대하여 손해배상을 청구할 수 있게 함으로써 주주의 회사에 대한 지배권 확보와 경영자 지위의 안정이라는 주주와 이사의 이익을 조화시키려는 규정이고(2004다25611), 이사의 보수청구권을 보장하는 것을 주된 목적으로 하는 규정이라 할 수 없으므로, 이를 이사회가 대표이사를 해임한 경우에도 유추 적용할 것은 아니라 보았다(2004다25123). 생각건대 대표이사직에서 해임되더라도 이사직을 해임당하지 않은 이상 위임관계가 완전하게 종료된 것이 아니어서 대표이사직 해임에 따른 손해배상청구의 대상이 되지 않는다고 본다.

③ **대표이사 결원** – 유일한 대표이사가 퇴임할 경우 또는 대표이사 퇴임으로

정관상의 대표이사의 정원을 결한 경우에는 퇴임한 대표이사는 새로운 대표이사가 취임할 때까지 대표이사로서의 권리의무가 있다(상389.3, 386.1). 그리고 법원이 필요하다고 인정한 때에는 이해관계인의 청구로 일시대표이사의 직무를 행할 자(가대표이사·일시대표이사)를 선임할 수 있고, 이는 이사의 결원의 경우와 동일하다(상386.2). 법원이 선임한 일시대표이사의 권한은 본래의 대표이사의 권한과 같으며, 일시대표이사를 선임한 때에는 본점의 소재지에서 이를 등기하여야 한다(상389.3, 386.2).

(3) 권 한

1) **개 요** : 대표이사는 회사의 영업에 관하여 재판상 또는 재판 외의 모든 행위를 할 권한이 있으며, 이에 대한 제한은 선의의 제3자에게 대항하지 못한다(상389.3 → 209). 영업은 대외적인 거래행위에 해당하므로 동 조항은 대표이사의 대표권만 규정하고 있는 것처럼 보이나, 대내적 업무집행의 권한도 가진다고 보는데 이견이 없다. 대표이사는 법률이나 정관에서 정한 권한의 범위 내에서 회사의 이익을 위해 적법하게 업무집행을 하거나 대표행위를 할 수 있다.

2) **업무집행권** : ① 의사결정권한 – 상법과 정관으로 주주총회·이사회의 결의사항 이외에 업무집행에 필요한 세부사항에 대한 **대표이사의 의사결정권한의 유무**에 관해, **부정설**은 대표이사는 주주총회·이사회로부터 위임받은 사항에 한해서만 업무를 집행하는 기관이므로 의사결정권한은 가지지 못한다고 보고, **긍정설**은 대표이사는 회사의 영업에 관하여 대표권을 행사하기 위해서는 업무집행의 세부사항에 관한 의사결정권한을 가질 수밖에 없다고 본다. **판례**는 법률 또는 정관규정에 의하여 주주총회 또는 이사회의 결의를 필요로 하는 것으로 되어 있지 아니한 업무 중 이사회가 일반적·구체적으로 대표이사에게 위임하지 않는 업무로서 일상업무에 속하지 않는 중요한 업무에 대하여는 이사회에 그 의사결정권한이 있다고 본다(96다48282). 생각건대 대표이사는 정관, 주주총회·이사회로부터 위임받은 업무를 집행하는 것이 원칙이고 상법에 규정은 없더라도 중요한 사항은 이사회의 결의를 거쳐야 한다. 하지만 업무를 집행하는 과정에 위임의 범위를 넘지 않는 구체적인 의사결정권한은 대표이사가 가진다고 보아야 한다(긍정설).

② 집행권한 – 상법이 정하고 있는 이사의 권한사항은 대부분 대표이사의 권한에 속하는 사항으로 이해하는 것이 통설이다. 예를 들어 주권과 채권에 대한 기

명날인·서명, 본점에 정관 및 주주총회·이사회의 의사록, 주주명부·사채원부의 비치(상396.1), 지점에 정관 및 주주총회의 의사록의 비치, 주식청약서 및 사채청약서의 작성(상420, 474.2), 신주인수권증서의 발행(상420의2), 신주인수권증권의 발행(상516의5), 재무제표와 그 부속명세서의 작성·비치·공시·제출(상447, 448, 449.1), 영업보고서의 작성·제출·보고(상447의2, 449.2), 대차대조표의 공고(상449.3) 등이 이에 해당한다. 다만 주주총회에 출석하여 의사록에 기명날인·서명할 권한(상373.2), 이사회 소집권(상390), 각종 제소권(상328, 376, 429, 445, 529), 대표이사에 대한 보고요구권(상393.3) 등은 이사의 권한이고 대표이사만의 권한은 아니다.

③ **업무담당이사** – 회사는 정관으로 대표이사 이외의 이사에게도 회사대표권을 제외한 대내적인 업무집행권을 부여할 수 있는데, 업무집행권을 부여받은 이사를 업무담당이사라 한다. 상근이사 또는 사내이사라는 용어도 사용되나, 업무담당이사는 담당업무의 내용에 따라 전무이사·상무이사 등의 명칭을 사용하는 것이 일반적이다. 업무담당이사는 대표이사가 아닌 한 대표권을 가지지 않지만 업무를 집행함에 있어 생긴 손해에 대해 이사로서 회사 또는 제3자에 대한 손해배상책임을 부담한다(상399, 401). 업무담당이사의 대외적인 행위에 대해서는 후술하는 표현대표이사 규정이 적용될 수 있다. 그 밖에 상업사용인을 겸하는 이사를 특히 사용인겸업무이사라 한다.

3) **대표권** : ① **포괄성·정형성** – 대표이사는 회사의 업무집행권과 아울러 회사의 대표권을 가진다. 또한 대표이사가 수인인 경우에도 원칙적으로 각자가 회사를 대표하는 권한이 있다. 그 대표권의 범위는 회사의 영업에 관한 재판상 또는 재판 외의 모든 행위에 미친다(상389.3→209.1). 위 권한을 내부적으로 제한하여도 선의의 제3자에게 대항하지 못한다(상389.3→209.2). 따라서 대표이사의 대표권은 회사의 권리능력의 범위와 일치한다. 대표이사가 포괄적이고 정형적인 대표권을 가지고 있으며, 대표권을 남용할 경우에 선의의 제3자에게 대항할 수 없는 점 등은 지배인의 경우와 같다. 그러나 대표이사의 대표권은 그 성질이 단체법에 고유한 대표관계이므로 개인법상의 대리관계와는 구별된다. 민법은 대표관계에 대리에 관한 규정을 준용하고 있고(민59.2), 상법은 위임에 관한 규정을 준용한다(상382.2).

② **대표권의 제한** – 대표이사는 회사의 영업에 관해 포괄적이고 정형적인 대

표권을 갖지만 일정한 경우 제한된다. 먼저 법적 제한으로는, i) 공동대표이사제도, ii) 회사와 이사간의 소송, 주주로부터 회사에 대한 이사의 책임추궁의 소에서 감사의 회사대표권(상394), iii) 청산중의 회사의 대표청산인(상542.1, 254.3) 등이 있다. 이사와 회사의 소에서 감사로 하여금 회사를 대표하도록 규정하고 있는 이유는 공정한 소송수행을 확보하기 위한 데 있고, 회사의 이사가 사임으로 이미 이사직을 떠난 경우에는 특별한 사정이 없는 한 위 상법 규정은 적용될 여지가 없다고 보았다(2013마1273결정). 다음 내부적 제한으로서 정관이나 기타 사규 또는 주주총회·이사회의 결의로 대표이사의 대표권의 범위를 제한할 수 있다. 다만 내부적 제한은 회사에 대한 관계에서만 효력이 있고 선의의 제3자에게 그 제한으로 대항하지 못한다(상389.3 → 209). 정관으로 상법에 규정되지 않은 사항을 이사회 결의사항으로 정한 경우 이는 대표권한의 제한으로 볼 수 있는데, 이에 관해 최근 전원합의체판결은 '중과실배제 상대적 유효설'을 취해 과실배제 상대적 유효설의 종전 판례를 변경하였는데(2015다45451), 이에 관해서는 전단적 대표행위에서 살펴본다.

③ **대표권의 행사** – 대표이사가 1인인 경우는 물론 수인인 경우에도 각각의 대표이사는 서로 독립하여 회사를 대표하는 단독대표 또는 각자대표가 원칙이다. 대표이사가 대표행위를 함에 있어 상법 제48조가 준용되므로 현명을 하지 않더라도 상대방이 회사와 거래할 의사를 가지고 또 대표이사란 사실을 알고 거래한 때에는 회사에 대하여 효력이 있다. 다만 문언증권적 성질을 가지는 어음·수표행위의 경우에는 반드시 대표자격을 표시하고 대표이사가 기명날인·서명하여야 회사의 어음·수표행위가 된다.

4) **대표권의 남용** : ① 개념 – 대표이사가 대표권의 범위에 속하는 행위이지만 회사의 이익이 아니라 자기 또는 제3자의 이익을 위하여 대표행위를 할 경우를 의미한다. 대표권의 남용이 되기 위해서는 우선 대표권의 범위 내의 행위가 문제되고 대외적으로 유효한 행위이어야 한다. 제한을 위반한 행위 등은 원칙적으로 무효한 대표행위가 되고 여기서 말하는 대표권의 남용에 해당하지 않는다. 대표권 남용의 본질은 대외적으로는 유효한 행위이지만 이익의 귀속주체가 회사가 아닌 대표이사 개인 또는 제3자라는 점에 있다. 따라서 전단적 대표행위로서 부적법하지만 유효로 해석될 경우 대표권남용이 문제될 수 있다. 대표이사가 자신의 개인채무를 변제하기 위해 회사명의의 어음을 발행하거나(89다카24360), 자기의 친

지가 발행한 어음에 회사명의의 보증을 서는 경우(86다카1858)가 대표권남용의 전형적인 예이다.

② **효력** – 대표권이 남용된 경우 대표행위의 효력은, i) 회사에 대해 손해배상 책임의 부담 및 해임사유가 되고, ii) 상대방이 대표이사의 행위가 대표권의 남용임을 안 경우에는 남용된 대표행위를 무효로 보고, iii) 상대방이 대표이사의 행위가 대표권의 남용임을 알지 못하고 거래한 경우 남용된 대표행위는 유효하다고 본다.

③ **효력근거**(**쟁점44**)에 관해, **심리유보설**은 대표이사가 자기의 이익을 위해 회사의 대표자로서 법률행위를 한 것은 비진의표시에 해당하고 상대방이 대표이사의 진의를 알았거나 알 수 있었을 때에는 민법 제107조 1항 단서의 규정을 유추하여 남용행위를 무효로 본다. **권리남용설**은 대표권 남용행위도 대표행위로서는 유효하지만, 상대방이 대표권 남용의 사실을 알고 있거나 중과실로 모르는 경우에는 회사에 대하여 권리를 행사하는 것은 권리남용 또는 신의칙 위반이 되어 허용되지 않는다고 본다. **상대적 무효설**은 대표권의 남용행위는 대표이사의 개인적 이익을 위하여 행사한 경우로서 선관주의의무에 위반하여 원칙적으로 무효이지만, 다만 선의의 제3자에 대하여 유효라 본다. **대표권제한설**(내부적 제한설)은 대표권의 남용을 대표이사의 대표권에 대한 제한의 위반으로 보아, 남용행위임을 안 상대방에 대해서는 제한을 주장할 수 있지만 제한에 관해 선의인 제3자에 대하여는 남용행위임을 이유로 대항할 수 없다고 본다. **판례**는 대표이사의 대표권의 남용에 관하여 대표이사의 행위가 대표권한 내의 행위라 하더라도 대표이사가 회사의 이익을 위해서가 아니고 자기 또는 제3자의 이익을 도모할 목적으로 그 권한을 행사한 경우에, 상대방이 그 대표이사의 진의를 알았거나 알 수 있었을 때에는 회사에 대하여 무효로 보았다고(2003다34045) 악의의 상대방은 신의칙상 권리주장을 할 수 없다고 보았다(2016다222453). 생각건대 대표이사의 대표행위는 내심적 효과의사와 표시상의 효과의사가 일치하므로 비진의표시로 포섭하는 것은 부적절하고, 대표권을 회사의 이익을 위해 행사하여야 한다는 것은 내부적 제한과 구별되는 일종의 조리상의 원칙으로 보아야 하고, 외견상 아무런 하자 없는 대표행위를 당연무효로 보는 점에서 상대적 무효설은 부적절하다. 대표권남용행위는 대외적으로는 아무런 흠결이 없는 행위이어서 유효이나, 남용의 사실을 알고 거래하였거나 중과실로 알지 못한 거래상대방은 권리남용금지의 일반규정에 따라 보호할 수 없다고 보는 권리남용설이 타당하다고 본다.

5) **전단적 대표행위** : ① 개념 – 법률 또는 정관에서 요구하는 주주총회의 결의나 이사회의 결의를 얻지 않거나 결의에 반해서 한 대표이사의 행위를 의미한다. 이는 법률이나 정관에 반하므로 하자가 있지만 거래상대방이 회사의 내부적 절차를 거치지 않은 전단적 대표행위라는 사실을 몰랐을 경우에는 보호할 필요가 있다는 점에서 효력이 논의된다.

② **효력** – i) 회사의 내부적 제한(정관·이사회규칙)을 위반한 전단적 대표행위는 대표이사의 권한 제한에 관한 상법규정을 적용해서 제한은 원칙적으로 유효하나 선의의 제3자에게 대항할 수 없음은 앞서 설명하였다(상389.3 → 209.2). ii) 법정된 주주총회결의 없이 또는 위반한 전단적 대표행위에 관해, 주주총회 결의사항은 대체로 회사의 근본적 이해관계, 주주의 이익과 직접 관련된 사항이므로 이를 위반한 행위는 설사 선의의 제3자가 희생되더라도 주주보호를 위해 무효로 본다(통설). iii) 법정된 **이사회결의를 무시한 전단적 대표행위의 효력**(**쟁점45**)에 관해, 무효설은 이사회규정의 취지와 회사의 이익보호를 논거로 하며, **유효설**은 대표이사의 행위인 이상 거래상대방을 보호하여야 한다고 보며, **상대적무효설**은 원칙적으로 무효이지만 선의의 제3자에게 이사회결의가 흠결되었다는 사실로 대항할 수 없다는 본다(통설). **판례**는 이사회결의사항은 회사의 내부적 의사결정에 불과하다 할 것이므로 그 거래상대방이 그와 같은 이사회결의가 없었음을 알았거나 알 수 있었을 경우가 아니라면 그 거래행위는 유효하다 할 것이고, 이 경우 거래의 상대방이 이사회의 결의가 없었음을 알았거나 알 수 있었음은 이를 주장하는 회사 측이 주장·입증하여야 한다고 볼 때(94다42754), **과실배제 상대적유효설**로 볼 수 있다. 그런데 최근 전원합의체판결은 거래행위의 상대방인 제3자가 선의·무중과실인 경우 상법 제209조 제2항에 따라 보호된다고 보았다(2015다45451–**중과실배제 상대적 유효설**). 생각건대 회사법의 강행법규성을 고려할 때 이사회결의를 흠결한 대표이사의 행위는 원칙적으로 무효이지만 선의의 거래상대방에 대해서는 절차의 흠결을 이유로 무효하다는 주장을 할 수 없다고 보는 상대적 무효설이 가장 적절하다고 본다. 다만 신주발행이나 사채발행과 같은 집단적 행위가 대표이사에 의해 전단적으로 행해진 경우에는 상대방의 선의·악의에 따라 절차의 효력을 달리 볼 수는 없으므로 획일적으로 언제나 유효하다고 본다.

6) **무권대표행위 추인** : 대표권한 없이 한 회사행위는 원칙적으로 무효이므로 회사에 효과가 발생하지 않고 예외적으로 표현대표이사제도 등을 통해 책임이 발

생할 수 있다. 하지만 무권대표행위라 하더라도 회사는 이를 추인할 수 있다고 본다. 판례도 무권대표행위의 추인은 무권대표행위 등이 있음을 알고 그 행위의 효과를 자기에게 귀속시키도록 하는 단독행위로서 그 의사표시의 방법에 관하여 일정한 방식이 요구되는 것이 아니므로 명시적이든 묵시적이든 묻지 않고, 본인이 그 행위로 처하게 된 법적 지위를 충분히 이해하고 진의에 기하여 그 행위의 효과가 자기에게 귀속된다는 것을 승인한 것으로 볼 만한 사정이 있다면 인정된다고 본다(2020다284496).

전단적 대표행위의 4가지 유형과 그 효과(판례) : i) **일반 전단적 대표행위** – 원칙 유효, 상대방의 악의·과실시 무효, ii) **이사회 승인 없는 자기거래** – 당사자간 무효, 제3자에 대해 원칙 유효, 상대방의 악의·중과실시 무효, iii) **이사회결의 없는 신주발행** – 항상 유효, iv) **정관상 이사회결의 요건 위반 선의의 제3자에 대항 불가**(상대방의 악의·중과실시 무효)

7) **대표이사의 불법행위** : 대표이사가 업무집행으로 인하여 타인에게 손해를 가한 때에는 회사와 그 대표이사는 연대하여 손해배상책임을 진다(상389.3 → 210). 이는 회사의 불법행위능력을 인정한 법인실재설의 입장이 반영된 것으로 이해되며, 피해자를 두텁게 보호하기 위해 대표이사의 연대책임을 인정하고 있다. 회사와 대표이사의 책임은 부진정연대책임관계로 본다. 여기서 '업무집행으로 인하여'라 함은 업무집행행위 자체뿐만 아니라, 객관적·외형적으로 보아 대표이사의 업무집행으로 인정될 수 있는 경우에는 모두 회사의 불법행위가 성립될 수 있다고 본다. 그러나 대표이사가 아닌 이사의 업무집행행위로 인해 타인에게 손해를 가한 경우에는 회사의 불법행위로 볼 수 없으므로 회사와 이사의 법률관계에 따라 회사는 타인에 대해 사용자배상책임이 문제되는 경우가 있을 수 있다.

8) **공동대표이사** : ① **개념** – 대표이사가 수인인 경우에도 단독대표가 원칙이다. 하지만 이사회의 결의로 공동대표이사를 정한 경우에는 수인의 대표이사가 공동의 의사표시로써만 회사를 대표하여야 하는데(상389.2), 공동대표이사제도는 대표권의 남용에 대한 사전적 제한으로 볼 수 있다. **공동대표의 본질**에 관해, 공동대표이사는 각자 대표기관을 구성하고 단지 권한행사를 공동으로 하는 것으로 이해하는 견해와 공동으로 1개의 대표기관을 구성하고 1개의 대표권이 합유적으로

귀속하는 것으로 이해하는 견해가 대립한다. 생각건대 공동대표도 대내적 업무집행에서는 단독으로 대표이사의 권한을 행사하므로 대표권한 행사만 공동으로 한다는 앞의 견해가 타당하다고 본다. 처음부터 공동대표로 선임하거나 단독대표이사를 공동대표이사로 변경할 수도 있으며 1인의 단독대표이사와 2인의 공동대표이사를 동시에 두는 것도 가능하다. 공동대표이사가 선임되면 공동대표이사로 회사등기부에 등기하여야 한다(상317.2 10호).

② **권한** – 공동대표이사가 대표행위를 함에 있어서만 권한행사방법이 제한되는바, **수동대표**(회사에 대한 의사표시)는 공동대표이사 중 1인에 대하여만 하여도 효력이 발생한다(상389.3 → 208.2), **능동대표**(회사가 제3자에게 하는 의사표시)는 공동대표이사들이 공동으로 하여야 효력이 발생한다. 법률에 의한 대표권의 제한이므로 이를 위반한 경우 즉 공동대표이사가 단독으로 회사를 대표하여 거래행위를 하였고 거래상대방이 공동대표라는 사실을 몰랐다고 하더라도(상대방의 선·악 불문) 거래행위는 무효이다. 공동대표제도는 대표권남용을 방지하기 위한 제도이므로 거래행위, 소송행위에만 적용되고, 불법행위에는 적용되지 않는다. **대내적 업무집행의 공동성**에 관해, **긍정설**은 공동행사가 원칙이나 단독행사도 책임문제는 별론으로 하고 행위의 효력은 문제되지 않는다고 보지만, 상법 제389조 2항에서 회사대표에 관해 공동성을 규정하고 있어 대내적 업무집행에 관해서는 공동대표가 적용되지 않는다는 **부정설**이 타당하다고 본다.

③ **대표권의 위임** – 공동대표이사 중의 1인의 다른 공동대표이사에 대한 **대표권의 포괄적 위임의 허용성**에 관해, **긍정설**은 일정한 사항에 관해 이사 전원의 동의가 있으면 결정과 집행을 특정 공동대표에게 포괄적으로 위임할 수 있다고 보고, **부정설**은 공동대표이사의 대표권을 포괄적으로 위임하는 것은 실질적으로 단독대표가 되어 대표권 남용방지의 취지를 몰각시킨다는 점에서 허용될 수 없다고 본다. **판례**는 공동대표이사의 1인이 그 대표권의 행사를 특정사항에 관하여 개별적으로 다른 공동대표이사에게 위임함은 별론으로 하고, 일반적·포괄적으로 위임함은 허용되지 아니한다고 보았다(89다카3677). 생각건대 공동대표는 대표권의 남용과 위법행사를 방지하기 위한 제도라는 취지를 고려할 때 포괄적 위임은 곤란하다고 본다. 기타 특정거래에 관한 **대표권의 개별적 위임의 허용성**(**쟁점46**)에 관해, **적극설**은 공동대표이사의 내부적인 의사합치만 있으면 개별적인 위임이 가능하고 거래상대방에게 공동대표이사 전원이 의사표시를 같이 할 필요는 없다는 보고, **소극설**은 내부적 의사합치만으로 부족하고 대외적으로 의사표시를 공동으

로 하여야 한다고 본다. **판례**는 회사의 공동대표이사 2명 중 1명이 단독으로 동의한 것이라면 특별한 사정이 없는 한 이를 회사의 동의라고 볼 수 없으나, 다만 나머지 1명의 대표이사가 그로 하여금 건물의 관리에 관한 대표행위를 단독으로 하도록 용인 내지 방임하였고 또한 상대방이 그에게 단독으로 회사를 대표할 권한이 있다고 믿은 선의의 제3자에 해당한다면 이를 회사의 동의로 볼 수 있다고 하였다(95누14190). 생각건대 공동대표이사가 내부적으로 의사의 합치가 있었을 경우에는 대표권남용의 위험은 없으므로 이를 단독으로 표시하더라도 무방하므로 적극설이 타당하다고 본다.

④ **위반행위의 효력** – 공동대표이사 중의 1인이 다른 공동대표이사의 동의 없이 단독으로 대표행위를 한 경우에는 대표행위는 무효이나, 무권대리행위로서의 실체를 가진다. 따라서 기타 공동대표이사 전원이 거래상대방이나 단독으로 대표행위를 한 대표이사에게 추인을 할 경우 하자는 치유되어 유효하게 된다고 본다(92다19033). 추인이 없는 공동대표이사의 단독대표는 무효이므로 거래상대방의 보호가 문제된다. 공동대표이사는 민법상의 손해배상책임을 부담할 수 있고(민750), 회사의 표현대표이사의 책임(상395)이 성립할 수도 있다. 그리고 공동대표이사 중의 1인이 회사의 업무집행으로 인하여 타인에게 손해를 가한 때에는 비록 단독행위라 하더라도 회사의 불법행위가 되어 회사가 연대책임을 진다.

대표이사의 하자 있는 대표행위 : i) **회사의 권리능력 밖의 행위**, ii) **회사의 불법행위**, iii) **대표권제한을 위반한 행위**, iv) **전단적 대표행위**, v) **대표권남용**, vi) **공동대표이사의 단독대표**, vii) **자기거래 등 충실의무 위반행위**, viii) **상대방 구제제도** – 해석상 선의의 제3자 보호, 표현대표이사, 이사의 책임(사실상 이사의 책임)

(4) 표현대표이사

1) **의 의** : 회사의 대표권이 없는 자가 사장·부사장·전무·상무 기타 회사를 대표할 권한이 있는 것으로 인정할 만한 명칭을 사용하여 거래한 경우, 선의의 거래상대방(제3자)에 대하여 회사가 그 책임을 지는 제도를 의미하고(상395), 대표권 없이 거래한 자를 표현대표이사라 한다. 표현대표이사제도는 상법 제395조에 명시되어 있어 법적 근거는 명확하나, 이 제도의 **이론적 근거**에 관해, 영미법상 금반언의 원칙에서 찾는 견해와 독일법상의 외관이론에서 찾는 견해, 외관주의 또는 금반언의 원칙에서 찾는 견해 등이 있다. 판례는 상법 제395조는 표시에 의한

금반언의 법리나 외관이론에 따라 대표이사로서의 외관을 신뢰한 제3자를 보호하기 위하여 그와 같은 외관의 존재에 대하여 귀책사유가 있는 회사로 하여금 선의의 제3자에 대하여 그들의 행위에 관한 책임을 지도록 하려는 것이라 보았다(97다34709). 생각건대 이론적 근거에 따라 상법 제395조의 해석이 달라지지 않으므로 학설대립의 의미는 적으나, 독일법상의 제도를 계수한 점에서 외관이론의 표현으로 볼 수 있을 것이다.

2) **다른 제도와의 관계** : ① **표현대리제도** – 표현대표이사제도는 대리권 수여의 표시에 의한 표현대리(민125)와 가장 유사하지만, 권한을 초과한 경우이거나 대표이사 퇴임등기 후에는 다른 유형(민126, 129)과 관련될 수 있다. 대표권 수여의 의사표시를 상대방에게 하지 않더라도 회사에 귀책사유만 있으면 성립한다는 점에서 요건(민125)을 달리한다. 따라서 표현대표이사의 요건을 갖출 경우 특별규정인 상법의 표현대표이사제도가 우선 적용되지만 요건 흠결시 대표에 관해서는 대리규정이 준용되므로(민59.2) 표현대리규정이 준용될 수도 있다.

② **표현지배인제도** – 표현지배인제도와 표현대표이사제도는 모두 외관신뢰보호의 원칙의 표현이므로 요건은 유사하다. 지배인·이사도 아닌 자가 권한 없이 지배인·대표이사의 명칭을 사용하여 거래행위를 한 경우, 지배인의 외관을 형성한 경우에는 표현지배인제도가 적용되고 대표이사의 외관을 사용한 경우에는 표현대표이사제도가 적용된다고 볼 수 있다.

③ **상업등기제도** – 대표이사·이사의 성명·주민등록번호는 상업등기사항이므로(상317.2 8호), 대표이사로 등기되지 않은 자가 대표행위를 할 경우, 상업등기부의 적극적 공시력(상37)·부실등기효력(상39)에 따라 해결될 수 있어 표현대표이사제도의 필요성에 의문이 든다. 표현대표이사제도는 오히려 등기부를 열람하지 아니한 과실이 있는 상대방을 보호하여 상법 제37조와 일면 모순되는 것으로 보인다. 등기유무(상37)에도 불구하고 **표현대표이사제도의 우선적용의 근거**(**쟁점47**)에 관해, **예외규정설**은 상법 제395조는 제37조의 예외규정이라 이해하는 견해이고, **법익구별설**은 등기제도는 공시를 통한 당사자의 이해조정이고 표현대표이사제도는 외관신뢰에 대한 신뢰보호이므로 법익을 달리한다고 본다. **판례**는 상법 제395조와 상업등기와의 관계를 헤아려 보면, 본조는 상업등기와는 다른 차원에서 회사의 표현책임을 인정한 규정(**이차원설**)이라고 해야 옳으므로 이 책임을 물음에 상업등기가 있는지 여부는 고려의 대상에 넣어서는 안 된다 본다(77다2436). 생각

건대 상업등기부에 대표이사로 등기된 진정 대표이사(A)에는 추정력·(소극적·적극적)공시력이 발생하지만 무권한자(B)가 대표이사가 아니라는 점에 관해서는 추정력은 발생하지만 공시력(적극적·소극적 공시의 효력)이 발생하지 않아 등기제도만으로 'B의 외관에 따른 신뢰문제'를 해결할 수 없다(제도구별설). 즉 등기제도와 표현대표이사제도는 보호대상이 다르고 규범의 충돌이 나타나지 않아, 상업등기제도에도 불구하고 무권한자(B)의 권한 외양에 대한 신뢰를 보호할 필요가 있다고 본다.

3) **적용요건** : 표현대표이사제도는 외관신뢰보호의 원칙의 일반적인 요건이라 할 수 있는 외관의 존재, 외관의 신뢰, 외관에 대한 귀책사유가 있어야 한다. 즉, 대표이사의 명칭을 사용하여 거래행위를 하여야 하고 거래상대방은 대표이사의 행위로 신뢰하여야 하며 이러한 신뢰가 형성된 데 회사의 귀책사유가 존재하여야 한다.

① **외관존재** – 회사를 대표할 권한이 있는 자로 보이는 자와 한 거래행위만 보호를 받는다. 이러한 외관에는 사장·부사장·전무·상무에 한하지 않고, 회장·총재·은행장·이사장 등과 같이 일반관행에 비추어 대표권이 있는 것으로 사용되는 모든 명칭을 포함한다. 상법 제395조는 외관을 사용하는 자가 **이사의 자격**을 갖추어야 하는 것을 전제하고 있는데, 해석상 이사자격을 요하지 않는다고 보는 것이 통설이다. 판례도 회사가 이사의 자격이 없는 자에게 표현대표이사의 명칭을 사용하게 허용한 경우 제395조가 유추적용되는 것으로 보았다(91다35816). 생각건대 이사 자격이 없는 자의 행위일 경우에도 거래상대방을 보호할 필요성이 있지만, 현행 상법이 이사일 것을 명시하고 있으므로 이사가 아닌 자에게 상법 제395조가 직접 적용된다기보다는 유추적용된다는 판례의 입장이 타당하다고 본다.

② **귀책사유** – i) 표현대표이사의 행위에 대해 회사가 책임을 부담하는 이유는 외관 존재(대표이사 직함사용)에 대해 회사의 귀책사유가 있기 때문이다. 외관부여방식은 **명시적인 경우**(**명칭부여, 사용허락**)는 물론 **묵시적으로 허용**한 경우에도 귀책사유가 인정된다. 예를 들어 표현대표이사의 거래행위를 결제한다든지 성사된 거래에 대해 수수료를 지급하는 등의 경우가 묵시적 외관부여의 예에 해당한다. 회사가 명칭을 명시적·묵시적으로 허락하지 않았지만 제3자가 그러한 명칭을 사용하고 있다는 사실을 **알고 방치한 경우의 회사책임**에 관해, 긍정설과 부정설이 대립하며 판례는 방치하여 소극적으로 묵인한 경우에도 표현대표이사의 규정이

유추적용된다고 보았다(91다35816). 생각건대 타인의 부적절한 명칭사용을 알고 있더라도 이러한 행위를 배제할 적극적인 작위(作爲)의무가 있는지 의문이어서 이러한 방치가 묵시적 허락에 해당되지 않는다면 표현대표이사제도를 적용할 수 없다고 본다(부정설). ii) **허락행위의 주체**는 대체로 진정한 대표이사이지만, 판례는 회사가 표현대표를 허용하였다고 하기 위하여는 진정한 대표이사가 이를 허용하거나, 이사 전원이 아닐지라도 적어도 이사회의 결의의 성립을 위하여 회사의 정관에서 정한 이사의 수, 그와 같은 정관의 규정이 없다면 최소한 이사정원의 과반수의 이사가 적극적 또는 묵시적으로 표현대표를 허용한 경우이어야 한다고 보았다(91다5365).

③ **외관신뢰** – i) 표현대표이사가 성립되기 위해서는 거래상대방은 선의의 제3자이어야 하는데, 이때 **선의**란 대표권이 없음을 알지 못한 것으로 보고 선의인데 경과실이 있는 경우도 보호된다고 본다. 판례도 제3자가 회사의 대표이사가 아닌 이사에게 그 거래행위를 함에 있어 회사를 대표할 권한이 있다고 믿었다 할지라도 그와 같이 믿음에 있어서 중대한 과실이 있는 경우에는 회사는 그 제3자에 대하여는 책임을 지지 아니한다고 보았다(2002다65073). 요컨대 거래상대방이 외관을 신뢰함에 있어 악의이거나 선의이지만 중과실이 있는 경우를 제외하고는 보호받는다. 구체적으로 대표이사가 아님은 알았지만 **대표권에 관한 선의**(**쟁점48**)에 관해, 판례는 선의란 표현대표이사가 (실질상) 대표권이 없음을 알지 못한 것을 말하는 것이지 반드시 형식상 대표이사가 아니라는 것을 알지 못한 것에 한정할 필요는 없다고 보았다(97다34709). ii) **제3자**라 함은 표현대표이사의 행위의 직접적인 상대방만 해당하는지 제3취득자를 포함하는지에 관해, 학설은 **제3취득자**를 포함한다고 보며 판례도 회사를 대표할 권한이 없는 표현대표이사가 다른 대표이사의 명칭을 사용하여 어음행위를 한 경우, 회사가 책임을 지는 선의의 제3자의 범위에는 표현대표이사로부터 직접 어음을 취득한 상대방뿐만 아니라, 그로부터 어음을 다시 배서양도받은 제3취득자도 포함된다고 보았다(2002다65073).

4) **적용효과** : 이상의 요건충족시 표현대표이사의 행위에 대하여 회사는 마치 대표권이 있는 대표이사의 행위와 같이 회사는 제3자에 대하여 권리를 취득하고 의무를 부담한다. 따라서 이 경우에는 민법상의 무권대리에 관한 규정(민130 이하)이 적용될 여지가 없다. 그러나 표현대표이사가 어음행위를 한 경우에 본인인 회사가 본조에 의하여 책임을 지는 것 외에 표현대표이사도 무권대리인으로서 어

음상의 책임을 진다(어8, 수11). 회사가 표현대표이사의 행위에 대하여 책임을 부담하게 됨으로써 손해를 입은 때에는 그 표현대표이사에 대하여 손해배상을 청구할 수 있다.

5) **적용범위** : ① 표현대표이사제도는 대표행위에 적용되고 **대내적 업무집행**에는 적용되지 않는다. 그리고 **전단적 표현대표행위**, 즉 표현대표이사의 행위가 이사회의 결의가 요구되는 행위일 경우, 거래의 상대방인 제3자의 입장에서 이사회의 결의가 없었음을 알았거나 알 수 있었을 경우라면 회사로서는 그 행위에 대한 책임을 면한다(97다34709). **소송상 표현대표행위**에 관해, 재판상 행위는 거래상의 신뢰보호를 목적으로 하는 외관신뢰보호의 원칙이 적용되지 않는다고 보아야 하지만 표현적 명칭을 사용한 소송행위에 관해서 표현대표이사의 행위로 본 판례(70후7)가 있다. 생각건대 표현지배인제도도 재판상 행위에는 적용되지 않으므로(상14.1단서) 소송상 표현대표행위의 효력은 부인된다고 본다. **불법적 표현대표행위**에 관해, 불법행위에 관해서는 효력을 부인하는 부정설이 있지만 거래 관련적 불법행위(예컨대 대표이사임을 사칭하여 한 거래행위)의 상대방에게는 어느 정도 신뢰가 형성되어 불법행위가 가능하였다는 점에서 표현대표이사제도가 적용된다고 보는 긍정설이 타당하다고 본다.

② **진정한 대표이사(타인)의 명의로 한 행위에 상법 제395조 적용가능성(쟁점49)**에 관해, **부정설**은 상법 제395조는 제3자의 2단계의 오해, 즉 대표권에 관한 오해와 다른 대표이사의 대행권에 관한 오해까지 보호를 의도하지 않았다고 보아 효력을 부정하고, **긍정설**은 사용 명칭이 어떠한 것인지를 불문하고 회사의 책임을 인정하는 것이 거래의 안전상 타당하고 동일한 실질의 행위가 그 명칭 여하에 따라 효과가 다르게 되어 균형을 잃어 부당하다는 점을 근거로 표현대표이사제도의 적용을 긍정한다. **판례**는 표현적 행위자가 대표이사의 명의로 행위한 경우 초기에 민법상의 표현대리(민126)의 문제로 보아 표현대표이사제도의 적용을 부정하였으나(68다127), 이후 판결들에서는 상법 제395조는 표현대표이사가 자기의 명칭을 사용하여 법률행위를 한 경우는 물론이고 자기의 명칭을 사용하지 아니하고 다른 대표이사의 명칭을 사용하여 행위를 한 경우에도 유추적용되고, 이와 같은 대표권 대행의 경우 제3자의 선의나 중과실은 표현대표이사의 대표권 존부에 대한 것이 아니라 대표이사를 대행하여 법률행위를 할 권한이 있느냐에 대한 것이라 보았다(2013다5091). 생각건대 직함을 사칭한 경우와 타인의 명의를 사칭한 경우는

구별되지만, 직함사칭이나 명의사칭의 거래행위에서 상대방의 보호 필요성은 동일하며 거래의 안전도 동일하게 보호될 필요가 있어 긍정설(유추적용설)이 타당하다고 본다. 다만 권한유무보다는 특정인의 동일성 확인이 보다 용이하므로 중과실 유무의 판단을 달리할 가능성은 있다고 본다.

③ **하자 있는 이사선임결의의 경우** – 주식회사의 이사는 주주총회에서 선임되고(상382.1), 대표이사는 이사회 또는 주주총회의 결의로 이사 중에서 선임된다(상389.1). 그런데 이사를 선임한 주주총회결의에 하자가 있어 주총결의하자의 소가 제기되어 원고승소판결이 확정되었다면 그 승소판결의 소급효(상376, 380)가 발생하여 대표이사의 행위의 효력이 문제된다. **확정판결 전의 대표이사의 거래행위에 표현대표이사제도의 적용가능성**에 관해, 회사에 귀책사유가 있을 경우 대체로 표현대표이사제도가 적용된다고 보는 견해가 있지만 **판례**는 이사선임의 주주총회결의에 대한 **취소판결**이 확정되어 그 결의가 소급하여 무효가 된다고 하더라도 그 선임 결의가 취소되는 대표이사와 거래한 상대방은 상법 제39조의 적용 내지 유추적용에 의하여 보호될 수 있으며, 주식회사의 법인등기의 경우 회사는 대표자를 통하여 등기를 신청하지만 등기신청권자는 회사 자체이므로 취소되는 주주총회결의에 의하여 이사로 선임된 대표이사가 마친 이사선임등기는 상법 제39조의 부실등기에 해당된다고 보았다(2002다19797). 주주총회를 소집, 개최함이 없이 의사록만을 작성한 주주총회결의로 대표자로 선임된 자의 행위에 대하여 의사록 작성으로 대표자격의 외관이 현출된 데(**주총결의부존재**에 해당)에 대하여 회사에 귀책사유가 있음이 인정될 경우 상법 제395조에 따라 회사에게 그 책임을 물을 수 있다고 보았다(2007다60455). 그리고 유사한 사례에서 회사의 적법한 대표이사가 그 대표 자격의 외관이 현출되는 것에 협조, 묵인하는 등의 방법으로 관여하였다거나 회사가 그 사실을 알고 있음에도 시정하지 않고 방치하는 등 이를 회사의 귀책사유와 동일시할 수 있는 특별한 사정이 없는 한, 회사에 대하여 상법 제395조에 의한 표현대표이사 책임을 물을 수 없다고 보았다(2011다30574).

④ **공동대표이사제도** – 공동대표이사 중 1인이 제3자에 대하여 단독으로 대표행위를 한 경우, 즉 **표현대표이사제도의 공동대표에의 적용가능성**(**쟁점50**)에 관해, **부정설**은 이를 긍정하면 공동대표이사의 목적이 사실상 유명무실해진다고 하여 부정하고, **긍정설**은 부정설에 따를 경우 이사가 아닌 자의 표현대표행위에 대하여도 회사의 책임을 물으면서, 진정한 대표권을 가진 공동대표이사의 행위에 대하여는 회사에 대해 표현책임을 묻지 못하게 되어 형평에 맞지 않는다는 논거로 긍

정한다(통설). **판례**는 회사가 공동으로만 회사를 대표할 수 있는 공동대표이사에게 대표이사라는 명칭의 사용을 용인 내지 방임한 경우에는 회사가 이사자격이 없는 자에게 표현대표이사의 명칭을 사용하게 한 경우이거나 이사자격 없이 그 명칭을 사용하는 것을 알고서도 용인상태에 둔 경우와 마찬가지로, 회사는 상법 제395조에 의한 표현책임을 부담한다고 보았다(91다19111). 생각건대 공동대표이사의 단독대표행위의 상대방은 이사가 아닌 자의 거래행위의 상대방보다 더 보호가치가 크다는 점에서 긍정설이 타당하다고 본다.

5. 이사의 의무

(1) 선관주의의무

1) **개 념** : 회사와 이사간은 위임관계이므로 이사는 위임사무인 회사의 업무를 집행함에 있어서 선량한 관리자의 주의의무를 부담한다(상382.2, 민681). 선관주의의무는 회사경영의 위임이라는 인적 신뢰를 기초로 하는 매우 높은 수준의 주의의무이다. 이에는 업무를 집행함에 있어 법령, 정관을 준수하여야 할 의무는 물론이고 회사의 이익을 도모할 의무도 포함된다고 본다. 그리하여 이사는 자신의 직무를 수행함에 있어 법령을 위반하여서는 안 될 의무(소극적 의무)는 물론 항상 회사에 최선의 이익이 되는 결과를 추구할 의무(적극적 의무)를 부담한다. 이러한 이사의 의무는 사내·사외이사, 상근·비상근이사 불문하고 부담하는 의무이다. 이사의 선관주의의무의 한계로서 경영판단의 원칙이 논의되는데 이에 관해서는 이사의 책임에서 설명한다.

2) **비밀유지의무** : 이사는 재임 중뿐만 아니라 퇴임 후에도 직무상 알게 된 회사의 영업상 비밀을 누설하여서는 안 된다(상382의4). 이사의 비밀유지의무란 이사가 직무를 통해 취득한 기업조직과 활동에 관한 정보(기업비밀)를 경쟁기업 또는 타인에게 누설하지 않아야 할 의무(누설금지)를 의미한다. 비밀유지의무는 이사의 재임기간 중에는 선관주의의무로서의 성격을 가지나, 이사의 직무를 종료한 후에도 부담한다는 점에서 선관주의의무와 성격을 달리한다고 본다. 기업에 관한 정보 중 어디까지 기업비밀로 볼 것인가? 공개되지 않은 기업정보로서(**비공개성**) 회사가 이를 비밀로 하려는 의사(**비밀의사**)가 있어야 하고 재산적 가치유무는 문제되지 않는다고 본다. 비밀유지의무의 범위에 관해 비밀유지뿐만 아니라 이용금

지까지 포함시키는 견해도 있다.

3) **감시의무** : ① 개념 – 이사의 감시의무란 이사가 다른 이사·집행임원이 회사법상 의무(선관주의의무와 충실의무)를 준수하여 업무집행을 하고 있는지 주시하고 필요시 정보를 수집하여 업무집행에 위법·부당한 사실을 발견할 경우 이를 이사회 등에 보고하여 업무집행의 개선을 시도할 의무이다. 평이사도 이사회를 통하지 않고 직접 다른 이사의 업무를 감시할 권한과 의무(**적극적·능동적 감시의무**)를 가진다고 본다. 판례도 주식회사의 이사는 이사회의 일원으로서 이사회에 상정된 의안에 대하여 찬부의 의사표시를 하는 데 그치지 않고, 담당업무는 물론 다른 업무담당이사의 업무집행을 전반적으로 감시할 의무가 있으므로, 주식회사의 이사가 다른 업무담당이사의 업무집행이 위법하다고 의심할 만한 사유가 있음에도 불구하고 이를 방치한 때에는 그로 말미암아 회사가 입은 손해에 대하여 배상책임이 있다고 보았다(2007다60080).

② 이사의 범위 – 감시의무는 이사의 선관주의의무에 포함되므로 업무담당이사뿐만 아니라 모든 이사의 의무이다. 판례도 주식회사의 이사는 선관주의로써 대표이사 및 다른 이사들의 업무집행을 전반적으로 감시할 권한과 책임이 있고, 이사회는 회사의 업무집행사항에 관한 결정권 외에 이사의 직무집행을 감독할 권한을 가지므로, 사외이사, 비상근이사를 포함한 모든 이사는 이사회 참석 및 이사회에서의 의결권 행사를 통해 대표이사 및 다른 이사들의 업무집행을 감시·감독할 의무를 가진다고 본다(2017다244115).

③ 의무의 내용 – 이사의 감시의무의 구체적 내용을 보면, 이사가 자신의 직무를 수행함에 있어서 또는 직무와 무관하게 다른 이사의 직무집행의 적법성·타당성에 관한 정보를 인지할 경우 이를 방치하지 않고 다른 이사의 직무집행의 적법성·타당성을 판단하기 위한 관련 정로를 수집할 **정보수집의무**(상393.3)와 이사가 다른 이사의 직무집행의 적법성·타당성에 관한 정보를 수집한 경우 이사회에 보고하여 이사회가 해당 이사의 업무집행을 감독할(상393.2) 수 있도록 할 **보고의무**를 내용으로 한다고 본다.

4) **보고의무** : 감사 또는 감사위원회는 언제든지 이사에 대하여 영업에 관한 보고를 요구할 수 있다(상412.1, 415의2.6). 다른 기관의 요청에 의한 이사의 소극적 보고의무 이외에 요청이 없더라도 이사는 적극적으로 보고할 수 있는 의무가

있는데, 이는 정기보고의무와 수시보고의무로 구분된다. 이사는 3월에 1회 이상 정기적으로 업무를 이사회에 보고할 의무를 부담한다(상393.4). 그리고 회사에 현저하게 손해를 미칠 염려가 있는 사실을 발견한 때에는 이사는 즉시 감사에게 보고할 수시보고의무를 부담한다(상412의2).

(2) 충실의무

1) **개 념** : 회사와 위임관계에 있는 이사는 회사의 업무집행에 있어 선량한 관리자의 주의를 부담하는 외에 회사와 이익이 충돌한 경우에도 회사의 이익을 위하여 업무를 집행할 충실의무를 부담한다(상382의3). 이사의 충실의무란 회사에 대해 신뢰관계(fiduciary relation)에 있는 이사는 그 지위를 이용하여 자기 또는 제3자의 이익을 도모할 목적으로 회사의 이익을 해하여서는 안 된다는 의무라 할 수 있다.

2) **충실의무와 선관주의의무의 관계**(쟁점51) : **동질설**은 충실의무의 내용이 선관의무와 명확하게 구별이 되지 않고 선관의무를 탄력적으로 해석하면 충실의무와 같은 내용이 되기 때문에 충실의무는 선관의무와 동질적인 의미이거나 선관의무를 구체화한 표현으로 보는 견해이고, **이질설**은 민법상의 수임인은 원칙적으로 무보수인데(민686), 위임과 무관한 사항에 관하여 위임인(회사)의 이익을 우선시키고 자기의 이익을 무시해야 할 의무는 없으므로 선관의무만으로는 부족하고, 상법은 영미법상의 이사회제도를 도입하여 이사회의 권한을 확대하였으므로 그에 상응하는 의무가 요구되기 때문에 충실의무를 인정하여야 한다고 본다. **판례**는 선관주의의무와 충실의무를 별개의 개념으로 보지 않고 같은 개념으로 보고 있어 동질설을 따른 것으로 판단된다. 생각건대 선량한 관리자의 주의의무는 위임관계 등에서 거래상 일반적·평균적으로 요구되는 주의의무로서 **행위준칙적 기능**을 하지만, 충실의무는 업무집행의 기준에서 더 나아가 **결과보호적 기능**도 한다는 점에서 선관주의의무와 구별된다. 따라서 경영판단의 원칙은 선관의무의 한계가 될 수는 있지만 충실의무의 한계는 될 수 없으므로 이질설이 타당하다고 본다.

3) **충실의무의 내용** : 충실의무의 구체적인 예로는 이사와 회사간의 이익충돌을 조정하는 경업금지의무(상397) 및 자기거래금지의무(상398), 회사기회·자산유용금지(상397의2), 자본시장법상 이사(내부자)의 주식거래제한(자본172) 등이 있

다. 충실의무의 위반에는 선관의무 위반에 원칙적으로 필요한 고의·과실이 요구되지 않고, 그 위반시 책임의 범위도 회사가 입은 손해의 배상에 그치지 않으며 이사가 얻은 모든 이득의 회사에 대한 반환에까지 미친다는 점, 미국판례법상 인정되는 "경영판단의 법칙(Business Judgement Rule)"은 충실의무위반에는 적용되지 않는다는 점에 선관의무와 구별의 실익이 있다.

(3) 경업금지의무

1) **개 념** : 이사는 이사회의 승인 없이 자기 또는 제3자의 계산으로 회사의 영업부류에 속한 거래를 하거나 동종영업을 목적으로 하는 다른 회사의 무한책임사원이나 이사가 되지 못한다(상397.1). 이러한 이사의 경업거래금지의무와 겸직금지의무를 이사의 경업금지의무라 한다. 이사의 선관의무를 충실의무와 구별하는 견해(이질설)에 따르면 경업금지의무는 대표적인 충실의무이다. 이사는 회사의 업무집행의 결정에 참여할 수 있어 회사의 영업상의 기밀을 잘 알 수 있는 지위에 있으므로, 상법은 회사의 이익과 이사의 이익이 경합하는 경우에 이사가 그 지위를 이용하여 회사의 이익을 희생하고 자기 또는 제3자의 이익을 도모하는 것을 방지하기 위하여 이사에게 부과한 의무이다. 판례는 상법이 제397조 1항의 취지를 이사가 그 지위를 이용하여 자신의 개인적 이익을 추구함으로써 회사의 이익을 침해할 우려가 큰 경업을 금지하여 이사로 하여금 선량한 관리자의 주의로써 회사를 유효적절하게 운영하여 그 직무를 충실하게 수행하여야 할 의무를 다하도록 하려는 데 있다고 보고 있다(2011다57869).

2) **경업거래금지** : 이사는 이사회의 승인이 없으면 자기 또는 제3자의 계산으로 회사의 영업부류에 속한 거래를 하지 못한다. **영업부류에 속하는 행위**라 함은 회사의 영업의 목적인 사업과 경합함으로써 회사와 이사간에 **이익충돌의 우려**가 있는 거래이다. 따라서 회사의 상품판매와 동종의 상품판매뿐만 아니라 그와 유사한 상품판매도 포함될 수 있으나, 영업의 목적인 사업과 관련되더라도 영리적 성질이 없어 이사·회사간의 이익충돌의 염려가 없는 때에는 회사의 영업부류에 속하는 거래로 되지 않는다. 영리성이 인정되는 한, 단 1회의 거래라 하더라도 금지의 대상이 되고, 회사가 목적사업을 완전 폐업한 경우를 제외하고 일시휴지·개업준비 중인 사업은 포함된다. 이사의 거래행위가 회사가 아닌 이사 **자기 또는 제3자의 계산**으로 할 경우 경업거래가 된다.

3) **겸직의 금지** : 이사는 동종영업을 목적으로 하는 다른 회사의 무한책임사원이나 이사가 되지 못한다(상397.1). **동종영업 목적의 회사**를 판단함에 있어, 판례는 경업의 대상이 되는 회사가 영업을 개시하지 못한 채 공장의 부지를 매수하는 등 영업의 준비작업을 추진하고 있는 단계에 있는 경우도 포함하고(92다53583), 이사는 경업 대상 회사의 이사, 대표이사가 되는 경우뿐만 아니라 그 회사의 지배주주가 되어 그 회사의 의사결정과 업무집행에 관여할 수 있게 되는 경우에도 자신이 속한 회사 이사회의 승인을 얻어야 하지만, 경업 대상 여부가 문제되는 회사가 실질적으로 이사가 속한 회사의 지점 내지 영업부문으로 운영되고 공동의 이익을 추구하는 관계에 있다면 두 회사 사이에는 서로 이익충돌의 여지가 없다고 보았다(2011다57869). 동종영업만 문제되고 상업사용인은 금지대상이 아니라는 점에서, 상업사용인의 겸직금지의무(상17.1)와 구별된다.

4) **이사회의 승인** : 이사회의 승인에 의하여 경업금지의무가 면제된다. 이사회에서 승인결의를 하는 경우에 당해 이사는 특별이해관계인이므로 이사회에서 의결권을 행사할 수 없다(상391.3, 368.4). 이사회의 승인은 **사전승인**이어야 하고, 회사의 이익을 해할 염려가 있을지를 구체적으로 검토·결정하여야 하므로 **개별적 승인**이어야 하고 포괄적 승인은 허용되지 않는다. 다만 동종동형의 정형적 거래가 계속 반복되는 경우에는 이를 포괄적으로 승인하여도 이사의 경업금지의무의 본래의 취지에 반하는 것이 아니므로, 계속 반복되는 동종동형의 정형적 거래에 대하여서는 이사회가 합리적이라고 인정되는 범위에서 거래의 종류·금액·기간 등을 정하여 다소 포괄적으로 승인하여도 무방하다고 본다. 이사회에서 승인결의를 함에 있어 당해 이사는 이사회가 승인할 것인지 않을 것인지를 판단할 수 있는 중요한 자료(예, 이사의 경업거래의 상대방·목적물·수량·가액, 겸직하는 회사의 종류·성질·규모·거래범위 등)의 **개시의무**(상398 참조)가 있다.

5) **의무위반의 효력** : ① **효력 일반** – 상법 제397조는 이사의 의무만을 규정하였지 거래의 효력을 규정하지 않았으므로 이사가 경업금지의무를 위반한 경우 거래상대방이 거래를 위한 이사회의 승인이 없었다는 사실에 관해 선의·악의를 묻지 않고 거래 자체는 유효하다. 그러나 회사는 경업금지의무를 위반한 이사를 해임할 수 있으며(상385.1), 의무위반으로 인한 손해에 관해 배상을 청구할 수 있고(상399.1), 이사회의 결의로 개입권을 행사할 수 있다(상397.2). 상업사용인의 경

업금지의무 위반시 개입권규정(상17.3)과는 달리 손해배상청구 가능성에 관한 명시가 없지만, 동일하게 개입권의 행사는 회사의 이사에 대한 손해배상청구에 영향을 미치지 않는다고 본다. 회사의 이사에 대한 손해배상청구는 이사의 경업금지의무의 위반으로 회사가 받는 적극적인 손해뿐만 아니라 회사가 얻을 수 있었던 기대이익의 상실도 포함된다.

② **개입권** – 이사가 경업금지의무에 위반하여 거래를 한 경우에, 이사회는 결의에 의하여 그 이사의 거래가 자기의 계산으로 한 것인 때에는 이를 회사의 계산으로 한 것으로 볼 수 있고, 또 제3자의 계산으로 한 것인 때에는 그 이사에 대하여 이로 인한 이득의 양도를 청구할 수 있는데(상397.2), 이를 개입권(탈취권)이라 한다. 이사의 경업금지의무의 위반에 대하여 회사의 개입권을 인정하는 것은 이 경우 회사의 손해는 대체로 기대이익의 상실로서 그 손해액의 증명이 곤란하고 또 이사의 손해배상만으로는 불충분하며 특히 회사의 고객을 유지하기 위하여 필요하기 때문이다. 개입권은 회사의 의사표시만으로 효과가 발생하므로 형성권적 성질을 가진다. 개입권은 이사의 경업금지의무에 위반하는 거래가 있은 날로부터 1년 내에 행사하여야 하고 이 기간이 경과하면 소멸하는데(상397.3), 이 기간은 제척기간이다.

③ **개입권 행사효과** – 개입권 행사의 효과는 회사와 이사간에 **채권적 효력**만 있고 제3자에 대한 물권적 효력은 생기지 않는다. 따라서 이사의 경업금지 위반거래가 자기의 계산으로 한 것인 경우 거래는 그대로 유효하고, 회사가 거래의 직접의 당사자가 되는 것은 아니어서 제3자에 대해서는 아무런 효과가 발생하지 않는다. 다만 당해 이사가 그 거래의 경제상의 효과를 전부 회사에 귀속시킬 의무를 부담한다는 점이 개입권 행사의 효과이다. 따라서 회사가 개입권을 행사하면 이사는 경업금지 위반거래로 취득한 금전·물건·권리 등을 회사에 양도할 의무를 부담하고, 이사가 이를 회사에 양도하면 회사는 이사가 부담한 채무를 변제하고 또 지급한 비용을 상환할 의무를 진다. 그러나 이사가 제3자의 계산으로 경업행위를 한 때에는 회사는 그 이사에 대하여 경업금지 위반거래로 이사가 취득한 이득(수수료 등)의 양도만을 청구할 수 있다. 이사의 경업금지의무의 위반에 대한 손해배상책임은 총주주의 동의가 없으면 면제할 수 없다(상400).

(4) 회사기회유용금지의무

1) **의 의** : 이사는 이사회의 승인 없이 현재 또는 장래에 회사의 이익이 될

수 있는 회사의 사업기회를 자기 또는 제3자의 이익을 위하여 이용하여서는 안 된다(상397의2.1). 이러한 이사의 의무를 회사기회유용금지의무라 하며 이는 경업금지의무와 자기거래금지의무와 함께 이사의 충실의무의 내용을 이룬다. 경업, 자기거래, 회사의 사업기회 등 충실의무를 구성하는 이사의 3가지 구체적인 의무간의 관계가 문제되며, 기존의 경업금지의무, 자기거래금지의무와 구별되기 위해서는 사업기회가 무엇을 의미하는지에 관해 정확한 해석이 요구된다.

2) **적용범위** : 이사뿐만 아니라 집행임원(상408의9)도 이 의무의 주체이지만, 이에 **업무집행지시자**(상401의2)**의 포함여부**에 관해, **긍정설**은 지배주주가 회사기회를 유용하기 위하여 이사에게 회사기회유용의 구체적 행위를 지시하고 이사가 이를 수행한 경우 또는 자신이 이사 또는 이와 유사한 명칭을 사용하여 회사기회를 유용한 경우에 한하여 책임을 진다고 보고, **부정설**은 경업금지의무나 자기거래금지의무와 같이 회사기회유용금지의무도 회사와 위임관계에 있는 이사나 집행임원이 부담하는 의무이지 회사와 위임관계에 놓여 있지 않고 예외적 책임을 부담하는 지배주주에게 이러한 의무를 부담시키는 것은 부적절하다고 본다. 생각건대 업무집행지시자에 관한 상법 제401조의2는 일정한 행위를 한 지배주주 등에게 회사 또는 제3자에 대한 책임을 묻는 규정이고 이사의 의무를 규정한 본조와는 성격을 달리하는 규정이므로 부정설이 타당하다고 본다.

3) **사업기회의 유용** : ① **사업기회** – 이사에 의한 유용이 금지되는 회사의 사업기회란 현재 또는 장래에 회사의 이익이 될 수 있으며(이익가능성), 직무나 정보 또는 영업과 관련(직무·정보·사업관련성) 되어야 한다. **이익가능성**은 이익과 무관한 사업기회, 즉 비영리사업에 대한 투자기회 등은 일단 배제한다는 소극적 의미와 현재만을 기준으로 하지 않고 장기간의 투자회임기간이 요구되는 사업도 장래 이익이 발생할 수 있는 가능성이 있다면 포함된다는 적극적인 의미를 가진다. 특히 **직무·정보·사업관련성**은 직무를 수행하는 과정에서 알게 된 사업기회이거나 회사의 정보를 이용한 사업기회이거나 또는 회사가 수행하고 있거나 수행할 사업과 밀접한 관계가 있는 사업기회를 의미한다. 직무관련성, 정보관련성, 사업관련성은 구별이 쉽지 않은 개념들로서 이들 요건 중 하나만 충족하면 본조의 사업기회에 해당한다. **직무관련성**이란 이사의 업무를 수행하는 과정에 알게 된 직접적인 사업기회를 의미하고 **정보관련성**은 회사의 정보를 이용하여 알게 된 간접적인 사

업기회를 의미하며, **사업관련성**은 회사가 현재 수행하고 있는 영업 또는 향후 예정하고 있는 영업과 관련 있는 사업기회를 의미하며, 수평적 관련성과 수직적 관련성(예, 하도급관계)을 포함한다.

② 유용행위 – 이사가 이익가능성과 직무·정보·사업관련성을 가진 사업기회를 자기 또는 제3자의 이익을 위하여 이용하여야 한다. 이사가 회사의 이익을 위해 업무를 하여야 하는 충실의무에 위반하여 자기 또는 제3자의 이익을 우선시키는 행위를 유용행위라 하며 실질적인 이사의 **권한남용**이라 할 수 있다. 이사의 회사기회유용금지 위반에 대한 책임요건으로 유용행위가 되기 위해서는 주관적으로 자기 또는 제3자의 이익을 위한 의도가 있어야 하고 객관적으로 이러한 결과가 실현될 것까지 요구하지는 않는다.

③ 현존성 – 현재 또는 장래에 회사에 이익이 될 가능성만 있으면 모두 유용대상이 되는지 아니면 현존성(회사의 이용가능성)을 갖추어야 하는지에 관해, 하급심판결은 사업기회의 현존성을 구체적으로 판시하고 있다. 글로비스사건에서 사업기회에 해당하려면 회사 내에서 사업의 추진에 대한 구체적인 논의가 있었거나 회사가 유리한 조건으로 사업기회를 제안받는 경우와 같이 그 사업의 기회가 회사에 현존한 현실적이고 구체적인 사업기회였고, 당시 회사의 사업전략, 영업형태 및 재무상황, 그 사업의 특성, 투자 규모, 위험부담의 정도, 기대 수익 등을 종합적으로 고려한 합리적인 경영판단에 따르면 회사가 그 사업의 기회를 이용하여 사업을 추진할 만한 상당한 개연성이 인정되는 경우에 한하여 사업기회요건을 충족할 수 있다고 판단하였다(서울중앙2008가합47881).

4) **이사회의 승인** : ① 회사기회유용금지의무는 이사회의 승인 없이 이사가 회사의 사업기회를 이용하는 것을 금지하는 것이므로 이사가 회사의 사업기회를 이용하고자 하는 경우에는 사전에 이에 관해 이사회의 승인을 받아야 한다. 회사는 당해 사업기회를 이용할지 여부에 대한 우선권을 가지게 되고 이를 위해 이사는 회사의 사업기회에 관한 **정보의 개시의무**를 부담한다. 해당 이사가 제공한 충분한 정보를 바탕으로 이사가 이를 이용하는 것을 승인할 것인지 여부를 검토하게 된다. 만일 이사회가 이를 승인할 경우에는 설사 이사가 이용하는 것이 회사의 사업기회라 하더라도 더 이상 회사기회유용행위를 문제 삼아 이사에게 이에 대한 손해배상책임을 물을 수는 없게 된다.

② 이사회 승인과 경영판단 – 이사는 이익이 될 여지가 있는 사업기회가 있으

면 이를 회사에 제공하여 회사로 하여금 이를 이용할 수 있도록 하여야 하고, 회사의 승인 없이 이를 자기 또는 제3자의 이익을 위하여 이용하여서는 아니 된다. 그러나 **판례**는 회사의 이사회가 그에 관하여 충분한 정보를 수집·분석하고 정당한 절차를 거쳐 회사의 이익을 위하여 의사를 결정함으로써 그러한 사업기회를 포기하거나 어느 이사가 그것을 이용할 수 있도록 승인하였다면 그 의사결정과정에 현저한 불합리가 없는 한 그와 같이 결의한 이사들의 경영판단은 존중되어야 할 것이므로, 이 경우에는 어느 이사가 그러한 사업기회를 이용하게 되었더라도 그 이사나 이사회의 승인 결의에 참여한 이사들이 이사로서 선량한 관리자의 주의의무 또는 충실의무를 위반하였다고 할 수 없다(2011다57869).

③ **경업·자기거래 승인과의 관계** – 회사의 영업부류에 속한 거래를 목적으로 하는 사업(수평적 관련성)인 경우 회사의 사업기회이용에 관한 승인 이외에 경업금지승인을 별도로 얻어야 하는가가 문제될 수 있다. 생각건대 하나의 사업기회가 경업이거나 회사의 사업기회가 될 수 있고 상법도 별개의 이사의무로 정하고 있으므로 이사회는 회사기회 이용승인과 경업승인을 구분해서 검토할 필요가 있다고 본다. 따라서 이사회의 승인을 얻었더라도 회사기회, 경업 중 어느 한 부문만 검토하였다면 이사가 면책되지 않을 가능성이 있으므로 이사회의 승인을 요청하는 이사로서는 회사기회 이용과 경업에 관한 두 가지 사항을 적시하고 관련되는 정보를 개시할 필요가 있다고 본다. 이사가 회사기회를 이용할 경우 회사와 이사간의 거래가 성립되는 사업(수직적 관련성)인 경우에도 경업금지의무와의 관계에서 보는 바와 동일한 문제가 발생하고, 동일한 논리로 이사회는 회사기회 이용승인과 자기거래승인을 구분하여 검토할 필요가 있으며 이를 위해서는 이사는 두 가지 사항을 별도로 적시하여 승인을 얻어야 한다고 본다.

④ **승인에 대한 책임** – 이사회가 이사의 회사기회 이용에 관해 승인을 함에 있어서는 그 승인에 참여하는 이사들은 당연히 선량한 관리자의 주의의무와 충실의무를 부담한다. 따라서 이를 위반하여 회사의 이익을 해하면서 특정 이사의 회사 기회유용을 허용하였다면 이사는 상법 제399조의 책임을 부담하게 된다. 개정상법은 회사기회유용금지의무를 규정하면서 동 의무에 위반하여 회사에 손해를 발생시킨 이사 및 승인한 이사는 연대하여 손해를 배상할 책임을 규정하고 있는바, 이는 상법 제399조가 있음에도 불구하고 이사회 승인결의를 함에 있어 이사의 의무위반을 의미하고 회사기회유용금지를 한 이사와 연대책임을 묻기 위한 규정으로 이해된다. 이에 대해 동조의 '승인한 이사'란 1항에 따라 이사회의 승인을 받

기 위하여 이사회 안건으로 부의된 경우 이를 승인한 이사를 의미하는 것이 아니고 1항에 위반하여 이사회 승인 없이 회사기회를 유용하는 것을 알면서도 이를 교사·방조·지원한 이사를 의미하는 것이라는 견해도 있으나 상법의 명문규정에 어긋나는 해석으로 생각된다.

⑤ **사후승인(추인)** – 사전 승인 없이 이루어진 회사의 기회유용에 관한 이사회의 추인허용성에 관해, 자기거래에서와 동일한 이유로 사후승인을 허용할 경우 거래 후 다른 이사에게 사후승인을 강요할 염려가 있으며 회사의 승인 여부에 따라 거래의 효력이 결정되어 상대방의 이익보호에도 문제가 있으므로 사전승인이어야 한다고 본다. 이사회는 개개의 거래에 관하여 회사의 이익을 해할 염려가 있는지를 구체적으로 검토한 후 개별적 승인만 할 수 있고, 포괄적 승인은 원칙적으로 허용되지 않는다.

5) **의무위반 이사의 책임** : 이사가 이사회의 승인 없이 회사의 사업기회를 유용하고 회사에 손해가 발생하였다면 이사는 회사에 대하여 손해배상책임을 지게 된다. 이사의 손해배상책임이 성립하기 위해서는 회사의 손해발생이 요건인데 이 경우 회사의 사업기회를 유용함으로써 당해 이사 또는 제3자가 얻은 이익은 회사의 손해로 추정된다(상397의2.2). 이사가 사업기회 유용을 통해 자기 또는 제3자가 얻은 이익에는 회사의 기회유용을 통해 부당하게 얻은 이익과 이사 또는 제3자의 특별한 능력과 노력에 따른 이익이 복합되어 있지만 양자를 구별하기는 어렵다는 점에서 추정규정을 둔 것으로 이해된다. 영미법에서는 회사기회유용에 대한 이사의 책임을 이사가 경업금지의무를 위반한 경우와 유사하게 이사가 취한 부당이득을 회사에 반환한다는 실질을 가지는 것으로 이해하는데 반해, 개정상법은 이를 이사의 불법행위책임으로 이해하고 회사의 일실이익을 손해로 파악하여 이의 배상을 요구하고 있다고 본다. 왜냐하면 상법 제397조의2 2항에 따른 이사의 책임이 불법행위책임이어서 상법 제399조 책임에 포함된다는 점을 전제하고 동 책임을 정관에서 제한하지 못하도록 규정하고 있기 때문이다(상400.2). 상법 제400조 2항을 고려하여 동조 1항을 해석하면 이사의 회사기회유용금지의무를 위반함으로써 부담하는 손해배상책임도 이사의 다른 책임과 같이 총주주의 동의가 있으면 이사의 책임을 면제할 수 있다고 본다. 뿐만 아니라 회사의 사업기회유용금지 규정을 위반한 이사에 대해 주주는 주주대표소송을 통해 당해 이사에게 손해배상청구의 대표소송을 제기할 수 있다(상403).

(5) 자기거래금지의무

1) **의 의** : ① 개념 – 이사나 주요주주 등은 자기 또는 제3자의 계산으로 회사와 거래할 수 없는데(상398). 이를 이사의 자기거래금지의무라 한다. 회사를 대표하는 이사가 회사와 거래하는 경우 자기계약 또는 쌍방대리가 되어 회사의 이익의 희생으로 이사 자신 또는 제3자의 이익을 추구할 가능성이 높아 이사회승인 없이 그러한 거래를 할 수 없도록 하고 있다.

② 법적 성질 – 이사의 **자기거래금지의무의 법적 성질**(**쟁점52**)에 관해, 회사가 그 이사와 거래를 하는 경우의 업무집행의 결정방법을 정한 것이라는 견해와 이는 이사와 회사간의 이익충돌을 회피할 이사의 충실의무(또는 선관주의의무)로부터 파생한 일종의 부작위의무로 보는 견해가 있다. 생각건대 이는 대표이사의 회사행위와 관련된 통상적인 업무집행의 방법과는 구별되어 이사의 의무로 보아야 한다. 하지만 회사법 개정으로 의무자의 범위에 주요주주 등이 포함되어 주요주주의 충실의무를 인정하지 않는 이상 자기거래규정은 회사의 업무집행방법으로서의 성격도 동시에 가진다고 볼 수밖에 없게 되었다.

③ 범위의 확장 – 상법은 자기거래금지의무의 **의무자의 범위**를 이사에 한정하지 않고 대폭 확대하여, i) 이사, ii) 주요주주(회사의 발행주식총수의 1/10 이상을 소유하거나 주요 경영사항에 대하여 사실상 영향력을 행사하는 자. 상542의8.2 6호, 398 1호), iii) 이들의 친인척(이사·주요주주의 배우자 및 직계존비속, 이사·주요주주의 배우자의 직계존비속), iv) 이상의 자들의 종속회사(단독 또는 공동으로 1/2 이상의 의결권 있는 주식을 가진 회사 및 그 자회사), v) 재종속회사(이상의 자들과 종속회사가 공동으로 1/2 이상의 의결권 있는 주식을 가진 회사) 등이 포함된다. 이와 같이 자기거래에 해당하는 자의 범위가 매우 넓어졌는데, 회사의 이익보호를 위한 취지는 이해되지만 특히 상장회사에 인정되는 이해관계인과의 거래금지의무와의 관계가 모호해졌다.

2) **제한되는 거래의 범위** : ① 이익충돌염려 – 이사회의 승인을 얻어야 가능한 이사 등의 자기거래는 이사가 자기 또는 제3자의 계산으로 회사와 하는 거래로서 성질상 회사와 이사간에 이익충돌의 염려가 있는 재산적 거래에 한정된다. **판례**가 들고 있는 예로는, 회사의 채무부담행위(2002다20544), 별개인 두 회사의 대표이사를 겸하고 있는 자가 두 회사 사이의 매매계약을 체결한 경우(95다12101), 회사

의 이사에 대한 채무부담행위(91다16310), 별개 회사의 대표이사를 겸직하고 있는 자가 어느 일방회사의 채무에 관하여 타 회사를 대표하여 연대보증을 한 경우(84다카1591) 등이다. 이렇게 볼 때 이사회의 승인을 얻어야 하는 이사의 자기거래에는 이사와 회사간의 **직접거래**는 물론, 이사의 채무에 대하여 연대보증을 하는 행위와 같이 회사와 제3자간의 거래이지만 회사의 신용을 이용함으로써 회사와 이사간의 이익충돌의 염려가 있는 **간접거래**도 포함된다.

② 어음행위 – 어음행위는 원인거래로부터 독립적인 효력을 가지는 행위로서 지급수단적 성질을 가진다. 회사와 이사간의 원인거래에 관해 이사회의 승인을 받았다면 원인거래에서 발생한 금전채무의 지급을 위한 어음행위에도 이사회의 승인이 요구되는가 하는 **어음행위의 자기거래 포함 여부**(쟁점53)에 관해, **긍정설**은 어음행위자는 어음행위에 의하여 원인관계와는 별도의 새로운 어음상의 채무를 부담하며 그 어음상의 채무는 인적항변의 절단, 거증책임의 전환, 부도에 의한 은행거래정지처분의 불이익 등에 의하여 원인관계상의 채무보다 더 엄격한 채무가 되므로 원인관계와는 별도로 어음행위에 대해 상법 제398조가 적용되어 이사회의 승인이 필요하다고 본다(다수설). **부정설**은 어음행위는 원인관계와 구별되는 거래의 수단적 행위로서 무색적 성질을 가지므로 이사와 회사간의 이익충돌의 염려가 없고, 이는 민법 제124조 단서에 규정된 '채무의 이행'과 같은 것으로, 이익충돌의 염려를 전제로 한 상법 제398조는 어음거래에는 적용될 여지가 없다고 보아, 원인거래와 어음거래 모두 이사회 승인을 얻지 않은 경우 원인행위는 무효하게 되나 어음행위 자체는 유효하고 그 원인행위의 무효는 인적항변의 문제가 된다고 본다. **판례**는 어음할인 등 여신을 전문적으로 취급하는 은행이 대표이사의 개인적인 연대보증채무를 담보하기 위하여 대표이사 본인 앞으로 발행된 회사명의의 약속어음을 취득함에 있어서 당시 위 어음의 발행에 관하여 이사회의 승인이 없음을 알았거나 이를 알지 못한 데 대하여 중대한 과실이 있다고 보았다(2003다64688). 생각건대 어음행위의 추상성을 고려하고 원인거래가 아닌 어음거래로 인한 이익충돌염려가 있는 이상 어음거래 자체가 자기거래로서의 성질을 가질 수 있다고 보는 긍정설의 입장이 타당하다고 본다.

③ 제한되지 않는 거래 – 회사와 이사간의 이익충돌의 염려가 없는 거래(예, 회사에 대한 부담 없는 증여, 회사에 대한 무이자·무담보의 금전대여, 상계, 채무의 이행, 보통거래약관에 의한 거래, 회사주식의 인수 및 현물출자의 이행행위, 경매에 의한 재산의 취득행위 등)는 이사회의 승인을 요하지 않는다. 다만 이사의

회사에 대한 무이자·무담보의 대여도 모험사업에서 발생하는 위험을 이사가 회피하기 위해 회사에 자금을 대여한 후 성공할 경우 주주로서 이익을 향유하고 실패할 경우 회사로부터 원금을 회수하는 수단으로 사용될 가능성도 있다. 따라서 자기거래 여부를 거래의 개별적·구체적 사정 등을 고려하여 판단할 필요가 있다.

3) **이사회의 승인** : ① 이사회승인은 결의의 형식을 가지지만 이사회의 의사결정(예, 상393)과는 구별된다. 왜냐하면 자기거래는 대표이사가 의사결정을 하고 이사회의 승인을 받는 구조이기 때문이다. 따라서 회사의 중요 자산을 대표이사에게 양도할 경우 이사회의 의사결정이 요구될 뿐만 아니라(상393) 자기거래에도 해당하므로 요건에 따른 승인결의도 요구된다(상398). 하지만 회사가 대표이사로부터 중요 자산을 양수할 경우에는 상법 제393조에 해당하지 않으므로 대표이사가 의사결정하고 이사회의 승인을 받으면 충분하다.

② **총주주 동의에 의한 대체** – 자기거래에 대한 이사회승인결의에 관해 **총주주 동의에 의한 대체 가능성**(**쟁점54**)에 관해, 총주주 또는 1인회사의 주주의 동의를 얻은 경우에도 이사회의 승인을 얻어야 한다고 하는 **승인필요설**과 총주주의 동의를 얻은 경우에는 이사회의 승인을 얻을 필요가 없다고도 하는 **승인불요설**이 있다. 생각건대 주식회사에서 주주의 이익이 가장 중요한 이익이지만 유일한 보호이익이 아니라 채권자 등의 이익도 보호될 필요가 있다. 따라서 이사회 등의 기관분화의 취지에 맞게 총주주 또는 1인회사에서 1인주주의 동의를 얻은 이사의 자기거래라 하더라도 채권자 등의 보호를 위해 이사회의 승인을 얻어야 한다고 본다.

③ **사후승인** – **사후승인**의 적법성에 관해, 상법 개정전에 사후승인을 적법하게 본 판례가 있지만, 사후승인을 허용할 경우 거래 후 다른 이사에게 사후승인을 강요할 염려가 있으며 회사의 승인 여부에 따라 거래의 효력이 결정되어 상대방의 이익보호에도 문제가 있다. 개정상법은 사전승인이어야 한다는 점을 명시하고 있어 현행법상 사후승인은 불가하다. 다만 계속 반복되는 동종동형의 정형적 거래에 대해서는 제한적으로 이사회가 합리적이라고 인정되는 범위 내에서 거래의 종류·금액·기간 등을 정한 포괄적 승인은 가능하다고 본다.

④ **개시의무** – 이사회가 이사 등의 자기거래를 승인함에 있어 경업금지의무에서와 동일하게 당해 이사 등은 이사회가 승인할지 여부를 판단할 수 있는 중요한 자료, 예컨대 이사의 경업거래의 상대방·목적물·수량·가액, 겸직하는 회사의 종

류·성질·규모·거래범위 등 중요사항의 **개시의무**가 있다고 본다. 판례도 이사와 회사 사이의 이익상반거래가 비밀리에 행해지는 것을 방지하고 그 거래의 공정성을 확보함과 아울러 이사회에 의한 적정한 직무감독권의 행사를 보장하기 위해서는 그 거래와 관련된 이사는 이사회의 승인을 받기에 앞서 이사회에 그 거래에 관한 자기의 이해관계 및 그 거래에 관한 중요한 사실들을 개시하여야 할 의무가 있다고 할 것이라 보았다(2005다4291).

⑤ **공정성** – 개정상법은 자기거래에 관해 그 거래의 내용과 절차는 공정하여야 한다는 규정을 두고 있다. **자기거래의 공정성**은 회사의 이익보호에 관한 문제가 되고 이는 절차적 정당성뿐만 아니라 이사회결의를 거쳤더라도 회사의 이익이 보호되는 내용적 정당성을 요구하고 있다. 이는 결국 이사의 선관주의의무 또는 충실의무를 주의적으로 한 번 더 규정한 것으로 이해된다. 다음으로 절차의 공정성은 앞서 설명한 개시의무를 포함하여 자기거래의 승인절차의 공정성을 의미한다고 본다. 이사회의 소집절차나 결의방법의 공정성은 이사회결의의 효력으로서 문제가 될 수 있으므로 특별한 의미를 가진다고 보기 어렵고 이는 자기거래의 승인을 반대하는 이사의 의견개진기회를 보장하고 회사의 이익에 반한다는 주장에 대한 충분한 검토가 있었는지 등 이사회의 승인절차에서의 공정성을 의미한다고 본다. **판례**도 만일 이러한 사항들이 이사회에 개시되지 아니한 채 그 거래가 이익상반거래로서 공정한 것인지 여부가 심의된 것이 아니라 단순히 통상의 거래로서 이를 허용하는 이사회의 결의가 이루어진 것에 불과한 경우 등에는 이를 가리켜 상법 제398조 전문이 규정하는 이사회의 승인이 있다고 할 수는 없다고 보았다(2005다4284).

⑥ **소규모회사** – 2인 이하의 이사만을 둔 소규모회사의 경우 이사회의 승인을 주주총회의 승인으로 대신하도록 하여(상383), 소규모회사의 자기거래에서는 이사회결의가 아닌 주주총회의 승인결의가 요구된다. 판례는 소규모회사에서 주주총회 결의에 의한 자기거래 승인규정을 해석·적용하는 과정에서 자기거래 제한의 입법 취지가 유지되도록 일반적 주주총회의 결의와 달리 해석하여, 소규모회사의 이사가 회사와 자기거래를 하기 전에 주주총회에서 해당 거래에 관한 중요사실을 밝히고 주주총회의 승인을 받지 않았다면, 특별한 사정이 없는 한 그 거래는 무효라고 보았다(2019다205398).

4) **제한위반거래의 효력** : 이사 등이 이사회의 승인 없이 한 자기거래의 효력

(쟁점55)에 관해, 이사회의 승인 없이 한 이사의 자기거래를 무권대리행위와 같은 것으로 보아, 이사회의 추인이 있으면 유효하게 되고 이사회의 추인이 거절되면 확정적으로 무효로 된다는 **무권대리행위설**과 자기거래규정을 효력규정이 아닌 명령규정으로 이해하고 이사회의 승인 없이 이루어진 자기거래는 유효하고, 다만 당해 이사의 해임사유, 손해배상책임의 문제가 될 뿐이라는 **유효설**과 이사회의 승인을 얻지 못한 자기거래는 원칙적으로 효력을 가지지 못하나 선의의 제3자에 대하여는 그 거래의 무효를 주장할 수 없다는 **상대적 무효설**(다수설)이 있다. **판례**는 이사회의 승인 없이 행하여진 이른바 이사의 자기거래행위는 회사와 이사 간에서는 무효이지만 회사만 주장할 수 있고 이사 등은 이를 주장하지 못하며, 회사가 위 거래가 이사회의 승인을 얻지 못하여 무효라는 것을 제3자에 대하여 주장하기 위해서는 이사회의 승인을 얻지 못하였다는 것 외에 제3자가 이사회의 승인 없음을 알았거나 이를 알지 못한 데 중대한 과실이 있음을 증명하여야 한다고 하는 입장이다(2013다5091). 생각건대 상법 제398조는 '이사회의 승인을 받아야 한다'라는 표현을 사용하고 있는 점에서 이사의 자기거래는 이사회의 결의를 요한다는 점에서 일반 업무집행과는 구별되고 동조는 강행법규로 해석되어 이사회승인을 흠결한 자기거래는 원칙적으로 무효이지만, 승인 여부를 알지 못하고 거래한 선의의 제3자를 보호하는 상대적 무효설이 타당하다고 본다.

(6) 이해관계인과의 거래 금지의무(상장회사 특칙)

1) **신용공여금지** : ① 의의 – 상장회사는 주요주주 및 그의 특수관계인(상령13.4 참조), 이사, 사실상의 이사(상401의2.1), 감사 등을 상대방으로 하거나 그를 위하여 신용공여를 하여서는 안 된다(상542의9.1). 여기서 **신용공여**라 함은 금전 등 경제적 가치가 있는 재산의 대여, 채무이행의 보증, 자금지원적 성격의 증권매입, 그 밖에 거래상의 신용위험이 따르는 직접적·간접적 거래로서 대통령령으로 정하는 거래를 의미한다. 이사의 자기거래금지의무(상398)에 의해 이사와 회사의 거래는 제한되고, 이사 이외에 이해관계인(주요주주·특수관계인·사실상의 이사·감사 등)을 위하여 거래할 경우에도 제3자를 위한 거래로 이사의 자기거래규정의 적용범위에 포함된다. 하지만 특히 신용거래의 경우에는 회사의 이익침해의 정도가 매우 심각하므로 이사회의 승인에 의한 예외도 허용하지 않으려는 취지에서 동조를 도입하였다고 이해된다. 판례는 구 증권거래법상 동 규정에서 금지하고 있는 금전 등의 대여행위에는 상장법인이 그 이사 등을 직접 상대방으로 하는 경

우뿐만 아니라, 그 금전 등의 대여행위로 인한 경제적 이익이 실질적으로 상장법인의 이사 등에게 귀속하는 경우와 같이 그 행위의 실질적인 상대방을 상장법인의 이사 등으로 볼 수 있는 경우도 포함된다고 해석하여야 한다고 보았다(2011도15854). 이는 신용거래금지에 관해서도 자기거래와 유사하게 일종의 간접거래를 포함시켜 금지하려는 취지로 볼 수 있다. 다만 일정한 경우 신용거래를 허용하는 것이 바람직하므로 그에 대한 예외규정을 두고 있다.

② **위반행위의 효과** – 상법은 이해관계인에 대한 신용공여를 금지시키면서 이사회승인에 의한 예외조항을 두지 않은 취지로 보아서는 이를 위반한 경우 그 사법적 효력이 부정되는 강행법규로 이해된다. 특히 신용거래의 거래상대방이 이해관계인이라는 점에서 거래상대방보호도 크게 문제되지 않으므로 이해관계인에의 신용공여는 항상 무효하다고 볼 수 있다. 그리고 이를 위반한 경우 이사의 해임사유가 되고 이사는 손해배상책임을 부담할 수 있으며, 위 규정에 위반하여 신용을 공여한 자는 5년 이하의 징역 또는 2억원 이하의 벌금에 처한다(상624의2).

③ **신용공여의 예외적 허용** – 상장회사의 경우 이해관계인에 대한 신용공여를 금지함에도 불구하고 i) 복리후생을 위한 이사 또는 감사에 대한 금전대여 등으로서 학자금, 주택자금 또는 의료비 등 복리후생을 위하여 회사가 정하는 바에 따라 1억원의 범위 안에서 금전을 대여하는 신용공여(상령35.2), ii) 다른 법령에서 허용하는 신용공여, iii) 그 밖에 상장회사의 경영건전성을 해칠 우려가 없는 금전대여이고 회사의 경영상 목적을 달성하기 위하여 필요한 경우로서 법인인 주요주주(그의 특수관계인을 포함한다)를 상대로 하거나 그를 위하여 적법한 절차에 따라 행하는 신용공여(상령35.3) 등은 허용된다(상542의9.2).

2) **대규모 상장회사의 이해관계인과의 거래제한** : ① 의의 – 최근 사업연도 말 현재의 자산총액이 2조원 이상인 상장회사(상령14.4)는 최대주주, 그의 특수관계인 및 그 상장회사의 특수관계인으로서 대통령령으로 정하는 자를 상대방으로 하거나 그를 위하여 신용거래는 금지되지만 기타 일정규모 이상의 거래는 이사회승인을 요건으로 허용하고 있다. 즉, i) 단일 거래규모가 대통령령으로 정하는 규모 이상인 거래, ii) 해당 사업연도 중에 특정인과의 해당 거래를 포함한 거래총액이 대통령령으로 정하는 규모 이상이 되는 경우의 해당 거래를 하려는 경우에는 이사회의 승인을 받아야 한다(상542의9.3). 이사의 자기거래금지규정이 있어 이사회승인이 당연히 요구됨에도 불구하고 본 조항을 둔 이유는 아래에서 보는 바와 같

이 주주총회에의 보고 등의 절차적 규제를 위함이라 이해된다.

② **주주총회에의 보고** – 대규모 상장회사가 이해관계인과 일정규모 이상의 거래를 할 경우 상장회사는 이사회의 승인결의 후 처음으로 소집되는 정기주주총회에 해당 거래의 목적·상대방, 그 밖에 대통령령으로 정하는 사항을 보고하여야 한다(상542의9.4). 따라서 상법 제398조에 따른 이사회 사전승인 이외에도 정기주주총회에 이해관계인과의 거래에 관해 보고하도록 함으로써 자기거래에 대한 사후적 규제를 도입하였다.

③ **위반행위의 효과** – 위에서 본 신용공여는 이사회의 승인유무에 불구하고 항상 금지시키는 데 반해, 대규모회사의 자기거래금지는 이사회의 승인을 얻은 경우 거래가 가능하다는 점에서 본질적으로 이사의 자기거래에 해당되고 단지 주주총회에의 보고의무를 규정함에 취지가 있다고 볼 수 있다. 따라서 대규모회사가 본조의 자기거래를 이사회의 승인 없이 한 경우 그 효과는 앞서 본 이사의 자기거래금지 위반과 동일하게 해석할 수도 있지만(상대적 무효설), 거래상대방이 이해관계인으로 한정되므로 선의의 제3자 보호의 필요성이 적고 예외규정을 따로 두고 있다는 점에서 원칙적으로 무효로 봄이 타당하다고 본다(무효설). 그리고 이를 위반한 경우 이사의 해임사유가 되고 이사는 손해배상책임을 부담할 수 있다.

④ **예외** – 상장회사가 경영하는 업종에 따른 일상적인 거래로서, 약관에 따라 정형화된 거래로서 대통령령으로 정하는 거래(약관2.1 참조)이거나 이사회에서 승인한 거래총액의 범위 안에서 이행하는 거래인 경우 이사회의 승인을 받지 아니하고 할 수 있으며, 특히 후자의 거래에 대하여는 그 거래내용을 주주총회에 보고하지 아니할 수 있다(상542의9.5).

6. 이사의 책임

(1) 의 의

이사와 회사는 위임관계이어서 민법의 위임에 관한 규정에 따라 선관주의의무를, 상법의 규정에 따라 충실의무를 부담한다. 이사가 이러한 의무에 위반하여 손해를 발생시킨 경우 이사의 책임에 관해, 이사가 법령 또는 정관에 위반한 행위를 하거나 그 임무를 해태한 때에 그 이사는 회사에 대하여 손해를 배상하여야 하고(상399), 이사가 악의 또는 중대한 과실로 인하여 그 임무를 해태한 때에 제3자에 대하여 손해배상책임을 부담한다고 규정하고 있다(상401). 뿐만 아니라 자본을 확충하는 과정에서 자본의 흠결이 발생한 경우 이사는 자본충실의 책임을 진다(상428). 이러한 이사의 책임은 업무담당이사에 국한되지 않고 사외이사에게도 동일하게 적용된다. 이사의 책임은 크게 회사에 대한 책임과 제3자에 대한 책임으로 분류되고 내용상으로는 손해배상책임과 자본충실책임으로 구분된다.

(2) 회사에 대한 책임

1) **손해배상책임** : 이사가 법령·정관에 위반한 행위를 하거나 임무를 해태하여 회사에 손해를 발행케 한 경우에는 이사는 회사에 대하여 연대하여 손해배상책임을 부담한다. 회사에 대한 이사의 손해배상책임은 법령·정관의 위반이 원인이 된 책임과 임무해태가 원인이 된 책임으로 구분할 수 있다.

① 법령·정관 위반에 따른 책임 – 이사가 법령·정관에 위반한 행위를 한 경우란 예컨대 상법에 위반한 자기주식취득(상341), 경업금지의무 위반거래·위반겸직(상397), 이사회의 승인 없는 자기거래(상398), 인수인과 통모하여 현저하게 불공정한 발행가액에 의한 주식인수(상424의2.3), 위법배당의안의 제출(상462) 등이다. 법령·정관 위반으로 인한 **이사의 회사에 대한 손해배상책임의 법적 성질**(**쟁점 56**)에 관해, **무과실책임설**은 이사가 법령·정관위반의 행위를 하면 본조의 요건을 충족하고 그 행위를 함에 있어서 과실유무는 문제되지 않는다고 보고, **과실책임설**은 과실책임원칙상 무과실책임에 요구되는 명문의 규정이 없고 무과실책임을 인정할 경우 책임이 과중하여 유능한 경영인의 확보가 곤란하다는 등을 이유로 이사가 법령 또는 정관에 위반한 행위를 한 경우 부담하는 책임은 과실책임으로 이해한다. **절충설**은 법령과 정관의 목적 내지 위반행위의 성질에 따라 구체적·개별적으로 무과실책임인가 과실책임인가를 구분해야 한다는 견해이다. **판례**는 상법 제399조에 따른 책임은 채무불이행에 해당한다고 보고 있어 과실책임설을 따르고 있다(2007다25865). 그리고 주식회사의 이사가 회사에 대하여 위 조항에 따라 손해배상채무를 부담하는 경우 특별한 사정이 없는 한 이행청구를 받은 때부터 지체책임을 진다고 본다(2018다275888). 생각건대 이사는 법령 또는 정관에 따라 업무를 집행할 의무를 부담하며 이는 이사의 선관주의의무(일반적·평균적 주의의무)에 포함되어 이사가 이를 위반한 경우 추상적 경과실이 인정되게 되므로 이사의 손해배상책임은 과실책임에 해당한다고 봄이 타당하다. 뿐만 아니라 개정상법은 다수설에 따라 '이사가 고의 또는 과실로 법령 또는 정관에 위반한 행위'라고

개정하여 과실책임설을 따르고 있다. 그리고 이사의 법령 또는 정관에 위반한 행위가 이사회의 결의에 의한 것인 때에는 그 결의에 찬성한 이사도 연대책임을 지며, 결의에 참가한 이사로서 이의를 한 기재가 의사록에 없는 자는 결의에 찬성한 것으로 추정한다(상399.2,3).

② **임무의 해태에 따른 책임** – 이사가 직무수행과 관련하여 **선관주의의무**를 게을리함으로써 회사에 손해를 가하거나 손해를 방지하지 못한 경우 회사에 대해 손해배상책임을 부담한다. 임무해태에 따른 책임의 법적 성질에 관해서는 법령·정관을 위반한 경우와 달리 과실책임으로 이해하는 데 이견이 없다. 이사가 임무를 해태한 경우란, 예컨대 이사의 감독불충분으로 지배인이 회사재산을 낭비한 경우, 감시의무를 소홀히 한 경우, 회사채권의 회수를 포기한 경우, 대차대조표를 잘못 작성하여 부당하게 이익배당을 한 경우 등이 해당된다. 판례는 재무제표가 분식되어 이를 기초로 주주에 대한 이익배당금의 지급과 법인세의 납부가 이루어진 경우를 그 예로 보고, 상법상 재무제표를 승인받기 위해서 이사회결의 및 주주총회결의 등의 절차를 거쳐야 한다는 사정만으로는 재무제표의 분식회계 행위와 회사가 입은 위와 같은 손해 사이에 인과관계가 단절되지 않는다고 보았다(2006다19603). 그리고 이사가 다른 이사에 대한 **감시의무**를 위반하여 다른 이사와 대표이사의 임무해태로 인한 회사의 손해발생을 방지하지 못한 경우 그에 대한 감시의무를 해태한 것으로 손해배상책임을 부담할 수 있다고 본다. 판례도 업무담당이사의 업무집행이 위법하다고 의심할 만한 사유가 있음에도 불구하고 평이사가 감시의무를 위반하여 이를 방치한 때에는 이로 말미암아 회사가 입은 손해에 대하여 배상책임을 면할 수 없다고 판시하였다(84다카1954). 이사가 기울여야 할 주의의무의 정도는 회사의 업종·규모 등 제반여건에 따라 그 정도를 달리한다. 임무해태에 대한 증명책임은 일반원칙에 따라 이사의 책임을 주장하는 자에게 있다. 따라서 이사의 책임을 주장하는 자가 이사의 임무해태의 사실, 회사의 손해, 임무해태와 손해의 인과관계를 증명하여야 한다.

③ **경영판단의 원칙**(business judgment rule) – 회사의 이사가 경영판단에 따라 업무를 집행한 경우 결과적으로 회사에 손해를 발생시켰더라도 경영판단이 권한의 범위 내에서 일정한 조건을 충족한 경우 법원이 이사에게 손해배상책임을 지울 수 없다는 영미법상의 원칙이다. **경영판단의 원칙의 우리법상 허용성**(**쟁점57**)에 관해, **긍정설**은 위임의 본지에 따라 선량한 관리자의 주의를 충분히 베푼 경우, 그로 인한 회사의 손실은 불가항력적인 것이므로 경영판단의 원칙을 충족하는 이사

의 행위는 무과실의 행위로서 임무해태에 해당하지 않는 행위로 이해하고, **부정설**은 우리나라에는 지배주주나 경영진에 대한 시장을 통한 감시기능이 제대로 발달되어 있지 않기 때문에 이사의 책임을 엄격하게 하고 주주의 이익을 보호하기 위해 사법부의 철저한 심사가 반드시 필요하다는 점에서 그 도입을 반대하는 견해이다. **판례**는 금융기관 임원이 한 대출이 결과적으로 회수곤란 또는 회수불능으로 되었다고 하더라도 그것만으로 바로 대출결정을 내린 임원에게 그러한 미회수금 손해 등의 결과가 전혀 발생하지 않도록 하여야 할 책임을 물어 그러한 대출결정을 내린 임원의 판단이 선량한 관리자로서의 주의의무 내지 충실의무를 위반한 것이라고 단정할 수 없고, 대출과 관련된 경영판단을 함에 있어서 통상의 합리적인 금융기관 임원으로서 그 상황에서 합당한 정보를 가지고 적합한 절차에 따라 회사의 최대이익을 위하여 신의성실에 따라 대출심사를 한 것이라면 그 의사결정과정에 현저한 불합리가 없는 한 그 임원의 경영판단은 허용되는 재량의 범위 내의 것으로서 회사에 대한 선량한 관리자의 주의의무 내지 충실의무를 다한 것으로 보았다(2001다52407). 다만 이사가 법령에 위반한 행위에 대하여는 원칙적으로 경영판단의 원칙이 적용되지 않으며(2006다33609), 이사가 이사회에서 한 결의(회사기회유용 승인결)에 관해서도 경영판단원칙이 적용된다(2011다57869).

④ **손해배상액 제한** – 판례는 이사가 법령 또는 정관에 위반한 행위를 하거나 그 임무를 게을리함으로써 회사에 대하여 손해를 배상할 책임이 있는 경우에 그 손해배상의 범위를 정함에 있어서는, 당해 사업의 내용과 성격, 당해 이사의 임무위반의 경위 및 임무위반행위의 태양, 회사의 손해 발생 및 확대에 관여된 객관적인 사정이나 그 정도, 평소 이사의 회사에 대한 공헌도, 임무위반행위로 인한 당해 이사의 이득 유무, 회사의 조직체계의 흠결 유무나 위험관리체제의 구축 여부 등 제반 사정을 참작하여 손해분담의 공평이라는 손해배상제도의 이념에 비추어 그 손해배상액을 제한할 수 있다고 보았다(2006다33609).

2) **자본충실의 책임** : 이사는 신주발행의 경우에 설립시의 발기인의 책임과 같은 자본충실의 책임으로서 **인수담보책임**을 부담한다. 신주발행의 변경등기가 있은 후에 아직 인수하지 아니한 주식이 있거나 주식인수의 청약이 취소된 때에는 이사가 이를 공동으로 인수한 것으로 본다(상428). 손해배상책임과 달리 자본충실의 책임은 **무과실책임**으로서 회사채권자의 보호를 위한 법정의 특별책임이다. 이는 신주발행의 변경등기에 의한 공시에 대한 신뢰를 보호하기 위하여 법정된 책임이

므로 이사회의 신주발행결의에 참가하지 않은 이사나 참가하였으나 반대한 이사도 그 책임을 면할 수 없다. 발기인의 경우와 달리 신주발행의 경우에는 납입기일에 납입을 하지 않으면 인수가 없는 주식으로 취급되므로 이사의 납입담보책임은 문제되지 않는다.

3) **손해배상책임의 제한** : ① 의의 – 개정상법은 회사가 정관에서 정하는 바에 따라 상법 제399조에 따른 이사의 회사에 대한 책임을 일정한 금액내로 제한할 수 있도록 허용하였다(상400.2). 개정전 상법은 후술하는 바와 같이 이사의 책임면제와 책임해제만 허용하였으나 개정상법은 이사가 책임을 부담하는 경우에도 일정한 예외적인 경우를 제외하고는 정관으로 손해배상금액을 제한할 수 있도록 하고 있다.

② 요건 – i) 이사의 회사에 대한 책임을 제한하기 위해서는 우선 이사의 책임제한에 관한 **정관규정**을 두어야 한다. 이사의 책임제한에 관한 정관규정은 그 한도액을 명시하여야 하며 한도액은 법정한도액을 초과하지 않아야 한다. ii) 이사의 회사에 대한 **손해배상책임의 최저한도액**은 이사가 회사에 대한 손해배상책임을 부담하게 되는 원인행위를 한 날 이전 최근 1년 간의 보수액의 6배(사외이사의 경우 3배)이다. 책임한도액은 추상적으로 보수의 6배로 정할 수도 있고 구체적인 금액을 정할 수도 있지만 구체적인 금액은 이사의 보수액의 6배보다 적은 금액이어서는 안 된다. 여기서 보수액에는 상여금과 주식매수선택권의 행사로 인한 이익 등을 포함하며, 정관으로 책임한도를 상법의 규정보다 상향하는 것은 허용되나 연보수액의 6배보다 적은 금액을 정하는 것은 허용되지 않는다고 본다. iii) 고의 또는 중대한 과실로 손해를 발생시킨 경우와 이사가 경업금지의무(상397), 회사기회유용금지의무(상397의2), 자기거래금지의무(상398)를 위반하여 회사에 손해를 발생시킨 경우는 **책임제한이 배제**된다.

③ 효과 – 이상의 요건을 충족할 경우 정관에서 정한 범위로 이사의 책임은 제한된다. 이 경우 이사의 책임은 주주총회나 이사회의 특별한 결의 없이 법률의 규정에 의해 책임한도액 범위 내로 제한되고 이를 초과하는 금액에 관해서는 면제된다는 점에서 후술하는 책임의 면제나 책임의 해제와는 구별된다.

4) **책임의 소멸** : 이사의 손해배상책임, 자본충실책임은 채무의 일반적 소멸원인에 의해 소멸하는데, 그 밖에 손해배상책임에 관해 상법은 책임면제·책임해제

라는 특별소멸원인을 규정하고 있다. 양 책임 모두 10년의 소멸시효 완성으로 소멸되며, 손해배상책임의 소멸시효기간은 손해의 발생시점부터, 자본충실의 책임은 납입기일 또는 신주인수의 취소시점부터 진행한다. **책임면제**라 함은 이사의 손해배상책임을 총주주의 동의로 면제하는 것을 의미한다(상400.1). **판례**는 총주주의 동의는 묵시적 의사표시의 방법으로 할 수 있고 반드시 명시적·적극적으로 이루어질 필요는 없으며, 실질적으로는 1인에게 주식 전부가 귀속되어 있지만 그 주주명부상으로만 일부주식이 타인명의로 신탁되어 있는 경우에 사실상의 1인주주가 한 동의도 총주주의 동의로 보았다(2002다11441). 그리고 **책임해제**란 정기총회에서 재무제표 등의 승인을 한 후 2년 내에 다른 결의가 없으면 회사는 이사와 감사의 책임을 해제한 것으로 간주하는 것을 의미한다(상450). 물론 상법 제450조에 따른 이사·감사의 책임해제는 재무제표 등에 그 책임사유가 기재되어 정기총회에서 승인을 얻은 경우에 한정된다고 보았다(2007다60080). 그러나 이사 또는 감사의 부정행위에 대하여는 그러하지 아니하다(상450). 손해배상책임과 달리 자본충실의 책임은 모든 주주의 동의로도 면제할 수 없다.

(3) 제3자에 대한 책임

1) **의 의** : 이사가 그의 임무를 악의 또는 중대한 과실로 인하여 해태한 때에는 그 이사는 제3자에 대하여도 연대하여 손해를 배상할 책임이 있다(상401.1). 이사는 회사의 수임자로서 업무를 집행하므로 이사의 행위에 대하여는 회사가 책임을 지는 것이 원칙이고, 불법행위로 인한 경우가 아니면 이사가 직접 제3자에 대하여 책임을 부담하지 않는 것이 원칙이다. 그런데 회사가 배상능력이 없을 경우에 대비하여 상법은 거래상대방 또는 피해자인 제3자를 보호하기 위하여 경영자인 이사에게 손해배상책임을 부담시키고 있다.

2) **책임의 성질** : 이사의 **제3자에 대한 책임의 법적 성질**(쟁점58)에 관해, **법정책임설**은 상법 제401조 1항의 책임은 불법행위책임과는 별도로 제3자 보호를 위해 법률이 특별히 인정한 법정책임이라는 견해(통설)로서, 임무해태에 대하여 이사의 악의 또는 중대한 과실이 있으면 책임이 성립하고 제3자에 대한 가해의 고의·과실을 요하지 않아 불법행위책임과 요건을 달리한다고 본다. 따라서 이사의 행위가 제3자에 대하여 동시에 불법행위의 요건을 구비하는 때에는 책임이 경합하므로 제3자는 선택적으로 청구권을 행사할 수 있게 된다. 법정책임설은 제3자의 손

해는 직접손해뿐만 아니라 간접손해도 포함된다고 본다. **불법행위책임설**은 이사의 제3자에 대한 책임은 민법에 의한 불법행위책임의 성질을 갖지만 경과실은 제외되고, 위법행위를 요건으로 하지 않는다는 점에서 특수한 불법행위책임이라고 보는 입장이다. 불법행위책임설은 일반 불법행위책임과의 경합을 인정할 것인가를 둘러싸고 경합을 부정하는 **불법행위특칙설**과 경합을 인정하는 **특수불법행위책임설**로 나뉘어진다. **판례**는 상법 제401조에 기한 이사의 제3자에 대한 손해배상책임이 제3자를 보호하기 위하여 상법이 인정하는 특수한 책임이라고 보았다(2006다82601). 생각건대 이사의 업무집행으로 손해를 본 제3자를 보호하기 위해 도입된 이사의 제3자에 대한 책임은 민법의 일반불법행위와 성립요건을 달리하므로 법정책임설이 타당하다고 본다.

3) **책임성립** : ① **요건** – 이사가 악의 또는 중대한 과실로 인하여 그 임무를 해태하여 제3자에게 손해가 생긴 경우에 이사가 배상책임을 부담한다. i) **악의 또는 중대한 과실**은 회사에 대한 임무해태에 관하여 존재하면 되고, 제3자에 대한 권리침해에 대한 악의 등이 요구되지는 않는다. ii) 이사의 **임무해태행위**가 있어야 책임이 성립하는데, 예컨대 주식청약서·사채청약서·신주인수권증서·재무제표 기타의 서류에 허위의 기재를 하거나 허위의 등기 또는 공고를 한 경우, 회사의 자산·경영상태 등에 비추어 만기에 지급가능성이 없는 어음을 발행한 경우가 이에 해당한다. 판례는 이사의 직무상 충실 및 선관의무 위반의 행위로서 위법성이 있는 경우에는 악의 또는 중대한 과실로 그 임무를 해태한 경우에 해당된다고 본다(2000다47316). iii) **제3자의 손해발생**이 또 다른 책임요건이다. 이사가 책임을 지는 제3자는 회사와 이사 자신을 제외한 자를 의미하며, 회사채권자나 거래상대방 등 이해관계인뿐만 아니라 주주나 주식인수인도 포함된다고 보는 것이 통설이다. **판례**는 상법 제401조에 기한 이사의 제3자에 대한 손해배상책임에는 일반 불법행위책임의 단기소멸시효를 규정한 민법 제766조 1항은 적용될 여지가 없고, 일반 채권으로서 민법 제162조 1항에 따라 그 소멸시효기간은 10년이라 보았다(2006다82601).

② **간접손해** – 제3자의 범위에 직접손해를 입은 주주가 포함된다는 점에서는 이견이 없으나, **간접손해를 입은 주주의 포함 여부**(**쟁점59**)에 관해, **제한설**은 회사가 입은 손해로 인하여 주주가 간접적으로 손해를 받은 경우는 대표소송 등을 통해 회사가 배상을 받음으로써 주주의 손해는 간접적으로 보상되는 것이므로 주주

는 이러한 경우 제3자에 포함될 수 없다고 하고, **제한부정설**은 대표소송은 소수주주권자만이 제기할 수 있고 담보가 요구되므로 주주의 손해배상청구를 인정할 실익이 있다고 보아 주주의 간접손해도 포함된다고 본다. **판례**는 회사의 대표이사가 회사재산을 횡령하여 회사재산이 감소함으로써 회사가 손해를 입고 결과적으로 주주의 경제적 이익이 침해되는 손해와 같은 주주의 간접손해는 상법 제401조 1항에서 말하는 손해의 개념에 포함되지 않는다고 보았지만(2003다29661), 회사의 재산을 횡령한 이사가 악의 또는 중대한 과실로 부실공시를 하여 재무구조의 악화 사실이 증권시장에 알려지지 아니함으로써 회사 발행주식의 주가가 정상주가보다 높게 형성되고, 주식매수인이 그러한 사실을 알지 못한 채 주식을 취득하였다가 그 후 그 사실이 증권시장에 공표되어 주가가 하락한 경우에는, 주주는 이사의 부실공시로 인하여 정상주가보다 높은 가격에 주식을 매수하였다가 주가가 하락함으로써 직접 손해를 입은 것이므로, 이사에 대하여 상법 제401조 1항에 의하여 손해배상을 청구할 수 있다고 보았다(2010다77743). 생각건대 본조에서 제3자라 함은 회사·이사와 거래상대방을 제외한 모든 자를 의미하므로 주주는 제3자에 포함될 수 있고 주주의 간접손해도 이사의 임무해태와 인과관계가 인정되는 범위 내에서 본조에 의해 보상될 수 있다고 본다.

4) **이사의 범위** : 제3자에 대하여 책임을 지는 자는 악의 또는 중대한 과실로 **임무를 해태한 이사**이다. 실제 업무를 집행한 이사뿐만 아니라 이사회의 결의에 따라 집행된 경우 그 **결의에 찬성한 이사**도 책임을 진다. 이 경우에 결의에 참가한 이사로서 이의를 한 기재가 의사록에 없는 자는 그 결의에 찬성한 것으로 추정되어 책임을 진다(상401.2, 399.2,3). 다른 이사의 행위에 대하여 감시의무가 있기 때문에 이사가 악의 또는 중대한 과실로 인하여 감시의무를 해태한 때에도 제3자에 대하여 책임을 질 수도 있다. **사실상의 이사** 즉 이사가 아니면서 회사에 대한 영향력을 이용하여 이사에게 업무집행을 지시하거나 이사의 명의로 직접 회사의 업무를 집행한 자, 그리고 이사가 아니면서 명예회장·회장 기타 회사의 업무를 집행할 권한이 있는 것으로 인정할 만한 명칭을 사용하여 회사의 업무를 집행한 자는 지시하거나 집행한 업무에 관하여 회사와 제3자에게 회사의 이사와 동일한 책임을 지고, 소수주주권자는 책임의 추궁을 위하여 대표소송을 제기할 수 있게 되었다(상401의2.1).

5) **손해배상책임** : 이사의 임무해태에 관한 악의 또는 중대한 과실에 대한 증명책임은 제3자에게 있다. 이사의 제3자에 대한 책임은 채무의 일반적 소멸원인으로 소멸하나, 책임의 해제나 면제는 인정되지 않는다. 특히 소멸시효기간은 법정책임설에 의하면 10년이고(2006다82601), 불법행위설에 의하면 3년(또는 10년)이 된다. 최근 주식회사의 이사가 직무를 수행함에 있어서 법률적인 책임을 지는 경우에 그로 말미암아 발생하는 손해를 보상할 것을 목적으로 하는 책임보험인 이사의 책임보험도 많이 이용되고 있다. 현재 우리나라에서 판매되고 있는 임원배상책임보험이 담보하는 대상은 주주대표소송이나 제3자로부터의 손해배상청구에 국한되고, 담보되는 배상책임에 대해서도 고의에 의한 법령위반이나 충실의무 위반의 경우를 배제함으로써, 임원배상책임보험의 도입에 반대하는 견해가 주장하는 이사의 도덕적 해이를 어느 정도 제도적으로 해결하고 있다.

(4) 사실상 이사의 책임

1) **의 의** : 그룹총수 등 회사에 대한 자신의 영향력을 이용하여 이사에게 업무집행을 지시한 자나 이사의 이름으로 직접 업무를 집행한 자, 이사가 아니면서 명예회장·회장·사장·부사장·전무·상무·이사 기타 업무를 집행할 권한이 있는 것으로 인정될 만한 명칭을 사용하여 회사의 업무를 집행한 자(사실상의 이사)는 지시하거나 집행한 업무에 관하여 회사·제3자에 대한 손해배상책임, 대표소송 등의 제도를 적용함에 있어 이사로 본다(상401의2.1). 특히 지배주주의 영향력에 의해 회사의 운영이 왜곡되는 것을 방지할 목적에서 이사 아닌 자로서 업무집행에 직·간접으로 관여한 자의 책임을 묻는 제도이다.

2) **사실상 이사의 범위** : ① 업무집행지시자 – 회사에 대한 자신의 영향력을 이용하여 이사에 대해 업무집행을 지시한 자를 의미한다. i) 회사에 대한 **영향력을 이용**한 자라 함은 대체로 지배주주가 이에 해당한다. 지배주주는 지배주식을 이용하여 회사에 대해 영향력을 행사하면서도 회사의 기관은 아니므로 회사나 제3자에 대한 이사·감사의 책임을 부담하지 않는 폐단이 지적되었다. 이를 해결하기 위해 지배주주 등 회사에 영향력을 행사하는 자에게도 이사의 책임과 동일한 책임을 부담시키고 있다. 지배주주는 자연인에 한하지 않고 법인인 지배회사도 포함된다. 다만 지배주주가 주주총회에서 일정한 의안에 대하여 의결권을 통하여 영향력을 행사하는 경우는 본조의 적용대상에서 제외되며, 주주가 아니면서 단순

히 우월한 지위를 이용해서 사실상 영향력을 행사하는 경우도 제외된다. 예컨대 은행이 채무회사에 대하여 영향력을 행사하는 경우나 노동조합이 경영에 간섭하는 등 주주가 아닌 자의 영향력의 행사는 대체로 배제된다. ii) 이사에 대한 **업무집행의 지시**란 자신의 영향력을 이용하여 대표이사나 이사에 대하여 지시하는 것을 의미하는데, 지시대상이 반드시 이사에 국한되는 것은 아니고 사용인에 대한 지시도 포함한다. 업무집행이란 회사의 목적을 달성하기 위하여 직접 또는 간접으로 관련된 모든 업무처리로서 영업과 관련된 법률행위뿐만 아니라 사실행위도 포함한다. 그런데 영업의 조직 자체를 변경하는 행위(예, 영업의 양도·해산·합병·조직변경 등)가 업무집행에 포함되는가에 관해, 학설 대립이 있으나 이들 행위는 주주총회의 특별결의사항에 해당하므로 이사에 대한 영향력만으로 업무집행이 불가능하므로 부정설이 타당하다고 본다. 지시행위는 적극적으로 행해져야 하고, 회사 및 이사·사용인 등에 대하여 구속력을 가져야 한다. 따라서 자문에 응하여 소극적으로 자신의 의견을 표명하거나 단순히 참고자료를 제공하고 복종 여부는 전적으로 자율에 맡겨진 경우에는 '지시'행위라고 할 수 없다. 다만 형식이 권고·조언이라도 실제에 있어서 강제성을 가진 권고는 지시로 보아야 할 것이다.

② **무권한 대행자** – 이사의 이름으로 직접 업무를 집행한 자도 이사와 동일한 책임을 부담하는데, 이사가 아닌 자로서, 이사의 명의로 본인이 직접 업무집행을 하는 점에서 업무집행지시자와 구별된다. 대규모 기업집단의 지배주주는 대체로 업무집행지시자와 같은 형태로 간접적으로 회사경영에 관여하는 경우가 많지만, 중소규모의 회사에 있어서는 지배주주 등이 명목상 이사를 두고 그 명의로 직접 회사의 업무를 집행하는 경우가 이에 해당한다.

③ **표현이사** – 이사가 아니면서 명예회장·회장·사장·부사장·전무·상무·이사 기타 회사의 업무를 집행할 권한이 있는 것으로 인정될 만한 명칭을 사용하여 회사의 업무를 집행한 자를 말한다. 명예회장이나 회장과 같은 명칭을 사용하고 있는 표현이사는 기업집단에서 개별 회사의 이사는 아니지만, 기업집단의 업무에 관여하고 있는 자뿐만 아니라 개별 회사에서 직함을 사용하여 업무를 집행하고 있는 자도 포함한다. 판례는 업무집행지시자(1호), 무권한 대행자(2호)는 회사에 대한 영향력이 전제되지만 표현이사(3호)는 직명 자체에 업무집행권이 표상되어 있기 때문에 그에 더하여 회사에 대해 영향력을 가진 자일 것까지 요건으로 하고 있는 것은 아니라 보았다(2009다39240). 그리고 표현이사는 상법 제395조의 표현대표이사와 구성요건이 거의 비슷하다. 하지만 상법 제401조의2 1항 3호의 표현

이사규정은 당해 표현이사로 하여금 책임을 부담하게 하는 규정이나, 표현대표이사제도는 회사의 책임을 묻기 위한 규정이어서 취지를 달리한다. 뿐만 아니라 표현대표이사제도는 외관책임의 원리에 따라 상대방의 신뢰가 요구되지만, 표현이사의 책임은 상대방의 신뢰와는 무관한 행위책임적 성질을 가지고 있다.

3) **책임의 내용** : 사실상의 이사의 회사나 제3자에 대한 책임의 요건, 효과, 추궁방법, 면제·해제 등은 이사의 손해배상책임과 동일하다(상401의2.1). 따라서 업무집행지시자 등이 직접 또는 이사에게 업무를 지시하여 이사가 법령 또는 정관에 위반한 행위를 하거나 그 의무를 해태한 행위를 한 경우에는 회사에 대하여 손해배상책임을 지고, 악의 또는 중대한 과실로 인하여 그 임무를 해태한 경우에는 제3자에 대하여 손해배상책임을 진다. 사실상 이사는 책임규정 적용에 있어 이사로 간주되는데(상401의2.1) 이들 책임규정(상399, 401)에서 '임무해태'를 어떻게 해석할지가 문제된다. 이에 관한 별다른 논의가 없으나, 이사였다면 부담하였을 선관의무와 충실의무로 이해할 수 있다고 본다. 업무집행지시자 등이 회사에 대해 손해배상책임을 부담하더라도 이사가 업무집행지시자에 대한 손해배상청구소송을 제기한다는 것을 기대하기 어려우므로 대표소송제도가 적용됨을 명시하고 있다(상401의2.1). 업무집행지시를 받은 이사가 업무를 집행하여 회사 또는 제3자에 대하여 손해를 배상할 책임이 발생한 경우에는, 당해 이사는 사실상의 이사와 연대하여 손해를 배상할 연대책임을 진다(상401의2.2).

4) **책임의 소멸** : 상법 제399조에 의한 이사의 회사에 대한 손해배상책임은 총주주의 동의로 면제할 수 있는데(상400), 업무집행지시자 등의 회사에 대한 책임의 **총주주 동의에 의한 책임의 면제 가능성**(**쟁점60**)에 관해, 회사의 내부에서 업무를 맡고 있는 표현이사의 경우에는 상법 제400조의 규정을 적용할 수 있으나 회사 밖에서 그 영향력을 이용하여 위법·부당한 지시를 내렸거나 이사의 명의로 업무집행을 한 사실상의 이사에게는 회사에 대한 책임을 면제할 수 없다는 **부정설**과 계약자유의 원칙상 채무의 면제는 자유롭다는 점을 전제한 **긍정설**이 있다. 생각건대 다수결의 원리에 따른 채무면제의 위험을 방지하기 위한 총주주의 동의에 의한 책임면제규정은 강행법규로 볼 수 있고, 이는 업무집행지시자에게도 해당된다고 볼 수 있어 회사에 대한 책임면제제도를 모든 업무집행지시자에게 유추적용하여야 한다고 본다. 사실상의 이사의 책임도 일반이사의 경우와 동일하게 10년의

시효기간이 적용되는 것으로 본다(민162.1).

7. 이사의 업무집행에 대한 주주의 감독권한

(1) 의 의

주주총회에 권한이 집중되던 주식회사제도가 이사회의 도입으로 주주총회의 많은 권한이 이사회에 위임되어 주주의 권한이 상대적으로 약화되었다. 이사는 주식회사 운영에 있어 강력한 권한을 가지고 회사를 지배하므로 권한남용의 위험성이 높으며 이는 감사제도 등에 의해 일부 예방될 수 있다. 그밖에 이사의 권한남용을 막고 회사경영의 투명성을 유지하기 위해 상법은 소수주주권의 형식의 사전적 예방조치로서 위법행위유지청구권과 사후조치로서 대표소송을 제기할 수 있는 권한을 소수주주에게 부여하고 있다.

(2) 위법행위유지(留止)청구권

1) **개 념** : 이사가 법령 또는 정관에 위반한 행위를 하여 회사에 회복할 수 없는 손해가 생길 염려가 있는 경우 감사 또는 발행주식의 총수의 1/100 이상에 해당하는 주식을 가진 주주는 회사를 위하여 이사에 대하여 그 행위를 유지(留止)할 것을 청구할 수 있는 권리를 의미한다(상402). 신주발행유지청구권(상424)과는 **사전적 권리구제제도**라는 점에서 유사하지만, i) 단독주주권이 아니라 **소수주주권**이라는 점, ii) 주주 개인의 불이익이 아닌 회사의 회복할 수 없는 손해염려가 있을 경우 행사할 수 있다는 점, iii) 회사가 아닌 당해 이사에 대한 청구권이라는 점, iv) 현저하게 불공정한 경우는 요건에 해당하지 않는다는 점에서 위법행위유지청구권은 신주발행유지청구권과 구별된다.

2) **요 건** : i) 위법행위유지청구의 **대상**은 이사의 법령·정관 위반행위이다. 법령 또는 정관 위반행위에는 법률행위뿐만 아니라 준법률행위, 사실행위도 포함되며 행위에 대한 이사의 권한 유무를 묻지 않는다. ii) 회사에 대하여 **회복할 수 없는 손해가 발생할 우려**가 있어야 행사할 수 있다. 회복이 불가능할 경우뿐만 아니라 상당히 곤란한 경우도 포함한다고 본다. iii) **사전적 예방제도**로서 이사의 위반행위가 완료되기 전에 행사하는 권리이며 위반행위가 완료되어 회사에 손해가 현실화되었을 경우에는 이사에 대한 손해배상청구만 문제될 뿐 위법행위유지청구

권을 행사할 수는 없다.

3) **절 차** : ① 유지청구의 **청구권자**는 소수주주권자·감사·감사위원회이다(상402, 415의2.7). 소수주주권의 주식보유비율은 발행주식총수의 1/100(상장사는 50/10만, 자본금 1천억 이상 상장사는 25/10만) 이상에 해당하는 주식을 가진 주주이며 물론 다수 주주의 주식을 합쳐서 요건 주식보유비율에 해당하면 권리를 행사할 수 있다(상542의6.5). 주식보유비율의 기준주식수는 발행주식총수로 되어 있으므로 의결권 없는 주식도 포함하여 계산한다. 상장회사의 경우 일반 주식회사와 달리 6개월간의 주식보유요건도 정하고 있으며(상542의6.5), 정관에서 단기의 주식보유기간을 정하거나 낮은 주식보유비율을 정할 수 있다(상542의6.7). 유지청구의 상대방(**피청구자**)는 회사가 아니라 위법행위를 하는 당해 이사이다.

② **유지청구의 방법**은 재판 이외의 방법도 가능하지만, 소수주주의 유지청구에도 불구하고 위법행위를 중지하지 않을 경우 상법에 규정이 없지만 이사를 피고로 **유지청구의 소**를 제기할 수 있으며 **가처분**으로 위법행위를 중지시킬 수 있다(대표소송에 관한 규정 유추적용).

4) **효 과** : ① 이사의 책임 – 주주나 감사(감사위원회)의 유지청구가 있으면 이사는 유지청구의 적법성을 판단하여 부당하다고 판단되면 중지할 의무가 없다고 본다. 하지만 정당한 유지청구라고 판단되면 이사는 위법행위를 중지하여야 한다. 위법행위유지청구를 무시한 이사는 회사 또는 제3자에게 손해가 발생한 경우 손해배상책임을 부담하게 되고 무시행위는 중과실 판단에 고려될 수 있다.

② 행위 효력 – **위법행위유지청구권을 무시한 행위의 효력**에 관해, 위법한 행위를 감행한 이사의 책임은 문제되지만 위법행위의 효력에는 영향이 없다고 보는 **유효설**(다수설)과 단체법적 행위는 항상 유효하고 개인법적 행위도 원칙적으로 유효하지만 상대방이 유지청구사실을 안 경우에는 회사가 무효를 주장할 수 있다는 **제한적 무효설**이 있다. 생각건대 유지청구권은 회사의 이익보호를 목적으로 주식회사 내부에서 업무집행의 신중을 기하기 위한 제도이고, 유지청구제도의 취지와 그 절차를 고려할 때 상대방이 유지청구사실을 알고 거래하였다는 사실만으로 보호의 범위를 달리하는 제한적 무효설은 부적절하다고 판단되므로, 유지청구권을 무시한 이사의 행위라도 유효하며(유효설) 다만 이사의 책임만이 문제될 뿐이라 본다.

(3) 대표소송제도

1) **개 념** : 대표소송이란 **회사에 대한 이사의 책임**을 추궁하기 위하여 소수주주에 의해 제기된 소송을 의미한다(상403). 이사들에 의해 경영되는 회사가 이사의 책임을 추궁하길 기대하기는 쉽지 않다. 이러한 제도적 한계를 극복하고자 도입된 제도가 대표소송제도로서 소수주주권자가 회사를 대표하여 이사의 책임을 추궁하는 소송을 제기할 수 있도록 하고 있다. 미국 각주 회사법이나 일본 회사법에서는 단독주주권으로 되어 있으나 남소의 위험을 막기 위해 우리 법은 **소수주주권**으로 규정하고 있다.

2) **법적 성질** : 주식회사의 주주는 주식의 소유자로서 회사의 경영에 이해관계를 가지고 있다 할 것이나, 회사의 재산관계에 대하여는 단순히 사실상·경제상 또는 일반적·추상적인 이해관계만을 가질 뿐, 구체적 또는 법률상의 이해관계를 가진다고는 할 수 없고, 직접 회사의 경영에 참여하지 못하고 주주총회의 결의를 통해서 또는 주주의 감독권에 의하여 회사의 영업에 영향을 미칠 수 있을 뿐이다(2000마7839결정). 따라서 주주가 주주총회의 결의나 위법행위유지청구권 등의 제도를 통해 회사의 경영에 관해 일정한 권한행사를 할 수 있을 뿐인데, 대표소송 역시 주주가 직접 회사의 업무집행에 관여하는 제도 중의 하나이다. 대표소송은 소수주주가 회사의 이익을 위하여 회사의 대표기관의 자격에서 소송을 수행하는 것이므로 **제3자 소송담당**에 해당하므로 대표소송의 판결의 효력은 회사에 미치고 대표소송제소권은 일종의 공익권에 속한다.

3) **요 건** : ① **당사자** – 대표소송의 **원고**는 회사발행주식총수의 1/100(상장사, 1/1만+6개월보유) 이상 주식을 가진 주주 또는 다수의 주주이다(상403.1, 542의6.6). 상장사는 낮은 주식보유비율이지만 6개월의 주식보유요건이 추가되어 있으며, 정관에서 단기의 주식보유 기간을 정하거나 낮은 주식 보유비율을 정할 수 있다(상542의6.7). 그런데 판례는 주주자격을 판단함에 있어 실질주주를 기준으로 판단하였는데(2010다22552) 회사에 대한 권리행사에 관해 형식주주만을 주주로 보는 17년 판례(2015다248342)에 따라 다르게 해석하여야 할 지 의문이다. 대표소송은 이사의 책임을 추궁하는 소송이므로 **피고**는 현재 또는 과거 이사가 된다.

② **다중대표소송** – 지배회사는 종속회사의 주주이므로 종속회사의 이사의 책

임을 추궁하는 대표소송을 제기할 수 있는데, 지배회사의 주주가 직접 종속회사의 이사의 책임을 물을 수 있는가, 즉 **다중대표소송(중복대표소송)의 허용성**에 관해, 이중대표소송을 허용한 고등법원 판결(2002나13746)에 대해, 대법원은 지배회사와 종속회사는 상법상 별개의 법인격을 가진 회사이고, 대표소송의 제소자격은 책임추궁을 당하여야 하는 이사가 속한 당해 회사의 주주로 한정되어 있으므로, 종속회사의 주주가 아닌 지배회사의 주주는 상법 제403조, 제415조에 의하여 종속회사의 이사 등에 대하여 책임을 추궁하는 이른바 이중대표소송을 제기할 수 없다고 판시하였다(2003다49221). 하지만 상법개정으로 다중대표소송제도가 도입되었다. 모회사 발행주식총수의 1% 이상에 해당하는 주식을 가진 주주는 자회사에 대하여 자회사 이사의 책임을 추궁하는 소의 제기를 청구할 수 있고, 자회사가 30일 내에 제소하지 않을 경우 자회사를 위한 소를 제기할 수 있다(상406의2.1,2).

③ **절차** - i) **서면제소청구** 대표소송을 제기하기 위해서는 우선 소수주주가 대표소송을 제기하는 이유를 기재한 서면으로(상403.2) 이사책임추궁의 소를 제기할 것을 회사에 청구할 수 있다. 서면에 기재되어야 하는 '이유'(상403.2)에는 권리귀속주체인 회사가 제소 여부를 판단할 수 있도록 책임추궁 대상 이사, 책임발생 원인사실에 관한 내용이 포함되어야 하지만, 판례는 회사가 그 서면에 기재된 내용, 이사회의사록 등 회사 보유 자료 등을 종합하여 책임추궁 대상 이사, 책임발생 원인사실을 구체적으로 특정할 수 있다면, 그 서면은 상법 제403조 제2항에서 정한 요건을 충족하였다고 본다(2019다291399). ii) **소송 제기** 회사가 주주의 청구를 받은 날로부터 30일 내에 소를 제기하지 아니한 때에는 소수주주는 즉시 회사를 위하여 소를 제기할 수 있다(상403.3). 회사에 회복할 수 없는 손해가 생길 염려가 있는 경우에는 30일 이내라도 소수주주는 즉시 대표소송을 제기할 수 있다(상403.4). iii) **주식보유** 대표소송을 제기한 주주의 보유주식이 제소 후 요건 주식보유비율 미만으로 감소한 경우에도 제소의 효력에는 영향이 없다(상403.5). 다만 발행주식을 1주도 보유하지 않게 된 경우에는 주주의 지위를 상실하게 되므로 대표소송은 부적법 각하되어야 한다고 본다. **판례**도 이러한 입장에서 대표소송을 제기한 주주 중 일부가 주식을 처분하는 등의 사유로 주식을 전혀 보유하지 아니하게 되어 주주의 지위를 상실하면, 특별한 사정이 없는 한 그 주주는 원고적격을 상실하여 그가 제기한 부분의 소는 부적법하게 되고, 이는 함께 대표소송을 제기한 다른 원고들이 주주의 지위를 유지하고 있다고 하여 달리 볼 것은 아니라고 보았다(2011다57869).

④ **소송상 특칙** – i) **취하 등 금지** 주주가 대표소송을 제기한 경우뿐만 아니라 주주의 요청에 따라 회사가 소송을 제기한 경우에도 당사자는 법원의 허가를 얻지 않고는 소의 취하, 청구의 포기, 인낙·화해를 할 수 없다(상403.6). ii) **담보제공·관할** 소수주주가 대표소송을 제기한 때에는 법원은 회사의 청구에 의하여 상당한 담보를 제공할 것을 명할 수 있으며, 이 경우 회사는 소수주주의 청구가 악의임을 소명하여야 한다(상403.7→176.3,4). 대표소송 역시 본점소재지의 지방법원의 전속관할에 전속한다(상403.7→186). iii) **재심의 소** 대표소송이 제기된 경우에 원고와 피고의 공모로 인하여 소송의 목적인 회사의 권리를 사해할 목적으로써 판결을 하게 한 때에는 회사 또는 주주는 확정한 종국판결에 대하여 재심의 소를 제기할 수 있다(상406). 이사책임을 추궁하는 소는 소송참가제도가 있음에도 불구하고 원고와 피고의 공모에 의하여 불공정한 결과가 발생할 염려가 크므로 민사소송법의 재심제도에도 불구하고 상법에 특칙을 두고 있다. 재심의 소는 당사자가 판결확정 후 재심의 사유를 안 날로부터 30일 이내에 제기하여야 한다(민소456). iv) **소송고지·참가** 회사는 대표소송에 소송참가할 수 있으며, 대표소송을 제기한 주주는 소를 제기한 후 지체 없이 회사에 대하여 소송고지를 하여야 한다(상404).

4) **대 상** : 대표소송은 이사의 책임을 추궁하는 소송인데 그 대상이 되는 **이사 책임의 범위**에 관해, **제한설**은 이사의 회사에 대한 책임(상399), 인수담보책임(상428)에 한정된다고 보고, **무제한설**은 이사가 회사에 대해 부담하는 모든 채무, 즉 손해배상책임·자본충실책임, 심지어는 개인적 책임까지도 대표소송의 대상이 된다는 본다(다수설). 생각건대 대표소송제도가 회사의 이익보호를 위한 제도이고 상법 제403조도 대표소송의 대상을 제한하고 있지 않으므로 무제한설이 타당하다고 본다. 이사의 책임을 추궁하는 대표소송제도는 발기인(상324), 감사(상415), 청산인(상542.2), 불공정한 가액으로 신주를 인수한 자(상424의2), 주주권행사와 관련하여 이익을 공여받은 자(상467의2) 등에도 준용된다.

5) **판결의 효과** : 대표소송은 **제3자 소송담당**의 성질을 가지므로 판결의 효력은 원·피고는 물론 회사에도 미친다. 즉 주주대표소송의 주주와 같이 다른 사람을 위하여 원고가 된 사람이 받은 확정판결의 집행력은 확정판결의 당사자인 그 원고가 된 사람과 다른 사람 모두에게 미치므로, 주주대표소송의 주주는 집행채

권자가 될 수 있다(2013마2316결정). 대표소송을 제기한 주주가 승소한 때에는 그 주주는 회사에 대하여 소송비용 및 그 밖에 소송으로 인하여 지출한 비용 중 상당한 금액의 지급을 청구할 수 있다. 이 경우 소송비용을 지급한 회사는 해당 이사 또는 감사에 대하여 구상권이 있다(상405.1). 악의의 패소원고는 회사에 대해 손해배상책임을 부담한다(상405.2). 소송비용청구권에 관한 규정을 두고 있으며, 악의의 패소원고만 손해배상책임을 부담하고 선의인 데 중과실이 있는 원고의 손해배상책임을 면제하고 있는 점이 회사소송에 관한 일반적 규정인 상법 제191조와 구별된다. 이는 대표소송을 제기하는 주주를 보호하여 대표소송제도를 통한 이사의 책임추궁을 활성화시키고자 하는 취지이다.

(4) 직무집행정지·직무대행자선임 가처분

1) **직무집행정지 가처분** : ① 개념 – 이사의 직무집행정지가처분이란 이사의 선임결의 하자 또는 해임의 소송이 제기된 경우 이사의 직무집행을 정지시키는 법원의 임시적 처분행위를 의미하며, 이와 동시에 직무대행자를 선임(**이사직무대행자선임가처분**)할 수도 있다. 회사법은 이사선임결의 무효·취소의 소나 이사해임의 소가 제기된 경우 판결확정시까지 법원은 당사자의 신청에 의하여 가처분으로써 이사의 직무집행을 정지시키거나 직무대행자를 선임할 수 있다고 규정한다(상407.1). 본안소송인 이사선임결의무효·취소의 소나 이사해임의 소가 확정되기 전에 임시적 처분의 성질을 가지며, 본점과 지점의 소재지에서 그 **등기**를 하여야 한다(상407.3). 등기할 사항인 직무집행정지 및 직무대행자선임 가처분은 상법 제37조 제1항에 의하여 이를 등기하지 아니하면 위 가처분으로 선의의 제3자에게 대항하지 못하지만 악의의 제3자에게는 대항할 수 있다(2013다39551).

② 요건 – 이사의 직무집행정지·이사직무대행자선임 가처분은 본안소송의 신청인에 의해 신청되므로 **신청인**은 주주이다. 다만 이사 선임결의의 무효·취소가 본안소송인 경우에는 개인 주주가 가처분의 신청인이 될 수 있고(상376, 380), 이사해임의 소가 본안소송인 경우 신청인은 해임의 소의 제소권자인 3%의 소수주주권자이다(상385.2). 그리고 **피신청인**은 회사가 아니라 이사이다. 판례도 이사직무집행정지가처분에 있어서 피신청인이 될 수 있는 자는 그 성질상 당해 이사이고, 회사에게는 피신청인의 적격이 없다고 보았고(80다2424), 회사는 피신청인의 적격이 없다고 보았다(71다2351). 그리고 비송사건절차법 제179조에 의하면 법원의 청산인선임의 재판에 대하여는 불복의 신청을 할 수 없도록 규정되어 있

으므로 그러한 불복이 허용됨을 전제로 하여 동청산인해임청구권을 피보전권리로 한 청산인직무집행정지 및 그 직무대행자선임 가처분신청은 부적법하다고 보았다(81마33).

2) **직무대행자선임 가처분** : ① 개념 – 이사의 직무집행정지 가처분을 할 경우 이사의 직무집행을 대행할 수 있는 직무대행자를 선임하는 법원의 임시적 처분행위를 의미한다. 직무대행자의 자격에 관해서는 특별한 규정이 없지만, 그 대행자를 선임할 경우에 가처분에 의하여 직무집행이 정지된 종전의 이사 등을 직무대행자로 선임할 수는 없다(90그44). 대표자에 대해 직무집행정지 및 직무대행자선임 가처분이 된 경우에는, 그 가처분에 특별한 정함이 없는 한 그 대표자는 그 본안소송에서 그 단체를 대표할 권한을 포함한 일체의 직무집행에서 배제되고 직무대행자로 선임된 자가 대표자의 직무를 대행하게 되므로, 그 본안소송에서 그 단체를 대표할 자도 직무집행을 정지당한 대표자가 아니라 대표자 직무대행자로 보아야 한다(95다31348). 직무대행자의 직무행위의 내용은 직무집행이 정지된 이사의 그것과 일응 동일하므로 상법 제531조 제1항에 따라 해산 전 가처분에 의하여 선임된 이사 직무대행자는 회사가 해산하는 경우 당연히 청산인 직무대행자가 된다(91다4355).

② **직무대행자의 권한** – 이사직무대행자 선임가처분에 의해 선임된 직무대행자는 가처분명령에 특별한 정함이 있거나 법원의 허가를 얻은 경우를 제외하고는 회사의 상무에 속한 행위만 할 수 있다(상408.1). 상법 제408조 제1항이 규정하는 회사의 '**상무**'라 함은 일반적으로 회사에서 일상 행해져야 하는 사무, 회사가 영업을 계속함에 있어서 통상 행하는 영업범위 내의 사무 또는 회사경영에 중요한 영향을 주지 않는 통상의 업무 등을 의미하고, 어느 행위가 구체적으로 이 상무에 속하는가 하는 것은 당해 회사의 기구, 업무의 종류·성질, 기타 제반 사정을 고려하여 객관적으로 판단되어야 할 것이다(2006다62362). 법원의 **허가기준**에 관해 판례는 법원이 주식회사의 이사직무대행자에 대하여 상법 제408조 1항에 따라 상무 외 행위를 허가할 것인지 여부는 일반적으로 당해 상무 외 행위의 필요성과 회사의 경영과 업무 및 재산에 미치는 영향 등을 종합적으로 고려하여 결정하여야 한다고 보았다(2008마277). 그리고 직무대행자가 정기주주총회를 소집함에 있어서도 그 안건에 이사회의 구성 자체를 변경하는 행위나 상법 제374조의 특별결의사항에 해당하는 행위 등 회사의 경영 및 지배에 영향을 미칠 수 있는 것이 포함되

어 있다면 그 안건의 범위에서 정기총회의 소집이 상무에 속하지 않는다고 할 것이고, 직무대행자가 정기주주총회를 소집하는 행위가 상무에 속하지 아니함에도 법원의 허가 없이 이를 소집하여 결의한 때에는 소집절차상의 하자로 결의취소사유에 해당한다(2006다62362).

3) **정지·선임 가처분의 효력** : ① 대세적 효력 – 주식회사 이사의 직무집행을 정지하고 직무대행자를 선임하는 가처분은 성질상 당사자 사이뿐만 아니라 제3자에 대한 관계에서도 효력이 미치므로 가처분에 반하여 이루어진 행위는 제3자에 대한 관계에서도 무효이므로 가처분에 의하여 선임된 이사직무대행자의 권한은 법원의 취소결정이 있기까지 유효하게 존속한다(91다4355). 설사 가처분결정 이전에 직무집행이 정지된 이사가 대표이사로 선임되었다고 할지라도 그 선임결의의 적법 여부에 관계없이 대표이사로서의 권한을 가지지 못한다고 할 것이다(2013다39551). 하지만 이 경우 이사 등의 직무집행을 정지시킬 뿐 이사 등의 지위나 자격을 박탈하는 것이 아니므로 특별한 사정이 없는 한 가처분결정으로 인하여 이사 등의 임기가 당연히 정지되거나 가처분결정이 존속하는 기간만큼 연장되거나 이사 등의 임기진행에 영향을 주는 것은 아니다(2018다249148).

② 가처분 위반 행위의 효력 – 직무집행정지가처분에 반한 이사의 행위의 효력은 어떠한가? 가처분에 반하는 행위의 효력은 절대적 무효이며 가처분이 취소되더라도 소급해서 유효로 되는 것은 아니라고 보는 견해가 있다. 판례는 가처분에 의하여 대표이사 직무대행자로 선임된 자가 변호사에게 소송대리를 위임하고 그 보수계약을 체결하거나 그와 관련하여 반소제기를 위임하는 행위는 회사의 상무에 속하나, 회사의 상대방 당사자의 변호인의 보수지급에 관한 약정은 회사의 상무에 속한다고 볼 수 없으므로 법원의 허가를 받지 않는 한 효력이 없다고 보았다(87다카2691). 다만 직무대행자가 이를 위반한 경우에도 회사는 선의의 제3자에 대항하지 못한다(상408.2). 해산 전 가처분에 의하여 선임된 이사 직무대행자는 회사가 해산하는 경우 당연히 청산인 직무대행자가 된다(91다4355).

4) **가처분의 효력 상실** : ① 가처분결정의 변경·취소 – 이사의 직무집행정지·이사직무대행자선임 가처분은 당사자의 신청에 의하여 가처분을 변경 또는 취소할 수 있다(상407.2). 그리고 주주총회의 결의에 의하여 위 직무집행정지 및 직무대행자선임의 가처분결정은 더 이상 유지할 필요가 없는 사정변경이 생겼다고 할

것이므로, 위 가처분에 의하여 직무집행이 정지되었던 피신청인으로서는 그 사정 변경을 이유로 가처분이의의 소를 제기하여 위 가처분의 취소를 구할 수 있다고 본다(97다12167).

② **본안소송의 승소** – 본안소송에서 가처분신청자가 승소하여 판결이 확정된 때에는 임시적 처분이라 할 수 있는 가처분의 효력이 상실된다고 본다. 판례도 가처분신청자가 본안소송에서 승소한 경우에는 존속기간을 정하지 않은 직무집행정지가처분은 목적달성을 이유로 당연히 효력을 상실한다고 보았다(87다카2691). 가처분에 의해 직무집행이 정지된 당해이사 등을 선임한 주주총회 결의의 취소나 그 무효 또는 부존재확인을 구하는 본안소송에서 가처분채권자가 승소하여 그 판결이 확정된 때에는 가처분은 그 직무집행정지기간의 정함이 없는 경우에도 본안승소판결의 확정과 동시에 그 목적을 달성한 것이 되어 당연히 효력을 상실하게 된다(87다카2691).

(5) 집행임원제도

1) **의 의** : 주식회사의 이사회에서 선임되어 등기된 자로서 회사의 업무집행기관에 관한 권한과 책임을 가지는 자를 의미한다. 개정상법은 집행임원의 설치, 권한, 임기, 의무, 책임, 대표집행임원 등에 관한 규정을 두었다(상408의2~408의9). 이사회는 회사의 업무집행에 관한 의사결정기관이자 대표이사·업무담당이사를 통한 업무집행기관 그리고 업무집행감독기관으로서 성격을 동시에 가지고 있지만, 회사의 투명한 경영을 위하여 사외이사제도, 감사위원회제도가 도입되었고 이사회의 위상에 변화가 생겼다. 이사회는 업무집행보다는 업무감독에 더 적합한 조직으로 변화하게 되었으며(**감독형 이사회**), 특히 감사위원회가 설치된 회사는 업무집행과 업무감독을 하나의 기관이 겸하게 되어 이해상충의 가능성이 생기게 되었다. 감독형 이사회를 가진 주식회사의 경우 이해상충 없이 업무를 집행할 수 있는 독립된 기관이 필요하다는 지적에 따라 미국법상의 집행임원제도가 선택적으로 도입되었다.

2) **지 위** : ① **개요** – 집행임원 설치회사에서 집행임원은 이사회에서 선임·해임되며, 이사회의 감독을 받으며 회사의 업무를 집행한다. 동일하게 이사회에서 선임되어 회사의 업무집행하는 대표이사제도와의 관계에 관해, 개정상법은 집행임원 설치회사는 대표이사를 두지 못한다고 규정하여(상408의2.1), 집행임원제

도와 대표이사제도를 **택일적 관계**로 하였다. 집행임원 설치회사에서는 회사의 유일한 업무집행기관은 집행임원뿐이며 집행임원의 지위는 이사회의 위임을 받아 주식회사의 수임인으로서(위임관계, 상408의2.2) 회사의 대내·대외적 업무를 집행한다. 집행임원이 1인일 경우 집행임원은 개정전 상법의 대표이사의 지위와 거의 동일하다. 이사의 보수는 주주총회로 정하도록 규정하고 있지만 집행임원의 보수에 관해서는 정관에서 정하거나 주주총회에서 정하거나 이사회에서 정할 수 있게 다양한 방법을 허용하고 있다. 회사는 선택에 따라 정관, 주주총회, 이사회 중 하나를 정해 집행임원의 보수를 책정하면 된다.

② **복수 집행임원 설치회사** – 집행임원이 수인일 경우 회사를 대표할 **대표집행임원**을 선임하여야 하므로(상408의5.1) 대표집행임원이 아닌 집행임원은 대외적으로는 대표권을 가지지 않고 대표집행임원만이 회사를 대표할 수 있게 된다. 그리고 대내적 업무집행에서도 직무 분담 및 지위·명령관계, 그 밖에 집행임원의 상호관계에 관한 사항을 이사회에서 결정할 수 있다(상408의2.3 5호). 이사회에서 복수의 집행임원의 직무분담이나 상호관계를 정하지 않은 경우에는 집행임원은 각자 대내적인 업무집행권한을 가지나 직무분담·상호관계를 이사회에서 정한 경우에는 그에 따라 분할된 업무집행권한을 가지게 된다.

③ **임기** – 집행임원의 임기는 정관에 다른 규정이 없으면 2년을 초과하지 못하며(상408의3.1), 이는 최장 3년의 임기를 정하고 있는 이사와 구별된다(상383.2). 다만 정관에 그 임기 중의 최종 결산기에 관한 정기주주총회가 종결한 후 가장 먼저 소집하는 이사회의 종결시까지로 정할 수 있다(상408의3.2). 동 단서는 집행임원은 이사회에 대한 보고의무를 부담하므로 이사와는 달리 결산기 이후 임기가 종료한 경우 동 결산기 정기총회가 아닌 정기주총 종결 후 최초 소집 이사회까지 임기를 정관으로 연장할 수 있도록 정하고 있다.

3) **권 한** : ① **개요** – 집행임원은 회사의 대내외적 업무집행을 담당한다는 점에서 집행임원 비설치회사 대표이사의 권한과 유사하다. 집행임원의 권한은 i) 업무집행권한, ii) 이사회의 위임 범위내의 의사결정권한 등이다(상408의2.3 4호, 408의4 2호). 하지만 집행임원 비설치회사의 대표이사 역시 이사회의 위임이 있든 없든 업무집행을 함에 있어서는 일정 범위의 의사결정을 하지 않을 수 없다는 점에서 이사회 위임에 의한 의사결정권한은 별다른 의미가 없는 조항으로 생각된다. 집행임원의 권한은 대표이사의 권한과 상당 부분 비슷하지만 집행임원은 이

사회의 구성원이 아니라는 점에서 본질을 달리하고 의사결정기관과 집행권한의 분리가 실현된 제도로 이해될 수 있다.

② **이사회 소집청구권 및 소집권** – 집행임원은 이사회 소집청구권 및 법원의 허가를 전제한 직접 소집권을 가진다. 즉 집행임원은 필요하면 회의의 목적사항과 소집이유를 적은 서면을 이사(또는 소집권자)에게 제출하여 이사회 소집을 청구할 수 있으며, 이사가 지체 없이 이사회 소집의 절차를 밟지 않으면 법원의 허가를 받아 이사회를 소집할 수 있다. 이 경우 이사회 의장은 법원이 이해관계자의 청구에 의하여 또는 직권으로 선임할 수 있다(상408의7).

③ **복수 집행임원 설치회사의 권한 분배** – 수인의 집행임원을 둔 경우 대표집행임원을 두어야 하고 대표집행임원의 권한은 집행임원 비설치회사의 대표이사와 거의 같다. 그러나 대표집행임원이 아닌 집행임원의 권한은 앞서 본 바와 같이 이사회에서 복수의 집행임원의 직무분담이나 상호관계를 정한 경우에는 그에 따라 분할된 업무집행권한을 가지게 된다.

④ **대표집행임원** – 복수 집행임원 설치회사는 앞서 본 바와 같이 대표집행임원을 선임하여야 하는데 대표집행임원에 관하여 상법에 다른 규정이 없으면 대표이사의 규정을 준용한다(상408의5). 따라서 이사회에서 대표집행임원을 선임하면서 권한의 남용을 방지하기 위하여 **공동대표집행임원**으로 선임할 수 있다고 보며 이 경우 선임된 대표집행임원은 공동으로 회사를 대표할 수 있다(상389.2). 공동대표집행임원이 선임되었을 경우 제3자의 회사에 대한 의사표시는 공동대표집행임원 1인에 대하여 이를 함으로써 효력이 생긴다(상408의5.2 → 389.3 → 208.2). 그리고 대표집행임원은 회사의 영업에 관하여 재판상 또는 재판외의 모든 행위를 할 권한이 있으며 이러한 권한에 대한 제한은 선의의 제3자에게 대항하지 못한다(상408의5.2 → 389.3 → 209). 대표집행임원이 결원된 경우 임기의 만료 또는 사임으로 인하여 퇴임한 대표집행임원은 새로 선임된 대표집행임원이 취임할 때까지 대표집행임원의 권리·의무가 있다. 이 경우 법원은 필요하다고 인정할 때에는 이사, 감사 기타의 이해관계인의 청구에 의하여 일시 대표집행임원의 직무를 행할 자를 선임할 수 있다. 이 경우에는 본점의 소재지에서 그 등기를 하여야 한다(상408의5.2 → 389.3 → 386).

4) **의무·책임** : ① **이사회 보고의무** – 집행임원은 3개월에 1회 이상 업무의 집행상황을 이사회에 보고하여야 한다. 집행임원은 이 밖에 이사회의 요구가 있으

면 언제든지 이사회에 출석하여 요구한 사항을 보고하여야 한다. 그리고 이사는 대표집행임원으로 하여금 다른 집행임원 또는 피용자의 업무에 관하여 이사회에 보고할 것을 요구할 수 있다(상408의6). 집행임원은 회사의 업무집행을 위한 수임기관으로서 그 선임기관인 이사회에 대해 당연히 보고의무를 부담하는데 상법은 최소한 3개월에 1회의 보고의무를 기본으로 하고 기타 요구시 보고의무와 대표집행임원의 대표보고의무 등을 규정하고 있다.

② **이사와 동일한 의무** – 집행임원은 회사와 위임관계에 있으므로 이사와 같이 선량한 관리자의 주의의무를 부담할 뿐만 아니라 법령과 정관의 규정에 따라 회사를 위하여 직무를 충실하게 수행할 충실의무도 부담한다(상408의9 → 382의3). 그리고 집행임원은 재임 중 뿐만 아니라 퇴임 후에도 직무상 알게 된 회사의 영업상 비밀을 누설하여서는 안 되는 비밀유지의무를 부담한다(상408의9 → 382의4). 그리고 회사의 정관, 주주총회의 의사록을 본점과 지점에, 주주명부, 사채원부를 본점에 비치하여야 할 의무를 부담하며(상408의9 → 396), 이사회의 승인이 없으면 자기 또는 제3자의 계산으로 회사의 영업부류에 속하는 거래를 하거나 동종영업을 목적으로 하는 다른 회사의 무한책임사원이나 이사 또는 집행임원이 되지 못한다(상408의9 → 397). 뿐만 아니라 회사의 기회 및 자산의 유용금지의무, 자기거래금지의무를 부담한다(상408의9 → 397의2, 398).

③ **책임** – 집행임원이 고의 또는 과실로 법령이나 정관을 위반한 행위를 하거나 그 임무를 게을리 한 경우에는 그 집행임원은 회사에 손해를 배상할 책임이 있다. 그리고 집행임원이 고의 또는 중대한 과실로 그 임무를 게을리 한 경우에는 그 집행임원은 제3자에게 손해를 배상할 책임이 있다. 집행임원이 집행임원 설치회사 또는 제3자에게 손해를 배상할 책임이 있는 경우에 다른 집행임원, 이사 또는 감사도 그 책임이 있으면 다른 집행임원, 이사 또는 감사와 연대하여 배상할 책임이 있다(상408의8). 이는 집행임원의 회사에 대한 책임, 제3자에 대한 책임에 관한 규정으로서 이사의 책임과 동일하므로 이사의 경우와 동일하게 해석된다.

5) **기타 논점** : ① **불법행위책임, 표현대표제도** – 대표집행임원이 그 업무집행으로 인하여 타인에게 손해를 가한 때에는 회사는 그 대표집행임원과 연대하여 배상할 책임이 있다(상408의5.2 → 389.3 → 210). 주식회사도 일반 법인과 동일하게 불법행위능력을 가지므로 기관의 업무집행행위로 인한 손해에 대한 책임을 부담하는데 대표집행임원과 연대책임을 진다. 그리고 집행임원 설치회사에서 대표집

행임원이 아니면서 대표집행임원의 권한이 있는 것으로 인정될 만한 명칭을 사용한 자의 행위에 대하여는 회사는 선의의 제3자에 대하여 그 책임을 진다(상408의5.3→395). 집행임원 비설치회사의 표현대표이사제도와 마찬가지로 집행임원 설치회사에서는 표현대표집행임원제도에 따라 회사는 외관을 신뢰한 제3자에 대한 책임을 부담한다.

② **집행임원 설치회사의 이사회** – 집행임원 설치회사의 경우 이사회는 집행임원을 선임하며, 수인의 집행임원을 선임할 경우 직무범위, 상호관계를 정할 수 있으며, 집행임원의 보수에 관한 결정을 하는 등의 권한을 가지며, 집행임원은 이사회 소집청구권과 직접 소집권을 가진다. 그 밖에 집행임원 설치회사에 있어 개정상법은 이사회 의장, 집행임원의 업무집행 감독기능, 의사결정의 위임 등에 관한 특별 규정을 두고 있다. 집행임원을 설치하지 않더라도 3인 이상의 이사를 두고 있는 주식회사에는 이사회 의장이 있을 수 있지만 이에 관해 상법은 특별한 규정을 두고 있지 않는데, 집행임원 설치회사에 관해서는 **이사회 의장** 선임을 요구하는 규정을 두며 정관에서 정하든지 그렇지 않으면 이사회의 결의로 선임하도록 하고 있다(상408의2.4). 그리고 이사회에 집행임원의 업무집행에 대한 감독권한을 부여하고 있는데 이는 집행임원의 이사회 보고의무와 함께 집행임원은 이사회로부터 업무집행권한을 수임받아 이를 집행하고 보고하는 수임기관으로서 당연한 규정이라 할 수 있다. 다만 집행임원 설치회사의 경우 집행임원에 대한 이사회의 감독은 회계나 직무집행의 적법성을 넘어서 직무집행의 타당성까지 감독할 수 있는 것으로 생각된다. 의사결정권한의 위임에 관해서는 상법의 이사회 권한사항의 위임을 배제하고 있어 앞서 설명한 바와 같이 특별한 의미를 지닌다고 볼 수 없다.

Ⅳ. 감사제도

1. 의 의

(1) 업무집행의 통제

회사의 업무집행이 적법하고 타당하도록 이사(집행임원)의 업무집행에 대한 감독(supervisory)과 감사(audit)와 감시(overview) 등 업무집행에 대한 통제가 요구된다. **감시**는 업무집행의 위법·부당성을 관찰하는 행위로서 일종의 정보수집을 통한 통제기능인데, 효율적인 감사나 감독을 위해서도 정보수집으로서 감시가 요구된다. **감사**는 이사의 업무집행의 적법·부당성, 회계처리의 정확성을 적극적으로 조사를 하고 이를 관련기관에 보고함으로써 이사의 업무집행을 객관적(타율적)으로 통제하는 행위이다. 그리고 **감독**은 업무집행의 보고요구 등에 의한 감시기능을 통해 이사의 업무집행에 위법·부당성이 있을 경우 이를 자율적으로 통제하는 행위이다.

(2) 감사(監査)의 개념

주주총회·이사회에서 결정된 회사의 의사를 이사가 집행함에 있어, 이사가 법령이나 정관에 위반됨이 없이 결정된 의사를 적법·타당하게 집행하고 있는지, 회계처리가 정확한지를 조사하고 필요시 주주총회 등에 이를 보고하는 행위를 감사(監査)라 한다. 감사는 자율적 통제기능인 감독과 달리 업무집행기관으로부터 독립적인 기관이 담당하는데 이를 감사(監事)라 한다. 회사의 감사(監査)는 업무감사와 회계감사로 구별된다. **업무감사**는 이사의 업무집행, 대표행위의 적법성과 타당성에 대하여 감사하는 것이고, **회계감사**는 회사의 회계의 정확성을 감사하는 것이다. 감사업무 중 업무감사는 기업의 장기계획 등 기업기밀과 관련되므로 주식회사의 내부기관이 담당하여야 하나, 회계감사는 굳이 내부기관이 아니더라도 회계에 정통한 외부기관이 담당할 수도 있다.

2. 감사기관

(1) 감사(監事)

1) **개 념** : 감사란 이사의 업무집행과 회계를 조사하여 주주총회에 보고할 권한을 가진 주식회사의 필요상설기관이다. 유한회사의 감사와 달리 임의기관이 아니라 **필요기관**이며, 임시기관인 검사인과 달리 **상설기관**이지만 상근감사이어야 한다는 것은 아니다. 감사의 권한 범위는 제정상법에서는 회계감사권만 가졌으나 이후 업무감사권을 가지게 되었고, 주주총회에서의 의견진술권(상409의2), 3년으로 임기연장(상410), 이사의 감사에 대한 보고의무(상412의2) 등의 규정을 통해 권한이 강화하였다. 감사는 이사의 업무집행을 견제하여야 하므로 이사나 대주주로부터의 독립성이 매우 중요하며, 회사법은 감사 선임 주주총회에서 대주주의 의결권을 제한하여 감사의 독립성을 강화하고 있다(상409.2).

2) **선 임** : 감사는 주주총회에서 선임하지만(상409.1), 이사와 동일하게 주주의 수임인이 아니라 회사의 수임인이 된다. 주주총회에서 감사로 선임된 자는 회사와 선임계약을 체결하게 되는데, 선임계약의 효력은 선임결의에 따라 대표기관이 임용계약의 청약을 하고 피선임자가 이를 승낙한 때 발생한다고 본다. 판례는 선임결의 후 회사와 별도의 임용계약이 있어야 한다는 입장(2005마541)을 변경하여, 선임결의와 피선임자의 승낙만 있으면, 피선임자는 대표이사와 별도의 임용계약을 체결하였는지와 관계없이 이사나 감사의 지위를 취득한다고 보았다(2016다251215). 우리 회사법은 감사선임결의에 있어서 대주주의 영향력을 배제하여 **독립성**을 확보하기 위해 1주1의결권 원칙에 대한 예외로서 대주주의 의결권 행사를 제한하고 있다. 회사법은 감사 선임의 주주총회 결의에서는 의결권 없는 주식을 제외한 발행주식총수의 3/100을 초과하는 주식을 가진 주주는 그 초과하는 주식에 관하여는 의결권을 행사하지 못하도록 제한하고 있다(**감사선임에서** 3%**룰**, 상409.2). 다만 어느 한 주주가 발행주식총수의 78%를 초과하여 소유할 경우 발행주식총수의 1/4의 요건을 충족할 수 없어, 판례는 상법 제371조의 규정에도 불구하고 상법 제368조 제1항에서 말하는 '발행주식총수'에 산입되지 않는다고 보았다(2016다222996).

3) **지 위** : 감사의 **자격**에 관해서는 제한은 없으나 정관으로 제한할 수 있다고 본다. 자연인에 한한다고 해석되며 당해 회사 혹은 자회사의 이사·상업사용인 겸직은 금지된다(상411). 감사의 수는 1인 이상이면 되는데, 감사가 수인인 경우에도 회의체를 구성하는 것은 아니므로 감사는 각자가 독립하여 그 권한을 행사한다. 정관임기연장(상410). 감사의 보수, 선임결의의 하자, 종임 등은 이사와 동일하다. 상근·비상근감사간에 권한·의무의 차이는 없으며, 판례도 비상임 감사는 감사로서의 선관주의의무 위반에 따른 책임을 부담한다고 보았다(2007다53785). 감사도 선임기관인 주주총회에 의해 **해임**될 수 있는데 이 경우 해임을 위한 주주총회 특별결의가 요구된다(상415 → 385.1). 감사의 임기 중 정당한 이유 없이도 해임할 수 있지만 이 경우 감사는 회사에 대해 해임으로 인한 손해배상을 청구할 수 있다(상385.1단서). 판례는 당해 감사가 그 직무를 수행하는 데 장해가 될 객관적 상황이 발생한 경우에 비로소 임기 전에 해임할 수 있는 정당한 이유가 있다고 보았다(2011다42348).

(2) 감사위원회

1) **개 념** : 감사위원회란 감사에 갈음하여 회사의 업무집행과 회계를 감사하기 위해 이사회 내의 위원회로서 설치된 필요상설기관이다(상415의2). 회사경영의 투명성 확보를 위해 회사의 업무집행에 관여하지 않는 사외이사를 주된 구성원으로 하는 영미법상의 감사위원회제도를 도입하여 감사와 택일적 관계에 두었다(상415의2.1). 다만 자산총액이 2조원 이상인 상장회사는 반드시 감사위원회(**의무적 감사위원회**)를 두어야 하고(상시16.1). 기타 회사도 감사 대신 선택적으로 감사위원회(**선택적 감사위원회**)를 둘 수 있다. 감사위원회는 이사회 내의 위원회로서 감사기능을 담당하므로 감사위원회 위원은 이사의 자격이 전제된다. 따라서 이사회가 업무집행기관의 기능과 함께 감사기능을 가지게 되어 업무의 집행·감독의 집중현상이 발생한다.

2) **선택적 감사위원회** : ① 선임 – 감사위원회 위원은 이사의 자격이 전제되어야 하고, 감사위원회 위원의 선임기관은 **이사회**이다. 이사회는 이사 중에서 일반결의로 감사위원회 위원을 선임하게 되는데, 다른 위원회와 달리 최소한 3인 이상의 이사로 구성되며, 감사위원회 위원의 2/3 이상은 사외이사로 선임하여야 한다(상415의2).

② 해임 – 감사위원회 위원의 선임결의는 이사회의 일반 결의요건에 따라 결의할 수 있으나, 해임결의는 이사총수의 3분의 2 이상의 결의로 하여야 하여(상415의2.3) 감사위원의 독립성을 보장하고 있다.

③ 상장회사의 선택적 감사위원회 구성 – 상장회사가 선택적 감사위원회를 두어 위원을 선임·해임하는 경우에는 의무적 감사위원회 위원의 선임·해임 규정이 준용된다(상542의12.7). 따라서 사외이사인 위원의 선임·해임시 **전원단순**3%룰을 적용하고 사외이사 아닌 위원을 선임·해임시에는 **최대주주확대**3%룰이 준용된다(상542의12.7). 해임시에는 구분 없이 주주총회 특별결의에 의한다고 해석되며(상542의12.3) 사외이사인 위원의 해임시에는 전원단순3%룰, 사외이사 아닌 위원의 해임시에는 최대주주확대3%룰이 준용된다고 해석된다(상542의12). 상법 제542조의12 7항은 동조 4항만 준용하고 3항을 준용하고 있지 않아 위원 해임시 주주총회 특별결의에 의하는지 명확하지 않지만, 4항을 준용하기 위해서는 그 논리적 전제로서 3항이 전제된다고 본다. 그리고 주주가 최대주주인 경우에는 그의 특수관

계인, 그 밖에 대통령령으로 정하는 자가 소유하는 주식을 합산한다고 규정하고 있는데(상542의12.7), 동 규정이 사외이사가 아닌 감사위원회 위원의 선임·해임의 경우에만 적용되는지 아니면 선택적 감사위원회를 둔 상장회사의 모든 감사위원회 위원들을 선임·해임할 때 적용되는지 규정의 의미는 애매하다. 생각건대 선택적 감사위원회에서 의무적 감사위원회보다 요건을 더 강화할 특별한 이유가 없다는 점에서 의무적 감사위원회 위원의 선임·해임과 동일하게 사외이사가 아닌 감사위원회 위원의 경우에만 최대주주확대3%룰이 적용된다고 해석함이 타당하다고 본다.

3) **의무적 감사위원회** : ① 선임 – 의무적 감사위원회 위원도 이사의 자격이 전제되지만, 회사법 개정으로 최소한 1인의 감사위원회 위원은 분리선출되어야 하므로 이사의 자격이 전제되지 않고 선출과 동시에 감사위원회 위원과 이사 자격을 취득한다(상542의12.2). 그리고 감사위원회 위원 중 1명 이상은 회계·재무 전문가이어야 하고, 감사위원회의 대표는 사외이사이어야 한다(상542의11.2). 의무적 감사위원회 위원의 결격사유는 상근감사의 결격사유와 동일하다(상542의11.3). 상장회사는 감사위원회 위원인 사외이사의 사임·사망 등의 사유로 인하여 사외이사의 수가 선택적 감사위원회·의무적 감사위원회 각각의 구성요건에 미달하게 되면 그 사유가 발생한 후 처음으로 소집되는 주주총회에서 그 요건에 합치되도록 하여야 한다(상542의11.4).

② 해임 – 의무적 감사위원회 위원은 상법 제434조에 따른 주주총회의 결의로 해임할 수 있는데, '분리선출위원'은 이사와 감사위원회위원의 지위를 모두 상실한다(상542의12.3).

③ 의결권 제한 – 의무적 감사위원회 위원 선임·해임시, 상장회사의 의결권 없는 주식을 제외한 발행주식총수의 3/100(정관으로 하향 가능)을 초과하는 수의 주식을 가진 주주는 그 초과하는 주식에 관하여 의결권을 행사하지 못한다(전원단순3%룰). 다만 '사외이사가 아닌 감사위원회위원'을 선임·해임할 때에 최대주주의 특수관계인, 기타 시행령에 의한 자가 소유하는 주식을 합산하여야 한다(최대주주확대3%룰).

4) **법적 지위** : 감사위원회는 단독기관인 감사와는 달리 **회의체기구**로서 업무감사권이라는 직무권한은 감사위원회 자체에 귀속된다. 따라서 회사법이 감사위

원회에게 부여하고 있는 권한은 감사위원이 단독으로 행사할 수 없다. 이와 같이 감사위원회는 조직적인 감사를 중시하므로 감사위원회가 그 권한을 행사하기 위해서는 이에 관한 결의를 하여야 한다(상393의2.5 → 391.1). 회사법은 회의체기구인 감사위원회의 원활한 운영을 위하여 감사위원회를 대표할 위원을 선정하도록 하고 있다(상415의 2.4). 따라서 감사위원회는 감사업무와 관련되는 사항에 관한 결의를 하고 그 집행은 대표위원이 행한다. 이사회는 감사위원회에서 결의된 사항에 관해서는 이사회에서 다시 결의할 수 없다(상415의2.6). 상장회사가 주주총회의 목적사항으로 감사의 선임 또는 감사의 보수결정을 위한 의안을 상정하려는 경우에는 이사의 선임 또는 이사의 보수결정을 위한 의안과는 별도로 상정하여 의결하여야 한다(상542의12.5). 그리고 상장회사의 감사위원회는 이사에게 감사보고서를 주주총회일의 1주 전까지 제출할 수 있다(상542의12.6).

(3) 특수한 통제기관

1) **검사인** : ① 개념 – 주식회사의 설립절차에서 또는 설립 후 특수한 필요에 의해 회사의 업무나 재산상태를 조사하기 위해 선임되는 임시감사기관이다. 검사인의 자격에 관해 법인도 가능하다는 견해가 있으나 업무의 성격상 자연인에 한한다고 보아야 하고(다수설), 회사의 이사·감사·지배인의 겸직이 금지되고 조사대상에 관해 특별이해관계를 가지는 자(예: 현물출자자 등)도 검사인 자격이 없다고 본다.

② 선임 – 검사인의 수·임기에 관해서는 특별한 규정이 없으므로 선임행위시에 특정되며, 선임·해임 관련 등기가 요구되지 않는다. 검사인은 법원에 의해 선임되는 경우와 주주총회에 의해 선임되는 경우로 나뉜다. **법원선임 검사인**은 i) 설립시 변태설립사항의 조사하기 위해 이사(발기설립, 상298.4), 발기인(모집설립, 상310.1)의 청구, ii) 주총소집절차·결의방법의 적법성을 조사(상367)하기 위해 소수주주(1/100)의 청구, iii) 주식할인 발행의 인가를 위해 회사재산상태 조사 목적(상417.3), iv) 현물출자에 의한 신주발행시 이사의 청구(상422.1), v) 업무집행상 부정행위, 법령·정관위반 관련 회사의 업무와 재산상태를 조사하기 위해 소수주주의 청구(상467.1)가 있을 경우 법원이 선임한다. **주총선임 검사인**은 i) 소수주주에 의한 임시주주총회 소집시 회사의 업무와 재산상태를 조사(상366.3), ii) 이사가 제출한 서류와 감사의 보고서를 조사(상367)를 위해 주주총회에 의해 선임된다.

③ **권한·책임** – 검사인은 선임의 근거규정에서 정하고 있는 사항(예: 변태설립사항 등)을 조사할 권한과 의무를 가질 뿐이고, 이를 벗어나 회사업무나 재산상태 전반에 관한 조사권한을 가지는 것은 아니다. 검사인과 회사의 관계는 위임관계이므로 선관주의의무에 따른 책임을 부담하나, 법원이 선임한 검사인이 악의 또는 중대한 과실로 인하여 그 임무를 해태한 때에는 회사 또는 제3자에 대하여 손해를 배상할 책임이 있다(상325). 임무해태만으로 책임을 부담하는 발기인·이사의 회사에 대한 책임(상322, 399.1)에 비해 책임이 경감되었다고 볼 수 있다.

2) **기타 통제기관** : ① **외부감사인** – 직전 사업연도 말의 자산총액이 500억원 이상인 주식회사, 주권상장법인, 해당 사업연도 또는 다음 사업연도 중에 주권상장법인이 되고자 하는 주식회사 등에 해당하는 주식회사는 재무제표(연결재무제표를 포함)를 작성하여 주식회사로부터 독립된 외부감사인에 의한 회계감사를 받아야 한다(외감2).

② **준법지원인** – 회사가 정한 준법통제기준 등의 준수 여부를 점검하고 그 결과를 이사회에 보고하는 회사의 직원을 의미한다. 최근 사업연도 말 현재의 자산총액이 5천억원 이상인 상장회사는 법령을 준수하고 회사경영을 적정하게 하기 위하여 임직원이 그 직무를 수행할 때 따라야 할 준법통제기준 및 절차를 마련하고(상542의13.1) 준법통제기준의 준수에 관한 업무를 담당하는 준법지원인을 두어야 한다(상542의13.2).

③ **준법감시인** – 내부통제기준의 준수 여부를 점검하고 내부통제기준을 위반하는 경우 이를 조사하여 감사위원회 또는 감사에게 보고할 권한과 의무를 가지는 자를 의미한다. 금융투자업자는 법령을 준수하고, 자산을 건전하게 운용하며, 이해상충방지 등 투자자를 보호하기 위하여 그 금융투자업자의 임직원이 직무를 수행함에 있어서 준수하여야 할 적절한 기준 및 절차(내부통제기준)를 정하여야 한다(자본28.1).

3. 감사기관의 권한

(1) 업무감사권

1) **대 상** : 감사·감사위원회의 기본적인 직무는 이사의 직무집행을 감사하는 것이다(상412.1, 415의2.6). 이사의 직무집행이란 업무집행보다는 넓은 개념이며,

이사의 일상적인 업무집행뿐만 아니라 이사의 직무에 속하는 일체의 사항과 이사회의 권한사항까지도 포함된다. 이사의 직무에 속하는 모든 사항이 감사의 대상이 되므로 회계감사도 당연히 감사의 직무인 업무감사에 포함된다. 이사회의 이사감독은 일종의 자기시정기능으로서 적법성뿐만 아니라 이사가 하는 업무집행의 합목적성·타당성·능률성에 관해서도 미치는데 이견이 없으나, 감사의 감사는 이사의 업무집행의 적법성에만 미친다고 보는 견해와 타당성 감사도 미친다고 보는 견해가 대립하지만 능률성 감사에는 미치지 않는다는 점에서 구별된다.

2) **감사범위** : 이사의 직무집행의 적법성 이외에 타당성감사를 할 수 있는지 여부에 관해, 원칙적으로 감사는 적법성 감사만 할 수 있고 타당성 감사는 할 수 없지만 상법에 명문의 규정을 둔 경우(상413, 447의4. 25호, 8호)에 한해서 타당성 감사가 가능하다는 **부정설**과 상법에 규정이 없더라도 현저하게 타당성이 결여된 경우에는 타당성 감사가 가능하다는 **제한적 긍정설**, 이사회의 타당성감사에 한계가 있고 적법성·타당성의 구별이 명확하지 않으며 감사의 실효성을 위해 감사는 타당성감사까지 할 수 있다고 보는 **긍정설**이 대립된다. 생각건대 이사의 업무집행의 타당성은 자기통제장치라 할 수 있는 이사의 책임제도, 이사회의 감독 등에 의해 통제될 필요가 있다. 이는 이사의 업무집행에 있어서 경영판단의 원칙이 적용되어 법원도 이사의 업무집행의 타당성을 판단함에는 제한이 있는 것과 일맥상통한다고 볼 수 있다. 요컨대 감사의 이사 업무집행에 대한 타당성 감사는 상법이 명문의 규정으로 허용한 경우에 한정된다고 본다(부정설).

3) **보고요구·수령권** : ① **영업보고요구권** – 감사는 언제든지 이사에 대해서 영업보고요구를 할 수 있고 회사의 업무와 재산상태를 조사할 수 있다(상412.2). 영업보고요구권 및 업무재산조사권은 감사가 업무감사를 수행하기 위한 기본적인 권한으로서, 이를 통해 이사의 위법행위를 발견하고 이사회에 보고하고 위법행위 유지청구를 하는 등 적절한 조치를 취할 수 있다. 보고요구의 방법에는 제한이 없으므로 감사가 이사회에 출석하여 요구하거나 직접 개별적인 이사에게 요구할 수도 있고, 서면이나 구두로도 가능하다.

② **이사보고 수령권** – 회사에 현저한 손해를 미칠 염려가 있는 사실을 발견한 때에는 이사는 감사의 요구가 없더라도 직접 이를 감사에게 보고할 의무를 부담한다(상412의2). 이사의 보고의무는 감사의 감사권한의 효율적 수행을 위한 권리

로서 회사의 손해를 미연에 방지할 수 있게 한다. 보고의 방법에는 제한이 없으며 감사는 보고를 받고 사실 확인 후 이사의 위법행위에 기인하는 경우에는 감사는 이사회에 이를 보고하여야 한다.

4) **조사권** : ① **업무·재산조사권** – 감사는 업무·재산조사권을 행사함에 있어 회계장부나 서류의 열람 및 등사할 수 있으며, 이사는 감사의 청구에 의하여 보고할 의무는 물론 감사의 조사에 협조할 의무를 부담한다. 이사가 감사를 방해하거나 협조를 하지 아니하여 충분한 감사를 할 수 없었던 경우에는 감사는 그 사실을 감사보고서에 기재하여야 한다(상447의4.2 11호). 그리고 이사가 감사의 이러한 요구를 거부하거나 조사를 방해하는 경우에는 과태료의 제재를 받는다(상635.1 3호, 4호).

② **자회사에 대한 조사권** – 모회사의 감사는 그 직무를 수행하기 위하여 필요한 경우에는 자회사에 대하여 영업보고를 요구할 수가 있으며(상412의4.1) 자회사가 지체 없이 보고를 하지 않거나 그 보고내용의 진위를 확인할 필요가 있는 경우에는 자회사의 업무와 재산상태를 조사할 수가 있다(상412의4.2). 자회사의 업무·재산상태조사권은 영업보고요구권을 행사하였으나 지체 없이 보고를 하지 아니할 때나 보고내용의 진부를 확인할 필요가 있는 때에 허용되므로(상412의4.2), 보충적 권한의 성격을 가진다. 자회사는 정당한 사유가 없는 한 모회사 감사의 보고요구나 조사를 거부할 수가 없다(상412의5.3). 자회사의 독립성을 존중하고 나아가서 자회사의 기업기밀에 속하는 사항을 보호하기 위해 정당한 사유가 있는 경우에는 자회사는 **거부권**을 행사할 수 있다. 자회사의 조사를 거부당한 모회사의 감사는 이를 감사보고서에 기재하여야 한다(상447의4.2. 11호).

(2) 회계감사권

1) **개 념** : 감사는 회사의 재산상태를 조사할 권한을 가지는데(상412.2) 이를 특정하여 회계감사권이라 한다. 회계감사는 업무감사의 일부이지만 회사법은 '회사의 업무와 재산상태의 조사'라고 구별하여 기술하고 있어 구별의 실익이 없지 않다. 그리고 회계감사도 업무감사와 동일하게 그 범위가 당해 회사에 한정되지 않고 자회사의 재산상태 조사까지 포함한다(상412의5.2). 업무감사권(회계감사권을 제외)과 회계감사권을 비교하자면 **업무감사권**은 이사의 동적인 업무집행을 조사의 대상으로 하는데 반해, **회계감사권**은 회사의 정적인 재산상태의 조사를 주된

내용으로 하여 구별할 수도 있다. 따라서 회계감사권은 재산상태라는 제한된 영역을 대상으로 하고 있고 회계라는 전문적인 기술방식을 대상으로 하고 있어, 업무감사권(회계감사권 제외)과 달리 전문적인 외부의 회계전담회사에 위임이 가능하다고 볼 수 있다.

2) **외부감사** : 감사는 업무감사뿐만 아니라 회계감사도 수행하며 회계감사는 넓은 의미의 업무감사에 포함된다. 다만 주식회사의 외부감사에 관한 법률의 적용을 받는 자산총액 500억원 이상의 주식회사 등은 감사에 의한 회계감사 이외에 외부감사인에 의한 회계감사를 받아야 한다(외감4, 자본169). 감사에 의한 회계감사와 외부감사인에 의한 회계감사는 어떠한 관계에 있는가? 상법상 감사·감사위원회에 의한 감사는 주주와 회사채권자의 보호를 주된 목적으로 하고 회계감사를 포함하는 일반적인 업무감사에까지 권한이 미친다. 이에 반해 외부감사인에 의한 감사는 **투자자보호**에 주된 목적이 있으며, 회계감사에 관한 권한만 있어 구별된다.

(3) 소집·의견진술권

1) **이사회 출석 및 의견진술권** : 감사는 이사회에 출석하여 의견을 진술할 수 있다(상391의2.1). 상법은 감사의 업무감사권의 행사를 용이하게 하기 위해 이사회의 구성원이 아닌 감사에게 이사회 출석권과 의견진술권을 부여하고 있다. 감사가 **이사회에 출석할 의무**에 관해, 감사는 이사회에 출석할 권한이 있을 뿐이고 출석할 의무는 없는 것으로 보는 **부정설**과 이사회의 출석은 감사의 권한이자 동시에 의무로 해석하는 **긍정설**이 대립된다. 생각건대 회사법은 출석권만 규정하고 출석의무를 규정하지 않으며, 이사회 출석 없이도 영업보고요구권, 이사보고의 수령권 등을 통해서도 감사기능을 수행할 수 있어 감사의 이사회 출석의무를 인정하기는 어렵다고 본다. 따라서 감사가 이사회에 출석하지 않은 것을 임무해태로 볼 수 없지만 이사회 불출석으로 회사의 업무상황을 충분히 파악하지 못한 경우 임무해태가 될 수 있을 것이다.

2) **이사회 소집청구권, 소집권한** : 감사는 필요하면 회의의 목적사항과 소집이유를 서면에 적어 이사, 소집권자가 따로 지정되어 있는 경우에는 그 해당 이사에게 제출하여 이사회 소집을 청구할 수 있다. 감사의 이사회 소집청구에도 불구하

고 이를 수령한 이사가 지체 없이 이사회를 소집하지 아니하면 그 청구한 감사가 이사회를 소집할 수 있다. 이사가 법령 또는 정관에 위반한 행위를 하거나 그 행위를 할 염려가 있다고 인정한 때에는 이사회에 보고권한이 있는데(상391의2.2), 이사회가 개회하지 않을 경우 보고가 쉽지 않아, 감사에게 이사회 소집청구권 및 예외적 소집권한을 부여하였다고 볼 수 있다.

3) **주주총회소집청구권** : 감사는 회의의 목적사항과 소집사유를 기재한 서면을 이사회에 제출하여 임시주주총회의 소집을 청구할 수 있다(상412의3.1). 감사의 주주총회소집청구가 있은 후 이사회가 지체 없이 주주총회의 소집절차를 밟지 아니하는 경우에는 감사는 **법원의 허가**를 얻어서 스스로 주주총회를 소집할 수 있다(상412의3.2, 366.2). 주주총회의 소집권은 원칙적으로 이사회에 있지만 예외적으로 감사에게 주주총회소집청구권을 부여함으로써 이사의 선임·해임권한을 가지는 주주총회에서의 의견진술을 통해 이사의 권한을 견제하고 업무감사권의 실효성을 확보할 수 있게 하려는 취지이다.

(4) 소송 관련 권한

1) **위법행위유지청구권** : 이사가 법령이나 정관에 위반되는 행위를 하여 그로 인하여 회사에 회복할 수 없는 손해가 생길 염려가 있는 경우에는 감사는 당해 이사에 대해서 그 행위를 유지할 것을 청구할 수 있다(상402). 이사의 위법행위를 사전에 예방하기 위한 수단으로서 소수주주의 자유로운 유치청구와 달리 감사는 의무로서 위법행위를 유지청구하므로 이를 게을리한 경우 임무해태가 되며, 기타 권한 내용은 주주의 유지청구권과 동일하다.

2) **이사와 회사간의 소송시 회사대표권** : 회사의 소송은 포괄적 대표권을 가진 대표이사가 대표하는 것이 원칙이지만, 회사가 이사에 대해 또는 이사가 회사에 대해서 소를 제기하는 경우에는 감사가 회사를 대표한다(상394). 이는 **자기소송**에 의한 회사이익의 침해를 방지하기 위한 제도적 장치로서 회사와 이사간의 모든 소송에 적용된다. 감사는 소송수행뿐만 아니라 회사가 이사를 상대로 소를 제기할 것인지의 여부에 대한 결정권을 비롯하여 소송의 수행이나 화해, 소의 취하 등의 모든 권한 등도 행사한다고 본다. 감사위원회의 위원이 소의 당사자인 경우에는 감사위원회 또는 이사는 법원에 회사를 대표할 자를 선임하여 줄 것을 신청하

여야 한다(상394.2). 다만 자본금의 총액이 10억원 미만인 회사로서 감사를 선임하지 않은 회사(상409.4)에서 회사가 이사에 대하여 또는 이사가 그 회사에 대하여 소를 제기하는 경우에 회사, 이사 또는 이해관계인은 법원에 회사를 대표할 자를 선임하여 줄 것을 신청하여야 한다(상409.5).

3) **각종의 소제기권** : 감사는 회사설립무효의 소, 주주총회결의취소의 소, 신주발행무효의 소, 감자무효의 소, 회사합병무효의 소 등을 제기할 수 있는 권한을 가진다. 제소권도 회사의 업무감독을 수행하기 위한 권리의 하나로 볼 수 있다.

4. 감사기관의 의무와 책임

(1) 일반적 의무

1) **겸직금지** : 감사는 회사 및 자회사의 이사 또는 지배인 기타의 사용인의 직무를 겸하지 못한다(상411). 판례는 감사가 회사 또는 자회사의 이사 또는 지배인 기타의 사용인에 선임되거나 반대로 회사 또는 자회사의 이사 또는 지배인 기타의 사용인이 회사의 감사에 선임된 경우에는 그 선임행위는 각각의 선임 당시에 있어 현직을 사임하는 것을 조건으로 하여 효력을 가지고, 피선임자가 새로이 선임된 지위에 취임할 것을 승낙한 때에는 종전의 직을 사임하는 의사를 표시한 것으로 해석한다(2007다60080). 감사위원회 위원은 감사의 겸직금지의무를 준용하고 있지 않다(상415의2.7). 그리고 주주총회에서의 의견진술의무(상413), 감사록 작성의무(상413의2) 등의 권한과 의무를 가진다. 감사위원회도 감사와 같은 책임을 부담하며(상414), 감사위원의 책임을 면제하는 데도 총주주의 동의가 요구된다(상415).

2) **감사의 주의의무** : 감사도 회사와 위임관계에 있으며 선관주의의무를 부담한다. 감사의 구체적인 주의의무의 내용과 범위는 회사의 종류나 규모, 업종, 지배구조 및 내부통제시스템, 재정상태, 법령상 규제의 정도, 감사 개개인의 능력과 경력, 근무 여건 등에 따라 다를 수 있다. 판례는 대규모 상장기업에서 일부 임직원의 전횡이 방치되고 있었다거나 중요한 재무정보에 대한 감사의 접근이 조직적·지속적으로 차단되고 있는 상황에서 감사의 주의의무는 경감되는 것이 아니라 오히려 현격히 가중된다고 보았고(2007다31518), 결재절차가 마련되어 있지 않았다

거나 이사의 임의적인 업무처리로 인하여 감사사항을 알지 못하였다는 사정만으로는 그 책임을 면할 수 없다고 보았다(2005다58830). 금융기관 감사위원이 선관주의를 위반하여 임무해태 하였는지 여부는 개별 대출에 대한 감사를 함에 있어 제반 규정 준수 여부, 대출 조건과 내용 및 규모 등 여러 가지 사항에 비추어 종합적으로 판정해야 한다고 보았다(2017다251694)

(2) 직무상 개별의무

1) **영업비밀준수의무** : 감사는 선량한 관리자의 주의의무로써 감사업무를 처리하여야 할 의무를 부담하지만 회사의 업무집행에는 관여하지 않으므로 회사와의 이해충돌은 생길 우려가 없어 경업피지의무나 자기거래 등(충실의무)의 제한을 받지 않는다. 하지만 감사위원회 위원은 이사로서 회사와 위임관계에 있으므로 회사에 대하여 선관주의의무는 물론 충실의무도 부담한다. 감사는 직무상 알게 된 회사의 영업상의 비밀을 재임중에는 물론이고 퇴임 후에도 누설해서는 안되는 영업비밀준수의무를 부담한다(상415 → 382의4). 선관주의의무나 영업비밀준수의무 모두 이사와 공통된 의무로서 이사의 의무에 관한 설명과 동일하다.

2) **주주총회제출 의안·서류에 대한 조사·보고의무** : 감사(감사위원회)는 이사가 주주총회에 제출할 의안·서류를 조사하여 법령 또는 정관에 위반하거나 현저하게 부당한 사항이 있는지의 여부에 관하여 주주총회에 그 의견을 진술하여야 한다(상413). 감사는 의안이나 서류를 조사한 결과 그 내용이 법령이나 정관에 위반하는 사항이 있는 경우 또는 현저하게 부당한 사항이 있는 경우에는 주주총회에서 이에 관한 자신의 의견을 진술하여야 한다. 의안이란 주주총회의 회의의 목적인 의제의 내용이고, 서류란 재무제표와 영업보고서 등을 말한다.

3) **이사회에 대한 보고의무** : 감사(감사위원회)는 이사가 법령이나 정관에 위반되는 행위를 하거나 할 염려가 있는 경우에는 이를 이사회에 보고하여야 한다(상391의2.2). 보고의무는 감사의 권리로써 위법행위유지청구를 하기 전에도 이사회에 보고함으로써 이사회에 대하여 감독권을 행사할 것을 촉구하여 이사회로 하여금 이사의 위법행위를 사전에 저지시킬 수 있도록 하기 위함이다.

4) **감사보고서·감사록의 작성의무** : 감사(감사위원회)는 매결산기에 재무제표

와 영업보고서를 감사하여 이에 관한 감사보고서를 작성하여 이를 이사에게 제출하여야 한다(상447의4.1). 이에 관한 것은 법정사항으로 정해져 있다(상447의4.2). 그리고 감사(감사위원회)는 감사에 관한 감사록을 작성하여야 한다(상413의2.1). 감사록에는 감사의 실시요령과 그 결과를 기재하고, 감사를 실시한 감사(감사위원)가 기명날인·서명을 하여야 한다(상413의2.2).

(3) 회사에 대한 책임

1) **원 칙** : 감사(감사위원회 위원)가 임무를 해태한 때에는 회사에 대하여 손해배상책임을 진다(상414.1). 감사가 상업장부 등의 회계서류에 대하여 감사를 게을리 한 경우 등이 감사의 임무해태의 예에 포함된다. 감사위원회는 회의체기구이므로 이사회와 유사하게, 감사업무에 관한 위원회의 결의에 임무해태가 있는 경우에는 그 결의에 찬성한 감사위원회 위원도 책임을 지는 것으로 해석된다. 감사의 회사에 대한 손해배상책임은 10년의 소멸시효에 걸리고 총주주의 동의에 의해서만 면제될 수 있으며(상415→400), 소수주주는 대표소송·다중대표소송을 통하여 감사의 책임을 추궁할 수 있다(상415→403~407).

2) **면 책** : 감사의 회사에 대한 손해배상책임이 면책된 사례를 보면, 상호신용금고의 출자자 등에 대한 대출 또는 동일인에 대한 여신한도 초과대출이 대표이사 등에 의하여 조직적으로 이루어지고 또한 타인의 명의를 빌림으로써 적어도 서류상으로는 그 대출행위가 위법함을 알아내기 어려운 경우 감사의 면책을 인정한 판례(2001다66727)가 있다. 그리고 분식결산이 회사의 다른 임직원들에 의하여 조직적으로 교묘하게 이루어진 것이어서 감사가 쉽게 발견할 수 없었던 경우에도 판례는 분식결산을 발견하지 못하였다는 사정만으로 중대한 과실이 있다고 할 수는 없고, 따라서 감사에게 분식결산으로 인하여 제3자가 입은 손해에 대한 배상책임을 부인하였다(2008다80326).

3) **인과관계** : 감사의 회사에 대한 손해배상책임이 성립하기 위해서는 감사의 임무해태와 회사의 손해 간에 인과관계가 있어야 한다. 판례는 인과관계를 판단함에 있어 신중한 입장을 취하고 있다. 금융기관의 통상적인 여신처리기준에 의하면 적자상태인 당해 기업에 대한 여신이 가능했을 수도 있다고 하더라도, 이로 인하여 획일적으로 부실 재무제표 제출로 인한 기망행위와 여신 결정 사이의 인

과관계가 단절된다고 볼 수는 없고, 기업이 적자상태를 숨기기 위하여 흑자 상황인 것처럼 작성한 재무제표를 제출하였다는 사실이 발각될 경우 초래될 수 있는 신뢰성 평가에 미치는 부정적인 영향까지 적절하게 고려·평가하여 인과관계 단절 여부를 살펴보아야 한다(2017도12649).

(4) 제3자에 대한 책임

1) **원 칙** : 감사가 악의 또는 중대한 과실로 그 임무를 해태한 때에는 제3자에 대한 손해배상책임이 있다(상414.2). 감사가 감사보고서에 허위기재하여 허위의 감사보고서를 신뢰하고 회사와 거래하여 손해를 입은 경우 제3자에 대한 책임이 성립할 수 있다. 감사가 회사 또는 제3자에 대하여 손해를 배상할 책임이 있는 경우 이사도 그 책임이 있는 때에는 감사와 이사는 연대하여 배상책임이 있다(상414.3). 감사가 책임을 부담할 경우 대체로 이사의 위법행위가 전제된 경우가 많으므로 제3자 보호를 위해 감사와 이사의 연대책임을 규정하고 있다. 감사의 제3자에 대한 책임은 감사가 적극적으로 허위의 감사보고서를 작성한 경우뿐만 아니라 감사가 실질적으로 감사로서의 직무를 수행할 의사가 전혀 없으면서도 자신의 도장을 이사에게 맡기는 등의 방식으로 그 명의만을 빌려 주어 이사의 분식회계를 방치한 경우에도 제3자가 입은 손해를 배상할 책임이 있다(2006다82601).

2) **중과실** : 이사가 위법배당안을 총회에 제출하는 경우 감사가 위법배당안에 대한 조사를 게을리하여 위법배당안에 대한 적정의 감사결과를 주주총회에 보고한 경우에는 감사는 위법배당액에 관하여 이사와 연대하여 손해배상책임을 부담한다. 감사가 제3자에 대해 책임을 부담하려면 감사에게 중과실이 있어야 하는데, 판례는 분식결산이 회사의 다른 임직원들에 의하여 조직적으로 교묘하게 이루어진 것이어서 감사가 쉽게 발견할 수 없었던 때에는 분식결산을 발견하지 못하였다는 사정만으로 중대한 과실이 있다고 할 수는 없다고 보았다(2006다82601).

3) **손해배상책임** : 판례상 손해배상액의 산정이 문제되는데, 부실감사로 인하여 주식을 매수한 자들이 입은 손해액은 부실감사로 인하여 상실하게 된 주가 상당액이고, 이는 특별한 사정이 없는 한 부실감사사실이 밝혀지기 전에 정상적으로 형성된 주가와 부실감사사실이 밝혀지고 계속된 하종가를 벗어난 시점에 정상적으로 형성된 주가의 차액, 또는 그 이상의 가격으로 매도한 경우에는 그 매도가

액과의 차액 상당이다(2006다20405). 제3자가 상법 제401조에 기한 이사의 제3자에 대한 손해배상책임만을 묻는 손해배상청구 소송에서 판례는 주식회사의 외부감사에 관한 법률 제17조 제7항이 정하는 단기소멸시효는 적용될 여지가 없다고 보고 있어(2006다82601) 감사의 경우에도 동일하게 볼 수 있다.

(5) 외부감사인의 책임

판례상 나타난 외부감사인의 책임을 보면, 주식회사인 채권자의 외부감사인은 채권자와의 외부감사인 선임계약에 기하여 피감주식회사가 가지는 재무제표상 매출채권, 대여금채권 등의 채권과 관련하여 그 채무자로부터 적법한 감사활동의 일환으로 행하여지는 채무 확인 등의 절차를 통하여 소멸시효중단사유로서 채무승인의 통지를 수령할 대리권을 가진다(2013다56310). 외부감사법 제20조 제1항에서 정한 허위의 재무제표를 작성·공시한 범죄는 정기총회회일의 1주일 전부터 재무제표를 본점에 비치한 때에 성립한다고 본다(2017도12649). 허위 작성·공시된 재무제표를 이용한 사기적 부정거래로 인한 자본시장과 금융투자업에 관한 법률 위반죄는 허위 재무제표 작성·공시로 인한 주식회사의 외부감사에 관한 법률 위반죄와는 구성요건적 행위의 내용이나 보호법익이 전혀 다르다고 보았다(2012도10629).

제 5 절 자본의 변경

1) 주식회사의 자본금은 수권자본금(액면가×발행예정주식총수)과 발행자본금(액면가×발행주식총수)으로 구분된다. 자본금의 증가는 원칙적으로 발행자본금의 증가(증자)를 의미하고 이는 발행주식수를 증가시키는 신주발행으로 이뤄지며, 예외적으로 정관을 변경하여 수권자본금(발행예정주식총수)을 변경한 후 다시 발행자본금(발행주식총수)을 변경하는 것도 가능하다(수권자본제도). 이와 반대로 자본금의 감소는 발행자본금의 감소(감자)를 의미하고 이는 발행주식수의 감소(주식의 병합·소각) 외에 주금액의 감소에 의해서도 가능하다. 특히 주식회사의 자본금감소는 주주의 이익(지분 변동)과 회사채권자의 이익을 침해할 우려가 있으므로 주주총회의 특별결의와 회사채권자 보호절차 등 엄격한 절차가 요구된다(자본불감소의 원칙).

2) 주식회사의 신주발행은 자본금증가를 가져오는 **일반(통상적) 신주발행** 이외에 자본금을 증가시키지 않으면서 특수한 절차의 일부로서 실행되는 **특별(특수한) 신주발행**으로 구분된다. 일반 신주발행은 회사가 활용할 수 있는 자본금의 증가라는 회사의 이익과 함께 기존주주의 지분율을 감소(주식의 희석화)라는 부수적 효과가 발생하여 주주에게 불이익할 가능성이 병존한다. 회사법은 주주의 이익보호를 위해 신주발행 시 주주에게 신주를 인수할 권리를 우선적으로 부여하고(원칙), 회사의 원활한 자본조달을 위해 제3자에게 신주인수권을 부여하는 방법(예외)을 절충하고 있다. 특별 신주발행은 자본금 증가를 위한 절차가 아니라 상법에 규정된 특별 절차(준비금의 자본금전입, 상461; 주식배당, 상462의2; 주식병합·분할, 상440, 329의2; 전환주식·사채의 전환, 상346, 513; 신주인수권부사채에 있어서 신주인수권행사, 상516의8; 흡수합병·분할·분할합병절차, 상523, 530의5; 주식교환·이전절차, 상360의2.2, 360의15.2; 주식매수선택권행사, 상340의2)를 진행하는 과정에서 주식을 발행하는 것을 의미한다.

Ⅰ. 일반(통상적) 신주발행

일반 신주발행이란 회사가 성립한 후 자기자본을 확대하기 위해 수권주식의 범위 내에서 주식을 발행하는 절차(증자)를 의미하며, 회사설립시에 하는 주식발행과는 절차·효과에서 구별된다. 일반 신주발행이 완성되면 자기자본이 확대되어 회사의 재산이 증가되어, 반환의무가 있는 타인자본(채무)을 증가시키는 사채발행, 금융기관 차입 등과 구별된다. 주식회사의 신속하고 원활한 신주발행을 위해 상법은 신주발행을 이사회의 결의사항으로 정하고 있지만(상416), 주주의 이익보호를 위해 i) 수권주식의 범위에 의한 제한(상416), ii) 주주의 신주인수권(상418.1), iii) 불공정한 방법에 의한 신주발행을 중지하기 위한 주주의 신주발행유지청구권을 규정하고 있다(상424).

1. 신주인수권

(1) 개 념

회사가 설립된 후 증자를 위해 신주를 발행할 경우(일반 신주발행)에 우선하여 신주를 인수하여 배정받을 수 있는 주주(상418.1: '주식수에 따라서 신주의 배정을 받을 권리') 또는 제3자의 권리(418.2: '신기술의 도입, 재무구조의 개선 등 회사의 경영상 목적을 달성하기 위하여 필요한 경우 … 주주 외의 자에게 신주를 배정')를 의미한다. 주주의 신주인수권은 정관에 특별한 규정이 없더라도 당연히 보장되는 권리이나, 제3자의 신주인수권은 정관에 규정이 있을 것을 조건으로 한다. 신주인수권은 우선권이고 인수조건에 관한 우대권은 아니며 의무가 아니므로 포기가 가능하다. 상법에서 규정된 **추상적 신주인수권**은 주주의 지위에 종속하나 이사회가 신주발행결의를 하게 되면 **구체적 신주인수권**이 되어 원칙적으로 주주의 지위와 분리하여 양도가능한 권리가 된다.

(2) 주주의 신주인수권

1) **개 념** : 주주가 자신의 보유주식의 수에 비례하여 우선적으로 신주를 인수하여 배정받을 수 있는 권리로서(상418.1), 주주의 신주인수권에 의해 지분율이 유지되고 지배구조의 안정성이 도모된다. 이사회의 신주발행 결의에 의해 발생하는 주주의 구체적 신주인수권은 회사에 대하여 갖는 일종의 채권적 권리(독립성, 양도가능성)인데, 이사회에서 정한 신주배정기준일에 주주명부에 기재되어 있는 주주가 이를 원시적으로 취득한다. 구체적 신주인수권자가 이 권리에 기하여 청약을 하고 또 회사로부터 배정을 받으면 주식인수인의 지위를 갖게 되며, 주식인수인이 납입 또는 현물출자를 이행한 때에는 납입기일 다음날부터 주주가 된다(상423.1).

2) **인정 범위** : 주식의 종류에 관계없이 모든 주주는 법률·정관에 다른 정함이 없는 한 원칙적으로 보유주식수에 비례하여 평등하게 신주의 배정을 받을 권리가 있다. 다만 이에 대한 예외로서, i) 주식의 배정에 관해 주식의 종류에 따른 특수한 정함(상344.3), ii) 자기주식(학설대립). iii) 단주(학설 대립) 등이 있다. 그리고 일반 신주발행의 모든 신주가 대상이 되지만, 특별 신주발행의 경우에는 신주의 배정·납입절차가 없고 신주를 받을 자가 미리 정해져 있어 신주인수권의 대상이 되지 않는다.

3) **제 한** : ① 정관에 의한 제한 – 주주의 신주인수권은 정관에 의하여 회사의 경영상 목적(신기술의 도입, 재무구조의 개선 등) 달성을 위해 필요한 경우에 제한될 수 있다(상418.2). 이는 신주 자체의 제한(내용적 제한)이 아니라 신주인수권

의 제한으로서 지분율에 비례한 기존주주의 신주배정비율의 제한, 즉 수량적 제한이다. **신주인수권의 완전박탈·배제의 가능성**(**쟁점61**)에 관해, **긍정설**(다수설)은 주주의 신주인수권은 고유권이 아니므로 수권자본제도를 취한 현행상법 하에서 회사의 자금조달의 편리성을 기하기 위하여 완전박탈이 가능하다고 보는 견해이고, **부정설**은 신주인수권의 기능에 비추어 명문의 규정이 없는 이상 원칙적으로 부정하여야 한다는 견해이다. 생각건대 상법은 신주인수권의 제한목적을 한정하면서 제한의 정도에 관해 특별한 한계를 두지 않아 상법이 정한 제한목적의 범위 내에서 정관의 규정에 의하면 신주인수권의 완전 박탈·배제도 가능하다고 보는 견해(긍정설)가 문리적 해석에 충실하여 타당다고 본다.

② **현물출자** – 상법은 현물출자시 출자자의 성명·재산·부여주식 등을 정관 또는 이사회가 결정하도록 한다고 규정하고 있다(상416 4호). **현물출자시 주주의 신주인수권의 배제가능성**(**쟁점62**)에 관해, **긍정설**(다수설)은 이사회의 결의나 정관으로 출자자를 정하므로 현물출자에는 주주의 신주인수권이 미치지 않는다는 견해로서 현물출자의 개성에 따라 특정재산을 필요로 하는 회사의 이익 앞에서는 주주의 신주인수권은 양보할 수 있는 것이라 한다. **부정설**은 이사회결정만으로 회사의 지배구조를 바꿀 수 있다고 하는 것은 부적절하므로 주주의 신주인수권을 배제한 현물출자에는 정관(주총 특별결의)의 근거가 있어야 한다는 견해이다. **판례**는 주주의 신주인수권은 주주가 종래 가지고 있던 주식의 수에 비례하여 우선적으로 인수의 배정을 받을 수 있는 권리로서 주주의 자격에 기하여 법률상 당연히 인정되는 것이지만 현물출자자에 대하여 발행하는 신주에 대하여는 일반주주의 신주인수권이 미치지 않는다고 본다(88누889). 생각건대 변태설립사항으로 엄격한 규정(상290)을 두고 있는 회사설립의 경우와 달리 회사 존속 중 현물출자의 경우에는 변태설립사항에 관한 규정의 준용규정을 두고 있지 않고 있으며, 혹 회사의 지배구조를 변경하기 위한 현물출자의 경우에도 신주발행유지청구권(상424)을 행사하여 저지할 수 있으므로 긍정설이 타당하며 상법 제290조를 신주발행의 경우에 유추적용할 필요가 없다고 본다. 현물출자의 특수한 형태로 주식의 현물출자·교환발행이 가능한가 하는 점도 문제된다.

③ **특별법에 의한 제한** – 상장회사 등이 정관에서 이사회의 결의로 일반공모증자방식에 의한 신주발행(자본165의6), 발행주식총수 20/100 내에서 우리사주조합원에의 배정(자본165의7.1)의 경우에는 주주의 신주인수권이 제한된다.

4) **구체적 신주인수권의 양도성** : 추상적 신주인수권은 주주의 지위에 포함되어 있어 주식과 분리하여 양도·처분할 수 없으나, 구체적 신주인수권은 주식과는 별개의 채권적 권리이므로 원칙적으로 주식과 독립하여 양도·처분할 수 있다고 본다. 상법은 이사회의 결의(정관 규정)로 구체적 신주인수권의 양도성(상416 5호)과 신주인수권의 양도를 위해 필요한 신주인수권증서가 발행여부(동조 6호)를 정하도록 하고 있다. **이사회결의 결여 시 신주인수권의 양도가능성**(**쟁점63**)에 관해, 긍정설은 신주인수권의 양도성에 관한 배타적 요건규정으로 보지 않고 선택적 허용규정(이사회 결의로 정할 수 있음)으로 이해하는 편이 주주의 비례적 이익을 보호하기 위한 신주인수권의 취지에 부합한다고 보는 견해로서 이사회결의 없이도 신주인수권은 양도가능하다고 본다. 부정설(다수설)은 이사회결의 없이 신주인수권의 양도를 인정하면 상법 제416조 5호를 무의미하게 만들고, 또한 신주인수권증서에 의한 신주인수권 양도를 정한 상법 제420조의3은 강행규정이므로 이사회결의가 없을 경우 신주인수권은 양도할 수 없다고 보는 견해이다. 판례는 '신주인수권의 양도를 제한할 필요성은 주로 회사 측의 신주발행사무의 편의를 위한 것에서 비롯된 것으로 볼 수 있고, 또 상법이 주권발행 전 주식의 양도는 회사에 대하여 효력이 없다고 엄격하게 규정한 것과는 달리 신주인수권의 양도에 대하여는 정관이나 이사회의 결의를 통하여 자유롭게 결정할 수 있도록 한 점에 비추어 보면, 회사가 정관이나 이사회의 결의로 신주인수권의 양도에 관한 사항을 결정하지 아니하였다 하여 신주인수권의 양도가 전혀 허용되지 아니하는 것은 아니고, 회사가 그와 같은 양도를 승낙한 경우에는 회사에 대하여도 그 효력이 있다'고 하여 긍정설에 가까운 입장이다(94다36421). 생각건대 구체적 신주인수권은 채권적 성질을 가진 권리로서 양도성은 법률에 의해 제한될 수 있는데, 신주인수권의 양도는 신주인수권증서에 의해서만 행한다고 정하고(상420의3.1), 신주인수권 양도성가능성과 신주인수권증서 발행 여부가 이사회결의(정관기재)사항이라는 명문규정(상416)을 고려할 때 부정설이 타당하다고 본다.

5) **신주인수권증서** : 정관의 규정 또는 이사회의 결의로 신주인수권의 양도성을 정할 수 있으며(상416 5호), 주주의 청구가 있는 때에만 신주인수권증서를 발행한다는 것과 그 청구기간을 정할 수 있다(동조 6호). 따라서 신주인수권의 양도성을 허용하면서 신주인수권증서 발행에 관해 아무 결정(정관규정)을 하지 않으면 모든 주주에게 신주인수권증서를 발행하여야 하지만, 주주청구시에 발행한다

는 결정(정관규정)을 한 경우 주주의 청구가 있는 경우에만 신주인수권증서가 발행되거나 전자등록부에 등록(상420의4)된다. 신주인수권증서는 신주인수의 청약전에 유통되는 주주의 (구체적) 신주인수권을 표창한 요식의 유가증권으로서, 발행기한(청약기일의 2주 전, 상420의2.1), 기재사항과 이사의 기명날인·서명(상420, 420의2.2)이 법정되어 있다. **신주인수권의 양도**는 신주인수권증서의 교부(상420의3.1) 또는 전자등록부의 등록(상420의4→356의2.2)에 의해 가능하다. 신주인수권의 양도를 위해서는 신주인수권증서를 교부하여야 하고, 신주인수권증서의 점유자는 적법한 소지인으로 추정하므로(상420의3→336.2), 신주인수권의 선의취득이 허용된다. 신주인수권증서가 발행된 경우에는 신주인수권증서에 의하여 **주식의 청약**을 하여야 한다(상420의5.1). 신주인수권증서를 상실한 자가 있는 경우에는 예외적으로 주식청약서에 의해 청약을 할 수 있으나, 신주인수권증서의 선의취득자가 신주의 청약을 하면 주식청약서에 의한 청약은 그 효력을 상실한다(상420의5.2).

(3) 제3자의 신주인수권

1) **개 념** : 주주 이외의 제3자가 우선적으로 신주를 인수하고 배정을 받을 수 있는 권리를 말하며, 정관의 근거규정과 회사의 경영상 목적을 달성(신기술의 도입, 재무구조의 개선 등)의 필요성을 요건으로 한다(상418.2). 제3자는 어느 정도 구체적으로 나타나야 하고 주식청약서에도 기재하여야 하며(상420 5호), 주주가 주주자격에 기하지 않을 경우 이에 포함될 수 있다. 제3자의 신주인수권은 정관규정만에 의하여 당연히 취득하는 것이 아니라 회사와의 구체적인 계약을 통해 취득하는 계약상의 권리로서, 제3자는 신주인수의 청약과 배정을 통하여 주식인수인으로 확정되며 주금을 납입하여야 주주가 된다. 이 경우 주주평등의 원칙이 적용되지 않으므로 발행가액을 각각 달리 정해도 무방하다.

2) **법적 성질** : 정관은 회사 내부규범이므로 제3자의 신주인수권은 회사 정관의 규정만으로 효력이 발생하지 않고 회사와 제3자간의 계약이 있어야 비로소 발생하는 **계약상의 권리**이다(통설). 회사가 제3자의 신주인수권을 무시하고 신주를 발행한 경우 회사는 채무불이행을 한 것이 되어 제3자에 대하여 손해배상책임을 부담하나 신주발행이 무효가 되는 것은 아니라고 보는 견해가 통설이다. 제3자에 대한 채무불이행의 책임 이외에도 신주발행에 있어 대표이사가 악의 또는 중과실

로 그 임무를 해태한 경우에는 제3자에 대하여 연대하여 손해배상할 책임이 있다(상401). 회사가 제3자의 신주인수권을 무시하더라도 주주에게 인정되는 신주발행유지청구권이나 신주발행무효의 소를 제기할 수 있는 권리가 제3자에게 인정되지 않는다.

3) **요 건** : ① **정관·이사회결의** – 제3자의 신주인수권 부여에 관한 **정관규정**이 요구된다. 정관규정은 제3자를 특정할 수도 있고 임원·종업원 등을 포괄적으로 신주인수권자로 규정하고 신주발행의 이사회결의에서 이를 구체적으로 정할 수 있다고 본다. 정관 대신 **주주총회의 결의에 의한 제3자에 신주인수권 부여가능성**에 관해, 정관규정은 주주 전원의 동의에 의해 대체될 수 있지만 전원동의가 아닌 이상 신주인수권이 침해되므로 부여할 수 없다고 보며, 긴급하게 회사의 자본조달의 필요성이 있는 경우 일정 주주의 동의를 얻어 신주인수권을 포기시킨 후 제3자 배정방식으로 신주를 발행할 수 있을 것이다.

② **부여 목적** – 신기술 도입 또는 재무구조의 개선 등 **경영상의 목적**을 달성하기 위하여 필요한 경우에 한하여 허용된다. 다만 동 규정은 추상적이어서 어떠한 경우가 이에 해당할 것인지에 관해서는 다툼의 여지가 없지 않다.

③ **공시** – 신주발행사항(신주의 종류와 수 등)에 관해 주주에 대한 **사전공시**(납입기일 2주전까지 통지, 공고)가 있어야 한다(상418.4). 개정상법은 주주에 대한 사전공시제도를 도입함으로써 주주가 신주발행무효의 소, 신주발행유지청구권 등을 통해 주주의 권리를 보호할 수 있게 하였다.

4) **제3자 신주인수권의 양도성**(**쟁점64**): ① **논의** - 제3자가 신주인수권을 양도할 수 있는가에 관해, **긍정설**은 동 권리가 계약상의 권리(채권적 권리)라는 점에서 양도할 수 있으며, 제3자의 이익보호를 위해서나 회사의 자금조달의 편의를 위해서나 정관에 반하지 않는 한 신주인수권을 양도할 수 있다고 본다. **부정설**은 제3자와 회사간의 특별한 관계에서 단체법적 효력으로 인정되는 권리이므로 양도할 수 없다고 본다. **절충설**은 회사가 승인한 경우에만 양도가 가능하다고 본다.

② **검토** – 제3자에게 부여된 추상적 신주인수권은 회사와의 특별관계에서 인정된 권리이므로 양도할 수 없지만, 이사회의 신주발행결의에 의해 발생한 구체적 신주인수권은 일종의 채권적 성질을 가졌으므로 법률이 양도를 금지하지 않은 이상 양도가능하다고 보아야 한다(긍정설). 긍정설에 따를 경우 제3자 신주인수권

의 **양도방법**이 문제되는데, 신주인수권증서는 주주의 청구에 의해서만 발행되므로(상416) 신주인수권증서에 의한 권리양도는 불가능하기 때문에 일반적인 채권양도의 방식으로 양도될 수밖에 없다는 점에서 주권발행전의 주식양도와 유사하다. 다만 신주인수권부사채권자에게 인정된 신주인수권은 채권(비분리형인 경우) 또는 신주인수권증권(분리형인 경우)의 양도방법에 의하여 양도할 수 있다.

2. 신주발행절차

(1) 이사회의 신주발행결정

이사회가 발행예정주식의 범위 내에서의 일반 신주발행을 결정하지만 상법에 특별규정이 있거나 정관으로 주주총회 결의사항으로 정한 경우에는 예외이다(상416). 이사회는 신주의 발행사항을 결정하는데, **발행사항**이라 함은 신주의 종류(종류주식, 특수한 주식 등)와 수, 신주의 발행가액(액면미달 발행 제한, 상417)과 납입기일, 신주의 인수방법(주주배정·제3자배정·공모·사모 등), 현물출자에 관한 사항(현물출자를 하는 자의 성명과 그 목적인 재산의 종류·수량·가격과 이에 대하여 부여할 주식의 종류와 수 등), 주주의 신주인수권의 양도 가능성에 관한 사항, 주주의 청구가 있는 때에만 신주인수권증서를 발행한다는 것과 그 청구기간 등을 의미한다.

(2) 공고·최고·모집

① **신주배정일의 지정·공고절차** – 신주발행의 결의에 의하여 주주가 신주인수권을 갖는 때에는 회사는 일정한 날(신주배정일)을 정하여 그 날에 주주명부에 기재된 주주가 그가 가진 주식수에 따라서 주식의 배정을 받을 권리를 가진다는 뜻과 신주인수권을 양도할 수 있을 경우에는 그 뜻을 그 날의 2주 전에 공고하여야 한다(상418.3). 그러나 배정일이 주주명부의 폐쇄기간 중인 때에는 그 기간의 초일의 2주 전에 공고하여야 한다(상418.3단서).

② **신주인수권자에 대한 최고** – 신주발행사항이 결정되었을 때에는 회사는 신주인수권자인 주주 또는 제3자에 대하여 인수권을 가지는 주식의 종류·수와 청약기일까지 주식인수의 청약을 하지 아니하면 그 권리를 잃는다는 뜻(**실권예고부최고**), 신주인수권의 양도허용성과 신주인수권증서 발행에 관한 내용을 통지를 하여야 한다(상419).

③ **주주의 모집절차** – 실권한 주식과 신주인수권의 대상이 되지 않는 주식, 단주 등의 처리를 위해 주주를 모집할 수 있으며(연고모집 또는 공모), 이 경우에는 모집설립에 관한 규정이 준용된다(상425.1). 그리고 납입장소에 관한 상법 제305조 2항의 규정은 신주인수권증서를 발행하는 경우에 이를 준용한다(상425.2). 다만 주주에 대한 신주발행가액(할인발행)과 모집발행시에 신주발행가액(시가발행)은 구별된다.

(3) 인수절차

신주에 대한 인수계약은 신주인수의 청약과 회사의 배정에 의하여 성립한다. ① **신주인수의 청약**은 신주인수권을 가진 주주의 주식청약서에 의한 청약이 원칙이나, 신주인수권증서가 발행된 경우에는 신주인수권이 양도될 수 있으므로 신주인수권증서에 의해 주식인수청약이 이루어진다. 주식청약서에 의한 청약을 하고자 하는 자는 법정사항(상420)을 기재한 주식청약서 2통(또는 기재사항(상420의2)이 기재된 신주인수권증서)에 인수할 주식의 종류와 수 및 주소 기타 소정의 사항을 기재하고 기명날인·서명해야 한다(상425.1 → 302.1, 420의4.1). 다만 회사는 신주인수권증서를 발행하는 대신 정관으로 정하는 바에 따라 전자등록기관의 전자등록부에 신주인수권을 등록할 수 있다. 이 경우 주식의 전자등록에 관한 규정(상356의2.2~4)을 준용한다(상420의4).

② **신주의 배정**은 대표이사에 의해 신주인수의 청약에 대해 행해지며, 주식인수의 청약자는 주식인수인이 된다. 신주발행예정주식의 전부에 대한 청약이 없더라도 청약 부분에 대해서만 배정할 수 있으며(cf. 회사설립시 총액인수주의), 주주의 청약에는 평등배정원칙, 제3자의 청약에는 배정자유의 원칙이 적용된다. 주식인수의 법적 성질은 입사계약(入社契約)으로 보는 견해가 통설이며, 주식인수인의 지위인 권리주의 양도는 회사에 대하여 효력이 없다(상425.1 → 319).

(4) 출자의 이행

1) **납입의무** : 신주인수를 청약한 자는 회사가 배정한 주식의 수에 따라서 인수가액을 납입(출자의 이행)할 의무를 부담한다(상425.1 → 303). 주식인수인 중 **금액출자자**는 납입기일에, 인수한 각 주식에 대하여 인수가액의 전액을 납입하여야 하고(상421), **현물출자자**는 납입기일에 출자의 목적인 재산을 인도하고 등기·등록 기타 권리의 설정 또는 이전을 필요로 할 경우에는 그에 필요한 서류를 완

비하고 교부하여야 한다(상425.1 → 305.3 → 295.2). 납입장소, 납입장소의 변경, 납입금보관증명 등에 관해서는 회사설립절차를 준용한다(상425.1 → 305.2, 306, 318).

2) **상계에 의한 납입** : 개정상법은 자본충실원칙에 따라 주금납입채무에 관해서는 상계를 금지하던 제344조를 삭제하고 회사와의 **합의에 의한 상계**만을 허용하는 규정을 두었다. 이로써 신주납입채무에 관해 신주인수인의 자의적인 상계는 금지되지만 회사의 동의를 얻거나 합의에 의한 상계는 허용된다. 이는 기업구조조정에서 금융기관의 대출채권을 출자전환함에 있어 어려움을 해소하고자 도입한 조항이다. 앞으로는 채권자는 대출채권을 현물출자의 방법을 취하지 않고 회사와의 합의에 의한 상계를 통해 출자전환할 수 있게 되었다.

3) **현물출자** : 신주발행의 경우에는 현물출자에 관한 사항 중 정관에 정함이 없는 것은 원칙적으로 이사회가 결정하는데(상416 4호), 현물출자의 과대평가 위험을 방지하기 위해 일정한 예외를 제외하고, 이사는 현물출자에 관한 사항을 조사하게 하기 위하여 검사인의 선임을 법원에 청구하거나 공인된 감정인의 감정을 받도록 정하고 있다(상422.1). 법원은 검사인의 조사보고서 또는 감정인 감정결과를 심사하여 부당하다고 인정한 때에는 이를 변경하여 이사와 현물출자를 한 자에게 통고할 수 있다(상422.2). 법원의 변경에 불복하는 현물출자자는 그 주식의 인수를 취소할 수 있으나, 법원의 통고가 있은 후 2주 내에 주식의 인수를 취소한 현물출자자가 없는 때에는 현물출자에 관한 사항은 통고에 따라 변경된 것으로 본다(상422.3,4).

(5) 효력발생

이사회가 정한 납입기일의 다음 날에, 납입 또는 현물출자의 이행을 한 범위 내에서 신주발행의 효력(주주의 지위, 자본증가 등)이 생기며, 신주인수인은 **납입기일의 다음날**로부터 주주로서의 권리·의무가 있다(상423.1). 전액납입주의를 취하고 있는 회사의 설립시와는 달리 납입·이행된 범위 내에서 효력이 발생하고 증자시 이사의 납입담보책임은 없다. 납입기일까지 납입 또는 현물출자의 이행을 하지 않는 신주인수인은 그 권리를 잃으며(상423.2) 실권 주식에 대해 회사는 이사회결의를 거쳐 다시 주주를 모집할 수 있으며(2010다49380), 실권한 신주인수인에 대하여 손해배상청구를 할 수 있다(상423.3). 신주발행의 효력이 생기게 되면 회사는 납입기일로부터 본점소재지에서는 2주 내에, 지점소재지에서는 3주 내에 변경등기를 하여야 한다(상317.4). 신주의 발행으로 인한 변경등기가 있은 후에 아직 인수하지 아니한 주식이 있거나 주식인수의 청약이 취소된 때에는 이사가 이를 공동으로 인수한 것으로 보아 이사의 **인수담보책임**이 발생하며, 이는 이사에 대한 손해배상의 청구에 영향을 미치지 아니한다(상428).

3. 주주의 신주인수권의 침해와 구제

주주의 신주인수권을 위법·부당하게 제한하여 신주인수권을 침해할 경우 주주는 사전적 구제수단으로 신주발행유지청구를 할 수 있으며, 주주·이사·감사는 사후적 조치로서 신주발행무효의 소를 제기할 수 있다. 이사가 악의 또는 중과실로 그 임무를 해태하여 위법하게 신주를 발행한 경우 이사와 회사에 대해 불법행위를 원인으로 손해배상을 청구하거나 이사의 책임을 물을 수 있다.

(1) 신주발행의 유지청구

1) **개 념** : 회사가 법령 또는 정관에 위반하거나 현저하게 불공정한 방법에 의하여 신주를 발행함으로써 주주가 불이익을 받을 염려가 있는 경우에는 주주가 회사에 대하여 신주발행의 유지를 청구할 수 있다(상424). 이사의 위법행위유지청구권(상402)과 유사하지만 주주의 이익보호를 위한 권리행사라는 점, 권리자가 모든 주주라는 점, 권리행사의 상대방이 회사라는 점, 현저하게 불공정한 방법으로 신주를 발행할 때에도 인정된다는 점에서 구별된다. 주주는 필요할 경우 두 가지 유지청구권을 병행하여 행사할 수 있다.

2) **유지청구의 원인** : i) **법령위반**의 경우로서 예컨대, 이사회의 결의가 없거나 또는 위법한 결의에 따른 신주발행, 법정요건에 반하는 신주의 할인발행(상417), 현물출자에 대한 검사 또는 감정(상422)을 해태한 신주발행 등이 있다. ii) **정관위반**의 경우로는 예컨대 정관에서 정한 발행예정주식 총수를 초과하는 신주의 발행, 정관에서 정하지 아니한 종류의 주식의 발행 등이 해당된다. iii) **현저하게 불공정**한 경우로는 특정 주주에게 부당하게 많은 주식을 배정하는 경우나, 이사에 대해 낮은 발행가격으로 신주를 발행한 경우 등을 들 수 있다. iv) 회사의 신주발행으

로 인해 주주가 손해를 받을 염려가 있어야 유지청구권을 행사할 수 있다.

3) **절 차** : 청구권자는 법령 또는 정관에 위반하거나 현저하게 불공정한 방법에 의하여 신주를 발행함으로써 직접 불이익을 받을 염려가 있는 주주이다. 의결권 없는 주주도 청구권을 가지나, 제3자는 신주인수권이 있어도 신주발행유지청구를 할 수 없다. 주주는 재판 외의 방법으로 신주발행유지를 회사에 청구할 수 있고, 회사를 피고로 하여 **신주발행유지의 소**를 제기할 수 있으며, 이를 본안으로 하여 **신주발행유지의 가처분**을 신청할 수 있다. 신주발행의 유지는 사전적인 구제방법이므로 신주발행의 효력이 발생하기 전인 신주의 납입기일까지만 할 수 있다.

4) **유지청구의 효력** : 회사는 신주발행유지청구가 부당할 경우 이를 무시할 수 있으나 정당한 유지청구를 무시할 수 없다. 재판 외의 방법에 의한 유지청구를 무시하더라도 신주발행은 유효하고 이사의 책임이 발생할 뿐이다(통설). 그런데 회사의 **신주발행유지가처분 위반 신주발행의 효력**(**쟁점65**)에 관해, **유효설**은 신주발행유지의 가처분에 위반한 신주발행이라도 법률관계의 안정을 위하여 그 자체에는 영향을 미치지 않고 다만 이사의 책임이 생길 뿐이라는 견해이다. **무효설**은 유지의 가처분을 무시한 신주발행은 무효라는 견해이다. **판례**도 신주발행금지가처분이 발령되었음에도 신주발행절차가 진행된 사안에서, 현저하게 불공정하고 그로 인하여 기존 주주들의 이익과 회사의 경영권 내지 지배권에 중대한 영향을 미쳤다는 등의 이유로 무효로 보았다(2008다65860). 생각건대 신주발행유지청구의 소를 제기하여 유지의 판결 또는 가처분이 있었음에도 불구하고 이에 위반하여 이루어진 신주발행은 설사 다수당사자가 관련되는 절차라 하더라도 재판상 처분을 무시한 절차이므로 무효라 본다(무효설).

(2) 신주발행무효의 소

1) **개 념** : 신주발행무효의 소란 신주발행이 법령이나 정관에 위반한 하자가 있는 경우에 새로이 발행되는 주식의 전부가 무효임을 확인하는 소송을 의미한다. 신주발행은 인수금액의 납입기일의 다음날부터 효력이 발생하나 신주발행절차에 무효원인이 있었을 경우 법률행위의 일반적 무효의 법리에 따르지 않고 이를 소송으로만 주장할 수 있도록 했다. 신주발행의 무효는 주주, 이사 또는 감사

에 한하여 신주를 발행한 날로부터 6월 내에 소만으로 이를 주장할 수 있다(상429). 신주발행의 무효는 신주발행절차를 전체적으로 무효로 하는 것이어서 개별적인 **신주인수의 무효**와 구별되며, 일단 신주발행절차가 존재하는 것을 전제로 하므로 하자가 현저하여 신주발행이 존재하지 않는 것과 같은 **신주발행의 부존재**와 구별된다.

2) **무효원인** : 상법은 신주발행유지청구의 원인(주식발행이 법령·정관 위반, 현저하게 불공정, 상424)은 규정하고 있으나, 신주발행무효의 원인에 관해 규정하지 않아(상429) 해석론에 맡겨져 있다. 신주발행은 주주, 제3자와 관련되는 단체법적 법률관계이므로 거래의 안전을 고려하여 그 무효원인을 엄격하게 해석할 필요가 있다. **판례**는 법령이나 정관의 중대한 위반 또는 현저한 불공정이 있어 그것이 주식회사의 본질이나 회사법의 기본원칙에 반하거나 기존 주주들의 이익과 회사의 경영권 내지 지배권에 중대한 영향을 미치는 경우로서 신주와 관련된 거래의 안전, 주주 기타 이해관계인의 이익 등을 고려하더라도 도저히 묵과할 수 없는 정도라고 평가되는 경우에 한하여 신주의 발행을 무효로 할 수 있다고 보는데(2008다65860), 논란이 있는 쟁점은 다음과 같다.

① **신주인수권 무시**(**쟁점66**)에 관해, 순수한 유효설을 주장하는 견해는 없고, **무효설**은 주주의 신주인수권은 주주에게 중대한 영향을 미치는 권리이고 단순히 이사의 손해배상책임으로 해결될 성질이 아니므로 이를 무효원인으로 본다. **절충설**은 i) 주주의 신주인수권에 대한 침해가 회사지배에 대한 영향력에 변동을 줄 정도가 아닌 이상 유효라고 보는 견해(지배력 변동 기준)와 ii) 주주의 신주인수권의 전부 또는 대부분을 무시한 경우에는 신주발행이 무효이지만, 근소한 일부분만이 무시된 경우에는 무효가 되지 않고, 이사의 손해배상책임만 발생할 뿐이라 보는 견해(양적 기준)이다. **판례**는 신주발행을 결의한 회사의 이사회에 참여한 이사들이 하자 있는 주주총회에서 선임된 이사들이어서, 그 후 이사 선임에 관한 주주총회결의가 확정판결로 취소되었고, 위와 같은 하자를 지적한 신주발행금지가처분이 발령되었음에도 위 이사들을 동원하여 위 이사회를 진행한 측만이 신주를 인수한 사안에서, 위 신주발행이 신주의 발행사항을 이사회결의에 의하도록 한 법령과 정관을 위반하였을 뿐만 아니라 현저하게 불공정하고, 그로 인하여 기존 주주들의 이익과 회사의 경영권 내지 지배권에 중대한 영향을 미쳤다는 등의 이유로 무효로 보았다(2008다65860). 생각건대 i) 주주의 신주인수권을 무시한 신주

발행은 보상·책임을 넘어 지분비율에 변경을 초래하게 되므로 신주발행절차의 무효원인으로 보아야 하지만(무효설), 신주인수권을 무시한 신주발행이 회사지배권과 전혀 무관한 경우에는 법원은 단체법관계를 고려하여 주주에 대한 보상을 전제로 재량기각제도의 활용이 권장된다고 본다(상430 → 189). ii) 제3자의 신주인수권이 무시된 경우에는 회사에 손해배상책임만 발생할 뿐이고 제3자가 신주발행무효의 소를 제기할 수 없다.

② **절차의 현저한 불공정**(**쟁점67**)에 관해, **유효설**은 거래의 안전보호를 논거로 유효하다고 보며, **무효설**은 주주가 신주발행 전에 불공정한 신주의 발행을 유지청구할 수 있는 것과 같이 신주발행 후에는 무효의 소를 제기할 수 있다고 본다. **제한적 무효설**은 발행의 결과로 회사지배관계에 변동을 줄 정도일 경우 무효로 보는 견해이다. **판례**는 범죄행위의 수단으로 행하여진 선량한 풍속 기타 사회질서에 반하는 신주발행을 현저히 불공정한 방법으로 이뤄진 신주발행으로 보고 이를 무효로 보았다(2000다42786). 생각건대 신주발행절차가 불공정할 경우에도 그 정도가 현저하다면 설사 지배관계에 영향을 주지 않았다 하더라도 주주평등의 원칙 등의 회사법상의 기본원칙에 반하므로 무효원인이 될 수 있다고 본다(무효설).

③ **이사회결의 흠결 신주발행의 효력**(**쟁점68**)에 관해, **유효설**은 위법한 대표행위이지만 대외적 행위이므로 거래의 안전을 중시하여 유효로 보아야 한다는 견해이다. **무효설**은 수권자본제제도의 한계를 일탈했다는 점에서 신주발행은 무효라 보는 견해이다. 생각건대 이사회결의 없이 대표이사가 신주를 발행하였다면 이는 전단적 대표행위의 외관을 가지나 상대방의 선의·악의에 따라 집단적 행위인 신주발행의 효력이 달라지는 것은 부적절하므로 결과적으로 유효하다고 본다(유효설). 신주발행을 정관으로 주총결의사항으로 정한 경우 또는 주식배당시 주총결의를 흠결하고 신주가 발행된 경우 신주발행의 효력은 이사회결의 흠결과 동일하게 볼 수 있을지 의문이다.

3) **제소방법** : 신주발행무효의 소의 **제소권자**는 주주·이사·감사로 제한되며(상429), 피고는 회사로 해석된다. 제소 시점 기준의 주주·이사·감사가 제소권자가 될 수 있어 구주·신주의 주주, 신주발행 후 주식을 양수한 자도 소를 제기할 수 있다고 본다. **제소기간**은 신주를 발행한 날(신주발행의 효력발생일, 즉 납입기일 익일)부터 6월 이내이며, 신주발행무효확인의 소는 본점소재지의 지방법원의 **전속관할**에 속하며(상430 → 186), 신주발행무효확인의 소가 제기된 때에는 회사

는 지체 없이 **공고**하여야 한다(상430 → 187). 수 개의 신주발행무효확인의 소가 제기된 때에는 법원은 이를 **병합심리**하여야 한다(상430 → 188). 신주발행무효확인의 소가 심리중에 원인이 된 하자가 보완되고 회사의 현황과 제반사정을 참작하여 신주발행을 무효로 하는 것이 부적당하다고 인정한 때에는 법원은 그 청구를 기각할 수 있다는 **재량기각제도**를 준용하고 있다(상430 → 189). 이사·감사가 아닌 주주가 신주발행무효의 소를 제기한 때에는 법원은 회사의 청구에 의하여 상당한 담보를 제공할 것을 명할 수 있어 **담보제공의무**를 부담하나, 회사가 담보제공을 청구하기 위해서는 주주의 청구가 악의임을 소명하여야 한다(상430 → 377).

4) **무효판결의 효력** : 신주발행의 무효판결은 법률관계의 획일적 확정을 위하여 제3자에 대하여도 그 효력이 미치므로 **대세효**를 가지며, 신주발행은 무효판결의 확정에 의하여 장래에 대하여 그 효력을 잃어 **불소급효**를 가진다(상431.1). 법률관계의 안정을 위해 판결의 소급효를 인정하지 않으므로, 신주발행이 유효함을 전제로 하여 판결이 확정될 때까지 한 행위, 예컨대 이익배당, 의결권의 행사, 주식의 양도나 입질 등의 행위는 무효판결에 의하여 영향을 받지 않는다. 판결확정 이후에는 회사의 발행주식총수가 그만큼 감소하고 따라서 신주발행에 의하여 증가되었던 회사의 자본액도 그 만큼 감소되어 신주발행 이전의 상태로 되돌아가므로 변경등기가 요구된다. 그리고 회사는 지체 없이 3월 이상의 기간 내에 신주의 주권을 회사에 제출할 것을 공고하고, 주주명부상의 주주와 질권자에게 주권제출을 통지하여야 한다(상431.2).

5) **납입금의 반환(환급)** : 신주발행무효의 판결이 확정된 때에는 회사는 신주의 주주에 대하여 그 납입금의 반환을 하여야 하나, 환급금이 판결확정시의 회사의 재산상태에 비추어 현저하게 부당한 때에는 법원은 회사 또는 주주의 청구에 의하여 그 금액의 증감을 명할 수 있다(상432.1,2). 그리고 **질권**의 물상대위에 관한 규정, 기명주식의 등록질에 관한 규정을 준용한다(상432.3). 따라서 주식의 질권자는 신주발행무효판결의 확정에 따른 주주에의 환급금에 대해서도 주식을 목적으로 하는 질권을 행사할 수 있으며(상339), 기명주식의 등록질권자는 환급금을 지급받아 다른 채권자에 우선하여 자기채권의 변제에 충당할 수 있다(상340.1). 그리고 환급금이 질권자의 채권의 변제기보다 먼저 지급될 경우 질권자는 회사에

대하여 환급금의 공탁을 청구할 수 있다. 이 경우 질권은 공탁금에 존재한다(민353.3).

(3) 통모인수인의 책임

1) **의 의** : 신주의 인수인이 이사와 통모하여 현저하게 불공정한 발행가액으로 주식을 인수한 때에는 회사에 대하여 공정한 발행가액과의 차액에 상당한 금액을 지급할 의무가 있다(상424의2.1). 불공정 발행가액에 의한 신주 발행시, 회사의 재산상의 손해에 관해 이사는 임무의 해태로 인한 손해배상책임을 부담하나, 이사와 주식인수인 사이의 통모로 비롯된 경우에는 주식인수인에 대하여도 그 차액에 대한 지급책임을 부담시켜 회사와 주주를 보호하고 있다.

2) **책임 요건** : ① **발행가액의 현저한 불공정성** – 발행가액의 불공정성의 판단은 신주발행을 전후한 발행회사의 주가를 기준으로 회사의 자산상태, 수익력, 사업의 전망, 기타의 제반 사정을 종합적으로 참작하여야 하며, 제3자는 물론 주주가 불공정한 발행가액으로 주식을 인수한 경우도 이에 해당한다고 본다. 여기서 발행가액이란 인수인이 실제 납입한 인수가액을 의미하고 현물출자의 과대평가도 발행가액의 불공정에 해석상 포함된다고 본다.

② **이사와 통모** – 발행가액은 불공정하더라도 통모를 하지 않는 경우에는 발행가액이 불공정하다는 것을 안 것만으로는 책임을 지지 않으며, 이사의 책임만이 문제된다. 통모에 대한 증명책임은 원고인 회사에 있다. 동일한 발행가액으로 모든 주주가 주식을 인수했으나 일부 주주만 통모한 경우 **통모주주의 추가출자의무**(**쟁점69**)에 관해, 발행가액이 현저하게 불공정하고 이사와 대주주가 통모한 때에는 대주주의 책임이 인정된다는 **긍정설**이 있지만, 모든 주주에게 동일한 발행가액이 적용된 경우 설사 이사와 일부 주주의 통모가 있었더라도 통모주주에게만 추가출자의 책임을 인정하는 것은 부적절하므로 동조가 적용되지 않는다고 본다(**부정설**).

3) **책임의 내용·성질** : 통모한 주식인수인이 부담하는 추가출자의무로서 그 주식의 양수인은 부담하지 않으며, 주주가 동 책임을 부담할 경우 유한책임원칙의 예외로 본다. 상법은 신주인수인의 추가출자의무는 이사의 회사 또는 주주에 대한 손해배상의 책임에 영향을 미치지 아니한다는 규정을 두고 있는데(상424의

2.3), **신주인수인의 책임과 이사의 손해배상책임의 관계**에 관해, 일방 채무의 이행으로 타방채무도 소멸한다고 보는 **부진정연대책임설**과 양 책임은 책임의 성질을 달리하므로 일방의 이행으로 타방의 채무가 소멸하지 않는다고 보는 **독립책임설**이 대립한다. 생각건대 신주인수인의 책임은 추가출자의무이고 이사의 책임은 손해배상책임이어서 별개의 채무이지만, 회사의 손해가 추가출자에 의존하고 있어 양자는 관련된다. 하지만 일방 채무의 이행이 타방 채무를 소멸케 한다고 볼 수 없어, 주식인수인의 책임에 부수적으로 이사의 책임이 발생하는 관계이어서 부진정연대책임과 구별된다는 특수한 법률관계라 생각된다(**특수관계설**).

4) **책임의 추궁** : 신주인수인의 책임은 회사가 추궁하는 것이 원칙이어서 신주인수인의 책임요건에 관한 증명책임을 회사가 부담한다. 하지만 신주인수인과 이사의 통모를 전제로 하므로 회사가 책임을 추궁한다는 것은 사실상 기대할 수 없다는 점을 감안하여 **대표소송**에 관한 규정의 준용에 의하여 소수주주가 그 책임을 추궁할 수 있으므로(상424의2.2), 이 경우 신주인수인의 책임요건에 관한 증명책임은 책임 추궁하는 주주가 부담한다. 인수인으로부터 지급받은 추가출자는 성질상 **자본전입금**에 적립된다는 것이 통설이다.

Ⅱ. 특별 신주발행

1. 준비금의 자본전입에 의한 신주발행

예비적 자본의 성질을 가지는 준비금은 자본금과 더불어 이익산정시 공제항목으로서 회사에 유보할 재산이 된다. 그러나 과도한 준비금의 적립은 효율적인 재무관리를 저해하므로 자본구성을 개선(회사규모 확장, 주가인하 통한 거래원활 등)하는 방법으로서, 회사는 준비금을 자본에 전입할 수 있도록 하였다(상461.1). 해당 준비금계정에서 전입액을 차감하고 동시에 자본금계정에 전입금액만큼 증액기재함으로써 자본이 증가하고 전입금액에 상응하는 액면가의 **무상주식**이 발행된다(특별 신주발행). 주식수에 비례하여 이뤄지는 무상주의 교부는 회사재산의 변동 없이 발행주식수만 증가시키므로 **주식분할**의 성질을 가지는데, 발행주식수는 수권주식의 범위 내이어야 한다. 회사는 이사회의 결의(정관에 따른 주총결의)에 의하여 준비금의 전부 또는 일부를 자본에 전입할 수 있다(상461.1). **이사회 결의**

시 회사는 배정일의 주주가 발행주식의 주주가 된다는 뜻을 배정일의 2주 전(주주명부 폐쇄시 폐쇄기간의 초일의 2주 전)에 공고하여야 하는데(상461.3), 이는 주주에게 이사회의 결의사항을 알리고 명의개서의 기회를 부여하기 위함이다. 그러나 **주주총회결의**에 의해 준비금을 자본금으로 전입하는 경우에는 주주는 주주총회의 결의가 있은 때로부터 신주의 주주가 된다(상461.4). 준비금의 자본전입으로 발행되는 주식은 주주에게 주식수에 비례하여 발행되나 단주 발생시 경매 후 대금지급하며(상461.2 → 443.1), 질권자에 대한 통지가 요구되고(상461.5) 질권자는 물상대위의 법리에 따라 교부주식에 관해 질권을 행사할 수 있다(상461.7 → 339).

2. 주식배당을 위한 신주발행

주주총회의 결의에 의하여 이익배당을 신주로써 할 때 이를 **주식배당**이라 한다. 주식으로 배당을 받은 주주는 주식배당의 결의를 한 주주총회가 종결한 때부터 신주의 주주가 된다(상462의2.4). 주식에 의한 배당은 이익배당총액의 1/2에 상당하는 금액을 초과하지 못한다(상462의2.1). 주식배당은 주식의 액면액으로 하며, 회사가 종류주식을 발행한 때에는 동일한 종류의 주식으로 할 수 있다(상462의2.2). 단주경매후 대금지급(상462의2.3 → 443.1), 신주에 대한 이익이나 이자의 배당시 정관에 의한 직전 영업연도 말에 전입의제 가능(상462의2.4 → 350.3), 질권자에 대한 통지(상462의2.5), 등록질권자의 주식배당수령 후 우선변제충당(상462의2.6 → 340.1), 질권자의 배당주식에 대한 주권의 교부 청구(상462의2.6 → 340.3) 등이 인정된다.

3. 전환주식(전환사채)의 전환에 의한 신주발행

전환주식이란 회사가 종류주식을 발행한 경우 다른 종류주식으로의 전환권이 인정되는 주식을 의미하고, 전환사채란 주식으로의 전환권이 인정된 사채를 의미한다. 전환주식이나 전환사채 모두 전환주식·사채를 보유한 자가 전환권을 행사할 경우 신주를 발행하여야 하는데, 이 때 발행되는 주식은 통상적인 신주발행이 아니라 전환주식·사채를 발행할 때 예정되어 있던 주식이어서 신주인수권의 대상이 되지 않는 특수한 신주발행이다. 따라서 발행신주가 종류주식이라면 종류주식의 발행에 관한 정관규정이 있어야 하고 정관상에 발행예정주식수에 신주를 발행할 여유분이 유보되어 있어야 한다. 전환주식의 전환(상349)은 그 청구를 한 때에 효력이 생기며, 주주명부 폐쇄기간 중에 전환된 주식의 주주는 그 기간 중의 총회의 결의에 관하여는 의결권을 행사할 수 없다(상350.1,2). 주식의 전환으로 인한 변경등기는 전환을 청구한 날이 속하는 달의 말일부터 2주 내에 본점소재지에서 하여야 한다(상351). 회사는 전환사채를 발행할 수 있으며(상513.1), 전환사채권자의 전환청구 등의 절차에 관해 전환주식의 규정을 준용한다(상516).

4. 신주인수권부사채의 신주인수권의 행사에 의한 신주발행

신주인수권부사채란 회사가 신주를 발행할 때 주식과 유사하게 신주인수권이 부여된 사채를 의미한다. 사채권자가 신주인수권을 행사하여 발행되는 주식은 통상적인 신주발행이 아니라 주주의 신주인수권의 대상이 되지 않는 특수한 신주발행에 해당한다. 신주인수권부사채도 전환사채와 유사하게 신주를 인수할 수 있는 권리가 부착되어 있어 사채임에도 불구하고 주주 아닌 자에게 신주인수권부사채를 발행할 경우에는 이를 실질적으로 제3자에 대한 주식의 배정으로 보고 회사법은 정관에 이를 허용하는 규정이 있거나 주주총회의 결의가 있는 경우로 한정하고 있다(상516의2.4). 신주인수권부사채가 발행된 경우 신주인수권을 행사한 자는 청구서 2통과 함께 신주발행가액의 전액을 납입을 한 때에 주주가 된다(상516의10). 주주명부 폐쇄기간 중에 신주인수권을 행사한 주식의 주주는 그 기간 중의 총회의 결의에 관하여는 의결권을 행사할 수 없다(상516의9 → 350.2). 신주인수권 행사로 인한 변경등기는 전환을 청구한 날이 속하는 달의 말일부터 2주 내에 본점소재지에서 이를 하여야 한다(상516의10 → 351).

5. 기타 특별 신주발행

① **합병** – 회사의 **흡수합병** 또는 **분할합병**으로 인한 신주발행에서는 소멸회사의 순재산을 승계하고 이에 해당하는 신주를 발행하여 소멸회사의 주주에게 교부한다. 이때 발행되는 신주는 합병 또는 분할합병의 효력이 발생하는 때에 그 효력이 발생한다(학설).

② **포괄적 교환** – **주식의 포괄적 교환**으로 인한 신주발행의 경우에는 완전자회

사가 되는 회사의 주주가 가지는 주식은 주식을 교환하는 날에 완전모회사가 되는 회사에 이전하고, 완전자회사의 주주는 완전모회사가 주식교환을 위하여 발행하는 신주의 배정을 받음으로써 그 회사의 주주가 된다(상360의2.2).

③ **주식병합·분할 – 주식의 병합** 또는 **분할**에 의한 신주발행의 경우 회사는 1월 이상의 기간을 정하여 그 뜻과 그 기간 내에 주권을 회사에 제출할 것을 공고하고 주주명부에 기재된 주주와 질권자에 대하여는 각별로 통지를 하여야 한다(상440). 주식의 병합은 제출기간이 만료한 때에 효력이 생기나, 채권자이의절차가 종료하지 아니한 때에는 종료한 때에 효력이 생긴다(상441).

Ⅲ. 자본의 감소

1. 의 의

자본의 감소(감자)란 자본금액(발행주식의 액면총액)을 감소하는 것을 말한다. 자본금액은 등기사항이고(상317.2 2호), 1주의 금액(액면가)과 회사 설립시 발행주식총수는 정관의 절대적 기재사항으로 되어 있어 이들 사항이 변경될 경우 정관변경과 변경등기가 요구된다. 주식회사의 자본은 주주는 물론 회사채권자와 밀접한 관계가 있으므로 자본을 감소하기 위해서는 주주총회의 특별결의와 같이 내부적으로 엄격한 절차뿐만 아니라 대외적으로는 회사채권자를 보호하기 위해 채권자보호절차 등이 요구된다. 자본감소는 주식수 또는 주금액의 감소를 통해 이뤄지지만, 이를 통해 계산상의 자본감소와 함께 실제로 주주에게 주금액을 환급하는 경우(실질상의 자본감소)와 주주에 대한 현실적 환급 없이 이미 감소되어 있는 회사재산에 맞추어 계산상 자본을 감소하는 경우(형식상의 자본감소)로 구분할 수 있는데 회사는 재무구조를 개선하기 위해 양자를 병행할 수 있다.

2. 감자의 방법

1) **주금액의 인하** : 주금액 인하의 방법으로는 명의상 자본감소인 무환급 주금액인하(절기, 切棄)와 실질상 자본감소인 환급 주금액 인하가 있다. **무환급 주금액인하**(절기)란 주주가 납입주금액의 일부를 포기하여 주주의 손실로 주금액을 감소시키는 행위를 의미하고, **환급 주금액인하**란 회사가 주금액의 일부를 주주에게

반환하고 주금액을 감소하여 새로이 정하는 행위를 말한다. 어느 방법이든 새로운 주금액은 100원보다 낮을 수는 없고(상329.4) 또 균일하여야 한다(상329.3). 또 1주의 금액은 정관의 절대적 기재사항(상289.1 4호)이므로 주금액의 감소를 위해서는 주주총회의 특별결의에 의한 정관변경절차(상433, 434)를 거쳐야 한다.

2) **주식수의 감소** : 주식수 감소에 의한 자본 감소에는 주식의 병합(상440)과 주식의 소각(상343)이 있다. **주식의 병합**은 예를 들어 5주를 1주로 변경하는 것과 같이 여러 주식을 합하여 그보다 적은 수의 주식을 발행하는 행위이고, **주식의 소각**은 회사가 발행주식 중에 특정한 주식을 절대적으로 소멸시키는 회사의 행위이다. 주식의 소각은 주주의 승낙을 요하는지 여부에 따라 임의소각과 강제소각, 대가를 주는지 여부에 따라 유상소각과 무상소각으로 분류된다. 임의·유상, 강제·유상, 강제·무상소각이 가능하나, 임의·유상소각(매입소각)이 보통이다. 특히 임의소각은 자기주식을 소각하는 경우와 자기주식 취득 없이 자본감소절차를 따른 경우로 구분되며, 통상 소각은 주주평등의 원칙에 따라야 하지만 자기주식의 임의소각의 경우에는 주주평등의 원칙은 적용될 여지가 없다. **판례**는 이례적 병합비율(10,000 : 1)로 주식소각하여 다수의 소액주주의 주식을 단주화한 경우에도 병합시 단주처리는 상법에서 명문으로 인정한 주주평등의 원칙의 예외이므로(상443), 주식병합의 결과 주주의 비율적 지위에 변동이 발생하지 않았고, 달리 원고가 그가 가진 주식의 수에 따라 평등한 취급을 받지 못한 사정이 없는 한 이를 주주평등원칙의 위반으로 보지 않았다(2018다283315). 그리고 주식의 소각에 의한 감자에 의하여 주식수가 감소하더라도, 그 감소한 수의 주식에 대하여는 이미 주식의 발행권한을 행사하였으므로 미발행주식수가 환원되는 것은 아니다. 상법은 자본금의 감소에 관한 규정(상438 이하)에서 주식의 병합에 관해 규정을 두고 주식의 소각에 관해서는 상법 제343조에서 주식병합의 준용규정만 두고 있다.

3. 감자의 절차

1) **주주총회의 특별결의** : 감자는 항상 정관변경을 요하는 것은 아니지만, 주주의 권리를 감소 또는 소멸시키는 절차이어서 주주에게 중대한 이해관계가 있으므로 주주총회의 특별결의를 거쳐야 한다(상438.1). 다만 회사가 보유하고 있는 **자기주식**을 소각하는 경우에는 예외적으로 이사회결의만으로 소각할 수 있다(상

343). 자본감소를 위한 주주총회의 소집통지·공고에는 의안의 요령을 기재하여야 하고(상438.2), 결의는 자본감소결의뿐만 아니라 감자의 방법, 감자액 등 구체적인 내용을 결정하여야 한다(상439.1). 주금액을 감소하는 경우에는 정관변경을 위한 또 다른 주주총회의 특별결의가 요구되는가에 관해, 감자결의시 주금액감소의 방법까지 결의한 경우 정관변경은 당연히 예정되므로 별도의 정관변경결의를 거칠 필요 없다고 본다.

2) **채권자보호절차** : 실질상의 감자든 형식상의 감자(향후 이익배당이 가능)든 회사의 일반적 담보력에 변화를 초래하므로 회사의 합병의 경우에 준하여 채권자 보호절차를 거치도록 하고 있다. 즉, 회사는 감자결의일로부터 2주 내에 1개월 이상의 일정한 기간을 정하여 그 기간 내에 채권자는 이의가 있으면 이를 제출하도록 하는 일반적 공고를 하고, 알고 있는 채권자에 대하여는 개별적으로 최고하도록 하고 있다(상439.2 → 232.1). 회사의 채권자가 이의를 제출한 때에는 회사는 그 채권자에게 변제하거나, 상당한 담보를 제공하거나, 또는 이를 목적으로 하여 신탁회사에 상당한 재산을 신탁하여야 한다(상439.2 → 232.3). 그러나 회사의 채권자가 이의제기기간 내에 이의를 제출하지 아니한 때에는 감자를 승인한 것으로 본다(상439.2 → 232.2). 사채권자가 이의를 하기 위해서는 사채권자집회의 결의가 요구되는데, 이 경우에 법원은 이해관계인의 청구에 따라 사채권자를 위하여 이의의 기간을 연장할 수 있다(상439.3).

3) **주식·주권의 소각** : 주식에 대한 조치는 감자방법에 따라 아래와 같이 다르다. **주금액 인하**의 경우 상법의 규정은 없지만 회사가 주주에게 그 뜻을 통지·공고하고 주주로부터 주권을 제출받아 권면액을 정정하면 된다고 본다. **주식수의 감소**의 경우 상법은 주식의 병합(상440~444)과 소각(상343)에 관해 규정을 두고 있는데, 주식의 소각의 경우 강제소각은 상법의 규정에 의하고 임의소각은 주주와의 계약에 의해서 주권을 취득하여 소각하게 되지만 특히 자기주식은 이사회결의만 거치면 특별한 절차 없이 소각할 수 있다(상343.1). 이를 구체적으로 보면 다음과 같다.

① **공고·통지 – 주식병합** 시 회사는 먼저 1월 이상의 기간을 정하여 그 뜻과 그 기간 내에 주권을 회사에 제출할 것을 공고하고 주주명부에 기재된 주주와 질권자에 대하여는 각별로 그 통지를 하여야 하는데(상440), 회사가 이 기간 내에

구주권을 제출받으면 이를 회수하고 신주권을 교부한다. 분실 기타의 사유로 구주권을 제출하지 못하는 자가 있으면, 회사는 그 자의 청구와 비용으로 이해관계인에 대한 이의제출의 공고를 하고, 3개월 이상의 일정한 기간이 경과한 후에 신주권을 교부할 수 있고, 공고의 비용은 청구자가 부담한다(상442). 구주권과 신주권간의 동일성에 관해 판례는 주식병합의 효력이 발생하면 회사는 신주권을 발행하고(상442.1), 주주는 병합된 만큼 감소된 수의 신주권을 교부받게 되는바, 이에 따라 교환된 주권은 병합 전의 주식을 여전히 표창하면서 그와 동일성을 유지한다고 보고 있다(2004다51887). 병합에 적합하지 않은 단주처리는 매각 후 매각대금 지급절차(상443.1)를 거치고, 구주권을 제출할 수 없는 자가 있으면 이의제출의 공고절차가 끝난 후에 그 대금을 지급한다(상443.2 → 442).

② **임의소각** – 주식소각의 경우 **임의소각**에 관한 상법의 규정은 없으나 회사가 주주와의 계약에 의하여 주식을 취득한다. 취득계약 체결시 그 취지를 주주에게 통지하여야 하는가? **긍정설**은 모든 주주에게 기회를 부여하여야 하므로 역시 그 주주에 대하여 그 뜻을 통지·공고해야 한다고 본다. 그러나 자기주식 소각 시에는 통지절차가 요구되지 않고 자기주식이 아닌 주식소각의 경우에만 요구된다고 보며(**제한적 긍정설**), 이 경우에는 회사가 주식을 매입하여 지체 없이 주식실효의 절차를 밟아야 한다고 본다. **강제소각** 시 회사는 주식의 병합절차와 같이 그 뜻과 일정기간(1월 이상) 내에 주권을 회사에 제출할 것을 공고하고, 또 주주명부에 기재된 주주와 등록질권자에게 개별로 그 통지를 하여야 한다(상343.2 → 440). 이러한 주식의 소각은 위의 주권제출기간이 만료한 때에 그 효력이 생기지만, 채권자보호절차가 종료하지 아니한 때에는 그 절차가 종료한 때에 효력이 생긴다(상343.2 → 441, 232).

4) **정관변경, 변경등기** : 자본감소에 따라 자본의 총액, 1주의 금액 또는 발행주식총수가 감소되는데, 액면금액의 감소는 정관변경·변경등기사항이지만 발행주식총수의 변경은 정관변경사항은 아니고 변경등기사항이다. 정관기재사항이 변경될 경우 정관변경절차 없이 감자절차만으로 정관변경의 효력을 가지며, 변경등기는 자본감소의 효력이 생긴 때로부터 본점소재지에서는 2주 내에, 지점소재지에서는 3주 내에 하여야 한다(상317.4 → 183). 그러나 자본감소의 정관변경 또는 변경등기는 자본감소의 효력발생요건은 아니라 본다.

4. 감자의 효력

(1) 효력발생시기 등

감자의 효력은 원칙적으로 감자의 절차(주주총회의 결의, 채권자보호절차, 주식·주권에 대한 조치)가 완료한 때에 생기지만, 강제소각 및 주식병합의 경우에는 예외적으로 주권제출기간의 만료시에 효력이 발생한다(상343.2→440, 441). 자본감소에 의하여 감소된 자본의 액이 주식의 소각 또는 주금의 반환에 요한 금액과 결손의 전보에 충당한 금액을 초과하는 경우에는 그 초과금액(**감자차익금**)을 자본준비금으로 적립하여야 한다(상459). 감자차익금을 다시 자본으로 전입하는 것은 부적절하고 이를 이익으로 배당하는 것도 불합리하므로 상법은 자본준비금에 귀속시키고 있다.

(2) 감자무효의 소

1) **의 의** : 자본감소는 주주, 채권자 및 기타 이해관계인에게 중대한 영향을 미치므로 그 내용이나 절차에 하자가 있더라도 법률관계의 획일적 처리를 위하여 일정한 절차에 따라 소(감자무효의 소)만으로써 감자의 무효를 주장할 수 있다. 자본감소의 절차 또는 내용의 하자가 자본감소의 **무효원인**이 되는데, 자본감소에 관한 주주총회의 특별결의가 소에 의하여 취소되거나 또는 무효가 확인된 경우(상376, 380), 종류주주총회를 개최하지 않은 경우, 채권자보호절차를 이행하지 않은 경우나 이의제출권자에 대한 정당한 조치가 없었던 경우, 감자의 방법이 주주평등의 원칙에 반하는 경우 등이 그 예이다. **판례**는 상법에 자본금감소의 무효와 관련하여 개별적인 무효사유를 열거하고 있지 않으므로, 자본금감소의 방법 또는 기타 절차가 주주평등의 원칙에 반하는 경우, 기타 법령·정관에 위반하거나 민법상 일반원칙인 신의성실의 원칙에 반하여 현저히 불공정한 경우에 무효소송을 제기할 수 있다고 보면서, 극단적 비율(10,000 : 1)의 감자병합에 관해서도 단주를 처리하기 위해서는 법원의 허가가 필요하여 적정성 판단이 이뤄진다는 이유로 소수주식의 강제매수제도와 유사하여 위법이 아니라 보았다(2018다283315).

2) **소의 성질·절차** : 형성의 소의 성질(통설)을 가지는 감자무효의 소의 **제소권자**는 주주, 이사, 감사, 청산인, 파산관재인 또는 자본감소를 승인하지 않은 채

권자이고(상445), **피고**는 회사가 된다. **제소기간**은 자본감소로 인한 변경등기가 있은 날로부터 6월 내이며(상445), 소의 관할, 소제기의 공고, 원고주주 또는 채권자의 담보제공, 소의 병합심리, 감자무효의 등기, 하자의 보완과 청구의 기각 등은 회사설립무효에 관한 규정이 준용되고(상446 → 186~189, 192), 원고인 채권자 또는 주주의 담보제공의무에 관하여는 주주총회결의취소의 소에 관한 규정이 준용된다(상446 → 377).

3) **주총하자와의 관계** : 자본감소의 절차에는 주주총회의 특별결의가 필요한데, 주주총회에 하자가 있는 경우 **주총하자의 소(취소의 소의 제소기간은 2월)와 감자무효의 소(제소기간 6월)의 관계**에 관해, **흡수설**은 후속행위에 주어진 효력에 의해 분쟁이 궁극적으로 해결될 수 있으므로 주주총회의 결의의 하자는 후속행위의 하자로 흡수되는 것으로 보아 후속행위의 무효를 주장하는 소만을 제기할 수 있다고 보는 견해이다. **병용설**은 결의하자에 관한 소의 제기기간 전에는 양 소송제도 중 어느 것이나 자유로이 선택하여 제기할 수 있고 그 중 어느 하나라도 확정되면 자본감소가 무효로 된다는 견해이다(주총결의하자에서 전술함). 흡수설을 취할 경우에도 특히 주총결의취소의 원인이 있을 경우 **주총일 2월 경과 후 감자무효의 소의 제기가능성**에 관해, **무제한 흡수설**은 결의취소원인과 부존재원인의 구별이 상대적이고 감자무효의 소로 흡수된 이상 구체적 하자의 원인과 무관하게 감자무효의 소의 제소기간을 따라야 하므로 6월 내에는 제소가 가능하다는 견해이다. **제한 흡수설**은 결의취소의 주장은 2월 내에만 할 수 있다는 취지를 구현하기 위해서는 이를 흡수한 감자무효의 소에서도 주총결의취소의 하자를 이유로 할 경우에는 2월 내에만 감자무효의 소를 주장할 수 있다는 견해이다. 생각건대 특수절차는 일반절차를 포괄하므로 흡수설이 타당하다고 보며, 주주총회의 경미한 하자를 이유로 한 감자무효의 소는 2월 내에만 주장할 수 있게 하는 것(제한흡수설)이 주총결의하자의 소의 취지에 적합하다고 본다(제한 흡수설).

4) **판결의 효력** : 감자무효의 소에서 원고가 패소하면 원고에게 악의 또는 중과실이 있는 때에는 원고는 회사에 대하여 연대하여 손해배상할 책임을 진다(상446 → 191). 감자무효의 소에서 원고가 승소하면 그 판결의 효력은 총회결의하자의 소의 경우와 같이 대세적 효력과 소급효가 있는데(상446 → 190본문), **소급효의 해석론적 타당성**(**쟁점70**)에 관해 **긍정설**은 상법규정의 해석상 소급효가 인정되며

주권은 불완전유가증권의 특성을 가지고 있어 유통의 안전은 경우에 따라 후퇴할 수 있다는 견해이다. **부정설**은 소급효를 인정하면 주권(예, 병합주권)의 유통을 해하고 자본감소 이후 개최한 주주총회의 결의에 하자가 있게 되므로 감자무효판결의 소급효는 제한될 필요가 있다고 보는 견해이다. 생각건대 감자무효의 원인 중에는 주총결의하자도 포함될 수 있고, 주총결의하자의 소의 승소판결의 효력이 소급효를 가지는 점을 고려할 때 소급효의 취지를 이해할 수 있다. 감자에 무효원인이 있는 경우에는 이후 주총결의에도 하자가 있는 것으로 보는 것이 주주보호에 적합하다는 점에서 입법론이 아닌 해석론으로서는 긍정설이 타당하다고 본다. 감자무효의 판결이 확정된 때에는 본점과 지점의 소재지에서 등기하여야 한다(상446 → 192).

제 6 절 정관의 변경

1) **개 념** : 정관변경이란 회사의 조직과 활동에 관한 근본규칙인 정관을 변경하는 절차를 의미한다. 이는 근본규범으로서 실질적 의미의 정관의 변경을 의미하고 정관을 기재한 서면인 형식적 의미의 정관을 변경하는 것을 말하는 것은 아니다. 따라서 상법상 정관변경의 요건을 갖추면 서면인 정관이 바뀌지 않더라도 정관변경은 이루어진 것으로 본다. 정관의 변경은 그것이 반사회적이거나 주식회사의 본질에 반하거나 주주의 고유권을 해하지 않는 한, 원칙적으로 어떠한 내용이라도 자유롭게 변경할 수 있다. 정관을 변경할 수 없다는 원시정관의 규정은 무효라고 본다(통설).

2) **정관변경의 절차** : **① 주주총회의 특별결의** – 정관을 변경하기 위해 주주총회의 특별결의(출석주주 의결권의 2/3과 발행주식총수의 1/3 이상)가 있어야 하고(상433.1, 434), 정관변경을 위한 총회소집의 통지와 공고에는 정관의 변경내용의 개요를 기재하여야 한다(상433.2). 정관변경은 주주총회의 전속사항이므로 이를 타 기관에 위임할 수 없으며, 결의정족수는 정관으로 완화할 수는 없으나 가중은 가능하다고 본다. 예외적으로 정관의 기재 내용이 기초한 사실에 변경이 있는 경우(지명의 변경 또는 행정구역의 변경), 법령의 개정으로 인하여 정관의 규정이 변경 또는 실효되는 경우도 주주총회 특별결의 없이도 정관이 변경된 것

으로 본다.

② **종류주주총회의 결의** – 회사가 종류주식을 발행한 경우에 정관을 변경함으로써 어느 종류의 주주에게 손해를 주게 될 때에는 다시 그 종류의 주주총회의 결의(출석종류주주 의결권의 2/3과 종류발행주식총수의 1/3분 이상)도 있어야 하는데(상435.1,2), 종류주주총회의 결의가 없으면 정관변경의 효력이 생기지 아니한다. ③ **등기** – 정관변경으로 등기사항이 변경되면 본점소재지에서는 2주 내, 지점소재지에서는 3주 내에 변경등기를 하여야 한다(상317.4 → 183).

3) **정관변경의 효력** : 정관변경은 원칙적으로 주주총회의 결의시에 즉시 그 효력이 생긴다. 정관의 규정이 등기사항이면 등기의 변경을 하게 되나(상317.4 → 183), 이는 정관변경의 효력발생요건이 아니다. 그리고 회사설립시의 원시정관(상292)과는 달리 정관변경에는 공증인의 인증도 필요 없다. 소급적 정관변경은 회사법관계의 안정을 위해 대체로 무효로 보지만, **조건부·기한부 정관변경의 유효성**(**쟁점110**)에 관해, **긍정설**(다수설)은 조건부 또는 기한부로 정관을 변경하면, 그 조건이 성취한 때 또는 기한이 도래한 때에 정관변경의 효력이 생긴다고 보고, **부정설**은 조건부 또는 기한부로 정관변경이 효력을 발생하게 것은 회사를 둘러싼 법률관계에 불안정을 초래하므로 무효로 본다.

4) **주식수·주금액의 변경** : 회사가 발행할 주식의 총수와 주금액은 정관의 절대적 기재사항이므로(상289.1 3,4호), 이를 증가 또는 감소하고자 하는 경우에는 정관변경절차가 요구된다. 특히 **주금액을 인상**하기 위해서는 주주에게 추가 납입하도록 하거나 주식을 병합하여야 하는데, 추가납입은 주주유한책임의 원칙에 반하므로 총주주의 동의가 추가로 필요하다. 주금액 인상을 위한 **주식의 병합시 단주에 관해 총주주 동의의 요부**에 관해, **긍정설**(다수설)은 주주평등의 원칙에 반하므로 총주주의 동의에 의한 정관변경절차를 밟아야 한다는 견해이다. **부정설**은 총주주의 동의를 요한다는 것은 지나치다고 보고 자본감소의 경우 단주처리방식을 유추적용하면 충분하다고 보는 견해이다. 주금액을 인하하는 경우는 자본감소가 필연적이므로 자본감소절차를 거쳐 주주총회의 특별결의가 요구되므로 별도로 정관변경절차는 요구되지 않는다고 본다.

제 7 절 회사의 계산

영리를 목적으로 하는 자본단체인 주식회사는 회사의 손익계산관계나 재산의 처리방법을 진실·적정·명료하게 하여 회사 및 현재·장래의 주주, 회사채권자, 국민경제를 보호할 필요가 있다. 상법은 강행규정성을 가지는 회사회계제도를 두고 있는데, 이는 소상인을 제외한 모든 상인에게 적용되는 상법총칙의 **상업장부에 관한 규정**(상29~33)과 주식회사의 외부감사에 관한 법률에 따른 외부감사의 대상이 되는 회사에 적용되는 **기업회계기준**과 구별된다. 주식회사는 상인이므로 그 재산 및 손익의 상황을 명백하게 하기 위하여 상업장부인 회계장부와 대차대조표를 작성하여야 한다(상29.1). 상인(주식회사를 포함)은 **회계장부**를 거래와 기타 영업상 재산에 영향이 있는 사항에 관해 일반적으로 공정·타당한 회계관행에 의하여 작성하여야 하며(상30.1, 29.2), **대차대조표**를 회사성립시 및 매 결산기에 회계장부에 의하여 작성하여야 한다(상30.2). 회사계산제도와 이들 규정간에 충돌이 있을 경우 회사계산제도는 상업장부에 관해 우선적 효력을 가지는 특칙으로 해석되고, 기업회계기준에 따른다는 것이 관습법이라 할 수 있어 상법에 우선한다고 본다. 이하에선 회사법상 회계장부인 재무제표를 보고, 이익배당제도 등에 관해 살펴본다.

Ⅰ. 재무제표

1. 의 의

주식회사의 이사는 매 결산기에 위의 재무제표를 작성하여야 한다(상447). **재무제표**란 회사의 결산을 위하여 대표이사가 통상 매 결산기별로 작성하여 주주총회의 승인을 받아 확정하는 서류로서, 대차대조표, 손익계산서 및 회사의 재무상태와 경영성과를 표시하는 서류(자본변동표, 이익잉여금처분계산서 또는 결손금처리계산서, 현금흐름표, 주석: 상령16)와 그 부속명세서 등이 포함된다. 대차대조표는 상업장부 및 회사법상의 재무제표에 공통되지만, 회계장부는 상업장부로서 재무제표에 속하지는 않으며, 손익계산서 등은 재무제표에 속하지만 회계장부에는 포함되지 않는다.

1) **대차대조표**(balance sheet: B/S) : 재무상태보고서라고도 하며, 일정시점에 있어서 기업의 총재산을 자산, 부채, 자본의 과목으로 나누어 기업의 재산상태를 일목요연하게 나타내는 개괄표로서 기업재산을 나타내는 정적(靜的) 장부이다(상30.2). 모든 기업은 회계연도 말에 한 번씩은 반드시 대차대조표를 작성하여야 하며, 필요에 따라 반기말·분기말·월말에 작성하기도 한다. 대차대조표는 작성 목적에 따라 통상대차대조표(개업대차대조표와 결산대차대조표 등)와 비상대차대조표(청산대차대조표 등)로 구분된다. 대차대조표는 회계장부에 의해 작성되고 작성자에 의해 기명날인·서명되므로(상30.2) 회계장부에 적용되는 자산평가원칙(상31)이 대차대조표에도 그대로 적용된다고 할 수 있다. 기타 대차대조표 작성에 관한 상세한 사항은 기업회계기준에서 정하고 있다.

2) **손익계산서**(profit or loss statement: P/L) : 일정기간 동안에 대차대조표에 나타난 수입과 그에 대응한 비용을 기술한 서류로서 그 기간 중의 이익 또는 손실의 발생원인을 명백히 하고 순손익을 표시하여 통상 매 결산기별 기업경영성과를 보여주는 동적(動的) 장부이다. 일정시점을 기준으로 작성되는 대차대조표와 달리 손익계산서는 일정기간 동안의 경영활동 결산표이다. 상법은 재무제표에 대차대조표와 손익계산서의 부속명세서도 포함시키고 있다.

3) **기타 서류 : 이익잉여금처분계산서, 결손금처리계산서**는 이익잉여금(결손금)의 처분사항을 명확히 보고하기 위하여 이월이익잉여금의 총변동사항을 표시하여야 하는데, 이월잉여금(결손금)의 수정사항과 당기순손익, 잉여금(결손금)의 처분사항(준비금의 적립, 이익의 배당, 기타 이익처분 또는 결손처리) 등이 포함된다. **현금흐름표**란 기업의 현금흐름을 나타내는 표로서 현금(현금 및 현금등가물)의 변동내용을 명확하게 보고하기 위하여 당해 회계기간에 속하는 현금의 유입과 유출내용을 적정하게 표시한 보고서이다. 외부감사 대상회사의 경우(직전 사업연도 말의 자산총액이 120억원 이상인 주식회사; 이하 외감법 회사라 함)에만 상법상의 재무제표 외에 현금흐름표와 주석이 추가된다(상령16).

2. 제출, 공시, 승인

1) **재무제표 등의 제출·공시** : 대표이사는 재무제표(상447), **영업보고서**(영업연도의 영업에 관한 중요한 사항을 기재한 설명서, 상447의2)를 작성하여 이사회의 승인을 얻은 후 정기총회일의 6주 전에 감사 또는 감사위원회에게 제출하여야 한다(상447의3, 415의2.6). 감사 또는 감사위원회는 위의 서류를 받은 날로부터 4주 내에 감사를 하여 **감사보고서**를 이사(대표이사)에게 제출하여야 한다(상447의4.1, 415의2.6). 감사보고서에는 i) 감사방법의 개요, ii) 회계장부의 부실기재, 재무제표와의 불일치 등, iii), iv) 재무제표 작성의 적법성·위법성, v) 회계방침의 변경의 이유, vi) 영업보고서의 적법·정확성, vii), viii) 이익잉여금처분계산서·결손금처리계산서의 적법성·정당성, ix) 재무제표부속명세서의 부실기재, 재무제표와의 불일치, x) 이사의 부정·부적법행위 xi) 감사의 조사불가사유 등이 기재되어야 한다(상447의4.2, 415의2.6). 이사는 재무제표·영업보고서·감사보고서와 외부감사인의 감사보고서(외감법 회사)를 정기총회 회일의 1주 전부터 본점에 5년간, 그 등본을 지점에 3년간 **비치**하여 주주와 회사채권자에게 **공시**(열람, 등·초본 청구 가능)하여야 한다(상448, 외감14.1).

2) **재무제표의 승인, 대차대조표의 공고** : ① 승인·공고 – 이사는 재무제표를 정기총회에 제출하여 그 승인을 요구하고(상449.1), 영업보고서를 제출하여 그 내용을 보고하여야 한다(상449.2). 주주총회는 이사가 제출한 서류와 감사(감사위원회)의 보고서를 조사하기 위하여 검사인을 선임할 수 있다(상367). **재무제표 승인** 시 주주총회는 보통결의에 의하는데, 그 승인을 가결 또는 부결할 수 있을 뿐만 아니라 그 내용을 수정하여 결의할 수도 있다. 이사는 재무제표에 대한 주주총회의 승인을 얻은 때에는 지체 없이 **대차대조표를 공고**하여야 한다(상449.3). 외부감사를 받아야 하는 주식회사는 대차대조표를 공고할 때 외부감사인의 명칭과 감사의견을 병기하여야 한다(외감14.2).

② 재무제표확정의 효과 – 정기총회에서 일단 재무제표를 승인하게 되면 그 직접적인 효과로서 **재무제표가 확정**되고, 이에 따라 이익 또는 손실의 처분이 확정된다. 정기총회가 재무제표를 승인하면, 그 후 2년 내에 임원의 책임을 추궁하거나 책임해제를 보류하는 결의가 없으면 부정행위가 있는 경우를 제외하고 이

사·감사(감사위원회)의 **책임이 해제간주**된다(상450, 415의2.6). 부정행위가 있는 경우란, 회사에 대하여 악의 또는 중과실로 인하여 가해행위를 한 경우뿐만 아니라, 이사의 권한 내의 행위일지라도 당해 사정하에서 정당시될 수 없는 모든 행위를 뜻한다. 상법 제450조의 **책임해제의 인적·물적 범위**(**쟁점71**)에 관해, **인적 범위**에 관해 이미 퇴직한 이사에 대하여는 적용되지 않는다는 판례(77다295)가 있으며, **물적 범위**에 관해 재무제표에 기재되었거나 그것으로부터 알 수 있는 사항에 한한다는 판례(2001다76854)가 있다. 책임해제에 관한 증명책임은 책임해제를 주장하는 해당 이사·감사(감사위원)에 있어, 이사·감사(감사위원)는 그가 책임질 사항이 재무제표에 기재되었고 이러한 재무제표를 주주총회가 승인하였다는 사실을 증명하여야 한다는 것이 통설·판례의 입장이다(68다305). **이사·감사·감사위원회 위원의 책임해제의 법적 성질**(**쟁점72**)에 관해, 재무제표의 승인 결의의 부수적인 법정효과라고 보는 **승인결의효과설**과 2년의 기간을 책임추궁의 제척기간으로 보는 **제척기간설**이 대립하나, 제척기간설은 기산점에 관해 다시 결의시점을 기산점으로 하는 제척기간설(통설)과 결산시를 기산점으로 하는 제척기간설이 대립된다.

3. 준비금제도

(1) 의 의

기업의 회계를 위해서는 자산의 평가방법 등이 문제되지만 이에 관한 상법규정(상452~457의2)을 삭제하여 모두 기업회계기준에 위임하고 있으며, 자본금, 준비금과 이익배당에 관한 규정만 남기고 있다. **준비금**이란 회사가 순자산액으로부터 자본액을 공제한 금액(잉여금) 중 일부를 장래 생길지도 모르는 필요(재난 대비, 장래계획 등)에 대비하기 위하여 회사에 적립해 두는 금액을 말하는데, 적립금이라고도 한다. 준비금은 자본과 같이 계산상의 개념으로서 그 액수만큼 순자산을 유지하고 보유하여야 하고, 자본과 함께 대차대조표의 부채항목에 기재되어 이익산출에 있어 공제항목이다(상462.1). 준비금에는 **법정준비금**(법률의 규정에 의하여 그 적립이 강제되는 준비금)과 **임의준비금**(자치적으로 정관이나 주주총회의 결의에 의하여 적립하는 준비금)이 있다. 이밖에 실질상 준비금의 성질을 갖는 비밀준비금(자산항목을 과소평가하거나 부채항목을 과대평가함으로써 발생하는 금액)이 있다.

(2) 법정준비금

1) **개 념** : 법정준비금은 적립하는 재원에 따라 이익준비금과 자본준비금으로 구분되는데, **이익준비금**이란 영업거래에서 발생한 이익(이익잉여금)을 재원으로 하여 적립되는 법정준비금이다. 상법은 회사는 그 자본의 1/2에 달할 때까지 매결산기의 금전에 의한 이익배당액의 1/10 이상의 금액을 이익준비금으로 적립하여야 하고(상458), 자본의 1/2을 초과하여 적립한 금액은 임의준비금이 된다. **자본준비금**이란 자본거래에서 발생한 자본잉여금을 재원으로 하여 적립이 강제되는 법정준비금을 말한다. 자본준비금의 재원으로는 액면초과액(주식발행초과액), 주식교환차익금(주식교환잉여금), 주식이전차익금(주식이전잉여금), 감자차익금(감자잉여금), 합병차익금(합병잉여금), 분할차익금(분할잉여금), 기타 자본잉여금 등이 포함된다(상459.1). 다만, 합병잉여금이나 분할·분할합병잉여금 중 소멸 또는 분할·분할합병되는 회사의 이익준비금 기타 법정준비금은 합병 또는 분할·분할합병 후 존속하는 회사 또는 신설회사가 그대로 승계할 수 있다(상459.2).

2) **법정준비금의 용도** : ① 법정준비금은 원칙적으로 자본의 결손전보에 충당하여야 하지만(상460.1), 예외적으로 자본에 전입할 수도 있다(상461). 자본의 결손이란 회사의 순자산액이 자본과 법정준비금의 합계액보다 적은 경우를 의미하며 결산기에 확정되는데, 회사는 결손을 전보할 수도 있고 이연손실로 이연할 수도 있다. 이를 이월하였을 때는 다음 영업연도에 이익이 발생하더라도 먼저 그 자본결손을 전보하지 않으면 이익배당을 할 수 없다.

② **법정준비금의 자본결손전보** – 대차대조표상의 부채란의 법정준비금액을 감소시키고 동시에 자산란의 손실액을 그만큼 감소시키는 계산상(장부상)의 행위로서 자본준비금의 원칙적 용도이다. 자본의 결손전보에의 충당순서에 관해 이익준비금, 자본준비금의 순서로 충당하도록 한 규정(구상460.2)을 삭제하여 현행법상 충당순서는 회사가 자율적으로 결정할 수 있다고 본다.

③ **준비금의 자본전입** – 예외적인 법정준비금의 용도로서 대차대조표상의 부채란의 준비금계정의 금액을 필요한 만큼 감소하고 동시에 자본금계정의 금액을 증가시키는 것인데, 다만 이 경우에는 신주를 발행하여 종전의 주주에게 그 주식수에 따라 무상으로 교부한다.

(3) 임의준비금

1) **개 념** : 회사가 정관 또는 주주총회의 결의로 이익준비금을 적립한 후 잔여잉여금을 재원으로 하여 적립한 금액을 의미하며, 그 목적이나 이용방법은 주주들이 임의로 정할 수 있다. 임의준비금은 그 목적을 기준으로 별도준비금(일반목적의 적립금), 특정준비금(결손전보준비금 · 배당평균준비금 ·상각준비금 · 시설준비금 · 사채상환준비금 · 가격변동준비금 · 퇴직급여준비금)으로 구분된다. 임의준비금의 적립한도에 대하여는 특별한 규정이 없으나 당해연도이익의 전액을 임의준비금으로 적립할 수는 없다고 본다. 왜냐하면 주주에 대한 이익배당이 완전히 배제되어서는 안 되기 때문이다.

2) **임의준비금의 사용** : **별도준비금**(**별도적립금**), 즉 적립의 목적이 특정되지 않은 임의준비금은 정기주주총회의 결의에 의하여 필요에 따라 그 사용이 가능하다고 본다. **특정준비금**(**특정적립금**)은 정관 또는 주주총회의 결의로 특정한 목적을 위하여 적립한 임의준비금이므로 이사회의 결의에 의하여 특정된 목적을 위하여 사용할 수 있다. 그 사용목적의 변경에는 정관의 변경 또는 주주총회의 결의가 있어야 한다고 본다. 임의준비금으로 결손전보가 가능한가 하는 점에 관해, 결손전보준비금은 당연히 법정준비금에 앞서 그 전보를 위한 사용이 가능하지만, 별도준비금, 특정준비금도 주주총회의 결의로 결손전보를 위하여 사용할 수 있다고 본다.

(4) 준비금의 자본전입

1) **개 념** : 준비금 계정으로 있던 재산을 자본금계정으로 이전시키는 회사법상의 법률요건으로서, 무상주가 주주에게 교부된다. 준비금 특히 임의준비금은 적립한도가 없으므로 과도하게 적립될 수 있으며 준비금이 과다하게 적립될 경우 생길 수 있는 자본과 준비금의 불균형을 시정하기 위한 절차로서, 회사의 재산을 유지하면서 자본을 증가시킬 수 있는 용이한 수단이 된다. 준비금의 자본전입에 따른 **무상주교부**의 법적 성질에 관해 주식분할이나 주식배당과 유사하지만 주식분할에 가깝다고 보는 견해가 통설이다. 생각건대 법정준비금의 용도제한(자본결손전보나 자본전입)과 영업이익의 유무와 무관한 점을 고려할 때 주식분할과 유사하지만 회계처리(준비금의 감소와 자본의 증가)면에서 주식분할과는 구별된다.

법정준비금은 당연히 자본전입의 대상이 된다. **임의준비금의 자본전입가능성**에 관해 긍정설도 있지만, 다수설은 임의준비금은 그 적립과 처분이 정관이나 주주총회의 결의로만 할 수 있으므로 임의준비금을 이사회결의로 자본전입할 수 없다고 보는 부정설이다. 다만 간접적인 방법, 즉 임의준비금을 배당가능이익으로 환원시켜 주식배당한다든지, 임의준비금을 이익준비금으로 전환시켜 전입하는 방법도 가능하다고 본다.

2) **절　차** : 준비금의 자본전입의 절차를 보면, i) 자본전입의 **이사회결의**(정관으로 주총결의로 할 수 있음)가 있으면(상461.1). ii) 회사는 배정일 지정과, 배정일에 주주명부에 기재된 주주가 신주의 주주가 된다는 뜻을 배정일 2주(배정일이 주주명부폐쇄기간 중일 경우 그 기간의 초일의 2주) 전에 **공고**하고(상461.3), iii) 주주에게 비례적으로 **주식을 발행**하고(상461.2) 단주에 관해서는 단주처리절차(상443.1)에 의한다. iv) 주식발행의 효력이 발생하는 때에 이사는 지체 없이 신주를 받은 주주와 주주명부에 기재된 질권자에 대하여 그 주주가 받은 주식의 종류와 수를 통지한다(상461.5).

3) **효　과** : 이사회의 결의에 의해 준비금을 자본에 전입하는 경우에는 신주의 배정일(상461.3)에, 주주총회의 결의에 의해 자본전입이 이루어지는 경우에는 주주총회결의일(상461.4)에 주식발행의 효과가 발생하고 신주의 주주가 된다. 준비금이 자본전입되면 회사의 자본과 회사가 발행한 주식수도 증가되므로 변경등기를 하여야 한다(상317.2). 그리고 주식에 대해 질권을 가지고 있던 자는 발행되는 신주에 물상대위권을 가지게 되어 질권을 행사할 수 있다(상461.7 → 339). 만일 회사가 위법한 자본전입결의에 의해 신주를 발행할 경우 신주발행의 효과가 발생하기 전에는 주주는 신주발행유지청구(상424), 신주발행의 효과가 발생한 후에는 신주발행무효의 소(상429)를 청구할 수 있다고 본다.

Ⅱ. 이익배당

이익배당이란 영업에 의하여 얻은 이익을 주주에게 분배하는 것을 의미한다. 퇴사제도가 없는 물적회사인 주식회사는 이익배당이 투자의 목적이므로 이익배당청구권은 주주의 자익권이면서 고유권으로 주주의 동의 없이는 박탈하거나 제한할 수 없다. 하지만 위법배당은 회사채권자를 해하고 배당지연은 주주를 해하므로 상법은 이익배당의 요건을 규정하여 회사채권자의 이익을 보호하고(상462, 464), 배당금지급시기를 규정하여 주주의 이익을 보호하고 있다(상465의2). 우리 상법은 배당의 목적물에 관해 금전배당, 주식배당, 현물배당 모두 다 인정하고 있으며, 배당시기에 관해 영업연도 중 1회에 한하여 이익배당을 할 수 있는 중간배당을 인정하고 있다(상462의3).

1. 금전배당

1) **이익배당청구권** : 이익배당에 관해 주주총회에서 특별히 주식배당을 결의하거나 정관으로 현물배당을 규정하지 않은 경우 금전배당이 원칙이다. 주주가 회사에 대해 영업에 의하여 얻은 이익을 분배하는 것(금전배당)을 청구하는 권리를 이익배당청구권이라 한다. **이익배당청구권**은 추상적 이익배당청구권(주주권을 이루는 권리로서 개별적으로 처분할 수 없는 고유권)과 구체적 이익배당청구권(주총의 이익잉여금처분의 결의로 구체화된 권리)으로 구분된다. 구체적 이익배당청구권이 발생하기 위해서는 실질적 요건(배당가능이익)과 형식적 요건(주주총회의 결의)이 요구된다. 회사는 대차대조표상의 순자산액으로부터 자본의 액과 그 결산기까지 적립된 법정준비금 및 그 결산기에 적립하여야 할 이익준비금, 기타 금액(임의준비금, 재평가적립금 등)을 공제한 액, 즉 **배당가능이익**을 한도로 하여 이익배당을 할 수 있다(상462.1, 자산28). 그리고 주주총회에서 대차대조표와 손익계산서를 승인하여 이익이 확정되고, 이익잉여금처분계산서(상447 3호)가 가결·변경가결되면 배당액이 확정되므로(상449.1), 이익배당을 위해서는 **주주총회결의**가 요구된다. 주주총회에서 재무제표를 승인하여 회사의 이익배당이 확정되면, 주주는 회사에 대하여 독립된 금전채권인 구체적인 이익배당청구권을 취득한다. 판례도 사원총회의 계산서류 승인에 의한 배당금의 확정과 배당에 관한 결의가 없는 경우에는 이익배당금청구는 이유 없다고 보았다(81다343).

2) **배당금의 지급** : 이익배당은 **주주평등의 원칙**에 맞추어 각 주주가 가진 주식의 수에 따라 지급하여야 한다(상464본문). 회사가 정관의 규정에 따라 배당에 관한 내용이 다른 종류주식을 발행한 경우(상344.1), 특별법에 따른 공공적 법인의 경우(자본165의14)에 **차등배당**을 할 수 있으나 이 경우에도 같은 종류의 주식 사

이에는 주주평등의 원칙에 따라야 한다. 그리고 대주주에게 불리한 차등배당은 대주주가 자기의 이익배당청구권을 포기한 것으로 볼 수 있어 유효하다. 신주 발행시 신주와 구주간의 차등배당이 문제 되는데, 개정상법은 종전의 의제규정을 삭제하여 회사의 자율에 맡기고 있다. 상법에 근거규정이 없는 **일할배당**(신주의 효력발생일 이후의 일수를 계산하여 하는 이익배당)**의 적법성**(**쟁점73**)에 관해, **적법설**은 주주의 실질적 평등에 위배되지 않으므로 주주총회결의에 의한 일할배당이 가능하다는 견해이고, **선택설**은 회사는 실질적 평등에 따라 일할배당으로 할 것인지, 형식적 평등에 따라 동액배당을 할 것인지를 임의로 선택할 수 있다는 견해이다. 생각건대 실질적 주식평등의 원칙에 따라 일할배당을 하여야 하지만, 정관으로 신주에 관해서도 평등한 배당을 할 수 있도록 정한 경우에는 회사는 평등배당을 실시할 수도 있다고 본다. 회사는 주주총회의 재무제표의 승인이 있은 날로부터 1월 내(주총에서 배당금 지급시기를 정한 경우는 예외)에 배당금을 지급하여야 하고(상464의2.1), 이를 위반한 경우 이사 등은 과태료의 제재를 받도록 하여(상635.1 22호의2). 배당금지급의 지연을 방지한다. 이익배당금의 지급청구권은 5년간 이를 행사하지 아니하면 소멸시효가 완성된다(상464의2.2).

3) **위법한 이익배당** : ① **개념** – 배당가능이익이 없음에도 또는 초과하여 이익배당을 하거나(실질적 위법배당) 주주총회결의 없이 하는 이익배당(형식적 위법배당)을 의미하며 주주의 선의·악의와 무관하게 당연무효가 된다. 따라서 주주가 스스로 반환하지 않거나 회사에서 반환청구를 하지 않는 경우에는, 회사채권자가 직접 주주에 대하여 위법배당액을 회사에 반환할 것을 청구할 수 있다(상462.3). 이때 회사의 채권자는 전 채권자를 말하며 이익배당시의 채권자가 아니어도 상관이 없으며, 채권액이 아니라 위법배당한 전액을 청구할 수 있다. 위법배당 반환청구의 소를 제기할 경우 본점소재지 지방법원의 전속관할인데(상462.4 → 186), 위법배당 주총결의는 결의의 내용이 법률에 위반하였으므로 무효확인의 소의 대상이 된다.

② **효력** – **위법배당 주총결의의 효력**(**쟁점74**)에 관해, **확인소송설**(다수설)은 회사채권자는 주주총회결의 무효확인판결 이전에도 위법배당액 반환청구를 할 수 있다고 보고, **형성소송설**은 회사채권자는 주주총회결의 무효확인판결 이후에만 위법배당액의 반환청구를 할 수 있다고 본다. 생각건대 재무제표 승인의 주주총회결의의 하자(형식적 하자)가 원인이 되어 위법배당이 된 경우에는 주총결의에 취

소원인이 있으면 형성소송적 성질을 따라 판결이 확정되어야 배당금반환이 가능하다. 그리고 재무제표 승인의 주총결의에 무효·부존재의 원인이 있으면 확인소송적 성질에 따라 선결문제로 주총결의의 하자를 주장하면서 배당금반환청구소송을 제기할 수 있다고 본다. 하지만 주주총회결의의 하자가 원인이 아니고 기타 배당가능이익 흠결 등 실질적 하자가 원인이 된 위법배당의 경우에는 주총결의와는 직접적 관련성이 없으므로 주총결의의 하자를 주장하지 않고도 위법배당액의 반환을 청구할 수 있다고 본다.

③ **책임** – 이익잉여금처분계산서를 제출한 이사와 재무제표의 승인결의에서 찬성한 이사 및 위법한 이익배당안을 포함한 이익잉여금처분계산서에 대하여 허위의 감사보고를 한 감사(감사위원, 외부감사인)는 회사 또는 제3자에 대하여 위법한 이익배당으로 인한 손해에 연대하여 배상할 책임을 부담할 수 있다(상399, 401, 414, 외감17). 위법한 이익배당을 한 이사 등은 5년 이하의 징역 또는 1,500만원 이하의 벌금의 제재를 받는다(상625 3호).

2. 기타 배당제도

(1) 주식배당

1) **의 의** : 주주에게 배당할 이익의 일부를 새로이 발행되는 주식으로 그 지분비율에 따라 무상으로 하는 배당이다. 이는 회사 내에 배당가능이익을 유보하여 원활한 자금조달에 이바지하고 주식의 유동성을 높이는 기능을 하지만 주가가 낮은 경우에는 주주의 이익배당청구권을 침해할 우려가 있어, 상법은 주식배당의 한도(배당가능이익의 1/2)를 두고 있다(상462의2.1단서). **주식배당의 법적 성질**(**쟁점75**)에 관해, **이익배당설**은 주식배당의 규정형식이 이익배당의 한 경우로 규정되어 있다는 점을 논거로 하며, **주식분할설**은 회사의 실질적 자산을 변경하지 않으므로 준비금의 자본전입에 의한 신주의 무상교부와 같이 비율적 단위로서의 주식의 분할에 불과하다고 본다. **자본전입설**은 주식배당은 실질에 있어 배당가능이익의 자본전입으로 파악한다. 생각건대 이익배당과 같이 배당가능이익의 존재를 전제로 하고 주주총회에서의 이익처분에 따른다는 점에서 볼 때, 이익배당설이 타당하지만 신주발행(특별자본증가)이 부수한다.

2) **주식배당의 요건** : ① 주식배당도 이익배당의 일종이므로 **배당가능이익**이

존재하여야 한다. 주주의 이익배당청구권보호를 위해서 이익배당총액의 1/2에 상당하는 금액을 초과할 수는 없다(상462의2.1단서). 발행신주의 주식수가 발행예정주식총수를 초과할 수는 없다.

② 주식배당은 **주주총회의 보통결의**(통설)가 있어야 가능한데(상462의2.1), 정기주주총회뿐만 아니라 임시주주총회에서 이루어질 수 있지만, 모든 주주에게 동등하게 하여야 하며 일부 주주에게만 주식배당하는 것은 위법하다. **자기주식에 대한 배당허용성**(**쟁점76**)에 관해, 이익배당설은 자기주식에 대하여는 이익배당에 참가할 수 없으므로 불가능하다고 보지만, 주식분할설과 자본전입설은 자기주식도 분할의 대상에 속하므로 이익배당도 가능하다고 본다.

③ 회사는 배당가능이익을 자본전입하고 권면액(액면가)으로 **신주를 발행**해야 하며 주주에게 주식을 배정한다. 종류주식을 발행한 경우에는 주주총회의 결의에 따라 각각 같은 종류의 주식으로 발행할 수 있고(상462의2.2), 단주의 처리는 상법 제443조 1항에 의하여 해결한다(상462의2.3).

④ 주식배당에 의해 신주가 발행되면 주식수와 자본금이 증가하므로 주주총회의 결의가 있은 날로부터 본점소재지에서는 2주 내, 지점소재지에서는 3주 내에 **변경등기**를 하여야 한다(상317.2,4).

3) **주식배당의 효과** : 주식배당을 하면 배당가능이익이 자본화되므로 자본금 증가, 발행주식수 증가가 발생하지만 실질적 회사의 자산에는 변동이 없다. 원칙적으로 지분의 변화는 없지만 단주 발생시 금전으로 배당한 경우(상443.1)와 종류주식으로 배당한 경우(상462의2.2)에는 예외적으로 지분에 차이가 발생한다. 주식배정에 의하여 **신주의 효력발생시기**는 주식배당결의를 한 주주총회의 종결시부터이고(상462의2.4), 등록질권자의 권리는 채무자인 주주가 받을 신주에 미치고(상462의2.6 1문), 질권자는 회사에 대하여 신주에 대한 주권의 교부를 청구할 수 있다(상462의2 2문→340.3). 약식질의 경우, 주식분할설에 따르면 배당된 신주에 당연히 미치지만 이익배당설을 취할 경우에도 약식질의 효력에 관한 학설대립(이익배당청구권에 효력이 미치는지 여부)에 다시 의존한다.

4) **위법한 주식배당** : 배당가능이익이 없거나 이를 초과하여 주식배당하거나 주주총회를 거치지 않고 이뤄진 주식배당을 의미한다. 주총결의를 흠결한 경우는 주총결의하자의 일반론에 따르면 되므로 생략하고 이익배당의 요건을 위반한 경

우와 신주발행의 요건을 위반한 경우로 나누어 볼 수 있다.

① **배당가능이익이 없이 이뤄진 주식배당의 효력**(**쟁점77**)에 관해, **유효설**은 신주발행무효의 소를 제기할 수 있는 자는 주주·이사 또는 감사에 한하고 자본이 증가하였을 뿐 회사의 재산이 유출·감소된 것이 아니므로 신주발행을 유효라고 하더라도 채권자·주주에게 불이익이 없으므로 유효라고 보아도 무방하다고 본다. **무효설**은 이는 실질적 액면미달의 신주발행으로 신주발행무효의 소의 원인이 된다고 보는 견해이다. 생각건대 배당가능이익 없이 한 주식배당으로 회사의 실질자산에는 변동이 없으나 형식자본이 증가하게 되어 자본충실의 원칙에 반하고, 배당가능이익이 없는 이익배당은 당연무효이므로 무효설이 타당하다고 본다. 배당이익 없이 이뤄진 주식배당의 경우에도 **이익반환청구권**(상462.2)**의 허용성**(**쟁점78**)에 관해, 위법한 주식배당에 관한 무효설은 물론이고 유효설을 따르면서도 주식배당도 이익배당의 일종이라는 이유로 이익반환청구권을 유추적용할 수 있다는 **긍정설**과 인수하지 않은 주식에 관해 반환의무를 부담하는 것은 유한책임의 원칙에 반한다는 이유에서 부정하는 **부정설**이 있다. 생각건대 위법한 주식배당에 관해 무효설에 따를 경우에는 이익반환청구를 인정하는 것(긍정설)이 타당하나, 유효설에 따를 경우에는 실질적 주식분할과 유사하게 보는 취지이므로 부정설이 논리적 일관성을 가진다고 본다. 배당가능이익 없이 주식배당을 한 경우 이사·감사의 회사·제3자에 대한 **손해배상·자본충실책임**(**쟁점79**)에 관해, 법령위반, 임무해태를 이유로 책임을 인정하고 신주발행의 등기 후에는 자본충실의 책임(상428)을 진다고 보는 **긍정설**과 회사에 대한 손해가 없음을 이유로 손해배상책임과 자본충실책임을 물을 수 없다는 **부정설**이 대립하고 있다. 생각건대 위법한 주식배당은 무효이고 신주발행무효의 소의 대상이 된다는 점에서 이미 회사에는 위법한 절차진행으로 인한 손해가 발생하였다고 볼 수 있어 긍정설이 타당하다고 본다. 다만 주식배당의 효력에 관해 무효설에 따를 경우 자본충실책임을 발생하지 않게 된다. 그리고 위법배당을 한 이사 등은 5년 이하의 징역 또는 1,500만원 이하의 벌금의 제재를 받는다(상625 3호).

② 배당가능이익은 있으나 **신주발행 요건을 위반**(주총결의하자, 수권주식수 초과, 정관에 정하지 않은 종류주식 발행 등)하여 주식배당이 이뤄진 경우 신주발행무효의 소의 대상이 된다(상429). 따라서 주주, 이사, 감사 또는 감사위원회는 신주를 발행한 날로부터 6월 내에 소로써만 이러한 신주발행의 무효를 주장할 수 있고, 신주발행절차가 종료하기 전이라면 신주발행유지청구권(상424)의 대상이

된다. 다만 주주 등이 신주발행무효의 소를 제기하여 승소의 확정판결을 받은 경우와 같이 원래부터 주주가 주금액을 납입하지 않은 경우에는 신주의 주주에 대하여 납입했던 금액을 반환하는 규정(상432)은 당연히 적용되지 않는다.

(2) 현물배당

1) **의 의** : 현물배당이란 금전배당, 주식배당과 달리 주주에게 이익배당의 목적으로 다른 회사의 주식이나 물건 등 현물(재산)을 배당하는 것을 말한다. 주식배당은 자기회사의 주식을 배당하는데 반해 현물배당은 다른 회사의 주식을 배당할 경우가 해당된다. 2011년 개정상법에서 도입된 제도로서 지주회사의 주주들에게 종속회사의 주식을 배당하는 것을 가능하게 하였다.

2) **요 건** : 현물배당을 하기 위해서는 먼저 정관에 현물배당을 허용하는 규정을 두어야 한다. 현물배당도 이익배당의 일종이므로 배당가능이익이 있어야 하고 주주총회의 배당결의가 있어야 한다. 다만 주주총회의 결의를 함에 있어서 회사는 주주에게 금전배당에의 선택권, 현물배당의 주식수 요건을 정할 수 있도록 하고 있다. 즉 주주가 배당되는 금전 외의 재산 대신 금전의 지급을 회사에 청구할 수 있도록 한 경우에는 그 금액 및 청구할 수 있는 기간, 일정 수 미만의 주식을 보유한 주주에게 금전 외의 재산 대신 금전을 지급하기로 한 경우에는 그 일정 수 및 금액을 회사가 정할 수 있다(상462의4).

3) **효 과** : 현물배당의 경우 현물에 대한 소유권의 이전시기가 문제될 수 있다. 주식배당의 경우 주주총회 결의시점에 주식배당의 효과가 발생하지만(상462의2.4), 현물배당의 경우에는 회사가 재산을 주주에게 인도하거나 간이한 인도를 한 시점에 재산에 대한 소유권이 이전된다고 본다. 배당가능이익이 없거나 기타 요건을 흠결한 위법한 현물배당의 경우 무효가 되는데 특히 배당가능이익이 없음에도 이뤄진 현물배당에 관해서는 상법 제462조 3항, 4항을 유추적용하여 회사채권자는 회사에 현물의 반환을 청구할 수 있다고 본다.

(3) 중간배당

1) **의 의** : 연 1회의 결산기를 정한 회사가 정관의 규정에 의하여 영업연도 중 1회에 한하여 이사회의 결의로 일정한 날을 정하여 그 날의 주주에 대하여 금

전으로 이익을 배당하는 것을 말한다(상462의3.1). 결산기에 발생한 이익을 주주에게 분배하는 결산배당이 원칙이지만 일시적인 배당에 따른 자금압박을 덜어 주고 주식투자에 대한 관심을 제고하기 증권거래법상의 제도인 중간배당제도를 모든 주식회사에 대하여 인정하였다. **중간배당의 법적 성질**(**쟁점80**)에 관해, **금전분배설**(다수설)은 중간배당의 결의기관은 이사회이고 금전배당만이 가능하며, 배당재원이 당해 연도의 이익이 아니며, 영업연도 말(결산기)이 아닌 영업연도 중에 금전(재원 관련 전기이익후급설, 당기이익선급설이 대립)을 배당하는 것이기 때문에 이익배당이 아닌 영업연도 중의 금전의 분배라고 본다. **금전배당선급설**은 중간배당은 이익배당의 본질을 가져 이익배당에 관한 많은 규정을 준용하고 있으므로(상462의3.5,6) 중간배당도 이익배당의 일종으로서 이를 선급하는 것으로 보는 견해이다. 생각건대 중간배당액은 전기의 이익을 기준으로 계산되지만 당기 배당가능이익 초과시 이사의 책임, 회사채권자의 반환청구권(상462의3.6→462.2)을 고려할 때 실제 배당되는 이익의 재원은 당기의 배당가능이익으로 보아야 한다. 그리고 배당금의 조정·정산절차가 예정되어 있지 않으므로 가지급이 아닌 확정적 지급으로 보아야 하고 여러 가지 제한을 전제로 이사회결의에 의해 금전배당을 선급한 것으로 이해하는 견해가 타당하다고 본다(금전배당선급설).

2) **중간배당의 요건** : **실질적 요건**으로 직전 및 당해 결산기의 대차대조표상의 이익이 존재하여야 한다(상462의3.2). 즉, 중간배당은 직전 결산기의 대차대조표상의 순자산액이 i) 직전(당해) 결산기의 자본의 액, ii) 직전(당해) 결산기까지 적립된 자본준비금과 이익준비금의 합계액, iii) 직전(당해) 결산기의 정기총회에서 이익으로 배당하거나 또는 지급하기로 정한 금액, iv) 중간배당에 따라 당해 결산기에 적립하여야 할 이익준비금을 공제한 금액을 초과하여야 한다. **형식적 요건**으로 중간배당을 할 수 있는 회사는 i) 연 1회의 결산기를 정한 회사에 한하며(상462의3.1), ii) 정관에 중간배당에 관한 규정이 있어야 하며(상462의3.1), 또한 중간배당을 하기 위해서는 위의 정관의 범위 내에서 iii) 이사회의 결의가 있어야 하는데(상462의3.1), 이사회는 결의 중 중간배당기준일을 정하여야 한다. 이사회는 연 1회에 한하여 금전으로만 중간배당할 것을 결의할 수 있다(상462의3.1).

3) **중간배당의 지급** : 중간배당은 이익배당과 마찬가지로 주주평등의 원칙에 맞추어 각 주주가 가진 주식의 수에 따라 지급하여야 한다(상462의3.1,5, 464). 다

만 회사가 정관의 규정에 따라 배당에 관한 내용이 다른 종류주식을 발행한 경우에는(상344.1) 차등배당을 할 수 있다(상462의3.5→464단서). 중간배당금은 이사회의 결의가 있은 날로부터 1월 이내에 지급되어야 하는데(상464의2.1), 이사회에서 지급시기를 따로 정한 경우에는 그러하지 아니하다(상464의2.1단서). 또한 이사회에서 중간배당에 대하여 결의를 하면 배당기준일의 주주는 회사에 대하여 구체적인 중간배당청구권을 가지게 되는데, 이는 금전채권으로서 독립하여 양도·압류·전부명령 등의 목적이 될 수 있고, 5년의 시효에 걸린다(상464의2.2).

4) **위법한 중간배당** : 위법한 이익배당과 마찬가지로 중간배당의 요건에 위반하여 금전을 배당하는 것을 말한다. 즉, 직전 결산기의 대차대조표상 이익이 없거나, 당해 결산기에 이익이 예상되지 않은 경우와 같이 하자 있는 중간배당으로서 이는 당연무효이다. 위법한 중간배당으로 금전을 배당받은 주주는 부당이득으로 회사에 반환하여야 하며, 이때 주주가 스스로 반환하지 않거나 회사에서 반환청구를 하지 않는 경우에는, 회사채권자가 직접 주주에 대하여 위법배당액을 회사에 반환할 것을 청구할 수 있다(상462의3.6→462.2). 중간배당과 관련하여 이사는 당해 결산기에 이익이 예상되지 않는 경우에는 중간배당을 하지 말아야 할 의무를 부담하는데(상462의3.3), 이 의무에 위반하여 이사가 중간배당을 한 경우에는 그 이사는 회사에 대해 연대하여 그 차액을 배상할 책임을 진다(상462의3.4). 다만 이사가 당해 결산기에 이익이 발생할 것으로 판단함에 있어 주의를 게을리하지 아니하였음을 증명한 때에는 그 책임을 면한다(상462의3.4단서). 이사·감사 또는 감사위원회 등의 그 밖의 회사 및 제3자에 대한 책임(상399, 401)과 위법중간배당을 한 이사 등의 벌칙(상462의3.5→625 3호)은 위법한 이익배당의 경우와 같다. 중간배당에 관한 이사회의 결의에 찬성한 이사는 모두 연대하여 책임을 지는데(상462의3.6→399.2), 이러한 이사회결의에 참가한 이사로서 이의를 한 기재가 의사록에 없는 자는 그 결의에 찬성한 것으로 추정하며(상462의3.6→399.3), 이사의 이러한 책임은 총주주의 동의로 면제할 수 있다(상462의3.6→400).

Ⅲ. 기타 회계 관련 제도

1. 주주의 경리감시권

상법은 주주의 의결권행사(상361, 369)뿐만 아니라, 이사의 해임청구권(상385)·이사의 위법행위유지청구권(상402) 및 대표소송제기권(상403) 등을 규정하여 이사의 권한남용을 방지하고 있다. 이러한 주주의 권리를 효율적으로 행사하기 위해서는 회사의 업무와 재산상태를 정확하게 파악하고 있을 필요가 있으므로 상법은 주주의 공익권 행사의 전제로서 경리감시권을 부여하고 있다.

1) **재무제표 등의 열람·등사권** : 이사는 정기총회 회일의 1주 전부터 재무제표와 그 부속명세서·영업보고서 및 감사보고서를 본점에서는 5년간 비치하고 지점에서는 3년간 비치하여야 하는데(상448.1), 주주 및 회사채권자는 영업시간 내에 언제든지 이를 열람하고, 그 등본이나 초본의 교부를 청구할 수 있다(상448.2). 이러한 주주의 열람권은 개개 주주에게 인정된 **단독주주권**이다.

2) **회계장부열람·등사권** : ① 의의 – 주주가 재무제표 등의 열람으로 부족할 경우 원시기록인 회계장부와 서류의 열람·등사를 청구할 수 있다. 발행주식 총수의 3/100 이상에 해당하는 주식을 가진 소수주주의 경우에는 서면으로 이유를 첨부한 경우 회계장부와 서류의 열람·등사를 청구할 수 있고(상466.1), 회사는 소수주주의 청구가 부당함을 증명하지 아니하면 이를 거부할 수 없도록 하여(상466.2), 열람거부권을 인정하여 열람권의 남용을 방지하면서도 열람·등사에 응하여야 할 의무를 명확히 하고 있다. <u>상장회사</u>의 경우 회계장부열람권에 관해 6개월 전부터 계속하여 상장회사 발행주식총수의 10/10000(최근 사업연도 말 자본금이 1천억원 이상인 상장회사의 경우에는 5/10000) 이상에 해당하는 주식을 보유한 자는 회계장부열람권을 행사할 수 있다고 정하고 있다(상542의6.4).

② 대상 – 열람·등사의 대상인 **회계의 장부**는 재무제표와 그 부속명세서의 작성에 기초가 되는 장부로서(상29) 원장·전표 등을 말한다. 판례는 모회사가 보관하고 모회사의 회계상황을 파악하기 위한 근거자료로서 실질적으로 필요한 경우에는 모회사의 회계서류로서 자회사의 회계장부도 모회사의 회계서류에 포함되

고 원본·사본을 불문한다고 본다(99다58051). **회계의 서류**는 회계장부기재의 원재료가 되는 서류로서 계약서·영수증·납품서 등을 의미하며, 이때 회계장부 및 서류에는 자회사의 회계장부도 포함한다. 그리고 판례는 소수주주의 회계장부 등에 대한 열람·등사청구권은 회사에 대하여 채무자 회생 및 파산에 관한 법률(이하 '채무자회생법'이라 한다)에 따른 회생절차가 개시되더라도 배제되지 않는다고 본다(2020마6195).

③ **열람거부** – 회사의 **열람거부사유**는 주주의 청구가 부당한 경우에 한정되며 이에 관한 증명책임은 회사가 부담한다. 이사가 정당한 이유 없이 주주의 열람청구를 거부한 때에는 주주는 열람·등사청구의 소를 제기할 수 있고, 회사 또는 당해 이사를 상대로 손해배상청구를 할 수 있다. 이때 이사는 500만원 이하의 과태료의 제재를 받는다(상635.1 4호). 주주의 열람 전 이사에 의하여 장부와 서류의 변경·은닉·훼손 등의 염려가 있을 경우에는 본안소송제기 전이라도 증거보전의 신청(민소375) 또는 회계장부열람청구권을 피보전권리로 하여 당해 서류 등의 열람·등사를 명하는 가처분이 본안소송의 목적을 달성하는 면이 있지만 가처분신청이 허용된다(99다137). 동 판례는 소수주주의 회계장부 및 서류의 열람, 등사청구권은 권리행사에 필요한 범위 내에서 허용되고 열람 및 등사의 회수가 1회에 국한되는 등으로 사전에 제한될 성질의 것은 아니라 보았다.

3) **검사인의 선임권** : 업무집행에 관하여 부정행위 또는 법령이나 정관을 위반한 중대한 사실이 있음을 의심할 사유가 있는 때에는 소수주주는 회사의 업무 및 재산의 상태를 조사하기 위하여 법원에 검사인의 선임을 청구하여 적극적인 조사를 요구할 수 있다(상467). 이때 검사인의 선임을 청구할 수 있는 사유는 구체적으로 명시하여야 하고 단순한 임무해태 등의 추상적인 내용은 검사인의 선임청구사유가 될 수 없다(95마1335결정). 법원이 검사인을 선임한 경우 검사인은 업무와 재산상태를 조사하고 그 결과를 법원에 보고하여야 한다(상467.2). 법원은 검사인의 보고에 의하여 필요하다고 인정한 때에는 대표이사에게 **주주총회의 소집**을 명할 수 있다(상467.3). 검사인은 주주총회에 보고서를 제출하여야 하고, 이때 이사와 감사는 지체 없이 검사인의 조사보고서의 정확 여부를 주주총회에 조사·보고하여야 한다(상467.4).

2. 회사의 이익공여 금지

1) **의 의** : 회사는 누구에게든 주주의 권리행사와 관련하여 재산상의 이익을 공여할 수 없으며(상467의2.1), 이에 위반하여 이익을 얻은 자는 그 이익을 회사에 반환하여야 한다(상467의2.3). 이익공여금지 규정은 주주총회의 원활한 운영과 회사이익보호를 도모하기 위한 규정이다.

2) **이익공여의 요건** : ① 이익공여의 **당사자**는 회사로서 회사의 계산으로 이익공여가 금지된다. 회사 이외의 자의 명의로 이익공여를 하였을지라도 회사의 계산으로 공여하였을 경우에는 회사에 의한 이익공여라고 본다. 또한 이익공여의 상대방에는 제한이 없기에 주주 외에 주주가 경영하는 회사나 주주에게 영향력을 미치는 제3자 등도 이익공여의 상대방이 될 수 있다.

② 이익공여는 **주주의 권리행사와 관련**되어야 한다. 이는 주주의 공정한 권리행사에 영향을 미치는 모든 경우로서 주주총회 내의 권리행사 외에 대표소송의 제기와 같은 주주총회 외의 행사도 포함한다. 그러나 주주의 권리행사에 관한 것인지의 여부의 증명은 쉽지 않기 때문에 상법은 추정규정을 두고 있다. 특정 주주에 대하여 한 무상의 이익공여 및 반대급부가 현저하게 적은 유상의 이익공여는 주주의 권리행사와 관련한 것으로 추정된다(상467의2.2). 따라서 이익공여를 받은 자가 이익반환청구를 거절하려면 이익공여가 주주의 권리행사와 무관하다는 사실을 증명하여야 한다.

③ **재산상의 이익**이 공여되어야 하는데, 재산상의 이익이란 금전은 물론 동산·부동산·유가증권 및 향응제공, 공사의 도급, 금전대여 등의 이익도 포함한다.

3) **이익공여의 효과** : ① 이익을 공여받은 자는 이를 회사에 반환, 즉 **이익반환의무**를 부담한다(상467의2.3 1문). 이러한 이익공여계약에 따른 이익은 부당이득이지만, 비채변제(민742) 또는 불법원인급여(민746)의 법리에 따라 회사의 반환청구가 부인될 수도 있다. 따라서 상법은 부당이득의 특칙으로 회사의 반환청구권을 규정하고 있다는 것이 통설의 입장이다. 주주 등은 회사로부터 재산상의 이득한 것을 반환하여야 하고, 상대방이 회사에 지급한 대가가 있다면 그 상대방은 그것의 반환을 청구할 수 있다(상467의2.3 2문). 만일 받은 이득이 제3자에게 이전

된 경우에는 그 가액상당액의 지급을 청구할 수도 있다. 회사의 이익반환청구는 보통 대표이사가 하지만, 소수주주도 회사의 이익을 위하여 이익반환청구에 관한 대표소송을 제기할 수 있다(상467의2.4→403~406). 이때 소수주주가 승소한 때에는 회사에 대하여 소송비용 및 그 밖의 소송으로 인하여 지출한 비용 중 상당한 금액의 지급을 청구할 수 있다(상467의2.4→405.1). 주주가 회사로부터 이익공여를 받았다고 하더라도 주주총회시 주주의 의결권행사의 효력은 유효하다.

② 회사에 손해가 발생한 경우에는 이사 등은 **손해배상책임**을 진다(상399). 또한 감사 또는 감사위원회 위원도 이사의 이익공여에 임무해태가 있었다면 회사에 대하여 손해배상책임을 진다(상414.1, 415의2.6). 본조를 위반하여 이익을 공여한 이사, 감사 또는 감사위원회 위원 및 사용인 등은 1년 이하의 징역 또는 300만원 이하의 벌금에 처하고(상634의2.1), 이때 이러한 이익을 수수하거나 제3자에게 이를 공여하게 한 자도 함께 형벌의 제재를 받는다(상634의2.2).

3. 회사사용인의 우선변제권

신원보증금의 반환을 받을 채권 기타 월급, 상여금 기타 회사와 사용인간의 고용관계로 인한 채권이 있는 자는, 회사의 총재산에 대하여 우선변제를 받을 권리가 있다(상468). 그러나 사용인의 우선변제권은 상법이 특별히 인정한 **법정담보물권**으로서, 명문의 규정은 없으나 회사의 일반재산에 대한 경매청구권도 포함한다고 보는 견해가 통설이다. 사용인의 우선변제권은 질권이나 저당권에 우선하지는 못한다(상468단서).

제 8 절 사채제도

상법은 사채의 공중성·집단성이라는 특징에 따라 사채발행에는 일반 사채(私債)와는 달리 채권자보호를 위한 자세한 규정을 두고 있었다. 그러나 개정상법은 사채발행에 제한(총액제한, 재모집제한, 금액제한, 상환제한)은 모두 삭제하고 이익참가부사채, 교환사채, 상환사채 뿐만 아니라 파생결합증권의 발행 근거규정을 마련하여(상469.2) 다양한 종류의 사채가 발행될 수 있는 제도적 근거를 마련하였다. 그리고 그 내용을 상법에 특정하지 않고 사채발행에 관한 구체적인 사항은 대통령령으로 정할 수 있게 하여 상법 시행령의 개정만에 의해 주식회사가 다양한 사채를 발행할 수 있게 되었고(상469.3), 사채발행에 필요한 이사회결의를 대표이사에게 위임할 수 있도록 했다. 다만 이 경우 사채금액 및 종류를 정하여 1년을 초과하지 아니하는 기간 내에 발행하도록 위임하여야 한다(상469.4). 사채는 일반사채와 특수사채로 구별할 수 있다. 특수사채에는 상법상 인정되고 있는 전환사채, 신주인수권부사채와 특별법상 인정되고 있는 담보부사채·이익참가부사채 그리고 교환사채로 분류할 수 있다.

Ⅰ. 일반사채

1. 사채의 의의

1) **개 념** : 사채란 회사가 일반투자자로부터 거액의 자금을 비교적 장기에 걸쳐 집단적으로 조달하기 위하여 채권발행의 형식으로 부담하는 채무를 의미하며, 자기자본(신주 발행), 단기적인 타인자본(은행 차입 등)과 구별되는 장기적인 타인자본의 조달방식이다. 상법이 적용되는 사채는 장기타인자본 성격의 **일반사채**와 복합적 성격의 **특수사채**로 구별되며, **담보부사채**에 관해서는 담보부사채신탁법이 적용된다. 사채제도는 주식회사법에만 규정을 두고 있는데, 주식회사 이외의 회사도 사채를 발행할 수 있는가? 통설은 유한회사는 사채를 발행할 수 없고 합명·합자회사는 사채를 발행할 수 있다고 본다. 왜냐하면 상법 제600조 2항에서 사채상환이 완료되지 않은 회사와의 합병으로 유한회사가 존속회사가 될 수 없다는 규정을 두고 있고 상법 제604조 1항에서는 주식회사가 유한회사로 조직변경하려면 사채를 상환하여야 한다는 규정을 두고 있어, 이들 규정의 취지상 유한회사는 사채를 발행할 수 없는 것으로 해석된다. 합명·합자회사에는 이와 같은 사채발행을 부인하는 규정이 없어 해석상 사채발행이 허용된다고 본다.

2) **사채와 주식의 비교** : 사채와 주식을 비교하면, **유사점**으로 장기자금조달수단이며 계속성·집단성·공중성을 가진다는 점, 유가증권으로 표창될 수 있다는 점을 들 수 있다. **차이점**으로 i) 사채는 금전채권이나 주식은 사원권의 성질을 가지고, ii) 사채권자는 회사의 경영에 개입할 수 없으나, 주식을 가진 주주는 의결권 등을 행사함으로써 회사의 경영에 참여할 수 있으며, iii) 사채는 회사의 수익

여부에 관계없이 일정율의 이자지급의무를 발생시키는데, 주식은 배당가능이익이 있을 경우에만 이익에 비례한 이익배당의무를 부담시키며, iv) 사채는 상환기한이 도래하면 상환의무를 부담하나, 주식은 특히 주식회사에 퇴사제도가 없으므로 상환이 불가능하며 투자자는 주식의 양도, 입질을 통해 투자금을 회수할 수 있으며, v) 회사해산시 사채권자는 우선변제받는 데 반해, 주주는 잔여재산분배를 받을 권리가 있을 뿐이며, vi) 자기사채·주식에 관해 회사가 자기사채를 취득하는 것을 제한하지 않으나 자기주식의 취득은 제한된다. 하지만 **양자의 접근현상**이 나타나고 있는데, 주식의 이익배당률의 평준화, 주식의 자유양도 등으로 인해 사채에 접근하고 있으며 특히 의결권배제우선주는 **주식의 사채화** 경향의 대표적인 예가 된다. 반대로 전환사채·교환사채·신주인수권부사채·이익참가부사채 등의 신종사채가 등장함으로써 **사채의 주식화**가 이루어지고 있다. 요컨대 주식과 사채는 초기 회사법에서는 자기자본·타인자본이라는 엄격한 구분 속에서 출발하였으나, 주식회사의 자본조달의 편의성이라는 수요로 인하여 양자의 성격이 절충되는 투자상품이 속출하고 있는 실정이다.

3) **사채의 종류** : i) **일반사채·특수사채** 사채는 전통적 의미의 일반사채와, 사채에 주식으로 전환할 수 있는 권리, 신주인수권, 주식과의 교환권 등이 부착된 특수사채로 구분된다. ii) **무담보사채와 담보부사채** 사채의 원리금의 반환을 보장하기 위한 물상담보권이 설정되어 있지 않은 무담보사채와, 물상담보권이 부착된 담보부사채로 구별된다. 상법이 규정을 두고 있는 것은 무담보사채에 국한되고 담보부사채에는 담보부사채법이 적용된다. iii) **기명사채·무기명사채** 사채권과 사채원부에 사채권자의 성명이 기재되는 기명사채와, 사채권자의 성명이 기재되지 않는 무기명사채로 구별된다. iv) **실물사채와 등록사채** 사채권 실물이 발행되는 실물사채와, 공사채등록법에 따라 사채권자의 청구에 의해 등록기관에 등록발행되고 실물발행이 없는 등록사채로 구별된다.

2. 사채의 발행

1) **개 요** : 사채의 발행방법은 직접발행(발행회사가 사채를 모집하는 방법)과 간접발행(수탁회사가 사채를 모집하는 방법)이 있다. **직접발행**은 다시 **직접모집**(발행회사가 일반공중으로부터 직접 사채를 모집하는 방식)과 **매출발행**(발행회사

가 직접 발행하되 사채총액을 확정하지 않고 일정기간 내에 개별적으로 채권을 매출하는 방식으로 사채를 발행하는 방식)으로 구분된다. 직접발행은 중개수수료의 절약이라는 이점이 있지만 전문성이 낮아 거의 활용되지 않는다. 매출발행은 주택채권·산업금융채권의 발행 등에서 활용되지만 채권은 사채전액의 납입이 완료한 후가 아니면 이를 발행하지 못한다는 사채 재모집의 제한(상478.1)으로 인해 일반 주식회사는 매출발행의 방식을 이용할 수 없다. **간접발행**은 다시 **위탁모집**(위탁발행하는 방식으로서 수탁회사가 수수료를 받고 사채발행업무를 대행), **인수모집**(응모액이 사채총액에 미달할 경우 수탁회사가 그 잔액의 인수의무를 부담하고 수수료를 받음), **총액인수**(수탁회사가 사채총액을 인수하여 이를 일반 공중에게 채권을 매출하여 차익을 취함)로 구분된다.

2) **사채발행의 절차** : ① 이사회결의 – 사채를 발행하기 위해서는 **이사회의 결의**가 요구된다(상469). 결의의 대상은 사채발행 및 발행사항이며 이에는 사채의 종류·총액, 각 사채의 금액·이율·상환방법·발행방법 등이 포함된다. 정관에 규정이 있는 경우 이사회는 중요한 사항(사채금액, 종류 등)을 정하고 세부적 사항은 대표이사에게 위임할 수 있다(상469.4). 이사회결의 없이 대표이사가 사채를 발행한 경우 이는 전단적 대표행위의 외관을 가지나 이사회결의 없는 신주발행과 유사하게 이사회결의라는 내부적 절차를 흠결하였더라도 사채발행은 유효하다고 해석된다.

② **사채계약** – 사채청약서에 의한 청약과 배정에 의해 **사채계약이 성립**하여야 한다. 사채발행회사(기채회사)의 이사는 일정한 법정사항(사채 총액·이율 등)이 기재된 사채청약서를 작성하여야 하고(상474.2), 이에는 임의사항(청약기간, 청약증거금 등)을 기재할 수도 있다. 사채의 모집에 응하고자 하는 자는 사채청약서 2통에 인수할 사채의 수와 주소를 기재하고 기명날인·서명하여야 하며(**사채청약서주의**) 사채발행의 최저가액을 정한 경우에는 응모자는 사채청약서에 응모가액을 기재하여야 한다(상474.1,3). 사채청약서주의를 적용하지 않는 총액인수, 인수모집의 경우(상475)를 제외하고는 사채청약서가 아닌 기타 방식의 청약은 효력이 없다고 보는 견해가 통설이다. 사채청약서에 의해 청약하면 기채회사 또는 수탁회사가 배정을 함으로써 사채계약이 성립하고 사채인수의 효과가 발생한다. 사채청약총액이 사채발행예정총액에 미달할 경우 사채청약총액만큼 사채발행의 효력이 발생한다고 보는 견해가 통설이다. **사채계약의 법적 성질**(**쟁점81**)에 관해, 사채

계약을 사채권의 매매로 이해하는 **채권매매설**과 소비대차와 유사한 무명계약으로 보는 **무명계약설**, 매출발행의 경우 채권의 매매이고 기타는 소비대차에 유사한 무명계약이라고 보는 **구분설**, 사채발행계약이 소비대차계약의 성질을 가진다는 **소비대차설**이 대립하고 있다. 생각건대 채권의 발행과 채권의 매매는 구별되며, 단체법적 법리가 적용되어 순수한 소비대차로 보기도 어려우므로 사채발행계약은 단체법적 특성을 가진 소비대차 유사의 특수한 계약이라고 볼 수밖에 없다(무명계약설).

③ **납입** – 사채모집이 완료한 때에는 이사는 지체 없이 인수인에 대하여 각 사채의 전액 또는 제1회의 **납입**을 시켜야 한다. 사채모집의 위탁을 받은 회사는 그 명의로 위탁회사를 위하여 사채인수인으로 하여금 사채금액을 납입시켜야 한다(상476). 분할납입도 가능하고 상계나 대물변제에 의한 방식으로도 납입이 가능하며 납입장소에 관한 제한도 없다. 사채를 인수한 자가 납입의무를 지체할 경우 이에 관해 실권절차는 없고 회사는 사채인수인에게 채무불이행책임을 물을 수 있다. 사채발행에는 등기를 요하지 않으나 전환사채·신주인수권부사채는 등기를 요한다(상514의2, 516의7).

④ **사채권 발행** – 사채전액의 납입이 완료되어야 **채권을 발행**할 수 있다(상478.1). 이는 사채총액의 납입이 완료되어야 한다는 의미는 아니고 각각의 사채인수인이 자신이 인수한 사채전액에 대한 납입을 완료하여야 한다는 의미이다. 사채금액의 납입을 완료하면 사채권자는 채권발행청구권을 행사할 수 있게 된다.

3. 사채의 유통

1) **채 권** : 채권(사채권)에는 채권의 번호, 회사의 상호, 사채의 총액, 각 사채의 금액, 사채의 이율, 사채의 상환과 이자지급의 방법과 기한 등을 기재하고 대표이사가 기명날인·서명하여야 하므로(상478.2) 요식증권적 성질을 가진다. 다만 회사는 채권을 발행하는 대신 정관에서 정하는 바에 따라 전자등록기관의 전자등록부에 채권을 등록할 수 있는데, 이 경우 주식의 전자등록에 관한 규정(상356의2.2~4)을 준용한다(상478.2). 사채권의 법적 성질(**쟁점82**)에 관해 사채권을 기채회사의 추상적인 채무약속을 표창하는 유가증권이라는 추상적 유가증권설도 있으나, 사채권은 사채인수계약상의 권리를 표창하는 유가증권으로서 요(유)인성을 가진다고 본다. 그리고 사채전액이 납입되지 않았는데도 회사가 채권을 발행

하였다면 발행된 채권은 유효한가 하는 **채권(사채권)의 성질**(쟁점83)에 관해 기채회사의 추상적인 채무약속을 표창하는 유가증권이라는 견해와 사채계약상의 권리를 표창하는 유가증권으로서 요인증권으로 이해하는 견해(다수설)가 있다. 생각건대 사채는 사채계약에 근거하여 발행되며, 전액납입하여야만 발행이 가능하고(상478.1), 특정 유가증권에 무인증권성을 인정하기 위해서는 적극적인 법률의 규정이 있어야 하므로 사채권의 효력이 사채계약의 효력에 의존하는 요인증권으로 보아야 한다. 그리고 채권은 사채권자의 성명이 채권과 사채원부에 기재되는 **기명사채**와 그렇지 않은 **무기명사채**로 구분된다.

2) **사채원부** : 사채원부란 사채권자 및 채권에 관한 사항(상488)을 기재한 장부로서 주주명부에 상응하는 것을 말한다. 사채원부는 기명사채 이전의 대항요건을 갖추기 위해 필요하고 통지·최고·신탁의 공시 등에 관해서 면책력 등 법률상 의의를 가지나(상489.1 → 353), 현재 기명사채가 거의 이용되지 못하여 실무상 의미는 적다. 이사는 사채원부를 본점에 비치할 의무를 부담하며 주주의 사채원부의 열람·등사청구권을 가진다(상396).

3) **사채의 양도** : ① **기명사채** – **기명사채**의 양도에 관해 상법은 대항요건을 규정하고 있어 기명사채는 법률상 당연한 지시증권성(배서에 의한 양도성)을 가지지 않고 지명채권의 양도방법과 증권의 교부에 의해 양도할 수 있다고 본다. 따라서 사채의 양도에는 채권양도의 합의와 유가증권인 사채증권의 교부가 요구되어 사채권은 **기명증권적 성질**을 가지고 따라서 선의취득은 발생할 수 없다. 그밖에 상법은 기명사채의 이전의 대항요건을 규정하고 있어 취득자의 성명과 주소를 사채원부에 기재하고 그 성명을 채권에 기재하여야 회사 기타의 제3자에게 대항할 수 있다(상479.1). 요컨대 기명사채의 이전은 양도의 합의와 채권의 교부라는 효력발생요건과 사채원부 및 채권에의 명의개서라는 대항요건을 가진다고 볼 수 있다. 사채원부의 기재에 명의개서대리인제도가 준용된다(상479.2).

② **무기명사채** – **무기명사채**의 유통에 관해 상법은 아무런 규정을 두고 있지 않으므로 이는 상법 제65조에 따라 민법상 무기명채권에 관한 규정이 적용된다. 따라서 당연한 **지시증권적 성질**을 가지고 채권의 교부만에 의해 사채가 이전되고(민523) 별도의 대항요건은 요구되지 않는다. 채권의 점유에는 자격수여적 효력이 부여되어 선의취득도 가능하게 된다. 상법은 사채에 관해 기명식과 무기명식 두

종류의 사채만 인정하고 있는데, **지시식 사채 발행의 허용성**(쟁점84)에 관해, 긍정설도 있으나 부정설은 유가증권법정주의의 원칙을 근거로 한다. 생각건대 사채권자는 기명사채, 무기명사채간의 전환권만을 인정하고 어느 한 종류로 제한할 수 있음을 정하고 있어(상480) 기명·무기명의 사채만 허용되고 지시식은 허용되지 않는다고 본다.

③ **등록사채** – 채권이 발행되지 않는 **등록사채**의 양도는 의사표시만으로 가능하지만 무기명등록사채는 양도사실을 등록하지 아니하면 당해 공사채의 발행자 기타 제3자에 대항하지 못하고(공사6.1), 기명등록사채는 양도사실의 등록과 공사채원부에의 기재가 발행자 기타 제3자에 대한 대항요건이다(공사6.2). 요컨대 무기명등록사채는 대항요건이 등록이나 기명등록사채는 등록과 공사채원부에의 기재가 대항요건으로 추가되어 있다.

4. 사채의 행사

1) **이자지급** : 기채회사와 사채청약자간의 사채계약에서 사채의 이자·지급기한·지급방법이 정해진다. 그리고 상법은 사채청약서·채권·사채원부에 사채금액, 사채이율, 사채의 상환과 이자지급의 방법과 기한 등을 기재하도록 하고 있다(상474, 478.2, 488). 사채의 이자와 이권 소지인의 공제액의 지급청구권은 5년간 행사하지 아니하면 소멸시효가 완성한다(상487.3). 사채가 수인의 공유에 속하는 경우에는 이자채권 등 사채권자의 권리를 행사할 자를 정하여야 한다(상489.2→333). **이권**이란 무기명사채에서 이자지급시기가 도래한 이자의 지급청구권을 표창하는 유가증권으로서, 독립적으로 유통이 가능하고 무기명사채에 첨부되며, 이자의 지급은 이권과 상환으로 이루어진다고 본다. 이권이 흠결된 경우 이권에 상당하는 액수를 공제한 금액을 상환한다(상486.1).

2) **사채의 상환** : ① **상환방법** – 기채회사가 사채권자에게 채무를 변제하여 사채의 법률관계를 종료시키는 것을 의미한다. 사채의 상환과 이자지급의 방법과 기한은 사채계약에서 정해지고 사채청약서·채권·사채원부에 기재된다(상474.2, 478.2, 488). 상환금액에 관해 권면액상환이 원칙이지만 권면액초과상환의 조건으로 발행되거나 권면액에서 지급된 이자액 등을 공제한 금액을 상환하는 경우도 있다(할인발행). 사채의 상환청구권은 10년간 행사하지 아니하면 소멸시효가 완

성한다(상487.1). 사채의 **상환방법**도 사채계약에서 정해지며 일정한 거치기간 후 최종시점까지 정기적으로 상환하는 것이 통상적인 방법이다. 수탁회사는 사채상환에 있어 재판상·재판 외의 모든 행위를 할 권한을 가진다(상484.1). 사채의 만기가 도래 전이라도 기채회사가 자기사채를 매입하여 소각하는 매입소각도 가능하다. 기한의 이익은 채무자에 있는 것으로 추정되므로 회사는 만기 전이라도 사채를 상환할 수 있다고 보지만, 기한의 이익의 포기는 상대방의 이익을 해하지 못하므로(민153.2) 잔존기간의 이자를 지급해야 만기 전 상환이 가능하다.

② **불공정행위 취소의 소** – 회사가 어느 사채권자에 대하여 한 변제, 화해 기타의 행위가 현저하게 불공정한 때에는 사채모집의 위탁을 받은 회사는 소만으로 그 **불공정행위의 취소**를 청구할 수 있다(상511.1). 제소권자는 사채관리회사(상511) 또는 사채권자집회의 대표자·집행자이고(상512), 제소기간은 사채모집의 위탁을 받은 회사가 취소의 원인인 사실을 안 때로부터 6월, 행위가 있는 때로부터 1년 내이다(상511.2). 제소요건으로 기채회사의 악의는 요건이 아니나 그 수익자나 전득자가 현저한 불공정성, 다른 채권자를 해한다는 사실을 안 경우에만 취소의 소를 제기할 수 있으며(상511.3, 민406.1단서, 407), 본점소재지의 지방법원의 관할에 속한다(상511.3 → 186).

5. 사채관리회사

1) **개 념** : 개정상법에 의하면 **수탁회사**는 기채회사가 발행한 사채의 모집에 관한 사무를 처리하는 자이고, 사채권자를 대표할 권한은 사채관리회사가 가진다. 사채발행회사는 사채를 발행하는 경우에 사채관리회사를 정하여 변제의 수령, 채권의 보전, 그 밖에 사채의 관리를 위탁할 수 있는데(상480의2), 이와 같이 사채발행회사(기채회사)로부터 위탁받아 사채권자를 위해 사채에 대한 변제수령, 채권보전 등 사채관리업무를 수행하는 회사를 **사채관리회사**라 한다. 사채관리회사는 은행, 신탁회사, 그 밖에 대통령령으로 정하는 자이어야 하고(적극요건), 사채의 인수인, 사채를 발행한 회사와 특수한 이해관계가 있는 자로서 대통령령으로 정하는 자(소극요건)는 사채관리회사가 될 수 없다(상480의3).

2) **위임관계** : ① **지정** – 사채관리회사의 **지정**, **위탁**은 사채발행회사가 담당하고 양자간의 관계는 위임관계이다. 사채발행회사와 사채관리회사간의 사채관리위

임계약은 제3자를 위한 계약의 성질을 가지나 사채권자의 수익의 의사표시와 무관하게 위임계약의 성립으로 사채권자의 권리와 사채관리회사의 의무가 발생한다는 점에서 **특수한 제3자를 위한 계약**이라 할 수 있다. 따라서 사채관리회사가 위임계약에 따라 부담하는 선량한 관리자의 주의의무도 사채권자의 이익보호를 위해 부담하고 이를 위반하여 부담하는 손해배상책임도 사채권자에 대해 부담한다.

② **사임** – 사채관리회사는 사채발행회사의 사채권자집회의 동의를 받아 **사임**할 수 있으나, 부득이한 사유가 있어 법원의 허가를 받은 경우에는 사채권자집회의 동의 없이도 가능하다(상481). 사채관리회사는 사채발행회사와의 위임계약에 의해 수임인의 지위를 가지지만 위임계약에 적용되는 상호해지자유의 원칙의 적용을 받지 않고 수익자적 지위에 있는 사채권자집회의 동의나 법원의 허가가 있는 경우에만 사임이 가능하도록 규정하고 있다.

③ **해임** – 사채관리회사가 그 사무를 처리하기에 적임이 아니거나 그 밖에 정당한 사유가 있을 때에는 법원은 사채를 발행하는 회사 또는 사채권자집회의 청구에 의하여 사채관리회사를 **해임**할 수 있다(상482). 사채발행회사나 사채권자집회는 사채관리회사를 직접 해임할 수는 없고 법원에 사채관리회사의 해임을 청구할 수 있을 뿐이다. 사채권자집회는 법원에 사채관리회사의 해임을 청구함으로써 실질적인 해임의 목적을 달성할 수 있다. 사채관리회사의 사임 또는 해임으로 인하여 사채관리회사가 없게 된 경우에는 사채를 발행한 회사는 그 사무를 승계할 사채관리회사를 정하여 사채권자를 위하여 사채 관리를 위탁하여야 한다. 이 경우 회사는 지체 없이 사채권자집회를 소집하여 동의를 받아야 한다. 부득이한 사유가 있는 때(사채관리회사의 선임을 의도적으로 해태 등)에는 이해관계인은 사무승계자의 선임을 법원에 청구할 수 있다(상483).

3) 권 한 : 사채관리회사는 사채권자를 위하여 사채에 관한 채권을 변제받거나 채권의 실현을 보전하기 위하여 필요한 재판상 또는 재판 외의 모든 행위를 할 수 있다(상484). 그리고 사채관리회사가 변제를 받으면 지체 없이 그 뜻을 공고하고 알고 있는 사채권자에게 통지하여야 한다. 이 경우 사채권자는 사채관리회사에 사채권과 상환으로 사채상환을, 이권과 상환으로 이자지급을 청구할 수 있다. 사채관리회사가 사채 전부에 대한 지급을 유예하거나 채무불이행으로 발생한 책임을 면제하는 행위, 사채 전부에 관한 소송행위 또는 채무자회생 및 파산에 관한 절차에 속하는 행위는 단독으로 할 수 없고 **사채권자집회의 결의**를 거쳐야 한다.

다만 소송행위 및 파산절차 진행행위는 사채발행회사가 사채관리회사로 하여금 단독으로 할 수 있음을 정할 수 있는데(상484.4단서), 사채관리회사가 이를 단독으로 한 경우 지체 없이 그 뜻을 공고하고 알고 있는 사채권자에게는 따로 통지하여야 한다(동조 5항). 사채관리회사는 권한을 행사함에 있어 필요하면 **법원의 허가**를 받아 사채발행회사의 업무와 재산상태를 조사할 수 있다(동조 7항). 그리고 사채관리회사가 공고를 하는 방법은 사채발행회사가 공고하는 방법과 동일한 방법이어야 한다(동조 6항). 사채관리회사가 둘 이상인 경우 권한 행사는 공동으로 하여야 한다. 이 경우 사채관리회사가 변제수령시 사채권자에 대하여 연대하여 변제액을 지급할 의무가 있다(상485).

4) **의무와 책임** : 사채관리회사는 사채권자를 위하여 공평하고 성실하게 사채를 관리하여야 하고, 사채권자에 대하여 선량한 관리자의 주의로 사채를 관리하여야 한다(상484.1,2). 사채관리회사는 비록 사채발행회사의 지정, 선임행위에 의해 지위를 가지지만 사채발행회사가 아닌 사채권자에 관해 선량한 관리자의 주의의무를 부담한다는 점이 특징적이다. 그리고 사채관리회사가 선량한 관리자의 주의의무를 위반하여 업무를 집행하거나 사채권자집회의 결의에 반하여 업무를 집행하여 사채권자에게 손해가 발생한 경우에는 사채관리회사는 사채발행회사와 연대하여 손해를 배상할 책임을 부담한다.

6. 사채권자집회

1) **개 념** : 사채권자의 이해관계에 영향을 미치는 사항에 대하여 결의를 하여 동일한 종류의 사채권자의 의사를 결정하는 임시적인 회의체를 의미한다. 주주총회와 달리 주식회사의 기관이 아니며, 사채권자의 권리확보와 회사의 편의에 따라 소집되며, 수종의 사채를 발행한 경우 사채의 종류에 따라 집회가 구성된다(상509). 물론 다수의 사채권자로 구성되므로 회의체의 성격을 가지고 있으며 다수결에 따른 결의에 의해 사채권자 전체의 의사가 결정된다.

2) **소 집** : 사채를 발행한 회사 또는 사채관리회사가 사채권자집회를 소집한다(상491.1). 그 밖에 사채총액의 1/10 이상에 해당하는 사채권자는 회의의 목적인 사항과 소집의 이유를 기재한 서면을 기채회사 또는 수탁회사에 제출하여 사

채권자집회의 소집을 청구할 수 있다. **소수사채권자**의 청구가 있은 후 지체 없이 사채권자집회의 소집절차를 밟지 아니한 때에는 청구한 사채권자는 법원의 허가를 얻어 총회를 소집할 수 있다(상491.3→366.2). 소수사채권자로서 사채권자집회의 소집을 청구할 경우 무기명식의 채권을 가진 자는 그 채권을 공탁하지 아니하면 사채권자집회 소집청구권을 행사하지 못한다(상491.4). 소집절차에 관해서는 주주총회의 소집절차를 정한 상법 제363조를 준용한다(상510.1).

3) **권 한** : 사채권자집회는 상법에서 규정하는 사항(사채관리회사의 해임, 대표자·결의집행자 선임·선정·해임, 자본감소에 대한 이의제기, 상481, 482, 483, 500, 501, 504, 505, 439.3)과 법원의 허가를 얻은 사항만 결의할 수 있다는 점에서 주주총회와는 구별된다.

① 결의 요건 – 사채권자집회의 **결의요건**을 보면, 지분주의에 따라 **1사채 1의결권의 원칙**이 적용되어 각 사채권자는 사채의 최저액마다 1개의 의결권이 있다(상492.1). 무기명식의 채권을 가진 자는 회일로부터 1주 전에 채권을 공탁하지 아니하면 그 의결권을 행사하지 못한다(상492.2). 사채권자집회의 결의요건은 주주총회의 특별결의요건을 준용한다(상495.1). 따라서 출석한 사채권자의 의결권의 2/3 이상의 수와 총사채권의 1/3 이상의 수로써 하여야 한다(상434). 다만 사채관리회사의 사임동의, 사채관리회사의 해임, 사채관리회사의 사무승계자 결정과 사채발행회사의 대표자의 출석청구 등에는 출석한 사채권자의 의결권의 과반수로 결정할 수 있다(상495.2). 사채권자집회는 사채총액의 1/500 이상을 가진 사채권자 중에서 1인 또는 수 인의 대표자를 선임하여 그 결의할 사항의 결정을 위임할 수 있으며, 대표자가 수 인인 때에는 결정은 그 과반수로 한다(상500).

② 효력 요건 – 사채권자집회의 결의는 **법원의 인가**를 얻어야 효력이 발생한다(상498.1). 따라서 사채권자집회에서 결의사항이 있었을 경우 사채권자집회의 소집자는 결의한 날로부터 1주 내에 결의의 인가를 법원에 청구하여야 한다(상496). 법원은 사채권자집회소집의 절차 또는 그 결의방법이 법령이나 사채모집의 계획서의 기재에 위반한 때, 결의가 부당한 방법에 의하여 성립하게 된 때, 결의가 현저하게 불공정한 때, 결의가 사채권자의 일반의 이익에 반하는 때에는 사채권자집회의 결의를 인가하지 못한다(상497.1). 다만 사채권자집회의 소집절차 또는 그 결의방법이 법령이나 사채모집의 계획서의 기재에 위반한 때와 결의가 부당한 방법에 의하여 성립하게 된 때에는 법원은 결의의 내용 기타 모든 사정을 참

작하여 결의를 인가할 수 있다(상497.2). 법원이 사채권자집회의 결의에 대하여 인가결정을 하거나 또는 불인가결정을 한 경우 사채를 발행한 회사는 지체 없이 그 뜻을 공고하여야 한다(상499). 인가를 얻은 사채권자집회의 결의는 총사채권자에 대하여 그 효력이 있다(상498.2).

4) **결의의 집행** : 사채권자집회의 결의는 사채관리회사, 사채관리회사가 없는 때에는 사채총액의 1/500 이상을 가진 사채권자 중에서 선임된 1인 또는 수 인의 대표자가 집행하지만, 사채권자집회의 결의로써 따로 집행자를 정한 때에는 예외이다(상501). 대표자나 집행자가 수 인인 경우에 공동으로 집행하여야 하며(상502), 특히 사채상환에 관한 결의를 집행할 경우에는 사채관리회사의 권한에 관한 상법 제484조, 제485조 2항과 제487조 2항의 규정을 준용한다(상503).

Ⅱ. 특수사채

1. 전환사채

1) **개 념** : 기채회사의 주식으로 전환할 수 있는 권리(**전환권**)가 인정된 사채를 말한다. 전환사채는 발행 이후 전환권을 행사하기 전까지는 일반 사채와 같이 채권적 유가증권이나, 전환권을 행사하면 주식으로 변환되어 사원권적 유가증권이 된다. 사채의 안정성(실적과 무관한 확정이자)과 주식의 투자성(실적에 따른 이익배당)을 선택할 수 있어 사채모집이 용이하여 회사의 편리한 자금조달수단이 되고 있다. 전환사채는 주식으로의 전환권이 부여되므로 신주발생과 마찬가지로 주주의 지분권유지와 충돌할 수 있어 우선적으로 주주에게 배당될 필요가 있고 예외적으로 제3자에게 배정된다. 따라서 전환사채는 **주주배정 전환사채**와 **제3자배정 전환사채**로 구분된다. **판례**는 전환사채는 사실상 신주발행에 해당하므로 신주발행에 주주총회의 특별결의를 요한다는 정관규정은 전환사채 발행시에도 적용된다고 본다(99다18435).

2) **발행절차** : ① 이사회결의 – **주주배정**의 전환사채 발행시에는 신주발행과 유사하게 **이사회결의**(정관에 의한 주총결의)로 전환사채의 총액, 전환의 조건, 발행할 주식의 내용, 전환청구기간, 주주의 전환사채 인수권과 전환사채의 액 등을

정한다(상513.2). **제3자배정** 전환사채 발행시에는 위의 이사회결의 이외에 제3자의 전환사채 인수권과 전환사채의 액은 정관에 규정 또는 **주총특별결의**로 정해야 하고(상513.3). 이 경우 신기술의 도입, 재무구조의 개선 등 회사의 경영상 목적을 달성하기 위하여 필요한 경우에 한하고(상513.3 → 418.2단서), 이를 위한 주총소집통지에 의안의 요령이 기재되어야 한다(상513.4). 제3자의 인수권은 정관 또는 주총으로 정해야 하고 포괄위임은 허용되지 않지만, 정관으로 어느 정도 구체적으로 정해야 주총결의 없이 이사회결의만으로 전환사채를 발행할 수 있는지(**쟁점 85**)가 판례상 문제되었다. **판례**는 필요자금의 규모와 긴급성, 발행회사의 주가, 이자율과 시장상황 등 구체적인 경제사정에 즉응하여 신축적으로 전환사채의 규모를 결정할 수 있도록 정관에 일응의 기준을 정해 놓은 다음 이에 기하여 실제로 발행할 전환사채의 구체적인 전환의 조건 등은 그 발행시마다 정관에 벗어나지 않는 범위에서 이사회에서 결정하도록 위임하는 방법을 취하는 것도 허용된다(2000다37326). 주주총회의 특별결의가 없거나 결의에 현저하게 위반하여 주주 이외의 자에게 전환사채를 발행한 경우 등 전환사채 발행의 무효에 관해 상법에 특별규정이 없으나 <u>신주발행무효의 소(상429)가 유추적용</u>된다고 본다(통설, 판례).

② 공시 – **전환사채 발행사항**(전환취지, 전환조건, 전환 후 발행주식의 내용, 전환청구기간 및 이사회의 승인을 요하는 주식양도사항. 상514)을 사채청약서·채권과 사채원부에 **공시**하고, 전환사채의 인수권을 가진 주주에게 전환사채 발행사항과 청약기일까지 청약하지 않을 경우 실권의 취지를 **통지**하여야 하고(상513의3.1), 그 절차는 신주인수권자에 대한 실권예고부최고에 관한 규정을 준용한다(상513의3.2 → 상419.2,3).

③ 전환사채계약 – 사채청약서에 의한 청약(사채청약서주의)과 배정에 의해 **전환사채계약이 성립**하여야 함은 일반사채의 발행절차와 동일하다. 주주가 청약기일까지 청약을 하지 아니하면 전환사채인수권은 효력을 상실하고(실권절차, 상513의3.2 → 419.2), 일반인을 상대로 전환사채 인수인을 모집할 수 있다. 제3자배정 전환사채는 정관 또는 주주총회 특별결의로 배정하여야 하며 이는 주주배정 전환사채가 실권된 경우의 모집에 의한 배정과는 구별된다.

④ 납입·등기 – 회사가 전환사채를 발행한 때에는 그 납입이 완료된 날로부터 2주 내에 본점소재지에서 전환사채총액, 각 전환사채금액·납입금액과 **전환사채 발행사항의 등기**를 하여야 한다(상514의2.1). 이때 외국에서 전환사채를 모집한

경우에 등기할 사항이 외국에서 생긴 때에는 등기기간은 그 통지가 도달한 날로부터 기산한다(상514의2.4). 회사는 전환취지, 전환조건, 전환 후 발행주식내용, 전환청구기간, 주식의 양도에 관하여 이사회의 승인을 얻도록 정한 때에는 그 규정 등을 등기하여야 한다(상514의2.2).

3) **전환사채의 부당 발행 :** ① **전환사채발행 유지청구권** – 회사가 법령 또는 정관에 위반하거나 현저하게 불공정한 방법에 의하여 전환사채를 발행함으로써 주주가 불이익을 받을 염려가 있는 경우에는, 주주는 회사에 대하여 그 발행을 유지할 것을 청구할 수 있다(상516.1→424). **전환사채 발행유지청구권**은 전환사채의 부당한(법령·정관 위반, 현저한 불공정) 발행을 사전에 예방하는 조치이므로 주주는 전환사채 발행의 효력이 생기기 전인 전환사채의 납입기일까지 행사하여야 한다. 전환권은 형성권이므로 전환을 청구한 때에 당연히 전환의 효력이 발생하여 전환사채권자는 그 때부터 주주가 되고 사채권자로서의 지위를 상실하게 되므로 그 이후에는 주식전환의 금지를 구할 법률상 이익이 없게 될 것이다(2003다9636).

② **차액지급의무** – 이사와 통모하여 현저하게 불공정한 발행가액으로 전환사채를 인수한 자는 회사에 대하여 공정한 발행가액과의 차액에 상당한 금액을 지급할 의무(**통모인수인의 차액지급의무**)가 있으며(상516.1→424의2.1), 책임 추궁을 위하여 주주는 대표소송을 제기할 수 있으며(상516.1→424의2.2), 이 경우 이사의 회사 또는 주주에 대한 손해배상책임에 영향이 없다(상516.1, 424의2.3).

③ **전환사채발행무효의 소** – 상법에는 근거규정이 없지만, 전환사채 발행은 사실상 신주발행으로서의 의미를 가지므로 전환사채발행에 무효사유가 있는 경우에는 신주발행무효의 소에 관한 상법 제429조 이하의 규정을 유추적용하여 주주·이사·감사에 한하여 회사를 상대로 **전환사채발행무효의 소**를 제기할 수 있다고 본다(통설, 판례 : 2000다37326). 그리고 전환사채의 전환청구에 의하여 신주가 발행된 경우 무효 원인이 있는 전환사채에 기해 발행된 신주에 대하여는 독립적으로 신주발행무효의 소를 제기할 수 있다고 본다.

④ **무효원인** – 전환사채발행 **무효원인**도 신주발행무효원인과 유사하게 해석되는데, 판례는 전환사채발행무효의 소는 사후에 이를 무효로 함으로써 거래의 안전과 법적 안정성을 해칠 위험이 큰 점을 고려할 때 그 무효원인은 가급적 엄격하게 해석하여야 하고, 따라서 법령이나 정관의 중대한 위반 또는 현저한 불공정

이 있어 그것이 주식회사의 본질이나 회사법의 기본원칙에 반하거나 기존 주주들의 이익과 회사의 경영권 내지 지배권에 중대한 영향을 미치는 경우로서 전환사채와 관련된 거래의 안전, 주주 기타 이해관계인의 이익 등을 고려하더라도 도저히 묵과할 수 없는 정도라고 평가되는 경우에 한하여 전환사채의 발행 또는 그 전환권의 행사에 의한 주식의 발행을 무효로 할 수 있을 것이며, 그 무효원인을 회사의 경영권 분쟁이 현재 계속중이거나 임박해 있는 등 오직 지배권의 변경을 초래하거나 이를 저지할 목적으로 전환사채를 발행하였음이 객관적으로 명백한 경우에 한정할 것은 아니다(2000다37326).

4) **전환권의 행사** : 전환권은 **형성권**으로서(통설, 판례) 전환사채권자는 전환을 청구할 경우 전환기간 중 청구서 2통에 전환사채·청구연월일을 기재하고 기명날인(서명)한 후 채권을 첨부하여 회사에 제출하여야 한다(상515). 전환기간 중 주주명부폐쇄기간이 포함된 경우에도 전환청구는 가능하지만, 이 기간 중 전환된 전환사채의 주주는 그 기간 중의 주주총회의 결의에 관하여는 의결권을 행사할 수 없다(상516.2 → 350.2). 상법은 전환되는 주식의 **발행가액**에 관해, 전환사채의 발행가액총액을 전환에 의하여 발행하는 주식의 발행가액총액으로 하고 있다(상516.2 → 348). 이는 주식의 액면미달발행의 제한(상330, 417)과 함께 전환조건을 제한하여 회사의 자본충실을 위해서이다. 따라서 전환사채권자의 전환청구가 있으면 회사는 사채의 발행가액총액과 동액의 주식을 발행하여 전환가액으로 나눈 수의 주식을 전환사채권자에게 주어야 하며, 시가전환방식인 경우 주식의 액면상당액은 자본이 되고, 액면초과액은 자본준비금으로 적립되어야 한다(상459.1).

5) **전환의 효력** : 전환권은 형성권이므로 **전환청구시점**에 그 효력이 발생하여(상516.2 → 350.1), 전환사채권자는 사채권자로서의 지위를 상실하고 전환에 의하여 발행되는 신주의 주주가 된다. 회사는 전환에 의한 신주발행을 위해 전환기간 중 전환발행될 주식수를 미발행주식수 중에 유보하여야 한다(상516.1 → 346.2). 회사가 전환청구를 받으면 전환사채의 금액만큼 자본은 증가하고 사채는 감소한다. 전환사채에 질권이 설정된 경우에는 물상대위의 규정에 따라 전환으로 인하여 사채권자가 받을 주식에 대해서도 질권을 행사할 수 있다(상516.2 → 339). 전환사채의 전환이 있으면 등기사항이 변경되므로 이에 관한 **변경등기**를 하여야 하는데, 이는 전환을 청구한 날이 속하는 달의 말일로부터 2주 내에 본점소재지에서

하여야 한다(상516.2→351).

2. 신주인수권부사채

1) **의 의** : ① 개념 – 사채권자에게 사채발행회사에 대한 신주인수권 더 정확하게는 **신주발행청구권**이 부여된 사채를 말한다. 신주발행청구권은 신주발행시 다른 사람보다 우선적으로 배정받을 수 있는 신주인수권(상418.1)과 달리 사채발행회사에 대하여 신주발행을 청구하고 발행되는 신주에 대하여 당연히 주주가 되는 권리를 의미한다. 신주인수권부사채의 사채권자(또는 신주인수권증권의 정당한 소지인)가 신주인수권을 행사하면 기채회사는 당연히 신주를 발행하여야 할 의무를 부담하므로, 이러한 신주인수권은 전환사채에서의 전환권과 같이 **형성권**적 성질을 가진다. 사채권자에게는 사채권자의 지위와 주주의 지위를 동시에 향유하게 하여 기채회사의 자금조달을 원활히 하는 기능을 한다.

② **전환사채와 비교** – 신주인수권부사채는 전환사채와 유사하지만, 신주인수권부사채의 경우 신주의 발행가액의 납입이 있고, 분리형 신주인수권부사채의 경우에는 신주인수권의 분리양도가 가능하며, 사채 발행가액의 제한(상516.2→348)이 없이 발행가액총액은 신주인수권부사채의 금액(발행가액총액)을 초과하지 않는 범위 내에서 자유롭게 조정될 수 있으며(상516의2.3), 전환청구시점(상516.2, 350)이 아니라 신주의 발행가액의 전액을 납입한 때(예외 대용납입) 신주의 효력이 발생한다(상516의9). 신주인수권을 행사하더라도 사채는 소멸되지 않고 사채와 주식이 병존하게 되며, 질권자는 전환사채(상516.2→339)와 달리 물상대위권을 행사할 수 없다.

③ **유형** – 신주인수권부사채에는 분리형과 비분리형이 있는데, **분리형 신주인수권부사채**는 사채권을 표창하는 유가증권인 <u>채권</u>과 신주인수권을 표창하는 유가증권인 <u>신주인수권증권</u>(사채권과 분리하여 양도 가능)을 별도로 발행하는 형태이고, **비분리형 신주인수권부사채**는 사채권과 신주인수권을 동일한 유가증권에 표창하여 신주인수권을 사채권에서 분리할 수 없는 형태이다. 상법은 비분리형 신주인수권부사채의 발행을 원칙으로 하고, 분리형은 예외적으로 이사회에서 이에 관한 별도의 결의가 있는 경우 발행이 가능하다(상516의2.2 4호).

2) **발행 절차** : ① **배정방식** – 주주배정방식과 제3자배정방식으로 구분되는데,

주주배정의 경우 이사회의 결의(정관규정 또는 정관에 의한 주총결의)로 그 발행과 발행사항(신주인수권부사채의 총액, 신주인수권의 내용(비율·발행주식종류·발행가액), 신주인수권의 행사기간, 신주인수권의 양도가능성, 대용납입사항, 주주의 신주인수권부사채의 인수권과 사채금액)을 정한다(상516의2.2). **제3자배정**의 경우 정관 또는 주주총회의 특별결의로 신주인수권부사채의 발행사항을 정하여야 하고, 신기술의 도입·재무구조의 개선 등 회사의 경영상 목적을 달성하기 위하여 필요한 경우에 한하고(상516의2.4→418.2) 주총소집 의안요령에 기재하여야 하는데(상516의2.5→513.4→363), 이는 전환사채의 발행요건과 동일하다.

② **공시·인수·배정·등기 - 공시절차**로서 사채청약서, 사채원부, 채권에 일정한 발행사항을 기재하고(상516의4). 분리형의 경우 채권 대신 신주인수권증권에 발행사항을 기재하고(상516의5.2), 채권에는 기재할 필요가 없다(상516의4). **인수·배정절차**로서, 주주는 이사회의 결의에 의하여 구체적 신주인수권부사채의 인수권을 가지고(상516의2.2 7호), 주식 수에 비례하여 신주인수권부사채의 배정을 받을 권리를 갖는다(상516의10, 513의2.1). 회사는 배정기준일을 정하고 그 취지를 공고하며(상516의10, 513의2.2→418.3), 실권예고부청약을 최고한다(상516의3.1). 회사가 신주인수권부사채를 발행한 경우 납입을 완료한 날로부터 2주 내에 본점소재지에서 일정한 발행사항을 **등기**하여야 한다(상516의7).

3) **부당 발행** : 회사가 법령 또는 정관에 위반하거나 현저하게 불공정한 방법에 의하여 신주인수권부사채를 발행함으로써 주주가 불이익을 받을 염려가 있는 경우에는, 주주는 회사에 대하여 **신주인수권부사채발행유지청구**를 할 수 있다(상516의10→516.1→424). 또 이사와 통모하여 현저하게 불공정한 발행가액으로 신주인수권부사채를 인수한 자가 있는 경우에는 그는 회사에 대하여 공정한 발행가액과의 차액에 상당한 금액을 지급할 의무를 부담하고(상516의10→516.1→424의2.1), 주주는 이에 관하여 대표소송을 제기할 수 있다(상516의10→516.1→424의2.2). 상법상 전환사채무효의 소에 관한 규정이 없는 것과 마찬가지로 **신주인수권부사채발행무효의 소**에 관한 규정도 인정되고 있지 않으나 신주발행무효의 소를 유추적용할 수 있다고 본다.

4) **발행가액의 제한** : 각 신주인수권부사채에 부여된 신주인수권의 행사로 인하여 발행할 주식의 합계액은 각 신주인수권부사채의 금액을 초과할 수 없도록

하여(상516의2.3) 과다한 신주인수권을 부여하는 것을 방지한다. 하지만 전환사채와 달리 신주인수권부사채의 경우에는 신주의 발행가액총액을 사채의 금액범위 내에서 자유로이 조절할 수 있다. **발행가액총액에 대한 제한의 적용범위**(쟁점86)에 관해, **발행시설**은 신주인수권부사채의 발행시에만 적용된다는 견해이고, **행사시설**은 신주인수권의 행사시에도 적용된다는 견해이다. 생각건대 신주발행시 주식수와 발행가액은 이사회결의에 의해 정해지므로 미리 신주의 발행가액을 결정하는 것이 가능한가는 의문이어서 전환사채 발행시와는 구별되고 신주인수권을 행사하여 구체적으로 신주를 발행하는 시점에 적용된다고 본다.

5) **신주인수권부사채의 양도** : ① **양도 유형** – 비분리형 신주인수권부사채권은 사채권 및 신주인수권을 표창하고 채권의 양도에 의하여 두 권리가 동시에 양수인에게 이전하므로 **채권** 자체에 일정한 발행사항이 기재되어야 한다(상516의4). 분리형 신주인수권부사채는 채권 외에 신주인수권을 표창하는 **신주인수권증권**이 별도로 발행되므로, 두 증권을 분리하여 양도할 수 있다. 회사는 이사회의 결의에 의하여 신주인수권만을 양도할 수 있다고 결정하면(상516의2.2 4호) 채권과 함께 신주인수권증권을 양식에 맞게 발행하여야 한다(상516의5.1). 이처럼 신주인수권증권이 발행되면 양도인의 의사표시와 신주인수권증권의 교부에 의해 신주인수권이 양도된다(상516의6.1).

② **신주인수권증권** – 신주인수권증권은 신주인수권을 표창하는 유가증권으로서 보통의 신주발행시 주주의 신주인수권의 양도와 편의를 위하여 발행되는 신주인수권증서와 신주인수권을 표창하는 유가증권이라는 점에서 동일하다. 그러나 신주인수권증서는 이사회결의 등으로 주주의 청구가 있거나 청구기간을 정한 경우에는 이 청구기간 내에 이를 청구한 주주에게만 발행되고 이 같은 정함이 없는 경우에는 신주의 청약기일의 2주 전에 모든 주주에게 발행되지만(상416 6호, 420의2.1), 신주인수권증권은 신주인수권부사채를 분리형으로 발행하는 경우에 언제나 모든 사채권자에게 의무적으로 발행되어야 한다는 점(상516의5.1)에서 차이가 있다.

6) **신주인수권의 행사** : ① **행사방법** – 신주인수권의 행사기간 중 언제든지 행사할 수 있으며 주주명부폐쇄기간 중에도 이를 할 수 있으나, 주주명부폐쇄기간 중의 총회결의에 관하여 의결권을 행사할 수 없다(상516의9 → 350.2). 회사는 신

주인수권의 행사기간 동안은 신주인수권의 행사로 인하여 발행될 주식수만큼 수권주식총수 중 미발행주식수를 유보하여야 한다(상516의10 → 516.1 → 346.2). 신주인수권을 행사하려는 자는 청구서 2통을 회사에 제출하여야 하는데(상516의8.1), 이 청구서에는 인수할 주식의 종류 및 수와 주소를 기재하고 기명날인·서명하여야 한다(상516의8.4 → 302.1). 이때 신주인수권부사채가 분리형인 경우에는 신주인수권증권을 첨부하고, 비분리형인 경우에는 채권을 제시하여야 한다(상516의8.2). 신주인수권을 행사한 자는 원칙적으로 신주의 발행가액의 전액을 채권 또는 신주인수권증권에 기재된 납입장소인 은행 기타 금융기관에 **납입**하여야 한다(상516의8.1,3).

② **대용납입** – 금전납입을 대신하여 예외적으로 대용납입이 허용되는데(상516의2.2 5호), **대용납입**이란 신주인수권을 행사하려는 자의 청구가 있는 때에는 신주인수권부사채의 상환에 갈음하여 신주의 발행가액의 납입으로 보는 것을 말하고 이 경우 자본은 증가하나 재산은 증가하지 않는다. 대용납입이 허용되는 경우에는 사채상환금액이 신주발행가액이어서 추가의 납입이 불필요하고(상516의2.2 5호), 허용되지 않는 유형에서는 신주발행가액의 전액을 현실로 납입하여야 한다(상516의8.1). 대용납입을 인정할지 여부는 회사의 임의이며, 정관의 규정 또는 이사회의 결의에 따른다. 또 정관의 규정 또는 이사회의 결의에 따라 대용납입이 허용되는 경우에도 대용납입은 신주인수권 행사자의 선택에 맡겨져 있어 현금납입을 선택할 수도 있다.

③ **법적 성질** – **대용납입의 법적 성질**(**쟁점87**)에 관하여, **상계설**(다수설)은 신주인수권의 행사를 조건으로 하는 사채의 기한 전 상환에 의한 상환청구권과 납입의무의 상계로 보는 견해이고, **대물변제설**은 사채와 주식은 전혀 그 성질을 달리한다는 점에서 대물변제로 보는 견해이다. 생각건대 개정상법에서 회사가 동의할 경우 상계에 의한 납입도 가능(상421.2)할 뿐 아니라 사채상환채무와 주금납입채무간의 상계이어서 굳이 대물변제로 볼 필요가 없으므로 상계설이 타당하다고 본다.

7) **효 력** : 신주인수권의 행사로 인하여 발행되는 신주의 효력발생시기는 신주인수권을 행사한 자가 신주의 발행가액의 전액을 **납입한 때**이다(상516의9). 그러나 대용납입의 경우에는 신주인수권을 행사하는 자가 회사에 신주인수권증권이나 채권을 첨부하여 신주발행의 청구서를 제출한 때에 신주발행의 효력이 발생한

다. 신주인수권부사채에 대한 이자지급에 관하여는 회사의 사무적인 편의를 위하여 영업연도 말에 신주발행의 효력이 발행하는 것으로 보는데, 정관에 따라 직전 영업연도 말에 신주발행의 효력이 발생하는 것으로 볼 수 있다(상516의9 2문→350.3). **질권**에 대한 효력은 전환사채의 물상대위(상516.2→339)와 달리 신주인수권부사채의 경우는 원칙적으로 신주인수권의 행사로 사채가 소멸하는 것은 아니므로 신주에 대한 물상대위가 문제가 되지 않는다. 따라서 질권은 인수권의 행사로 발행된 신주에는 미치지 않으나, 사채의 상환금으로 신주의 발행가액을 대용납입하는 경우는 물상대위 된다고 본다. 신주인수권을 행사하여 신주의 효력이 생기면 등기사항인 신주인수권부사채의 총액(상516의7.1 5호, 516의2.2 1호)이 감소하는 경우가 있고(대용납입이 있는 경우), 또한 발행주식의 총수와 자본의 총액(상317.2 2호, 3호)이 증가하므로 신주의 효력발생시기가 속하는 달의 말일로부터 2주 내에 본점소재지에서 그 뜻의 **변경등기**를 하여야 한다(상516의10→351). 외국에서 신주인수권부사채를 모집한 경우에 등기할 사항이 외국에서 생긴 때에는 등기기간은 그 통지가 도달한 날로부터 기산한다(상514의2.4).

3. 담보부사채

1) **개 념** : 상법상 사채는 무담보사채를 원칙으로 하는데 반해, 사채권을 담보하기 위한 물상담보가 붙어 있는 사채를 담보부사채라 하고 담보부사채신탁법에 따르며 인적담보가 붙여진 **보증사채**와 구별된다. 사채발행의 경우에 기채회사가 각 사채권자에 대하여 개별적으로 담보권을 설정하는 것은 실제로 불가능하므로 사채발행회사와 사채권자와의 사이에 신탁회사(수탁회사)를 개재시켜 수탁회사와 위탁회사간에 신탁계약을 체결하게 한다. 신탁계약에 따라서 수탁회사는 물상담보권을 취득하고 이것을 총사채권자를 위하여 보존하고 실행할 의무를 부담하며, 총사채권자는 수익자로서 각각의 채권액에 따라 평등하게 담보의 이익을 향수한다. 신탁계약에 의하여 설정할 수 있는 물상담보로는 동산질, 증서 있는 채권질, 주식질(금융위원회의 인가를 얻은 경우), 부동산저당 기타 법령이 인정하는 각종의 저당에 한정되고(담보4), 이러한 담보권은 총사채를 위하여 수탁회사에 귀속된다(담보60.1).

2) **신탁계약** : 사채에 대하여 물상담보권을 설정하고자 하는 경우에는 사채발

행회사를 위탁회사로 하고, 신탁업법에 의한 신탁회사 또는 은행법에 의한 금융기관으로서 금융위원회에 등록한 자를 수탁회사로 하여(담보5), 양자간의 신탁계약에 의하여 사채를 발행하여야 한다(담보3). 이때 **수탁회사**는 신탁증서에 총사채를 위하여 물상담보권을 취득하는 동시에(담보60.1), 이 담보권을 총사채권자를 위하여 보존하고 또 실행하여야 할 의무를 부담하므로(담보60.2), 사채권자는 수익자로서 그 담보의 이익을 채권액에 비례하여 평등하게 받는다(담보61). 담보부사채에 관한 신탁계약은 법정요건을 기재한 **신탁증서**에 의하여 체결된다(담보12 이하). 수탁회사의 구체적 권한은 총사채권자를 위하여 담보권을 보존·실행하여야 하는 업무(담보60.2) 외에 위탁회사를 위하여 담보부사채의 모집에 관한 업무(담보18, 19), 사채권자집회의 소집·결의의 집행(담보41, 54), 담보권의 실행·강제집행(담보71, 72), 채권의 변제를 받음에 필요한 모든 업무(담보73) 등을 수행할 권한 등이다.

3) **담보부사채의 발행** : 기채회사는 동일담보권으로서 담보된 사채의 총액을 수 회로 분할하여 발행 할 수 있는데, 각 회의 사채는 그 담보권에 대하여 동일순위에 있게 된다(담보14, 15, 17.2). 다만 이 경우에 그 최종회의 발행은 신탁증서 작성일로부터 5년 이내에 하여야 한다(담보26). 이는 신주발행에 있어서 수권자본제도와 유사한 것으로, 미국법상의 개방적 담보제도(openend mortgage)를 도입한 것이며, 동일담보권으로서 담보된 사채의 총액을 일시에 발행하도록 하는 폐쇄적 담보제도(closedend mortgage)와 구별된다. 기채회사가 담보부사채를 모집하는 경우에는 사채청약서(상474) 대신에 공고(담보17)에 의한다.

4) **사채권자집회** : 담보부사채의 사채권자집회는 일반사채의 사채권자집회(상490~512)와 비교시 담보부사채의 경우는 법원의 인가(상496) 없이 담보부사채신탁법에 규정된 것 외에는 따로 신탁계약에 정한 것에 한하여 결의할 수 있고(담보51), 원칙적으로 특별결의요건(상495.1이 아닌 행사된 결의권의 과반수(보통결의)로써 결의한다(담보45.1). 결의의 절차 등에 하자가 있는 경우에는 결의무효를 법원에 청구할 수 있다(담보50).

4. 이익참가부사채

1) **개 념** : 사채권자에게 사채의 이율에 의한 확정이자를 지급하는 외에 배당가능이익이 있는 경우에는 이익배당에도 참가할 수 있는 권리를 부여한 사채를 말한다(상469.2 1호, 상령21). 사채권자가 이익배당참여도 가능하므로 기존주주의 이익을 침해받을 우려가 있으므로 주권상장법인에 한하여 발행을 허용하고 엄격한 절차를 요구하고 있었으나 개정상법에 포함되어 일반 회사도 활용할 수 있는 제도가 되었다. 이익참가부사채는 회사의 자금조달의 편의를 위하여 주식(투자성)과 사채(안전성)의 양 성질을 지닌 중간형태의 제도라는 점에서는 전환사채와 신주인수권부사채와 유사하나 전환·인수권행사 없이 처음부터 주식의 특성을 가진다.

2) **발행절차** : ① **주주배정**에 의한 이익참가부사채는 발행사항(이익참가부사채의 총액, 조건 및 내용, 사채인수권 부여와 사채의 가액 등)을 **이사회결의**(정관에 따른 주총결의)로 정한다(상령21.1). **제3자배정** 이익참가부사채는 발행사항 및 제3자배정 취지에 관해 정관 또는 주주총회의 특별결의가 있어야 하고(상령21.2), 주총소집통지에 그러한 의안요령을 기재하여야 한다(상령21.3).

② 배정기일을 정하여 배정일 2주 전에 공고를 하고(상령21.5) 그날에 주주명부에 기재된 주주의 인수권을 가지고 청약을 하지 않을 경우 실권의 취지(실권예고부청약최고)를 배정기일의 2주 전에 통지하여야 한다(상령21.6,8). 회사가 이익참가부사채를 발행한 경우에는 사채의 납입이 완료된 날로부터 2주 내에 본점소재지에서 일정사항을 **등기**하여야 한다(상령21.10).

3) **부당 발행** : 이익참가부사채의 불공정한 발행이 있는 경우에도 신주가 발행되는 것은 아니므로 신주발행유지청구권(상424), 통모인수인의 차액지급의무(상424의2) 등은 인정되지 않고(전환사채·신주인수권부사채와 구별), 발행이 위법할 경우 이사는 위법행위유지청구권(상402)을 행사할 수 있다. 그리고 이익참가부사채 발행에 관해 이사의 임무해태가 있었고 이로 인해 회사 또는 제3자에게 손해가 발생할 경우 회사 또는 제3자에 대해 손해배상책임을 부담할 수 있다(상399,401).

4) **이익배당참가** : 이익참가부사채권자는 사채계약에서 정한 비율에 따라 이자를 받을 뿐만 아니라, 회사의 이익배당에도 참가하여 그 배당을 받을 수 있다. 이익배당참가의 내용에 대하여는 주주배정의 경우 정관에 규정이 없으면 이사회의 결의로 정하지만(상령21.1), 주주 외의 자에 대하여 발행하는 경우에는 정관에서 정함이 없으면 주주총회의 특별결의에 의하여 결정한다(상령21.2). 이익참가부사채권자의 주식배당에의 참가가능성에 관해 학설이 대립한다.

5. 교환사채

1) **개 념** : 사채권자에게 당해 주권상장법인 또는 코스닥상장법인이 소유하고 있는 주식 기타 다른 유가증권과 교환 또는 상환을 청구할 수 있는 권리가 부여된 사채를 말한다(상469.2 2호, 상령22). **전환사채와 비교**하면, 교환사채는 주권으로의 교환청구권이 부여되어 있고, 이사회의 결의에 의하여 발행되며, 발행에 관하여는 일정한 사항을 사채청약서·채권 및 사채원부에 기재하여 공시하도록 한 점에서 유사하다. 그러나 교환사채는 이를 주주 외의 자에게 발행하는 경우에도 주주총회의 특별결의 없이 이사회의 결의만 있으면 된다는 점(상령22.2), 회사가 신주를 발행하지 않고 이미 소유하고 있는 기존주권을 교환사채와 교환하여 교부한다는 점, 교환사채를 발행하는 회사는 교환에 필요한 상장주권을 사채권자의 교환청구가 있는 때 또는 당해 사채의 교환청구기간이 만료하는 때까지 예탁결제원에 예탁하여야 한다는 점(상령22.3), 교환사채가 교환할 수 있는 주권은 기채회사가 소유하고 있는 유가증권이면 무방하고 반드시 기채회사의 자기주권임을 요하지 아니한다는 점에서 구별된다.

2) **발행절차** : 교환사채는 **이사회의 결의만으로** 발행사항(교환취지, 교환할 유가증권의 내용, 교환조건, 교환청구기간 등)을 결정하는데, 이는 장차 신주가 발행되지 않아 주주의 지분적 이익을 침해하지 않기 때문이다. 따라서 제3자배정의 경우에도 주주총회의 특별결의를 필요로 하지 않는다. 발행사항은 사채청약서·채권 및 사채원부에 기재하여 **공시**하여야 하는데(상474), 교환할 유가증권의 내용에 있어 현행법상으로는 교환사채발행과 더불어 신주를 발행할 법적 근거가 없는 데다가 회사의 자기주식보유는 제한되어 있고, 교환사채를 위한 예외도 인정되어 있지 않다. 그러므로 교환의 대상이 되는 유가증권이란 발행회사가 소유하는 모

든 유가증권을 말한다. 그러나 국공채나 회사채와 같이 이율에 의해 수익이 기대되는 유가증권과 교환해 준다는 것은 이름만 바뀐 동종의 상품과의 교환을 뜻하므로 무의미하다. 교환의 조건이란 교환사채에 대해 부여할 교환대상 유가증권의 수량을 의미하며, 교환사채의 발행가액에 대하여는 상법 등에 특별한 규정이 없다.

3) **교환의 청구** : 교환사채권자가 다른 상장유가증권과의 교환을 청구하려면 교환청구의 기간 내에 청구서 2통에 기명날인·서명하고, 교환사채권을 첨부하여 회사에 제출하여야 한다(상22.4,5). 만일 기채회사가 교환청구기간을 정하지 아니한 경우에는 사채권자는 수시로 교환청구할 수 있다고 본다. 교환청구는 주주명부폐쇄기간 중에도 할 수는 있으나, 주식을 교환받은 경우에는 그 폐쇄기간 중의 총회의 결의에 관하여 의결권을 행사할 수는 없다(상350.2 참조).

4) **교환의 효력** : 교환사채의 교환의 효력은 그 청구를 한 때에 생긴다고 본다. 그러나 사채권자가 교환청구를 하였다고 해서 현재 회사가 보유하고 있는 교환대상 유가증권이 바로 사채권자에게 귀속되었다고 할 수는 없으므로, 교환청구에 의하여 회사는 별도의 승인절차 없이 바로 교환대상 유가증권을 사채권자에게 인도하여야 할 의무가 발생한다고 해석하여야 한다.

6. 상환사채, 파생결합사채

1) **상환사채**는 회사가 그 소유의 주식이나 그 밖의 다른 유가증권으로 상환할 수 있는 사채를 의미한다(상469.2 2호, 상령23.1). 이는 교환권을 사채권자가 가지는 교환사채와 달리 회사가 상환권을 가지며, 발행사항·절차는 교환사채와 유사하다(상령23).

2) **파생결합사채**는 유가증권이나 통화 또는 그 밖에 대통령령으로 정하는 자산이나 지표 등의 변동과 연계하여 미리 정하여진 방법에 따라 상환 또는 지급금액이 결정되는 사채를 의미한다(상469.2 3호, 상령24). 파생결합사채를 발행하는 경우 그 연계될 유가증권, 통화, 자산, 지표와 상환 또는 지급금액을 결정하는 방법은 이사회에서 정한다(상령24).

제 9 절 회사의 조직개편

주식회사는 다른 기업과의 인수·합병 등을 통해 기업의 상품성을 높여 투자가치를 올릴 필요가 있다. 회사의 조직개편(Restructuring)이란 외부기업과의 결합·합병·인수·분할 등을 통해 기업의 구조를 변경하면서 기업의 투자가치를 높이는 일련의 활동이라 정의할 수 있고, 상법은 조직변경(상242, 269, 604, 607), 영업양도(양수)(상41~45, 374), 합병(상174~175, 230~240, 269, 522~530, 598~603), 기업결합(상342의2, 369.3), 회사의 분할(상530의2~530의12), 주식의 포괄적 교환·이전(상360의2~360의23), 자본시장법은 기업매수(M&A)(자본133~146) 등을 규정하고 있다

Ⅰ. 조직변경

1) **의 의** : 회사가 법인격의 동일성을 유지하면서 다른 종류의 회사로 법률상의 조직을 변경하는 것을 의미하며, 법인격의 동일성이 그대로 유지되는 점에서 합병과 구별된다. 우리 상법은 조직변경을 인적회사(합명회사와 합자회사)간, 물적회사(주식회사와 유한책임회사·유한회사)간, 즉 성질이 유사한 회사간에서만 허용한다(상242, 286, 604.1, 607.1). 따라서 합자회사가 주식회사를 설립하여 그와 합병하더라도 조직변경으로 볼 수는 없다(85누69). 조직변경제도는 기존회사를 해산하고 다른 종류의 회사를 신설할 경우 발생하는 경제적 비용을 줄이고 기업유지의 이념에 따라 회사의 법인격을 유지하면서 다른 종류의 회사로 변경할 수 있게 하는 기능을 한다.

2) **조직변경의 절차** : **인적회사간의 조직변경**절차를 보면, i) 사원의 변경절차, 즉 합명회사는 유한책임사원의 보완(신규가입 또는 총사원 동의에 의한 유한책임사원으로의 변경: 상242)을 통해, 합자회사는 유한책임사원의 제거(유한책임사원의 퇴사 : 상286.2, 총사원 동의에 의한 무한책임사원으로의 변경 : 상286.1)하고 ii) 총사원의 동의를 얻어 합자회사 또는 합명회사로 조직변경할 수 있다. iii) 조직변경시 일정한 기간 내에 변경전 회사의 해산등기, 변경후 회사의 설립등기를 하

여야 한다(상243, 286.3). **물적회사간 조직변경절차**를 보면, i) 체제정비절차(변경전 주식회사는 사채상환완료 : 상604.1, 변경전 유한회사는 합병에서와 같은 채권자보호절차 : 상608 → 232)를 거치고, ii) 총주주 또는 총사원의 동의(상287의43, 604.1, 607.1)가 요구되며 이 결의에서는 정관 기타 조직변경에 필요한 사항을 정하여야 한다(상604.3, 607.5). iii) 특히 유한회사가 주식회사로 조직변경할 경우 법원의 인가를 받아야 그 효력이 있는데(상607.3), 이는 엄격한 주식회사 설립절차를 탈법하는 것을 방지하기 위한 것이다. iv) 조직변경절차가 종료되면 일정 기간 내에 변경전 회사의 해산등기, 변경후 회사의 설립등기를 하여야 한다(상606, 607.5). 유한책임회사의 조직변경에는 채권자보호절차(상232), 유한회사의 조직변경에 관한 규정(상604~607)을 준용한다(상287의44)

3) **조직변경의 효력** : **조직변경의 효력발생시점**(**쟁점91**)에 관해, 합병의 경우(상234)와는 달리 상법에는 규정이 없는데 현실로 조직이 변경되었을 때에 그 효력이 발생한다는 견해, 합병의 경우와 같이 조직변경을 등기한 때에 그 효력이 발생한다고 하는 견해가 대립된다. 회사의 **조직변경절차에 하자**가 있는 경우, 합병무효의 소를 규정하고 있는 합병과 달리 상법에 별도의 규정을 두지 않는데, 단체법상 획일적으로 확정함을 요하므로 민법의 무효·취소에 관한 규정이 적용될 수는 없고, 회사설립의 무효·취소에 관한 소의 규정이 유추적용된다고 본다. 이때 조직변경의 무효가 확정되면 조직변경 전의 회사로 복귀한다. 그리고 변경전 주식회사의 종전의 주식을 목적으로 하는 질권은 그 주식을 갖고 있는 주주가 취득하는 유한회사의 지분 및 조직변경시의 수령금 위에 물상대위한다(상604.4 → 601). 변경전 유한회사의 지분에 대한 등록질권자는 회사에 대하여 주권교부청구권이 있으며(상607.5 → 340.3), 종전의 지분에 대하여 설정된 질권은 물상대위가 인정된다(상607.5 → 601.1).

4) **조직변경에 따른 책임** : 조직변경의 효력이 발생하면 부수적 효과가 발생하는데, 특히 무한책임사원이 유한책임사원이 된 경우 동 사원은 회사채권자를 보호하기 위해 본점소재지에서 조직변경의 등기를 하기 전에 생긴 회사채무에 대하여 등기 후 2년 내에는 무한책임사원의 책임을 면하지 못한다(상244). 먼저 주식회사가 유한회사로 조직변경 하는 경우 조직변경 후의 유한회사의 자본의 총액은 변경 전의 주식회사에 현존하는 순재산액보다 많게 하지 못한다(상604.2). 이에

위반할 경우 조직변경결의 당시의 이사와 주주가 연대하여 그 부족액을 지급할 책임이 있으며(상605.1), 이러한 주주의 책임은 면제될 수 없으며 이사의 책임은 총사원의 동의에 의하여 면제될 수 있다(상605.2→550.2, 551.2,3). 다음으로 유한회사가 주식회사로 조직변경하는 경우 조직변경시 유한회사에 현존하는 순재산액의 범위 내에서 조직변경시에 발행하는 주식의 발행가액총액이 정하여져야 하는데, 이에 위반하여 발행가액총액을 정한 경우에는 조직변경의 결의 당시의 이사·감사와 사원은 회사에 대하여 연대하여 그 부족액을 지급할 책임이 있다(상607.4). 이때 이사·감사의 책임은 총주주의 동의로 면제할 수 있으나, 주주의 책임은 면제할 수 없다(상607.4→550.2, 551.2,3).

Ⅱ. 회사의 합병

1. 의 의

1) **개 념** : 2개 이상의 회사(A, B)가 청산절차를 거치지 않고 합쳐지는 현상으로서, 그 중 한 회사가 다른 회사를 흡수하거나(A←B) 새로운 회사를 설립하여(A+B→C) 1개 이상의 회사(A, A·B)의 소멸과 권리의무·사원의 포괄적 이전을 생기게 하는 회사법상의 법률요건이다. 합병은 상법의 특별규정에 따라 청산절차를 거치지 않는 점에서, 당사회사의 전부가 영업 전부를 현물출자하여 신회사를 설립하거나 다른 회사에 영업 전부를 현물출자한 후 주식을 발행받고 당사회사의 전부 또는 일부를 해산하여 청산하는 등의 방법에 의한 **사실상의 합병**과는 구별되고, 사원을 수용하는 점에서 회사의 영업재산만을 양수하는 이른바 기업매수와도 구별된다. 그리고 합병은 개인법상의 거래인 영업양도와 구별되는데, 권리의무의 포괄적 이전이 생기는 단체법적 현상이고(상235, 269, 530.2, 603), 소멸회사의 해산이 수반하고, 소멸회사의 사원은 직접 존속회사 사원의 지위를 취득하고 채권자보호절차가 요구된다.

2) **유 형** : 합병에는 1회사가 존속하고 다른 회사가 소멸하는 **흡수합병**(A←B)과 당사회사 전부가 소멸하고 신회사를 설립하는 **신설합병**(A+B→C)이 있다. 주식회사의 합병에는 보통 합병 당사회사의 주주총회 특별결의에 의한 승인을 요하는데(상522.1,3), 합병절차를 간소화하기 위하여 어느 일방 당사회사의 주주총

회의 승인결의를 요하지 아니하고 이사회결의만으로 가능한 합병을 **간이합병**(약식합병)(shortform merger)이라고 하고(상527의2), 존속회사의 주주총회 승인결의를 요하지 않는 합병을 **소규모합병**(small scale merger)이라고 한다(상527의3). 그리고 흡수합병의 경우 합병의 대가를 개정전 상법에서는 존속회사의 주식(신주포함)으로 정하고 예외적으로 일정한 금액을 지급할 수 있도록 하고 있었는데(합병대가의 유연화), 2011년 상법을 개정하면서 합병대가에 금전이나 그 밖의 재산을 제공할 수 있도록 하여 현금합병이나 재산합병(삼각합병 등)이 가능하게 되었다. **삼각합병**이란 재산합병의 일종으로서 합병의 대가가 모회사의 주식인 합병을 의미하며, 상법 제523조 제4호에 따라 합병대가로 재산을 제공할 수 있어 삼각합병도 가능하게 되었다. A회사가 소멸회사(B회사)를 합병하면서 A"회사(A회사의 자회사)를 설립하고 A"회사로 하여금 B회사를 합병하도록 하고 합병대가로 A회사(모회사)의 주식을 제공하여 A회사는 B회사를 흡수한 A"회사의 완전모회사가 된다. **역삼각합병**이란 A회사가 합병목적으로 설립한 자회사(A"회사)가 대상회사(B회사)와 합병하면서 소멸회사가 되면서 결과적으로 대상회사(B회사)가 A회사의 완전자회사가 되도록 하는 합병방식이다.

3) **합병의 성질** : 합병에 의하여 발생하는 소멸회사의 권리의무(및 사원)의 존속회사(신설회사)에의 **포괄적 이전 현상의 법적 구성**(**쟁점92**)에 관해, **인격합일설**은 합병이란 두 개 이상의 회사가 하나의 회사로 된다는 견해이다. 즉, 2개 이상의 회사가 단체법상·조직법상의 특수한 계약에 의하여 1개의 회사로 합일되는 법률사실이며, 그 효과로서 재산의 이전과 사원의 수용이 이루어진다는 견해로서 통설이다. 합병되는 것은 회사라는 법인격 자체이며, 권리의무(및 사원)의 이전은 모두 인격합일의 결과라고 한다. **현물출자설**은 합병이란 소멸하는 회사가 영업전부를 존속회사 또는 신설회사에 현물출자함으로써 이루어지는 자본증가(흡수합병의 경우) 또는 회사설립(신설합병의 경우)이라고 본다. 이 견해는 합병의 효과로서 재산법적 요소를 중시하지만, 채무초과회사를 해산회사로 하는 경우 설명이 궁색하다. **사원현물출자설**은 합병은 소멸회사 스스로가 아니라 그 소멸회사의 주주 또는 사원이 그 지분(주식)을 존속회사 또는 신설회사에 현물출자하는 것이라는 견해인데, 존속·신설회사가 소멸회사의 다른 모든 권리를 취득하는 이유를 설명하기 부적절하다. **재산합일설**은 합병은 소멸회사의 재산이 존속회사 또는 신설회사에 반드시 포괄적으로 합일되는 것이라고 하는데, 법인격의 소멸, 권리·의무

의 승계, 사원의 수용에 대한 적절한 설명이 어렵다. 생각건대 현물출자설은 채무초과회사의 합병을, 사원현물출자설은 법인격의 소멸현상을, 재산합일설은 사원의 수용을 설명하지 못한다는 한계를 가지고 있다. 인격합일설이 인격이 합일된다는 다소 추상적인 이론구성을 하고 있지만 재산과 사원의 수용을 모두 포괄하는 단체법적 특수계약을 표현한 것이므로 합병의 본질에 가장 적합한 견해라 본다.

4) **합병의 자유와 제한** : 상법상 회사는 어느 종류의 회사와도 자유로이 합병할 수 있다(상174.1). 조직변경과 달리 물적회사·인적회사 상호간은 물론 물적회사와 인적회사간에도 합병할 수 있다. 이는 계약자유의 원칙이 사단관계에 적용된 것으로 이해할 수 있으나 후술하는 바와 같이 사원과 회사채권자 보호를 위한 제한이 존재한다. 합병자유의 원칙에도 불구하고 상법에는 합병에 관해 일정한 제한을 규정하고 있다. 합병을 하는 회사의 일방 또는 쌍방이 주식회사 또는 유한회사인 때에는 존속회사 또는 신설회사는 주식회사 또는 유한회사이어야 한다(상174.2). 이는 존속회사 또는 신설회사가 인적회사인 경우에는 사원의 책임이 가중되기 때문이다. 주식회사와 유한회사가 합병을 하는 경우에 존속회사 또는 신설회사가 주식회사인 경우에는 법원의 인가를 받아야 하고(상600.1), 존속회사 또는 신설회사가 유한회사인 경우에는 주식회사의 사채의 상환이 완료되어야 한다(상600.2). 해산 후 회사가 존립중의 회사와 합병하는 경우에는 존립중의 회사를 존속회사로 하는 경우에 한하여 합병할 수 있다(상174.3).

2. 합병 절차

1) **합병계약 체결** : 합병당사회사의 대표기관은 합병계약을 체결하여 합병의 조건, 존속회사 또는 신설회사의 정관의 내용, 합병기일 등을 결정한다. 합병계약은 **합병계약서**를 작성하여 상호 교환하는 것이 통상적이며 요식행위이다(상523, 524). 합병계약서의 기재사항에 대하여 존속회사 또는 신설회사가 인적회사인 경우에는 아무런 제한이 없으나, 물적회사인 경우에는 기재하여야 할 일정한 법정사항이 있다(상523, 524, 603). 다만 존속·신설회사가 주식회사가 되는 합병에서 소멸되는 합명·합자회사는 총사원의 동의를 얻어 합병계약서를 작성하여야 한다(상525.1). **합병계약의 법적 성질**(**쟁점93**)에 관해, **조건부계약설**(다수설)은 총사원의

동의(인적회사의 경우) 또는 합병결의(물적회사의 경우)를 정지조건으로 하는 본계약 또는 합병의 예약(가계약)이라고 보는 견해이고, **독립계약설**은 합병계약은 독립계약이고 독자적으로 효력을 발생하며 승인결의 등과 같이 합병의 효력발생을 위한 법률요건의 하나로 본다. **단체법상 채권계약설**은 합병계약은 주주총회의 결의를 정지조건으로 볼 수 없다는 견해이다. 생각건대 견해는 합병결의를 정지조건 또는 효력발생요건으로 볼 것인지 문제되는데 정지조건도 합병결의의 효력발생에 관한 법률행위의 부관이고 합병결의가 있어야 합병계약이 효력을 가지므로 유사하지만 통상 효력발생요건은 법정되어야 하므로 조건부계약설이 적절하다고 본다.

2) **합병계약서 작성** : ① **합병계약서 기재사항** – 상법은 주식회사가 합병을 하는 경우 합병계약의 내용을 명백히 하여 사후분쟁을 방지하기 위하여 합병계약에 **요식주의**를 채택하고(상523, 524), 또한 합병계약서 등을 **공시**하도록 하였다(상522의2). 즉 상법은 흡수합병과 신설합병의 합병계약서의 기재사항은 이를 구별하여 규정하고 있는데(상523, 524), 존속·설립회사의 신주(주식)의 수·종류와 그 배정, 존속·설립회사의 자본금과 준비금, 소멸회사의 주주에게 제공하는 발행·이전주식 또는 금전·재산(지급할 금액), 주총·사원총회일, 합병일, 이사·감사(감사위원)의 인적사항을 공통으로 하고, 흡수합병의 경우 수권주식수 증가시 그 내용, 합병에 따른 정관변경사항, 합병에 따른 이익배당 한도액, 신설합병의 경우 설립에 관한 사항(정관기재사항, 상289) 등을 합병계약서에 기재하여야 하고, 소규모합병시 주주총회의 승인을 얻지 않고 합병을 한다는 뜻을 기재하여야 한다(상527의3.2).

② **합병차익** – 합병시 자산 증가가 존속·신설회사의 주식의 액면가 합계액의 초과분인 **합병차익**은 준비금으로 적립된다. 그런데 흡수합병의 경우 실질적 채무초과회사를 합병하여 합병차익이 아닌 **합병차손**(합병으로 실질적 자산의 증가보다 많은 신주를 발행하는 것)**의 허용성**(**쟁점94**)에 관해, **긍정설**(**판례**)은 흡수합병에서 초과수익력, 합병으로 인한 상승작용(시너지)의 효과를 기대할 수 있는 경우 초과 부분은 소멸회사의 위와 같은 무형적 가치에 대한 대가로 지급되는 것이라고 볼 수 있고(85누592), 영업권을 동종의 사업을 경영하는 다른 기업의 통상수익보다 높은 초과수익을 올릴 수 있는 무형의 재산적 가치로 보고, 한 회사가 다른 회사를 흡수합병하여 합병 전의 통상수익보다 높은 초과수익을 갖게 된다면 이러

한 무형적 가치를 영업권이라고 보아(85누193), 흡수합병의 경우에는 존속회사의 증가할 자본액이 반드시 소멸회사의 순자산가액의 범위 내로 제한된다고 할 수는 없다고 본다(2007다64136). **부정설**은 합병으로 실질적 자산의 증가보다 많은 신주가 발행된 경우 이는 자본의 흠결이 발생한 것이 되어 자본유지(충실)의 원칙에 반하고 원칙적으로 금지된다고 본다. 등기실무도 채무초과회사를 소멸회사로 하는 무증자합병은 허용하지 않는다(대법원 상업등기선례 1-237)고 보아, 합병차손은 허용되지 않는다고 본다. 생각건대 존속회사가 소멸회사로부터 승계하는 자산을 초과하여 존속회사의 자본금과 준비금의 총액을 증가시킬 수 없으므로 합병차손의 발생은 허용되지 않는다고 본다. 다만 합병은 소멸회사의 총체적인 가치가 존속회사로 포괄적으로 이전하므로 소멸회사의 가치는 반드시 유형의 재산에 한정되지 않고 무형의 재산으로도 존재할 수 있고 이러한 이익이 있으므로 합병이 이뤄진다는 점을 감안할 경우 채무초과회사의 합병도 실질적 합병차손이 발생하지 않는다면 그 유효성을 인정할 실익이 있다고 본다(긍정설).

③ **합병대가 관련 쟁점** – 소멸회사에 대한 합병대가는 통상 존속·신설회사의 신주 또는 자기주식인데(3호), 합병대가의 전부 또는 일부로서 금전 기타 재산의 제공이 허용되어(4호) 현금합병이나 주식 등을 교부하는 재산합병(삼각합병 등)이 가능하다. **현금합병**이란 합병대가로 존속회사의 주식을 교부하는 것이 아니라 현금을 교부함으로써 존속회사 주주가 가진 주식의 희석화 현상이 발생하지 않는 경우를 말한다. 현금합병제도의 도입은 단순히 합병대가의 유연화에 그치지 않고 대주주가 지배주주의 주식매도청구권(상360.24)과 함께 현금합병을 소수주주의 축출수단으로 사용될 수 있다. **재산합병**에서 재산이란 존속회사의 사채를 비롯하여 존속회사가 보유하는 다른 회사의 주식, 사채 기타 유가증권 등을 의미하지만, 재산합병에서 특히 문제가 되는 것은 모회사의 주식이다. 합병의 대가로 모회사의 주식을 부여하는 경우를 **삼각합병**이라 하는데, 상법 제523조 4호가 개정됨으로써 우리법상 현금합병뿐만 아니라 삼각합병이 가능하게 되었다. 삼각합병의 경우 모회사주식을 합병대가로 교부하여야 하므로 자회사가 모회사주식을 보유하고 있어야 한다. 그런데 자회사는 모회사주식을 취득할 수 없지만, 예외적으로 주식의 포괄적 교환, 주식의 포괄적 이전, 회사의 합병 또는 다른 회사의 영업 전부의 양수로 인한 경우, 권리를 실행함에 있어 그 목적을 달성하기 위해 필요한 때에는 가능하다(상342의2). 동조에서 합병으로 인한 모회사 주식의 취득을 허용하고 있지만 삼각합병은 합병으로 인한 취득이 아니라 합병을 위한 취득이므로 동조에서

허용된 예외에는 해당하지 않는다. 따라서 개정상법에서는 합병대가가 모회사주식인 경우의 특칙으로, 제342조의2에도 불구하고 제523조 4호에 따라 소멸하는 회사의 주주에게 제공하는 재산이 존속하는 회사의 모회사주식을 포함하는 경우에는 존속하는 회사는 그 지급을 위하여 모회사주식을 취득할 수 있다는 규정을 두었다(상523의2).

3) **합병결의** : ① **원칙** – 합병계약은 당사회사의 대표이사의 계약체결 이외에 사원을 보호하기 위한 대내적 절차로서 합병결의가 있어야 효력이 발생한다. 즉, 인적회사는 **총사원의 동의**에 의한 승인(상230, 269), 물적회사는 주주(사원)총회의 **특별결의**에 의한 승인(상522.1,3, 598)이 있어야 한다. 주식회사의 경우 합병으로 인하여 어느 종류의 주주에게 손해를 미치게 되는 경우에는 그 종류의 **종류주주총회의 결의**를 얻어야 하고(상436), 합병의 결과 주주의 책임이 무거워지는 경우에는 총주주의 동의를 얻어야 한다. 합병계약을 체결하기 전에 합병결의를 할 수 있는가가 문제되지만, 통설인 정지조건부계약설은 합병계약이 합병결의를 정지조건으로 하는 계약이라고 보아 합병결의보다 합병계약이 선행하여야 한다고 본다. 특히 물적회사인 경우에는 회사가 합병계약서를 작성하여 주주(사원)총회의 승인을 얻어야 한다고 규정하고 있어(상522.1, 603) 합병계약이 선행되어야 한다. 일방당사회사의 합병결의가 불성립하거나 무효가 되면 합병계약의 효력은 발생하지 않게 되고, 특약이 없는 한 상호간에 **손해배상청구**를 하지 못하며(통설), 합병결의에서 계약내용을 변경하는 결의가 있을 때에는 대표자간에 변경된 내용에 따라 다시 계약을 체결하여야 한다. 주주총회결의의 예외로, 소규모합병과 간이합병이 있다.

② **소규모합병** – 존속회사가 합병으로 인하여 발행하는 신주의 총수가 그 회사의 발행주식총수의 10/100를 초과하지 아니한 경우의 합병(**소규모합병**)시 그 존속회사의 주주총회의 승인은 **이사회의 승인**으로 갈음할 수 있다(상527의3). 다만 현금합병에 의한 소규모합병의 경우 교부하는 현금이 존속하는 회사의 최종 대차대조표상으로 현존하는 순자산액의 5/100를 초과하는 때에는 정식 합병절차에 의하도록 하고 있다(상527의3.1). 소규모합병의 경우 주총결의가 없는 합병임을 존속회사의 합병계약서에 공시하고(상527의3.2), 공고 또는 주주에게 통지하여야 하며(상527의3.3). 소수주주(존속회사의 발행주식총수의 20/100 이상 소유한 주주)가 공고·통지의 날로부터 2주 내에 서면에 의한 합병반대의사를 회사에 통지한

때에는 정식합병절차를 밟아야 한다(상527의3.4). 특히 소규모합병에서는 존속회사의 합병반대주주의 주식매수청구권은 인정되지 않는다(상527의3.5).

③ **간이합병** – 흡수합병의 경우에 소멸회사의 총주주의 동의가 있거나 또는 그 회사의 발행주식총수의 90/100 이상을 존속회사가 소유하고 있는 경우의 합병(**간이합병**)에는 소멸회사의 주주총회의 승인은 이사회의 승인으로 갈음할 수 있다(상527의2.1). 이때 소멸회사는 총주주에 의한 동의가 없는 한 주총승인 없는 합병임을 공고하거나 주주에게 통지하여야 하고(상527의2.2), 간이합병에 반대하는 소멸회사의 주주는 주식매수청구를 할 수 있다(상522의3.2).

4) **합병반대주주의 주식매수청구권 행사** : 합병결의에 반대하는 주주는 자기 소유주식을 회사로 하여금 매수하게 하는 주식매수청구권을 가지는데, 이를 위하여 반대주주는 주주총회 전에 회사에 대하여 서면으로 반대의사를 통지하고, 그 총회의 결의일로부터 20일 이내에 주식의 종류와 수를 기재한 서면으로 회사에 대하여 자기가 소유하고 있는 주식의 매수를 청구할 수 있다(상522의3.1), 그 절차는 영업양도시 주식매수청구권에 관한 규정을 준용하므로(상530.2→374.2, 374의2.2~5) 주식매수청구권의 성질, 행사의 효과에 관한 논의도 영업양도에서의 논의와 동일하다. 간이합병의 경우에도 소멸회사의 반대주주는 공고·통지일을 기준으로 2주 내에 서면에 의한 합병반대의사를 회사에 통지하고 위 2주의 기간이 경과한 날로부터 20일 이내에 동일하게 서면으로 주식의 매수를 청구할 수 있다(상522의3.2). **주식매수청구권과 합병무효의 소와의 관계**(**쟁점95**)에 관해, 택일적으로 보는 견해와 합병무효의 소를 제기하여 이것이 받아들여지지 않을 때 주식매수청구권을 행사하려는 주주를 위해 주식매수청구권이 합병무효의 소의 예비적 구제수단이라는 견해가 있는데, 양자는 별개의 절차로서 주주는 택일적으로 권리를 행사할 수 있다는 견해가 타당하다고 본다(택일설).

5) **합병공시와 회사채권자의 보호절차** : 합병 당사회사가 물적회사인 경우에는 회사는 합병결의를 위한 주주(사원)총회 회일 2주 전부터 합병을 한 날 이후 6월이 경과하는 날까지 i) 합병계약서, ii) 합병으로 인하여 소멸하는 회사의 주주에게 발행하는 주식의 배정에 관하여 그 이유를 기재한 서면 및 iii) 각 회사의 최종의 대차대조표와 손익계산서를 본점에 비치하고 주주 및 회사채권자가 이를 열람하거나 등·초본의 교부청구를 할 수 있도록 하여야 한다(상522의2, 603). 이에 따

라 주주(사원)는 공시된 자료를 사전에 참고하여 합병결의에서 결의에 참가할 수 있게 되고 회사채권자도 이들 자료를 참고하여 합병에 이의를 제기할 것인지 여부를 판단할 수 있게 된다. 합병 당사회사는 합병결의가 있은 날로부터 2주 내에 회사채권자에 대하여 합병에 이의가 있으면 1월 이상의 기간 내에 이를 제출할 것을 공고하고 또 알고 있는 채권자에 대하여도 따로따로 이를 최고하여야 한다. 만일 이 기간 내에 이의를 제출하지 않은 채권자는 합병을 승인한 것으로 보며, 이의를 한 채권자에게는 변제를 하거나 또는 상당한 담보를 제공 또는 이를 목적으로 하여 신탁회사에 상당한 재산을 신탁하여야 한다(상232, 269, 527의5, 603). 합병 당사회사가 이 절차를 위반하면 합병무효의 원인이 된다.

6) **기타 절차** : 신설합병의 경우에는 새로운 **회사가 설립**되는데, 회사설립사무를 담당하는 **설립위원**은 인적회사의 경우에는 총사원의 동의로 선임되고, 물적회사의 경우에는 사원총회의 특별결의로 선임된다. 설립위원은 정관작성 기타 설립에 관한 행위를 공동으로 하며(상175), 설립위원은 벌칙의 적용상 발기인과 같은 책임을 진다(상635). 신설·존속회사가 주식·유한회사인 때에는 설립위원(이사)은 합병절차가 완료된 후 지체 없이 **창립총회**(**보고총회**)를 소집하고 합병에 관한 사항을 보고하여야 하지만(상526, 527, 603), 주식회사의 경우 이사회의 결의로 주주총회(보고총회)의 보고를 **보고사항의 공고**로 갈음할 수 있다(상526.3, 527.4). 보고총회(흡수합병의 경우)에서는 존속회사의 이사가 일정 절차(채권자보호절차－상527의5, 주식병합의 효력 발생, 단주처분－상443, 소규모합병시 합병반대의사의 통지절차－상527의3.3,4)가 종료한 후 지체 없이 소집된 주주총회에서 합병사항을 보고하여야 하는데(상526.1), 합병시 발행하는 신주의 인수인은 이 보고총회에서 주주와 동일한 권리가 있다(상526.2). 창립총회(신설합병의 경우)에서 설립위원은 흡수합병에서와 같은 위의 절차(소규모합병에 관한 사항은 제외함)를 마친 후 지체 없이 창립총회를 소집하고 설립에 관한 사항을 보고하여야 한다(상527.1,3). 창립총회는 합병계약의 취지에 위반하지 않는 한 정관변경의 결의도 할 수 있지만(상527.2), 합병폐지의 결의는 할 수 없고(상527.2, 316.1 참조), 모집설립에 있어서의 창립총회에 관한 규정이 준용된다(상527.3).

7) **합병등기** : 회사가 합병을 한 때에는 본점소재지에서 2주 내, 지점소재지에서는 3주 내에 존속회사는 **변경등기**, 소멸회사는 **해산등기**, 신설회사는 **설립등기**를

하여야 한다(상233, 269, 528, 602). 이때 이러한 등기기간의 기산일에 대하여 인적회사에는 규정이 없으므로 합병기일, 즉 사실상 합병실행을 한 날로 보아야 할 것이다. 그러나 물적회사의 경우 흡수합병은 보고총회가 종결한 날이, 신설합병은 창립총회가 종결한 날이 기산일이 된다. 다만 주식회사의 경우 보고총회(창립총회)에 갈음하여 이사회가 공고하는 경우에는 공고일이 기산점이 된다(상528.1). 존속회사 또는 신설회사가 합병으로 인하여 전환사채 또는 신주인수권부사채를 승계한 때에는 합병의 등기와 동시에 사채의 등기도 하여야 한다(상528.2). 합병등기는 단순한 대항요건이 아니고 **합병의 효력발생요건**이다(상234, 269, 530.2, 603).

3. 합병의 효과

1) **법인격의 변경** : 합병의 효과로서 1개 이상의 회사의 소멸과 회사의 신설(신설합병) 또는 변경(흡수합병)이 생기며 소멸회사의 권리의무와 사원이 신설회사 또는 존속회사에 포괄적으로 승계되고, 존속회사를 제외하고 당사회사는 청산절차를 거치지 않고 소멸한다(상227 4호, 269, 517 1호, 609.1 1호). 상법이 회사의 해산사유의 하나로 합병을 규정하고는 있으나 다른 해산사유와는 달리 합병의 경우에는 청산절차를 거치지 않고 바로 소멸한다는 특색이 있다. 신설합병의 경우에는 회사가 신설되고, 흡수합병의 경우에는 존속회사의 정관변경이 발생한다. 이 경우 합병계약서에서 정관변경규정을 기재하여야 하고(상523.7호) 그 효과는 합병등기로 인하여 발생하므로, 이에 상법상 회사의 설립 또는 자본증가(감소)에 관한 규정은 적용되지 않는다.

2) **권리의무·사원의 포괄적 이전** : ① **포괄승계** – 회사의 합병이 있으면 존속회사 또는 신설회사는 소멸회사의 모든 권리의무를 포괄적으로 승계한다(상235, 269, 530.2, 603). 합병은 상속의 경우와 같은 **포괄승계**로서, **소멸회사의 재산**은 법률상 당연히 포괄적으로 존속회사 또는 신설회사에 이전하고 이를 구성하는 권리의무에 대하여 개별적으로 이전행위를 할 필요가 없다는 점에서 영업양도와 구별된다. 이전되는 권리의무에는 공법상의 권리의무도 포함된다. 주식회사나 유한회사가 합병을 하는 경우 신설회사 또는 존속회사의 자본액은 당사회사의 자본액의 합계와 일치할 필요는 없고, 당사회사의 재산상태에 따라 이보다 많아질 수도 있

고 적어질 수도 있다. 또한 신설회사 또는 존속회사는 소멸회사의 법정준비금을 분배하여도 무방하지만, 이를 승계할 수 있다(상459.2). 판례는 흡수합병에서 존속회사의 증가자본액이 소멸회사의 순자산가액 범위 내로 제한되지 않는다고 본다(2007다64136).

② **사원의 이전** – 합병의 성질상 **소멸회사의 사원**은 존속회사 또는 신설회사의 사원이 되는 것이 원칙이지만(상523 3호, 524 2호, 603), 사원수용의 구체적인 조건은 합병계약의 내용과 주식매수청구권 행사 등에 의하여 정하여지는 것이므로 사원의 일부 수용만도 있을 수 있다. 존속주식회사의 이사·감사로서 합병 전에 취임한 자는 합병계약서에 다른 정함이 있는 경우를 제외하고는 합병 후 최초로 도래하는 결산기의 정기총회가 종료하는 때에 퇴임한다(상527의4.1). 소송당사자인 회사가 합병에 의하여 소멸한 때에는 소송절차가 중단되고 존속회사 또는 신설회사가 이 소송절차를 수계하여야 한다(민소234).

4. 합병의 하자

1) **무효의 원인** : 상법은 합병절차에 하자가 있는 경우에 그 법률관계의 혼란과 불안정을 방지하고 단체법상의 법률관계를 획일적으로 확정하기 위하여 설립무효의 소의 경우와 같이 **합병무효의 소**에 대하여 규정하고 있다(상236~240, 269, 529~530, 603). 합병무효의 원인에 관해 상법은 규정을 두고 있지 않아 합병에 관한 절차규정(주총결의, 공시규정, 채권자보호절차 등)에 위반한 경우가 이에 해당한다고 볼 수 있다. 그밖에 **합병비율이 불공정의 합병무효의 소 원인여부**(**쟁점96**)에 관해, 긍정설(다수설)은 합병비율은 주주와 채권자의 이해관계에 직접적으로 영향을 미치므로 주주의 지분가치는 합병을 전후하여 변동이 없어야 하는바, 그 불공정은 무효의 소의 원인이 된다고 하는 견해이고, 부정설은 합병비율은 사적자치의 문제이므로 무효의 원인이 될 수 없다는 견해이다. 제한적 긍정설은 합병비율이 현저하게 불공정한 경우에만 인정되어야 하고 자산상태뿐만 아니라 복합적 요인을 고려하여 불공정성을 판단한다는 견해로서, 판례도 현저하게 불공정한 합병비율을 정한 합병계약은 사법관계를 지배하는 신의성실의 원칙이나 공평의 원칙 등에 비추어 무효라 본다(2007다64136). 생각건대 단순히 합병비율이 불공정한 경우는 합병대가의 타당성문제이므로 이를 합병무효의 소의 원인으로 보기는 어려우나 합병비율이 현저하게 불공정한 경우는 합병무효의 소의 원인이 될 수 있

다고 본다(제한적 긍정설).

2) **합병무효의 소** : 합병무효의 주장은 소만으로 할 수 있으므로(항변으로 불가), 합병무효의 소는 **형성의 소**라고 보는 견해가 통설이다. **제소권자**는 인적회사에서는 사원·청산인·파산관재인 또는 합병을 승인하지 아니한 채권자에 한하고(상236.1, 269), 물적회사에서는 주주(사원), 이사, 감사, 청산인, 파산관재인 또는 합병을 승인하지 아니한 채권자에 한정하고 있다(상529.1, 603). 합병무효의 소의 **피고**는 존속회사 또는 신설회사이다. 이 중 회사채권자가 합병무효의 소를 제기한 때에는 법원은 채권자의 합병무효의 소가 악의임을 소명한 회사의 청구에 의하여 채권자에게 상당한 담보를 제공하도록 명할 수 있다(상237 → 176.3,4, 269, 530.2, 603). 합병무효의 소의 **제소기간**은 합병등기가 있은 날로부터 6월 내이다(상236.2, 269, 529.2, 603). 공정거래위원회가 합병무효의 소를 제기하는 경우에는 제소기간의 제한이 없다(독점16.2). 기타 **소송의 절차**를 보면, 합병무효의 소는 그 성질상 획일적으로 제기방법을 정하기 위하여 소의 전속관할, 소제기의 공고, 소의 병합심리, 하자의 보완과 청구의 기각 등에 관하여 설립무효의 소의 규정을 준용하고 있다(상240 → 186~190, 269, 530.2, 603).

3) **합병무효판결의 효과** : 합병무효의 판결은 다른 회사법상의 소와 마찬가지로 원·피고뿐만 아니라 제3자에게도 그 효력이 미치며(**대세적 효력**, 상240 → 190, 269, 530.2, 603). 판결의 효력은 소급하지 않아(**불소급효**) 존속회사 또는 신설회사와 그 사원 및 제3자 사이에 생긴 권리의무에 영향을 미치지 아니한다(상240 → 190, 269, 530.2, 603). 따라서 합병에서 무효판결확정시까지 한 이익의 배당, 지분 또는 주식의 양도, 회사와 제3자와의 거래 등은 모두 유효하다. 원고가 패소한 경우 악의 또는 중대한 과실이 있으면 회사에 대하여 연대하여 손해를 배상할 책임을 진다(상240 → 191, 269, 530.2, 603). 즉, 악의 또는 중대한 과실이 있는 때에는 회사에 대하여 연대하여 손해배상책임을 지도록 하여 남소를 방지하고 있다. 합병무효판결이 확정된 때에는 본·지점의 소재지에서, 존속회사는 변경등기를, 신설회사는 해산등기를, 소멸회사는 회복등기를 하여야 하고(상238, 269, 530.2, 603), 다시 종전의 복수의 회사로 환원한다. 하지만 그 효력은 장래에 향하여 발생한다. 따라서 소멸회사는 부활하고, 소멸회사가 당시 가지고 있었던 재산으로서 현존하는 재산은 당연히 소멸회사에 귀속된다. 합병무효판결이 확정된 경우 합병

후 무효판결확정시까지 존속회사 또는 신설회사가 부담한 채무와 취득한 재산의 처리가 문제되는데, 상법은 부담채무에 대해서는 합병당사회사의 연대채무로 하고 취득재산에 대하여는 그 공유로 하고 있다(상239.1,2, 269, 530.2, 603). 이때 각 회사의 부담부분 또는 지분은 협의로 정하는데, 만일 협의가 되지 않을 경우에는 청구에 의하여 법원이 합병당사의 각 회사의 재산상태 기타의 사정을 참작하여 정한다(상239.3, 269, 530.2, 603).

Ⅲ. 회사의 분할

1. 의 의

1개의 회사가 2개 이상의 회사로 분할되어 분할 전 회사의 권리의무가 분할 후 회사에 포괄승계되고 분할 전 회사의 사원이 분할 후 회사로 승계되는 현상을 의미한다. 합병과는 정반대의 법적 효과가 발생하며, 회사분할은 주식회사에 대해서만 인정되고 합명·합자·유한회사에 대해서는 인정되지 않는다. 분할에 의해 분할 전 회사의 권리의무 및 사원이 분할 후 회사에 포괄적으로 이전되는 현상(**분할의 법적 성질**)(**쟁점97**)에 관해, 합병의 경우와 유사하게 물적요소를 중시하는 견해와 인적요소를 중시하는 견해로 구분된다. 생각건대 회사의 분할은 합병의 반대현상이며 원칙적으로 분할 전 회사의 사원이 분할 후 회사의 사원이 되며, 물적분할은 예외적인 현상이다. 회사의 합병을 인격의 합일로 본 것과 같이 회사의 분할은 인격의 분할이라는 회사법상의 특수한 법률사실로 본다. 분할은 합병과 무관한 **단순분할**과 분할 후 합병이 뒤따르는 **분할합병**으로 구별되며, 분할합병은 합병의 종류에 따라 다시 **흡수분할합병**, **신설분할합병**으로 나뉜다. 그리고 분할되는 회사의 사원이 분할 후 회사의 사원이 되느냐에 따라 **인적분할**과 **물적분할**로 나뉜다. 상법은 단순분할(상530의2.1), 흡수분할합병(상530의2.2), 신설분할합병(상530의2.3)을 모두 인정하고 있으며, 물적분할(상530의12)의 규정을 두고 있다. 그리고 해산 후의 회사는 존립 중의 회사를 존속하는 회사로 하거나 새로 회사를 설립하는 경우에 한하여 분할 또는 분할합병할 수 있다(상530의2.4).

2. 절 차

1) **분할계획서 또는 분할합병계약서의 작성** : 분할에 의하여 회사를 설립하는 경우(단순분할)에는 분할계획서를 작성하고, 분할되는 회사의 일부가 다른 회사와 합병하여 분할합병의 상대방 회사가 존속하는 경우(흡수합병분할), 분할되는 회사의 일부가 다른 회사 또는 다른 회사의 일부와 분할합병을 하여 회사를 설립하는 경우(신설합병분할)에는 분할합병계약서를 작성한다. **분할계획서**에는 설립회사의 원시정관기재사항, 자본금·준비금·이전재산과 가액, 이사·감사의 인적사항 그리고 피분할회사의 주주에 대한 설립회사의 주식배정(주식병합·분할)·지급금액, 신설분할합병에서 제한적 채무승계(상530의6.1)를 기재하여야 하고, 존속회사의 감소할 자본·준비금, 자본감소의 방법, 이전할 재산과 그 가액, 분할 후의 발행주식의 총수, 발행할 주식총수 감소내용, 정관변경 등을 기재하여야 한다(상530의6.2). **흡수합병분할의 분할합병계약서**에는 흡수회사의 수권주식수의 증가, 발행신주의 내용, 자본·준비금의 증가, 이사·감사의 인적사항, 정관변경 그리고 피분할회사의 주주에 대한 흡수회사의 주식배정(병합·분할)·지급금액, 이전재산과 그 가액과 제한적 채무승계사항(상530의9.2), 각 회사의 분할(분할합병)계획서승인 주총결의기일(상530의3.2), 분할합병기일 등이 기재된다(상530의6.1). **신설합병분할의 분할합병계약서**에 분할계획서 기재사항의 일부 사항(상530의5.1 1호, 2호, 6호 내지 10호)과 신설회사의 발행주식총수 등, 각 회사의 주주에 대한 주식배정(주식병합·분할)·지급금액, 각 회사의 이전재산과 그 가액, 각 회사의 분할(분할합병)계획서 승인 주총결의일 분할합병기일 등을 기재하여야 한다(상530의6.2).

2) **분할계획서 등의 공시** : 분할되는 회사(또는 분할합병의 상대방 회사)의 이사는 분할계획서의 승인을 위한 주주총회의 회일의 2주 전부터 분할의 등기를 한 날 또는 분할합병을 한 날 이후 6월간 분할계획서 또는 분할합병계약서, 분할되는 부분의 대차대조표, 분할되는 회사의 주주에게 발행할 주식의 배정에 관하여 그 이유를 기재한 서면 등의 서류(상530의7.1,2)와 분할합병시 분할합병의 상대방 회사의 대차대조표를 본점에 비치하여야 한다(상530의7.1). 주주 및 회사채권자는 영업시간 내에는 언제든지 위의 분할계획서·분할합병계약서 관련 공시서류의 열람을 청구하거나, 회사가 정한 비용을 지급하고 그 등본 또는 초본의 교부를 청구

할 수 있다(상530의7.3 → 522의2.2).

3) **승인결의** : 회사가 분할 또는 분할합병을 하는 때에는 먼저 분할계획서 또는 분할합병계약서를 작성하여 주주총회의 특별결의에 의한 승인을 얻어야 한다(상530의3.1,2). 분할계획서·분할합병계약서에 대한 주주총회의 승인결의시 의결권배제주식의 주주도 의결권을 행사할 수 있으며(동조3항), 주주총회의 소집통지·공고시 분할계획 또는 분할합병계약의 요령을 기재하여야 한다(동조4항). 회사의 분할 또는 분할합병으로 인하여 어느 종류의 주주에게 손해를 미치게 되는 때에는 그 종류의 종류주주총회의 결의가 있어야 하고(동조5항), 각 회사의 주주의 부담이 가중되는 경우에는 주주 전원의 동의가 있어야 한다(동조6항). 분할합병의 상대방회사에 관한 규정은 없으나 흡수합병에 준하여 주주총회의 특별결의가 당연히 요구되며, 분할합병의 경우 간이합병·소규모합병에 관한 규정이 준용되므로 분할합병의 주주총회 승인결의는 이사회결의로 갈음할 수 있다(상530의11.2).

4) **채권자보호절차** : 분할합병은 당사회사의 채권자의 이해관계에 영향을 미치므로 채권자보호절차가 요구된다. 회사는 분할계획서·분할합병계약서에 대한 주주총회의 승인결의가 있은 날로부터 2주 내에 채권자에 대하여 분할합병에 이의가 있으면 1월 이상의 기간 내에 이를 제출할 것을 공고하여야 하고, 알고 있는 채권자에 대하여는 각각 이를 최고하여야 한다. 간이합병·소규모합병의 경우에는 이사회의 승인결의를 주주총회의 승인결의로 본다. 채권자가 위의 기간 내에 이의를 제출하지 아니한 때에는 분할·분할합병을 승인한 것으로 본다(상530의11.2 → 527의5.3 → 232.2). 이의를 제출한 채권자가 있는 때에는 회사는 그 채권자에 대하여 변제 또는 상당한 담보를 제공하거나 이를 목적으로 하여 상당한 재산을 신탁회사에 신탁하여야 한다(상527의5.3 → 232.3). 사채권자가 이의를 함에는 사채권자 집회의 결의가 있어야 한다. 이 경우에는 법원은 이해관계인의 청구에 의하여 사채권자를 위하여 이의의 기간을 연장할 수 있다(상530의9.4 → 439.3).

5) **기타 절차** : ① 설립절차 – 단순분할·신설분할합병에 의해 회사가 설립되는데, 이에 상법 회사설립에 관한 규정이 준용된다(상530의4.1). 그러나 분할에 의하여 설립되는 회사는 분할되는 회사(분할회사)의 출자만으로도 설립할 수 있어, 분

할되는 회사의 주주에게 그 주주가 가지는 그 회사의 주식의 비율에 따라서 설립되는 회사의 주식이 발행되는 때에는 제299조의 검사인의 조사·보고규정을 적용하지 아니한다(상530의4.2).

② **보고절차** – 분할 후 존속하는 회사의 이사는 채권자보호절차의 종료후 지체 없이 주주총회를 개최하여 분할에 관한 사항을 보고하여야 히며, 분할 당시에 발행하는 신주의 인수인은 위의 주주총회에서 주주와 동일한 권리가 있는데, 이사회는 공고로써 주주총회에 대한 보고에 갈음할 수 있다(상530의11.1→526). 신설분할합병의 경우 대표이사는 채권자보호절차의 종료 후, 주식병합의 효력발생 후, 단주처리(상443) 직후 지체 없이 창립총회를 소집하여야 하며, 창립총회에서는 정관변경의 결의를 할 수 있으나 합병계약의 취지에 위반하는 결의는 하지 못한다. 이사회는 공고로써 주주총회에 대한 보고에 갈음할 수 있다(상530의11.1→527).

③ **회계 등** – 분할 또는 분할합병으로 인하여 설립되는 회사 또는 분할합병의 상대방회사가 영업권을 취득한 경우에는 그 취득가액을 대차대조표의 자산의 부에 계상할 수 있다. 이 경우에는 설립등기 또는 분할합병의 등기를 한 후 5년 내의 매 결산기에 균등액 이상을 상각하여야 한다(상530의8). 그리고 분할에 관한 규정은 분할되는 회사가 분할 또는 분할합병으로 인하여 설립되는 회사의 주식의 총수를 취득하는 경우, 즉 물적분할에 이를 준용한다(상530의12).

6) **분할등기** : 회사가 분할을 한 때에는 분할계획서·분할합병계약서의 승인을 위한 주주총회가 종결한 날 또는 보고에 갈음하는 공고일, 제527조의 창립총회가 종결한 날 또는 보고에 갈음하는 공고일부터 본점소재지에서는 2주 내, 지점소재지에서는 3주 내에 분할 후 존속하는 회사에 있어서는 변경의 등기, 합병으로 인하여 설립된 회사에 있어서는 설립등기를 하여야 한다(상530의11.1→528.1). 분할 후 존속하는 회사 또는 분할로 인하여 설립된 회사가 합병으로 인하여 전환사채 또는 신주인수권부사채를 승계한 때에는 등기와 동시에 사채의 등기를 하여야 한다(상530의11.1→528.2).

7) **물적 분할** : 주식회사의 물적 분할이란 분할되는 회사가 분할 또는 분할합병으로 인하여 설립되는 회사의 주식의 총수를 취득하는 경우를 의미한다. 특히 분할합병절차가 진행되는 경우에는 물적 분할은 분할절차와 함께 주식의 포괄적

교환이 일어나는 것으로 볼 수 있다. 물적 분할에 의해 존속회사는 완전모회사가 되고 신설회사는 완전자회사가 된다. 상법은 물적 분할에서도 분할절차나 분할합병절차가 진행되므로 이들 규정을 준용하고 있다(상530의12).

3. 효 과

1) **권리의무의 포괄적 이전** : 분할 또는 분할합병으로 인하여 설립되는 회사 또는 존속하는 회사는 분할하는 회사의 권리와 의무를 분할계획서 또는 분할합병계약서가 정하는 바에 따라서 승계한다(상530의10). 포괄적 이전이 일어난다는 점에서 개별적 양도, 양수행위가 요구되는 영업양도와는 구별되고 합병의 효과와 유사하다. 이전의 대상에는 재산은 물론이고 사원, 즉 주주의 이전도 포함된다. 다만 분할되는 회사가 분할 또는 분할합병으로 인하여 설립되는 회사의 주식의 총수를 취득하는 경우, 즉 물적분할의 경우(상530의12)에는 주주의 이전이 없다.

2) **회사의 책임** : 분할 또는 분할합병으로 인하여 설립되는 회사 또는 존속하는 회사는 분할 또는 분할합병 전의 회사채무에 관하여 연대하여 변제할 책임이 있다(상530의9.1). 여기서 분할 또는 분할합병 전의 회사채무에는 회사분할 또는 분할합병의 효력발생 전에 발생하였으나 분할 또는 분할합병 당시에는 아직 그 변제기가 도래하지 아니한 채무도 포함된다(2007다73321). 그러나 분할에 의하여 회사를 설립하는 경우(단순분할)에는 분할회사의 주주총회의 특별결의에 의해 단순분할신설회사가 분할회사의 채무 중에서 분할계획서에 승계하기로 정한 채무에 대한 책임만을 부담할 것을 정할 수 있다. 이 경우 분할회사가 분할 후에 존속하는 때에는 단순분할신설회사가 부담하지 아니하는 채무에 대한 책임만을 부담한다(동조2항). 이 경우 **채권자보호절차**(상527의5)가 준용되고 사채권자가 이의를 함에는 사채권자집회의 결의가 있어야 한다. 이 경우에는 법원은 이해관계인의 청구에 의하여 사채권자를 위하여 이의의 기간을 연장할 수 있다(상530의9.4 → 439.3). 분할합병의 경우에 분할되는 회사의 주주총회의 특별결의에 의해 분할합병에 따른 출자를 받는 존립 중의 회사가 분할되는 회사의 채무 중에서 출자한 재산에 관한 채무만을 부담한다고 정할 수 있다. 이 경우 분할되는 회사가 분할 후에 존속하는 때에는 분할로 인하여 설립되는 회사가 부담하지 아니하는 채무만을 부담한다(동조3항).

4. 분할무효의 소

1) **취 지** : 상법은 분할무효의 소에 관해 회사법상 소에 대한 준용규정을 두고 있다. 즉, 분할을 전후하여 다수의 이해관계인이 발생하므로 분할의 무효는 소에 의하여만 주장할 수 있도록 합병무효의 소에 관한 규정을 준용(상530의11.1 → 237, 529)하여, 법률관계를 획일적으로 확정하도록 하고 있다.

2) **당사자 · 제소기간 등** : 분할무효의 소를 제기할 수 있는 자는 각 회사의 주주 · 이사 · 감사 · 청산인 · 파산관재인 또는 분할합병을 승인하지 아니한 채권자에 한한다(상530의11 → 529.1). 분할의 무효는 분할의 등기가 있은 날로부터 6월 내에 소에 의하여만 주장이 가능하다(상529.1). 이는 무효원인을 법원으로 하여금 판단케 함으로써, 법률관계의 안정성을 확보함과 동시에 제소기간을 제한함으로써 장시간에 걸쳐 형성된 법률관계가 사후에 부인되고 법률관계가 복잡해지는 것을 방지하기 위한 것이다. 기타 절차에 관해서는 회사설립무효의 소에 관한 전속관할(상186), 소제기공고(상187), 소의 병합심리(상188), 하자의 보완 등과 청구의 기각(상189), 판결의 효력(상190), 패소원고의 책임에 관한 규정(상191)을 준용하고 있는 합병무효의 소를 다시 준용하고 있다(상530의11.1 → 240). 분할무효의 소에도 재량기각이 가능한데(상530의11 → 240 → 189), 하자보완이 불가능할 경우 제반사정을 참작하여 재량기각이 가능하다고 본다(2008다37193).

3) **무효원인** : 상법은 분할의 무효를 주장하는 방법에 관하여만 규정하고 있을 뿐 그 구체적인 사유에 대하여는 규정하고 있지 않다. 이에 대하여 분할무효원인으로 분할계획서 · 분할합병계약서에 관련된 사항과 주주총회 관련사항으로 나눌 수 있다. 분할계획서 · 분할합병계약서의 기재사항(상530의5, 530의6)의 흠결 또는 적법하지 못한 기재, 주주총회승인결의의 부존재, 사후공시의무(상530의3) 기타 분할절차의 불이행이 있는 경우 등이다.

4) **분할무효판결의 효과** : 분할무효의 판결이 확정되면 본점과 지점의 소재지에서 존속회사는 변경등기, 신설회사는 해산등기, 소멸회사는 회복등기를 하여야 한다(상530의11.1 → 238). 분할을 무효로 하는 판결은 대세적 효력이 있으므로 소

를 제기하지 않은 주주에 대해서도 효력이 미치며, 불소급효를 가져 장래에 향해서만 효력이 미친다(상530의11.1 → 240 → 190). 소제기의 공고(상187)와 소의 병합심리(상188) 등은 이 효력을 전제로 한 것으로 볼 수 있다. 그리고 분할을 무효로 한 판결이 확정된 때에는 분할회사는 분할 후 존속한 회사 또는 분할로 인하여 설립된 회사의 분할 후 부담한 채무에 대하여 연대하여 변제할 책임이 있다(상530의11.1 → 239.1). 분할 후 존속한 회사 또는 분할로 인하여 설립한 회사의 분할 후 취득한 재산은 분할한 회사의 공유로 한다(동조2항). 각 회사의 협의로 그 부담부분 또는 지분을 정하지 못한 때에는 법원은 그 청구에 의하여 분할 당시의 각 회사의 재산상태 기타의 사정을 참작하여 이를 정한다(동조3항).

Ⅳ. 주식의 포괄적 교환과 이전

1. 의 의

지주회사를 설립하는 방식은 크게 나누어 기존의 회사를 지주회사로 전환하는 유형과 새로 지주회사를 신설하는 유형이 있다. 지주회사 설립방식은 설립비용과 노력이 지나치게 소요된다는 지적이 있어 효율적으로 지주회사를 설립하기 위해 2002년 7월 상법개정을 통해 현행 상법전에 주식의 포괄적 교환과 이전제도를 도입하였다. 즉 기존의 회사를 지주회사로 전환하는 경우에 관하여는 **주식교환제도**를, 그리고 새로 지주회사를 설립하는 경우에 관하여는 **주식이전제도**를 우리 상법에 도입하게 되었다. 주식의 포괄적 교환과 이전은 개별주주와의 거래가 없으므로 저비용으로 완전모회사관계를 형성할 수 있으며, 또한 관련 회사들의 법적 독립성을 유지함으로써 기업위험을 분산하면서도 경영지휘의 통일을 기할 수 있는 장점이 있다. 이러한 주식의 포괄적 교환과 이전의 경우 기존회사의 총주주의 동의에 의하여 수행되는 것이 아니라 주주총회의 특별결의에 의하여 수행된다. 주주 개인의 재산에 대하여 총주주의 동의를 받지 않고 주주총회의 특별결의에 의하여 완전모회사에 대한 (사실상) 현물출자를 강요하는 것과 같은 결과가 되는 특색이 있다. 이 점은 합병의 경우에도 동일하다고 볼 수 있는데, 합병의 경우에는 1개 이상의 회사의 법인격이 소멸하는 점이 법인격이 소멸하지 않는 주식의 포괄적 교환 및 이전과 구별된다.

2. 주식의 포괄적 교환

(1) 개 념

주식의 포괄적 교환이란 회사(완전모회사가 될 회사: A)가 다른 회사(완전자회사가 될 회사: B)의 발행주식 총수와 자기회사의 주식을 교환함으로써 완전모자관계를 형성하는 절차를 의미한다. B의 주주가 가지는 B주식은 교환일 주식교환에 의하여 A에게 이전하고 B의 주주는 A가 주식교환을 위하여 발행하는 신주의 배정(또는 완전모회사가 가지고 있는 자기주식의 교부)을 받는다(상360의2.2).

(2) 절 차

1) **주식교환계약서의 작성** : 주식교환을 하고자 하는 회사는 이사회의 결의를 거쳐 주식교환계약서를 작성하여 주주총회의 승인을 얻어야 한다(상360의3). 주식교환계약서에는 A의 정관변경규정, A가 발행하는 신주에 관한 사항 및 B의 주주에 대한 신주의 배정에 관한 사항, A의 증가자본, 자본준비금, B의 주주에게 지급할 금액, 각 회사의 주식교환계약서 승인결의의 주총기일, 주식교환일, 각 회사의 주식교환 전 금전배당(중간배당 포함)의 한도액, A에 취임할 이사·감사(감사위원회위원)의 인적사항, 소규모주식교환시(상360의10.1) A의 주총승인 불요사항(상360의10.3) 등을 기재하여야 한다.

2) **소집통지 및 사전공시** : 주식교환계약서를 작성하여 주주총회의 승인을 얻기 위해 주주총회를 상법 제363조의 규정에 따라 소집하여야 한다. 다만 소집통지와 공고에 주식교환계약서의 주요내용, 주식매수청구권(상360의5.1)의 내용 및 행사방법, 일방회사의 정관에 주식의 양도에 관하여 이사회의 승인을 요한다는 뜻의 규정이 있고 다른 회사의 정관에 그 규정이 없는 경우 그 뜻 등을 기재하여야 한다(상360의3.4). 이사는 주식교환서의 승인을 위한 주주총회 회일의 2주 전부터 주식교환의 날 이후 6월이 경과하는 날까지 주식교환계약서, 완전자회사가 되는 회사의 주주에 대한 주식의 배정에 관하여 그 이유를 기재한 서면, 주식교환계약서 승인을 위한 주주총회의 회일(제360조의9의 규정에 의한 간이주식교환의 경우에는 동조 2항의 규정에 의하여 공고 또는 통지를 한 날) 전 6월 이내의 날에 작성한 주식교환을 하는 각 회사의 최종 대차대조표 및 손익계산서 등의 서류를 본

점에 비치하여야 한다(상360의4.1). 주주는 영업시간 내에 위의 서류의 열람 또는 등사를 청구할 수 있다(상360의4.2 → 391의3.3).

3) **승인결의** : 주식교환계약은 교환계약 당사회사의 기존 주주의 지위를 변화시키므로 각 당사회사의 **주주총회의 특별결의**를 얻어야 한다(상360의3.2). 특정종류주주에게 손해를 미치게 될 경우에는 **종류주주총회의 결의**도 거쳐야 하고(상436), 각 회사의 주주의 부담이 가중되는 경우에는 그 주주전원의 동의가 있어야 하나(상360의3.5), 회사 재산의 변화는 없으므로 회사채권자를 해할 염려가 없다는 점에서 채권자보호절차는 두고 있지 않다. **간이주식교환**(B의 총주주의 동의가 있거나 A가 이미 B의 발행주식총수의 90/100 이상을 소유하는 경우의 주식교환)의 경우 B의 주주총회의 승인은 이사회의 승인으로 갈음할 수 있고(상360의9.1), B는 총주주의 동의가 없는 한 주식교환계약서를 작성한 날부터 2주 내에 그 뜻을 공고하거나 주주에게 통지하여야 한다(상360의9.2). **소규모 주식교환**(A의 주식교환 발행신주의 총수가 발행주식총수의 5/100 이하인 주식교환)의 경우 A의 주주총회의 승인은 이를 이사회의 승인으로 갈음할 수 있다(상360의10.1). 다만 B의 주주에게 지급할 금액을 정한 경우에 그 금액이 최종 대차대조표에 의하여 A에 현존하는 순자산액의 2/100를 초과하는 때에는 그러하지 아니하다. A는 주식교환계약서를 작성한 날부터 2주 내에 완전자회사가 되는 회사의 상호와 본점, 주식교환을 할 날 및 주식교환계약서에 대한 주주총회의 승인을 얻지 아니하고 주식교환을 한다는 뜻을 공고하거나 주주에게 통지하여야 한다(360의10.4). A의 발행주식총수의 20/100 이상에 해당하는 주식을 가지는 주주가 소규모 주식교환에 관한 공고 또는 통지를 한 날로부터 2주 내에 회사에 대하여 서면으로 소규모주식교환에 반대하는 의사를 통지한 경우에는 소규모주식교환을 할 수 없다(상360의10.5).

4) **반대주주의 주식매수청구권** : 주식교환에 관한 주주총회의 결의에 반대하는 주주는 서면에 의한 반대의사 통지(주총일 전까지) 후 서면에 의한 주식매수청구(총회의 결의일 20일 이내)를 할 수 있다(상360의5.1). 간이주식교환절차의 경우에는 서면반대의사통지(절차의 공고·통지일 2주 내), 서면주식매수청구(기간경과일 20일 이내)를 할 수 있다(동조2항). 이에 관해서는 영업양도결의에 반대하는 주주의 주식매수청구권에 관한 규정(상374의2.2~5)을 준용하며(동조3항), 소규모주식교환절차에서는 반대주식의 주식매수청구권이 허용되지 않는 것(상360의

10.7)은 소규모합병에서와 동일하다(상527의3.5).

5) **주권의 실효절차** : 주식교환에 의하여 B는 주주총회의 승인결의가 있으면 B주권의 실효절차와 A의 신주권교부절차가 진행된다. B는 주식교환계약서에 대한 주주총회가 승인을 한 뜻, 주식교환의 날의 전날까지 주권을 회사에 제출하여야 한다는 뜻, 주식교환의 날에 주권이 무효가 된다는 뜻 등을 주식교환의 날 1월 전에 공고하고, 주주명부에 기재된 주주와 질권자에 대하여 각각 그 통지를 하여야 한다. 주권을 회사에 제출할 수 없는 자가 있는 때에는 회사는 그 자의 청구에 의하여 3월 이상의 기간을 정하고 이해관계인에 대하여 그 주권에 대한 이의가 있으면 그 기간 내에 제출할 뜻을 공고하고 그 기간이 경과한 후에 신주권을 청구자에게 교부할 수 있다(상360의8.2→442.1).

6) **단주 등의 처리** : 주식교환에 적당하지 아니한 수의 주식이 있는 때에는 그 교환에 적당하지 아니한 부분에 대하여 발행한 신주를 경매하여 각 주수에 따라 그 대금을 종전의 주주에게 지급하여야 한다. 그러나 거래소의 시세 있는 주식은 거래소를 통하여 매각하고, 거래소의 시세 없는 주식은 법원의 허가를 받아 경매 외의 방법으로 매각할 수 있다(상360의11.1→443). 주권을 회사에 제출할 수 없는 자가 있는 때에는 회사는 그 자의 청구에 의하여 3월 이상의 기간을 정하고 이해관계인에 대하여 그 지급에 대한 이의가 있으면 그 기간 내에 제출할 뜻을 공고하고 그 기간이 경과한 후에 대금을 청구자에게 교부할 수 있다(상443.2).

7) **사후공시** : 이사는 주식교환의 날, 그리고 주식교환의 날에 완전자회사가 되는 회사에 현존하는 순자산액, 주식교환으로 인하여 완전모회사에 이전한 완전자회사의 주식의 수, 그 밖의 주식교환에 관한 사항 등을 기재한 서면을 주식교환의 날부터 6월간 본점에 비치하여야 한다(상360의12.1). 주주는 영업시간 내에 위의 서면을 열람 또는 등사를 청구할 수 있다(동조2항→상391의3.3).

8) **등 기** : 주식교환의 절차가 완료되면 당사회사는 변경등기를 하여야 한다. 변경등기신청서에 i) 주식교환계약서, ii) 완전자회사의 주주총회의 의사록, iii) 완전자회사의 등기부등본, iv) 주식교환으로 인하여 자본을 증가하는 경우에는 그 한도액을 증명하는 서면, v) 완전자회사의 주주에 대하여 주권의 제출공고 등을

하였음을 증명하는 서면, vi) 소규모주식전환교환에 대하여 반대의사를 통지한 주주가 있는 때에는 그 주주가 소유하는 주식의 총수를 증명하는 서면 및 vii) 소규모주식교환의 경우에 완전자회사의 주주에게 지급할 금액을 정한 때에는 완전모회사의 최종의 대차대조표를 첨부하여 주식교환으로 인한 변경등기를 하여야 한다(상등92).

(3) 효 과

1) **주식이전 및 신주발행** : 주주총회의 승인결의가 있으면 주식교환의 날에 자회사 주식은 모회사에 이전하고 모회사는 교환계약서에 따라 자회사의 주주에게 모회사의 주식·신주를 발행·교부하여야 한다. 자회사 주식의 이전은 특별한 이전행위 없이 법률의 규정에 의한 이전이며, 모회사의 신주발행도 통상적인 신주발행이 아니라 주식교환을 위한 특수한 신주발행이 된다. 따라서 신주발행을 위한 이사회의 결의도 요하지 않으며 주식교환일에 신주발행의 효과가 발생한다고 본다. A는 주식교환을 함에 있어서 신주발행에 갈음하여 회사가 소유하는 자기주식을 이전할 수 있다(상360의2.2).

2) **완전모·자회사 관계의 성립** : 주식의 포괄적 교환절차에서는 새로운 회사가 설립되지는 않지만 교환당사자인 기존의 회사가 완전모회사와 완전자회사가 된다. 기존의 회사와 완전모·자회사로 되는 회사간에는 동일성이 인정된다는 점에 주식교환절차의 특징이 있다고 볼 수 있다. 완전자회사의 주식의 전량은 완전모회사가 소유하게 되고 기존의 자회사의 주주는 완전모회사의 주식을 소유하게 된다. 이 과정에서 완전모회사에 제출되었던 자회사의 구 주권은 실효된다.

3) **모회사의 자본금의 증가** : 모회사는 자회사의 주주에게 신주를 발행하여 교환비율에 따라 교부하여야 하므로 완전모회사의 자본금은 발행되는 신주의 액면가액만큼 증가한다. 모회사의 자본증가의 한도액은 주식교환의 날에 자회사에 현존하는 순자산액에서 주식교환 교부금 및 이전하는 모회사의 자기주식의 회계장부가액의 합계액을 공제한 금액으로서, 모회사 자본금은 이를 초과하여 증가시킬 수 없다(상360의7.1). 이미 모회사가 자회사의 주식을 소유하고 있는 경우에는 그 비율을 공제한 자회사의 순자산액에서 주식교환교부금 및 이전하는 모회사의 자기주식금액을 공제한 금액이다(상360의7.2). 위와 같은 완전모회사의 자본증가의

한도액이 회사의 실제의 증가한 자본액을 초과한 경우에는 그 초과액을 자본준비금으로 적립하여야 한다(상459.1).

4) **이사·감사의 퇴임** : 주식의 포괄적 교환에 의하여 완전모회사의 이사 및 감사로서 주식교환 전에 취임한 자는 주식교환계약서에 다른 정함이 있는 경우를 제외하고는 주식교환 후 최초로 도래하는 결산기에 관한 정기주주총회가 종료하는 때에 퇴임한다(상360의13).

(4) 주식교환무효의 소

1) **의 의** : 상법은 주식교환을 전후하여 다수의 이해관계인이 발생하므로 주식교환의 무효는 소에 의하여만 주장할 수 있도록 함으로써(상360의14.1) 법률관계를 획일적으로 확정하도록 하고 있다. 주식교환무효의 소의 **제소기간**은 교환일부터 6월 내이고(상360의14.1), **제소권자**는 각 회사의 주주·이사·감사·감사위원회의 위원 또는 청산인이다(상360의14.1). 주식교환의 경우에는 합병과 달리 당사회사들이 그대로 존속하고 단지 주주구성만이 변동될 뿐이라는 이유에서 당사회사들의 채권자들은 제소권자로 하지 않았다. 상법은 주식교환무효의 소의 **피고**에 대한 규정을 두지 않고 있는데, 취득회사와 대상회사 모두를 상대로 소를 제기하여야 하는가 아니면, 일방회사 특히 완전지주회사가 되는 회사인 취득회사를 상대로 소를 제기하여야 하는가 하는 점이 검토를 요한다. 주식교환무효의 소는 완전모회사의 본점소재지 지방법원의 전속관할이다(상360의14.2).

2) **무효원인** : 상법은 주식교환무효의 소의 원인에 관해 규정하지 않는데, 주식교환계약서의 기재사항(상360의3.3)의 흠결 또는 적법하지 못한 기재·승인결의의 부존재·사후공시의무(상360의12) 기타 주식교환절차의 불이행·주식교환계약 자체에 무효원인이 있는 경우, 모회사의 자본이 자회사의 순자산을 초과하여 증가된 경우, 교환비율이 불공정한 경우(학설대립이 있음) 등이 있을 수 있다.

3) **주식교환무효판결의 효과** : 주식교환을 무효로 하는 판결은 **대세적 효력**이 있으므로 소를 제기하지 않은 주주에 대해서도 효력이 미치며 **소급효**를 가진다(상360의14.4 → 190본문, 431.1). 하지만 모회사가 자회사 주주에게 신주를 발행한 경우에는 주식교환무효판결이 있더라도 그 효과는 소급하지 않는다고 보아야 하

고(상431), 모회사가 보유하고 있던 자기주식을 자회사 주주에게 교부한 경우에만 소급효가 발생한다고 보아야 한다. 소제기의 공고(상187)와 소의 병합심리(상188) 등은 이 효력을 전제로 한 것으로 볼 수 있다. 주식교환무효의 판결이 확정된 때에는 주식교환에 의하여 완전모회사가 된 회사는 완전자회사가 된 회사의 주주에 대하여 그가 소유하였던 완전자회사가 된 회사의 주식을 이전하여야 한다(상360의14.3).

3. 주식의 포괄적 이전

(1) 의 의

완전자회사가 될 회사(B)의 주주가 소유하는 주식의 이전에 의하여 완전모회사(A)를 설립하고 그 대가로 완전모회사의 신주를 배정받음으로써 완전모회사의 주주가 되는 것을 말한다(상360의15.2). 주식의 포괄적 이전제도는 **완전모회사**(**지주회사**)**를 설립**한다는 점에서 기존의 회사 사이에서 완전모·자회사관계를 만드는 주식의 포괄적 교환제도와 구별된다.

(2) 절 차

1) **주식이전계획서의 작성** : 주식이전을 하고자 하는 회사는 A의 정관규정, A의 발행주식 종류·수, 자본액·자본준비금, 이사·감사(감사위원회 위원)의 인적사항 및 B의 주주에 대한 주식배정·지급교부금, 이익배당(중간배당포함)의 한도액, 주식이전일, 공동주식이전에 관한 사항 등을 기재한 주식이전계획서를 작성하여 주주총회의 승인(특별결의)을 얻어야 한다(상360의16).

2) **주총소집통지, 사전공시** : 주식이전계획서의 승인을 위한 주주총회의 소집통지와 공고에는 주식이전계획서의 주요내용, 주식매수청구권(상360의5.1)의 내용 및 행사방법, 일방회사의 정관에 주식의 양도에 관하여 이사회의 승인을 요한다는 뜻의 규정이 있고 다른 회사의 정관에 그 규정이 없는 경우에는 그 뜻 등을 기재하여야 한다(상360의16.3→360의3.4). 이사는 주식이전계획서의 승인을 위한 주주총회 회일의 2주 전부터 주식이전의 날 이후 6월이 경과하는 날까지 주식이전계획서, 완전자회사가 되는 회사의 주주에 대한 주식의 배정에 관하여 그 이유를 기재한 서면, 주식이전승인의 주주총회의 회일 전 6월 이내의 날에 작성한

완전자회사가 되는 회사의 최종 대차대조표 및 손익계산서 등의 서류를 본점에 비치하여야 한다(상360의17.1). 주주는 영업시간 내에 위의 서류의 열람 또는 등사를 청구할 수 있다(상360의17.2).

3) **주주총회의 승인결의** : 주식이전계약은 기존회사의 주주의 지위를 변화시키므로 기존회사의 주주총회의 특별결의를 얻도록 정하고 있다(상360의3.2). 특정종류주주에게 손해를 미치게 될 경우에는 종류주주총회의 결의도 거쳐야 하고(상436), 주식이전으로 인하여 주식이전에 관련되는 각 회사의 주주의 부담이 가중되는 경우에는 그 주주전원의 동의가 있어야 한다(상360의16.4). 그러나 회사재산의 변화는 없으므로 회사채권자를 해할 염려가 없다는 점에서 채권자보호절차는 두고 있지 않다.

4) **반대주주의 주식매수청구권** : 주식이전 승인사항에 관하여 이사회의 결의가 있는 때에 그 결의에 반대하는 주주는 주주총회 전에 회사에 대하여 서면으로 그 결의에 반대하는 의사를 통지한 경우에는 그 총회의 결의일부터 20일 이내에 주식의 종류와 수를 기재한 서면으로 회사에 대하여 자기가 소유하고 있는 주식의 매수를 청구할 수 있다(상360의22 → 360의5.1). 이에 관해서는 영업양도결의에 반대하는 주주의 주식매수청구권에 관한 규정(상374의2.2~5)을 준용한다(상360의22 → 360의5.3).

5) **주권의 실효절차** : 주식이전에 의하여 완전자회사가 되는 회사는 주주총회의 승인결의가 있으면 주식이전에 대해 주주총회가 승인을 한 뜻, 1월을 초과하여 정한 기간 내에 주권을 회사에 제출하여야 한다는 뜻, 주식이전의 날에 주권이 무효가 된다는 뜻 등을 공고하고, 주주명부에 기재된 주주와 질권자에 대하여 각각 그 통지를 하여야 한다(상360의19.1). 주권을 회사에 제출할 수 없는 자가 있는 때에는 회사는 그 자의 청구에 의하여 3월 이상의 기간을 정하고 이해관계인에 대하여 그 주권에 대한 이의가 있으면 그 기간 내에 제출할 뜻을 공고하고 그 기간이 경과한 후에 신주권을 청구자에게 교부할 수 있다(상360의19.2 → 442.1).

6) **단주의 처리** : 주식이전에 적당하지 아니한 수의 주식이 있는 때에는 그 이전에 적당하지 아니한 부분에 대하여 발행한 신주를 경매하여 각 주수에 따라 그

대금을 종전의 주주에게 지급하여야 한다. 그러나 거래소의 시세 있는 주식은 거래소를 통하여 매각하고, 거래소의 시세 없는 주식은 법원의 허가를 받아 경매 외의 방법으로 매각할 수 있다(상360의22 → 360의11.1 → 443). 주권을 회사에 제출할 수 없는 자가 있는 때에는 회사는 그 자의 청구에 의하여 3월 이상의 기간을 정하고 이해관계인에 대하여 그 지급에 대한 이의가 있으면 그 기간 내에 제출할 뜻을 공고하고 그 기간이 경과한 후에 대금을 청구자에게 교부할 수 있다(상443.2).

7) **사후공시** : 주식이전사항을 기재한 서면의 사후공시제도로서 이사는 주식이전의 날, 주식이전의 날에 완전자회사가 되는 회사에 현존하는 순자산액, 주식이전으로 인하여 완전모회사에 이전한 완전자회사의 주식의 수, 그 밖의 주식이전에 관한 사항 등을 기재한 서면을 주식이전의 날부터 6월간 본점에 비치하여야 한다(상360의22 → 360의12.1). 주주는 영업시간 내에 위의 서면을 열람 또는 등사를 청구할 수 있다(상360의22 → 360의12.2 → 391의3.3). 주식이전을 한 때에는 설립한 완전모회사의 본점소재지에서는 2주 내에, 지점소재지에서는 3주 내에 설립등기사항(상317.2)을 등기하여야 한다(상360의20).

(3) 효 과

1) **완전모회사의 설립** : 주식이전의 효과로서 완전모회사가 설립된다. 설립되는 회사의 정관, 주식발생사항의 결정, 기관선임 등은 주식이전계획서에 의해 정해진다. 주식이전에 의하여 완전자회사가 되는 회사의 주주가 소유하는 그 회사의 주식은 주식이전에 의하여 설립하는 완전모회사에 이전하고, 그 완전자회사가 되는 회사의 주주는 그 완전모회사가 주식이전을 위하여 발행하는 주식의 배정을 받음으로써 그 완전모회사의 주주가 된다(상360의15.2).

2) **완전모·자회사관계의 형성** : 주식의 포괄적 이전절차에서는 새로운 회사가 설립되고 이전당사자인 기존의 회사가 완전자회사로, 신설되는 회사가 완전모회사로 되어 양자간에는 완전모·자관계가 형성된다. 기존의 회사와 완전자회사간에는 동일성이 인정된다. 완전자회사의 주식의 전량은 완전모회사에 출자되어 완전모회사가 소유하고 완전자회사의 주주는 완전모회사의 주식을 소유하게 된다. 이 과정에서 완전모회사에 제출되었던 자회사의 구주권은 실효된다.

3) **완전모회사의 자본의 한도액** : 설립하는 완전모회사의 자본은 주식이전의 날에 완전자회사가 되는 회사에 현존하는 순자산액에서 그 회사의 주주에게 지급할 금액을 공제한 액을 초과하지 못한다(상360의18). 이 역시 주식의 포괄적 교환절차에서와 동일하게 자본충실의 원칙에 따른 제한이라 볼 수 있다.

(4) 주식이전무효의 소

1) **의 의** : 상법은 주식이전무효의 소를 규정하여 주식이전을 전후하여 다수의 이해관계인이 발생하므로 주식이전의 무효는 소에 의하여만 주장할 수 있도록 함으로써(상360의23.1) 법률관계를 획일적으로 확정하도록 하고 있다(상360의23). 주식이전무효의 소의 **제소기간**은 이전일부터 6개월 내이고(상360의23.1), **제소권자**는 각 회사의 주주, 이사, 감사, 감사위원회의 위원 또는 청산인에 한한다(상360의23.1). 상법은 주식이전무효의 소의 피고에 대한 규정을 두지 않고 있어, 피이전회사와 이전회사 모두를 상대로 소를 제기하여야 하는가에 관해 학설대립이 있으나 이에 관해서는 앞서 주식의 포괄적 교환에서 설명하였으므로 생략한다. 주식이전무효의 소는 완전모회사의 본점소재지 지방법원의 전속관할이다(상360의23.2). 완전모회사를 관할의 기준으로 한 것은 주식교환에서 설명한 취지와 동일하다.

2) **무효원인** : 상법은 주식이전무효의 소의 원인에 관해 규정을 두고 있지 않은데, 주식이전계획서의 기재사항의 흠결 또는 적법하지 못한 기재, 승인결의의 부존재, 사후공시의무 기타 주식이전절차의 불이행, 주식이전계약 자체에 무효원인이 있는 경우, 모회사의 자본이 자회사의 순자산을 초과하여 증가된 경우, 이전비율이 불공정한 경우(학설대립이 있음) 등이 있을 수 있다.

3) **주식이전무효판결의 효과** : 상법은 주식이전무효판결의 효력에 관하여 회사설립 무효·취소판결에 관한 규정을 준용하고 있다(360의23.4 → 190, 193). 따라서 주식이전무효의 판결은 **대세효**가 있고, **불소급효**를 가지므로 판결이 확정된 경우 완전자회사는 해산의 경우에 준하여 청산절차를 밟아야 한다. 상법은 주식이전무효의 판결이 확정된 때에 피이전회사는 주식이전을 위하여 발행한 주식의 주주에 대하여 그가 소유하였던 완전자회사의 주식을 반환하도록 규정하고 있다(상360의23.3). 이와 관련하여 주주의 **청산절차에서 채권자에의 우선권 부여**(**쟁점98**)에

관해, 주식이전의 무효시 이전회사의 주주들에게 특혜를 부여할 합리적인 이유가 없고, 채권자우선의 원칙은 주주의 유한책임에 대응하는 회사법의 기본원리라 할 것이므로, 주주의 주식이전청구권은 채권자의 권리에 우선하지 못한다는 견해가 있다. 생각건대 현존하는 재산을 채권자에게 우선적으로 분배한 후의 잔여재산의 처분에 관한 규정으로 해석해야 할 것이다.

제 3 장 합명회사, 합자회사, 유한책임회사, 유한회사

제 1 절 합명회사

1. 의 의

2인 이상의 무한책임사원만으로 구성되는 회사로, 대외적 신용의 기초가 사원의 인적 신용에 있고, 대내적 결합에 있어서도 사원의 개성이 극히 중요시되는 전형적인 인적회사이다. 합명회사의 사원은 회사의 채권자에 대하여 직접·연대·무한책임을 부담하며, 정관에 다른 정함이 없는 한 직접 업무집행을 담당하는 점(자기기관)과 사원의 지위(기업의 지배)와 업무집행자(기업의 경영)가 원칙적으로 일치한다는 점에 특색이 있다. 합명회사는 다른 회사와 같이 형식은 사단법인이긴 하지만 실질은 조합적 성질을 가지고 있어 내부관계에서는 민법의 조합에 관한 규정이 준용된다(상195). 합명회사는 전형적인 인적회사로서의 자본의 결합보다는 인적 결합에 그 주된 기능을 갖고 있으므로 구성원 사이에 인적 신뢰관계가 깊은 자들 간의 기업으로 이용될 수 있는 회사형태이다.

2. 설립절차

1) **특 징** : 합명회사의 설립절차는 정관의 작성과 설립등기만으로 이뤄진다. 발기인에 관한 규정도 없으며, 정관작성에 의하여 회사의 실체가 이루어지므로 복잡한 사원모집절차나 사원의 회사성립 전 출자의 이행을 완료할 필요나 실체형성절차의 검사·감독절차도 없다. 주식회사의 경우와는 달리 출자의무이행은 회사성립의 요건이 아니며, 각 사원이 회사의 업무집행권과 회사대표권이 있으므로 회사설립시에 기관을 구성할 필요도 없다. 합명회사의 설립행위는 회사설립을 목적으로 하는 합동행위이다(통설).

2) **정관의 작성** : 합명회사의 정관은 2인 이상의 사원이 공동으로 작성하는데

(상178), 이 정관에는 절대적 기재사항·상대적 기재사항·임의적 기재사항을 기재하고, 총사원이 기명날인·서명을 하여야 한다(상179). 이러한 정관의 작성에 의하여 사원, 출자(상179 3호, 4호) 및 기관(상200.1)이 확정되어 실체형성절차가 끝나며, 물적회사와는 달리 출자의 이행이 있어야 할 필요는 없다. **절대적 기재사항**으로는 i) 목적, ii) 상호, iii) 사원의 성명·주민등록번호 및 주소, iv) 사원의 출자의 목적과 그 가격 또는 평가의 표준, v) 본점의 소재지, vi) 정관의 작성연월일이 있다(상179). 상호에는 합명회사라는 문자를 사용하여야 하고(상19), 출자의 목적은 출자의 종류, 즉 금전·현물·노무·신용출자의 종류와 목적물, 즉 금전출자의 금액, 현물출자의 목적인 재산 등을 가리키는데, 이를 구체적으로 기재하여야 한다. 출자의 가격 또는 평가의 표준이란 출자를 금전으로 평가한 금액 또는 그 산정법을 가리킨다. 합명회사에서는 사원이 무한책임을 지므로 출자의 목적을 금전 또는 현물에 한정하지 않고, 노무와 신용의 출자를 인정하고(상222), 또 정관에 정한 출자를 현실로 이행하였는지 여부는 회사설립의 효력에 아무런 영향이 없다. **상대적 기재사항**으로는 i) 사원의 업무집행권의 제한(상200.1), ii) 대표사원의 결정(상207), iii) 공동대표의 결정(상208.1), iv) 사원의 퇴사사유의 결정(상218 1호), v) 회사의 존립기간 기타 해산사유의 결정(상217.1, 227.1), vi) 노무 또는 신용으로 출자한 사원에 대한 지분환급의 제한(상222), vii) 임의청산의 결정(상247.1) 등이 있다. 정관에는 합명회사의 본질, 강행법규, 사회질서에 반하지 않는 한 어떠한 사항도 기재할 수 있고 이들 기재사항은 임의적 기재사항이 된다.

3) **설립등기** : 정관의 작성에 의하여 실체가 완성된 합명회사는 본점소재지에서 설립등기를 함으로써 설립한다(상172). 이러한 설립등기에 의하여 합명회사의 설립절차는 종료된다. 설립등기사항은 i) 목적, ii) 상호, iii) 사원의 성명·주민등록번호 및 주소, iv) 본·지점의 소재지, v) 사원의 출자의 목적, 재산출자에는 그 가격과 이행한 부분, vi) 존립기간 기타 해산사유를 정한 때에는 그 기간 또는 사유, vii) 대표사원을 정한 때에는 그의 성명, viii) 공동대표에 관한 사항을 정한 때에는 그 규정 등이다(상180 1호~5호). 설립등기사항의 변경, 지점의 설치, 본·지점의 이전의 등기에 관한 사항은 상법 및 상업등기법에 상세하게 규정되어 있다(상181~183, 상등54~59).

4) **설립하자** : 합명회사의 설립과정에 하자가 있을 경우 소의 방법으로만 주

장할 수 있는 점(상184.1)과 **객관적 하자**(설립절차, 내용상의 하자)가 설립무효의 소의 원인이라는 점은 주식회사와 동일하지만, **주관적 하자**(설립관여자의 의사표시상의 하자)를 이유로 설립취소의 소를 제기할 수 있다는 점은 구별된다. **설립취소의 소의 원인**은 설립사무를 담당하는 자의 의사표시상의 하자(무능력·착오·사기·강박 등)가 있었을 경우(상184.1)와 채권자사해설립행위가 있었을 경우(상185) 등 설립행위의 주관적 하자가 원인이 된다. **설립무효의 소의 원인**은 정관의 절대적 기재사항의 흠결 등 객관적 하자가 원인이 되지만 주관적 하자라 하더라도 무효사유인 경우, 예컨대 절대강박상태에서의 설립행위 등은 설립무효의 원인이 된다. **제소권자**를 보면, 설립취소의 소는 취소권을 가지는 자나 그 대리인·승계인이며(상184.2) 채권자가 제소권자이며(상185), 설립무효의 소는 사원이 제소권자로 한정된다(상184.1). **피고**는 채권자사해를 원인으로 할 경우에는 사해사실을 알고 있는 사원과 회사를 피고로 정하고 있으나(상185), 기타의 경우에는 규정이 없으므로 설립회사가 피고가 된다고 본다. **제소기간**은 회사성립의 날로부터 2년 내이며, 회사의 본점소재지의 지방법원의 전속관할이며(상186), 소제기시 회사는 지체 없이 공고하여야 하고(상187), 법원은 수개의 소송을 병합심리하여야 한다(상188). 설립무효의 소 또는 설립취소의 소가 그 심리 중에 원인이 된 하자가 보완되고 회사의 현황과 제반 사정을 참작하여 설립을 무효 또는 취소하는 것이 부적당하다고 인정한 때에는 법원은 그 청구를 기각할 수 있다(상189).

5) **판결의 효력** : 설립무효의 판결 또는 설립취소의 판결은 **대세적 효력**이 있어 제3자에 대하여도 효력이 미치며, **불소급효**를 가져 판결확정 전에 생긴 회사와 사원 및 제3자간의 권리·의무에 영향을 미치지 아니한다(상190). 설립무효의 판결 또는 설립취소의 판결이 확정된 때에는 본점과 지점의 소재지에서 **등기**하여야 한다(상192). 설립무효의 판결 또는 설립취소의 판결이 확정된 때에는 해산의 경우에 준하여 청산하여야 하며, 이 경우 법원은 사원 기타의 이해관계인의 청구에 의하여 청산인을 선임할 수 있다(상193). 설립무효의 소 또는 설립취소의 소를 제기한 자가 패소한 경우에 악의 또는 중대한 과실이 있는 때에는 회사에 대하여 연대하여 손해를 배상할 책임이 있다(상191). 상법은 **회사계속제도**를 두어, 설립무효의 판결 또는 설립취소의 판결이 확정된 경우에 그 무효나 취소의 원인이 특정한 사원에 한한 것인 때에는 다른 사원 전원의 동의로써 회사를 계속할 수 있다(상194.1). 이 경우 그 무효 또는 취소의 원인이 있는 사원은 퇴사한 것으로 보며, 사

원이 1인이 된 경우 새로운 사원을 가입시켜 회사를 계속할 수 있다(동조2,3항). 이미 회사의 해산등기를 하였을 때에는 본점소재지에서는 2주간 내, 지점소재지에서는 3주간 내에 회사의 계속등기를 하여야 한다(상194.3 → 229.3).

3. 회사의 내부관계

합명회사의 구조, 즉 법률관계는 크게 내부관계와 외부관계로 분류된다. **내부관계**는 사원들만의 이익에 관한 것이므로 그 규정은 원칙적으로 임의법규이고 계약자유의 원칙이 인정되는데 반해 **외부관계**는 제3자의 이익과 관련되어 그 규정은 강행법규의 성질을 가진다. 따라서 내부관계에 관한 적용법규의 순서는 정관, 상법의 규정(임의법규), 민법의 조합규정 순이지만(상195 참조), 외부관계에는 상법의 규정(강행법규), 정관, 민법의 조합규정 순의 적용이 원칙이 된다.

(1) 출 자

1) **의 의** : 사원이 사원의 자격에서 일정한 유형·무형의 수단을 회사에 출연하는 것을 의미하며, 합명회사 사원은 반드시 출자를 하여야 하며(상179 4호, 195, 민703) 정관으로 달리 정할 수 없다. 출연자(사원)는 자연인이어야 하며 무능력자도 사원이 될 수 있으며(상7), 사원의 **출자의 목적**은 재산, 노무 또는 신용 어느 것이라도 무방하여(상195, 222, 민703.2), 정관의 절대적 기재사항이므로 출자의 변경도 정관변경의 절차에 의하며 합명회사에는 법률상 자본이라는 개념이 없다고 본다. 재산출자에는 금전출자는 물론 현물출자도 가능한데 현물출자의 목적인 재산은 동산·부동산·유가증권·채권·무체재산권·영업상의 비결 등 그 제한이 없고 영업을 일괄하여 현물출자하는 것도 가능하다. 사원의 노무·신용출자에는 목적·가격·평가표준이 정해져야 하고(상179 4호), 노무출자는 사원이 회사를 위한 노무의 제공인데 정신적이든 육체적이든 불문하고 임시적이든 계속적이든 불문하고, 신용출자는 회사를 위한 신용의 제공(예컨대 회사를 위하여 담보를 제공)을 의미한다.

2) **출자의무** : **추상적 출자의무**는 사원자격에 따른 의무인데, 회사채무에 대한 책임(무한책임)과는 구별되며 정관(설립시 원시정관, 설립후 입사시 정관변경)에 의하여 정해진다. 회사의 설립계약 또는 입사계약에 의하여 발생하는 출자의무는

이행되거나 사원의 자격상실로 소멸한다. **구체적 출자의무**는 사원의 자격과 독립하여 존재하므로 회사가 사원에 대해서 가지는 구체화한 출자청구권은 양도·압류 또는 전부의 대상이 되고, 사원의 자격을 상실하더라도 소멸되지 않는다고 보는 견해가 통설이다. **출자이행**의 시기는 정관의 규정 또는 업무집행의 방법으로 자유로이 정할 수 있고 회사설립시에 출자를 이행하여야 하는 것도 아니다. 다만 회사의 청산시에 회사의 현존재산이 회사채무를 완제하기에 부족한 경우 청산인은 출자의 이행기에 불구하고 각 사원에 대하여 출자를 청구할 수 있다(상258.1). 출자이행의 방법을 보면, 금전출자는 금전의 납입 또는 상계로, 현물출자는 그 목적 재산의 이전으로, 노무출자는 노무의 제공으로, 신용출자는 신용의 제공 등으로 한다. **채권출자**를 한 사원은 채무자의 자력도 담보하므로 채권이 변제기에 변제되지 않을 경우 사원은 회사에 대하여 이자를 지급하는 외에 이로 인하여 생긴 손해도 배상하여야 하고(상196), 현물출자를 한 사원은 위험부담·하자담보책임도 부담한다(상195, 민567, 570 이하, 580). 합명회사의 사원이 출자의무를 불이행하면 민법상 채무불이행의 일반적인 효과가 발생하는 외에(민387 이하) 상법상 사원의 제명(상220.1 1호), 업무집행권(상205.1) 또는 대표권(상216)상실의 원인이 된다.

(2) 업무집행

1) **업무집행기관** : 업무집행이란 회사가 그 목적사업을 위하여 업무집행기관에 의해 수행되는 행위(법률행위, 사실행위 등)를 의미한다. 합명회사의 업무집행기관은 원칙적으로 각 사원이어서(상200.1), 사원자격과 기관자격이 일치(**자기기관**)하는 개인주의적 회사이다. 특정한 사원만을 기관으로 하기 위해서는 정관에 규정이 있어야 하며(상201.1) 이 경우 **일반 사원**의 업무집행권은 배제되며 검사권만 가지고(상195 → 민710) 업무집행사원만이 회사의 업무를 집행할 권리와 의무를 가진다. **업무집행사원**은 회사와 위임관계이며 선량한 관리자의 주의를 부담하며(상195 → 민707, 681~688), 업무집행사원은 정당한 사유 없이 사임할 수 없으며, 다른 사원의 일치가 아니면 해임할 수 없다(상195 → 민708). 합명회사의 정관의 규정이나 총사원의 동의로 사원이 아닌 자에게 업무집행권을 부여할 수 있는가에 관해, 통설은 합명회사는 무한책임사원들로 구성되고 자기기관을 갖는 회사이므로 사원 아닌 자는 정관의 규정이나 총사원의 동의로도 업무집행기관이 될 수 없다고 본다(부정설). 다만 청산 중의 회사는 사원이 아닌 자를 청산인으로 선

임할 수 있고(상251.1), 업무집행사원의 업무집행의 정지 및 직무대행자를 선임하는 가처분이 있으면 그러한 직무대행자가 업무를 집행한다(상183의2).

2) **업무집행권의 상실·정지** : 업무집행사원이 업무를 집행함에 현저하게 부적임하거나 중대한 업무에 위반한 행위가 있는 때에는 법원은 사원의 청구에 의하여 업무집행권한의 상실을 선고할 수 있다(상205.1). 판례는 업무집행사원의 권한상실을 선고하는 판결은 형성판결로 보아 그 판결 확정에 의하여 업무집행권이 상실되면 그 결과 대표권도 함께 상실되고(75다1341), 그 후 (합자회사의) 유일한 무한책임사원이 되었다는 사정만으로는 형성판결인 업무집행권한의 상실을 선고하는 판결의 효력이 당연히 상실되고 해당 무한책임사원의 업무집행권 및 대표권이 부활한다고 볼 수 없다고 본다(2018다225289). **업무집행사원의 권한상실**의 판결이 확정된 때에는 본점과 지점의 소재지에서 등기하여야 한다(상205.2). 업무집행사원의 업무집행의 정지 및 직무대행자를 선임하는 가처분이 있으면 그 직무대행자가 업무를 집행하고(상183의2 참조), 업무집행사원은 가처분의 취소가 없는 한 업무를 집행할 수 없다(상183의2, 200의2 참조). 이때 **직무대행자**는 가처분명령에 다른 정함이 있거나 또는 법원의 허가를 얻은 경우를 제외하고는 회사의 통상업무에 속하는 행위만을 할 수 있다(상200의2.1). 직무대행자가 이를 위반하여 행위한 경우에도 회사는 선의의 제3자에 대하여 책임을 진다(상200의2.2). **1인의 업무집행사원의 업무집행권한 상실선고의 허용성**(**쟁점101**)에 관해, **판례**(합자회사 관련)는 상법 제205조가 규정하고 있는 합자회사의 업무집행사원의 권한상실선고 제도는 회사의 운영에 있어서 장애사유를 제거하는 데 목적이 있고 회사를 해산 상태로 몰고 가자는 데 목적이 있는 것이 아니므로 무한책임사원 1인뿐인 합자회사에서 업무집행사원에 대한 권한상실선고는 회사의 업무집행사원 및 대표사원이 없는 상태로 돌아가게 되어 권한상실제도의 취지에 어긋나게 되어 회사를 운영할 수 없으므로 이를 할 수 없다고 보아(75다1341), 부정설이며 타당하다고 본다.

3) **업무집행의 방법** : 업무집행에 관한 **의사결정**은 원칙적으로 총사원의 과반수로써 결정(두수주의)하여야 하여(상195, 민706.2), **1인 1의결권주의**를 취하고 있다. 합명회사에는 사원총회가 없으므로 회의체의 소집 없이 적당한 방법으로 사원의 의사가 파악되면 의사결정이 완료된다. **판례**도 정관에 특별한 규정이 없는 한 소집절차·결의방법에 제한이 없고 개별적인 의사표시를 수집하여 본 결과 총

사원의 동의나 사원 2/3 또는 과반수의 동의 등 법률이나 정관 및 민법의 조합에 관한 규정이 요구하고 있는 결의요건을 갖춘 것으로 판명되면 유효한 결의가 있다고 보아야 한다는 입장이다(95다5820). 정관의 규정으로 사원총회를 둔 경우 사원의 개성이 중요하므로 의결권의 대리행사는 인정되지 않는다고 본다. 각 사원(정관지정 업무집행사원)이 업무집행사원인 경우에 각 사원(업무집행사원)의 업무집행에 관한 행위에 대하여 다른 사원(업무집행사원)의 이의가 있는 때에는 곧 그 행위를 중지하고 총 사원(총 업무집행사원)의 과반수의 결의에 의하여야 하는(상201.2) **이의제도**를 두고 있다. 정관으로 **공동업무집행사원**이 정하여진 경우에는 그 사원이 공동으로만 업무집행을 할 수 있다(상202본문 후단). 그러나 지체할 염려가 있는 때에는 단독으로 할 수 있다(상202단서). 업무집행권이 없는 사원은 회사의 업무와 재산상태를 검사할 수 있는 **검사권**을 가지는데(상195 → 민710), 이는 사원의 무한책임에 근거하여 정관의 규정으로도 이를 박탈할 수 없다는 것이 통설이다.

(3) 사원의 의무

1) **경업 · 겸직금지의무** : 사원은 자기를 제외한 다른 모든 사원의 동의가 없으면 자기 또는 제3자의 계산으로 회사의 영업부류에 속하는 거래를 하지 못하며, 동종영업을 목적으로 하는 다른 회사의 무한책임사원 또는 이사가 되지 못한다(상198.1). 합명회사 사원은 원칙적으로 회사의 경영에 참여하고, 업무집행권이 없는 경우에도 감시권을 가지므로 무거운 의무를 부담하지만 이는 임의규정으로 해석되므로 달리 정할 수 있다고 본다. 사원이 **경업금지의무를 위반**한 경우에는 회사는 개입권(상198.2,4)과 손해배상청구권(상198.3)을 행사할 수 있고, 또 다른 모든 사원의 과반수의 결의에 의하여 그 사원의 제명을 법원에 청구할 수 있다(상220.1 2호). 그리고 다른 사원은 해당사원에 대하여 업무집행권 또는 대표권의 상실의 선고를 법원에 청구할 수 있다(상205.1, 216). 개입권은 다른 모든 사원의 과반수의 결의에 의하여 행사하며, 일정한 제척기간(다른 사원의 1인이 그 거래를 안 날로부터 2주간, 거래가 있은 날로부터 1년) 내에 행사하여야 한다(상198.4). 사원이 **겸직금지의무를 위반**한 경우에는 회사는 개입권을 행사할 수는 없고 손해배상청구권을 행사할 수 있으며(상198.3 유추), 또한 다른 모든 사원의 과반수의 결의에 의하여 그 사원의 제명을 법원에 청구할 수 있을 뿐이다(상220.1 2호).

2) **자기거래제한** : 합명회사의 각 사원은 다른 모든 사원의 과반수의 결의가 있는 때에 한하여 자기 또는 제3자의 계산으로 회사와 거래를 할 수 있다(상199). 사원이 다른 사원의 동의를 얻지 않고 자기거래를 한 경우 회사에 대하여 손해배상의 책임을 지는 외에 다른 사원의 청구에 의하여 법원으로부터 업무집행권 또는 대표권의 상실을 선고받을 수 있다(상205.1, 216). 그러나 경업피지의무위반의 경우와는 달리 사원의 자기거래제한위반의 경우에는 사원의 제명사유가 되지 못한다(상220.1 참조).

(4) 손익의 분배

합명회사는 영리법인이므로 영업에서 얻은 이익 또는 손실을 사원에게 분배하여야 하고, 상인이므로 매결산기에 회계장부에 의하여 대차대조표를 작성하여야 한다(상30.2). 대차대조표상의 순재산액이 회사의 자본을 초과하는 경우 그 초과액이 이익이고, 반대의 경우 부족액이 손실이 되어 분배된다. **손익분배의 기준**은 정관 또는 총사원이 자유로이 정하나 특별히 정해진 바가 없으면 민법의 조합에 관한 규정에 의하여 정한다(상195). 따라서 각 사원의 출자가액에 비례하여 손익분배의 비율이 정하여지고(민711.1), 이익 또는 손실의 어느 한쪽에 대하여만 분배의 비율이 정하여진 경우에는 그 비율은 이익과 손실에 공통된 것으로 추정한다(민711.2). 손익분배의 시기는 정관의 규정에 따라 또는 규정이 없을 경우 매결산기에 지급한다(상30.2 참조). **이익의 분배**는 원칙적으로 금전배당을 현실적으로 하여야 하나, 정관의 규정 또는 총사원의 동의에 의하여 이익의 전부 또는 일부를 회사에 적립할 수도 있다. **손실의 분배**는 계산상 지분의 평가액이 감소하는 데 그치고, 추가출자를 요구하는 것은 아니다. 그러나 퇴사 또는 청산의 경우에는 지분이 사원의 회사에 대한 권리·의무에 따라 사원은 분담손실액을 납입하여야 한다. 자본유지의 원칙이 없으며 법정준비금제도도 없고 이익이 없는 경우에도 배당을 할 수 있다.

(5) 지 분

1) **개 념** : 사원의 지분은 사원권(상197)을 의미하거나 회사의 해산 또는 사원의 퇴사의 경우에 사원이 회사로부터 지급받거나(적극지분) 또는 회사에 지급할(소극지분) 계산상(재산상)의 금액을 뜻한다. 사원권을 의미하는 사원의 지분(지분사원권설)은 각 사원 당 1개이고(지분단일주의) 그 내용은 출자액에 비례하

여 사원마다 다르게 된다.

2) **지분의 양도와 상속** : 지분의 양도는 당사자간의 계약(의사의 합치)에 의하여 성립하는데, 그 계약이 효력을 발생하기 위하여는 원칙적으로 다른 모든 사원의 동의를 요하지만(상197) 정관으로써 완화할 수 있다(임의규정). 지분의 일부양도시 양도인은 사원자격을 잃지 않고 그 지분만이 감소할 뿐이며, 지분양수인은 지분의 승계에 의하여 사원자격을 취득하는 동시에 지분양도인의 공익권과는 무관한 공익권을 원시취득한다고 본다. 지분의 전부양도시 양도인은 사원자격을 잃고, 양수인은 지분과 사원자격을 취득하는데, 양수인이 사원이 아닐 경우 사원변경에 따른 정관변경등기를 하여야 한다(상179 3호). 회사채권자를 보호하기 위하여 양도인은 이러한 등기 후 2년 내에는 등기 전에 생긴 회사의 채무에 대하여 다른 사원과 동일한 책임을 지고(상225.2), 지분을 전부 양도한 사원은 퇴사의 경우에 준하여(상225.2), 새로이 지분을 양수한 사원은 신입사원에 준하여(상213) 각각 책임을 진다. 합명회사는 사원 상호간의 신뢰관계를 기초로 하므로 사원의 사망은 퇴사원인이 되는바(상218.3), 그 사원의 지분은 원칙적으로 상속되지 않고, 그 상속인은 지분의 환급을 받게 된다. 그러나 정관에서 지분상속을 허용할 수 있는데, 상속인은 상속의 개시를 안 날로부터 3월 내에 회사에 대하여 승계 또는 포기의 통지를 발송하여야 하고(상219.1) 경과시 사원이 될 권리를 포기한 것으로 본다(상219.2). 그러나 청산중의 회사의 사원이 사망한 경우에는 이러한 정관의 규정이 없더라도 당연히 지분을 상속한다(상246 참조).

3) **지분의 압류·입질** : ① **지분 압류** – 상법은 사원의 채권자를 보호하기 위하여 **지분 압류**에 관한 규정을 두고 있는데, 사원의 지분의 압류채권자는 6월 전에 예고함으로써 영업연도 말에 그 사원을 퇴사시킨 다음에(상224.1), **지분환급청구권의 전부**(轉付)를 받아 목적을 달성할 수 있다. 다만 사원이 변제를 하거나 상당한 담보를 제공한 때에는 퇴사의 예고는 그 효력을 잃는다(상224.2). 실권예고부 지분압류에 의한 퇴사청구권(상224.1)은 사원 지분의 압류채권자가 직접 일방적 의사표시로 사원을 퇴사시킬 수 있도록 한 형성권이므로 채권자가 예고기간을 정하여 예고를 한 이상 다른 의사표시 없이도 영업연도말에 당연히 퇴사의 효력이 발생하고, 사원이 이를 저지하기 위하여서는 영업연도말이 되기 전에 변제를 하거나 상당한 담보를 제공하여야 하며, 변제 또는 담보제공이 없이 영업연도말이

도래하여 일단 퇴사의 효력이 발생하였다면 그 후 사원 또는 채권자가 일방적으로 위 퇴사의 의사표시를 철회할 수 없고, 이는 퇴사의 효력이 발생한 후 사원이 채권자에게 채무를 변제한 경우에도 동일하다(2013다212295). 임의청산의 경우에는 사원의 지분에 대한 압류채권자의 동의를 얻어야 하는데(상247.4), 회사가 이러한 압류채권자의 동의를 얻지 않고 임의청산의 방법에 의하여 재산을 처분한 때에는 압류채권자는 회사에 대하여 그 지분에 상당하는 금액의 지급을 청구할 수 있으며(상249 1문), 이 경우에는 상법 제248조의 채권자보호절차를 준용한다.

② **지분 입질 – 지분 입질**에 관하여는 상법상 명문규정은 없으나, 지분은 경제적 가치가 있고 채권적인 성질이 있으므로 입질도 가능하다고 본다. **합명회사 사원의 지분입질시 총사원 동의의 요부**(**쟁점102**)에 관해, **긍정설**(다수설)은 당사자간의 합의 외에 총사원의 동의(상197)가 있어야 한다는 견해이고, **부정설**은 입질에는 다른 사원의 동의를 요하지 않으나 채권자의 지분의 환가에는 다른 사원의 동의가 요구된다는 견해와 지분의 입질은 역시 자유로우나 질권의 효력은 이익배당청구권·지분환급청구권 및 잔여재산분배청구권에 한하여 미칠 뿐이고 경매권에는 총사원의 동의가 필요하다는 견해가 있다.

(6) 정관변경

정관변경이란 정관기재서면의 변경, 즉 형식적 의의의 정관을 변경하는 것이 아니라 실질적 의의의 정관의 내용을 변경하는 것으로 사회질서와 강행법규에 반하지 않는 한 어떠한 내용도 자유로이 변경할 수 있다. 합명회사는 총사원의 동의에 의하여 정관을 변경할 수 있다(상204). 그러나 총사원의 동의를 받도록 한 상법 제204조는 회사의 내부관계에 관한 규정으로 임의규정이므로, 정관의 규정에 의하여 그 요건을 완화할 수 있다는 것이 통설이다. 합명회사에는 사원총회라는 기관이 없으므로, 정관변경시 요구되는 총사원의 동의는 개별적인 구두에 의한 동의도 무방하다. 이미 다른 사원의 동의에 의하여 지분의 전부 또는 일부를 타인에게 양도하여 사원변경이 생긴 경우(상197), 사원의 사망(상218 3호)·임의퇴사(상217)·제명(상220) 등의 사유에 의하여 사원변경이 생긴 경우에는 총사원의 동의를 요하지 않고 바로 정관변경의 효력이 생긴다. 정관변경이 동시에 등기사항의 변경인 경우에는 변경등기(상183)를 하여야 제3자에게 대항할 수 있다(상37).

4. 회사의 외부관계

(1) 대표기관

1) **개 념** : 합명회사의 내부관계는 조합의 성질도 가지고 있지만 외부관계에서는 법인으로서 대표기관의 행위에 의해 회사가 대표된다. 따라서 회사의 대표란 회사의 기관이 제3자에게 회사의 의사표시를 하거나 또는 회사에 대한 의사표시를 받음으로써 그 기관의 행위가 바로 회사 자신의 행위가 되는 관계를 말한다. 이러한 회사의 대표는 회사의 업무집행의 대외적인 면이다. 대표행위(회사행위)는 거래의 안전에 영향을 미치므로 이에 관한 규정은 회사 내부규범과 달리 강행법규성을 가져야 하고 정관에 의한 사적자치가 인정되지 않는다고 본다.

2) **대표기관의 선임** : 합명회사의 대표기관은 원칙적으로 각 사원이며(**단독대표원칙**, 상207 1문), 업무집행권자(각 사원 또는 업무집행사원)가 대표권을 가지고 사원이 아닌 자에게 대표권을 부여할 수 없다. 다만 예외적으로 회사와 사원간에 소송이 제기되고 회사를 대표할 사원이 없을 경우 다른 사원 과반수의 결의로 회사를 대표할 자(임시대표자)를 선정하여야 하고(상211), 사원임을 요하지 아니하며, 등기도 필요치 않다. 정관으로 수인의 **업무집행사원**을 정한 경우에는 각 업무집행사원이 대표기관이 되고(상207 2문), 정관 또는 총사원의 동의로 업무집행사원 중에서 특히 회사를 대표할 자(**대표사원**) 또는 공동대표사원을 정할 수 있다(상207, 208.1). **공동대표사원**은 능동대표는 반드시 공동으로 하여야 하나(상208.1, 202본문 참조), 수동대표는 각자가 단독으로 할 수 있다(상208.2). 모든 사원에게 대표권이 있고 또 단독대표가 인정되는 경우에는 대표에 관한 사항은 별도로 등기할 필요가 없지만(상180 1호, 179 3호 참조), 회사를 대표할 사원을 특별히 정한 경우에는 이 **대표사원**의 성명을 등기하여야 한다(상180 4호). 정관으로 수인의 사원이 공동으로 회사를 대표할 것을 정하고도 이를 등기하지 아니한 경우, 공동대표사원 중 1인이 단독으로 회사를 대표하여 행위하였더라도 그 대표행위가 정관에 위배된다는 점을 들어 위 대표행위의 유효를 주장하는 선의의 제3자에게 대항하지 못한다(2013다212295). 또한 정관 또는 총사원의 동의로 공동대표사원을 정한 경우, 대표권이 있는 사원에게 대표권의 상실선고가 있고 이 재판이 확정된 때, 업무집행권이 있는 대표사원에 대하여 업무집행의 정지 및 직무대행자를 선

임하는 가처분이 있거나 그 가처분을 변경·취소하는 경우에는 본점 및 지점이 있는 곳의 등기소에서 이를 등기하여야 한다(상183의2).

3) **사임·해임** : 대표사원도 업무집행사원과 같이 정당한 사유 없이 사임할 수 없으며, 다른 사원의 일치가 아니면 해임할 수 없으나(상195 → 민708), 대표권이 있는 사원이 업무를 집행함에 현저하게 부적임하거나 중대한 업무에 위반한 행위가 있는 때에는 업무집행사원의 경우와 같이 사원의 청구에 의하여 법원은 대표권의 상실을 선고할 수 있다(상216 → 205.1). 다만 대표사원이 1인인 경우에는 업무집행사원에서 검토한 바와 같이 대표권의 상실선고를 할 수 없다고 이해된다.

4) **권 한** : 합명회사를 대표하는 사원은 회사의 영업에 관하여 재판상 또는 재판 외의 모든 행위를 할 권한이 있다(상209.1). 대표기관은 회사의 **영업에 관한 행위**만을 할 수 있으므로 영업이 아닌 회사의 기구변경에 관한 사항 등에는 대표권이 미치지 않는다. 이러한 대표기관의 권한은 정관 또는 총사원의 동의로써 제한할 수 있으나, 그러한 제한을 가지고 선의의 제3자에게 대항하지 못한다(상209.2). 그러나 제3자가 사원인 때, 대표사원과의 공모가 회사의 이익을 해하여 민법 제103조에 위배되는 때, 제3자가 대표권의 남용을 안 때 등의 경우에는 대표권의 불가제한성을 이유로 회사에 대항하지 못한다. 합명회사를 대표하는 사원이 그 업무집행으로 인하여 타인에게 손해를 가한 때에는 그 사원과 회사는 연대하여 배상할 책임이 있다(상210).

(2) 사원의 책임

1) **책임의 성질** : ① 직접·무한성 – 합명회사의 사원은 회사채권자에 대하여 직접·무한·보충적 연대책임을 부담한다(상212). 이는 정관 또는 사원간의 합의로 면책할 수 없으며, 업무집행권이나 대표권의 유무와도 무관하게 사원의 지위에서 부담하는 채무이다(상212.1). 판례도 합명회사는 실질적으로 조합적 공동기업체여서 회사의 채무는 실질적으로 각 사원의 공동채무이므로, 합명회사 사원의 책임은 회사가 채무를 부담하면 법률의 규정에 기해 당연히 발생한다고 본다(2006다65903). **직접책임**이라 함은 합명회사의 채권자는 사원이 출연한 금액으로부터 간접적으로 변제받는 것이 아니라 사원에게 직접 책임을 물을 수 있다는 의미이다. **무한책임**이라 함은 회사채권자의 채권액이 사원의 출자금액과 회사가 가진 재산

을 초과하더라도 전액 채무를 부담한다는 의미이다.

② **보충성 – 보충적 연대책임**이라 함은 사원의 책임은 회사채권자의 채권액에 관해 사원이 연대하여 책임을 부담하므로 전액변제책임을 부담하는 연대책임이기는 하지만 보충적인 책임을 의미한다. 즉, 회사의 재산으로 회사의 채무를 완제할 수 없는 때, 회사재산에 대한 강제집행이 주효하지 못한 때 각 사원은 연대하여 변제할 책임이 있다(상212.1,2). 다만 강제집행 부주효의 경우 사원이 회사에 변제의 자력이 있으며 집행이 용이한 것을 증명한 때에는 연대책임규정(상212.2)을 적용하지 아니한다(상212.3). 여기서 '회사의 재산으로 회사의 채무를 완제할 수 없는 때' 또는 '회사재산에 대한 강제집행이 주효하지 못한 때'에 비로소 발생하는 것은 아니며, 이는 회사 채권자가 그와 같은 경우에 해당함을 증명하여 합명회사의 사원에게 보충적으로 책임의 이행을 청구할 수 있다는 책임이행의 요건을 정한 것으로 본다(2006다65903).

③ **항변권** – 사원이 회사채무에 관하여 변제의 청구를 받은 때에는 회사가 주장할 수 있는 항변으로 그 채권자에게 대항할 수 있으며(상214.1), 회사가 그 채권자에 대하여 상계, 취소 또는 해제할 권리가 있는 경우에는 사원은 회사채무에 관한 변제청구에 대하여 변제를 거부할 수 있다(상214.2).

2) **입사·퇴사와 책임** : 책임원인의 발생시점과 사원신분유지의 시점이 불일치하더라도 사원의 책임을 인정하고 있다. 즉, 합명회사 성립 후 입사한 사원은 입사 전 회사채무에 대해 다른 사원과 동일한 책임을 부담하고(상213), 퇴사·지분양도한 사원은 퇴사·지분양도 전에 생긴 회사채무에 대해 변경등기 후 2년 내에는 다른 사원과 동일한 책임을 부담한다(225.1,2). 따라서 회사에 변제의 자력이 있으며 집행이 용이하다는 사실을 주장입증하지 못하는 한 무한책임을 면할 수 없다(74다1727). 이는 회사의 대외적 신용을 보장하고, 회사채권자보호절차 없이 이루어지는 퇴사제도의 특성상 회사채권자를 보호하기 위한 취지이다. 등기 후 2년의 기간은 제척기간이고, 거래상대방의 선의·악의에 의하여 영향을 받지 않고 책임을 부담한다. 합명회사 해산시에는 사원의 책임이 본점소재지에서 해산등기 후 5년까지 연장된다(상267.1).

3) **책임의 범위·구상권** : 합명회사의 사원이 부담하는 책임은 회사의 채무에 대한 것인데, 여기에는 거래에서 생긴 채무만이 아니고 불법행위나 부당이득에

의하여 생긴 채무, 공법상의 채무도 포함된다. 사원의 책임은 회사채무가 발생함과 동시에 생기는 것이지만 이 책임은 앞에서 본 바와 같이 보충적 책임이므로 그 책임의 이행은 회사재산으로써 회사채무를 완제할 수 없거나(상212.1), 또는 회사재산에 대한 강제집행이 주효하지 않은 경우(상212.2)에만 책임이행을 해야 한다. 합명회사의 사원이 회사채권자에 대하여 회사채무를 이행하면 회사채무는 소멸하고 회사채무를 이행한 사원은 변제자의 법정대위(민481)에 관한 법리에 의하여 회사에 대하여 구상권을 취득하는데, 이러한 **회사에 대한 구상권**은 다른 사원에 대한 구상권으로서 다른 사원에 대하여 그 부담부분을 구상할 수 있다(민425.1). 판례는 변제자대위(민481, 482)는 제3자 또는 공동채무자의 한 사람이 주채무를 변제함으로써 채무자 또는 다른 공동채무자에 대하여 갖게 된 구상권의 효력을 확보하기 위한 제도이므로, 대위에 의한 원채권 및 담보권의 행사 범위는 구상권의 범위로 한정된다고 본다(2019다270217). 이때 다른 사원의 부담부분은 손실분담비율에 의하고 다른 사원은 회사에 자력이 있다는 것을 이유로 하여 이러한 구상을 거절할 수 없다.

4) **자칭사원의 책임** : 사원이 아닌 자가 타인에게 자기를 사원이라고 오인시키는 행위를 하였을 때에는 그는 그 오인으로 인하여 회사와 거래한 자에 대하여 사원과 동일한 책임을 진다(상215). 이는 외관법리 또는 금반언의 원리에 입각한 책임이라 할 수 있다. 자칭사원도 회사채무에 대하여 무한책임을 지지만 사원은 아니므로 다른 사원과 연대책임이 아닌 부진정연대책임을 진다고 본다.

5. 입사와 퇴사

1) **개 념** : 합명회사는 사단적 성질을 가지므로 입사·퇴사제도가 있으며 사원은 무한책임을 부담하므로 특히 퇴사제도는 상법에서 엄격하게 규율한다. 입사와 퇴사는 사원자격의 취득과 상실의 중요한 원인이 된다. 사원자격의 취득에는 원시적 취득과 승계적 취득이 있고, 사원자격의 상실에는 절대적 상실과 상대적 상실이 있다. 원시적 취득에는 설립행위와 입사가 있고, 사원자격의 승계적 취득에는 지분의 양수와 상속이 있다. 사원자격의 절대적 상실에는 해산과 퇴사가 있으며, 상대적 상실에는 지분전부의 양도와 사망이 포함된다.

2) **입사제도** : 입사란 회사성립 후에 회사와 입사하고자 하는 자 사이의 입사계약에 의하여 원시적으로 사원자격을 취득하는 것을 말한다. 회사에 대한 새로운 출자를 반드시 요하므로, 회사에 대한 새로운 출자 없이 사원자격만을 승계하는 지분의 양수(상197)나 상속과는 개념상 구별되나 효과는 유사하다. 사원은 정관의 절대적 기재사항이므로(상179 3호), 입사로 인한 사원의 증가의 경우에는 정관변경을 요하고, 따라서 입사에는 총사원의 동의를 요하고(상204), 변경등기를 요한다(상183). 판례는 총사원의 동의로 무한책임사원으로서의 지위를 취득한 자(A)라도 등기 전에는 선의의 제3자에게 이를 주장할 수 없으므로, 제3자가 타인(B)을 유일한 무한책임사원이라 선의로 믿고 지분을 취득한 경우 A와 회사는 제3자가 A의 동의를 받지 아니하였음을 주장하여 그 지분양도계약이 효력이 없다고 주장할 수 없다고 보았다(96다19321). 회사성립 후에 입사한 사원은 입사 전에 생긴 회사의 채무에 대하여 다른 사원과 동일한 책임을 진다(상213).

3) **퇴사제도** : ① 개념 – 퇴사란 회사의 존속 중에 특정사원의 사원자격이 절대적으로 소멸되는 것을 말한다. 이러한 퇴사제도는 인적회사의 하나의 특색으로, 사원자격이 상대적으로 소멸하는 지분의 양도와는 다르고 회사가 소멸한 경우와도 다르며, 다른 사원의 의사와 관계없이 일방적 의사표시에 의하여 효력이 생기며 회사해산 후인 청산중일 때에는 사원의 퇴사가 인정되지 않는다. 퇴사는 그 원인을 기준으로 **임의퇴사**(정관으로 회사의 존립기간을 정하지 아니하거나 어느 사원의 종신까지 존속할 것을 정한 경우 일방적 의사표시에 의한 퇴사)와 **강제퇴사**(지분압류 채권자가 6월전 예고 후 영업연도 말에 그 지분소유 사원을 퇴사시킴, 상224.1), **당연퇴사**(정관 퇴사사유 발생, 총사원 동의, 사원의 사망·금치산선고·파산선고·제명－상218 220, 회사계속의 부동의－상229.1 등의 원인에 의한 퇴사)로 구분된다.

② **퇴사 절차** - **임의퇴사**의 경우, 사원은 부득이한 사유(사원으로 계속 회사에 관여하기 어려운 개인적 사정)가 없는 한 원칙적으로 6월 전의 예고에 의하여 영업연도 말에 한하여 퇴사할 수 있다(상217). 임의퇴사제도에 의하여 사원은 출자금을 회수할 수 있다. **강제퇴사**의 경우 채무자인 사원이 변제를 하거나 상당한 담보를 제공한 경우에는 퇴사예고가 그 효력을 잃게 되어 그 사원을 강제퇴사시킬 수 없는데(상224.2), 판례는 소정의 담보제공이란 압류채권자와의 사이에서 담보물권을 설정하거나 보증계약을 체결한 때를 말하는 것이므로, 실질적으로 보증과

같은 채권확보의 효력이 있는 중첩적 채무인수 계약이 압류채권자와의 사이에서 체결되거나 또는 압류채권자가 그 채무인수를 승낙한 때에는 퇴사예고는 그 효력을 잃는다고 보았다(88다카13516).

③ **퇴사 효과** – 퇴사원인이 있으면 바로 퇴사되고 정관변경을 요하지 않으나 변경등기(상183)는 요구되며, 등기는 퇴사원의 책임(상225.1)과 관련된다. **회사와 퇴사원과의 관계**에서도 퇴사한 사원의 지분의 계산은 정관에 다른 규정이 없으면 퇴사 당시의 회사재산의 상태에 따라야 하지만(상195 → 민719.1), 제명은 소제기시의 회사재산의 상태에 따르고 법정이자를 붙여야 한다(상221). 지분계산시 퇴사원은 적극지분의 경우에는 지분환급청구권을 가지고, 반대로 소극지분인 경우에는 손실분담금납입의무를 부담하는데, 지분의 분배는 정관에 별도의 규정이 없는 한 출자 종류를 불문하고 금전으로 할 수 있다(상195 → 민719.2, 상222). 퇴사한 사원의 성명이 회사의 상호 중에 사용된 경우 자칭사원의 책임이 발생할 수 있으므로(상215), 그 사원은 회사에 대하여 그 사용의 폐지를 청구할 수 있다(상226).

4) **제 명** : ① **개념** – 당해 사원의 의사에 반하여 사원자격을 박탈하는 것으로서, 회사의 존속을 위해 신뢰관계가 무너진 사원을 축출하는 절차이다. 당연퇴사와 달리 제명은 제명사유의 발생만으로 바로 퇴사의 효과가 발생하는 것이 아니라 일정한 절차를 거쳐 사원의 의사에 반하여 퇴사시킨다. **사원의 제명사유**는 출자의무 불이행, 경업금지의무 위반, 업무집행·대표에 관한 부정행위, 무권한 업무집행·대표, 기타 중요한 사유 등이다(상220.1).

② **법적 성질** – 상법상 **제명규정의 성질**, 즉 **정관에 의한 배제·제한 허용성**(**쟁점103**)에 관해, **임의법규설**은 상법 제220조를 임의법규로 보아 정관에 의하여 제명규정을 배제·제한할 수 있다고 보는 견해이고, **강행법규설**은 제명은 당해 사원의 의사에 반하여 사원자격을 박탈시키는 제도이므로 강행법규성을 가져 정관에 의하여 제명규정을 배제·제한할 수 없다고 보는 견해이다. 생각건대 제명은 사원들간의 신뢰관계 유지를 위한 제도로서 강행법적 성질을 가진다고 볼 때 강행법규설이 타당하다고 본다. 사원이 제명사유에 해당하면 제명청구(다른 사원 과반수의 결의)와 법원의 제명선고로 제명된다.

③ **논의** – **수명의 제명대상자에 대한 제명결의의 의결권자**(**쟁점104**)에 관해, 제명대상자들을 제외한 자로 한정하는 **일괄제명설**과 개인별로 제명사유를 검토하여야 하므로 일괄제명은 불가능하다는 점에서 각각의 제명대상자를 제외한 다른 사

원은 모두 제명결의에 참여할 수 있다고 **개별제명설**이 대립되는데 개별제명설이 논리적이라 본다. 그리고 **2인 사원의 제명 허용성**(**쟁점105**)에 관해 긍정설도 있지만 다수설은 그 중 1인을 제명하기 위한 과반수 결의도 불가능하고 그 1인을 제명하면 사원이 1인이 되어 회사의 해산사유가 되므로 제명이 불가능하다고 보는 견해로서 타당하다고 본다. 제명청구의 소는 회사의 본점소재지의 지방법원의 관할에 속하고(상220.2→206, 186), 사원자격의 박탈을 청구하는 형성의 소로서 판결이 확정되면 본점과 지점의 소재지에서 등기하여야 한다(상220.2→205.2). 제명된 사원과 회사와의 계산은 제명의 소를 제기한 때의 회사재산의 상태에 따라서 하며, 그때로부터 법정이자를 붙여야 한다(상221).

6. 해산과 청산

(1) 해 산

해산사유(존립기간 만료 등 정관 지정사유의 발생, 총사원의 동의, 사원이 1인으로 된 때, 합병·파산, 법원의 해산명령·해산판결－상227)가 발생한 경우 2주(본점소재지), 3주(지점소재지) 내에 해산등기를 하여야 하고(상228) 합병·파산의 경우는 예외적으로 합병등기(상233), 파산등기(파산109)를 한다. 파산과 해산을 명하는 판결에 의한 해산의 경우에는 그 등기는 법원의 촉탁에 의하여 실행된다(비송93). 합병·파산의 경우를 제외하고 합명회사는 해산에 의하여 청산절차가 개시되며, 청산의 목적범위 내로 그 권리능력이 제한된다(상245). 회사채권자에 대한 사원의 책임은 본점소재지에서 해산등기를 한 후 5년이 경과하면 소멸하지만(상267.1), 5년이 경과하더라도 분배하지 아니한 잔여재산이 있으면 회사채권자는 변제를 청구할 수 있다(상267.2). 다만 해산 후 합명회사는 **회사계속제도**를 이용할 수 있는데, 정관지정사유의 발생이나 총사원 동의에 의한 해산시 사원의 전부 또는 일부의 동의로 회사를 계속할 수 있고(상229.1본문), 사원이 1인이 된 경우 신입사원을 가입시켜 회사를 계속할 수 있다(상229.2). 회사의 해산등기 후 회사를 계속하는 경우에는 회사의 계속등기를 하여야 한다(상229.3).

(2) 청 산

1) **의 의** : 해산한 회사의 법률관계를 정리하고 그 재산을 처분하는 절차를 의미하며, 회사는 해산 후에도 청산의 목적범위 내에서 권리능력이 있고(상245),

사실상 청산절차의 종결로써 권리능력(법인격)이 소멸한다. 합명회사의 청산은 **임의청산**(정관 또는 총사원의 동의에 의하여 청산방법을 정하는 청산, 상247)을 원칙으로 하고 임의청산을 할 수 없는 경우에는 예외적으로 **법정청산**(법정의 엄격한 절차에 의한 청산, 상250)을 한다. 다만 해산사유가 1인 사원, 법원의 해산명령·해산판결인 경우 재산처분의 공정을 기하기 위하여 임의청산의 방법이 인정되지 않으므로(상247.2), 임의청산은 정관지정사유의 발생, 총사원 동의에 의한 해산에만 가능하다.

2) **임의청산절차** : ① **절차 개요** – 임의청산절차에서는 원칙적으로 정관 또는 총사원의 동의에 의하여 회사의 재산처분방법을 정하지만(상247.1), **회사채권자 보호절차**(2주 내 재산목록·대차대조표의 작성－상247.1, 회사채권자 이의제출공고(1월 이상기간)와 인지채권자 개별최고와 이의 부제출시 임의청산 승인간주, 이의제출시 회사의 변제·담보제공·재산신탁, 상247.3 → 232)와 **사원채권자 보호절차**(지분압류채권자의 동의, 상247.4)를 두고 있다. 이러한 절차를 위반하여 회사채권자를 해한 때에는 회사채권자는 그 처분의 취소를 법원에 청구할 수 있지만(상248.1), 수익자 또는 전득자가 채권자를 해할 것을 알지 못한 때에는 그 처분의 취소를 청구할 수 없다(상248.2 → 민406.1단서). 이러한 취소권은 채권자가 그 원인을 안 날로부터 1년, 처분행위가 있은 날로부터 5년이 경과하면 소멸한다(상248.2 → 민406.2).

② **효력** – 회사채권자의 회사의 재산처분에 대한 취소 및 원상회복은 모든 채권자의 이익을 위하여 그 효력이 있다(상248.2 → 민407). 압류사원채권자의 동의 없이 재산을 처분한 때에는 지분압류채권자는 회사에 대하여 그 지분에 상당하는 금액의 지급을 청구할 수 있으며 또한 상법 제248조에 의하여 재산처분의 취소를 청구할 수 있다(상249). 청산종결 해산된 회사는 그 재산의 처분을 완료한 날로부터 본점소재지에서는 2주 내에, 지점소재지에서는 3주 내에 청산종결의 등기를 하여야 한다(상247.5).

3) **법정청산절차** : ① **청산인** – 법정청산절차에서는 청산인이 법정된 절차(상251~265)에 따르는데, 해산사유가 1인 사원, 해산명령·해산판결인 경우 반드시 법정청산에 의한다(상247.2). **청산인**은 법정청산절차에서 청산회사의 사무를 집행하고 또 이를 대표하는 기관으로 해산 전의 회사에서의 업무집행 및 대표사원에

대응하는 기관이다(상255, 265 → 207, 208, 209.2). 청산인은 원칙적으로 총사원의 과반수에 의하여 선임되며(상251.1), 법정청산인, 사원의 선임에 의한 청산인, 법원이 선임한 청산인 등 3종류가 있다. 청산인이 사원에 의하여 선임되지 않는 경우에는 법정청산인으로 업무집행사원이 청산인이 된다(상251.2). 또 청산인은 원칙적으로 법정청산인을 말하지만 총사원 과반수의 결의로 사원 또는 사원 이외의 자를 청산인으로 선임할 수 있다(상251.1). 사원이 1인으로 되어 해산된 때(상227 3호)와 법원의 해산명령 또는 해산판결에 의하여 해산된 때(상227 6호)에는 언제나 법원에 의하여 청산인이 선임된다(상252). 위의 모든 청산인은 등기사항이다(상253).

② **청산인의 해임·의무·책임** – 청산인이 그 직무를 집행함에 현저하게 부적임하거나 중대한 임무위반의 행위를 한 때에는 법원은 이해관계인의 청구에 의하여 그 청산인을 해임할 수 있다(상262). 그러나 사원이 선임한 청산인은 이외에도 총사원의 과반수의 결의에 의하여 언제든지 해임될 수 있다(상261). 청산인은 회사와의 관계에서 위임관계에 있으므로 선량한 관리자의 주의로써 청산사무를 수행하여야 한다. 상법은 사원의 자기거래제한에 관한 상법 제199조의 규정을 준용하고 있으므로, 청산인이 자기 또는 제3자의 계산으로 회사와 거래를 함에 있어서는 사원과반수의 결의를 요한다(상265, 199). 그러나 경업금지의무를 부담하지는 않는다. 청산인은 해산 전의 대표사원과 같이 제3자에게 가한 손해에 대하여 손해배상책임을 지고(상265, 210), 주식회사의 이사와 같이 회사 또는 제3자에 대하여 임무해태로 인한 손해배상책임을 진다(상265, 399, 401).

③ **청산사무** – 청산인은 취임 후 지체 없이 회사의 재산상태를 조사하고 재산목록과 대차대조표를 작성하여 각 사원에게 교부하여야 한다(상256.1). 또한 청산인은 사원의 청구가 있는 때에는 언제든지 청산의 상황을 보고하여야 한다(상256.2). 청산인은 회사의 i) 현존사무의 종결, ii) 채권의 추심과 채무의 변제(상259), iii) 재산의 환가처분, iv) 잔여재산의 분배(상260)에 관한 직무권한이 있다(상254.1). 청산도중 파산원인을 발견한 때에는 파산선고를 신청하고 이를 공고하여야 한다(상254.4 → 민93). 청산인이 수인인 때에는 청산의 직무에 관한 행위는 그 과반수의 결의로 정하며(상254.2), 회사를 대표할 청산인은 청산인의 직무에 관하여 재판상 또는 재판 외의 모든 행위를 할 권한이 있다(상254.3). 다만 청산인이 회사의 영업의 전부 또는 일부를 양도함에는 총사원 과반수의 결의가 있어야 한다(상257).

④ **재산관련업무 – 채권의 추심**은 원래 변제기에 있는 채권이라야 하지만 사원에 대한 출자청구권에 대하여는 특칙이 있어 회사의 현존재산이 그 채무를 변제함에 부족한 때에는 청산인은 변제기에도 불구하고 각 사원에 대하여 출자를 청구할 수 있다(상258.1). 이 **출자청구**는 각 사원의 지분의 비율에 따라야 한다(상258.2). **채무의 변제**도 원래는 변제기에 하는 것이지만, 청산의 신속을 꾀하기 위하여 청산인은 변제기에 이르지 아니한 회사채무에 대하여도 이를 변제할 수 있다(상259.1). 변제기 전에 변제하는 경우에는 이자 없는 채권에 관하여는 변제기까지의 법정이율에 해당하는 금액을 공제한 금액을 변제하여야 하고(상259.2), 이자 있는 채권으로서 그 이율이 법정이율에 달하지 않는 경우도 마찬가지이다(상259.3). 그리고 조건부채권, 존속기간이 불확정한 채권 기타 가액이 불확정한 채권에 대하여는 법원이 선임한 감정인의 평가액을 변제하여야 한다(상259.4). 청산인은 회사의 채무를 완제한 후가 아니면 회사재산을 사원에게 분배하지 못한다. 그러나 다툼이 있는 채무에 대하여는 그 변제에 필요한 재산을 유보하고 잔여재산을 분배할 수 있다(상260).

4) **청산종결** : 청산이 종결된 때에는 청산인은 지체 없이 **계산서**를 작성하여 각 사원에게 교부하고 그 승인을 얻어야 한다(상263.1). 이때 사원이 그 계산서를 받은 후 1월 내에 이의를 제기하지 아니하면 청산인에게 부정행위가 있는 경우를 제외하고는 그 계산서를 승인한 것으로 본다(상263.2). 청산이 종결된 때에는 청산인은 위의 계산서에 대하여 총사원의 승인을 받은 날로부터 본점소재지에서는 2주 내, 지점소재지에서는 3주 내에 **청산종결의 등기**를 하여야 한다(상264). 회사의 장부와 영업 및 청산에 관한 중요서류는 본점소재지에서 청산종결등기를 한 후 10년간 이를 보존하여야 하고, 전표 또는 이와 유사한 서류는 5년간 보존하여야 한다(상266.1). 이 경우 회사는 총사원의 과반수의 결의로 보존인과 보존방법을 정하여야 한다(상266.2).

제 2 절 합자회사

1. 의 의

합자회사란 무한책임사원과 유한책임사원으로 구성되는 회사로서(상268), 유한책임사원을 가지고 있다는 점에서 합명회사와 구별되지만 무한책임사원을 가지고 있다는 점에서 사원의 개성이 농후하고 인적요소에 중점이 있는 인적회사에 속하고 그 실체가 조합적 성격을 갖는다. 상법은 합자회사에 관하여 특별히 규정하고 있는 사항을 제외하고는 합자회사는 합명회사에 관한 규정을 준용하고 있다(상269). 합자회사는 경제적 기능면에서 보면 익명조합과 상당히 유사하나, 합자회사는 형식적 행태의 면에서 사단법인이고, 익명조합은 개인기업이라는 점에서 구별된다.

2. 설립절차

1) **정관작성** : 정관의 작성에 1인 이상의 무한책임사원 외에 1인 이상의 유한책임사원이 있어야 하고(상268), 정관의 절대적 기재사항에는 i) 목적, ii) 상호, iii) 사원의 성명·주민등록번호 및 주소, iv) 사원의 출자의 목적과 그 가격 또는 평가의 표준, v) 본점의 소재지, vi) 정관의 작성연월일(상179) 이외에 vii) 각 사원이 무한책임사원인지 또는 유한책임사원인지 등이 포함된다(상270). 정관의 절대적 기재사항 중 상호(상269 → 179 2호)에는 반드시 합자회사의 문자를 사용해야 한다(상19).

2) **설립등기** : 합자회사의 설립등기사항은 합명회사의 경우와 같이 i) 목적, ii) 상호, iii) 사원의 성명·주민등록번호 및 주소, iv) 본점의 소재지, v) 사원의 출자의 목적, 재산출자에는 그 가격과 이행한 부분, vi) 존립기간 가타 해산사유를 정한 때에는 그 기간 또는 사유, vii) 대표사원을 정한 때에는 그의 성명, viii) 공동대표에 관한 사항을 정한 때에는 그 규정(상180 1호~5호) 등이나, 다만 등기사항에 각 사원의 무한책임 또는 유한책임이 등기되어야 한다(상271).

3) **설립하자** : 합자회사의 설립의 하자에도 설립무효의 소와 설립취소의 소가 인정되므로(상269→184~193), 합자회사의 설립절차에 객관적 하자가 있는 경우에는 **설립무효의 소**와 설립취소의 소가 인정되며, 주관적 하자나 채권자사해 설립행위가 있는 경우에는 **설립취소의 소**가 인정된다. 소송절차(제소권자, 제소기간, 관할, 공고·병합심리·재량기각)나 판결의 효력(원고승소판결의 대세효·불소급효, 패소원고의 책임), 회사계속제도 등도 합명회사에 관한 규정을 준용한다(상269).

3. 회사의 내부관계

(1) 출 자

합자회사에서 무한책임사원의 출자의 목적은 합명회사의 사원과 같지만, 유한책임사원의 출자는 금전 기타의 재산만으로 할 수 있다(상272). 이는 사원 전원이 유한책임을 지는 물적회사에서 자본충실이 강조되는 것과 같은 취지이다. 무한책임사원은 자연인이어야 하지만(상173), 유한책임사원은 회사 기타 법인도 될 수 있다.

(2) 업무집행

1) **업무집행기관** : 합자회사의 무한책임사원은 업무집행기관이 될 수 있고(상273) 유한책임사원은 될 수 없지만(상278), 예외적으로 정관의 규정에 의하여 특정한 무한책임사원을 업무집행기관으로 정할 수도 있다(상273). 유한책임사원은 업무집행에 대한 권리·의무가 없지만(상278), 업무집행은 내부관계에 불과하므로 정관 또는 총사원의 동의로 유한책임사원에게도 업무집행에 대한 권리뿐만 아니라 의무까지 부담하도록 할 수 있으며 유한책임사원을 지배인이나 부분적 포괄대리권을 가진 사용인으로 선임할 수 있다고 본다. 합자회사의 업무집행권이 있는 사원에 대한 권한상실선고는 유한책임사원의 청구에 의하여도 가능하지만(상269→250), 1인의 무한책임사원의 권한상실선고를 청구할 수 없다고 본다(75다1341). 합자회사의 지배인의 선임과 해임은 업무집행사원이 있는 경우에도 무한책임사원 과반수의 결의에 의한다(상274).

2) **업무감시권** : 유한책임사원은 업무집행권이 배제되므로 언제나 업무감시권

을 가지는데, 이는 **일반감시권**(영업연도 말, 영업시간 내에 회사의 회계장부·대차대조표 및 기타의 서류를 열람할 수 있고, 회사의 업무와 재산상태를 검사할 수 있는 감시권)과 **특별감시권**(중요한 사유가 있는 때에는 유한책임사원은 언제든지 법원의 허가를 얻어 행사할 수 있는 감시권)으로 구분된다(상277). 일반감시권은 정관의 규정에 의하여 더 강화하거나 제한할 수 있겠지만, 특별감시권은 유한책임사원을 위한 최소한도의 보호규정으로서 정관으로 배제하거나 제한할 수 없다고 본다. 업무집행권 없는 무한책임사원은 감시권을 가지지만 예외적으로 업무집행권이 있는 유한책임사원은 감시권을 가지지 못한다.

(3) 사원의 의무

무한책임사원은 합명회사의 사원과 마찬가지로 경업·겸업금지의무를 부담하지만(상269→198) 유한책임사원은 동 의무를 부담하지 않는다. 따라서 유한책임사원은 다른 사원의 동의 없이도 자기 또는 제3자의 계산으로 회사의 영업부류에 속하는 거래를 할 수 있고, 동종영업을 목적으로 하는 다른 회사의 무한책임사원 또는 이사가 될 수 있는데(상275), 정관으로 달리 정하거나 업무집행권을 가지는 유한책임사원은 경업·겸직금지의무를 부담한다. 합명회사의 무한책임사원은 원칙적으로 업무집행권이 있으므로 다른 사원의 과반수의 결의가 없으면 회사와 자기거래를 할 수 없다(상269→199). 그러나 유한책임사원은 자기거래가 허용되는가에 관해 상법상의 명문규정은 없을지라도, 자기거래제한의 규정이 업무집행권을 전제로 하는 규정이므로 업무집행권이 없는 유한책임사원에게는 동 규정이 적용되지 않는 것으로 본다.

(4) 손익의 분배

정관 또는 총사원의 결의에 의하여 달리 정하여진 바가 없으면 유한책임사원에게도 각 사원의 출자가액에 비례하여 손익이 분배된다(상269→195→민711). 이익 또는 손실의 어느 한쪽에 대하여만 분배의 비율이 정하여진 경우에는 그 비율은 이익과 손실에 공통된 것으로 추정한다(민711.2). 다만 유한책임사원은 정관에 달리 정한 바가 없으면 출자가액을 한도로 하여서만 손실을 분담하고, 정관의 규정으로 출자가액 이상의 손실분담의무를 부담할 수 있다.

(5) 지분의 양도·상속

무한책임사원의 지분의 양도에는 유한책임사원을 포함한 모든 사원의 동의를 요하지만(상269 → 197), **유한책임사원**의 지분의 양도에는 무한책임사원 전원의 동의만 있으면 충분하고 다른 유한책임사원의 동의를 요하지 않는다(상276). 유한책임사원의 지분은 상속도 가능하다(상283.1). 상속인이 수인인 때에는 사원의 권리를 행사할 자 1인을 선정하여야 한다. 이를 정하지 아니한 때에는 회사의 통지 또는 최고는 그 중 1인에 대하여 하면 전원에 대하여 효력이 있다(상283.2). 유한책임사원의 지분의 입질도 해석상 가능하다고 보며, 압류도 가능하다고 본다(상269 → 223, 224).

4. 회사의 외부관계

(1) 회사대표

정관 또는 총사원의 동의로써 무한책임사원 중에서 특히 회사를 대표할 자를 정하지 않는 한 무한책임사원은 각자가 회사를 대표하며(상269 → 207), 유한책임사원은 회사를 대표하지 못한다(상278). 이는 강행규정이므로 정관이나 내부규정 또는 총사원의 동의에 의해서도 달리 정할 수 없다는 것이 통설이다. 다만 유한책임사원을 지배인으로 선임함으로써 비슷한 목적을 달성할 수 있다. 대표권이 있는 사원의 대표권의 제한 및 상실은 합명회사의 경우와 같다. 그러나 무한책임사원이 1인뿐인 경우에는 업무집행사원의 경우와 같이 사원은 대표권상실선고를 법원에 청구할 수 없다고 본다. 대표기관이 대표권을 행사하는 방법도 합명회사와 같다. 즉, 원칙적으로 각자대표이나(상269 → 207), 예외적으로 정관 또는 총사원의 동의로 공동대표로 정할 수 있다(상269 → 208).

(2) 사원책임

1) **무한책임사원의 책임** : 합자회사의 무한책임사원은 합명회사의 사원과 동일하게 회사채권자에 대하여 **직접·무한·보충적 연대책임**을 부담한다. 이는 정관 또는 사원간의 합의로 면책할 수 없으며, 업무집행권이나 대표권의 유무와도 무관하게 무한책임사원의 지위에서 부담하는 채무이다(상269 → 212.1).

2) **유한책임사원의 책임** : 합자회사의 유한책임사원은 회사채권자에 대하여 **직접·유한·연대책임**을 부담한다(상279). 채권자는 유한책임사원과의 관계에서는 사원이 출연한 금액으로부터 변제받는 것이 원칙이므로 유한책임사원은 간접책임을 부담하나, 예외적으로 출자이행이 완료되지 않았을 경우 이행되지 않은 출자의무와 관련해서는 직접책임을 부담한다. 그리고 유한책임을 부담하므로 회사채권자의 채권액이 사원의 출자금액과 회사가 가진 재산을 초과하더라도 자신의 출자한도 내에서만 채무를 부담한다는 의미이다. 사원의 책임은 회사채권자의 채권액에 관해 출자가액의 한도 내에서는 연대하여 책임을 부담한다. **유한책임사원의 책임의 보충성**(**쟁점106**)에 관해 이를 긍정하는 견해도 있으나, 상법 제212조의 규정은 직접·무한책임을 부담하는 무한책임사원에 관한 규정이어서 유한책임사원이 주장할 수는 없고 결과적으로 유한책임사원의 책임에 보충성은 없다고 본다. 그리고 유한책임사원의 출자가액의 감소는 그 사원의 책임의 감소를 수반하는데, 그 출자를 감소한 후에도 본점소재지에서 등기를 하기 전에 생긴 회사채무에 대하여는 등기 후 2년 내에는 책임을 면하지 못한다(상280).

3) **자칭사원, 책임변경사원** : 유한책임사원이 타인에게 자기를 무한책임사원이라고 오인시키는 행위를 한 때에는 오인으로 인하여 회사와 거래를 한 자에 대하여 무한책임사원과 동일한 책임이 있다(상281.1). 이러한 책임은 유한책임사원이 그 책임의 한도를 오인시키는 행위를 한 경우에 준용한다(상281.2). 자칭 무한책임사원의 책임은 외관신뢰보호의 원칙 또는 금반언의 원칙의 표현으로 이해될 수 있으므로 거래상대방은 선의·무중과실일 경우에 보호된다고 본다. 정관변경에 의하여 유한책임사원이 무한책임사원으로 변경된 경우에는 그 사원은 합명회사의 신입사원의 가입과 같이 변경 전의 회사채무에 대하여 다른 무한책임사원과 동일한 책임을 진다(상282→213). 또 정관변경에 의하여 무한책임사원이 유한책임사원으로 변경된 경우에는 그 사원은 합명회사의 퇴사원과 같이 변경등기를 하기 전에 생긴 회사채무에 대하여 변경등기 후 2년 내에는 다른 무한책임사원과 동일한 책임을 진다(상282→225.1).

5. 입사와 퇴사

합자회사의 사원의 입사와 퇴사는 거의 합명회사의 사원의 경우와 같다(상

269). 다만 합명회사의 사원의 사망 및 금치산은 당연퇴사원인이 되나(상269→218 3호, 4호), 합자회사의 유한책임사원은 그 개성을 중시하지 않기 때문에 유한책임사원의 사망 및 금치산은 당연퇴사원인이 되지 않는다(상283.1, 284). 유한책임사원이 사망한 경우 상속인이 수 인인 때에는 사원의 권리를 행사할 자 1인을 정하여야 하는데, 이를 정하지 아니한 때에는 회사의 통지 또는 최고는 그 중 1인에 대하여 하면 전원에 대하여 그 효력이 있다(상283.2). 제명은 기업의 유지를 위하여 인정된 제도이기 때문에 합자회사에 2인의 사원만이 있는 경우, 1인의 사원의 제명만으로도 회사의 해산을 초래할 수 있으므로 제명이 인정되지 않는다. **판례**도 무한책임사원과 유한책임사원 각 1인만으로 된 합자회사에 있어서는 한 사원의 의사에 의하여 다른 사원의 제명을 할 수는 없다고 보았다(90다19206).

6. 해산과 청산

(1) 해 산

합자회사의 해산사유는 합명회사와 같지만(상269→227) 그 조직이 이원적이기 때문에 무한책임사원 또는 유한책임사원의 전원이 퇴사한 때에 해산한다(상285.1). 이러한 경우에 합자회사는 청산절차에 들어갈 수도 있지만, 기업의 유지를 위하여 잔존한 사원의 전원의 동의로써 새로 무한책임사원 또는 유한책임사원을 가입시켜서 회사를 계속할 수도 있다(상285.2). 그러나 1인의 사원이 동시에 무한책임사원과 유한책임사원의 지위를 겸하는 방법에 의한 회사의 계속은 인정되지 않는다고 본다. 합자회사는 유한책임사원의 전원이 퇴사하여 해산사유가 발생한 경우에는 잔존 무한책임사원만으로 그의 전원의 동의로써 합명회사로 조직변경하여 회사를 계속할 수도 있다(상286.2).

(2) 청 산

합자회사의 청산도 합명회사의 경우와 마찬가지로 **임의청산**과 **법정청산**의 방법이 인정된다. 다만 법정청산의 경우에 청산인이 원칙적으로 총사원이 아니라 무한책임사원의 과반수의 결의로 선임되는 점(상287본문)은 합명회사의 경우와 다르다. 그러나 예외적으로 청산인이 선임되지 않은 경우에 업무집행사원이 청산인이 되는 점(상287단서), 사원이 1인으로 되어 해산된 때와 법원이 해산명령 또는 해산판결에 의하여 해산된 때에는 법원에 의하여 청산인이 선임되는 점(상

269 → 252)은 합명회사의 경우와 같다.

제 3 절 유한책임회사

1. 의 의

유한책임회사(Limited Liability Company: LLC)는 사원의 출자에 의한 자본금을 가지고 사원은 출자금액을 한도로 책임을 부담하는 사원들로 구성된 회사이며, 2011년 상법개정에서 도입된 제도이다. 유한책임회사는 회사의 채무에 관해 출자금을 한도로 책임을 부담하는 유한책임사원들로 구성되어 있다는 점에서 주식회사, 유한회사와 유사한 물적회사에 포함된다. 물적회사는 회사의 재산이 대외적 유일한 담보가 되므로 회사 재산의 형성 기준이라 할 수 있는 자본금을 엄격하게 관리하고 회사의 업무집행이 회사법에 의해 타율적으로 규율되는 특성을 가진다. 그런데 유한책임회사는 자본금이 형성되고 회계처리방법이 법정되며 사원은 유한책임을 부담하는 물적회사이지만, 지분주의가 아닌 두수주의에 의한 의사결정, 지분양도의 제한에 따른 회사의 폐쇄성, 자율적인 내부지배구조 등 인적회사와 유사한 특성도 가지고 있어 합명회사에 관한 규정을 준용한다(상287의18).

2. 설립절차

1) **정관작성** : 유한책임회사는 발기인이 아닌 사원이 정관을 작성하면서 설립절차가 진행된다. 정관의 절대적 기재사항에는 i) 목적, ii) 상호, iii) 사원의 성명·주민등록번호 및 주소, iv) 본점의 소재지, v) 정관의 작성연월일(상297의3 → 179) 이외에 vi) 사원의 출자의 목적과 그 가액, vii) 자본금의 액, viii) 업무집행자의 성명(법인인 경우 그 명칭) 및 주소 등이 포함되고, 각 사원이 기명날인 또는 서명하여야 한다(상287의3). 그리고 유한책임회사의 상호에는 반드시 유한책임회사의 문자를 사용해야 한다(상19).

2) **출자의 이행** : 유한책임회사는 물적회사로서 **자본금**이 형성되어야 하므로 출자의 이행절차를 규정하고 있다. 사원은 정관작성 후 설립등기시점까지 금전의

납입, 재산출자의 전부를 이행하여야 한다. 출자의 목적은 인적회사에서 허용되는 신용이나 노무를 출자의 목적으로 하지 못하며 금전, 재산출자만 가능한데, 현물출자의 방법은 주식회사 설립시 현물출자와 동일하다(상287의4).

3) **설립등기** : 유한책임회사의 설립등기사항은 i) 목적, ii) 상호, iii) 본점·지점의 소재지, iv) 존립기간 기타 해산사유를 정한 때에는 그 기간 또는 사유, v) 업무집행자의 성명·주소·주민등록번호, vi) 대표유한책임사원, vii) 공고방법, viii) 공동업무집행자(상287의5.1), ix) 업무집행자의 업무집행정지·직무대행자선임가처분, 동 가처분의 변경·취소(상287의5.5) 등이 포함된다. 그리고 지점을 설치·이전할 경우에는 합명회사의 등기규정을 준용하며, 등기사항의 변경등기기간은 본점소재지에서는 2주, 지점소재지에서는 3주내에 이뤄져야 한다(상287의5).

4) **설립하자** : 유한책임회사의 설립의 하자에도 설립무효의 소와 설립취소의 소가 허용되므로(상287의6 → 184~193), 합자회사의 설립절차에 객관적 하자가 있는 경우에는 **설립무효의 소**와 설립취소의 소가 인정되며, 주관적 하자나 채권자사해 설립행위가 있는 경우에는 **설립취소의 소**가 인정된다. 소송절차(제소권자, 제소기간, 관할, 공고·병합심리 재량기간)나 판결의 효력(원고승소판결의 대세효·불소급효, 패소원고의 책임), 회사계속제도 등도 합명회사에 관한 규정을 준용한다.

3. 지배·자본구조

(1) 내부관계

1) **내부관계의 자율성과 정관** : 유한책임회사의 내부관계에 관하여 정관이나 상법에 특별한 규정이 없으면 **합명회사에 관한 규정을 준용**하도록 정하고 있다(상287의18). 유한책임회사의 지배구조에 관해서도 최소한의 규정으로 투자자인 **사원**과 지배·경영의 분리에 기반한 **업무집행자**만 규정하고, 사원총회, 감사 등은 존재하지 않는다. 이는 지배구조에 정관을 통한 자율성과 유연성을 부여하자는 취지가 반영된 것으로 이해된다. 회사 지배·자본구조와 관련되는 사항(사원과 그 출자, 업무집행자, 자본금액 등)은 정관에 규정되고 정관의 범위 내에서 업무집행자가 업무를 집행한다. 하지만 자본금액을 변경한다든지 업무집행자를 변경할 경우에는 의사결정권자가 문제되는데 따로 사원총회가 없으므로 이는 정관변경절차

에 따라 의사를 결정한다. 정관에 다른 규정이 없는 경우 정관을 변경하려면 총사원의 동의가 있어야 하므로, 회사의 명칭 등의 변경은 물론 그밖에 자본금액을 변경하거나 업무집행자를 변경하고자 할 경우 총사원의 동의가 요구된다고 볼 수 있으며, 총사원의 동의요건은 정관에 달리 규정할 수 있다(상287의16). 유한책임회사의 의사결정시 결의요건이 총사원의 동의 또는 사원과반수(예, 제명결의, 상287의27 → 220)로 되어 있는데, 이는 지분주의에 따른 의결권의 과반수가 아니라 두수주의에 따른 사원 과반수로 되어 있어 유한책임사원의 의사결정은 **두수주의**에 기반한다고 볼 수 있다.

2) **업무집행** : ① **업무집행자** – 유한책임회사의 업무집행은 업무집행자에 의해 이뤄지는데 업무집행자는 사원 중에서 임명할 수도 있고 사원이 아닌 자도 임명될 수 있어 지배와 경영이 분리(타인기관)될 수 있는 단체주의적 회사에 속한다. 업무집행자의 성명은 정관에 기재되며 등기사항인데, 원시정관에서 정해진 업무집행자를 변경하고자 할 경우 정관변경(총사원동의, 상287의16)에 관한 규정이 적용된다. **복수 업무집행자**를 선임한 경우 각자가 업무집행권한을 가지며, 다른 업무집행자의 이의권과 업무집행 및 다수결에 의한 업무집행은 합명회사와 동일하다(상287의12.2 → 201.2). 그리고 **공동업무집행자제도**를 두고 있어 공동업무집행자 전원의 동의가 있어야 업무집행이 가능한바(상287의12.3) 그 구체적 의미는 다른 회사의 공동대표제도와 동일하다(능동대표, 수동대표 구분 등)고 본다.

② **직무수행자** – 법인도 유한책임회사의 업무집행자로 선임될 수 있는데, 이 경우 법인은 업무집행자의 직무를 행할 자(업무수행자)를 선임하고 그 자의 성명과 주소를 다른 사원에게 통지하여야 한다. 업무수행자는 법인을 대표하여 업무집행자의 권한을 행사할 수 있으며 자기거래제한에 관한 규정도 적용된다(상287의15).

③ **업무집행정지·직무대행·권한상실** – 업무집행자의 **업무집행을 정지**하거나 **직무대행자**를 선임하는 가처분은 등기사항인데(상287의5.5), 이와 같이 직무대행자가 선임된 경우 업무집행자의 직무대행자는 가처분명령에 다른 정함이 있는 경우 외에는 원칙적으로 법인의 **통상업무**에 속하지 아니한 행위를 하지 못하고 통상업무를 벗어난 행위를 하기 위해서는 법원의 허가를 얻어야 한다(상287의13 → 200의2). 통상업무의 개념 등은 합명회사나 주식회사에서의 논의와 동일하게 해석할 수 있다고 본다. 업무집행자가 업무집행을 함에 현저하게 부적임하거나 중대한

의무에 위반한 행위를 한 경우 사원은 법원에 업무집행권한의 상실을 청구할 수 있으며, 법원은 이를 판단하여 판결로 업무집행자의 **업무집행권한상실선고**를 할 수 있고 판결이 확정된 경우 본·지점에 등기하여야 한다(상287의17.1 → 205). 업무집행사원의 권한상실청구의 소는 본점소재지의 지방법원의 관할에 전속한다(상297의17.2).

3) **감시권** : 유한책임회사의 사원의 지위는 업무집행자의 지위와 분리되므로 업무집행자가 아닌 사원은 업무집행자의 업무집행을 감시할 권한(감시권)을 가진다. **비업무집행사원의 감시권**은 합자회사에서 유한책임사원의 감시권과 동일하며, 영업연도말에 영업시간 내에 한하여 회사의 회계장부·대차대조표 기타의 서류를 열람할 수 있고 회사의 업무와 재산상태를 검사할 수 있으며, 중요한 사유가 있어 법원의 허가를 얻은 경우에는 영업연도말이 아니더라도 언제든지 장부열람권과 검사권을 행사할 수 있다(상287의14 → 277).

4) **업무집행자의 의무** : 유한책임회사의 업무집행자도 회사와 위임관계에 있어 **충실의무**를 부담한다고 해석되며, 상법은 이러한 취지에서 경업금지의무와 자기거래금지의무를 규정하고 있다. 즉 업무집행자는 사원 전원의 동의를 받지 아니하고는 자기 또는 제3자의 계산으로 회사의 영업부류에 속한 거래를 하지 못하며, 같은 종류의 영업을 목적으로 하는 다른 회사의 업무집행자, 이사 또는 집행임원이 되지 못하는 **경업금지의무**를 규정한다(상287의10.1). 업무집행자가 경업금지의무를 위반하여 거래한 경우 회사는 개입권을 행사할 수 있고 이는 손해배상청구를 방해하지 않으며 거래를 안 날로부터 2주, 거래한 날로부터 1년 내에 개입권을 행사할 수 있다(상287의10.2 → 198). 그리고 업무집행자는 다른 사원 과반수의 결의가 있는 경우에만 자기 또는 제3자의 계산으로 회사와 거래를 할 수 있고 이 경우 민법의 자기거래에 관한 규정(민124)은 적용되지 않는 **자기거래금지의무**를 부담한다(상287의11).

(2) 외부관계

1) **사원의 책임** : 상법에 다른 규정이 없으면 사원은 출자금액을 한도로 하는 책임을 부담하므로(상287의7), 사원의 책임은 전형적인 유한책임에 해당한다. 합자회사의 유한책임사원은 회사채권자에 대하여 직접·유한·연대책임을 부담하는

데(상279), 유한책임회사의 사원은 채권자에 직접 채무를 부담하지 않고 출자금액 만큼 책임을 부담하므로 연대책임을 부담하는 것도 아니다(간접·유한책임). 유한책임회사는 법인의 특성인 '**명의의 분리**'뿐만 아니라 사원과 법인간의 '**책임의 분리**'까지도 그대로 적용되는 물적회사이어서 지배와 경영이 분리될 수 있다.

2) **회사의 대표** : 회사를 대표하는 자는 내부관계에서 업무를 집행하는 업무집행자이다. 복수 업무집행자인 경우 정관 또는 총사원의 동의로 **대표업무집행자**를 정할 수 있으며(상287의19.2), 이를 정하지 않은 경우에는 복수 업무집행자 모두 각자 대표할 수 있다고 본다. **공동업무집행자**를 정한 경우에는 공동대표로서 수동대표는 1인에 의해 대표될 수 있지만 능동대표는 공동으로 이뤄져야 유효인 점 등 주식회사의 공동대표이사와 유사하게 해석된다고 본다. 다만 내부관계에서 공동업무집행자는 정관에서 정해지고(상287의12.3), 외부관계에서 공동업무집행자는 정관 또는 총사원의 동의로 정할 수 있어(상287의19.3), 복수 업무집행자가 내부관계에서는 각자 업무집행권을 가지면서 외부관계에서는 공동업무집행자로서 회사를 대표하도록 총사원에 의해 정하는 것도 가능하다고 해석된다.

3) **손해배상책임** : 유한책임회사를 대표하는 업무집행자가 그 업무집행으로 타인에게 손해를 입힌 경우에는 회사는 그 업무집행자와 연대하여 배상할 책임이 있다(상287의20). 이는 법인의 불법행위로 인한 책임으로서 다른 회사 형태에서도 유사한 조문을 두고 있다.

4) **회사의 소송** : 사원 또는 사원이 아닌 업무집행자와 회사간에 소송(**사원·회사간 소송**)이 제기되면 회사를 대표할 사원이 없는 경우 다른 사원 과반수의 결의로 대표할 사원을 선정하여야 한다(상287의21). 그리고 업무집행자가 회사에 대하여 책임을 부담할 경우 사원은 회사에 대하여 업무집행자의 책임을 추궁하는 소를 제기할 것을 청구할 수 있고, 회사가 소를 제기하지 않을 경우 사원이 회사를 대표하여 소송(**대표소송**)을 제기할 수 있다. 이 경우 주식회사의 대표소송에 관한 규정이 준용된다(상297의22).

(3) 지분·사원의 변동

1) **지분의 양도** : 사원이 가지고 있는 지분을 양도하고자 할 경우에는 원칙적

으로 **다른 사원의 동의**를 얻어야 양도할 수 있다. 하지만 비업무집행사원은 업무집행사원 전원의 동의만 얻으면 지분을 양도할 수 있는데, 다만 업무집행사원이 없는 경우에는 사원 전원의 동의를 받아야 한다. 이러한 지분양도에 관한 요건은 강행규정적 성질을 가진 것은 아니고 정관에서 달리 정할 수 있다(상287의8). 다른 사원의 동의를 지분양도의 효력요건으로 한 점은 다른 물적회사와 구별되고 인적회사와 유사한 제도로서, **사원구성의 폐쇄성**을 유지할 수 있게 하는 규정으로 이해된다. 유한책임회사는 **자기지분**을 취득할 수 없으며 예외적으로 취득하더라도 취득시점에 지분은 소멸한다(상287의9).

2) **사원의 가입** : 사원은 정관 기재사항이고 유한책임회사에는 사원총회가 없으므로 신입사원이 가입하고자 할 경우 **정관변경의 절차**를 거쳐야 한다(상287의23.1). 사원 가입시 정관에는 사원의 성명 등과 사원의 출자의 목적 등이 기재되어야 하므로(상287의3), 신입사원의 가입으로 정관을 변경하려면 출자에 관한 사항이 미리 정해져야 한다. 그리고 유한책임회사의 신입사원의 가입은 정관을 변경하는 시점에 효력이 발생하지만, 이는 출자의 이행을 정지조건으로 하므로 신입사원이 출자에 관한 납입 등 출자의무를 이행한 시점에 사원이 된다(상287의23.2). 인적회사는 출자의 이행과 무관하게 정관을 변경함으로써 사원의 지위를 취득하는데 반해, 유한책임회사의 신입사원은 출자이행을 정지조건으로 하여 정관변경시점에 사원이 된다는 점도 자본단체성의 특성이라 할 수 있다.

3) **사원의 퇴사·제명** : 유한책임회사의 사원은 인적회사와 유사하게 퇴사제도를 가지고 있다. 사원의 퇴사에 관하여 정관으로 달리 정하지 않은 경우 합명회사의 퇴사제도를 준용한다. 따라서 정관으로 회사의 존립기간을 정하지 아니하거나 어느 사원의 종신까지 존속할 것을 정한 때에는 사원은 영업연도말에 한하여 퇴사를 할 수 있으나 6월전 예고가 요구된다(상287의24 → 217.1). 하지만 합명회사와는 달리 사원이 부득이한 사유가 있더라도 영업연도말 6월전 예고에 의한 퇴사에 대한 예외는 허용되지 않는다(상287의24는 217.2 부준용). 그리고 **퇴사원인**은 정관에 정한 사유의 발생, 총사원의 동의, 사망, 금치산, 파산, 제명 등이고(상287의25 → 218), 정관에 사망시 **사원자격승계**에 관한 규정이 있을 경우에만 상속인의 승계통지에 의해 사원지위를 승계할 수 있고, 규정이 없거나 승계통지가 없는 경우 승계포기로 간주되어 사원지위가 상속인에게 승계되지 않는다(상287의26 →

219). 그리고 사원의 **지분압류채권자**는 6월전 예고를 거쳐 영업연도말에 그 사원을 퇴사시킬 수 있으나, 사원이 변제하거나 상당한 담보제공시 예고는 효력을 잃어 퇴사를 면할 수 있다(상287의29 → 224). 사원의 퇴사원인의 하나로 사원의 **제명**이 있는데, 제명절차는 출자의무 불이행 등 제명원인이 있을 경우 '다른 사원 과반수'의 결의를 거쳐 법원에 청구할 수 있으며(상287의27 → 220), 결의요건은 정관으로 달리 정할 수 있다(상287의27).

4) **퇴사의 효과** : 퇴사사원은 퇴사시 회사의 재산상황에 따라 그 지분의 환급을 금전으로 받을 수 있는데(**지분환급청구권**), 정관으로 이를 달리 정할 수 있다(상287의28). 퇴사원의 환급금액이 잉여금을 초과할 경우 회사 채권자는 회사에 이의를 제기할 수 있으며, 이 경우 합명회사의 **채권자이의절차**를 준용한다(상287의30 → 232). 다만 지분을 환급하더라도 채권자에게 손해를 끼칠 우려가 없는 경우에는 채권자에 대한 변제 또는 상당한 담보제공, 신탁 등을 하지 않아도 된다(상287의30단서 → 232.3 부준용). 그리고 퇴사한 사원의 성명이 유한책임회사의 상호 중에 사용된 경우에는 그 사원은 회사에 대하여 그 사용의 폐지를 청구할 수 있다(상287의31).

(4) 회 계

1) **회계원칙** : 유한책임회사는 유한책임사원으로 구성된 물적회사로서 회사의 대외적 신용은 사원의 개성에 의존하는 것이 아니라 회사의 재산과 그 기준이 되는 회사의 자본금에 의존한다. 유한책임회사의 회계는 공정하고 투명하여야 하므로 상법은 자본금에 관한 규정을 비롯하여 재무제표 등 회계에 관한 규정을 따로 두고 있다. 유한책임회사의 회계는 상법과 상법시행령으로 규정한 것 외에는 **일반적으로 공정하고 타당한 회계관행**에 따른다(상287의32).

2) **자본금** : 유한책임회사는 인적회사와는 달리 출자의 목적에 신용·노무출자를 배제하고 재산출자만 허용할 뿐만 아니라, 설립등기시점까지 출자가 이행되어야 하므로(상287의4) 회사 설립등기에는 출자의 이행여부가 요건이 된다. 그리고 신입사원 가입시 정관을 변경하더라도 신입사원이 납입, 출자의 이행을 완료해야 사원이 될 수 있다(상287의23.2). 이와 같이 유한책임회사는 출자의 목적을 제한하지 않고 출자의 이행여부와 무관하게 설립되는 인적회사와 달리 출자에 의해

형성되는 자본금을 회사설립의 요건으로 하고 있다. 사원이 출자한 금전이나 그 밖의 재산의 가액이 유한책임회사의 자본금이 된다(상287의35). **자본금의 증가**를 위한 별도의 증자절차는 없고, 자본금의 증가는 신입사원의 가입 또는 기존 사원의 추가출자로 가능하다. 신입사원의 가입시에는 정관변경이 요구되므로 정관에 출자의 목적 등이 기재되지만(상287의23), 기존 사원이 추가출자를 하는 경우에 상법은 회사의 정관변경절차를 규정하지 않아 정관변경이 의무적인지 의문이다. **자본금의 감소**시 정관변경이 요구되며 감소 후의 자본금이 순자산액 이하가 될 경우에는 채권자보호절차도 요구된다(상287의36).

3) **재무제표** : 유한책임회사의 업무집행자는 결산기마다 대차대조표, 손익계산서, 회사의 재무상태와 경영성과를 표시하는 것으로 자본변동표, 이익잉여금 처분계산서 또는 결손금 처리계산서 등을 작성하여야 한다(상287의33, 상령5). 그리고 업무집행자는 재무제표를 본점에 5년간, 지점에 그 등본을 보관하여야 하며, 사원과 회사 채권자는 회사의 영업시간 내에 언제든지 재무제표의 열람과 등사를 청구할 수 있다(상287의34).

4) **이익 분배** : 유한책임회사는 영리법인이므로 이익분배에 관해, 대차대조표상의 순자산액으로부터 자본금액을 공제한 금액을 잉여금이라 하고 이를 분배할 수 있다고 정한다. **잉여금의 분배**는 각 사원이 출자한 가액에 비례하여 분배하는 것이 원칙이지만 정관으로 달리 정할 수 있다(상287의37.4,5). 이는 주식회사에서 당기순이익을 분배하는 것과 달리 전기의 이익이라도 자본금을 공제하고 남은 잉여금이 있으면 분배가 가능하다는 점에서 이익분배라는 용어를 사용하지 않고 회계상의 잉여금분배라는 표현을 사용한 것으로 이해된다. 채권자가 사원의 지분을 압류한 경우 **잉여금배당청구권**에도 효력이 미친다(상287의37.6). 회사가 순자산액에서 자본금액을 공제한 금액을 초과하여 잉여금을 분배한 경우 회사의 채권자는 잉여금을 분배받은 자에게 **잉여금반환청구**를 할 수 있으며 이에 관한 소송을 제기할 경우 본점소재지의 지방법원의 관할에 전속한다(상287의37.2,3).

4. 회사의 변경

유한책임회사는 존립기간의 만료 기타 정관으로 정한 사유가 발생하거나, 총사원의 동의가 있는 경우, 합병·파산·해산명령·해산판결의 경우와 사원이 없게 된 경우에 **해산**한다(상287의38). 그밖에 부득이한 사유가 있는 때에는 각 사원은 회사의 해산을 법원에 청구할 수 있다(상287의42 → 241). 특히 인적회사와 달리 사원이 1인이 된 경우를 해산사유로 하지 않고 사원이 없게 된 경우를 해산사유로 한 것은 **1인사원의 유한책임회사**(**1인회사**)를 인정한다는 의미이고 그 법리는 1인주주의 주식회사와 동일하게 해석될 수 있다. 유한책임회사가 해산된 경우에는 합병과 파산의 경우 외에는 그 해산사유가 있었던 날부터 본점소재지에서는 2주 내에 해산등기를 하고, 지점소재지에서는 3주 내에 해산등기를 하여야 한다(상287의39). 유한책임회사가 해산하면 청산절차를 진행하는데 이에 관해서는 합명회사의 **법정청산절차**에 관한 규정을 준용한다(상287의45). 다만 해산사유 중 존립기간의 만료 기타 정관으로 정한 사유가 발생하였거나 총사원의 동의로 해산하는 경우에는 사원의 전부 또는 일부의 동의로 회사를 **계속**할 수 있으며 이 경우 동의를 하지 않은 사원은 퇴사한 것으로 본다(상287의40 → 229.1). 유한책임회사의 **합병**에 관하여는 총사원의 동의가 요구되고 채권자이의절차가 진행되며, 합병등기, 합병무효의 소 등 합명회사의 합병에 관한 규정이 준용된다(상287의41 → 230~240). 그리고 상법은 유한책임회사와 주식회사간 총주주 또는 총사원의 동의에 의한 상호간 **조직변경**을 허용하고 있다. 조직변경시 채권자이의절차(상232)가 진행되고, 주식회사의 유한회사로의 조직변경에 관한 규정(상604~607)이 준용된다(상287의44).

제 4 절 유한회사

1. 의 의

유한회사란 사원의 출자에 의한 자본을 가지고, 자본은 균일한 비례적 단위인 출자좌수에 의하여 분할되며, 사원은 원칙적으로 그 출자금액을 한도로 하여 회사에 대하여만 책임을 지는 회사를 말한다. 유한회사는 주식회사와 같이 물적회사이기는 하나, 주식회사가 대기업에 적합한 회사형태임에 반하여 유한회사는 인적회사의 요소가 가미된 중소기업에 적합한 회사형태라는 점, 유한회사의 사원은 전보책임을 지게 되므로 주주가 엄격한 간접유한책임을 지는 주식회사와 구별된다. 유한회사는 자본단체성을 가지고 소규모폐쇄성을 가졌으나 상법 개정에 의해 이에 관한 규정(사원수 제한, 지분양도제한 등)을 삭제하였다. 하지만 사원의 개성이 나타나며 사원 상호간의 유대관계가 높아 설립시 또는 증자시에 자본의 결함이 있는 경우에 사원은 연대하여 이를 전보할 책임을 진다.

2. 설립절차

1) **개 요** : 유한회사의 설립절차는 주식회사의 발기설립과 비슷하지만, 유한회사의 설립에는 발기인이 없는 점, 법원이 선임한 검사인에 의한 조사제도가 없는 점, 사원이 정관에 의하여 확정되고(상543.2 1호→179 3호) 기관(이사)도 정관에서 정할 수 있는 점(상547.1), 사원과 이사에게 무거운 자본의 충실책임이 있는 점(상551, 593), 사원의 개성이 중시되므로 설립취소의 소가 인정되는 점(상552) 등에서 주식회사와 구별된다. 유한회사의 설립절차는 i) 정관의 작성, ii) 실체의 형성(출자의 이행, 이사·감사의 선임), iii) 설립등기이다.

2) **정관의 작성** : 유한회사의 설립은 먼저 1인 이상의 사원이 정관을 작성하고(상543.1), 각 사원이 기명날인·서명하여야 하고(상543.2), 공증인의 인증을 받음으로써 그 효력이 생긴다(상543.3, 292). 정관의 기재사항은 절대적 기재사항과 상대적 기재사항, 임의적 기재사항으로 나누어진다. **절대적 기재사항**에는 목적, 상호, 사원의 성명·주민등록번호 및 주소(cf. 주식회사), 자본금 총액, 출자 1좌의 금액(100원 이상 균일, 상546), 각 사원의 출자좌수, 본점의 소재지(상543.2) 등이다. 정관의 **상대적·임의적 기재사항**에는 현물출자·재산인수·설립비용의 변태설립사항(상544) 등이 포함되고, 관련하여 사후설립에는 주식회사의 경우와 같이 사원총회의 특별결의가 있어야 한다(상576.2). 기타 상대적 기재사항으로는 지분양도요건의 가중(상556.1단서), 감사의 선임(상568.1), 총회의 보통결의요건의 완화(상574), 1좌 1의결권원칙의 예외(상575단서), 이익배당기준의 예외(상580), 각 사원의 회계장부열람권(상581.2), 법정 이외의 해산사유(상609.1→227.1), 잔여재산분배기준의 예외(상612) 등이 있다. 임의적 기재사항에는 이사의 원수·결산기 등과 같은 사항(유한회사의 본질 또는 강행법규에 위반되지 않는 사항) 등이 있다.

3) **출자의 이행** : 이사는 사원으로 하여금 출자전액의 납입 또는 현물출자의

목적인 재산 전부의 급여를 시켜야 한다(상548.1). 이 경우에 현물출자의 목적인 재산이 등기·등록 등을 요하는 경우에는 이에 관한 서류를 갖추어 교부하여야 한다(상548.2 → 295.2). 유한회사에서는 노무 또는 신용출자는 허용되지 않지만, 주식회사의 경우와 같이 변태설립사항의 경우 법원이 선임한 검사인에 의한 조사나 법원의 처분제도는 없다. 이에 따라 사원·이사·감사 등에게 재산실가전보책임(상550, 593, 607.4) 및 출자미필전보책임(상551)을 지도록 하는 점이 특색이다.

4) **이사·감사의 선임** : 유한회사의 설립에서는 주식회사에서와 같은 발기인이 없으므로 이사를 정관에서 직접 정할 수도 있으나, 정관에서 이를 정하지 아니한 때에는 회사성립 전에 사원총회를 열어 선임하여야 한다(상547.1). 이 사원총회는 각 사원이 소집할 수 있다(상547.2). 기타의 **사원총회**에 대하여는 특별한 규정이 없으나, 주식회사의 경우에 주주총회에 관한 규정이 창립총회에 준용되는 것(상308.2)과 같이 회사성립 후의 사원총회에 관한 규정을 유추적용된다고 본다. 감사는 주식회사의 경우와 달리 임의기관이므로 정관의 규정에 의하여 둘 수 있을 뿐이다(상568.1). 정관에서 감사를 두기로 정한 경우에는 감사의 선임은 이사의 선임절차와 동일하다(상568.2).

5) **설립등기** : 유한회사의 설립등기는 납입 또는 현물출자의 이행이 있은 날로부터 2주간 내에 본점소재지에서 하여야 한다(상549.1). 설립등기사항으로는 i) 목적, 상호, 본점의 소재시, 지점을 둔 때에는 그 소재지, ii) 자본의 총액, 출좌 1좌의 금액, iii) 이사의 성명·주민등록번호 및 주소(다만 회사를 대표할 이사를 정한 때에는 그 외의 이사의 주소를 제외함), iv) 회사를 대표할 이사를 정한 때에는 그 성명, v) 수인의 이사가 공동으로 회사를 대표할 것을 정한 때에는 그 규정, vi) 존립기간 기타의 해산사유를 정한 때에는 그 기간과 사유, vii) 감사가 있는 때에는 그 성명 및 주민등록번호 등이 포함된다(상549.2). 설립등기를 함으로써 유한회사는 법인격을 취득한다.

6) **설립의 하자** : 주식회사의 설립하자의 소의 취지와 같이 유한회사의 설립과정에 하자가 있을 경우에도 이를 소의 방법으로만 주장할 수 있고(상552.1), 판결이 확정된 경우 효과를 일반 소송의 효과와 달리함으로써 단체법관계의 법적 안정성을 추구하고 있다. 유한회사에서는 객관적 하자(설립절차, 내용상의 하자)뿐

만 아니라 주관적 하자(설립관여자의 의사표시상의 하자)도 설립하자의 소송의 대상이 될 수 있다. **설립취소의 소**의 원인은 설립사무를 담당하는 자의 의사표시상의 하자(무능력·착오·사기·강박 등)가 있었을 경우(상552.1 → 184.1)와 채권자사해설립행위가 있었을 경우(상552.1 → 185) 등 설립행위의 주관적 하자가 원인이 된다. **설립무효의 소**의 원인은 정관의 절대적 기재사항의 흠결 등 객관적 하자가 원인이 되지만 주관적 하자라 하더라도 무효사유인 경우, 예컨대 절대강박상태에서의 설립행위 등은 설립무효의 원인이 된다. 제소권자, 제소기간, 관할, 공고·병합심리·재량기각 등의 소송절차나 원고승소판결의 대세효, 불소급효, 패소원고의 책임 등 판결의 효력, 회사계속제도 등에 관해서는 합명회사에 관한 규정을 준용한다(상552.1 → 185~193).

7) **설립관여자의 책임** : ① 실가전보책임 – 한회사의 설립경과에 대하여는 자치적인 조사이든 법원이 선임한 검사인에 의한 공권적 조사이든 일체의 조사절차(상298~300, 310~314)가 없는 대신 자본충실을 기하기 위하여 현물출자 및 출자미필에 대하여 사원과 이사 및 감사에 대하여 자본전보책임을 인정하고 있다. 사원의 이러한 자본전보책임은 사원의 유한책임의 원칙에 대한 중대한 예외가 된다. **실가전보책임**이란 현물출자 또는 재산인수의 목적인 재산의 회사성립 당시의 실가가 정관에 정한 가격에 현저하게 부족한 때에는, 회사성립 당시의 사원이 회사에 대하여 부담하는 그 부족액을 연대하여 지급할 책임(상550.1)을 의미한다. 여기에서 현저하게 부족한 때란 재산의 과대평가로 인한 경우뿐만 아니라, 경제의 변동에 따른 재산가격의 하락을 포함한다. 사원의 이러한 책임은 무과실책임으로 어떠한 경우에도 면제되지 못한다(상550.2). 사원의 연대책임으로 인한 구상관계는 출자좌수에 비례한다. 주식회사에서는 발기인만이 자본충실의 책임을 부담하는 데 반해, 유한회사의 경우 사원의 연대책임으로 구성하고 있다.

② 출자미필액전보책임 – 그리고 **출자미필액 전보책임**이란 회사성립 후에 금전출자의 납입 또는 현물출자의 이행이 완료되지 아니하였음이 발견되었을 때에는 회사성립 당시의 사원과 이사 및 감사는 이 회사에 대하여 부담하는 그 납입되지 아니한 금액 또는 이행되지 아니한 현물의 가액을 연대하여 지급할 책임을 의미한다(상551.1). 이사·감사의 미필출자의 전보책임과 본래의 출자의무를 이행하지 않은 사원의 의무는 병존하는데, 양자의 책임은 부진정연대채무관계로 본다. 이사는 소정의 납입 또는 이행을 청구할 의무가 있기 때문에 이 책임을 지고(상548.1),

감사는 업무감사권이 있기 때문에 이 책임을 진다(상569). 그러나 이사·감사는 유한회사의 수임인인데(상567→382.2), 무과실책임이므로 총사원의 동의가 있으면 면제된다(상551.3). 그러나 사원의 책임은 무과실책임이지만 면제되지는 아니한다(상551.2).

3. 사원의 지위

1) **사원의 권리·의무** : 유한회사의 사원의 자격에는 특별한 제한이 없으므로 자연인 및 회사 기타의 법인이 사원이 될 수 있으며, 사원수 제한규정(50인 이하, 상545)은 삭제되어 사원수에는 제한이 없다. 사원권은 주주의 권리와 유사하나 지분의 양도를 제한할 수 있다는 점(상556), 대표소송권의 요건(상565.1), 사원총회의 소집요건(상572.2), 사원제안권을 인정하지 않은 점 등이 주식회사와 다르다. 유한회사 사원의 자익권으로는 이익배당청구권(상583.1→462)·잔여재산분배청구권(상612)·출자인수권(상588 본문) 등이 있고, 공익권으로는 의결권(상575), 총회소집청구권(상572), 총회결의에 대한 취소·무효 또는 부존재확인·부당결의취소변경의 소권(상578, 376~381), 회사설립무효 또는 취소(상552)·증자무효(상595)·감자무효(상597→445~446)·합병무효(상603→529)의 소권, 이사의 책임을 추궁하는 사원의 대표소송제기권(상565), 이사의 위법행위유지청구권(상564의 2), 회사의 업무·재산상태에 대한 검사청구권(상582), 사원의 회계장부열람권(상581) 등이 있다. 유한책임사원인 회사성립 당시의 사원, 증자에 동의한 사원, 조직변경결의 당시의 사원은 예외적으로 일정한 자본전보의 책임을 진다(상550, 551, 593, 605).

2) **지분의 개념** : 지분이란 자본의 구성단위로서의 지분(**출자 좌수**)과 사원의 회사에 대한 권리의무(**사원권**)로서의 지분의 두 가지 개념으로 사용된다. 유한회사는 자본단체적 성격을 가져 각 사원은 출자좌수에 따라 지분을 가지고(**지분복수주의**, 상554), 출자 1좌의 금액은 균일하며(상546.2), 이익의 배당이나 증자시 인수권도 출자 좌수에 비례하고(상580, 588), 지분의 공유도 가능하다(상558, 333). 유한회사의 폐쇄적 성격에 따라 사원의 지분에 관하여 지시식 또는 무기명식의 유가증권을 발행하지 못하지만(상555, 위반 시 과태료 제재, 상635.1 27호), 증거증권의 성격만 가지는 기명식의 지분증권을 발행할 수는 있다고 본다.

3) **지분의 양도** : 유한회사의 사원이 출자금을 회수할 수 있는 방법으로는 i) 자본감소절차에 의한 지분의 유상소각이나 환급의 방법(상597 → 439.1,2), ii) 이익에 의한 지분의 소각의 방법(상560.1 → 343.1) 및 iii) 지분을 양도하는 방법이 있다. 지분의 양도는 사원의 출자금의 회수의 방법으로 중요한 기능을 가지지만, 사원 이외의 자에 대한 지분양도 제한 규정을 삭제함으로써 정관의 제한이 없는 한 지분의 자유양도가 인정된다(상556). 지분양도의 방법은 당사자간의 의사표시만으로 그 효력이 발생하나, 양수인의 성명·주소와 그 목적이 되는 출자좌수를 사원명부에 기재하지 않으면 양수를 회사와 제3자에게 대항하지 못한다(상557). **사원명부에의 명의개서**가 회사에 대한 대항요건일 뿐만 아니라 제3자에 대한 대항요건으로 되어 있는 점이 특징적이다. 유한회사에서는 주식회사와 유사하게 자기지분의 취득 및 질취를 제한하지만(상560.1, 341, 341의3, 342, 343.1), 주총결의에 의한 주식소각(상343의2)은 유한회사에서는 인정되지 않는다.

4) **지분의 입질** : 유한회사의 사원의 지분은 재산적 가치가 있으므로 질권의 목적이 된다(상559.1). 지분양도가 자유롭게 개정되어 지분입질도 제한이 삭제되고(상559 → 556), 사원명부의 기재를 통해 대항요건이 요구된다(상559 → 557). 지분입질에 주식입질의 규정을 준용하여(상560.1 → 339, 340.1,2), 질권자는 회사로부터 이익배당을 받을 수 있고 잔여재산의 분배를 청구할 수 있으며(상560.1 → 340.1,2), 유한회사는 지분증권을 발행하지 않으므로 약식질은 인정되지 않고 등록질만이 인정되므로, 지분의 질권자는 주식의 등록질권자와 같은 권리를 갖는다(상560.1 → 339, 340.1,2). 그리고 자기지분을 질권의 목적으로 받는 경우에는 총발행출자좌수의 1/20을 초과하지 못한다(상560 → 341의3).

5) **사원명부** : 사원의 성명·주소와 그 출자좌수를 기재한 장부로서(상566.2), 이사는 이를 본점에 비치하여야 하고(상566.1), 사원과 회사채권자는 영업시간 내에 언제든지 그 열람 또는 등사를 청구할 수 있다(상566.3). 지분의 양도와 입질은 사원명부에 해당 사항을 기재(명의개서)함으로써 대항요건을 갖추게 되고(상557, 559.2), 회사의 사원에 대한 통지 또는 최고는 사원명부에 기재한 사원의 주소 또는 그 자가 회사에 통지한 주소로 하면 된다(상560.2 → 353).

4. 회사의 기관

유한회사의 기관에는 의사결정기관인 사원총회와 업무집행기관인 이사가 있으나 대표이사는 없고, 감사기관으로는 감사가 있지만 이는 임의기관이다.

(1) 사원총회

1) **소 집** : 회사의 조직과 운영에 관한 사항을 결의할 수 있는, 사원에 의하여 구성된 필요상설기관이고 정기총회(상578→365.1)와 임시총회(상578→365.3)가 있다. 유한회사의 사원총회는 법령이나 유한회사의 본질에 반하지 않는 한 회사의 모든 사항에 관하여 결의할 수 있으며(cf. 주주총회), **사원총회의 소집**은 원칙적으로 이사(상571.1본문), 예외적으로 소수사원(자본총액의 3/100 이상의 출자좌수를 가진 사원－임의규정, 상572.1,3), 감사(상571.1단서)가 한다. 이사가 수인인 경우 사원총회의 소집권을 이사회가 아닌 이사의 권한으로 하고 있고 유한회사에는 이사회라는 개념이 존재하지 않으므로 사원총회의 소집을 개인 이사의 권한으로 본다. **소집절차**는 회의일로부터 1주 전에 각 사원에게 서면으로 통지를 발송하여야 하는데, 이 기간은 정관으로 단축할 수 있다(상571.2). 통지서의 기재사항·소집지 등은 주주총회에 관한 규정이 준용되고(상571.3→363.2, 364), 전사원 동의에 의한 **전원출석총회**를 제도적으로 허용하고 있다(상573).

2) **의결권** : 각 사원은 원칙적으로 출자 1좌에 대하여 1개의 의결권을 갖는 **1출좌 1의결권**의 지분주의에 따른다(상575본문). 다만 정관으로 달리 정할 수 있어(상575단서) 두수주의, 의결권제한, 복수의결권제도를 도입할 수 있지만, 사원의 의결권을 완전히 박탈할 수는 없다고 본다. 의결권의 대리행사, 특별이해관계인의 의결권행사의 제한, 회사의 자기지분의 의결권휴지 등은 주주총회와 같으나(상578, 368.3,4, 369.2, 371.2 등), 사원제안권(상363의2 참조)·집중투표제도(상382의2 참조)·지분매수청구권(상374의2 참조)·지분상호보유제한(상369.3 참조) 등은 인정되지 않는다.

3) **의 결** : 의사의 진행과 의사록의 작성은 주주총회와 같다(상578→372, 373). 결의요건에는 **보통결의**(총사원의 의결권의 과반수 출석과 그 의결권의 과

반수 찬성, 상574), 특별결의(총사원의 반수 이상－두수주의, 총사원의 의결권의 3/4 이상 찬성, 상585) 및 총사원의 일치에 의한 결의가 있다. **특별결의사항**에는 지분의 양도(상556.1), 정관변경(상584, 585), 영업양도 등과 사후설립(상576), 회사의 해산(상609.2), 회사의 계속(상610) 등이 포함되며, 기타 사항을 정관으로 특별결의사항으로 규정하는 것은 무방하지만 법정의 특별결의사항을 보통결의사항으로 할 수는 없다고 본다. 총사원의 일치에 의한 총회의 결의를 요하는 **특수결의사항**은 유한회사의 주식회사로의 조직변경(상607.1)과 이사와 감사의 책임면제(상551.3, 607.4)이다. 유한회사의 특성을 반영하여 상법은 유한회사에서 총사원의 동의가 있을 때 총회의 결의에 갈음하여 서면에 의한 사원의 찬부의 의사표시를 집계하여 의결하는 방법(결의방식에 대한 전원동의－**서면결의**)을 허용하고(상577.1), 결의의 목적사항에 대한 총사원 서면동의(결의내용에 대한 전원동의)도 서면결의로 간주된다(상577.2). 서면결의는 총회의 결의와 동일한 효력이 인정되고(상577.3), 또 총회에 관한 규정이 준용되고 있다(상577.4). 서면결의는 특정사항에 관해 의사결정의 형식에 대한 동의에 불과하므로 결의내용에 있어서는 각각 보통결의의 요건을 갖추어야 한다. 사원총회의 결의의 하자에 관하여는 주주총회에 관한 규정이 그대로 준용된다(상578→376~381).

(2) 이 사

1) **의 의** : 유한회사의 이사는 대내적으로 회사의 업무를 집행하고 대외적으로 회사를 대표하는 유한회사의 필요상설기관인데, 유한회사는 법률상 이사회제도를 두고 있지 않아 이사는 독립된 업무집행기관이다. 상법은 주식회사 이사에 관한 규정(상법 제382조(회사와의 관계), 제385조(해임), 제386조(이사의 원수를 결한 경우), 제388조(보수), 제395조(표현대표이사의 행위와 회사의 책임), 제397조(경업금지), 제399조(회사에 대한 책임), 제400조(회사에 대한 책임의 면제), 제401조(제3자에 대한 책임), 제407조(직무집행정지, 직무대행자 선임), 제408조(직무대행자의 권한))을 대부분 유한회사의 이사에 준용하고(상567), 이사의 위법행위에 대한 소수사원의 유지청구권(상564의2)도 인정하고 있다.

2) **선임·해임** : 이사의 선임은 사원총회의 결의에 의하나(상547.1, 567→382.1), 예외적으로 회사설립시 정관으로 정할 수 있다(상547.1). 이사와 회사와의 관계는 위임관계이며(상567→382.2), 유한회사이사의 이사의 자격·임기·인원수

에도 상법상 제한이 없으며, 또한 이사가 받을 보수는 정관이나 총회의 결의로 정한다(상567 → 388). 유한회사의 이사는 주식회사 이사의 해임의 경우와 마찬가지로 사원총회의 특별결의로 해임될 수 있고, 또 일정한 경우에는 소수사원이 이사의 해임의 소권을 갖는다(상567 → 385). 이사의 결원이 있는 경우 등에 관한 조치도 주식회사의 경우와 같다(상567 → 386, 407, 408).

3) **권한 · 의무** : 이사는 회사의 업무집행기관으로서 정관에 다른 규정이 없는 한 그 과반수로써 **업무집행**의 의사(지배인 선임 · 해임, 지점 설치 · 이전 · 폐지 포함, 상564.1)를 결정하여(상564.1), 이를 각 이사가 단독으로 집행한다(**단독집행 원칙**). 이사의 대내적 업무집행과 관련하여 법정된 중요한 직무는 정관 · 사원총회의사록 · 사원명부 등의 비치(상566.1), 사원총회의 소집(상571.1), 재무제표 등의 작성 · 비치 · 공시 · 제출 · 보고(상579.1,2, 579의2, 579의3, 583.1, 449.1,2) 등이다. 이사는 원칙적으로 회사의 **대표권**이 있지만(**단독대표 원칙**, 상562.1), 이사가 수인인 경우에 정관에 다른 정함이 없으면 사원총회에서 회사를 대표할 이사(**대표이사**)를 선정하여야 하고(상562.2) **공동대표이사**의 선임도 가능하다(상562.3, 562.4 → 208). 대표권의 범위(상209) 및 대표이사의 손해배상책임(상210) 등은 합명회사의 대표사원(주식회사의 대표이사)과 같다(상567). 회사와 이사간의 소에 관해 이사에게는 대표권이 없으며, 사원총회에서 그 소에 관하여 회사를 대표할 자를 선정하여야 하며(상563), **표현대표이사**에 관하여는 주식회사의 규정을 준용한다(상567 → 395). 이사와 회사와의 관계는 위임관계이므로(상567 → 382.2), 이사는 회사에 대하여 일반적인 선관주의의무(민681)를 부담하며, 경업 · 겸직금지의무(상567 → 397), 자기거래제한(상564.3) 등이 적용된다. 자기거래는 감사가 있는 때에는 감사의, 감사가 없는 때에는 사원총회의 승인을 받아야 한다(상564.3). 그러나 유한회사의 이사에 대하여 충실의무(상382의3)에 관한 규정은 없으며, 이사는 이 밖에 정관 등의 비치의무(상566.1), 재무제표의 작성 · 제출의무(상579, 583.1, 449.1) 등을 부담한다.

4) **책 임** : 유한회사의 이사는 주식회사의 이사와 같이 회사 및 제3자에 대하여 법령위반 또는 임무해태로 인한 손해배상책임을 진다(상567 → 399~401). 그리고 이사는 회사성립 후에 출자불이행이 있을 경우 이에 관해 연대 **전보책임**이 있고(상551.1), 증자시에 출자의 **인수 및 납입담보책임**이 있으며(상594), 또한 조직

변경시에 현존하는 순자산액이 조직변경시에 발생하는 주식의 발행가액총액에 부족한 경우에는 이를 연대하여 전보할 책임이 있다(상607.4). 이는 설립시 및 조직변경시에는 사원·감사와 더불어 지는 연대책임이고, 증자시에는 감사와 더불어 지는 연대책임이다. 이사의 이러한 책임은 총사원의 동의에 의하여 면제될 수 있다(상551.3, 594.3, 607.4). 소수사원권(자본총액의 3/100 이상의 출자좌수 사원)으로서 이사에 대한 **위법행위유지청구권과 대표소송권**에 관하여는 상법이 유한회사의 경우에 별도로 규정하고 있으나(상564의2, 565), 그 내용은 대체로 주식회사의 주주의 이사에 대한 경우와 같다(상402, 403). 그리고 **표현이사의 대표행위**에 관하여는 주식회사에 있어서의 표현대표이사의 행위에 대한 책임에 관한 규정이 준용된다(상567, 395).

(3) 감사 및 검사인

1) **감 사** : 유한회사의 감사는 임의기관으로서 정관에 의하여 1인 또는 수 인의 감사를 둘 수 있다(상568.1). 정관에서 감사를 두기로 한 경우에 초대감사의 선임은 이사의 선임방법과 같지만(상568.2→547), 회사성립 후의 감사는 사원총회의 보통결의로 선임한다(상570→382.1). 그 밖에 감사의 해임의 결의요건(상385.1), 결원의 경우의 조치(상386), 보수(상388), 책임면제(상400), 직무집행정지 및 직무대행자의 선임(상407), 겸임금지(상411), 총회에 대한 재무제표의 조사보고의무(상413), 손해배상책임(상414) 등은 모두 주식회사의 경우와 같다(상570). 선임된 감사와 회사의 관계는 위임에 관한 규정을 준용하며(상570→382.2), 임기에는 제한이 없다. 감사는 사원총회의 특별결의로 언제든지 해임할 수 있지만(상570→385.1), 주식회사의 감사의 해임청구(상415→385.2)와 같은 소수사원의 해임청구권은 인정되지 않는다. 감사는 언제든지 회사의 업무와 재산상태를 조사할 수 있고 이사에 대하여 영업에 관한 보고를 요구할 수 있으며(상569), 임시사원총회의 소집청구권(상571.1), 설립무효 및 증자무효의 소권(상552, 595)이 있고, 이사와 회사간의 거래의 승인(상564.2) 등을 할 수 있다. 감사의 책임·의무로는 회사성립 후의 출자미필액과 자본증가 후의 미인수출자 등에 관한 전보책임(상551, 594), 법원의 명령에 의한 사원총회의 소집(상582.3), 감사보고서의 이사에 대한 제출(상579.3) 등이 있다.

2) **검사인** : 유한회사의 임시의 감사기관으로 검사인이 있다. 검사인은 사원총

회나 법원에 의하여 선임될 수 있는데, 이는 주식회사의 경우와 같다(상578→367, 582). 그러나 회사의 변태설립사항을 조사하기 위하여 검사인이 선임되지 않는 점은 주식회사의 경우와 구별된다.

5. 회사의 계산

1) **개 요** : 유한회사의 사원도 회사의 채무에 대하여 유한책임을 지기 때문에 회사채권자를 보호하기 위하여는 회사의 계산관계에 대해 구체적인 법의 규제가 필요하다. 유한회사의 계산에 관하여는 주식회사의 계산에 관한 규정을 많이 준용하고 있으나(상583), 유한회사는 비공개적인 회사이므로 대차대조표의 공고를 하지 않아도 된다.

2) **재무제표** : 재무제표의 작성(상579), 영업보고서의 작성(상579의2), 이들의 사원총회에 의한 제출·승인(상583.1→449.1,2, 450), 자산의 평가방법(상583.1→452), 재무제표부속명세서의 작성 등은 주식회사의 경우와 유사하다. 따라서 대차대조표에는 주식회사의 경우와 같이 창업비·개업비 및 연구개발비를 이연자산으로 계상하여 매결산기에 상각하여야 하고(상583.1→453, 453의2, 457의2), 법정준비금(이익준비금 및 자본준비금)을 적립하여야 하고 이를 자본의 결손전보에만 충당할 수 있다(상583.1→458~460). 그러나 준비금의 자본전입은 주식회사의 경우와 달리 인정되지 않는다(상461 참조). 재무제표·영업보고서 및 감사보고서는 정기총회 회일의 1주 전부터 5년간 회사의 본점에 비치하여야 한다(상579의3.1). 사원과 회사채권자는 영업시간 내에 언제든지 위 서류의 열람을 청구할 수 있으며, 회사가 정한 소정의 비용을 지급하고 그 등본이나 초본의 교부를 청구할 수 있는데(상579의3.2→448.2), 이는 주식회사의 경우와 대체로 같다(상448 참조). 그러나 대차대조표의 공고제도가 없는 점은 주식회사의 경우와 다르다(상449.3 참조).

3) **이익배당** : 이익배당의 요건은 주식회사의 경우와 같다(상583.1→462). 이익배당의 기준에 있어서도 원칙적으로 각 사원의 출좌수에 따라야 하는 점은 주식회사의 경우와 같지만, 정관으로 그 예외를 규정할 수 있는 점은 주식회사와 다르다(상580). 중간배당은 인정되지만(상583→462의3) 주식회사 특유의 주식배당

제도(상462의2)도 없다. 사원총회의 계산서류승인에 의한 배당금의 확정과 배당에 관한 결의가 없는 경우에는 사원의 회사에 대한 이익배당금청구가 인정되지 않는다.

4) **기타 사항** : 소수사원이 회계의 장부와 서류의 열람 또는 등사를 청구할 수 있는 권리를 갖는 점(상581.1)은 주식회사의 경우와 같다(상466). 회계장부열람권은 원칙적으로 소수사원권이나(상581.1, 583.1 → 466) 정관으로 단독주주권으로 할 수 있으며, 이 경우에는 주식회사와는 달리 재무제표부속명세서의 작성·비치를 요하지 않는다(상581.2). 유한회사가 사원의 권리행사와 관련한 이익공여금지의 규정을 두고 있지 않은 점은 주식회사의 경우(상467의2)와 구별되나, 회사피용자의 우선변제권을 인정한 점은 주식회사의 경우와 동일하다(상583.2 → 468).

6. 자본금의 증감

1) **개 요** : 유한회사에서 자본금의 총액은 정관의 절대적 기재사항(상543.2 2호)이어서 자본금의 증감은 정관의 변경에 관한 사항인데, 유한회사의 정관의 변경에는 사원총회의 특별결의가 있어야 하고(상584, 585), 변경등기가 요구된다(상549.4 → 183). 통상 변경등기는 정관변경의 효력요건이 아닌 대항요건이지만(상37), 자본증감의 변경등기는 예외적으로 본점소재지에서 변경등기를 함으로써 그 효력이 생기므로(상592) 효력요건이다. 유한회사에 있어서는 자본금의 총액 이외에 사원의 성명과 출자좌수도 정관의 기재사항으로 되어 있으므로(상543.2), 정관변경의 한 경우이지만 이 경우에는 당연히 정관변경이 생기고 특별한 정관변경의 절차를 요하지 않는다.

2) **자본증가** : ① 개념 – 자본증가(증자)란 정관에서 규정하고 있는 자본의 총액이 증가하는 것을 말하는데, 유한회사에서의 증자는 **정관변경**을 수반한다. 유한회사에서는 사채의 발행이 인정되지 않으므로 회사가 다액의 장기자금을 조달하기 위해서는 자본증가의 방법에 의할 수밖에 없다. 증자의 방법에는 i) 출자좌수의 증가, ii) 출자 1좌의 금액의 증가 및 iii) 양자의 병용의 세 가지 방법이 있으나 상법은 출자좌수의 증가에 의한 방법에 대하여만 규정하고 있다. 출자 1좌의 금액을 증가하여 증자를 하려면 증자결의 외에 각 사원의 동의가 필요한데 이는 각 사

원의 책임이 유한책임일 뿐만 아니라(상553) 출자 1좌의 금액이 균일하여야 하기 때문이다(상546.2).

② **절차** – 증자를 위해서는 사원총회의 특별결의를 통해 현물출자, 재산인수 및 증자부분의 출자인수권의 부여(상586), 사후증자(상596→576.2) 등에 관해 정한다. 사원은 원칙적으로 증가할 자본금에 대하여 그 지분에 따라 출자를 인수할 **출자인수권**(법정출자인수권)을 가지지만(상588본문), 예외적으로 정관이나 사원총회의 특별결의로 제3자의 출자인수권을 정할 수 있으며(상586 3호, 587) 이 경우 사원은 출자인수권을 갖지 못한다(상588단서). 출자인수의 방법은 서면에 의한 요식행위이므로 출자인수인이 출자인수를 증명하는 서면에 그 인수할 출자좌수와 주소를 기재하고 기명날일 또는 서명하여야 한다(상589.1). 그러나 사원 또는 출자인수권이 부여된 제3자가 출자인수를 하지 않는 경우에는(출자인수권은 사원의 권리이지 의무가 아님) 회사는 다른 출자인수인을 구할 수는 있으나, 광고 기타의 방법에 의하여 출자인수인을 공모하지는 못한다(상589.2).

③ **인수·납입** – 유한회사의 증자의 경우에는 정관상 자본금의 총액이 이미 변경되어 있으므로, 증자액에 해당하는 출자전좌의 인수가 있어야 한다. 증자액에 해당하는 출자전좌의 인수가 있으면 이사는 설립의 경우와 같이 출자인수인으로 하여금 출자전액의 납입 또는 현물출자의 목적인 재산 전부의 급여를 시켜야 한다(상596, 548). 만일 이때 증자액에 해당하는 출자전좌의 이행이 없으면 주식회사의 경우와는 달리 증자는 효력을 발생하지 않는다.

3) **자본감소** : 유한회사의 자본감소의 방법 및 절차는 주식회사의 경우와 대체로 유사하여(상597), 정관변경에 관한 사원총회의 특별결의(상543.2 2호, 584, 585.1, 597→439.1), 채권자보호절차(상597→439.2), 출자에 대한 조치(상597→443) 및 감자의 변경등기를 하여야 한다. 지분의 소각은 원칙적으로 자본감소의 규정에 의하여야 하나, 정관에 정한 바에 따라 사원에게 배당할 이익으로써 소각하는 경우에는 감자의 규정에 의함을 요하지 아니한다(상560.1→343.1). 출자 1좌의 금액의 감소의 경우에는 금액을 100원 이상으로 하여야 한다는 것과 감소액이 출자각좌에 대하여 균일하여야 한다는 제한이 있다(상546).

4) **등 기** : 자본증가로 인한 출자 전액의 납입 또는 현물출자의 이행이 끝나면 회사는 그 이행이 완료된 날로부터 2주 내에 본점소재지에서 증자에 대한 변

경등기를 하여야 하는데(상591), 증자는 이와 같은 본점소재지에서의 등기에 의하여 그 효력이 생긴다(상592). 그러므로 출자인수인은 이때부터 사원이 되는데, 다만 이익배당에 관하여는 납입의 기일 또는 현물출자의 목적인 재산의 급여의 기일로부터 사원과 동일한 권리를 갖는다(상590). 다만 이때 감자는 등기 전의 감자절차의 종료로써 효력이 생기므로 감자등기는 효력발생요건이 아니고 단순한 대항요건이다. 이는 증자등기가 효력발생요건인 점(상592)과 구별된다.

5) **증자에 대한 책임** : 증자의 경우에 자본충실의 원칙상 상법은 사원에게 변태설립사항(현물출자·재산인수)의 부족재산가격전보책임(상593)을, 이사 및 감사에게 자본충실책임(인수 및 이행담보책임, 상594)을 인정하고 있으며, 사후증자의 경우에도 동일한 책임을 인정하고 있다. 사원의 현물출자 등의 **부족재산가격전보책임**은 사원유한책임의 원칙에 대한 예외로서 무과실책임이고 총사원의 동의로도 면제되지 못한다(상593.2 → 550.2, 551.2). 이는 설립의 경우의 전보책임(상550)과 같은 취지이지만, i) 책임을 지는 자는 결의에 동의한 사원에 한하고 반대한 자는 포함하지 않으며, 또 ii) 사원 이외의 자가 현물출자를 하여 사원으로 된 경우에 책임을 지지 않으므로 이러한 점이 설립의 경우와는 다르다. **이사 및 감사의 자본충실책임**은 인수담보책임(상594.1)과 이행담보책임(상594.2)을 내용으로 하며, 이사와 감사의 이 책임은 총사원의 동의로 면제될 수 있다(상594.3 → 551.3). 이는 설립의 경우의 책임에 관한 제551조와 같은 취지이나, 책임을 지는 자가 이사와 감사에 한정되어 있고 일반사원은 제외되고 있는 점이 다르다.

6) **증자·감자의 무효** : 증자·감자의 무효에 대하여는 주식회사의 신주발행무효의 소 및 감자무효의 소의 규정을 준용하므로 주식회사의 경우와 거의 동일하다(상595.2, 597). 다만 증자무효의 소의 제소기간인 6월을 산정함에 있어서 그 기산점이 주식회사의 경우는 신주를 발행한 날(납입기일의 다음날)인 데(상429) 반하여, 유한회사의 경우는 증자발효일(본점소재지에서 증자등기를 한 날)이다(상595.1).

7. 합병과 조직변경

1) **합 병** : 유한회사는 어떤 회사와도 합병을 할 수 있지만(상174.1), 인적회

사와 합병 또는 유한회사 상호간의 합병시 존속·신설회사는 유한회사이어야 한다(상174.2). 유한회사와 주식회사가 합병을 하는 경우에 존속·신설회사가 주식회사이면 **법원의 인가**를 얻어야 하고(상600.1), 유한회사이면 **사채의 상환이 완료**되어야 한다(상600.2). 유한회사가 다른 회사와 합병을 함에는 사원총회의 특별결의가 있어야 하고(상598), 신설합병의 경우에는 당사회사인 유한회사는 사원총회의 특별결의에 의하여 설립위원을 선임하여야 하는데(상599), 이러한 설립위원이 정관작성 기타 설립에 관한 행위를 한다(상175.1). 유한회사가 주식회사와 합병하는 경우에 합병 후의 존속회사 또는 신설회사가 유한회사인 경우에는 소멸한 주식회사의 주식 위에 있는 **질권**은 그 유한회사의 지분에 물상대위하지만, 유한회사의 지분에는 약식질의 방법이 없으므로 사원명부에 질권의 등록을 하여야 회사 기타 제3자에게 대항을 할 수 있다(상601). 그 밖에 합병의 절차, 합병계약서의 작성, 합병계약서 등의 공시, 합병의 효력, 합병의 등기 등에 관하여는 앞에서 이미 설명한 합병에 대한 일반적인 경우와 같다(상602, 603). 따라서 채권자의 이의(상232), 합병의 효력발생(상234) 및 효과(상235), 합병무효의 등기와 무효판결확정 및 회사의 권리·의무 등의 귀속(상237~240), 단주의 처리(상443), 합병계약서와 그 승인결의(상522.1,2), 합병대차대조표의 공시(상522의2), 합병계약서(상523, 524), 흡수합병의 보고총회(상526.1,2), 신설합병의 창립총회(상527.1~3), 합병무효의 소(상529) 등의 규정을 준용한다(상603). 다만 유한회사의 경우에는 합병에 대한 일반적인 이사회의 공고로써 흡수합병의 보고총회나 신설합병의 창립총회에 갈음할 수 있는 제도는 없다(상526.3, 527.4와 비교).

2) **조직변경** : 유한회사는 총사원의 일치에 의한 사원총회의 결의로 주식회사로만 그 조직을 변경할 수 있으며(상607.1), 결의에서 정관 기타 조직변경에 필요한 사항을 정하여야 한다(상607.5, 604.3). 조직변경에 필요한 사항으로는 i) 변경 전의 유한회사의 사원에 대하여 주식을 배정하는 경우에 그 비율 및 주식의 종류, ii) 변경의 경우에 생기는 단주의 처리, iii) 변경 후의 주식회사의 이사 및 감사의 선임, iv) 변경에 있어서 발행하는 주식의 발행사항 등이 있다. 유한회사를 주식회사로 조직을 변경함에는 **법원의 인가**를 얻어야만 그 효력이 생긴다(상607.3). 조직변경에는 **채권자보호절차**를 밟아야 하고(상608, 232), 조직변경이 끝나면 이를 등기하여야 한다. 조직변경의 절차에 중대한 하자가 있는 때에는 주식회사의 설립무효의 소에 관한 규정(상328)을 준용하여 조직변경 후의 회사의 주주·이사 또는

감사는 **조직변경무효의 소**를 제기할 수 있다고 본다. 조직변경시의 자본충실을 위하여 조직변경시에 발행하는 주식의 발행가액총액은 회사에 현존하는 순재산액을 초과하지 못하도록 하고 있으며(상607.2), 만일 이를 초과하면 그 초과액에 대하여 결의 당시의 이사·감사와 사원이 연대하여 회사에 대하여 그 부족액을 전보할 책임을 진다(상607.4 1문). 이 경우 사원의 책임은 절대적으로 면제하지 못하지만 이사와 감사의 책임은 총사원의 동의로 면제할 수 있다(상607.4, 550.2, 551.2,3). 조직변경 전의 유한회사의 지분상의 질권자는 주권교부청구권 및 물상대위에 의하여 보호된다(상607.5→340.3, 601.1). 질권자는 회사에 대하여 주권의 교부를 청구할 수 있다(상607.5→340.3). 유한회사를 주식회사로 그 조직을 변경할 때에는 본점소재지에서 2주, 지점소재지에서 3주 내에 유한회사는 해산등기, 주식회사는 설립등기를 하여야 한다(상607.5, 606).

8. 해산과 청산

1) **해 산** : 유한회사의 해산사유는 i) 존립기간의 만료 기타 정관으로 정한 사유의 발생, ii) 사원총회의 결의(특별결의), iii) 합병, iv) 파산, v) 법원의 해산명령 또는 해산판결이다(상609). 존립기간의 만료 기타 정관으로 정한 사유의 발생 혹은 사원총회의 결의에 의한 경우에는 사원총회의 특별결의에 의하여 회사를 **계속**할 수 있다(상610. 1). 이와 같이 회사를 계속하는 경우에는 해산등기 후에도 계속이 가능한데, 다만 해산등기 후에는 일정한 기간 내에 회사의 계속등기를 하여야 한다(상611→229.3). 주식회사와 마찬가지로 1인회사가 인정되므로 사원이 1인으로 된 때에도 해산사유가 되지 않고, 1인 유한회사(1인회사)가 인정된다(상609.1 1호). 그러나 회사의 분할 또는 분할합병은 유한회사에는 적용되지 않는 제도이므로 동 사유로 인한 해산은 인정되지 않으며, 사원총회의 특별결의로 해산할 수 있다(상609.2).

2) **청 산** : 유한회사의 청산은 주식회사의 경우와 같이 언제나 **법정청산**이다. 따라서 유한회사의 청산절차는 주식회사의 경우와 거의 동일하다(상613). 유한회사의 청산인은 주식회사의 경우와 같이 청산인회와 대표청산인으로 분화되지 않는다. 따라서 각 청산인이 청산사무의 집행권과 대표권을 갖는데, 이 점은 해산 전의 유한회사의 이사와 같다. 또 잔여재산분배의 기준이 원칙적으로 각 사원의

출자좌수에 따르는 점은 주식회사의 경우와 같으나, 예외적으로 정관의 규정에 의하여 이와 달리 정할 수 있는 점은 유한회사의 폐쇄성을 반영한 것으로 주식회사의 경우와 다르다(상612). 정관으로 다른 기준을 정할 경우 이익배당과 잔여재산분배의 기준을 같이 해야 하는 것은 아니다.

제 5 절 외국회사

1. 의 의

상법 제6장에서 외국회사에 관해 8개의 조문을 두고 있으나, 그 개념에 대한 정의는 없다. 따라서 외국회사란 무엇을 뜻하느냐에 대해 학설이 대립하며, 국제사법의 이론대로 주소지법주의·설립준거주의·설립지주의·사원의 국적주의 등의 해결방법이 있으나, 통설은 설립준거주의를 따른다. 이에 따르면 외국회사란 외국법에 준거하여 설립된 회사를 말한다(**설립준거법주의**). 그러나 상법은 실질적인 국내회사가 국내법의 회피를 위해 외국법에 따라 설립된 외국회사라 하더라도 한국 내에 본점을 설치하거나 한국에서 영업할 것을 주된 목적으로 하는 한, 한국에서 설립된 회사와 동일한 규정에 의하여 국가의 감독을 받도록 하고 있다(상617). 외국회사는 영리단체이어야 하지만 반드시 법인격이 있어야 하는 것은 아니고 내국회사와 같은 실체를 갖추고 있으면 된다.

2. 외국회사의 권리능력

외국회사의 권리능력의 유무(법인격의 유무)는 그 설립준거법주의(속인법)에 의하여 결정될 문제이다. 그런데 그 설립준거법에 의하여 일반적 권리능력이 인정된 외국회사가 우리나라에서 어떠한 범위 내의 개별적 권리능력을 가질 수 있는가는 우리 법상 결정될 문제이다. 이에 상법은 외국회사는 다른 법률(공사법·조약을 포함함)의 적용에 있어서는 법률에 다른 규정이 있는 경우 외에는 대한민국에서 성립된 동종 또는 가장 유사한 회사로 본다(상621)고 규정하고 있다. 국제사법에서도 대한민국에 주된 사무소가 있거나 대한민국에서 주된 사업을 하는 외국회사는 내국회사와 동일한 행위능력이 인정된다(국제16).

3. 외국회사에 대한 상법규정

1) **등 기** : 외국회사가 대한민국에서 영업을 하고자 하는 때에는 대한민국에서의 **대표자**를 정하고 영업소를 설치하여야 하는데, 이 경우에는 그 **영업소**의 설치에 관하여 한국 내에서 설립되는 동종의 회사 또는 가장 유사한 회사의 지점과 동일한 **등기**를 하여야 한다(상614.1,2, 상등74). 이 밖에 외국인이 대한민국 내에서 회사를 설립하기 위해 발행되는 주식 또는 지분을 취득할 때에는 외국인투자촉진법에 의하여 산업통상자원부장관에게 신고하여야 한다(외투5). 등기신청자는 회사의 대표자이다(영업의 폐지등기와 변경등기의 경우도 같다)(상등23). 외국회사의 영업소의 등기에서는 회사설립의 준거법과 한국 내에서의 대표자의 성명과 그 주소를 등기하여야 한다(상614.3). 또한 신청서에는 i) 본점의 존재를 인정할 만한 서면, ii) 대표자인 자격을 증명하는 서면, iii) 회사의 정관 또는 회사의 성질을 식별할 만한 서면 등을 첨부하여야 한다(상등규163). 이러한 등기사항이 외국에서 생긴 때에는 그 등기기간의 기산점은 그 통지가 도달한 날이다(상615). 외국회사의 한국에서의 대표자는 주식회사의 대표이사(합명회사의 대표사원)와 동일한 권한을 가지며 외국회사도 불법행위능력을 갖는다(상614.4 → 209, 210).

2) **등기전 계속거래 금지** : 외국회사가 그 영업소의 소재지에서 일정한 사항을 등기하기 전에는 계속적 거래를 하지 못한다(상616.1). 이에 위반하여 거래를 한 자는 그 거래에 대하여 회사와 연대하여 책임을 지고(상616.2), 그 회사는 등록세의 배액에 상당한 과태료의 제재를 받는다(상636.2). 이는 국내거래의 안전을 기하기 위한 것이다.

3) **주권·채권의 발행과 유통** : 외국회사가 한국 내에서 그 회사의 주권 또는 채권의 발행, 주식의 이전·입질과 사채의 이전 등에 관하여는, 그 유통시장이 한국이고 이의 관계자의 이익을 보호하기 위하여 상법의 주식 및 사채의 해당 규정(상335~338, 340.1, 355~357, 478.1, 480)을 많이 준용하고 있다(상618). 이 경우에는 처음 대한민국에 설치한 영업소를 본점으로 본다(상618.2).

4) **영업소의 폐쇄와 청산** : 외국회사는 외국법에 의하여 그 법인격이 인정되므

로 우리 상법에 의한 해산명령으로써 법인격을 박탈할 수는 없다. 따라서 외국회사에 대하여는 회사의 해산명령(상176)에 갈음하여 **영업소폐쇄명령제도**를 두고 있는데(상619), 그 요건은 대체로 해산명령의 그것과 유사하다. 다만 그 요건에서 정당한 사유 없는 지급정지(상619.1 2호 후단) 및 대표자 등의 행위가 선량한 풍속 기타 사회질서에 위반한 행위도 포함되어 있는 점(상619.1 3호)에서는 해산명령보다 가중되어 있으나, 정관위반의 경우가 제외된 점(상176.1 3호 참조)에서는 해산명령보다 완화되어 있다. 이에 해당하는 것으로는 i) 설치목적이 불법한 것인 때, ii) 영업소의 설치등기를 한 후 정당한 사유 없이 1년 내에 영업을 개시하지 아니하거나, 1년 이상 영업을 정지한 때 또는 정당한 사유 없이 지급을 정지한 때, iii) 회사의 대표자 기타 업무집행자가 법령 또는 선량한 풍속 기타 사회질서에 위반한 때 등이 있다(상619.1). 법원은 폐쇄명령 전이라도 영업소재산의 보전에 필요한 처분을 할 수 있으며(상619.2, 176.2), 외국회사가 이해관계인의 폐쇄명령청구가 악의임을 소명하여 청구한 때에는 이해관계인에게 담보의 제공을 명령할 수 있다(상619.2→176.3,4). 위와 같은 법원의 폐쇄명령이 있는 경우에는 법원은 이해관계인의 신청이나 직권으로 한국에 있는 그 회사재산의 전부에 대하여 청산개시를 명할 수 있고, 이 경우 청산인을 선임하여야 한다(상620.1). 이는 한국에 있어서의 이해관계인을 보호하기 위한 것으로, 이러한 법원의 청산개시명령에 관한 규정은 외국회사가 스스로 영업소를 폐쇄한 경우에도 준용된다(상620.3). 외국회사 영업소에 대한 법원의 청산개시명령에 의한 청산절차에는 주식회사의 청산에 관한 규정이 그 성질이 허용하는 한 준용된다(상620.2→535~537, 542).

제4장 벌 칙

1. 의 의

시장경제는 회사 특히 주식회사에 의해 선도되고 있어 주식회사는 오늘날 경제생활에서는 없어서는 안 될 중요한 지위를 차지하고 있다. 유한책임의 원리와 주식양도자유의 원칙이라는 양대원리로 무장한 주식회사법제는 물론 기타 회사법제에서도 회사제도의 남용의 위험성이 지적되고 있다. 회사활동의 원활이라는 이념을 가진 회사법제는 사법적 규정으로 주로 구성되어 있지만, 회사제도의 병리적 현상을 막기 위해서는 일종의 공법적 조항도 규정하지 않을 수 없다. 회사범죄를 처벌하는 것은 일면 자유로운 기업활동을 규제하는 것으로 생각될 수 있으나, 이는 타면 성실하게 영리활동을 수행하는 수많은 회사에는 건전한 상거래질서 유지를 위해 필요한 규제라 할 수 있다. 상법 회사편 제7장 벌칙에서 규정하고 있는 회사범죄에 대한 벌칙은 크게 형벌(징역·벌금·몰수 등)과 행정벌(과태료)이 있는데, 전자는 형사소송법에 의하여 부과되고 후자는 상법시행령으로 정하는 바에 따라 법무부장관이 부과, 징수한다(상637의2, 상령44). 상법의 벌칙규정은 주식회사를 중심으로 한 것이므로, 유한회사에서는 가벌행위의 종류도 제한되고 제재의 내용도 경감되어 있으며, 인적회사에서는 행정벌의 규정이 있는 데 그친다. 법인의 불법행의의 특칙으로는 상법 제622조(발기인 기타 임원), 제623조(사채권자집회의 대표자), 제625조(검사인), 제627조(외국회사의 대표자, 주식·사채모집의 위탁을 받은 자 등), 제628조(납입가장죄를 범한 자 등) 또는 제630조 1항(독직죄를 범한 자)에 게기한 자가 법인인 때에는 본장의 벌칙은 그 행위를 한 이사·감사·기타 업무를 집행한 사원 또는 지배인에게 적용한다(상637).

2. 제재의 종류

1) **형 벌** : 회사범죄에 대한 형벌은 자유형인 징역과 재산형인 벌금(상622 등) 및 부가형인 몰수·추징(상633)이 있다. 징역의 최고한도는 10년, 벌금의 최고한도는 3,000만원이다(상622.1). 일정한 범죄에 대하여는 징역과 벌금을 병과할

수 있다(상632).

2) **행정벌** : 회사범죄인 행정벌은 과태료인데 그 액의 최고한도는 원칙적으로 500만원이지만(상635), 예외적으로 등록세액의 배액으로 하는 경우도 있다(상636). 회사범죄에 대하여 형벌을 과할 때에는 과태료에 처하지 아니한다(상635.1 단서).

3. 위법행위

1) **특별배임행위** : 상법상 특별배임죄는 회사의 발기인·업무집행사원·이사·감사 또는 그 직무대행자·지배인·부분적 포괄대리권을 가진 상업사용인이 그 임무에 위반한 행위로써 재산상의 이익을 취득하거나 제3자로 하여금 이를 취득하게 하여 회사에 손해를 가한 경우에 성립하는데, 이는 형법상의 배임죄(형355.2)에 대한 특별규정이다. 회사의 청산인, 상법 제542조 2항의 직무대행자와 제175조의 설립위원에도 적용되지만(상622.2) 선임결의에 부존재의 하자가 있음에도 선임등기된 이사, 대표이사는 특별배임죄의 주체가 되지 못한다(85도218). 배임행위는 사무의 내용, 성질 등 구체적 상황에 비추어 법률의 규정, 계약의 내용 혹은 신의칙상 당연히 할 것으로 기대되는 행위를 하지 않거나 당연히 하지 않아야 할 것으로 기대되는 행위를 함으로써 본인과 사이의 신임관계를 저버리는 행위를 말한다(96도2287). 특별배임행위가 성립하려면 임무위배, 이익의 취득 및 회사의 손해발생에 대한 범의가 있어야 하며(79도2810), 특별배임행위의 내용은 배임의 인식이 있는 이상 작위이든 부작위이든, 법률행위이든 사실행위이든 무방하다. 특별배임죄는 회사에 현실로 손해가 발생한 경우에 기수가 되는데, 이 범죄는 미수도 처벌된다(상624). 일단 회사에 대하여 재산상 손해의 위험을 발생시킨 이상 사후에 피해가 회복되었다고 하더라도 특별배임죄의 성립에 영향을 주지 못한다(97도183). 특별배임죄에 대한 형벌은 회사범죄 중 가장 무거운 10년 이하의 징역 또는 3,000만원 이하의 벌금인데, 이를 병과할 수도 있다(상622, 632). 다만 사채권자집회의 대표자 또는 그 결의 집행자는 7년 이하의 징역 또는 2,000만원 이하의 벌금으로 경감되어 있다(상623, 632). 죄의 주체가 법인인 때에는 특별배임죄에 관한 규정은 그 행위를 한 이사·감사·기타 업무를 집행한 사원 또는 지배인에게 적용한다(상637).

2) **회사재산을 위태롭게 하는 행위** : 회사의 발기인·업무집행사원·이사·감사위원회위원·감사 또는 직무대행자·지배인, 회사의 영업에 관한 어느 종류 또는 특정한 사항의 위임을 받은 사용인·검사인·공증인·감정인이 본 죄의 주체가 된다(상625본문). 물적회사에서 회사의 재산적 기초를 위태롭게 하는 죄는 전형적인 회사범죄로서, i) 주식 또는 출자의 인수나, 납입, 현물출자의 이행, 변태설립사항(상290, 416 4호, 544)에 관하여 법원·총회 또는 발기인에게 부실한 보고를 하거나 사실을 은폐한 때(상625 1호), ii) 명의의 여하를 불문하고 회사의 계산으로 부정하게 그 주식 또는 지분을 취득하거나 질권의 목적으로 이를 받은 때, iii) 법령 또는 정관에 위반하여 이익배당을 한 때(상625 3호), iv) 회사의 영업범위 외에서 투기행위를 하기 위하여 회사재산을 처분한 때(상625 4호) 성립한다. 이 경우에 범죄의 주체가 법인인 때에는 회사재산을 위태롭게 하는 죄에 관한 규정은 그 행위를 한 이사·감사 기타 업무를 집행한 사원 또는 지배인에게 적용한다(상637). 위와 같은 회사재산을 위태롭게 하는 범죄에 대한 형은 5년 이하의 징역 또는 1,500만원 이하의 벌금인데(상625), 이를 병과할 수 있다(상632). 외형적으로는 사법상 금지되는 자기주식취득의 경우라도 자기주식취득의 위법상태가 바로 해소되는 것을 예정하고 취득한 때와 같이 회사재산에 대한 추상적 위험이 없다고 생각되는 경우 형법상으로는 실질적 위법성이 없으므로 '부정하게' 주식을 취득한 경우에 해당하지 않아 자기주식취득금지위반죄로 처벌할 수 없다(92도616).

3) **자회사의 모회사주식 취득, 부실보고죄** : 회사의 발기인·업무집행사원·이사·감사위원회 위원·감사 또는 직무대행자·지배인, 회사의 영업에 관한 어느 종류 또는 특정한 사항의 위임을 받은 사용인·검사인·공증인·감정인이 본 죄의 주체가 된다(상625의2). 상법 제342조의2 1항 및 동조 2항의 규정을 위반하여 자회사가 모회사의 주식을 위법하게 취득하였거나 적법하게 취득한 주식이라도 그 주식을 취득한 날로부터 6월 이내에 모회사의 주식을 처분하지 않은 때에는 2,000만원 이하의 벌금에 처한다(상625의2). 자유형이 없는 대신 무거운 벌금형을 과하고 있다. 회사의 이사·감사위원회 위원·감사 등이 조직변경시 순재산액에 관하여 법원 또는 총회에 부실한 보고를 하거나 사실을 은폐한 때에는 5년 이하의 징역 또는 1,500만원 이하의 벌금에 처한다(상626).

4) **주식·사채모집, 출자에 관한 부실문서행사** : 주식회사의 발기인·이사·감사

또는 그 직무대행자·지배인·부분적 포괄대리권을 가진 상업사용인, 외국회사의 대표자, 주식 또는 사채의 모집수탁자 및 매출인이 주식 또는 사채의 모집이나 매출을 함에 있어 중요한 사항에 관하여 부실한 기재가 있는 문서(주식청약서·사채청약서·사업계획서·모집광고 등)를 행사하는 행위이다(상627). **중요한 사항**이란 일정한 사항의 기재가 허위라는 것이 주식청약 당시에 청약인에게 판명되었더라면 청약을 하지 않았을 것이라고 인정되고 또 일반인도 마찬가지로 청약을 하지 않을 것이라는 관계에 있는지 여부에 따라 결정할 것이다. 이 경우에 범죄의 주체가 법인인 때에는 부실문서행사죄에 관한 규정은 그 행위를 한 이사·감사 기타 업무를 집행한 사원 또는 지배인에게 적용한다(상637). 이는 주식회사가 직접 자금을 모집함에 있어 과대선전을 방지하기 위한 것으로, 이에 위반하면 5년 이하의 징역 또는 1,500만원 이하의 벌금에 처하는데(상627.1), 병과할 수도 있다(상632).

5) **납입가장행위** : 회사의 발기인·업무집행사원·이사·감사위원회 위원·감사·직무대행자·지배인·수임사용인(상662.1) 등이 본 죄의 주체가 된다(상628.1). 통모가장납입 또는 위장납입을 말하는데(상628), 현물출자의 이행이 있는 것처럼 가장하는 불법행위도 이에 포함된다. 그리고 이러한 행위에 응하거나 이를 중개한 자도 동일하다(상628.2). 이러한 행위를 한 자는 5년 이하의 징역 또는 1,500만원 이하의 벌금에 처하고(상628.1), 병과할 수도 있다(상632). 그러나 이 경우 납입가장죄의 성립과는 별도로 위장납입은 주식납입으로 유효하다. 판례는 설립등기 후의 인출금이 회사의 운영자금으로 사용되었는가의 여부가 납입가장죄 성립 여부의 기준이 된다고 보고 있다. 그러나 회사설립에 있어서 주금액의 위장납입방법이 공공연하게 묵인되는 것이 관례가 되어 있다는 사유만으로는 가장납입행위가 범죄가 된다고 생각하지 않은 것을 정당화할 수 있는 사유가 아니라고 한다. 주식회사의 설립을 위하여 은행에 납입하였던 주식인수가액을 그 설립등기가 이루어진 후 바로 인출하였다 하더라도 그 인출금을 주식납입금 상당에 해당하는 자산을 양수하는 대금으로 사용한 경우에는 납입가장죄가 성립하지 아니하고(2000도5418), 주금으로 납입할 의사 없이 마치 주식인수인들이 그 인수주식의 주금으로 납입하는 양 돈을 은행에 예치하여 주금납입보관증을 교부받아 회사설립요건을 갖춘 듯이 등기신청을 하여 상업등기부의 원본에 그 기재를 하게 한 다음 그 예치한 돈을 바로 인출하였다면 이를 회사를 위하여 사용하였다는 등 특별한 사정이 없는 한 상법 제628조 1항에 정한 이른바 납입가장죄가 성립되는 한편 공

정증서원본부실기재와 동행사죄가 성립된다(85도2297).

6) **주식의 초과발행행위** : 주식회사의 발기인·이사 또는 그 직무대행자가 정관 소정의 발행예정주식총수(수권주식총수)를 초과하여 주식을 발행한 경우에는 5년 이하의 징역 또는 1,500만원 이하의 벌금에 처하며(상629), 병과할 수도 있다(상632). 이것은 수권자본제의 도입에 의하여 신주발행의 권한이 이사회에 있으므로 그 남용을 방지하기 위하여 신설한 것이다.

7) **증·수뢰행위** : ① 임원의 독직행위 – 이는 회사의 발기인, 업무집행사원, 이사, 감사 또는 그 직무대행자, 지배인, 부분적 포괄대리권을 가진 상업사용인, 사채권자집회의 대표자 또는 그 결의집행자, 검사인, 공증인 및 감정인이 그 직무에 관하여 부정한 청탁을 받고 재산상의 이익을 수수·요구 또는 약속하는 행위이다(상630.1). 이러한 행위를 하는 자는 5년 이하의 징역 또는 1,500만원 이하의 벌금에 처하며(상630.1), 병과할 수도 있다(상632). 이 행위의 상대방으로서 이익을 약속·공여 또는 공여의 의사를 표시한 자도 동일한 처벌을 받는다(상630.2). 이 경우에 범죄의 주체가 법인인 때에는 이 규정은 그 행위를 한 이사, 감사 기타 업무를 집행한 사원 또는 지배인에 적용한다(상637).

② 권리행사방해 등에 관한 증·수뢰행위 – 이는 주주(사원) 또는 사채권자 등이 그의 권리행사와 관련하여 부정한 청탁을 받고 재산상의 이익을 수수, 요구 또는 약속하는 행위이다(총회꾼에 의한 행위가 대표적인 예이다). 이러한 자의 행위에는 i) 창립총회·주주총회·사원총회·사채권자집회에 있어서의 발언 또는 의결권의 행사에 관한 부정행위, ii) 회사법상의 소의 제기·소수주주권(소수사원권)의 행사나 소수사채권자의 권리행사에 관한 부정행위, iii) 이사의 위법행위유지청구권 또는 신주발행유지청구권의 행사에 관한 부정행위이다. 이러한 행위를 한 자는 1년 이하의 징역 또는 300만원 이하의 벌금에 처하며(상631.1), 병과할 수도 있다(상632). 이 행위의 상대방으로서 이익을 약속·공여 또는 공여의 의사를 표시한 자도 동일한 처벌을 받는다(상631.2). 위 증·수뢰행위의 경우 범인이 수수한 이익은 이를 몰수하며, 그 전부 또는 일부를 몰수하기 불가능한 때에는 그 가액을 추징한다(상633). 또한 ①과 ②의 경우에 **부정한 청탁**의 의미는 뚜렷이 법령에 위반한 행위 외에도 회사의 사무처리규칙에 위반한 것 등 중요한 사항에 위반한 행위를 포함하는데, 단순한 감독청의 행정지시나 사회상규에 반하는 것이라고 하여

부정한 청탁이라고 할 수는 없다.

8) **납입책임면탈행위** : 납입의 책임을 면하기 위하여 타인 또는 가설인의 명의로 주식 또는 출자를 인수하는 행위인데, 이러한 행위를 한 자는 1년 이하의 징역 또는 300만원 이하의 벌금에 처한다(상634).

9) **주주의 권리행사에 이익공여행위** : 주식회사의 이사, 감사 또는 그 직무대행자, 지배인 기타의 사용인이 주주의 권리행사와 관련하여 회사의 계산으로 재산상의 이익을 공여하는 행위인데, 이러한 자는 1년 이하의 징역 또는 300만원 이하의 벌금에 처한다(상634의2.1). 이러한 이익을 수수한 자, 제3자에게 이를 공여하게 한 자도 같다(상634의2.2).

10) **주요주주 등 이해관계자와의 거래 위반의 죄** : 상장회사는 주요주주 및 그의 특수관계인(상령13.4 참조), 이사, 사실상의 이사(상401의2.1), 감사 등을 상대방으로 하거나 그를 위하여 신용공여를 하여서는 안 된다(상542의9.1). 이에 위반하여 신용공여를 한 자는 5년 이하의 징역 또는 2억원 이하의 벌금에 처한다(상624의2). 그리고 상법은 회사의 대표자나 대리인, 사용인, 그 밖의 종업원이 그 회사의 업무에 관하여 주요주주 등 이해관계자와의 거래 위반의 죄(상624의2)의 위반행위를 하면, 그 행위자를 벌하는 외에 그 회사에도 해당 조문의 벌금형을 과한다. 다만 회사가 그 위반행위를 방지하기 위하여 해당 업무에 관하여 상당한 주의와 감독을 게을리하지 아니한 경우에는 그러하지 아니하다(상634의3).

4. 과태료에 처하는 행위

1) **일반과태료** : 상법은 회사법의 각 규정을 위반한 경우에 과태료에 처하는 행위를 제635조에서 열거하고 있다. 회사의 발기인·설립위원·업무집행사원·이사·감사·감사위원회의 위원, 외국회사의 대표자·검사인·공증인·감정인·지배인·청산인·명의개서대리인, 사채모집의 수탁회사와 그 사무승계자·직무대행자 등이 등기나 공고를 게을리하거나 검사나 조사를 방해하는 행위 등이 이에 해당하는데(상635 1호~27호), 이러한 행위를 한 자는 500만원 이하의 과태료에 처한다(상635본문). 그러나 그 행위에 대하여 형벌을 과할 때에는 그러하지 아니하다

(상635.1단서). 회사의 성립 전에 회사의 명의로 영업을 하는 행위와 외국회사의 영업소 등기 전의 거래행위를 한 행위도 이에 해당하는데, 이러한 자는 등록세의 배액에 상당한 과태료에 처한다(상636).

2) **상장회사특례 관련 과태료** : 2009년 상법개정에서 상장회사 특례규정을 위반한 행위에 대해 5천만원 이하의 과태료를 부과하는 규정을 신설하였다. 대상이 되는 행위를 보면, i) 제542조의8 1항을 위반하여 사외이사 선임의무를 이행하지 아니한 경우, ii) 제542조의8 4항을 위반하여 사외이사후보추천위원회를 설치하지 아니하거나 사외이사가 총위원의 1/2 이상이 되도록 사외이사후보추천위원회를 구성하지 아니한 경우, iii) 제542조의8 5항에 따라 사외이사를 선임하지 아니한 경우, iv) 제542조의9 3항을 위반하여 이사회 승인 없이 거래한 경우, v) 제542조의11 1항을 위반하여 감사위원회를 설치하지 아니한 경우, vi) 제542조의11 2항을 위반하여 제415조의2 2항 및 제542조의11 2항 각 호의 감사위원회의 구성요건에 적합한 감사위원회를 설치하지 아니한 경우, vii) 제542조의11 4항 1호 및 2호를 위반하여 감사위원회가 제415조의2 2항 및 제542조의11 2항 각 호의 감사위원회의 구성요건에 적합하도록 하지 아니한 경우, viii) 제542조의12 2항을 위반하여 감사위원회위원의 선임절차를 준수하지 아니한 경우 등이 포함된다(상635.3). 그리고 상법 제635조 1항 각 호 외의 부분에 규정된 자 이외의 자가 상장회사의 주주총회 소집의 통지·공고 특례(상542의4)를 게을리하거나 부정한 통지 또는 공고를 한 경우나 상장회사의 집중투표특례 중 일정사항(상542의7.4) 또는 상장회사의 감사위원회구성 특례 중 일정사항(상542의12.5)을 위반하여 의안을 별도로 상정하여 의결하지 아니한 경우 1천만원 이하의 과태료를 부과한다(상635.4).

3) **과태료의 부과·징수** : 등기의무해태(상635.1 1호)를 제외하고 본법에서 규정하는 과태료는 대통령령으로 정하는 바에 따라 법무부장관이 부과·징수한다(상637의2.1). 그리고 이에 따른 과태료처분에 불복하는 자는 그 처분을 고지받은 날부터 60일 이내에 법무부장관에게 이의를 제기할 수 있으며(동조2항), 이 경우 법무부장관은 지체 없이 관할법원에 그 사실을 통보하여야 하며, 그 통보를 받은 관할법원은 비송사건절차법에 따른 과태료재판을 한다(동조3항). 이의제기기간 내에 이의를 제기하지 아니하고 과태료를 납부하지 아니한 때에는 국세체납처분의 예에 따라 징수한다(동조4항).

제 2 편 상법총칙·상행위법

제 1 장 상법의 의의

1. 기업적 생활관계

사람은 일반적 생활관계 이외에 일정한 거래행위를 자신의 직업으로 하거나 직업은 아니더라도 영리를 목적으로 계속적으로 수행하는 기업적 생활관계를 형성하곤 한다. 이윤동기를 가지고 반복적으로 이루어지는 행위(영업행위)로 구성되는 생활관계를 **기업적 생활관계**라 하며, 영업행위는 이윤추구라는 정형화된 목적을 가지며 계속·반복되는 거래이므로 외관(표시상의 효과의사)을 존중할 필요가 크다. 일반적 생활관계와 기업적 생활관계의 차이와 규범체계의 효율성이라는 면에서 민법의 특별법으로서 상법을 따로 규정할 필요성(**상법의 자주성**)이 있다고 본다. 민법과 상법의 관계에 관해 우리 상법 제1조는 상사(商事)에 관해 특별법인 상법을 우선적으로 적용하되 민법이 일반법의 위치에 있음을 선언하고 있다. 다만 양법을 분리하더라도 영리성을 바탕으로 합리적·진보적 정신에 의해 창조된 상법상의 제도가 오랜 시간이 지나 보편화되고 일반화되어 민법의 영역으로 넘겨지는 현상, 즉 **민법의 상화현상**에 비추어 볼 때, 민법과 상법의 경계가 확정적이라 볼 수는 없고 유동적 관계에 있다고 볼 수 있다.

2. 상법의 의의

1) **형식적·실질적 의의의 상법** : **형식적 의의의 상법**이라 할 수 있는 현행 상법전은 1962년 법률 제1,000호로 공포되고 1963년 1월 1일부터 시행되었다. 형식적 의의의 상법이 탄생할 수 있는 근거이면서 규율의 대상이 되는 생활관계의 특성 등을 고려하여 실질적 관점에서 본 상법을 **실질적 의의의 상법**이라 한다. 실질적 의의의 상법의 중요부분은 형식적 의의의 상법에 포함되어 양자가 대체로 일치

하나 상법전 이외에 특별법 혹은 불문법의 형태로 존재할 수 있고, 반대로 형식적 의의의 상법에도 처벌규정과 같이 실질적 의의의 상법규정이 아닌 규정도 존재한다.

2) **상법의 대상·본질론** : 상거래의 개념은 역사적으로 계속 확대되어 왔다. 생산자와 소비자 중간에서 재화의 유통을 매개하던 이른바 **고유상** 개념에서 탈피하여 고유상을 보조하는 **보조상**(대리업·중개업·위탁매매업·주선업·창고업·물건운송업·손해보험업·은행업)을 포함하고 나아가 고유상과 무관하나 거래형태가 상거래와 유사한 **유형상**(여객운송업·생명보험업)이나 경영방법, 설비의 특수성에 근거하여 **형식상**(제조업·광업·수산업)까지 포함되게 되었다. 상거래 개념의 확대에 따라 상법의 본질에 관해 대상파악불요설, 사적·발생적 관련설, 매개행위본질설, 계속적·반복적 집단거래로 파악하는 집단거래본질설, 집단성·개성상실 등 상적 색채설, 기업에 관한 법(기업법설), 상인에 관한 특별사법(상인법설) 등이 주장되었다. 생각건대 상거래 관점에서 파악하는 견해들과는 달리 상거래의 주체라는 관점에서 접근한 상인법설과 기업법설이 상거래의 발전적 성격을 보다 잘 파악하고 명료하여 기업법설이 적절하다고 본다.

3. 상법의 이념

기업의 조직과 활동에 관한 법률인 상법은 기업조직면에서 기업의 발전과 거래의 원활을 추구하고 있어 **기업의 유지·발전**과 **영리거래의 원활·안전**을 상법의 이념으로 볼 수 있다. 상법은 기업조직면에서 보면 기업의 유지·발전을 위해 주식회사를 비롯한 각종 회사제도 등을 두고 있다. 기업활동면에서 영리거래의 원활·안전을 위해 유상성을 보장하고(상54, 61), 공시주의(상업등기제도, 공고제도, 주주명부, 사채원부, 이사회 의사록을 본점에 비치 등)를 채택하고 엄격책임주의(상사채무의 연대성−상57, 무상수치인의 선관주의의무−상62, 주식회사 발기인의 책임−상321, 322)와 함께 **외관신뢰보호의 원칙**(구체적 사실과 외관이 불일치할 경우 당사자가 외관에 대해 책임이 있고 거래상대방이 외관을 신뢰하였다면 당사자는 외관을 신뢰한 거래상대방에 책임을 부담하여야 한다는 원칙)을 구현하고 있다(예, 표현지배인 등 각종 표현제도, 명의대여자책임, 부실등기의 효력 등).

4. 상법의 법원

1) **의 의** : '상사에 관하여 본법에 규정이 없으면 상관습법에 의하고 상관습법이 없으면 민법의 규정에 의한다'(상1)고 정하고 있다. **상사**란 상법의 대상으로서 기업적 생활관계로 볼 수 있고 이를 규율하는 규범은 실질적 의의의 상법을 의미한다. 상사에 관해 성문법원이 없을 경우 불문법원인 상관습법에 따르고 상관습법도 없을 경우 상법의 일반법이라 할 수 있는 민법에 따르게 된다는 내용이다. 그 밖에 상사자치법, 보통거래약관의 법원성이 문제되고 민법에서와 유사하게 판례·학설·조리의 법원성도 문제된다. **성문법원**으로는 현행 상법전(협의의 상법)이 가장 중요한 존재형태가 되나 그 외에 상사특별법(상법전에 부속·독립된 상사특별법령)이 포함된다.

2) **불문법원(상관습법)** : **상관습법**이라 함은 기업의 생활관계에 관한 관행이 법적 확신을 얻어 만들어진 규범으로서, 일반적으로 공정타당한 회계관행(상29.2)이 이에 해당하고 여행자수표(T/C)도 관습법상 인정되는 유가증권으로 판단된다. 판례는 해상물건운송에서의 보증도에 관해 상관행으로 인정하나 상관습법으로 보지 않았고(87다카1791), 지급보증서를 상관습에 의한 유가증권으로 인정하지 않았다(67다311). **상관습법의 효력**(쟁점201)에 관해, **보충적 효력설**은 관습법은 성문법의 흠결을 보완하는 의미에서 효력을 가진다고 보고 민법 제1조에서 관습법의 보충적 효력을 정하고 있다고 본다. **변경적 효력설**은 관습법은 강행법규에도 우선하는 효력을 인정하여야 한다고 보고 파생금융상품 중 회사법 규정에 반하는 형태도 있으며 이를 무효로 다루는 것은 비현실적이며, 민법에서도 명인방법, 관습법상의 법정지상권(물권법정주의에 반함)도 그 예로 보아야 한다고 주장한다. **판례**는 민사분야에서 보충적 효력설에 따라 가정의례준칙에 배치되는 관습법의 효력을 부인하였다(80다3231). 생각건대 관습법은 임의법규에 대한 관계에서 변경적 효력을 가지나 강행법규에 반하는 관습은 그 자체로서 효력을 가질 수 없고(보충적 효력설), 다만 판례의 확인을 받아 비로소 사실상의 법원으로서 기능을 할 수 있다고 본다. 그 예로써 어음법 제1조의 '발행지' 기재가 흠결된 어음의 효력을 인정하는 관습이 형성되었지만 동조는 강행법규이므로 이에 반하는 관습은 효력을 가질 수 없었다. 그러나 판례가 발행지를 기재하지 않은 국내어음도 유효하다는 판단

(95다36466전합)을 한 후에는 위 조항은 사실상 규범력을 상실하게 되었다고 볼 수 있다.

3) **사실인 상관습** : 민법 제1조, 제106조와 관련된 관습법과 사실인 관습의 구별가능성에 관한 논의와 유사하게, 상법에서도 **관습법과 사실인 상관습의 구별**(쟁점202)에 관해 견해가 대립된다. **구별부정설**은 법적 확신 유무는 주관적·심리적 요소여서 이를 기준으로 할 때 법적 안정성이 위협받으며, 사실인 상관습이 적용되는 의사해석의 문제도 단순한 사실문제가 아니라 법률문제로서 상법 제1조와 민법 제106조의 관계의 모순(민법논의 참조)을 고려하며, 양자 모두 직권조사사항으로 본다. **구별긍정설**은 상관습법이 법규범이므로 법원이 이에 위반하여 판결을 하는 때에는 법률문제로서 상고이유가 되지만, 사실인 상관습은 의사표시해석의 재료에 불과하므로 이에 위반하여 판결하여도 사실인정의 문제에 그친다고 본다. **판례**는 관습법은 법령과 같은 효력을 갖는 관습으로서 법령에 저촉되지 않는 한 법칙으로서의 효력이 있는 것이며, 이에 반하여 사실인 관습은 법령으로서의 효력이 없는 단순한 관행으로서 법률행위의 당사자의 의사를 보충함에 그치는 것이라고 본다(80다3231). 생각건대 민법 제106조는 의사해석에만 관련되므로 동조를 근거로 관습법과 사실인 관습의 구별을 부인하는 것은 동조의 취지를 잘못 해석한 것이어서 법적 확신의 유무를 근거로 상관습법과 사실인 상관행을 구별하는 구별긍정설이 타당하다고 본다.

4) **상사자치법** : 상사자치법이란 회사 기타 단체의 조직이나 활동에 관한 근본규칙을 의미하며, 정관, 이사회규칙, 증권거래소의 업무규정 등이 이에 속한다. **상사자치법의 법원성**(쟁점203)에 관해, **법규설**은 이사회규칙은 정관의 수권에 의해 작성되는 자치법규로 볼 수 있고, 증권거래소의 업무규정은 증권거래소 정관의 세칙에 해당하며 상법의 법원으로 본다. **계약설**은 이들이 당사자를 구속하는 근거는 당사자의 자발적 의사에 있는 것이므로, 이는 하나의 계약으로서의 성질을 가지는 것에 지나지 않고 상법의 법원이 되는 것은 아니라고 한다. **판례**는 정관을 계약이 아닌 자치법규로 보며 법규해석의 방법으로 해석하여야 한다고 보았다(99다12437). 생각건대 구성원의 합의에 바탕을 둔 자치법규는 그 단체 구성원의 변경에도 불구하고 구성원을 구속하는 효력을 가지므로 단체 내에서는 법규적 성질을 가지는 규범이라 본다.

5) **보통거래약관·판례 등** : 보통거래약관이란 계약의 일방 당사자가 다수의 상대방과 계약을 체결하기 위해 일정한 형식에 의해 미리 마련한 계약의 내용을 의미한다. 금융업·보험업·운송업·상품판매·리스·팩터링·프랜차이즈·신용카드거래 등에서는 대량으로 거래가 성립되므로 계약의 내용을 미리 정형화시킬 필요가 있어 보통거래약관이 많이 이용되고 있다. 보통거래약관을 보통의 계약조항과 달리 계약자유의 영역으로부터 규제의 영역으로 편입시킴으로써 소비자를 보호할 필요가 있으며, 약관의 규제에 관한 법률도 이러한 취지에서 입법되었다. 보통거래약관에 따라 계약이 체결될 경우 당사자가 약관의 내용을 알지 못할 경우에도 약관은 구속력을 가진다고 볼 수밖에 없다. 그런데 **구속력의 근거**(**쟁점204**)에 관해, 법규설, 상관습법설 등이 대립되며, 이는 특히 **보통보험약관**에서 문제되어 그 부분에서 살펴본다. **판례**에는 법적 구속력이 없고 사실상의 구속력이 있다는 것이 민법의 통설이며 상법에서도 달리 해석할 이유는 없다고 본다.

5. 상법의 적용

1) **적용순서** : 상사에 관한 법규의 적용순서는 상법(강행법규), 상사자치법, 상사특별법 또는 상사조약, 상법(임의법규), 상관습법, 민법(자치법·특별법·민법전·관습법)의 순서이다. 다만 이는 상법 중 임의규정에 관한 적용순서라 볼 수 있고 상법 중 강행법규의 경우에는 상사자치법이 이에 반할 수는 없다. 상사에 관해 민법을 적용하기 위한 요건으로서 특히 상법의 규정 부재는 제한적으로 해석할 필요가 있다.

2) **적용범위** : 신법이 제정·발효된 이후에는 신법이 효력을 가지나 일반법인 **신법**은 특별법인 구법을 변경하지 않는 것이 원칙이다. 상법은 기업의 조직과 영리행위에 관한 법으로서 신법은 보다 진보적이고 합리적인 내용을 가지게 되므로 신법을 적용하는 것이 보다 합리적인 경우가 많다. 따라서 신법이 기득권을 침해하지 않는 한 신법이 소급적용되는 것이 원칙이라 본다. 상법은 대한민국의 영토 내에서 대한민국 국민에게 규범력을 가진다. 다만 상사는 국제적 성격을 가진 경우가 많아 다수 국가의 법률이 관련을 맺게 되고 이를 해결하기 위해 세계 상법의 통일 움직임이 부분적으로 나타나고 있다. 하지만 아직 대부분의 영역에서는 섭외적 사건에 관해 국제사법에 따라 적용될 법률(준거법)이 정해진다.

제 2 장 기업의 인적 구성요소

1. 상 인

(1) 의 의

1) **기업의 구성요소** : 상법은 기업적 생활관계에 관한 특별사법이며 기업적 생활관계는 상법전에 상사(商事)라는 개념으로 표현되어 있다. 상법의 적용대상인 **상사**, 즉 기업적 생활관계 자체를 넓은 의미의 기업으로 이해할 때, 기업은 그 생활관계의 주체로서 상인(좁은 의미의 기업개념에 대응)과 보조자인 상업사용인이라는 **인적 구성요소**와 기업의 명칭이라 할 수 있는 상호 기타 상업장부, 영업소를 포함하여 기업과 관련되는 제도로서 상업등기제도·영업양도제도까지 포괄하는 의미의 **물적 구성요소**로 이루어진다고 할 수 있다.

2) **입법주의** : ① 상인·상행위 개념에 관해, **실질주의**(**객관주의**, **상행위법주의**, **열거주의**)는 상행위의 개념을 정하고 이로부터 상인의 개념을 도출한다. 실질주의는 일정한 행위(상행위)를 하는 자만이 상인이 되므로 상인의 개념은 한정적이어서 상법의 적용범위를 명확하게 할 수 있다는 장점이 있지만, 새로운 유형의 상행위가 발생한 경우 이를 하는 자에게 상법을 적용시키기 위해서는 상법을 개정하여야 한다는 어려움이 있게 된다. **형식주의**(**주관주의**, **상인법주의**)는 행위의 종류와 내용에 관계없이 형식적으로 상인의 개념을 정하는 방법이다. 상인의 형식을 개념요소로 한다는 점에서 형식주의이고, 상행위가 아닌 상행위의 주체인 상인중심의 개념이다. 형식주의는 상법의 탄력적 적용이 가능하다는 장점이 있지만, 상인의 형식(특성)이 모호하여 상인의 범위와 한계가 불명확하게 되고 상법의 적용범위가 모호해질 우려가 있다. **절충주의**는 상행위를 정하고 그로부터 상인의 개념을 찾기도 하고, 상인의 개념을 일정한 형식에서 도출하기도 하는 방법이다.

② 상법 제4조, 제5조, 제46조에 근거한 우리 **상법의 입법주의**(**쟁점205**)에 관해, **절충주의설**은 우리 상법은 상행위에 의존하여 상인 개념을 정하기도 하고 일정한 형식을 기준으로 상인 개념을 파악하므로 절충적 입장으로 이해하고, **형식주의설**은 우리 상법이 절대적 상행위를 인정하고 있지 않고 기본적 상행위 개념도

'영업으로' 할 경우에만 인정되므로(영업적 상행위) 결국 상인과 관련해서만 상행위성이 인정되므로 형식주의에 따르고 있다고 보며, 형식주의에 가까운 절충주의설(주관적 절충주의)은 절대적 상행위가 인정되지 않는다는 점, 상법 제46조의 상행위도 상인과 무관한 상행위가 아니라 상인과 관련되어야만 파악될 수 있는 영업적 상행위라는 점으로 보아 상법 제4조도 순수한 실질주의의 입법이라 볼 수 없으므로 전체적으로 보아 형식주의에 가까운 절충주의에 속한다고 보는 견해이다. 생각건대 우리 상법은 외형상 절충주의적 입법을 하고 있는 것처럼 보이지만 22종의 상행위를 하면 모두 상행위가 되는 것이 아니라 상인적 방법이라 할 수 있는 '영업으로' 하는 경우, 즉 상인의 형식을 갖춘 경우에만 상행위가 된다는 점(영업적 상행위)에서 형식적인 측면을 부인하기 어렵다고 볼 때 형식주의에 가까운 절충주의설이 타당하다고 본다.

(2) 당연상인

1) **개 념** : 자기명의로 상법 제46조에서 열거한 상행위(기본적 상행위)를 영업으로 하는 자를 의미하며, 당연상인의 개념 전제가 되는 상행위에 관해 상법은 22가지의 **기본적 상행위**를 열거하고 있다. 매매업, 임대업, 제조업, 전기 등의 공급업, 도급업, 출판업, 광고 및 통신업, 금융업, 공중접객업, 대리상, 중개업, 위탁매매업, 운송업, 창고업, 신탁업, 무진업, 보험업, 광산업, 리스업, 팩터링업, 프랜차이즈업, 지급결제업 등이 포함된다. 다만 이상의 22가지 행위(기본적 상행위)를 영업으로 하였을 경우에만 상행위가 되고(이른바 **영업적 상행위**), 임금을 받을 목적으로 한 경우에는 상행위가 되지 못한다(상46). 그리고 이러한 행위를 **자기명의**로 한 경우 그 자가 상인이 되고 타인을 대리하여 타인의 명의로 상행위를 하였을 경우에는 대리인이 아닌 본인이 상인이 된다(상4). 그러나 상법 이외의 특별법에서 사채총액의 인수행위(담보23.1), 신탁의 인수를 업으로 할 경우(신탁4)와 같이 일정한 행위를 상행위로 규정하고 있다.

2) **영업성** : 상법 제46조의 상행위가 되기 위해서는 상행위가 영업성을 갖추어야 한다. '영업으로'라는 의미는 영리목적, 즉 이익추구의 의도, 계속적 의도, 대외적 인식가능성을 포괄하는 의미로 볼 수 있다. 따라서 실제 이익의 발생 여부, 계속되었는지 여부, 대외적 표시 또는 인식 여부는 문제되지 않는다. **판례**는 대한광업진흥공사가 광업자금을 광산업자에게 융자하고 소정의 이자를 수령하는 행위

는 민영광산의 육성 및 합리적인 개발을 지원하기 위하여 하는 사업이지 이를 '영리를 목적'으로 하는 행위로 보지 않았고(93다54842), 새마을금고의 공공적 성격에 비추어 판례는 비영리법인으로 보고 새마을금고가 금고의 회원에게 자금을 대출하는 행위는 일반적으로는 영리를 목적으로 하는 행위로 보지 않았으나(98다10793), 대한석탄공사는 상사회사는 아니라 하여도 광물채취에 관한 행위를 영업으로 하는 상인의 성질을 띤 법인이라 할 것이며 위 공사가 피용자들과 체결한 근로계약은 그의 영업을 위한 보조적 상행위이므로 그 보조적 상행위에 따른 퇴직금채무는 상사채무라 보았다(76다28).

3) **자기명의** : 자기명의로 상행위를 한다는 의미는 상행위의 효과, 즉 권리의무의 형식적 귀속주체가 자신이 된다는 의미이다. 타인의 계산으로 상행위를 하더라도 본인의 명의로 할 경우에는 상행위가 될 수 있지만, 반대로 자신의 계산으로 타인의 명의로 할 경우 자신(위탁관계에서 위탁자)은 상인이 될 수 없다. 판례도 과수원 운영자가 사과를 수확하여 이를 대부분 대도시의 사과판매상에 위탁판매한다는 것이어서 피고가 영업으로 사과를 판매하는 것으로는 볼 수 없으니 피고는 상인이 아니라고 본다(93다7174). 그리고 타인을 대리인으로 하여 상행위를 할 경우 본인의 명의이므로 본인은 상인이 될 수 있지만, 대리인인 타인은 자신의 명의로 상행위를 한 것이 아니므로 상인이 될 수 없다. 그러나 상법에는 이에 대한 예외규정을 두고 있는데 **명의대여**의 경우(상24)이다. 명의대여관계가 형성된 경우 명의대여자는 책임의 주체는 되지만 명의차용자가 상인이 된다는 점에서 명의의 주체와 상인이 분리된다.

4) **22종의 상행위(기본적 상행위)** : ① **매매업**(동산, 부동산, 유가증권 기타 재산의 매매, 1호)에 관해, 다수설은 증여·유증 등과 같은 무상취득이나 선점·가공·원시생산 등과 같은 원시취득의 경우는 이에 해당하지 않으나 유상의 승계취득인 한 매매에 의한 취득뿐만 아니라 교환·소비대차·소비임치·대물변제 등도 여기에 포함된다고 본다. **매매의 의의**(**쟁점206**)에 관해, 매수 또는 매도를 의미한다는 견해, 매수와 매도를 의미한다는 견해, 매수와 매도 또는 매도를 의미한다는 견해가 대립되고 있다. 생각건대 영업의 영리성을 고려할 때 매매란 매도할 목적의 매수 또는 매도를 의미하는 것으로 보는 견해가 타당하다. 매매의 목적물은 동산·부동산·유가증권은 물론 무체재산권·광업권·어업권 등의 권리도 포함된다고

본다.

② **임대차업**(동산·부동산·유가증권 기타 재산의 임대차, 2호)에서 **임대차의 의미**(쟁점207)에 관해, 매매의 경우와 유사하게 임차와 임대로 보는 견해와 임차 또는 임대로 보는 견해가 있다. 임대차행위도 앞서 매매에서 언급한 것과 동일하게 넓게 파악하여 임대할 목적으로 한 임차 또는 임대를 의미한다고 보아야 하고 목적물도 동일하게 파악할 수 있다. 임대차에서 파생된 변형된 임대차거래도 포함되겠지만 임대차와 융자행위가 융합된 리스계약은 상법 제46조 19호에 별도로 규정되어 있으므로 여기에 포함되지 않는다. ③ 그밖에 제조업 등 다양한 행위를 기본적 상행위로 규정하고 있으나 논의를 생략한다.

(3) 의제상인

1) **개 념** : 당연상인 이외에 점포 기타 유사한 설비에 의하여 상인적 방법으로 영업을 하는 자(**설비상인**)와 **회사**는 상행위를 하지 아니하더라도 상인으로 보는데, 이를 의제상인 또는 설비상인이라 한다(상5). 예를 들어 일정 수요자에게 계속적으로 공기를 공급하는 것은 기본적 상행위에 포함되지 않으므로 상행위가 될 수 없고 이를 영업으로 하더라도 당연상인이 될 수는 없으나, 이를 상인과 유사한 설비를 사용해서 대규모로 유상으로 할 경우에는 의제상인에 해당될 수 있다.

2) **설비상인** : 설비상인이란 상법 제46조에서 열거한 행위(기본적 상행위) 이외의 행위를 i) 상인적 방법으로, ii) 자기명의로, iii) 영업을 하는 자를 의미하며, 설비상인은 회사와 함께 상인으로 의제된다. **상인적 방법**이라 함은 점포 기타 유사한 설비를 사용하는 것을 의미하는데, 이에는 상업사용인·영업소(본·지점)·상업장부·상업등기 등 통상적으로 상인이 사용하는 인적·물적 설비를 이용하는 것 등이 포함된다. 여기서 더 나아가 신용거래를 한다든지 매출액이 매우 많다든지 하는 경우는 설비와는 무관하나 이러한 특징이 상인적 행태라는 점에서 광의의 상인적 방법에 포함된다고 본다. 그 밖에 자기명의, 영업의 의미는 앞서 당연상인에서 살펴본 바와 같다. 판례는 계주가 상인적 방법에 의한 영업으로 계를 운영한 것이 아니라면 계주를 의제상인, 상법 제46조 8호 소정의 대금, 환금 기타 금융거래를 영업으로 운영한 것에 해당한다고 볼 수 없으므로 위 계불입금채권을 5년의 소멸시효가 적용되는 상사채권으로 볼 수 없다고 보았다(93다21705).

3) **회 사** : 회사는 **태생적 상인**으로서 상행위를 하느냐 여부를 불문하고 상인(의제상인)이 된다. 물론 대부분의 회사는 상행위를 하지만, 예컨대 유선방송전문회사가 하는 방송행위는 상법 제46조에 포함시키기 애매한 점이 있으나 행위의 주체가 회사이므로 상법 제5조에 의해 상인성을 인정받는 데는 아무런 지장이 없다. 뿐만 아니라 상행위가 아닌 행위를 하는 회사, 이른바 **민사회사**도 의제상인이 되어 상사회사와 구별할 실익이 없다.

4) **자유직업인** : 변호사·의사·공인회계사·세무사·법무사·설계사·예술가 등의 직종에 근무하는 자가 점포 기타 유사한 설비에 의하여 상인적 방법으로 영업행위를 할 경우 의제상인성이 문제된다. 자유직업의 상화현상에 따라 문제된 **자유직업인의 상인성**(**쟁점208**)에 관해, 자유직업인은 점포 기타 설비에 의하여 활동을 하더라도 연혁적으로나 사회통념에 의하여 상인적 방법으로 영업을 하는 것으로 보지 않는다는 부정설과 의료행위를 영위한다고 곧 기업성을 인정할 수는 없지만, 그 행위에 집단성·영리성이 인정될 때 이를 영업으로 볼 수 있다는 제한적 긍정설이 있다. 판례는 변호사 등의 영업에 관해 부정설을 취하고 있다(2006마334 결정). 생각건대 자유직업인은 연혁적 이유에서 지금까지 상인의 개념에서 배제되었지만, 의제상인에 관해 예외규정이 없고, 서비스의 공공성, 창조성, 작업의 독립성 등은 자유직업인에만 국한된 것이 아니며, 대형 로펌, 의료기관 등 오늘날 이들 서비스가 더욱 기업화해 가고 있는 현실을 고려할 때 의제상인으로서 상인성을 인정하는 제한적 긍정설이 타당하다고 생각한다.

(4) 상법의 적용

1) **완전상인·소상인** : 상법은 상인을 영업규모에 따라 완전상인과 소상인으로 구분하고 일정한 상법규정(지배인, 상호, 상업장부와 상업등기)을 소상인에게 적용하지 않도록 규정하고 있다(상9). 소상인이라 함은 상인으로서의 요건은 갖추었으나 영업규모가 작아 기업성이 희박한 상인으로서 지배인·상호·상업장부·상업등기와 같은 상법상의 제도를 이용하기에 부적합한 상인이라 해석된다. 상법 시행규정 제2조는 자본금액 1천만원 미만의 상인으로서 회사가 아닌 자를 가리킨다고 규정하고 있다.

2) **영업능력** : 상인이 법인이 아니고 자연인일 경우 행위능력이 문제된다. 민

법에서 제한능력제도가 인정되는 것과 동일한 이유로 상인이 영업행위를 유효하게 하기 위하여 상인의 행위능력인 영업능력이 요구되고, 영업능력이 결여된 상인의 보호가 문제된다. 원칙적으로 상법에 특별한 규정이 없을 경우 민법의 무능력에 관한 규정이 적용되나, 상법에는 영업능력과 관련하여 수 개의 규정을 두고 있다. 미성년자 또는 한정치산자가 법정대리인의 허락을 얻어 영업을 하거나(상6) 법정대리인이 미성년자, 한정치산자 또는 금치산자를 위하여 영업을 하는 때에는(상8.1) 등기를 하도록 정하고, 제7조에서는 미성년자 또는 한정치산자가 법정대리인의 허락을 얻어 회사의 무한책임사원이 된 때에는 그 사원자격으로 한 행위와 관련해서는 능력자로 간주하고 있다. 그리고 법정대리인의 대리권에 대한 제한은 선의의 제3자에게 대항하지 못한다(상8.2).

3) **상인자격의 취득시점** : 자연인은 영업을 개시하면 상인자격을 취득한다. **영업개시시점**(**쟁점209**)에 관해, **개업준비행위시설**(다수설)은 영업이라 함은 부속적 상행위인 개업준비행위를 개시하는 경우도 포함하며 영업의사를 객관적으로 확인할 수 있을 때 영업이 개시되었다고 보고, **조직성립시설**은 상인자격 취득시기의 불명확성을 지적하여 객관적으로 기업을 인식할 수 있는 조직을 갖추었을 때 상인자격을 취득한 것으로 본다. **판례**는 영업준비행위를 한 때 상인자격을 취득함과 아울러 이 개업준비행위는 영업을 위한 행위로서 그의 최초의 보조적 상행위가 되는 것이고, 이와 같은 개업준비행위는 영업의사를 상대방이 객관적으로 인식할 수 있으면 당해 준비행위는 보조적 상행위로서 여기에 상행위에 관한 상법의 규정이 적용된다고 보았다(98다1584). 생각건대 영업의사를 객관적으로 인식할 수 있는 정도의 개업준비행위일 경우 명확성이 구비된다고 보아 개업준비행위시설이 타당하다고 본다.

4) **공법인의 영리행위** : 법인은 사적자치의 원칙이 적용되는 **사법인**과 특정한 국가적 목적을 위하여 설립되고 국가의 강제적 권력작용이 미치는 **공법인**으로 구별된다. 사법인에는 영리법인과 비영리법인이 포함되며 영리법인이 상인이 되고 영리법인의 행위가 상행위가 된다는 것에는 문제가 없다. 비영리법인도 거래행위를 할 수 있어 이러한 거래행위도 상행위가 될 수 있다. **공법인의 상행위**에도 상법이 적용되는데(상2), 동 조항의 의미에 관해 통설은 **공익법인**(사립학교 등)이나 **일반공법인**(국가·지방자치단체)은 상법 제2조 및 특별 법령(예, 사립학교법6.1)에

근거하여 공익실현수단으로 영리사업을 할 수 있다고 본다. 그러나 협동조합, 상호보험회사와 같은 특수법인이나 농지개량조합과 같은 **특수공법인**은 특수한 목적을 위해 설립된 단체이므로 영업을 할 수 없어 상인능력이 없다고 보는 것이 통설이다. 판례는 매우 엄격한 태도를 취하고 있어, 공법인이 하는 행위가 정관상의 목적을 수행하기 위한 행위일 경우 일반적 영리성이 있더라도 영업행위가 되지 않으며 따라서 공법인은 상인이 될 수 없다는 입장으로서, 대한광업진흥공사(93다54842)나 새마을금고(98다10793)는 비영리법인이면서 융자, 대출행위는 민영광산의 육성이라든가 회원의 보호를 위한 행위로서 영리행위성을 부정하였다. 다만 대한석탄공사를 상인의 성질을 띤 법인으로 보고 피용자들과 체결한 근로계약은 그의 영업을 위한 보조적 상행위이므로 그 보조적 상행위에 따른 퇴직금채무는 상사채무라 보았다(76다28).

5) **상법의 적용범위** : 기업의 생활관계에 관한 법률인 상법의 적용범위는 한마디로 상사(商事)라 할 수 있고, 상사는 상인과 상행위로 관련되는 법률관계라 정의할 수 있다. 따라서 상법에는 상인에게 적용되는 규정도 있고 상행위에 적용되는 규정도 있다. 이러한 **상인** 개념은 당연상인에서 출발하나 상법의 탄력적인 적용을 위해 의제상인까지 확장시키면서 또 소상인의 개념을 인정하여 상법의 적용범위를 일부 축소시키고 있다. **상행위** 개념도 기본적 상행위에 머물지 않고 보조적 상행위로 확장된다. 뿐만 아니라 거래행위가 상행위이기만 하면 거래상대방이 상인이 아니더라도(일방적 상행위) 상법이 적용되고(상3) 일방이 다수인 경우 그 중 1인에게 상행위가 되면 다른 자에게도 상법이 적용된다(2013다68207). 심지어는 상행위를 목적으로 하지 않는 공법인의 상행위에도 적용된다(상2).

2. 상업사용인

(1) 의 의

기업의 규모가 확장되면 상인의 기업활동을 보조할 수 있는 자, 이른바 기업보조자가 필요하게 된다. **기업보조자**에는 기업 외부에서 상인의 기업활동을 독립적으로 보조하는 자(대리상·중개상 등)도 있으나, 기업 내부에서 특정한 상인(영업주)에 고용되어 종속적으로 영업활동을 보조하는 자도 있다. 이와 같이 상인에 고용되어(종속적으로) 영업행위를 대리할 수 있는 권한을 가진 자를 상업사용인이라 한다. 상업사용인은 영업주에 고용되어 **비독립적**이라는 점에서 독립적인 상인으로서 다른 기업을 보조하는 대리상, 중개상 등과는 구별된다. 그리고 영업행위를 대리할 수 있는 자를 의미하므로 **대리권**이 있는 자만이 상업사용인이 될 수 있고 단순히 내부적인 업무만을 담당하는 사용인, 예를 들어 서무계원·기사·급사 등은 상업사용인이 아니다. 상법은 상업사용인이 가진 대리권의 범위를 기준으로 지배인, 부분적 포괄대리권을 가진 상업사용인, 물건판매점포의 사용인 등 3가지 종류의 상업사용인을 규정하고 있다.

(2) 지배인

1) **개 념** : 영업주에 갈음하여 그 영업에 관한 재판상 또는 재판 외의 모든 행위를 할 수 있는 포괄적인 대리권을 가진 상업사용인을 의미한다. 이는 영업주가 영업 전반에 관해 포괄적으로 위임하여 영업행위를 대리시킬 필요가 있는 경우에 선임되는 자로서, 일반적으로 지점장·지사장·영업부장·은행 출장소장 등이 이에 해당한다. 지배인인지 여부는 명칭보다는 권한의 실질에 따라 결정된다. 지배인은 영업 전반에 관해 계속적이고 **포괄적인 대리권**을 가지는 최고급의 상업사용인으로서 거래상대방은 지배인에 관해 대리권의 범위를 확인할 필요가 없어 결과적으로 거래의 안전과 신속을 도모할 수 있게 된다.

2) **선임과 종임** : **선임권자**는 영업주인 상인과 그 대리인도 포함되지만 지배인, 소상인은 제외되고(상11.2 반대해석), 영업능력이 제한되는 청산회사나 파산회사는 지배인을 선임할 수 없다(통설). 회사가 지배인을 선임할 경우 각 회사의 선임결의요건이 상법에 구체적으로 정해져 있으나(상203, 274, 393.1, 564.1,2), 이를 위반한 경우(전단적 선임행위) 선임행위의 효력이 문제될 수 있다. **지배인의 자격**은 논리적으로 볼 때 자연인에 국한될 이유는 없으나 영업주와의 신뢰관계를 바탕으로 하고 있다는 점을 감안할 때 법인은 부적합하다고 본다. 영업주가 회사일 경우 당해 회사의 이사나 업무집행사원도 지배인을 겸할 수 있으나, 주식회사의 감사는 직무의 성격상 지배인을 겸할 수 없다고 상법은 규정하고 있다(상411). 지배인 **선임행위의 법적 성질**에 관해 대리권의 수여행위로 보는 견해가 있으나, 고용계약 또는 위임계약이 결합된 대리권수여계약으로 보는 견해가 타당하다고 본다. 지배인은 대리권의 기초가 된 고용·위임관계가 종료되거나 민법상의 대리권의 일반적 소멸원인(민127)에 따라 종임된다고 보나, 영업주의 사망에 의해서는

종임하지 않는다는 점이 특징이다(상50). 그리고 지배인의 선임·종임은 등기사항으로서(상13) 등기에 의해 선의의 제3자에 대한 대항력이 결정된다(상37.1).

3) **지배인의 권한(지배권)** : 지배인의 대리권은 일반적으로 영업관련성·포괄성·획일성(불가제한성)을 가진다고 본다. 지배인은 영업에 관한 행위(영업관련성)에 대해서만 대리권을 가지지만, 영업주에 갈음하여 영업에 관한 모든 행위를 할 수 있다는 점(상11.1)에서 **포괄성**을 가진다. 그리고 지배인의 대리권에 대한 제한은 선의의 제3자에게 대항하지 못하므로(상11.3) **획일성**(불가제한성)을 가진다. 지배권의 **영업관련성**을 보면, 지배인의 대리권 행사가 적법하기 위해서는 영업주의 영업에 관한 행위를 대리하여야 한다(**사항적 한계**). 영업에 관한 행위란 영업으로 하는 행위뿐만 아니라 영업을 위하여 하는 행위(보조적 상행위)도 포함된다고 일반적으로 본다. 지배인의 행위가 영업주의 영업에 관한 것인가의 여부는 지배인의 행위 당시의 주관적인 의사와는 관계없이 그 행위의 객관적 성질에 따라 추상적으로 판단하여야 하므로 지배인이 개인적 목적을 위하여 어음행위를 한 경우에도 그 행위의 효력은 영업주에게 미친다(97다6704). 다만 지배인은 특정영업소·상호의 범위 내에서 권한을 행사할 수 있어(장소·상호적 한계), 지배인 등기를 함에는 지배인을 둔 장소(상등53.1 4호), 즉 영업소를 등기하여야 하고 영업주가 2개 이상의 상호로 2개 이상 종류의 영업을 할 때에는 지배인이 대리할 영업과 그 사용할 상호를 등기하여야 한다(상등53.1 3호). **지배권의 획일성**은 영업주가 지배인의 대리권의 범위를 제한하더라도 이는 영업주와 지배인간의 대내적인 관계에서 효력을 가지므로, 지배인이 제한을 위반한 경우 지배인의 해임사유가 되고 지배인에 대한 손해배상청구원인이 될 수 있다. 하지만 대외적인 관계에서는 대리권의 제한은 효력을 가질 수 없으므로 지배인이 대리권의 범위를 넘어서 거래하였다는 이유로 선의의 제3자에게 대항하지 못한다(상11.3). 대리권제한에 대한 선의에 **중과실 있는 거래상대방의 보호**(쟁점210)에 관해, 악의자와 동일하게 보는 견해와 선의자로 보는 견해가 있다. **판례**는 제3자가 위 대리권의 제한 사실을 알고 있었던 경우뿐만 아니라 알지 못한 데에 중대한 과실이 있는 경우에도 영업주는 그러한 사유를 들어 상대방에게 대항할 수 있고, 이러한 제3자의 악의 또는 중대한 과실에 대한 주장·입증책임은 영업주가 부담한다고 보았다(96다36753). 생각건대 대리권의 제한은 등기사항이 아니지만 중과실이 인정되는 경우에는 악의자와 동일하게 취급하여 지배권에 대한 제한으로 대항을 받는다고 보는 견해가

타당하다고 본다. 선의의 제3자의 범위에 **어음거래의 제3취득자의 포함여부**(**쟁점211**)에 관해, 긍정설(통설)과 같이 판례도 대리권 제한 범위를 벗어난 어음행위에서 제3취득자도 선의의 제3자에 포함된다고 보았다(96다36753). 지배인이 외형상 대리권의 행사인 것처럼 보이나 실제 자신의 개인적 이익을 위해 대리권을 행사하는 경우인 **지배권의 남용**(**쟁점212**)에 관해, 지배인의 행위는 유효이지만 지배인이 지배권을 남용하고 있다는 사실을 알았거나 알 수 있었다면 거래상대방의 권리행사는 권리남용·신의칙위반으로 본다. **판례**는 민법 제107조 1항 단서(비진의 표시를 상대방이 알았을 경우)를 유추해석하여 영업주에게 효력이 없다고 보고 있다(97다7721).

4) **공동지배인** : ① 개념 – 수인의 지배인이 공동으로만 대리권(지배권)을 행사하도록 선임된 지배인을 공동지배인이라 하며, 포괄적이고 획일적인 지배권의 남용으로부터 영업주를 보호하기 위한 영업주의 자위수단이라 할 수 있다. 다만 거래상대방에게도 공동지배인이라는 사실을 공시할 필요가 있으므로 등기사항으로 하고 있으며(상13), 공동지배인으로 등기한 이후에는 공동지배인임을 모르는 (선의의) 거래상대방에게도 영업주는 대항할 수 있다(상37.1 반대해석).

② **능동대리** – 공동지배인으로 선임된 자가 거래상대방에 대해 하는 의사표시(**능동대리**)는 공동으로 하여야 하고, 공동지배인 중 1인이 단독으로 의사표시한 후 다른 공동지배인의 추인은 허용되지 않는다(학설대립). 다만 특정사안에 관한 **개별적 위임**, 즉 합의를 전제한 **표시위임의 허용성**(**쟁점213**)에 관해, 공동지배인제도의 취지에 반하지 않는다고 보는 **긍정설**과 대리권 남용방지의 취지에 반한다고 보는 **부정설**이 대립하고 있다. 공동지배인 권한의 개별적 위임에 관한 판례는 아직 없으나, 공동대표이사의 대표권의 개별적 위임에 관해 긍정적 입장에 가까운 판례가 있다(92다19033). 생각건대 개별적 위임을 받은 경우까지 공동의 의사표시가 없었음을 이유로 선의의 거래상대방에게 대항할 수 있게 하는 것은 영업주를 과잉으로 보호한다는 점에서 공동지배인간의 개별적 위임·표시행위만의 위임은 허용된다는 긍정설이 타당하다.

③ **수동대리 등** – 거래상대방이 의사표시를 하고 공동지배인이 이를 수령하는 경우(**수동대리**)에는 대리권 남용의 우려가 없으므로 반드시 공동지배인 전원에게 의사표시를 할 필요는 없고 공동지배인 1인에 대해 의사표시를 하면 족하다(상12.2). **공동지배인법리의 소송행위에의 적용성**(**쟁점214**)에 관해, 소송행위는 법률행

위이지만 소송대리인 개별대리의 원칙(민소93.1)에 비추어 소송대리는 공동지배인 1인이 할 수 있다는 **부적용설**이 있으나, 소송행위 역시 일반 법률행위와 동일하게 공동지배인이 공동으로만 할 수 있다는 **적용설**(다수설)이 있다. 생각건대 소송행위에 있어서도 본인의 이익보호가 요구되므로 적용설이 타당하다고 본다. 그리고 공동지배인 1인의 불법행위에 대해 **본인의 불법행위 성립가능성**에 관해, 불법행위는 대리의 영역이 아니지만 거래행위의 단독대리와 동일한 이유(본인 보호)에서 거래관련적 불법행위에 관한 책임을 본인에게 물을 수는 없다고 본다. 다만 사용자책임이 문제될 여지는 있다.

④ **단독대리의 효과** – 공동지배인이 능동대리를 단독대리한 경우 이는 일종의 **무권대리행위**가 되어 본인인 영업주에게 효과가 발생하지 않는다. 이 경우 선의의 거래상대방의 보호가 문제되는데 이는 공동지배인은 등기사항(상13)이므로 등기의 소극적 공시력·적극적 공시력에 따라 상대방 보호가 결정되며(상37), 표현대리의 성립 가능성도 있다. 공동지배인의 단독대리행위는 무권대리행위의 실질을 가지고 있으므로 본인인 영업주가 거래상대방에게 **추인**의 의사표시를 할 수 있으며(학설대립), 긍정설에 따를 경우 상대방에게 추인의 의사표시를 하지 않았더라도 상대방이 추인사실을 안 경우에는 추인의 효력이 있다(민132). 본인인 영업주가 공동지배인의 단독대리행위를 추인하지 않을 경우 영업주의 사용자책임(상756)이 문제될 수도 있다.

5) **표현지배인** : ① **개념** – 표현지배인이란 지배인이 아니면서 지배인에 해당하는 명칭, 즉 본·지점의 본부장, 지점장 등의 직함을 사용하여 거래하는 상업사용인을 의미한다. 지배인과 같은 외관이 있고 이를 신뢰하고 거래한 자를 보호하기 위해 상법은 표현지배인의 행위에 관해 일정한 요건을 충족할 경우 지배인과 동일한 권한이 있는 것으로 본다(상14). 이는 영미법상 표시에 의한 금반언의 법리, 독일법상의 외관법리가 도입된 예로 이해되며, 상법은 거래의 안전을 위해 외관신뢰보호의 원칙에 따라 표현지배인제도를 규정하고 있다.

② **요건** – i) **외관존재**(**지배인 직함의 사용**) 지점장·지사장·영업부장·은행출장소장 등 지배인에 해당하는 직함을 사용하여야 한다. 지점장대리와 같이 상위직이 존재함을 알 수 있는 직함이라든가 지배인에 해당한다고 볼 수 없는 현장소장과 같은 직함은 이에 해당하지 않는다. **판례**상으로는 보험회사의 영업소장(83다107), 명칭 자체로서 상위직의 사용인의 존재를 추측할 수 있는 지점차장(93다

36974), 증권회사의 지점장대리(93다49703) 등은 표현지배인에 해당될 수 없다고 본다. 표현지배인제도가 적용되기 위해 **'영업소의 실체'의 요건성**(쟁점215)에 관해, **형식설**은 영업소의 외관만 있으면 족하고 실질은 문제되지 않는다고 보는 견해로서 거래의 안전을 논거로 든다. **실질설**은 영업소의 실체를 가져야 한다고 보고 있으며, 상법상의 영업소가 아닌 지사나 출장소, 보험회사의 영업소는 본점·지점의 보조적 사무를 처리하므로 출장소의 지사장, 출장소장, 보험영업소장은 표현지배인이 될 수 없다고 본다(다수설). **판례**는 지점으로서의 실체가 요구된다고 보고(실질설), 제약회사의 지방분실장은 표현지배인이 성립될 수 있지만(97다6704), 다른 사건에서 회사의 지방 연락사무소장은 표현지배인이 성립되지 않는다고 보았다(97다43819). 생각건대 영업소란 상인의 영업활동의 중심지로서 영업에 관한 지휘·결정, 활동결과의 보고 중심지이고 적어도 영업소 단위에서 지배인이 선임되므로 표현지배인을 인정하기 위해서는 영업소의 실체를 갖추어야 한다고 보는 견해(실질설)가 타당하다고 본다. 지배인의 행위는 **권한 내의 거래행위**여야 하는 바, 재판상의 행위를 한 경우에는 표현지배인이 성립하지 않는다(상14).

ii) **귀책사유** 거래상대방의 신뢰가 보호되는 것은 외관신뢰보호의 원칙에 따라 외관형성에 대해, 본인(영업주)에게 귀책사유가 있는 경우에만 인정된다. 따라서 영업주가 지배인에 해당하는 직함을 부여하였거나 직함사용을 명시적으로 허용하지는 않았지만 그러한 직함을 사용하는 것을 묵시적으로 허용하는 등의 귀책사유가 요구된다. 단순히 직함사용을 알고 **방치할 경우**, 단순방치이냐 중과실에 의한 방치이냐 또는 악의에 의한 방치이냐에 따라 견해가 대립하지만, 상대방의 신뢰보호가 불가피한 경우로 한정할 필요가 있다는 점에서 적극적 혹은 소극적 허용행위가 없는 단순한 방치는 귀책사유로 보기는 어렵다고 본다.

iii) **외관신뢰(선의에 의한 거래)** 거래상대방이 선의일 경우 지배인이 아닌 자에 의한 행위임에도 불구하고 지배인의 행위와 동일하게 상대방을 보호한다. 거래상대방의 **중과실의 평가**(쟁점216)에 관해, 거래상대방은 선의만으로 부족하고 중과실이 없어야 하고 악의·중과실에 대한 증명책임은 거래상대방의 악의·중과실의 주장자인 영업주가 부담하고 선의·악의의 판단시점은 법률행위시점이 된다. **어음거래의 제3취득자 포함여부**(쟁점217)에 관해, 원칙적으로 직접상대방이나 어음수표행위의 경우에는 그 이후의 어음수표의 취득자도 포함한다고 보는 포함설이 통설이다. 판례는 표현지배인에 관한 것은 없으나 표현대리에서 상대방을 일관되게 직접상대방에 한정시키고 있다(93다21521). 생각건대 어음은 유통을 전제하고 있으므로 어음수표의 취득자도 문제가 된 어음거래의 상대방과 동일하게 보호될 필요가 있으므로 표현대리의 거래상대방에 어음·수표의 취득자도 포함된다고 보는 포함설의 입장이 타당하다고 본다.

③ **효과** – 상법 제14조 1항은 표현지배인은 지배인과 동일한 권한이 있는 것으로 간주하고 있어 표현지배인의 거래행위는 유효한 대리행위가 되고, 영업주는 거래를 체결하려는 의사 유무에 불구하고 거래상대방에 대하여 거래상의 책임을 부담한다. 상법은 표현지배인에게 지배인과 동일한 권한이 있는 것으로 보므로(상14.1), 표현지배인의 거래행위는 유권대리행위가 된다. 이에 반해, 민법상 표현대리에서는 본인에게 책임이 있다고 규정하고 있어 표현대리를 무권대리의 일종으로 보고 다만 본인에게 일정한 책임을 묻고 있어 이 점에서 표현지배인제도와 구별된다. 따라서 영업주는 표현지배인에게 손해배상청구권을 행사할 수 없다고 보아야 하며 그 근거는 표현지배인이 성립하기 위해서는 영업주의 외관부여(명시·묵시적 허용)가 존재한다는 점에서 찾을 수 있다고 생각된다.

(3) 부분적 포괄대리권을 가진 사용인

1) **개 념** : 영업의 특정한 종류·사항에 대하여 대리권이 있는 사용인을 의미하며(상15), 여기에는 기업의 부장, 과장, 계장, 주임, 지점장대리, 건설회사의 현장소장 등이 모두 포함된다(예, 구매부장, 영업차장 등). 다만 이러한 직함을 사용한다고 모두 동 사용인이 되는 것은 아니다. 명칭보다는 실질에 따라 객관적으로 판단하여 거래행위와 관련하여 부분적 포괄대리권을 가진 경우 동 사용인이 된다. 이들의 대리권은 영업주로부터 위임받은 특정한 종류·사업에 한정된다는 점에서 지배인과 구별된다. 거래행위가 객관적으로 보아 사용인의 직무범위에 포함되지 않는다면 원칙적으로 거래행위에 대해 본인은 책임을 부담하지 않으나 표현대리가 성립하거나 사용자책임을 부담하는 경우가 있을 수 있다.

2) **선임·종임** : 영업주가 통상적으로 선임하나 지배인도 부분적 포괄대리권을 가진 사용인을 선임할 수 있으며, 선임·종임이 등기사항이 아니다(cf. 지배인). 선임행위의 성질에 관해 대리권의 수여행위라고 보는 견해가 있으나, 지배인선임행위의 성질과 동일하게 위임계약과 결합된 대리권수여계약으로 보는 견해가 타당하다고 본다. 소상인의 경우 지배인 규정은 적용되지 않으나 부분적 포괄대리권을 가진 사용인 규정은 적용된다.

3) **대리권** : ① 대리권의 범위 – 부분적 포괄대리권을 가진 사용인은 영업의 특정한 종류·사항에 관해서 대리권이 인정되며, 위임된 범위 내에서는 지배인과 같이 대리권의 포괄성·획일성이 인정된다고 본다(**부분적 포괄성·획일성**). 따라서 특정 종류·사항 내에서는 모든 거래행위를 대리할 수 있고(상15.1), 그 범위 내에서 대리권을 제한하더라도 선의의 제3자에게 대항할 수 없다(상15.2). **대리권의 범위**는 영업의 특정한 종류·사항에 한정되므로 이 범위를 넘어서 대리행위를 한 경우 무권대리행위가 된다. 재판상의 행위에는 미치지 못하고, 대리권의 범위는 영업주와 사용인간의 위임관계에 따라 달라지지만 대리권의 범위 내인지 여부는 객관적으로 판단됨은 지배인의 권한 범위를 판단할 때와 동일하다.

② **종류·사항의 특정** – 부분적 포괄대리권을 가진 사용인의 '**특정된 범위**(**종류·사항**) **내의 대리권**'의 개념과 관련하여, '특정'의 의미와 선의의 제3자에 대해 효력이 없는 '제한'이라는 개념의 구별이 문제되는데, **특정**은 범위를 지정한다는 의미이지만 범위 내에서 포괄적 위임을 의미하고(객관적 판단), **제한**은 구체적인 사항의 한정(개별적 제한)으로 이해된다(예, 구매부장의 구매금액 제한). **판례**는 통상 영업부장을 지배인으로 보지만(74다1171, 80다418), 회사의 영업부장과 과장대리를 부분적 포괄대리권을 가진 사용인이라 보면서, 회사의 채무부담행위에 관해서는 원칙적으로 회사에 책임이 없다고 보았으며(88다카23742), 주식회사의 경리부장은 특별한 사정이 없는 한 독자적인 자금차용은 회사로부터 위임되어 있지 않다고 보아야 할 것이므로 경리부장에게 자금차용에 관한 상법 제15조의 부분적 포괄대리권이 있다고 할 수 없다고 보았다(88다카3250). 건설현장의 현장소장은 부분적 포괄대리권을 가지는 사용인으로서 새로운 수주활동을 하는 것과 같은 영업활동은 그의 업무범위에 속하지 아니하였고, 공사에 투입되는 중기를 임차하는데 보증을 한 것은 회사가 위임한 권한에 포함된다고 보았지만(94다20884), 현장소장이 일반적으로 회사의 부담으로 될 채무보증 또는 채무인수 등과 같은 행위를 할 권한이 있다고 볼 수는 없다고 보았다(98다34515). 그 밖에 오피스텔 건물의 분양사업을 영위하는 자의 위임을 받아 관리부장 또는 관리과장의 직책을 가진 자의 일부분양의 취소 내지 해제와 이에 따른 보완적인 재분양계약의 체결 등은 업무범위 내로 보았다(94다22118).

4) **표현제도 유추적용 가부** : 부분적 포괄대리권이 없음에도 불구하고 그러한 외관이 형성되었고 영업주에게도 귀책사유가 있으며 상대방이 선의였을 경우 상

대방은 보호될 수 있는가 즉 **부분적 포괄대리권에 대한 표현책임**(쟁점218)에 관해, **표현지배 유추적용설**은 영업주의 직함사용 허락을 대리권수여(민125)로 보기 어렵고 직함사용자를 권한을 가진 자로 오신한 것을 '권한이 있다고 믿을 만한 정당한 이유(민126)'로 보기 어려워 민법의 규정만으로는 제3자의 보호가 불충분할 수 있다는 점을 논거로 한다. 판례의 입장인 **표현대리 유추적용설**은 획일성·정형성이 인정되지 않는 부분적 포괄대리권을 가진 사용인의 표현적 명칭의 사용에 대한 거래상대방의 신뢰를 무조건적으로 보호한다는 것은 오히려 영업주의 책임이 지나치게 확대된다는 점을 논거로 한다(2007다23425). 생각건대 지배인은 최상위의 대리권자로서 거래의 원활을 위하여 표현지배인 규정을 두었으므로 부분적인 권한을 가지는 사용인에게 표현지배인의 규정을 무차별적으로 유추적용할 수는 없다고 보아 표현대리 유추적용설이 타당하다고 본다.

5) **공동대리 인정 여부** : 부분적 포괄대리권을 가진 사용인의 경우에는 공동대리제도(예, 공동지배인)도 두고 있지 않다. 공동대리제도는 등기라는 공시제도를 바탕으로 하면서 영업주를 보호하는 제도인데, 부분적 포괄대리권을 가진 사용인은 등기할 수 없어 거래상대방 보호가 불가능하므로 공동대리가 인정되지 않는다. 부분적 포괄대리권을 가진 사용인의 경우 대리권을 수여하면서 대리권의 범위를 특정할 수 있으므로 본인보호의 필요성도 지배인의 경우에 비해 훨씬 약하다고 볼 수 있다. 따라서 설사 영업주와 사용인들간에 공동대리를 약정하였다 하더라도 이는 대리권의 범위에 관한 내부적 제한에 해당되고 이를 알지 못하는 거래상대방은 보호된다(상15.2).

(4) 물건판매점포의 사용인

1) **개 념** : 물건판매점포의 사용인은 점포의 물건판매에 관한 모든 권한이 있는 것으로 의제되는 사용인을 의미하며(상16.1) 의제상업사용인이라고도 한다. 예를 들어 가게 점원이라든가 혹은 백화점의 판매직원 등이 여기에 해당한다. 물건판매점포에서 일어나는 거래에 관해서는 특히 거래의 안전을 존중할 필요가 있기 때문에 상업사용인 중 특히 물건판매점포의 사용인은 물건판매와 관련하여 모든 권한이 있는 것으로 우리 상법은 의제하고 있다. **판례**는 상사회사(백화점) 지점의 외무사원은 상법 제16조 소정의 물건판매점포의 사용인이 아니므로 위 회사를 대리하여 물품을 판매하거나 또는 물품대금의 선금을 받을 권한이 있다고 할 수 없

다고 판단하였다(76다860).

2) **선임·종임** : 사용인과 위임 혹은 고용계약을 체결하면서 수권행위가 반드시 요구되는 다른 종류의 상업사용인과 달리 물건판매점포의 사용인은 대리권 유무에도 불구하고 사용인이기만 하면 대리권이 의제된다. 동 사용인에는 수권행위가 요구되지 않는데, 이를 '점포 내에서 물건을 판매할 권한이 있는 것 같은 외관을 가진 자'로 보아 고용계약관계가 없는 자에게도 거래의 안전을 위해 상법규정의 유추적용을 주장하는 견해도 있다. 생각건대 상법은 명문으로 사용인이라 하고 있고 사용인이 아닌 자가 거래한 경우에는 선의취득 등의 규정에 의해 거래상대방이 보호될 수 있을 뿐이다. 뿐만 아니라 무단으로 점원처럼 판매계약을 체결하였을 경우 영업주의 귀책사유가 전혀 없는 데도 그 거래에 관한 책임을 부담시키는 것은 본조의 취지를 넘어서는 해석이라 생각된다. 따라서 상법 제16조가 적용되기 위해서는 고용·위임계약이 전제되어야 한다고 본다.

3) **의제대리권의 범위** : 상법 제16조가 적용되기 위해서는 물건판매점포에서의 사용인의 판매거래만을 대상으로 한다. 점포라 함은 영업소의 개념이 아닌 거래행위가 현실적으로 이루어지는 영업점의 개념이다. 물건이라 함은 원래 동산·부동산 모두 포함하나 쉽게 취득자에게 인도될 수 있는 동산만 해당한다고 보아야 하며 부동산거래는 제외된다고 본다. 판매거래라 함은 물건을 현금을 받고 판매하는 행위는 물론 분할판매·할인판매·반품·판매예약 등을 포함하고 외상판매, 신용카드 혹은 어음·수표의 수령 등 판매대금의 회수방법의 결정까지 포함한다. 그러나 물건판매와 관련되지만 구매·영업자금 차입·판매원 고용 등의 행위는 상법 제16조에 해당하지 않는다. 물건임대업·금융업·공중접객업 등에 종사하는 사용인에게도 상법 제16조를 유추적용하여 거래의 안전을 도모하여야 한다는 견해가 통설이다.

4) **효과(권한의제)** : 물건판매점포의 사용인은 물건판매에 관한 대리권이 의제된다(상16.1). 상법 제16조의 입법취지가 거래의 외관을 특별히 존중하여 거래의 안전을 도모하자는 취지이므로, 거래안전은 선의자 보호를 의미하는 것이지 거래를 절대적으로 유효하게 하자는 취지는 아니다. 따라서 상법도 권한의제는 거래상대방이 선의인 경우에만 적용되도록 규정하고 있어(상16.2), 물건판매에 관한 권한

이 없음을 알고 있는 거래상대방은 보호되지 못한다. 상거래와 관련되는 사항인 만큼 상대방의 경과실은 보호되고 중과실은 악의와 동일하게 볼 필요가 있다.

(5) 상업사용인의 의무

1) **개 요** : 상업사용인은 영업주와 위임 또는 고용관계에 있으므로 영업주에 대하여 선량한 관리자로서의 주의의무(민681)와 보고의무(민683) 그리고 노무제공의무(민655)를 부담한다. 상업사용인은 포괄적인 대리권을 가지고 있어 영업주와는 신뢰관계에 있게 되어, 영업주의 이익에 반하는 행위를 하게 될 경우 영업주에게 미치는 영향은 매우 클 것이다. 상법은 영업주의 이익보호를 위해 상업사용인에게 영업주와 경업관계에 놓이는 것을 금지시키고 있으며 충실의무 등의 법정의무를 부담시키고 있다.

2) **경업금지의무** : 상업사용인은 영업주의 허락 없이 자기 또는 제3자의 계산으로 영업주의 영업부류에 속한 거래를 하지 못하는데(상17.1전단) 이를 경업금지의무라 한다. 금지되는 거래는 영업주의 영업부류에 속하는 영업목적인 거래를 의미하므로, 영업을 위한 보조적인 행위(예, 어음·수표행위)나 영업부류에 속하지 않는 거래 또는 영업주의 영업에 속하는 행위라도 영리적 성질이 없는 행위는 포함되지 않으므로 영업주의 허락 없이도 이들 거래를 할 수 있다고 본다. **경업**이란 자기 또는 제3자의 계산으로 영업주의 영업부류에 속한 거래를 하는 것을 의미하며, 명의의 주체와는 무관하게 영업주가 경제적 이익의 주체가 되지 못한 경우를 의미한다. 경업은 예외적으로 영업주의 **명시적·묵시적 허락**이 있으면 허용되고, 영업주의 허락은 철회에 관한 특약이 없는 한 영업주의 일방적 의사표시에 의해 철회될 수 없다고 본다. 경업금지의무 위반거래를 영업주가 **추인**할 수 있다고 보며 이 경우 영업주의 허락이 있는 것과 동일한 효과가 발생한다고 한다. 경업금지의무는 다른 약정이 없는 한 고용 또는 위임관계가 존속하는 동안만 문제된다.

3) **겸직금지의무** : 상업사용인은 영업주의 허락 없이 회사의 무한책임사원, 이사 또는 다른 상인의 사용인이 되지 못한다(상17.1, 감사는 제외되어 있음). 회사란 영업주의 회사가 아닌 회사를 의미하는 데는 이견이 없으나, 회사 또는 다른 상인의 **동종영업성**(**쟁점219**)에 관해, **제한설**은 경업금지의무와의 균형관계상으로도 그렇고 본조가 영업주와의 이해충돌을 방지하려는 취지라는 점에서 동종영업

으로 제한하여야 한다는 견해이고, **무제한설**은 상업사용인의 겸직금지의무가 대리상, 무한책임사원, 이사의 겸직금지의무와는 달리 영업주와 상업사용인간의 대인적 신뢰관계에 기초하여 광범위하게 규정된 점과 상법 제17조 1항의 규정에 충실하게 해석하여야 한다는 취지에서 동종영업이 아니더라도 겸직이 금지된다고 본다(다수설). 생각건대 대리상·무한책임사원·이사의 경우(상89.1, 198.1, 269, 397) 동종영업 회사의 이사 겸직을 금지하지만 상업사용인의 경우 동종영업을 요건으로 하지 않아 단순히 영업주와의 이해충돌의 방지를 넘어 영업주의 업무에 충실하여야 한다는 취지를 담고 있다고 보아, 무제한설이 타당하다.

4) **의무위반의 효과** : 상업사용인이 경업·겸직금지의무를 위반하여 거래한 경우 상업사용인은 영업주와의 고용·위임관계에서 **손해배상책임**을 부담하고 영업주는 계약위반을 이유로 고용·위임 등 **선임계약을 해지**할 수 있다. 그밖에 상업사용인이 특히 경업금지의무를 위반한 경우 영업주의 계산으로 한 것으로 보거나 그 이득의 양도를 청구할 수 있는 권리(**개입권**)를 상법 제17조 2항에서 규정한다. 개입권은 경업으로 인한 손해의 증명이 용이하지 않을 경우 손해배상청구의 어려움을 구제하기 위해 경업거래를 영업주의 거래로 이전하거나 경업거래로 인한 이익을 받을 수 있는 권리이다. 개입권은 영업주의 일방적 의사표시에 의해 법률효과가 발생하는 **형성권**이며, 경업사실을 안 날로부터 2주, 있은 날로부터 1년 내에 행사하도록 제척기간을 정하고 있다(상17.4). 영업주가 개입권을 행사한 경우 영업주가 개입한 거래의 당사자가 되는 것(전면적 개입권)(예, 상107)은 아니고 상업사용인은 경업거래에서 발생한 경제적 효과를 영업주에게 이전시킬 의무를 부담하는 효과가 발생한다(**실질적 개입권**). 즉 상업사용인이 계산주체일 경우에는 영업주의 계산으로 한 것으로 볼 수 있고 타인이 계산의 주체인 경우 상업사용인은 거래로 인한 이득을 이전할 의무를 부담한다고 정하고 있어 이전의무를 발생시키는 **채권적 효과**를 부여하고 있다. 상업사용인이 겸직금지의무 위반시 **개입권 행사가능성**(쟁점220)에 관해 **긍정설**과 개입권을 경업금지위반에 대한 효과로 보고 겸직금지의무에 위반한 경우에는 개입권을 행사할 수 없다고 보는 **부정설**이 있다. 생각건대 법문의 표현에도 불구하고 개입권의 요건(자기·타인의 계산)이나 효과(영업주에게의 계산귀속)는 겸직의무위반과는 무관하므로 부정설이 타당하다고 본다. 하지만 겸직금지의무 위반을 이유로 상업사용인을 해임할 수 있으며, 손해가 발생한 경우 영업주는 상업사용인에 대해 손해배상청구를 할 수도 있다.

제 3 장 기업의 물적 구성요소

1. 상 호

(1) 의 의

1) **개 념** : 상거래의 주체인 기업은 그 동일성을 식별하기 위해 거래상 명칭이 요구되는데, 이러한 기업의 명칭을 상호라 하며 상표, 영업표와는 구별된다. **상호의 주체**(쟁점221)에 관해, 상인의 명칭이라는 **상인설**과 기업의 명칭으로 보는 **기업설**이 대립된다. 생각건대 상인은 상호권의 귀속주체로 보아야 하고 수 개의 기업을 경영하는 상인이 수개의 기업에 수개의 상호를 사용할 때 상호단일의 원칙과 조화될 수 있도록 기업의 명칭으로 이해하는 기업설이 타당하다고 본다. 상호의 형태에 관해, 발음될 수 있어야 하고 상호등기를 위해 문자(외국어는 한글로 음역)로 표시되어야 한다. 상호는 일단 선정되어 상거래에서 사용되면 동일성 인식의 기초를 제공하고 사회적 신뢰가 형성되므로 **상호의 진실성**이 요구되지만, 상호의 사용, 상속·양도 등에 의한 **재산적 가치**의 보존과 절충될 필요가 있다.

2) **상호의 선정** : 상호선정에 관해 상호진실주의·자유주의가 대립하고 있지만 우리 상법은 기본적으로 상호선정은 자유로우나 일정한 경우에 제한하는 자유주의적 절충주의를 취하고 있다. 우리 법의 **상호자유주의**의 원칙에 대한 **법적 제한**을 보면, i) 상인만이 상호를 선정할 수 있고(상18), 판례도 변호사가 상인이 아닌 이상 상호등기에 의하여 그 명칭을 보호할 필요가 있다고 볼 수 없으므로 등기관이 변호사의 상호등기신청을 각하한 처분이 적법하다고 보았다(2006마334결정). ii) 회사의 상호에는 반드시 합명·합자·유한책임·주식·유한회사 등 회사의 종류가 포함되어야 하고(상19), 회사가 아닌 상인은 회사임을 표시하는 문자를 사용하지 못하며 이는 회사의 영업을 양수한 경우에도 동일하다(상20). iii) 동일한 영업에는 단일상호를 사용하여야 하며 지점의 상호에는 본점과의 종속관계를 표시하여야 하며(상21), iv) 특별법상의 제한(예, 보험업에 특정업종을 표시)이 있다. v) 부정목적의 상호사용과 부정경쟁방지법상 상호사용 제한(상23 등)이 있다. vi) 상호의 양도는 영업양도·영업폐지시에만 허용된다(상25).

3) **상호의 양도** : 선정된 상호에는 일반의 신뢰가 형성되므로 상호의 양도는 일반의 신뢰에 반하지 않는 범위 내에서만 허용된다. 즉 **영업과 함께 양도**될 경우(상41~45)와 영업을 폐지하는 경우에만 상호의 양도가 허용된다(상25). **영업의 폐지**란 정식으로 영업폐지에 필요한 행정절차를 밟아 폐업한 경우에 한하지 않고 사실상 폐업한 경우도 포함한다고 본다(87다카1295). 영업폐지시에는 상호양도 없이 상호폐지등기(강제적 등기사항)를 할 수도 있으며 경우에 따라 등기말소청구권의 대상이 되거나(상27) 상호폐지가 의제된다(상26).

4) **상호등기의 효력** : ① 회사기업의 경우에는 상호등기가 법적으로 강제되어 있지만, 개인기업은 창업 및 폐업의 편의성을 위해 상호등기를 강제하고 있지 않아 상호는 **임의적 등기사항**이다. 그러나 일단 상호가 등기된 후에는 상호변경·폐지의 등기는 절대적 등기사항이며(상40), 등기절차에 관해서는 상업등기법과 상업등기처리규칙에서 정하고 있다.

② **등기상호의 효력**에 관해, 상호는 등기와 무관하게 상호를 선정·사용함으로써 상호권은 성립하나 상호가 등기됨으로써 상호권이 강화된다고 본다. 즉 등기상호에는 i) 등기배척력(타인의 등기상호는 동일지역에서 동종영업의 상호로 등기 불가, 상22), ii) 유사상호 사용시 부정목적 추정(상23.4), iii) 상호전용권 주장시 손해를 받을 염려를 증명할 필요가 없음(상23.2) 등의 효력이 있다고 본다. **등기배척력(상22)에 의한 타 등기말소청구의 가능성(쟁점222)**에 관해, <u>부정설</u>은 등기배척력은 등기법상의 효력만 가지므로 동일(유사)상호의 등기의 말소청구는 상법 제23조에 따라 가능하다고 본다. <u>긍정설</u>은 등기배척력을 등기상호권자의 상호전용권의 내용으로 보고 등기배척력에 관해 등기법상의 효력뿐만 아니라 실체법상의 효력도 인정하여, 상법 제22조에 근거하여 등기말소청구가 가능하다고 본다. <u>판례도 상법 제22조에 동일 상호의 등기를 금지하는 효력과 함께 그와 같은 상호가 등기된 경우에는 선등기자가 후등기자를 상대로 등기의 말소를 청구할 수 있다고 본다</u>(2001다72081). 생각건대 제23조는 선사용자의 권리를, 상법 제22조는 선등기자의 권리를 규정하고 있는데 모두 등기말소청구권을 부여할 경우 선사용자와 선등기자가 불일치할 경우 규정의 충돌이 예상되므로, 상호전용권을 정한 상법 제23조에 따라 말소청구할 수 있다고 하는 부정설이 타당하다고 본다.

5) **상호가등기** : 다른 회사의 신설·이전·상호변경에 관한 정보를 입수한 자가

악의적으로 다른 회사가 신설·이전·상호변경의 등기를 하기 전에 동일한 상호등기를 먼저 함으로써 등기배척력을 악용하는 사례를 방지하기 위해 기업의 신설·이전·상호변경 전에 하는 가등기이다. 상호의 가등기가 허용되는 경우는 물적회사 설립, 회사의 상호·목적을 변경하는 경우, 회사 본점을 이전하는 경우이고 절차는 대법원규칙(상업등기처리규칙)으로 정하고 있다. 상호가 가등기되면 상호의 등기와 같은 효력(상22)이 발생하므로 **등기배척력**이 생긴다(상22의2.4).

6) **상호의 보호** : 상호를 선정하여 사용할 경우 상호사용권에 근거한 상호전용권을 행사하여 부정한 목적의 유사상호 사용에 대해 상호사용의 폐지를 청구할 수 있으며(상23), 상호부정사용에 대한 과태료 제재를 가할 수 있으며(상28), 등기상호는 등기배척력(상22)을 가진다. 그 밖에도 상호권자는 상호를 부정하게 사용하는 자에게 상호사용권이라는 재산권의 침해에 대해 불법행위에 근거하여 손해배상청구를 할 수 있다(민750). 부정경쟁방지 및 영업비밀보호에 관한 법률(이하 '부정경쟁방지법'이라 함)은 부정경쟁행위를 국내에 널리 인식된 타인의 성명·상호·상표 등과 동일·유사한 것을 사용하는 것으로부터 보호하고 있다.

(2) 상호권

1) **개 념** : 상인이 상호에 대하여 가지는 권리로서 적법하게 상호를 선정한 자는 타인의 방해를 받지 않고 상호를 사용할 수 있는 권리(**상호사용권**)를 가지고, 자기가 사용하는 상호와 동일하거나 유사한 상호를 부정한 목적으로 사용하는 자가 있는 경우에는 그 사용의 폐지를 청구할 수 있는 권리(**상호전용권**)를 가진다. 상호전용권은 상호를 등기하여야 발생한다는 견해도 있으나 상호등기가 강제적인 것이 아니고 미등기상호도 보호할 필요성이 있으므로 상호의 등기와 무관하게 발생하는 권리로 본다. 상호권의 **법적 성질**은 인격권적 성질을 가지는 재산권으로 이해할 수 있는데, 기업과 함께 양도할 경우에만 상호양도가 가능하다는 점은 인격권적 성질이 표현된 것으로 이해할 수 있고, 예외적으로 영업이 폐지된 경우에는 상호만 양도가 가능하다는 점은 상호권의 재산권적 성질이 표현된 것이라 볼 수 있다(상25). 선정된 상호를 적극적으로 사용할 수 있는 권리로서 상호사용권을 **적극적 상호권**이라 하며 상호를 사용하는 방법은 불문하며 사용방해는 불법행위를 구성한다. 따라서 상호사용권 침해에 따른 손해배상청구권을 행사할 수 있다. 그 밖에 상호사용권을 일정한 방식으로 침해할 경우 상호전용권이라는 **소극적 상**

호권을 행사할 수 있다. 상호사용권은 일반 재산권적 개념으로 이해되어 상법에는 특별한 규정을 두고 있지 않고, 상호전용권에 관해서만 그 요건, 효과 등에 관해 자세한 규정을 두고 있다.

2) **상호전용권(상호폐지청구권)** : 누구든지 부정한 목적으로 오인가능한 타인의 상호를 사용한 경우 상호의 폐지를 청구할 수 있다. 상호폐지청구권을 행사하더라도 상호권 침해를 이유로 하는 손해배상청구에 영향을 미치지 않는다(상23.3). 상호전용권으로 보호되는 상호의 범위에 관해 판례는 넓게 해석하여, 기업의 명칭뿐만 아니라 타인의 성명(○○○ 어학원), 기관명(국립도서관 지정서점), 상표(OB 시음장)를 이용한 상호도 유사상호에 해당한다고 본다.

① **유사상호의 사용** – 유사상호를 판단함에 있어서 기존명칭·상호(보호대상)와 유사한 명칭이라는 형태적 요소(유사성)뿐만 아니라 유사상호를 기존상호와 혼동할 가능성이라는 사회적 요소(오인가능성)도 고려하여야 한다. **유사성**에 관해, 상호가 완전히 동일할 필요는 없으며, 주요부분에서 일치하고 있으면 즉 오인가능성을 초래할 정도로 최소한의 요건만 갖추면 족하다고 보며, 상호에 부속된 표현(타인 상호의 변형)도 고려하여 전체적으로 상호를 판단하여야 한다. 특히 **오인가능성**을 판단함에 있어서는 해당 상인과의 상거래에 임하는 일반인의 기준에서 판단하여야 할 것이므로 영업의 성격, 고객의 지역성 등 종합적인 사정을 토대로 판단해야 한다. 판례는 서울의 보령제약주식회사(기존상호)와 수원보령약국(유사상호)은 상호의 유사성은 인정되지만 고객의 범위, 영업의 종류·범위 등을 달리하여 오인가능성을 부정하였다(73다1238). **기존상호와 유사상호간의 동종영업성 요부(쟁점223)**에 관해, **부정설**은 각 영업의 성질이나 내용, 영업방법, 수요자층 등 서로 밀접한 관련을 가지고 현저하게 널리 알려진 상호의 경우 영업의 종류와 관계없이 상호권이 침해될 수 있다고 보고, **긍정설**은 유사상호라 하더라도 동종영업이 아닌 이상 등기가 허용됨(상22)을 고려할 때 동종영업의 경우에만 상호전용권이 발생한다고 본다. **판례**는 자동차정비업을 하는 합동공업사와 자동차건인업을 하는 충주합동레카 간에 '타인의 영업으로 오인할 수 있는 상호'는 그 타인의 영업과 동종영업에 사용되는 상호만을 한정하는 것은 아니라고 보았다(96다24637, 부정설). 생각건대 상호등기의 허용성과는 별개로 상호권 침해는 동종영업이 아니더라도 발생할 가능성이 있으므로 부정설이 타당하다고 본다.

② **부정한 목적** – 상호권 침해가 되기 위해서는 유사상호 사용자가 부정한 목

적을 가져야 한다. 부정한 목적이란 타인이 가지고 있는 사회적 신용을 타인의 허락 없이 자신의 영업에 유리하게 이용하려는 목적인데, 판례는 '어느 명칭을 자기의 상호로 사용함으로써 일반인으로 하여금 자기의 영업을 그 명칭에 의하여 표시된 타인의 영업으로 오인시키려고 하는 의도'로 보았다(94다31365). 기존상호권자가 상호사용을 **허락**한 경우에는 명의대여관계가 성립하여 상호전용권의 대상이 되지 않으며, 등기상호와 유사한 상호를 사용할 경우 부정한 목적이 **추정**된다(상23.4). **판례**는 기존상호가 등기상호라 하더라도 유사상호가 더 빈번하게 사용되어 왔고 유사상호 사용자의 영업규모가 기존상호의 영업규모를 능가할 경우에 부정한 목적의 추정이 깨어진다고 보았고(94다31365), 부정목적을 판단함에 있어서는 분점상호가 아닌 본사상호의 명성·신용을 기준으로 판단해야 한다고 보았다(92다49492).

③ **손해를 받을 염려** – 상호폐지청구권을 행사하기 위해서는 '손해를 받을 염려'를 증명하여야 하는데, 등기상호권자는 손해를 받을 염려를 증명할 필요가 없는가에 관해, 다수설은 상법 제23조 2항에서 '손해를 받을 염려가 있는 자' 또는 '상호를 등기한 자'를 상호폐지청구권의 주체로 규정한다는 점을 근거로 미등기상호의 경우에는 손해를 받을 염려가 있음을 증명하여야 하고 등기상호의 경우 증명책임이 면제되었다고 본다. **판례**는 유사상호(후사용 상호)가 사회적 명성을 획득한 경우 기존상호의 신용을 침해할 우려는 적으나 기존상호가 마치 유사상호인 것으로 오인됨으로 인해 소비자를 기망한다는 인식을 줄 가능성(**역혼동에 의한 상호권 침해**)을 인정하여 상호전용권의 대상이 될 수 있다고 본다(2001다73879).

④ **상호권의 침해의 효과** – 유사상호를 부정한 목적으로 사용한 경우 기존상호권자는 **유사상호의 폐지를 청구**할 수 있다. 상호폐지란 사실상 상호의 사용을 금지시키는 행위로서 간판을 철거하거나 광고지의 폐기 등, 등기된 상호의 경우에는 상호의 등기말소를 청구하는 행위도 포함된다. 뿐만 아니라 유사상호를 사용한 자에게 200만원 이하의 과태료를 부과할 수도 있다(상29). 기존상호권자에게 유사상호 사용으로 인해 이미 손해가 발생하였을 경우 손해배상청구권이 문제될 수 있는데, 이에 관해서는 상법은 특별한 요건이나 효과를 규정하고 있지 않고 다만 상호폐지청구권을 행사하더라도 손해배상청구권을 병행할 수 있음을 정하고 있을 뿐이다(상23.3). 따라서 상호권이라는 재산적 가치가 침해된 경우 상호권자는 불법행위의 요건을 증명하여 발생한 손해의 배상을 청구할 수 있다. 이는 상호권이라는 재산권 침해에 따르는 불법행위 일반의 효과라 할 수 있다.

(3) 상호양도와 등기

1) **등기상호의 양도** : 상법은 회사기업을 제외하고는 상호의 등기를 강제하지 않지만 상호양도에 관해 대항요건주의를 취하고 있어 등기가 사실상 강제되고 있다. 즉, 상호의 양도는 등기하지 아니하면 제3자에게 대항하지 못하므로(상25.2), 상호의 후양수인이 선양수인이 있다는 사실을 알고 양수한 경우에도 먼저 등기하면 대항력을 가지게 된다. 등기상호양도에 적용되는 대항요건주의(상25.2)와 상업등기의 **일반적 효력**(상37)**과의 관계**(쟁점224)에 관해, **예외규정설**은 상호양도의 대항력은 물권적·채권적인 면을 따지지 않고 제3자에 대하여 획일적으로 결정하는 것이 타당하므로 상법 제25조 2항은 상법 제37조의 상업등기의 일반적 효력에 대한 예외규정이라 보고, **대상구별설**은 제37조는 대공중적 책임관계의 공시(책임의 존부)를 목적으로 하나, 제25조 2항은 일반물권적 관계(물권의 득상)의 규정으로 구별한다. 생각건대 요건을 보다 특화시켜 규정하고 있고 효과도 강화시켜 상호양도의 등기를 강제하고 있는 상법 제25조 2항의 취지를 고려할 때, 물권관계·책임관계 구분 없이 상호양도에는 상법 제25조 2항이 적용된다는 예외규정설이 타당하다고 본다.

2) **미등기상호의 양도 : 미등기상호 양도의 대항요건**(쟁점225)에 관해, **불요설**은 상호등기가 강제되지 않으므로 대항요건이 요구되지 않는다고 보고, **필요설**은 대항요건을 요구하지 않을 경우 미등기상호를 양수한 자가 등기상호 양수자보다 더 보호를 받아 부당하므로 미등기상호의 양도에서도 대항요건이 요구된다고 본다. 생각건대 상법 제25조 2항에서 정한 상호양도등기의 필요성은 제3자의 신뢰를 보호할 필요성이 있는가 하는 관점에서 판단되어야 한다. 즉, 등기상호에 대해서는 제3자의 신뢰가 형성되므로 이를 보호할 필요가 있어 상호양수인의 등기를 요하지만, 미등기상호에 대해서는 제3자의 신뢰가 형성되지 않으므로 제3자가 스스로 주의할 필요가 있고 상호양수인의 등기가 요구되지 않는다고 하더라도 문제는 없다고 볼 때 불요설이 타당하다고 본다.

(4) 명의대여(상호의 사용허락)

1) **의 의** : 명의대여란 타인에게 자기의 성명·상호를 사용하여 영업할 것을 허락하는 행위를 의미하며, 명의대여자는 자기를 영업주로 오인한 제3자에 대해

책임을 부담한다(상24). 명의대여제도는 타인의 명의로 자신의 영업을 할 수 있도록 하는 제도라는 점에서 자기명의에 의한 영업이라는 원칙을 정한 상법 제4조의 중요한 예외라 할 수 있다. 명의차용자가 무자력인 경우 또는 부대체적 급부가 채무의 내용인 경우 명의대여자의 책임을 통해 거래상대방의 신뢰가 보호되는데, 이는 외관신뢰보호의 원칙의 표현이다. 명의대여가 적법한지 여부는 명의대여자의 책임이 성립하는 데 영향을 미치지 않는다.

2) **요 건** : ① 외관존재(타인명의사용) – 명의차용자의 영업이 명의대여자의 영업인 듯한 외관이 존재하여야 한다. 명의는 상호에 한정하지 않고 성명도 포함하므로, 명의차용인은 상인이어야 하나 명의대여자는 상인자격을 요하지 않으며, 판례도 동일한 입장이다. 명의차용자와 명의대여자간에 **영업의 동일성 요부**(쟁점226)에 관해, **긍정설**은 명의대여자가 영업을 하고 있는 이상 동일하여야 한다고 보고, **부정설**은 명의대여자의 영업과 동일한 영업일 필요가 없다고 보며, **영업외관 동일성설**은 명의대여자가 영업을 하지 않는 경우에는 명의의 동일성이, 영업을 하는 경우에는 영업외관의 동일성이 있어야 한다고 본다. 판례는 타인의 정미소 명의를 차용하여 사용하는 자가 창고를 임대한 경우 상법 제24조가 적용되지 않는다고 보아(82다카1852) 긍정설을 따르고 있다. 생각건대 상인이 아닌 명의대여자가 성명을 대여한 경우에도 명의대여자책임이 성립한다는 상법 제24조를 고려할 때 부정설이 타당하며, 영업의 동일성은 오히려 외관신뢰에 관한 중과실을 판단함에 고려되어야 할 사항으로 본다.

② 귀책사유(명의사용 허락) – 타인의 명의를 사용한다고 항상 명의주체가 책임을 부담하는 것은 아니고 명의사용을 허락한 경우에만 상법 제24조의 책임을 부담한다. 성명의 주체가 상인인 경우는 물론 비상인, 공법인인 경우에도 명의대여자책임이 성립할 수 있다. 명의에 **다른 명칭을 부가**한 경우 명의대여로 볼 수 있는가에 관해, 판례는 지점, 영업소, 출장소와 같은 종속적 관계가 나타나는 명칭이 부가된 경우는 인정하지만 대리점 등의 명칭(독립적 관계)이 부가된 경우에는 명의대여관계를 부정한다(88다카8354). 명의사용의 명시적·묵시적 허락 외에 타인이 자신의 성명, 상호로 영업함을 알고도 방치한 경우(**소극적 방치**)**의 해당성**에 관해, **긍정설**이 있지만 사용사실을 알고 방치한 것만으로는 부족하고 이에 부가하여 점포의 사용료를 받았다는 등의 사정, 즉 비난가능성이 있어야 한다는 **부정설**(다수설)이 타당하다. 그리고 명의사용을 허락한 후 이를 **철회**할 경우에 관해 **판례**는,

일방적인 철회의 의사표시만으로 부족하고 명의차용인과의 합의 및 통지·광고 등 외관의 제거조치(상대방에게 통지 등)를 요구한다(2006다21330).

③ 외관신뢰(신뢰에 의한 거래행위) – 거래상대방이 명의대여자의 영업으로 알고 거래한 경우(선의)가 해당하는데, 직접상대방에 한정된다. **과실 있는 선의의 제3자**(쟁점227)에 관해, **오인설**은 상대방의 과실 유무는 묻지 않고 오인한 경우에는 명의대여자는 책임을 진다고 보고, **경과실 면책설**(다수설, 판례)은 경과실은 보호되고 중과실은 악의인 경우와 동일하게 보아 면책된다고 본다(91다18309). 생각건대 명의대여자책임제도는 외관신뢰보호의 원칙의 대표적인 제도로서 중과실 있는 선의는 대체로 악의와 동일하게 평가된다는 점에서 경과실면책설이 타당하다고 보며, 책임을 면하려면 명의대여자가 거래상대방의 악의 또는 중과실을 증명하여야 한다. **명의대여법리의 적용범위**와 관련하여, i) 명의차용자와 직접 거래한 경우뿐만 아니라 **명의차용자의 피용자와의 거래의 해당성**(쟁점228)에 관해, 긍정설과 부정설이 대립되고 있으나 **판례**는 명의대여자의 책임은 명의의 사용을 허락받은 자의 행위에 한하고 명의차용자의 피용자의 행위에 대해서는 부정하였다(88다카26390). 생각건대 명의차용자와 직접 거래한 상대방이나 차용자의 피용자와 거래한 상대방의 보호가치는 동일하므로 피용자와의 거래도 포함된다고 보아야 한다(긍정설). ii) 어음행위에 관한 명의대여에 관해, 영업에 관해 명의대여를 하였다면 영업행위의 하나로서 어음행위가 발생한 경우에 어음행위에 대해서도 명의대여자가 책임을 부담한다는 견해가 다수설이다. iii) **어음행위만을 위한 명의대여의 해당성**(쟁점229)에 관해, **적용부정설**은 어음행위의 문언적 성질에 근거하여 타인 명의의 어음행위는 타인의 어음행위이지 명의차용자의 어음행위가 될 수 없다고 보고, **적용긍정설**은 어음행위의 명의대여는 영업에 관한 명의의 대여는 아니지만 구체적 영업행위(보조적 상행위)에 관한 명의대여로서 상법 제24조가 유추적용될 수 있다고 본다. 생각건대 어음의 피지급성 확보라는 점에서 명의대여자의 책임 이외에 명의차용자의 책임을 인정할 실익이 있고 명의대여자의 기명날인을 사용하였다는 점에서 적용긍정설이 타당하다고 본다.

3) **책임의 내용** : 명의대여자책임의 요건을 갖춘 경우 명의대여자는 명의차용자와 연대하여 변제할 책임이 있는데, 책임의 성질은 부진정연대채무로 본다. 명의차용자의 **거래상의 직접채무**뿐만 아니라 동 채무에서 **파생된 채무**(채무불이행으로 인한 손해배상채무, 계약해제로 인한 원상회복의무 등)도 포함된다고 본다. 어

음·수표에 대한 채무도 앞서 본 바와 같이 어음행위를 영업행위의 한 종류로 보므로 당연히 포함된다. 명의대여자의 책임은 외관신뢰보호원칙의 표현이어서 신뢰관계가 전제되어야 하므로 명의차용자의 **사실행위적 불법행위**에는 명의대여자의 책임이 발생하지 않으나(통설, 판례: 97다55621), 타인명의로 어음을 위조발행한 경우와 같이 **거래관련적 불법행위의 해당성**(**쟁점230**)에 관해, 부정설은 적법행위를 위해 명의가 대여되고 명의대여자는 이에 대해 책임을 부담한다는 입법취지에 비추어 상법 제24조의 적용을 부정하고, 긍정설은 명의차용자의 사기적 행위나 위조한 증권의 교부행위와 같은 거래행위의 외관이 있는 불법행위에서는 외관의 신뢰와 손해의 발생 사이에는 인과관계가 인정되므로 명의대여자책임이 적용된다고 본다. 생각건대 명의차용자의 적법행위와 불법행위는 구별되지 않고 동일하게 신뢰의 대상이 되므로 거래관련적 불법행위에서는 명의대여자책임을 긍정하는 견해가 타당하고 경우에 따라 사용자책임이 경합할 가능성도 있다. 판례는 명의사용을 허용받은 사람이 업무수행을 함에 있어 고의 또는 과실로 다른 사람에게 손해를 끼쳤다면 명의사용을 허용한 사람은 민법 제756조에 의하여 그 손해를 배상할 책임이 있다고 보았다. 다만 피해자에게 중과실이 있는 경우에는 사용자가 책임을 지지 않는다(2003다36133). 명의대여자책임에 관해 다수의 판례가 나타나고 있는데, 대체로 하도급관계, 사용자관계, 임대차관계, 차량지입관계, 공동사업관계, 등록명의 대여관계 등을 기본적 법률관계로 하고 있다.

2. 상업장부

(1) 의 의

1) **개 요** : 상법은 상인에게 영업상의 재산 및 손익의 상황을 명백히 하기 위하여 회계장부 및 대차대조표로 구성되는 상업장부를 작성하도록 의무를 부과하고 있으며(상29.1), 이들 장부를 작성하는 데에 적용될 자산평가의 원칙(상31)을 포함하여 작성방법(상30)과 제출·보존의무(상32, 33)를 명시하고 있다. 상업장부의 작성에 관해 상법에 규정한 것을 제외하고는 일반적으로 공정·타당한 회계관행에 의한다는 규정을 두고 있다(상29.2).

2) **상업장부의 개념** : 상인이 영업상의 재산상태 및 손익의 상황을 명확하게 하기 위해 법률상 의무로서 작성하는 장부를 의미하며(상29), 여기에는 대체로 **회**

계장부와 **대차대조표**가 포함된다고 본다. 주식회사는 재무제표를 작성하도록 규정하고 있는데, **재무제표**란 기업의 경영활동, 즉 기업의 재무상태, 경영성과, 경영성과로 인한 잉여금의 처분내역, 현금흐름 등에 관한 정보를 간결하게 요약한 재무보고서를 말한다(상447). **상업장부와 재무제표**를 비교하면, 대차대조표는 상업장부이면서 재무제표에 포함되나 회계장부는 상업장부이지만 재무제표는 아니다. 상업장부는 상인이 상법상 의무로서 작성하는 장부이므로 상인이 아닌 자(상호회사, 협동조합)가 작성하는 장부는 그 내용이 유사하더라도 상업장부로 볼 수 없어 상업장부에 관한 상법규정이 적용되지 않는다. 소상인의 경우 상업장부에 관한 규정을 적용하지 않으므로(상9), 소상인이 작성하는 회계에 관한 장부도 상업장부로 볼 수 없다. 상인이 작성하는 영업상의 재산·손익에 관련된 장부이기는 하나 손익계산서·이익잉여금처분계산서·결손금처리계산서 등의 재무제표와 영업보고서는 상업장부에 포함되지 않는다(상29.1, 447, 447의2).

(2) 종 류

1) **회계장부** : 상인의 거래와 기타 영업상의 재산에 영향이 있는 사항을 기재하는 장부로서 일정 기간의 기업재산의 동적 상태를 나타내는 장부이다(상30.1). 이는 일정 시점의 재산상태를 나타내는 정적 장부인 대차대조표와 구별된다. 회계학에서 회계장부(books)는 크게 분개장(journal)과 원장(ledger)으로 구성되며, 분개장은 회계거래가 발생하면 이를 순서대로 기록하는 장부를 말하며 원장은 자산, 부채 및 자본의 자세한 계정이 있는 장부를 말한다. 그리고 분개장 대신 전표를 사용하는 경우도 많은데, 전표란 거래에 관한 기본자료를 적어 놓은 쪽지로서 은행에서 고객이 작성하는 입금의뢰서나 출금의뢰서가 은행의 입장에서는 바로 입금전표 또는 출금전표로서 사용된다. 원장은 분개장 내용을 모두 합쳐 기업의 재산상태와 영업실적을 개관한 장부이다. 회계장부에 기재되는 사항은 일상의 거래와 기타 영업재산에 영향을 미치는 모든 사항(회계거래)으로서 법률행위, 불법행위는 물론 화재·수해 등 사건도 기재된다.

2) **대차대조표** : 일정 시점의 기업의 총재산을 자산, 부채, 자본의 과목으로 나누어 기업의 재산상태를 일목요연하게 나타내는 개괄표로서 기업재산의 정적 상태를 나타내는 장부(상30.2)로서 재무상태보고서라고도 한다. 모든 기업은 회계연도 말에 한 번씩은 반드시 대차대조표를 작성하여야 하며 필요에 따라 반기말, 분

기말, 월말에 작성하기도 한다. 대차대조표는 작성목적에 따라 개업대차대조표와 결산대차대조표 등의 통상대차대조표와 청산대차대조표 등과 같은 비상대차대조표로 구분될 수 있다. 대차대조표는 회계장부에 의해 작성되고 작성자가 기명날인·서명하므로(상30.2), 회계장부에 적용되는 자산평가원칙(상31)이 대차대조표에도 그대로 적용된다고 할 수 있다. 기타 대차대조표 작성에 관한 상세한 사항은 기업회계기준에서 정하고 있다. 대차대조표에서 자산은 부채에 자본을 합한 금액과 항상 일치한다(자산=부채+자본: 회계등식).

(3) 작성방법

상업장부는 상법의 규정과 일반적으로 공정·타당한 회계관행에 의해 작성된다(상29.2). 상법에는 자산평가의 원칙을 정하고 있을 뿐 기타 회계장부나 대차대조표 작성방법에 관해 규정을 두고 있지 않으므로 실질적으로 상업장부의 작성방법은 회계관행에 의존하고 있다고 볼 수 있다. **공정·타당한 회계관행**은 기업회계기준을 의미하였는데 최근 상장회사 등에 적용되는 한국채택국제회계기준과 소규모 회사에 적용되는 일반기업회계기준으로 구분되었다. 그리고 법인기업의 경우에는 법인세법상 복식부기에 의하여야 하지만(법인112) 개인기업의 경우에는 이러한 제한이 없다.

(4) 상업장부에 관한 의무

1) **작성의무** : 상업장부의 작성의무자는 상인이며 소상인은 제외된다(상29.1). 회사기업의 경우에는 상인인 회사가 작성의무자가 되나 회사편의 업무집행에 관한 규정에 따라 구체적으로 업무집행이사·이사·청산인 등이 작성의무를 부담하게 된다. 상법에서는 상업장부 작성의무를 규정하고 있으면서도 이를 이행하지 않은 경우 처벌조항은 없으나(불완전법규), 회사의 경우 재무제표를 작성하지 않거나 부실기재를 한 경우에는 일정한 과태료(상635 9호)와 회사·제3자에 대해 손해배상책임을 부담할 수 있다.

2) **보존의무** : 모든 상인은 10년간 상업장부와 영업에 관한 중요서류를 보존하여야 하지만(상33), 전표 또는 이와 유사한 서류는 5년간만 보존하도록 보존기간을 단축시키고 있으며 위반시 처벌규정은 없다. 여기서 상업장부 이외에 영업에 관한 중요서류는 대체로 영업활동에 관한 증거로서의 가치가 있는 서류, 예컨

대 주문서, 영수증 등을 의미한다. **보존기간의 기산점**에 관해 상업장부에 있어서는 장부를 폐쇄한 날(상33.2)로 정하고 있는데, 상업장부 이외의 영업에 관한 중요서류는 서류의 작성 혹은 취득 즉시 보존기간이 기산된다고 본다. 전산보관 보존의무의 대상이 되는 상업장부 등의 서류는 마이크로필름 기타의 전산정보처리조직에 의하여 이를 보존할 수 있으며 이 경우 그 보존방법 기타 필요한 사항은 대통령령으로 정한다. 다만 법에 의하여 작성자가 기명날인·서명하여야 하는 장부와 서류는 그 기명날인·서명이 되어 있는 원본을 보존하여야 한다.

3) **제출의무** : 법원은 신청에 의하여 또는 직권으로 소송당사자에게 상업장부 또는 그 일부분의 제출을 명할 수 있다(상32). 그런데 제출의무의 대상이 되는 서류는 상업장부에 국한시키고 있어 보존의무의 대상이 되는 영업에 관한 중요서류는 해당되지 않는다. 이러한 상업장부의 제출의무는 민사소송법상의 일반적인 문서제출의무에서 요구되는 요건을 요하지 않으므로 당사자의 신청유무와 관계없이 제출을 명할 수 있다. 상법에는 제출의무를 위반한 경우의 효과에 관해 규정을 두고 있지 않은데, 당사자가 법원의 이러한 제출명령에 응하지 않은 경우에는 민사소송법상 증명방해에 관한 규정(민소349)이 적용되어, 그 문서에 관한 상대방의 주장을 진실한 것으로 인정할 수 있는 효과가 발생한다.

3. 영업소

1) **의 의** : 영업소라 함은 기업의 영업활동에서 중심이 되는 일정한 장소를 의미한다. 기업활동의 중심지라 함은 일정한 범위의 독립성을 갖고 내부적으로 영업에 관한 정보가 집중되고 이를 바탕으로 지휘·명령이 이루어지며 외부적으로도 영업목적인 기본적인 거래가 이루어지며 영업활동의 결과가 집중되는 곳을 말한다. 영업소가 되기 위해서는 기업활동의 중심지로서의 실체를 인정하기 위해서는 다른 영업소 혹은 상인의 개인적 생활관계로부터 독립성을 갖추어야 하고 어느 정도 시간적으로 계속성을 지녀야 한다. 그리고 영업소 여부가 문제된 경우 그 판단은 당사자의 의사에 의존하기보다는 그 실체를 기준으로 이루어져야 한다.

2) **영업소의 요건** : 영업소가 영업활동의 중심인 장소로서의 실체를 갖추기 위

해서는 i) **독립성**, 즉 다른 영업소로부터 독립한 영업활동이 이루어져야 한다. 그리고 시간적으로 어느 정도 ii) **계속성**이 있어야 되므로 일시적인 매점은 제외된다. 그러나 일정한 기간 계속적으로 개설되는 매점(해수욕 기간 중의 매점)은 영업소로 볼 수 있다. 그리고 영업소는 어느 정도 iii) **고정성**이 있어야 되므로 이동매점은 영업소라고 할 수 없다. 다음으로 개인상인의 경우에 영업소는 등기사항이 아니지만, 상호의 등기나 지배인의 선임등기에 있어서는 동시에 영업소도 등기가 되어(상34), iv) **공시**가 요구된다. 회사의 경우는 정관에 기재된 본점의 소재지에 회사의 주소가 있어야 한다(상171.2). 즉, 회사의 본점소재지는 정관에 기재되어야 하며(상179.5, 270, 289.1 6호, 543.2 5호), 또한 등기를 하여야 한다(상180.1, 271, 549.2 1호).

3) **종 류** : 하나의 기업은 동일한 기능을 담당하는 수 개의 영업소를 설치할 수 있고 기능적으로 상하관계에 있는 영업소를 설치할 수도 있다. 특히 상하관계에 있는 영업소가 있을 경우 기업활동 전 범위에 걸친 정보가 집중되고 지휘가 이루어지며 영업결과가 집중되는 영업소를 **본점**이라 하고 본점의 지휘를 받으면서도 부분적 독립성을 가진 영업소를 **지점**이라 한다. 상법상 영업소로 인정되는 것은 본점과 지점뿐이므로 분점·사무소·직매소 등은 영업소의 지원장소에 불과하고 영업소에 포함되지 않는다고 본다. 다만 이러한 명칭에도 불구하고 영업소인지 여부는 앞서 언급한 바와 같이 영업장소의 실체를 기준으로 판단하여야 한다.

4) **법률상 효과** : 자연인의 주소와 같이 본점과 같은 영업소가 위치하는 장소는 기업의 주소에 해당하게 되므로 영업소를 중심으로 법률상 일정한 효과가 발생한다. **본점인 영업소**는 i) 등기소 및 관할법원을 결정하는 기준, ii) 소송법상 서류송달 장소, iii) 영업에 관한 채무변제장소가 된다. 그 밖에도 지점을 포함하여 **모든 영업소**에 i) 지점 영업만을 위한 지배인 선임이 가능하고, ii) 표현지배인이 성립할 수 있는 요건이 되고(학설 대립됨), iii) 영업양도의 대상이 되며, iv) 지점등기의 관할을 정하는 기준이 되며, v) 지점이 위치하는 장소는 지점거래의 채무이행장소가 되는 등의 효과가 발생한다.

4. 상업등기

(1) 의 의

1) **개 념** : 상업등기사항을 법원의 상업등기부에 등기하는 것을 의미한다(상34). 일반 등기제도처럼 일정한 권리의 귀속 및 내용 기타 중요한 사항이 상업등기사항에 포함되나 상업등기에는 사실에 관한 등기사항이 많다는 점이 특징이며, 상업등기의 절차에 관해서는 상업등기법에서 규정하고 있다. **상업등기부**에는 상호·무능력자·법정대리인·지배인·합자조합·합명회사·합자회사·유한책임회사·주식회사·유한회사·외국회사등기부 등 11종의 상업등기부가 있다(상등11). **상업등기사항**은 등기강제의 유무에 따라 절대적 등기사항·상대적 등기사항으로 구별될 수 있다. 대부분의 등기사항은 등기가 강제(적극적·소극적 강제)되고 있어 절대적 등기사항이라 할 수 있으나, 개인기업의 상호는 등기유무에 따라 효력의 차이가 없다는 점에서 상대적 등기사항이라 할 수 있다. 다만 상대적 등기사항도 일단 등기가 된 이후에는 그 사항의 변경·소멸은 절대적 등기사항이라 할 수 있다. 절대적 등기사항 중에서도 등기를 하지 않으면 직접 불이익(과태료 제재)이 발생하는 강제적 등기사항(회사법상의 등기사항)과 아무런 직접적 불이익이 없어 등기의무를 정한 법규가 불완전법규로 해석되는 자율적 등기사항(기타 등기사항)이 있다. 그리고 등기의 목적에 따라 창설적 등기사항(회사의 설립등기), 선언적 등기사항(지배인선임·상호등기), 면책적 등기사항(지배인해임·상호폐지·회사해산·사원퇴사등기) 등으로 구별될 수 있다. 그 밖에 등기주체에 따라 기업일반에 관한 등기사항, 개인기업에 관한 등기사항, 회사기업에 관한 등기사항으로 구별할 수도 있다.

2) **등기절차** : 상업등기는 당사자(신청권자)의 **신청**에 의해 이루어지는 **당사자신청주의**를 원칙으로 하나 예외적으로 관공서의 촉탁에 의해 이루어질 수 있다(상등22). 상업등기의 신청권자는 상인, 그 대리인, 회사의 대표자(상등23)이며 원칙적으로 당사자 또는 그 대리인이 등기소에 출석하여 이를 신청하여야 하고(당사자출석주의), 신청은 기명날인된 서면에 의하여야 한다(상등24.1 1호). 대리인이 변호사 또는 법무사인 경우에는 대법원규칙이 예외적으로 사무원을 등기소에 출석시켜 등기신청할 수 있다(상등24.1 1호단서). 상업등기에 관하여는 당사자의 영

업소소재지를 관할하는 지방법원, 그 지원 또는 등기소를 관할등기소로 한다(상등4). 등기사무는 지방법원, 그 지원 또는 등기소에 근무하는 법원서기관·법원사무관·법원주사 또는 법원주사보 중에서 지방법원장(혹은 지원장)이 지정한 자인 등기관이 이를 처리한다(상등8). 등기공무원은 신청사항을 **심사**한 후 등기를 실행하든지 신청을 이유를 붙인 결정으로써 각하하든지 한다(상등21). 상업등기법은 모든 상업등기부를 전자적 정보저장매체로 운영함을 명시하고 전자증명서 발급, 즉 전자서명 및 자격에 관한 증명을 청구할 수 있음을 정하고 이 경우 증명내용을 휴대용 저장매체에 저장하여 교부할 수 있도록 규정하고 있다(상등17).

3) **등기공무원의 심사권의 범위**(**쟁점231**)에 관해, **형식적 심사주의**는 등기공무원은 등기신청사항의 적법성만 심사할 수 있을 뿐이고 그 내용의 진실성까지 심사할 권한은 없어 신청서, 첨부서류 및 등기된 사항을 서면심사하고 그 신청이 적법한지 여부를 심사함에 그쳐야 한다고 보는데, 등기공무원은 재판관은 아니고 기록관이므로 심사에는 한계가 있다는 점을 논거로 들고 있다. **실질적 심사주의**는 등기공무원은 등기신청사항의 형식적 적법성뿐만 아니라 실체적 진실성까지도 심사할 권한이 있다고 보며, 상업등기의 관할이 법원이므로 등기공무원에게 사실탐지의 의무가 존재하며, 등기공무원의 경정권한(상등76) 등을 논거로 든다. **수정실질적 심사주의**는 실질적 심사주의(적법성·진실성의 심사권한)가 타당하지만 법관이 아닌 기록관인 등기공무원은 심사능력에는 한계가 있어 신청사항에 대하여 현저한 의문이 있는 경우에만 그 실체적 진실성을 심사할 권한과 의무가 있다고 보고, 진실성에 의문이 없는 경우의 심사는 직권남용으로 본다. **수정형식적 심사주의**는 형식적 심사주의가 타당하지만 등기소는 상당한 이유로써 등기신청사항의 진실성에 관하여 의심할 여지가 있을 때에는 그 진실성을 조사하여야 한다는 견해이다. 생각건대 상업등기법의 신청의 각하사유로 '등기할 사항에 관하여 무효 또는 취소의 원인이 있는 때'(상등26)를 규정하는데, 무효사유의 존재 여부를 판단하기 위해서는 등기사항의 진실성에 관한 실체 판단이 전제되지 않을 수 없다고 생각된다(수정형식적 심사주의).

(2) 상업등기의 일반적 효력

1) **등기 전의 효력**(**소극적 공시의 원칙**) : ① 개념 – 등기 전에는 등기사항에 관해 선의의 제3자에게 대항할 수 없다는 효력(상37.1)을 의미한다. 이는 등기사항

(예, 지배인 해임등기)의 등기를 소극적으로 강제하는 의미를 가지며, 등기를 하지 않은 경우 선의자에 대해 대항력을 제한하는(지배인이 아님을 주장하지 못함)데 그치고 악의의 제3자(지배인 해임사실을 알고 있는 자)에게는 대항할 수 있다.

② **요건** – i) **등기할 사항**이라 함은 절대적 등기사항을 의미하지만, 상대적 등기사항(예, 상호등기)이라도 일단 등기된 후 변경하거나 소멸한 경우에는 절대적 등기사항이 되므로 등기할 사항에 포함된다고 본다. ii) **미등기**란 등기신청에도 불구하고 등기부에 미등재, 등기사항이 직권경정·말소된 경우를 포함하고, 미등기에 관한 귀책사유 유무도 묻지 않는다. iii) **선의**라 함은 미등기사항을 알지 못하였음을 의미하고 선의 관련 증명책임은 악의를 주장하는 자가 부담하며, 선의·악의의 판단시기는 거래시를 기준으로 한다. 다만 **중과실 있는 선의**(**쟁점232**)에 관해, 중과실을 악의와 동일하게 보는 견해와 선의로 보는 견해가 대립하고 있다. 생각건대 중과실의 증명은 악의의 증명의 어려움을 구제하는 수단이라는 점에서 중과실은 악의와 동일하게 볼 필요가 있다. iv) **제3자**는 대등한 지위에서 하는 보통의 거래관계의 상대방을 의미하므로 조세권에 기하여 조세의 부과처분을 하는 경우의 국가는 포함되지 않는다(90누4235). 그리고 무한책임사원의 지위를 취득한 자가 변경등기하기 전에 선의(무한책임사원의 변경에 대한 선의)의 제3자가 변경전 무한책임사원으로부터 지분을 양수한 경우, 회사나 변경등기를 해태한 자는 선의의 제3자에 대해 대항할 수 없어 지분양도계약의 무효를 주장할 수 없다고 보았다(96다19321).

③ **효과**(**대항력 제한**) – 등기사항을 미등기한 경우 **대항력이 제한**되는 효과가 발생하나, 악의의 제3자에 대해서는 대항력이 제한되지 않는다. 대항하지 못한다는 의미는 미등기사항을 모르고 거래한 제3자에 대하여 미등기사항이 유효함을 주장할 수 없다는 의미이므로, 제3자가 스스로 등기의무자 등에 대해 미등기사항을 주장하는 것은 가능하다. 따라서 제3자가 등기사항에 의한 거래(해임된 지배인과의 거래)가 불리하다고 판단할 경우 자신의 거래가 무효함을 주장할 수 있다. vi) 등기를 하지 않아 **대항력의 제한을 받는 자**는 등기사항과 이해관계가 있는 자로서 미등기사항(해임사실)의 효력을 주장하는 자이다. 등기의무자인 상인(영업주)이 이에 해당하나 그 밖에 미등기된 거래의 상대방 또는 등기를 요하는 법률행위(지배인 선임행위 등)의 상대방도 포함된다.

2) **등기 후의 효력**(**적극적 공시의 원칙**) : 등기사항을 등기한 경우 선의의 제3자

에게도 대항할 수 있다는 원칙으로 등기에 최소한의 효력을 부여하는 당연한 원칙이라 할 수 있다. 따라서 등기(예, 지배인 해임등기) 이후에는 등기사항(지배인 해임)을 알지 못한 제3자, 즉 선의의 제3자라 하더라도 악의로 의제(해임된 지배인과의 거래에 대해 영업주는 무책임)된다고 볼 수 있다. 그런데 상법은 이러한 효력을 직접 명문으로 명시하지 않고 있어 상법 제37조 1항의 반대해석에 의해 적극적 공시의 원칙을 인정한다. **상법 제37조 2항**은 적극적 공시의 원칙을 전제하고 그 예외(제3자가 정당한 사유로 인하여 이를 알지 못한 때)에 관해 대항력을 제한한다. 동조에서 말하는 '**정당한 사유**'로 알지 못하는 경우는 등기제도의 취지를 살리고 적극적 공시의 원칙의 예외라는 점을 감안할 때 이를 좁게 해석할 필요가 있으므로, 제3자의 주관적 사정은 배제되고 객관적 사정만 해당한다고 보는 것이 통설이다. 예컨대 제3자가 장기여행·질병 등으로 등기부를 열람할 수 없었던 경우는 이에 해당하지 않고, 천재지변 등으로 인해 등기부를 열람할 수 없었던 경우, 즉 주관적 사정이 아닌 불가항력에 상응하는 객관적 사정만이 정당한 사유에 해당하여 대항력이 제한되고 제3자는 보호된다.

3) **일반적 효력의 적용범위** : ① 법정책임 – 상업등기의 효력(소극적·적극적 공시원칙)이 거래관계 외에 **부당이득·불법행위·사무관리에 적용되는지 여부**(**쟁점233**)에 관해, **부정설**은 단순한 부당이득 및 불법행위로서 거래와 관련이 없는 사항에는 적용되지 않는다고 보고, **긍정설**은 기업은 경제적 생활체로서 광범한 활동을 하고 지배인의 불법행위에 대해 영업주의 사용자 배상책임이 문제될 수 있으며, 회사의 불법행위능력이 인정되므로 거래관계에 국한하지 않고 널리 기업생활 일반에 대해 적용된다고 보며, **제한적 부정설**(절충설)은 원칙적으로 부정설을 취하지만 예외적으로 거래와 불가분의 관계에서 생긴 비거래관계에도 적용되어야 한다는 견해(예, 해임된 지배인의 거래처로부터 상품을 편취)이다. 생각건대 상업등기의 일반적 효력은 등기부의 신뢰를 보호하기 위한 제도로서 신뢰가 형성되는 거래관계에 적용됨이 원칙이나 거래관련적 불법행위 등에서도 등기부의 신뢰가 전제되고 보호필요성이 있어 제한적 부정설이 타당하다고 본다.

② **상호등기** – **상호의 양도**는 등기하지 아니하면 제3자에게 대항하지 못하는데(상25.2), 상법 제25조와 상법 제37조의 관계(**쟁점234**)에 관해, 예외규정설과 대상구별설이 대립되고 있으며 예외규정설이 타당함을 앞서 보았다.

③ **공법관계** – 상업등기의 일반적 효력은 보호법익을 고려할 때 거래관계 등

사법관계에 국한되어야 하고 국가 등과의 관계인 **공법관계**에는 적용될 수 없다고 보아야 한다. 판례도 상법 제37조 소정의 선의의 제3자라 함은 대등한 지위에서 하는 보통의 거래관계의 상대방을 말한다 할 것이므로 조세권에 기하여 조세의 부과처분을 하는 경우의 국가는 동조 소정의 제3자로 보지 않았다(78누167). 상업등기의 일반적 효력의 **민사소송에의 적용여부**(쟁점235)에 관해, 민사소송에는 상대방이 존재하므로 이를 긍정하여야 한다는 **긍정설**이 있지만 사법(私法) 규정을 통해 소송관계에서의 신뢰를 보호함은 부적절하다는 점에서 **부정설**에 찬성한다.

④ **표현제도** – 민법의 표현대리제도 외에 상법에는 표현지배인(상14), 표현대표이사(상395) 등 외관신뢰를 보호하는 제도는 적극적 공시의 원칙과 모순된다. **표현제도와 적극적 공시의 원칙의 관계**에 관해, 이차원설, 예외규정설 등이 있으나 판례는 표현대표이사 관련 이차원설의 입장을 취하고 있다(77다2436). 생각건대 적극적 공시의 원칙은 미등기사항이 부존재한다고 하는 것(표현지배인·대표이사가 지배인·대표이사가 아니라는 사실)까지 미치지 않으므로, 상법 제37조와 표현제도는 서로 충돌하지 않고 각각의 원리에 의해 거래의 안전과 신뢰를 보호한다고 보아 이차원설이 타당하다고 본다(표현대표이사 참조).

4) **지점등기의 효력** : 본점의 소재지에서 등기할 사항은 다른 규정이 없으면 지점의 소재지에서도 등기하여야 하고(상35), 지점등기를 해태한 경우 상법 제37조의 **상업등기의 일반적 효력**에 관한 규정은 그 지점의 거래에 관하여 적용한다(상38). 따라서 본점 소재지의 등기만으로 지점에서의 효력을 주장할 수는 없으므로 특정지점의 지배인 선임등기와 같이 특정지점에 국한된 사항일 경우 다른 지점에는 등기할 필요가 없지만, 그렇지 않은 기타 본점소재지의 등기사항은 모두 지점에 등기되어야 상법 제37조의 효력이 생긴다. 그런데 상법 제38조 전반부는 '등기하지 않은 때'라고 한정하고 있어 상법 제37조 1항과 관련되는 것처럼 규정하면서, 후반부에서는 전조(상37)의 규정이 적용된다고 규정하고 1항에 국한시키지 않고 있는바 적극적 공시의 원칙(2항)의 적용여부가 명확하지 않다. 이러한 규정상의 애매함에 근거하여 **적극적 공시의 원칙의 지점등기에의 적용여부**(쟁점235)에 관해, 본점소재지의 거래에서는 적극적 공시의 원칙이 지배하나, 그 지점의 거래에서는 소극적 공시의 원칙이 지배한다고 보는 견해가 있다. 생각건대 적극적 공시의 원칙은 상법 제37조 1항의 반대해석이면서 등기사항의 등기에 따른 당연한 효력이므로 지점등기에서도 당연히 인정된다고 본다. 다만 상법 제37조 2항의

적용여부가 문제될 수 있는데, 지점등기의 경우에도 천재지변 등으로 지점등기사항을 알 수 없었던 제3자를 보호할 필요가 있으므로 지점등기를 본점등기의 효력과 달리 보아야 할 이유가 없어 상법 제37조 2항이 지점등기에 적용된다고 본다.

(3) 상업등기의 특수적 효력

상업등기 중 일정한 사항은 상법 제37조의 상업등기의 효력에 관한 규정과 구별되는 효력을 가진다. 이들 등기는 일반 상업등기와 같이 단순히 선의자를 보호하는 데 그치는 것이 아니라, 적극적으로 등기사항을 성립·효력요건 혹은 대항요건으로 규정하고 있어 제3자의 선의·악의와는 무관하게 적용된다. 이러한 특수적 효력이 인정되는 등기로 앞서 본 상호양도등기(상25.2)도 해당하지만 대표적인 예는 **회사의 설립등기**이다. 설립등기에는 등기하여야 법인격이 탄생된다는 점에서 일종의 성립요건주의를 취하고 있다고 볼 수 있으며(**창설적 효력**) 합병등기도 동일하다. 설립등기 이후에는 주식인수에 관한 일정한 하자를 더 이상 주장할 수 없게 되며(상320, 427: **보완적 효력**), 주권을 발행할 수 있게 되고(상355) 주식양도가 가능하게 된다(상319.2: **해제적 효력**). 인적회사의 퇴사등기도 특수적 효력을 가진 등기로 볼 수 있으며, 퇴사등기 2년 후 책임면제의 효과가 발생하고(상255), 인적회사의 해산등기 후 5년이 경과하면 책임이 소멸한다(상267, 269: **면책적 효력**).

(4) 부실등기

1) **의 의** : 상법 제39조는 기초사실과 등기사실이 불일치할 경우 등기사실을 신뢰한 제3자를 보호하고 있다. 제39조와 제37조의 관계를 보면 등기사실이 진실일 경우에는 제37조 2항의 등기의 효력규정이 적용되고 허위일 경우에는 제39조가 적용된다. 외관신뢰보호의 원칙의 표현이라 할 수 있는 **상법 제39조의 법적 성질**(**쟁점236**)에 관해, 제한적 공신력을 인정한 것으로 보는 견해와 부실등기자의 책임을 규정한 것으로 보는 견해가 있다. **판례**는 회사등기에는 공신력이 인정되지 아니하므로, 합자회사의 사원 지분등기가 부실등기인 경우 그 부실등기를 믿고 합자회사 사원의 지분을 양수하였다 하여 그 지분을 양수한 것으로는 될 수 없다고 보았다(68다1088). 생각건대 상법 제39조는 기초사실의 효력을 부인하는 규정도 아니고 등기의무자의 과실을 전제하고 있는 점, 규정의 형식이 등기사실을 신뢰한 자를 보호한다는 것이 아니라 부실등기자의 주장을 제한하는 점에서 부실등기에 대한 책임을 규정한 것으로 이해된다.

2) **요 건** : ① 외관존재(사실과 다른 등기) – 사실과 상위한 등기라는 외관이 존재할 경우 그 외관을 신뢰한 자에 대해 외관에 따른 책임이 발생한다. 등기(예, 지배인 선임등기)할 시점에 사실과 부합되었으나 사후의 사정(해임)에 의해 상위(변경등기 해태)가 발생한 경우와 같이 **사후적 부실등기에의 적용여부**에 관해, 사후적으로 기초사실과 다르게 변경된 경우 등기사실을 신뢰한 자의 보호는 소극적 공시의 원칙(상37.1)에 의해 보호될 수 있고 법문에서도 사실과 다르게 '등기된'이 아닌 '등기한'이라는 표현에서도 당초 등기가 부실등기인 경우만 해당하므로 부정설이 타당하다고 본다. 이사선임의 주주총회결의에 대한 취소·부존재판결이 확정된 경우, 즉 **판결의 소급효에 의한 부실등기에의 적용여부**(쟁점237)에 관해, 학설은 긍정설의 입장이나 판례는 이사선임의 주총결의에 취소원인이 있는 경우와 부존재원인이 있는가를 구별하여 취소원인이 있는 경우에는 이사선임등기는 부실등기에 해당하지만 부존재원인이 있는 경우에는 부실등기에 해당하지 않는다고 보아 표현책임으로 거래상대방을 보호하고 있다. 이사선임의 주주총회결의에 대한 취소판결이 확정되어 그 결의가 소급하여 무효가 된다고 하더라도 그 선임결의가 취소되는 대표이사와 거래한 상대방은 상법 제39조의 적용 내지 유추적용에 의하여 보호될 수 있으며(2002다19797), 주주총회의 개최와 결의가 존재는 하지만 무효 또는 취소사유가 있는 경우와는 달리, 그 대표이사 선임에 관한 주식회사 내부의 의사결정은 존재하지 아니하여 등기신청권자인 회사가 그 등기가 이루어지는데 관여할 수 없었을 것이므로, 원칙적으로 회사에 대하여 상법 제39조에 의한 부실등기 책임을 물을 수 없다고 보았다(2006다24100).

② 귀책사유(고의·과실에 의한 부실등기) – 부실등기가 등기신청권자의 고의·과실에 의해 이루어진 경우에 등기신청권자의 대항력이 제한된다. 부실등기에 대한 **고의**라 함은 등기사실이 허위라는 사실을 알고 등기한 경우를 의미하고, **과실**이란 등기사실이 허위라는 것을 알 수 있었는데 이를 알지 못하고 등기한 경우를 의미한다. 회사가 등기의무자인 경우 귀책사유에 관해 판례는, 합명회사에 있어서 상법 제39조 소정의 부실등기에 대한 고의·과실의 유무는 그 대표사원을 기준으로 판정하여야 하고 대표사원의 유고로 회사정관에 따라 업무를 집행하는 사원이 있다고 하더라도 그 사원을 기준으로 판정하여서는 아니 되며(79다1618), 합명회사의 부실등기사실이나 이를 방치한 사실에 대한 고의 또는 과실의 유무는 그 회사를 대표할 수 있는 업무집행사원을 표준으로 결정할 것이라고 보았다(70다1361). 제3자에 의한 부실등기를 등기신청권자의 **악의의 방치**(쟁점238)에 관해, 부실등기

의 방치가 등기신청권자의 작위와 동일하게 평가될 경우에 적용된다고 보는 견해, 악의 또는 방치에 중과실 있는 경우까지 적용되어야 한다는 견해, 경과실에 의한 방치에도 적용된다는 견해가 있다. 판례는 회사가 그 부실등기의 존재를 알고 있음에도 시정하지 않고 방치하는 등 이를 회사의 고의 또는 과실로 부실등기를 한 것과 동일시할 수 있는 특별한 사정이 있는 경우에는 부실등기의 책임을 인정한다(2006다24100). 생각건대 상법 제39조의 문언('상위한 사항을 등기한 자')의 문리해석상 타인등기에 대한 악의방치에 동조가 적용되기는 어렵다고 보지만, 묵인 즉 묵시적으로 부실등기를 허용하거나 신의칙상 외관제거의무가 인정될 경우에는 예외적으로 인정된다고 본다.

③ 외관신뢰(신뢰 후 거래) – 등기를 신뢰한 제3자만 보호된다. 여기서 **제3자**라 함은 등기의무자의 직접상대방에 국한되지 않고 등기사실을 기초로 법률관계를 형성한 모든 자가 포함된다고 보아야 한다. 그리고 **선의**라 함은 등기사실이 기초사실과 상위함을 알지 못한 것을 의미하는데, 선의에 **중과실**이 있는 자도 부실등기에 의해 보호되는가에 관해 학설이 대립되고 있다. 외관신뢰보호의 원칙을 적용함에 있어서 외관을 신뢰함에 있어 중과실이 있는 경우에는 악의자와 동일하게 취급하는 것이 일반적이며, 중과실은 제3자의 악의증명의 어려움을 구제하기 위한 사실상 의의를 가진다는 점에서 중과실 있는 제3자는 악의의 제3자와 같이 부실등기제도의 보호범위에서 제외된다고 본다.

3) **효 과** : 부실등기한 자는 기초사실과 등기사실의 상위로써 선의의 제3자에 대항하지 못한다. 대항하지 못한다는 의미는 등기신청권자가 부실등기라는 것을 모르고 거래한 선의의 제3자에 대해 등기사실이 진실하지 않다고 주장할 수 없음을 의미하고, 거래상대방은 부실등기임을 이유로 거래의 무효함을 주장할 수 있다. 예컨대 대표이사 아닌 자를 대표이사로 등기한 경우 그 자와 거래한 상대방에 대해 회사는 대표이사가 아님을 이유로 거래의 무효를 주장할 수 없지만 거래상대방이 대표이사 아님을 이유로 거래의 효력을 부인할 수는 있다.

(5) 상업등기의 추정력

배서가 연속된 어음을 소지한 자나 물건을 점유하는 자에게는 권리를 추정한다는 규정을 두고 있어 법률상의 추정력을 가지나(어16.1, 민200), 상업등기에 관해서는 등기사실이 진실한 것으로 추정하는 규정을 두고 있지 않다. 따라서 등기된 사실은 사실상 진실하고 적법한 것으로 추정되나(**사실상의 추정력**), 증명책임을 전환시키는 법률상 추정력은 인정되지 않는다. 참고로 사실상의 추정력이 부여될 경우 요증사실의 존재에 대한 의심을 형성시키면 추정력을 깰 수 있으나, 법률상의 추정력이 부여되면 반대사실의 증명, 즉 요증사실에 대해 확신을 가질 수 있도록 증명할 필요가 있어 양자는 구별된다. 판례는 주식회사 등기부에 대표이사로 등재된 자는 반증이 없는 한 정당한 수속절차에 의하여 선임된 대표이사의 추정을 받는다고 보아(4291민상759) 법률상 추정력을 인정하는 듯하지만, 법인등기부에 이사 또는 감사로 등재되어 있는 경우에는 특단의 사정이 없는 한 정당한 절차에 의하여 선임된 적법한 이사 또는 감사로 추정된다고 하여(83다카331) 사실상의 추정력을 부여하고 있다.

(6) 변경·소멸의 등기

등기한 사항에 변경이 있거나 그 사항이 소멸한 때에는 당사자는 지체 없이 변경 또는 소멸의 등기를 하여야 한다(상40). 앞서 등기의무에 관해 설명한 바와 같이 변경·소멸의 등기에 관해서도 이를 위반한 경우 효과에 관한 규정을 두고 있지 않아 **불완전 규정**이라 할 수 있다. 다만 회사법상 이사가 등기의무를 위반할 경우 과태료규정을 두고 있다(상635 1호).

5. 영업양도

(1) 의 의

1) **영업의 개념** : 영업이란 영리를 목적으로 하는 거래, 즉 영리를 목적으로 계속적 의도를 가지고 하는 대외적으로 인식가능한 활동(**주관적 의미의 영업**)이라는 의미와, 독립성을 가진 재산의 총체로서 적극재산에서 소극재산을 공제한 영업용 재산에 영업비결, 확보된 판매망, 영업상의 고객관계 등의 재산적 가치가 있는 사실관계(물적 조직 혹은 영업재산)와 경영의 내부조직인 근로관계(인적 조직)까지 포함한 개념(**객관적 의미의 영업**)으로 구분된다. 영업양도에서의 영업은 객관적 의미의 영업으로서, 이를 판례는 일정한 영업목적에 의하여 조직화된 유기적 일체로서의 기능적 재산을 말하고, 영업양도가 있다고 볼 수 있는지의 여부는 양수인이 유기적으로 조직화된 수익의 원천으로서의 기능적 재산을 이전받아 양도인이 하던 것과 같은 영업적 활동을 계속하고 있다고 볼 수 있는지의 여부에 따라

판단되어야 한다고 보았다(96다8826).

2) **영업양도의 개념** : **영업양도의 개념**(쟁점239)에 관해, **영업재산양도설**은 영업양도를 객관적 의의의 영업의 양도, 즉 재산적 가치 있는 사실관계까지 포함된 조직화된 유기적 일체로서의 기능적 재산의 양도로 보고, **지위교체설**은 영업자 지위의 양도라고 해석하는 견해이며, 절충설(**지위·재산이전설**)은 물적·인적 요소를 포함하여 영업양도를 양수인을 영업의 경영자의 지위에 있게 할 목적으로 영업재산을 일괄하여 양수인에게 양도하는 계약으로 본다. 생각건대 영업양수인은 양도인의 영업자의 지위를 승계하는 것이 아니라 영업의사를 가지고 영업재산을 양수함으로써 스스로 영업자의 지위에 서게 되고 영업재산의 양도를 본질로 볼 수 있어 영업재산양도설이 타당하다고 본다.

3) **영업의 동일성** : 상법상 영업양도가 되기 위해서는 객관적 의미의 영업이 양도되고 전후 **영업의 동일성**이 유지되어야 한다. 양도 전후 영업조직이 해체될 경우 영업양도라 할 수 없으며 영업양도이기 위해서는 양도 전후에 물적·인적 조직이 유지됨으로써 영업의 동일성이 인정되어야 하는데 이러한 판단은 사회관념에 따를 수밖에 없다. 따라서 대부분의 자산을 양도하더라도 조직화된 재산이 아니라 개별재산이어서 양도 전후 재산의 동일성이 상실될 경우에는 영업양도로 볼 수 없으나, 기업자산의 전부가 아니고 일부가 제외되더라도 조직화된 일체가 양도되고 양도 전후에 재산의 동일성이 유지될 경우에는 영업양도가 된다. 판례도 영업의 동일성 여부는 일반 사회관념에 의하여 결정되어져야 할 사실인정의 문제이기는 하지만, 종래의 조직이 유지되어 있다고 사회관념상 인정될 경우 영업의 양도로 보았다(88다카10128). 일정한 영업목적에 의하여 조직화된 총체, 즉 물적·인적 조직을 그 동일성을 유지하면서 일체로서 이전하는 것을 의미하고(95다7987), 기능적 재산을 이전받아 양도인이 하던 것과 같은 영업적 활동을 계속하고 있다고 볼 수 있는지의 여부에 따라 판단되어야 한다고 보았다(2005다602).

4) **영업출자와 비교** : 영업의 출자는 영업양도와 구별되는데, 판례는 영업을 출자하여 주식회사를 설립하고 그 상호를 계속 사용하는 경우에는, 영업의 양도는 아니지만 출자의 목적이 된 영업의 개념이 동일하고 법률행위에 의한 영업의 이전이란 점에서 영업의 양도와 유사하며 채권자의 입장에서 볼 때는 외형상의

양도와 출자를 구분하기 어려우므로, 새로 설립된 법인은 상법 제42조 1항의 규정의 유추적용에 의하여 출자자의 채무를 변제할 책임이 있다고 보았다(95다12231). 통상 회사를 양수한다는 것에는, 영업 주체인 회사로부터 영업 일체를 양수하여 회사와는 별도의 주체인 양수인이 양수한 영업을 영위하는 경우와 회사의 주식이나 지분권을 그 소유자로부터 양수받아 양수인이 회사의 새로운 지배자로서 회사를 경영하는 경우가 있다고 보아(98다45546) 지분권 양도와 구별한다. 특히 영업양도는 합병과 구별되는데 이에 관해서는 회사편의 합병 부분을 참조하기 바란다.

(2) 영업양도계약

1) **양도인** : 영업양도를 위해 양도인과 양수인은 영업소, 상호 등을 포함하여 이전할 자산·부채의 범위, 근로자의 인계에 관한 사항, 양도의 시기 및 대가 등을 내용으로 하는 영업양도계약을 체결한다. **영업양도인의 상인성 요부**(**쟁점240**)에 관해, 기업을 영위하는 자로서 회사는 물론 개인상인 등 상인이어야 한다고 보는 **긍정설**이 다수설·판례(68다1560)이다. 하지만 상인이 아닌 자(농업협동조합)도 법률에 의해 금지되지 않은 이상 주관적 의미의 영업(영리행위)을 할 수 있고 그로 인해 객관적으로 형성된 기능적 재산의 양도가 가능하다고 보아야 한다는 점에서 양도인의 자격을 상인으로 한정할 필요는 없다고 보아 **부정설**이 타당하다고 본다. 그리고 회사는 영업을 양도하더라도 회사가 소멸하는 것은 아니나 개인상인의 경우 유일한 영업을 양도하게 되면 상인성(상인자격)을 상실하게 될 경우도 있다. **영업양수인**은 상인으로 제한되지 않는다고 보는 견해가 통설이다. 상인이 아닌 자가 영업을 양수할 경우 영업양수는 보조적 상행위가 되어 양수한 영업을 개시하기 전에 이미 양수행위만으로 상인자격을 취득하게 된다.

2) **의사결정** : 영업양도·양수는 중요한 의사결정이므로 개인상인과 달리 회사의 경우 대표기관의 의사결정만으로 부족하고 사원의 특별결의를 요한다. 이를 구체적으로 보면 인적회사의 경우 영업양도·양수에 관한 특별규정은 없는데, 영업양도·양수가 정관변경사유일 경우 총사원의 동의를 요하나(상204, 269, 287의18), 정관변경사유가 아닌 영업양도·양수의 경우에는 통상적인 업무집행방법으로 가능하다고 본다. 다만 청산절차에서 청산인이 영업양도할 경우 총사원의 과반수 결의만으로 가능하다는 규정을 두고 있다(상257, 269). 물적회사에서는 영업양

도·양수에는 주주총회(사원총회)의 특별결의가 요구되고 청산의 예외도 규정되어 있지 않으며(상374.1, 576.1), 특히 주식회사에서는 영업양도·양수에 반대하는 주주에게는 주식매수청구권이 인정된다(상374의2).

3) **계약의 성질** : 영업양도계약은 영업의 이전을 목적으로 하는 **채권계약**이므로 객관적 의의의 영업에 포함되는 재산의 성질에 따라 다양한 이행절차가 요구된다. 계약의 효과로서 양도인은 개별 재산의 이전의무를 부담하고 양수인은 이에 대한 대금을 지급할 의무를 부담하나, 인격의 소멸·합일의 효과를 가져오지 않는 점에서 합병계약과는 구별된다. 다만 영업양도계약은 재산권마다 개별 계약이 합쳐진 형태의 계약이 아니라 객관적 의의의 영업을 이전하는 단일한 계약이어서 개별적인 자산이전계약과는 구별된다. 판례는 영업양도가 인정되기 위해서는 영업양도계약이 있었음이 전제가 되어야 하는데, 영업재산의 이전 경위에 있어서 사실상 경제적으로 볼 때 결과적으로 영업양도가 있는 것과 같은 상태가 된 것으로 볼 수는 있다고 하더라도 묵시적 영업양도계약이 있고 그 계약에 따라 유기적으로 조직화된 수익의 원천으로서의 기능적 재산을 그 동일성을 유지시키면서 일체로서 양도받았다고 볼 수 없어 상법상 영업양도를 부정하였다(2005다602).

(3) 계약에 따른 효과

1) **개 요** : 영업양도계약은 객관적 의의의 영업의 양도를 내용으로 하므로 민법상 매매계약에 가장 유사하다고 볼 수 있으며, **계약의 효과**로서 양도인은 영업재산의 이전의무와 근로관계 이전의무를 부담하고 양수인은 이에 대한 대금지급의무를 부담한다. 영업양도계약에 관해 이러한 채권적 효력 이외에 상법은 **특별한 효과**를 규정하고 있는바, 양수인을 보호하기 위해 양도인에게 경업금지의무를 부과하고 있고 영업양도에 포함되지 않은 채권·채무의 채무자, 채권자를 보호하기 위해 특별한 규정을 두고 있다.

2) **영업재산 이전의무** : 영업양도계약은 객관적 의의의 영업에 관한 포괄적인 채권계약으로서 양도인은 양도계약에서 내용으로 정한 개별적인 재산의 이전을 위한 물권행위를 할 의무를 부담한다. 예컨대 부동산의 등기, 동산의 인도, 지명채권의 대항요건 구비, 지시채권의 배서·교부, 무기명채권·주권의 교부 기타 재산

권의 이전 등기·등록이 요구되고 물권행위가 구체화될 수 없는 사실관계의 경우 사실관계가 이전될 수 있도록 조치를 할 의무, 즉 거래처의 소개, 고객명부의 인계 등의 조치를 취할 의무를 부담한다. 이들 권리의 이전은 **특정승계**로서 포괄승계의 효과가 발생하는 합병과 구별된다. 이전의 범위에 포함되지 않은 재산권이라든가 이전범위에 포함되었지만 구체적인 이전행위가 없는 물권, 채권·채무 등의 재산은 이전되지 않고 양도인의 물권, 채권·채무로 남아 있게 된다. 특히 이들 양도인에게 잔존하는 채권·채무에 관해 채무자·채권자를 보호하기 위해 양도·양수인의 법정책임이 규정되어 있다(상42~45). 판례는 영업재산의 이전에 있어 양도인의 제3자에 대한 매매계약 해제에 따른 원상회복청구권은 지명채권이므로 그 양도에는 양도인의 채무자에 대한 통지나 채무자의 승낙이 있어야 채무자에게 대항할 수 있다고 보았다(91다22018).

3) **근로관계 이전의무** : 이전의 대상이 되는 객관적 의의의 영업에는 적극·소극의 재산뿐만 아니라 고용관계를 내용으로 하는 인적 조직(근로관계)까지 포함되므로 인적 조직의 이전의무도 양도인이 부담한다고 볼 수 있다. 하지만 영업양도인의 피용자는 본인의 의사에 반하여 고용관계를 계속할 의무를 부담하지 않으므로, 피용자의 계속근로제공의사가 확인된 경우에 양도인은 고용관계가 계속될 수 있도록 협조할 의무를 부담한다. 다만 양수인의 **고용승계의무의 요건성**에 관해, 대부분의 피용자를 승계하지 않을 경우 인적 조직의 동일성을 가질 수 없다는 점에서 영업양도로서의 성질이 부인될 가능성이 있다. 판례는 영업양도인의 일부 종업원만을 신규채용한 경우 영업양도를 부인하였고(95다7987), 영업양도에서 자의에 의하지 않은 퇴직, 재입사의 형식만으로 계속근로관계가 단절되지 않는다고 보았으며(91다40276), 영업양도에서 해고·면직처분의 효력을 다투는 근로자와의 근로관계까지 승계되는 것은 아니라고도 보았다(91다41750).

4) **대금지급의무** : 양도의 대가에 관해서는 별다른 논의가 없으나 반드시 현금지급에 국한되지 않고 현물이더라도 영업양도로 볼 수 있으며 대가가 양수인의 다른 영업일 경우 일종의 **영업교환**이 된다. 하지만 영업교환에도 양수인 및 제3자의 보호를 위해 상법의 영업양도에 관한 규정이 적극적으로 적용되어야 하므로 영업양도의 개념에 포함될 수 있다고 본다. 다만 양도의 대가가 지분권일 경우 엄밀하게 말하면 영업을 출자의 목적으로 한 경우에는 양도인이 영업을 출자하여

이행하는 순간 영업은 출자법인에 이전되나 이는 출자이지 양도로 볼 수 없다는 점에서 영업양도라 볼 수 있을지 의문이며 경업피지의무와 관련해서 후술한다. 이에 관해 판례는 영업을 현물출자한 것으로 보고 영업양도와 유사하여 영업양도에 관한 규정은 유추적용될 수 있다고 판단하고 있다(95다12231).

(4) 경업금지의무

1) **의 의** : 영업양도는 단순한 영업자산양도와는 달리 재산의 이전뿐만 아니라 고객관계를 포함한 사실관계의 이전도 내용으로 하고 있어 이러한 목적이 완전하게 달성되도록 할 필요가 있다. 상법은 양도된 사실관계(고객관계 등)에 대해 양도인에 의한 실질적 침해를 방지하기 위해 양도인에게 경업금지의무를 인정하고 있다. 부작위의무의 성질을 가지는 경업금지의무의 내용은 경업금지에 관한 특약이 없는 경우 동일 및 인근 행정구역에서 10년간 동종의 영업을 하지 못하도록 하고 있다(상41). 다만 양도당사자간에 경업금지에 관한 특약이 있더라도 이는 20년 내에서만 효력을 가진다고 정함으로써 적정한 보호를 넘어 양도인의 영업의 자유를 박탈하는 결과는 허용하고 있지 않다. 경업금지의무는 영업양도계약의 이행이 완료되면 발생하는 법정의무이다. 경업금지의무는 **영업양도인**의 일신전속적 의무이지만, 영업을 양도한 회사의 대표이사, 양도인이 설립한 회사 역시 경업금지의무를 부담하고 제3자의 명의로 양도인의 계산으로 경업하는 것도 허용되지 않는다. 다만 판례는 의무자를 상인에 국한시켜 이해하고 있어 농협은 도정공장을 양도하여도 경업금지의무가 없다고 판단하고 있지만(68다1560), 그 타당성은 의문이다(전술함). 그리고 경업금지지역으로서의 동일 지역 또는 인접 지역은 양도된 물적 설비가 있던 지역을 기준으로 정할 것이 아니라 영업양도인의 '통상적인 영업활동이 이루어지던 지역'을 기준으로 정하여야 하는데, 통상적인 영업활동인지 여부는 해당 영업의 내용, 규모, 방식, 범위 등 여러 사정을 종합적으로 고려하여 판단하여야 한다(2014다80440).

2) **위반의 효과** : 경업금지의무를 위반한 경우 양도인의 비용으로 위반사항을 제거하거나 일정한 처분을 하도록 법원에 청구할 수 있다(민389.3). 경업금지의무는 스스로 동종영업을 하거나 제3자를 내세워 동종영업을 하는 것을 금하는 것을 내용으로 하는 의무이므로, 영업양도인이 그 부작위의무에 위반하여 영업을 창출한 경우 그 의무위반 상태를 해소하기 위해 **영업을 폐지**할 것을 요구할 수 있다.

그리고 경우에 따라서는 손해배상청구도 가능한데(민390), 판례는 경업금지의무 위반시 그 의무위반 상태를 해소하기 위하여는 영업을 폐지할 것이 요구되고 그 영업을 타에 임대한다거나 양도한다고 하더라도 그 영업의 실체가 남아있는 이상 의무위반 상태가 해소되는 것은 아니므로, 그 이행강제의 방법으로 영업양도인 본인의 영업금지 외에 제3자에 대한 영업의 임대, 양도 기타 처분을 금지하는 것도 가능하다고 보았다(96다37985). 하지만 상업사용인의 경업금지의무 위반의 경우와 달리 명문의 규정이 없으므로 개입권을 행사할 수는 없다고 본다.

(5) 양도인의 채권자보호(불인수채무에 대한 양수인의 책임)

1) **의 의** : 영업양수인이 양도인의 상호를 계속 사용하는 경우에는 양도인의 영업으로 인한 제3자의 채권에 대하여 양수인도 변제할 책임이 있다(상42). 영업양도계약에서 양도되는 채무에 포함되지 않은 채무는 양도인의 채무로 남고 양수인은 계약상 이를 변제할 책임을 부담하지 않으나, 상법은 **법정책임**으로 양수인에게 변제할 책임을 부담시키고 있다. 상법 제42조 1항의 취지는 일반적으로 채무자의 영업상 신용은 채무자의 영업재산에 의하여 실질적으로 담보되는 것이 대부분인데, 채무가 승계되지 아니함에도 상호를 계속 사용함으로써 영업양도의 사실 또는 영업양도에도 불구하고 채무의 승계가 이루어지지 않은 사실이 대외적으로 판명되기 어렵게 되어 채권자에게 채권 추구의 기회를 상실시키는 경우 양수인에게도 변제의 책임을 지우기 위함이다(96다8826).

2) **적용요건** : ① 상호속용의 영업양도 – 상법 제42조는 상호를 속용한 영업양도에만 적용된다. 이는 상호속용 없이 영업이 양도된 경우에는 영업양도가 되었다는 것이 외관상 나타나므로 채권자는 채권을 추구할 기회를 가질 수 있으므로 양수인에게 법정책임을 인정하여 채권자를 보호할 필요가 없기 때문이다. **상호속용**이란 사실판단의 문제로서 사회통념상 객관적으로 보아 영업의 동일성이 있다고 믿을 만한 외관이 양도인 및 양수인에 의하여 표시되어 있는 것을 의미한다. 따라서 영업양도인이 사용하던 상호와 양수인이 사용하는 상호가 동일할 것까지는 없고 다만 전후의 상호가 주요 부분에 있어서 공통되기만 하면 상호를 계속 사용한다고 보아야 한다(96다8826). 판례는 영업출자에 관해 외형상의 양도와 출자를 구분하기 어려우므로 새로 설립된 법인은 상법 제42조 1항의 규정의 유추적용에 의하여 출자자의 채무를 변제할 책임이 있다고 보았다(96다13767).

② **불인수채무** – 상법 제42조는 영업양도가 있었으나 영업양도의 대상에서 배제되어 양수인이 인수하지 않은 채무의 채권자를 보호하기 위한 제도이므로 양수인의 불인수채무가 대상이 된다. 이러한 불인수채무는 영업과 관련하여 발생한 거래상의 채무로서 불법행위에 기한 손해배상채무(88다카12100), 부당이득반환채무도 포함된다. 불인수채무는 영업양도 전에 발생한 채무에 한정되고 영업양도 후에 발생한 채무는 포함되지 않는다. 판례도 영업양도일 당시 이미 발생하였으나 확인되지 아니하였던 임금채무는 포함되고(96다11105), 영업양도 후 양도인의 연대보증인이 일부 변제하여 발생한 연대보증인의 영업양도인에 대한 구상금채권에 대해서는 영업양수인에게 책임이 없다고 보았다(89다카11005). 다만 동 규정이 영업양수인이 양도인의 영업자금과 관련한 피보증인의 지위까지 승계하도록 한 것이라고 보기는 어렵고, 영업양수인이 위 규정에 따라 책임지는 제3자의 채권은 영업양도 당시 채무의 변제기가 도래할 필요까지는 없다고 하더라도 그 당시까지 발생한 것이어야 하고, 영업양도 당시로 보아 가까운 장래에 발생될 것이 확실한 채권도 양수인이 책임져야 한다고 볼 수 없다(2019다270217).

③ **제3자의 선의** – 제3자라 함은 양도인과 직접 거래한 채권자뿐만 아니라 그 자로부터 채권을 양수한 자를 포함한다(통설). 그런데 **채권자의 선의성**(**쟁점241**)에 관해, 긍정설은 선의의 채권자만이 보호가치가 있고 양수인도 보호할 필요가 있다는 점에서 선의를 요구하지만, 부정설은 동조가 담보라 할 수 있는 영업재산이 상실된 경우의 채권자보호제도라는 점과 양수인이 등기·통지에 의해 면책될 수 있다는 점에서 선·악을 불문한다고 본다. 판례는 영업양도에도 불구하고 채무인수의 사실 등이 없다는 것을 알고 있는 악의의 채권자가 아닌 한 당해 채권자가 비록 영업의 양도가 이루어진 것을 알고 있었다 해도 보호의 적격자가 아니라고 할 수는 없다고 보았다(88다카10128). 생각건대 채권자가 영업양도사실을 알았다고 하더라도 양도재산에 자신의 채권이 포함되었다고 믿었다면(불인수사실에 대한 선의) 채권추구기회가 상실되었다고 볼 수 있으므로 보호할 필요가 있다. 따라서 영업양도에 관해서는 악의이지만 채권 불인수사실에 대해 선의인 자를 보호하는 판례의 입장에 찬성한다.

3) **효 과** : 영업양수인은 채무를 인수하지 않았더라도 그 채무를 변제할 법정책임을 부담한다. 물론 양수인이 부담하는 채무는 양도인의 채무보다 더 중할 수는 없으므로 양도인이 행사할 수 있었던 **항변권**을 양수인도 행사할 수 있으며, 양

수인이 채무를 이행할 경우 양수인은 양도인에 대해 **구상권**을 행사할 수 있게 된다. 그리고 양수인의 채무부담에도 불구하고 원채무자라 할 수 있는 영업양도인이 면책되는 것은 아니므로 영업양도인과 양수인은 동 규정에 의해 **부진정연대채무**를 부담한다(통설). 하지만 판례는 영업양도인에 대한 채무명의로서 바로 양수인의 소유재산에 대하여 강제집행을 할 수는 없다고 보고(67다1102), 확정판결상의 채무에 관하여 이를 면책적으로 인수하는 등 특별사정이 없는 한 그 영업양수인을 곧 민사소송법 제204조의 변론종결 후의 승계인에 해당된다고 할 수 없다고 보았다(78다2330). 다만 상법은 양수인을 보호하기 위해 **등기·통지에 의한 면책제도**를 두어, 양수인이 영업양도를 받은 후 지체 없이 양도인의 채무에 대한 책임이 없음을 등기하거나(일반적 효과) 양도인과 양수인이 지체 없이 제3자에 대하여 그 뜻을 통지한(대인적 효과) 경우에는 면책된다(상42.2). 영업양수인의 책임은 영업양도인이 부담하는 채무에 관한 법정책임이므로 영업양도인의 채무의 소멸시효에 따른다고 본다. 따라서 영업양도인의 채무변제일이 영업양도인 책임의 소멸시효 기산점이라 볼 수 있다.

4) **상호불속용과 채무인수 광고** : 영업양수인이 상호를 속용하지 않은 경우에는 채권자로서는 적극적 권리행사의 기회를 박탈당하였다고 볼 수 없으므로, 영업양도계약의 효과에 따라 인수하지 않은 채무에 대해 양수인은 원칙적으로 책임을 부담하지 않는다. 그러나 예외적으로 양수인이 채무인수를 하지 않았음에도 채무인수를 광고한 경우에는 상법은 영업양수인에게 변제할 책임을 부담시키고 있으며(상44), 이는 신의칙이나 영미법상의 금반언의 원칙이 반영된 규정이라 할 수 있다. 동조에서 **광고**라 함은 사회통념상 영업으로 생긴 채무를 인수한 것으로 채권자가 일반적으로 믿을 수 있는 외관을 야기한 경우로서 개별적으로 통지한 경우도 이에 해당한다. 판례도 상법 제44조의 법리는 영업양수인이 양도인의 채무를 받아들이는 취지를 광고에 의하여 표시한 경우에 한하지 않고, 양도인의 채권자에 대하여 개별적으로 통지를 하는 방식으로 그 취지를 표시한 경우에도 적용된다고 보았다(2007다89722). 상호불속용의 경우 채권자는 광고가 있음에도 채권자가 이를 인지하지 못한 경우에는 여전히 영업양도인을 채무자로 인식하게 되고 채무인수 광고를 인지한 경우에만 그 때부터 영업양수인에 대한 채권을 행사할 수 있게 된다고 본다. 따라서 채무인수광고가 있었음을 안 때부터 권리행사가 사실상 가능하다고 볼 수 있어 이를 채무인수광고 영업양수인의 책임의 소멸시효

기산점이라 본다.

5) **양도인의 책임의 존속기간** : 영업양수인이 인수하지 않은 채무에 대해 변제책임을 부담하는 경우(상42.1의 법정책임, 상44의 광고에 따른 책임) 양도인의 책임은 영업양도 후 또는 광고 후 2년이 경과하면 소멸한다(상45). 법정채무를 예외적으로 부담하는 양수인의 책임에 관한 단기소멸시효를 규정하여야 할 듯 보이나, 상법은 원채무자인 **양도인책임의 단기소멸시효**를 정하고 있는 것이 특징적이다. 이러한 입법취지는 영업활동으로 생긴 채무는 영업과 함께 하는 것이 타당하다는 점과 양도인과 양수인간의 구상관계를 단기에 해소하려는 것으로 통상 해석된다. 그리고 책임의 단기소멸시효에 관한 규정이 양수인의 법정책임이나 광고에 따른 책임이 아니라 양도인과 양수인간의 중첩적 채무인수의 경우에도 법정책임의 경우와 균형상 동조가 유추적용된다는 견해가 있지만, 단기소멸시효에 관한 규정을 계약자유의 원칙에 따른 채무인수계약에 적용하는 것은 부적절하고 이는 일반 채권의 소멸시효에 따른다고 본다.

(6) 양도인의 채무자보호(불양도채권의 양수인에 대한 변제)

1) **의 의** : 상호를 속용하는 영업양도에서 양도인의 영업으로 인한 채권에 대하여 채무자가 선의이며 중대한 과실 없이 양수인에게 변제한 때에는 그 효력이 있다(상43). 상호를 속용하는 영업양도의 경우 양도인의 채무자는 영업주가 변경된 사실을 모르는 경우가 많으므로 선의의 채무자가 영업소를 방문하여 변제하는 경우 이를 보호하고자 변제의 효과를 인정한다. 동조에 관해 이를 외관법리의 표현으로 보는 견해가 있지만, 상호를 속용할 경우에는 모든 채권을 양수하여야 하는 것은 아니므로 권리외관이 있다고 보기 어렵다. 따라서 본조는 외관법리를 따른 것으로 볼 수는 없고 상호속용의 영업양도에서 양도인의 채권자를 정책적 관점에서 보호하기 위한 규정이라 보아야 한다.

2) **적용요건** : ① **상호속용의 영업양도** – 상법 제43조는 상호를 속용하면서 영업을 양도한 경우에 적용되는데 상호속용의 의미와 영업양도의 범위는 상법 제42조에서의 논의와 동일하다.

② **불양도채권** – 영업양도의 대상재산에 포함된 채권(양도채권)은 채권양도의 대항요건을 갖춘 경우 당연히 양수인에게 변제하는 것이 타당하다. 동조는 양도

재산에 포함되지 않은 채권(불양도채권)에 관해 영업양도사실이나 불양도사실을 알지 못하고 양수인에게 변제하는 경우 보호하기 위한 특별규정이다. 불양도채권에는 채권양도계약이 체결되었으나 무효로 된 경우도 포함되고, 채권양도계약이 유효하더라도 채권양도의 대항요건을 갖추지 못한 경우에도 결국 채무자에 대한 관계에서는 불양도채권과 동일하므로 이에 포함된다고 본다.

③ **선의의 채무자 – 채무자의 선의성**(**쟁점242**)에 관해, 영업양도 사실에 대한 선의·무중과실을 의미한다고 보는 견해는 영업양도사실에 대하여 알고 있었지만 채권양도가 없었다는 사실에 대해 선의였을 경우에는 상법 제43조로 보호되지 않고 채권의 준점유자에 대한 변제의 법리에 의하여 채무자는 보호된다고 본다. 생각건대 상호속용만으로 채권의 준점유자가 된다고 보기는 어려우므로 불양도사실에 대한 선의도 여전히 보호할 필요가 있다. 따라서 상법 제42조의 논의에서와 동일하게 상법 제43조의 해석에서도 영업양도사실에 관해 악의이더라도 채권불양도사실에 관해 선의인 경우에는 상법 제43조가 적용되어 보호된다고 본다.

3) **효 과** : 양도인에 대한 채무이지만 선의의 채무자는 이를 양수인에게 변제하더라도 유효한 변제가 된다. 이러한 효과는 영업양도의 효과가 아니라 채무자의 변제행위가 있을 경우 변제행위의 효과를 유효하게 의제한다는 점에서 상법 제42조와는 효과를 달리한다. 다만 **증권채권**은 제시증권성 또는 상환증권성 등의 특징을 가지므로 상법 제43조의 규정은 증권채권에 대하여는 적용되지 않는다고 본다. 따라서 양수인이 양도인의 상호를 계속 사용하면서 양수인이 증권채권을 양수하지 않은 경우에는 그 증권상의 채무자가 양수인에게 변제하여도 그 효력이 없고 증권의 정당한 소지인에게 다시 변제하여야 한다.

4) **상호를 속용하지 않는 경우** : 상호를 속용하지 않는 경우에는 상법에 특별한 규정을 두고 있지 않으므로 양도인에 대한 채무를 양수인에게 변제하여도 민법의 일반규정에 따라 변제로서 효력은 발생하지 않는다고 본다. 다만 채권의 준점유자에 대한 변제에 해당할 경우는 변제의 효력이 인정될 수 있다. 불양도채권에 관해 상법 제44조가 유추적용되는가(**쟁점243**)에 관해, 양수인의 불양도채권에 관한 양수를 양도인의 동의(묵인) 하에 광고하거나 또는 양도인과 함께 채무자에게 통지한 경우에는 상법 제44조를 유추적용하여 선의이며 중대한 과실 없이 양수인에게 변제한 채무자는 면책될 수 있다는 **긍정설**과 이 경우에는 변제자(채무자)와 양

수인간의 불법행위가 문제될 뿐이라고 하고 채무자는 채권의 준점유자에 대한 변제의 법리에 의해서만 면책될 수 있다는 **부정설**이 대립하고 있다. 생각건대 민법상의 신의칙에 따라 채권양도의 경우에 채무인수에 관한 상법 제44조의 규정을 유추적용 할 수 있다고 본다.

(7) 영업임대차

1) **의 의** : 객관적 의미의 영업을 일정기간 상대방에게 대여하고 그 대가로 임대료를 받는 경우 이를 영업임대차라 하며 주식회사법에서 주주총회의 특별결의사항의 하나로서 규정되어 있다(상374.1 2호). 이때 영업에 대한 권리 자체가 이전되는 것이 아니라 임차인에게 일정기간 대여되는 데 지나지 않아 영업의 교환가치는 이전하지 않고 사용가치만 상대방에게 이전하는 거래로 볼 수 있다. 하지만 임차인은 독립적으로 경영함으로써 경영권의 주체, 즉 영업주의 지위(상인자격)에 서게 되고 영업의 결과 발생한 이윤·손실(권리·의무)은 임차인에게 귀속하게 된다. 영업임대차의 법적 성질은 임대차계약을 기본으로 하는 혼합계약으로 보아야 한다. 상법에는 영업임대차와 유사한 개념으로 선체용선에 관해서는 규정이 있으나(상847), 영업임대차의 법률관계에 관해서는 규정을 두고 있지 않아 상업등기도 불가능하다.

2) **구별 개념** : 영업임대차는 객관적 의미의 영업을 타인에게 위임하여 경영하도록 하는 **경영위임**과 구별된다. 경영위임은 주식회사법에서 주주총회의 특별결의사항의 하나로서 규정되어 있는데(상374.1 2호), 수임인이 수임한 범위 내에서의 경영을 할 뿐이므로 경영을 대리하는 데 지나지 않으므로 원칙적으로 경영권의 주체, 즉 영업주의 지위(상인 자격)에 서지 못하며 영업의 결과 발생한 이윤·손실(권리·의무)은 원칙적으로 영업주에게 귀속하게 된다는 점에서 임차인과 구별된다. 구체적으로 경영위임의 유형에는 권리·의무는 위임인에게 귀속하나 이윤의 처리에 있어 1차적으로 수임인에게 귀속하고 위임인은 일정한 배당을 받는 **경영위임계약**과 순수하게 이윤 역시 위임인에게 귀속하고 수임인은 보수를 받는 **경영관리계약**으로 구별된다. 영업을 담보로 제공할 수 있는 **영업담보**에 관해서는 공장저당법, 광업재단저당법 등의 특별법에서 일부 규정을 두고 있지만, 현재로선 특별한 규정이 없어 영업 자체의 질권·저당권 설정은 불가능하다.

3) **법률관계** : 영업임대차에서 당사자간의 법률관계는 계약자유의 원칙에 따라 당사자간의 합의에 따른다. 다만 영업양도에서 채무자·채권자보호를 위해 상법에는 특별규정을 두고 있는데, 이들 규정(상41, 42, 43)의 **영업임대차에 유추적용 가능성**(쟁점244)에 관해, **긍정설**은 계약에 정함이 없는 사항은 영업양도에 관한 규정을 준용하는 외에 민법의 임대차에 관한 규정을 유추적용하여야 한다고 보고 임대인은 영업양도인에 준하여 경업피지의무를 부담한다고 본다. **부정설**은 영업양도와 영업권의 임대차는 그 성질이 다른 것이므로 영업양도에 관한 상법 제42조 1항은 영업권의 임대차계약에 확대적용되거나 유추적용될 수 없다고 본다. **판례**는 영업임대차의 경우 채권자가 제공하는 영업상의 신용에 대하여 실질적인 담보의 기능을 하는 영업재산의 소유권이 재고상품 등 일부를 제외하고는 모두 임대인에게 유보되어 있고 임차인은 사용·수익권만을 가질 뿐이어서 임차인에게 임대인의 채무에 대한 변제책임을 부담시키면서까지 임대인의 채권자를 보호할 필요가 없다고 보아 부정설을 따른다(2014다9212). 생각건대 영업임대차의 경우 임대차기간이 만료되면 다시 복귀할 것이므로 채권자의 신뢰를 이유로 임차인에게 예기치 않는 비용을 지급케 할 이유는 없다고 볼 때, 영업양수인의 법정책임에 관한 상법 제42조를 영업임차인에게 유추적용하는 것은 부적절하다. 그러나 영업양수인에 대한 변제(상43), 채무인수를 광고·통지한 양수인의 책임(상44)은 영업임대차관계에서도 채무자·채권자 보호를 위해 실익이 있으므로 유추적용될 필요가 있다. 그리고 경업금지와 관련하여 영업임대차의 경우에도 동일한 문제가 발생하므로 상법 제41조는 영업임대차에 유추적용되어야 한다고 생각된다.

제 4 장 상행위법 통칙

1. 상행위

1) **기본적 상행위**(상46) : **당연상인**이란 자기명의로 상행위를 하는 자(상4)이며, 이 때 상행위란 기본적 상행위(상46)를 의미한다. **의제상인**은 점포 기타 유사한 설비에 의하여 상인적 방법으로 영업을 하는 자와 회사를 의미한다(상5). 의제상인이 하는 행위를 **준상행위**라 하며, 상행위편 통칙이 준용된다(상66). 그리고 **기본적 상행위**란 상법 제46조에서 열거하고 있는 22가지의 행위를 영업으로 하는 행위를 의미하지만, 오로지 임금을 받을 목적으로 물건을 제조하거나 노무에 종사하는 자의 행위는 포함되지 않는다. 판례는 '영업으로 한다'는 의미에 관해 영리를 목적으로 동종의 행위를 계속 반복적으로 하는 것을 의미한다고 보고(2017다265389), '자기 명의'란 상행위로부터 생기는 권리의무의 귀속주체로 된다는 뜻으로서 실질에 따라 판단하여야 하므로, 행정관청에 대한 인·허가 명의나 국세청에 신고한 사업자등록상의 명의와 실제 영업상의 주체가 다를 경우 후자가 상인이 된다고 보았다(2007다66590).

2) **보조적 상행위**(상47) : ① 개념 – **보조적 상행위**란 당연상인이든 의제상인이든 상인이 '영업을 위하여' 하는 행위를 의미한다. '영업으로' 하는 22종의 행위는 기본적 상행위가 되지만 '영업을 위하여' 하는 행위(종류에 제한이 없음)는 보조적 상행위가 된다. 예를 들어 서점을 운영하는 자(당연상인)가 하는 서적 구매·판매행위는 영업으로 하는 행위로서 기본적 상행위가 되지만, 사업자금을 위해 은행으로부터 대출을 받는 것은 영업을 위한 행위로서 보조적 상행위가 된다. 상법은 상인의 행위를 영업을 위하여 하는 것으로 추정한다(상47.2). 통상적으로 상인의 행위만 보조적 상행위가 될 수 있지만, 영업을 위하여 한다는 것이 명백할 경우 상인자격의 취득 전 또는 상실 후의 행위도 포함된다고 본다.

② 상인 자격(판례) – 보조적 상행위로서 상법의 적용을 받기 위해서는 행위를 하는 자 스스로 상인 자격을 취득하는 것을 당연한 전제로 하므로(2014다70184), 회사의 대표이사 개인이 회사의 운영 자금으로 사용하려고 돈을 빌리거나 투자를

받는 것은 보조적 상행위가 되지 않고, 영업과 상관없이 개인 자격에서 돈을 투자하는 행위 역시 상인의 기존 영업을 위한 보조적 상행위가 되지 않는다(2017다205127). 그러면서 영업의 목적인 기본적 상행위를 개시하기 전에 영업을 위한 준비행위를 하는 자는 영업으로 상행위를 할 의사를 실현하는 것이므로 그 준비행위를 한 때 상인자격을 취득함과 아울러 이 개업준비행위는 영업을 위한 행위로서 그의 최초의 보조적 상행위가 된다고 본다(98다1584). 그러나 이러한 준비행위가 보조적 상행위로서 상법의 적용을 받기 위해서는 그 행위를 하는 자가 장차 상인자격을 취득하는 것을 당연한 전제로 하므로, 그 행위자의 어떤 행위가 상인자격을 취득할 주관적 의사 아래 영업을 위한 준비행위로서 이루어져야 보조적 상행위가 될 수 있다고 본다(2012다47388). 다만 영업자금의 차입 행위에 관해 영업의 목적인 상행위를 준비하는 행위라고 할 수 없지만, 행위자의 주관적 의사가 영업을 위한 준비행위였고 상대방도 행위자의 설명 등에 의하여 그 행위가 영업을 위한 준비행위라는 점을 인식하였던 경우에는 상행위에 관한 상법의 규정이 적용된다고 본다(2011다104246).

3) **일방적 · 쌍방적 상행위**(상3) : **일방적 상행위**란 당사자 중 1인의 행위만이 상행위인 경우를 의미하고, 일방적 상행위에도 당사자 쌍방에 대해 상법이 적용된다(상3). 예를 들어 대학생이 은행으로부터 학자금을 융자받는 경우, 이는 일방적 상행위이지만 당사자 쌍방에 상법이 적용되므로 상사소멸시효인 5년의 소멸시효기간이 적용되지만(상64), 상사유치권 등은 일방적 상행위에는 적용되지 않는다(상58). **쌍방적 상행위**란 당사자 쌍방 모두에게 상행위가 되는 경우를 의미하고, 당연히 당사자 쌍방에 모두 상법이 적용된다. 다만 판례는 상법 제3조를 해석함에 있어 당사자의 일방이 수인인 경우에 그 중 1인에게만 상행위가 되더라도 전원에 대하여 상법이 적용된다고 보았다(2013다68207). 하지만 동조는 일방적 상행위를 표제로 하고 있어 쌍방적 상행위와 구별되는 당사자 일방이 상인인 경우에 적용되는 규정이다 따라서 당사자 일방을 구성하는 수인 중 1인이 상인인 경우 그 전원에 대해 상법을 적용하는 근거로 보기는 어렵다고 본다. 특정거래가 일방에는 기본적 상행위가 되고 타방에는 보조적 상행위가 되더라도 이는 쌍방적 상행위이지 일방적 상행위인 것은 아니다. 다만 일방적 상행위에도 상법이 쌍방에 적용되므로 쌍방적 상행위에만 적용을 예정한 일부 규정의 경우를 제외하고는 쌍방적 상행위와 일방적 상행위의 구별의 실익이 없다.

2. 민법 총칙편에 대한 특칙

(1) 상행위의 대리방식(비현명주의, 상48)

1) **현명주의 vs 비현명주의** : 민법은 대리인이 대리행위를 함에 있어서 본인을 위한 것임을 표시하여야 한다는 현명주의가 적용된다(민115). 하지만 상행위 대리에서 현명주의의 고수는 불편하고 비효율적이어서, 대리행위의 일상성, 반복·계속성을 고려하여 현명 없이도 대리행위를 할 수 있게 함으로써 거래의 신속성을 도모하기 위해 비현명주의가 도입되어 있다. 다만 비현명주의를 도입할 경우 상대방의 신뢰(대리인을 본인으로 아는 경우) 보호가 문제되는데, 대리인(행위자)에게 법률행위의 효과가 귀속된다고 신뢰한 거래상대방에게는 대리인에게도 이행을 청구할 수 있도록 하고 있다.

2) **적용요건** : ① 상행위 – 비현명의 방식으로 대리되는 것은 상행위에 한정되는데, **상행위**에는 기본적 상행위, 보조적 상행위 모두 포함된다. 하지만 일방적 상행위의 경우 상행위가 성립하지 않는 당사자에 대해서는 상법이 적용되지 않고 민법의 현명주의가 적용된다. 그리고 거래행위이어야 하므로 조세의 부과 및 징수에 관하여는 적용되지 않는다고 본다(87누224). **비현명**이라 함은 앞서 본 바와 같이 대리행위를 하면서 본인을 위한 것임을 표시하지 않는 것을 의미한다. 본인의 명의로 대리인이 직접 법률행위를 하는 경우 이른바 **대행**의 경우에는 본인의 표시가 있기 때문에 현명된 것이어서 본조가 적용되지 않는다. 그리고 대리행위가 있어야 적용될 수 있으므로 법률행위가 아닌 사실행위 등은 본조의 적용범위에 포함되지 않으며, 후술하는 바와 같이 능동대리만 포함되고 수동대리의 경우는 적용되지 않는다. 판례는 조합대리에 있어서도 그 법률행위가 조합에 상행위가 되는 경우에는 조합을 위한 것임을 표시하지 않았다고 하더라도 그 법률행위의 효력은 본인인 조합원 전원에게 미친다(2008다79340).

② 상대방의 선의 – 대리행위의 상대방이 본인을 위한 것임을 몰랐을 경우 **선의의 상대방의 과실**(쟁점245)에 관해, 민법 제115조는 무과실을 요건으로 하고 있으나 상법은 과실유무에 관해 침묵하고 있어(상48) 상대방의 선의에 과실의 유무는 불문한다고 보는 견해와 중과실 있는 선의는 보호범위에서 배제된다는 견해가 있다. 생각건대 상법은 비현명대리의 경우 원칙적으로 본인이 책임을 부담하고

상대방이 선의인 경우 대리인의 연대책임을 인정하는데, 연대책임에 의한 상대방 보호를 중과실 있는 자에게까지 확장시킬 필요가 없다고 보아 중과실을 배제하는 견해가 타당하다고 본다. **선의의 증명책임**에 관해, 거래상대방이 자신의 선의를 입증하여야 한다고 보는 견해가 있으며, 대리인의 연대책임을 묻기 위한 요건사실을 주장하는 자(거래상대방)가 자신의 선의를 증명할 책임을 부담한다고 볼 때 타당하다.

3) **비현명 대리행위의 효과** : 상행위의 대리인이 본인을 위한 것임을 표시하지 아니하여도 그 행위는 본인에 대하여 효력이 있다(상48본문). 판례는 지입차주가 그 차량에 대하여 타이어 등을 교체하기 위하여 타이어 등 자동차부속품을 구입한 경우, 이는 자동차관리의 통상업무에 속하는 행위로서 회사를 대리한 것으로 보아야 할 것이므로 회사는 위 물품대금의 지급책임을 면할 수 없다고 보았다(88다카15628) 그러나 거래의 상대방이 대리행위임을 인식하지 못한(선의) 경우 비현명주의의 원칙에 따라 본인이 책임을 부담하지만 대리인도 이행책임을 부담하는데, 양 채무간에는 **부진정연대관계**에 있다고 본다(상48단서). 다만 어음·수표행위가 대리된 경우 대리인이 본인을 현명하지 않았다면 **어음·수표행위의 문언성**으로 인해 설사 거래상대방이 대리인을 위한 것이 아님을 알았다고 하더라도 대리인에게만 효력이 발생하여, 결과적으로 민법보다 엄격한 현명주의를 취하게 되는 결과가 된다. 어음행위와 달리 선하증권의 발행에 관해 판례는 선하증권은 운송인이 그 대리인을 통해서도 발행할 수 있다고 하여, 선하증권에 직접 서명하여 이를 송하인에게 교부한 행위자인 대리인을 운송계약상의 운송인으로 인정하지 아니하고 본인을 운송인으로 인정한 바 있다(95다7215).

4) **적용범위** : 상거래상의 의사표시가 대리인에 의해 **수동대리**된 경우 본인에 대한 의사표시임을 나타내지 않았다면 이는 상법 제48조의 본문 혹은 단서를 적용하기보다는 상대방의 의사표시의 해석문제로 보아야 한다고 생각된다. 왜냐하면 수동대리, 즉 법률행위의 수령은 법률행위의 대리가 아니기 때문이다. **비현명주의의 회사 거래에의 적용여부**(**쟁점246**)에 관해, **긍정설**은 본인이 회사일 경우 대리에 관한 규정에 상법 제48조가 포함된다고 해석되고 개인명의의 행위에 대해서도 회사는 원칙적으로 책임을 부담하게 된다고 보고, **부정설**은 민법 제59조 2항에서 말하는 대리에 관한 규정은 민법상의 대리에 관한 규정이라 할 수 있고 따라서

상법 제48조는 적용되지 않는다고 보아 대표행위에는 본인이 표시되어야 한다고 본다. 생각건대 문언성을 가지는 어음·수표행위를 제외하고는 회사의 거래행위에 관해 거래의 신속성, 거래의 안전 등 비현명주의의 실익이 그대로 나타나므로 대표이사가 회사를 현명하지 않고 거래하더라도 거래행위의 효과는 회사에 귀속한다고 보는 적용긍정설이 타당하다고 본다.

(2) 본인 사망과 대리권 존속(상50)

민사대리는 본인의 사망, 대리인의 사망·성년후견의 개시·파산 등에 의해 대리권이 소멸한다(민127). 그런데 상사대리인에게 이 규정을 적용할 경우 특히 상인 본인이 사망하더라도 기업의 유지의 이념에 따라 기업활동의 연속성을 위해서 대리인은 상속인을 위해 대리권을 행사할 수 있도록, 상법은 상인이 그 영업에 관하여 수여한 대리권은 본인의 사망으로 인하여 소멸하지 아니한다는 규정을 두고 있다(상50). 회사가 해산하여 청산할 경우에는 청산인이 별도로 선임되므로 상법 제50조는 유추적용될 여지가 없다고 본다. 그리고 본조가 적용되기 위해서는 수권행위가 영업과 관련성을 가져야 하므로 상인이 영업과 무관하게 대리권을 수여할 경우에는 민법이 적용되어 본인이 사망하면 대리권은 소멸한다. 수권행위는 보조적 상행위의 성질을 가진다고 볼 수 있는데, 대리인이 상인이 아니더라도 본인이 상인이면 동조가 적용되므로 쌍방적 상행위뿐만 아니라 일방적 상행위라도 무방하다고 본다.

(3) 상사 위임(상49)

민법은 수임인은 위임의 본지에 따라 선량한 관리자의 주의로써 위임사무를 처리하여야 한다는 규정을 두고 있다(민681). 이에 반해, 상사 위임의 경우에는 위임의 본지에 반하지 아니한 범위 내에서 위임을 받지 아니한 행위를 할 수 있다고 규정하고 있다(상49). 양 조문을 비교하면 표현상 민법규정보다는 상법규정이 수임인의 권한을 더 넓게 규정하고 있는 것으로 보인다. 상법규정의 취지에 관해, **예외규정설**은 상법 제49조가 수임인의 대리권의 범위를 확장하였다고 보고, **주의규정설**은 민법 제681조의 예외규정이 아니라 민법의 원칙을 명백히 한 당연한 해석규정 또는 주의규정이라 본다. 생각건대 민법상 수임인도 긴박한 사정이 있을 경우 위임의 범위를 벗어나더라도 필요적절한 조치를 할 수 있다는 점에서 민법의 원칙을 주의적으로 규정한 것으로 이해함이 타당하다고 본다.

(4) 상사채권의 소멸시효(상64)

1) **단기소멸시효** : 민사채권의 소멸시효기간은 원칙적으로 10년이지만(민162), 상행위로 인한 채권의 소멸시효기간은 5년으로 단축되어 있다(상64). 영리를 목적으로 하는 상행위로 인한 채권의 소멸시효를 짧게 하여 상거래의 신속한 결제를 도모하고 있다. 상행위로 인하여 생긴 채권에는 쌍방적 상행위로 인한 채권은 물론 일방적·보조적 상행위(2006다1381)로 인한 채권이 포함된다는 것이 통설·판례이다. 따라서 민사채무에 대해 상행위로 보증채무를 부담하였다면 상사시효가 적용된다고 본다. 그리고 판례는 상행위로부터 생긴 채권뿐 아니라 이에 준하는 채권에도 상법 제64조가 적용되거나 유추적용될 수 있다고 본다(2017다248803).

2) **적용 배제** : 상법이나 다른 법령에서 시효기간을 단축한 경우에는 상법 제64조가 적용되지 않는다. 공중접객업자의 책임의 시효기간을 6월로 정하고 있으며(상154.1), 운송주선인·육상운송인·창고업자의 책임·채권(상121, 122, 147, 166, 167)은 1년의 단기소멸시효기간을 정하고 있으며, 해상운송인의 채권(상811), 공동해손채권(상842)도 1년의 단기소멸시효기간을 정하고 있다. 그리고 보험자의 보험료청구권은 2년(상622), 보험자의 보험금지급채무는 3년의 단기소멸시효기간을 정하고 있다(상662). 그 밖에 민법에도 일부 상사채권에 해당하는 채권들의 소멸시효기간을 단축시키고 있으며(민163, 164), 어음법에도 어음금청구권·상환청구권·재상환청구권의 소멸시효기간을 각각 3년·1년·6월로 단축시키고 있으며(어70), 수표법에서도 유사한 규정을 두고 있다(수51, 58). 판례도 다른 법령에 상사시효보다 단기의 시효의 규정이 있는 때에는 그 규정에 의하는 것이므로 본건 채권이 1년 단기시효에 의하여 소멸되는 것이라면 상사시효에 관한 규정을 적용할 것이 아니라 민법상 1년의 단기시효의 규정을 적용하여야 한다고 보았다(66다790). 그러나 판례는 대출금에 대한 지연손해금(91다17092), 노임채권에 관한 준소비대차약정(80다1363), 위탁매매인에 대한 이득상환청구권이나 이행담보책임 이행청구권(95다39854) 등에 관해 민법의 단기소멸시효(민163)의 적용을 배제하고 상사소멸시효를 적용하였다.

3) **적용 사례** : ① 원칙 – 상사시효는 쌍방적 상행위는 물론 일방적 상행위로 인한 채권에도 적용되고, 상행위에는 기본적 상행위뿐만 아니라 상인이 영업을

위하여 하는 보조적 상행위(상47)도 포함된다(2005다7863). 상사시효가 적용되는 채권은 직접 상행위로 인하여 생긴 채권뿐만 아니라 그 채무의 불이행에 기하여 성립한 손해배상채권도 포함되고(97다9260), 상행위인 계약의 해제로 인한 원상회복청구권도 상사시효가 적용된다(93다21569). 따라서 도급계약이 상행위인 경우 도급인의 손해배상청구권에도 상사시효가 적용되고(2011다56491), 은행의 대출에 관해 변제기 이후의 지연손해금은 그 원본채권과 마찬가지로 상행위로 인한 채권으로서 상사시효가 적용된다(2006다2940).

② **보조적 상행위** – 다른 상인의 영업을 위한 준비행위는 행위를 한 자의 보조적 상행위가 될 수 없다고 본다(2011다83226). 근로계약이나 단체협약이 보조적 상행위이어서 단체협약에 기한 근로자의 유족들의 회사에 대한 위로금채권에 5년의 상사소멸시효기간이 적용되지만(2006다1381), 근로자의 근로계약상의 주의의무 위반으로 인한 손해배상청구권은 상거래 관계에 있어서와 같이 '정형적으로나 신속하게 해결할 필요'가 없다고 보아 5년의 상사시효가 아니라 10년의 민사소멸시효기간이 적용된다고 보았다(2004다22742).

③ **공익기관** – 농업협동조합(99다53292), 광업진흥공사(93다54842), 새마을금고(98다10793), 신용협동조합(2016다254658), 단위농협(80다2855), 한국토지공사(2017다265389)은 그 공익을 추구하는 비영리법인으로서 물건판매행위(농협), 융자행위(광업진흥공사), 회원대출행위(새마을금고, 신협)는 일반적으로는 영리를 목적으로 하는 행위로 보기 어렵다고 보았다. 다만 한국전력공사의 '영업으로 하는 전기의 공급에 관한 행위'는 상법상 기본적 상행위에 해당하고(상46.4호), 상법이 적용되므로(상2) 전기공급계약에 근거한 위약금 지급채무 역시 상행위로 인한 채권이어서 상사시효가 적용된다고 보았다(2011다112032). 그리고 비영리행위를 하는 공익기관(예, 새마을금고, 신협)으로부터 대출을 받은 회원이 상인으로서 그 영업을 위하여 대출을 받았다면 그 대출금채권은 상사채권이고 상사시효가 적용된다(2016다254658).

④ **부당이득** – 부당이득반환청구권은 상행위인 계약에 기초하여 이루어진 급부 자체의 반환을 구하는 것으로서, 그 채권의 발생 경위나 원인, 당사자의 지위와 관계 등에 비추어 그 법률관계를 상거래 관계와 같은 정도로 신속하게 해결할 필요성이 있는 경우 상사시효가 적용된다(2006다63150). 그러나 부당이득반환청구권의 내용이 급부 자체의 반환을 구하는 것이 아니거나, 위와 같은 신속한 해결 필요성이 인정되지 아니하는 경우라면 특별한 사정이 없는 한 민사소멸시효기간

이 적용된다고 보아(2016다271257) '신속해결의 필요성'에 따라 적용되는 시효기간을 달리 판단하고 있다. 판례에서 적용된 예를 보면, 주식회사에서 배당가능이익이 없는데도 이익의 배당이나 중간배당이 실시된 경우 회사나 채권자가 주주로부터 배당금을 회수하는 것은 회사의 자본충실을 도모하고 회사 채권자를 보호하는 데 필수적이지만, 회수를 위한 부당이득반환청구권 행사를 신속하게 확정할 필요성이 크다고 볼 수 없다고 보아 위법배당에 따른 부당이득반환청구권은 10년의 민사소멸시효(민162.1)에 걸린다고 본다(2020다208621). 하지만 보험계약자가 다수의 계약을 통하여 보험금을 부정 취득할 목적으로 보험계약을 체결하여 선량한 풍속 기타 사회질서에 반하여 무효인 경우 보험자의 보험금에 대한 부당이득반환청구권은 상법 제64조를 유추적용하여 5년의 상사 소멸시효기간이 적용된다고 본다(2019다277812). 허위·과다입원으로 수령한 보험금 상당 부당이득반환청구권은 기본적 상행위인 보험계약에 기초하여 이루어진 급부 자체의 반환을 구하는 것으로서 그 법률관계를 상거래 관계와 같은 정도로 정형적으로 신속하게 해결할 필요성이 있으므로 상사소멸시효 기간에 걸린다고 본다(2018다258074).

4) **소멸시효의 적용** : ① **기산점** – 소멸시효는 객관적으로 권리가 발생하여(청구권의 성립) 그 권리를 행사할 수 있는 때로부터 진행하고 그 권리를 행사할 수 없는 동안은 진행하지 않는다. 판례는 '권리를 행사할 수 없는' 경우라 함은 그 권리행사에 법률상의 장애사유, 예컨대 기간의 미도래나 조건불성취 등이 있는 경우를 말하는 것이고, 사실상 권리의 존재나 권리행사 가능성을 알지 못하였고 알지 못함에 과실이 없다고 하여도 이러한 사유는 법률상 장애사유에 해당하지 않는다고 보았지만(2006다1381), 법인의 이사회결의가 부존재함에 따라 발생하는 제3자의 부당이득반환청구권처럼 법인이나 회사의 내부적인 법률관계가 개입되어 있어 청구권자가 권리의 발생 여부를 객관적으로 알기 어려운 상황인 경우 이사회결의부존재확인판결의 확정과 같이 객관적으로 청구권의 발생을 알 수 있게 된 때로부터 소멸시효가 진행된다고 보았다(2002다64957).

② **상사시효의 주장** – 판례는 권리를 소멸시키는 소멸시효 항변은 변론주의 원칙에 따라 당사자의 주장이 있어야만 법원의 판단대상이 되지만, 어떤 시효기간이 적용되는지에 관한 주장은 권리의 소멸이라는 법률효과를 발생시키는 요건을 구성하는 사실에 관한 주장이 아니라 단순히 법률의 해석이나 적용에 관한 의견을 표명한 것으로 본다. 따라서 소멸시효의 주장에는 변론주의가 적용되지 않

으므로 법원이 당사자의 주장에 구속되지 않고 직권으로 판단할 수 있다. 당사자가 민법에 따른 소멸시효기간을 주장한 경우에도 법원은 직권으로 상법에 따른 소멸시효기간을 적용할 수 있다고 본다(2016다258124).

3. 민법 물권편에 대한 특칙

(1) 상사유치권(상58)

1) **의 의** : ① **개념** – **상사유치권**이란 상인간의 상행위로 인한 채권의 변제를 받을 때까지 그 채무자에 대한 상행위로 인하여 자기가 점유하고 있는 채무자 소유의 물건 또는 유가증권을 유치할 수 있는 권리이다(상58). 형평의 원칙에 입각한 인도거절권이라는 본질을 가지는 민사유치권과 달리, 상사유치권은 상거래채권의 신속·편리한 담보방법으로서 발달하였으며, 이를 일반상사유치권이라 한다. **특별상사유치권**이란 특정한 상행위와 관련하여 발생하는 유치권으로서, 대리상·위탁매매인·준위탁매매인의 유치권과 운송주선인·육상운송인·선장의 유치권이 포함되며 일반상사유치권과 요건을 달리한다. **일반상사유치권**은 상행위의 종류를 불문하고 상인간의 상행위로 인한 채권에 관해 채권자인 상인이 점유하고 있는 채무자 소유의 물건을 유치함으로써 채무자인 상인의 변제를 사실상 강제할 수 있게 되어 담보로서의 역할을 한다. 채권과 담보물간의 견련관계를 요구하지 않아 한편 상사유치권의 성립을 용이하게 하면서도, 다른 한편 상인간에만 그리고 쌍방적 상행위로 인한 피담보채권을 위해서만 상사유치권이 성립하고 담보물도 채무자 소유의 물건(유가증권)이어야 하며 채무자에 대한 상행위로 취득한 물건(유가증권)이어야 하도록 제한하여 제도의 균형을 유지하고 있다.

② **특징** – 상사유치권은 민사유치권과 달리 상사유치권의 대상이 되는 목적물을 '채무자 소유의 물건'에 한정하는 취지는, 상사유치권의 경우에는 목적물과 피담보채권 사이의 견련관계가 완화됨으로써 피담보채권이 유치권자와 채무자 사이에 발생하는 모든 상사채권으로 무한정 확장될 수 있게 되어 이를 제한하기 위함이다. 판례는 상사유치권이 채무자 소유의 물건에 대해서만 성립한다는 것은 이미 제3자가 목적물에 관하여 확보한 권리를 침해하지 않도록, 성립 당시 채무자가 목적물에 대하여 보유하고 있는 담보가치만을 대상으로 하는 제한물권이라는 의미를 담고 있다고 본다(2010다57350).

2) **성립요건** : ① 상인간의 거래 – 상사유치권은 **상인간의 거래**로 인한 채권에 성립되는 유치권이므로 당사자인 채권자·채무자 모두 상인이어야 하고, 상인자격은 피담보채권 성립시에 당사자 모두 상인자격을 구비하여야 한다(상58). **유치물 취득시 쌍방의 상인자격 요부**(**쟁점247**)에 관해, 피담보채권 성립시는 물론 유치물 취득시에도 상인자격이 필요하다는 **긍정설**과 유치물 취득시에는 상인자격이 요구되지 않는다고 보는 **부정설**이 있으며, 두 견해 모두 채권의 변제기나 유치권행사에는 상인자격이 요구되지 않는 점에 견해가 일치되고 있다. 생각건대 상법 제58조의 문리해석상 피담보채권의 성립시점에 상인이면 족하고 유치물 취득시점에는 상인성을 구비할 것을 요구하지 않는다고 본다(부정설).

② 피담보채권 – **피담보채권**이 쌍방적 상행위로 인한 채권인 경우에만 상사유치권이 성립하며, 타인의 채권을 양수받은 경우 이에 대해 상사유치권이 성립할 수 없다고 해석한다. 이는 의도적으로 상거래로 인한 채권을 채무자의 물건을 보관하고 있는 자에게 양도하는 경우를 배제하기 위해 타당하다고 보지만, 합병·상속 등에 의해 채권이 물건의 점유와 동시에 이전할 경우에는 이러한 문제점이 없어 유치권이 인정된다. 그리고 피담보채권의 변제기가 도래하여야 상사유치권이 성립하게 되고 이 점은 민사유치권과 동일하다.

③ 목적물 – **유치목적물**이 채무자 소유의 물건 또는 유가증권이어야 한다는 점에서 물건 소유권의 귀속과 무관하게 타인의 물건이라도 유치가 가능한 민사유치권과 구별된다. 유치목적물은 <u>물건 또는 유가증권</u>이어야 한다. 물건의 개념에는 동산·부동산이 모두 포함되므로 상사유치권에서 부동산도 포함된다고 본다. 판례도 민사유치권과 마찬가지로 그 목적물을 동산에 한정하지 않고, '물건 또는 유가증권'으로 규정하고 있는 점에 비추어 상사유치권의 대상이 되는 '물건'에는 부동산도 포함된다고 본다(2012다39769).

④ 상행위에 의한 점유 – 유치목적물의 **점유취득원인**이 채무자에 대해 상행위이어야 한다. 이를 상법은 '그 채무자에 대한 상행위로 인하여 자기가 점유하고 있는'이라 규정하고 있으며, 채무자보호를 목적으로 한다고 본다. 판례도 상사유치권은 채권자가 채무자에 대한 상행위로 인하여 점유하고 있는 채무자 소유의 물건을 대상으로 하는 경우에 이를 행사할 수 있고(2010그24), 채권자가 채무자와의 상행위가 아닌 다른 원인으로 목적물의 점유를 취득한 경우에는 상사유치권이 성립할 수 없다고 본다(2007마98). 요컨대 유치목적물의 점유취득원인은 쌍방적·일방적 상행위 모두 가능하나 적어도 채무자에 대해서는 상행위(채무자측 상행

위)이어야 한다. 그리고 채권자가 점유를 취득할 경우 직접점유가 통상적이지만, 화물상환증·선하증권 등에 의한 점유와 같이 간접점유를 취득한 경우에도 상사유치권이 성립한다고 본다.

⑤ **견련관계 불요** – 민사유치권이 성립하기 위해서는 채권이 목적물 자체에서 발생 혹은 목적물 반환청구권과 동일한 법률관계, 사실관계에서 발생하는 등 개별적 관련성이 있어야 한다. 이에 반해, 유치목적물과 피담보채권간에 개별적인 관련성(**견련관계**)이 없더라도 상사유치권이 성립한다. 예를 들어 운송업과 창고업을 겸영하는 자가 타인으로부터 운송을 위탁받아 이를 이행하였으나 운임을 받지 못하였는데, 그 전부터 타인이 운송업자의 창고에 자신의 물건을 보관하고 있었다면 운송인은 보관하고 있는 물건에 대해 유치권을 행사할 수 있다.

⑥ **배제특약의 부재** – 다만 일반상사유치권은 당사자의 명시·묵시의 의사표시에 의해 유치권의 성립을 배제할 수 있으므로(상58단서). 이러한 **배제·포기합의**가 없어야(예, 위탁매매인의 위탁물 보관시 유치권 배제의 묵시적 합의) 한다. 유치권은 채권자의 이익을 위하여 존재하는 권리이므로 권리의 행사 여부는 채권자의 의사에 의존한다고 볼 수 있고 채권자는 적법하게 유치권을 포기할 수 있다고 이해한다. 판례는 이러한 상사유치권 배제의 특약은 묵시적 약정에 의해서도 가능하지만, 그러한 내용의 명시적 약정이 존재하지 않는 상황에서 어음의 추심위임약정만으로 상사유치권 배제 특약이 있다고 보지 않았다(2012다37176).

3) **유치권의 효력** : ① **기본적 효력** – 유치권자는 변제를 받을 때까지 유치목적물을 유치할 수 있는 권리를 가지며(**유치적 효력**), 필요할 경우 유치목적물을 경매할 수도 있으며(**경매권**), 경매라는 복잡한 절차를 거치지 않고 유치물을 직접 변제에 충당하는 방법(**간이변제충당**)도 가능하나 정당한 이유, 감정인의 평가, 법원에의 청구 등 민법이 정하고 있는 요건을 갖추어야 한다(민322.2). 경매의 매각대금에서 우선변제 받을 권리는 부정되나 사실상 우선변제적 효력이 있으며, 과실수취권·비용상환청구권을 가진다. 그리고 채무자가 파산한 경우 상사유치권자는 채무자회생 및 파산에 관한 법률상 별제권을 가진다고 본다.

② **선행저당권과의 관계** – 유치권의 행사에 관해, 신의성실의 원칙에 반할 경우 이를 허용되지 않는다고 본 판결(2011다84298)이 있었으나, 이후 선행저당권은 유치권에 대해 일반적 대항력을 가지는 것으로 보아 유치권의 효력 자체를 제한적으로 해석하였다. 즉 상사유치권은 제한된 채무자의 소유권에 기초하여 성립

할 뿐이고 기존의 제한물권이 확보하고 있는 담보가치를 사후적으로 침탈하지는 못하므로, 채무자 소유의 부동산에 관하여 이미 선행(先行)저당권이 설정되어 있는 상태에서 채권자의 상사유치권이 성립한 경우 선행저당권자 또는 선행저당권에 기한 임의경매절차에서 부동산을 취득한 매수인에 대한 관계에서는 상사유치권으로 대항할 수 없다고 보았다(2010다57350). 물론 상사유치권자는 채무자 및 그 이후 채무자로부터 부동산을 양수하거나 제한물권을 설정 받는 자에 대해서는 대항할 수 있다.

(2) 유질계약(상59)

1) **의 의** : 민법에 따르면 질권설정자는 채무변제기 전의 계약으로 질권자에게 변제에 갈음하여 질물의 소유권을 취득하게 하거나 법률에 정한 방법에 의하지 아니하고 질물을 처분할 것을 약정하지 못한다고 규정함으로써 유질계약을 금지하고 있다(민339). 이는 채무자의 궁핍을 이용한 폭리행위를 금지하고자 법이 후견적 기능을 하고 있는 규정으로 이해된다. 그러나 상인은 영리를 목적으로 상행위를 하는 자로서 자기방어력을 가진다고 보아야 하므로 법이 후견적으로 채무자인 상인을 보호할 필요가 없을 뿐만 아니라 법의 보호로 인해 채무자인 상인의 자유로운 상행위(예를 들어 유질계약으로 긴급한 영업자금을 마련하고자 하는 행위)가 방해받을 가능성도 있다. 이러한 취지에서 상법은 민법 제339조의 규정은 상행위로 인하여 생긴 채권을 담보하기 위하여 설정한 질권에는 적용하지 아니한다는 규정을 두어(상59), 유질계약을 허용하고 있다. 그렇다고 모든 상사질권설정계약이 당연히 유질계약에 해당한다고 할 수는 없는 것이고, 상사질권설정계약에 있어서 유질계약의 성립을 인정하기 위하여서는 그에 관하여 별도의 명시·묵시적인 약정이 성립되어야 한다(2007다11996).

2) **적용요건** : 유질계약이 허용되는 것은 '상행위로 인하여 생긴 채권'의 담보로 질권을 설정하는 경우에 국한되고 이에 포함되지 않을 경우, 민법규정에 따라 유질계약은 효력을 가지지 못한다. **'상행위로 인하여 생긴 채권'의 의미**(쟁점248)에 관해, 상사채권의 담보강화의 취지상 유질계약이 일방적 상행위이면 족하다고 보는 견해와 상인의 자기방어력과 관련되므로 상인인 채무자가 질권을 설정한 경우에 한해 적용된다고 보는 견해가 있다. 예컨대 상인인 전당포에 비상인이 가계자금을 위해 유질계약을 체결한 경우(채권자측 일방적 상행위)에도 효력이 있는가

하는 문제이다. 판례는 당사자 중 1인의 행위가 상행위인 때에는 전원에 대하여 상법이 적용되므로(상3) 일방적 상행위로 생긴 채권을 담보하기 위한 질권에 대해서도 유질계약이 허용되고, 질권설정계약의 피담보채권이 상행위로 인하여 생긴 채권이면 충분하고, 질권설정자가 상인이어야 하는 것은 아니라고 본다(2017다207499). 생각건대 상법상 유질계약의 허용취지는 '상인의 자기방어력'에 근거하였으므로 유질계약이 허용되기 위해서는 적어도 채무자, 즉 질권설정자에게 상행위가 되는 행위로 생긴 채권으로 제한되어야 한다. 요컨대 상법 제59조의 '상행위로 인하여 생긴 채권'이라 함은 채무자에게 상행위인 행위로 생긴 채권으로 보아야 한다.

3) **효 과** : 채무자에게 상행위인 행위로 생긴 채권에 관해 설정하는 질권은 유질계약이 되더라도 무방하며(학설 대립 없음), 유치권과 달리 질물이 채무자소유의 물건일 필요도 없다. 유질계약이 성립한 경우 변제기에 채무자가 채무를 변제하지 않을 경우 채권자는 유질계약의 내용에 따라 변제에 갈음하여 질물의 소유권을 취득하거나 질물을 처분할 수 있고 이 경우 피담보채무도 소멸하게 된다. 다만 유질계약의 특성상 피담보채권액을 초과하는 질물의 가치에 대한 반환청구는 부인되나, 부족액에 대해서는 채무자에게 다시 청구할 수 있다.

4. 민법 채권편에 대한 특칙

(1) 상행위의 유상성

1) **보수청구권(상61)** : ① 의의 – 민법의 무상위임·무상임치 원칙(상686.1, 701)과 달리 상인이 그 영업범위 내에서 타인을 위하여 행위를 한 때에는 이에 대하여 상당한 보수를 청구할 수 있다(상61). 상인이 그 **영업범위 내에서 한 행위**이어야 하는데, 기본적 상행위로서 영업행위는 물론이고 보조적 상행위로서 영업을 위하여 한 행위도 포함된다. 그리고 상거래의 대리, 대행이나 보증, 지급, 변제 등 법률행위를 한 경우에 한하지 않고 보관, 운송, 중개 등 사실행위를 한 경우도 포함된다. 그리고 영업범위 내의 행위이어야 하므로 통상적으로 사무관리의 개념에 해당하는 행위를 한 경우에는 본조에 해당하기 어렵다고 판단되나, 관리업무를 영업행위로 하는 상인, 즉 경비·관리업체가 타인을 위하여 한 경비·관리행위는 본조에 해당할 수 있을 것이다.

② 타인을 위한 행위 – **타인을 위한 행위**를 하여야 보수청구권이 발생하는데, **타인을 위한 행위판단**(쟁점249)에 관해, **효과귀속설**은 타인을 위한 행위를 상인이 하는 행위의 법률상·사실상 효과가 타인에게 귀속될 경우로 보고, **이익행위설**은 상인의 행위가 타인의 이익을 위한 행위라는 것을 의미한다고 보지만 현실적으로 이익이 발생하여야 보수청구권이 발생한다는 의미로 이해하지 않고 이익을 위해 행위할 것을 요구한다. **판례**는 X가 부동산소개업자인 사실을 알았다고 하더라도 X가 부동산매매중개에 있어서 A의 이익을 위해 중개하였고 B의 이익을 위하여 행위한 사실이 인정되지 않는 이상 X에게는 B에 대한 상법상의 보수청구권이 없음은 위 상법 제61조의 해석상 명백한 법리라 보았다(77다1889). 생각건대 상인의 보수청구권이 발생하기 위해서는 상인의 행위의 법률상·사실상 효과가 타인에게 귀속한다는 것만으로 부족하고 타인의 이익을 위하여 행위한다는 의사를 가지고 행위한 경우 보수청구권이 발생한다고 보는 이익행위설이 타당하다고 본다.

③ **보수** – 민사거래에서는 타인을 위하여 어떠한 행위를 하여도 특약이 없으면 보수를 청구할 수 없다(민686, 701). 그러나 상인의 행위는 영리를 목적으로 하고, 영업범위 내에서 타인을 위하여 노력을 제공한 때에는 그 보수를 기대하고, 이로 인하여 이익을 얻은 자는 응분의 보수를 지급하는 것이 상거래의 통념에 부합한다고 보아 특약이 없어도 보수청구권을 인정한다. 다만 당사자 사이에 이를 배제하는 특약이 있는 경우에는 그 적용이 없다(2006다15816). 예컨대 복덕방에 상호를 내걸고 부동산 매매 등의 소개업을 하는 자(상46.11호)는 상인이고(상4) 소개업자가 그 영업범위 내에서 타인을 위하여 행위를 하면 특별한 약정이 없다 하여도 소개를 부탁한 상대방에 대하여 상당한 보수를 청구할 수 있다(68다955). 판례는 타인의 사무를 관리한 상인이 청구할 수 있는 보수에 관해, 통상의 보수의 수준이 어느 정도인지는 거래관행과 사회통념에 의하여 결정하되, 관리자의 노력의 정도, 사무관리에 의하여 처리한 업무의 내용, 사무관리 본인이 얻은 이익 등을 종합적으로 고려하여 판단하여야 한다(2007다55477).

2) **법정이자청구권(상55.1)** : ① 의의 – 민법의 무이자 소비대차가 원칙(민598)과 달리, 상인간의 금전소비대차의 경우 대주(貸主)는 법정이자를 청구할 수 있다고 규정하여(상55.1), 별도의 약정이 없더라도 이자를 청구할 수 있어 금전소비대차인 상행위의 유상성을 인정하고 있다. **법정이자청구권**이 발생하기 위해서는 상인간의 거래일 필요는 없으며 대주만 상인이면 적용된다고 본다. 대주가 금전 기

타 대체물의 소유권을 상대방에게 이전할 것을 약정하고 차주는 그와 같은 종류, 품질 및 수량으로 반환할 것을 약정한 경우(**소비대차**)에 적용된다.

② 영업관련성 – **소비대차의 영업관련성 요부**(쟁점250)에 관해, 상인간의 소비대차라도 그것이 영업과 관계가 있어야 적용된다는 긍정설과 영업범위 외에서 차용한 금전도 영업에 이용할 수 있다는 이유로 반드시 영업범위 내일 필요가 없다는 부정설이 학설대립이 있었다. 그러나 상법이 개정되어 '상인간'에서 '싱인이'로 조문이 변경되었고 '영업에 관하여'가 명시된 이상 상법의 규정에 따라 상인간의 거래일 필요가 없을 뿐만 아니라 영업관련성이 요건이라 본다.

③ **법정이자** – 법정이자란 이자를 약정하지 않더라도 법률의 규정에 의해 이자청구권이 발생한다는 의미이다. 그리고 법정이자의 이율은 연 6분으로 한다(상54). 판례는 상인 간에서 금전소비대차가 있었음을 주장하면서 약정이자의 지급을 구하는 청구에는 약정이자율이 인정되지 않더라도 상법 소정의 법정이자의 지급을 구하는 취지가 포함되어 있다고 보았다(2006다73072).

3) **체당금 이자청구권(상55.2)** : 민법은 체당금에 관해 별도의 규정을 두고 있지 않으나 위임에 관해 규정을 두고 있으며(민688.1), 사무관리에 관해서는 규정이 없어 이 경우 체당금에 대해서는 이자청구권이 없다고 본다. 이와 달리 상인은 그 영업범위 내에서 타인을 위하여 금전을 체당하였을 경우에는 타인이 상인이든 비상인이든 항상 법정이자를 청구할 수 있다(상55.2). **금전의 체당**이라 함은 소비대차 이외에 타인을 위하여 금전을 지급하는 것을 말하며 위임·임치·도급·고용 등의 계약관계와 사무관리 등과 관련된다. 그러나 위임, 임치의 경우 민법에 의하더라도 위임사무의 처리를 위한 체당금에 대해서는 법정이자청구권이 있으므로(민688.1, 701) 상법규정은 도급, 고용, 사무관리 등에 의한 때에 실익이 있다고 본다. 체당금에 대한 **법정이자청구권**과 전술한 보수청구권은 별개의 관념이므로 상인은 체당행위에 대한 법정이자 외에 보수도 청구할 수 있다고 보는 견해가 통설이다.

4) **상사법정이율(상54)** : ① 의의 – 민사거래에서 별도의 약정이 없으면 법정이율이 연 5분이나, 상행위로 인하여 발생한 채무의 법정이율은 연 6분이다(상54). 이는 사인(私人)에 비해 상인은 영리를 추구하는 자로서 상인의 자금은 보다 높은 수익률을 가진다고 보아 높은 법정이율을 정하고 있다. 어음·수표에 의한 채무는

상행위와 관계없이 법정이율이 연 6분이다(어48, 49, 수44, 45). '**상행위로 인하여 발생한 채무**'라 함은 쌍방적 상행위뿐만 아니라 일방적 상행위로 인한 채무도 포함되어(2014다200763), 상인과 비상인간의 거래에서 채무자가 비상인이더라도 상사법정이율에 따르게 된다. 상행위에는 기본적 상행위는 물론 보조적 상행위도 포함된다. 상사법정이율이 적용되는 것은 상행위로 인한 채무이고 상행위가 아닌 불법행위로 인한 손해배상채무에는 동조가 당연히 적용되지 않는다.

② **적용 사례** – 판례도 상법 제54조의 상사법정이율이 적용되는 '상행위로 인한 채무'에는 상행위로 인하여 직접 생긴 채무뿐만 아니라 그와 동일성이 있는 채무 또는 그 변형으로 인정되는 채무는 포함되어(2012다14562) 부당해고 기간 중의 미지급 임금도 상행위로 생긴 것이므로 그 변형으로 인정되는 지연손해금채무도 상사법정이율이 성립한다고 보았다(2014다28305). 하지만 상행위가 아닌 불법행위로 인한 손해배상채무에는 적용되지 아니한다고 보고(2003다34045), 가집행선고의 실효에 따른 원상회복의무도 상행위로 인한 채무 또는 그에 준하는 채무라고 할 수는 없다고 보아 그 지연손해금에 대하여는 민법 소정의 법정이율을 적용하였다(2003다52944). 보증채무도 주채무와는 별개의 채무여서 보증채무의 연체이율에 관하여 특별한 약정이 없는 경우라면 거래행위의 성질에 따라 상법 또는 민법에서 정한 법정이율에 따른다고 본다(2013다74110). 부당이득반환채무 역시 법률의 규정에 의하여 발생한 법정채무일 뿐, 상행위로 인한 채무와 동일성이 있는 채무라거나 그 변형으로 인정되는 채무라고 할 수 없으므로 그에 대한 지연손해금에 관하여 상사법정이율을 적용할 수 없다고 보았다(2009다41786). 그리고 책임보험에서 피해자의 직접청구권은 피해자가 보험자에 대하여 가지는 손해배상청구권이므로 이에 대한 지연손해금에 관하여는 민사법정이율에 적용된다고 보았다(2016다205243).

(2) 상사계약의 특수성

1) **청약의 구속력(승낙적격, 상51)** : 대화자간의 계약의 청약은 상대방이 즉시 승낙하지 아니한 때에는 그 효력을 잃는다(상51). 계약은 청약과 승낙의 합치로서 성립하는데 청약 후 승낙을 항상 할 수 있는 것은 아니고 청약이 효력을 가지는 기간, 즉 청약의 구속력이 있는 동안 승낙하여야 계약이 유효하게 성립한다. 청약의 구속력에 관해 민법은 i) 대화자나 격지자를 구별하지 않고 규정하고 있으며, ii) 승낙기간을 정한 경우 승낙기간, 승낙기간을 정하지 않은 경우에는 상당기간

동안 청약의 구속력을 가지며, iii) 청약의 구속력이 유지되는 기간 내에 승낙의 의사표시가 도달하여야 계약이 성립한다(민528, 529). 상법은 대화자와 격지자를 구별하여 규정하고 있지만 발신주의에 관한 상법 제52조를 삭제하여 민법과 상법간의 차이가 없어졌다. **대화자간의 청약**은 상대방이 즉시 승낙하지 않으면 그 효력을 잃는다(상51). 대화자간의 청약에 관한 규정을 두고 있지 않은 민법에서도 동일하게 해석하고 있어 대화자간의 청약의 구속력에 관해서는 민법과 상법간에 차이가 없다. **격지자간의 청약**은 승낙기간이 없으며 상당기간 내에 승낙의 통지가 도달되어야 하고, 승낙기간이 있을 경우에 승낙기간 내에 승낙이 도달되어야 한다는 점에서 민법과 동일하게 되었다. 판례는 상당한 기간은 청약이 상대방에게 도달하여 상대방이 그 내용을 받아들일지 여부를 결정하여 회신을 함에 필요한 기간을 가리키는 것으로, 이는 구체적인 경우에 청약과 승낙의 방법, 계약내용의 중요도, 거래상의 관행 등의 여러 사정을 고려하여 객관적으로 정하여진다고 보았다(98다48903).

2) **청약수령 상인의 의무** : ① 낙부통지의무·승낙간주(상53) – 민법상 계약의 청약을 받은 자는 승낙 여부를 통지할 의무가 없다. 그러나 상시거래관계에 있는 자로부터 상인이 영업부류에 속한 계약의 청약을 받은 경우에는 상인은 승낙 여부의 통지를 발송할 의무를 부담하며 이를 해태할 경우 승낙한 것으로 간주한다(상53). i) **상시거래관계**라 함은 과거부터 거래관계가 있어 왔고 장래에도 거래가 계속될 것이 예상되는 경우를 의미하며 종합적으로 판단하며(통설), ii) 청약을 받은 자가 **상인**이어야 하고 낙부통지의무는 상인의 의무이며, iii) **영업부류에 속한 거래**란 상인의 기본적 상행위(준상행위 포함)에 속하는 거래만 해당하고 보조적 상행위에 해당하는 거래는 포함되지 않으며, iv) 대화자간의 청약은 즉시 승낙하여야 하므로(상51), 여기서 청약은 승낙기간을 정하지 않은 **격지자간의 청약**을 의미한다. 청약을 받은 자가 낙부통지의무를 해태한 경우 **승낙간주**되지만(상53), 승낙간주의 효과를 청약자가 부인하는 것은 가능하다고 본다. 판례는 금융거래에 있어서 연대보증인에서 제외시켜 달라는 채무자측의 요청에 관해, 특별한 사정이 없는 한 그에 대한 승낙이 당연히 예상된다고 할 수는 없기 때문에 금융기관이 승낙 여부의 통지를 하지 않았다고 하여 금융기관이 그 요청을 승낙한 것으로 볼 수는 없다고 보았다(2007다4691).

② 물건보관의무(상60) – 민법과 달리, 상법은 상인이 그 영업부류에 속한 계

약의 청약을 받은 경우에 견품 기타의 물건을 받은 때에는 그 청약을 거절한 때에도 청약자의 비용으로 그 물건을 보관하여야 한다고 정하고 있다(상60). 판례는 상법 제60조는 송부받은 물건의 현상이나 가치를 반송할 때까지 계속 유지·보존하는 데 드는 보관비용의 상환에 관한 규정일 뿐 그 물건이 보관된 장소의 사용이익 상당의 손해의 배상에 관한 규정은 아니라고 보았다(95다41161). i) **피청약자가 상인**이어야 동조가 적용되지만 상시거래관계에 있을 필요는 없고 일회적인 거래를 위해 견품 등을 수령한 경우에도 적용되며, ii) **영업부류에 속한 계약의 청약**에서 받은 견품에 대해서만 물건보관의무를 부담하며, iii) **청약 관련 견품을 수령**하여야 하는데, 견품 기타 물건이라 함은 상대방이 계약 체결여부를 결정함에 있어 참조할 수 있도록 제공되는 물건으로서 비용을 부담하고 보관할 정도의 경제적 가치를 지닌 물건을 의미하며, iv) 상인은 수령한 물건을 **선관주의로 보관할 의무**를 부담하지만 **보관비용**의 부담주체는 보관의무를 부담하는 상인이 아니라 청약자이므로 일단 보관하고 이를 반환하면서 보관비용을 청구할 수 있다. 다만, 물건의 가액이 보관비용을 상환하기에 부족하거나 보관으로 인하여 손해를 받을 염려가 있는 때에는 상인은 물건보관의무를 부담하지 않는다(상60단서).

(3) 상사채무의 특수성

1) **채무이행의 장소·시기(상56)** : ① 의의 – 민법은 당사자가 **이행장소**를 약정한 경우와 특정물 인도채무의 경우를 제외하고는 <u>지참채무를 원칙</u>으로 하고 있어 채권자의 주소지·영업소가 채무이행장소가 된다(민467.2). 상법에는 채무이행장소에 관해 특별한 규정이 없으므로 채무이행장소에 관한 민법 원칙이 그대로 적용된다. 따라서 특정물인도채무는 채권성립 당시 물건소재지가 채무이행장소가 되고(민467), 기타 채무는 채권자의 주소지·영업소 소재지가 채무이행장소가 되며(민467.2), 지시·무기명채권은 채무자의 영업소가 채무이행장소가 된다(민516, 524). 특히 **지점거래**로 인한 채무이행의 장소가 그 행위의 성질 또는 당사자의 의사표시에 의하여 특정되지 아니한 경우에는 특정물의 인도 이외의 채무의 이행은 그 지점을 이행장소로 본다(상56). **상법 제56조의 적용범위(쟁점251)**에 관해, 채권자지점 한정설과 채무자지점 포함설이 대립되었지만 상법이 개정되어 '채권자의 지점에서의 거래'로 법문이 한정하고 있어 학설대립이 의미를 상실하였다. 그리고 **채무이행시기** 또는 이행청구의 시기에 관해서도 상법은 별도의 규정을 두고 있지 않아 민법이 적용되지만, 법령·관습에 의한 영업시간 준수를 규정하고 있다(상

63).

2) **다수채무자의 연대책임**(상57.1) : ① 의의 – 민법의 분할채무 원칙(민408)과 달리, 상법은 1인 혹은 전원에게 상행위가 되는 행위로 인하여 채무를 부담한 때 연대하여 변제할 책임을 부담한다고 정하고 있다(상57.1). 상거래에서 발생한 채무의 피지급성을 높여 상거래의 원활을 보장하기 위해 다수당사자의 상사채무를 연대채무로 정하고 있다. 판례도 상사거래에 있어서의 인적 담보를 강화하여 채무이행을 확실히 하고 거래의 안전을 도모함으로써 상거래의 원활을 기하려는 것으로 민법상 다수당사자간의 채무이행에 있어서의 분할채무 원칙에 대한 특별규정이라 보았다(86다카633).

② 요건 – 연대채무가 성립하기 위해서는 i) 최소 **채무자 1인에게 상행위**(보조적 상행위, 상행위로 인한 채무의 불이행으로 인한 손해배상채무 포함: 통설)인 행위로 채무가 성립하여야 하므로 채권자만 상인이고 채무자 전원에 대해 상행위가 아닌 행위로 채무가 성립한 경우에는 이에 해당하지 않는다. ii) **공동행위성**을 가져야하고(공동행위에 의한 채무부담, 공동목적은 불요), 공동행위라 함은 반드시 행위를 공동으로 할 필요는 없다고 보며 일부는 직접 법률행위를 하고 나머지는 대리인에 의해 법률행위를 한 경우와 같이 효과가 다수인에게 미칠 경우도 공동행위에 포함된다고 본다. 하지만 판례는 조달본부는 법인격 없는 그룹 내의 편의상 기구에 불과한 것으로서 조달본부의 물품구매행위는 동 그룹 내의 각 독립한 법인체인 계열회사들이 조달본부에 그 대행을 위임하거나 이에 관한 대리권수여에 따른 행위로 보아, 공동구매라고 할 수 없어 각 계열회사들의 연대채무관계를 부정하였다(86다카633). iii) 상법 제57조 1항의 규정은 **임의규정**이므로 당사자가 달리 약정할 수 있다는 것이 통설이다.

③ 적용 사례 – 판례는 조합의 채무는 조합원의 채무로서 특별한 사정이 없는 한 조합채권자는 각 조합원에 대하여 지분의 비율에 따라 또는 균일적으로 변제의 청구를 할 수 있을 뿐이지만, 조합채무가 조합원 전원을 위하여 상행위가 되는 행위로 인하여 부담하게 된 것이라면 조합원들의 연대책임을 인정하면서(94다18638), 조합의 성격을 가진 공동이행방식의 공동수급체도 동일하게 보았다(2012다25432). 그리고 숙박업을 하는 공유자들이 건물의 관리를 담당한 단체와 체결한 위 숙박사업장의 관리에 관한 계약은 상법 제57조 제1항에서 규정하는 상행위에 해당하므로, 위 공유자들은 연대하여 관리비 전액의 지급의무를 부담한다고 보았

으며(2009다54034), 공동경영자로서 따른 상행위가 되는 행위로 인하여 물품대금 채무를 부담한 경우에는 연대책임이 성립한다고 보았다(90다7173).

④ **보증연대** – 보증인이 다수인 경우 보증인 중 1인 또는 전원에게 상행위가 되는 행위로 보증채무를 부담한 경우 보증연대가 되어 보증인은 연대하여 변제할 책임이 있고 분별의 이익(민439, 408)을 가지지 못한다. 판례는 상인이 회사운영 자금을 위한 차용금 채무는 다른 특별한 사정이 없는 한 상행위로 인한 채무에 해당하여 주채무가 상행위로 인한 것인 때에는 연대보증이 성립하고(상57.2) 공동보증인 중 1인이 다른 보증인과 연대의 특약을 하였는지 여부와 상관없이 채권자에 대하여 분별의 이익을 가지지 못하고 보증한 채무 전액을 변제하여야 한다고 보았다(2020다215940). 생각건대 연대보증이 성립하였다고 당연히 보증연대가 되는 것은 아니므로 보증연대의 성립요건(공동보증인 중 최소 1인에게 보증행위의 쌍방적·일방적 상행위성)을 충족한 경우에만 보증연대가 성립한다고 본다.

3) **보증인의 연대책임(연대보증, 상57.2)** : ① **취지** – 민법상의 보증인은 최고·검색의 항변권을 가지고(민437), 수인의 보증인은 분별의 이익(민439)을 가지지만, 상법은 그 보증이 상행위이거나 주채무가 상행위로 인한 것인 때에는 주채무자와 보증인은 연대하여 변제할 책임이 있다고 규정하고 있다(상57.2). 상법이 주채무자와 보증인간의 연대보증을 인정한 것 역시 채무의 피지급성을 높여 원활한 상거래를 보장하려는 취지이다.

② **요건** – 연대보증의 효과가 발생하기 위해서는 **보증이 상행위**이거나 **주채무가 상행위**로 인한 것이어야 한다. 이때 상행위라 함은 쌍방적 상행위는 물론 일방적 상행위도 포함된다는 것이 통설이지만, **채권자에게만 상행위 해당성**(**쟁점252**)에 관해, **긍정설**은 일방적 상행위도 허용되고 누구에 대해서 상행위가 되든 상법 제57조 2항에 해당한다고 보고, **부정설**은 연대보증의 효과가 발생하는 일방적 상행위란 보증인 또는 주채무자에게 상행위가 되는 경우만을 의미한다고 본다. **판례**는 은행(채권자)이 비상인에게 대부하고 비상인의 보증을 받는 경우와 같이 채권자에게만 상행위성을 가진 경우를 포함한다고 본다(4291민상407). 생각건대 법문상 제한은 없지만 채권자에만 상행위인 경우 연대책임의 부과는 채무자에게 너무 과중한 부담이 될 수 있다는 점을 고려할 때 동조는 보증인·주채무자에게 상행위가 되는 경우만을 의미한다고 해석되며 부정설이 타당하다고 본다.

③ **효과** – 주채무자와 보증인간의 연대책임이란 채권자가 보증인에게 보증채

무의 이행을 청구할 때 최고·검색의 항변권을 행사할 수 없는 **연대보증**을 의미한다. 보증인이 수인인 경우 보증인간의 연대관계(**보증연대**)**의 인정여부**(**쟁점253**)에 관해, **긍정설**은 수인의 보증인 상호간에도 연대관계의 성립을 인정하고 각 보증인은 분별의 이익을 상실하고 보증채무 전액을 변제할 책임을 부담한다고 보고, **부정설**은 연대책임은 법률 또는 당사자간의 계약에 의하여만 부과할 수 있으므로 연대관계를 인정하기 어렵다고 본다. **판례**는 앞서 본 바와 같이 공동보증인 중 1인은 채권자에 대하여 분별의 이익을 가지지 못하는 보증연대로 보았다(2020다215940) 생각건대 그 보증행위가 상행위일 경우 상법 제57조 1항이 적용될 수 있다고 보므로 보증연대가 되기 위해서는 상법 제57조 2항이 아닌 1항의 요건(최소 1인의 보증인의 상행위성)을 갖추어야 한다고 본다.

4) **무상수치인의 주의의무(상62)** : 민법상 무상수치인은 임치물을 자기재산과 동일한 주의로써 보관하여야 하나(민695), 상법은 상인이 영업범위 내에서 무상수치한 경우 선량한 관리자의 주의를 요한다(상62). 예를 들어 창고업자가 무보수로 타인의 물건을 임치받은 경우에도 일단 임치받은 이상 선량한 관리자의 주의의무를 가지고 보관하여야 한다. 다만 무상수치인의 주의의무를 정한 상법 제62조도 **임의규정**적 성질을 가졌으므로 당사자간에 달리 약정할 수 있다. 판례는 임치계약 해지 이후 임치인의 수령지체중 손해는 수치인에게 손해배상책임이 없다고 보아(83다카1476) 동조를 적용하지 않았으나, 물품인수증을 발행한 창고업자에게 무상수치인의 주의의무를 인정하였다(93다62539).

(4) 상사매매

1) **의 의** : 매매를 기본적 상행위로 하는 상인이거나 또는 보조적 상행위로 매매를 하는 경우 등 당사자가 상인일 경우를 상사매매라 한다. 매수인이 매매목적물의 수령을 지체한다든지 매매목적물에 하자가 있을 경우 민사매매와 동일하게 그에 따른 책임을 부담한다. 하지만 매도인으로서도 신속하게 거래를 종결시키거나 하자담보책임을 신속하게 이행할 필요가 있다. 상법은 이러한 취지에서 상인의 원활한 매매거래를 위해 매도인의 공탁·경매권, 확정기매매의 해제, 매수인의 목적물 검사·하자통지의무, 목적물 보관·공탁의무에 관한 규정을 두었다. 확정기매매의 해제를 제외하고는 대체로 매도인 보호를 위한 규정이다.

2) **매도인의 공탁·경매권**(상67) : 상법은 공탁원인을 민법과 유사하게 규정하면서도 매도인의 예외적 경매권이 아니라, 상당기간을 정하여 최고한 후 경매할 수 있도록 하여 공탁권과 경매권 중 매도인이 선택할 수 있도록 하고 있으며 경매대금을 변제충당할 수 있도록 하고 있다(상67). 예외적 경매권이 아닌 **선택적 경매권**을 허용한 것은 매수인의 수령지체로부터 매도인을 보호하고자 하는 취지로 이해할 수 있다. 경매권이 실제 의미를 가지는 것은 목적물 가격이 하락하는 경우로서 매도인의 신속한 경매권 행사에 의해 매도인의 이익은 보호된다. 매도인의 공탁·경매권은 i) 매매계약 당사자 **쌍방이 상인**이고 **쌍방적 상행위**인 경우에 적용되고 기본적 상행위인지 보조적 상행위인지는 불문하며, 변제에 관한 일반적 공탁(민법)이 아니라 **매매거래에만 적용**된다. 판례는 도급과 매매의 성질이 복합된 제작물공급계약에서 목적물이 대체물일 경우 매매로 보고 부대체물일 경우 도급으로 보아 매매에 관한 규정의 적용을 부인하였다(86다카2446). ii) 상사매매에서 매도인이 매매목적물을 공탁하기 위해서는 **공탁원인**(수령지체와 수령불능)이 있어야 한다. 판례는 채권자의 태도로 보아 채무자가 설사 채무의 이행제공을 하였더라도 그 수령을 거절하였을 것이 명백한 경우에는 채무자는 이행의 제공을 하지 않고 바로 변제공탁할 수 있다고 보았다(80다2851). 그리고 부동산을 배제한다는 규정이 없고 기술적으로도 부동산의 공탁이 불가능한 것이 아니어서 공탁목적물에 부동산이 포함된다는 견해가 다수설이다. iii) 매도인이 매매목적물을 **공탁**한 경우에는 지체 없이 **매수인에게 통지**를 발송하여야 한다. 매수인에 대한 통지는 공탁의 유효요건은 아니며 이를 해태한 경우 손해배상책임을 부담할 뿐이다. iv) 매매목적물을 **경매**하기 위해서는 공탁과는 달리 상당기간을 정하여 최고(매매목적물의 수령)한 후 경매할 수 있으나(최고후경매), 매수인에 대하여 최고할 수 없거나 목적물이 멸실 또는 훼손될 염려가 있는 때에는 최고 없이 경매할 수 있다(즉시경매: 상67.2). 경매도 공탁한 경우와 같이 그 사실을 매수인에게 통지하여야 하며(상67.1), 매도인이 목적물을 경매한 때에는 그 대금에서 경매비용을 공제한 잔액을 공탁하여야 하나 매매대금에 충당할 수 있다(상67.3).

3) **매수인의 검사·통지의무**(상69) : ① **하자담보책임** – 민법상 하자담보책임은 권리의 하자·수량부족, 물건의 하자, 채권에 대한 담보책임, 경매에서의 담보책임 등으로 구분된다. 상사매매에서 매도인의 담보책임에 관해 상법은 민법과 달리 특수하게 규정하고 있다. 우선 매수인이 목적물을 수령한 경우 지체 없이 하자·

수량부족을 검사할 의무를 부담하고, 하자 또는 수량의 부족을 발견시 즉시 매도인에게 통지를 발송할 의무를 부담한다(상69.1). 매도인의 담보책임은 매수인이 하자검사·통지의무를 충실하게 이행한 경우에 발생한다. 판례는 중매인이 군수산업협동조합으로부터 경락받은 수산물에 숨은 하자가 있어도 농수산물유통 및 가격안정에 관한 법률에 기한 위 조합의 공판사업규정이 정한 바에 따라 즉시 이의하고 그 인수를 거부하지 아니한 이상 상법 제69조 1항 소정의 손해배상청구를 할 수 없다고 보았다(91다14970).

② **의무발생요건** – i) **상사매매**에서 매수인이 **목적물을 수령**하여야 한다. 매매계약 성립만으로 매수인이 검사·통지의무를 부담하지 않고, 매매계약에 따라 매수인이 매매목적물을 수령하면 그 때부터 검사·통지의무를 부담한다. 그런데 매매목적물의 수령은 목적물 자체의 수령이어야 하고 화물상환증, 선하증권의 취득은 이에 해당하지 않는다. ii) **매매목적물에 하자 또는 수량부족**이 있는 경우에 문제되고 기타 권리에 하자가 있는 경우나 채권, 경매 등에서는 매수인에게 검사·통지의무가 문제되지 않으며, 이 경우 민법상의 하자담보책임을 물을 수 있다. 판례도 채무불이행에 해당하는 이른바 불완전이행으로 인한 손해배상책임을 묻는 청구에는 동조가 적용되지 않는다고 보았다(2013다522). iii) **매도인이 선의**인 경우에 매수인에게 검사·통지의무가 발생한다고 볼 수 있으며, 매도인이 선의인데 중과실이 있더라도 검사·통지의무는 발생한다고 본다. 목적물인도 당시 매도인이 물건의 하자 또는 수량부족을 알고 있었다면(매도인의 악의), 즉시통지의무를 위반하였다고 하더라도 매수인은 매도인에 대하여 하자담보책임을 물을 수 있다.

③ **의무의 내용** – i) 상사매매의 매수인은 목적물을 수령하면 지체 없이 검사하여야 한다(**즉시검사의무**). 검사의 대상은 목적물의 하자 또는 수량의 부족이며, 지체 없이란 귀책사유 있는 지연이 없다는 것을 의미하나 매수인의 목적물 검사방법은 당해 거래의 성질, 목적물의 종류, 검사시기 등을 고려하여 객관적으로 정해지고 매수인의 경험·능력 등 주관적인 사정은 고려되지 않는다고 본다(통설). ii) 매수인이 매매목적물을 검사하여 하자 또는 수량부족을 발견하였을 경우 이를 즉시 매도인에게 **통지의무**를 부담한다(발신주의). 검사는 하였지만 통지를 하지 않은 경우에도 검사·통지를 하지 않은 것과 동일한데, 판례는 매수인이 목적물을 수령한 때에 지체 없이 그 목적물을 검사하여 즉시 매도인에게 그 하자를 통지한 사실, 만약 매매의 목적물에 즉시 발견할 수 없는 하자가 있는 경우에는 6월 내에 이를 발견하여 즉시 통지한 사실 등에 관한 입증책임은 매수인에게 있다고 보았

다(90다카28498).

④ **위반효과** – i) 매수인이 목적물 검사·통지의무를 위반한 경우 매수인은 **하자담보청구권**(대금감액청구권·계약해제권·손해배상청구권)을 모두 행사하지 못하게 되어 결과적으로 하자가 치유되는 것과 동일한 결과가 된다. ii) 매매목적물에 **즉시 발견할 수 없는 하자**가 있을 경우에는 매수인은 목적물을 수령한 날로부터 6개월 내에 하자를 매도인에게 통지하면 족하다. 즉시 발견할 수 없는 하자의 예로는 판례상 사과의 과심이 썩어 있는 것 등을 인정하고 있다(93다7174) iii) **6개월 내에도 발견할 수 없는 하자에의 적용여부**(쟁점254)에 관해, 하자나 수량부족이 6월 내에 발견할 수 없는 것이어서 6월을 경과한 경우에는 본조가 적용되지 아니하여 매수인은 통지하지 않고도 이러한 권리를 행사할 수 있다고 보는 **부적용설**과 상법 제69조의 취지가 상거래의 신속한 처리와 매도인 보호임에 비추어 이러한 권리를 행사할 수 없다는 **적용설**이 대립한다. **판례**는 비록 이 사건 건물의 하자가 원고 주장과 같이 그 성질상 점유이전일부터 6월 내에 도저히 발견할 수 없었던 것이었다고 하더라도, 원고는 상법 제69조 1항이 정한 6월의 기간이 경과됨으로써 이 사건 손해배상청구권을 행사할 수 없다고 보았다(98다1584). 생각건대 장시간이 경과하여야 하자를 발견할 수 있는 경우(예, 건물)에도 동조를 그대로 적용할 경우 매수인의 주의의무의 위반이 없음에도 하자담보청구권을 박탈하는 것이 되어 재산권침해의 소지가 있어 부적용설이 타당하다고 본다. 따라서 6개월 내에 발견할 수 없는 하자의 경우 통상 하자를 발견할 수 있는 기간 내에 매수인은 검사·통지의무를 이행하여야 하고 이를 이행하지 못한 경우 동조가 유추적용되어야 한다고 본다.

4) **계약해제시 매수인의 목적물 보관의무(상70)** : ① 의의 – 민법의 매매계약 해제에 따른 원상회복의무(민548.1)와 달리, 상법은 하자·수량부족을 이유로 매수인이 계약을 해제할 경우 매수인은 매도인의 비용으로 매매의 목적물의 보관·공탁·경매의무를 규정한다(상70). 목적물 보관의무는 원상회복의무에 당연히 포함되는 의무이고 공탁·경매의무는 상인의 특수한 의무로 이해되는데, 목적물 보관에 소요되는 비용은 민법과 달리 매도인의 부담으로 귀속시키고 있는 점이 특징이다.

② 요건 – i) 동조는 매수인이 목적물의 하자·수량부족으로 **매매계약을 해제**한 경우에 원칙적으로 적용되지만, 매매의 목적물과 상위한 물건, 수량초과 물건

에 관해서도 보관·경매·공탁의무를 준용한다. 기타 사유에 의해 매매계약이 해제된 경우(확정기매매의 해제간주, 상68)에도 유추적용을 인정한다(통설). ii) 매매목적물의 인도장소가 매도인의 영업소·주소와 동일한 특별시·광역시·시·군에 있는 때에는 이를 적용하지 아니하므로(상70.3), 본조는 **격지자간의 매매**에 적용된다. iii) **매도인의 선의요건성**(**쟁점255**)에 관해, **긍정설**은 선의의 매도인을 위한 규정이라는 취지를 매매계약 해제시 보관의무에도 그대로 적용하려는 견해이지만, 해제시 목적물 보관의무는 매매목적물의 가치감소를 방지함으로써 매도인의 이익보호를 위한 매수인의 최소한의 의무를 규정한 것으로 볼 수 있어 반드시 매도인의 선의를 요구한다고 보기 어렵다고 볼 때 **부정설**이 타당하다고 본다. iv) 보관이 용이하지 않을 경우 **공탁**할 수 있으며 목적물이 멸실·훼손될 염려가 있을 경우에는 법원의 허가를 얻어 **경매**할 수도 있다. 물론 보관·공탁·경매비용은 매도인이 부담하여야 하며 보관·공탁·경매한 경우 지체 없이 매도인에게 통지를 발송하여야 한다. 매수인이 이러한 의무를 위반한 경우에는 채무불이행의 책임을 부담하게 될 것이다.

5) **확정기매매**(상68) : ① 의의 – 확정기매매란 매매의 성질이나 당사자의 의사표시에 의하여 일정한 일시 또는 일정한 기간 내에 이행되어야 하는 매매를 의미하고, **절대적 확정기매매**(매매의 성질상 일정한 시기에 이행되어야 하는 매매, 개업축하케이크 매매)와 **상대적 확정기매매**(당사자의 의사표시에 의해 일정한 시기에 이행되어야 하는 매매, 계절용상품 매매)로 구분된다. 판례는 매매의 목적물이 매매 당시 가격변동이 심한 원자재이고, 매수인은 수출입을 주된 업무로 하는 종합상사로서 전매를 목적으로 하여 매매계약을 체결한 경우에 확정기매매에 해당한다고 본 사례가 있다(93다61543).

② 요건 – 확정기매매의 불이행으로 인한 해제간주되기 위해서는 i) **채무불이행**을 요건으로 하는데, 이 경우 채무자인 **매도인의 귀책사유 요부**(**쟁점256**)에 관해, **긍정설**은 채무불이행을 요건으로 하는 민법상 해제권과 같이 해제간주의 경우에도 당연히 채무자의 귀책사유가 요구된다고 보지만, **부정설**은 상법에는 특별한 규정이 없으므로 채무불이행이 채무자의 귀책사유에 의한 것인지 여부를 불문한다고 본다. 생각건대 채무자의 귀책사유 없이 채무불이행이 발생한 경우는 대개의 경우 이행불능이 되고 이 경우에는 계약해제와 관계없이 민법상 위험부담의 원리가 적용되므로 해제간주가 되기 위해서는 채무자의 귀책사유가 있어야 한다고 보

아 긍정설이 타당하다고 본다. ii) 매수인이 즉시 이행을 청구할 경우에는 확정기매매로서의 성질을 상실하므로 **이행청구 부존재**가 요구된다.

③ **효과** – 상법은 채권자인 매수인의 선택에 따라 계약해제의 효과를 받을 수도 있고 시기에는 늦었지만 매수가 유리할 경우에는 이행청구할 수 있도록 규정하고 있다. 확정기매매계약이 이행되지 않으면 매매계약이 **해제간주**된다. 민법상의 최고 없는 계약해제권(민545)과 달리, 상법은 정기행위 일반은 아니지만 확정기매매에서 매도인이 채무를 불이행한 경우 계약이 해제간주되므로 이행최고도 불필요하고 계약해제의 의사표시도 불필요하다(상68). 계약은 소급해서 효력을 잃게 되고(**직접효과설**) 각 당사자는 원상회복의무를 부담하며 채무불이행한 매도인은 손해배상책임을 부담한다.

5. 유가증권

(1) 의 의

금전의 지급청구권, 물건·유가증권의 인도청구권이나 사원지위를 표시하는 유가증권에 대해 민법, 어음법의 일정조항을 준용하며, 전자등록방식으로 발행할 수도 있다(상65). 일정한 재산권이 증권에 합체(표창)되어 재산권의 유통이 증권에 의해서만 이루어지며, 원칙적으로 일정한 특성(요식증권성, 제시증권성, 상환증권성, 문언증권성, 면책증권성, 자격수여적 효력, 선의취득자 보호 등)을 가지는 증권이다. 대표적인 유가증권으로 화물상환증, 선하증권, 창고증권, 주권, 사채권, 신주인수권증서·증권, 어음·수표 등이 있다.

(2) 유가증권법정주의

유가증권은 그 유통성과 피지급성의 확보를 위해 법의 특별한 보호를 받고 있고 이러한 유가증권법은 강행법적 성질을 갖고 있다. 유가증권의 종류와 내용 등을 법에 의해 제한하여 그의 남용을 방지하는데, 이를 유가증권법정주의라 한다(어음·수표편 참조). 유가증권법이라는 법은 존재하지 않고 각 법률에 관련 규정이 산재해 있는데, 완전유가증권인 어음·수표에 관해서는 어음법·수표법이 있고, 상법에는 화물상환증(상128~133)·창고증권(상156~157)·선하증권(상813~820)·주권(상355~360)·채권(상478~480) 등 개별유가증권에 관한 규정을 두고 있으면서 유가증권에 관한 포괄적인 규정을 한 개 두고 있다(상65). 상법 제65조는 민법

제508조에서 제525조의 규정(지시채권과 무기명채권)과 어음법의 배서에 관한 조항인 어음법 제12조 1, 2항을 준용하고 있다. 따라서 민법의 지시채권, 무기명채권에 관한 규정과 비교분석이 요구되는데, 대체적으로 유사하나 부분적으로 차이가 있는 규정, 모순되는 규정도 있다(예, 어16.1 적법소지인 추정, 민513.1 적법소지인 간주).

6. 상호계산

(1) 의 의

상호계산이란 상인간 또는 상인과 비상인간에 상시거래관계가 있는 경우에, 일정기간 내의 거래로 인한 금전채권·채무의 총액에 대하여 상계하고 그 잔액을 지급하는 제도이다(상72). 이는 은행간 또는 은행과 고객간, 생산자와 위탁매매인·운송업자간 등에서 일괄상계를 통한 결제의 편의(**결제기능**)와 일정기간 변제가 연기되어 결제자금의 활용(**신용기능**), 자신의 채무가 채권에 대한 담보역할(**담보기능**)을 한다. 상호계산을 위한 계약은 상인이 영업을 위하여 하는 행위로서 보조적 상행위에 해당한다.

(2) 상호계산계약

1) **법적 성질** : 상호계산계약은 당사자의 채권·채무가 대등액의 범위에서 소멸한다는 점에서 상계와 기능적으로 유사한 면이 있다. 하지만 상계는 단독행위로서 개별적인 채권, 채무를 대상으로 하는 데 반해, 상호계산은 계약으로서 일정기간 발생한 채권·채무를 포괄적으로 소멸시키는 제도이다. **보조적 상행위성**을 가지는 상호계산계약의 법적 성질에 관해 다양한 견해가 주장되었지만, 계속적 거래관계에 있는 자들간의 결제방식에 관한 상법상의 독자적인 계약이라고 보는 견해가 통설이다.

2) **요 건** : ① 당사자 일방의 상인성 – 상호계산계약의 당사자 중 일방은 상인이어야 하므로 비상인간에 상호계산과 유사한 내용의 계약을 체결하더라도 상법상의 상호계산은 아니다. 이는 민사상호계산(비상인간에 상호계산과 유사한 계약이 체결될 경우), 집합적 상호결제계약(어음교환제도), 단계적 상호계산(거래가 있을 때마다 상계되는 제도)과 구별된다.

② **일괄상계 후 잔액지급의 합의** – 일정기간 내의 거래로 인한 채권·채무에 대하여 상계하고 잔액을 지급한다는 내용의 명시적·묵시적 합의가 있어야 한다.

③ **채권·채무의 상호 발생이 예상되는 계속적 거래관계** – 당사자간에 채권·채무가 서로 발생하는 관계(은행과 고객간 당좌예금반환채무와 상환채권)가 있어야 하지만, 실제 일방의 채무만 발생해도 무방하다. 그러나 일방적으로 채권·채무가 발생이 예상되거나(소매상과 소비자간의 외상관계), 일회적인 관계는 상호계산이 되지 않는다.

④ **상호계산기간** – 상호계산에 포함되는 채권·채무가 결제되는 기간적 단위를 의미하며 특약이 없으면 6월로 한다(상74). 상호계산기간은 결제단위기간이고 상호계산계약이 존속하는 동안 수회의 상호계산이 있을 수 있어 상호계산계약의 존속기간과는 구별된다. 계약의 존속기간 내 수회의 상호계산기간이 있는 경우, 1회의 상호계산기간 종료 후 잔액을 새로 개시되는 상호계산기간의 최초의 항목으로 계상할 수 있다.

⑤ **금전채권** – 일괄상계가 가능한 금전채권에 한정된다. 성질상 현실로 이행되어야 하는 채권 그리고 제시증권성을 가지는 유가증권은 원칙적으로 제외되고 특약으로 일정한 금전채권을 배제할 수 있다. 그리고 거래와 관계없는 불법행위·부당이득·사무관리로 인한 채권이나 제3자로부터 양수한 채권 등도 상호계산에서 제외된다고 해석된다.

(3) 상호계산기간 중의 효력(소극적 효력)

1) **당사자간의 효력** : 상호계산기간 중에 당사자간의 거래에서 생긴 채권·채무는 모두 계산에 계입되고 효력이 정지되어 독립성을 상실하므로(**상호계산불가분의 원칙**), 각 채권은 개별적으로 행사·양도·입질·상계할 수 없고, 기간중에는 시효가 진행되거나 이행지체가 되지도 않지만 채권의 동일성이 상실되는 것은 아니어서 확인의 소의 제기, 각 원인관계의 해제권·취소권 등을 행사할 수 있다. 그러나 어음 기타의 **상업증권으로 인한 채권·채무**를 상호계산에 계입한 경우에 그 증권 채무자가 변제하지 아니한 때에는 당사자는 그 채무의 항목을 상호계산에서 제거할 수 있다(상73). 예를 들어 A와 B은행은 상호계산관계에 있는데, A가 소지하고 있는 C발행의 약속어음을 담보로 B은행으로부터 융자를 얻은 경우 C가 어음을 변제하지 않으면 A의 채무(융자금상환채무)는 상호계산에서 제거할 수 있게 되어, 은행은 융자금채권을 독립적으로 행사할 수 있게 된다.

2) **제3자에 대한 효력** : 당사자간에 적용되는 **상호계산불가분의 원칙**(**독립성상실**)**의 효력범위**(쟁점257)에 관해, **절대적 효력설**은 상호계산계약의 특수성·강행성에 의해 상호계산기간중에는 각 채권이 독립성을 상실하므로, 당사자의 일방이 채권을 양도·입질하더라도 제3자의 선의·악의를 불문하고 그 효력이 없다는 견해이고, **상대적 효력설**은 상호계산불가분의 원칙은 그 효력이 당사자간에만 미치므로 당사자의 일방이 이러한 원칙에 반하여 채권을 양도·입질한 경우 선의의 제3자에게는 대항하지 못하고 손해배상의무가 있을 뿐이라는 견해로서 이는 제3자가 계입채권을 압류한 경우에도 동일하게 본다. **수정 상대적 효력설**로 압류금지재산을 만들 수 없으므로 제3자의 선의·악의를 불문하고 제3자의 압류는 유효하다고 본다. 생각건대 상호계산은 절대적 효력을 가지지는 않지만 당사자간의 상호계산합의에 따라 대항요건을 갖출 수가 없으므로 제3자에 대한 계입채권의 양도·입질은 대항력을 가질 수 없게 된다. 그러나 특별한 법률의 규정 없이 압류금지재산을 만들 수 없다는 점에서 선의·악의 불문하고 제3자의 계입채권의 압류를 금지시킬 수 없다고 본다(수정 상대적 효력설).

(4) 상호계산기간 만료 후의 효력(적극적 효력)

1) **계산서의 제출 및 승인** : 상호계산기간이 만료되면 당사자는 채권·채무의 총액에 대하여 일괄상계하여 지급할 잔액을 확정하게 되는데, 이는 당사자의 일방이 채권·채무의 각 항목과 상계잔액을 기재한 계산서를 제출하여 상대방이 이를 승인함으로써 확정된다(상75). 계산서의 제출은 승인을 구하는 청약이고 승인은 그에 대한 승낙으로서 양자가 합치하면 잔액의 확정계약이 성립하게 된다. **잔액확정계약**의 효과는 민법상의 경개의 효과와 동일하며 잔액확정계약은 상계의 의사표시와 경개계약이 혼합된 특수한 형태의 계약으로 볼 수 있다.

2) **잔액확정의 효력** : ① **소극적 효력** – 잔액이 확정된 후에는 각 당사자는 채권·채무의 각 항목에 대하여 이의제기가 금지된다(상75: **소극적 효력**). 따라서 거래의 무효·취소 또는 해제를 이유로 잔액채권 자체의 성립을 다툴 수 없고 계산외에서 부당이득의 반환만을 청구할 수 있을 뿐이다. 상법 제75조의 단서와 관련하여 **계산서의 착오·탈루를 이유로 한 잔액채권효력에 대한 이의가능성**(쟁점258)에 관해, **부당이득설**(부정설)은 잔액승인행위는 취소할 수 없고 이의를 제기하여 부당이득의 반환을 청구할 수 있을 뿐이라 보고, **승인행위무효설**(긍정설)은 계산서

의 항목에 대해 착오나 탈루가 있을 경우 이의제기가 허용되고 따라서 잔액채권의 효력을 다툴 수 있다고 본다. 생각건대 상법 제75조 단서조항이 의미를 가지기 위해서는 다른 사유가 있을 경우와는 달리 착오나 탈루가 있을 경우에 계산서의 승인은 소급적으로 무효하게 되어 착오나 탈루가 보정된 후에 승인의 효과가 발생한다고 보아야 한다(긍정설).

② **적극적 효력** – 계산승인에 의해 잔액채권이 확정되면 잔액채권은 기존의 계입채권과는 별개의 채권으로 성립하여 효력이 발생하고 시효가 진행되는데(**적극적 효력**), **시효의 기산시점**(쟁점259)에 관해, 잔액승인이 있으면 계산폐쇄일에 소급하여 효력이 발생한다는 **계산폐쇄일설**과 잔액승인시점에 효력이 불소급적으로 발생한다는 **잔액승인시설**이 있다. 생각건대 상법 제76조에서 계산폐쇄일 이후의 법정이자를 청구할 수 있다고 정하고 있어 상법의 해석상으로는 계산폐쇄일설을 따르지 않을 수 없다고 본다. **개별채권에 대한 질권·보증채무**는 특약이 없는 한 잔액확정계약의 경개적 효력에 의해 구채권과 함께 소멸하고 잔액채권을 담보하지 않는다고 보아야 하나 이견도 있다. 상계로 인한 잔액에 대하여 채권자는 계산폐쇄일 이후의 법정이자를 청구할 수 있으나 당사자는 특별한 약정에 의해 상호계산에 계입한 날로부터 이자가 발생하도록 할 수 있어(상76) 결과적으로 중리(重利)를 인정하고 있다.

(5) 상호계산의 종료

상호계산계약은 존속기간의 만료, 기타 계약의 일반적 종료원인에 의해 종료된다. 그 밖에 상호계산은 당사자 상호간의 신용을 기초로 하는 제도라는 점을 감안하여 상법은 각 당사자가 언제든지 상호계산을 해지할 수 있다고 하여 **해지권**을 인정하고 있다(상77). 그리고 당사자간의 거래관계가 종식된 경우에도 상호계산의 요건을 결여하게 되어 상호계산관계가 종료된다고 보아야 한다. 상호계산은 당사자의 일방이 파산선고를 받은 때에 종료한다(채무125, 343). 상호계산계약이 종료한 때에는 법정 또는 약정한 계산기간과 관계없이 즉시 계산을 폐쇄하고 잔액채권자는 잔액의 지급을 청구할 수 있다.

7. 익명조합

1) **의 의** : 익명조합이란 당사자의 일방(익명조합원)이 출자하고 상대방(영업

자)이 영업으로 인한 이익을 분배할 것을 약정하는 계약(익명조합계약)으로 형성되는 공동기업이다. 익명조합은 합자회사와 기원을 같이 하나, 자본주가 표면에 나타나는 합자회사와 자본주가 대외적으로 노출되지 않는 익명조합의 형태로 구별되었다. 우리 법상으로는 제78조 이하에서 이를 규정하고 있다.

2) **법적 성질** : 익명조합의 법적 성질은 대외적으로는 영업자의 단독기업이고 대내적으로는 조합이라고 보는 견해가 통설이다. 익명조합의 **대외적 관계**를 보면 영업자의 단독기업이어서 익명조합원의 출자는 영업자에게 귀속되며(상79, cf. 조합의 합유), 익명조합원은 원칙적으로 제3자에 대하여 권리·의무를 가지지 않는 점(상80) 등 민법상 조합과 구별된다. 그러나 **대내적 관계**를 보면 익명조합원과 영업자는 조합관계이어서 민법상 조합에 관한 규정이 적용된다. 익명조합은 익명조합원이 영업자에게 출자한다는 점에서 대외적으로는 **소비대차와 유사**하게 보이지만, i) (확정)이자지급이 아니라 (불확정)이익분배가 약정되어 있다는 점, ii) 익명조합원이 감시권을 가지고, iii) 계약종료시 익명조합원은 손실분담 후 잔액을 반환받을 수 있다는 점 등에서 소비대차와 구별된다. 판례는 음식점시설제공자의 이익여부에 관계없이 정기적으로 일정액을 지급할 것을 약정하되 대외적 거래관계는 경영자가 그 명의를 단독으로 하여 그 권리의무가 그에게만 귀속되는 동업관계는 상법상 익명조합도 아니라고 보았다(81다650).

3) **익명조합의 성립** : ① 당사자 – 익명조합의 당사자는 익명조합원과 영업자인데, 익명조합원은 상인은 물론 비상인이더라도 무방하나 영업자는 기업을 경영하는 주체로서 상인이어야 한다. 출자 당시에 상인자격을 갖추고 있을 필요는 없으며 조합성립 후 영업을 개시하더라도 무방하다고 본다. **독립성 있는 영업의 일부**(예컨대 지점)가 익명조합계약의 주체가 될 수 있는지(**쟁점260**)에 관해, **긍정설**이 있으나 지점은 독립성을 가지지만 영업행위의 대리권을 가진 것에 불과하므로 독립적으로 기업조직계약을 체결할 수는 없다고 본다(**부정설**).

② 익명조합계약 – 익명조합원은 출자를 하고 영업자는 영업을 하여 이익을 분배할 것을 약정하는 계약을 익명조합계약이라 한다. 익명조합원의 출자의무는 재산출자만 허용되며, 출자된 재산은 영업자의 재산으로 귀속되고(상79), 익명조합원은 감시권(상86, 277)을 행사할 수 있을 뿐이다.

③ 이익분배의무 – 영업자는 영업의무와 이익분배의무를 부담하는데, 이자지

급과 달리 이익이 현실화된 경우에만 부담한다는 점에서 익명조합계약과 소비대차계약이 구별된다. 이익의 유무를 불문하고 일정한 금액의 지급을 보장하는 것은 다수설·판례(62다660)가 익명조합으로 보지 않고 소비대차로 이해한다. **판례**는 매일 매상금 중 일정비율의 금액을 지급할 것을 약정한 것도 익명조합계약이 아니라고 보았다(81다650). 그리고 이익분배는 손실전보 후 허용되나(상82.1), 당사자간에 달리 약정할 수 있다(상82.3).

4) **대내적 효력** : ① **익명조합원의 권리·의무** – i) 익명조합원은 **출자의무**를 부담하는데, 유한책임사원 출자제한에 관한 규정을 준용하고 있어 출자의 목적물은 **재산출자**만 허용되고 신용·노무 출자는 허용되지 않는다(상86 → 272). 익명조합원이 출자한 재산은 영업자에 귀속하므로(상79), 영업자에게 출자재산을 이전하는 절차가 요구된다. 재산권 이전절차가 완료될 때 출자의무가 이행된 것으로 보아야 하고 이전하지 않을 경우 익명조합원은 익명조합계약의 채무불이행책임을 부담한다. 판례도 출자한 금전 기타의 재산은 상대방인 영업자의 재산으로 되는 것이므로 영업자가 그 영업의 이익금을 함부로 자기용도에 소비하였다 하여도 횡령죄가 되지 아니한다고 보았다(71도2032). ii) 익명조합원도 **감시권**을 가지는데(상86 → 277), 감시권이란 익명조합원이 유한책임사원과 같이 영업연도 말에 영업시간 내에 한하여 영업주의 회계장부, 대차대조표 기타의 서류를 열람할 수 있고 영업주의 업무와 재산상태를 검사할 수 있는 권한을 의미한다. iii) 상법은 출자가 손실로 인하여 감소된 경우 손실전보 후 이익배당을 정하고 있으나 이는 임의규정이어서(상82), **손실분담의무**는 당사자 약정에 따른다. 당사자간에 손실을 분담하지 않기로 하는 특약이 없으면 공동기업의 일반원칙에 의하여 익명조합원은 손실을 분담한다는 묵시적인 특약을 한 것으로 추정한다는 것이 통설이다. iv) 익명조합원은 유한책임사원과 유사하게 업무집행이라 할 수 있는 영업행위를 하지 못하고 영업을 대표할 수 없다는 점에서 **업무집행 금지의무**를 부담한다(상86 → 278). 그리고 영업자의 동의 없이 익명조합원의 지위를 양도(지분처분)하지 못하는 **지위불양도의무**를 부담한다. 그 밖에 익명조합은 대내적으로는 조합이므로 조합에 관한 민법규정이 적용된다고 보는 것이 통설이다.

② **영업자의 권리·의무** – 영업자는 영업수행의 권리·의무, 이익분배의무, 경업금지의무, 영업상태개시의무 등을 부담한다. 영업자의 경업피지의무에 관해서는 근거규정은 없으나 학설상 인정되고 있다. 그 밖에 영업시간 내에 익명조합원

이 회계장부, 대차대조표 기타의 서류를 열람할 수 있게 할 의무를 부담하는데, 이는 익명조합원의 감시권에 대응하는 의무이다. 영업자는 익명조합원에게 영업에서 생긴 이익을 분배하여야 한다는 점에서 익명조합원에 대하여 이익분배의무를 부담하고 이 점에서 소비대차와 구별된다.

5) **대외적 효력** : 익명조합이 되기 위해서는 외형상 **영업자의 단독영업**이어야 하므로, 영업자는 대리인이 아니라 자기의 명의로 영업하여야 한다. 물론 영업자는 단일하여야 하는 것은 아니며 수인의 영업자이더라도 무방하며 회사가 영업자가 될 수도 있다. 영업자의 단독영업이므로 원칙적으로 익명조합원은 대외적인 채무에 대해 아무런 책임을 부담하지 않는다(상80). 그러나 예외적으로 익명조합원이 자신의 성명 또는 상호를 영업자에게 사용하게 한 경우 연대책임을 부담하는데(상81), 상법 제81조의 채권자는 선의의 채권자에 한한다고 본다(상24와 유사).

6) **익명조합의 종료** : 익명조합계약에서 존속기간을 정하지 않은 경우나 종신계약인 경우 각 당사자는 영업연도 말에 계약을 **해지**할 수 있다. 단 해지를 위해서는 6개월 전 예고를 하여야 하나(상83.1), 부득이한 사정이 있을 경우에는 예고를 생략할 수 있다. 조합의 존속기간의 약정의 유무에도 불구하고 부득이한 사정이 있는 경우에는 각 당사자는 언제든지 계약을 해지할 수 있다(상83.2). 그 밖에 영업의 폐지 또는 양도, 영업자의 사망 또는 금치산, 영업자나 익명조합원의 파산 등의 사유가 발생하면 조합계약은 종료한다(상84, 법정종료사유). 익명조합계약이 종료하면 영업자는 **출자가액반환의무**(상85)를 부담하고, 손실분담으로 인한 출자감소시에는 잔액반환의무를 부담한다.

8. 합자조합

(1) 의 의

합자조합은 조합의 업무집행자로서 조합의 채무에 대하여 무한책임을 부담하는 무한책임조합원과 출자가액을 한도로 하여 유한책임을 지는 유한책임조합원이 출자하여 공동사업을 경영하는 특수한 유형의 공동기업이다(상86의2). 합자조합은 2011년 회사법 개정시에 도입된 제도로서 유한책임사원과 무한책임사원으로 구성된 합자회사와 유사한 조직형태이지만, 법인이 아닌 **조합의 특성**을 지닌 공동기업이다. 합자조합은 무한책임조합원과 유한책임조합원이 공동으로 체결하는 조합계약에 의해 성립되며 상업등기의 대상이 된다. 무한책임조합원은 원칙적으로 업무집행조합원이 되어 합자조합의 업무를 집행하고 대외적으로 합자조합을 대리하게 되며, 유한책임조합원은 예외적으로만 업무를 집행할 수 있으며 업무를 집행하지 않는 유한책임조합원은 업무집행조합원의 업무집행을 감시할 권한을 가진다. 합자조합에 관하여는 상법 또는 조합계약에 다른 규정이 없으면 민법 중 조합에 관한 규정을 준용하는데, 조합원에 대한 채권자의 권리행사(민712), 무자력조합원의 채무와 타조합원의 변제책임(민713)은 유한책임조합원에 대해 준용하지 않는다(상86의8.4).

(2) 합자조합의 성립

1) **조합계약** : 합자조합은 일반 조합과 동일하게 조합계약에 의해 성립하고(**성립요건**), 합명·합자회사 등 법인과 달리 합자조합의 등기와 무관하게 합자조합은 성립된다. 조합계약에서는 조합의 목적·명칭, 업무집행조합원과 유한책임조합원의 인적사항·출자·손익분배·지분양도(유한책임조합원)에 관한 사항, 주된 영업소 소재지, 공동업무집행조합원, 해산사유·잔여재산분배에 관한 사항, 조합계약의 효력발생일 등이 정해진다(상86의3). 조합계약은 합명·합자회사의 정관과 유사한 기능을 하지만, 사단적 관계가 아니라 **계약적 관계**이므로 구성원이 변경되었을 경우 기존의 조합원과 신입조합원간에 조합계약이 체결되어야 하므로 조합계약의 변경이 요구되고 기존 조합원 전원의 동의가 요구된다고 본다. 그리고 조합계약을 체결함에 있어 의사표시의 하자는 회사법에서 정하고 있는 회사설립·무효의 소가 유추적용 되는 것이 아니라 민법의 의사표시하자에 관한 법리가 그대로 적용된다.

2) **등 기** : 조합계약에 의해 성립된 합자조합은 등기를 할 수 있는데, 이는 상법 제37조가 적용되는 상업등기로서 임의적 등기사항이다. 따라서 조합등기를 함으로써 선의의 제3자에게 대항할 수 있는 대항력이 발생하고 부실등기의 경우 책임을 부담하는데, 일단 상업등기가 된 이후 이를 변경하는 경우에는 강제적 등기사항이 되어 2주내에 변경등기를 하여야 한다(상86의4.2). 조합계약에서 정해지는 사항은 대부분 등기사항이지만, 조합원의 출자의 경우 출자목적과 재산출자의

가액과 이행부분만 등기하면 되고 기타 손익분배·지분양도·잔여재산분배에 관한 사항은 제외되며(상86의4), 합명회사의 본점·지점 이전등기규정이 준용된다(상86의8.1 → 182의1).

(3) 합자조합의 법률관계

1) **내부관계** : ① **출자의무** – 합자조합은 민법의 조합과 동일하게 상호출자를 기초로 하여 조합원이 공동사업을 경영하므로(민703), 모든 조합원은 출자의무를 부담한다. 출자의 목적은 합자회사 유한책임사원과 동일하게 신용·노무출자는 허용되지 않고 금전출자를 포함한 재산출자만 가능하다(상86의8.3 → 272). 익명조합의 경우 특수한 조합으로서 익명조합원만 출자를 하지만(상78), 합자조합의 경우 조합원의 출자의무에 관한 규정을 따로 두고 있지 않아 특히 무한책임조합원도 반드시 출자를 하여야 하는가 하는 점은 논란의 여지가 있다. 생각건대 상법에 특별한 규정이 없으면 민법이 준용되는데(상86의8.4) 민법상 조합에서 모든 조합원은 출자의무를 부담하며(민703) 조합원의 출자에 관한 사항이 조합계약의 내용인 점(상86의3 6호), 출자의 목적 등이 등기사항인 점(상86의4.1 2호)을 고려할 때 무한책임조합원도 출자의무를 부담한다고 본다.

② **업무집행** – 합자조합의 업무집행은 **업무집행조합원**이 담당하며, 합자조합을 대리하여 선량한 관리자의 주의로써 대내적·대외적 업무를 집행한다(상86의5.1). 업무집행조합원은 각자 업무집행권한을 가지지만 조합계약에서 이를 달리 정할 수 있다. **복수 업무집행조합원**이 있는 경우에는 각 업무집행조합원의 업무집행행위에 관해 다른 업무집행조합원은 이의할 수 있으며, 이 경우 업무집행조합원은 그 행위를 중지하고 업무집행조합원의 과반수의 결의로 업무집행행위의 허부를 결정한다(상86의5.3). 업무집행조합원의 업무집행정지 및 가처분과 그 변경·취소, 경업금지의무, 자기거래, 직무대행자의 권한, 공동대표의 수동대표, 대표사원의 권한, 사원의 직접·연대·무한책임 등에 관해서는 합명회사의 업무집행사원에 관한 규정을 준용하고, 청산인에 관해서는 합자회사의 규정을 준용한다(상86의8.2 → 183의2, 198, 199, 200의2, 208.2, 209, 212, 287). 다만 경업금지의무와 자기거래에 관해서는 조합계약에서 달리 정할 수 있다(상86의8.2단서).

③ **유한책임조합원의 감시권** – 유한책임조합원은 합자회사 유한책임사원과 동일하게 감시권을 가진다. 영업연도말에 영업시간 내에 한하여 회사의 회계장부, 대차대조표 기타의 서류를 열람하고, 조합의 업무와 재산상태를 검사할 수 있는

데, 중요한 사유가 있는 때에는 언제든지 법원의 허가를 얻어 열람과 검사를 할 수 있다(상86의8.3→277). 유한책임조합원에 관해, 합명회사의 유한책임사원에 관한 규정을 준용하는데, 유한책임사원의 출자(신용·노무출자금지), 경업의 자유, 감시권, 업무집행·대표금지, 사망, 금치산에 관한 규정을 준용한다(상86의8.3→272, 275, 277, 278, 283, 284). 그리고 유한책임조합원은 합명회사 사원과 동일하게 자기거래가 금지된다(상86의8.3→199).

④ **유한책임조합원의 업무집행권** – 업무집행조합원에 대한 감시권한만 가지는 유한책임조합원은 원칙적으로 합자조합의 업무집행을 하지 않지만(상86의8.3→278) 예외적으로 조합계약에서 유한책임조합원을 업무집행조합원으로 정할 수 있다. 이 경우 업무집행조합원인 유한책임조합원은 등기사항이 된다(상86의4.1 1호). 합자조합이 준용하고 있는 상법 제278조는 '유한책임사원은 회사의 업무집행이나 대표행위를 하지 못한다'고 명시적으로 규정하고 있어 그 예외를 인정하고 있는 상법 제86조의4 1항 1호의 괄호 내용과 모순되는데, 이는 상법 제278조의 법적 성격(임의규정성)에 관한 논란과 관련된다.

⑤ **손익분배** – 합자조합에는 공동기업의 성과에 대한 분배, 즉 영업활동으로 손익이 발생하였을 경우 조합원간의 분배에 관한 규정을 따로 두고 있지 않다. 따라서 조합계약에서 손익분배에 관한 원칙이 정해지고(상86의3 7호), 정해지지 않은 부분은 민법의 조합의 손익분배에 관한 규정이 준용된다. 민법은 조합원이 손익분배의 비율을 정하지 아니한 때에는 각 조합원의 출자가액에 비례하여 이를 정하고, 이익 또는 손실에 대하여 분배의 비율을 정한 때에는 그 비율은 이익과 손실에 공통된 것으로 추정한다(민711).

2) **외부관계** : ① **대리권** – 합자조합은 법인과 달리 대표기관이 법인의 업무를 대표하는 것이 아니라 권한을 가진 조합원이 조합을 대리하는 구조이다. 합자조합에서는 조합계약에 다른 규정이 없으면 업무집행조합원은 각자가 합자조합의 업무를 집행하고 대리할 권리와 의무가 있지만(상86의5.1), 이를 조합계약에서 업무집행조합원 중 일부 업무집행조합원만 대리할 수 있는 것으로 제한할 수 있다(상86의3 10호). 합자조합의 대리권 역시 유한책임조합원에게 위임할 수 있는지가 문제될 수 있는데, 상법은 업무집행권한에 관해서만 이를 전제한 규정을 두고 있다(상86의4.1 1호). 하지만 대리권에 관해서는 규정을 두고 있지 않고, 합자조합이 준용하고 있는 합자회사의 유한책임사원의 권한에 관한 규정에서는 유한책임사원

은 대표권을 가질 수 없다고 규정하고 있어 유한책임조합원은 합자조합의 대리권을 가질 수 없다고 해석된다.

② **합자조합원의 책임** – 일반 민법상 조합의 조합원은 조합채무를 합유하는데 반해, 합자조합 조합원의 조합채무에 관해 특별한 규정을 두고 있다. 무한책임조합원은 조합채무에 관해 직접·연대·무한책임을 부담하고(상86의8.2 → 212), 유한책임조합원은 조합계약에서 정한 출자가액에서 이미 이행한 부분을 뺀 가액을 한도로 하여 조합채무를 변제할 책임이 있다(상86의5.1). 이 경우 합자조합에 이익이 없음에도 불구하고 배당을 받은 금액은 변제책임을 정할 때에 변제책임의 한도액에 더한다(상86의6.2).

③ **지분양도와 조합원가입·탈퇴** – 업무집행조합원은 다른 조합원 전원의 동의를 받지 아니하면 그 지분의 전부 또는 일부를 타인에게 양도하지 못한다. 유한책임조합원의 지분은 조합계약에서 정하는 바에 따라 양도할 수 있다. 유한책임조합원의 지분을 양수한 자는 양도인의 조합에 대한 권리·의무를 승계한다(상86의7). 합자조합의 유한책임조합원은 조합계약에 따라 탄력적으로 지분양도를 할 수 있게 하면서 지분양수인의 책임을 통해 조합에 출자의무를 이행하지 않았을 경우 책임 등이 지분양도로 인해 부실화되지 않도록 하고 있다. 하지만 이는 지분양도에 관한 규정일 뿐이고 다시 조합원이 되기 위해서는 조합계약이 필요하여 기존의 조합계약의 변경이 요구된다. 그밖에 조합원의 가입과 탈퇴에 관해서는 아무런 규정을 두고 있지 않으므로 민법의 임의탈퇴(민716), 비임의탈퇴(민717), 제명(718), 등의 규정이 준용될 수 있다.

(4) 합자조합의 소멸

합자조합은 조합계약에서 조합의 존속기간이나 해산사유에 관해서 정할 수 있으므로(상86의3 12호), 이러한 존속기간이 만료되거나 해산사유가 발생하면 합자조합은 해산된다. 그밖에 상법은 합자조합의 소멸에 관해 아무런 규정을 두고 있지 않고 해산등기, 청산인의 등기, 청산종결의 등기 규정을 준용하고(상86의8.1 → 228, 253, 264), 합자회사의 해산·계속제도를 준용하는(상86의8.1 → 285) 규정을 두고 있다. 따라서 민법의 규정을 준용하여 이를 보완할 것을 예정하였다고 볼 수 있는데, 민법상의 청산인제도(민721~724)가 준용되고 그밖에 부득이한 사유가 있는 경우에는 각 조합원은 해산청구를 할 수 있다고 본다(민720).

제 5 장 상행위법 각칙

1. 대리상

(1) 의 의

1) **개 념** : 대리상이란 일정한 상인을 위하여 상업사용인이 아니면서 상시 그 영업부류에 속하는 거래의 대리 또는 중개를 영업으로 하는 자이다(상87). 특정상인을 위해 계속적으로 영업을 보조한다는 점에서는 상업사용인과 공통되나, 상업사용인은 독립된 상인이 아니고 특정상인에 종속된 피용자라는 점에서 구별된다. 본인과 대리상 사이에 대리상 관계를 발생시키는 **대리상계약**은 법률행위(체약대리상의 경우) 또는 사실행위(중개대리상의 경우)를 대리상에게 위탁하는 것을 내용으로 하므로 그 성질은 위임계약이다. i) 대리상은 **일정한 상인의 영업활동을 계속적으로 보조**하는 자로서, 본인인 상인은 특정되어 있는 한 반드시 1인이어야 하는 것은 아니며 수인이라도 상관없다.

2) **거래의 대리·중개** : 대리상은 본인인 상인의 **영업부류에 속하는 거래를 대리·중개**를 하여야 한다. 여기서 '영업부류'에 속한다고 함은 본인인 상인의 기본적 상행위를 의미하므로 보조적 상행위를 대리·중개하는 자는 대리상이 아니다. '대리'라 함은 본인의 영업행위를 본인의 명의와 계산으로 대신하는 것을 의미하고(**체약대리상**), '중개'라 함은 본인을 위하여 거래가 성사되도록 정보제공 등 사실행위를 하는 것(**중개대리상**)을 의미하는데, 특정한 상인을 위한 중개여서 중개상과 구별된다. 판례는 딜러들이 A를 위하여 A로부터 제품을 계속적으로 공급받아 A의 명의로 소비자들에게 제품을 판매함으로써 상시 A의 영업부류에 속하는 거래를 대리 또는 대행하고 소정의 수수료를 지급받는 것을 주된 내용으로 하는 딜러계약을 대리상 또는 이와 유사한 계약으로 보았다(2003두1110).

3) **독립 상인** : 대리상은 **독립된 상인**이어야 한다. 상법은 '상업사용인이 아니면서'라고 표현하고 있어 대리상은 종속된 사용인이 아니라 독립된 상인임을 명시하고 있다. 대리상의 영업은 특정 상인의 영업행위의 대리·중개의 인수행위이고,

대리·중개행위 자체는 인수행위의 이행행위가 된다. 판례는 어떤 자가 제조회사와 대리점 총판 계약이라고 하는 명칭의 계약을 체결하였다고 하여 곧바로 상법 제87조의 대리상으로 되는 것은 아니고, 그 계약내용을 실질적으로 살펴 대리상인지의 여부를 판단하고 있다(97다26593). 그리고 자동차 제조·판매자가 고객인 딜러들과 사이에 원고가 제작하여 공급하는 제품의 판매 및 판매한 제품에 대한 애프터 서비스의 제공에 관한 계약인 딜러계약을 대리상 또는 이와 유사한 계약으로 보았다(2003두1110).

(2) 대리상의 의무

1) **통지의무** : 대리상이 거래의 대리 또는 중개를 한 때에는 지체 없이 본인에게 그 통지를 발송하여야 한다(상88). 이는 장기간 반복·지속되는 상사대리의 특징을 고려하여 개개의 거래별로 본인이 처리상황을 파악할 수 있게 하였다. 대리상이 통지의무(발신주의)를 해태한 때에는 손해배상책임을 진다.

2) **경업·겸직금지의무** : 대리상은 본인의 허락이 없으면 자기 또는 제3자의 계산으로 본인의 영업부류에 속하는 거래를 하거나(**경업금지**) 동종영업을 목적으로 하는 회사의 무한책임사원 또는 이사가 될 수 없다(**겸직금지**, 상89.1). 본인의 영업부류에 속한 거래라 함은 본인의 기본적 상행위에 속하는 거래를 의미하며, 겸직금지의 대상이 되는 동종영업과 동일한 개념으로 본다. 대리상이 **다른 상인의 상업사용인이 될 수 있는지 여부**(**쟁점261**)에 관해 **부정설**은 본인의 이익보호라는 입법취지를 고려하여 동종영업의 경우에 이를 부정하고, **긍정설**은 상법 제17조 1항과 상법 제89조의 입법취지가 다르다고 하면서 사용인은 될 수 있다고 본다. 생각건대 상업사용인을 제외한 조문의 문리해석과 상업사용인(지배인, 부분적 포괄대리권을 가진 사용인)의 범위가 너무 넓어 긍정설이 타당하다고 본다. 대리상은 경업·겸직이 금지되지만 이는 강행법규가 아니므로 **본인의 허락**이 있을 경우에는 경업과 겸직이 허용된다. 통상 사전허락이 요구되지만 사후허락은 이미 발생한 위반의 효과, 즉 손해배상청구권·개입권을 포기하는 의미로 해석된다. 대리상이 본인의 허락 없이 한 경업금지 거래행위 그 자체는 유효하며, 겸직에 따른 행위도 유효하다. 그러나 본인은 경업·겸직금지 위반을 이유로 대리상에 대하여 **손해배상**을 청구할 수 있고, 대리상이 자기나 제3자의 계산으로 경업금지를 위반한 거래에 관하여 본인이 그 거래를 안 날로부터 2주 내, 거래일로부터 1년 내에 **개입권**

을 행사할 수 있다(상89.2 → 17.24, 상업사용인에 관한 설명 참조).

3) **영업비밀준수의무** : ① 개념 – 대리상계약의 종료 후에도 대리상은 계약과 관련하여 알게 된 본인의 영업상의 비밀을 준수하여야 한다(상92의3). **영업비밀**이란 일반적으로 기업경영과 관련이 있는 사실로서 일정한 제한된 사람들만이 알고 있을 뿐 공개되지 않고, 또 본인이 비밀로 하려는 의사가 있고, 그 비밀의 유지에 본인의 경제적 이익이 존재하는 사실들을 말하는데, 영업비밀 중 계약과 관련하여 알게 된 것(**계약관련성**)으로 제한된다. 대리상업무를 수행하면서 알게 된 사실만 대상으로 되고 계약 전부터 알고 있었던 사실은 제외되지만, 본인의 영업부류에 속하지 않은 사실(유통업자의 금융거래내역)이라 하더라도 대리상계약을 수행하는 과정에 알게 되었다면 준수의무의 대상이 된다고 본다.

② 의무의 내용 – **비밀준수**로서 영업비밀에 해당하는 정보를 타인에게 알리거나 공표하지 않는 등 부작위의무이며, 고의를 요건으로 하지 않으므로 과실에 의해서도 의무를 위반할 수 있다. iii) 영업비밀준수의무는 **대리상계약의 종료 후**에 적용되며, 영업비밀성이 유지되는 한 준수의무가 존속한다고 본다. 대리상이 대리상계약의 존속 중에 비밀준수의무를 위반한 경우 대리상계약을 사전통고 없이 해지·손해배상청구 할 수 있으며 이 경우 보상청구권(상92의2.1)은 발생하지 않는다. 계약기간이 종료한 후에 대리상이 비밀준수의무를 위반한 경우 위임계약 위반이 아닌 영업비밀준수의무의 위반을 이유로 손해배상책임을 물을 수 있지만 이미 발생한 보상청구권에는 영향이 없다고 본다.

(3) 대리상의 권리

1) **대리권 등** : 대리상은 본인인 일정한 상인을 위하여 그 영업부류에 속하는 거래의 대리 또는 중개를 할 수 있는 권리를 가진다. 따라서 대리상이 행한 거래행위의 효과는 특별한 이전행위가 없어도 본인인 영업주에게 귀속하고 대리상은 그에 대한 보수를 청구할 수 있을 뿐이다.

2) **보수청구권** : 대리상은 상인이므로 본인을 위하여 한 행위에 관하여 당사자간에 보수의 약정을 하지 않은 경우에도 상법 제61조에 의해 당연히 보수청구권을 갖는다. 보수청구권이 발생하기 위해서는 i) 거래의 대리·중개가 대리상계약의 내용과 일치하여야 하고, ii) 거래의 대리·중개가 실질적으로 성립하여야 하며,

iii) 거래의 대리·중개가 대리상의 활동에 의하여 성립하였어야 한다(인과관계).

3) **보상청구권** : ① **개념** – 대리상의 활동으로 본인이 새로운 고객을 획득하거나 영업상의 거래가 현저하게 증가하고 이로 인하여 본인이 대리상계약의 종료 후에도 이익을 얻고 있는 경우에는 대리상은 본인에 대하여 상당한 보상을 청구할 수 있는 권리(상92의2)를 의미한다. **보상청구권의 법적 성질**(**쟁점262**)에 관해, **계약상의 권리설**은 대리상의 활동을 통해서 획득한 고객과의 거래로 인하여 본인이 이익을 보는 데도 대리상계약의 종료로 인하여 지급할 필요가 없게 된 보수에 대한 보상으로 이해한다. **법정권리설**은 보수청구권이 아니라 법정의 권리로 이해한다. 생각건대 보상청구권은 이에 관한 합의가 없었을 경우에도 대리상에게 인정되는 권리로서 대리상의 노력의 결과에 대한 법정 보상청구권으로서 형성권적 성질을 가진다고 본다.

② **요건** – 보상청구권의 **발생요건**은 i) 대리상계약이 종료되어야 하고, ii) 대리상이 획득한 새로운 고객과의 거래관계로 인하여 본인이 대리상계약의 종료 후에도 현저한 이익을 얻었어야 한다. iii) 대리상이 대리상계약이 종료한 후 6월 내에 본인에게 보상청구를 하여야 하고, iv) 보상금의 지급이 형평의 원리에 상응하여야 한다. v) 대리상계약이 대리상의 귀책사유 없이 종료되어야 하고(상92의2.1), 요건의 증명책임은 대리상에게 있다.

③ **효과** – 대리상은 본인에 대하여 '상당한 보상'을 청구할 수 있는데, 상당한 보상이란 대리상계약 기간 중의 대리상의 기여도, 본인의 현존하는 이익 등 모든 관련사항을 고려하여 법정한도 내에서 구체적 타당성에 부합하는 보상액을 뜻하는 것으로 이해된다. 계약의 종료 전 5년간의 평균연보수액을 한도·기준으로 한다(상92의2.2). 보상청구권은 대리상계약이 종료한 날로부터 6월 내에 행사(제척기간)하여야 하며(상92의2.3), 대리상의 책임 있는 사유로 계약종료한 경우에는 인정되지 않는다(상92의2.1).

④ **배제** – 당사자의 **합의에 의한 보상청구권의 배제**(**쟁점263**)에 관해, **부정설**은 대리상의 보상청구권제도가 경제력의 차등이 있는 본인과 대리상간의 이익배분의 형평을 기하고자 하는 제도임을 감안하여 이를 배제하는 특약은 무효라는 견해이고, **긍정설**은 명문의 규정이 없는 우리 상법의 경우 자기 의사에 따른 청구권의 포기방식으로 대리상계약의 종료 전에도 특약에 의하여 보상청구권을 배제할 수 있다는 견해로서 배제하는 방식은 명시적이어야 한다고 본다. 생각건대 대리상보

호라는 보상청구권제도의 취지를 고려하고 상법 제91조의 단서(유치권배제합의)와 같은 근거규정도 없으므로 이를 배제하는 특약은 무효라 보는 부정설이 타당하다고 본다.

⑤ 유추적용 – 판례는 제조자나 공급자로부터 제품을 구매하여 그 제품을 자기의 이름과 계산으로 판매하는 영업을 하는 자는 대리상의 명칭을 사용하더라도 상법상 대리상으로 볼 수 없다. 하지만 i) 특정한 판매구역에서 제품에 관한 독점판매권을 가지면서 제품판매를 촉진할 의무와 더불어 제조자나 공급자의 판매활동에 관한 지침이나 지시에 따를 의무 등을 부담하는 경우처럼 계약을 통하여 사실상 제조자나 공급자의 판매조직에 편입됨으로써 대리상과 동일하거나 유사한 업무를 수행하였고, ii) 자신이 획득하거나 거래를 현저히 증가시킨 고객에 관한 정보를 제조자나 공급자가 알 수 있도록 하는 등 고객관계를 이전하여 제조자나 공급자가 계약 종료 후에도 곧바로 그러한 고객관계를 이용할 수 있게 할 계약상 의무를 부담하였으며, iii) 계약체결 경위, 영업을 위하여 투입한 자본과 그 회수 규모 및 영업 현황 등 제반 사정에 비추어 대리상과 마찬가지의 보호필요성이 인정된다는 요건을 모두 충족하는 때에는, 대리상의 보상청구권을 유추적용할 수 있다고 보았다(2011다28342).

4) **유치권** : 대리상은 거래의 대리·중개로 인한 채권이 변제기에 있는 때에는 그 변제를 받을 때까지 본인을 위하여 점유하고 있는 물건 또는 유가증권을 유치할 수 있다(상91본문). 유치권의 목적물과 피담보채권의 견련성이 요구되지 않는 점에서 민법상의 유치권(민320.1)과 다르고 일반 상사유치권(상58)과 같으나, 목적물이 채무자(즉, 본인)의 소유임을 요하지 않는 점에서 일반 상사유치권과 다르고 민법상의 유치권과 같다. 대리상의 유치권은 대리상을 특히 보호하기 위한 것이므로 특약에 의해 배제 또는 수정합의할 수 있다(상91단서).

5) **통지수령권** : 대리상은 대리상계약에 따라 본인의 제3자(거래상대방)와의 거래행위를 대리 또는 중개하나 그 거래의 법적 효과는 모두 본인에게 귀속한다. 따라서 체약대리상이든 중개대리상이든 계약의 당사자 지위를 가지지 않으므로 계약상의 권리를 행사할 수 없지만, 상법은 예외적으로 일정한 통지수령권을 대리상에게 부여하고 있다. 즉, 물건의 판매나 중개의 위탁을 받은 대리상은 매매목적물의 하자 또는 수량부족 기타 매매의 이행에 관한 통지를 받을 권한이 있다(상

90). 통지수령권은 본인이 아닌 대리상에게도 적법한 통지가 가능하도록 함으로써 거래상대방을 보호하기 위한 법정권한으로 볼 수 있으며 체약대리상뿐만 아니라 중개대리상에게도 인정된다. 그러나 물건판매와 관련하여 매매의 이행에 관한 통지에 한정되므로, 매매계약 자체의 무효·취소·해제 등에 따른 통지나 중개대리의 경우 의사표시의 수령은 본인에게 직접 하여야 한다.

(4) 대리상계약의 종료

대리상계약은 그 법적 성질이 위임이므로 민법상의 **위임종료원인**(위임인의 사망·파산, 수임인의 사망·파산·성년후견개시의 심판)이 있으면 소멸한다(민690). 다만, 상행위의 위임에 의한 대리권은 본인의 사망으로 소멸하지 않으므로(상50) 본인의 사망은 종료사유가 되지 않는다. 대리상계약에 존속기간을 두었다면 존속기간의 만료로 종료하며 존속기간이 만료되기 전이라도 본인 또는 대리상이 영업을 폐지하면 당연히 종료하고, 존속기간을 정하지 아니한 경우 각 당사자는 2월 전에 예고하고 계약을 **해지**할 수 있지만(상92.1), 부득이한 사정이 있는 때에는 존속기간중이라도 언제든지 해지할 수 있다(상92.2→83.2). 판례는 본인과 딜러사이의 딜러계약은 신뢰관계를 기초로 하는 것이므로 그 대표자의 개성이 딜러계약 체결의 중요한 요소가 되므로, 약관에서 '딜러가 본인의 사전동의 없이 대표자를 변경하였을 때' 계약을 해지할 수 있다고 한 부분이 약관의 규제에 관한 법률 제9조 2호의 '사업자에게 법률에서 규정하고 있지 아니하는 해지권을 부여하여 고객에 대하여 부당하게 불이익을 줄 우려가 있는 조항'에 해당하지 않는다고 보았다(2003두1110).

2. 중개업

(1) 의 의

1) **개 념** : 중개업은 거래당사자의 계약체결의 기회를 촉진하는 기능을 한다. 특히 상품 및 유가증권의 매매·용선계약·해상보험거래 등에 있어서는 적당한 거래상대방을 구하고 그 신용을 탐지하는 것이 용이하지 않기 때문에 시장의 경기상황에 밝고 전문적 지식을 가진 중개업자를 필요로 하게 된다. 타인간 상행위의 중개인이라 함은 타인간의 상행위의 **중개를 영업**으로 하는 자이다(상93).

2) **상행위 중개** : 중개인은 타인간의 상행위를 중개하되, 불특정다수인을 상대로 한다. 타인은 쌍방이 모두 상인일 필요는 없으나 그들 간의 거래가 상행위이어야 하므로 그 중 일방은 상인이어야 한다. 중개인은 상행위의 중개를 업으로 하므로 민사중개인(결혼중매인, 공인중개사)과는 구별된다. **보조적 상행위의 중개가능성**(**쟁점264**)에 관해, **불포함설**은 영업으로서 반복되는 상행위의 중개를 예상한 것이므로 기본적 상행위만이 중개의 대상이 된다고 보고, **포함설**은 당사자가 상인인 이상 그 자의 보조적 상행위를 중개한 경우 중개인에 관한 상법규정을 적용하는 것이 타당하고 본다. 생각건대 대리상과 달리 중개상의 경우 특별한 규정이 없고 보조적 상행위의 경우 본인에게 중개가 필요한 경우가 더욱 많을 수 있으므로 포함설이 타당하다고 본다.

3) **법적 성질** : **중개**라 함은 계약당사자 쌍방과 교섭하여 그들 간의 계약이 체결되도록 조력하는 사실행위이다. 중개계약을 계약당사자 쌍방과 체결하여야 하는 것은 아니며 일방과 중개계약을 체결한 경우(일방위탁중개)도 이에 해당한다. 중개인도 상업사용인과 달리 독립된 상인인데 중개인의 영업의 내용을 정확히 말하면, 중개의 인수행위(중개계약)라 할 수 있고 이 점에 중개인의 상인성의 근거가 있다. 중개행위는 중개계약의 실행행위로서 사실행위적 성질을 가진다.

4) **중개계약** : 본인과 중개인 모두 중개계약에 따라 의무를 부담하는 **쌍방적 중개계약**의 법적 성질에 관해 위임이라고 보는 견해가 통설이다. 그러나 본인은 보수지급의무를 부담하지만 중개인이 적극적으로 중개할 의무를 부담하지 않는 **일방적 중개계약**의 법적 성질(**쟁점265**)에 관해, 위임계약으로 보는 견해와 도급계약 또는 이와 유사한 계약으로 보는 견해가 있다. 생각건대 일방적 중개계약의 경우 중개인이 중개의무를 부담하지 않고 중개한 경우 보수를 지급받으므로 위임계약은 물론 도급계약으로 볼 수 없고, 편무계약적 성질을 가지는 특수한 계약으로 이해할 수밖에 없다고 본다. 중개계약을 체결하면서 특약이 없으면 쌍방적 중개계약으로 보는 것이 통설이다.

(2) 중개인의 의무와 권리

1) **중개인의 의무** : ① 선관의무 – 쌍방적 중개계약의 경우 중개인은 수임인으로서 **선관주의의무**를 지며(민681), 중립적인 지위에서 객관적으로 중개하여야 한

다(**중립성원칙**). 중개인이 그 중개한 행위에 관하여 견품을 받은 때에는 그 행위가 완료될 때까지 **견품보관의무**를 부담한다(상95). 보관의무의 존속기간을 뜻하는 '그 행위가 완료된 때'라 함은 중개행위가 완료되거나 계약이 이행된 때를 의미하는 것이 아니라 매도인의 담보책임이 소멸하는 등 분쟁의 소지가 없어진 때를 의미한다고 본다.

② **결약서 교부의무** – 당사자간에 계약이 성립된 때에는 중개인은 지체 없이 각 당사자의 성명·상호·계약연월일·요령을 기재한 서면을 작성하여 기명날인·서명한 **결약서교부의무**를 부담한다(상96). 결약서는 계약이 성립한 사실과 그 내용을 명확하게 하여 당사자간의 분쟁을 예방하고, 분쟁을 신속하게 해결하기 위한 취지로, 계약서도 아니고 계약성립의 요건도 아닌 단순한 증거서면에 불과하다. 결약서의 허위기재로 인하여 당사자에게 손해가 있는 때에는 중개인은 배상책임을 진다. 당사자의 일방이 결약서의 수령을 거부하거나 기명날인·서명하지 아니한 때에는 중개인은 지체 없이 상대방에게 그 통지를 발송하여야 한다(상96.3). 중개인은 결약서에 기재할 사항을 장부(일기장)에 기재하여야 하고(상97.1), 당사자는 언제든지 자기를 위하여 중개한 행위에 관한 장부의 등본의 교부를 청구할 수 있다(**일기장작성·등본교부의무**, 상97.2).

③ **묵비·개입의무** – 당사자가 그 성명 또는 상호를 상대방에게 표시하지 아니할 것을 중개인에게 요구한 때에는 중개인은 **성명·상호묵비의무**(결약서·일기장등본에 부기재)를 부담한다(상98). 이는 당사자가 거래상대방에게 자신을 알리지 않음으로써 거래가 유리한 경우가 있을 수 있음을 고려하였다. 중개인이 임의로 또는 당사자 일방의 요구에 의해 당사자의 일방의 성명 또는 상호를 상대방에게 표시하지 아니한 때에는 상대방은 중개인에 대하여 이행을 청구할 수 있는데(상99), 이러한 중개인의 이행의무를 **개입의무**라 한다(특별한 이행담보책임). 중개인은 개입의무를 이행하더라도 거래의 당사자로 되는 것은 아니며, 다만 묵비의 당사자에게 구상권을 행사할 수 있을 뿐이다.

2) **중개인의 권리** : ① **보수청구권** – 중개인은 상인이므로 보수에 관한 약정의 유무에 관계없이 보수청구권(**중개료청구권**)을 갖는다(상61). 중개인의 보수를 특히 중개료라고 하며 당사자 쌍방이 균분하여 부담한다(상100.2). 판례는 중개료를 정액으로 정하거나 그 산정기준을 달리 정하지 않는 한 거래가액을 기준으로 산출하여야 한다고 본다(85누542). 중개료를 청구할 수 있기 위해서는 중개인의 중

개행위와 계약성립간에 인과관계가 있어야 한다. 중개인의 보수청구권이 발생하기 위해서는 **계약이 유효하게 성립**되어야 한다. 다만 중개인은 결약서를 작성·교부하는 절차를 종료하지 아니하면 보수를 청구하지 못한다(상100.1). 계약이 유효하게 성립되어야 하므로 계약이 무효·취소되거나, 정지조건부계약에서 조건이 불성취된 경우에는 보수청구권이 발생하지 않는다. 그러나 계약이 일단 유효하게 성립되면 그 이행 여부, 채무불이행을 이유로 계약해제 등은 보수청구권에 영향을 미치지 않는다. 그러나 계약의 이행을 조건으로 중개료를 지급하기로 하는 특약·관습은 유효라 본다.

② **급부수령 금지** – 중개인은 다른 약정이나 관습이 없는 한, 자신이 중개한 행위에 관하여 당사자를 위하여 지급 기타의 이행을 받지 못한다(상94). 그러나 당사자 일방이 그 성명·상호의 묵비를 요구한 때에는 상법 제99조에서 중개인에게 이행책임을 인정한 취지에 따라 당사자는 중개인에게 **급부수령권**을 부여하는 묵시의 의사표시를 한 것으로 본다(통설). 그리고 판례는 인재소개업체(이른바 헤드헌터)와 채용을 원하는 후보자 사이의 특약이 없는 한, 구인기업과 후보자 사이에 채용계약이 체결된 경우 후보자가 인재소개업체에 대하여 구인기업에서 근무해야 할 계약상 또는 신의칙상의 의무를 부담한다고 볼 수는 없고, 후보자가 채용계약을 일방적으로 해제하였다고 하여 인재소개업체에 대하여 손해배상책임을 진다는 상관행의 존재를 인정할 수도 없다고 보았다(2005다21302).

3. 위탁매매업

(1) 의 의

1) **개 념** : 위탁매매란 위탁자와 위탁계약에 따라 자기명의로서 타인(위탁자)의 계산으로 물건·유가증권의 매매계약(위탁매매계약)을 체결하고 이행되어 수령한 급부를 위탁자에게 이전함을 영업으로 하는 자이다(상101). 위탁자·수탁자(위탁매매인)·거래상대방의 **삼면관계**가 형성되고 위탁자와 수탁자(위탁매매인)간에는 위탁계약이 성립하고 위탁매매인과 거래상대방간에는 위탁매매계약이 성립하나 위탁자와 거래상대방간에는 직접적인 법률관계가 형성되지 않는다.

2) **위탁계약** : 위탁자는 위탁매매인에게 자신을 위하여 물건 또는 유가증권을 매수 또는 매도할 것을 청약하고 수탁자인 위탁매매인은 이를 승낙함으로써 위탁

계약이 성립한다. 위탁계약은 위탁매매인에게 물건 등의 매매라는 일정한 사무의 처리를 위탁하는 것이므로 **위임계약**의 성질을 가지며 위탁자와 위탁매매인의 관계에서 상법 규정 외에 위임에 관한 민법규정이 적용된다(상112). 매도위탁의 목적물의 인도 또는 매수위탁의 대금의 지급이 있어야 위탁계약이 유효하게 되는 것은 아니므로 낙성계약의 성질을 가진다. **매도위탁**의 경우 위탁매매인은 매매목적물을 인도받고 **매수위탁**의 경우에는 매수대금을 받을 권리를 가지며, 이는 위임계약에서 비용상환청구권(민688) 또는 비용선급청구권(민687)에 해당한다고 볼 수 있다. 그리고 매수위탁의 경우에는 매수한 물건 또는 유가증권을 이전하여야 할 의무를 부담하고 매도위탁의 경우 매도함으로써 받은 대금이나 채권을 이전하여야 할 의무를 부담하게 된다. 판례는 증권매매거래의 위탁계약의 성립시기는 위탁금이나 위탁증권을 받을 직무상 권한이 있는 직원이 증권매매거래를 위탁한다는 의사로 이를 위탁하는 고객으로부터 금원이나 주식을 수령하면 곧바로 위탁계약이 성립한다고 할 것이고, 그 이후에 그 직원의 금원수납에 관한 처리는 위계약의 성립에 영향이 없다고 보았다(95다19140).

3) **위탁매매계약** : 수탁자인 위탁매매인은 위탁계약에 따라 자기의 명의와 타인의 계산으로 매매계약을 체결할 의무를 부담하는데, 이와 같이 수탁자(위탁매매인)와 거래상대방이 체결하는 계약을 위탁매매계약이라 한다. 행위자가 자기의 명의와 타인의 계산으로 법률행위를 하는 것을 일반적으로 **주선행위**라 하고, 위탁매매인은 일반적으로 주선을 업으로 하는 자이다. '자기의 명의로' 한다 함은 자기가 직접 법률행위의 당사자가 되고 그 법률행위로부터 발생하는 법률효과의 주체가 되는 것을 말한다. '타인의 계산'이란 행위의 경제적 효과, 즉 손익이 타인에게 귀속하는 것을 의미하므로, 위탁매매인이 수령한 급부를 위탁자에게 이전할 의무를 부담한다. 위탁매매인은 그 노력에 대하여 약정한 수수료를 받는 데 그치는 것이다. 주선의 경우에는 자기의 명의로 이루어지는 것임에도 불구하고 타인의 계산으로 이루어지기 때문에 **간접대리**라고도 하고, 법률효과의 귀속주체와 경제적 효과의 귀속주체가 다르게 된다.

4) **목적물** : 위탁매매의 목적물은 물건 또는 유가증권이다. 물건이란 민법에 의하면 동산뿐만 아니라 부동산도 포함되는데, 위탁매매의 목적물에 **부동산의 포함여부**(**쟁점266**)에 관해, **포함설**은 물건에는 일반적으로 동산과 부동산이 포함되

므로 상법에 부동산을 제외한다는 명문규정이 없는 이상 포함된다고 보고, **제외설**은 부동산은 등기와 일치하지 않는 소유관계가 생겨나고, 거래가 성사된 경우에도 등기를 새로이 이전하여야 한다는 점에서 부정한다. 생각건대 부동산 매도위탁의 경우 이중의 등기에 따르는 비용문제가 발생하게 되어 부동산은 위탁거래의 구조와 맞지 않는 점에서 제외설의 타당성이 있지만, 이는 비용의 문제에 지나지 않으므로 당사자가 이를 부담하려고 할 때 부동산 위탁거래도 가능하다고 본다.

5) **상인성** : 위탁매매인은 주선의 위탁을 인수하는 법률행위(주선계약)를 하는 것을 영업으로 하며, 약정한 수수료를 지급받을 목적으로 주선계약을 자기의 명의로 계속적·반복적으로 하는 자이므로 상인이다. 위탁매매인이 영업으로서 행하는 기본적 상행위는 주선계약이며, 그 실행행위로서 제3자와 체결하는 매매계약은 위탁매매인의 부속적(보조적) 상행위가 된다. 위탁매매인은 타인을 위하여 매매주선의 위탁을 인수하는바, 그 타인은 일반인이며 상인이거나 특정인일 것을 요하지 아니한다.

(2) 위탁매매의 내부관계

1) **위탁물의 귀속** : ① **귀속주체** - 위탁매매인은 위탁자로부터 매매를 위탁받은 때로부터 매수에 따른 취득물을 위탁자에게(또는 매도를 위한 물건을 거래상대방에게) 다시 이전시킬 때까지 위탁자를 위하여 물건 또는 유가증권을 점유하거나 매매상대방에 대해 채권을 보유하게 된다. 대외적인 관계에서는 위탁매매인이 매매당사자이므로 이러한 재산은 위탁매매인에게 귀속한다. 그러나 상법은 '위탁매매인이 위탁자로부터 받은 물건 또는 유가증권이나 위탁매매로 인하여 취득한 물건, 유가증권 또는 채권은 위탁자와 위탁매매인 또는 위탁매매인의 채권자 간의 관계에서는 이를 위탁자의 소유 또는 채권으로 본다'고 규정하고 있다(상103, **위탁자귀속원칙**). 이에 따라 위탁자는 위탁매매인이 파산시 환취권(채무70), 위탁매매인의 채권자가 강제집행시 제3자 이의의 소(민집48)를 제기할 수 있다.

② **위탁물의 범위** - 상법 제103조가 적용되는 대상은 위탁매매인이 위탁자로부터 받은 물건·유가증권과 위탁매매로 인하여 취득한 물건·유가증권 또는 채권이다. 그런데 위탁매매인이 수령한 매수대금·매도대금 등의 **금전, 대체물(예컨대 무기명증권)의 적용여부**(**쟁점267**)에 관해, **불포함설**은 이들 금전은 그 특성상 위

탁매매인의 일반재산에 혼융되어 특정할 수 없기 때문이라는 점을 논거로 들고 있으며, **포함설**은 금전이나 대체물의 경우에도 본조의 적용대상이 되며 본조는 바로 이 문제를 입법적으로 해결한 것이라 본다. 생각건대 위탁계약의 실질관계를 존중하여 현재의 소유외관에 대한 예외를 인정하는 상법 제103조는 제한적으로 해석할 필요가 있으며, 금전과 대체물의 특성을 고려할 때 불포함설이 타당하다고 본다. 본조는 위탁자와 수탁자, 수탁자의 채권자에 적용되고 '위탁자의 채권자'는 본조의 적용대상에 포함되지 않으며, '위탁매매인의 채권자'에는 위탁매매인의 매매상대방은 포함되지 아니한다고 해석하는 견해가 통설이다.

2) **매수위탁 특칙** : 위탁자가 상인이며, 그의 영업거래에 관하여 물건의 매수를 위탁한 경우에는 위탁자와 위탁매매인간에는 상사매매에 있어서의 확정기매매의 해제에 관한 제68조, 매수인의 목적물의 검사와 하자통지의무에 관한 제69조, 매수인의 목적물보관·공탁의무에 관한 제70조 및 제71조의 규정을 준용한다(상110). 즉, 위탁자를 매수인으로, 위탁매매인을 매도인으로 보고 이 규정들을 준용한다. 매수위탁의 경우 위탁자와 위탁매매인의 관계는 매수인과 매도인의 관계와 유사하고, 위탁자가 상인인 경우에는 상인간의 매매에서와 같이 위탁매매인을 매도인과 같은 방법으로 보호하려는 취지이다.

(3) 위탁매매의 외부관계

1) **위탁매매효과의 귀속** : 위탁매매인이 위탁계약의 이행으로서 제3자와 물건 또는 유가증권을 매매하는 경우, 이 매매는 위탁매매인의 명의로 하므로 위탁매매인이 상대방에 대하여 직접 권리를 취득하고 의무를 부담한다(상102). 위탁매매인은 자신의 명의로 상대방과 매매계약을 체결하므로 위탁매매인이 매매당사자가 되며 매매계약의 효과도 위탁매매인에게 발생한다. 설령 상대방이 체결되는 계약이 위탁매매에 따른 계약이라는 것을 알았더라도(악의인 경우) 계약의 당사자나 효과에는 아무런 영향이 없다.

2) **위탁자의 지위** : 위탁매매의 당사자는 위탁매매인이고 위탁자는 당사자가 아니므로 위탁자와 위탁거래 상대방 사이에는 아무런 법률관계도 존재하지 아니한다. 그러므로 위탁자는 상대방에 대하여 이행을 청구하거나 불이행을 이유로 손해배상을 청구할 수 없으며, 상대방이 위탁자에 대하여 갖는 지위도 동일하다.

또 위탁자에게 발생한 사유(착오나 무능력 등)는 매매에 영향을 주지 아니하며, 상대방은 위탁자에 대해 가지고 있는 반대채권을 매매로 인한 채무와 상계하지 못한다. 당사자간의 특약으로 위탁자가 상대방에게 직접 이행하거나 상대방이 위탁자에게 직접 이행하게 할 수 있으나, 이는 이행방법에 관한 합의에 불과하고 이로 인해 위탁자와 상대방간에 직접적인 법률관계가 생기는 것은 아니라고 본다.

3) **채무불이행 : 상대방의 채무불이행**은 위탁매매인의 위탁자에 대한 채무불이행을 초래하게 되고, 다른 약정이나 관습이 없는 한 위탁매매인이 위탁자에게 **이행담보책임**을 짐으로써 위탁자는 보호된다(상105). 그리고 위탁매매인은 다시 거래상대방에게 이에 대한 손해배상책임을 물을 수 있다. 한편 거래상대방이 채무불이행을 하는 경우에 위탁자와 거래상대방 사이에는 직접적인 법률관계가 없으므로 위탁자가 위탁매매인으로부터 채권을 양도받지 않는 한 거래상대방에 대하여 직접 채권을 행사할 수 없고, 또 위탁자가 위탁매매인으로부터 채무를 인수하지 않는 한 상대방도 위탁자에 대하여 채권을 행사할 수 없다고 할 것이다. 요컨대 거래상대방이 채무불이행을 하는 경우 위탁자는 채권자대위권(민404)을 행사하여 간접적으로 권리를 실현하거나 위탁매매인에 대하여 이행담보책임을 물을 수 있을 뿐이다. **위탁매매인의 채무불이행**의 경우 즉 상대방에 대한 채권을 양도할 것을 위탁자가 청구하였음에도 불구하고 위탁매매인이 정당한 사유 없이 이에 응하지 않는 경우에는 채무불이행에 대한 귀책사유가 있는 경우와 동일하게 보아 위탁자가 위탁매매인의 상대방에 대한 권리를 행사할 수 있다고 보는 견해가 있다. 이 경우에 위탁자에게 이행한 상대방은 면책되며, 그 이유로 특별한 사정이 존재하지 않는 한 위탁매매계약의 본질에서 볼 때 위탁매매인은 상대방에 대한 채권을 위탁자에게 양도할 의무가 있다는 점을 근거로 한다.

(4) 위탁매매인의 의무

1) **매매계약체결·이행의무 등** : ① **선관의무** – 위탁매매인은 위탁계약의 본지에 따라 **선관주의**로써 매매계약을 체결하고 매도위탁의 경우 매도할 위탁물을 보관하여 매도하고 취득한 채권을 보전하고, 매수위탁의 경우 매수하여 보관하며 매수한 물건의 하자유무를 조사하고 담보책임을 묻는 등 자기의 명의로 매매에 관련된 권리를 행사하고 상대방에 대한 의무를 이행하여야 한다.

② **통지의무 등** – 위탁매매인이 위탁자를 위하여 물건이나 유가증권의 매도

또는 매수를 한 경우에는 지체 없이 위탁자에 대하여 그 계약의 요령과 상대방의 주소·성명에 대한 통지를 발송하여야 하며(발신주의), 또 계산서를 제출하여야 한다(상104, **통지의무·계산서류 제출의무**).

③ **지정가액 준수의무** – 위탁자가 매매를 위탁하면서 그 가액의 결정까지 위탁매매인에게 위임하는 경우도 있으나, 이보다는 가액을 지정하는 것이 일반적이다. 가액을 지정한 경우에는 그 지정가에 의한 매매가 위임의 본지에 해당하므로 위탁매매인이 이를 준수하여야 한다(**지정가액 준수의무**). 위탁매매인이 지정가를 위반하여 매매한 경우, 즉 지정가보다 낮은 가액으로 매도하거나 높은 가액으로 매수한 경우, 그로 인한 차액의 손실은 위탁매매인이 부담하여야 한다(차액부담거래). **차액부담거래**는 정상적인 위탁매매로 보므로 위탁매매인이 보수를 청구할 수 있으나, 지정가를 준수하지 못함으로 인해 위탁자가 보유하는 동종의 자산의 가격이 하락하는 등의 손해가 발생한 경우에는 학설은 위탁자는 위탁매매인에게 손해배상을 청구할 수 있다고 본다. 지정가보다 **고가매도·저가매수**의 경우 차익은 당사자간에 다른 약정이 없는 한 **위탁자의 이익으로 귀속**한다(상106.2).

2) **취득물 이전의무** : ① **개념** – 위탁매매인은 위탁매매를 자신의 명의로 체결하지만 매수위탁의 경우 매수한 물건·유가증권 그리고 매도위탁의 경우 매매로 인해 취득한 매도대금 또는 그 채권을 위탁자에게 이전하여야 할 의무를 부담한다(상112, 민684.2). 보수청구권은 취득물을 완전하게 이전하여야 발생하는 권리이므로 취득물 이전의 선이행 의무를 부담하고 보수청구권과 상계처리할 수 없다. **판례**는 위탁판매에 있어서는 위탁품의 소유권은 위임자에게 속하고 그 판매대금은 다른 특약이나 특별한 사정이 없는 한 이를 수령함과 동시에 위탁자에 귀속한다 할 것이므로 위탁매매인이 이를 사용·소비한 때에는 횡령죄가 성립한다고 보았다(81도2619).

② **무과실책임** – 위탁매매인은 매매상대방이 채무를 이행하지 않으면 다른 약정이나 관습이 없는 한 위탁매매인의 과실유무를 불문하고 **이행담보책임**(법정책임, 무과실책임)을 위탁인에게 부담한다(상105). 위탁매매인이 이행한 후 그 손해에 관해 매매상대방에 대하여 손해배상을 청구할 수 있을 것이다.

③ **통지·처분의무** – 위탁매매인이 위탁매매의 목적물을 인도받은 후에 그 물건의 훼손·하자를 발견하거나 그 물건이 부패염려, 가격저락상황을 안 때에는 지체 없이 위탁자에게 그 통지를 발송하여야 하고(상108.1), 위탁자의 지시를 받을

수 없거나 그 지시가 지연되는 때에는 위탁매매인은 위탁자의 이익을 위하여 적당한 처분을 할 수 있다(상108.2, **위탁물에 대한 통지·처분의무**).

(5) 위탁매매인의 권리

1) **보수청구권** : 위탁매매인은 상인이므로 위탁계약에서 보수를 정한 바 없더라도 보수청구권을 갖는다(상61). 보수는 위탁계약의 실행이 있어야 청구할 수 있다. 위탁자는 매매상대방에 대하여 직접 이행청구권을 갖지 아니하므로 매매상대방의 이행이 완료되고 위탁매매인이 이를 위탁자에게 이전해야만 위탁계약이 실행된 것으로 되고 보수를 청구할 수 있다. 위탁자와 위탁매매인은 지속적인 거래관계에 있는 것이 아니고 위탁계약별로 거래관계가 형성되므로 보수는 위탁계약을 단위로 청구하는 것이 원칙이다.

2) **개입권** : ① 의의 – 위탁자가 거래소의 시세 있는 물건의 매매를 위탁한 경우에는 위탁매매인 스스로가 매수인(매도위탁의 경우) 또는 매도인(매수위탁의 경우)이 될 수 있다(상107.1). 이같이 위탁매매인이 직접 위탁된 매매거래의 상대방이 될 수 있는 권리를 위탁매매인의 개입권이라 한다. 상법은 일정한 조건 하에 위탁매매인이 스스로 거래상대방이 되는 개입권을 인정하고 있다. 개입권은 위탁매매인의 일방적 의사표시에 의하여 효과가 발생하므로 형성권으로 보는 견해가 통설이다.

② **행사의 요건** – 개입권행사는 위탁자의 이익을 해할 우려가 있으므로 i) **거래소의 시세 있는 물건**의 매매를 위탁한 경우에 한해 개입권을 행사할 수 있다. '거래소'라 함은 공개·경쟁적인 방법으로 매매가 체결되는 시장(농수산물도매시장, 유가증권시장)을 의미한다. '시세'라 함은 거래소에서 형성된 가격을 뜻하므로 거래소에서 거래되는 물건이라도 개입권 행사시점에 가격이 형성되어 있어야 한다. ii) 위탁자가 매매상대방을 지정하거나 기타 위탁매매인의 **개입금지 명시·묵시의 특약, 법률**이 없어야 한다. 유가증권의 경우에는 거래소의 시세는 있지만 상법 제107조 1항이 물건의 매매에 대해서만 개입권행사를 할 수 있다고 정하고 있어 유가증권의 매매에 대해서는 개입권행사가 금지된다. iii) 위탁매매인이 위탁받은 매매를 **실행하지 않은 상태**에서만 개입권을 행사할 수 있다. 이미 제3자와 위탁받은 매매를 실행한 경우에는 그 제3자에 대해 채권이 발생하고, 이 채권은 위탁자와 위탁매매인의 사이에서는 위탁자에게 귀속하므로 위탁매매인이 개입권을 행사할

여지가 없기 때문이다.

③ **행사 방법** – 상법에 규정은 없으나 위탁매매인의 통지발송시점의 거래소 시세에 의한다는 상법 제107조 1항 후단의 취지로 보아 개입권은 위탁매매인의 일방적 명시적 의사표시(서면·구두)에 의하여 행사한다고 본다. 매매대가는 통지를 '발송한 때'의 거래소의 시세에 의한다는 규정(상107.1)에 따라 **개입권 통지의 발신주의 여부**에 관해, 이 규정은 가격결정의 기준시점을 정한 것에 불과하고 통지는 일반원칙에 따라 위탁자에게 도달한 때에 효력이 발생한다고 보는 견해가 타당하다고 본다. 개입권이 형성권적 성질을 가지고 있어 상법은 개입의 의사가 표시된 시점에 가격결정의 효과가 발생하는 것으로 정하고 있다. **개입시기 선택의 주의의무의 대상성**(**쟁점268**)에 관해, **긍정설**은 위탁매매인은 위탁자에게 가장 유리한 시기 또는 적당한 시기를 골라 개입하여야 할 주의의무를 부담하고 불리한 시기에 개입한 경우 개입권 행사는 유효하지만 그로 인한 손해배상책임을 부담한다고 보는 견해이고, **부정설**은 위탁자에게 가장 유리한 시기란 곧 위탁매매인에게 가장 불리한 시기를 의미하므로 위탁매매인이 이러한 시기를 골라 개입할 의무가 있다고 하는 것은 비현실적이라 보고 매매의 통지를 발송한 때에 개입이 이루어져야 한다고 본다. 생각건대 개입에 유리한 시기, 불리한 시기의 판단은 쉽지 않으나 사후적으로 주의의무를 기울였는가 하는 판단의 대상은 될 수 있다고 볼 때, 위탁자보호를 위해 긍정설이 타당하다고 본다.

④ **개입권 행사의 효과** – 개입권을 행사하면 매매가 성립하지만 위탁자와 위탁매매인간의 위탁계약이 매매계약으로 변하는 것은 아니고 위탁계약과 매매계약이 병존하게 된다. 개입권의 행사는 위탁계약의 실행이므로 보수를 청구할 수 있으며(상107.2), 이러한 보수청구권을 피담보채권으로 하여 유치권도 행사할 수 있다. 요컨대 개입의 효과로서 성립한 매매계약의 매매가액은 위탁매매인이 개입의사의 통지를 발송한 때의 거래소의 시세에 의하고(상107.1, 2문) 위탁매매인의 개입의사가 위탁자에게 도달하였을 때 매매계약의 효력이 발생한다(민111.1).

3) **매수물의 공탁·경매권** : 위탁매매인이 매수의 위탁을 받고 이를 이행하였으나 위탁자가 매수물의 수령을 거부하거나 수령할 수 없는 경우에는, 상인간의 매매에서 매수인이 수령을 거부하거나 수령할 수 없는 경우에 매도인이 할 수 있는 것과 같이 매수물을 공탁·경매할 수 있다(상109 → 67). 상사매매와 달리 위탁매매인은 위탁자가 상인이 아닌 경우에도 공탁·경매권을 행사할 수 있다. 이 제도

는 위탁매매인이 위탁자에게 매수물을 이전하는 단계에서 상사매매에서의 매도인과 유사한 지위에 있어 위탁매매인을 보호하기 위한 취지이다.

4) **유치권** : 위탁매매인은 대리상이 갖는 유치권과 같은 내용의 유치권을 갖는다. 즉, 위탁매매인은 다른 약정이 없는 한 위탁자에 대한 채권이 변제기에 있는 때에는 그 변제를 받을 때까지 위탁자를 위하여 점유하는 물건 또는 유가증권을 유치할 수 있다(상111→91). 상인간의 유치권에 관한 규정이 있음에도 불구하고 특칙을 두고 있는 것은 위탁자에는 비상인도 있기 때문이다. 이 경우 민법에 따르면 피담보채권은 물건 또는 유가증권의 매매로 인하여 발생한 것이어야 하지만, 유치의 목적물은 주선행위와 관련이 없어도 된다는 점이 민사유치권과 다르다.

(6) 위탁거래의 종료

위탁거래의 종료에 관해 상법은 별도의 규정을 두고 있지 않다. 위탁거래는 위임계약으로서의 본질을 가지고 있으므로 상법 제112조에서 위탁자와 위탁매매인간의 관계에는 본장의 규정 외에 위임에 관한 규정을 적용한다는 규정을 두고 있다. 위임계약은 상호해지가 자유로우므로 위탁자든 위탁매매인이든 각 당사자가 언제든지 **해지**할 수 있으나, 당사자 일방이 부득이한 사유 없이 상대방의 불리한 시기에 계약을 해지한 때에는 그 손해를 배상하여야 한다(민689). 그리고 위탁거래는 당사자 일방이 사망하거나 파산한 때, 수임인이 성년후견개시의 심판을 받은 때 종료한다(민690). 위임종료의 경우에 급박한 사정이 있는 때에는 수임인, 그 상속인이나 법정대리인은 위임인, 그 상속인이나 법정대리인이 위임사무를 처리할 수 있을 때까지 그 사무의 처리를 계속하여야 하며, 이 경우에는 위임의 존속과 동일한 효력이 있다(민691). 위임종료의 사유는 이를 상대방에게 통지하거나 상대방이 이를 안 때가 아니면 이로써 상대방에게 대항하지 못한다(민692). 판례는 위탁판매계약이 수탁판매인의 영업점포의 상호변경이나 영업장소의 변경으로 당연히 해지된다고 볼 수 없다고 보았다(95다16660).

(7) 준위탁매매업

위탁매매인은 물건·유가증권의 매도·매수의 주선을 인수하는 것을 영업으로 하는 자이므로 주선의 목적이 다른 행위일 때에는 위탁매매인이라고 할 수 없다.

그러나 다른 행위의 주선을 인수하는 것을 영업으로 하는 자도 상법상의 상인이며, 다만 주선의 목적이 다를 뿐이므로 이들에 대하여 위탁매매인에 관한 규정을 준용하고 있는데(상113), 이들을 **준위탁매매인**이라고 한다. 준위탁매매업을 살펴보면 금융에 관한 위탁거래를 비롯하여 출판·인쇄·광고·관광·여행 등의 서비스업이 위탁거래의 방식으로 판매되고 있다. 준위탁매매인에게는 원칙적으로 위탁매매인에 관한 규정이 준용되지만, 위탁매매인에 적용되는 규정 중 물건 또는 유가증권의 매매가 전제되어 있어 기타 서비스에는 적용될 수 없는 규정들, 예를 들어 위탁물에 대한 통지·처분의무, 위탁매매인의 매수물의 공탁·경매권, 매수위탁자가 상인인 경우의 상사매매규정의 준용 등에 관한 규정 등은 준용대상규정에서 제외된다고 본다.

4. 운송주선업

(1) 의 의

1) **개 념** : 운송주선인은 자기명의로 타인의 물건운송 주선을 영업으로 하는 자로서(상114), 송하인과 운송인의 중간에서 가장 확실하고 안전신속한 운송로와 시기를 선택하여 운송을 주선하기 위한 긴요한 수단으로서 발달되었다(85다카1080). 자기명의로 타인의 계산으로 계약을 체결하는 행위(**주선행위**)**를 영업**으로 하는 자이며, 운송인과 물건운송계약을 자기명의로 체결하여 운송계약의 경제적 효과를 위탁자에게 귀속시키는 행위를 영업으로 한다. 상법은 운송주선인이 주선행위를 한다는 점에서 위탁매매업과 유사하므로 위탁매매업에 관한 규정을 준용한다(상123).

2) **범 위** : **물건운송**의 주선을 하는 자를 의미하므로 여객운송주선인(관광사, 여행사)은 운송주선인에 포함되지 않고 준위탁매매인에 해당된다. 상법은 운송주선업이 운송업과 관련되므로 운송업에 관한 규정도 준용하고 있다(상124).

3) **독립 상인** : 운송주선인은 운송의 주선을 영업으로(상46 12호) 하는 **독립된 상인**이고 운송인의 보조자가 아니다. 운송주선인의 기본적 상행위는 운송주선계약의 인수행위이고 주선행위(운송계약의 체결 등)는 그 인수행위의 이행에 해당한다. 운송주선인은 자기의 이름으로 주선행위를 하는 것을 영업으로 하지만 하

주나 운송인의 대리인이 되기도 하고 위탁자의 이름으로 운송계약을 체결하는 경우에도 운송주선인임에는 변함이 없다. 그리고 운송주선인이라 불려지고 있어도 발송지운송주선인의 위탁을 받고 하는 도착지운송주선인이나 중간운송주선인의 행위 등은 특별한 사정이 없는 한 상법상의 운송주선행위가 아니라고 보았다(85다카1080). **국제물류주선업**이란 물류정책기본법이 규정하는 개념으로서 타인의 수요에 따라 자기의 명의와 계산으로 타인의 물류시설·장비 등을 이용하여 수출입화물의 물류를 주선하는 사업을 의미하는데(동법2.1 11호), 자기의 계산으로 행위하므로 운송주선인에 포함되지 않는다고 본다.

(2) 운송주선계약

1) **계약명의** : 운송주선인과 위탁자간에 운송주선계약(위탁계약)이 체결되면 운송주선인은 계약의 이행행위로서 자기의 명의로 운송인과 운송계약을 체결한다. 운송주선계약도 앞서 본 위탁계약과 마찬가지로 주선행위로서의 본질을 가진다. **주선**이라 함은 자기의 이름으로 타인의 계산 아래 법률행위를 하는 것을 의미하는 것이므로 운송주선계약은 운송주선인이 위탁자를 위하여 물건운송계약을 체결할 것 등의 위탁을 인수하는 계약이다. 이는 민법상의 위임의 일종이기 때문에 운송주선업에 관한 상법의 규정이 적용되는 외에 민법의 위임에 관한 규정이 보충적용되고(85다카1080), 위탁매매에 관한 규정이 준용된다(상123). 특히 운송주선인의 운송인에 대한 지위(상102), 당사자간의 위탁물의 귀속관계(상103), 통지·계산서제출의무(상104), 지정가액준수의무(상106), 위탁물의 훼손·하자 등에 따른 통지·처분의무(상108), 위탁물의 공탁·경매권(상109), 위임규정준용(상112) 등의 규정이 준용될 수 있다.

2) **위탁자 명의** : 판례도 운송주선인은 자기의 이름으로 주선행위를 하는 것이 원칙이지만, 실제로 주선행위를 하였다면 하주나 운송인의 대리인, 위탁자의 이름으로 운송계약을 체결하는 경우에도 운송주선인으로서의 지위를 상실하지 않는다고 보고 있다(2005다5058). 따라서 운송주선인이 운송인의 대리인으로서 운송계약을 체결하였더라도 운송의뢰인에 대한 관계에서는 여전히 운송주선인의 지위에 있다고 보았다(2007다4943). 하지만 운송주선업은 자기의 명의로 주선행위를 하여야 하므로(상114) 운송의뢰인(위탁자)의 명의로 운송계약을 체결하는 경우는 상법의 명문에 반하므로 운송주선인으로 보기는 어렵고 계약의 효과가 유사하다

는 실질관계를 존중하여 운송주선인과 유사한 규율이 요구될 경우 운송주선인에 관한 규정을 유추적용된다고 함이 타당하다고 본다.

(3) 운송주선인의 의무

운송주선인은 위탁자로부터 물건운송계약의 주선을 위임받은 것이므로 양자간에는 **위임관계**가 있으며, 운송주선인은 선량한 관리자의 주의를 가지고 그 위임받은 사무를 처리할 의무를 부담한다(상123→민681). 따라서 그 범위는 단지 좁게 운송인의 선택에만 그칠 것이 아니라, 운송물의 수령·운송인에의 인도·수령후 운송인에게 인도할 때까지의 보관·중계지 또는 도착지의 운송주선인의 선택을 위임받았을 때에는 그 운송주선인의 선택, 기타 운송주선업무에 속하는 사항(상115)에 이르기까지 수임인으로서의 선량한 관리자의 주의를 가지고 처리하여야 하며, 이를 위반한 경우에는 위탁자에게 배상책임을 져야 한다. 뿐만 아니라 위탁매매인에 관한 규정과 운송인에 관한 일부규정을 준용하므로 통지의무(상104)·계산서 제출의무(상104)·지정가액준수의무(상106)·하자통지의무(상108) 등을 부담한다(상123). 판례는 화물수령증을 발행한 운송주선업자로서는 선하증권을 화물수령증의 소지인인 적법한 반환청구권자에게 교부하여 위 운송품을 인도받을 수 있도록 할 의무가 있다고 보았다(85다카1358).

(4) 운송주선인의 권리

1) **보수청구권** : ① **개념** – 운송주선인의 위탁자에 대한 권리는 수임인으로서 위임의 일반규정에 의하여 정해지나(상123, 112), 운송주선인은 운송물을 운송인에게 인도한 때에는 즉시 보수를 청구할 수 있다(상119.1). 보수를 청구할 수 있는 시기는 운송계약이 성립하여 운송물을 운송인에게 인도한 때이며(상119.1), 운송의 종료를 기다릴 필요가 없다.

② **운임 확정** – 운송주선계약 중에서 운임의 액을 정하는 **확정운임 운송주선계약**을 체결한 경우 따로 보수를 청구할 수 없다고 정하고 있어(상119.2), 주선행위에 대한 보수를 포함하여 운임을 정한 것으로 추정한다. **확정운임 운송주선계약의 법적 성질**(**쟁점269**)에 관해, **개입설**은 운송주선계약에서 운송주선인이 운임을 받기로 하였다면 이는 우선 운송주선인이 개입을 한 경우라고 보고, **운송계약설**은 운임확정의 경우에는 운송주선인의 지위가 법률의 규정에 의하여 운송인으로 변경되어 당사자간에는 운송계약이 성립한다고 보며, **수정운송계약설**은 당사자 의사

가 불분명할 경우에는 운송계약이 성립한 것으로 보지만 당사자가 명시된 의사로 운송주선계약을 체결하고 다만 확정운임을 약속한 때에는 위탁자가 운송주선인의 보수와 운송인에 대한 운임을 포괄하여 정하고 다만 그 배분을 운송주선인에게 위임한 것으로 본다. **판례**는 확정운임 운송주선계약으로 볼 수 있으려면 주선인에게 해상운송인으로서의 기능을 수행하는 것이 가능한 재산적 바탕이 있어야 하고 또 그 정해진 운임의 액이 순수한 운송수단의 대가, 즉 운송부분의 대가만이 아니고 운송품이 위탁자로부터 수하인에게 도달되기까지의 액수가 정해져야 한다고 보았다(85다카1080). 생각건대 운송주선인이 개입권을 행사할 경우에는 운송주선인은 운송인의 지위와 운송주선인의 지위를 겸병하게 되는데 이는 보수를 청구할 수 없다는 규정(상119.2)과 모순되므로 개입권의 행사로 이해하기는 어렵다. 따라서 확정운임 운송주선계약의 체결만으로 운송주선인과 위탁자는 운송계약을 체결한 것으로 이해하는 운송계약설이 타당하다고 본다.

2) **비용상환청구권** : 운송주선인이 운송인에게 지급한 운임 기타 비용은 위임사무를 처리하기 위하여 지출한 비용이므로 위탁자에 대하여 그 선급 또는 상환을 청구할 수가 있다(상123, 112, 민687, 688). 운송주선인은 필요비에 대하여 지출한 날 이후의 이자를 청구할 수 있고 과실 없이 손해를 받은 때에는 그 배상을 청구할 수 있다(민688.3). 그러나 운송주선인은 위탁자를 위하여 가장 유리하게 위임사무를 처리할 의무를 부담하므로 운임을 할인받은 경우에도 그 차액은 특약이나 관습이 없으면 위탁자의 이익으로 귀속시켜야 하나 반론은 있다. 운송주선인의 위탁자 또는 수하인에 대한 채권인 보수청구권·비용상환청구권 등의 소멸시효기간은 1년이다(상122). 그 기산점은 위탁자 또는 수하인에 대하여 채권을 행사할 수 있는 때가 된다.

3) **유치권** : 운송주선인은 운송물에 관하여 받을 보수·운임 기타 위탁자를 위한 체당금 또는 선대금에 관하여서만 그 운송물을 유치할 수 있다(상120). 운송주선인이 가지는 유치권의 특색을 보면 유치목적물이 운송물이라는 점에서 육상물건운송인의 유치권(상147, 120) 및 선장의 유치권(상800.2)과 같고, 유치목적물과 피담보채권과의 사이에 견련관계가 필요한 점에서는 상인간의 유치권(상58)·대리상(상91) 및 위탁매매인의 유치권(상111)과 다르며, 민사유치권(민320) 및 육해상운송인의 유치권(상147, 800.2)과 같다. 또 유치목적물이 채무자인 위탁자의 소

유임을 요하지 않는다는 점에서는 상인간의 유치권(상58)과 상이하고 그 밖의 유치권과 동일하며, 피담보채권이 변제기에 있을 때만 유치권이 인정되어야 한다는 견해가 다수설이다. 운송주선인이 유치권을 행사하기 위해서는 원칙적으로 운송물을 직접·간접으로 점유하고 있어야 하나, 보수청구권은 위에서 본 바와 같이 운송인에게 운송물을 인도한 때 즉 운송물이 이미 자기의 점유를 떠난 상태에 발생한다. 따라서 운송주선인은 운송물을 **간접점유**를 하게 되고 송하인으로서의 운송물처분청구권(상139)에 근거하여 유치권을 행사한다고 볼 수 있다.

4) **개입권** : ① 개념 – 운송주선인이 운송을 주선하지 않고 직접 운송을 할 수 있는바, 이러한 권리를 운송주선인의 개입권이라 하며, 운송주선인이 개입한 경우 운송인과 같은 권리·의무를 가진다(상116.1).

② 개입금지특약 – 운송주선인과 위탁자간에 **개입금지의 특약**이 없어야 한다. 운임에는 표준적인 시세가 있는 것이 아니므로 거래소의 시세가 있을 것을 요건으로 하지 않는다. 다만 운송주선인에 의한 개입권 행사에 의한 운임 등이 부적절할 경우 이는 위탁자와 운송주선인간의 위임계약상의 선량한 관리자의 주의의무에 반하는 위임사무의 처리가 되어 위탁자는 운송주선인에게 손해배상청구를 할 수 있을 것이다. 운송주선계약은 운송계약 체결 후 위탁자에게 통지함으로써 이행되고 통지 전까지는 운송계약을 해지할 수 있으므로, 운송계약체결 후라도 운송계약해지 후 개입권을 행사할 수 있다고 본다.

③ 법적 성질 – 운송주선인의 개입권은 위탁매매인의 개입권과 동일하게 법률이 인정한 **형성권**으로 보며, 개입에 의해 운송주선인은 운송인의 지위에 서고 운송주선인이 이용하는 다른 운송인은 운송계약상의 채무이행에 관하여는 운송주선인의 이행보조자가 된다. 개입권의 행사가 적절하지 못하여 선량한 관리자로서의 주의의무를 위반할 경우 손해배상책임을 지게 된다.

④ 효과 – 운송주선인이 개입권을 행사하면 운송주선인은 운송인과 동일한 권리의무를 가진다(상116.1). 개입은 운송주선계약의 이행방법에 불과하므로 위임관계가 종료하는 것은 아니므로, 운송주선인의 지위를 상실하지 않아 운송주선인으로서의 권리의무(운임청구권 외에 운송주선 보수청구권)를 그대로 가진다. 다만 운송물을 운송인에게 인도한 때에 보수청구권을 행사할 수 있는데(상119.1), 운송인과 운송주선인이 동일인이므로 운송준비를 완료한 시점에 보수청구권을 행사할 수 있다고 본다.

⑤ **화물상환증 작성** – 운송주선인이 위탁자의 청구에 의하여 **화물상환증을 작성**한 때에는 직접 운송하는 것으로 본다(상116.2). 여기서 **위탁자의 청구의 법적 성질**에 관해, 운송계약의 승낙으로 해석하는 견해도 있지만, 개입권 행사를 동조 1항에서 정하고 있는 점을 고려할 때 묵시적인 의사표시에 의한 개입권 행사로 이해하고, 위탁자의 청구를 운송계약의 청약이 아니라 개입의제의 요건으로 보는 견해가 타당하다. 다만 개입의제는 운송주선인이 자신의 명의로 화물상환증 또는 선하증권을 작성한 경우에 해당하고 타인의 대리인으로 운송증권을 작성한 경우는 해당하지 않는다. 판례도 해상운송주선인이 타인을 대리하여 위 타인명의로 작성한 선하증권은 특별한 사정이 없는 한 같은 조에서 정한 개입권행사의 적법조건이 되는 '운송주선인이 작성한 증권'으로 볼 수 없다고 보았다(2005다5058).

5) **공탁권·경매권** : 위탁자가 운송물의 수령을 거부하거나 이를 수령할 수 없는 때에는 운송주선인은 매도인의 목적물의 공탁·경매권에 관한 규정(상67)을 준용한다(상123, 109). 따라서 운송주선인은 운송물을 공탁하거나 상당한 기간을 정하여 최고한 후 경매할 수 있으며 목적물이 멸실 또는 훼손될 염려가 있는 때에는 최고 없이 경매할 수 있다. 다만 운송주선인이 개입권을 행사한 때에는 운송인과 동일한 권리·의무를 가지므로, 운송인의 공탁권·경매권에 관한 상법 제142조 내지 제145조의 규정이 적용된다(상116.1). 따라서 운송물수령인을 알 수 없는 경우에도 운송주선인은 도착지에서 운송물을 공탁할 권리를 가진다.

(5) 운송주선인의 손해배상책임

1) **개　념** : 운송주선인은 자기나 그 사용인이 운송물의 수령·인도·보관, 운송인이나 다른 운송주선인의 선택 기타 운송에 관하여 주의를 해태하지 아니하였음을 증명하지 아니하면 운송물의 멸실·훼손 또는 연착으로 인한 손해를 배상할 책임을 면하지 못한다(상115). 이는 민법의 일반원칙을 주의적으로 규정하였다(통설). 운송주선인의 손해배상책임 발생 원인에 관해 상법은 '운송물의 멸실·훼손 또는 연착으로 인한 손해'로 한정하고 있다. **기타 운송과 관련된 손해의 포함여부**(**쟁점270**)에 관해, 배상할 손해의 범위를 '운송물의 멸실·훼손·연착'으로 이해하는 견해가 있지만 위탁받은 사무의 수행에 있어서 선량한 관리자의 주의를 다하지 못함으로써 생긴 경우의 전반에 걸쳐서 책임을 지는 것으로 보는 견해가 타당하다고 본다. **손해배상액**에 관하여는 민법의 일반원칙을 준용하여 상당인과관계가

있는 모든 손해에 관해 배상하여야 하고 특별손해는 예외적으로 배상한다(민393).

2) **불법행위책임과 관계** : ① 논의 – 운송주선인의 손해배상책임은 채무불이행으로 인한 책임이지만 운송주선인 본인이나 사용인의 고의·과실로 인하여 운송물이 멸실·훼손·연착한 경우에는 동시에 불법행위가 되는 것이 일반적이다. **채무불이행책임과 불법행위책임의 관계**(**쟁점271**)에 관해, **법조경합설**은 하나의 행위가 두 가지 법규에 해당하지만 청구권은 하나만이 생기는 것이며, 두 개의 법규는 특별법과 일반법의 관계에 있고 계약법은 특별법으로서 불법행위의 규정의 적용을 배제한다고 하는 견해이다. **청구권경합설**은 계약상의 책임과 불법행위상의 책임은 그 효과를 달리하므로 두 청구권은 별개의 권리가 되는 것이며, 피해자는 어느 하나의 청구권을 선택하여 행사할 수 있다고 하는 견해로서 통설이다. **판례**는 운송계약상의 채무불이행책임과 불법행위로 인한 손해배상책임은 동시에 성립·병존한다고 보아 청구권경합설을 취하고 있다(75다107). 생각건대 채무불이행책임이 불법행위책임을 배제한다고 볼 수 없어 청구권경합설이 타당하다고 보지만, 개정상법은 해상운송에 관해 제798조 1항에서 운송인의 책임규정은 운송인의 불법행위로 인한 손해배상책임에도 이를 적용한다고 규정하고 있다.

② **청구권 경합** – 청구권의 경합관계를 인정할 경우 **불법행위책임에 단기소멸시효·고가물특칙의 적용여부**(**쟁점272**)에 관해, 단기소멸시효, 고가물의 특칙규정을 둔 취지를 살리기 위해서는 불법행위책임을 물을 경우에도 이들 규정의 적용을 긍정할 실익이 있다. 그러나 불법행위책임은 책임요건과 효과를 채무불이행책임과는 달리하므로 해상법과 같은 특별규정이나 당사자의 합의가 없는 한 채무불이행책임에 적용되는 이들 규정을 민법에 따른 불법행위책임에 적용하기는 어렵다(부정설)고 본다. 해상법은 특별규정을 두어 불법행위책임에도 적용됨을 정하고 있다(상798.1). 판례는 상법상의 단기소멸시효나 고가물 불고지에 따른 면책 등의 규정 또는 운송약관규정은 운송계약상의 채무불이행으로 인한 청구에만 적용되고 불법행위로 인한 손해배상책임에는 적용이 없다고 본다(75다107).

3) **책임 소멸** : 운송물의 멸실·훼손·연착으로 인한 책임은 증거보존이 곤란하고 분쟁의 조속한 해결과 선의의 운송주선인을 보호하기 위하여 특별히 **단기소멸시효**(수하인이 운송물을 수령한·할 날로부터 1년)를 규정하고 있다(상121). 운송주선인이 악의의 경우에는 단기소멸시효가 적용되지 않는데, **악의의 의미**(**쟁**

점273)에 관해, **악의설**은 운송(주선)인이 운송물의 훼손 또는 일부 멸실이 있다는 것을 알면서 이를 수하인에게 알리지 않고 인도한 경우를 의미한다고 본다(86다카2107). **고의설**은 단기소멸시효의 완성을 저지하는 채무자의 악의는 보다 강한 귀책사유가 요구된다는 점에서 고의로 운송물의 멸실·훼손을 야기한 경우 또는 운송물의 멸실·훼손을 은폐한 경우를 뜻하는 것으로 본다는 견해이다. 생각건대 상법 제121조 3항은 악의에 관해 특별한 제한을 두지 않고 있으므로 판례와 같이 단순 악의로 해석함이 타당하다고 본다. 그리고 운송주선인의 손해배상책임은 임의규정이므로 운송주선인의 법정책임을 면제 또는 제한하는 특약은 유효하다고 본다.

4) **고가물책임** : 화폐·유가증권 기타 고가물에 대하여는 운송주선의 위탁을 할 때 그 종류와 가액을 명시한 경우에 한하여 운송주선인은 손해배상책임을 진다(상124 → 136). 위탁자가 운송계약의 체결을 주선할 것을 위임함에 있어 화폐·유가증권 기타의 고가물에 대하여 그 종류와 가액을 명시하지 않았으면 운송주선인은 그 운송물에 대한 채무불이행으로 인한 손해배상책임을 지지 않는다.

(6) 순차운송주선

1) **의 의** : 수인의 운송주선인이 동일운송물의 운송에 관하여 순차적으로 주선을 하는 것을 순차운송주선이라 한다. 순차운송주선은 원거리 운송을 위해 다수의 운송인이 필요할 경우 그 법률관계를 규율하기 위한 개념이다. i) **하수운송주선**이란 최초의 운송주선인(원수운송주선인)이 전 구간의 운송의 주선을 인수하고 주선업무의 전부 또는 일부를 다른 운송주선인(하수운송주선인)으로 하여금 수행하게 하는 운송주선을 말한다. 최초의 운송주선인만이 주선계약의 당사자이고, 다른 운송주선인은 최초의 운송주선인의 이행보조자에 불과하므로 위탁자와의 직접적인 법률관계를 갖지 않는다. ii) **중간운송주선**(중계운송주선인, 협의의 순차운송주선)이란 운송물에 관하여 제1의 운송주선인이 최초의 운송주선을 인수하고, 나머지 구간에 대하여는 제1운송주선인이 자기의 명의로 위탁자의 계산으로 제2운송주선인을 선임하는 경우를 의미하고, 제2의 운송주선인 이하의 운송주선인을 중간운송주선인이라 한다. 판례는 중간운송주선인은 송하인(위탁자)의 위탁이 아니라 제1운송주선인의 위탁을 받은 자이므로 특별한 사정이 없는 한 본래 의미의 운송주선인은 아니라고 보았다(85다카1080). iii) **부분운송주선**이란 수인의 운송주

선인이 각 구간별로 독립하여 위탁자(송하인)로부터 운송주선을 인수하는 경우가 이에 해당한다. 이는 각 운송주선인과 위탁자간에 개별적인 운송주선계약이 성립하므로, 각 운송주선인 상호간에는 운송주선관계가 생기지 않는다.

2) **법률관계** : ① 개요 – 중간운송주선의 대위와 관련하여, 전자의 권리를 행사할 의무(상117.1)와 후자가 전자에게 변제한 경우 전자의 권리취득(상117.2), 운송주선인이 운송인에게 변제한 때의 운송인의 권리취득(상118)을 정하고 있다. 예컨대 송하인 A와 운송주선인 B간에 운송주선계약이 체결되고 B는 다시 C와 운송주선계약을 체결하여 B는 운송인 D와 운송계약을 체결하고 C는 운송인 E와 운송계약을 체결였다면, B, C는 중간운송주선관계에 있게 된다.

② **권리행사의무 – 전자의 권리를 행사할 의무**(상117.1)란 후자(C)가 전자(B)에 갈음하여 그 권리를 행사할 의무이다. 전자(B)의 권리라 함은 보수청구권, 비용상환청구권, 유치권, 개입권, 공탁·경매권, 운송물의 처분권 등이 대상이 될 수 있으나, 보수청구권, 비용상환청구권, 개입권은 C가 B를 대위할 이유가 없으므로 해석상 유치권, 공탁·경매권, 운송물의 처분권에 국한된다고 본다. 전자의 권리를 행사할 의무는 B, C간의 위임계약의 효과로서 선량한 관리자의 주의의무의 표현으로 볼 수 있으므로 여기서 전자는 계약관계에 있는 직접 전자만 해당한다고 본다(반론 있음).

③ **전자의 권리취득** – 전자의 권리취득(상117.2)은 C가 B의 보수나 비용 등을 변제할 경우 C는 B가 A에 대해 가지고 있는 권리를 취득함을 의미한다. 이는 민법상 변제자대위와 동일한 제도로 이해할 수 있으며, C는 특별한 권리 이전절차 없이 A에 대한 B의 권리를 취득하게 함으로써 법률관계가 보다 간명해진다. 여기서 '전자'는 직접 전자에 한정할 필요가 없고 순차운송주선이 반복적으로 일어난 경우 직접 전자 이외의 전자도 포함된다고 보는 견해가 통설이다. 다만 이 경우 권리취득과 함께 중간에 놓인 전자의 채무도 승계하게 되나 이에 관해서는 법률에 특별한 규정이 없으므로 채무승계절차가 요구된다고 본다. iv) **운송인의 권리취득**(상118)에서 운송인은 자신과 운송계약을 체결한 운송인이 아니라 자신의 이전 구간의 운송인을 의미한다고 보는 견해가 통설이다. 이 규정도 상법 제117조 2항과 유사하게 변제자대위의 규정을 구체화한 것으로 이해된다.

(7) 수하인의 지위

운송주선계약의 당사자는 운송주선인과 위탁자이며 수하인(운송주선계약에서 운송물수령인)은 계약의 당사자가 아니다. 상법 제141조에 의하면, 수하인이 운송물을 수령한 때에는 운송인에 대하여 운임 기타 운송에 관한 비용과 체당금을 지급할 의무를 부담한다고 규정하고 있고 이를 상법 제124조에 의하여 운송주선업에 준용한다. 따라서 수하인이 운송물을 수령한 때에는 운송주선계약에 의하여 위탁자가 운송주선인에 대하여 부담하는 보수와 운임 기타의 비용과 체당금을 지급할 의무를 부담한다.

5. 운송업

(1) 의 의

운송은 물건·여객을 일정 장소로부터 다른 장소로 이동시키는 것을 의미하며, 운송업이란 영리를 목적으로 운송의 인수를 계속적·반복적으로 행하는 것이다. 운송인은 육상 또는 호천, 항만에서 물건 또는 여객의 운송을 영업으로 하는 자이다(상125). **육상**이라 함은 지면뿐만 아니라 지하도 포함하므로 지하철도에 의한 운송도 육상운송에 해당한다. 항공운송에 관해서는 상법을 개정하여 제896조 이하에서 규정하고 있다. 육상운송과 해상운송의 한계 즉 상법 제125조에 규정된 호천·항만의 범위는 시행령 제3조(선박안전법 시행령 제2조 9호의 평수구역)에 따라 정한다. 따라서 호천·항만에서의 운송도 육상운송에 포함된다. 운송인은 영리를 목적으로 운송을 계속적·반복적으로 인수함으로써 영업성을 가지며, 운송의 인수를 영업으로 하는 운송인은 **독립된 상인**이다. 물건이나 여객의 운송을 수행하지만 운송을 주된 목적으로 하지 않고 다른 영업에 부수하여 운송이 이루어지는 경우에는 운송의 인수를 영업으로 한다고 할 수 없다.

(2) 물건운송

1) **물건운송계약** : 당사자의 일방이 물건을 일정 장소로부터 다른 장소로 이동할 것을 약속하고 상대방이 이에 대하여 보수를 지급할 것을 약속함으로써 성립하는 계약이다(63다126). 그런데 운송은 물건의 보관 내지 관리를 전제로 하기 때문에 운송인이 물건의 보관 내지 관리를 하지 아니하고 운송물건을 장소적으로

이동하는 것은 여기서 운송인으로 되지 아니한다. 판례는 대절계약도 화주가 차량소유자에게 지급되는 금원이 운송에 대한 보수로서의 운임의 성질을 가진 것으로 보았다(63다126). 물건운송계약은 운송의 위탁을 하는 **송하인**과 운송의 인수를 떠맡는 **운송인** 사이에서 체결된다. 물건운송의 주선이 행하여지는 때에는 운송주선인이 물건운송계약상의 송하인이고, 운송주선인에게 운송의 주선을 위탁하는 위탁자는 송하인이 아니다. 그 외의 당사자로서는 수하인과 화물상환증의 소지인이 있다. **수하인**은 운송물이 도착지에 도착한 때에는 송하인과 동일한 권리를 취득하지만(상140), 이로써 운송계약의 당사자가 되는 것은 아니다. **화물상환증의 소지인**도 운송물 및 운송계약상의 유일한 권리자이지만(상133), 운송계약의 당사자가 되는 것은 아니다. **물품운송계약의 법적 성질**(**쟁점274**)에 관해, 물품의 장소적 이동이라는 일의 완성을 목적하는 도급계약설(82누92)과 운송계약은 사무처리도 내용으로 한다는 점에서 도급계약임과 동시에 위임계약이라는 견해가 있다. 생각건대 운송인에게는 수임인과 같은 광범한 재량권이 부여되었다고 보기는 어려워 도급계약설이 타당하다고 본다.

2) **운송인의 권리** : ① **운송물인도청구권·화물명세서교부청구권** – 운송계약은 낙성계약이므로 운송인이 운송을 실행하기 위해서 운송계약 상대방인 송하인에게 운송물의 인도를 청구할 권리가 있다. 운송인은 송하인에게 화물명세서(운송인의 청구에 의해 운송물의 내역에 관해 송하인이 작성하는 서면, 운송장·송장(invoice), 출하안내서, 상126.2)의 교부를 청구할 수 있다.

② **운임청구권** – 운송인은 당연히 보수(운임)청구권을 가지는데(상61), 운임은 특약 또는 관습이 없는 한 상법이 인정하는 예외적인 경우를 제외하고는 **운송을 완료**함으로써 청구할 수 있다. 운송의 완료라 함은 운송물을 현실적으로 인도할 필요는 없으나 운송물을 인도할 수 있는 상태를 갖추는 것을 의미한다(92다32906). **운임지급의 의무자**는 송하인이며, 수하인이나 화물상환증 소지인도 운송물을 수령한 때에는 지급책임을 진다(상141). 운송물의 성질·하자 및 송하인의 과실로 운송물의 전부·일부 멸실시, 운임전액청구권(상134.2), 송하인의 운송중지청구시 비율운임청구권(상139 2문)이 있다.

③ **비용상환청구권** – 운송인은 송하인에 대해 운송에 소요된 비용의 상환청구권을 가지는데, 수하인도 운송물을 수령한 때에는 운송인에 대하여 운임 기타 운송에 관한 비용과 체당금을 지급할 의무를 부담한다(상141, 부진정연대채무).

④ **유치권·공탁권·경매권** – 운송인은 운송물에 관하여 받을 보수, 운임 기타 송하인을 위한 체당금이나 선대금에 관하여서만 그 운송물을 유치할 수 있다(**특별상사유치권**, 상147, 120). 판례는 운송인의 유치권 규정의 취지에 관해, 운송인의 채권보호 외에 송하인과 수하인이 반드시 동일인은 아니므로 운송물과는 관계가 없는 채권을 담보하기 위하여 그 운송물이 유치됨으로써 수하인이 뜻밖의 손해를 입지 않도록 하기 위하여 피담보채권의 범위를 제한한 것으로 보았다(92다32906). 운송물의 공탁에 관해서도 공탁원인(수하인의 운송물 수령거부, 소재불명), 송하인에 대한 통지의무, 경매 등에 관해 정하고 있다(상142~145).

3) **운송인의 의무** : ① **운송의무** – 운송인은 운송물을 운송계약에 따라 운송할 의무를 부담한다. 그밖에 송하인 또는 화물상환증의 소지인은 운송인에 대하여 운송의 중지, 운송물의 반환 기타의 처분을 청구할 수 있으며(상139), 이러한 처분권에 따라 운송인의 운송물 처분의무가 발생한다(**운송물 처분의무**). 이 경우에 운송인은 이미 운송한 비율에 따라 운임, 체당금과 처분으로 인한 비용의 지급을 청구할 수 있다(상139).

② **운송물 수령권** – i) 화물상환증이 발행되지 않은 경우에 운송계약상의 당사자인 **송하인**에게 운송물을 인도할 의무를 부담하지만(**운송물 인도의무**), **수하인**도 운송인에게 운송물의 인도를 청구할 수 있다. ii) 화물상환증이 발행된 경우에는 이는 운송물인도청구권을 나타내는 유가증권이므로 운송인은 화물상환증소지인에게 이와 상환하지 않고서는 운송물을 인도할 의무가 없다(상129, 상환증권성).

③ **보관의무 등** – 운송인은 **운송물 수령·보관·인도의무**를 부담하고(상135) 이를 위반할 때에는 채무불이행에 따른 **손해배상책임**을 지며(상135), 송하인이 청구할 경우 화물상환증을 발행하여 교부할 의무를 부담한다(**화물상환증 교부의무**: 상128.1)

4) **손해배상책임** : ① **개요** – 운송물이 멸실·훼손 또는 연착으로 인하여 손해가 발생했을 때 운송인은 운송계약 불이행에 따른 손해를 배상할 책임을 진다. 이는 계약상의 책임이지만 운송물의 멸실이 불법행위책임의 요건을 갖출 경우 양 책임의 관계가 문제된다.

② **요건** – i) **손해의 발생** : 운송물의 멸실·훼손 또는 연착으로 인해 손해가 발생한 경우 운송인이 책임을 부담한다(상135). 멸실이라 함은 운송인이 송하인,

수하인 또는 화물상환증의 소지인에게 운송물을 인도할 수 없게 된 경우인데, 육상운송에서는 강도로 인한 운송물의 멸실이 반드시 불가항력으로 인한 면책사유가 된다고 할 수 없다고 본 판례가 있다(98다9038). 훼손이란 운송물이 손상되어 운송물의 가액이 감소된 것을 의미하고, 연착은 약정 시일 또는 통상 도착할 일시까지 운송물이 도착하지 아니한 것을 의미한다. ii) **귀책사유** 운송인 등이 운송물의 수령·인도·보관과 운송에 관하여 주의를 해태하지 아니하였음을 증명하지 못한 경우에 책임을 부담한다. 이에 관해 주의적 규정설이 통설이며 민법의 일반원칙과 동일하게 본다. iii) **책임의 확장** 운송인의 귀책사유뿐만 아니라 운송주선인, 사용인 기타 운송을 위하여 사용한 자의 귀책사유도 운송인의 귀책사유와 동일하게 평가되어 이로 인해 발생한 손해에 대해 운송인은 책임을 부담한다. 판례는 운송인을 위하여 운송계약의 이행을 보조하거나 대행하고 있더라도 운송인으로부터 직접 지휘·감독을 받지 않고 독립하여 영업활동을 수행하고 있을 뿐이라면 그러한 자를 운송인의 피용자라고 할 수는 없는 것이므로, 운송인은 그러한 자의 불법행위에 대하여 사용자로서의 손해배상책임을 지지 아니한다고 보았다(99다55052).

③ **손해배상액** – 운송물의 멸실·훼손에 의한 운송인의 손해배상책임은 대량의 운송물을 신속히 운송해야 하는 운송업의 성질상 법률관계를 획일적으로 처리할 필요에 따라 상법은 그 배상액을 정형화(**정액배상**)하였다. 운송물이 전부 멸실 또는 연착된 경우의 손해배상액은 인도할 날(법문의 '인도한 날'은 오기로 판단됨)의 도착지의 가격에 의하고(상137.1), 일부 멸실 또는 훼손된 경우의 손해배상액은 인도한 날의 도착지의 가격에 의한다(상137.2). 손해와 배상액에 관한 증명책임은 송하인이 부담하며, 운송물의 멸실 또는 훼손으로 인하여 지급할 필요가 없게 된 운임 기타 비용은 배상액에서 공제하여야 한다(상137.4). 다만 운송물의 멸실·훼손 또는 연착이 **운송인의 고의나 중대한 과실**로 인한 때에는 운송인은 모든 손해를 배상하여야 한다(상137.3). **'모든 손해'의 개념**(**쟁점275**)에 관해, 통상손해는 물론 특별손해도 포함된다고 보고 비록 책임발생원인을 멸실·훼손·연착으로 제한하기는 하였으나 운송인의 책임이 강화된 것으로 이해하는 견해와 운송인은 원칙적으로 채무불이행과 상당인과관계에 있는 모든 손해를 배상하여야 한다는 뜻으로 이해하고 특별손해까지 보상하여야 하는 것은 아니라는 견해가 있다. 생각건대 상법 제137조 3항에서 '모든 손해'라고 명시하고 있어 오해의 소지가 없지는 않지만, 동조가 운송인의 책임을 가중하기 위한 조항으로 보기는 어렵고 운송인

의 책임을 가중시킬 특별한 이유도 발견하기 어렵다는 점에서 상당인과관계가 있는 손해에 국한된다는 견해가 타당하다고 본다.

④ **불법행위책임과의 관계** – 운송인의 **채무불이행책임과 불법행위책임의 관계**(**쟁점276**)에 관해 법조경합설, 청구권경합설이 있고, 청구권경합설에 따를 경우에도 **상법규정**(상136－고가물책임, 137－정액배상, 상146－단기책임소멸, 면책약관 등)**의 불법행위에의 적용문제**(**쟁점277**)에 관해서는 적용긍정설, 적용부정설이 대립되고 있는데 그 논의는 운송주선인에서와 동일하다. 다만 판례는 해상운송에 관해 상법 제798조가 도입되기 전의 전원합의체 판결(82다카1533전합)에서 선하증권에 기재된 면책약관에 한하여 별도의 합의가 없더라도 고의 또는 중과실이 없는 한 당연히 불법행위책임에도 그 효력이 미친다고 하였으나(적용긍정설), 육상운송에 관해서는 상법 제136조와 관련되는 고가물 불고지로 인한 면책규정은 일반적으로 운송인의 운송계약상의 채무불이행으로 인한 청구에만 적용되고 불법행위로 인한 손해배상청구에는 적용되지 않는다고 보아 부정설을 따르고 있다(91다15409). 생각건대 불법행위책임과 채무불이행책임은 책임원리를 달리하므로 채무불이행책임에 관한 특수한 정함을 하고 있는 상법의 규정들이 불법행위에 당연히 적용된다고 볼 수 없으며, 적용을 위해서는 해상법과 같은 특별한 규정(상798.1)이나 당사자간의 합의가 요구되므로 부정설이 타당하다고 본다. 참고로 면책약관의 효력이 당연히 운송인의 불법행위책임에까지 미친다고 본 83년 전원합의체 판결은 해상운송계약에서 면책약관은 원칙적으로 무효로 한 개정상법 제799조 1항에 의해 의미를 잃었다.

⑤ **고가물에 대한 특칙** – i) 화폐, 유가증권 기타의 고가물에 대하여는 송하인이 운송을 위탁할 때에 그 종류와 가액을 명시한 경우에 한하여 운송인이 손해를 배상할 책임이 있다(상136). **고가물**이란 다른 물건에 비하여 중량이나 부피는 작지만 사회통념상 고가로 인정되는 물건을 의미하는데, 판례는 견직물은 고가물에 포함되지 않는다고 보았다(63다126). ii) **가액의 명시시한**(**쟁점278**)에 관해, 계약성립시로 보는 견해와 운송물 인도시로 보는 견해가 있지만 동 조항은 책임에 관한 규정임을 고려할 때 운송물 인도시까지 고가물임을 고지한 경우 운송인이 책임을 부담한다고 이해된다. iii) **고가물임을 우연히 알게 된 운송인의 책임**(**쟁점279**)에 관해, 우연히 알게 된 주관적 사유를 명시에 대신할 수 없다고 보는 **책임부정설**과 고가물임을 운송인이 안 이상 고가물에 대한 주의를 베풀어야 한다는 **책임긍정설**이 있다. 생각건대 상법 제136조는 고가물임을 모르고 운송함으로써 고가물에

발생하는 손해에 대한 배상책임을 면하게 하려는 취지이므로 악의의 운송인은 보호될 수 없어 책임긍정설이 타당하지만, 알게 된 시점 이후에는 보통물에 대한 주의의무가 요구되고 통상적으로 취할 수 없는 조치에 관해서는 면책된다고 본다.

⑥ **손해배상책임의 소멸** – 운송인의 책임은 수하인 등이 유보 없이 운송물을 수령하고 운임 기타의 비용을 지급한 때에는 소멸한다. 그러나 운송물에 즉시 발견할 수 없는 훼손 또는 일부 멸실이 있는 경우에는 수하인이 인도한 날로부터 2주간 내에 운송인에 대해서 이를 통지한 때에는 운송인의 책임은 소멸하지 않는다(상146.1). 또 운송인 등이 악의인 때에는 운송인의 손해배상책임은 소멸하지 않는다(상146.2). 여기서 **악의의 개념**(**쟁점280**)에 관해, 단순히 손해를 아는 것으로 부족하고 고의에 의해 손해를 발생케 한 경우를 의미한다고 보는 견해가 있지만, 동조는 운송물의 훼손사실에 관해 운송인이 선의인 경우 운송인의 책임을 조기에 면하게 하려는 취지를 가진 점을 볼 때, 훼손사실에 관한 악의의 운송인에게는 책임의 특별소멸규정이 적용되지 않는다는 견해가 타당하다고 본다. 운송물의 멸실·훼손·연착에 의한 운송인의 손해배상책임은 수하인이 운송물을 수령한 날, 또는 운송물이 전부 멸실한 경우에는 그 인도할 날로부터 1년을 경과한 때에는 시효에 의해 소멸한다(상147, 121).

⑦ **면책약관** – 상법 제135조가 임의규정이기 때문에 계약자유의 원칙상 면책약관은 유효하다. 다만 육상운송에서는 해상운송과 같은 면책약관의 제한(상790)이 없어도, 면책약관의 효력을 약관의 규제에 관한 법률 제6조(신의성실의 원칙 등), 제7조(면책조항 금지) 및 민법상의 공서양속(민103), 신의성실·권리남용금지(민2) 등의 일반원칙이 문제될 수 있다. 대체로 운송인 자신 또는 이행보조자의 고의에 의한 손해배상책임을 면제하는 특약 외에는 유효하다고 해석된다.

5) **수하인의 권리와 의무** : 수하인은 운송계약의 당사자는 아니지만 상법은 운송물의 공간적 이동에 따라서 수하인의 운송계약상의 권리와 의무가 강화되도록 규정하고 있다(상140). 이렇게 물건운송계약의 당사자가 아닌 수하인이 운송인에게 운송물의 인도를 청구할 수 있는 **권리의 근거**(**쟁점281**)에 관해, 광의의 제3자를 위한 계약이라는 견해가 있지만 상법이 특별히 수하인에게 권리를 인정한 결과라는 견해가 타당하다고 본다. 판례는 이미 수하인이 도착한 화물에 대하여 운송인에게 인도청구를 한 다음에는 비록 그 운송계약에 기한 선하증권이 뒤늦게 발행

되었다고 하더라도 그 선하증권의 소지인이 운송인에 대하여 새로이 운송물에 대한 인도청구권 등의 권리를 갖게 된다고 할 수는 없다고 보았다(2001다72296). 그리고 국제항공운송에서의 수하인은, 원칙적으로 화물도착의 통지를 받고, 수하인용 항공운송장의 교부 및 화물의 인도를 청구할 권리를 가지므로, 운송인 등이 수하인의 지시 없이 제3자에게 수하인용 항공화물운송장을 교부하고 화물을 인도한 경우, 이는 수하인의 화물인도청구권을 침해한 것으로서 수하인에 대하여 불법행위를 구성한다고 보았다(99다8711).

수하인의 권리의 변화를 보면, i) 수하인은 운송물이 도착지에 도달한 후에 송하인과 동일한 권리를 취득하고 이것을 자신의 권리로 행사할 수 있다. 송하인의 권리는 아직 소멸하지는 않고, 여전히 운송물처분권을 가지므로 이 부분에서 수하인에 우선한다(상140.1). ii) 수하인이 운송물인도청구권을 행사한 후에는 수하인의 권리가 송하인에 우선한다(상140.2). iii) 수하인이 운송물을 수령한 때에는 운송인에 대하여 운임 기타 운송에 관한 비용과 체당금을 지급할 의무를 부담한다(상141).

6) **통운송·순차운송** : ① **개요** – 수인이 순차로 운송할 경우에는 각 운송인은 운송물의 멸실·훼손 또는 연착으로 인한 손해를 연대하여 배상할 책임이 있다(상138.1). 수인의 운송인이 동일한 운송물을 지리적 구간을 달리하여 운송하는 경우를 통운송이라 하며, 최초 운송인과의 계약에 의해 다수 운송인간의 법률관계가 형성된다.

② **유형** – i) **부분운송**은 수인의 운송인이 각각 독립하여 특정한 구간의 운송을 인수하는 운송을 의미한다. ii) **하수운송**은 최초의 운송인(원수운송인)이 전구간에 걸쳐 운송을 인수하고 그 일부 또는 전부를 다른 운송인(하수운송인)에게 운송시키는 형태이다. iii) **동일운송**은 수인의 운송인이 공동하여 전 구간의 운송을 인수하고 내부관계에서 운송인의 담당구간이 나뉘는 운송형태이다. iv) **공동운송**(**연대운송·순차운송**)은 송하인과 제1운송인간에 전 구간에 관한 운송계약이 체결되지만, 제1의 운송인은 자기의 운송구간만의 운송을 실행하고 나머지 구간에 대하여는 제2의 운송인 등과 자기의 명의와 송하인의 계산으로 운송계약을 체결(운송주선)함으로써, 제2의 운송인이 제1의 운송인의 운송구간을 제외한 나머지의 구간의 운송을 인수하는 형태이다. 공동운송은 운송주선에 의해 다수 운송인이 연계된다는 점에서 앞서 본 중간운송주선과 유사하게 보이나 운송계약이 체결된

다는 점에서 구별된다.

③ **통운송계약의 법률관계**(상138) – **부분운송**의 경우 각 운송구간에 별개의 운송계약이 성립하고, **하수운송**에서는 최초의 운송인만이 운송계약의 당사자이고 하수운송인은 최초 운송인의 이행보조자이며, **동일운송**의 경우에는 수인의 운송인의 연대채무관계로서 상법 제57조에 의하여 해결되므로 상법 제138조를 적용할 필요가 없다. 결국 상법 제138조 1항이 적용될 수 있는 유형은 **공동운송**이며 "수인이 순차로 운송할 경우"(순차운송)란 공동운송을 말한다고 볼 수 있으며 상법은 연대책임과 구상권에 관한 규정을 두고 있다. 순차운송에 있어서 각 운송인은 운송물의 멸실·훼손 또는 연착으로 인한 손해를 연대하여 배상할 책임이 있다(상138.1, **순차운송인의 연대책임**).

④ **구상권 등** – 운송인 중 1인이 손해를 배상한 때에는 그 손해의 원인이 된 행위를 한 운송인에 대하여 구상권을 가진다(상138.2, **순차운송인의 구상권**). 그 원인이 된 행위를 한 운송인을 알 수 없는 때에는 각 운송인은 그 운임액의 비율로 손해를 분담하지만, 손해가 자기의 운송구간 내에서 발생하지 아니하였음을 증명한 때에는 손해분담의 책임이 없다(상138.3). 순차운송의 경우 후자인 운송인은 전자인 운송인에 갈음하여 그 권리를 행사할 의무가 있으며(상147 → 117.1), 이 경우 후자가 전자에게 변제한 때에는 전자의 권리를 취득하는 것으로 규정하는데(상147 → 117.2), 그 취지는 앞서 살펴본 중간운송주선인에서와 동일하다. 순차운송인의 연대책임에 관한 상법의 규정은 임의규정이므로 실제에 있어서 운송인은 거의 예외 없이 자기의 책임을 자기의 운송구간에 한정하는 특약조항(**책임한정약관**)을 두고 있다.

(3) 화물상환증

1) **의 의** : 화물상환증은 운송인이 운송계약에 기해 운송물을 수령한 것을 증명하고, 목적지에서 운송물을 증권소지인에게 인도할 것을 약속하는 유가증권이다. 화물상환증을 교부받은 송하인은 이 증권에 담보권을 설정하거나 양도함으로써 금융의 편의를 얻을 수 있다. 운송인에게 물건의 운송을 위탁한 매도인이 화물상환증을 교부받으면 매수인 혹은 매수인의 의뢰로 신용장이 개설된 신용장개설은행을 지급인으로 하는 환어음을 발행하여 화물상환증을 첨부하여 거래은행에 할인받을 수 있다. 수하인도 화물상환증을 송부받은 후 물건이 목적지에 도착하기 전에 화물상환증에 의해 운송중인 물건을 다시 전매할 수도 있다. 다만 육상운

송은 운송기간이 짧고 운송단위가 작아 해상운송의 선하증권에 비해 활용도가 훨씬 떨어진다.

2) **발 행** : 송하인의 청구에 의하여 운송인이 화물상환증을 발행하며(상128.1), 송하인이 작성하는 화물명세서와 구별된다(상126). 화물상환증은 **운송물인도청구권**을 표창하므로 운송물이 운송인에게 인도되기 전이나 운송물이 이미 도착지에 도착하여 수하인이 그 인도를 청구한 시점 이후에는 운송인은 화물상환증을 발행할 수 없다. 화물상환증은 상법 제128조 2항에 따른 법정요건의 기재를 필요로 하는 요식증권이지만 어음·수표 등 다른 유가증권에 비해 완화되어(완화된 요식증권성), 운송물을 특정하거나 운송물 인도의무의 이행에 필요한 최소한의 요건(필수적 사항)이 기재되어 있다면 기타 부수적 사항의 기재가 없더라도 유가증권으로서의 성질을 잃지 않는다고 본다. 법정기재사항(필요적 기재사항)으로 운송물, 도착지, 수하인·운송인·송하인, 운임 등에 관한 사항과 화물상환증 작성지와 시점 및 운송인의 기명날인·서명이 기재되어야 한다.

3) **화물상환증의 성질** : 화물상환증은 요식증권성(상128)·지시증권성(상130)·제시증권성(상65, 민517)·상환증권성(상129)·문언증권성(상131)·면책증권성 등 유가증권의 일반적 성질을 가지며 선의취득의 대상이 된다. 그 밖에 화물상환증은 운송계약을 원인으로 하는 유인(요인)증권으로서 채권적 효력을 가지며, 물품인도청구권을 표창하는 유가증권으로서 물품의 인도와 관련된 물권적 효력을 가진다. 판례는 이미 수하인이 도착한 화물에 대하여 운송인에게 인도 청구를 한 다음에는 비록 그 운송계약에 기한 선하증권이 뒤늦게 발행되었다고 하더라도 그 선하증권의 소지인이 운송인에 대하여 새로이 운송물에 대한 인도청구권 등의 권리를 갖게 된다고 할 수는 없다고 보았다(2001다72296). 화물상환증에 인정되는 이러한 성질은 대체로 유가증권의 일반적인 성질이므로 어음·수표 관련 유가증권에 관한 설명을 참조하기 바란다.

4) **채권적 효력** : ① 개념 – 화물상환증은 운송인에 대한 운송계약상의 **운송물인도청구권**이라는 채권을 표창하며 화물상환증의 정당한 소지인은 운송인에 대해 이러한 채권을 행사할 수 있는데, 이를 화물상환증의 채권적 효력이라 한다.

② **구법상 논의** – 화물상환증은 일반 유가증권과 동일하게 운송에 관한 사항

은 운송인과 소지인간에 있어서는 화물상환증에 기재된 바에 의하고 운송계약에 좌우되지 않는다는 성질(**문언성**)을 가진다고 보았다(개정전 상131). 동시에 화물상환증은 어음·수표 등 다른 유가증권과 달리 운송인과 송하인간의 관계는 운송계약의 내용에 의해 결정되는 것이고 화물상환증은 운송계약 이상의 효력을 가질 수 없다는 성질(**요인성**)을 가진다. 그런데 운송인이 화물을 인도받지 않고 발행한 화물상환증(공권, 空券)의 경우나 운송인이 인도받은 운송물과 달리 기재하여 발행한 화물상환증(오권, 誤券)의 효력이 문제된다. **공권·오권에 대한 운송인의 책임**(**쟁점282**)에 관해, 불법행위설과 채무불이행설, 절충설이 대립하였다.

③ **개정 상법** – 상법이 개정되어 화물상환증의 문언성에 관한 규정이 원칙적 문언성 추정만 허용하되 화물상환증의 선의취득자에 대해서만 문언성 간주규정으로 효력이 부여되었다(상131). 따라서 공권·오권이 발행된 경우 일응 화물상환증의 내용대로 추정력이 발생하지만 운송인은 반증에 의해 수령한 물건을 증명할 수 있어 채무불이행책임을 면할 수 있고, 만일 화물상환증 소지인이 공권·오권을 신뢰하고 취득한 경우에는 채무불이행책임을 부담한다. 판례는 운송물을 수령 또는 선적하지 아니하였는데도 발행한 선하증권은 원인과 요건을 구비하지 못하여 목적물의 흠결이 있는 것으로서 무효로 보았다(2006다47585). 그리고 운송물을 수령하지 않고 선하증권을 발행함으로써 위와 같은 기망행위에 가담한 운송인에 대하여 달리 특별한 사정이 없는 한 수출환어음의 매입대금액 상당의 손해배상을 청구할 수 있다고 하여(2006다47585) 불법행위책임을 인정하고 있다.

5) **물권적 효력** : ① **개념** – 화물상환증(선하증권)에 의하여 운송물을 받을 수 있는 자에게 화물상환증(선하증권)을 교부한 때에는 운송물 위에 행사하는 권리의 취득에 관하여 운송물을 인도한 것과 동일한 효력이 있다(상133, 861). 이와 같이 화물상환증(선하증권)의 교부에 운송물을 인도한 것과 동일한 효력이 발생하는데 이를 화물상환증(선하증권)의 물권적 효력이라 한다. 다른 유가증권과는 달리 **물품증권**인 화물상환증(선하증권)은 증권이 표창하는 운송물인도청구권의 대상이 되는 운송물이 따로 존재하므로 증권의 유통과는 별도로 운송물이 타인의 소유 또는 점유의 대상이 될 수 있다는 점이 특징적이다.

② 요건 – i) 물권적 효력은 화물상환증(선하증권)의 유통단계에서 발생하는 효력이므로 **유효한 화물상환증의 발행**이 전제되고, 공권·오권의 경우 요인적 성질로 인해 물권적 효력은 문제되지 않는다. ii) **운송물이 존재**하여야 하며, 운송물이

운송도중 멸실된 경우에는 운송인에 대한 손해배상청구권 등이 문제될 수는 있지만 운송물인도청구권 자체는 효력을 상실하므로 화물상환증(선하증권)의 물권적 효력도 발생하지 않게 된다. iii) 화물상환증(선하증권)의 양도인이 운송물 위에 **배타적인 권리**를 가지지 못하는 경우, 예를 들어 운송물이 제3자에 의해 선의취득된 경우에는 화물상환증(선하증권)을 취득한 자는 운송물에 대한 권리를 취득하지 못하므로 물권적 효력이 발생하지 않거나 실익이 없는다고 본다. iv) 화물상환증의 물권적 효력은 화물상환증(선하증권)의 유효한 유통을 전제하여 발생하는 효력이므로 운송물을 받을 수 있는 자에게 화물상환증(선하증권)을 교부한 경우에 발생한다.

③ **효과** – 화물상환증의 물권적 효력, 즉 **화물상환증의 유통과 운송물의 점유이전 관계**(쟁점283)에 관해, **엄정상대설**은 화물상환증(선하증권)의 교부를 민법상 '목적물반환청구권의 양도에 의한 인도'의 한 방법으로 보는 견해이지만 반환청구권의 양도절차(민450)가 필요 없는 화물상환증의 법리와 맞지 않아 부적절하다. **절대설**은 화물상환증(선하증권)의 인도는 운송물의 점유와 관계없이 운송물의 인도와 동일한 효력(특별한 점유이전원인)이 있다는 견해이다. 절대설도 공권이나 운송물의 멸실, 제3자에 의한 운송물의 선의취득의 경우에는 물권적 효력이 발생하지 않는다고 보지만, 운송인의 직접·간접점유 더 나아가 자주점유를 물권적 효력의 전제요건으로 보지 않아 횡령, 제3자 절취시에도 물권적 효력은 발생한다고 본다. **대표설**은 화물상환증(선하증권)의 교부를 간접점유의 이전으로 보나(엄정상대설과 유사) 화물상환증(선하증권)이 운송물을 대표하기 때문에 증권의 교부가 있으면 바로 간접점유가 이전한다(절대설과 유사)고 보는 견해이다. 상법 제133조를 민법 제190조의 예외규정으로 이해하지만 운송물에 대한 운송인의 직접·간접점유, 타주점유(점유매개의사)를 전제한다는 점에서 절대설보다 물권적 효력이 발생하는 경우를 좁게 인정한다. **판례**는 운송물의 권리를 양수한 수하인 또는 그 이후의 자는 선하증권을 교부받음으로써 그 채권적 효력으로 운송계약상의 권리를 취득함과 동시에 그 물권적 효력으로 양도목적물의 점유를 인도받은 것이 되어 그 운송물의 소유권을 취득한다고 보았다(2000다70064). 판례의 입장은 목적물반환청구권의 양도절차를 요구하고 있지 않아 엄정상대설이 아닌 점은 분명하나 운송인의 직접점유를 전제하지 않는 절대설인지 아니면 이를 전제하는 대표설인지 분명하지 않다. 생각건대 운송인이 운송물을 수령('운송인의 운송물에 대한 점유')하여 유효하게 발행된 화물상환증(선하증권)을 양수인에게 교부하는 시점에 운송

물인도의 효과(간접점유)가 의제되므로, 운송인의 점유가 상실된 경우 즉, 운송물의 멸실, 운송물에 대한 제3자의 선의취득, 운송물의 도난(점유회복청구권을 행사할 수 없는 경우)에는 운송물의 인도의 효과가 의제될 수 없어 물권적 효력이 발생하지 않는다. 그리나 운송인이 운송물을 횡령하더라도 운송물을 운송인이 점유하고 있는 한(설사 자주점유이더라도) 운송물의 인도가 의제된다고 본다.

(4) 여객운송계약

1) **개 념** : 여객운송이란 승객을 장소적으로 이동시키는 운송계약을 의미한다. 물건이 아닌 승객의 운송이어서 운송의 목적물만 구별되고, 운송계약 당사자의 기본적인 의무는 물건운송계약과 동일하다. 다만 여객운송계약에서 운송은 물건운송계약에서의 운송과는 달리 승객의 운송이므로 물건의 운송에서 나타나는 운송물의 인수 후 보관이라는 서비스 제공이 문제되지 않고 승객이 여행을 할 수 있도록 휴식공간의 제공의무와 승객의 안전에 대한 주의의무, 경우에 따라서 식사제공의무 등이 문제될 수 있다.

2) **여객에 대한 손해배상책임** : ① **주의의무** – 여객운송인은 여객이 입은 손해가 자기 또는 사용인의 주의의무의 범위에 속하는 사항에 기인한 것에 한하여 배상책임이 있다(87다카1191). 다만 여객운송인은 자기 또는 사용인이 운송에 관한 주의를 해태하지 아니하였음을 증명하여야만 여객이 운송으로 인하여 받은 손해(생명·신체·의복에 대한 손해, 연착으로 인한 손해 등)를 배상할 책임을 면할 수 있는데(상148.1), 이는 물건운송인과 동일하다(상135). 판례는 입장권을 발매한 여객이 발차하는 차량에서 뛰어내리다 다친 경우에는 운송인의 책임을 부정하였으나(91다20623), 승객의 책임 없이 도착역을 넘어 승월한 경우에는 승월구간에 있어서도 운송계약이 그대로 존속되므로 승월 후 일어난 사고도 여객운송계약이 계속된 동안에 일어난 것이라고 보았다(79다1070). ② **운송의 개념** – 물건운송에서는 운송물의 수령·인도·보관·운송에 관한 주의의무가 문제되나, 여객운송에서는 운송에 관한 주의의무만 문제된다. 이는 물건운송과 달리 여객운송에서는 여객으로부터 인도받은 수하물을 제외하고는 물건의 수령·보관이라는 개념이 없기 때문이다. 하지만 여객운송의 경우 운송에 관한 주의의무의 범위는 물건운송에서 운송에 관한 주의의무의 범위보다 넓을 수 있다(안전배려의무, 2007다3377). ③ **배상액 결정** – 손해배상액을 정함에 있어 법원은 피해자와 그 가족의 정상을 참작

하여야 한다(상148.2). 채무자의 악의·과실 유무를 묻지 않고 배상을 명할 수 있도록 규정하고 있어 피해자의 정상에 따른 배상액의 개성화가 행해지고 대개의 경우 손해배상액의 증액이 예상된다.

3) **수하물에 대한 손해배상책임** : 여객으로부터 인도받지 않아 고객이 소지하는 수하물(**휴대수하물**)의 멸실 또는 훼손에 대하여 자기 또는 사용인의 과실이 없으면 손해를 배상할 책임이 없다(상150). 여객은 운송인에 대해 휴대수하물에 관한 책임을 묻기 위해서는 운송인 또는 운송인의 사용인의 과실을 여객이 증명하여야만 가능하다. 운송인이 여객으로부터 인도받은 수하물(**탁송수하물**)은 대개 별도의 운임을 받지 않으나 운송인이 수하물을 수령·보관하므로 사실상 물건운송과 동일하고, 따라서 탁송수하물에 손해가 발생한 경우 물건운송인과 동일한 책임을 부담한다(상149.1). 책임규정인 상법 제135조뿐만 아니라 고가물책임규정(상136)·정액배상책임(상137) 등의 규정도 적용된다. 다만 별도로 운임을 수령하고 수하물을 운송할 경우에는 이는 여객운송계약과는 별도로 화물운송계약이 여객운송계약에 부대하여 체결되었다고 볼 수 있다.

4) **손해배상청구권의 소멸** : 여객의 손해에 관한 배상청구권이나 휴대수하물에 관한 손해배상청구권의 소멸시효에 관해서는 별도의 규정이 없으므로 일반 상사채권의 소멸시효규정을 적용하여 5년의 소멸시효가 적용된다고 볼 수 있다. 그러나 탁송수하물에 관해서는 물건운송인과 동일한 책임을 부담한다고 규정하고 있으며(상149.1), '동일한 책임'에는 손해배상청구권의 소멸에 관한 규정도 포함된다고 보아야 한다.

6. 공중접객업

1) **의 의** : ① 상법 제151조에서 공중접객업자의 의의를 '극장·여관·음식점 기타 객의 집래를 위한 시설에 의한 거래를 영업으로 하는 자'로 규정하고 있다. **'객의 집래를 위한 시설에 의한 거래'의 구체적인 개념**(**쟁점284**)에 관해, 설비이용이라는 면을 중시하는 견해와 설비이용보다는 객의 수요충족을 중시하는 견해가 있다. 생각건대 별도의 객을 위한 수요충족행위가 없더라도 객의 설비이용행위만 예상되면 공중접객업이 된다고 볼 수 있고, 이러한 해석이 '시설에 의한 거래'라는

법문에도 충실하다고 생각한다. 이렇게 볼 때 공중접객업자의 영업은 공중의 집래에 적당한 인적·물적 시설을 설치하여 두고 객이 이를 이용하도록 하는 상행위로 정의할 수 있다. 연혁적인 공중접객업자의 **엄격책임**은 합리적 이유가 없다는 비판을 받아오다 상법을 개정하여 일반 채무불이행책임과 동일하게 변경되었다.

② 공중접객업자의 엄격책임의 근거에 관해, 계약책임설, 특별책임설이 있었지만 상법이 개정되어 논의가 의미를 잃었다. 현행법상으로는 공중접객업자는 고객으로부터 임치받은 물건에 관해서는 임치인과 동일한 책임을 부담하고(상152.1) 임치받지 않은 물건에 관해서는 공중접객업자 또는 그 사용인의 과실이 개재된 경우에는 과실책임을 부담한다(상152.2). 그리고 고객에 대한 면책통지는 공중접객업자의 상법상의 책임을 경감시키지 않는다(상152.3).

2) **임치받은 물건에 대한 책임** : 공중접객업자가 임치받은 물건의 보관에 관하여 주의를 게을리하지 아니하였음을 증명하지 아니하면 그 물건의 멸실 또는 훼손으로 인한 손해를 배상할 책임이 부담한다(상152). **임치**란 당사자의 일방(임치인)이 상대방에 대하여 금전이나 유가증권 기타의 물건의 보관을 위탁하고 상대방(수치인)이 이를 승낙함으로써 성립한다(민693). 화폐, 유가증권, 기타의 **고가품**의 경우에는 객이 그 종류 및 가액을 명시하여 임치한 경우가 아니면 공중접객업자는 그 멸실 또는 훼손에 대해 손해배상책임을 부담하지 않는다(상153). 공중접객업자는 자기 또는 그 사용인에게 과실이 있는 경우에도 손해배상의 책임이 없는데, 불법행위상의 책임은 부담할 수 있다. 상법 제152조 1항은 강행규정이 아니므로 당사자간의 명시 또는 묵시의 개별적인 특약에 의해 공중접객업자의 동조에 따른 책임을 원칙적으로 경감·면제할 수 있다. 그러나 공중접객업자가 객의 휴대물에 대하여 책임이 없음을 게시한 것만으로는 공중접객업자는 그 책임을 면하지 못한다(상152.3). 즉, 이 경우에는 면책의 특약이 있는 것으로 인정되지 않는다.

3) **임치받지 아니한 물건에 대한 책임** : 공중접객업자가 객으로부터 임치를 받지 아니한 물건이라도 그 물건이 공중접객업자 또는 그 사용인의 과실로 인하여 그 시설 내에서 멸실 또는 훼손된 때에는 공중접객업자는 그 손해를 배상할 책임지는데(상152.2), 시설이용을 위하여 영업소에 휴대하고 들어 왔다는 사실에 따라 법이 부수적으로 인정한 **법정책임**이다. 그리고 공중접객업자가 임치받지 않은 물

건에 대하여 기울여야 할 주의의 정도는 선량한 관리자의 주의라고 볼 수 있다. 요컨대 선량한 관리자로서의 주의를 다하지 않았다고 보여지는 경우에 과실이 인정되고 공중접객업자는 자기 또는 그 사용인에 그 과실이 있을 경우 손해배상책임을 부담한다.

4) **책임의 소멸** : ① **면책약관** – 당사자간의 명시 또는 묵시의 개별적인 특약에 의해 공중접객업자의 책임은 원칙적으로 경감 또는 면제될 수 있다. **면책의 게시**는 면책특약으로 보지는 않으며, 그리고 공중접객업 중 호텔·여관 이용객에 대한 손해배상에 있어 호텔·여관배상책임보험제도가 이용되는 경우가 있다.

② **책임의 감면** – 면책의 게시 공중접객업자의 책임에 관한 규정은 임의규정이므로 특약에 의한 감면은 가능하나, 공중접객업자가 일방적으로 객의 휴대물에 대하여 책임이 없음을 게시한 것만으로는 위의 책임을 면하지 못한다(상152.3). 책임의 소멸시효 공중접객업자의 책임은 자신 혹은 그 사용인이 악의인 경우를 제외하고는 임치물을 반환하거나 객이 휴대물을 가져간 후 6월, 물건이 전부 멸실된 경우에는 객이 그 시설을 퇴거한 날로부터 6월이 경과하면 소멸시효가 완성한다(상154).

5) **특수문제** : ① **부설주차장에 주차한 차량에 대한 책임** – 공중접객업자에 속하는 숙박업자의 숙박시설에 투숙하는 투숙객이 숙박업소의 부설주차장에 임치한 차량을 도난당한 경우 숙박업자가 상법 제152조의 공중접객업자의 책임을 부담하는가가 판례상 문제되었다. 판례는 공중접객업자와 객 사이에 **임치관계**가 성립하려면 그들 사이에 공중접객업자가 자기의 지배영역 내에 목적물보관의 채무를 부담하기로 하는 명시적 또는 묵시적 합의가 있음을 필요로 하다고 보았다. 다만 공중접객업자가 이용객들의 차량을 주차할 수 있는 주차장을 설치하면서 그 주차장에 차량출입을 통제할 시설이나 인원을 따로 두지 않았다면, 그 주차장은 단지 이용객의 편의를 위한 주차장소로 제공된 것에 불과하여 공중접객업자에게 차량시동열쇠를 보관시키는 등의 명시적이거나 묵시적인 방법으로 주차차량의 관리를 맡겼다는 등의 특수한 사정이 없는 한, 공중접객업자에게 선량한 관리자의 주의로써 주차차량을 관리할 책임이 있다고 할 수 없다고 판단하였다(98다37507).

② **투숙객의 인적 손해에 대한 손해배상책임** – 숙박계약이란 숙박업자가 일정기간 동안 투숙객에게 숙박용 객실을 제공하고 이에 대한 대가로 고객은 숙박료

를 지급할 것을 약정하는 계약으로서 부수적으로 숙박업자의 일정한 서비스가 포함되어 있다고 본다. 판례는 숙박업소 객실에 비치된 선풍기 위에 빨래를 한 후 말리기 위해 널어놓은 양말과 수건 등이 선풍기 날개 부분에 걸리면서 그 회전날개의 기능장애로 인한 선풍기모터의 과열로 발화되어 이불과 콘센트 등에 옮겨 붙으면서 발생한 유독가스에 투숙객이 질식된 사건에서 숙박업자의 대응이 **보호의무에 위반**한다는 이유로 숙박업자의 손해배상책임을 인정한 바 있다(2000다38718).

7. 창고업

1) **의 의** : 타인을 위하여 창고에 물건을 보관함을 영업으로 하는 자를 창고업자라 한다(상155). i) **창고**란 물건보관을 위하여 이용·제공되는 설비를 말하는데, 야적창고, 저수장도 포함되고 창고의 소유권 귀속은 문제되지 않는다(타인창고 임차). ii) **보관**이란 물건을 창고에 장치(藏置)하여 그 멸실 또는 훼손을 방지하는 것을 말하는데, 창고업자의 점유하에 물건의 현상을 보존함을 의미하고 원칙적으로 가공·수선·처분권한은 포함되지 않는다. 따라서 단순히 창고의 일정공간을 임대하는 것을 영업으로 하는 자는 창고업자가 아니다. iii) **임치의 목적물**은 타인의 동산을 가리키며 보관을 위한 장소이동이 불가능한 부동산은 제외된다. 소비임치의 대상이 되는 금전 등은 원칙적으로 제외되나, 예외적으로 화폐·유가증권 기타의 고가물을 교환수단이 아닌 물건으로 보관할 수는 있다고 본다. iv) 창고업자는 물건의 보관 즉 물건의 임치의 인수를 영업(기본적 상행위)으로 하는 **상인**이다(상46 14호). 따라서 운송인이나 운송주선인이 별도의 운송물임치계약을 체결하지 않고 운송을 위해 운송물을 일시 보관할 경우 임치가 보조적 상행위에 해당하고 운송인이 창고업자가 되는 것은 아니다. v) **임치방법·기간** 임치인의 소유권과 창고업자의 점유권이 공존하여야 하므로, 소비임치(민702)는 포함되지 않지만 혼장임치(물건의 혼합보관한 후 지분에 해당되는 동종동량의 물건을 반환)는 창고업자의 임치방법의 하나로 본다. vi) **임치물의 반환** 임치물은 임치인의 반환청구에 따라 반환하여야 하지만, 반환청구와 무관하게 임치인이 반환할 수 있는 경우가 있다. 이는 특약에 따르지만 특약이 없을 경우, 창고업자의 부득이한 사유가 있거나 임치물을 6개월 이상 보관한 경우에는 창고업자는 언제든지 임치물을 반환할 수 있다(상164). 다만 부득이한 사유가 없는 경우에는 2주전 예고가 요구

된다(상163, 164).

2) **창고업자의 권리** : i) 창고임치계약은 낙성계약이며, 계약이 성립하면 창고업자는 임치인에 대하여 **임치물인도청구권**을 가진다. ii) 무상인 민법상 임치계약과 달리 창고업자는 무상으로 임치를 인수한 경우가 아니라면 보관료(보수)에 관한 특약이 존재하지 않는 경우에도 **보관료청구권**(상61)과 임치물에 관한 체당금 기타의 **비용상환청구권**(상162.1)을 가진다. 보관료·비용상환청구권은 특약 또는 관습이 없는 한 임치물을 출고할 때에 비로소 청구할 수 있으나, 보관기간이 경과한 후에는 출고 전에도 가능하며(상162.1), 일부출고시 비율에 따른 보관료청구(상162.2), 보관료의 채무자는 당연히 임치인이지만, 창고증권이 발행된 때에는 창고증권의 명의인도 임치물의 반환을 받은 때에 채무자가 된다고 본다(63다188). iii) 창고업자에 관해 특별상사유치권을 두지 않아 보관료와 비용상환청구권에 관하여 임치물 위에 **민사유치권**(민320)과 임치인이 상인인 경우에는 **일반상사유치권**(상58)을 행사할 수 있으며, 일정한 경우(임치물의 수령거절, 수령불능) **공탁권·경매권**을 가진다(상165 → 67.2). iv) 창고업자는 임치물의 성질 또는 하자로 인하여 생긴 손해가 있는 때에는 이것을 알고 있었던 경우를 제외하고는 임치인에 대하여 **손해배상청구권**을 가진다(민697). 창고업자의 임치인 또는 창고증권소지인에 대한 채권은 그 물건을 출고한 날로부터 1년간 행사하지 아니하면 **소멸시효**가 완성한다(상167).

3) **창고업자의 의무** : ① 선관의무 – 창고업자는 임치물을 수령한 시점부터 **임치물보관의무**를 부담하는데, 보관시 임치물의 특성에 맞게 멸실·훼손되지 않도록 할 주의의무를 부담하며 무상보관시에도 선관주의의무를 부담한다(상62), 판례는 타인 창고를 임차하여 건고추를 보관하면서 타인이 인수증을 발행하였다면 타인은 적어도 위 건고추에 대한 무상수치인의 지위에서 선량한 관리자로서의 주의의무를 진다고 보았다(93다62539).

② 창고증권 교부의무 – 창고업자는 임치물을 수령한 후에 임치인의 청구에 의하여 임치물반환청구권을 표창하는 **창고증권교부의무**를 가진다(상156).

③ 협조의무 – 창고업자는 임치인·창고증권소지인의 임치물(존부·수량)검사·견품적취, 보존상 필요처분(멸실·훼손방지조치) 요청시 이에 응할 **협조의무**를 부담한다(상161). 창고증권이 발행된 경우에도 특약으로 **임치물의 검사·적취·보존**

협조의무의 전면적 배제가능성(쟁점285)에 관해, **부정설**은 임치물의 검사 및 확인을 하지 못하게 하는 것은 창고증권소지인에게 불리한 것이니, 특약에 의해 제한할 수는 있으나 전면적으로 배제할 수는 없다고 보고, **긍정설**은 상법 제161조에 의한 창고업자의 의무는 임치물의 양도나 입질 등을 용이하게 하기 위한 것임을 인정하면서도 개별적인 특약에 의하여 제한하거나 배제할 수 있다고 본다. 생각건대 임치물의 검사·적취·보존 협조의무는 계약자유의 원칙에 따르고 강행규정으로 보기는 어렵고, 이를 특약으로 제한하였다면 창고증권의 요인증권적 성질에 따라 협조의무는 배제될 수 있다고 보아야 한다(긍정설).

④ **통지의무** – 창고업자가 임치물을 인도받은 후에 그 물건의 훼손 또는 하자를 발견하거나 그 물건이 부패할 염려가 있는 때에는 지체 없이 임치인에게 그 통지를 발송할 **임치물의 훼손·하자통지의무**를 부담한다. 그러나 임치인의 지시를 받을 수 없거나 그 지시가 지연되는 때에는 임치인의 이익을 위하여 적당한 처분을 할 수 있다(상168 → 108.1). **가격하락의 상황에 관한 통지의무**(쟁점286)에 관해, **긍정설**은 창고업자가 임치물을 인도받은 후에 가격하락의 상황을 안 때에는 지체 없이 임치인에게 그 통지를 발송하여야 한다고 보고, **부정설**은 위탁자를 위하여 자기명의로 주선행위를 해야 하는 위탁매매인의 경우와는 달리 창고업자는 임치물의 보관이라는 사실행위를 영업으로 하는 자이므로 통지의무가 없다는 보는데, 이는 관리의무의 범위에 포함되지 않으므로 부정설이 타당하다고 본다.

⑤ **임치물 반환의무** – 창고업자는 임치기간의 약정유무에도 불구하고 청구시 임치인·창고증권소지인에게 **임치물반환의무**를 부담하며(상163, 164, 157, 129), 임치물을 입질한 경우라도 임치인이 질권자의 승낙을 얻어 임치물의 일부반환을 청구한 때에는 변제기 전이라도 이를 반환하여야 한다(상159). 판례는 임치한 물건이 대체물인 경우라도 그와 동종 동량의 물건을 인도할 의무가 없고 수취인의 과실로 인하여 임차물이 멸실된 경우에는 멸실 당시의 그 물건 시가액 상당의 손해를 배상할 책임이 있다고 보았다(76다1932).

4) **창고업자의 손해배상책임** : ① **책임원인** – 창고업자는 자기나 사용인이 임치물의 보관에 대하여 주의를 해태하지 아니하였음을 증명하지 아니하면 임치물의 멸실·훼손으로 인한 손해의 배상책임을 면하지 못한다(상160). 따라서 창고업자는 사용인의 선임·감독에 관한 과실이 없음을 증명하는 것만으로는 손해배상책임을 면하지 못한다. 판례는 임치인이 수령지체에 빠진 상태에서 임치물이 멸실

또는 훼손된 경우에는 창고업자에게 고의 또는 중대한 과실이 없는 한 손해배상 책임이 없다고 보았고(83다카1476), 임치물의 멸실은 물리적으로 멸실된 경우뿐만 아니라, 임치물을 반환받을 권리자가 아닌 자에게 인도함으로써 정당한 권리자가 반환받지 못하게 된 경우도 포함한다고 보았다(80다1609).

② **청구권자·배상범위** – 손해배상을 청구할 수 있는 자는 임치인 또는 창고증권소지인이고, 이들이 임치물의 소유권자인지 여부는 불문한다. 손해배상청구권자는 임치물의 멸실·훼손으로 인한 손해만 증명하면 되고 창고업자가 자기나 사용인에 과실이 없었음을 증명하여야 한다. 운송인의 손해배상액에 관한 특칙(상137)이나 공중접객업에 있어서의 고가물에 관한 특칙규정(상153)의 **창고업자에의 적용가능성**(쟁점287)에 관해, 창고업자의 경우도 이러한 규정을 유추적용해야 한다는 견해와 이는 해석의 한계를 벗어난 것으로 창고업자의 손해배상의 범위는 민법상의 일반원칙이나 임치계약에 따라야 한다는 견해가 대립한다. 생각건대 창고업자의 임치의 전문성을 고려하여 상법에 고가물특칙을 두지 않았다고 추측되므로 유추적용 부정설이 타당하다고 본다. 판례는 성질상 부패하기 쉬운 임치물(마늘)의 상태를 임치인이 수시로 확인하지 못하였다면 임치물의 부패에 대하여 임치인에게도 손해에 책임이 있다고 보았다(93다26892).

5) **책임소멸·시효** : 창고업자의 손해배상책임은 임치인 또는 창고증권소지인이 유보 없이 임치물을 수령하고 보관료 기타의 비용을 지급한 때에는 소멸한다고 하여 **책임의 특별소멸사유**를 정하고 있다. 그러나 임치물에 즉시 발견할 수 없는 훼손 또는 일부멸실이 있는 경우에, 임치물을 수령한 날로부터 2주간 내에 창고업자에게 그 통지를 발송한 때와 창고업자나 그 사용인의 악의로 인하여 멸실·훼손이 생긴 때에는 창고업자의 책임은 소멸하지 아니한다(상168, 146). 임치물의 멸실 또는 훼손으로 인하여 생긴 창고업자의 책임은 그 물건을 출고한 날로부터 1년이 경과하면 소멸시효가 완성하는 **단기소멸시효**를 정하고 있다(상166.1). 이 기간은 임치물이 전부 멸실한 경우에는 창고업자가 임치인과 알고 있는 창고증권소지인에게 그 멸실의 통지를 발송한 날로부터 기산한다(상166.2). 이러한 단기소멸시효는 창고업자 또는 그 사용인이 **악의**인 경우에는 적용되지 않는다(상166.3). 이때에는 일반상사시효인 5년이 적용된다. 판례는 창고업자의 책임에 관한 단기소멸시효는 창고업자의 계약상대방인 임치인의 청구에만 적용되며 임치물이 타인 소유의 물건인 경우에 소유권자인 타인의 청구에는 적용되지 않는다고

보았다(2001다75318).

6) **창고증권** : ① 개념 – 창고업자가 임치물을 수령하였음을 증명하고 창고업자에 대한 **임치물반환청구권**을 표창하는 유가증권으로서, 임치인의 청구에 의하여 창고업자가 발행하며(상156.1), 화물상환증에 관한 논의가 적용된다. 창고증권은 임치인의 청구에 의하여 창고업자가 발행하는데(상156.1), 창고업자는 임치인과 임치계약을 체결하고 임치물을 수령한 후에 창고증권을 발행한다. 임치물 분할 양도·입질시에는 창고업자에게 창고증권의 반환과 분할 재교부를 요청하고(상158.1), 그 비용은 증권소지인이 부담한다(상158.2).

② 법적 성질 – **창고증권의 성질**은 화물상환증과 동일한 효력을 가지므로 화물상환증에 관한 규정이 준용되고(상157) 창고증권은 법률상 지시증권이므로(상157, 130), 기명식의 경우에도 배서에 의하여 양도할 수 있고, 배서를 금지하기 위해서는 창고업자가 증권에 그 뜻을 기재하여야 한다. 무기명식의 경우에는 교부로 인하여 권리가 이전한다. 창고증권은 배서나 교부의 효력으로서 이전적 효력·자격수여적 효력·선의취득의 효력·인적 항변절단의 효력·면책적 효력 등은 있으나(상65), 이른바 담보적 효력은 없다. 창고증권의 소지인이 임치물을 입질할 경우 창고증권을 질권자에게 교부해야 하는데, 이 경우에도 질권자의 승낙을 얻어 채무변제 전에도 임치물 일부의 반환청구를 인정하고 있다(상159 1문). 그리고 이러한 경우에 창고업자는 반환한 임치물의 종류, 품질과 수량을 창고증권에 기재하여야 한다(상159 2문).

③ 효력 – **창고증권의 효력**은 **임치물반환청구권**이 증권에 표창되며, 이 증권과 상환으로써만 임치물의 인도를 청구할 수 있으며(상157, 129), 채권적·물권적 효력을 가진다(화물상환증에 관한 논의 참조). 판례는 입고된 물건에 관하여 창고증권이 발행되면 그 발행일자 이후에는 그 창고증권의 명의인이 그 물건에 대하여 소유권을 취득하고 따라서 그 뒤에 생기는 창고료, 화재보험료는 물론, 감량 등에 대한 책임도 그 명의인이 져야 된다고 보았다(63다188). 창고증권소지인은 보관료 기타 보관에 관한 비용과 체당금을 지급할 의무(**보관료지급의무**)를 부담한다. 이것은 창고증권이 발행된 경우에는 임치계약상의 임치인의 지위를 증권소지인이 갖는다는 점에서 당연한 효과이다.

8. 새로운 상행위

(1) 금융리스업

1) **의 의** : ① **개념** – 리스업이란 기계, 시설 기타 재산의 물융에 관한 행위(상46 19호)로서, 여신전문금융업법에서는 시설대여를 특정물건을 새로이 취득하거나 대여받아 거래상대방에게 일정 기간 이상 사용하게 하고, 그 기간에 걸쳐 일정 대가를 정기적으로 분할하여 지급받으며, 그 기간 종료 후의 물건의 처분에 대하여는 당사자간의 약정으로 정하는 방식의 금융을 말한다고 규정하고 있다(동법 2 10호). 판례는 리스계약은 형식에서는 임대차계약과 유사하나, 그 실질은 대여시설을 취득하는 데 소요되는 자금에 관한 금융의 편의를 제공하는 것을 본질적인 내용으로 하는 **물적 금융**이고 임대차계약과는 여러 가지 다른 특질이 있기 때문에 이에 대하여는 민법의 임대차에 관한 규정이 바로 적용되지 아니한다고 보았다(95다51915).

② **종류** – **리스**에는 리스회사가 이용자에게 기계·설비 등의 리스물건을 구입하여 대여해 주는 리스로서 실질적 자금의 대여에 해당하는 협의의 리스(**금융리스**)와 서비스제공으로서의 성격이 강하고 실질적 임대차인 **운용리스**(operation lease)로 구별된다.

2) **법률관계** : ① **당사자** – **리스계약**은 리스이용자와 리스회사간에 체결되지만 그 계약의 효과는 공급자에게도 영향을 미치는 3면관계이다. 리스계약이 체결되면 리스회사는 리스계약의 이행을 위해 공급자와 매매계약을 체결하게 되는데, 물건은 리스이용자에게 공급되도록 약정한다.

② **권리의무** – 리스이용자에게 물건이 공급되면 이용자는 **물건수령증**(**물건인수증**)을 교부하는데, 이 물건수령증에 근거하여 리스회사는 공급된 물건의 대금을 지급한다. 리스이용자는 리스물건의 사용·수익권을 가지고 리스회사에 목적물의 인도지연책임, 하자담보책임을 물을 수 없다고 본다. 리스이용약관에 따르면 리스이용자는 리스물건의 수령, 수령증교부의무, 리스료지급의무, 부보의무(리스보증보험 등을 요구함), 담보제공의무, 리스물건보전·수선·불양도·반환의무, 표지부착의무 등을 부담한다. 판례는 리스회사에게 불측의 손해를 가할 염려가 있는 경우와 같은 특별한 사정이 있는 경우에는, 리스물건 공급자는 리스회사에게 그 매

매가격의 내역을 고지하여 승낙을 받을 신의칙상의 주의의무를 부담한다고 보았다(97다26098). 그리고 시설대여계약은 법적 성격이 비전형계약으로서 민법의 임대차에 관한 규정이 적용되지 아니하는 점 및 시설대여 제도의 본질적 요청(금융적 성격) 등에 비추어, 시설대여 회사의 하자담보책임을 제한하는 약정조항은 약관의 규제에 관한 법률 제7조 2호, 3호에 해당하지 아니한다고 보았다(95다51915).

③ **협조의무** – 금융리스계약의 법적 성격에 비추어 보면, 금융리스계약 당사자 사이에 금융리스업자가 직접 물건의 공급을 담보하기로 약정하는 등의 특별한 사정이 없는 한, 금융리스업자는 금융리스이용자가 공급자로부터 상법 제168조의3 제1항에 따라 적합한 금융리스물건을 수령할 수 있도록 협력할 의무를 부담할 뿐이고, 이와 별도로 독자적인 금융리스물건 인도의무 또는 검사·확인의무를 부담한다고 볼 수는 없다(2016다245418).

(2) 가맹업(프랜차이즈)

1) **의 의** : **가맹업자**(**가맹본부**)란 자신의 상호·상표 등을 제공하는 것을 영업으로 하는 자를 의미하고, 그로부터 상호 등을 사용할 것을 허락받아 가맹업자가 지정하는 품질기준이나 영업방식에 따라 영업을 하는 자를 **가맹상**(**가맹사업자**)이라 한다(상168). **가맹업**(**프랜차이즈**)이란 가맹업자가 상호·상표·서비스표 등의 영업표지와 노하우 등의 영업비밀 및 자신만의 고유하고 독창적인 영업시스템을 제공하고 가맹업자가 동일한 영업외관과 영업방식으로 점포를 운영하며 가맹업자에 대해 일정한 대가를 지급하는 거래로 볼 수 있다. 프랜차이즈계약은 상호·상표·휘장·표식의 사용권과 더불어 제품판매권을 부여하는 **사업형 프랜차이즈**와, 프랜차이즈를 단순한 상품판매권만을 기초로 하여 제조업자가 상품의 판매경로로 활용하는 **상호프랜차이즈**가 있다.

2) **법률관계** : ① **개요** – 가맹업자와 가맹상이 가맹계약을 체결하여 가맹상은 가맹사업에 관해 가맹업자로부터 가맹점운영권을 부여받는다. 가맹계약은 상호·상표·서비스표·로고 등의 사용권을 가맹점에게 설정하는 라이센스 계약의 일종으로서, 계약의 구체적 유형에 따라 기타 매매, 임대차, 도급, 위임의 요소가 혼합된 혼합계약으로 볼 수 있다. 가맹계약 당사자의 권리의무관계는 일회적 이행으로 종료되는 것이 아니고 일정기간 동안 계속적으로 이행이 필요한 계속적 계약

이다.

② **내부관계** – 가맹업자는 가맹상에 대하여 자기의 상호·상표·서비스표·로고 등의 영업표지를 사용하여 독자적으로 가맹점포를 운영할 수 있는 권리를 부여한다. 대개 배타적 사용권을 부여하는 것이 아니라 다른 가맹상과 병존적으로 사용할 수 있는 권리를 설정한다(**영업표지의 사용관계**). 가맹업자는 가맹상이 가맹업자의 명성과 영업적 노하우를 활용하여 영업을 할 수 있도록 지원할 의무를 부담한다(상168조의7.1). 가맹상은 가맹계약이 효력을 발생하면 가맹점을 운영할 의무와 가맹료 지급의무를 부담하며 가맹업자가 제시하는 운영교범을 준수할 의무가 있다. 가맹업자의 영업에 관한 권리가 침해되지 않도록 하여야 하며, 노하우나 영업비결 등에 대하여 **비밀을 유지**하여야 하며(상168의8), 자기가 취득한 가맹점 운영권을 가맹업자의 사전동의 없이 타인에게 양도하지 아니할 의무를 부담한다(**불양도의무**).

③ **외부관계** – 가맹관계에 있어서 가맹업자는 가맹상의 영업에 관하여 상당한 통제권을 행사하므로 가맹업자에 제3자에 대한 사용자책임이 문제될 수 있다. 이는 가맹업자가 가맹상을 지휘·감독할 수 있는 관계에 있는가를 검토할 필요가 있는데, 모든 가맹계약에서 일률적으로 판단하기는 어려우며 구체적인 관계에서 객관적·규범적으로 보아 가맹업자가 지휘·감독할 지위에 있느냐 하는 점이 판단기준이 될 것이다. 가맹업자는 자기의 상호·상표 등 영업표지를 가맹상이 사용하게 되는데, 이 경우 가맹업자는 상법 제24조에 따른 명의대여자의 책임이 문제될 수 있지만, 거래의 상대방이 가맹업자를 영업주로 오인하여 거래하였는가 하는 점에는 중과실이 인정될 가능성이 높아 가맹업자의 명의대여자책임은 부정되리라 본다. 그리고 가맹업자가 상품 등을 가맹상에게 공급하는 경우 공급된 상품이 소비자에게 판매되어 피해를 야기하면 제조물책임법에 따른 요건을 구비할 경우 가맹업자가 손해배상책임을 부담할 수 있다.

④ **영업양도, 종료** – 가맹상은 영업을 양도하기 위해서는 가맹업자의 동의를 얻어야 한다(상168의9.1). 그런데 특별한 이유도 없이 가맹업자가 가맹상의 영업양도에 동의를 하지 않을 경우 가맹상의 권리 침해 가능성이 높으므로 상법은 가맹업자의 동의의무를 동시에 규정하고 있다(상168의9.2).

3) **손해배상책임** : 가맹사업의 공정한 거래질서를 확립하고 가맹본부와 가맹점사업자가 대등한 지위를 확보하기 위해 가맹사업거래의 공정화에 관한 법률을

두고 있다. 동 법률에는 가맹본부(가맹업자)는 이 법의 규정을 위반함으로써 가맹사업자(가맹상)에게 손해를 입힌 경우에는 가맹사업자에 대하여 손해배상의 책임을 지되, 가맹본부가 고의 또는 과실이 없음을 입증한 경우 면책을 허용하고 있다(가맹37의2). 판례는 가맹사업자가 점포를 임차한 후 가맹본부로부터 위 점포에 관해 가맹점운영권을 부여받아 편의점을 운영하였는데, 지방자치단에의 철거경고를 받아 영업을 중단하게 된 경우 가맹점개설에 관한 법률적 문제가 없다고 한 가맹본부에 가맹계약을 체결하기 위하여 상담하거나 협의하는 과정에서 가맹본부가 위의 사정을 고지하지 아니한 행위는 중요사항의 누락(가맹9.1), 즉 정보제공의무 내지 고지의무 위반에 해당한다고 보았다(2019다211324).

(3) 채권매입업(팩터링)

1) **개 념** : 채권매입업자(팩터링회사, factor)가 거래기업(client)으로부터 그 영업에서 생긴 현재 및 장래의 외상매출채권을 일괄 매수하고 거래기업(채권매입계약의 채무자, 계약상 채무자)에 갈음하여 그 영업채권 채무자(customer)로부터 매출채권을 추심하는 동시에 금융서비스를 제공하는 거래를 의미한다. 팩터와 거래기업은 외상매출채권의 양도 등에 관한 팩터링계약을 체결한다. **팩터링계약**에서 거래처의 고객에 관한 신용조사, 외상매출채권 또는 어음의 양도, 채권 또는 어음의 관리·담보책임, 계약의 유효기간·갱신·종료·수수료에 관한 사항 등이 정해진다. 팩터링계약은 이와 같이 금융, 서비스 등 다양한 사항을 내용으로 하는 혼합계약이지만 가장 중심이 되는 내용은 채권양도라 할 수 있다. 상환청구권이 존재하지 않는 **진정팩터링**은 채권양도 또는 채권매매의 실질을 가지므로 팩터링계약은 채권양도계약으로 이해할 수 있다. 이에 대해 **부진정팩터링**의 법적 성질(쟁점288)에 관해, 채권양도로 보는 견해도 있으나 거래기업이 채권을 완전하게 이전하였다기보다는 소비대차를 하고 부수적으로 채권관리를 위임한 것으로 해석된다.

2) **법률관계(3면관계)** : ① 채권매입업자와 계약상채무자 – 양자간에는 채권매입계약이 체결되므로 그 법률관계는 동 계약의 내용에 의존한다. 통상적으로 채권매입업자는 거래기업(계약상 채무자)에 대해 대금을 지급하고 채무자에 대한 외상매출채권 등을 매입하는데, 매매 목적물이 채권인 관계로 매매계약만으로 계약의 효력이 완전하게 발생하지 않고 대항요건을 갖출 필요가 있다. 양도인인 거래

기업은 채권양도의 사실을 채무자에게 통지하거나 채무자의 승낙을 받아야 채권양도가 대항력을 가지게 된다. 부진정팩터링의 경우에도 순수한 소비대차는 아니고 채권양도를 일단 실행하므로 진정팩터링의 경우와 동일하게 대항요건을 갖추어야 한다.

② **채권매입업자와 영업채권 채무자** – 채권매입업자는 양수받은 채권에 관해 채권자의 지위에 서므로 채권자로서 자신의 명의로 자신의 계산으로 채권을 행사할 수 있다. 다만 부진정팩터링의 경우에도 채권매입업자는 단순히 채권의 추심을 위임받아 채권추심을 하고 수수료를 받는 것으로 볼 수는 없으므로, 자신의 명의와 자신의 계산으로 채권을 행사한다고 본다. 앞서 본 바와 같이 채권매입업자가 채무자에게 대항하기 위해서는 대항요건을 갖출 필요가 있으며 이중양수인에 대해 대항하기 위해서는 확정일자 있는 증서에 의해 채무자에 대한 통지·승낙이 증명되어야 한다.

③ **계약채무자와 영업채권 채무자** – 계약채무자는 채권양도인의 지위에 있다. 채권양도에 따라 거래기업은 채무자와 직접적인 관계에서 벗어나지만, 채무자가 채무를 이행하지 않을 경우 부진정팩터링의 경우에는 채권매입업자가 거래기업에 상환청구하므로 상환의무를 이행하면 다시 거래기업은 채무자에 대한 채권자의 지위에 서게 된다. 상환청구권을 이행할 경우 거래기업이 채무자에 대해서 채권을 회복하는 것은 일반의 채권양도와는 구별되므로 별도의 대항요건을 갖출 필요는 없다고 본다.

제 3 편 보험편

제 1 장 보험계약

제 1 절 보험의 의의

1) **보험**이란 우발적 사고발생이라는 **동질적 위험** 하에 있는 다수인이 모여(위험단체) 사고에 부수하여 발생하는 **경제적 수요를 충족**하기 위하여 미리 일정 금액을 갹출하여 형성한 **공동재산**에서 사고를 당한 자에게 일정한 금액을 지급하는 제도이다. 하지만 이는 상호보험 등 비영리보험에 타당한 개념이다. 보험료의 지급주체와 보험금의 지급주체가 분리(당사자분리)되는 영리보험에서 보험이란 동질적 위험 하에 있는 다수인(보험계약자)이 제3자(보험자)에게 일정 금액(**보험료**)을 지급하고 위험이 현실화(**보험사고**)한 경우 제3자(보험자)가 일정한 급부(**보험금**)를 하게 함으로써 **위험의 전가**를 목적으로 하는 제도로 보아야 한다. 우리 상법(보험법) 제638조도 보험계약을 당사자 일방이 약정한 보험료를 지급하고 상대방이 재산 또는 생명이나 신체에 관하여 불확정한 사고가 생길 경우에 일정한 보험금액 기타 급부를 지급할 것을 약정함으로써 효력이 생긴다고 규정하고 있어 보험계약당사자의 분리를 전제하고 있다.

2) **공제제도**는 다수의 경제주체가 보험료에 상당하는 금전을 납입하고 가입자에게 소정의 사고가 발생한 경우에 미리 정해진 일정한 금액을 지급하는 제도로서 보험과 유사하지만 영리회사가 보험자가 되지 않는 점에서 구별된다. 각종 협동조합법에 의해 운영되는 공제사업이 여기에 속하며 이는 유사보험으로 보고 있다. 공제의 성질에 관한 판례는 <u>상조사업 역시 보험사업으로 보고</u> 허가 없이 상조사업을 영위한 것을 보험업법 위반행위로 보았고(89도2537, 91가합3591), <u>공제사업은 보험업법에 의한 보험은 아니나 상호보험에 유사하다고 보아 상법 제664</u>

조가 유추적용되어 보험법규정을 준용할 수 있다고 보았다. 최근 개정 상법 제664조는 상호보험뿐만 아니라 공제, 그 밖에 이에 준하는 계약에도 보험편의 규정이 준용될 수 있음을 명시하였다.

3) 보험의 종류를 보면, 보험사고로 인한 재산상의 손해보상을 목적으로 하는 **손해보험**과 보험사고가 발생하면 발생한 손해와 무관하게 미리 약정한 금액을 지급할 것을 목적으로 하는 **정액보험**으로 구별된다. 손해보험은 부정액보험이고 발생한 손해를 최고한도로 보상된다는 점에서 이득금지의 원칙이 적용되고 화재보험, 운송보험, 해상보험, 책임보험, 자동차보험, 보증보험 등이 이에 포함된다. 정액보험은 이득금지의 원칙이 적용되지 않고 생명보험이 이에 해당한다. 그리고 보험의 객체가 물건 또는 재산인 경우를 **물건보험(재산보험)**이라 하고 보험의 객체가 사람인 경우를 **인보험**이라 한다. 대개의 손해보험이 물건보험에 해당하고 생명보험은 인보험에 해당한다. 그런데 상법은 보험을 손해보험과 인보험으로 분류하고 있어 양자의 분류기준이 상이하므로 상해보험은 손해보험이면서 인보험에 속하게 되는 결과가 된다. 그리고 법률에 근거하여 국가정책을 실현하기 위해 운영되며 가입이 강제되고 일정한 경우 국가의 재정적 보조가 이뤄지는 **공보험**과 보험회사에 의해 운영되며 보험가입이 자유로우며 국가의 재정원조가 없는 **사보험**으로 구분된다.

제2절 보험의 법원

(1) 보험계약법

보험계약에 관한 사법 규정으로는 상법 제4편 보험(통상 보험계약법 또는 보험법이라 함)이 가장 중요한 보험법에 해당한다. 이러한 사법 규정 외에 보험산업을 규율하기 위한 법률로서 **보험업법**이 있다. 보험계약의 특성을 보면, 보험계약은 보험자(보험회사)가 작성한 보험약관에 보험계약자가 승인만 하는 부합계약성을 가진다. 따라서 보험계약자의 보호를 위해 상법보다 보험계약자에게 불리한 규정은 효력이 없다고 선언하고 있어(상663), 보험계약법은 **반면보호적 강행법규성**을 가진다. 다만 기업보험의 성질을 가지는 재보험이나 해상보험 등에서는 당사자간에 계약내용에 대한 협상력에서 차이가 없다고 보아 예외를 인정한다(상663

단서). 보험은 대수의 법칙에 근거하여 보험료가 결정되는 기술적 특성을 가지고 보험법에도 **기술성**이 반영되는데, 보험계약자에게 고지의무가 부여되는 근거로서 설명되기도 한다. 보험은 동질적인 위험에 노출되어 있는 보험가입자가 동일한 보험에 가입하여 하나의 위험단체를 구성하므로 구성원간에는 단체성을 가지게 되고 보험법 역시 **위험단체성**이 전제되어 있다.

(2) 보험약관

1) **개 념** : 보험약관이란 보험자가 다수의 동질의 보험계약을 체결하기 위하여 미리 작성한 일반적·정형적·표준적인 계약조항으로 보통거래약관의 일종이다. 이는 보험계약이 다수의 보험가입자를 상대로 체결되는 동일한 내용의 계약이어서 계약의 내용은 정형화되고 가입자인 상대방은 계약의 체결 여부만 결정한다는 특성, 즉 **부합계약성**에서 비롯되었다. 뿐만 아니라 특히 보험계약은 위험단체의 관념에 기초를 두고 있으므로 그 구성원을 개별적으로 다루지 아니하고 동일하게 취급하여야 한다는 점에서도 보험계약의 **위험단체성**도 보험약관에 의한 보험계약이 체결의 근거가 된다. 보통보험약관은 그 내용이 당사자의 일방인 보험회사(보험자)에 의해 일방적으로 결정되어 상대방인 보험계약자 등에게 불리한 조항이 삽입될 가능성이 높으므로 **보험계약자 보호**를 위해 보험약관에 대한 규제가 요구된다.

2) **법적 성질** : 거래약관은 내용이 합리적이고 당사자간에 반대의 특약이 없는 한 계약당사자를 구속한다. 사업자에 의해 일방적으로 작성되어 사용되는 보험약관의 법적 성질 및 **구속력의 근거**에 관해, i) **규범설**은 보통보험약관을 법대행적 기능을 수행하는 미리 준비된 계약규범으로서 일종의 법규범으로 보는데, 자치법으로 이해하는 **자치법설**과 거래는 약관에 의한다는 사실인 관습 또는 상관습법(백지상관습 또는 백지상관습법)이 존재하는 결과라고 풀이하는 **상관습법설**도 있다. 보험자가 보험약관 교부·명시의무를 위반한 경우 3개월 내에 보험계약의 취소권(상638의3.2)을 행사하지 않을 경우 보험자의 설명의무 이행 없이도 약관의 구속력이 인정된다는 점에서 보험약관의 법규범적 성질의 근거를 찾고 있다. ii) **의사설**은 당사자가 약관을 계약의 내용으로 하려는 의사에서 약관의 구속력의 근거를 찾는 견해이다. 당사자가 약관의 내용을 모르고 보험계약을 체결한 경우 보험계약자가 보통보험약관의 내용을 정확하게 알지 못하였더라도 약관에 따른다는

명시·묵시의 합의가 있었다고 추정할 수 있다고 보는 **의사추정설**도 유사한 견해이다. 의사설은 약관의 명시·설명의무를 규정하면서 위반시 당해 약관을 계약의 내용으로 주장할 수 없다(약관3.4, 편입통제)는 점을 근거로 한다. iii) **판례**는 보통보험약관이 계약당사자에 대하여 구속력을 갖는 것은 그 자체가 법규범 또는 법규범적 성질을 가진 약속이기 때문이 아니라 보험계약당사자 사이에서 약속내용에 포함시키기로 합의하였기 때문이라고 본다(84다카2543). 생각건대 사업자가 작성하는 약관에 규범적 효력을 인정하는 것은 부적절하며 **약관규제법의 편입통제**를 고려할 때 의사설이 타당하다고 본다.

3) **약관 교부·명시·설명의무** : 보험계약 체결시에 보험약관의 작성자인 보험자가 보험계약자에게 보험약관을 교부하고 명시하며 중요한 사항은 설명하여야 할 의무를 의미한다. **상법**은 보험약관 '교부·설명의무'에서 중요한 내용의 설명의무를 규정하면서 이를 위반한 경우 보험계약자는 3월 내 보험계약을 취소할 수 있다(상638의3). **약관규제법**은 '약관의 명시·교부·설명의무'를 규정하면서 내용의 명시, 보험계약자 요청시 약관사본 교부, 약관의 중요 내용의 설명의무를 정하고, 이를 위반한 경우 사업자는 당해 약관을 계약의 내용으로 주장할 수 없다(약관3,4, 편입통제). 양법률의 '**중요한 사항**'이란 객관적으로 보아 보험계약자가 그러한 사실을 알았더라면 보험회사와 보험계약을 체결하지 아니하였으리라 인정될 만한 사항을 의미한다(통설). 판례는 '중요한 사항'이란 보험자가 보험사고의 발생과 그로 인한 책임부담의 개연율을 측정하여 보험계약의 체결 여부 또는 보험료나 특별한 면책조항의 비추어 객관적으로 관찰하여 판단되어야 하는 것이나(2003다18494), 다만 거래상 일반적이고 공통된 것이어서 보험계약자가 별도의 설명 없이도 충분히 예상할 수 있었던 사항이거나 이미 법령에 의하여 정하여진 것을 되풀이하거나 부연하는 정도에 불과한 사항은 보험자에게 명시·설명의무가 인정되지 않는다고 제한하고 있다(98다32564). 설명의무의 이행은 현실적으로 이행되어야지 중요조항에 대한 상세한 안내장 또는 청약서를 우송한다든지 홈페이지에 게시하는 것만으로는 설명의무를 이행한 것으로 보기는 어렵다.

4) **약관과 불일치한 설명(판례)** : 보험자가 보험약관을 설명하는 과정에서 약관의 내용을 달리 설명한 경우에 관해, 판례는 일반적으로 보통보험약관을 계약내용에 포함시킨 보험계약서가 작성되면 약관의 구속력은 계약자가 그 약관의 내용

을 알지 못하더라도 배제할 수 없으나, 당사자가 명시적으로 약관의 내용과 달리 약정한 경우에는 배제된다고 보아야 하므로 보험회사를 대리한 보험대리점 내지 보험외판원이 보험계약자에게 보통보험약관과 다른 내용으로 보험계약을 설명하고 이에 따라 계약이 체결되었으면 그때 설명된 내용이 보험계약의 내용이 되고 그와 배치되는 약관의 적용은 배제된다(88다4645).

5) **의무위반의 효과** : 보험자가 약관명시설명의무를 위반한 경우 상법은 보험계약자에게 보험계약의 **취소권을 부여**하고(상638의3.2) 약관규제법은 사업자가 약관 내용으로 계약으로 주장할 수 없게 한다(**편입통제**, 약관3.4). 상법과 약관규제법이 의무위반의 효과를 달리 정하고 있어 **양 법률의 관계**(**쟁점301**)에 관해, **상법적용설**은 보험약관의 설명의무에 관한 상법 제638조의3 2항은 약관규제법 제3조 4항의 특별규정이므로 전자가 우선하여 적용되고 후자는 위험단체의 위험의 동질성에 반하여 적용이 없다고 보고, **중첩적용설**은 보험계약자는 계약취소권을 가질 뿐만 아니라 약관의 계약내용에의 편입도 통제된다고 본다(다수설). **판례**는 보험자가 약관의 교부 및 설명의무를 위반한 때에 보험계약자가 보험계약을 취소하지 않았다고 하더라도 보험자의 설명의무 위반의 법률효과가 소멸·치유되는 것은 아니라고 보았다(96다4893). 생각건대 보험약관에 관해 상법과 약관규제법은 서로 목적을 달리할 뿐만 아니라 어느 한 규정이 다른 규정의 적용을 배제하고 있지 않아 법률의 상호 모순·저촉에 해당한다고 볼 수 없으므로 해석상 양 규정이 모두 적용된다고 보는 중첩적 적용설이 타당하다고 본다.

6) **기타 쟁점** : ① **고지의무와의 관계** – 보험자가 고지사항인 보험약관조항에 관해 보험계약자에게 설명하지 않고 보험계약이 체결되어 보험계약자의 고지의무 이행이 없었다면 보험자의 명시·설명의무 위반과 보험계약자의 고지의무 위반이 충돌한다. 이 경우 고지의무 위반에 근거한 보험자의 계약해지권과 약관규제법상 설명의무 위반에 따른 효과(편입통제)의 관계에 관해, 판례는 고지의무위반이 있다고 하더라도 보험자의 설명의무 위반이 있을 경우 보험계약을 해지할 수 없다는 입장이다(96다4893).

② **보험약관의 변경** – 계속적 계약인 보험계약이 체결된 후 존속 중 약관이 변경되어 인가될 수 있고 혹은 약관변경명령(보험131.2)으로 약관이 변경될 수 있다. 보험계약 당사자가 변경약관의 적용에 관해 합의하지 않은 이상 변경약관의

효력이 소급하지 않는다고 보지만, 보험업법에는 보험계약자 등의 이익을 보호하기 위해 변경약관의 소급효를 인정할 수 있음을 정하고 있다(보험131.3). 다만 일정한 기간마다 주기적으로 보험계약을 반복적으로 체결하는 경우 **판례**는 보험자에게 신의칙상 약관변경 사실을 고지할 의무가 있다고 보아야 하고, 고지행위가 없었다면 설사 약관이 변경된 후 체결된 보험계약이라 하더라도 이는 종전의 약관에 따라 보험계약이 체결되었다고 본다(84다카122).

7) **약관의 해석원칙** : ① 보험약관은 다수의 보험계약자를 대상으로 하고 있으므로 당사자의 개별적이고 구체적인 의사보다는 모든 보험계약자에게 평등하게 적용될 수 있도록 일의적으로 해석할 필요가 있다. 약관규제법에서도 보험약관은 보험계약자에 따라 다르게 해석되어서는 안 된다는 규정을 두고 있으며(약관5.1), 이를 **객관적 해석의 원칙**이라 한다. 다만 개별약정이 존재할 경우에는 문제가 된다.

② **보험약관과 개별약정의 충돌** – 보험약관의 인쇄된 조항과 계약시 당사자가 합의하여 삽입한 조항 사이에 충돌이 있는 경우에는 삽입한 조항이 우선한다. 개별약정이라 할 수 있는 특별보험약관은 보통보험약관보다 우선하는데(2007다9160) 이를 **개별약정우선의 원칙**이라 한다(약관4).

③ **보험약관 내용이 불명확** – 보험약관은 보험자에 의해 일방적으로 작성되므로 만일 작성된 약관에 불명확한 점이 있을 경우 작성자에게 불리하게 해석할 필요가 있다(약관5.2). 이를 **작성자불이익의 원칙**(**불명확성의 원칙**: 간접적 내용통제)이라 하며 이는 약관작성자인 보험자에게 보험약관을 명확하게 개선시킬 동기를 제공한다.

④ 보험약관이 명확할 경우에도 약관의 내용이 신의칙에 반할 경우 이를 그대로 적용하여야 할 것인가? 이에 관해 신의성실의 원칙 등을 적용하여 약관을 수정해석할 수 있다고 주장되고 있다(직접적 내용통제, **수정해석의 원칙**). 즉, 보험약관은 일반 법률과 동일하게 신의성실의 원칙에 따라 공정하게 해석되어야 하므로(약관5.1), 일부 약관조항이 신의칙에 반하거나 현저하게 불공정한 조항일 경우 그 효력을 부인할 수 있다고 본다. 판례는 무면허운전면책조항은 무면허운전이 보험계약자나 피보험자의 지배 또는 관리가능한 상황에서 이루어진 경우에 한하여 적용되는 조항으로 수정해석을 할 필요가 있다고 보았다. 이는 약관의 불공정성 또는 불합리성을 이유로 한 직접적인 내용통제로서 약관의 수정해석을 시도한

것으로 이해할 수 있다고 보았다(90다카23899전합).

⑤ 그 밖에 용어의 표현이 모호하지 아니한 한 평이하고 통상적이고 일반적인 용례에 따라 풀이하여야 한다는 **일반적 해석의 원칙**, 당사자의 합리적인 의도가 무엇인가를 찾아볼 수 있는 경우에는 그 기대에 부합하도록 풀이하여야 한다는 **합리적 기대의 원칙** 등이 주장되고 있다. 판례는 보험약관은 신의성실의 원칙에 따라 해당 약관의 목적과 취지를 고려하여 공정하고 합리적으로 해석하되, 개개 계약당사자가 기도한 목적이나 의사를 참작하지 않고 평균적 고객의 이해가능성을 기준으로 보험단체 전체의 이해관계를 고려하여 객관적·획일적으로 해석하여야 하며, 위와 같은 해석을 거친 후에도 약관조항이 객관적으로 다의적으로 해석되고 그 각각의 해석이 합리성이 있는 등 해당 약관의 뜻이 명백하지 아니한 경우에는 고객에게 유리하게 해석하여야 한다고 보았다(2015다243347, 2018다260930). 그러면서 보험약관은 신의성실의 원칙에 따라 당해 약관의 목적과 취지를 고려하여 공정하고 합리적으로 해석하되, 개개의 계약당사자가 기도한 목적이나 의사를 참작함이 없이 평균적 고객의 이해가능성을 기준으로 보험단체 전체의 이해관계를 고려하여 객관적·획일적으로 해석하여야 한다고 보았다(2020다234538,).

8) **보험약관에 대한 규제** : ① 보험약관은 보험계약에 관해 전문적인 기술과 정보를 가지는 보험자에 의해 일방적으로 작성되므로 보험자가 경제적으로 우월한 지위를 이용하여 부당한 조항을 약관의 내용에 삽입할 가능성이 있어 건전한 보험관계를 유지하기 위해서는 보험약관에 대한 규제가 요구된다.

② **입법적 규제** – 계약자유의 원칙을 제한하여, 재보험·해상보험을 제외하고는 보험계약자 등의 불이익변경금지원칙을 선언하여 보험법규를 상대적 강행법규로 정하고 있다(상663). 따라서 보험약관 내용 중 상법의 규정보다 보험자에게 유리하고 보험계약자에게 불리한 조항은 그 효력이 부인된다. 그리고 약관규제법에도 불공정한 내용의 약관을 규제하기 위한 규정(약관17이하), 즉 약관 명시·설명의무 위반에 관한 조항(약관3)이라든가 약관해석에 관한 조항(약관5), 불공정약관의 사용금지(약관17) 등을 두고 있어 이들 조항의 규제를 받는다.

③ **행정적 규제** – 행정청은 보험약관의 인가·변경명령을 통해 보험약관을 규제한다. 보험자는 보험사업의 허가를 받고자 할 때에 그 신청서에 기초서류로서 보험약관을 첨부하여야 하고(보험5.3), 이를 변경시 금융위에의 신고가 요구된다(보험127.1). 금융위는 보험자에 대하여 그 업무 및 재산상황, 그 밖의 사정의 변

경에 의하여 공익 또는 보험계약자의 보호 등의 목적을 위해 청문을 거쳐 보통보험약관의 변경 또는 사용정지를 명할 수 있다(보험131.2). 그리고 공정거래위원회는 불공정약관의 시정조치를 명할 수 있다(약관17의2).

④ **사법적 규제** – 이는 재판을 통한 규제를 의미하는데, 법률의 해석과 적용에 관한 최종적인 판단은 사법부가 담당하므로 문제가 된 약관은 법원의 해석에 종국적으로 구속된다. 보통보험약관의 효력에 관한 판례가 다수 있으며 간접적·직접적 내용통제를 사법적 규제의 대표적인 예로 볼 수 있다.

제 3 절 보험계약의 체결

1. 보험계약의 의의

1) **개 념** : 보험계약이란 보험자가 보험계약자 등으로부터 일정한 대가를 받고 보험사고가 발생할 경우 일정한 급부를 할 것을 약속한 계약이다. **급부(보험금지급)의 내용**에 관해, 보험자의 급부를 보험사고로 인한 손해의 보상으로 파악하는 **손해보상계약설**, 보험사고에 부수하는 경제적 수요를 충족시키는 것이라는 **경제적 수요충족설**, 무색적으로 일정한 금액(재산)을 지급할 것을 약정하는 것으로 보는 **금액급여설**, 보험자가 보험사고의 발생개연율에 의해 산출된 보험료에 따라 보험계약자에게 보험금을 지급할 것을 약정하는 것으로 이해하는 **기술적 기초설**, 위험부담을 보험자의 급부로 파악하는 **위험부담설**, 손해보험과 생명보험을 2원적으로 파악하여 손해를 보상하거나 혹은 약정한 금액을 지급할 의무로 파악하는 **이원설**, 공통된 개념정의를 부정하는 **부정설** 등이 주장된다. 생각건대 손해보험계약이나 정액보험계약의 공통된 개념정의를 위해서는 금액급여설이 적절하고 우리 상법도 이에 따르고 있다(상638).

2) **성 질** : ① **낙성계약** – 보험계약은 당사자 사이의 의사의 합치만으로 성립하고 보험료의 지급, 보험증권의 교부와 무관한 **불요식의 낙성계약**이다. 거래계에서는 보험계약의 청약을 위해 보험청약서를 이용하고 승낙은 보험증권의 교부로 갈음하는 경우가 있으나 낙성계약으로서의 본질이 변하는 것은 아니다. 그런데 상법은 보험계약 성립에 대한 보험계약자의 기대를 보호하기 위해 낙부통지의무,

승낙의제, 적격피보험체보호 등의 제도를 두고 있다(상638의2). **보험료의 수령**은 계약의 성립과는 무관하나 보험자의 책임은 최초보험료를 수령한 시점에 개시되므로 보험료의 수령은 보험자의 책임개시시점이 된다.

② **유상·쌍무계약** – 보험계약이 체결되면 보험계약자와 보험자는 보험료 지급과 보험금 지급(혹은 위험부담)이라는 대가관계에 있는 채무를 부담하므로 유상·쌍무계약이다. **보험자의 급부**(**쟁점302**)에 관해, 조건부 금액급여로 보는 **금액급여설**과 위험부담으로 이해하는 **위험부담설**이 대립하고 있다. 생각건대 금액급여설이 타당하지만, 보험사고가 발생하지 않으면 보험금이 지급되지 않는데, 보험자는 보험계약자에게 보험기간 동안 위험을 자신이 부담함으로써 보험계약자에게 생활의 안정감을 부여하였다는 점에서 위험부담설도 설득력을 가진다고 본다.

③ **사행계약** – 보험계약에서 보험계약자의 급부와 보험자의 급부는 서로 대가성을 가지지만 급부는 매우 불균형한 **사행계약**이다. 우연한 사고가 발생할 것을 조건으로 하고 있어 사행성이 있지만 계약의 목적이 **위험의 전가**에 있지 이익의 획득에 있지 않다는 점에서 도박과 같은 사행계약과는 구별된다.

④ **최대선의계약** – 보험계약은 사행성이 있어 보험사고의 인위적 유발 등 **도덕적 위험**(moral risk)에 노출되어 있으므로 이러한 도덕적 위험을 방지하고 보험사고에 부수한 경제적 수요충족을 한계로 하여 부당한 이득을 금지시키기 위해 보험계약은 **선의계약성**을 가진다(**최대선의계약**). 고지의무(보험계약 전 의무)라든가 위험유지의무(보험계약 중 의무), 사고발생통지의무(사고발생 후 의무) 등이 최대선의계약성에 근거한 의무라 할 수 있다.

⑤ **위험단체성** – 각 보험계약자는 다른 보험계약자와 무관한 관계가 아니라 동질적인 위험이라는 가입자격에서부터 보험제도의 운영에 이르기까지 위험단체를 중심으로 서로 밀접한 관련을 가지고 있어 **위험단체성**을 가진다.

2. 보험계약 당사자

1) **보험자** : 보험사고가 발생한 경우 보험금을 지급할 의무를 부담하는 보험계약의 당사자를 보험자라 하고 영리보험에서 보험회사가 이에 해당한다. 보험업법상 보험자는 금융위원회의 허가를 요건으로 하며 300억원 이상의 자본금 또는 기금을 가지는 주식회사 혹은 상호회사일 것을 요구하고 있다. 일반적으로 하나의 보험계약에 하나의 보험자가 관여하나 경우에 따라서는 다수의 보험자가 공동

으로 위험을 인수하는 경우다(**공동보험**)도 있다. 이 경우 보험자의 책임에 관해 보험계약법은 별도의 규정을 두고 있지 않지만 상법의 일반원칙에 따라 연대하여 채무를 부담한다고 볼 수 있다(상57).

2) **보험계약자** : 자기명의로 보험계약을 체결하고 보험료의 지급의무를 부담하는 보험계약의 당사자를 보험계약자라 한다. 손해보험계약을 체결할 수 있는 자는 원칙적으로 보험의 목적에 관해 일정한 이해관계(**피보험이익**)를 가지는 자로 제한되고(예외, 타인을 위한 보험), 생명보험에서는 피보험자의 동의를 얻어야만 보험계약이 유효하게 되므로 이해관계보다는 **피보험자의 동의**를 얻은 자로 제한된다고도 볼 수 있다. 재보험에서는 보험회사(원수보험자)가 보험계약자(재보험계약자)가 되는 특수성을 가진다. 보험계약자가 기업인가 혹은 개인인가에 따라 **기업보험·개인보험**으로 구별되며, 이는 상법 제663조의 적용과 관련하여 의미를 가진다.

3) **피보험자, 보험수익자** : ① 개념 – **피보험자의 개념**은 손해보험, 인보험에서 완전히 구별된다. **손해보험**에서 피보험자라 함은 피보험이익의 주체로서 보험사고가 발생하면 보험금을 수령할 권리를 가지는 자를 의미한다. 이에 반해, **인보험**에서 피보험자는 자신의 생명·신체가 보험의 목적이 된 자를 의미하고, 보험사고가 발생한 경우 보험금을 수령할 권리를 가진 자는 **보험수익자**가 된다. 따라서 손해보험에서는 피보험자 지정만으로 보험계약은 완결되는데, 인보험에서는 피보험자 지정 이외에 보험수익자의 지정이 요구된다.

② 타인을 위한 보험 – 보험계약자와 손해보험의 피보험자, 인보험의 보험수익자가 일치할 경우를 **자기를 위한 보험계약**이라 하고, 불일치할 경우, 즉 보험계약자가 타인의 이익을 위하여 자기명의로 체결할 보험계약을 **타인을 위한 보험계약**이라 한다. 피보험자는 타인을 위한 손해보험에서 보험계약자와 구별되는 지위를 가진다. 다만 판례는 타인을 위한 손해보험계약에서 타인이란 보험계약자가 제3자를 주체로 하는 피보험이익에 관하여 보험계약을 체결한 경우 그 제3자, 즉 피보험이익의 주체인 피보험자를 말하는 것이고, 단지 보험계약자에게 귀속되는 피보험이익에 관하여 체결된 손해보험계약에서 보험금을 수취할 권리가 있는 자로 지정되었을 뿐인 자는 여기에서 말하는 타인이라 할 수 없다고 보았다(99다489). 그리고 생명보험에서 보험계약자와 피보험자가 불일치하는 경우, 즉 보험계

약자가 타인의 생명을 보험의 목적으로 할 경우 이를 **타인의 생명보험계약**이라 하고 타인의 동의를 요건으로 한다.

3. 보험계약 보조자

1) **개 요** : 다수계약적 성질을 가지는 보험계약에서 보험자가 다수의 보험계약자와 보험계약을 원활하게 체결하기 위해서는 보험계약자의 발굴에서부터 가입권유, 정보제공, 중요한 사항에 대한 고객의 고지수령, 보험계약의 체결, 보험료수령, 보험증권의 교부, 계약체결 후 관리, 보험금지급업무 등에 있어 영업을 보조할 자가 요구된다. 대부분의 보험계약이 보험자를 위해 보험계약의 체결을 보조하는 자인 보험대리상·보험중개상·보험설계사를 통해 체결되며, 보험업법은 보험대리점, 보험중개사, 보험설계사에 관한 규정을 두어 금융위원회에의 등록을 요구하고 있다(보험2). 보험모집 종사자에는 이들 외에 보험회사의 임원 또는 직원도 포함되나, 이들은 등록 없이 모집할 수 있으며 보험대리점이나 보험중개사의 임원·사용인은 신고한 후 모집에 종사할 수 있다.

2) **보험대리상** : 상법상 대리상은 거래를 대리·중개하는 독립된 상인(상87)이고, 보험업법상 **보험대리점**은 보험계약의 체결을 대리하는 자로서 금융위에 등록(보험87.1)한 자를 의미하며(보험2 9호), 대리상의 일종인 보험중개대리상은 보험업법상 보험대리점에는 포함되지 않는다. 개정상법상의 보험대리상의 권한규정(646조의2)에 따른 보험대리상은 **체약대리상**에 한정시키고 있다. 보험대리상은 보험료수령권한(1호), 보험증권교부권한(2호), 보험계약 체결권한(3호, 4호)을 가진다. 이에 반해 보험중개대리상은 보험대리상의 개념에서 제외된다는 점에서 상법총칙과는 다르고 보험업법에 유사하다고 볼 수 있는데, **보험중개대리상**은 보험료수령권한과 보험증권교부권한만 가지고 보험계약체결권은 가지지 않는다(동조 3항). 개정상법상 **보험중개대리상의 근거규정**(**쟁점303**)에 관해, 상법 제646조의2 2항이라는 견해와 3항이라는 견해가 대립되고 있다. 생각건대 보험중개대리상의 권리를 포괄적 대리권으로 보고 동조 2항에 따라 권한을 제한한 유형으로 보기에는 상법의 체제와는 맞지 않아 부적절한 점이 있지만 3항은 보험설계사에 관한 조항이어서 2항을 근거조항으로 보는 견해가 타당하다고 본다. 따라서 보험중개대리상과 체약대리상은 선의의 보험계약자와의 관계에서는 동일한 권한을 가진

다. 판례상으로 보험대리점이 대납약정을 한 경우 보험료를 지급한 것과 동일한 효력이 있다고 보고 있으며(94다60615) 대리인이 약속어음을 수령하고 이를 횡령하더라도 변제수령의 효과가 보험자에게 미친다고 보고 있다(87다카1793,1794).

3) **보험중개인** : 보험중개사(보험중개인)란 보험계약자를 위하여 보험계약의 성립을 중개하는 자를 의미하며 해상보험에서 주로 이용된다. 보험중개사는 보험계약의 체결을 원하는 보험계약자에게 합당한 보험종목의 선정부터 적절한 보험자의 선정에 이르기까지 전문적인 조언을 하지만, 계약체결의 대리권·고지수령권·보험료수령권을 가지지 않고 중개행위만 할 수 있다. 보험업법은 **보험중개사**를 독립적으로 보험계약의 체결을 중개하는 자로 규정하고 있으며(보험2 10호), 보험중개인에 관해 개정상법은 특별한 규정을 두지 않았다.

4) **보험설계사** : ① **개념** – 보험설계사(보험모집인·외무원)란 보험회사에 종속된 사자(使者)로서 고객의 발굴·소개·가입촉진 등 보험계약의 체결을 중개하는 보험자의 사용인이며 주로 인보험에 많다. 보험업법에 따르면 보험설계사는 보험사업자를 위하여 보험계약의 체결을 중개하는 자로서 등록된 자(보험2 8호)이며, 보험자에게 종속된 자이다. 다만 판례는 퇴직금산정과 관련하여 생명보험회사의 외무원은 보험회사와 종속적 근로관계에 있지 않다고 보았다(88다카28112).

② **권한** – i) **체약대리권의 존부**(**쟁점304**)에 관해 긍정하는 견해도 있으나, 보험모집인은 보험계약의 체결을 중개할 뿐이므로 중개대리상이나 중개인과 마찬가지로 보험계약체결대리권을 가지지 못한다고 보는 부정설이 통설이다. 개정상법은 보험설계사에 관해 보험료수령권한과 보험증권교부권한을 인정하고 있다(상646의2.3). 다만 판례는 보험모집인이 약관내용과 달리 설명하여 보험계약이 체결된 경우 개별약정우선의 원칙을 적용하여 잘못된 설명대로의 효력을 인정하고 있다(88다4645). ii) 보험설계사의 **고지수령권 존부**(**쟁점305**)에 관해, 보험계약자 보호를 위해 보험모집인에게 고지수령권을 인정하여야 한다는 **긍정설**과 보험모집인과 보험계약자의 공모에 의한 불량위험이 인수될 수 있음을 이유로 보험계약자의 고지수령권을 인정하지 않는 **부정설**(다수설)이 있다. **판례**는 보험모집인은 보험회사와의 고용계약이나 도급적 요소가 가미된 위임계약에 바탕을 둔 보험회사의 사용인으로서 보험계약의 체약대리권이나 고지수령권이 없는 중개인에 불과하다고 보았다(88다카33367). 생각건대 보험설계사는 보험계약체결 대리권을 가지지 못

하므로 계약체결에 있어 중요한 사항에 관한 고지수령권도 가지지 못한다고 봄이 논리적이며, 이로 인한 보험계약자의 피해는 표현대리의 법리나 사용자책임 그리고 보험업법 제102조에 따른 보험회사의 책임으로 보상되어야 한다. iii) 보험설계사의 **보험료수령권**을 대체로 인정하고 있다. 다만 개정상법은 보험자가 작성한 영수증을 보험계약자에게 교부하는 경우에만 해당한다고 제한하고 있다(상646의2.3). 판례도 보험모집인도 보험업계의 실정에 비추어 제1회 보험료수령권이 있다고 보았다(88다카33367). 실무상으로도 보험모집인은 보험자에 의한 수권에 의해 보험료를 수령하고 보험료가수증을 발행하고 있다.

③ **보험회사의 책임** – 보험설계사에게 계약체결의 대리권이나 고지수령권이 있다고 오인한 경우 또는 보험설계사가 의무를 위반하여 보험계약자 등에게 손해가 발생한 경우 계약자의 이익보호가 문제된다. 이에 관해 표현법리에 의해 계약적 책임을 추궁하거나 혹은 사용자책임 규정을 적용할 가능성이 있다. 그밖에 통설과 판례에 의하면, 보험대리점, 보험설계사의 불법행위에 대한 대위책임을 정한 **보험업법 제102조**에 따라 손해배상책임을 부담한다(98다23690). 그리고 판례는 보험업법 제102조(구법158)와 민법 제756조와의 관계에서 특별규정인 보험업법이 우선적용된다는 입장이다(94다19617).

5) **보험의** : 보험계약의 주체도 아니고 보험모집 종사자도 아니면서 보험계약의 체결에 관여하는 자로서 보험의가 있다. 보험의는 손해보험에는 관여하지 않고 생명보험에서만 활용되는데, 보험회사가 보험계약을 체결하기에 앞서 피보험자의 신체를 검사하여 전문적인 의견을 제공하는 보험자의 사용인을 의미한다. 보험의는 보험계약체결을 보조하는 자이므로 체약대리권 등을 가질 수 없으나, 생명보험의 피보험자를 직접 접촉하여 신체를 검사하는 과정에서 계약체결에 중요한 사항을 발견하거나 피보험자로부터 통지받게 된다. 따라서 보험의는 보험영업에 관한 대리권을 가지는 상업사용인은 아니지만 **고지수령권**만은 가진다고 보는 견해가 통설이다.

4. 기타 보험계약요소

1) **보험목적** : 보험계약에서 정한 보험사고 발생의 객체가 되는 사람 또는 재산을 **보험목적**이라 한다. 보험의 목적은 피보험이익을 의미하는 **보험계약의 목적**

과 구별된다. 구체적으로 물건보험에서는 물건·채권·재산 또는 집합물건이 되고, 인보험에서는 자연인이 되며 이는 피보험자를 의미한다. 특정한 물건·사람(**특정보험**)뿐만 아니라 수시로 교체되는 경우(**총괄보험**)에도 보험의 목적이 될 수 있으며, 보험계약 당시 확정되지 않았으나 보험사고 당시 확정될 수 있는 경우에는 보험의 목적이 될 수 있다. 그리고 위법한 물건(마약, 총기류 등)이지 않는 한 보험의 객체가 되는 데 제한이 없지만, 예외적으로 15세 미만자·심신상실자·심신박약자 등을 보호하기 위해 우리 보험계약법은 이들은 사망보험의 보험목적이 되는 것을 제한하고 있다(상732).

2) **보험사고** : ① 개념 – 보험계약은 위험을 전제하고 있는데 전제된 위험이 현실화된 것을 **보험사고**라 하며, 보험사고의 발생은 보험자의 보험금지급의 조건이라 할 수 있다. 보험사고 혹은 보험계약이 전제하는 위험은 발생가능한 불확정한 위험이어야 하므로 보험사고는 일반적으로 우연성·발생가능성·특정성을 요구한다.

② 우연성 – 보험사고의 **우연성**이란 대체로 보험사고의 발생 여부가 불확실하다는 의미로 사용되나 보험사고의 발생 여부는 확실하지만 발생시기가 불확실한 경우(생명보험에서 사람의 사망)도 보험사고가 될 수 있다. 따라서 우연성이 없는 위험을 전제로 보험계약이 체결된 경우 그 보험계약은 무효하다고 보는데, 특히 채무불이행을 보험사고로 하는 보증보험에서 우연성의 의미가 문제된다. 판례는 '우연한 사고로 입은 손해'라 함은 보험계약의 성립 당시 그 발생 여부나 발생시기 또는 발생방법 등이 객관적으로 확정되지 아니한 사고로 인한 손해를 의미하며(2000다20878), 보험계약이 체결되기 전에 보험사고가 이미 발생하였을 경우 당사자 사이의 합의에 의해 이에 반하는 보험계약을 체결하더라도 그 계약은 무효로 본다(2001다59064).

③ 발생가능성 – 보험사고는 **발생가능성**이 있어야 한다. 사자(死者)에 대한 생명보험이라든가 소실한 건물에 대한 화재보험 등 발생이 불가능하거나 이미 발생한 사고를 보험사고로 하는 보험계약은 무효하다. 우리 보험계약법에도 보험계약 당시 보험사고가 이미 발생하였거나 발생할 수 없는 것인 경우 이를 **보험사고의 객관적 확정**이라 하며 이를 무효로 규정하고 있다(상644). 다만 예외적으로 보험계약 당사자가 계약체결 당시 위험의 확정에 관해 알지 못하는 경우에는 계약이 유효할 수 있음을 규정하고 있다(상644단서).

④ **특정성** – 보험사고는 **특정성**을 가져야 하고 보험의 목적에 대한 특정한 사고이어야 한다. 특정한 보험사고라 하더라도 보험의 목적에 발생한 경우에만 보험사고가 되고 그 밖의 사고는 보험사고가 될 수 없다. 보험사고의 범위는 화재보험처럼 화재와 같은 특정한 사고로 한정되는 경우도 있고 운송보험처럼 운송에서 발생할 수 있는 모든 사고를 포괄하는 경우도 있다.

3) **보험료** : 보험자가 보험사고에 대하여 책임을 지는 데 대하여 보험계약자가 보험자에게 지급하는 보수로서, 위험부담에 대한 반대급부를 **보험료**라 한다. 보험료의 법적 의미는 제1회 보험료인가 계속보험료인가 하는 점에 따라 달라지는데, 제1회 보험료(**최초보험료**)는 보험계약 성립 후 보험자의 책임 개시 시기(始期)가 된다(상656, 650.1). 이에 반해, **계속보험료**는 이를 지급하지 않더라도 보험자의 책임은 존속하나 계약해지사유가 된다(상650.2)는 점에서 법적 의미를 달리한다. 타인을 위한 보험에서는 보험계약자가 보험료지급을 지체할 경우 타인인 손해보험의 피보험자나 생명보험의 보험수익자는 자신의 권리를 포기하지 않는 한 보험료를 지급할 의무가 있어(상639.3), 사실상 보험료를 지급할 권한을 가지고 있다고 볼 수 있으며, 따라서 타인에게도 상당기간을 정하여 보험료지급을 최고한 후가 아니면 그 계약을 해제 또는 해지하지 못한다(상650.3).

4) **보험금액, 보험금** : 보험사고가 발생한 경우에 보험자가 지급하기로 보험계약에서 정한 금액을 **보험금액**이라 한다. 그리고 보험금액의 범위 내에서 보험자가 피보험자 혹은 보험수익자에게 지급하는 금액을 **보험금**이라 한다. 보험금액과 보험금의 관계를 보면 보험금액은 부정액보험에서는 보험자의 책임(보험금)의 최고한도액이 되고 정액보험에서는 보험금과 일치한다.

5) **보험기간, 보험료기간** : 보험사고가 발생한 때에 보험자의 책임이 발생하는 시기부터 종기까지의 기간을 **보험기간**이라 한다. 위험기간 또는 책임기간이라고도 하며, 예컨대 자동차보험을 체결할 경우 계약체결일의 24시부터 책임이 개시되도록 정하는데 이는 보험기간을 약정하는 것이 된다. 보험기간은 대체로 보험계약에서 약정되나 그렇지 않을 경우 보험계약법은 최초의 보험료를 수령한 때부터 보험자의 책임이 개시되는 것으로 정하고 있다(상656). 그리고 보험기간은 보험계약이 효력을 가지는 기간인 **보험계약기간**과 구별된다. 보험사고가 보험기간

내에 발생한 경우에 보험자는 책임을 부담하게 되므로, 설령 보험사고로 인한 손해가 보험기간이 종료한 후에 발생하더라도 보험자는 보험금 지급책임을 면하지 못한다. 보험기간은 대체로 보험계약기간 내의 기간으로 약정하나 예외적으로 보험기간을 계약의 성립시점 이전으로 정한 보험이 허용되는 경우도 있다. 이를 **소급보험**이라 하며 해상적하보험에서 이용되고 있다(상643, 644). 이에 반해 보험료 산출을 위한 위험측정상의 단위가 되는 기간을 **보험료기간**이라 한다. 이는 보험료기간 내의 위험을 불가분적인 것으로 보아 그 기간 내의 보험료는 불가분의 성질을 가진다는 원칙인 **보험료불가분의 원칙**에서 의미를 가지는 기간이다. 판례는 공제료의 분할납입 제도는 1년의 보험기간과 보험료기간 동안에 지급하여야 하는 보험료를 보험가입자의 편의를 위하여 분할하여 지급받는 것뿐이지, 그 분할 납입기간마다 보험기간이나 보험료기간이 달리 성립하는 것은 아니라고 보았다(92다23629).

5. 보험계약의 성립

1) **청 약** : 보험계약의 청약은 방식에 제한이 없으며, 보험계약자 또는 그 대리인이 보험자에게 구두·서면·전화·인터넷 등 다양한 방식으로 청약할 수 있다. 그러나 많은 경우 보험계약의 청약이 있기 전에 보험설계사에 의해 청약의 유인이 있고 이에 따라 보험계약청약서에 일정한 사항을 기재하고 통상적으로 1회 보험료를 납입하면서 보험료영수증 또는 가수증을 받아 청약이 이루어진다. 보험계약청약서나 1회 보험료가 청약의 요건은 아니므로 기타 방식으로 이루어진 청약도 유효하다. 보험계약청약서를 수령한 보험설계사는 보험자에게 이를 전달하고 보험자는 승낙 여부를 결정하게 된다. 보험계약자로서는 청약을 임의로 철회할 수 없지만, 보험자의 승낙도 일정 기간 내에 이루어지게 함으로써 보험계약자의 보험보호의 기대를 보호하고 있다.

2) **승 낙** : ① **낙부통지의무** – 보험계약법은 보험료를 지급함과 동시에 청약한 보험계약자의 보험보호에 대한 기대를 보호하기 위해 별도의 약정이 없으면 낙부통지의무를 정하고 있다. 보험자가 보험계약자로부터 보험계약의 청약과 함께 보험료 상당액의 전부 또는 일부의 지급을 받은 때(보험료부청약)에는 다른 약정이 없으면 30일 내에 그 상대방에 대하여 낙부의 통지를 발송하여야 한다(상

638의2.1). 이는 상시거래관계에 있는 상인간의 낙부통지의무(상53)와 비교할 수 있다. 보험자의 낙부통지의무는 청약과 함께 보험료까지 납부한 보험계약자를 보호하기 위한 보험자의 의무이다. 특별한 약정이 없을 경우 승낙을 거절하기 위해서는 30일 내 거절의 통지를 발송하여야 하고 발송하지 않을 경우 승낙의제 되므로 30일은 거절통지 발송시한으로서 의미를 가진다.

② **승낙의제** – 보험자가 보험료부청약에 대해 30일 내 아무런 의사표시를 하지 않으면 승낙한 것으로 본다고 정하고 있어 낙부통지의무 해태의 효과는 보험계약의 성립의제라 할 수 있다(상638의2.2). 30일 기간의 기산점은 청약일이 되나 신체검사를 요하는 인보험계약의 경우에는 30일 기간은 신체검사를 받은 날로부터 기산한다(상638의2.1단서). 승낙의제 조항에 의해 보험료를 납부한 보험계약청약자는 청약일로부터 30일이 경과한 후에는 안심하고 보험의 보호를 받을 수 있다.

③ **적격피보험체 보호** – 승낙의제는 청약일로부터 30일이 경과하여야 발생하는 효력이어서 만일 보험자의 승낙의제의 효과가 발생하기 전, 즉 청약일로부터 30일이 경과되기 전에 보험사고가 발생하였다면 승낙의제의 효력은 미칠 수 없게 되어 30일간에는 보험계약자는 무보험상태에 놓이게 될 것이다. 상법은 이러한 보험계약자를 보호하기 위해 이른바 적격피보험체 보호조항을 신설하였다. 즉, 보험계약의 청약을 하면서 보험료 상당액의 전부 또는 일부를 납부한 경우 그 청약을 승낙하기 전에 보험계약에서 정한 보험사고가 발생한 경우 청약을 거절할 사유가 없는 한 보험자는 책임을 부담한다(상638의2.3). 그러나 인보험의 경우 신체검사를 받아야 하는 경우 신체검사결과에 따라 보험계약이 성립되므로 보험료부청약의 보험청약자의 보험보호 기대도 아직 생기지 않았다고 볼 수 있어 이들 규정은 적용되지 않는다(상638의2.3단서). '**청약을 거절할 사유**'에 관해 판례는 그 종류의 보험에 관하여 해당 보험회사가 마련하고 있는 객관적인 보험인수기준에 의하면 인수할 수 없는 위험상태 또는 사정이 없는 경우(적격 피보험체)를 의미하고, 청약거절사유의 증명책임은 보험자에게 있다고 본다. 그리고 이 경우 사고발생사실 불고지는 청약거절사유가 될 수 없고, 보험계약 당시 보험사고가 이미 발생하였더라도 상법 제644조에 의하여 보험계약이 무효로 된다고 볼 수도 없다고 보았다(2008다40847). 요컨대 보험계약의 청약과 제1회 보험료를 납입한 보험계약자는 그 후 30일(낙부통지기간) 내에 보험사고 발생시에는 적격피보험체 보호를 받고, 30일이 경과한 후에는 승낙의제에 의해 보호받는다. 이러한 입법은 종전

의 생명보험약관에서 시행되던 것을 우리 상법에서 받아들인 내용이다.

3) **보험자의 보험약관 교부·설명의무** : 보험계약 체결단계에서의 보험자의 의무로 볼 수 있는데, 앞서 보험약관에서 설명한 바와 같이 보험계약을 체결함에 있어서 보험자는 청약자에게 보험약관을 교부하고 그 약관의 중요한 내용을 알려야 한다(상638의3.1). 보험계약의 설명의무의 대상은 보험료와 그 지급방법, 보험금액, 보험기간, 책임개시시기, 보험사고의 내용, 보험계약의 해지사유, 보험자의 면책사유 등 중요한 사항이고 설명의무 이행에 대한 증명책임은 보험자가 부담한다.

6. 고지의무

(1) 의 의

보험계약자 또는 피보험자가 보험계약을 체결함에 있어서 중요한 사항을 보험자에게 알려야 하는 의무이다(상651). 사행계약성을 가지는 보험계약은 특히 보험계약자의 **선의성**이 요청되는데, 보험계약 체결단계에서 선의성이 반영된 제도가 고지의무이고 보험계약성립 후 그 효과로서 발생하는 의무와는 구별된다. 따라서 고지의무를 이행하지 않을 경우 이행을 강제하거나 손해배상을 청구할 수는 없고, 보험계약이 체결되더라도 보험자가 보험계약을 해지하여 보험계약의 효력을 부인할 수 있다. 그러므로 고지의무의 성질은 부진정한 의무이며 **간접의무**라 할 수 있고 보험계약상의 의무가 아니라 법정의무이다. **고지의무의 근거**(**쟁점306**)에 관해, **선의계약설**은 보험계약은 사행계약이므로 도덕적 위험에 노출되어 있어 이로부터 보험관계를 보호하기 위해서는 당사자, 특히 보험계약자가 선의일 것이 요구된다고 보고 고지의무도 당사자의 선의성의 표현으로 이해하고, **기술설**은 다수계약적 성질을 가진 보험계약에서 보험자가 일반 계약에서와 같이 상대방인 보험계약자에 관한 정보를 모두 스스로 파악하는 것은 사실상 불가능하다는 기술적 이유에서 근거를 찾는다. 생각건대 기술성·선의계약성 둘 다 고지의무의 제도적 근거가 된다고 본다.

(2) 당사자

1) **고지의무자** : 고지의무를 부담하는 자는 보험계약자 또는 그 대리인이며 피

보험자도 포함된다. 피보험자가 보험계약의 체결사실을 알지 못하는 경우에 고지의무 부담이 문제될 수 있지만, 피보험자의 고지의무 불이행에도 고의·중과실 등 주관적 요건이 요구되므로 보험계약 체결사실을 모를 경우 피보험자가 고지하지 않더라도 고지의무 위반이 되지 않는다.

2) **고지의 상대방** : 고지의무 이행의 상대방은 일반적으로 보험자이다. 보험자 이외에 보험계약의 체약대리인이 가지는 보험계약대리권 속에 당연히 고지수령권도 포함된다고 보아야 하며, 보험의는 계약체결권은 가지지 않지만 진사과정에서 피보험자의 신체에 관련된 정보를 수집하는 지위에 있으므로 고지수령권을 가진다고 본다. 그러나 보험설계사는 보험계약 체결을 중개하는 자에 지나지 않으므로 계약체결권도 없고, 따라서 고지수령권도 없다고 본다. 보험중개대리상은 개정 상법상 원칙적으로 고지수령권을 가지지만 이를 제한할 수 있지만 그 제한을 알지 못하는 선의의 보험계약자에게 대항할 수 없으며(상646의2.2), 보험중개사는 고지수령권을 가지지 않는다.

(3) 고지의무의 이행

1) **고지사항** : 고지의무의 대상이 되는 사항은 보험계약자와 관련되는 모든 사항이 아니라 보험계약 체결에 중요한 사항이다. 여기서 **중요한 사항**이라 함은 보험자가 계약시 사고발생의 위험률을 측정하여 보험의 인수문제와 보험료의 수준을 결정하는 데 영향을 미치는 사항이다. 판례도, 객관적으로 보아 고지사항을 보험자가 알았더라면 보험계약을 체결하지 않았거나 혹은 동일한 보험료로는 보험을 인수하지 않았을 것으로 판단되는 사항을 의미한다고 보았다(99다33311). 판례에서 나타난 중요한 사항을 보면 보험사고의 발생사실 등이 해당되고 생명보험에서는 피보험자의 기왕증, 현재증, 피보험자의 부모의 생존 여부, 피보험자의 나이, 피보험자의 신분·직업 등이 해당된다. **다른 보험계약 체결사실**은 생명·상해보험에서는 청약서상의 질문사항이었던 타 보험계약 체결사실은 고지사항이 된다고 보는 데 반해(99다33311), 손해보험에서는 약관에서 고지사항으로 정하고 있더라도 이는 중복보험의 책임관계를 정리하기 위한 것이어서 고지사항이 아니라는 입장이다(2001다49623).

2) **고지의 시기·방법** : 고지의무는 보험계약 당시에 이행하여야 하는데(상

651), 이는 보험계약의 성립시까지 고지하면 충분하다고 본다. 고지방법에 관해서 특별히 규정하고 있지 않으므로 일반적인 관념의 통지방식이 모두 허용된다고 보나, 거래계에서는 고지의무의 대상이 되는 중요한 사항을 예시하여 그 중의 해당 사항을 기재토록 하는 일정한 양식인 **질문표**를 많이 활용한다. 질문표의 기재사항은 중요사항으로 추정되므로(상651의2) 질문표에 기재된 사항에 관해 부실한 고지를 한 경우에는 고지의무 위반이 된다. 그런데 보험계약자가 질문표에 기재되지 않은 사항에 관해 **판례**는 질문표에 기재되지 않은 사항을 불고지하더라도 고지의무 위반이 아니라고 판단한 바 있으나(96다27971), 병력은 질문사항에 포함되지 않더라도 고지대상이 된다는 판결이 있어(99다37474) 판례가 통일되어 있지 않은 상태이다.

(4) 고지의무의 위반

1) **요 건** : 고지의무의 위반이 되기 위해서는 고지의무자에게 고지의무 위반에 대한 고의·중과실이라는 주관적 요건과 중요사항을 불고지하거나 부실고지하는 객관적 요건이 요구된다(상651). 이를 구체적으로 보면, **주관적 요건**으로서 고의란 중요한 사실을 알면서 의도적으로 불고지·부실고지하는 것을 의미하고, 중과실이라 함은 조금만 주의하더라도 중요한 사실을 고지할 수 있었는데 이를 불고지·부실고지한 경우를 의미한다. 다만 중요한 사실에 관해 고지하지 않은 데 중과실이 있는 경우 이외에 중요한 사실을 알지 못한 데 중과실이 있는 경우에는 사실에 대한 일종의 탐지의무를 인정할 수는 없고 고지의무자에게 과중한 부담으로 작용할 가능성을 고려할 때 알지 못한 데 중과실이 있는 경우는 제외된다고 본다. 판례도 타인을 위한 보험에서 보험계약자가 피보험자에게 적극적으로 확인하여 고지하는 등의 조치를 취하지 아니하였다는 것만으로 바로 중대한 과실이 있다고 할 것은 아니라고 보았다(2011다54631). 그리고 **객관적 요건**으로서 중요한 사항의 의미에 관해서는 앞서 설명하였고, 불고지라 함은 중요한 사실에 대한 묵비를 의미하고 부실고지라 함은 진실과 다르게 고지하는 허위고지를 의미한다. 고지의무 위반에 대한 증명책임은 고지의무 위반을 주장하는 자인 보험자가 부담한다.

2) **효 과** : 보험계약자의 고지의무는 일종의 간접의무로서 의무불이행에 대한 손해배상책임을 물을 수는 없고, 보험자는 보험사고의 발생 전후를 불문하고

일방적인 의사표시로서 보험계약을 해지할 수 있다(**해지권**). 보험자만의 일방적 의사표시만으로 보험계약을 해지할 수 있다는 점에서 **형성권**으로 볼 수 있으며 해지권을 포기할 수도 있다. 보험계약 **해지의 상대방**은 보험계약자 또는 그 대리인이고 피보험자나 보험수익자는 해지의 상대방이 아니다. 보험계약 **해지의 효력**은 해지의 의사표시가 보험계약자에게 전달된 시점에 발생하고 장래에 대해서만 효력이 발생한다(**불소급효**). 따라서 보험계약자는 해지 시점까지 보험료를 납부할 의무를 부담하고 향후 보험료 지급책임을 면하게 된다. 그러나 상법 제655조에 따르면 보험계약이 해지되면 보험금을 지급할 책임이 없고 이미 지급한 보험금의 반환을 청구할 수 있게 되어 보험금청구권과 관련해서는 해지에 사실상 **소급효**를 인정하고 있다.

3) **해지권의 제한** : ① 제척기간의 경과 – 보험자의 해지권은 고지의무 위반사실을 안 날로부터 1월, 계약을 체결한 날로부터 3년 내에 한하여 행사할 수 있으며(상651) 이 기간은 제척기간으로 이해된다.

② 보험자의 악의·중과실(상651) – 보험계약자가 고지의무를 위반하였음을 보험자가 계약 당시 알았거나 중대한 과실로 알 수 없었을 경우에는 보험계약을 해지할 수 없다고 규정하여 보험자의 보험계약 해지권을 제한하고 있다. 보험자의 고의·중과실에는 보험자 자신뿐만 아니라 고지수령권이 인정되는 보험자의 체약대리상, 보험의의 고의·중과실도 포함된다고 보아야 한다. 그리고 이러한 보험자 측의 고의·중과실에 대해서는 고지의무자가 증명책임을 부담한다.

③ 인과관계의 부존재 – 보험계약자가 고지의무를 위반하였더라도 고지의무에 위반한 사실이 보험사고의 발생에 영향을 미치지 아니하였음이 증명된 때에는 예외를 인정하고 있는데(상655단서), 인과관계 부존재에 관한 증명책임은 보험계약자가 부담한다(통설). 판례도 고지의무에 위반한 사실 또는 위험의 현저한 변경이나 증가된 사실과 보험사고 발생과의 사이에 인과관계가 부존재 한다는 점에 관한 주장·입증책임은 보험계약자 측에 있다고 본다(95다25268). 개정전 상법 제655조 단서('그러하지 아니하다')와 관련하여, 고지의무 위반이 있지만 보험사고와 인과관계가 부정될 경우 보험자가 보험계약을 해지할 수 있는가에 관해 해지부정설과 해지긍정설이 대립하였다. 판례도 보험사고의 발생이 보험계약자가 불고지하였거나 부실고지한 사실에 의한 것이 아니라는 것이 증명된 때에는 그 불고지나 부실고지를 이유로 보험계약을 해지할 수 없다고 판시하여(2000다40353)

해지부정설을 따르다 최근 해지긍정설로 판결을 변경한 바 있다(2010다25353). 하지만 상법을 개정하여 현재는 '보험금을 지급할 책임이 있다'고 명확하게 규정하고 있어 고지의무를 위반한 경우 보험자는 의무위반과 사고발생간의 인과관계 존부와 무관하게 보험계약을 해지할 수 있다.

(5) 착오·사기와의 관계

고지의무 위반이 민법상 착오·사기와 경합하는 경우 보험계약의 해지 외 **취소가능성**(**쟁점307**)에 관해, **상법적용설**은 고지의무 위반의 효력에 관한 상법의 규정은 보험계약의 단체성·기술성의 특성에 기인하여 소급효를 제한하고자 해지의 효과를 규정하였으므로 민법의 특칙이라 할 수 있어 민법의 착오·사기에 관한 규정은 적용될 여지가 없다고 보고, **민·상법 적용설**은 상법의 고지의무에 관한 규정과 민법의 착오·사기에 관한 규정은 근거·요건·효과 등에서 완전히 다르므로 양자는 다같이 적용되어야 한다고 보며, **절충설**은 착오의 경우에는 보험계약자 측을 보호하기 위하여 상법만이 적용되나, 사기의 경우에는 보험자는 사기를 이유로 보험계약을 취소할 수 있다고 보며, **판례** 입장(91다1165)과 동일하다. 생각건대 사기 등 보험계약자 측의 위법행위에 대하여 보험계약자를 보호하는 것은 보험제도의 원리에도 맞지 않으므로 절충설이 타당하다고 본다.

제 4 절 보험계약의 효과

Ⅰ. 보험자의 의무

1. 보험증권 교부의무

1) **보험증권의 개념** : 보험증권이란 보험계약의 성립과 그 내용을 증명하기 위하여 계약의 내용을 기재하고 보험자가 기명날인·서명하여 보험계약자에게 교부하는 증권이다. 기재사항에 관해서는 보험에 관한 공통규정을 마련하지 않고 각 보험의 종류에 따라 보험계약법에 자세한 규정을 두고 있다(상666, 화재보험은 상685, 운송보험은 상690, 해상보험은 상695, 인보험은 상728).

2) **보험증권의 일반적 성질** : 보험증권의 법적 성질에 관해 대체로 보험계약의 성립과 내용에 대한 사실상의 추정력을 부여한다는 점에서 **증거증권성**을 인정한다. 하지만 **면책증권성**과 **상환증권성**을 긍정하는 견해에도 불구하고, 보험증권을 가지고 있는 자에게 보험금을 지급하면 그 자가 피보험자·보험수익자가 아니라도 보험자가 면책된다고 보기는 어려우며 보험증권을 상환하지 않더라도 보험금을 지급할 수 있으므로 면책증권성, 상환증권성을 부인함이 타당하다고 본다. 그리고 보험계약은 고지의무 위반·보험료 부지급 등을 이유로 해지될 가능성이 있다는 점에서 **유인증권성**을 인정하는 견해가 있으나, 유인증권성은 유가증권성이 전제될 때 의미가 있으며 유가증권성이 부정될 경우 유인성은 문제되지 않는다.

3) **보험증권의 유가증권성** : 인보험증권은 그 성질상 유통과 관련하여 지시식 또는 무기명식의 보험증권으로 발행될 수도 없고 비록 그러한 형식으로 발행되었다 하더라도 유가증권성을 인정할 수 없다(통설). 그러나 **지시식(무기명식) 운송보험·해상적하보험증권의 유가증권성**(**쟁점308**)에 관해, **부정설**은 보험금청구권은 보험료지급의무 이행에 의존하고 있다는 점, 손해보험이라도 보험증권만의 이전은 허용되지 않고 보험목적의 양도가 수반되어야 한다는 점을 논거로 하며, **긍정설**은 지시식 보험증권은 보험사고의 발생으로 인하여 생길 보험금청구권을 표창하는 증권으로서 동 증권의 소지인은 보험금청구권을 행사할 수 있다고 보며, **일부긍정설**은 화물상환증·선하증권·창고증권과 같은 유통증권에 부수하여 유통성이 인정되는 지시식 보험증권에만 유가증권성이 인정된다고 본다(다수설). 생각건대 물품증권에 부수하여 발행되는 지시식 보험증권은 유통을 목적으로 발행된 것이고, 유통성이 관습법적으로 보호된다고 볼 수 있어 일부 긍정설이 타당하다고 보지만 문언성·무인성 등은 근거규정이 없어 부정된다.

4) **보험증권의 교부** : 보험자는 보험계약이 성립한 때에는 지체 없이 보험증권을 작성하여 보험계약자에게 교부하여야 한다. 그러나 보험계약자가 보험료의 전부 또는 최초의 보험료를 지급하지 아니한 때에는 그러하지 아니하다(상640.1). 기존의 보험계약을 연장하거나 변경한 경우에는 보험자는 보험증권에 그 사실을 기재함으로써 보험증권의 교부에 갈음할 수 있다(상640.2). 그리고 보험증권을 멸실 또는 현저하게 훼손한 때에는 보험계약자는 보험자에 대하여 증권의 재교부를 청구할 수 있다. 그 증권작성의 비용은 보험계약자의 부담으로 한다(상642). 그리

고 타인을 위한 보험계약의 보험계약자는 그 타인의 동의를 얻지 아니 하더라도 보험증권을 소지한 경우에는 보험계약을 해지할 수 있다(상649.1).

5) **이의약관** : 보험계약의 당사자는 보험증권의 교부가 있은 날로부터 일정한 기간 내에 한하여 그 증권내용의 정부에 관한 이의를 할 수 있음을 약정할 수 있으며 이 기간은 최소한 1개월 이상이어야 한다(상641). 이는 보험증권의 추정력을 부인할 수 있는 법적 근거를 마련한 것으로 볼 수 있으며 이의약관은 당사자간의 약정이 있어야 적용된다.

2. 보험금 지급의무

(1) 개 념

1) **조건부의무** : 보험기간 중 보험사고가 발생한 경우 보험사고가 보험자의 면책사유에 해당하지 않는 한 보험자는 피보험자 또는 보험수익자에게 보험금을 지급할 의무를 부담한다. 여기서 **보험금**은 손해보험에서는 보험금액을 최고한도로 하여 보험사고로 인해 피보험자가 입은 재산상의 손해액에 해당하고, 정액보험에서는 보험계약에서 약정한 금액이 된다. 여기서 **보험기간**이라 함은 보험기간 개시에 관해 특별한 약정이 없는 한 보험계약의 성립 후 최초의 보험료의 지급을 받은 때로부터 개시하여 보험기간이 종료할 때까지를 의미한다. 다만 보험료를 지급함과 동시에 보험계약의 청약을 한 경우 보험자가 승낙을 거절하거나 승낙거절이 통상적으로 예상되는 경우 이외에는 승낙 전이라 하더라도 보험사고가 발생하면 보험자는 보험금지급책임을 부담한다(상638의2: 적격피보험체보호).

2) **보험금청구권** : 보험금 지급의무는 보험계약자·피보험자·보험수익자의 보험금청구권에 대응하는 의무이다. 보험금청구권의 성립에 관해 다툼이 있을 경우 보험자가 보험금청구권(보험금 지급의무)의 부존재에 관한 확인의 소를 제기할 수 있는가? 판례는 보험계약의 당사자 사이에 계약상 채무의 존부나 범위에 관하여 다툼이 있는 경우 그로 인한 법적 불안을 제거하기 위하여 보험회사는 먼저 보험수익자를 상대로 소극적 확인의 소를 제기할 확인의 이익이 있다고 보면서, 보험계약의 당사자 사이에 계약상 채무의 존부나 범위에 관하여 다툼이 있는 경우 그로 인한 법적 불안을 제거하기 위하여 보험회사는 먼저 보험수익자를 상대로

소극적 확인의 소를 제기할 확인의 이익이 있다고 본다(2018다257958).

(2) 면책사유

1) **고의·중과실 면책** : ① **취지** – 보험사고가 보험계약자나 피보험자 등의 고의·중과실에 의해 발생한 경우에는 보험자는 보험금지급책임을 면한다(상659). 이는 보험사고는 우연성을 본질적 요소로 하고 보험계약은 선의계약이어야 하므로 보험계약법은 보험계약자 등에 의해 보험사고가 유발된 경우에는 보험자를 면책시키고 있다. 여기서 **고의**라 함은 방화·살인·자살·자해행위 등을 의미하고 미필적 고의를 포함하고, **중과실**은 창고에 인화성물질이 있는데 그 안에서 연탄불을 다루는 행위, 횡단보도가 아닌데 차량이 다니는 도로의 횡단, 음주운전 등 그 예이다. 회사가 피보험자인 경우 기관구성원의 고의·중과실이 피보험자의 고의·중과실로 이해된다. 그러나 **경과실**의 경우에는 보험자가 책임을 부담하고, 보험의 기능이 나타나는 것도 이 경우이다.

② **예외** – **사망보험이나 상해보험**은 유족보호의 기능도 하므로 고의의 경우에만 보험자의 책임이 배제되고 중대한 과실에 의해 보험사고가 발생하더라도 보험자는 면책되지 않으며(상732의2, 739), 생명보험약관에서는 일정한 고의에 의한 보험사고(보험계약체결 2년 후 자살행위)도 보상하는 것으로 정하고 있다. 그리고 보험계약자의 고의에 의한 채무불이행을 보험사고로 하는 **보증보험**의 보험성이 문제된다.

③ **대표자책임이론** – 보험사고로 보험계약자 등이 민사상의 배상책임(대위책임)을 지는 경우, 즉 보험계약자의 **가족·사용인의 고의·중과실에 의한 보험사고시 면책가능성**(**쟁점309**)에 관해, **긍정설**은 보험계약자 등과 특별한 관계에 있는 대표자와 같은 제3자나 법정대리인, 동거남편의 고의·중과실이 있는 경우에도 보험자는 책임을 면한다고 보고, **부정설**은 보험계약자나 보험수익자의 법정대리인 또는 보험계약자나 피보험자의 영업에 관한 포괄적인 대리권을 가지고 있는 지배인과 같이 특수한 지위에 있는 자의 고의·중과실로 생긴 경우를 제외하고는 보험자의 면책을 부정하며, **절충설**은 보험약관에 대표자책임을 인정하는 규정이 있을 경우에만 인정된다는 견해이다. **판례**는 피보험자와 세대를 같이하는 친족 또는 고용인의 고의에 의한 보험사고의 경우에 면책된다는 보험약관이 피보험자의 고의·중과실과 무관하게 면책을 인정한 것이면 상법 제663조에 위배되어 무효로 본다(83다카1940). 생각건대 대표자의 개념이 모호할 뿐만 아니라 보험계약법에 특별한

규정도 없이 해석에 의해 보험자의 면책범위를 확장하는 것은 바람직하지 않고 불이익변경금지(상663)에도 반하므로 부정설이 타당하다고 본다.

④ **지급특약**(고의·중과실에 의한 보험사고에 대한 보험자책임의 약관)**의 효력**에 관해, **중과실**의 경우 지급특약의 효력을 인정할 수 있지만 **고의**에 대한 지급특약은 원칙적으로 보험사고의 우연성·선의계약성을 해할 우려가 있으므로 무효라 본다. 다만 생명보험약관에는 보험계약체결 이후 2년이 경과한 이후에 발생한 **자살**을 보험자 면책사유의 예외로 하는 약관을 둔 경우가 많은데, 보험계약의 선의성을 해한다고 보기는 어렵고 보험수익자인 유족의 생활보호에 도움이 되므로 이러한 약관은 유효하다고 본다. 그리고 고의에 의한 채무불이행에 따른 손실을 보상하는 **보증보험**에서 보험사고의 우연성은 보험계약 체결 당시에 존재하면 된다는 이유에서 유효하다고 본다(보증보험에서 후술함).

2) **전쟁 기타 변란 면책** : 전쟁 기타 변란으로 보험사고가 발생한 경우 보험자는 책임을 면한다(상660). 이는 보험료가 평상시 보험사고를 기준으로 지급되는 보험금총액과 균형을 이루므로 전쟁 등의 위험을 담보할 수 없다는 취지의 규정이다. 전쟁이라 함은 선전포고가 있느냐 여부를 묻지 않으며, 변란이라 함은 내란·폭동·소요 등과 같이 통상의 경찰력으로 치안을 유지할 수 없는 상태로서 전쟁에 준하는 비상사태를 의미한다. 그러나 특약에 의해 전쟁위험을 인수할 수 있으며 이를 **전쟁위험보험**이라 한다.

3) **기타 상법상 보험금부지급 사유** : 보험계약자 등의 일정한 의무불이행(보험료지급 불이행·고지의무 위반·위험변경증가 통지해태)을 원인으로 하여 보험자가 보험계약을 해지한 경우에 보험자는 보험금을 지급할 필요가 없으며 이미 지급된 보험금도 반환청구할 수 있다(상655). 그 밖에 손해보험에서 보험사고에 우연성이 없는 경우, i) 보험의 목적의 성질(생선의 부패, 화약의 자연폭발), ii) 하자(포장의 불완전), iii) 자연소모로 인한 손해 등은 보험자가 보상하지 않는다(상678). 그리고 육상운송보험에서 운송보조자(송하인·수하인)의 보험사고 유발(상692), 해상보험에서 감항능력 흠결·소손해 등 다수의 면책사유가 규정되어 있다(상706 1호, 2호, 3호, 701, 702, 703).

4) **약관에 의한 면책사유** : 많은 보험약관이 상법상의 보험자 면책사유 이외에

별도의 면책사유를 약관에 정하고 있는데, 이는 상법 제663조와 관련하여 논란이 되고 있다. 판례상으로는 상해보험에서 외과적 수술 기타 의료처치의 경우에는 보험금지급책임을 지지 않는다는 약관이 유효하다고 보았다. 약관상 면책사유의 예로는 자동차보험표준약관상 지진·분화·태풍·홍수·해일 등의 천재지변에 의한 사고나 화재보험표준약관은 화재가 발생했을 때 생긴 도난 또는 분실로 생긴 손해 등을 들 수 있으며 상법 제663조의 관점에서 검토가 요구된다. 이들 약관에 의한 면책사유(exception)를 **책임면제사유**라 하고, '부담보위험(exclusion)'을 **담보위험제외사유**라 하여 양자를 구분하는 견해가 있다. 그러면서 부담보위험은 해당 보험계약의 범위 밖이며, 이를 담보하기 위해서는 별도의 계약이 체결되어야 한다고 본다. 이들 견해에 의하면 면책사유는 상법 제663조의 위반 여부가 문제되나 부담보위험은 그러하지 아니하게 될 것이다.

(3) 지급시기·방법

보험계약법은 보험금의 **지급방법**을 특별히 정하고 있지 않은데, 금전으로 지급함이 원칙이지만 특약이 있을 경우 현물에 의한 지급도 가능하다. 보험금의 **지급장소**에 관해서는 상법에 특별규정이 없으므로 민법의 일반원칙에 의하여 지참채무가 될 것이나(민467.2), 보험약관 또는 거래의 관행에 의하여 보험자의 영업소에서 지급되어 추심채무에 유사하다. 보험금의 **지급시기**는 약정기간이 있을 경우에는 그 기간 내에, 그렇지 않을 경우에는 사고통지 수령 후 지체 없이 보험금을 정하고 정해진 후 10일 이내에 보험금을 지급하여야 한다(상658).

(4) 보험금청구권의 소멸시효

보험자의 보험금지급의무는 **3년의 소멸시효기간** 경과로 소멸한다(상662). **시효의 기산점**에 관해 보험금지급시기가 정해져 있는 경우에는 그 날부터이고, 특별한 약정이 없는 경우에는 보험사고 통지 후 보험금액이 확정되고 10일이 경과한 다음 날(상658)로 보는 견해가 있다. 그러나 **판례**는 보험사고가 발생한 날을 보험금청구권의 기산점으로 보며 다만 '객관적으로 보험사고 발생사실을 알 수 없는 경우에 한하여 보험사고를 알았거나 알 수 있었던 시점부터 진행하는' 것으로 보고 있다(92다39822). 특히 상법 제658조는 보험자에게 보험금 지급의 유예기간을 허용한 규정이라기보다는 보험자에게 보험금 지급시한을 규정한 것으로 보아야 하므로 보험금청구권의 소멸시효기산점을 결정함에 있어 영향을 미칠 수 없다고 본다.

3. 보험료 반환의무 등

보험계약이 무효 또는 해지된 경우 보험자는 적어도 미경과보험료를 반환할 의무를 부담한다. 여기서 **미경과보험료**라 함은 해지시점이 속하는 보험료기간 이후의 보험료기간에 해당하는 보험료를 의미한다. 그리고 특히 생명보험의 경우에는 보험계약이 해지될 경우 **보험료적립금**을 반환할 의무를 부담한다(상736). 보험료나 적립금 반환청구권의 소멸시효기간은 보험금청구권과 동일하게 3년이다(상622). 그리고 보험약관으로서 그 이익의 일부를 보험계약자에게 배당할 것을 약정한 경우 보험자는 **이익배당의무**를 부담하는데, 이 경우 보험자는 이익배당의 지급을 위하여 준비금을 적립하여야 한다.

Ⅱ. 보험계약자 등의 의무

1. 보험료 지급의무

(1) 개 념

보험계약이 체결되면 보험계약자는 지체 없이 보험료의 전부 또는 제1회 보험료를 지급하여야 한다(상650.1). 이는 유상·쌍무계약인 보험계약에서 보험금지급의무에 대한 대가로 볼 수 있는 보험계약자의 중요한 의무이다. 보험료지급의무를 부담하는 자는 보험계약자이지만, 타인을 위한 보험계약에서는 피보험자는 보험료지급권한을 가진다. 따라서 보험계약자가 보험료지급을 지체하더라도 피보험자에게 보험료지급을 최고하지 않으면 계약을 해제(해지)하지 못한다(상650.3). 보험료채무는 보험계약상 금전채무이고 지참채무임이 원칙이나 방문수금하는 경우도 많아 추심채무로 해석되는 경우도 있다. 보험료채무의 소멸시효기간은 2년이며(상662) 기산점은 최초보험료의 경우 보험계약이 성립한 날이고 계속보험료의 경우에는 각 지급기일의 다음 날이다. 보험료가 가지는 법적 의미는 최초보험료냐 아니면 계속보험료냐에 따라 다르다. **최초보험료**는 보험자의 책임을 개시시키는 효력을 가지고 있으며(상656), 뿐만 아니라 계약성립 후 2월 내에 최초보험료의 지급이 없으면 계약이 해제된 것으로 의제된다(상650.1). 이에 대해 **계속보험**

료는 보험자의 책임이 개시된 후에 지급하는 보험료로서 계속보험료의 지급을 지체할 경우 보험자는 상당기간을 정하여 최고한 후 계약을 해지할 수 있다(상650.2).

(2) 감액·증액청구

보험계약에서 보험료는 정해지지만 일정한 경우 법률의 규정에 의해 **보험료감액청구권** 혹은 **보험료증액청구권**이 발생할 수 있다. 특별 위험을 예기하여 보험료가 책정되었는데 예기한 위험이 소멸한 경우(상647)와 초과보험의 경우(상669) 보험료감액을 청구할 수 있다. 그리고 보험기간 중 위험이 현저하게 변경·증가하거나 보험계약자 등이 위험을 현저하게 변경·증가시킨 경우에는 보험료를 증액청구할 수 있다(상652, 653).

(3) 어음·수표에 의한 보험료지급

1) **쟁 점** : 보험료는 금전채무인데 이를 현금으로 지급하지 않고 어음이나 수표로 지급하는 경우가 있을 수 있다. 그런데 최초보험료는 보험자의 책임을 개시시키는 중요한 의미를 가진 보험계약자의 급부인데, 이를 어음·수표에 의해 이행한 경우 보험료의 지급시점을 어음·수표의 **교부시점**으로 보아야 할 것인가 혹은 어음·수표금액 **결제시점**으로 보아야 할 것인가 특히 그 어음·수표가 결제되기 전에 보험사고가 발생한 경우 문제된다.

2) **논 의** : 어음·수표에 의한 최초보험료 지급시 **책임개시여부**(**쟁점310**)에 관해, **부정설**(**일반법리에 따르는 견해**)은 보험료 지급에 갈음하여 어음·수표가 교부된 경우, 자기앞수표가 교부된 경우에는 교부시점에 보험료채무가 이행된 것으로 보지만, 기타의 경우(지급을 위하여, 담보를 위하여 어음·수표가 교부된 경우)에는 보험료채무와 어음채무는 병존하게 되어 어음·수표금의 결제를 정지조건으로 하여 보험료채무가 이행되었다고 보아 교부 후 결제전에 발생한 보험사고에 대해서는 보험자는 책임을 부담하지 않는다고 본다. **긍정설**(**해제조건부 대물변제설 혹은 유예설**)은 보험료지급의무의 이행을 어음이나 수표에 의한 경우 이를 보험료가 지급된 것으로 이해하고 보험자는 수령한 어음·수표가 지급되기 전에 보험사고가 발생하더라도 이에 대한 책임을 부담한다고 보는 견해로서, i) 어음·수표의 부도를 해제조건으로 하여 현금의 지급에 갈음하여 수령된 것으로 하여 보

험자의 책임이 개시된다고 보는 **해제조건부 대물변제설**, ii) 보험계약자가 교부한 어음·수표를 보험자가 수령한 때에는 어음·수표의 지급기일까지 보험료지급을 유예한 것이라고 보는 **유예설**, iii) 지급의 유예, 책임개시에 관해 당사자간에 묵시적 합의가 있었다고 보는 **묵시적 합의설** 등이 있다. **판례**는 보험료로 선일자수표를 발행·교부한 사안에서 선일자수표의 발행일이 도래하기 전에 보험사고가 발생한 사안에서 선일자수표를 받은 날을 보험자의 책임발생시점이 되는 제1회 보험료의 수령일로 볼 수 없다고 보았다(88다카33367). 약속어음에 관해서는 지급에 갈음하여 약속어음이 교부된 경우에는 교부시에 보험료 지급의 효력이 발생한다고 보았고(2005다38249), 일반적으로 보험료로 약속어음이 교부된 경우에는 어음이 지급결제됨으로써 보험료납부의 효과가 발생한다고 보았다(87다카1793).

3) **검 토** : 어음·수표에 의한 보험료지급을 특별한 합의 없이 대물변제로 보기는 어렵고 보험료 지급유예만으로 보험자의 책임개시가 되는 이유도 설명이 어려우므로 묵시적 합의설이 타당하다고 생각되나, 이 경우도 어음·수표가 부도가 된 경우 보험자는 보호되어야 하므로 논리적으로 어음·수표의 부도를 해제조건이 부착되었다고 보아야 한다(**해제조건부 책임개시합의설**). 하지만 보험금을 수령할 수 있다면 어음·수표가 부도되더라도 보험료를 현금으로 지급할 것으로 예상되어 해제조건이 사실상 의미는 없다고 본다.

(4) 보험료부지급과 실효약관

1) **실효약관의 효력** : 최초보험료를 해태한 경우 **해제의제**되며(상650.1), 계속보험료의 지급을 해태한 경우에는 보험자는 상당기간을 정하여 보험계약자(제1차 최고 상대방) 혹은 피보험자 또는 보험수익자(제2차 최고 상대방)에게 보험료지급을 최고하고 그 기간 내에 지급하지 않을 경우 보험자는 보험계약자에 대하여 보험계약을 해지할 수 있다(**최고 후 해지**, 상650.2,3). 그런데 실무상 제2회 보험료부터 납입을 해태한 경우 일정한 유예기간을 두고 유예기간 내에도 납입을 해태한 경우 보험계약이 자동으로 실효된다는 규정(**실효약관**)이 이용된 바 있다. 하지만 실효약관에 의하면 상법에서 정하고 있는 보험자의 최고행위와 해제행위 없이도 보험계약이 자동으로 실효되게 되어 상법 제650조 2항에 반하고 결과적으로 상법 제663조에 반하는지 여부가 문제되었다. 실효약관의 유효성에 관해 대하여 다수의 보험계약을 다루어야 하는 보험거래의 실정과 보험단체의 이익 보호를 근

거로 하는 **유효설**과 상법 제663조에 반한다는 점에 근거한 **무효설**이 대립한다. 판례는 유효와 무효의 입장이 엇갈리다가 1995년 전원합의체 판결에서 실효약관은 무효하다는 쪽으로 정리되었다(94다56852전합).

2) **해지예고부최고** : 일정기간을 정하여 보험료지급을 최고하면서 동 기간 내에 보험료를 지급하지 않은 경우 별도의 해지의 통지 없이 계약이 자동으로 해지되도록 하는 해지예고부최고의 유효성을 인정하는 견해가 있다. 이 견해는 상법 제650조 2항의 취지가 상당한 기간을 정하여 보험료의 지급을 최고한다는 데 있고 해지통지에 의미가 있는 것은 아니라 본다. 하지만 여전히 해지통지가 도달하여야만 해지의 효과가 발생하게 되는 상법의 규정에 비추어 여전히 제663조 위반의 문제가 남아있다고 생각된다.

3) **보험금 지급 후 보험료지급 해태** : 계속보험료를 지체하기 전에 발생한 보험사고에 관해 지급된 보험금이 있다면 이는 후발적인 보험료지급 연체에도 불구하고 이미 지급된 보험금을 보험자에게 반환할 필요는 없다. 상법 제655조 규정을 문리적으로 해석하면 상법 제650조의 규정에 의하여 계약을 해지한 경우 이미 지급된 보험금을 반환청구할 수 있는 것처럼 보인다. 그러나 다른 보험계약의 해지사유와는 달리 사후적인 보험료지급의 지체가 보험금채무의 소급적 소멸을 가져온다고 볼 수는 없기 때문에 입법의 오류로 보여진다. 즉, 상법 제655조의 내용에 '계속보험료를 지체하기 전에 보험사고가 발생한 경우나'를 2문의 '다만' 다음에 추가하여야 한다. 그리고 보험료부지급을 이유로 보험계약을 해지한 경우에도 일정한 경우 보험계약을 **부활**시킬 수 있다(상650의2).

2. 통지의무

1) **위험변경증가통지의무** : ① 개념 – 보험기간 중 보험계약자 또는 피보험자가 사고발생의 위험이 현저하게 변경 또는 증가된 사실을 안 때에는 지체 없이 보험자에게 통지하여야 한다(상652.1). '지체 없이'의 의미는 귀책사유 있는 지연 없이 통지하여야 함을 의미한다. 통지의 방식은 구두 또는 서면 모두 가능하나 대체로 약관에 의하여 서면으로 통지하도록 하는 것이 관례이다. 약관에서 서면통지를 정하고 있을 경우 구두에 의한 통지는 효과가 없다는 것이 판례이다(92다

13301, 13318). 다만 위험의 변경·증가가 보험계약자 또는 피보험자의 행위로 인한 것인 경우(**보험계약자 등의 고의, 과실**)에는 상법 제653조가 적용되고 제652조는 적용되지 않는다.

② 근거 – **통지의무의 근거**는 보험계약은 최대선의계약이므로 보험계약의 기초가 된 위험이 변경·증가된 경우 이를 보험자에게 알릴 의무가 있고 보험자는 이를 보험료에 기술적으로 반영하여 보험단체를 보호할 필요가 있다는 점(**선의계약성, 기술성**)에서 찾을 수 있다. 그리고 통지의무의 법적 성질은 고지의무와 유사하게 채무불이행시 강제집행이나 손해배상청구를 할 수 없는 부진정한 의무 혹은 **간접의무**적인 성질을 가지고 있다.

③ 위험 – **위험**이라 함은 보험사고 발생의 가능성을 의미하며 **현저한 변경 또는 증가**라 함은 '보험계약체결 당시에 그러한 사실이 존재하였다면 보험자가 계약을 체결하지 않았거나 또는 적어도 동일한 조건으로는 그 계약을 체결하지 않았을 것으로 생각되는 정도의 위험의 변경 또는 증가를 의미하고 객관적으로 판단하여야 한다.' 예컨대 화재보험계약을 체결한 후 보험목적인 건물의 구조와 용도에 상당한 변경을 가져오는 증·개축공사를 시행하였다면 이는 상법 제652조 1항의 통지의무의 대상이 되고(98다62909, 62916), 피보험자의 직업이 변경된 경우 이를 통지하도록 한 보험계약의 약관의 효력을 전제하여 직업의 변경을 위험변경증가통지의무의 대상으로 보았다(2013다13474).

④ 보험자의 악의 – 보험자가 위험의 변경·증가 사실을 이미 알고 있었을 경우에 관해 고지의무에 관한 상법 제651조와 달리 별도의 규정을 두고 있지 않아 해석상 의문이 있다. 하지만 위험의 변경·증가 통지의무의 기술적 성격을 고려할 때 보험자가 이미 알고 있는 경우(**보험자의 악의**)까지 보험계약자에게 통지의무를 지울 수는 없다고 본다. 판례는 보험자가 통지의무 해태사실을 알았거나 알 수 있었다는 점에 관한 증명책임은 보험계약자나 피보험자가 부담한다고 본다(2013다13474).

⑤ 효과 – 보험계약자 등이 위험의 변경·증가를 통지한 경우 보험자는 1월내에 보험료의 증액을 청구하거나 **계약을 해지**할 수 있다(상652.2). 이는 보험계약시 평가하여 인수하였던 위험이 변경되었으므로 사정변경의 원리에 따라 보험자에게 계약해지권을 부여하고(해지의 효과는 고지의무위반과 동일), 보험자의 선택에 따라 보험료 증액을 청구할 수도 있도록 규정한 것이다. 고지의무과 유사하게, 보험계약체결 이후에 동일한 위험을 담보하는 다른 보험계약을 체결하는 것(**중복

적 보험계약체결)에 관해 판례는 생명보험의 경우 이를 위험의 증가·변경으로 정하고 있는 약관이 유효하다고 해석한 반면(99다33311), 손해보험의 경우에는 통지의무의 대상이 되지 않는다고 보았으며 고지의무에 관한 판례와 거의 유사한 판단을 하고 있다(2001다49630). 따라서 판례에 의하면 생명보험의 경우 중복보험계약의 체결을 이유로 보험자는 보험계약을 해지할 수 있지만, 손해보험의 경우 이를 이유로 보험계약을 해지할 수 없게 된다.

2) **사고발생통지의무** : 보험계약자 또는 피보험자나 보험수익자가 보험사고의 발생을 안 때에는 지체 없이 보험자에게 그 통지를 발송하여야 한다(상657.1). 사고발생 통지의무의 **법적 성질**은 보험금청구를 위한 전제조건인 동시에 보험계약상의 진정한 의무라는 견해(통설)와 보험자책임을 묻기 위한 전제조건이라는 견해가 대립하고 있다. 생각건대 사고발생 통지의무 역시 부진정한 의무로서 간접의무적인 성질을 가지나, 이를 해태한 경우의 효과는 고지의무나 위험변경·증가의무 위반의 경우와는 다르게 보험자의 이행지체책임이 면책될 뿐이다. 보험사고발생의 통지가 있을 때까지 보험자는 보험금액을 지급하지 아니하여도 이행지체가 되지 아니하고, 통지를 해태함으로써 손해가 증가된 때에는 보험자는 그 증가된 손해를 보상할 책임이 없다(상657.2). 단 보험자가 사고발생을 안 경우에는 예외이다.

3. 위험유지의무

보험기간 중 보험계약자, 피보험자 또는 보험수익자는 **고의나 중과실에 의하여** 사고발생의 위험을 현저하게 변경 또는 증가시켜서는 안 된다는 의무이다(상653). 보험자는 위험을 현저하게 변경·증가시킨 것을 안 날로부터 1월 내에 보험료의 증액 또는 계약해지가 가능하다. 판례상 보험계약자가 자동차의 구조를 변경한 경우와 같이 일정한 경우에 상법 제653조의 **주관적 위험변경·증가통지의무**를 문제삼지 않고 상법 제652조의 **객관적 위험의 변경·증가통지의무**를 문제삼아 보험계약을 해지한 예가 있다(98다32564). 이는 상법 제653조의 효과를 인정하기 위해서는 보험계약자 등의 고의·중과실이 증명되어야 하는데, 자동차의 구조변경행위에서 상법 제653조의 고의·중과실을 증명하기가 용이하지 않아 상법 제652조에 문의한 것으로 본다.

제 5 절 보험계약의 효력변동

Ⅰ. 보험계약의 취소·해지

1) **보험계약의 취소** : 보험계약은 계약당사자인 보험계약자와 보험자의 의사표시의 합치에 의해 효력이 발생한다. 계약당사자의 의사표시에 하자가 있을 경우 특히 무능력, 착오, 사기, 강박이 있었을 경우 계약당사자는 의사표시를 취소함으로써 보험계약은 소급적으로 효력을 상실한다. 그밖에 약관교부·설명의무를 위반한 경우도 취소원인이며(상638의3), 보험계약의 취소는 보험자에 의해서도 가능한데 특히 보험계약자가 고지의무를 위반한 경우 보험자가 착오 또는 사기를 이유로 보험계약을 취소할 수 있는지에 관해 학설이 대립되고 있음을 앞서 본 바 있다.

2) **보험계약의 해지** : ① 원칙 – 취소와 유사하게 의사표시에 의해 보험계약의 효력을 상실시키는 법률행위로서 보험계약의 해제·해지가 있다. 보험계약의 위험단체성을 고려할 때 이미 지급되어 경과된 보험료의 반환은 불가능하다는 점에서 보험계약의 해제는 상법이 인정하고 있지 않으며 해지권만 부여하고 있다. 보험계약의 해지사유는 보험사고 발생전 임의해지(상649), 계속보험료 부지급시 해지(상650.2), 고지의무위반시 해지(상651), 위험변경증가통지시 해지(상652), 위험유지의무위반시 해지(상653), 보험자의 파산선고와 해지(상654) 등이 있으며, 보험계약 해지의 효과에 관해서는 상법 제655조에서 일괄 규정하고 있다.

② 제한 – 타인을 위한 보험에서는 해지권 행사가 제한되며(상650.3), 보험사고 전 보험계약자가 보험계약을 임의해지하기 위해서는 타인의 동의 혹은 보험증권 소지를 요하고(상649.1), 계속보험료를 부지급을 이유로 해지할 경우 타인에게 최고 후 해지하여야 한다(상650.3). 단 타인을 위한 보험에서 제1회 보험료를 지급하지 않은 경우 타인에 대한 최고를 요하지 않고 2월이 경과하면 해제의제된다고 본다(상650.1).

③ 신뢰관계의 파괴 – 판례는 보험계약의 장기간의 계속적 계약성, 도덕적 위험의 우려가 있어 당사자의 윤리성과 선의성이 강하게 요구되는 특성으로 당사자

사이에 강한 신뢰관계가 있어야 하므로 보험계약의 존속 중에 당사자 일방의 부당한 행위 등으로 인하여 계약의 기초가 되는 신뢰관계가 파괴되어 계약의 존속을 기대할 수 없는 중대한 사유가 있는 때에는 상대방은 그 계약을 해지할 수 있다고 보면서, 다만 구체적 사안에서 보험자가 이와 같은 해지권을 행사할 수 있는지는 신중하고 엄격하게 판단하여야 한다고 보았다(2020마6195).

④ **해지의 범위** – 보험계약을 해지함에 있어 전부해지뿐만 아니라 일부해지도 가능하다(상649). 보험계약이 보장성보험계약과 저축성보험계약이라는 독립된 두 개의 보험계약이 결합된 경우에는 저축성보험계약 부분만을 분리하여 이를 해지하고 압류할 수 있지만, 하나의 보험계약에 보장성보험과 저축성보험의 성격이 모두 있는 경우에 그중 저축성보험의 성격을 갖는 계약 부분만을 분리하여 이를 해지할 수 없다고 보았다(2015다50286). 하지만 신뢰관계가 파괴되어 상대방이 그 계약을 해지하는 경우, 신뢰관계를 파괴하는 당사자의 부당한 행위가 해당 보험계약의 주계약이 아닌 특약에 관한 것이라 하더라도 그 행위가 중대하여 이로 인해 보험계약 전체가 영향을 받고 계약 자체를 유지할 것을 기대할 수 없다면, 특별한 사정이 없는 한 해지의 효력은 해당 보험계약 전부에 미친다고 보았다(2019다267020).

Ⅱ. 보험계약의 무효

1) **무효 원인** : 의사표시상의 하자(민103, 104, 107, 108)를 이유로 보험계약이 무효인 경우 외에 상법은 특별한 무효원인을 규정하고 있다. 보험사고가 이미 발생하였거나 발생할 수 없는 것인 때, 즉 보험사고의 객관적 확정(상644), 보험계약자의 사기로 인한 초과·중복보험(상669.4, 672.3), 타인의 동의를 얻지 못한 타인의 생명보험(상731), 15세 미만자, 심신상실자 또는 심신박약자의 사망을 보험사고로 하는 보험계약(상732) 등이 이에 해당한다. 단 판례는 보험계약 청약 후 승낙 전 보험사고에 대하여 보험계약의 청약을 거절할 사유가 없어서 보험자의 보험계약상의 책임이 인정되면(상638의2.3), 보험계약 당시 보험사고가 이미 발생하였다는 이유로 상법 제644조에 의하여 보험계약이 무효로 된다고 볼 수도 없다고 본다(2008다40847). 그리고 판례는 보험계약자가 다수의 계약을 통하여 보험금을 부정 취득할 목적으로 보험계약을 체결한 경우에도 선량한 풍속 기타 사회질서(민103)에 반하여 무효로 보았다(2019다277812).

2) **일부 무효** : 보험계약이 **일부 무효**가 되는 경우가 있는데, 보험계약의 당사자가 특별한 위험을 예기하여 보험료의 액을 정한 경우에 보험기간 중 그 예기한 위험이 소멸한 때에는 특별위험에 대한 보험계약 부분은 무효가 된다. 이 경우 보험계약자는 그 후의 보험료의 감액을 청구할 수 있다(상647). 보험계약이 해지된 경우와 달리 보험계약의 전부 또는 일부가 무효인 경우에 보험계약자와 피보험자가 선의이며 중대한 과실이 없는 때에는 보험자에 대하여 보험료의 전부 또는 일부의 반환을 청구할 수 있다. 보험계약자와 보험수익자가 선의이며 중대한 과실이 없는 때에도 같다(상648).

Ⅲ. 보험계약의 종료

보험자 혹은 보험계약자의 법률행위에 의해 효력을 상실하게 하는 보험계약의 해지와 달리 보험계약이 완전하게 유효하였다가 일정한 사유가 있으면 효력을 상실하게 되는 경우가 있다. 여기에는 보험계약 당사자의 행위 없이 당연히 효력을 상실하는 당연종료사유에는 보험기간의 만료, 위험 혹은 보험목적의 소멸, 보험사고의 발생, 보험료부지급으로 인한 해제의제, 보험계약이 실효된 경우가 포함된다. 특히 보험계약이 실효되는 경우로는 보험자 파산선고 후 3월 경과(상654)를 들 수 있으나, 해상보험에서 항해변경, 이로, 발항·항해지연, 선박변경 등의 사유가 있을 경우 보험계약이 실효되지 않고 보험자가 면책된다(상701~703). 그리고 보험사고가 발생한 경우 보험계약은 원칙적으로 그 목적을 달성함으로써 소멸한다. 다만 예외적으로 책임보험의 경우는 그 성질상 보험사고가 발생하더라도 보험계약이 소멸된다고 볼 수 없으며, 화재보험의 경우에도 일부 손해가 발생한 경우 당사자의 약정에 의해 보험계약을 유지시킬 수 있다.

Ⅳ. 보험계약의 부활

계속보험료 지급지체로 인하여 보험계약이 해지되고 **해지환급금**이 지급되지 아니한 경우 보험계약자는 일정한 기간 내에 연체보험료에 약정이자를 붙여 보험자에게 지급하고 그 계약의 부활을 청구할 수 있다(상650의2.1). 이를 위해서는 I) 계속보험료의 부지급, ii) 해지환급금이 없거나 반환 전, iii) 부활계약(보험계약자의 청약과 보험자의 승낙) 등의 요건을 구비하여야 한다. 보험계약 부활의 법적 성질은 종래의 보험계약의 동일성을 유지시키는 특수한 계약이라고 생각한다. 부활계약의 성립을 위해서는 보험계약자의 청약과 보험자의 승낙이 합치하여야 하지만 이 경우에도 보험계약자의 보호를 위해 상법 제638조의2 규정을 준용한다(상650의2). 따라서 보험계약의 **부활청약**과 보험자가 보험료 상당액의 전부 또는 일부를 수령한 경우 승낙의무, 승낙간주, 적격피보험체보호 등의 효과가 발생한다. 보험계약이 부활하면 해지·실효되기 전 보험계약이 회복되므로 종래 보험계약에 존재하였던 **항변**(보험계약의 무효·해지사유)이 부활하나, 부활계약시 새로운 **고지의무**가 부과된다는 점에서 종래의 고지의무 위반은 주장할 수 없다고 본다. 보험계약의 부활에 의하여 그 원인이 제거된 때에는 종전의 계약상의 이유를 들어 이를 다툴 수 없다고 본다.

제 6 절 타인을 위한 보험

1. 의 의

1) **개 념** : 타인을 위한 보험이란 보험계약자가 타인의 이익을 위하여 자기명의로 체결한 보험계약이다. 자기를 위한 보험은 보험계약자와 피보험자(인보험에서 보험수익자)가 동일인인 보험인데 반해, 타인을 위한 보험은 손해보험의 경우 보험계약자와 피보험자가, 인보험의 경우 보험계약자와 보험수익자가 동일인이 아닌 보험이다. 타인을 위한 보험계약은 예컨대 운송업자·창고업자가 송하인이나 임치인을 위해, 타인의 건물을 임차한 임차인이 그 건물의 소유자를 위해, 격지자간의 상품매매에서 매도인이 운송중의 상품에 관하여 매수인을 위해 손해보험계약을 체결하는 경우나, 부모가 자녀를 보험수익자로 지정하여 생명보험을 체결하는 경우 등이다. 일반 손해보험은 대개 자기를 위한 보험이든 타인을 위한 보험이든 보험계약자가 선택할 수 있는데, 손해보험 중에는 보증보험과 같이 타인을 위한 보험의 형태로만 체결되는 보험도 존재한다. 다만 타인을 위한 손해보험계약에서 말하는 타인이란 보험계약자가 제3자를 주체로 하는 피보험이익에 관하여 보험계약을 체결한 경우 그 제3자, 즉 피보험이익의 주체인 피보험자를 말하는 것이고, 단지 보험계약자에게 귀속되는 피보험이익에 관하여 체결된 손해보험계약에서 보험금을 수취할 권리가 있는 자로 지정되었을 뿐인 자는 여기에서 말하는

타인이라 할 수 없다(99다489).

2) **법적 성질** : 타인을 위한 보험계약의 법적 성질(쟁점311)에 관해, **특수보험계약설**은 피보험자 또는 보험수익자가 수익의 의사표시를 하지 않더라도 당연히 보험계약상의 권리를 취득하는 점에서 민법상 제3자를 위한 계약으로 볼 수 없고 상법상 특수한 보험계약이라고 보고, **제3자를 위한 계약설**은 타인을 위한 보험계약은 민법상 제3자를 위한 계약(민539.2)의 일종이지만 수익의 의사표시 없이 제3자(피보험자 또는 보험수익자)가 당연히 보험상의 권리를 취득하더라도 제3자를 위한 계약으로 본다(통설·판례). 판례는 보험계약자가 타인의 생활상의 부양이나 경제적 지원을 목적으로 보험자와 사이에 타인을 보험수익자로 하는 생명보험이나 상해보험 계약을 체결하여 보험수익자가 보험금 청구권을 취득한 경우, 보험자의 보험수익자에 대한 급부는 보험수익자에 대한 보험자 자신의 고유한 채무를 이행한 것이어서 보험자는 보험계약이 무효이거나 해제되었다는 것을 이유로 보험수익자를 상대로 하여 그가 이미 보험수익자에게 급부한 것의 반환을 구할 수 있다고 본다(2016다255125). 생각건대 민법상 제3자를 위한 계약도 반드시 수익의 의사표시가 요구되지 않는다는 점에서 굳이 특수계약으로 볼 필요가 없어 제3자를 위한 계약설이 타당하다고 본다.

3) **요 건** : 타인을 위한 계약체결이라는 명시 또는 묵시의 **합의**가 있어야 한다. 그리고 타인은 특정되는 것이 일반적이지만 불특정의 타인을 위한 계약도 가능하다. 예를 들어 화물수송 혹은 보관시 피보험자를 고정하는 것보다는 사고발생시 피보험이익의 귀속주체를 피보험자로 하는 합의도 가능하다. 그리고 생명보험의 보험수익자는 보험계약 체결 이후에 지정할 수 있으며, 지정이 없는 경우의 효과에 관해 상법 제733조에 규정을 두고 있다. **타인의 위임**을 받지 않고 타인을 위한 보험계약을 체결할 수 있으나 손해보험계약에서 위임이 없을 경우에는 이를 보험자에게 고지하여야 하고 고지가 없을 경우 피보험자가 보험계약체결 사실을 몰랐다는 사유로 보험자에게 대항할 수 없다(상639.1).

2. 법률관계

1) **보험계약자의 권리·의무** : 보험계약자는 보험금청구권을 제외한 보험계약

의 효과로 발생하는 권리(보험증권교부청구권, 보험료감액청구권, 보험료반환청구권, 보험사고발생 전의 보험계약해지권 등)와 의무(보험료지급의무·각종 통지의무·위험유지의무·손해방지의무)를 가진다. 즉 보험금청구권만 피보험자(보험수익자)가 가지고 나머지 권리, 의무는 여전히 보험계약자가 가진다. 다만 **보험계약해지권**의 행사는 제한되는바, 보험계약자가 보험증권을 소지하든지 혹은 타인의 동의를 얻어서만 행사할 수 있다(상649.1). 그리고 보험계약자가 예외적으로 보험금청구권을 가질 수 있음을 상법은 규정하고 있다. 즉 손해보험에서 타인에게 보험사고의 발생으로 생긴 손해를 보험계약자가 배상한 때에는 피보험자의 권리를 해하지 아니하는 범위 안에서 보험자에 대한 보험금청구권도 가진다(상639.2). 그리고 인보험에서는 보험계약자는 보험수익자의 지정·변경권을 가진다(상733.1).

2) **피보험자(보험수익자)의 권리·의무** : ① **권리** – 피보험자(또는 보험수익자)는 별도의 수익의 의사표시 없이도 보험사고가 발생하면 **보험금청구권**을 가진다(상639.2). 이 경우 보험자는 보험계약자에 대한 항변사유로써 피보험자나 보험수익자에게 대항할 수 있다. 이러한 피보험자나 보험수익자의 지위는 보험사고발생 전에 보험계약자가 보험계약의 해지권이나 인보험에서 보험수익자의 지정·변경권을 행사함으로써 박탈될 수 있는데, 보험증권을 소지하거나 피보험자의 동의를 얻어야 하는 등 법률상 일정한 제한이 있다. 보험계약자가 피보험자의 상속인을 보험수익자로 하여 맺은 생명보험계약이나 상해보험계약에서 피보험자의 상속인은 피보험자의 사망이라는 보험사고가 발생한 때에는 보험수익자의 지위에서 보험자에 대하여 보험금 지급을 청구할 수 있고, 이 권리는 보험계약의 효력으로 당연히 생기는 것으로서 상속재산이 아니라 상속인의 고유재산이다(2017다215728).

② **의무** – 피보험자나 보험수익자는 보험계약의 당사자가 아니므로 원칙적으로 보험료지급의무를 부담하지 않으나, 보험계약자가 파산선고를 받거나 보험료의 지급을 지체한 때에는 예외적으로 보험료 지급의무를 부담한다(상639.3). 그 밖에 각종의 통지의무·위험유지의무를 부담하며 보험계약체결시에 체결사실을 알고 있는 경우에는 계약 전 의무로서 고지의무를 부담한다. 판례는 타인을 위한 보험계약에 있어서 피보험자는 직접 자기 고유의 권리로서 보험자에 대한 보험금지급청구권을 취득하는 것이므로 특별한 사정이 없는 한 피보험자는 보험계약자의 동의가 없어도 임의로 권리를 행사하고 처분할 수 있다고 보았다(92다20408).

3) **보증보험의 특수성** : 보증보험의 경우에는 보험계약자의 사기를 이유로 보험계약을 취소하는 경우 피보험자가 기망행위의 존재를 알았거나 알 수 있었던 경우와 같은 특수한 사정이 없는 한 보험자는 보험계약의 취소로써 피보험자에게 대항할 수 없다(후술함). 상법은 이러한 취지에서 보증보험의 경우 상법 제651조, 제652조, 제653조, 제659조 1항의 적용을 제한하고 있다(상726의6.2). 판례도 보험자가 착오를 이유로 보증보험계약체결의 의사표시를 취소하였다 하더라도, 이미 그 보증보험계약의 피보험자인 채권자가 보증보험계약의 채권담보적 기능을 신뢰하여 새로운 이해관계를 가지게 되었다면, 피보험자가 그와 같은 기망행위가 있었음을 알았거나 알 수 있었던 경우이거나, 특별한 사정이 없는 한 그 취소를 가지고 피보험자에게 대항할 수 없다고 보았다(98다63162).

제2장 손해보험

제1절 통 칙

Ⅰ. 손해보험계약

1. 의 의

1) **개 념**: 손해보험계약이란 당사자의 일방이 우연한 사고에 의하여 생길 수 있는 피보험자의 재산상 손해를 보상할 것을 약정하고 상대방이 이에 대하여 보험료를 지급할 것을 약정함으로써 효력이 생기는 보험계약(**손해보상계약**)이다. 손해보험의 종류에는 화재보험·운송보험·해상보험 등 전통적인 손해보험과 책임보험·자동차보험·보증보험 등 근래 활성화된 보험이 있다. 그리고 상법에서 인보험으로 분류하고 있는 보험 중 상해보험은 손해보험의 성질도 가지고 있다. 손해보험은 정액보험인 인보험과 달리 보험사고와 인과관계를 가지는 손해의 보상을 목적으로 하므로 **부정액보험**이며, 손해발생 여부와 그 범위를 확정함에 있어서 전제가 되는 **피보험이익**의 개념이 중요한 위치를 차지한다.

2) **성 질**: 손해보험계약은 손해보상계약으로서 피보험자에게 발생한 손해만 보상하는 부정액보험이다. 피보험자에게 발생한 손해는 보험의 목적에 대한 피보험자의 일정한 이익(**피보험이익**)을 전제하고 있으며, 피보험이익이 없으면 손해보험계약은 무효이다('피보험이익이 없으면 보험은 없다'). 피보험이익의 범위 내에서 보험금액이 약정되고 보험사고가 발생한 경우 실제 피보험자에게 지급되는 보험금은 보험금액 내에서 피보험자가 입은 손해를 한도로 한다. 이렇게 볼 때 손해보험은 피보험이익과 보험금액의 범위 내에서 보험금이 지급된다고 할 수 있다. 피보험이익과 보험금액의 관계에서 전부보험, 일부보험, 초과보험 등의 개념이 나타나고, 보험금액과 보험금의 관계에서 전손인지 분손인지 여부가 문제된다. 손해보험에서 피보험이익을 넘어서 보상하는 것은 도덕적 위험을 발생시킬 수 있으므

로 이는 금지되어(**이득금지의 원칙**), 보상 후 남은 가치(잔존물, 손해배상청구권)도 피보험자가 가질 수 없고 보험자에게 귀속하도록 하고 있다(**보험자대위**).

2. 피보험이익

1) **개 념** : 손해보험은 **손해보상**을 본질로 하므로 보험사고로 인한 손해의 발생이 보험금청구권의 요건이 된다. 그런데 **손해**는 일정한 가치 혹은 이익의 존재를 전제하는데, 손해보험계약에서 피보험자가 보험의 목적에 대하여 갖는 경제상의 이익을 피보험이익이라 한다. 피보험이익의 개념에 관해 i) 피보험이익을 피보험자가 보험의 목적에 대하여 갖는 경제상의 이익으로 보는 **이익설**과 ii) 피보험이익을 보험의 목적에 대하여 보험사고가 발생함으로써 피보험자가 손해를 입게 되는 경우에 그 목적에 대하여 피보험자가 갖는 경제적 이해관계로 보는 **관계설**이 있다. 양자는 개념상 큰 차이가 없고 이익이 이해관계보다 명확할 뿐이다. 상법에서는 피보험이익을 **보험계약의 목적**으로 보고 있으며(상668, 669), 보험계약의 목적은 보험의 목적과 구별을 요한다.

2) **피보험이익의 지위** : 손해보험계약에서 피보험이익의 의미에 관해, i) **절대설**은 피보험이익을 계약의 성립요건이자 존속요건으로 보고 이익이 없으면 보험이 없다고 본다. 이에 반해 ii) **상대설**은 피보험이익을 보험계약의 도박화를 방지하기 위한 정책적 요소로 이해한다. 생각건대 피보험이익은 손해보험의 선의계약성(도박화 방지 등)을 위한 필수적인 개념(성립·존속요건)이므로 절대설이 타당하다고 본다. 다만 당사자가 선의인 경우 보험사고가 객관적으로 확정된 경우에도 보험계약을 허용한 상법 제644조 단서는 계약관계자가 선의일 경우 도박화의 우려가 없어 예외적으로 허용된 경우라 보아야 한다.

3) **요 건** : 피보험이익은 먼저, i) 손해보상을 목적으로 하는 손해보험의 피보험이익은 **객관적 평가가 가능한 경제적 이익**이어야 한다. 법률상 이익뿐만 아니라 사실상 이익도 포함되며 기대이익의 상실로 인한 손해도 포함할 수 있으나(상667), 정신적·감정적 이익은 포함되지 않는다. ii) 피보험이익은 **적법**하여야 하므로 절도·도박으로 인한 이익이라든가 민법 제103조에 위반하는 이익 등은 제외된다. 피보험이익의 적법성 여부는 당사자의 선의·악의·능력 유무와는 관계없이

판정한다. iii) 피보험이익은 보험계약 성립 당시에 그 존재 및 귀속이 객관적으로 **확정가능**하거나 적어도 보험사고 발생시까지 객관적으로 확정될 수 있어야 한다. 왜냐하면 보험사고 발생시까지 피보험이익이 확정되지 않으면 손실도 확정되지 않고 또한 보험자가 보상할 보험금도 확정될 수 없기 때문이다.

4) **기 능** : 피보험이익은 보험자의 i) **보상책임의 최고한도**가 되므로 보험자는 피보험이익을 초과한 보상을 할 수 없다. 이는 피보험자의 입장에서 보면 보험을 통해 이득을 취할 수 없다는 이득금지의 원칙과 관련된다. 그리고 피보험이익은 ii) **보험계약의 개별화**를 가능하게 한다. 동일한 건물의 화재에 관해 소유자·저당권자·임차인은 각각 별개의 피보험이익을 가지므로 각각 별개의 손해보험계약을 체결할 수 있다. 그리고 iii) **도박보험·초과보험 등의 판정기준**이 된다. 즉, 피보험이익이 존재할 경우 정상적인 보험이 되고 피보험이익이 존재하지 않을 경우 도박보험이 되며 보험금액이 피보험이익을 초과할 경우 초과보험이 된다.

Ⅱ. 보험가액과 보험금액

1. 보험가액

1) **개 념** : 손해보험에는 피보험이익이 있어야 보험계약이 유효하게 되는데, **보험가액**이란 피보험이익을 객관적으로 평가한 금액을 의미한다. 손해보험계약에서 피보험자는 보험사고 발생 전과 비교할 때 보험사고로 인해 손해의 보상을 넘어 이득을 얻는 것은 금지되므로(이득금지의 원칙), 결국 보험가액은 보험자가 보상할 보험금액의 최고한도를 의미하게 된다.

2) **미평가보험** : 당사자간에 보험가액에 대한 합의가 없는 보험으로서 이 경우 사고발생 당시를 기준으로(상671) 객관적으로 피보험이익을 평가하여 보험가액을 산정하여야 한다. 피보험이익의 가액은 장소와 시각에 따라 변동하므로 당사자간에 다툼의 소지가 많아 이에 대한 **평가기준**을 보험계약법에서 정하고 있다. 이러한 원칙에 대해 몇 가지 예외가 있는데, 그 중 하나가 **보험가액불변경주의**이다. 예컨대 운송보험은 보험목적을 발송한 때와 곳의 가액, 도착지까지의 운임 기타 비용을 보험가액(상689)으로, 해상보험에서도 선박은 보험자의 책임이 개시될 때의

선박가액(상696.1)으로, 적하는 선적한 때와 곳의 적하의 가액 및 비용(상697)으로 하여, 사고발생 당시가 아닌 그 전의 일정한 시점의 보험가액을 산정한 후 보험기간 중 보험가액이 변경하지 않는 것으로 간주하는 것을 의미한다. 다음으로 당사자의 특약에 의해 보험사고에 따른 손해의 보상을 사고발생 당시의 가액이 아닌 신품가액으로 보상하는 보험(**신가보험**)도 또 다른 예외이다.

3) **기평가보험** : 사고발생 후 보험가액을 산정함에 있어서는 목적물의 멸실·훼손으로 인하여 곤란한 점이 있고 이로 인하여 분쟁이 일어날 소지가 많기 때문에 이러한 분쟁을 사전에 방지하고 보험가액의 증명을 용이하게 하기 위하여 보험계약 체결 시에 당사자 사이에 보험가액을 미리 협정하여 두는 기평가보험제도가 이용되고 있다. 손해액 산정 시 생기는 분쟁을 사전에 예방하고 피보험자에게 신속한 보상이 가능하도록 보험계약 당사자간의 합의로 보험가액(**협정보험가액**)을 미리 정한 보험이다. 이는 민법의 손해배상액의 예정(민398 → 예정액이 부당하게 과다할 경우에는 법원이 적당히 감액할 수 있음)과 그 취지를 같이 하는데, 협정보험가액은 반드시 당사자의 명시적인 합의에 의하여야 하고 이를 보험증권에 기재하여야 하는데, 사고발생 당시의 보험목적의 가액을 정한 것으로 추정된다. 그러나 협정보험가액이 진정한 보험가액을 현저하게 초과할 경우 사고발생 당시의 가액을 보험가액으로 하는데(상670), 이는 보험의 이득금지의 원리에서 비롯된 것으로서 보험자가 증명책임을 부담한다.

2. 보험금액

보험사고가 발생한 경우 보험자가 손해보상하기로 보험계약에서 약정한 보험금의 최고한도를 의미한다. 보험금액은 보험가액과 달리 손해보험뿐만 아니라 인보험에서도 약정되나 보험사고가 발생한 경우 실제 지급되는 보험금은 인보험에서는 보험금액과 동일하지만, 손해보험에서는 약정보험금액을 한도로 하여 손해액만큼 보상된다. 이렇게 볼 때 손해보험에서 보험사고시 지급되는 보상금, 즉 보험금은 보험가액의 범위 내에서(**법정최고한도**) 보험금액을 최고한도(**약정최고한도**)로 하여 결정된다. 보험가액과 보험금액은 서로 다른 개념이지만, 희망이익보험이 미평가보험인 경우에는 보험금액을 보험가액으로 한 것으로 추정한다(상698).

3. 보험가액과 보험금액의 관계

(1) 초과보험

1) **개 념** : 보험금액이 보험가액을 현저하게 초과하는 보험이다. 보험가액을 초과하는지 여부는 원칙적으로 보험계약의 체결시를 기준으로 하나(상669.2), 보험기간 중에 보험가액이 현저하게 감소된 때에도 초과보험이 될 수 있다(상669.3). 초과보험에서 보험가액을 초과한 부분에는 피보험이익이 없고 보험사고가 발생할 경우 손해도 피보험이익의 범위 내에서 발생한다고 보아야 하므로 초과부분에 대한 보험은 효력을 가질 수 없다. 초과보험이 발생하게 되는 원인은 보험계약체결 당시에는 초과보험이 아니었으나 그 후 물가하락으로 보험가액이 현저하게 감소한 경우 등 당사자의 의사와 무관하게 초과보험이 발생하는 경우(**단순 초과보험**)와 당사자가 부당한 이득을 취할 목적으로 초과보험계약을 체결한 경우(**사기적 초과보험**)가 있다. 우리 보험계약법에서는 양자의 효과를 달리 정하고 있다.

2) **효 과** : ① 초과보험의 효과에 관해서는 초과부분을 당연히 무효로 하는 객관주의와 보험계약자의 선의·악의(사기)에 따라 그 효력을 달리하는 주관주의로 나뉜다. 우리 상법은 **주관주의**의 입법을 취하여 사기적 초과보험을 단순 초과보험의 효력과는 구별하여 규정하고 있다.

② 단순 초과보험 – 보험금액이 보험계약 목적의 가액(보험가액)을 현저하게 초과한 경우 보험자 또는 보험계약자는 보험금액 또는 보험료의 감액청구를 할 수 있다(상669.1). **보험금액·보험료의 감액청구권**은 형성권의 성질을 가지며 보험료가 감액된 경우 그 효과는 장래에 대해서만 효력을 가진다(상669.1단서). 초과보험임에도 당사자가 보험금액·보험료의 감액청구권을 행사하지 않더라도 무방하나 이득금지의 원칙에 따라 보험금은 보험가액을 한도로 지급된다고 보아야 한다.

③ 사기적 초과보험 – 초과보험이 보험계약자의 사기로 인하여 체결된 경우에는 보험계약 전체를 무효로 한다(상669.4). 따라서 사기적 초과보험이 체결되었고, 보험자가 이를 증명할 경우에는 설사 보험사고가 발생하였더라도 보험자는 보험금을 지급할 책임을 부담하지 않는다. 다만 보험자가 사기적 초과보험임을 알 때까지 보험계약자는 보험료를 지급할 책임이 있다.

(2) 일부보험

1) **개 념** : 보험금액이 보험가액에 미달되는 보험을 말한다. 이는 보험료 절약을 위해 의도적으로 행해지나 물가가 급등한 경우처럼 자연적으로 발생하는 경우도 있으며 피보험자로 하여금 주의의무를 해태하지 않도록 하기 위하여 체결되는 경우도 있다.

2) **효 과** : 일부보험에서 보험자는 보험금액의 보험가액에 대한 비율(부담비율)에 따라 보상하는데(**비례부담의 원칙**), 손해액에 대한 부담비율만큼만 보상하게 된다. 예컨대 주택화재보험(시가 1억원, 보험금액 5천만원)을 체결한 후 화재로 6천만원의 손해가 발생하였다면 손해액(6천만원)에 대해 부담비율(1/2)만큼, 즉 3천만원을 보상한다. 그러나 일부보험에서 특약으로 보험금액의 범위 내의 손해에 대해서는 손해액 전부를 보상할 것을 약정할 수 있으며(상674), 이를 **제1차 위험보험**이라 한다. 이 경우 보험금액(5천만원)의 범위내에서 전부 보상되므로 보상액은 5천만원이 된다. 일부보험과 유사한 보험으로 **비율보험**이 있는데, 이는 보험자의 손해보상한도가 보험가액의 일정비율로 정해진 보험을 말한다.

(3) 중복보험

1) **개 념** : 보험계약의 목적(피보험이익)과 보험사고가 동일하고 보험기간이 겹치는 수 개의 보험계약이 수인의 보험자와 체결된 경우를 **중복보험**(**광의**)이라 한다. 특히 각 보험금액의 합계가 보험가액을 초과하는 보험계약을 **협의의 중복보험**이라 한다. 단일한 보험자와 수 개의 보험계약을 체결한 경우에는 중복보험이 아닌 초과보험으로 보아야 하고, 피보험이익·보험기간·보험사고를 달리하는 수 개의 보험은 중복보험에 속하지 않는다. 중복보험이 체결되는 원인을 보면, 의도적으로 체결되는 경우도 있지만 정보부족(매수·매도인간 협의부족)으로, 자기·타인을 위한 보험간에 체결되는 경우도 있으며, 중복의 발생시점 관련 동시·이시중복보험 등이 있다. 개개의 보험은 일부보험 혹은 전부보험이나 중복되어 체결됨으로써 결과적으로 보험가액을 초과하는 **협의의 중복보험**은 초과보험의 성격을 가지고 있으므로, 물가하락 등이 원인이 되는 등 보험계약자가 부당한 이득을 취할 목적이 없이 체결된 **단순중복보험**과 부당한 이득을 취할 목적으로 체결된 **사기적 중복보험**으로 구별된다.

2) **통지의무** : ① 개념 – 손해보험에서는 보험계약이 체결된 후 동일한 보험의 목적에 대해 다시 다른 보험계약을 체결할 경우 보험계약자가 통지의무를 부담하는데(상672.2), 통지의무 해태의 효과를 정하지 않은 **불완전의무**이다. 통지의무의 해태시 **사기에 의한 중복보험으로의 추정가능성**에 관해, 판례는 통지의무를 이행하였다면 보험자가 그 청약을 거절하였거나 다른 조건으로 승낙할 것이라는 것을 알면서도 정당한 사유 없이 위법하게 재산상의 이익을 얻을 의사로 통지의무를 이행하지 않았음을 (보험자가) 증명하여야 할 것이고, 단지 통지의무를 게을리 하였다는 사유만으로 사기로 인한 중복보험계약이 체결되었다고 추정할 수는 없다고 보았다(99다50712).

② **다수 손해보험계약 체결과 통지·고지의무** – 다수 손해보험계약을 체결할 경우 계약체결사실이 전 보험자에게 통지(위험변경증가의 통지의무), 후보험자에게 고지(고지의무)의 대상이 될 것인가에 관해 판례는 부정하고 있다(2001다49623).

③ **보험자의 책임** – i) **단순중복보험** 동시중복보험의 경우에는 비율에 따라, 이시중복보험의 경우에는 후보험계약은 전보험계약과 중복되지 않는 범위에서만 유효하게 해석하는 **우선주의**(우선책임주의), 각 보험자는 동시·이시중복보험을 불문하고 각 보험금액의 비율에 따라 책임을 부담하는 **비례주의**(비례보상주의), 각 보험자는 보험금액의 한도 내에서 연대책임을 부담하는 **연대주의**(연대책임주의)가 있지만 우리 상법은 절충적으로 동시·이시중복보험 모두 연대책임주의와 비례보상주의를 병용(**연대비례주의**)하고 있다. 즉 보험금액의 한도에서 연대책임을 부담하고 각 보험자의 보상책임은 각자의 보험금액의 비율에 따라 부담하는데(상672.1), **판례**는 동 규정은 강행규정이 아니어서 보험자의 보상책임 방식, 책임분담 방식에 대해 약관으로 달리 정할 수 있다고 보았다(2000다30127). 그리고 단순중복보험에서 보험자 중 1인에 대한 피보험자의 권리의 포기는 다른 보험자의 권리의무에 영향을 미치지 않아(상673), 다른 보험자는 의무를 면제받은 보험자에게도 비례에 따른 구상권을 행사할 수 있다. ii) **사기적 중복보험** 사기에 의해 중복보험계약을 체결한 경우 사기적 초과보험과 실질이 동일하므로 상법은 사기적 초과보험에 관한 규정을 준용하여 보험계약은 무효이다(상672.3). 하지만 보험자는 사기적 초과보험이라는 사실을 안 때까지 보험료를 청구할 수 있다.

Ⅲ. 손해보험계약의 효과

1. 손해보험증권

손해보험증권에는 i) 보험의 목적, ii) 보험사고의 성질, iii) 보험금액, iv) 보험료와 그 지급방법, v) 보험기간을 정한 때에는 그 시기와 종기, vi) 무효와 실권의 사유, vii) 보험계약자의 주소와 성명 또는 상호, viii) 보험계약의 연월일, ix) 보험증권의 작성지와 그 작성연월일 등이 기재되고 보험자가 기명날인·서명하여야 한다(상666). 손해보험계약이 체결되면 보험자는 지체 없이 손해보험증권을 작성하여 보험계약자에게 교부하여야 한다(상640).

2. 보험자의 손해보상의무

1) **의 의** : 손해보험계약을 체결한 후 보험사고가 발생할 경우 보험자는 보험금지급의무를 부담하는데, 손해보험은 부정액보험으로서 약정된 보험금이 지급되는 것이 아니라 **실손해가 보상**된다는 점이 특징적이다. 손해보상의무의 특성상 보험사고와 손해간의 인과관계, 보험목적의 성질 등에 의한 손해에 대한 보험자의 면책(상678), 사고발생 후의 보험목적이 멸실된 경우의 보험자의 책임(상675), 보험가액의 산정(상676) 등에서 특징이 나타난다.

2) **요 건** : 손해보험계약에서 보험사고가 발생하면 생명보험과 같이 일정한 금액을 지급하는 것이 아니라 보험사고로 인한 재산상 손해를 보상한다(상665). 따라서 손해보험에서 보험금 지급요건으로 보험사고의 발생은 물론 손해가 발생하여야 하고 보험사고와 손해간의 인과관계가 있어야 한다.

① **'보험사고'의 발생** – 보험기간 내에 보험계약에서 정한 보험사고가 발생하여야 한다. 보험기간 내에 사고발생만으로 족하고 손해발생이 반드시 보험기간 내에 일어나야 하는 것은 아니다.

② **'손해'의 발생** – 보험사고로 인해 손해가 발생하여야 보험자는 보상하게 된다. 여기서 손해란 피보험이익에 대한 재산상의 불이익을 의미하며 보험계약에서 담보하는 손해만 보상한다. 보험사고로 인하여 상실된 피보험자가 얻을 이익이나

보수(상실이익)는 원칙적으로 보상할 손해액에 산입되지 않으나 보험계약 당사자간에 다른 약정으로 산입할 수 있다(상667).

③ **'인과관계'의 존재** – 보험사고와 손해와는 상당인과관계가 있어야 한다는 것이 통설·판례의 입장이다(99다37603). 보험에서 보험자가 보상하는 손해는 보험사고와 인과관계 있는 손해만을 의미하므로, 예컨대 화재시 진화 도중 물에 의한 피해는 손해보상의무에 포함되나, 화재를 피해 도로에 꺼내 둔 물건이 절취된 경우 이로 인한 피해는 포함되지 않는다.

3) **효과(손해의 보상)** : ① **실손해보상** – 보험자가 보상할 손해액의 산정은 손해가 발생한 때와 장소의 가액으로 산정(상676.1)하나 예외적으로 신가보험과 같이 당사자 약정에 의해 신품가액을 손해액으로 산정하는 것도 가능하다(상676.1 단서). 실손해 산정을 위해 보험가액이 기초가 되는데, 보험가액 산정은 앞서 본 바와 같이 기평가보험(상670), 미평가보험(상671)과 보험가액불변경주의(상689)으로, 해상보험에서도 선박은 보험자의 책임이 개시될 때의 선박가액(상696.1, 697), 희망이익보험에서 보험가액추정(상698)에 관한 규정이 있다. 보험사고로 상실된 피보험자가 얻을 이익이나 보수, 즉 간접손해는 원칙적으로 배제되나 특약에 의해 보상될 수도 있다.

② **보상책임의 특칙** – 보험의 목적에 관하여 보험자가 부담할 손해가 생긴 경우에는 그 후 그 목적이 보험자가 부담하지 않는 보험사고의 발생으로 멸실된 경우에도 보험자는 이미 생긴 손해를 보상할 책임을 면하지 못한다(상675). 예컨대 자동차보험 가입차량이 보험사고를 당하여 보험자의 보상책임이 발생한 이후에는 설령 보험차량이 천재지변으로 멸실되더라도 보험자의 보상책임은 그대로 존속한다. 보험자가 손해를 보상할 경우에 보험료의 지급을 받지 아니한 잔액이 있으면 그 지급기일이 도래하지 아니한 때라도 보상할 금액에서 이를 공제할 수 있다(상677).

4) **면책사유** : 보험일반의 면책사유인 보험계약자 등의 고의·중과실(상659)이 원인이 된 보험사고라든가 전쟁 기타 변란으로 인한 보험사고(상660)는 보증보험의 경우를 제외하고는 손해보험의 경우에도 당연히 보험자의 면책사유가 된다. 그 밖에 손해보험에 특유한 면책사유로 보험목적의 성질, 하자 또는 자연소모로 인한 손해는 보험사고의 우연성이 없다는 점에서 면책사유로 정하고 있다(상678).

예컨대 생선의 부패, 화약의 자연폭발과 같이 보험의 목적의 성질로 인한 손해라든가 포장의 불완전이나 하자, 자연소모로 인한 손해는 보상하지 않는다.

3. 보험계약자와 피보험자의 손해방지·경감의무

1) **의 의** : 보험계약자나 피보험자는 보험사고가 발생한 경우 보험사고로 인한 손해의 확대 방지에 최선의 노력을 다하여야 할 의무를 부담한다. 이는 고지의무, 위험변경·증가통지의무와 함께 보험계약자가 부담하는 의무로서 보험계약의 **선의계약성**에서 비롯한 의무라 생각되며 공익적 견지에서도 요구되는 의무이다. 손해방지·경감의무는 계약당사자인 보험계약자뿐만 아니라 제3자인 피보험자도 부담하는 의무라는 점에서 계약상의 의무가 아니라 법이 특별히 인정한 의무라 본다. 그리고 이 의무를 불이행한 경우 고지의무나 위험변경·증가통지의무와 달리 계약을 해지할 수는 없고 손해의 보상이 제한될 뿐이다.

2) **내 용** : 손해방지·경감의무는 보험사고 발생을 전제한 의무이므로 보험사고 발생 이후부터 문제된다. 노력의 정도에 관해, 보험계약자나 피보험자는 통상적으로 자기의 이익을 위해 기울이는 노력과 같은 정도로 손해의 방지 및 경감에 노력하여야 하며 보험자의 지시가 있을 경우 지시에 따라야 한다. 손해방지·경감의무는 보험사고가 발생하더라도 손해가 발생하는 것을 방지하고 발생한 손해의 확대방지를 위해 노력할 의무이므로 손해방지·확대방지를 위한 노력이 있으면 족하고 반드시 성공하여야 하는 것은 아니다.

3) **의무위반의 효과** : 보험계약법에는 손해방지·경감의무의 위반효과에 관해 학설이 대립되고 있는데, **배상액공제설**은 보험계약자의 경과실은 문제삼지 않고 고의·중과실이 있을 경우 보험자는 손해배상·보상액에서 공제(상계)할 수 있다고 본다(통설). 이에 대해 **면책설**은 보험계약자 등의 경과실로 인해 의무를 위반한 경우 보험자는 그로 인한 손해에 대해 배상청구권과 보험금지급의무를 상계 혹은 손해배상청구할 수 있고, 고의·중과실이 있을 경우 보험자는 면책된다고 보는 견해이다. 생각건대 보험사고가 보험계약자의 경과실로 발생한 경우에도 보험자는 면책되지 않는데(상659), 손해방지·경감의무를 경과실로 이행하지 못하였다는 이유로 보험자가 상계 또는 손해배상청구할 수 있다는 것은 형평에 맞지 않고

보험계약자 보호에 맞지 않는다. 따라서 배상액공제설이 타당하다고 본다(전술함).

4) **손해방지비용** : 손해의 방지와 경감을 위하여 보험계약자 또는 피보험자에게 필요·유익하였던 비용은 보상액이 보험금액을 초과한 경우라도 보험자가 이를 부담한다(상680단서). 이에 대해 손해방지비용을 보험계약자의 부담으로 하는 약관, 즉 보험자가 부담하지 않거나 보험금액의 범위 내에서만 부담한다는 약관을 두고 있어, 이러한 **손해방지비용 면책약관의 효력**(**쟁점313**)에 관해, **무효설**에 따르면 동 약관은 공익의 보호규정, 불이익변경금지에 반하므로 무효하다고 보고, **유효설**은 계약자유의 원칙, 보험자의 입장을 고려하여 유효하다고 보며, **제한적 유효설**은 보험자가 부담하지 않는다는 약관은 무효하나 보험금액의 한도 내에서 부담한다는 약관은 유효하다고 보며, **무효설**은 입법론으로서 보험자의 지시에 의한 비용은 보험금액을 초과하더라도 보험자가 부담하도록 해야 하지만 보험자의 지시에 의하지 아니한 비용은 보험금액을 한도로 보험자가 부담하도록 하여야 한다는 견해이다. **판례**는 책임보험에서 방어비용은 손해방지비용과 구별하며(2005다21531), 사고발생 후 피보험자의 책임 여부가 판명되지 않은 상태에서 지출하였던 손해방지비용(예컨대 교통사고시 응급처치, 입원, 수술비용)도 보험자가 부담하여야 한다고 보았다(94다16663).

Ⅳ. 보험자대위

1. 의 의

보험자대위(subrogation)란 보험사고로 인한 손해를 보험자가 전부 보상한 경우 보험계약자 또는 피보험자 소유의 잔존물이나 제3자에 대한 손해배상청구권을 보험자가 당연히 취득하는 제도이다. 민법상 손해배상자대위제도(민399)와 유사한 취지이지만, 보험에 따른 보상은 손해배상과 본질적으로 구별되고 보험에서 이득을 금지시키는 것은 단순히 부당이득금지 이상의 의미가 있다는 점에서 구별된다. **보험자대위제도의 근거**(**쟁점314**)에 관해, 이중의 이득금지를 근거로 손해보험의 본질적 제도로 이해하는 **손해보상계약설**과 신가보험이 가능하고 상해·의료보험에서도 보험자대위가 인정되므로 손해보험의 본질로 이해하지 않는 **보험정책**

설이 대립되고 있다. 생각건대 손해보험에서 이득금지의 취지와 배상책임자의 면책을 방지하기 위해 보험자대위제도가 필요하지만(손해보상계약설) 피보험자의 이익보호가 우선되어야 하고 피보험자이 이익이 완전히 보호되지 않을 경우 보험자대위는 허용되지 않는다는 **보충적인 성격**을 가진다고 본다.

2. 잔존물대위

1) **개 념** : 잔존물대위라 함은 보험의 목적이 전부멸실한 경우에 보험금액의 전부를 지급한 보험자는 그 목적에 대한 피보험자의 권리를 취득하는 제도를 의미하며 보험의 목적에 대한 보험자대위이다(상681본문). 보험목적에 대한 권리가 보험자에게 이전된다는 점에서 해상보험에서 보험위부제도와 유사하나, 보험위부는 피보험자의 의사표시상의 효과이므로 보험금을 지급하면 효과가 발생하고 별도의 의사표시가 요구되지 않는 잔존물대위와 구별된다.

2) **요 건** : **① 보험목적의 전부멸실(全損)** – 종래의 용법에 따른 경제적 가치가 전부 상실된 경우에 발생하고 분손의 경우에는 보험자대위는 발생하지 않는다. 전손과 분손의 한계를 어떻게 정할 것인가 하는 점이 문제되는데, 이는 경제적 이용이라는 관점에서 더 이상의 이용이 불가능할 경우에는 약간의 가치가 잔존하더라도 전손으로 보아야 할 것이다. 그러나 보험계약이 전부보험이어야 하는 것은 아니며 일부보험에서도 보험자대위가 일어나며 이 경우 보험자가 취득하는 권리는 보험금액의 보험가액에 대한 비율에 따라 정한다(상681단서).

② 보험금 및 비용(손해방지·경감비용)의 전부 지급 – 보험자에게 잔존물에 대한 권리를 인정하는 것은 피보험자에게 발생한 경제적 손실이 모두 보상되었음을 전제하므로 보험자가 보험금 전액의 지급 등 보험자의 책무(보험금·손해방지·경감비용)를 다 이행한 경우에 보험자대위가 성립될 수 있다(cf. 청구권대위). 보험금을 일부 지급한 경우에는 보험자대위가 성립하지 않으며 일부보험이라 하더라도 비율에 따라 정해진 보험금을 전부 지급한 경우에만 일정한 보험자대위가 성립한다.

③ 보험자의 잔존물에 대한 권리포기가 없어야 – 잔존물이 경제적 가치를 가지지 않거나 공법상의 의무를 부대할 경우에는 경제적 보상을 한 보험자에게 이러한 부담(예, 난파선제거의무)을 강요할 수는 없다. 잔존물에 대한 권리이전이라는

보험자대위의 효과가 보험금과 비용 등의 지급 즉시 발생하는 점을 감안할 경우 보험자의 보험자대위 포기의 의사표시는 적어도 보험금 지급시점까지 있어야 한다고 생각한다.

3) **효과(잔존물에 대한 권리취득)** : ① 권리의 이전 – 보험목적의 전손이 발생하고 보험자가 보험금 전액을 지급한 경우 보험목적인 잔존물(예, 화재 후 석재·철근·난파선박)에 대한 피보험자의 모든 권리는 보험자에게 귀속하는데, 이러한 물권변동의 효과는 보험자가 보험금 기타 비용을 지급한 시점부터 발생하며 법률에 의한 물권변동에 속한다.

② 잔존물 무단처분 – 만일 보험금지급 전에 피보험자가 이들 잔존물을 처분한 경우에는 보험자의 조건부권리를 침해한 것이 되어 보험자는 잔존물의 경제적 가치를 공제한 후 보험금을 지급할 수 있다. 보험금지급 후 피보험자가 잔존물을 처분한 경우에는 이는 타인의 물건을 처분한 것으로서 보험자에 대한 손해배상책임을 부담하게 될 것이다. 뿐만 아니라 보험자가 잔존물에 대한 권리를 행사할 수 있도록 피보험자는 협조를 하여야 하는 등 신의칙상의 의무를 부담한다고 본다.

③ 일부보험에서 잔존물대위 – 피보험이익(보험가액) 전부를 보험에 가입하지 않은 일부보험의 경우 전손이 발생하였다면 보험금을 지급한 보험자는 보험금액의 보험가액에 대한 비율에 따라 잔존물에 대한 권리를 취득한다. 따라서 잔존물이 분할할 수 없는 물건일 경우에는 비율에 따른 지분으로 보험자와 피보험자가 잔존물을 공유하게 된다.

3. 청구권대위

(1) 개 념

보험사고가 제3자의 행위로 인하여 생긴 경우에 보험자가 보험금을 먼저 지급한 경우 피보험자가 제3자에 대한 손해배상청구권을 행사한다면 피보험자는 이중의 보상을 받게 된다. 이를 보험자에게 귀속시킴으로써 피보험자의 보험을 통한 이득을 금지시키고 제3자의 부당한 면책을 방지하며, 보험자의 손실보전을 통해 보험료의 인하요인이 발생하게 된다. 이러한 취지에서 보험법은 보험금을 지급한 보험자는 그 지급한 금액의 한도 내에서 제3자에 대한 보험계약자 또는 피보험자의 권리를 취득한다는 규정(상682)을 두고 있는데, 이를 보험자대위의 한 유형으로서 청구권대위라 하며 **제3자에 대한 보험자대위**라고도 한다.

(2) 적용요건

1) **제3자에 의한 손해발생** : ① 보험사고가 보험계약자·피보험자의 고의·중과실에 의해 발생한 경우에는 보험자가 면책되고 보험계약자·피보험자의 경과실로 보험사고가 발생하든지 제3자에 의해 보험사고가 발생한 경우 보험자는 책임을 부담한다. 제3자에 의해 손해가 발생한 경우 청구권대위가 문제되는데, 제3자의 범위에 관해 다음의 논란이 있다.

② **피보험자의 경과실** – 피보험자가 경과실로 보험사고를 발생시킨 경우 피보험자에게 보험자가 배상을 청구한다면 결과적으로 보험금과 배상청구권이 상계되는 것과 동일한 결과가 되고, 보험의 이익을 박탈하게 되어 부당하므로 피보험자는 제3자에 포함되지 않고 피보험자에 대한 대위는 허용되지 않는다. 판례도 피보험자에 대한 보험자대위는 불가능하다고 보고(93다1770), 자동차보험의 승낙피보험자에 대해 보험자대위권을 행사할 수 없다고 본다(2000다33331).

③ **보험계약자의 경과실** – 운송인이 하주를 위하여 운송보험계약을 체결한 때 운송인의 과실(경과실)로 인하여 운송물이 멸실되었거나, 건물의 임차인이 건물의 소유주인 임대인을 위하여 화재보험계약을 체결한 때 임차인인 보험계약자의 과실(경과실)로 인해 화재가 발생한 경우, 피보험자인 하주·임대인에게 보험금을 지급한 보험자는 하주·임대인을 대위하여 보험계약자인 운송인·임차인에게 손해배상을 청구할 수 있는가? **보험계약자에 대한 보험자대위가능성**(**보험계약자의 제3자 포함 여부**, **쟁점315**)에 관해, **긍정설**(**포함설**)은 타인을 위한 손해보험은 오로지 피보험자의 보호를 목적으로 하므로 보험계약자는 제3자에 포함되며 설사 보험계약자가 보험료를 납입하더라도 이는 자신의 명의로 납입하지만 피보험자의 계산으로 이루어지는 것이므로 형식적 자격에 불과하고 만일 제3자에 포함시키지 않을 경우 보험계약자(운송업자·창고업자)의 도덕적 해이가 문제된다고 본다. **부정설**(**제외설**)은 상법 제682조는 보험계약자·피보험자와 구별하여 제3자를 명시하고 있으므로 동조의 문리해석상 제외함이 타당하며, 보험계약자는 보험료지급의무 등 각종의 의무를 부담하므로 보험계약 당사자이지 제3자의 지위에 있을 수 없다고 본다. **판례**는 보험자대위에서 보험계약자와 제3자를 구별하여 취급할 법률상의 이유는 없다고 보아 긍정설을 취하고 있다(87다카1669). 생각건대 상법은 타인을 위한 보험에서 보험계약자가 타인에게 배상한 경우 보험금청구권을 허용하

고 있는데(상639.2), 긍정설(포함설)에 따를 경우 보험계약자가 먼저 피보험자에게 보상하면 보험보호를 받을 수 있게 되고 보험자가 먼저 보험금을 지급하면 보험자대위가 성립해서 보험계약자는 보험보호가 박탈되어 불합리하므로 현행법상 부정설이 타당하다고 본다.

④ **피보험자의 동거가족 – 피보험자의 동거가족의 제3자 포함여부**에 관해, 보험자대위를 인정할 경우 보험자가 동거가족에게 보험자대위권을 행사함으로써 피보험자의 보험이익을 다시 박탈하는 결과가 되므로 동거가족의 중과실에 의한 보험사고시 보험자대위를 부정하지만(부정설), 동거가족의 고의에 의한 보험사고시 예외적으로 보험자대위를 인정하는 견해가 주장되었다. 이에 따라 개정 상법도 생계를 같이 하는 가족에 대한 보험계약자·피보험자의 권리에 대한 보험자대위를 금지시키면서 고의의 경우는 배제하여(상682.2) 입법적으로 해결되었다.

2) **보험자에 의한 보험금지급** : 제3자에 의해 보험사고가 발생하여 보험자가 보험금을 지급한 시점에 청구권대위가 일어나며, 지명채권양도의 대항요건은 필요하지 않다. 보험금의 전액 지급이 요구되는 잔존물대위와 달리 청구권대위를 위해서는 보험자가 **보험금을 일부 지급**하더라도 무방하며 지급액의 한도 내에서 대위하게 된다(상682). 그런데 보험자에게 보험금의 지급책임이 없을 경우에는 보험금을 지급하더라도 대위권이 발생하지 않는다. 판례도 면책사고에 대해 보험금을 지급한 경우에는 대위권을 행사할 수 없다고 판시하고 있다(94다200). 그리고 보험자가 피보험자에게 보험금을 지급하기 전에 제3자가 먼저 배상하였다면(**제3자의 선배상**) 그 후 보험자가 보험급여를 하였더라도 이는 일종의 비채변제가 되어 보험자대위가 일어나지 않는다. 제3자에 의해 일부가 배상된 경우에는 금액비율로 보험자대위가 성립한다.

3) **제3자에 대한 피보험자의 권리의 존재** : 청구권대위가 발생하기 위해서는 피보험자가 제3자에 대하여 청구권을 가지고 있는 경우이다. 이때 대위의 목적이 되는 청구권에는 불법행위로 인한 손해배상청구권에 한정되지 않고 채무불이행으로 인한 손해배상청구권, 적법행위(예, 공동해손)에 의한 청구권(공동해손분담청구권)도 포함되어 대위의 대상이 된다. 보험자대위가 가능하기 위해서는 대위의 목적이 되는 손해배상청구권 등이 현존하여야 하며 소멸시효가 완성된 경우 등 권리가 소멸한 경우 보험자대위도 불가능하게 된다.

(3) 효 과

1) **권리의 이전** : 보험금 지급시점에 피보험자가 제3자에 대해 가지고 있던 청구권이 보험자에게 이전되므로 채권양도와 동일한 효과가 발생하지만, 이는 법률의 규정에 의한 권리변동이므로 채권양도의 대항요건은 불필요하다. 보험금지급 전에 피보험자가 제3자에 대한 권리를 행사하였거나 혹은 포기·처분한 경우에는 보험자는 보험금을 감액하거나 보험금에서 공제할 수 있다. 그리고 보험금이 지급된 이후에는 제3자에 대한 청구권은 보험자의 권리가 되므로 피보험자는 제3자에 대한 권리를 행사하거나 처분할 수 없게 된다. 판례는 보험자가 피해자에게 보험금을 지급한 뒤 공동불법행위자가 다시 피해자에게 손해배상금을 지급하는 것은 무효한 변제이므로 보험자대위권에 영향을 미치지 않는다고 보았으나(94다36698), 제3자가 피보험자에게 이중으로 배상하였을 경우 무권리자에 대한 배상이 되나 예외적으로 채권의 준점유자에 대한 변제로 보호될 여지가 있다고 본 판례(98다61593)도 있다. 그리고 보험자가 피보험자에게 보험금을 지급하기 전에 제3자의 변제 등으로 인하여 손해배상청구권이 일부 소멸한 후 보험자가 피보험자의 나머지 손해액을 초과하는 금액을 보험금으로 지급하였다면, 피보험자의 손해는 모두 전보되었다고 할 것이므로 보험자는 피보험자의 제3자에 대한 나머지 금액에 관한 손해배상청구권을 대위행사할 수 있다(95다23521).

2) **대위의 범위** : ① **일부보상** – 보험자가 손해의 일부를 보상할 경우에도 전부보상을 전제하는 잔존물대위와 달리 피보험자의 권리를 해하지 않는 범위 내에서 대위 가능하다고 규정하고 있어(상682단서), 보상비율에 의한 권리행사를 예정하면서도 피보험자권리가 우선함을 정하고 있다.

② **효과 – 일부보험에서 청구권대위의 효과**(**쟁점316**)에 관해, 지급액만큼 청구권대위가 된다는 **절대설**과 일부보험의 비율에 따라 안분비례된다는 **상대설**, 피보험자의 권리를 해하지 않는 범위 내에서 대위할 수 있다는 **차액설**(통설)이 대립하고 있다. 예컨대 A가 실손의료보험계약을 체결하면서 20%를 자기부담으로 한 경우 타인(B)의 가해행위(50% 과실)로 의료비가 500만원 지급되어 보험사가 의료비 400만원을 보험금으로 지급하였다. 이 경우 절대설에 의하면 보험사는 B에게 250만원(B의 책임한도)의 청구권을 대위하게 된다. 상대설에 의하면 200만원(1:4=일부보험비율)의 청구권을 대위하고, 차액설에 의하면 150만원(250만원–100만원

(미보상손해액), 100만원은 피보험자가 권리를 행사함)을 대위할 수 있게 된다. 판례는 피보험자가 보험자로부터 수령한 보험금으로 전보되지 않고 남은 손해에 관하여 우선적으로 제3자에게 배상청구할 수 있으므로(상682.1단서), 일부보험에서 보험자가 보험금 전액을 피보험자에게 지급한 경우에도 동일하게 차액설을 따르고 있다(2014다46211). 생각건대 보험자대위의 보충성을 고려할 때 피보험자가 완전한 보상을 받게 하는 차액설이 타당하다고 보며 이는 일부보험에도 동일하다고 본다.

③ **보험목적 이외의 손해** – 보험자는 피보험이익을 기준으로 보험목적물에 발생한 손해에 대하여 자신이 지급한 보험금의 한도 내에서 보험계약자나 피보험자의 제3자에 대한 권리를 취득할 수 있으므로 보험자대위권 행사 범위는 보험목적물을 대상으로 산정하여야 한다(2019다216589). 예컨대 A가 X(보험사)와 자신을 피보험자로 하여 A 소유의 건물과 동산에 관해 일부보험을 체결한 경우, Y의 과실로 화재가 발생하여 A에게 보험목적물과 보험에 가입하지 아니한 별도 건물 및 동산에 손해가 발생하였다면 보험자의 보험목적에 대한 보험금 전액 지급에도 불구하고 일부보험이라 피보험자의 손해가 전보되지 않을 수 있다. 판례는 제3자의 행위로 발생한 사고로 인하여 피보험자에게 보험목적물과 보험목적물이 아닌 재산에 모두 손해가 발생하여, 피보험자가 보험목적물에 관하여 보험금을 수령한 경우, 피보험자가 제3자에게 해당 사고로 인한 손해배상을 청구할 때에는 보험목적물에 대한 손해와 보험목적물이 아닌 재산에 대한 손해를 나누어 그 손해액을 판단하여야 하고, 보험목적물이 아닌 재산에 대한 손해액을 산정할 때 보험목적물에 관하여 수령한 보험금액을 고려하여서는 아니되므로(2018다213811), 보험목적물이 아닌 재산 등에서 발생한 손해액 중 Y의 손해배상책임액 만큼만 그 배상을 청구할 수 있다고 보았다.

④ **보험금 산정비용** – 보험자가 보험금의 지급 범위를 확인하기 위하여 지출한 비용인 손해액 산정에 관한 비용은 보험자의 부담으로 한다(상676.2)고 규정하고 있어, 판례는 이는 보험자의 이익을 위한 것일 뿐 보험계약자 또는 피보험자가 입은 손해라고 할 수 없으므로 그 비용을 지출한 보험자가 보험계약자 또는 피보험자를 대위하여 가해자를 상대로 그 비용 상당의 손해배상을 구할 수는 없다고 보았다(2011다13838).

3) **청구권대위에서 대위권의 소멸시효** : 청구권대위가 일어난 경우, 그 권리의

소멸시효에 관해 기산점과 기간은 대위의 목적이 되는 청구권 자체를 기준으로 판단하여야 한다. 판례도 보험자대위에 의하여 피보험자 등의 제3자에 대한 권리는 동일성을 잃지 않고 그대로 보험자에게 이전되는 것이므로, 이때에 보험자가 취득하는 채권의 소멸시효기간과 그 기산점 또한 피보험자 등이 제3자에 대하여 가지는 채권 자체를 기준으로 판단하여야 한다고 본다(99다3143). 따라서 상법 제682조 규정은 피보험자 등의 제3자에 대한 손해배상청구권이 있음을 전제로 하여 지급한 보험금액의 한도에서 그 청구권을 취득한다는 취지에 불과한 것이므로 피보험자 등의 제3자에 대한 손해배상청구권이 시효로 인하여 소멸하였다면 보험자가 이를 대위할 여지가 없다고 보았다(93다1770).

4) **공동불법행위에서 청구권대위** : 보험자가 공동불법행위로 인한 책임을 이행하여 모두 면책된 경우 **다른 불법행위자에 대한 구상권**도 대위할 수 있다. 그리고 각 공동불법행위자들이 각각의 보험에 가입하고 있을 경우 보상을 한 보험자는 다른 보험자들에게 구상권을 행사할 수 있다. 판례는 피해자가 입은 손해를 연대하여 배상할 의무가 있는 공동불법행위자들이 그 손해배상책임의 부담부분을 각 1/2씩으로 약정하였고, 보험회사가 위 공동불법행위자 중 1인과의 보험계약에 따라 그를 대위하여 피해자가 입은 손해액 전부를 지급함으로써 공동불법행위자들이 공동면책을 얻는 것이라면 이는 보험에 가입한 그 공동불법행위자의 변제, 기타 자기의 출재로 공동면책을 얻은 것으로 보아야 할 것이므로 그 공동불법행위자는 다른 공동불법행위자의 부담부분에 대하여 구상권을 행사할 수 있다고 보았다(99다3143). 보상을 한 공동불법행위자 1인의 보험자는 다른 보험자에 대해 구상권을 행사할 수 있고(96다19765), 보험자가 공동불법행위 피해자에게 배상한 후에는 보험계약자는 다른 공동불법행위자에 대한 구상권을 상실한다(94다11071). 공동불법행위에서 구상권의 소멸시효에 관해 다른 공동불법행위자의 보험자에 대해 행사하는 경우에는 그 소멸시효기간은 10년이며 그 기산점은 구상권이 발생한 시점, 즉 구상권자가 현실로 피해자에게 지급한 때이다(99다3143).

Ⅴ. 보험목적의 양도

(1) 의 의

손해보험에서 피보험자가 보험목적을 양도할 경우 보험관계를 보면, 보험목적에 대해 피보험자가 가지고 있는 피보험이익은 상실되므로 보험은 **실효**된다고 보아야 하며 양수인이 취득한 보험의 목적은 무보험상태가 된다. 그리하여 양수인이 다시 보험계약을 체결하여야 되는데, 이러한 일시적 무보험상태의 위험과 보험계약을 다시 체결함으로써 발생하는 보험료 낭비를 피하기 위해 상법은 보험의 목적이 양도된 때 양수인은 보험계약상의 권리·의무를 승계한 것으로 추정하고 있다(상679.1). 다만 자동차보험과 해상보험의 예외가 있으며, 양도와는 달리 상속·합병 등의 경우에는 포괄적인 권리승계가 이루어지므로 보험계약상의 권리·의무도 포괄적으로 이전된다고 볼 수 있어 특수한 보호는 불필요하다.

(2) 승계추정의 요건

1) **양도 당시 보험관계의 존속** : 보험목적을 양도할 당시에 유효한 보험관계가 지속되고 있어야 한다. 보험관계에 취소·해지사유가 있을 경우 보험목적이 양도되면 양수인에게 보험관계에 하자가 부착된 채로 승계되어 이후 취소·해지권을 행사할 수 있다. 다만 상호보험관계에 있을 경우 상호회사의 사원이 보험의 목적을 양도하는 경우에는 양수인은 회사의 승인을 얻어야 양도인의 권리·의무를 승계할 수 있다(보험51).

2) **보험목적이 물건** : 보험목적 승계는 **손해보험**에서만 발생할 수 있으며, 손해보험 중에서도 재산이 보험의 목적이 되는 책임보험에서는 원칙적으로 문제되지 않고 보험목적이 물건인 경우에 원칙적으로 인정된다. 따라서 의사·공증인·변호사 등 그 지위에서 생기는 책임에 관한 직업인책임보험계약에는 적용되지 않으나, 일정한 물건과 관련된 책임보험(영업장에서의 책임보험)은 보험목적의 승계추정 규정의 유추적용이 가능하다고 본다. 다만 물건보험 중 선박과 자동차의 경우 양도시 보험승계추정 규정은 적용되지 않고 보험자의 동의 혹은 승낙을 요구하는 별도의 규정을 두고 있다(상703의2, 726의4).

3) **보험목적의 물권적 이전** : 보험목적에 대한 소유권의 이전을 위한 채권계약만으로는 부족하고 물권변동이 이루어져야만 승계추정이 된다. 다만 물권변동의 효력요건만 갖추면 족하고 대항요건이 있을 경우 대항요건까지 구비하여야 하는 것은 아니며 특정승계가 아닌 상속·합병 등 포괄승계시에는 승계추정은 불필요하고 상속·합병의 법리에 따라 보험관계가 승계된다.

(3) 효과 — 보험관계 승계추정

1) **권리 이전 추정** : 보험목적의 양도가 있게 되면 양수인은 반증이 없는 한 피보험자로서의 권리와 의무를 부담하는 것으로 추정된다(상679.1). 자기를 위한 보험계약에서 보험목적이 양도되면 보험계약자는 그 지위를 유지하는가에 관해 피보험자가 생겨나서 타인을 위한 보험계약이 된다는 견해가 없지 않으나, 피보험자의 지위뿐만 아니라 보험계약자의 지위까지 양수인에게 이전하여 여전히 자기를 위한 보험계약으로 추정함이 타당하다는 견해가 통설이다.

2) **의무 이전 추정** : 보험관계가 승계되면 권리뿐만 아니라 의무도 함께 이전된다. 따라서 양수인은 피보험자가 부담하게 되는 보험료지급의무·각종 통지의무·손해방지의무 등 각종의 의무를 부담하게 된다. **이미 이행기가 도래한 보험료채무의 승계여부**에 관해, 무자력 양수인의 위험으로부터 보험자를 보호하기 위해 보험의 목적을 양도할 당시의 보험료기간에 속하는 보험료는 상법 제57조를 유추적용하여 양도인과 양수인이 연대하여 지급의무를 진다고 본다.

3) **배제 약정** : 보험승계의 효과는 확정적으로 발생하는 것이 아니고 승계가 추정되는 데 지나지 않으므로 양도당사자간에 승계하지 않기로 명시적으로 합의하고 이를 증명할 경우에는 권리·의무이전은 추정되지 않게 되고 따라서 양도인은 피보험이익을 상실하게 되어 보험은 실효된다고 보아야 한다. 판례도 상법 제679조를 임의규정으로 보아 이에 반하는 당사자간의 계약에 의해 위 규정의 적용을 배제할 수 있다고 보았으며(91다1158), 추정은 보험목적의 양수인에게 보험승계의 의사가 없다는 것이 증명된 경우에는 번복된다고 보았다(97다35375). 그리고 보험목적의 양수인이 종전 보험을 승계할 이익이 거의 없어 피보험이익이 동일한 보험계약을 다시 체결한 경우, 보험승계추정은 번복되고 다시 체결된 보험계약은 중복보험에 해당하지 않는다고 보고 있다(96다6998).

(4) 통지의무

1) **대항요건성 여부** : 보험목적 양도시 보험관계의 승계추정으로 양수인은 보호되지만 보험자는 피보험자가 변경됨으로 인해 보험인수 여부를 재평가해 볼 필요가 있다. 따라서 상법은 보험목적의 양도인 혹은 양수인은 보험목적이 양도된

경우 보험자에게 지체 없이 통지하여야 하도록 규정하고 있다(상679.2). **보험목적 양도통지의 대항요건성**(쟁점317)에 관해, **긍정설**은 양도인·양수인은 보험목적이 양도의 사실을 보험자에게 통지함으로써 피보험자의 교체사실을 보험자에게 대항할 수 있다고 보고, **부정설**(**통설**)은 보험목적의 양도에 따른 권리·의무의 이전은 당사자 사이에 그치는 것이 아니라 보험자 기타 제3자에 대하여도 그 효력이 미친다고 보아 대항요건으로 보지 않는다. 생각건대 법률의 규정이 없이 대항요건주의를 인정하는 것은 타당하지 않고 대항요건주의는 일시적 무보험상태를 극복하려는 동조의 취지를 반감시키므로 부정설이 타당하다.

2) **의무위반의 효과** : 동 의무는 일종의 **간접의무**로 이해된다. 따라서 통지 유무와 무관하게 양수인인 피보험자는 승계추정의 이익을 받으므로 보험금을 청구할 수 있는데, 추정력이 발생하기 위한 전제로 피보험자는 보험목적 양수사실을 증명하여야 하며, 만일 보험자가 선의로 보험금을 양도인에게 지급함으로써 발생하는 손해에 관해 통지의무자는 배상책임을 부담한다. 판례는 화재보험의 목적물이 양도된 경우 그 양도로 인하여 현저한 위험의 변경 또는 증가가 있고 동시에 보험계약자 또는 피보험자가 양도의 통지를 하지 않는 경우에는 보험자는 통지의무 위반을 이유로 당해 보험계약을 해지할 수 있으나, 보험목적의 양도로 인하여 현저한 위험의 변경 또는 증가가 없는 경우에는 양도의 통지를 하지 않더라도 통지의무 위반을 이유로 당해 보험계약을 해지할 수 없다고 보았다(95다52505).

(5) 위험의 변경·증가

보험목적이 양도되어 위험이 현저하게 변경·증가된 경우 **위험변경증가의 통지의무**를 부담하고 또 일정한 경우에는 위험변경 자체가 고의·중과실에 의한 것으로 되어 보험자는 보험금액의 증액청구나 보험계약해지가 가능하다(상652, 653). 예컨대 자동차·선박이 양도되는 경우가 이에 해당하며, 양도시 운행자·운항자가 변경되어 위험이 현저하게 변경될 수 있으므로 상법은 별도의 규정을 두고 있다. **자동차 양도**시에는 보험자의 승낙을 받은 경우에 한하여 보험계약의 승계의 효력이 발생하며(상726의4), **선박이 양도**될 경우 원칙적으로 보험관계는 종료하나 예외적으로 보험자의 동의가 있을 경우에만 보험관계가 존속한다(상703의2). 판례는 기명피보험자가 피보험자동차를 양도한 후 보험기간 내에 특별약관에 규정된 '다른 자동차'를 운전하다가 사고가 발생한 경우에도 보험회사는 특별약관에 의하여 보험금을 지급할 의무를 부담한다(98다34904)고 보았다. 그리고 지입회사를 기명피보험자로 하여 자동차종합보험에 가입한 지입차주가 다른 지입회사로 자동차소유권 이전등록을 하였으나 보험승계절차를 취하지 않은 경우 보험자는 면책된다고 보았다(96다10454).

제 2 절 전통적 손해보험

Ⅰ. 화재보험

1) **의 의** : 화재로 인하여 생긴 손해를 보상하기로 하는 손해보험(상683)이다. 보험계약법에서 손해보험을 보험사고에 따라 화재보험·운송보험·해상보험·책임보험·자동차보험 등으로 구별하고 있다. 동산·부동산 등 모든 재산권이 화재보험의 대상이 되나 보험사고가 화재로 국한된다는 점에서 다른 손해보험과 구별된다. 화재보험과 관련하여 실화책임에 관한 법률이라든가 화재로 인한 재해보상과 보험가입에 관한 법률이 있으며, 전자는 경과실에 의해 화재를 야기한 자의 불법행위책임을 면책시키고 있으며 후자는 특수한 건물에 대해서 신체손해배상특약부 화재보험의 가입을 강제하고 있다.

2) **화재보험계약** : ① **보험사고(화재)** – 화재보험의 보험사고는 화재인데, 화재의 개념에 관해 상법은 특별한 규정을 두고 있지 않다. 대체로 **화재**란 일반 사회통념에 의하여 화재로 인정할 수 있는 성질과 동일한 규모를 가진 화력의 연소작용에 의하여 생긴 재해를 의미한다. 따라서 단순한 열의 작용이나 난로불의 복사열에 의한 손해는 화재보험의 보험사고가 될 수 없다. 그 밖에 약관상 발효, 자연발열 또는 자연발화로 생긴 손해도 화재로 인한 손해로 보지 않는다.

② **보험의 목적** – 화재보험의 보험의 목적에 관해 상법은 화재보험증권 기재사항을 규정하면서 동산과 건물만을 정하고 있지만 입목·교량 등의 부동산도 화재보험의 목적이 될 수 있다. 다만 집합물건에 관한 화재보험에 대해서는 특별한 규정을 두고 있다(상686). 화재보험계약에서 보험의 목적을 보험증권에 명시하도록 하고 있는데 이는 보험의 목적에 포함되었느냐의 여부를 놓고 생길 수 있는 당사자 사이의 다툼을 막고 도덕적 위험을 방지하기 위한 것이다.

③ **피보험이익** – 화재보험에서 피보험이익도 일반 보험에서와 같이 피보험자(예컨대 소유권자·임차권자·저당권자)에 따라 달라질 수 있는데, 피보험이익이 불분명할 경우에는 소유자로서의 피보험이익으로 보는 것이 통설이다. 화재보험에서 피보험이익은 반드시 적극적 이익일 필요는 없으며 가령 창고업자가 보관중인 물건에 화재로 인하여 손해가 생긴 때의 손해배상책임을 담보하는 소극적 이익도 화재보험의 피보험이익이 될 수 있다.

3) **특 칙** : ① **화재보험증권의 기재사항**에는 상법 제666조의 사항 이외에 건물의 소재지·구조·용도(건물화재보험), 동산이 존치한 장소·상태·용도·보험가액(동산화재보험) 등이 포함된다(상685).

② **집합보험** – i) 하나의 물건에 대한 보험이 아니라 다수의 물건을 보험의 목적으로 한 경우 이를 집합보험이라 하며 화재보험의 경우 집합보험의 형태로 체결되는 경우가 많다. 집합보험 중 보험의 목적이 특정되어 있는 보험을 특정보험이라 하고 보험기간 중 보험의 목적의 교체가 예정되어 있는 보험을 총괄보험이라 한다. ii) 집합된 물건을 일괄하여 보험의 목적으로 한 경우(**특정보험**)에는 피보험자의 가족과 사용인의 물건도 보험의 목적에 포함된 것으로 한다. 이 경우에는 그 보험은 그 가족 또는 사용인을 위하여서도 체결한 것으로 본다(상686). 따라서 주택화재보험을 체결한 경우 피보험자의 가족 또는 사용인의 물건에 관해 타인을 위한 보험계약이 체결된 것으로 의제된다. 그러나 보험증권에 기재하여야만 보험의 목적이 될 수 있는 것으로 특약할 수 있다(화재보험약관 5.2). iii) 보험목적의 교체가 예상되는 **총괄보험**에서는 보험사고 발생시 현존하는 물건은 보험의 목적에 포함된 것으로 한다(상687). 예컨대 창고에 있는 물건을 보험의 목적으로 화재보험을 체결한 경우, 보험계약법은 보험의 목적을 특정할 수 있는 기준을 제시하여 보험계약이 성립할 수 있도록 규정을 두고 있다. 이는 피보험자의 교체를 인정하는 단체보험과 유사하며, 총괄보험의 경우 보험계약에서 정한 범위 내의 물건일 경우, 보험사고 발생시에 현존하는 물건은 모두 보험의 목적에 포함된다.

③ **보험자의 책임** – 화재발생의 원인을 불문하고 화재로 인한 손해를 보상하는데(상683), 이를 **위험보편의 원칙**이라 한다. 그리고 화재의 소방 또는 손해의 감소에 필요한 조치로 인하여 보험의 목적에 생긴 손해에 대해서도 보상책임을 부담한다(상684). 손해의 감소에 필요한 조치로 인한 손해(예, 물에 젖은 그림)는 일종의 손해방지비용으로서 상법 제680조에 규정된 것을 중복하여 규정한 것으로

이해되며 화재의 소방으로 인한 손해는 화재로 인한 손해는 아니지만 화재와 상당인과관계가 있는 손해로서 보험자에게 보상책임이 인정된다 하지만 화재를 피하기 위해 도로에 옮겨둔 물건의 도난 시에는 인과관계가 단전되어 보상되지 않는다.

Ⅱ. 운송보험

1) **의 의** : 육상운송(호천·항만에서의 운송을 포함)의 목적인 운송물의 운송에 관한 사고로 인하여 생긴 손해의 보상을 목적으로 하는 손해보험계약이다. 해상운송계약에서 생기는 운송사고로 인한 손해의 보상을 목적으로 하는 보험은 운송보험이 아닌 해상보험에서 별도로 규정하고 있다. 그리고 해상운송과 구별되는 육상운송의 한계라 할 수 있는 호천·항만에서의 운송은 육상운송에 포함되지만, 실무에서 항만에서의 보험사고는 보통 해상운송보험계약에 포함된다.

2) **운송보험계약의 요소** : ① **보험의 목적** – 보험의 목적은 **운송물**이고 여객의 생명이나 신체는 보험의 목적이 아니다. 그리고 운송에 이용되는 용구 자체를 보험의 목적으로 한 경우에도 이들은 운송물이 아니므로 운송보험이 아니다. 따라서 운송용 화물차 등은 자동차보험의 목적이 되고 여객의 생명·신체 사고는 생명보험·상해보험의 목적이다.

② **보험의 보험사고** – 육상운송중에 운송물에 생길 수 있는 모든 사고로서 운송수단의 충돌·추락 등의 사고로 인해 운송물이 멸실·훼손되는 것을 의미한다. 그러나 운송물이 운송인의 점유 하에 있어 피보험자가 손해의 발생원인을 증명하기 곤란하므로 보험자의 포괄적 책임을 인정할 필요성이 높다. 따라서 운송에 부수하여 생길 수 있는 화재·폭발·도난·수해·지진 기타의 모든 사고가 운송보험의 보험사고에 포함되나 약관에서는 특정보험사고를 제외하고 있다.

③ **피보험이익** – 피보험자에 따라 다양한데 송하인·수하인이 운송물의 소유자로서 가지는 이익을 대표적인 피보험이익으로 볼 수 있으며, 운송물의 도착으로 인하여 얻을 수 있는 이익(희망이익)도 피보험이익이 될 수 있다(상689.2). 그 밖에 운송인이 운임에 대하여 가지는 이익, 운송인이 손해배상책임의 담보로서 갖는 이익(소극적 이익) 등도 포함된다. 그리고 미평가보험에서는 보험가액불변경주의에 따라 운송물을 발송한 때와 곳의 가액이 보험가액이 되며, 운임 기타의 비

용은 운송물의 멸실로 인하여 지출하지 않게 된 때에는 보험가액에 산입되지 않는다.

④ **보험기간** – 당사자간에 다른 약정이 없으면 운송인이 운송물을 수령한 때로부터 이를 수하인에게 인도할 때까지이다(상688).

3) **특 칙** : ① **운송보험증권**에는 상법 第666조에서 규정한 손해보험증권의 일반적 기재사항 이외에 일정한 사항을 기재하는데, 운송의 노순(路順)과 방법, 운송인의 주소·성명(상호), 운송물의 수령·인도장소는 필요적 기재사항이고 운송기간·운송가액은 임의적 기재사항이다(상690).

② **보상책임**에 관해 보면 운송보험 특유의 면책사유로서 보험사고가 송하인·수하인의 고의·중과실로 인하여 발생한 때에는 보험자는 이로 인하여 생긴 손해를 보상할 책임이 없다(상692). 송하인·수하인은 제3자로서 이들에 의한 보험사고는 원칙적으로 보험자의 면책사유가 되지 못하고 보험자대위의 대상이 되어야 하지만, 상법은 이들을 피보험자와 관련된 자로 보고 이들에 의한 사고를 보험자의 면책사유로 규정하고 있다. ③ 운송중지·변경에 관해 상법은 보험계약은 다른 약정이 없으면 운송의 필요에 의하여 일시 운송을 중지하거나 운송의 노순 또는 방법을 변경한 경우에도 그 효력을 잃지 않지만(상691) 해상보험에서는 이 경우 보험자는 면책된다(상701, 702).

Ⅲ. 해상보험

1. 의 의

해상보험이란 해상사업에 관한 사고로 인하여 생기는 손해의 보상을 목적으로 하는 손해보험계약이다(상693). 개정 전 상법에서는 '항해에 관한 사고'로 되어 있던 것을 1991년 개정상법에서는 '해상사업에 관한 사고'로 개정함으로써 해상보험자의 책임범위를 해상사업에 부수하는 육상위험까지 담보하도록 확장하였다. 해상보험계약약관에는 준거법에 관해 규정을 흔히 두고 있다. 예를 들어 "이 보험계약은 영국의 법과 관습에 따른다"는 **준거법약관**을 둔 경우 그 효력이 문제된다. 준거법약관에 따라 우리 법상의 고지의무조항의 적용을 배제하고 영국법에 따를 것인가가 문제된 사안에서 판례는 준거법약관이 유효하다고 판단하였다(95다

28779).

2. 해상보험의 종류

1) **피보험이익 등에 따른 분류** : ① **선박보험** – 선박을 보험의 목적으로 한 해상보험으로서 선박소유자·선체용선자 등의 이익이 피보험이익이 될 수 있다. 다만 선박보험에서는 선체뿐만 아니라 선박의 속구·연료·양식 기타 항해에 필요한 모든 물건이 보험의 목적에 포함된 것으로 간주한다(상696.2).

② **적하보험** – 선박이 운송중인 적하를 보험의 목적으로 하는 해상보험이다. 특별한 약정이 없으면 하물의 선적에 착수한 시점부터 적하가 되어 보험의 목적이 되나(상699.2), 선적착수 후에 해상보험계약이 체결된 경우에는 계약이 성립한 때부터 보험기간은 개시된다(상699.3). 그리고 적하보험계약 체결시 선박이 확정되지 않았을 경우 선박미확정의 적하예정보험을 체결할 수 있다(상704).

③ **운임보험** – 운송인이 운송의 대가로 받는 운임에 대한 권리를 보험의 목적으로 하는 해상보험이다. 운임보험에 관해 상법은 별도의 규정을 두고 있지 않으나 해상보험자 면책사유에 관한 규정인 상법 제706조 1호에서 '운임을 보험에 붙인 경우'에 관하여 정하고 있다.

④ **희망이익보험** – 도착지에 적하가 안전하게 도착함으로써 얻을 이익 또는 보수를 보험의 목적으로 하는 해상보험이다(상698). 이를 구체적으로 보면 도착지에서 적하의 가액이 출발지의 가액보다 높을 경우가 일반적이어서 매도차익이 희망이익이 될 수 있으며, 운송이 완료됨으로써 대리상·중개인·위탁매매인·운송주선인 등이 받을 수수료 등의 보수도 희망이익이 될 수 있다. 희망이익보험계약에서 보험가액을 정하지 않은 경우 보험금액을 보험가액으로 추정한다(상698).

⑤ **선비보험** – 선박의 의장 등 선박운항을 위해 지급하였던 비용을 보험의 목적으로 하는 해상보험이다. 선비는 선박·적하와 구별되고, 운임에 포함될 수도 있으나 상법에 근거규정이 없음에도 불구하고 일반적으로 이를 별도로 해상보험의 목적으로 할 수 있다고 해석된다.

⑥ **선주상호보험** – 선박소유자, 선체·항해·정기용선자 기타 선박운항업자가 선박운항으로 인하여 발생하는 책임 및 비용에 관한 상호보험을 의미하며, 이는 상법상의 보험이 아니라 선주상호보험조합법상의 보험이며(동법2), 그 밖에 불가동손실보험도 있다.

2) **보험기간에 따른 분류** : **항해보험**이란 항해기간을 단위로 보험기간을 정하는 보험으로서 적하보험에서 많이 이용된다. **기간보험**은 통상적인 보험과 같이 일정한 기간을 단위로 보험기간을 정하는 보험이다. **혼합보험**이란 항해기간과 일정한 기간 양자를 기준으로 하여 보험기간을 정하는 보험으로서 선박보험에 많이 이용된다. 항해단위로 선박을 보험에 붙인 경우에는 보험기간은 하물 또는 저하의 선적에 착수한 때에 개시하며, 적하를 보험에 붙인 경우에는 보험기간은 하물의 선적에 착수한 때에 개시하나 출하지를 정한 경우에는 그 곳에서 운송에 착수한 때에 개시한다. 다만 하물 또는 저하의 선적에 착수한 후에 보험계약이 체결된 경우에는 보험기간은 계약이 성립한 때에 개시한다(상699). 보험기간은 항해단위의 선박보험에서는 도착항에서 하물 또는 저하를 양륙한 때에, 적하보험의 경우에는 양륙항 또는 도착지에서 하물을 인도한 때에 종료한다. 다만 불가항력으로 인하지 아니하고 양륙이 지연된 때에는 그 양륙이 보통 종료될 때에 종료된 것으로 한다(상700).

3. 특 칙

1) **해상보험증권** : 해상보험증권에는 제666조에 게기한 사항 외에 선박보험의 경우 선박의 명칭, 국적과 종류 및 항해의 범위, 적하보험의 경우 선박의 명칭, 국적과 종류, 선적항, 양륙항 및 출하지와 도착지를 정한 때에는 그 지명, 그리고 모든 해상보험계약에서 보험가액을 정한 때에는 보험가액을 기재하여야 한다(상695).

2) **보험가액불변경주의** : 해상보험계약에서도 보험가액불변경주의가 선언되어 있다. 선박보험에서는 보험자의 책임이 개시될 때의 선박가액을 보험가액으로 하며, 선박의 속구·연료·양식 기타 항해에 필요한 모든 물건은 보험의 목적에 포함된 것으로 한다(상696). 적하보험에서는 선적한 때와 곳의 적하의 가액과 선적 및 보험에 관한 비용을 보험가액으로 한다(상697). 적하의 도착으로 인하여 얻을 이익 또는 보수의 보험, 즉 희망이익보험에서는 계약으로 보험가액을 정하지 아니한 때에는 보험금액을 보험가액으로 한 것으로 추정한다(상698).

3) **포괄책임주의** : 해상보험에서 보험사고는 '해상사업에서 생기는 모든 사고'

를 포함하는 포괄책임주의를 취하고 있다(상693). 따라서 항해사고뿐만 아니라 항해관련 사고, 내수·육상사고를 포함한다.

4. 해상보험자의 손해배상책임

1) **책임의 범위** : 해상보험계약의 보험자는 해상사업에 관한 사고로 인하여 생길 손해를 보상할 책임이 있다. **선박·적하·운임·희망이익** 등 보험의 목적에 따라 보험목적에 생긴 손해를 보상하여야 하나 이 이외에도 공동해손·구조료·특별비용 등도 보상하여야 한다. i) **공동해손에 의한 손해** 보험자는 공동해손분담액에 대해 보상책임을 부담한다. 공동해손분담액 보상은 성질상 책임보험에 속하나 선박(또는 적하)의 가치가 손상을 입은 것으로 보고 책임의 범위에 포함시킨 것으로 이해된다. 따라서 공동해손처분에 의한 손해를 전액 보상하고 보험자가 공동해손분담청구권을 대위한다(상694). ii) **구조료** 보험자는 피보험자가 보험사고로 인하여 발생하는 손해를 방지하기 위하여 지급할 구조료를 보험가액의 범위 내에서 보상할 책임이 있다(상694의2). iii) **특별비용의 보상** 보험자는 보험목적의 안전이나 보존을 위하여 지급할 특별비용을 보험금액의 한도 내에서 보상할 책임이 있다(상694의3). iv) **충돌로 인한 손해** 충돌로 인한 손해는 당연히 포함되나 충돌로 인한 손해배상의무는 간접손해로서 책임보험의 대상이 되어 당연히 담보하는 것이 아니다.

2) **보상범위에 관한 약정** : 해상보험계약에서는 관행에 따라 보험약관에서 보험자의 책임범위를 명확하게 한정하는 것이 일반적이다. 보험자의 입장에서 책임의 범위를 예상할 수 있고 보험계약자의 입장에서도 보험료에 따라 부보위험을 선택할 수 있어 편리하다. 많이 이용되는 약관에 의한 보상범위 유형은, i) **전손만의 담보**(T.L.O.) 전손·추정전손의 경우에만 책임을 부담, ii) **단독해손부담보**(F.P.A) 전손과 공동해손에 대해서만 책임을 부담, iii) **분손담보**(W.A) 전손은 물론, 공동해손이든 단독해손이든 모든 손해에 대해서 보상책임을 부담하는 유형이다.

3) **보상액 산정방법** : ① **전손(全損)** – 선박이나 적하가 전손된 경우에는 보험가액이 손해액이 되며 보험가액불변경주의에 따라 선박보험은 보험자의 책임개시시점의 속구 등을 포함한 선박가액이, 적하보험은 선적시점·장소의 적하가액, 선

적·보험비용이, 희망이익보험은 계약에서 정해진 보험가액이 미정일 경우 보험금액이 손해액이 된다. 그리고 선박의 존부가 2월간 분명하지 아니한 때에는 그 선박의 행방불명으로 간주하고 전손으로 추정한다(상711).

② **분손(分損)** – i) **선박분손**의 경우 전부 수선할 경우에 매 사고당 보험자는 수선비용에 관해 보험금액을 한도로 보상하여야 하며, 일부 수선할 경우 보험자는 수선비용과 감가액을 보상하여야 하며, 수선하지 않을 경우 보험자는 감가액을 보상하여야 한다(상707의2). ii) **적하분손**의 경우 보험자는 훼손상태의 가액과 훼손 전 가액의 비율에 따라 보험가액의 일부에 대한 손해를 보상하여야 한다(상708).

③ **적하매각** – 항해도중에 불가항력으로 보험의 목적인 적하를 매각하는 것을 의미하는데, 이 경우 보험자는 매각대금에서 운임 기타 필요비용을 공제한 금액과 보험가액과의 차액을 보상하여야 한다(상709.1). 만일 매수인이 대금을 지급하지 아니한 때에는 보험자가 그 금액을 지급하여야 하며, 이 경우 보험자가 피보험자의 매수인에 대한 권리를 취득한다(상709.2).

4) **보험자의 법정면책사유** : ① **주의의무 해태·통상비용** – i) 선박·운임보험에서 감항능력(堪航能力)주의의무(상794)와 서류비치의무의 해태로 인해 손해, ii) 적하보험에서 용선자·송하인·수하인의 고의·중과실로 손해가 발생한 경우, iii) 도선료·입항료·등대료·검역료 기타 항해에서 발생하는 통상적인 비용은 보험자의 보상범위에 포함되지 않는다(상706).

② **보험계약의 변경** – 항해, 항로, 선박의 동일성 등은 항해위험을 결정하는 중요한 요소들이다. 따라서 항해나 항로를 변경하거나 항해를 지체하거나 선박을 변경한 경우 등 보험계약내용이 변경된 경우 보험자는 면책된다. i) **항해변경** 선박이 보험계약에서 정하여진 발항항이 아닌 다른 항에서 출항한 때, 선박이 보험계약에서 정하여진 도착항이 아닌 다른 항을 향하여 출항한 때에는 보험자는 면책된다(상701.1,2). 그리고 보험자의 책임이 개시된 후에 보험계약에서 정하여진 도착항이 변경된 경우에는 보험자는 그 항해의 변경이 결정된 때부터 책임을 지지 아니한다(상701.3). ii) **이로(離路)** 선박이 정당한 사유 없이 보험계약에서 정하여진 선로를 이탈한 경우에는 보험자는 그때부터 책임을 지지 아니하며, 선박이 손해발생 전에 원항로로 돌아온 경우에도 면책된다(상701의2). iii) **발항·항해지연** 피보험자가 정당한 사유 없이 발항 또는 항해를 지연한 때에는 보험자는 발

항 또는 항해를 지체한 이후의 사고에 대하여 면책된다(상702). iv) **선박변경** 적하를 보험에 붙인 경우에 보험계약자 또는 피보험자의 책임 있는 사유로 인하여 선박을 변경한 때에는 그 변경 후의 사고에 대하여 책임을 지지 아니한다(상703). v) **선박양도** 선박보험에서 보험자의 동의 없이 피보험자가 선박을 양도한 경우 보험계약은 종료한다(상703의2). 기타 선박의 선급을 변경한 때, 선박을 새로운 관리로 옮긴 때에도 동일하다.

5. 예정보험

보험계약의 요건의 일부인 선박, 적하의 종류, 보험가액 등이 계약체결 당시에 확정되어 있지 않은 보험계약을 의미한다. 보험계약의 요건이 보험계약 체결 당시 확정되어 있는 보험인 확정보험계약과 구별되며, 보험계약이 체결되지 않고 예약에 지나지 않는 보험계약의 예약과도 구별된다. **선박미확정의 적하예정보험**은 보험계약의 체결 당시에 하물을 적재할 선박을 지정하지 아니한 경우로서 보험계약자 또는 피보험자가 그 하물이 선적되었음을 안 때에는 지체 없이 보험자에 대하여 그 선박의 명칭·국적과 하물의 종류·수량과 가액의 통지를 발송하여야 한다. 만일 이러한 선박확정통지를 해태한 때에는 보험자는 그 사실을 안 날부터 1월 내에 계약을 해지할 수 있다(상704).

6. 보험위부

1) **의 의** : ① **개념** – 해상보험에서 보험의 목적이 전손과 동일시되는 때 또는 전부멸실하였으나 그 증명 또는 계산이 곤란한 때에 피보험자가 보험의 목적에 대한 자기의 모든 권리를 보험자에게 취득시키고 보험자에게 보험금액 전액의 지급을 청구할 수 있는 제도이다(상710, **위부주의**). 해상보험에서는 손해증명의 곤란을 구제해 주는 제도로서, 일정한 사정이 있으면 전손을 추정하고 보험금을 지급하되 선박이 귀환한다든지 보험의 목적을 회복하면 보험금을 반환해야 제도(**추정주의**)와 구별된다. 추정주의 하에서는 수령한 보험금을 반환해야 할 가능성으로 인해 보험금을 기업자금화하기 어려운 점이 있는데 반해 위부주의는 위부의 의사표시에 의해 재산은 확정적으로 보험자에게 귀속하고 피보험자는 보험금을 수령할 수 있는 장점이 있으며 우리법은 위부주의를 취하고 있다.

② **법적 성질** – **보험위부행위**는 법률행위이며 특별한 방식을 요구하지 않는다. 보험자에 대한 피보험자의 단독의 의사표시만으로 위부의 효과가 발생하므로 상대방 있는 **단독행위**의 성질을 가졌고, **위부권**은 형성권적 성질을 가진 권리로 볼 수 있다(통설). 상법 제716조에서 위부의 승인을 규정하고 있지만 이는 위부를 청약에 대한 승낙의 의미가 아니라 위부원인에 관한 증명책임과 관련되므로, 위부는 계약이 아니라 단독행위이다.

2) **위부의 요건** : ① **위부원인의 발생** – 선박·적하의 점유상실, 선박의 수선불능, 적하의 수선불능 등이 위부원인이 된다(상710). 단, 선박의 수선불능의 경우 선장이 지체 없이 다른 선박으로 적하의 운송을 계속한 때에는 피보험자는 그 적하를 위부할 수 없다(상712).

② **위부의 통지** – 피보험자가 위부를 하고자 할 때에는 상당한 기간 내에 보험자에 대하여 그 통지를 발송하여야 한다(상713). 위부는 무조건이어야 하고, 위부의 원인이 그 일부에 대하여 생긴 때를 제외하고는 보험목적의 전부에 대하여 이를 하여야 한다. 다만 보험가액의 일부를 보험에 붙인 경우에는 위부는 보험금액의 보험가액에 대한 비율에 따라서만 이를 할 수 있다(상714). 위부통지의 방식에 관해서는 별도의 규정을 두고 있지 않아 서면이나 구두에 의해 할 수 있다고 본다.

③ **다른 보험계약 등에 관한 통지** – 피보험자가 위부를 함에 있어서는 보험자에 대하여 보험의 목적에 관한 다른 보험계약과 그 부담에 속한 채무의 유무와 그 종류 및 내용을 통지하여야 하고, 통지를 받을 때까지 보험자는 보험금액의 지급을 거부할 수 있다. 보험금액의 지급에 관한 기간의 약정이 있는 때에는 그 기간은 다른 보험계약에 관한 통지를 받은 날로부터 기산한다(상715).

④ **위부에 대한 이의와 불승인** – 피보험자가 위부를 한 경우 보험자는 이에 대해 이의를 할 수 있다고 본다. 이 경우 피보험자는 위부의 원인을 증명하여야 하나 위부의 효과는 위부통지의 도달시점에 발생한다고 보아야 한다. 그리고 보험자가 위부를 승인한 후에는 그 위부에 대하여 이의를 하지 못하므로(상716) **위부의 승인**은 위부에 대한 이의권 소멸사유에 해당하는 소극적 의미를 가지며 위부승인이 위부의 승낙에 해당하는 개념은 아니다. 보험자가 위부를 승인하지 않은 경우는 피보험자는 위부의 원인을 증명하지 아니하면 보험금액의 지급을 청구하지 못한다(상717). 즉 **위부의 불승인**은 위부에 대한 이의에 해당하고 피보험자는 위

부의 원인을 증명은 피보험자의 부담이어서, 위부의 이의·불승인이 있을 경우 위부원인의 증명을 정지조건으로 하여 위부의 효과가 발생하는 것으로 해석하는 것이 타당하다고 본다.

3) **위부의 효과** : ① **보험자의 권리취득** – 위부의 직접적인 효과로서, 보험자는 위부로 인하여 보험의 목적에 관한 피보험자의 모든 권리를 취득한다. 피보험자는 보험자가 권리를 행사할 수 있도록 보험의 목적에 관한 모든 서류를 보험자에게 교부하여야 한다(상718). 그리고 보험위부의 효과가 발생한 경우에도 피보험자는 손해방지의무를 부담하며 이로 인하여 소요된 비용은 피보험자가 보험자에게 청구할 수 있다. 권리이전의 범위를 살펴보면, 보험의 목적에 관해 피보험자가 가지고 있는 직접의 권리가 포함됨에는 의문이 없다. **손해배상청구권·공동해손분담청구권의 이전여부**(**쟁점318**)에 관해, **적극설**은 제3자에 대한 채권도 '모든 권리'에 포함된다고 보고, **소극설**은 피보험자가 제3자에 대하여 가지는 권리는 위부에 의해 이전하는 것이 아니고, 보험자가 보험금을 지급한 때에 보험자대위에 관한 일반규정에 의해 이전한다고 본다. 생각건대 보험자의 보험금 지급이 없이 위부만으로 제3자에 대한 권리까지 보험자에게 이전한다고 함은 형평에 맞지 않는다는 점에서 소극설이 타당하고 보험금이 지급되면 제3자에 대한 권리가 보험자대위의 법리에 따라 이전한다.

② **피보험자의 보험금청구권** – 위부의 간접적 효과로서, 피보험자는 전손이 추정되는 보험의 목적에 관한 권리를 보험자에게 위부에 의해 이전함으로써 현실전손과 동일하게 보험금청구권을 행사할 수 있게 된다는 점에 위부제도의 목적이 있다. 피보험자는 위부의 효과로서 전손발생에 관한 증명 없이도 보험금청구권을 취득하며, 피보험자가 보험금을 수령한 경우 피보험자가 제3자에 대해 가지는 손해배상청구권 또는 공동해손분담청구권을 보험자가 대위한다. ③ **위부의 효과 발생시점** – 위부는 단독행위이므로 위부의 통지에 의해 위부의 효과가 발생하며 상법은 상당한 기간 내 위부통지의 발송의무를 규정하고 있는데(상713), 위부의 효과의 발생시점에 관해서는 상법 제713조에서 발송의무를 규정하고 있으므로 발송시점에 위부의 효과가 발생한다고 볼 여지도 있으나, 이는 발송의무에 관한 조항이고 의사표시의 효과 발생시점에 관해서는 민법의 일반원칙인 도달주의(민111)에 따라 위부의 효과가 발생한다고 보아야 한다.

제3절 책임보험

1. 의 의

피보험자가 보험기간 중 사고로 인하여 제3자에 대하여 손해배상책임을 지게 되는 경우에 그 손해를 보험자가 보상할 것을 목적으로 하는 손해보험이다(상719). 책임보험은 손해보험의 일종이면서 보험사고로 인한 직접손해의 보상을 목적으로 하는 것이 아니라 보험사고에 따른 배상책임을 부담함으로써 생기는 **간접손해**를 보상한다는 점(소극보험성)에서 특정물건에 관한 손해가 아닌 일반재산에 발생한 손해를 보상하는 보험이어서 다른 손해보험과 다르다. 책임보험은 과실책임주의를 근간으로 하는 불법행위법의 발전과 밀접한 관련을 가지며 발전해 오고 있으며, 무과실책임주의를 취하는 영역에서는 기업주의 보호를 위해서 책임보험은 더욱 절실하게 요청된다. 책임보험은 가입의 강제성 유무를 기준으로 강제·임의보험으로 구별되는데, 강제보험에는 산업재해보상보험, 자동차손해배상 보장법에 의한 책임보험, 신체손해배상특약부화재보험, 원자력손해배상책임보험 등이 속한다. 그리고 객체를 기준으로 대인배상·대물배상책임보험, 피보험자를 기준으로 영업·전문직업인·개인책임보험, 보상의 한도에 따라 유한배상·무한배상책임보험 등으로 구별되며 공제제도도 책임보험과 유사한 기능을 한다.

2. 책임보험의 특성

1) **보험목적의 특수성** : 책임보험에서 보험의 목적은 특정한 물건이 아니고 피보험자의 전 재산이 된다. 불특정 전 재산에 대한 간접·무형의 손해를 보험자가 보상하는 특징을 가지고 있다. 책임보험의 피보험이익은 피보험자의 전 재산에 관하여 재산 감소를 가져오는 사고가 발생하지 않을 경우에 피보험자가 갖는 경제적 이익이다. 따라서 보험가액은 존재하지 않게 되고 초과·일부보험이 발생할 여지가 없으나, 중복보험(광의)은 발생할 가능성이 있으며(상725의2), 보상책임의 한도액으로서 보험금액은 정해진다.

2) **보험사고의 특수성** : ① 논의 – 책임보험에서 사고의 발생으로 인한 피해는 피해자가 입고(**손해사고**), 피보험자는 피해자로부터 배상책임을 부담함으로써 손해가 발생하는(**보험사고**) **간접손해**가 문제된다. **책임보험의 보험사고**(쟁점319)에 관해, **손해사고설**은 피보험자에게 배상책임이 있는 피해자의 손해사고를 보험사고로 보는데, 피해자가 손해배상을 청구하지 않거나 청구권이 시효로 소멸할 수도 있어 피보험자의 손해는 잠재적 단계에 있다는 점이 문제이다. **손해배상청구설**은 손해사고 이후 피보험자가 피해자인 제3자로부터 배상청구를 받은 것을 보험사고로 보며 배상청구 통지규정(상722)을 보험사고통지의무조항으로 이해하는데, 배상청구만으로 피보험자의 책임이 확정되는 것은 아니라는 점에서 문제가 있다. **법률상 책임부담설**은 피보험자가 법률상 책임을 부담한 것을 보험사고로 보는 견해로서 책임보험 개념규정이 '배상할 책임을 진 경우'라 하고 있다는 점(상719)을 근거로 하는데, 책임보험에 근거한 방어비용(상720)은 법률상 책임부담과 관련 없이 발생한다는 점에서 의문이 있다. **채무확정설**은 피보험자가 피해자에 대하여 부담할 채무가 확정된 것을 보험사고로 보는 견해로서, 채무확정 통지의무(상723.1)를 보험사고통지의무로 이해한다. **배상의무이행설**은 피보험자가 피해자에게 손해배상의무를 이행한 것을 보험사고로 보는 견해로서 배상전 보험금지급금지(상724.1)을 근거로 한다.

② 보험사고의 특정 – 책임보험의 특성상 책임보험의 보험사고는 다양하게 파악될 수 있어, 실무에서는 보험사고를 약관에서 특정하기도 한다. 예컨대 전문직업 배상책임보험에서 보험기간 내에 피보험자가 제3자로부터 재판상 또는 재판외의 배상청구를 받는 것, 즉 손해배상청구 기준(Claim－made basis)으로 보험사고를 규정하는 경우도 있다. 이 경우 보상책임의 범위와 시기를 명확히 정하기 위해서 피보험자는 보험자에게 보험기간 내에 피보험자를 상대로 이루어진 손해배상청구의 사실을 필수적으로 통지(서면통지)하도록 정할 필요가 있다. 판례도 손해배상청구 기준에 따라 보험사고를 확정하는 전문직업 배상책임보험에서는 피보험자의 서면통지 조항은 단순히 그 위반에 따른 추가 손해가 발생한 경우 보험자의 보상책임이 확대되는지 여부의 문제가 아니라 보험금 지급의무의 전제조건으로 본다. 따라서 보험자는 보험기간 내에 피보험자로부터 손해배상청구에 대한 서면통지가 없는 경우 그로 인하여 손해가 증가하였는지 여부와 관계없이 보험금 지급 책임을 부담하지 않게 된다(2017다245804).

③ 검토 – 간접손해를 배상하는 책임보험에서 보험사고는 약관에서 특정할

수 있다고 본다. 다만 특별한 약정 없이 책임보험계약이 체결된 경우, 책임보험에서는 일반 보험에서와 달리 손해사고와 보험사고를 개념적으로 분리하여야 하고 피보험자의 채무(손해)가 확정되는 시점에 보험금청구권이 발생한다고 보는 견해가 가장 명료하다. 하지만 직접청구권을 도입한 취지에서 볼 때 손해사고설을 취하지 않을 수 없어 정확히 표현하면 "**피보험자에게 책임 있는 손해사고의 발생**"이 책임보험에서 보험사고라 할 수 있다.

3. 책임보험계약의 효과

1) **보험자의 의무** : ① 손해보상의무 – 보험자의 손해보상의무란 보험사고(손해사고, 피해자의 청구 등)가 발생한 경우 보험자는 책임보험계약에서 약정한 보험금액의 범위 내에서 피보험자의 손해배상액을 보상할 의무를 의미하는데, 피해자의 손해배상청구권의 시효소멸을 해제조건으로 한다. 동 의무 **발생요건**은 보험기간 중에 피보험자에게 손해배상책임(계약상·불법행위·법률규정 등 책임원인은 불문)이 있는 보험사고가 발생하여야 하고 보험자의 면책사유(피보험자의 고의 등)가 없어야 한다. 보험자는 보험금액의 한도 내에서 피보험자가 제3자에 부담한 책임액(상719)을 보상하는데, 손해배상액에는 확정채무(상723.1) 이외에 손해방지비용(상720.1) 등이 포함되며 약정으로 한도를 정할 수 있다.

② 의무의 이행(보험금의 지급) – 보험자는 특별한 약정이 없으면 채무확정통지를 받은 날로부터 10일 내에 보험금액을 지급하여야 한다(상723.2). 피보험자가 보험자의 동의 없이 제3자에 대하여 변제·승인 또는 화해를 한 경우 보험자가 그 책임을 면하게 되는 합의가 있는 때에도 그 행위가 현저하게 부당한 것이 아니면 보험자는 보상할 책임을 면하지 못한다(상723.3). 피보험자가 제3자의 청구를 방어하기 위하여 지출한 재판상 또는 재판 외의 필요비용은 보험의 목적에 포함된 것으로 한다(상720.1). 보험자는 피보험자가 책임을 질 사고로 인하여 생긴 손해에 대하여 제3자가 그 배상을 받기 전에는 보험금액의 전부 또는 일부를 피보험자에게 지급하지 못한다(상724). 다만 선손해배상조항에 관해 판례는 채무확정시 통지발송의무(상723.1)와 통지 수령시 10일내 보험금 지급의무(상723.2)를 고려할 때, 피보험자가 제3자에게 손해배상금을 지급하였거나 상법 또는 보험약관이 정하는 방법으로 피보험자의 제3자에 대한 채무가 확정되면 보험자에게 바로 보험금청구권을 행사할 수 있다고 본다(94다17888).

③ **의무의 소멸(소멸시효)** – 책임보험의 보험금청구권도 일반 보험금청구권과 동일하게 3년의 소멸시효가 적용되고(상662) 보험사고 발생시점이 그 기산점이 된다. 다만 판례는 피보험자가 보험자에게 보험금청구권을 행사하려면 적어도 피보험자가 제3자에게 손해배상금을 지급하였거나 상법 또는 보험약관이 정하는 방법으로 피보험자의 제3자에 대한 채무가 확정되어야 하므로, 책임보험의 보험금청구권의 소멸시효는 피보험자의 제3자에 대한 법률상의 손해배상책임이 변제, 승인, 화해 또는 재판의 방법 등에 의하여 확정(상723.1)된 때로부터 소멸시효가 진행된다고 본다(2002다30206). 그리고 손해사고를 보험사고로 볼 경우 피보험자의 책임여부와 피해자의 청구여부가 불확정인 상태에서 소멸시효가 기산하게 되어 소멸시효기간의 단축이 문제된다. 피보험자의 책임 여부는 법률적 판단의 문제이므로 피해자가 피보험자에게 청구하면 그 법적 책임여부를 불문하고 보험자에게 보험금청구를 함으로써 소멸시효를 중단시킬 수 있어 문제는 없다. 그런데 피해자의 청구시점 즉 소멸시효완성에 임박한 시점의 청구는 피보험자의 보험금청구권 행사에 영향을 미치게 된다. 생각건대 책임보험에서 보험사고는 '피보험자가 책임을 부담하는 손해사고'이므로 피해자의 청구여부를 알 수 없는 상태는 이른바 판례에서 말하는 '객관적으로 보험사고 발생사실을 알 수 없는 경우'(92다39822)에 해당하여 소멸시효가 진행하지 않는 것으로 볼 수 있다.

2) **피보험자의 의무** : 피보험자는 제3자로부터 배상청구를 받은 경우 지체 없이 보험자에게 통지를 발송하여야 한다(상722). 그리고 피보험자가 제3자에 대하여 변제, 승인, 화해 또는 재판으로 인하여 채무가 확정된 때에도 지체 없이 보험자에게 그 통지를 발송하여야 한다(상723.1). **배상청구·채무확정통지의무**를 해태한 경우 통지가 있었다면 보험자가 손해배상액을 줄일 수 있었다는 특별한 사정이 있었다면 그 액수만큼 보험금에서 공제하거나 구상할 수 있지만(상722.2), 그렇지 않은 경우 보상금액에 영향을 미치지 못한다는 것이 통설의 입장이다. 특히 채무확정통지를 하게 되면 통지시점으로부터 10일내에 보험금액을 지급하여야 하는데 이는 채무확정통지가 상법 제658조의 보험금확정과 유사한 상태를 반영한 것으로 볼 수 있고, 채무확정통지가 상법 제657조의 보험사고 통지의 의미를 가진 것은 아니다. 그리고 피보험자는 현저하게 부당하지 않도록 제3자에 대하여 변제, 승인 또는 화해를 하여야 할 **부당행위금지의무**를 부담하지만(상723.3), 협의의무까지 부담한다고 보기는 어렵다.

4. 수 개의 책임보험

동일한 피보험자를 위하여 수 개의 책임보험이 체결되어 보험금액의 총액이 피해배상액을 초과할 경우 **중복보험**(상672, 673)에 관한 규정을 준용한다(상725의 2). 따라서 각 보험자는 보험금액의 한도에서 연대책임을 부담하고 각자의 보험금액의 손해배상책임에 대한 비율에 따른 보상책임을 부담한다. 책임보험에서는 보험가액의 개념이 없으므로 보험가액과 보험계약에서 정해지는 보험금액의 관계에서 발생하는 일부보험, 초과보험, 사기에 의한 초과보험 등의 개념은 발생하지 않는다. 다만 책임보험에는 보험가액을 대신하여 보험사고 발생 후에 계산되는 피해배상액의 개념이 있어 보험금액과의 관계에서 중복보험이 발생할 수는 있지만 역시 사기에 의한 중복보험에 관한 규정(상672.4)은 적용될 여지가 없다고 본다.

5. 피해자의 직접청구권

1) **의 의** : 책임보험에서 피해자가 보험자에게 손해의 배상을 직접 청구할 수 있는 권리를 의미한다. 배상전 보상금지원칙(상724.1), 물건소유자의 직접청구권(상725) 이외에 피해자가 직접청구권은 1991년 상법개정으로 도입되었다. 책임보험관계는 보험자·피보험자(가해자)·피해자의 관련되어 3**면관계**가 형성되는데, 이는 보험자와 피보험자간의 보험관계와 피해자와 가해자(피보험자)간의 책임관계뿐만 아니라 보험자와 피해자간의 보상관계로 구분된다. 특히 보상관계는 피보험자를 매개로 하여 보험자와 피해자간에 인정되던 간접적이고 경제적인 관계였으나 직접청구권이 인정됨으로써 직접적이고 법적인 관계로 전환되었고, 이는 피해자를 보호하고자 하는 취지이다.

2) **법적 성질**(쟁점320) : **손해배상청구권설**은 보험자는 보험계약 체결시 장래 발생할 피보험자(가해자)의 손해배상채무를 중첩적·병존적으로 인수하여 보험자와 피보험자는 연대채무관계에 있고 따라서 직접청구권의 법적 성질은 손해배상청구권이며, 보험금청구권의 단기의 소멸시효기간으로부터 피해자보호를 취지로 한다. **보험금청구권설**은, 직접청구권은 손해보상청구권이지 손해배상청구권은 아니며, 피해자보호를 위해 법률의 규정에 의해 피해자도 보험금을 청구(대위)할 수

있도록 한 것으로 이해하여 보험자에 대한 보험금청구권으로 본다. **판례**는 수차례의 입장변화를 거쳐 현재는 손해배상청구권설을 견지하고 있다. 직접청구권은 보험자가 피보험자의 피해자에 대한 손해배상채무를 병존적으로 인수한 것으로서 피해자가 보험자에 대하여 가지는 손해배상청구권이라는 입장(98다44956)이다. 하지만 피해자의 직접청구권에 따라 보험자가 부담하는 손해배상채무는 보험계약을 전제로 하는 것으로서 보험계약에 따른 보험자의 책임 한도액의 범위 내에서 인정되어야 한다는 취지일 뿐, 법원이 보험자가 피해자에게 보상하여야 할 손해액을 산정하면서 자동차종합보험약관의 지급기준에 구속될 것을 의미하는 것은 아니라 보았다(2018다300708). 생각건대, 계약에 따른 권리로 볼 경우 보험자의 항변권이 무시될 가능성이 있는데 이는 상법의 항변가능성(상724.2단서)에 반한다는 점에서 부당하며, 보험금청구권의 소멸시효가 완성되어도 보험자는 피해자에게 보험금을 지급하여야 하는 점은 의무보험이 아닌 사보험에서는 적절하지 않은 해석론이어서 보험금청구권설이 타당하다.

3) **직접청구권의 소멸시효** : ① 소멸시효기간(**쟁점321**) – **손해배상청구권설**은 손해배상채권과 동일하게 손해 및 가해자를 안 날로부터 3년, 불법행위를 한 날로부터 10년(민766)으로 이해하고, **보험금청구권설**은 보험금청구권의 소멸시효기간인 3년(상662)으로 이해하며, **절충설**은 손해배상청구권을 따르면서 보험자는 직접청구권으로 인해 더 불리해질 수는 없으므로 시효기간은 3년으로 본다. 생각건대 보험금청구권의 소멸시효기간이 3년으로 연장되어 논의의 실익은 줄었지만 소멸시효의 기산점을 달리 보고 있고 '손해 또는 가해자'를 알지 못할 경우도 있으므로 논의의 실익이 없어진 것은 아니다. 보험금청구권설에 따라 직접청구권의 소멸시효도 3년의 소멸시효가 적용된다고 보는 견해가 타당하다고 본다. 그리고 판례는 직접청구권과 피보험자의 보험자에 대한 보험금청구권은 별개의 청구권이므로, 피해자의 보험자에 대한 손해배상청구에 의하여 피보험자의 보험자에 대한 보험금청구권의 소멸시효가 중단되지 않는다고 보았다(2005다77305).

② **기산점 – 직접청구권의 소멸시효의 기산점**(**쟁점322**)에 관해, 손해배상청구권설은 손해 및 가해자를 안 날 또는 불법행위를 한 날(민766)로 보고, 보험금청구권설은 보험사고가 발생한 시점으로 본다. 생각건대 직접청구권도 피보험자의 보험금청구권에 의존하여 발생한 권리이므로 보험사고 발생시점이 기산점이 된다고 본다. 판례는 가해자(피보험자)가 손해배상액을 지급한 경우, 피보험자가 피해

자측에 이미 합의금으로 손해배상액을 지급한 시점부터 피보험자의 보험자에 대한 보험금청구권의 소멸시효가 진행된다고 보았다(2005다77305). 후유장해가 있을 경우 손해배상청구권의 소멸시효의 기산점에 관해, 판례는 가해행위와 이로 인한 현실적인 손해의 발생 사이에 시간적 간격이 있는 불법행위의 경우 손해가 그 후 현실화된 것을 안 날을 의미한다고 본다. 이때 신체에 대한 가해행위가 있은 후 상당한 기간 동안 치료가 계속되는 과정에서 어떠한 증상이 발현되어 그로 인한 손해가 현실화된 사안이라면, 법원은 피해자가 담당의사의 최종 진단이나 법원의 감정 결과가 나오기 전에 손해가 현실화된 사실을 알았거나 알 수 있었다고 인정하는 데 매우 신중해야 한다고 보았다(2016다1687).

③ **법정 이율** – 피해자에게 인정되는 직접청구권의 법적 성질을 보험자가 피보험자의 피해자에 대한 손해배상채무를 병존적으로 인수한 것으로 보는 판례는 피해자가 보험자에 대하여 가지는 손해배상청구권이고, 피보험자의 보험자에 대한 보험금청구권의 변형 내지는 이에 준하는 권리가 아니므로, 이에 대한 지연손해금에 관하여는 연 6%의 상사법정이율이 아닌 연 5%의 민사법정이율에 적용된다고 보았다(2016다205243).

4) **직접청구권의 행사** : 피해자는 직접청구권을 행사함으로써 보험금액의 한도 내에서 보험자에게 직접 보상을 청구할 수 있으며, 이 경우 보험자는 피보험자가 그 사고에 관하여 가지는 **항변**으로써 피해자(제3자)에게 대항할 수 있다(상724.2). 따라서 피해자의 손해배상청구권이 시효로 소멸한 경우에도 보험자가 피해자의 청구에 소멸시효항변으로 대항할 수 있다. 공동불법행위자 중의 1인과 보험계약을 체결한 보험자가 피해자에게 보험금을 모두 지급하여 다른 공동불법행위자들의 보험자들이 공동면책된 경우 **구상권**이 문제된다. 피해자에게 보험금을 지급한 보험자는 공동면책에 근거하여 다른 공동불법행위자에게 구상권을 행사할 수 있고, 보험자대위에 근거하여 피보험자의 권리인 다른 공동불법행위자들에게 구상권을 행사할 수도 있다. 뿐만 아니라 피해자에 대한 보험금지급을 근거로 변제자대위의 법리에 따라 피해자가 공동불법행위자들에 가지는 손해배상청구권을 대위할 수도 있고 공동불법행위자들의 보험자에 대한 직접청구권을 대위할 수도 있다. 이러한 **구상권 또는 직접청구권의 소멸시효기간**(**쟁점323**)에 관해, 판례는 일반상사채권의 소멸시효기간과 같이 5년으로 본 경우(97다17544), 민사채권의 소멸시효기간과 같이 10년으로 본 경우(99다3143)가 있다. 생각건대 다른 공동불법행

위자들에 대한 구상권은 공동불법행위로 인한 손해배상채무의 공동면책에 따른 권리이므로 10년의 소멸시효가 적용된다고 보아야 하지만 다른 보험자에 대한 권리는 피해자가 가졌던 직접청구권을 변제자대위한 것이므로 직접청구권의 소멸시효인 3년의 소멸시효가 적용된다고 본다.

5) **직접청구권의 우선성** : 직접청구권의 법적 성질에 관해 어느 견해를 따르더라도 피보험자의 보험금청구권과 피해자의 직접청구권 양자간의 우선관계는 설명되지 않으므로 직접청구권이 우선함을 명시하여(상724.1) 입법적으로 해결하였다. 따라서 피해자가 배상받을 때까지 보험금청구를 보험자는 거절할 수 있다. 피해자가 보험자에게 직접청구한 경우 보험자는 지체 없이 피보험자에게 이를 통지하여야 한다(상724.3). 그리고 피보험자는 보험자의 요구가 있을 때에는 필요한 서류·증거의 제출, 증언 또는 증인의 출석에 협조하여야 한다(상724.4).

6. 기타 책임보험

1) **영업책임보험** : 영업책임보험이란 피보험자가 경영하는 사업에 관해 발생하는 사고로 제3자에게 배상책임을 지는 것을 보험사고로 하는 책임보험을 말한다(상721). 여기서 영업이란 피보험자가 인적·물적 설비를 갖추어 하는 경제활동을 의미하는데, 반드시 이득의 의사를 필요로 하는 것은 아니다. 영업책임보험에는 생산물책임보험, 주차장책임보험 등이 있다. 영업책임보험은 피보험자의 대리인 또는 그 사업감독자의 제3자에 대한 책임도 보험의 목적에 포함한다(상721).

2) **보관자 책임보험** : 임차인 기타 타인의 물건을 보관하는 자가 타인에게 부담하는 손해배상책임을 담보하기 위하여 가입하는 책임보험이다. 물건의 소유자는 책임보험을 근거로 보험자에 대하여 직접 그 손해의 보상을 청구할 수 있다(상725). 보관자는 물건의 소유자를 피보험자로 하는 손해보험에 가입할 수도 있지만(타인을 위한 손해보험), 책임보험을 체결한 경우 자신을 위한 보험이 되나 직접청구권을 인정함으로써 실질적으로 타인을 위한 보험과 유사한 기능을 하게 되었다. 상법 제724조 2항과의 관계 동조가 상법에 편입되기 전에는 보관자의 책임보험에서 소유자의 직접청구권은 소유자보호에 상당한 기능을 하였지만 책임보험

일반에서 피해자의 직접청구권을 보장하고 있는 상법 제724조 2항이 도입된 후 상법 제725조는 주의적 규정이 되었다.

3) **신종 책임보험** : 임원배상책임보험이란 회사의 임원이 각자의 자격 내에서 업무를 수행함에 있어, 주의의무 및 회사에 대한 충실의무를 위반함으로 인하여 발생한 주주 및 제3자에 대한 손해배상책임을 보상하는 보험이다. 생산물 영업배상책임보험이란 제조, 판매, 공급 또는 시공한 생산물이 타인에게 양도된 후, 그 생산물의 결함으로 인한 우연한 사고로 인해 제3자에게 손해배상책임을 지는 경우 이를 보상하는 보험이다. 도급업자 배상책임보험이란 피보험자(발주자/도급업자 등)의 공사 수행중에 또는 공사수행을 위해 소유·사용·관리하는 장비 등의 시설로 발생한 우연한 사고로 인해 제3자에게 손해배상책임을 지는 경우 이를 보상하는 보험이다. 그 밖에 치과의사배상책임보험·오염사고배상책임보험·사용자배상책임보험·여행업자배상책임보험 등이 있다.

제 4 절 재보험

1) **의 의** : 재보험계약이란 보험자가 인수한 보험계약(원보험계약)상의 책임의 전부 또는 일부를 다른 보험자(재보험자)에게 인수시키는 보험계약이다. 이는 원보험자가 인수한 위험을 양적·질적·장소적으로 분산하는 기능을 하며, 그 밖에 재보험은 대체로 타국의 보험사에 의해 이루어진다는 점에서 보험을 국제화시키는 기능을 하고 있다. 재보험은 대체로 해상보험·화재보험과 같은 손해보험에서 많이 이용되나 인보험에서도 재보험이 불가능한 것은 아니다.

2) **법적 성질** : **재보험계약의 법적 성질**(**쟁점324**)에 관해, **조합계약설**에 따르면 재보험계약은 당사자가 위험의 분산, 획득한 이득의 분배를 공동목적으로 하는 조합계약을 체결한 것으로 보고, **보험계약설**은 재보험계약도 일반 보험계약과 동일하게 위험분산을 위한 보험료갹출에 의한 공동기금의 형성과 보험사고 발생시 보험금지급을 목적으로 하는 보험으로 이해하는데 보험계약설이 타당하다고 본다. 다만 보험계약설도 원보험과 재보험간의 위험의 동질성에 근거하여 재보험계약을 원보험계약과 동일한 보험계약으로 보는 **원보험계약설**과 재보험계약은 독립

한 보험계약으로서 책임보험계약의 성질을 가진 보험으로 이해하는 **책임보험계약설**이 있다. 생각건대 재보험계약 당사자는 보험관계이지 조합관계는 아니므로 조합계약설은 부당하고, 재보험계약은 원보험계약의 효력에 영향을 미치지 아니하여(상661) 원보험계약과의 독립성을 규정하고 있으므로 원보험계약설도 타당하지 못하며, 재보험에 관해 책임보험에 관한 준용규정(상726)을 두고 있어 책임보험계약설이 타당하다.

3) **종 류** : ① **전부재보험·일부재보험** – 재보험자가 인수하는 원보험의 위험범위에 따른 분류이다. 전부재보험이란 원보험자(원수보험자)가 인수한 위험의 전부를 재보험자가 인수하는 재보험을 말하고, 일부재보험이란 원보험자가 인수한 위험의 일부를 재보험자가 인수하는 보험을 의미하나 일부재보험이 일반적이다.

② **비례특약재보험·초과액특약재보험** – 일부재보험에서 원보험자의 자기보유분을 정하는 방법에 따른 분류이다. 비례적 재보험은 재보험자가 원보험계약에서 인수한 위험을 일정한 비율에 따라 인수하는 재보험을 말하고, 초과액특약 재보험이란 재보험자가 원보험계약에서 일정금액의 보험금액을 초과하는 위험을 인수하는 재보험을 말한다.

③ **개별적 재보험·포괄적 재보험** – 재보험계약 체결방식에 따른 분류로서 개별적 재보험이란 원보험자가 인수한 개개의 위험에 대하여 개별적으로 재보험에 가입하는 것을 말하고, 포괄적 재보험이란 원보험자가 일정한 기간 안에 인수한 모든 위험에 대하여 포괄적으로 재보험에 붙이는 것을 말한다. 개별적 재보험을 임의적 재보험이라 하고 포괄적 재보험을 의무적 재보험이라 한다.

4) **법률관계** : 재보험계약 당사자는 원보험자와 재보험자가 되는데, 원보험자는 자신이 부담하는 위험을 재보험자에게 전가하고 그 대가로 일정한 재보험료를 지급하며 재보험계약의 보험사고가 발생한 경우, 원보험자는 재보험자에 대해 보험금을 청구할 권리를 가진다. 재보험계약은 원보험계약에 근거하고 원피보험자와 원수보험자, 재보험자의 3**면관계**는 책임보험과 유사하여 우리 상법은 재보험에 대해 **책임보험에 관한 규정을 준용**하고 있다(상726). 원보험계약의 피보험자는 재보험계약에서 피해자에 해당하는 지위를 가진다고 볼 수 있어 재보험의 보험사고에 관해 손해사고가 발생한 시점은 원보험계약의 보험사고 발생시가 되고 그 채무가 확정된 시점이 재보험의 보험사고 발생시점이 된다. 재보험자가 원보험자에

게 보험금을 지급한 경우 원보험자가 제3자에 대해 가지는 권리를 대위하는데, 통상 실무에서 원보험자가 재보험자의 수탁자의 지위에서 원보험자 자신의 이름으로 **대위권**을 행사하고 회수한 금액을 재보험자에게 교부한다. 재보험에 책임보험에 관한 규정이 준용되므로 피해자 **직접청구권** 규정(상724.2)도 준용된다.

5) **재보험계약의 독립성** : 재보험계약은 원보험계약의 효력에 영향을 미치지 아니한다(상661). 재보험계약은 원보험계약과 독립한 별개의 계약으로서 원보험계약이 재보험계약에 영향을 미치지 않고 재보험계약도 원보험계약에 영향을 미치지 않는다. 이러한 독립성이 특히 문제가 되는 것은 보험료·보험금지급에 관해서인데, 원보험자는 보험계약자의 보험료를 지급하지 않는다는 이유로 재보험료의 지급을 거절할 수 없고, 재보험료를 원보험자가 지급하지 않는다고 해서 재보험료를 원보험계약자에게 청구할 수 없다. 그리고 재보험자의 재보험금지급 불이행을 이유로 원보험자가 피보험자에게 보험금의 지급을 거절할 수 없다. 다만 원보험의 피보험자가 재보험자에 대해 보험금의 지급을 청구할 수 있는데, 이는 재보험계약이 책임보험적 성질을 가지고 있어 피해자 직접청구권이 준용된 결과이지 양 계약의 독립성이 상실한 예로 해석할 수는 없다.

제5절 자동차보험

(1) 의 의

자동차보험이란 보험자가 자동차를 소유·사용·관리하는 동안에 발생한 사고로 인하여 생긴 손해, 즉 피보험자 자신의 차량, 자신의 신체의 손해, 피해차량의 재산·신체상 손해 등의 보상을 목적으로 하는 보험계약이다(상726의2). 자동차보험은 자동차의 운행과 관련해서 발생하는 손해의 보상을 목적으로 하므로 손해의 유형에 따라 다양한 종류의 보험이 포함된다.

(2) 대인배상책임보험

1) **개 념** : 자동차사고로 타인의 신체·생명을 침해하여 피보험자가 제3자에 대해 책임을 부담함으로써 발생하는 손해를 보상하는 보험이다. 대인배상책임보험은 가입의 강제성에 따라 강제대인배상책임보험과 임의대인배상책임보험으로

구별되며, 통상적으로 자동차보험약관에서는 전자를 대인배상 I, 후자를 대인배상 II라 한다.

2) **대인배상** I : ① 자기를 위하여 자동차를 운행하는 자가 그 운행으로 인하여 다른 사람을 사망하게 하거나 부상하게 한 때 부담하는 손해배상책임(자배법 제3조의 책임)의 보상을 목적으로 가입이 강제되는 유한배상책임보험(의무보험)이다. 동 의무보험에 가입되어 있지 아니한 자동차는 도로에서 운행이 금지된다(동법7).

② **보험자의 책임** – 대인배상 I 의 보상책임은 피보험자인 자동차운행자의 자동차운행 중의 사고로 타인에게 인적 손해가 발생하고 사고와 손해간에 상당인과관계가 있어야 한다. i) **운행자** 여부(운행자성)에 관해 판례는 운행지배와 운행이익이라는 개념으로 판단하고 있다. **운행지배**란 자동차를 현실적으로 관리운영하는 외에 자동차의 운행을 지배하거나 지배해야 할 지위를 의미하고, **운행이익**이란 자동차운행으로부터 발생하는 이익을 의미한다. 판례는 절취운전의 경우에는 원칙적으로 자동차를 절취당하였을 때에 운행지배와 운행이익을 잃어버렸다고 보며(98다10380), 자동차 수리 의뢰시 그 자동차의 운행지배권은 수리업자에게만 있다고 본다(98다56645). ii) **피보험자**에는 자동차 보유자(소유·사용권자)와 운전자(수임운전자·운전보조자)가 포함되는데(동법2 3호, 4호), 무단운전자는 본인이 자배법 제3조의 책임을 부담하는 것이 원칙이지만 무단운행이 자동차관리권자에게 책임이 있을 경우 관리권자도 자배법상 책임을 부담한다(82다카1831). iii) **자동차의 운행**이란 사람 또는 물건의 운송 여부에 관계없이 자동차를 그 용법에 따라 사용 또는 관리하는 것을 의미한다(동법2 2호). 판례상 이를 엄격하게 해석하여 강간을 피하기 위해 운행 중 뛰어 내리다 사망한 경우는 포함되나, 승용차를 수면공간으로 활용하면서 방한목적으로 시동과 히터를 켜놓은 상태에서 질식사한 경우는 포함되지 않는다고 보았다. iv) **타인의 인적 손해**가 발생하여야 하는데, 타인은 피보험자 이외의 자를 의미하므로 자동차보유자와 운전자를 제외한 자를 의미하고 타인이 자동차사고의 피해자여야 하고 물적 손해는 대인배상 I 의 보상범위에서 배제된다. **호의동승자의 타인성**에 관해, 판례는 타인의 범위에 포함시키며, 다만 여러 사정을 고려하여 가해자의 책임이 신의칙·형평원칙에 반할 경우 배상액은 경감할 수 있다고 보았다(95다24302). v) (보험)사고와 손해간에 **인과관계**가 있어야 하고 운행 중의 사고라 하더라도 운행과 상당인과관계가 없는 사고로 사망

또는 부상한 경우에는 보상책임의 범위에 포함되지 않는다.

③ **보상책임의 범위** – 보험자는 피보험자의 자동차운행과 상당인과관계가 있는 인적 손해로 인하여 발생한 피보험자의 배상책임(자배법 제3조의 책임)을 보상하지만 보상한도는 1억으로 제한된다(유한배상책임보험). 이를 초과하는 손해에 대한 보상은 별도의 책임보험(대인배상Ⅱ)계약을 체결하여야 보상받을 수 있다.

3) **대인배상**II : ① 자동차사고로 타인의 신체·생명을 침해하여 피보험자가 보상책임을 부담하는 경우 대인배상 I (유한책임보험)의 보상을 초과하는 책임의 보상을 위한 임의보험계약(무한책임보험)이다. 자배법 제3조의 책임을 대상으로 하는 대인배상 I 과 달리 피보험자의 범위를 확대하여 계약자유의 원칙에 따라 보상범위를 결정할 수 있도록 하고 있다.

② **피보험자 확대** – 보험회사는 피보험자가 피보험자동차를 소유, 사용, 관리하는 동안에(cf. '운행하는 자가 운행으로', 자배법 제3조) 생긴 피보험자동차의 사고로 인한 손해에 대하여 보상책임을 부담하며, **피보험자의 범위**에 관해, 기명피보험자(보험증권에 기재됨), 친족피보험자(기명피보험자의 동거친족으로서 피보험자동차를 사용·관리중인 자), 승낙피보험자(기명피보험자의 승낙을 얻어 피보험자동차를 사용·관리중인 자), 사용피보험자(기명피보험자의 사용자·준사용자), 운전피보험자(타피보험자를 위한 운전에 관한 수임운전자·운전보조자) 등을 정하고 있다(자보약관 참조). '운전피보험자'에는 피용운전자뿐만 아니라 기명피보험자 등으로부터 구체적·개별적인 승낙을 받고 그 기명피보험자 등을 위하여 운전을 하였다면 운전피보험자가 될 수 있지만, 승낙에도 불구하고 운전이 기명피보험자의 의사에 명백히 반하는 것으로 볼 수 있는 경우에는 그 운전자를 운전피보험자에 해당한다고 볼 수는 없다(2012다116123).

③ **피해자 제한** – 대인배상Ⅱ의 약관은 피보험자(가해자)에 대하여 손해배상을 청구할 수 있는 지위에 있다고 할 수 없는 자를 피해자의 범위에서 배제(**가족면책**)하고 있다. 동거가족은 서로 손해배상청구권을 행사하지 않음이 일반적이고(피해자로서 타인성이 희박) 이를 행사하도록 하는 것은 윤리적인 측면에서 부당하고 보험사기의 가능성도 배제하기 어려우므로 피해자에 포함시키지 않는다. 판례도 동거중인 형, 처와 딸에 대한 책임을 부정한 예가 있다(91다33285). 약관상 피해자의 범위에서 제외되어 있는 자(가족면책)를 보면, 기명피보험자·운전자·승낙피보험자의 본인·부모·배우자·자녀, 산업재해보상보험법에 의해 보상되

는 피보험자의 피용자 등이다. 판례상 산업재해보상보험법에 의한 보상범위를 넘어서는 손해가 발생한 경우에도 보상하지 아니한다는 면책조항은 무효로 보았다(2003다2802전합).

④ **보상책임의 범위** – 보험회사는 피보험자가 피보험자동차를 소유·사용·관리하는 동안에 생긴 피보험자동차의 사고로 인하여 남을 죽게 하거나 다치게 한 때에 법률상 손해배상책임을 짐으로써 입은 손해를 보상한다. 대인배상책임보험에서도 보험자가 보상책임을 부담하기 위해서는 보험사고와 피해자의 손해 사이에 상당인과관계가 있어야 하며, 약관은 보험계약자(피보험자)의 고의로 인한 손해, 무면허운전 등 보험자의 면책사유를 정하고 있다. 판례는 무면허운전 면책조항은 사고발생의 원인이 무면허운전에 있음을 이유로 한 것이 아니라 사고발생시 무면허운전중이었다는 법규위반상황을 중시하여 이를 보험자의 보험대상에서 제외하는 사유로 정한 것으로 보았다(90다카20654).

(3) 기타 자동차보험

1) **대물배상책임보험** : 피보험자가 자동차사고로 타인의 차량을 포함하여 기타 재산을 멸실·훼손하여 손해배상책임을 부담할 경우에 보상하는 보험이다. 대물배상책임보험은 임의보험이었으나 **강제(의무)보험**으로 변경되어(자배5.2), 자동차 보유자는 대인배상 I 에 가입하는 외에 자동차의 운행으로 인한 물적 손해의 보상을 위한 보험·공제에 가입하여야 한다. 재산상 손해에 관해, 약관에서 고의·전쟁 등의 사태·천재지변·유상운송·대여·무면허운전으로 인한 손해 등(대인배상과 동일), 가족·사용자의 재물손해, 운송물손해 등을 **면책사유**로 열거하고 있다. 특히 피보험자동차가 운송 중인 화물에 생긴 손해는 운송보험의 대상이 되고 대물배상책임보험의 대상이 되지 않기 때문에 면책사유로 정하고 있다.

2) **차량보험** : 피보험자가 피보험자동차를 소유·사용·관리하는 동안에 보험사고로 인하여 피보험자동차에 직접적으로 생긴 손해와 비용을 보험회사가 보상하는 보험이다. 이는 **물건보험**의 성격을 가지며, 흔히 자차보험이라 한다. 차량보험은 차량 가액을 보험가액으로 하여 보험가액의 범위 내에서 발생손해를 한도로 보상한다. 피보험자가 과실로 손해를 일으킨 경우 보상되며 제3자가 손해를 일으킨 경우에는 보험자는 보험금을 지급하고 피보험자의 손해배상청구권을 대위하게 된다.

3) **자기신체사고(자손)보험** : 피보험자동차의 사고로 피보험자의 생명이나 신체에 생긴 인적손해를 보상하는 보험으로서 인보험의 성격을 가진다. 피보험자는 대인배상Ⅱ의 피보험자와 동일하며 그 자의 부모·배우자 및 자녀도 포함되지만(약관11.2(1)), 피보험자동차가 가입한 대인배상Ⅱ 또는 무보험자동차에 의한 상해에 의하여 보상을 받을 수 있는 때에는 피보험자에 포함되지 않는다. 자기신체사고보험은 **인보험적 성질**을 가져 보험가액은 있을 수 없고 보험금액만 정해지며, 보험금액은 사망보험금·부상보험금·후유장애보험금으로 구분되어 매 사고마다 지급된다.

4) **무보험차량에 의한 상해보험** : 피보험자가 무보험자동차에 의한 사고로 상해를 입거나 사망한 경우 손해액이 일정 금액을 초과하는 경우에 그 초과액을 보상하는 보험이다. 이는 피보험자의 신체 혹은 생명에 발생한 사고를 내용으로 한다는 점에서 자손사고보험과 유사하나, 피보험자동차에 의한 사고가 아니라 무보험자동차에 의해 사고가 발생한 경우에 한한다는 점에서 구별되며, 피보험자 1인당 2억원을 한도로 하고 있다. **무보험차량에 의한 상해보험의 법적 성질**(**쟁점325**)에 관해, 상해보험설과 손해보험설, 혼합설 등이 대립하고 있다. 판례는 자동차종합보험계약상의 '무보험자동차에 의한 상해특약'은 상해보험의 일종으로 보아(98다26910), 무보험 자동차에 의한 사고의 배상의무자가 법률상 손해배상책임을 지는 피보험자의 실제 손해액을 기준으로 위험을 인수한 것이 아니라 보통약관에서 정한 보험금 지급기준에 의한 금액만을 제한하여 인수한 것이라고 보았지만(97다46153). 최근 손해보험형 상해보험으로 본 판례도 있다(2005다35516). 생각건대 상해가 보험사고라는 점에서 인보험적 성격을 가졌으나 실손해보상이 이루어진다는 점에서 손해보험형 상해보험으로 혼합적 성격을 가졌다고 본다. **다수의 무보험자동차에 의한 상해담보특약의 중복보험성**에 관해, 판례는 무보험자동차에 의한 상해담보특약을 **손해보험형 상해보험**으로 이해하고, 중복보험이 체결된 경우 상법 제672조 1항이 준용된다고 보았다(2005다35516).

(4) 면책약관의 효력

1) **문제의 제기** : 자동차보험약관에 무면허운전과 음주운전을 보험자의 면책사유로 규정하고 있다. 무면허·음주운전금지라는 행정규제의 위반행위를 보험자 면책사유로 정하고 있어 보험자의 면책사유를 제한하고 있는 보험계약법의 원리

(상663)와 충돌된다.

2) **인과관계문제** : ① 대인·대물배상책임보험 – 판례는 약관상의 면책사유가 '무면허운전으로 인한 손해'가 아닌 '무면허운전을 하였을 때 생긴 손해'로 정하고 있어 무면허운전과 사고 사이에 인과관계의 존재를 요구하고 있지 않는 점, 무면허운전의 경우 사고의 위험성이 통상의 경우보다 극히 증대한 점, 무면허운전과 사고 사이의 인과관계 증명이 곤란한 점 등을 고려하여 위 면책조항이 무면허운전과 보험사고 사이에 인과관계가 있는 경우에 한하여 적용되는 것으로 제한적으로 해석할 수 없다고 보았다(89다카32965). 손해발생원인과는 관계없이 손해발생시의 상황이나 인적 관계 등 일정한 조건을 면책사유로 규정하는 것은 위 상법 제659조 1항의 적용대상이라고 볼 수 없어 상법 제663조와 관련되지 않고, 무면허운전면책조항은 사고발생의 원인이 무면허운전에 있음을 이유로 한 것이 아니라 사고발생시에 무면허운전중이었다는 법규위반상황을 중시하여 이를 보험자의 보상대상에서 제외하는 사유로 규정한 것이므로 위 상법 제659조 1항의 적용대상이라고 보기 어렵다고 보았다(90다카23899전합).

② **상해보험** – 판례는 무면허운전의 고의는 무면허운전 자체에 관한 것이고 직접적으로 사망이나 상해에 관한 것이 아니어서 그 정도가 결코 그로 인한 손해보상을 가지고 보험계약에 있어서의 당사자의 선의성·윤리성에 반한다고 할 수 없을 것이므로, 과실(중과실 포함)로 평가되는 행위로 인한 경우까지 포함하는 취지라면 상법 제659조 2항 및 제663조의 규정에 비추어 볼 때 무효라 보았다(89다카17591).

③ 검토 – **대인·대물배상책임보험에서 무면허면책약관의 효력**(**쟁점326**)에 관해, 무면허운전은 고의적인 범죄행위로서 피보험자의 범죄행위로 인한 손해를 보험자의 면책사유로 찬성하는 **긍정설**, 무면허운전이 법규위반은 될지라도 이와 무관한 보험사고까지도 보험자를 면책시키는 것은 보험제도의 효용을 크게 해한다는 점에서 **부정설**이 대립된다. 생각건대 무면허, 음주운전이 교통사고의 위험을 급증시키지만 무면허, 음주운전과 교통사고간의 인과관계의 증명이 곤란하다는 점을 고려할 때 면책사유는 대인·대물배상책임보험에서 합리성을 가진다고 본다. 하지만 이러한 보험자면책약관이 통상 중과실에 의한 손해도 보상하는 상해보험에서 보험자의 면책사유가 된다고 보기는 어려우며 이를 구별하고 있는 판례의 입장이 타당하다고 본다.

3) **지배가능성** : ① 대인·대물배상책임보험 – 무면허운전면책조항은 무면허운전이 보험계약자나 피보험자의 지배 또는 관리가능한 상황에서 이루어진 경우에 한하여 적용되는 조항으로 수정해석을 할 필요가 있으며 무면허운전이 보험계약자나 피보험자의 지배 또는 관리가능한 상황에서 이루어진 경우라고 함은 구체적으로는 무면허운전이 보험계약자나 피보험자 등의 명시적 또는 묵시적 승인 하에 이루어진 경우를 말한다(90다카23899전합). 무면허운전이 보험계약자나 피보험자의 묵시적 승인 하에 이루어졌는지 여부는, 보험계약자나 피보험자와 무면허운전자의 관계, 평소 차량의 운전 및 관리 상황, 당해 무면허운전이 가능하게 된 경위와 그 운행 목적, 평소 무면허운전자의 운전에 관하여 보험계약자나 피보험자가 취해 온 태도 등의 제반 사정을 함께 참작하여 판단할 것이다(2013다32048).

② **차량보험** – 보험계약자나 피보험자가 입은 자기차량 손해가 자동차종합보험의 음주면책약관 조항과 같이 보험계약자 등이 음주운전을 하였을 때에 생긴 손해에 해당하는 경우에는 그 면책조항의 문언 그대로 아무런 제한 없이 면책되는 것으로 해석하여야 하고, 이러한 법리는 자동차종합보험의 무면허면책약관 조항의 경우에도 마찬가지로 적용된다(2000다32130).

③ **검토** – 판례는 차량에 대한 지배가능성 여부를 묻지 않고 무단운전의 경우에도 무면허면책약관의 효력을 인정하였으나 전원합의체 판결에서 지배가 불가능한 상태에서의 무면허운전이었을 경우에는 면책약관의 적용을 부인하고 있으며 타당하다. 다만 차량보험에서는 지배가능성이 없더라도 무면허운전면책약관을 적용하고 있는데 그 타당성은 의문이다.

4) **고의에 의한 사고** : 보험계약자 또는 피보험자의 고의·중과실(손해보험), 고의(인보험)에 의한 사고에 대해 보험자는 면책되는데(상659, 732의2), 이는 통상 자동차보험약관에도 반영되어 있다. 그런데 피보험자가 피해자의 상해에 대하여는 이를 인식·용인하였으나, 피해자의 사망 등 중대한 결과에 대하여는 이를 인식·용인하였다고 볼 수 없는 경우 보험자가 면책되는지 의문이 있다. 이에 관해 판례는 상해의 고의 등으로 사망 등의 손해가 발생한 경우 면책약관에서 정한 피보험자의 고의로 인한 손해에 해당하지 아니하여 면책약관이 적용되지 않는다고 보았다. 그러면서 이때 사망 등과 같은 중대한 결과는 단순히 그 결과만으로 판단할 것은 아니고, 당시 가해 차량 운전자가 의도한 결과와 피해자에게 실제 발생한 결과 간의 차이, 가해 차량 운전자와 피해자의 관계, 사고의 경위와 전후 사

정 등을 함께 고려하여 종합적으로 판단하여야 한다고 보았다(2018다276799).

제 6 절 보증보험

1) **의 의** : ① 보험계약자인 채무자(의무자)가 **계약(법령)에 의한 채무(의무)불이행**으로 인해 피보험자인 채권자(권리자)가 입은 손해를 보상할 것을 목적으로 하는 타인을 위한 손해보험이다(상726의5). 보증보험의 경제적 기능은 채무자에게는 신용력을 보완하게 하는 기능을 하고 채권자에게는 채권담보로서 작용한다는 점에서 **채권담보기능**만 가지고 **신용보완기능**이 없는 **신용보험**(채권자가 채무자의 채무불이행에 대비하여 스스로 보험계약자가 되어 체결하는 보험)과는 구별된다.

② 손해보험성 – 보증보험의 보험사고는 보험계약자의 귀책사유나 고의적인 채무불이행에 의해 발생하므로 보험사고의 우연성을 결여하고, 보험계약자의 고의·중과실에 의해 보험사고가 발생하면 상법 제659조 1항에 의해 보험자는 면책되는 것이 아닌가 하는 손해보험성에 의문이 제기된다. 일반적으로 **보험사고의 우연성**이라는 것은 보험계약 성립시에 그러한 사고가 생길 가능성은 있으나 생길지 또는 생기지 않은 채 끝날 것인지가 객관적으로 미확정인 상태에 있는 것으로 보아 보증보험에도 우연성은 인정된다. 그리고 상법은 **제659조 1항**(고의·중과실에 의한 보험사고 유발시 보험자면책)이 보증보험에 적용되지 않는다고 명시(상726의6.2)함으로써 보험사고 유발에 따른 의문을 제거하였다.

③ 보증성 – 보증보험도 채무자의 채무불이행으로 인한 채권자의 손해를 보상한다는 점에서 손해보상계약이고 손해보험에 속하지만, 보증보험은 보증제도에 보험적 위험처리가 결합한 보험이라서 보증보험의 본질에는 필연적으로 보증성과 보험성이 결합되어 나타난다. 보증보험의 보험성과 보증성은 결코 서로 모순되는 성격이 아니고 양립될 수 있는 성격이어서 상법은 보증보험계약에 그 성질에 반하지 아니하는 범위에서 보증채무에 관한 민법의 규정을 준용한다(상726의7). 판례도 보증보험은 채무자의 채무불이행으로 인하여 채권자가 입게 될 손해의 전보를 보험자가 인수하는 것을 내용으로 하는 손해보험으로서 형식적으로는 채무자의 채무불이행을 보험사고로 하는 보험계약이나 실질적으로는 보증의 성격을 가지고 보증계약과 같은 효과를 목적으로 하므로 민법의 보증에 관한 규정이 준용된다고 보았다(95다46265).

2) **보증 규정의 준용** : ① 구상권 – 보증보험도 손해보험의 일종이므로 보험자는 보험자대위권을 행사할 수 있지만 그 외에 **구상권 행사가부**에 관해, 보증보험사업을 보증사업으로 전환하지 않고 보험사업의 이름으로 영위하고 있는 한 보험의 본질에 비추어 구상권 행사를 부정하는 **부정설**이 있었지만, 상법 제726조의7에서 보증보험계약에 보증채무에 관한 민법규정을 준용한다는 규정을 두어 **긍정설**을 따라 입법론적으로 해결하였다. 보증보험은 그 실체가 보증의 성격을 가지고 있다는 점에서 구상권은 인정될 수 있을 뿐만 아니라, 보험사고를 유발하는 보험계약자에 대한 책임을 묻는 구상권은 모럴리스크의 방지(우연성 회복)라는 측면에서 오히려 필요한 제도라 볼 수 있다.

② 법적 성질 – **보증채무의 독립성과 부종성**(**쟁점327**)에 관해, 학설이 대립되고 있지만 판례는 보증채무자가 주채무를 소멸시키는 행위는 주채무의 존재를 전제로 하므로, 보증인의 출연행위 당시 주채무가 성립되지 아니하였거나 타인의 면책행위로 이미 소멸된 경우에는 비채변제가 되어 채권자와 사이에 부당이득반환의 문제를 남길 뿐, 주채무자에 대한 구상권은 발생하지 않는다고 보면서도(2003다43858), 보증채무는 주채무와는 별개 독립의 채무로 보고 있다(2004다20265).

③ 주채무자의 항변권 행사 – 판례에서 이행보증보험의 보험자는 민법 제434조를 준용하여 보험계약자의 채권에 의한 상계로 피보험자에게 대항할 수 있고, 그 상계로 피보험자의 보험계약자에 대한 채권이 소멸되는 만큼 보험자의 피보험자에 대한 보험금 지급채무도 소멸된다고 보았다(2000다16251).

3) **손해보험규정의 적용** : ① 보증보험계약은 기본계약·법률의 채권·채무(권리·의무)관계를 전제하고 그 채무(의무)를 보증하는 실질을 가지지만 **보험계약의 형식**을 가진다. 따라서 기본계약의 채무자는 보험계약자가 되고 채권자는 피보험자가 되고 보증보험계약은 <u>타인을 위한 보험계약</u>의 성질을 가진다. 보증보험은 재산상의 손해를 보상하는 <u>손해보험</u>의 성질을 가지지만 손해보험에서 볼 수 있는 위험의 전가 기능은 나타나지 않고 신용의 보완 기능만 나타나므로 보험계약자는 보험금을 수령할 수 있는 지위에 있지 않다. 따라서 보험계약자가 피보험자에게 손해의 배상을 하더라도 보험금을 청구할 수 없어 타인을 위한 보험계약의 일반규정인 **상법 제**639**조 2항 단서**는 보증보험에 적용될 여지가 없다(상726의6.1). 그리고 보증보험의 보험사고는 채무불이행이고 이는 보험계약자의 고의 또는 과실을 전제하므로 보험사고의 유발을 보험자의 면책사유로 정하고 있는 상법 제659

조 1항도 적용되지 않는다(상726의6.2).

② **보험자대위** – 보증보험을 포함하여 타인을 위한 보험계약에서 보험계약자의 '제3자'에의 포함여부(**쟁점328**)에 관해 학설이 대립된다(보험자대위에서 전술함).

③ **소멸시효** – **대위권**은 기존의 존재하던 권리를 대위하여 행사하는 것이므로 소멸시효기간도 그 권리의 이전과 함께 새로이 개시되는 것이 아니고 그대로 진행한다. 이에 반해 **구상권**은 보험자가 피보험자에게 보험금을 지급함으로써 비로소 주채무자인 보험계약자에 대한 새로운 구상채권을 원시취득하므로 소멸시효기간(구상금채권이 민사·상사채권에 따라 10·5년)도 구상권이 발생하여 이를 행사할 수 있는 시점부터 진행한다. 신원보증보험계약은 통상의 손해보험과 피보험자의 피용인인 피보증인의 행위로 인하여 제3자가 손해를 입게 된 결과 피보험자가 그 제3자에 대하여 법률상 손해배상책임을 부담함으로써 입은 손해를 보상하는 것을 그 내용으로 하는 영업책임보험(상721)의 성격을 가지고 있어 보험금청구권의 발생요건 및 보험금청구권의 소멸시효의 기산점 등은 이러한 복합적인 성격을 가지고 있는 보험의 각 성격에 따라 구분하여 개별적으로 파악되어야 한다고 보았다(2002다30206).

4) **해지권** : 보증보험은 보증의 실질을 가져 채무자의 신용을 보완하는 기능을 하므로 채권자인 피보험자는 보증보험을 신뢰하여 기본계약(법률)에 따른 채권·채무를 형성한다. 그런데 채권, 채무가 형성된 이후에 채무자가 보증보험계약을 해지할 경우 채권자는 무보증상태가 되므로 채권자의 이익을 침해하게 된다. 신용보완기능을 하는 보증보험은 이러한 특성으로 말미암아 **보험계약자에 의한 해지**(상649)가 제한될 뿐만 아니라 **보험자에 의한 해지**도 제한된다고 해석된다. 상법도 이러한 취지에서 보증보험계약에 관하여 보험계약자의 사기, 고의 또는 중대한 과실이 있는 경우에도 이에 대하여 피보험자에게 책임이 있는 사유가 없으면 고지의무(상651), 위험변경증가통지의무(상652), 위험유지의무(상653)의 해지권이 제한된다고 규정한다(상726의6.2).

제3장 인보험

1. 의 의

1) **개 념** : 인보험계약이란 보험자가 사람의 생명 또는 신체에 관하여 보험사고가 생길 경우에 계약에 정한 바에 따라 보험금액 기타의 급여를 할 책임을 지는 보험계약으로서(상727) 물건보험에 대립되는 개념이다. 사람의 생명·신체가 보험의 목적인 인보험계약의 가장 큰 특징은 대개 **정액보험**이란 점이다. 보험금액과 구별되는 보험가액의 개념이 없으며 보험사고가 발생하면 약정된 보험금액을 지급하게 된다. 그러나 인보험 중 상해보험이나 질병보험은 부정액보험인 손해보험의 성질을 가지고 있으며, 생명보험 중에서도 변액보험은 보험금액이 재산운용의 성과에 따라 변동되는 보험이다. 인보험에는 보험가액의 개념이 없으므로 피보험이익이 문제되지 않고 따라서 초과보험·중복보험·일부보험의 문제가 발생하지 않는다. 뿐만 아니라 보험금을 수령한 후 보험사고에 책임 있는 제3자에게 배상책임을 묻더라도 이중의 이득에 해당되지 않으므로 손해보험과 달리 보험자대위가 금지된다. 다만 상해보험에서는 약관의 규정이 있을 경우 보험자가 대위권을 행사할 수 있다(상729). 그리고 보험계약 체결시 인보험 중 진사보험(珍査保險)에서는 성립의제규정이 적용되지 않는다(상638의2.3단서).

2) **특 성** : ① **정액보험** – 인보험계약의 **보험의 목적**은 사람의 생명이나 신체이고, **보험사고**는 사람의 생명이나 신체에 생긴 사고를 의미하고 이는 피보험자의 사망 또는 생존·상해를 의미한다. 사람의 사망은 필연적이기는 하나 사망의 시기가 불확정하므로 보험사고로서의 우연성을 가진다고 볼 수 있다. 인보험은 원칙적으로 **정액보험**의 성질을 가지므로 보험계약에서 정한 보험사고가 발생하면 손해액을 보상하는 것이 아니라 정해진 보험금액을 지급한다. 다만 인보험 중에 상해보험이나 질병보험은 상해 또는 질병으로 인한 손해액을 보상한다는 점에서 손해보험적 성질을 가지고 있다.

② **피보험이익** – 인보험에서 **피보험이익**의 개념에 관해, 생명보험에서 피보험이익의 개념의 도입이 이론상 불가능한 것은 아니지만 우리 법은 동의주의를 취

하고 있어 피보험이익의 개념이 부정된다. 그리고 인보험증권의 기재사항에 보험수익자에 관한 사항이 추가되고(상666), 상해보험을 제외하고는 보험자대위가 부정된다(상729). 그밖에 인보험은 보험기간이 장기인 경우가 많아 변액보험 등이 발생할 여지가 많고 보험료도 분할지급되는 경우가 많다.

③ **중과실 보상** – 사망보험에서는 보험계약자·피보험자·보험수익자의 중대한 과실로 인한 보험사고시에도 보험자는 보험금액을 지급할 책임을 면하지 못하며(상732의2), 이 규정은 상해보험에도 준용된다(상739). 인보험은 원칙적으로 정액보험으로서 보험사고 자체만 문제되고 손해가 특별히 문제되지 않기 때문에 인보험에서는 손해방지의무가 인정되지 않는다.

2. 생명보험계약

(1) 의 의

1) **개 념** : 당사자의 일방인 보험자가 상대방 또는 제3자의 생사에 관하여 일정한 금액을 지급할 것을 약정하고 이에 대하여 상대방이 보험료를 지급할 것을 약정하는 보험계약이다(상730). 신체의 상해가 아니라 사람의 사망 또는 생존을 보험사고로 한다는 점에서 상해보험과 구별된다.

2) **종 류** : 생명보험계약은 보험사고에 따라 사망보험·생존보험·생사혼합보험으로 구별되고, 피보험자의 수에 따라 단독보험·연생보험·생잔보험·단체보험으로 구별된다. 그리고 보험금액의 지급방법에 따라 자금보험·연금보험으로 구별되며 이익배당의 유무에 따라 이익배당부보험·무이익배당보험으로 구별되며, 보험가입시 피보험자의 신체검사가 요구되는가에 따라 진사(診査)보험·무진사(無診査)보험으로 구별된다. 우리 상법에는 생사혼합보험이라는 용어 대신 **양로보험**이라는 개념을 사용하고 있는데(상735), 동 보험에서는 사망이라는 사고의 발생 없이 보험기간이 종료한 경우에도 '보험금액'을 지급한다고 규정하고 있으므로 사람의 생존도 보험사고가 될 수 있어, 생존의 경우 보험수익자에게 지급하는 것은 적립금의 반환이 아니라 보험금액의 성격을 가진다. 생명보험계약의 보험자는 피보험자의 생명에 관한 보험사고가 생긴 때에 약정에 따라 보험금액을 연금으로 분할하여 지급할 수 있는데(상735의2), 이를 **연금보험**이라 한다. 다만 실무상 연금이란 사람의 생존을 조건으로 일정금액을 지급하는 것이므로 그 자체가 보험적 성

질을 가지는 지급방식으로 이해된다는 점에서 생사혼합보험이 아닌 일정한 적립금을 연금으로 분할하여 지급하게 되더라도 보험으로 볼 여지가 있다.

(2) 단체보험

1) **개 념** : 회사나 대학 등 일정한 단체의 규약에 따라 단체구성원의 전부 또는 일부를 포괄적으로 피보험자로 하여 체결된 생명보험계약이다(상735의3). 단체보험은 구성원이 수시로 가입하고 탈퇴하더라도 보험관계는 유지되며 구성원의 가입과 탈퇴와 동시에 별도의 절차가 없더라도 피보험자의 자격을 가지게 된다는 점이 특징적이며 이는 화재보험에서 총괄보험(상687)에 상응한다. 단체보험은 구성원이 피보험자인 동시에 보험수익자의 지위를 가지는 경우도 있지만, 보험계약자인 단체가 보험수익자가 되는 경우도 있다. 판례도 단체보험에서 보험계약자를 보험수익자로 지정하더라도 무방하다고 보았다(2003다60259). 단체보험의 경우 보험자는 보험계약자에 대하여서만 보험증권을 교부한다(상735의3).

2) **유 형** : 단체보험은 규약에 의한 단체보험과 규약에 의하지 않은 단체보험으로 구별된다. **규약단체보험**은 단체가 규약을 갖춘 경우로서 보험계약 체결시 타인의 서면에 의한 동의를 얻지 않더라도 보험계약을 체결할 수 있다(상735의3.1). 단체보험의 경우 도덕적 위험이 생길 가능성이 극히 희박하다는 점에 근거하고, 단체는 구성원의 생사에 이해관계를 가진다는 일종의 이익주의적 입장에서 동의주의를 제한한 규정으로 이해된다. **무규약단체보험**은 강행법규인 상법 제731조의 규정에 따라 피보험자인 구성원들의 서면에 의한 동의를 갖추어야 보험계약으로서의 효력이 발생한다고 보았다(2003다60259). 판례는 다만 위 규약이 강행법규인 상법 제731조 소정의 피보험자의 서면동의에 갈음하는 것인 이상 취업규칙이나 단체협약에 근로자의 채용 및 해고, 재해부조 등에 관한 일반적 규정을 두고 있다는 것만으로는 이에 해당한다고 볼 수 없다고 보았다(2003다60259).

3) **설명의무** : 소속 구성원의 사망 또는 상해를 보험사고로 하는 단체보험계약의 체결에 있어서 보험모집인으로서는 보험계약자가 단체보험 유효요건을 몰라 보험계약체결 당시에 그 체결된 보험계약이 무효가 되지 않도록 보험계약자에게 단체보험의 유효요건에 관하여 구체적이고 상세하게 설명하여 적어도 보험계약자로 하여금 그 요건을 구비할 수 있는 기회를 주어 유효한 보험계약이 체결되도록

조치할 주의의무가 있고, 그럼에도 보험모집인이 보험계약의 유효요건에 관하여 충분히 설명을 하지 아니하는 바람에 요건의 흠결로 보험계약이 무효가 되고 그 결과 보험사고의 발생에도 불구하고 보험계약자가 보험금을 지급받지 못하게 되었다면 보험자는 보험업법 제102조 1항에 기하여 보험계약자에게 그 보험금 상당액의 손해를 배상할 의무가 있다(2012다91590).

(3) 보험사고

생명보험에서 보험사고는 우발적인 사고이어야 한다. 상법은 보험자 면책범위를 제한하고 있는데, 피보험자·보험계약자의 중대한 과실로 인한 사고도 보험자책임이며(상732의2) 약관상 고의에 의한 사고(자살)는 보험자면책사유이지만 제한적(보험계약체결 2년 후)으로 보상하고 있다. 생명보험에서 보험자의 면책사유인 **자살의 범위**(**쟁점330**)에 관해, 판례는 보험자의 면책사유로서 자살은 사망자가 자기의 생명을 끊는다는 것을 의식하고 그것을 목적으로 의도적으로 자기의 생명을 절단하여 사망의 결과를 발생케 한 행위를 의미한다고 보고, 피보험자가 정신질환 등으로 자유로운 의사결정을 할 수 없는 상태에서 사망의 결과를 발생케 한 경우까지 포함하는 것은 아니고, 사망의 결과를 발생케 한 직접적인 원인행위가 외래의 요인에 의한 경우(예, 부부싸움 중 극도의 흥분되고 불안한 정신적 공황상태에서 베란다 밖으로 몸을 던져 사망)는 우발적인 사고로서 **재해**에 해당한다고 보았다(2005다49713). 그리고 생명보험의 재해사망특약의 약관해석에서 고의에 의한 자살 또는 재해는 원칙적으로 우발성이 결여되어 재해사망특약의 약관에서 정한 보험사고인 재해에 해당하지 않는다고 보았다(2015다243347).

(4) 타인의 생명보험계약

1) **개 념** : ① 동의주의 – 보험계약자 이외의 제3자를 피보험자로 한 생명보험계약(타인보험)을 의미한다. 타인의 생명을 보험의 목적으로 할 경우 타인의 의사를 반영하든지 보험계약자를 타인의 생명에 특별한 이해관계를 가지는 자일 경우로 국한할 필요가 있다. 전자를 동의주의라 하며 우리나라·독일의 입장이다. 따라서 타인의 생명보험계약이 유효하기 위해서는 피보험자의 동의를 요구하게 된다. 이에 반해 후자의 입장을 이익주의라 하는데, 영미법의 입장으로서 타인의 생사에 관하여 어떠한 이익 또는 재산상의 이익을 가지는 자만이 보험계약을 체결할 수 있도록 제한하고 있다.

② **피보험이익** – 우리 상법상 인보험계약에는 피보험이익이 요구되지 않고 피보험자의 동의로 인보험계약이 유효하게 되지만, 준거법이 영국법으로 된 상해보험계약이 우리 법원에서 문제된 바 있다. 동 사건에서 판례는 보험계약자가 상당한 기간 동안에 발생한 불특정 다수인의 사망 또는 상해에 관하여 정액의 보험금을 지급받기로 하는 보험계약에서, 보험계약자가 그들의 사망 또는 상해와 관련하여 금전적인 책임을 부담할 수 있는 지위에 있고, 보험계약을 체결한 의도가 그러한 법적 책임을 부보하기 위한 것인 때에는 보험계약자에게 영국 생명보험법에 따른 피보험이익을 인정할 수 있다고 보아 피보험자 동의가 없지만 보험계약을 유효하게 보았다(2017다254600).

2) **피보험자의 동의** : ① **법적 성질** – 타인의 사망을 보험사고로 하는 보험계약인 사망보험·혼합보험에서 타인을 피보험자로 하여 보험계약을 체결하기 위해서는 피보험자의 **서면동의**가 있어야 하며(상731.1), 이를 보험계약의 효력요건으로 보는 견해가 통설·판례이다(88다카33367). 다만 15세 미만자, 심신상실자, 심신박약자는 동의무능력자로서 이들을 피보험자로 한 생명보험계약은 무효이다(상732). 타인의 생명보험계약 체결시뿐만 아니라 피보험자 이외의 자에게 보험계약으로 인하여 생긴 권리를 양도할 경우(상731.2), 보험수익자의 지정·변경시에도 피보험자의 동의를 요한다(상734.2).

② **동의의 방식** – 상법은 서면동의를 규정하고 있는데, 판례는 상법 제731조 1항은 타인의 사망을 보험사고로 하는 보험계약에 있어서 도박보험의 위험성과 피보험자 살해의 위험성 및 공서양속 침해의 위험성을 배제하기 위하여 마련된 강행규정으로 이해하고, 피보험자인 타인의 동의는 각 보험계약에 대하여 개별적으로 서면에 의하여 이루어져야 하며, 포괄적·묵시적·추정적 동의만으로는 부족하다고 보았다(2006다69141). 상법은 개정을 통해 동조의 문서에 전자서명법에 따른 전자서명이 있는 경우 본인확인, 위·변조 방지에 대한 신뢰성을 갖춘 전자문서를 포함시켰다(상731.1).

③ **동의의 시기** – 상법은 사전동의를 규정하고 있는데, **사후동의(추인)의 유효성**(**쟁점331**)에 관해, 피보험자의 동의는 보험계약의 효력발생요건이므로 사후동의도 무방하다고 보는 **유효설**과 상법 제731조를 강행법규로 이해하여 사후동의는 무효라 보는 **무효설**이 대립한다. **판례**는 상법 제731조를 강행법규로 보고 보험계약체결시까지 서면동의가 없을 경우 보험계약은 확정적으로 무효이고, 피보험자

가 이미 무효가 된 보험계약을 추인하였다고 하더라도 그 보험계약은 유효로 될 수 없다고 보았다(2004다56677). 생각건대 타인의 서면에 의한 동의를 얻어야 한다는 점은 강행법규성을 인정할 수 있지만 그 동의가 반드시 계약체결시점까지 있어야 한다는 점을 강행법규로 이해할 이유는 없다는 점에서 유효설이 타당하다.

④ **동의 흠결의 효과** – 타인의 생명보험계약을 체결함에 있어 피보험자의 동의가 흠결된 경우 보험계약이 무효로 된다. 피보험자의 서면 동의 없이 타인의 사망을 보험사고로 하는 보험계약을 체결한 자 스스로가 무효를 주장하는 것은 신의성실 또는 금반언의 원칙에 반한다고 볼 수는 없다고 본다(96다37084). 그리고 보험계약자와 보험수익자가 다른 타인을 위한 보험계약은 제3자를 위한 계약의 일종인데, 위 보험계약이 강행규정인 상법 제731조 제1항을 위반하여 무효로 된 경우에, 보험수익자는 보험계약자가 아니므로 특별한 사정이 없는 한 보험회사를 상대로 보험계약의 무효로 인한 손해에 관하여 불법행위를 원인으로 손해배상청구를 할 수 없다(2014다204178).

3) **설명의무와 동의철회** : 판례는 타인의 사망을 보험사고로 하는 보험계약의 체결에 있어서 보험모집인은 보험계약자에게 피보험자의 서면동의 등의 요건에 관하여 구체적이고 상세하게 설명하여 보험계약자로 하여금 그 요건을 구비할 수 있는 기회를 주어 유효한 보험계약이 체결되도록 조치할 주의의무가 있고, 그럼에도 보험모집인이 위와 같은 설명을 하지 아니하는 바람에 위 요건의 흠결로 보험계약이 무효가 되고 그 결과 보험사고의 발생에도 불구하고 보험계약자가 보험금을 지급받지 못하게 되었다면, 보험자는 **보험업법 제102조**(구보험158.1)에 기하여 보험계약자에게 그 보험금 상당액의 손해를 배상할 의무가 있다고 보았다(2003다60259). 그리고 서면동의를 한 피보험자는 보험계약이 성립한 후에 자신이 한 동의를 철회할 수 있는가? 보험계약자의 이익을 고려할 때 동의의 철회를 인정하기 어렵지만 보험계약자와 피보험자간의 관계에 변화가 생긴 경우 **동의의 철회**를 허용할 필요성도 있다. 이에 관해 판례는 피보험자가 서면동의를 할 때 기초로 한 사정에 중대한 변경이 있는 경우에는 보험계약자 또는 보험수익자의 동의나 승낙 여부에 관계없이 피보험자는 그 동의를 철회할 수 있다고 본다(2011다101520).

(5) 보험수익자의 지정 · 변경

1) **개 념** : 생명보험계약은 장기계약이므로 보험계약자와 보험수익자간의 관계가 변화할 수 있는데, 일단 정한 보험수익자를 변경할 수 없다고 한다면 보험계약자로서는 보험계약을 해지할 수밖에 없다. 보험계약법은 이러한 보험계약자의 불이익을 구제하기 위해 사정변경의 원칙의 취지를 반영하여 보험수익자의 지정 · 변경권을 인정하고 있다(상733). 보험계약자의 **보험수익자 지정 · 변경권**의 법적 성질은 형성권으로 보험계약자의 일방적 의사표시만으로 효력이 발생한다고 본다. 보험계약자의 일방적 의사표시만으로 보험수익자의 지정 · 변경의 효력이 발생하나 보험자에게 대항하기 위해서는 보험자에 대한 통지를 요한다(상734.1). 왜냐하면 보험자가 보험수익자의 지정 · 변경권의 행사를 알지 못할 경우 변경 전의 보험수익자에게 보험금을 지급할 수 있기 때문이다.

2) **지정 · 변경권** : ① **원칙** – 보험계약자는 보험수익자를 자유롭게 지정 · 변경할 수 있다(상733.1). 보험계약자에게 변경권이 있으므로 보험수익자로 지정되었더라도 그 지위는 확정적이라 할 수 없다. 다만 보험계약자가 가지는 보험수익자의 지정 · 변경권은 보험사고 발생 전까지이며 보험계약자가 보험수익자의 지정 · 변경권을 행사하기 전에 보험사고가 발생한 경우에는 법률의 규정에 의해 보험수익자가 확정된다. 즉, 보험수익자의 지정권을 행사하지 않은 경우에는 피보험자가 보험수익자가 되고 만일 보험수익자가 사망한 경우에는 보험수익자의 상속인이 보험수익자로서 확정된다(상733.4). 타인을 위한 생명보험계약 체결 후 보험사고가 발생하기 전에는 보험수익자의 지정 · 변경권을 행사할 수 있지만 보험계약자 · 보험수익자가 사망한 경우에 관해 특별규정을 두고 있다.

② **법적 성질** – 보험수익자 변경권은 **형성권**으로서 보험계약자가 보험자나 보험수익자의 동의를 받지 않고 자유로이 행사할 수 있고, 그 행사에 의해 변경의 효력이 즉시 발생하지만, 보험자에 대하여 이를 **통지**하지 않으면 보험자에게 대항할 수 없다(상734.1). 판례는 보험수익자 변경은 상대방 없는 단독행위로 보고, 보험수익자 변경의 의사표시가 객관적으로 확인되는 이상 그러한 의사표시가 보험자나 보험수익자에게 도달하지 않았다고 하더라도 보험수익자 변경의 효과는 발생한다고 보았다(2019다204869).

③ **단체보험** – 단체보험계약에서 피보험자의 서면 동의 없이 보험수익자로

피보험자·상속인 이외의 자 지정행위의 효력에 관해, 판례는 단체규약에 피보험자 또는 그 상속인이 아닌 자를 보험수익자로 지정한다는 명시적인 정함이 없음에도 피보험자의 서면 동의 없이 단체보험계약에서 피보험자 또는 그 상속인이 아닌 자를 보험수익자로 지정하였다면 그 보험수익자의 지정은 구 상법 제735조의3 제3항에 반하는 것으로 효력이 없고, 이후 적법한 보험수익자 지정 전에 보험사고가 발생한 경우에는 피보험자 또는 그 상속인이 보험수익자가 된다고 보았다(2017다215728).

3) **당사자의 사망** : 먼저 보험계약자가 사망한 경우로서, 보험계약자가 보험수익자를 지정하고 사망한 경우에는 보험수익자의 지위는 확정된다(상733.2). 다만 사망 전에 변경권을 행사한 경우 변경된 보험수익자의 지위가 확정된다. 그러나 보험수익자를 지정하지 않고 사망한 경우에는 피보험자를 보험수익자로 한다(상733.2). 다만 이는 임의규정으로서 보험계약자의 승계인이 보험수익자의 지정·변경권을 행사할 수 있다고 정할 수 있다(상733.2단서). 다음으로 보험수익자가 사망한 경우로, 보험수익자가 보험존속 중에 사망한 경우 보험계약자는 다시 보험수익자를 지정할 수 있다(상733.3 1문). 이 경우에도 보험계약자가 사망한 경우가 문제될 수 있는데 지정권을 행사하지 않고 사망한 경우 보험수익자의 상속인이 보험수익자가 된다(상733.3 2문).

(6) 기타 제도

1) **생명보험계약 금지** : 15세 미만자, 심신상실자 또는 심신박약자의 사망을 보험사고로 한 보험계약은 무효로 한다(상732). 이 규정은 이러한 자들을 피보험자로 보험계약을 체결할 수 있게 할 경우에는 도덕적 위험이 높아진다는 점이 입법취지여서, 동 조항으로 인해 능력이 흠결된 자들이 보호되는 면도 부인할 수 없다. 하지만 심신상실자·심신박약자의 개념이 모호하여 이 자들이 생명보험을 가입하길 원하더라도 보험가입이 불가능하게 되고 능력이 흠결된 자가 가장(家長)일 경우 생명보험이 가져다 줄 수 있는 생활의 안정감을 박탈한다는 점이 문제되어 동조에 단서조항이 추가되었다. 즉 심신박약자가 보험계약을 체결하거나 단체보험이 피보험자가 될 때에 의사능력이 있는 경우에는 계약 체결이 금지되지 않는다(상732단서).

2) **당사자의 의무** : 보험자는 보험료적립금반환의무(상736)·약관상 이익배당 의무·해약환급금반환의무를 부담한다. 보험사고발생 전 임의해지(상649), 최초보험료 또는 계속보험료 부지급으로 인한 계약해제(상650), 고지의무위반으로 인한 계약해지(상651), 위험변경증가통지의무 위반으로 인한 계약해지(상652, 653), 보험자의 파산선고로 인한 계약해지(상654)의 경우와 상법 제659조, 제660조에 의해 보험자가 면책되는 경우 보험자는 보험계약자를 위하여 적립한 금액을 보험계약자에게 지급하여야 한다(상736본문). 그러나 다른 약정이 없으면 보험계약자의 고의·중과실에 의해 보험사고가 발생한 경우에는 적립금반환의무가 없다(상736 단서). 그리고 약관에서 인정하고 있는 **보험증권대부의무**는 해약환급금의 범위 내에서 대부할 의무이다. 그 성질에 관해, 해약환급금의 일부선급으로 보는 견해와 금전소비대차로 보는 견해가 대립되고 있다.

3) **생명보험계약 약관대출** : 생명보험계약의 약관에 보험계약자는 보험계약의 해약환급금의 범위 내에서 보험회사가 정한 방법에 따라 대출을 받을 수 있고, 이에 따라 대출이 된 경우에 보험계약자는 그 대출원리금을 언제든지 상환할 수 있다. 만약 상환하지 아니한 동안에 보험금이나 해약환급금의 지급사유가 발생한 때에는 위 대출원리금을 공제하고 나머지 금액만을 지급한다는 취지로 규정되어 있다. 이러한 **생명보험 약관대출의 법적 성격**에 관해, 판례는 보험약관대출금의 경제적 실질은 보험회사가 장차 지급하여야 할 보험금이나 해약환급금을 미리 지급하는 선급금과 같은 성격이므로, 생명보험계약의 해지로 인한 해약환급금과 보험약관대출금 사이에서는 상계의 법리가 적용되지 아니하고, 생명보험회사는 생명보험계약 해지 당시의 보험약관대출 원리금 상당의 선급금을 뺀 나머지 금액에 한하여 해약환급금으로서 반환할 의무가 있다고 보았다(2005다15598전합). 그리고 채무자나 제3채무자는 기본적 계약관계인 보험계약 자체를 해지할 수 있고, 채무자와 제3채무자 사이의 기본적 계약관계인 보험계약이 해지된 이상 그 계약에 의하여 발생한 보험금 채권은 소멸하게 되므로 이를 대상으로 한 압류명령 또한 실효될 수밖에 없다고 보았다(2003다29456). 한편 보험계약에 관한 해약환급금 채권은 조건부 권리이지만 압류금지재산이 아니어서 압류 및 추심명령의 대상이 되며, 그 채권을 청구하기 위해서는 보험계약의 해지가 필수적이어서 추심명령을 얻은 채권자가 해지권을 행사하는 것은 그 채권을 추심하기 위한 목적 범위 내의 행위로서 허용된다고 본다(2012다105161).

3. 상해보험계약

1) **의 의** : 상해보험계약은 피보험자의 신체의 상해에 관한 보험사고가 생길 경우 보험금액 기타 급여를 할 것을 목적으로 하는 보험계약이다(상737). 상해보험은 사람의 신체에 생긴 사고를 대상으로 한다는 점에서 인보험적 성격을 가진다. 보험사고가 발생한 경우 보험자가 지급하는 급여에는 정액보험적 성질을 가지는 급여(예, 사망보험금)도 있고, 부정액보험적 성질을 가진 급여(예, 의료비보험금)도 있다. 따라서 상해보험은 정액보험적 성질과 부정액보험적 성질을 공유한다고 볼 수 있다.

2) **보험사고** : 상해보험에서 보험사고는 급격·우연·외래의 사고이어야 하며, 신체의 상해가 발생하여야 한다. 따라서 인보험이나 피보험자의 내부적인 원인에 의해 보험사고가 발생하는 질병보험과 구별된다. 겨드랑이 악취제거 등 외과수술 중 사망한 경우 판례상 보험사고로 보지 않고 있다(80다1109). 그리고 판례는 인보험계약에 의하여 담보되는 보험사고의 요건 중 '**우연한 사고**'라 함은 사고가 피보험자가 예측할 수 없는 원인에 의하여 발생하는 것으로서, 고의에 의한 것이 아니고 예견치 않았는데 우연히 발생하고 통상적인 과정으로는 기대할 수 없는 결과를 가져오는 사고를 의미하는 것이며, 이러한 사고의 우연성에 관해서는 보험금청구자에게 그 증명책임이 있고 사고의 외래성 및 상해라는 결과와 사이의 인과관계에 대해서도 보험금청구자에게 그 증명책임이 있다고 보았다(2003다35215).

3) **생명보험규정의 준용** : 상해보험에 관하여는 상법 제732조를 제외하고 생명보험에 관한 규정을 준용한다(상739). 상해보험계약에 관해서는 생명보험계약규정을 준용하면서 피보험자제한규정(상732)의 적용은 배제하고 있다. 따라서 15세 미만자, 심신상실자 또는 심신박약자의 상해를 보험사고로 한 보험계약도 유효하다. 타인의 상해보험계약의 경우에는 생명보험에 관한 규정이 준용되므로 피보험자의 서면동의 없이는 체결할 수 없다고 보아야 할 것이다(상739 → 731.1). 그리고 생명보험과 달리 약관에 규정이 있을 경우 보험금을 지급한 보험자는 보험자대위권을 행사할 수 있다(상729).

4) **타인을 위한 상해보험** : ① **피보험자 적격성** – 상해보험에는 생명보험에 관한 대부분의 규정이 제한되지만 피보험자 제한규정(상732)은 준용규정에서 제외시키고 있다(상739). 따라서 15세미만자, 심신상실자, 심신박약자를 피보험자로 하는 상해보험계약의 체결도 가능하다. 태아를 피보험자로 하는 상해보험도 가능한가? 이에 관해 판례는 태아의 신체에 대한 상해를 보험의 담보범위에 포함하는 것이 보험제도의 목적과 취지에 부합하고 보험계약자나 피보험자에게 불리하지 않으므로 상법 제663조, 공서양속에도 반하지 않으므로 계약자유의 원칙상 태아를 피보험자로 하는 상해보험계약은 유효하다고 보았다(2016다211224).

② **특정성** – 피보험자와 보험수익자가 일치하지 않는 **타인을 위한 상해보험의 허용성**에 관해, 판례는 보험계약자는 이름 등을 통하여 특정인을 보험수익자로 지정할 수 있음은 물론 '배우자' 또는 '상속인'과 같이 보험금을 수익할 자의 지위나 자격 등을 통하여 불특정인을 보험수익자로 지정할 수도 있고, 후자와 같이 보험수익자를 추상적 또는 유동적으로 지정한 경우에 보험계약자의 의사를 합리적으로 추측하여 보험사고발생시 보험수익자를 특정할 수 있다면 그러한 지정행위는 유효하다고 보았다(2005다55817). 판례는 상해의 결과로 피보험자가 사망한 때에 사망보험금이 지급되는 상해보험에서 보험계약자가 보험수익자를 단지 피보험자의 '법정상속인'이라고만 지정한 경우, 장차 상속인이 취득할 보험금청구권의 비율을 상속분에 의하도록 하는 취지가 포함되어 있다고 해석하여 각 상속인은 자신의 상속분에 상응하는 범위 내에서 보험자에 대하여 보험금을 청구할 수 있다고 보았다(2015다236820).

5) **면책약관** : 무면허운전에 의해 상해가 발생한 경우 무면허운전면책약관의 효력을 부인한 판례가 있다. 장기복지 상해보험계약의 보통약관 중 피보험자의 무면허운전으로 인한 상해를 보상하지 아니하는 손해로 정한 규정은 보험사고가 전체적으로 보아 고의로 평가되는 행위로 인한 경우뿐만 아니라 과실(중과실 포함)로 평가되는 행위로 인한 경우까지 포함하는 취지라면 상법 제659조 2항 및 제663조의 규정에 비추어 볼 때 과실로 평가되는 행위로 인한 사고에 관한 한 무효로 보았다(89다카17591).

6) **무보험자동차에 의한 상해담보특약의 상해보험성** : 피보험자가 무보험자동차에 의한 교통사고로 인하여 상해를 입었을 때에 그 손해에 대하여 배상할 의무자

가 있는 경우 보험자가 약관에 정한 바에 따라 피보험자에게 그 손해를 보상하는 것을 내용으로 하는 무보험자동차에 의한 상해담보특약의 법적 성질에 관해 상해보험설·손해보험설·절충설이 대립하고 있음은 앞서 보았다. 이에 관해 지금까지의 판례는 상해보험적 성질을 인정한다. 최근 판례에서 상해보험으로서의 성질과 함께 손해보험으로서의 성질도 갖고 있는 손해보험형 상해보험으로 보았다(2005다35516). 결국 판례는 무보험자동차에 의한 상해담보특약에 관해 상해보험적 성질과 손해보험의 성질을 모두 인정하였다.

제 4 편 어음·수표법

제 1 장 유가증권제도

1. 유가증권의 의의

1) **개 념** : 금전의 지급청구권, 물건·유가증권의 인도청구권이나 사원의 지위를 표시하는 증권(유가증권)에는 민법상의 지시증권·무기명증권에 관한 규정과 어음법의 일부 조항이 준용될 수 있다(상65). 상법상 나타나는 유가증권의 예로는 화물상환증·선하증권·창고증권·주권·신주인수권증서·사채권·일부 보험증권(학설대립 있음)을 들 수 있으며, 그 밖에 어음·수표법상의 약속어음·환어음·수표가 유가증권에 포함된다. 유가증권이란 일정한 재산권의 유통을 보호하기 위해, 무형의 재산권(채권·물권·사원권)이 **증권에 결합**(**표창**)되어(본질) **재산권의 유통**(**이전**)이 증권에 의해서 이루어지는(기능) 증권을 의미한다. 그런데 **유가증권의 개념**에서 증권소지의 재산권 변동(발생·행사·유통)에의 관련성(쟁점401)에 관해, 증권과 권리의 접점을 권리의 발생·행사·이전의 전부 또는 일부로 보는 **포괄설**(최광의), 권리의 행사로 보는 **행사요건설**, 권리의 이전으로 보는 **이전요건설**, 권리의 행사 및 이전으로 보는 **행사·이전요건설**(최협의)로 나뉜다. 생각건대 권리발생에만 증권의 소지가 요구되는 유가증권은 없다는 점에서 포괄설은 부적절하며, 명의개서가 없이 권리를 행사할 수 없는 증권(예, 주권)도 있다는 점에서 행사요건설, 행사·이전요건설도 한계가 있으므로 재산권의 이전에 증권의 소지를 요한다는 이전요건설이 가장 적절한 견해라 본다. 물론 유가증권 이전의 한 경우인 상속·합병에 증권의 소지가 불필요하지만 이는 법률의 규정에 의한 이전이므로 예외적으로 볼 수 있다.

2) **유가증권의 특성** : 재산권과 증권이 결합되고 재산권의 이전에 증권의 소지가 요구되는 유가증권은 그 본질과 기능을 보호하기 위해 법률상 일정한 특성이

인정된다. 유가증권의 유통보호를 위해서는 유가증권의 형식이 통일될 필요가 있으며(**요식증권성**), 유통방법이 간략하게 구성되어야 하며(**지시증권성**), 권리를 행사하는 방법, 즉 자신이 권리자임을 증명하는 방법도 증권을 통해 간단하게 이루어져야 하며(**제시증권성**), 권리의 내용도 증권상의 기재만으로 판단되어야 하며(**문언증권성**), 증권의 소지인에게 채무를 이행하면 채무이행의 효과가 발생하여야 하며(**면책증권성**), 채무자가 이중변제의 위험에서 벗어나도록 증권소지인에게 채무가 이행되기 위해 증권이 상환되어야 하며(**상환증권성**), 유가증권을 정상적인 유통방법으로 취득한 경우 양도인이 무권리자라 하더라도 선의로 취득한 자를 보호하여야 한다(**유통증권성**).

2. 유가증권의 분류

1) **완전·불완전유가증권** : 권리와 증권의 결합성, 즉 권리의 발생·행사·이전(이하, '권리실현이라 함)에 어느 정도 증권의 소지가 요구되는가 하는 점을 기준으로 한 분류이다. 이들 권리실현에 증권의 소지가 항상 요구되는 증권을 완전유가증권이라 하며 어음·수표가 이에 속한다. 이에 반해 불완전유가증권은 권리실현의 일부에만 증권이 요구되는, 즉 권리의 이전에만 증권의 소지가 요구된다든지 권리의 이전과 행사에만 증권의 소지가 요구되는 증권을 의미한다.

2) **채권·물권·사원권증권** : 증권과 결합된 권리가 채권인지 아니면 물권 또는 사원권인지에 따른 분류이다. 유가증권이 표창하는 권리는 통상적으로 채권인 경우가 대부분이며 주권만 주주로서의 지위인 사원권을 내용으로 하고 있다. 물권을 내용으로 하는 유가증권은 우리 법상 찾아보기 힘든데, 독일법상의 저당증권·토지채무증권 등이 이에 속한다고 보고 있다. 화물상환증·창고증권·선하증권 등 물품증권은 물건인도청구권을 표창하고 있으므로 물권증권(물권적 유가증권)이 아니라 채권증권(채권적 유가증권)임을 주의할 필요가 있다. 약속어음·환어음·수표 그리고 사채권도 채권증권이나 주권은 주주의 지위를 표창하는 사원권을 내용으로 하므로 사원권증권(사원권적 유가증권)에 해당한다.

3) **지시·무기명·선택무기명증권** : 증권상의 권리자를 지정하는 방법 또는 증권을 이전하는 방법에 따른 분류이다. 지시증권이란 증권에 권리자로 지시된 자

또는 그 자가 지시하는 자가 권리자가 되는 증권을 의미하며, 무기명증권이란 지시문구가 아닌 증권점유의 이전, 즉 증권의 교부에 의해 권리자가 변경되는 유가증권을 의미한다. 선택무기명증권이란 지시문구에 의해 권리가 이전될 수도 있고 증권의 교부에 의해서도 권리가 이전될 수 있는 유가증권을 의미한다. 이들 증권은 지명채권 양도방식(민450)에 의해 양도되는 기명증권과 구별되며, 유가증권성에 논란이 있는 기명증권의 양도에도 증권의 교부가 요구되는 것으로 해석된다.

4) **설권·비설권증권** : 설권(設權)증권이란 권리가 성립하기 위해서 증권이 발행되어야 하는 유가증권을 의미하고, 비설권(非設權)증권이란 권리는 이미 성립되었고 증권의 발행에 의한 권리의 결합만 사후적으로 문제되고 결합에 의해 권리가 유가증권화되는 증권을 의미한다. 예컨대 선하증권에 결합되어 있는 권리는 운송중인 화물의 인도청구권인데, 화물인도청구권은 선하증권의 발행과 무관하게 이미 운송계약이 체결되어 운송인에게 운송물이 인도됨으로써 발생한 것이고 선하증권은 이미 발생된 운송물인도청구권을 표창하는 것에 지나지 않는다. 따라서 대부분의 유가증권은 비설권증권으로 볼 수 있으나, 어음·수표는 설권증권에 속한다.

5) **유인·무인증권** : **유인(有因)증권**이란 유가증권을 발행하게 한 원인행위가 효력을 상실하게 될 경우 유가증권 역시 효력을 잃게 되는 증권을 의미하며 요인(要因)증권이라고도 한다. 이에 반해 **무인(無因)증권**은 원인행위의 효력과 유가증권의 효력이 무인적인 관계에 있어 원인행위가 부존재하거나 무효 또는 취소되더라도 이미 발행된 유가증권의 효력에는 영향을 받지 않는 증권을 의미하며, 무인성과 같은 의미로 **추상성**이란 용어를 사용하기도 한다. 유가증권의 발행에는 원인관계가 존재하므로 원인관계가 효력을 상실한 경우 통상 발행된 유가증권이 효력을 상실하지만, 일정한 유가증권은 법률의 규정에 의해 원인관계(매매·증여 등)의 효력이 상실하더라도 유가증권의 효력이 유지되도록 무인성을 부여하는데, 그 대표적인 예가 어음, 수표이다.

6) **실물·전자유가증권(전자등록제도)** : 무형적 가치권인 재산권의 유통을 위해 유형적 유가증권(실물유가증권)이 발행되었지만 전자통신기술의 발달에 힘입어 유형적 증권 없이 발행·유통·행사하는 것이 가능하고 비용이 저렴하게 되었다.

전자유가증권을 구현하는 가장 효율적인 방법이 전자등록제도이며 주권(상356의 2)과 선하증권(상862)에 도입되었다.

3. 유가증권에 대한 규율

1) **법 제** : 우리 법상 유가증권을 모두 포괄하는 법률은 존재하지 않고 유가증권에 관한 규정은 각 법률에 산재해 있다. 완전유가증권인 어음·수표에 관해서는 어음법·수표법이 있고, 상법에 화물상환증(상128~133)·창고증권(상156~157)·선하증권(상813~820)·주권(상355~360)·채권(478~480) 등 개별유가증권에 관한 규정을 두고 있으며, 유가증권에 관한 포괄적인 규정(상65)을 한 개 두고 있다. 상법 제65조는 민법 제508조 내지 제525조의 규정(지시채권과 무기명채권)과 어음법의 배서에 관한 조항인 어음법 제12조 1·2항을 준용하고 있다.

2) **유가증권법정주의** : 유가증권은 그 유통성과 피지급성의 확보를 위해 법의 특별한 보호를 받고 있다. 유가증권법은 강행법적 성질을 갖고 있어 유가증권의 종류와 내용 등을 법에 의해 제한하여 그 남용을 방지하는데, 이를 유가증권법정주의라 한다. **유가증권법정주의**(쟁점402)에 관해, **긍정설**은 우리법은 유가증권법정주의를 취하고 있다고 보면서 기명증권(권리의 행사에만 증권의 점유가 요구되는 증권)을 예외로 보고, **부정설**은 우리법에는 유가증권법정주의에 관한 명시적인 규정이 없고, 오히려 상법 제65조와 민법 제508조 내지 제525조의 지시채권과 무기명채권에 관한 규정은 법률상 명시적으로 허용된 유가증권 이외의 유가증권을 위한 것으로 본다. 생각건대 계약에 의해 유가증권을 탄생시킬 수 있는가 하는 점에서 양설은 결론을 달리할 것으로 생각되는데, 신종유가증권이 관습법에 의해 인정되기 전에는 법률에 정해진 경우에만 유가증권의 효력을 가진다는 점에서 유가증권법정주의를 긍정한다.

3) **관습법상의 유가증권** : **여행자수표**는 후술하는 바와 같이 수표나 약속어음으로 보기 어려운 점이 있어 관습법에 의한 유가증권으로 볼 수 있다. 그리고 우리 판례상 관습법상의 유가증권이 문제된 사례가 있는데, 지급보증서는 면책사유가 없는 한 그 보증서의 소지인에게 그 보증서에 표시된 금액을 지급하여야 할 의무가 있는 공신력 있는 상관습상 인정된 유가증권으로서 지시증권이며, 이를 소

지인출급식의 유가증권이라고 인정한 원심에 대해 대법원은 지급보증서를 상관습에 의한 유가증권으로 인정할 수 없다고 보았다(67다311). 그 밖에 선하증권·화물상환증과 함께 유통될 수 있도록 지시식으로 발행된 적하보험증권도 실무상 유통이 허용되고 있어 관습법상 유가증권으로 볼 여지가 있다.

제 2 장 어음·수표의 의의

1. 어음, 수표의 개념

채권적 유가증권으로서 약속어음, 환어음, 수표는 유가증권의 속성을 가장 완전하게 갖추고 있다. 예를 들어 Y가 X에게 물건을 매도하면서(원인관계라 함) 물건대금을 현금으로 받지 않고 X가 발행하는 약속어음이나 환어음 또는 수표를 받을 경우 어음·수표를 소지하는 Y는 어음금(수표금)을 지급받을 수 있는 권한을 가지게 된다. Y가 X로부터 차용증 또는 현금보관증 등을 대신해 받은 어음이나 수표는 유가증권으로서 **유통성**과 **피지급성** 등 법률에 의해 특별한 효력이 부여된다. 수취인에게 약속어음을 발행·교부하면 발행인이 수취인에게 부담하는 원인관계(매매 등)상의 채무는 변제한 것이 되는가?

1) **약속어음** : 어음의 발행인이 일정일(만기)에 일정금액(어음금액)을 어음상의 권리자(수취인 또는 소지인)에게 지급할 것을 무조건으로 약속하는 유가증권(**지급약속증권**)이다. 약속어음이 발행되기 위해서는 약속어음을 발행하는 자인 발행인(X)과 지급을 약속받는 자, 즉 원인관계상 채권자인 수취인(Y)이 존재하여야 한다. 약속어음 발행의 기본당사자는 발행인과 수취인이라 할 수 있다.

2) **환어음** : 어음의 발행인이 제3자(지급인: Z)에게 일정금액(어음금액)을 일정일(만기)에 어음상의 권리자(수취인 또는 소지인)에게 지급할 것을 무조건으로 위탁하는 유가증권(**지급위탁증권**)이다. 환어음이 발행되기 위해서는 발행인(X)·수취인(Y)뿐만 아니라 지급을 위탁받는 자인 지급인(Z)이 존재하여야 한다. 앞서 든 예에서 X가 자신이 직접 지급하는 것이 아니라 Z에게 지급을 위탁하는 구조로서 Z는 X의 채무자인 경우가 많다. 따라서 환어음발행의 기본당사자는 발행인·수취인·지급인이라 할 수 있다. 지급인(Z)은 자신의 의사와 무관하게 지급인이 되었으므로 이를 확정적 채무로 볼 수는 없고 채무부담에 대한 지급인의 승낙행위(**인수**)가 요구된다.

3) **수 표** : 수표발행인이 지급인(은행)에게 일정금액(수표금액)을 수표상의 권리자(수취인 또는 소지인)가 수표를 제시하는 즉시 지급할 것을 무조건으로 위탁하는 유가증권(**지급위탁증권**)이다. 수표가 발행되기 위해서는 발행인(X)·수취인(Y)·지급인(Z)이 존재하여야 하는 점은 환어음과 동일한데, 수표의 경우에는 지급인(Z)이 은행이어야 한다는 점과 일정일(만기)가 없고 수표를 제시하면 즉시 지급하도록 되어 있다는 점(**일람출급성**), 발행인은 지급인인 은행에 수표자금을 가지고 있어야 한다는 점 등에 특색이 있다. 수표는 은행만이 지급인이 되며 은행에 예금을 가지고 있는 자(또는 은행과 당좌대월약정을 체결한 자)만이 발행할 수 있고 따로 지급인의 인수제도는 존재하지 않는다.

2. 어음, 환어음, 수표의 비교

1) **약속어음 vs 환어음·수표** : 약속어음은 지급약속증권인 데 반해, 환어음·수표는 지급위탁증권이어서 발행행위의 구조를 달리한다. 전자는 발행인과 수취인이라는 2당사자구조이나, 후자는 발행인·수취인 외에 지급인이 존재하는 3당사자구조이다. 발행행위의 법적 효과를 보면 약속어음의 발행인은 확정적인 어음금지급의무를 부담하여 **주채무자**가 된다. 환어음과 수표의 발행인 스스로는 환어음금(수표금) 지급의무를 부담하지 않고 담보책임만 부담하며, 지급인이 장차 환어음금(수표금) 지급의무를 부담할 가능성(인수)만 열어둘 뿐이다. 따라서 주채무자가 존재하지 않고 지급인이 인수를 하면 주채무자가 되는데, 수표의 경우에는 인수제도가 없어 주채무자라는 개념은 생겨나지 않는다.

2) **어음(약속어음·환어음) vs 수표** : 어음은 만기가 있는 데 반해, 수표에는 **만기**가 없으며 발행 즉시 지급제시할 수 있는 **일람출급성**을 가지고 있다(수28.1). 만기제도의 유무에 따라, 어음은 지급증권의 기능 이외에 만기까지 금전채무의 지급을 유예하는 신용증권의 기능도 가지지만, 수표는 만기가 없어 지급증권의 기능만 가진다. 신용기능이 있는 어음의 발행인은 자금수요자인데 반해 지급기능만 있는 수표의 발행인은 자금공급자가 된다. 당사자의 자격에 관해 환어음에서는 제한이 없으나 수표의 지급인은 은행으로 한정되고(수3) 인수제도가 없다. 수표의 경우 발행인이 제한되고 수표자금이 있어야 수표를 발행할 수 있으므로 은행의 신용과 발행인의 엄격한 책임에 의존하여 유통되고 주채무자개념은 존재하지 않

는다. 그 밖에 수표는 어음과 달리 소지인출급식 발행이 허용된다(수5.1 3호, 어1 6호).

3. 어음·수표의 종류

1) **어음의 종류** : ① 상업·융통어음 – 상거래가 원인이 되어 발행된 어음을 **상업어음**(진정어음·진성어음·실어음)이라 한다. 대개의 어음은 상업어음이며 상업어음이 발행될 경우 원인관계와 어음관계가 구별되며 양자간의 관계가 문제된다. 이에 반해 상거래가 원인이 되지 않고 타인의 자금융통을 목적으로 발행된 어음을 **융통어음**이라 한다(협의의 융통어음). 이는 만기 전에 융통어음을 회수하거나 피융통자가 융통자에게 어음금을 지급할 것을 예정하고 발행된다. 이와 달리 자금융통을 위해 타인(피융통자)이 발행한 어음에 융통자가 인수·배서·보증한 어음을 포함할 경우 이를 광의의 융통어음이라 한다.

② 기업·표지어음 – **기업어음**(C.P.**어음**)이란 단자회사(투자금융회사) 또는 종합금융회사에 의하여 선정된 우량적격업체가 자금융통의 목적으로 발행한 어음을 단자회사 등이 매입하여 다시 일반투자자에게 매출하는 어음(기업어음) 또는 단자회사 등이 이러한 어음 중 일정한 내용을 가진 어음을 단순히 일반투자가에게 중개하는 어음(중개어음)을 포괄한다. **표지어음**이란 금융기관이 할인하여 보유하고 있는 상업어음 또는 무역어음(이들을 원어음이라 함)의 일정범위 내에서 할인어음을 분할하거나 통합하여 금융기관이 발행하여 고객에게 판매하는 약속어음이다. 표지어음의 법적 성격은 어음법 소정의 약속어음에 해당하여(2014다13167) 은행이 표지어음을 발행하여 발행의뢰인에게 어음할인 방식으로 매출하는 것은 어음의 매매의 성격을 가진다고 본다(2015다27545).

③ 대부·할인·담보어음 – 은행거래에서 어음수수의 목적에 따른 분류로서, 은행이 금전대부를 하고 그 지급을 확보하기 위하여 차용증서 대신에 차주로부터 받는 어음을 **대부어음**이라 하고, 은행이 어음소지인에 대하여 어음금액으로부터 만기까지의 할인료를 공제하고 어음을 매입한 경우 이 어음을 **할인어음**이라 한다. 은행이 차주의 현재 또는 장래의 채무의 이행을 담보하기 위하여 보증인 등으로부터 받는 어음을 **담보어음**이라 한다.

④ 화환·무역어음 – **화환어음**이란 어음상의 권리가 운송중의 물건(운송증권)에 의해 담보되어 있는 어음을 의미한다. **무역어음**이란 신용장을 받은 수출상(매

도인)이 소요자금을 조달할 목적으로 수출상품을 선적하기 전에 수출대금(신용장상의 금액)의 범위 내에서 인수기관을 지급인으로 하여 발행한 자기지시환어음을 말한다. 무역어음은 선적 전에 발행되나 화환어음은 선적 후에 발행되는 점에서 양자가 구별된다.

⑤ **자기지시·자기앞어음** – **자기지시어음**이란 발행인 자신을 지급받을 자(수취인)로 하여 발행한 어음을 의미하고(어3.1), **자기앞어음**이란 발행인 자신을 지급인으로 하여 발행한 어음을 의미하며(어3.2), 자기지시어음이나 자기앞어음은 환어음에서만 있을 수 있는 개념이다. **위탁어음**이란 제3자의 계산으로 발행한 어음을 의미하며(어3.3) 환어음은 지급인의 위탁을 받아 발행될 수도 있고 지급인의 위탁 없이 발행하고 사후적으로 지급인에게 지급을 위탁하더라도 무방하다.

2) **수표의 종류** : ① **당좌·가계·보증·자기앞수표** – **당좌수표**란 사업자가 은행과 당좌거래계약을 체결하고 은행에 있는 당좌계좌상의 수표자금의 범위 내에서 발행하는 수표를 의미하며 수표법상의 수표의 일반적 형태가 당좌수표이다. **가계수표**란 개인이 은행과 가계당좌거래계약을 체결하고 은행에 있는 수표자금의 범위 내에서 발행하는 수표이다. 당좌수표와의 차이점은 개인이 발행한다는 점, 수표금액의 제한이 있다는 점이다. **보증수표**란 지급인이 지급보증한 수표이고 **자기앞수표**는 지급은행이 발행한 수표를 의미한다. 특히 자기앞수표는 은행이 발행인이자 지급인의 지위에 있으므로 지급위탁의 취소가 있을 수 없다는 점에서 지급이 담보되어 있는 수표라 할 수 있는데, 당좌수표의 지급보증은 자기앞수표의 발행으로 대신한다.

② **선일자·후일자수표** – 수표의 실제 발행일자가 수표면상의 발행일자보다 선일자인 경우를 **선일자수표**라 하고 실제 발행일자가 수표면상 기재된 발행일자보다 후일자인 수표를 **후일자수표**라 한다. 후일자수표는 특별히 문제되지 않으나, 수표가 실제 발행되었으나 아직 수표면상 기재된 수표일자가 도래하지 아니한 선일자수표의 경우 수표의 일람출급성이라는 강행법적 성질과 모순하여 그 법률관계가 문제되는데 이에 관해서는 후술한다.

③ **우편대체·여행자수표** – **우편대체수표**(**우편수표**)란 우편대체가입자가 우체국을 지급인으로 하여 발행한 수표로서 우편대체법이 적용된다. **여행자수표**(T/C)란 여행자로 하여금 여행지에서 수표와 상환하여 여행지의 화폐로 현금화할 수 있게 하는 자기앞수표와 유사한 유가증권이다. 여행자수표의 법적 성질은 어음(수표)요

건을 볼 때, 어음법상 환어음이나 약속어음으로 볼 수 없고 수표법상 수표로도 볼 수 없어 이는 세계 각국에서 이용되는 제도로서 관습법화하였다고 볼 수 있다.

제 3 장 어음행위와 수표행위

1. 어음·수표행위의 의의

1) **어음·수표행위의 개념**(쟁점403)에 관해, 어음상의 채무부담(어9.1, 15.1, 28.1, 32.1)을 목적으로 하는 요식의 법률행위로 보는 **실질설**과, 증권에 이루어지는 행위로서 기명날인을 요건으로 하는 요식의 서면행위로 보는 **형식설**, 어음행위의 실질적인 면과 형식적인 면을 구분하여 정의하는 **실질·형식구분설**과 기명날인·서명을 요건으로 하는 요식의 서면행위로서 그 행위의 결과 어음·수표상의 채무를 부담하게 하는 행위라고 정의하는 **절충설**이 있다. 어느 견해나 요식성을 인정한다는 점에서는 차이가 없다. 형식설은 어음행위자의 채무부담의 근거를 법규정(어9 등)에서 찾으나, 실질설은 어음행위자가 의사표시의 효과로서 어음상 채무를 부담한다고 보며, 이점은 실질·형식구분설, 절충설도 크게 다르지 않다고 본다. 생각건대 담보책임을 부담하지 않는 무담보배서(어15)의 발행도 어음행위에 포함된다는 점을 고려할 때 형식설이 타당하다고 보지만 위 견해 대립은 담보책임에 국한되는 설명이고, 각 어음행위(발행, 배서, 보증 등)에는 고유의 효과 즉 의사표시상의 효과(채무 발생, 권리 이전, 채무보증 등)가 따른다. 이러한 점을 고려할 때 어음행위란 어음상의 일정한 효과발생을 목적으로 하는 요식(기명날인·서명과 각 어음행위의 법정방식을 갖춤)의 서면행위(증권상에 이뤄지는 행위)라고 정의할 수 있다.

2) **종 류** : 어음·수표상의 채무를 발생시키는 **발행**과 양도행위라 할 수 있는 **배서**, 어음의 신용을 강화시키는 **보증**은 약속어음·환어음·수표에 공통되는 어음행위이다. 그러나 지급인이 채무부담을 승인하는 **인수**나 **참가인수**는 지급인이 존재하는 환어음에만 있는 어음행위이며, 지급인이 하는 보증인 **지급보증**은 수표에 특유한 수표행위가 된다. 어음·수표의 발행은 다른 어음행위를 하기 위한 전제가 된다는 점에서 **기본적 어음·수표행위**라 하고 기타 어음행위(배서·보증·인수·참가인수·지급보증)를 **부속적 어음·수표행위**라 한다.

2. 어음·수표행위의 성립요건

어음행위는 증권상에 행위가 이루어져야 하고, 법정의 방식을 갖추어야 하며, 기명날인·서명을 하여야 하는 **형식적 요건**을 갖추어야 할 뿐만 아니라 일종이므로 법률행위의 일반적 요건인 당사자의 존재·행위능력, 행위의 목적이 확정·가능·적법·타당하여야 하며, 의사와 표시가 일치하여야 한다는 **실질적 요건**도 갖추어야 한다. 그밖에 어음·수표를 어음·수표행위의 상대방에게 교부하여야 하는데, **어음의 교부**를 어떻게 이해할 것인가에 관해 견해가 대립된다.

(1) 형식적 요건(要式性)

1) **증권상의 행위** : 어음의 발행을 비롯하여 모든 어음행위는 어음면상 이루어져야 한다. 이는 계약자유의 원칙 중 방식의 자유에 대한 중요한 예외로서 어음면상에 이루어지지 않은 어음행위는 어음행위로서의 효력을 가질 수 없다. 기본적 어음행위인 어음의 발행을 위해 인쇄된 양식은 물론 어떠한 서면도 가능하며 어느 정도 기재사항의 항상성이 유지되는 한 어떠한 매체도 유효하다고 본다. 부속적 어음행위의 장소, 즉 어음의 표면·이면, 어음의 **보전**(補箋: 어음에 결합된 다른 용지), **복본**, **등본**이 문제되는데 어음행위는 어음의 표면, 이면 어디에도 이뤄질 수 있다. 그리고 배서·보증은 보전에도 가능하지만(어13.1, 31.1), 인수·참가인수는 보전에 이루어질 수는 없으며(어25.1, 57), 복본은 원본과 동일한 효력이 부여되므로 모든 부속적 어음행위가 가능하지만(어65) 등본에는 배서·보증만 가능하다(어67.3).

2) **어음행위 고유의 방식** : 각 어음행위는 고유의 방식이 있다. 환어음의 발행에는 8가지의 기재사항을 기재하여야 하고(어1), 어음의 배서에는 피배서인의 성명(백지식배서에서는 생략가능), 배서문구 등을 기재하여야 하고(어13.1), 어음의 보증에는 '보증' 또는 이와 동일한 의의가 있는 문언을 기재하여야 한다(어31.2). 그리고 각 어음행위는 이러한 고유의 방식 이외에도 전제된 어음행위의 방식도 아울러 구비하여야 어음행위로서 유효하다고 본다. 즉, 배서가 형식적으로 유효하기 위해서는 그 전제조건으로 발행행위가 형식적 요건을 갖추어야 하며, 만약 발행행위에 형식적 흠결이 있는 상태에서 배서가 이루어진 경우에는 배서행위에도

형식적 흠결이 존재하는 것으로 된다.

3) **기명날인·서명** : ① **개념** – 기명날인은 어음행위자의 명칭을 기재하고 어음행위자의 의사에 따라 인장을 찍는 행위이고, 서명은 어음행위자가 자필로 성명을 기재한 것 또는 기재하는 행위를 의미한다. 모든 어음행위에 기명날인·서명을 요하는 것은 어음행위의 신중성을 제고시키려는 주관적 이유와 어음행위자가 누구인가를 나타내기 위한 객관적인 이유에서이다. **기명**은 행위자의 동일성을 나타낼 수 있으면 상호·아호·통칭·예명도 되고, 자필이 아닌 인쇄·타이핑·고무인·스티커에 의한 기재도 가능하다. **날인**은 인영이 증권상에 표시되어 기명주체를 확인케 하는데 인장·인영의 소재는 묻지 않는다. **서명**은 기명날인을 대체하는 기능을 하므로 성명이 완전하게 나타나야 하고 자필이어야 한다(기명과 구별).

② **법적 성질** – **기명날인의 법적 성질**(**쟁점404**)에 관해 법률행위로 보는 견해와 사실행위로 보는 견해가 대립되는데, 기명날인은 어음행위라는 법률행위의 방식에 해당하므로 이를 독립적인 법률행위로 파악하는 것은 부당하고 법률행위의 구성요소로서의 행위에 해당한다.

③ **효력** – **기명날인의 효력**과 관련하여 i) **무인(拇印)의 유효성**(**쟁점405**)에 관해 긍정설·부정설(다수설)이 대립하고 있으나 판례는 날인은 인장을 압날하여야 하고 소위 무인으로서 할 수 없다고 보아 무인으로 발행된 약속어음을 무효로 보았다(62다604). ii) **기명과 날인의 불일치**(기명과 날인(인영)의 주체의 상위)에 관해, 날인의 인영은 반드시 판독할 수 있는 것이 아니어서 그 불일치를 이유로 기명날인의 효력을 부인할 경우 어음의 유통을 저해할 가능성이 있어 효력을 긍정할 필요가 있으며 기명자의 어음행위로 본다. 판례도 약속어음에 기명이 되고 거기에 어떤 인장이 압날되어 있는 이상 기명과 날인이 불일치할 경우에도 유효라 보았다(77다2489). iii) **날인만 있는 경우**에는 기명요건을 흠결하였으므로 무효이다.

④ **대리 방식** – **법인의 기명날인**은 대리에 관한 규정을 준용(민59.2)하여 법인명, 대표자격, 대표자의 기명날인의 형식을 갖추어야 한다. i) **법인명**은 어음의 문언증권성에 따라 반드시 요구되고 이를 기재하지 않을 경우 개인의 어음행위가 된다. ii) **대표자격**이 표시되지 않으면 판례는 원칙적으로 법인의 어음행위로서의 효력을 부인하면서도(4291민상287). 예외적으로 대표자격을 지급장소 등으로 미루어 보아 개인이 아닌 대표이사의 자격에서 한 어음행위로 인정한 사례(79다15)

가 있고, 대표자의 인영 속에 대표자격이 표시된 경우에는 대표자의 자격표시가 된 것으로 보는 판례도 있다(69다930). 대표자격란에 이사 또는 간사를 기재한 경우에는 대표행위로 해석하지 않고 대리행위로 해석한 판례가 다수 있다. iii) **대표자의 기명날인**이 없고 법인명과 대표자격만 표시된 경우 기명날인 흠결로 당연히 무효이다. 판례도 은행지점장이 지점명칭과 사인(私印)을 날인하여 약속어음을 배서한 경우 무효로 보았다(97다7745). 그리고 대표자의 기명날인 대신 회사의 사인(社印)이 날인된 경우 기명날인의 대행으로 볼 가능성도 있지만 통설은 기명날인의 효력이 없다고 보며, 판례도 지점명과 회사인을 날인하고 그 대표자의 기명날인이 없으므로 이 배서는 무효라 보았다(63다1168). 법인의 어음행위는 대리방식에 의하든가 법인의 대표자로부터 대리권을 수여받고 직접 법인의 대표자 명의로 서명할 수 있는 권한이 주어져 있는 자의 대행방식에 의하여 이루어져야 한다(97다7745).

⑤ 기명날인의 대행 – **기명날인의 대행**이란 기명날인을 본인이 직접 하지 않고 대리인이 본인의 기명날인을 하는 것을 의미한다. 인장을 대리인에게 보관시키고 직접 본인의 명의로 어음행위를 하게 하는 관습에 따른 것인데 본인의 지시에 의해 기명날인이라는 사실행위를 대행하는 경우(**기계적 대행**)와 인장을 보관하면서 본인의 명의로 직접 대리행위를 하는 경우(**대리적 대행**)가 있다. 전자의 경우에는 본인의 사자로서 한 행위이므로 본인의 어음행위로 볼 수 있으며 후자를 서명대리라 하며 대리방식의 일종으로 이해한다(63다1070).

(2) 실질적 요건

어음행위 실질적 요건에 관해서는 어음법에 특별한 규정이 없지만, 어음행위도 법률행위의 일종이므로 민법의 법률행위의 효력에 관한 규정이 적용된다고 본다. 다만 어음행위는 원인행위와 절연되어 있고 일정한 금액의 지급을 목적으로 하는 수단적 행위이므로 원인행위와는 달리 **무색적**(無色的, 당사자의 이익·동기·목적 등과 무관함) 성질을 가진다. 따라서 법률행위 목적의 확정·가능·적법·타당성은 원인행위에서 문제될 뿐이고 수단적 행위인 어음행위에서는 문제될 여지가 없다고 볼 때, 어음행위의 실질적 요건에서는 아음능력과 어음행위에 내재된 의사와 어음행위에 표시된 의사간의 불일치·하자가 주로 문제된다.

1) **어음능력** : ① 어음권리능력 – 자연인, 법인은 어음상의 권리·의무의 주체

가 될 수 있는 능력인 **어음권리능력**을 가진다. **법인의 어음권리능력의 법인 목적범위에의 구속여부**에 관해, 긍정하는 견해도 있지만 법인의 법률행위가 목적의 범위 내인지 여부는 원인행위에서만 문제되어 인적 항변사유가 될 뿐이고 무색적인 성질을 가지는 어음행위에서는 문제되지 않는다는 견해가 타당하다. 민법상 조합, 권리능력 없는 사단도 어음권리능력을 가진다고 본다.

② **어음행위능력** – 민법상의 행위무능력자(미성년자·피한정후견인·피성년후견인)에 관한 규정이 어음법에도 그대로 적용되지만, 어음행위는 원인행위와 결부시키지 않고는 이익 여부를 알 수 없으므로 '권리만을 얻거나 의무만을 면하는 행위'(민5.1)는 무색적 성질의 어음행위에 적용되지 않는다고 본다. 어음행위의 **취소·추인의 상대방**(**쟁점406**)에 관해, **구별설**은 취소는 직접 상대방에 대해서만, 그리고 추인은 직접 상대방뿐만 아니라 현재의 어음소지인에 대해서도 할 수 있다는 견해이며, **어음소지인설**은 취소와 추인의 상대방은 일치하여야 하고 어음·수표는 유통되므로 어음행위 상대방에 대한 취소 또는 추인보다는 현재 소지인에 대한 추인·취소가 더 유용할 수 있으므로 어음소지인에 대한 취소도 인정하는 견해이다. 생각건대, 어음의 유통성을 고려하여 무능력자가 어음행위를 취소·추인할 경우 예외적으로 취소·추인의 상대방은 어음행위의 직접의 상대방에 한하지 않고 현재의 어음소지인 또는 중간취득자 모두 가능하다고 보는 견해가 타당하다고 본다.

③ **조합, 권리능력 없는 사단의 특수문제** – 대표조합원이 조합의 이름과 대표자의 자격을 밝히고 자기의 기명날인·서명을 하여 어음행위를 하는 것이 관례이며 판례도 이를 인정하고 있다(70다1360). 대표조합원에 의해 어음행위가 이뤄진 경우 **어음상의 책임의 귀속**(**쟁점407**)에 관해, **대표자책임설**은 대표조합원이 어음행위자로 또는 무권대리인으로서 개인적으로 책임을 진다는 견해이고, **조합·조합원책임설**은 제1차적으로 조합재산으로 책임을 지고, 부족시 각 조합원이 분담부분의 범위 내에서 개인재산으로 책임을 진다는 견해, **합동책임설**은 조합원들이 공동으로 어음행위를 한 것으로 보아 전 조합원이 합동책임을 진다는 견해이다. **판례**는 민법상 조합의 대표조합원이 그 대표자격을 밝히고 어음을 발행한 것은 대표조합원이 다른 조합원 전원을 대리하여 어음을 발행한 것으로 볼 수 있고 이때 전 조합원은 어음의 공동발행인으로서 합동책임을 져야 한다고 판시한 바 있다(70다1360). 생각건대 조합의 대표는 조합원의 개별 위임에 근거한 대리행위와는 구별되므로 조합원은 어음법 제47조에 의해 합동책임을 진다고 보기에는 어려움이 있

다. 따라서 조합의 일반적 법률관계에 따라 어음상의 채무는 조합의 채무로서 합유관계에 있어 일차적으로 조합의 재산으로 부족시 조합원 개인의 재산으로 변제하여야 한다고 본다.

2) **어음행위의 목적** : 어음행위도 법률행위의 일종이므로 어음행위의 목적은 확정할 수 있어야 하고 가능하여야 하며, 적법하고 타당하여야 한다. 하지만 만기에 금전을 지급할 것을 내용으로 하는 어음상 채무는 당연히 확정성을 가지고 가능성을 가지므로 문제되지 않는다. 적법성·타당성은 어음행위에서 명백히 드러나지 않지만 원인행위에 관련되고 수단적 행위인 어음행위에서 판단은 무의미하다고 본다. 이러한 관점에서 반사회적 행위에 관한 규정(민103), 불공정행위에 관한 규정(민104)은 어음행위의 원인이 된 원인행위에만 적용되고 무색적인 성질을 가지는 어음행위에는 적용될 여지가 거의 없다고 본다.

3) **의사·표시의 일치, 무하자** : 어음행위에 있어서도 의사와 표시가 불일치(비진의·통정허위·착오표시), 의사표시에 하자(사기·강박)이 있는 경우 민법의 규정이 그대로 적용된다. 판례도 실제로 어음상의 권리를 취득하게 할 의사는 없이 단지 채권자들에 의한 채권의 추심이나 강제집행을 피하기 위한 약속어음 발행행위가 통정허위표시로서 무효라고 하여(2004다70024) 어음행위에 민법 제108조를 적용하고 있다. 어음행위상의 의사표시에 하자가 있는 경우에도 어음행위의 취소는 직접 상대방으로부터 어음을 취득하여 그 어음금의 지급을 청구하고 있는 소지인에 대하여도 할 수 있다고 보았다(96다49513). 다만 어음채무자는 소지인이 채무자를 해할 것을 알고 어음을 취득한 경우가 아닌 한, 소지인이 중대한 과실로 그러한 사실을 몰랐다고 하더라도 종전 소지인에 대한 인적항변으로써 소지인에게 대항할 수 없다(96다49513).

(3) 어음·수표의 교부(어음이론)

① 논의 – 어음행위는 형식적·실질적 요건 이외의 요건으로서 **어음교부의 효력**(**어음행위의 효력발생시점**, **쟁점408**)에 관해, **교부계약설**은 어음채무도 일반채무와 같이 당사자간의 계약에 의하여 성립하고 이 계약은 어음의 수수가 따르는 요식행위로서 어음의 상대방에 교부되어 도달하는 외에 상대방의 수령능력과 승낙의 의사표시를 요한다(교부계약)고 보고, **창조설**은 어음행위를 어음행위자가 불특

정다수인에 대하여 채무부담의 의사표시를 하는 것만으로 성립하는 단독행위로 보고 어음채무는 어음작성에 의해 성립한다고 보며, **권리외관설**은 어음채무는 원칙적으로 교부계약에 의하여 발생하지만 어음을 선의로 취득한 제3자에 대한 관계에서는 기명날인자 또는 서명자는 어음의 작성에 의하여 어음채무를 부담하는 것과 같은 외관을 야기하였고 또한 제3자는 이를 신뢰하였으므로 어음작성자는 이에 따른 어음채무를 부담하여야 한다고 보며, **발행설**은 어음채무는 어음의 작성과 기명날인자 또는 서명자의 의사에 기한 어음의 점유이전행위라는 단독행위에 의하여 성립한다고 하거나, 어음채무는 어음을 작성하여 상대방에게 교부하기만 하면(점유이전의사만 있으면) 상대방의 수령능력·수령의사표시와는 무관하게 성립한다고 본다. 따라서 제3자의 사기에 의해 어음의 점유를 이전하더라도 자신의 의사에 점유가 이전되었다면 어음채무는 성립하게 된다는 점에서 교부계약설과 구별된다.

② **판례** – 백지식배서 후 보관중 분실된 어음의 취득행위를 어음행위자의 의사에 기하지 아니하고 유통된, 즉 교부행위가 흠결된 어음으로 보아 선의취득이 성립될 수 있다고 보았고(85다카1189), 약속어음의 작성자가 어음요건을 갖추어 유통시킬 의사로 그 어음에 자기의 이름을 서명날인하여 상대방에게 교부하는 단독행위를 발행이라 보았으며(88다카24776), 어음을 유통시킬 의사로 어음상에 발행인으로 기명날인하여 외관을 갖춘 어음을 작성한 자는 그 어음이 도난·분실 등으로 어음의 외관을 신뢰하고 취득한 소지인에 대하여는 그 소지인이 악의 내지 중과실에 의하여 그 어음을 취득하였음을 주장·입증하지 아니하는 한 발행인으로서의 어음상의 채무를 부담한다고 보았다(99다34307).

③ **검토** – 기본적 어음행위(발행행위)는 재산권을 증권에 결합시키는 행위(어음의 창조)와 결합된 증권을 수취인에게 이전하는 행위(이전행위)를 내용으로 한다. 창조행위는 어음행위자의 단독행위로 볼 수 있어 어음행위로서 형식적 요건·실질적 요건의 구비만 문제되지만 어음이 교부되기 전에는 유통증권의 발행행위(수취인의 어음상의 권리 취득)가 완성되지 않는다. 하지만 어음의 창조 후 교부 전에는 자신의 의사에 반하여 작성된 어음이 유통되더라도 작성행위에 대한 책임(선의취득의 대상이 될 수 있음)이 발생할 수 있지만 이전행위(교부)가 완성되어야 상대방(수취인)에게 어음상의 권리가 귀속되고 발행자는 어음법상의 책임을 부담한다. 부속적 어음행위(배서나 보증 등)는 창조행위를 내포하지는 않지만 각 어음행위의 요건과 상대방에 대한 교부가 있어야 어음행위가 완성된다는 점은

발행과 동일하다. 교부가 흠결될 경우 교부흠결의 항변은 성질상 인적항변에 포함되고 인적항변은 절단되므로 교부가 흠결되었다고 하더라도 유통이 저해되지 않는다. 요컨대 어음은 작성만으로 선의취득의 대상이 되지만 모든 어음행위(발행, 배서, 보증 등)는 진정한 상대방에게 교부되어야 효력이 발생하는 계약의 성질을 가진다고 본다.

3. 어음·수표행위의 특성

1) **무인성** : ① **개념** – 어음행위(예, 매매대금으로 발행한 어음)의 효력이 그 원인이 되는 실질관계(예, 매매계약)의 유무나 효력(무효·취소)에 의해 영향을 받지 않는 성질(**추상성**)을 의미하고 이는 인적항변사유가 된다. 어음유통을 보호하기 위해 법률의 규정으로 원인행위의 효력으로부터 어음행위의 효력을 분리시켰다. 판례도 어음행위는 무인행위로서 어음수수의 원인관계로부터 분리하여 다루어져야 하고 어음은 원인관계와 상관없이 일정한 어음상의 권리를 표창하는 증권으로 보았다(89다카1398).

② **효력** – 사회통념상 후행행위의 원인인 선행행위가 효력을 상실한 경우 후행행위도 효력을 상실하는 것이 상식적이지만, 어음의 유통보호를 위해 법이 특별히 인정하는 성질이므로 이에 관한 명문의 규정을 요한다고 본다. 어음행위의 **무인성의 근거**(**쟁점409**)에 관해 어음법 제1조 2호(발행), 제12조 1항(배서), 제26조 1항(인수)의 어음행위의 '무조건성'을 무인성의 근거로 보지만(통설), 기타 어음법 제79조(이득상환청구권)도 근거로 이해하는 견해가 있다,

③ **문언성과의 관계** – 다른 유가증권(화물상환증·창고증권)의 문언성은 근거규정(상131, 157)이 있으나 어음법에는 별도의 규정을 두고 있지 않다. 생각건대 어음·수표의 문언성의 근거는 어음·수표의 무인성에서 찾아야 한다고 본다. 원인행위가 부존재하는 경우에도 어음행위의 효력이 유지된다면(무인성), 불일치할 경우에도 어음행위의 효력이 유지(문언성)되는 것이 논리적이다. 요컨대 어음·수표 또는 어음·수표행위의 문언성의 근거는 어음행위의 무인성에서 찾을 수 있다.

④ **무인성의 한계** – i) **악의의 항변** 원인행위의 효력상실 등의 사유는 인적항변사유로 보고 인적항변사유는 선의의 취득자에게는 행사할 수 없으나(항변의 절단, 어17.1), 악의의 취득자에게는 행사할 수 있게 된다(악의의 항변). 이 경우에도 어음은 무인성에 의해 유효이므로 어음금청구를 위해 악의의 어음소지인이라

도 어음을 제시하면 족하고 어음채무자가 이를 거절하기 위해서는 원인행위의 효력상실과 소지인의 악의를 증명하여야 한다는 점에서 결과적으로 무인성은 증명책임을 전환시킨다. ii) **권리남용** 판례는 어음행위의 무인성을 전제로 하지만 어음소지인이 어음을 소지할 정당한 권한이 없고 어음상의 권리를 행사할 실질적인 이유가 없음에도 불구하고 이를 반환하지 아니하고 소지하고 있는 것을 기화로 권리를 행사하는 것은 권리남용에 해당하기 때문에 어음채무자는 이를 거절할 수 있다고 보았다(86다카1858).

2) **수단성·무색성** : 어음행위는 매매·대차 기타의 실질적 거래에 의해 생기는 법률관계를 결제하기 위한 금전지급의 수단에 관한 행위로서 그 자체가 수단적 성질을 가진다. 이에 대해 수단성은 모든 다른 법률관계에 공통된 현상임을 이유로 특성에서 배제하는 견해도 있지만, 어음행위의 유일한 목적은 금전의 지급이어서 지급수단으로서 성질은 다른 법률관계에 공통된 성질로 보기 어렵고 어음행위의 무색성도 수단적 성질에서 파생된 성질이라고 본다. 어음행위는 수단성·무색성을 가지므로 어음행위의 목적이 사회질서에 반하는지 여부, 불공정한지 여부가 문제되지 않고, 어음행위의 목적의 확정성·가능성·적법성·타당성 등이 문제되지 않는다.

3) **협동성** : 어음행위는 대개 일회적 행위로 그치지 않고 다수의 어음행위가 연속되어 하나의 어음에 관련을 가지는 다수의 당사자가 생겨난다. 이들 당사자는 서로간에 직접적 법률관계를 가지지 않더라도 법률의 규정에 의해 모두 담보책임을 부담하므로 결국 어음금지급이라는 목적달성에 대한 책임을 부담한다. 어음법은 어음의 **피지급성확보**라는 어음제도의 이념에 따라 **어음채무자의 합동책임**(어47)을 규정하고 있으며, 어음단체라는 개념, 당사자자격이 겸병되어도 혼동이 일어나지 않는 현상 등을 발견할 수 있는데, 이를 통칭하여 어음행위의 협동성이라 한다.

4) **독립성(어음·수표행위독립의 원칙)**

① 의의 – 하나의 어음상에 2개 이상의 어음행위(예, 발행, 배서)가 이루어지고 선행 어음행위(발행)가 실질적으로 무효(예, 위조)이더라도 후행 어음행위(배서)로 인한 책임에는 아무런 영향을 미치지 못한다는 원칙(어음채무부담독립의

원칙)이다(어7). 어음발행에 위조 등 무효사유가 있더라도 자신에 대한 배서만 유효하면 최소한 자신의 배서인에 대해 책임을 물을 수는 있게 되어 어음의 유통을 보호한다. **어음행위독립의 원칙의 개념**에 관해, 후행 어음행위의 독립적 효력(cf. 독립된 책임)을 위한 원칙으로 보는 견해가 있지만, 어음행위독립의 원칙은 어음행위자의 어음상의 책임을 인정하기 위한 이론이지 후속하는 어음행위의 효력을 완전하게 하여 어음상의 권리의 귀속까지 보호하는 이론은 아니므로 **어음채무부담독립의 원칙**이 정확한 표현이라 본다. 어음행위의 무인성과 독립성은 모두 어음의 유통보호를 위한 성질이지만, 무인성은 하나의 어음행위의 원인행위와의 관계에 관한 원칙이지만 독립성은 수개의 어음행위간의 원칙(채무부담의 독립성)이라는 점에서 구별된다.

② **근거** – i) **독립성의 이론적 근거**(**쟁점410**)에 관해, **특별규정설**(예외법칙설, 다수설)은 연속하는 법률행위에 있어 선행행위가 무효하면 후행행위도 무효한 것이 원칙이지만 어음유통보호를 위해 특칙으로 어음행위독립의 원칙이 도입되었고 이를 선언한 규정(어7 등)은 예외적 규정으로 이해하는 견해이고, **당연규정설**에 따르면 각 어음행위는 별개의 채무부담 행위여서 서로간에 아무런 관계가 없으므로 이는 어음행위의 문언성에서 오는 당연한 성질로 보는 견해이다. **절충설**은 다른 어음행위를 전제하지 않는 발행행위에 관해서는 동 규정은 주의적 규정이지만 기타 어음행위에 관해서는 특별규정이라는 견해이다. 생각건대 문언성과 독립성은 별개의 성질이고 채무부담의 독립성은 어음의 유통보호를 위한 특별한 원칙이므로 특별규정설이 타당하다. ii) **독립성의 법적 근거**는 어음법 제7조(수10), 어음법 제32조 2항(수27.2, 보증의 독립성)을 들 수 있다. 기타 어음법 제69조(변조), 어음법 제65조(복본의 효력)를 독립성의 근거조항으로 보는 견해가 있지만, 이들 규정은 변조 전후의 책임관계와 복본간의 독립성에 관한 규정이어서 어음행위간의 독립성과는 내용을 달리한다고 본다.

③ **적용 범위** – i) 어음행위독립의 원칙은 연속된 어음행위에서 **선행행위가 후행행위의 전제가 되는 경우**에 적용되고 논리적 선행행위가 아닌 경우(인수행위와 이후 배서행위)와 선행행위가 존재하지 않는 경우(발행)에는 적용이 없다. **선행행위 방식에 하자**가 있어 무효인 경우 후행하는 어음행위도 무효가 되고, **어음채무가 소멸**한 경우(어음채무의 변제·상계)에도 독립성이 적용될 여지가 없다. ii) 환어음의 **발행과 인수간의 독립성 여부**(**쟁점411**)에 관해, **적용긍정설**은 인수행위는 대부분의 경우 발행행위를 전제하므로 어음행위독립의 원칙에 의해 발행행위의 실질적

하자로부터 영향을 받지 않는다고 보고, **적용부정설**은 인수는 어음상의 주채무자를 확정하는 행위로서 인수는 선행행위를 필요로 하지 않는 행위에 포함되어 어음행위독립의 원칙이 적용될 여지가 없다고 본다. 생각건대 인수에 따른 채무의 내용은 환어음의 발행행위에 의해 확정되므로 양자의 행위는 실질적으로 관련되는데 인수행위로 인한 책임은 발행행위가 무효이더라도 유효하게 존속한다고 보기 위해서는 적용긍정설이 타당하다고 본다. iii) **배서간의 독립성 여부**(**쟁점412**)에 관해, 선행 배서행위가 무효이면 후행 배서행위는 무효이지만 선의의 제3자가 배서인에게 상환청구권을 행사할 수 있는 것은 선의취득의 효과로 이해하는 **적용부정설**이 있지만, 선의취득은 권리취득의 측면(누가 권리자인가)만 규율하는 제도로서 무효인 어음행위 이후에 이루어지는 어음행위자가 상환의무를 부담하는 것은 어음행위독립의 원칙이 적용된 결과로 보는 **적용긍정설**(통설)이 타당하다. iv) 선행행위의 하자에 관한 **악의자에의 독립성 적용여부**(**쟁점413**)에 관해, **부정설**은 악의취득자는 어음의 반환의무를 부담하므로 악의자는 보호되지 않는다는 견해이고, **긍정설**은 어음행위독립의 원칙은 채무부담의 면과 관련되고 권리귀속의 면과 관련되는 선의취득과는 명백히 구별된다고 보고 어음취득자의 선의의 효과로서 인정되는 것은 아니므로 어음행위독립의 원칙은 어음취득자가 악의인 경우에도 적용된다는 견해이다. 생각건대 어음행위독립의 원칙은 어음행위자의 책임을 묻는 이론이므로 권리자가 실질적 하자가 존재하였다는 점에 관해 악의이더라도 경우에 따라서는 어음행위자의 책임을 긍정할 필요가 있으므로 어음행위독립의 원칙이 적용될 수 있는 적용긍정설이 타당다고 본다.

5) **어음행위 해석상 특수성** : ① 어음객관해석의 원칙 – 어음행위는 어음상의 기재에 따라 형식적으로 그 효력이 발생하므로 어음채무의 내용은 어음상의 기재에 의해서만 객관적으로 해석해야 한다는 원칙(어음외관해석의 원칙)이다. 예컨대 어음의 발행일(발행지)은 어음에 기재된 발행일(발행지)이고 실제로 어음이 발행된 일자(장소)가 아니다. 판례도 어음행위의 내용은 어디까지나 어음상의 기재에 의하여 객관적으로 해석하여야 하는 것이지, 어음 외의 사정에 의하여 어음상의 기재를 변경하는 방식으로 해석하지 않으나(2000다33737), 다만 기한후배서(어20, 수24)를 판단함에 있어 어음면상 나타난 배서일자가 아니라 실제 배서가 이루어진 시점을 기준으로 판단한다(63다967).

② 어음유효해석의 원칙 - 이는 어음을 무효로 해석하는 것보다는 신의성실의

원칙에 따라 유효로 해석하여야 한다는 원칙이다. 예컨대 2월 30일을 어음의 발행일·만기로 기재한 경우 2월 말로 해석한다. 그리고 어음상의 기재가 다의적인 경우 어음소지인은 자기에게 유리한 해석을 하여 어음채무자의 책임을 물을 수 있다는 해석원칙과 어음의 피지급성 보장과 유통성강화라는 어음법의 이념에 맞게 해석하여야 한다는 **목적론적 해석원칙** 등이 주장된다.

4. 어음·수표행위의 대리

1) **의 의** : 어음행위는 재산법적 법률행위로서 대리에 친한 행위이므로 어음행위는 실무상 흔히 대리에 의해 또는 대표행위로서 행해진다. 하지만 어음법에는 무권대리의 효과에 관한 1개의 규정만 있어 민법의 대리에 관한 일반규정이 적용되어 현명주의 등이 적용되고, 관습법상 일정한 대리의 방식(본인·대리관계·대리인의 기명날인·서명) 또는 대행의 방식이 요구되며, 법인 대표자의 어음행위는 대리에 관한 규정을 준용한다(민59.2).

2) **대리의 형식적 요건(대리의 방식)** : ① **본인표시(현명주의)** – 어음법은 현명주의(본인명시)에 관한 규정을 두고 있지 않지만 어음의 **문언성**에 근거하여 민법보다 더욱 엄격한 현명주의를 취하고 있다고 해석된다. 즉 어음행위 대리시에 본인을 표시하지 않고 대리인의 명의로 하였다면 설사 상대방이 이를 알았다 하더라도 본인에게 어음행위의 효력이 발생하지 않고 문언대로 대리인에게만 어음행위의 효력이 발생하는데, 해석상 다음과 같은 어려운 경우도 발생한다. 예컨대 A의 지점장(C)이 C 명의로 B로부터 회사 자재를 구입하고 그 대금으로 C명의로 어음을 발행하였다면 설사 B가 A와의 거래임을 알았다 하더라도 문언성에 따라 C의 어음행위로서 효력이 발생한다. 따라서 B는 회사(A)에게는 책임을 묻지 못하고 C에게 어음상의 책임을 물을 수밖에 없다. 그런데 원인관계(매매거래)에는 민법 제115조 단서가 적용되므로 C는 악의의 상대방에 대해 자신에게 책임이 없고 회사(A)에 책임이 있다는 인적항변을 주장할 수 있게 되어(어17), 결과적으로 어음행위의 문언성에 따라 회사(A)는 어음상의 책임을 면하고, C는 인적항변을 주장하여 책임을 면할 수 있어, 상대방(B)은 A 또는 C에게 누구에게도 어음상 책임을 묻기는 어렵게 된다. 결국 B는 C에게 원인관계상 책임을 물을 수밖에 없다.

② **대리문구** – 어음행위의 대리에는 본인과 기명날인자(서명자)간의 관계인

대리·대표관계(지배인·지점장·친권자·대표이사)가 나타나야 한다. 대리(대표)관계가 표시되지 않았을 경우 본인 또는 법인의 어음행위로서의 효력이 없지만, 판례는 대표관계가 표시되지 않은 경우 회사의 대표자의 자격에서 발행한 어음이 아니라고 보았으나, 이후 판례에서 기명날인의 인영(69다930), 지급장소(79다15) 등 어음외적 사실관계를 참작하여 대표자격의 표시가 없는 경우라 하더라도 대표자격에서 발행한 어음으로 보았다.

③ 대리인의 기명날인 – 어음행위가 대리되는 경우에도 기명날인(서명)이 반드시 요구되는데, 이때 기명날인은 대리인 개인의 기명날인이 요구된다.

3) **대리의 실질적 요건(대리권의 존재)** : ① 어음행위를 대리하기 위해서는 대리인에게 본인을 위하여 어음행위를 할 수 있는 대리권(임의·법정대리권)이 있어야 한다. 지배인·업무집행사원·대표이사 등은 포괄적인 대리권·대표권자로서 내부적으로 어음행위를 할 수 있는 권한을 제한하더라도 이는 대외적으로 선의의 제3자에게 효력이 없다(상11.3, 209, 269, 389.3, 567). 선의란 단순한 과실이 있는 경우를 포함하지만 중대한 과실이 있는 경우는 포함하지 않는다.

② 쌍방대리·자기거래의 제한 – 어음거래를 하게 된 원인행위에 대해 본인의 허락(이사회의 승인)이 요구되는(민124, 상398) 외에 **어음행위에 별도의 허락**(**승인**) **요부**(**쟁점414**)에 관해, **적용부정설**은 어음행위는 무색성을 지니므로 원인행위를 통해 본인보호를 하면 족하고 어음행위는 민법 제124조 단서의 '채무의 이행'에 해당하므로 어음행위에는 민법 제124조 본문이 적용되지 않는다고 본다. **적용긍정설**은 어음채무는 항변의 절단이 인정되고, 증명책임이 경감되며, 부도처분의 제재가 있고, 어음채무에 대한 담보의 제공 없이 가집행선고를 할 수 있는 점(민소199.1) 등 어음채무의 엄격성을 고려할 때 민법 제124조 본문 그리고 상법 제398조(상199)가 어음행위에도 적용된다고 본다(다수설). **판례**도 긍정설의 입장이며(78다4), 대표이사의 개인적인 연대보증채무를 담보하기 위하여 대표이사 본인 앞으로 발행된 회사명의의 약속어음을 은행이 취득함에 있어서 당시 위 어음의 발행에 관하여 이사회의 승인이 없음을 알았거나 이를 알지 못한 데 대하여 중대한 과실이 있음을 입증한 경우 무효임을 주장할 수 있다고 보았다(2003다64688). 생각건대 어음채무의 엄격성을 고려하고 본인의 이익을 보호하고, 이사회 승인 흠결시에도 선의의 상대방과의 거래행위는 원칙적 유효하다고 해석되므로 거래의 안전과도 조화될 수 있는 적용긍정설이 타당하다고 본다.

③ 남용행위 – **대리(대표)권 남용에 의한 어음행위의 효력**(쟁점415)에 관해, **심리유보설**은 대리권남용의 구조를 비진의의사표시로 보고 원칙적으로 유효이지만 상대방이 이를 알 경우에는 민법 제107조 1항의 단서가 적용되어 무효라는 견해이고, **권리남용설**은 대리권이 남용된 경우 상대방이 악의라도 어음행위의 무효를 주장할 수는 없고 권리남용의 법리 또는 악의의 항변으로 어음채무의 이행을 거절할 수 있다고 보는 견해이다. 생각건대 대리(대표)권을 남용과 비진의의사표시와는 구별되고 어음의 문언증권성을 고려할 때 원칙적으로 어음행위에 대리(대표)권의 남용이 있었다고 하더라도 유효라 본다. 다만 권리남용이라고 인정되는 경우에는 이행을 거절할 수 있다고 볼 때 권리남용설이 타당하다고 본다.

4) **표현대리** : ① 개념 – 대리의 형식은 갖추어도 대리권이 없는 자의 어음행위는 무권대리로서 본인이 추인하거나 표현대리가 성립하지 않는 한 어음행위의 효과는 본인에게 귀속하지 않는데(물적항변), 표현대리의 성립에 관해서는 민법의 논의에 따른다.

② 상대방의 범위 – 표현대리·지배인·대표이사제도를 적용함에 있어서 제3자(거래상대방)의 범위를 어음거래의 직접상대방뿐만 아니라 **제3취득자의 포함여부**(쟁점416)에 관해, **제3취득자포함설**은 직접 상대방에 표현대리가 성립하지 않더라도 제3취득자에 표현대리의 요건이 충족될 경우 표현대리가 성립한다고 보고(통설), **직접상대방한정설**(판례)은 어음행위의 직접 상대방이 악의인 경우 제3취득자가 대리권을 신뢰하더라도 보호되지 않고, 직접 상대방이 표현대리에 의해 보호되면 악의의 제3취득자도 보호된다고 하여 보호범위를 직접상대방에 한정시키고 있다(2001다58443). 하지만 표현대표이사가 어음행위를 한 경우에는 표현대표이사로부터 직접 어음을 취득한 상대방뿐만 아니라, 그로부터 어음을 다시 배서양도받은 제3취득자도 포함된다고 본다(2002다65073). 생각건대 어음행위가 서면거래라는 특징을 고려할 때 외관에 대한 신뢰를 좁게만 해석할 수는 없고, 서면에 의해 나타나는 전자의 거래의 진정성에 관한 직접상대방이 아닌 후자의 신뢰도 보호할 필요가 있어 어음거래를 보다 보호할 수 있는 제3취득자포함설이 타당하다고 본다.

③ 본인과 표현대리인의 관계 – 어음행위의 표현대리가 성립하는 경우 그 효과로서 본인이 어음상의 책임을 부담하지만 민법 또는 상법과 달리 어음법에 무권대리인의 책임을 규정하고 있다(어8). 여기서 **본인과 표현대리인의 어음상의 책임**

의 관계(쟁점417)에 관해, **택일설**은 어음소지인의 선택적인 권리행사는 인정하되 본인에게 책임을 지운 이상 거듭 무권대리인에게 책임을 지울 수 없다는 견해이며, **중첩설**은 어음소지인이 본인으로부터 지급을 받을 때까지는 표현대리인에 대해서도 권리행사를 인정하는 것이 소지인의 이익을 끝까지 보호하는 길이라는 견해이다. **제3설**은 소지인의 선택적 권리행사를 인정하되 본인이 추인하면 본인만 책임을 부담한다고 본다. 생각건대 이는 표현대리와 무권대리의 관계와 관련되며 표현대리가 성립하거나 본인이 추인한 경우 본인이 책임을 부담하고, 어음법 제8조는 협의의 무권대리에 적용된다고 본다. 따라서 어음소지인이 표현대리의 요건을 증명하여 본인에게 책임을 묻거나 무권대리인에게 청구하는 것이 더 용이할 경우 무권대리인의 책임을 물을 수 있다고 보아 택일설이 타당하다고 본다.

5) **협의의 무권대리** : ① 개념 – 표현대리의 요건을 갖추지 못한 협의의 무권대리에 의한 어음행위에 관해 어음법 제8조와 민법규정(추인·추인거절·최고)이 적용된다. 무권대리인의 책임은 대리행위의 **상대방의 선의요건성**에 관해, 상대방 또는 후자가 악의인 경우 무권대리인은 민법 제135조에 근거하여 원인관계상 항변(인적항변)을 행사할 수 있어 무권대리인은 책임을 부담하지 않고, 후자에 관해서도 어음법 제17조가 적용되게 되어 악의의 항변 성립여부에 따라 보호 여부가 결정된다고 본다.

② 증명책임 – **대리권의 흠결에 관한 증명책임**(쟁점418)에 관해, **상대방(소지인) 책임설**은 무권대리의 상대방이 대리권의 흠결(또는 본인의 추인거절)을 증명하여야 무권대리인의 책임을 물을 수 있다는 견해이며, **무권대리인 책임설**은 무권대리인이 대리권의 존재를 증명하여야 책임을 면할 수 있다는 견해이다. 생각건대 대리행위의 외관을 만든 자가 자신의 대리권을 증명하기 용이한 지위에 있고 소지인이 증명책임을 부담할 경우 어음의 유통성이 저해될 수 있으므로 무권대리인책임설이 타당하다고 본다.

③ 무권대리인의 책임 – 무권대리인의 **책임의 내용**은 대리권이 있었다면 본인이 부담하였을 어음상의 책임(발행·인수·배서인의 책임 등)을 부담하고, 무권대리인도 본인이 책임을 부담하였더라면 행사할 수 있는 항변권(시효소멸, 원인관계상 항변 등)을 갖는다. 다만 본인이 가지는 상계의 항변권을 행사할 경우 본인의 이익이 침해되므로 허용되지 않는다. 그리고 어음소지인이 본인에 대해 책임보전절차·시효중단절차를 진행한 경우 통설은 무권대리인에게도 효력이 미친다

고 본다.

④ **책임 발생시기** – 무권대리인의 **책임의 발생시기**(쟁점419)에 관해, 어음행위를 한 때 무권대리인의 책임은 발생하고 추인이 있으면 대리시에 소급하여 책임이 소멸된다는 **해제조건설**과 본인의 추인거절시에 무권대리인의 책임이 발생하며 본인의 추인이 있으면 무권대리인의 책임이 발생하지 않음이 확인된다고 보는 **정지조건설**이 대립하고 있다. 생각건대 어음법 제8조의 문언을 고려할 때 '어음행위의 무권대리 후 추인거절시까지'를 잠정적 유권대리(추인거절시 무권대리)가 아닌 잠정적 무권대리(추인하면 소급하여 유권대리)로 이해하는 해제조건설이 적절하다고 본다.

⑤ **무권대리인의 권리** – 무권대리인이 어음금액을 지급한 때에는 본인과 동일한 권리를 가진다(어8). 하지만 약속어음의 발행이나 환어음의 인수를 무권대리한 경우에는 전자에 대한 권리가 존재하지 않고, 어음의 배서를 무권대리한 경우에는 본인이 무권대리인에 대해 어음의 반환을 청구할 수 있으므로, 무권대리인이 권한을 행사하기는 어렵다. 그러나 보증을 무권대리하여 무권대리인이 보증책임을 이행한 경우에는 무권대리인은 피보증인이 행사할 수 있었던 전자에 대한 상환청구권을 행사할 수 있다고 본다. 무권대리인의 권리 행사시 어음상의 채무자는 무권대리인에 대한 인적항변은 물론 본인에 대한 인적항변으로도 무권대리인에 대해 대항할 수 있다.

⑥ **금액월권대리** – 대리권자가 대리권의 금액범위(예, 1천만원 범위)를 넘어서 한 어음행위(6천만원의 어음행위)의 대리, 즉 **월권대리의 효과**(쟁점420)에 관해, **본인무책임설**은 이 경우는 본질적으로 무권대리이므로 추인하지 않는 이상 전체(6천만원)를 무권대리로 보아야 하므로 본인에게는 책임이 없다는 견해이고, **책임병행설**(다수설)로서 월권대리는 무권대리로서의 성질(6천만원 전체)과 유권대리로서의 성질(1천만원 부분)을 병존적으로 가지고 있다는 견해이며, **책임분담설**은 수권된 범위(1천만원)에서는 본인이 책임을 부담하고 수권범위를 넘어선 부분(5천만원)에 관해서는 대리인이 책임을 부담한다는 견해이다. **판례**는 어음행위의 대리 또는 대행권한을 수여받은 자가 그 수권의 범위를 넘어 어음행위를 한 경우에 본인은 그 수권의 범위 내에서는 대리 또는 대행자와 함께 어음상의 채무를 부담한다고 본다(2000다45303). 생각건대 책임병행설이 유통보호에 적절하다고 본다.

6) **기타 대리관련 제도** : ① 어음행위의 대행 – 대리인이 대리의 방식을 취하지 않고 직접 본인의 명의로 하는 것으로서, 기계적 대행(대행자가 어음행위의 대리권을 가지고 있지 않고 단지 기명날인이라는 기계적 대행(표시행위만을 대행)과 대리적 대행(대리·대행권에 근거하여 본인의 어음행위를 대행의 방식의 대리)로 구분된다. 기계적 대행은 본인의 행위로 볼 수 있지만, **대리적 대행의 법적 성질**(**쟁점421**)에 관해, 기명날인을 사실행위로 보는 견해는 대행자가 효과의사를 결정한다는 점에서 대리와 유사하나 그 형식에서 대리와 구별된다고 보고 기계적 대행과 동일하게 본인 자신의 어음행위로 본다. 기명날인을 법률행위로 보는 견해는 대행을 어음행위대리의 한 유형으로 파악하며 판례도 유사한 입장이다(63다1070). 생각건대 기명날인은 어음행위의 일부로서 법률행위를 구성하는 부분에 해당하고 이는 대행권한에 따른 대리의 한 유형으로 본다

② 명의대여 – 명의대여관계에 있는 명의차용인이 영업과 관련하여 어음행위를 한 경우 **명의대여자의 어음상의 책임**(상법 제24조 적용여부, **쟁점422**)에 관해, **적용긍정설**은 명의대여자와 명의차용자가 연대하여 책임을 부담한다(직접 적용)는 견해 또는 상법 제24조가 유추적용된다는 견해이다. **적용부정설**은 어음행위의 추상성에 비추어 어음채무는 영업상의 채무로 보기 어려우며 명의차용자의 행위의 실질은 위조이므로 명의대여자의 책임부담은 피위조자가 책임지지는 않는 법리와 모순이라고 보아 동조의 적용을 부정하는 견해이다. **판례**는 명의대여관계에서 발행된 어음에 관해 명의대여자의 책임을 인정한 바 있다(68다2270). 생각건대 어음의 문언성은 거래의 안전을 위해 문언대로 책임이 발생한다는 의미이지 문언에 표시되지 않은 자의 책임을 면하게 하는 원리는 아니므로 명의차용자는 어음행위에 대해 책임을 부담한다고 본다. 다음으로 **어음행위만의 명의대여에 규정의 적용여부**(**쟁점423**)에 관해, **적용긍정설**은 어음행위만을 위해 명의대여가 행해진 경우에도 상법 제24조를 적용 또는 유추적용하여야 한다는 견해이고, **적용부정설**은 어음행위만으로는 영업주라는 외관이 존재한다고 볼 수 없고, 어음행위만을 위해 명의를 대여한 경우는 상법 제24조의 입법취지에 부합하지 아니하므로 상법 제24조는 적용 또는 유추적용되지 않는다는 견해이다. 생각건대 어음행위만을 영업으로 보기 어려우며 상법 제24조를 적용하기는 어렵지만 어음행위의 거래상대방을 보호할 필요성은 있으며, 명의대여자는 어음행위의 문언성·표현대리 법리에 따라 어음상의 책임을 부담한다고 해석할 수 있다.

5. 어음·수표행위의 위조

(1) 의 의

1) **개 념** : 권한 없이 타인의 기명날인을 모용하여 어음행위를 함으로써 마치 그 타인이 어음행위를 한 듯한 외관을 만들어 내는 행위를 말하는데, 어음행위 위조에 관해 어음법은 아무런 규정을 두고 있지 않다. 개념을 분설하면, 어음행위의 위조는 **권한 없이** 타인명의의 어음행위를 한 경우에 성립하므로, 어음행위의 대행, 명의차용인이 타인(명의대여자)명의로 어음행위와는 구별되고 사후에 명의사용을 허락(추인)한 경우에는 위조가 되지 않는다. 어음행위의 위조는 타인명의로 **기명날인을 모용**(권한 없이 사용하여 타인이 마치 어음행위의 주체인 것처럼 외관을 작출)하는 행위이다. 타인이 실재하지 않는 경우, 즉 가설인이나 사자 명의를 모용한 경우에도 외관상 유효한 어음행위가 존재하는 것처럼 보이므로 위조에 포함된다. 그러나 타인의 허락 없이 타인을 지급인 또는 수취인으로 기재하더라도 이는 기명날인을 모용한 어음행위가 아니므로 위조의 개념에 포함되지 않는다.

2) **범 위** : 어음행위의 위조는 대체로 권한 없이 어음을 발행하는 것(위조발행)을 의미하지만 이에 한하지 않고 위조배서·위조보증·위조인수 등도 포함한다. 다만 배서·보증·인수 등의 어음행위가 위조된 경우에는 정상적으로 발행된 유효한 어음을 전제하여 유통과정에서 위조행위가 개재되는 데 반해, 발행행위가 위조된 경우에는 이른바 **위조어음**이 되어 어음의 효력이 문제된다. 형법은 어음위조에 대해 처벌의 관점에서 접근하지만, 어음법은 어음행위가 위조된 경우 그 법률(책임)관계에 관심을 가지므로 위조의 어음행위자의 **주관적 요건**(고의·과실)은 문제되지 않는다. 어음행위의 대행이 무권한으로 이루어진 경우(**무권대행**)은 무권대리의 일종이지만 대리의 형식을 취하지 않고 본인의 명의로 이루어진다는 점에서 외형상 위조와 동일하다. 다만 무권대행의 경우에는 대행자에게 대행의 의사로써 어음행위를 하였으나 대행권이 없는 경우이지만, 위조는 대행의 의사 없이 타인의 명의를 모용하려는 의사만 존재한다는 점에서 양자를 구별할 수는 있지만 구별의 실익이 없다고 판단된다.

(2) 위조의 효과

1) **위조어음의 효력** : 어음행위의 위조는 발행행위가 위조된 경우에 한하지 않고 위조배서·위조보증·위조인수 등도 포함한다. 배서·보증·인수 등은 어음의 발행을 전제하는 부속적 어음행위이므로 이들 행위가 위조된 경우에는 유효한 어음을 전제하여 유통과정에서 위조행위가 개재되는 데 반해, 발행행위가 위조된 경우에는 이른바 위조어음이 되어 어음으로서의 효력이 문제된다. 이에 관해 위조어음도 발행권한의 흠결이라는 실질적 하자가 있지만 어음의 요건을 갖추었다면 형식적으로는 유효한 어음이 된다고 본다. 그 결과 위조된 어음에 이루어진 어음행위에 대해 어음행위자는 어음상의 책임을 부담하며(어음행위독립의 원칙) 위조어음도 선의취득의 대상이 된다.

2) **피위조자의 어음상 책임** : 피위조자는 위조의 어음행위에 대해서 원칙적으로 책임을 부담하지 않는데, 위조를 이유로 책임을 부인하는 항변을 **위조의 항변**이라고 하며 누구에게도 책임을 부인할 수 있는 **물적항변**에 속한다. 하지만 피위조자는 다음과 같은 일정한 경우 **예외적으로 책임**을 부담한다.

① **표현책임** – 어음행위가 권한 없이 대행되었지만 대행권한을 믿을 만한 사유가 있고 그에 본인에게 책임이 있는 경우 거래안전을 위하여 표현대리에 있어서와 같이 본인에게 책임이 있다(69다964). 부인이 남편을 대신하여 남편 명의로 평소 수표를 발행하였고 남편도 이를 통상 결제하는 하는 경우 수표 발행에 표현책임을 인정하였고(91다3994) 이와 유사한 법리를 공동경영자간에도 인정하였다(62다255). 경리담당 상무이사가 대표이사 인장을 도용하여 약속어음을 발행한 경우와 같이 대리권 또는 대행권이 존재하는 듯한 외관이 존재하고 거래상대방이 이를 신뢰한 경우 등에는 표현대리·표현지배인·표현대표이사의 규정이 적용될 수 있다고 보았다(86다카1228). **표현책임 주장자의 범위**(**쟁점424**)에 관해 **판례**는 어음행위의 직접 상대방에 한하고, 어음의 제3취득자(직접상대방의 피배서인 등)는 어음행위의 직접 상대방에게 표현대리가 인정되는 경우에 이를 원용하여 피위조자에 대하여 자신의 어음상의 권리를 행사할 수가 있을 뿐이라 보았다(99다13201). 이와 달리 수표발행의 직접 상대방에게 표현대리의 요건이 갖추어져 있는 이상 그로부터 수표를 전전양수한 소지인으로서는 표현대리에 의한 위 수표행위의 효력을 주장할 수 있으므로 본인은 표현대리의 법리에 따라 그 책임을

부담한다고 본 판례도 있다(91다3994).

② 신의칙에 의한 책임 – 위조자가 위조어음임을 알면서 위조어음에 대해 계속적으로 지급함으로써 어음의 위조를 가능하게 한 경우 **신의칙에 따른 책임의 인정여부**(쟁점425)에 관해, **긍정설**은 선행행위와 모순되는 행위의 금지 및 신의성실의 원칙에 위배되므로 어음상의 책임을 져야 한다는 견해이고, **부정설**은 피위조자에게 이러한 사정이 있으면 표현책임의 법리나 사용자배상책임의 법리에 의해 피위조자의 책임을 인정할 수 있다는 견해이다. 생각건대 위조어음임을 알면서 결제하는 행위만으로는 민법 제125조의 표현대리의 요건인 대리권수여의 의사표시가 있었다고 보기 어렵지만, 이 경우 어음소지인에 대한 피위조자의 책임을 인정할 실익이 있다는 점에서 표현책임과 별도로 신의칙에 의한 책임을 인정할 필요가 있다고 본다.

③ **위조어음행위의 추인가능성**(쟁점426)에 관해, **긍정설**은 위조와 무권대리의 실질은 유사하고 무권대리의 일종이라 할 수 있는 무권대행의 추인을 인정할 수 밖에 없으므로 무권대리에 준하여 추인이 가능하다고 보고, **부정설**은 위조의 경우에는 자기를 위한 의사만 존재하고, 비윤리적이므로 위조된 기명날인은 절대무효이므로 추인은 소급효가 없고 추인시 새로운 행위로 본다. **판례**도 추인을 긍정하는데, 권한 없이 기명날인을 대행하는 방식에 의하여 약속어음을 위조한 경우에 피위조자가 이를 묵시적으로 추인하였다고 인정하려면 추인의 의사가 표시되었다고 볼 만한 사유가 있어야 한다고 보았다(97다31113). 생각건대 위조의 실체는 무권대행이고 무권대행은 무권대리의 일종으로 볼 수 있으므로 무권대리에 관한 추인규정을 무권대행에도 유추적용할 수 있다고 본다(긍정설). 위조의 어음행위를 피위조자가 추인하면 추인된 어음행위는 원칙적으로 어음행위시점까지 소급하여 효력이 발생한다(민133).

3) **피위조자의 불법행위책임(사용자책임)** : ① 개념 – 피위조자는 위조의 항변(물적항변)이 가능하나 예외적으로 자신의 사용인이 위조한 어음에 대해 사용자책임을 부담할 수 있다. 예를 들어 도매상종업원이 주인의 명의로 어음을 위조발행하여 수취인이 손해를 입은 경우, 민법 제756조의 요건(고용관계·사무집행관련성·손해·제3자의 선의)을 충족할 경우 피위조자는 사용자책임을 부담한다. 판례도 회사의 경리계장이 위조하여 발행한 약속어음의 취득자에 대하여 회사의 사용자책임을 인정한 사례도 있고(86다카1923). 지점차장의 개인적 배서·보증을

직무행위로 보아 은행의 사용자책임을 인정한 사례(75다53)가 있다.

② **법적 성질** – 사용자책임의 **법적 성질**은 어음상의 책임이 아니라 민법상의 불법행위책임으로서 그 책임의 요건(피용자의 위조배서에 대리인인 피용자의 기명이 누락)과 범위가 어음상의 그것과 일치하는 것이 아니라 보았으며(99다30367), 어음소지인이 현실적으로 지급제시를 하여 지급거절을 당하였는지(상환청구권의 보전)의 여부가 어음배서의 위조로 인한 손해배상책임을 묻기 위하여 필요한 요건이라고 할 수 없어 어음소지인이 이미 발생한 위조자의 사용자에 대한 불법행위책임을 묻는 것에 장애가 되는 사유가 아니라 보았다(93다21514).

③ **손해액** – **손해액**에 관해, 판례는 위조된 수표를 할인에 의하여 취득한 사람이 그로 인하여 입게 되는 손해액은 특별한 사정이 없는 한 그 위조수표를 취득하기 위하여 현실적으로 출연한 할인금에 상당하는 금액이지, 그 수표가 진정한 것이었다면 그 수표의 소지인이 지급받았을 것으로 인정되는 그 수표의 액면에 상당하는 금액이 아니라고 보았으며(91다43848전합), 피위조자의 사용자책임을 인정하면서 소지인의 과실과의 상계도 인정하였다(93다21514).

4) **위조의 증명책임** : 위조어음의 정당한 소지인이 피위조자에게 어음금지급을 청구하여 어음행위의 위조 여부가 문제된 경우 **위조의 증명책임**(**쟁점427**)에 관해, **피위조자 증명책임설**은 배서가 연속된 어음의 점유자는 적법한 소지인으로 추정되고(어16.1), 어음의 유통을 보호하기 위해서는 어음소지인은 일응 권리자로 추정되어 어음금을 청구할 수 있으므로 위조의 항변을 하는 피위조자가 위조사실을 증명하여야 한다는 견해이고, **소지인 증명책임설**은 피위조자는 위조의 항변을 하면 족하고 어음의 소지인이 위조가 없었음, 즉 기명날인이 진정한 것임을 증명하여야 하므로 권리주장자가 권리의 요건사실을 증명하여야 한다는 점을 논거로 한다. **판례**는 어음법 제16조 1항은 어음상 권리가 적법하게 발생한 것을 전제로 그 권리의 귀속을 추정할 따름이고 그 권리의 발생 자체를 추정하는 것은 아니라고 보아 소지인증명책임설로 입장을 변경하였다(93다4151전합). 생각건대 어음법 제16조 1항의 권리추정은 권리의 귀속에 관한 추정으로 보아야 하고 권리의 발생(어음의 발행·인수 등)·유통(배서·보증)이 적법함을 추정하는 규정은 아니며, 피위조자 증명책임설이 다소 어음유통을 보호하는 면이 있지만 생활의 안정감(귀책사유가 없는 위조어음에 대한 증명책임 부담)을 해치게 되어 문제가 있어 부당하다. 따라서 어음소지인이 피위조자의 어음행위가 있었다는 사실 또는 추인사실,

표현책임, 신의칙에 따른 책임 등을 증명할 책임을 부담한다는 소지인 증명책임설이 타당하다고 본다.

5) **피위조자의 착오에 의한 어음금지급** : 피위조자가 위조어음인지 모르고 착오로 어음금을 지급하였다면 부당이득반환의 법리에 따라 지급한 어음금을 반환받을 수 있다. 그런데 피위조자가 착오로 어음금액을 지급함으로써 어음소지인이 어음의 권리보전절차(지급거절증서의 작성 등)를 진행시키지 않았다면 어음소지인이 피위조자에게 지급받은 어음금을 반환할 경우 권리보전절차의 흠결로 인해 상환청구권을 행사하지 못하는 결과가 되어 위조로 인한 손해를 어음소지인이 모두 부담하게 되는 부당한 결과가 발생할 수 있다. 따라서 이 경우 권리보전절차를 취하지 않음으로 인해 발생한 손해에 대해 피위조자에게 귀책사유가 존재하므로 피위조자의 어음금 반환청구를 부인한다. 그 법적 근거로는 민법 제744조의 도의 관념에 적합한 비채변제라든가 민법 제745조 1항의 권한상실의 비채변제법리를 들 수 있을 것이다.

(3) 위조자의 책임과 권리

어음행위 **위조자의 어음상의 책임**(**쟁점428**)에 관해, **책임부정설**은 위조자의 기명날인이 없어 위조자의 어음행위가 존재하지 않아 어음의 문언증권성에 비추어 어음채무를 부담시킬 수 있는 기초가 없다는 점을 근거로 어음상의 책임을 부정하는 견해이고, **책임긍정설**은 선의자를 보호하고 무권대리와 무권대행은 근본구조는 동일하다는 점에서 어음법 제8조를 유추적용하는 견해이다. 생각건대 위조자는 피위조자의 명의로 자신의 어음행위를 하였고 어음의 문언성은 책임내용에 관한 원칙이어서 특정인의 면책근거가 될 수 없고, 어음행위의 위조의 실질이 어음행위의 무권대행이고 무권대행은 무권대리의 일종이므로 무권대리인의 책임(어음법 제8조)은 실질적 무권대행자인 어음위조자에게 적용되어 책임긍정설이 타당하고, 위조자가 어음상의 책임을 이행한 경우에는 어음상의 권리를 행사할 수 있다(어8).

(4) 기타 효과

1) **위조어음에 기명날인한 자의 책임** : 어음이 위조발행되었거나 정상적으로 발행된 어음에 위조의 배서·인수·보증행위가 있은 후 그 어음에 어음행위가 연속

되었다면 연속된 어음행위의 효력은 어떠한가? 어음행위의 위조라는 실질적 하자가 존재하더라도 연속되는 어음행위의 효력(어음상의 책임)에는 영향을 미치지 못한다는 **어음행위의 독립성**(어7)에 따라 위조어음에 기명날인한 자는 자신의 어음행위에 대해 책임을 부담한다.

2) **발행위조와 기타 어음행위 위조의 비교** : 발행이 위조(무권대리)된 경우와 배서가 위조된 경우의 효과는 다르게 된다. 약속어음이 발행위조된 경우에는 피위조자는 어음상의 채무를 부담하지 않는다는 물적항변을 가지므로 이를 취득한 자는 전자에 대한 상환청구권에 의해 보호될 뿐이다. 따라서 발행의 피위조자는 물적항변제도에 의해 완벽하게 보호된다. 배서가 위조된 경우에는 선의취득이 일어날 수 있고 이 경우 어음에 대한 권리는 선의취득자에게 이전되므로 피위조자는 어음을 상실하게 된다. 다만 이 경우 피위조자는 위조의 물적항변을 제기하여 자신 명의의 어음행위에 대한 담보책임은 면할 수 있을 뿐이어서 배서의 피위조자는 어음을 상실한다는 점에서 제한적으로 보호된다. 기타 보증·인수행위가 위조된 경우에는 발행위조와 같이 위조의 항변에 의해 피위조자는 완벽하게 보호된다.

3) **위조된 은행도(銀行渡)어음의 지급에 대한 책임** : ① 논의 – 위조된 은행도약속어음(수표)에 대해 어음(수표)금을 과실 없이 지급한 지급담당자(지급인)인 **지급은행의 책임**(쟁점429), 손실부담에 관해, **지급은행 책임설**은 발행인이 지급은행에 위탁한 사무는 진정한 어음 또는 수표가 지급제시된 경우에 지급을 위탁한 것이지 부진정한 위조어음·수표에 대한 지급은 위탁사무의 내용이 아니므로 그 비용을 발행인에게 구상할 수 없다는 견해로서 지급은행이 발행인의 계좌에서 인출할 수 있는 권한은 정상적인 어음·수표를 지급한 경우에 한정된다고 본다. **발행인 책임설**은 위조어음·수표를 소지하고 있는 자는 채권의 준점유자에 해당하고 이 자에 대한 변제는 민법의 규정(민470)에 따라 유효한 변제라고 보는 견해로서 유효한 변제를 한 지급은행은 그 비용을 발행인에게 청구할 수 있다고 본다.

② **판례** – 위조수표에 대해 지급은행이 선의·무과실로 지급한 경우, 수표금 지급은 유효한 변제라고 보고 발행인의 인감을 위조하여 작성한 무효의 위조수표에 대한 변제가 유효로 되는 것은 특별법규, 면책약관 또는 상관습이 있는 경우에 한한다고 보며, 채권의 준점유자에 대한 변제의 법리는 적용될 수 없다고 보았다

(70다2895). 판례는 우선 지급은행의 면책약관의 효력을 인정하고 있으며, 면책약관이 없는 경우에는 특별법·상관습이 있는 경우를 제외하고는 지급은행이 위조·변조수표에 대해 선의·무과실로 지급하였다고 하더라도 책임을 면하지 못한다고 보면서 채권준점유자이론은 적용될 수 없음을 명시한다.

③ 검토 – 위조수표의 경우에는 진정한 권한자(채권자)는 존재하지 않으며 외관상의 권한자(채권자)만 존재할 뿐이고 실제와 불일치하는 외관은 존재하지 않으므로 채권준점유자이론은 적용될 수 없다고 본다. 오히려 지급은행은 발행인의 지급사무를 담당하는 자로서 그 사무를 처리하다가 과실 없이 위조수표에 대해 지급한 경우 수표지급사무를 처리하는 과정에서 발행인이 발행하지 않은 위조수표를 발행인의 수표로 믿고 그러한 신뢰에 과실이 없는 상태에서 지급하였다면 민법 제688조 3항의 요건을 갖추어 발행인이 책임을 부담한다고 본다.

6. 어음·수표의 변조

1) **의 의** : ① **무권한 행위** – 권한 없이 어음문언 즉 기명날인 이외의 어음의 기재사항으로서 권리·의무의 내용에 영향을 미치는 사항(어음금액, 만기 등)을 변경하는 것을 의미하며, 우리 어음법은 위조와 달리 변조에 관해서는 규정을 두고 있다(어69). 변조는 위조와 마찬가지로 **무권한의 행위**이다. 어음행위자는 어음행위를 한 후에 어음을 상대방에게 교부하기 전까지 어음행위의 내용을 변경할 권한이 있지만 교부 이후에 상대방의 동의 없이 어음행위의 내용을 변경하는 것은 어음의 변조에 해당한다.

② **기재사항 변경** – 어음행위의 내용, 즉 어음에 기재된 **기재사항(필요적·유익적 기재사항)의 변경**을 의미한다. 무익적 기재사항의 변경은 법적 의미를 가지지 못하고 유해적 기재사항의 변경은 어음의 효력의 부활이 문제될 뿐이다. 어음요건의 흠결을 초래하는 필요적 기재사항의 변경, 유해적 기재사항의 기재는 단순한 변조가 아니라 어음요건의 말소, 어음의 훼손이 된다. 배서의 기재사항은 어음문언이 아니지만 이를 변경한 경우 변조의 규정이 유추적용될 수는 있다.

③ **사실행위** – 변조자의 **주관적 요건**(고의·과실)이 요구되는 것은 아니며 어음변조는 어음행위의 위조와 달리 어음행위적 성질을 가지고 있지 않아, 발행행위가 변조된 경우이거나 배서행위가 변조된 경우 모두 동일하게 변조로서 취급되고 백지어음도 변조될 수 있다. 변조는 어음행위의 내용에 관해 허위의 외관

을 작출하는 것이므로 어음행위의 기명날인자(피위조자)에 관한 허위의 외관 작출하는 **기명날인의 변경**(소지인 A가 권한 없이 발행인을 甲에서 乙로 변경하는 경우)은 변조에 해당하지 않는데 그 효과에 관해, 통설은 진정한 기명날인(甲)에 대해서는 변조가 되고 새로운 기명날인(乙)에 대해서는 위조가 된다고 보는 위조·변조설이다.

2) **변조의 효과** : ① **문언성** – 어음의 변조는 어음행위가 아니므로 변조행위에 따른 새로운 채무부담의 문제(cf. 위조)는 생겨나지 않으나, 변조가 있게 되면 어음의 내용이 달라지고 변조된 후에 이루어지는 어음행위는 문언적 성격으로 인해 변조된 문언을 내용으로 하는 어음행위가 된다. 따라서 변조시점을 기준으로 변조 전에 어음행위를 한 자는 변조되기 이전의 문언대로 어음행위를 한 것이고 변조 후에 어음행위를 한 자는 변조된 문언대로 어음행위를 한 것이 된다. 우리 어음법은 이러한 특성을 반영하여 어음변조의 효과를 변조 전에 기명날인한 자의 책임과 변조 후에 기명날인한 자의 책임으로 구분하여 규정하고 있다(어69).

② **변조전 기명날인자의 책임** – 변조 전에 기명날인한 자는 변조 전의 원문언에 따른 책임을 부담한다(어69후단). 그러나 변조사실을 모르는 어음소지인은 변조된 문언이 담긴 어음을 제시하여 어음상의 권리를 행사할 것이므로 변조 전의 기명날인자는 변조가 있었고 자신의 기명날인은 변조 전에 있었다는 항변을 하게 된다. **변조의 항변**을 하여 변조 후의 문언에 따른 책임을 면하는 것은 위조의 항변과 유사하게 **물적항변**의 성질을 가지며, 변조 전에 기명날인한 자가 변조의 기회를 제공한 경우 예외적으로 변조 후의 문언에 따라 책임을 부담한다고 본다.

③ **변조후 기명날인자의 책임** – 변조 후에 기명날인한 자는 변조 후의 문언대로 책임진다(어69전단). 변조사실을 모르는 어음소지인은 변조된 문언을 제시하여 어음상의 권리를 행사할 것이므로 변조 후에 기명날인한 자는 변조 후의 문언대로 책임을 이행하면 된다. 이는 현재 문언대로의 책임이고 변조된 문언에 따라 어음행위가 정상적으로 이루어졌으므로 정상적인 어음의 책임관계와 다를 바 없다.

3) **특수문제** : 어음금액이 변조되었는데, 변조된 환어음을 인수인 또는 지급담당자가 과실 없이 어음금을 지급한 경우(특히 금액이 증액된 경우)의 **지급은행의 책임**은 위조어음이 지급된 경우와 동일한 논점을 내포하고 있다. 판례는 지급은행의 과실을 인정하여 책임을 인정한 사례(74다53)도 있지만, 책임은 어음법 제40

조 3항에 근거한 것이 아니라 특별법규, 면책약관 또는 상관습에 근거하며 지급인에게 고의·과실이 없으면 지급인은 면책된다고 보았다(70다2895). 그리고 **만기가 변조**된 경우 권리보전절차와 관련된 기간의 계산이 달라지게 되어 어음행위 당사자간에 법률관계가 일치하지 않는 경우가 생길 수 있는데, 이 경우에도 변조 전후의 각각의 만기에 따라 상환청구절차의 요건을 갖추어야 한다고 본다.

4) **증명책임** : ① **변조의 증명책임**(**쟁점430**) – **변조주장자설**은 변조가 명백하지 않은 경우에는 변조사실 주장자가, 변조가 명백한 경우(지운 흔적이 있는 경우 등)에는 어음소지인이 증명책임을 부담한다고 하는 견해(통설)이다. 어음행위자는 일단 변조 후에 기명날인한 것으로 사실상 추정되어 변조 후의 문언에 따른 책임을 부담하고, 이를 면하기 위해서는 변조주장자가 변조가 있었고 자신의 기명날인이 변조 전에 있었다는 점, 변조 전의 원문언을 증명해야 한다고 본다. **소지인설**은 변조사실의 명백성과 관련 없이 채무자가 부담할 채무의 내용에 관한 증명책임은 항상 소지인에게 있다고 보는 견해로서, 어음채무자가 소지인에 대하여 어음이 변조된 것이라고 주장하는 것은 소송법상 채무분담의 간접부인에 해당하므로 어음소지인이 증명책임을 부담하여야 한다고 본다.

② **판례** – 약속어음 변조의 법률효과를 주장하는 자는 그 약속어음이 변조된 사실, 즉 그 약속어음에 서명날인할 당시의 어음문언에 관하여 증명책임을 진다(85다카131). 어음의 문언에 변개(개서)가 되었음이 명백한 경우에 어음소지인이 기명날인자(배서인 등)에게 그 변개 후의 문언에 따른 책임을 지우자면 그 기명날인이 변개 후에 있은 것 또는 기명날인자가 그 변개에 동의하였다는 것을 증명하여야 하고 그 증명을 다하지 못하면 그 불이익은 어음소지인이 부담한다고 보았다(86다카37).

③ **검토** – 어음은 정상적으로 유통된 경우는 물론, 변조되어 유통된 경우에도 문언성에 따라 어음문언은 법률상 추정력을 가진다고 볼 수 있다. 이러한 추정력을 번복하여 어음법 제69조의 효과를 주장하기 위해서는 변조사실을 증명하여야 하므로 변조사실의 주장은 간접부인이 아니라 **항변**에 해당하고 변조주장자가 증명책임을 부담한다고 본다. 다만 변조의 명백성은 상대적 개념이고 변조가 명백하더라도 언제 변조되었는지 하는 점은 불명확하므로 변조시기에 관한 증명책임의 소재를 다르게 해석할 이유는 없지만, 변조어음이 명백한 경우 변조가 있었다는 사실이 어음면상 사실상 추정될 수 있을 것이다.

제 4 장 각종 어음·수표행위

제 1 절 어음·수표의 발행

1. 발행의 의의

1) **개 념** : 발행인이 어음발행의 법정요건을 갖춘 증권을 작성하여 이를 수취인에게 교부하는 법률행위로서 기본적 어음행위이다. 어음의 발행의 성질에 관해 창조설(단독행위설)과 교부계약설이 대립하지만, 어음의 발행행위는 어음의 창조행위(단독행위)와 창조된 어음을 이전하는 행위(계약행위)로 구성되어 있다고 본다. 어음이 발행됨으로써 어음상의 권리가 발생하므로 어음은 설권증권적 성질을 가지고 있으며, 환어음의 발행인은 환어음 발행의 법정효과로서 다른 어음행위자와 마찬가지로 상환의무를 부담하게 된다. 이렇게 발행된 어음을 수취인에게 이전한다. 환어음의 발행행위는 지급인에게 만기에 일정금액의 지급을 위탁하는 증권을 발행하는 행위로서 지급위탁을 중심개념으로 한다.

2) **지급위탁의 법적 성질**(쟁점431)에 관해, **지급지시설**은 지급위탁을 이중수권행위로 이해하고 환어음의 발행을 독일민법상의 지시(Anweisung)로 보아 지급인에 대하여 지급인 자신의 명의로 발행인의 계산에서 어음금액을 지급할 수 있는 권한(**지급권한**)을 주는 동시에 수취인에 대하여 수취인 자신의 명의로 발행인의 계산에서 어음금액을 수령할 수 있는 권한(**수령권한**)을 주는 **이중수권**을 내용으로 한다고 이해한다. **수령권한수여설**은 지급위탁은 수취인에게 지급인으로부터 어음금을 수령할 권한을 취득케 하는 행위로 파악한다. 생각건대 지급인이 어음금액을 지급할 경우 발행인의 계산으로 돌리고 발행인에게 지급청구할 수 있고 상당액을 상계할 수 있다는 점에서 지급인에게도 일정한 법적 효과가 발생하므로 지급위탁을 이중수권행위로 파악하는 견해가 타당하다고 본다. 따라서 이중수권행위로서 지시행위는 지급인에게 지급권한수여의 효과가 부수적으로 발생하는 발행인과 수취인간의 특수한 계약의 효력으로 이해할 수 있다.

3) **수표·약속어음의 발행** : 환어음과 구조가 유사한 수표나 약속어음의 발행행위의 법적 성질도 환어음과 동일하게 수표·약속어음의 창조행위(단독행위)와 창조된 수표·약속어음의 이전행위(계약)가 결합된 행위로 볼 수 있다. 수표발행행위의 내용이 되는 지급위탁은 이중수권행위로서의 성질을 가지고 있는 데 반해, 약속어음의 발행행위는 지급위탁을 내용으로 하지 않고 지급약속을 내용으로 하므로 수취인에 대한 발행인의 지급약속이 발행행위의 내용이 된다.

2. 발행의 효과

1) **환어음·수표발행의 효과** : ① 지급권한 – 지급위탁의 법적 성질을 이중수권행위로 파악할 경우 **환어음을 발행**하면 그 **의사표시상의 효과**로서 수취인은 어음금액 수령권한을 갖게 되고 지급인은 발행인의 계산으로 어음금액을 지급할 수 있는 지급권한을 가진다. **지급인의 지급권한**이란 지급인이 어음금액을 지급하면 발행인의 계산으로 돌릴 수 있으므로 지급인은 어음금 지급 후 발행인에 대해 보상청구권을 행사할 수 있는 권한을 의미한다. 지급인은 인수행위에 의해 지급인이 어음금액에 대한 확정적인 채무자(주채무자)가 되고 **수취인의 어음금 수령권한**은 어음금 지급청구권으로 변화하며, 지급인의 어음금액 지급권한은 어음금액 지급채무로 변화하지만 수표의 경우 인수제도가 없어 주채무자는 존재하지 않는다. 판례도 수표의 지급인인 은행은 수표발행인에 대하여까지 지급할 의무를 지는 것은 아니라 보았다(70다2046).

② 담보책임 – 환어음·수표 발행인은 어음법에 따라 어음의 인수와 지급을 담보하게 되는데(어9.1), 이를 **발행인의 담보책임**(**법정책임**)이라 한다.

③ 지급위탁철회 – 환어음·수표의 발행인의 **지급위탁 철회가능성**에 관해, 통설은 환어음의 발행인은 지급인이 환어음에 대해 지급하기 전까지는 지급위탁을 자유로이 철회할 수 있다고 본다. 수표법 제32조에는 **지급위탁 취소제도**를 두고 있고, 발행인이 지급위탁을 취소하더라도 수표의 지급제시기간 경과 후에 지급위탁 취소의 효과가 발생한다(수32.1). 따라서 수표의 지급제시기간 경과 전에는 철회의 효력이 발생하지 않으므로 수표소지인이 지급제시기간 내에 지급제시하면 지급인은 발행인의 계산으로 지급할 권한을 가진다. 판례는 은행도약속어음의 발행인이 은행에 예금인출요청을 하면서 아울러 위 약속어음결제자금의 입금연장요청을 한 경우 위 예금인출요청행위를 수표법 제32조에 정한 지급제시기간 전의

지급위탁의 취소라거나 당좌계정약정에 정한 지급정지의뢰라고 할 수 없다고 보았다(92다35424).

2) **약속어음 발행의 효과** : 약속어음의 발행에는 이중수권의 효과가 발생하지 않고 수취인에게 확정적인 **어음금 지급청구권**이 발생하게 되고 발행인은 어음금 지급채무를 부담하게 된다. 발행인은 환어음의 인수인과 동일하게 **주채무자**가 되어 어음채무가 시효로 소멸할 때까지 어음금지급에 대해 최종적인 채무를 부담한다(어78.1). 약속어음 발행인은 어음법 제78조 1항에 따라 환어음의 인수인과 동일한 의무를 부담하므로 환어음의 발행인과 달리 담보책임(법정책임)을 부담하지 않는다. 약속어음 발행인은 어음금 지급채무라는 제1차적이고 절대적이며 최종적인 채무를 부담하므로 담보책임보다 더 종국적인 채무를 부담한다.

3. 발행의 요건

(1) 서면행위

어음·수표는 유가증권으로서 증권에 일정한 재산권이 표창(서면성)되어야 한다. 증권에 모든 어음행위가 이루어지고 어음·수표의 발행도 증권을 통해 이루어진다. 거래계에서는 주로 은행이 인쇄한 어음용지가 증권으로 이용되지만, 그 밖에도 소위 문방구어음이라는 어음용지를 사용하는 것도 가능하며 어음문구가 인쇄되지 않은 지편도 사용할 수 있다. 이론적으로는 지편이 아닌 기타 재료도 어음요건이 기재되고 기재내용이 어느 정도 항상성을 가질 수 있는 재료이면 증권으로서 이용될 수 있다고 본다. 최근 전자어음의 발행과 유통에 관한 법률이 제정되어 **전자어음**의 발행이 현실화되었다.

(2) 필요적 기재사항

1) **개 념** : 어음에 반드시 기재되어야 하고 기재가 누락될 경우 어음이 효력을 상실하는 기재사항(**어음요건**)을 의미한다. 어음의 필요적 기재사항에는 환어음문구, 지급위탁문구, 지급인 명칭, 만기, 지급지, 수취인, 발행일·발행지, 발행인의 기명날인·서명 등 8가지 사항이 포함된다(어1). 8가지 요건 중 하나라도 흠결하고 어음이 발행된 경우 어음은 효력을 가지지 못하는 것이 원칙이다(어2.1: 요식증권성). 다만 예외적으로 일정한 요건을 흠결한 경우 이를 유효하게 해석하는

보완규정을 일부 두고 있다. 즉, 만기의 기재가 없는 경우 일람출급환어음으로 간주하고, 지급지·발행지의 기재를 다른 기재로 보충할 수 있다(어2.2,3,4). 그리고 발행지 기재가 흠결된 국내어음을 유효로 본 판례가 있다(발행지에서 후술함). 어음발행시 의도적으로 어음요건의 일부를 흠결하고 나중에 일정한 자에 의해 보충되도록 할 의도로 발행된 어음(백지어음)은 미완성의 어음이지만 제한된 효력을 가진다.

2) **어음문구·지급위탁·지급인 기재** : ① 어음문구 – **어음문구**(1호)는 본문과 동일한 국어로 환어음임을 표시하여야 하고 증권의 본문 중에 나타나야 하며 표제에만 환어음문구가 있는 것으로는 부족하다.

② 일정금액의 무조건의 지급위탁 – **어음금액**이 기재되어야 하며 단위는 통화·외국화폐 모두 가능하며 동명이가의 단위인 경우 지급지의 통화로 추정하고(어41.4), 표시는 문자·숫자 가능하지만 양자의 금액이 불일치할 경우 문자를 우선시키며(어6.1), 문자간 또는 숫자간 금액이 불일치할 경우에는 최소금액에 의한다(어6.2). 금액은 확정되어야 하고 선택적·부동적 기재(1천만원 또는 2천만원, 1천만원에서 2천만원 사이 등)는 무효이다. 이자기재는 원칙적으로 무익적 기재사항이지만 일정한 어음(일람출급·일람후정기출급어음)은 만기가 확정일이 아니어서 이자를 확정하여 어음금액에 미리 산입할 수 없으므로 이자를 기재할 수 있고(어5.1), 유익적 기재사항이 된다. 판례는 발행한도를 초과하여 발행된 가계수표도 유효라 보았다(95도1663). **지급위탁문구**는 대체로 "위의 금액을 이 환어음과 상환하여 _____ 또는 그 지시인에게 지급하여 주십시오"로 기재되어 있는 환어음상의 문구를 의미한다. 지급위탁은 **무조건**이어야 하므로 '물건수령을 조건으로 지급위탁'은 어음을 무효로 만든다(유해적 기재사항). 지급위탁의 무조건성으로 인해 어음은 무인성·추상성을 가지게 된다.

③ 지급인 – **지급인**이라 함은 환어음금의 지급을 위탁받는 자를 의미하며(환어음·수표), 성명, 아호 등 동일성인식이 가능한 명칭이면 되고 허무인을 기재한 경우(지하실어음)도 어음 자체는 유효로 본다. 지급인의 중첩적기재(A와 B), 순차적 기재(제1지급인 A, 제2지급인 B)는 허용되지만 선택적 기재(A 또는 B)는 어음관계의 단순성을 해할 수 있어 허용되지 않는다고 본다. 발행인이 자기를 지급인(자기앞환어음)도 가능하다(어3).

3) **만기·지급지 기재** : ① 만기 – **만기**란 어음금이 지급되어야 할 날을 의미하며 지급기일 또는 만기의 날이라고도 하고 만기가 법정휴일이어서 거래일이 아닌 경우 다음의 1거래일로 연장되는데(어72) 이를 **지급을 할 날**이라 한다. 만기는 단일하고, 확정할 수 있어야 하므로 어음금액 일부씩 다른 만기를 정하는 것은 허용되지 않는다. 판례는 어음 자체에 의하여 알 수 있는 날이어야 하고 어음 이외의 사정에 의하여 좌우될 수 있는 불확정한 날을 만기로 정할 수 없는 것인바, 불확정한 날을 만기로 정한 어음은 무효로 보며(97다4517), 발행 당시 확정할 수 없는 날('갑의 사망시')은 무효이며, 세력에 없는 날(2월 30일)은 말일을 만기로 본다(80다1295). 발행일과 동일한 날은 될 수 있지만 앞선 날짜의 만기는 무효이다(98다59682). 만기의 지정방식은 **일람출급**(지급제시하는 날)·**일람후정기출급**(어음제시 후 일정기간 경과일)·**발행일자후정기출급**(발행일자 후 일정기간 경과일)·**확정일출급**(특정일)의 4가지를 허용하고 기타 만기를 정한 경우 어음이 무효하게 된다(유해적 기재사항, 어33). 다만 만기의 기재가 없는 경우에는 어음이 무효하게 되지 않고 일람출급어음으로 간주되며(어2.1), 만기의 기간계산법에 관해서도 자세한 규정을 두고 있다(어36, 37).

② **지급지** – **지급지**란 어음금액이 지급될 최소독립행정구역을 의미하며 지급지 내에 실제 지급이 이루어지는 곳을 의미하는 지급장소와 구별된다. 지급지에서 지급을 위한 제시·상환청구권보전절차·어음채무의 이행이 이루어지므로 지급지가 어디인가는 어음거래 당사자에게 중요한 개념으로서, 최소행정구역을 표시하면 된다(80다863). 지급지 기재는 단일하여야 하고 중첩·선택적 기재는 무효이다.

4) **수취인·발행지·발행일·기명날인** : ① 수취인 – **수취인**이란 어음금액을 수령할 권한이 있는 자로 어음에 명시된 자를 의미하며, 중첩적(A and B)·선택적(A or B)·순차적(제1수취인 A, 제2수취인 B) 기재 모두 가능하다. 어음에는 수취인을 반드시 기재하여야 하므로 기명식·지시식만 허용되고 무기명식(소지인출급식)이나 선택무기명식의 어음발행은 불가능하지만, 수표는 수취인을 수표요건으로 규정하지 않으며(수1) 기명식·지시식·소지인출급식·선택소지인출급식(수5) 모두 허용된다.

② **발행일·발행지** – 발행일이란 어음이 발행된 날로 지정된 일자를 의미하고 사실상 발행된 날을 의미하지 않으므로 사실의 기재가 아닌 의사표시로 이해한다. 따라서 어음상의 발행일보다 실제 앞서 발행할 수도 있으며(선일자 어음), 발

행일보다 늦은 날짜에 실제 발행이 이루어질 수도 있다(후일자 어음). 발행일은 발행일자후정기출급어음에서 만기계산의 기준이 되고 일람후정기출급어음에서 인수제시기간 계산의 기준이 된다. 수표상에는 발행일 이외에 다른 날짜가 기재되지 않으므로 수표표면에 기재된 일자를 수표의 발행일의 기재로 보아 수표를 유효하게 본 사례(90다카28023)와 발행연월일 중 월의 기재가 없는 수표는 발행일의 기재가 없는 수표로 볼 수밖에 없다고 본 사례(83도340)도 있다. 발행지란 어음이 발행된 곳으로 이 역시 사실상 발행된 곳을 의미하는 것은 아니다. <u>판례는 국내어음의 경우 어음면상 발행지의 기재가 없는 경우라도 이를 유효한 어음으로 보았다</u>(95다36466전합).

③ **발행인의 기명날인(서명)** – 어음발행은 기본적 어음행위로서 다른 어음행위에서와 마찬가지로 어음행위자인 발행인의 기명날인·서명이 있어야 효력을 가진다. 발행인의 기명날인·서명은 반드시 어음면에 하여야 하고 보전이나 등본에 할 수 없다는 것이 통설이다. 선택적·순차적 발행인 기재는 어음관계를 불명확하게 하므로 무효이지만, 중첩적 발행인 기재는 공동발행으로서 허용된다.

5) **특수문제** : ① **당사자 겸병** – 어음발행의 당사자는 자격 겸병이 가능하여(어3.1) 발행인을 수취인으로 기재한 경우 이 어음을 **자기지시어음**(자기수령어음)이라 하고(수6.1), 수취인의 기재가 없는 수표는 소지인출급식수표로 본다고 규정하고 있다. 어음의 경우에도 자기지시어음을 발행하여 백지식배서 또는 소지인출급식배서를 할 경우 소지인출급식으로 발행된 것과 실질적으로 유사하게 된다. 어음발행인을 지급인으로 한 환어음을 **자기앞환어음**이라 하고 발행인, 지급인, 수취인이 모두 동일인이더라도 어음은 유효이다.

② **공동발행** – 하나의 어음·수표에 수인이 발행인으로서 기명날인·서명한 경우를 말한다. 수인이 공동발행인으로서 기명날인·서명한 경우는 물론이고 발행인란에 수인이 기명날인·서명한 경우도 포함된다. 공동발행인은 합동책임을 부담하며(어47.1), 소지인은 수인의 공동발행인 1인, 수인 또는 전원에 대하여 청구할 수 있고(어47.2), 어음채무자의 1인에 대한 청구는 다른 채무자에 대한 청구에 영향을 미치지 아니한다(어47.2,4). **발행인란의 수명의 기명날인·서명의 해석**(**쟁점432**)에 관해, 수인을 모두 공동발행인으로 보아야 한다는 **공동발행인설**과 처음의 기명날인자 또는 서명자만이 발행인이고 나머지는 모두 보증인으로 보아야 한다는 **초두기명날인한정설**, 어음소지인의 선택에 따라야 한다는 **소지인선택권설**이 있

다. 생각건대 어음표면의 단순 기명날인·서명의 어음보증 간주규정(어31.3)은 발행인·지급인란이 아닌 어음면에 기명날인이 있을 경우이므로 공동발행인설이 타당하다고 본다.

③ **지급지·발행지·지급인주소지** – 지급지와 발행지의 동일성을 기준으로 **동지(同地)어음·이지(異地)어음**으로 구별되고, 지급지와 지급인의 주소지의 동일성을 기준으로 **동지지급어음·타지지급어음**으로 구별된다. 특히 타지지급어음의 경우 지급지 내에 지급인의 주소지가 없어 지급장소가 문제되므로 발행인은 지급지 내에 **지급담당자**를 기재(**제3자방지급문구**)해야 한다. 만일 발행인이 지급담당자를 기재하지 않았을 경우에는 지급인이 인수할 때 이를 기재하여야 하므로(어27.1), 타지지급어음의 경우 인수제시를 금지할 수 없도록 규정하고 있다(어22.2단서). 만일 타지지급어음에 관해 발행인, 지급인(인수인) 모두 지급담당자를 기재하지 않았을 경우에는 인수인은 지급지에서 직접 지급할 의무를 부담한 것으로 본다(어27.1). **제3자방지급어음**이라 함은 지급인의 주소가 아니라 지급담당자의 주소 또는 지급장소에서 지급될 것이 예정된 어음을 말한다. 타지지급어음에는 제3자방지급의 기재가 있어야 하나 동지지급어음에도 제3자방지급의 기재를 할 수 있다(어27.2). 발행지, 지급지의 기재도 없으며 발행인의 명칭에 부기한 지도 없이 단순히 지급장소만 기재된 경우 지급장소로 지급지를 보충할 수 있다는 판례가 있으나(2000다7387) 타당성은 의문이다.

6) **약속어음의 필요적 기재사항** : 약속어음의 어음요건에 관해서는 환어음에 관한 규정을 준용하지 않고 독립적인 규정을 두고 있다. i) 증권의 본문 중에 그 증권의 작성에 사용하는 국어로 약속어음임을 표시하는 문자, ii) 일정한 금액을 지급할 뜻의 무조건의 약속, iii) 만기의 표시, iv) 지급지, v) 지급을 받을 자 또는 지급을 받을 자를 지시할 자의 명칭, vi) 발행일과 발행지, vii) 발행인의 기명날인·서명 등 7가지 사항을 정하고 있다(어75). 환어음의 어음요건과 비교하면 약속어음의 발행은 발행인과 수취인의 2당사자관계이므로 지급인이 있을 수 없어 지급인의 명칭이 어음요건에서 빠진다는 점이 구별된다. 뿐만 아니라 환어음은 지급위탁증권의 본질을 가지나 약속어음은 지급약속증권이므로 지급위탁문구가 아닌 **지급약속문구**가 포함된다. **판례**는 약속어음의 지급약속문언은 단순하여야 하므로 그 어음면에 지급에 관한 어떤 조건을 붙였다면 그 어음 자체가 무효라고 보았다(71다418). 약속어음에서도 발행지와 지급지는 구별되나 지급지의 기재가 없

을 경우 환어음과 달리 발행지를 지급지이며 발행인의 주소지로 본다(어76.3). 발행지의 기재가 없는 약속어음은 발행인의 명칭에 부기한 지에서 발행한 것으로 본다(어76.4).

7) **수표의 필요적 기재사항** : 수표의 발행에 있어 필요적 기재사항을 보면, i) 증권의 본문중에 그 증권의 작성에 사용하는 국어로 수표임을 표시하는 문자, ii) 일정한 금액을 지급할 뜻의 무조건의 위탁, iii) 지급인의 명칭, iv) 지급지, v) 발행일과 발행지, vi) 발행인의 기명날인·서명 등 6가지 사항이다(수1). 환어음과 수표는 지급위탁증권으로 3당사자관계이어서 동일한 구조를 가지고 있지만 만기와 수취인이 기재되지 않는다는 점에서 환어음과 구별된다. 수표는 신용증권이 아닌 지급증권으로서 일람출급성을 가지므로 당연히 만기의 기재가 있을 수 없다. 수취인이 수표요건에서 생략되어 있는 것은 수표는 소지인출급식으로 발행될 수 있기 때문이다. 즉, 수표는 기명식 또는 지시식·소지인출급식·지명소지인출급식으로 발행될 수 있으며(수5.1), 아무런 기재가 없을 경우 소지인출급식수표로 간주한다(수5.3). 환어음과 동일하게 지급지의 기재가 없는 때에는 지급인의 명칭에 부기한 지를 지급지로 보나, 지급인의 명칭에 수 개의 지를 부기한 때에는 수표의 초두에 기재한 지에서 지급할 것으로 한다는 점(수2.2,3)과 이러한 기재 기타 다른 표시가 없는 때에는 발행지를 지급지로 본다는 점에서 환어음과 구별된다. 다만 발행지의 기재가 없는 수표는 발행인의 명칭에 부기한 지에서 발행한 것으로 보는 점은 환어음과 동일하다(수2.4). 수표는 발행인이 처분할 수 있는 자금이 있는 은행을 지급인으로 하고, 발행인이 그 자금을 수표에 의하여 처분할 수 있도록 하는 명시 또는 묵시의 계약에 따라서만 이를 발행할 수 있다. 그러나 이 규정에 위반하는 경우에도 수표로서의 효력에 영향을 미치지 아니한다(수3).

(3) 유익적 기재사항

1) **제3자방지급문구** : 어음의 지급은 지급지 내에 있는 지급인(약속어음의 경우 발행인)의 주소지 또는 영업소에서 지급되는데, 이를 제3의 장소(지급장소) 또는 제3의 자(지급담당자)로 지정하는 문구를 의미한다. **지급담당자**는 지급사무를 담당하는 자연인 또는 법인을 의미하고 **지급장소**는 지급이 이루어지는 구체적인 장소를 의미하므로 양자는 별개의 개념이나 통상적으로 지급장소란에 지급담당자 또는 지급장소가 기재된다. 제3자방지급문구가 기재된 어음은 지급지 내의 지급

인(약속어음의 경우 발행인)의 주소지에서 지급되지 않고 제3의 장소(지급담당자의 주소지 또는 지급장소)에서 지급제시되어야 하고 지급된다는 점에서 제3자방지급어음이라 한다. 제3자방지급문구는 동지지급어음·타지지급어음 모두에 기재될 수 있으나 지급인의 주소지가 지급지 내에 없는 타지지급어음의 경우 제3자방지급문구가 특히 요구된다. 지급담당자는 어음상의 채무자는 아니며 통상적으로 지급인(약속어음의 발행인)과 당좌거래약정 또는 기타 준자금관계에 따라 일정한 어음의 지급사무를 담당하는 자에 지나지 않는다. 지급담당자 또는 지급장소의 기재는 지급제시기간 내의 정상적인 지급제시를 전제하여 제3자에게 지급업무를 위임하거나 또는 제3의 장소를 지급장소로 정한 것이므로, 지급제시기간이 경과하면 동 기재의 효력이 상실된다고 본다.

2) **이자문구** : 앞에서 본 바와 같이 어음금액은 이자까지 포함하여 기재할 수 있어 이자를 따로 기재하는 것은 허용되지 아니하므로 이자문구는 원칙적으로 무익적 기재사항이다. 그러나 이자를 미리 산정할 수 없는 경우, 즉 일람출급·일람후정기출급어음의 경우에는 예외적으로 이자지급에 관한 문구를 기재할 수 있으며 이때 이자문구는 유익적 기재사항이 된다(어5.1). 이 경우 이율을 어음에 기재하여야 하며 이율의 기재가 없으면 이자기재가 효력을 가질 수 없으며(어5.2), 이자는 기산일을 기재하지 아니하면 어음발행 당일로부터 계산한다(어5.3). 유효하게 이자문구가 기재된 경우 만기가 되면 어음채무자는 어음금액에 계산된 이자를 포함하여 지급할 의무를 부담한다.

3) **약속어음·수표의 유익적 기재사항** : 약속어음은 환어음에 관한 규정을 준용하고 있어 유사한 유익적 기재사항이 있다. 거절증서 작성면제(어46)에 관해 준용규정에 따라 이를 약속어음의 유익적 기재사항으로 보는 견해도 있으나, 약속어음의 발행인은 주채무자이고 환어음의 발행인과 같은 상환의무자가 아니므로 거절증서 작성면제의 문언을 기재할 수 없고 또 이를 기재하여도 그 효력이 발생하지 않는 무익적 기재사항으로 보는 견해가 있으며 타당하다고 본다. 수표법에도 유익적 기재사항으로 지급인의 명칭에 부기한 지(수2.2), 발행인의 명칭에 부기한 지(수2.4), 수취인의 기재(수5), 제3자방지급문언의 기재(수8), 배서금지문언(수14.2), 외국통화환산율의 지정(수36.2), 외국통화현실지급문언(수36.3), 횡선의 표시(수37.1), 거절증서 작성면제문언(수42.1), 복본번호의 기재(수48) 등이 규정되

어 있다.

(4) 무익적·유해적 기재사항

어음에 기재되더라도 어음상 기재의 효력이 발생하지 않는 사항인 **무익적 기재사항**에는 다음과 같은 사항이 포함된다. 확정일출급 또는 발행일자후정기출급어음에서의 이자문언(어5.1), 일람출급 또는 일람후정기출급어음에서 이율의 기재 없는 이자문언(어5.2), 위탁어음문언(어3.3), 발행인의 지급무담보문언(어9.2), 지시문언(어11), 상환문언(어39.1) 등이다. 어음에 기재될 경우 어음의 효력을 상실시키는 **유해적 기재사항**에는 어음법에서 정하고 있는 4종류 이외의 만기기재나 분할지급문구(어33.2)가 대표적이다. 그 밖에 조건부지급문구도 어음을 무효하게 만드는 사항이다. **약속어음**에도 환어음과 유사한 무익적·유해적 기재사항이 존재하지만, 발행인은 주채무자가 되므로 발행인의 지급무담보문언의 기재가 추가된다고 본다. **수표**의 경우 인수문언(수4), 위탁수표문언(수6.2), 이자문언(수7), 발행인의 지급무담보문언(수12), 일람출급 이외의 만기의 표시(수28.1)가 수표법에 있는 무익적 기재사항이며, 유해적 기재사항에 관한 규정이 수표법에는 존재하지 않으나 수표의 지급에 붙인 조건 등은 유해적 기재사항으로 해석된다.

(5) 증권의 교부

어음의 7가지 기재사항과 발행인의 기명날인·서명을 하면 어음의 형식적 요건을 모두 갖추게 되어 어음은 창조되고 이후 유효하게 유통될 수 있다. 창조된 어음은 발행인과 수취인의 계약에 의해 수취인에게 이전되는데 이는 교부를 요건으로 하며, 요컨대 어음의 창조행위와 교부가 수반된 계약을 결합하여 어음의 발행행위라 한다. 교부에 관한 설명은 앞서 어음이론에서 자세히 살펴본 바 있다.

4. 백지어음·수표

(1) 의 의

1) **개 념** : 어음요건의 전부 또는 일부를 공백으로 남겨두고 그 공백부분을 나중에 소지인에게 보충시킬 의사로써 어음행위자가 기명날인한 미완성의 어음을 의미한다. 예컨대, 장래 발생할지 모르는 손해배상책임을 담보하기 위하여 어음을 발행하는 경우 어음금액을 백지로 한 어음금액 백지어음을 발행하고 손해배상액

이 확정되는 시점에 어음금액을 보충하게 한다. 어음요건이 미비되었으므로 어음으로서 무효할 것이나, 나중에 보충될 것을 예상하고 있다는 점에서 효력의 근거를 찾는다. 이는 보충권이 존재하지 않는 불완전어음, 즉 하자 있는 어음과는 구별된다. 백지어음은 백지식으로 발행된 어음을 말하며 백지어음행위(백지발행·백지인수·백지배서·백지보증)와는 구별된다.

2) **법적 성질** : **백지어음의 법적 성질**(쟁점433)에 관해, 어음의 일종으로 보는 견해와 특수한 유가증권으로 보는 견해(다수설)가 있는데 어음의 엄격한 요식증권성에 비추어 백지저음을 어음으로 보기 어려워 특수한 유가증권설이 타당하다고 본다. 백지어음이 완성어음과 동일한 방법에 의하여 유통되는데 그 근거는 상관습법으로 볼 수 있다. 따라서 백지어음이 표창하는 권리는 어음상의 권리가 아니라 장차 어음이 될 것이라는 **기대권**(**정지조건부 어음상의 권리**)과 **백지보충권**이라고 본다. **판례**는 백지어음의 어음행위는 백지의 요건이 후일 보충될 것을 정지조건으로 성립되는 것이고 요건의 보충에 의한 조건이 성취되었을 때 비로소 어음행위로서 완전한 효력이 생긴다고 보았다(65다1217).

(2) 백지어음의 요건

1) **어음요건의 흠결** : 백지어음이 되기 위해서는 어음요건의 일부 또는 전부(기명날인은 제외)를 흠결하여야 하는데, 모든 어음요건이 백지가 될 수 있다. **만기백지어음**은, 만기를 실수로 빠뜨린 경우에는 일람출급어음이 되지만(어2.2), 추후 보충할 의사로 의도적으로 만기를 기재하지 않았을 경우 백지어음이 된다고 본다. **수취인·발행일 백지어음**(쟁점434)에 관해, 기재 없이도 어음상의 채무의 내용을 확정할 수 있으므로 완성어음에 준하는 것으로 보아야 한다는 견해(은행당좌계정거래약관)가 있지만, 완성어음이 아닌 백지어음으로 이해해야 한다. 판례는 수취인 백지어음의 지급제시는 부적법한 지급제시로 보며(91다28313), 인도에 의하여 어음법적으로 유효하게 양도될 수 있다고 본다(94다23098). **발행지 백지의 내국어음에 의한 지급제시의 효력**에 관해, 판례는 어음면상 발행지의 기재가 없는 경우라도 유효한 어음으로 보고 발행지 백지의 내국어음에 의한 유효한 지급제시로 본다(95다36466전합). 생각건대 국내어음거래에서 발행지는 기재되지 않더라도 거래당사자의 법률관계에 아무런 영향을 주지 않으며, 이러한 특징을 판례도 받아들이고 있으므로 유효한 지급제시로 볼 여지는 있지만 입법이 아닌 판례에

의한 강행법규의 수정이 가능한가라는 문제는 남는다.

2) **백지보충권의 존재** : ① **판단기준** – 무효인 불완전한 어음과 유효인 미완성의 백지어음을 구별하는 기준은 백지보충권의 존재이다. **백지보충권의 판단기준**(**쟁점435**)에 관해, **주관설**은 어음행위자의 의사를 표준으로 어음행위자가 어음요건의 전부 또는 일부를 보충시킬 의사로 기명날인한 경우는 백지어음이라고 보는 견해이고, **객관설**은 보충권의 존재 여부를 외관상 보충권이 예정된 것으로 볼 수 있는가 하는 관점에서 판단하는 견해이며, **외관설**은 기명날인자의 의사를 기준으로 하지만 외관상 보충권이 예정되었다고 보이는 경우에는 백지어음으로 보아야 한다는 견해이며, **절충설**(통설)은 기명날인자의 의사에 따라야 하지만 백지어음의 외관형성·유통에 책임이 있는 어음행위자는 외관신뢰한 취득자에 불완전어음이라는 항변을 할 수 없다는 견해이다.

② **판례** – 일반적으로 부동문자로 인쇄된 어음용지상의 어음요건 흠결은 백지어음으로 발행한 것으로 추정된다고 보았고(66다2351; **백지어음추정설**), 약속어음의 발행지 및 지급지란에 상호만 표시한 경우 그 보충권한은 소지인에게 부여되어 있다고 보았으며(91다8975), 백지어음에 관해 발행인에게 백지어음이 아니고 불완전어음으로서 무효라는 점(보충권 수여의사가 없었다는 점)에 관한 증명책임이 있다고 보았다(2001다6718).

③ **검토** – 외관설, 절충설, 백지어음추정설 모두 유사하지만, 백지어음 여부는 어음행위자의 의사에 따르되 어음의 유통보호를 위해 상대방이 백지어음으로 신뢰한 경우(예, 인쇄어음용지의 공란) 보충권이 예정되었다고 보고, 불완전어음의 주장(항변)을 인적항변(어17)의 성질을 가진 것으로 이해할 수 있다고 본다. 다만 백지보충권에 대한 신뢰에는 많은 경우 중과실이 있다고 인정될 여지가 많을 것이다.

(3) 백지어음의 효력

1) **기본적 효력** : ① **권리행사의 제한** – 백지어음은 보충에 의해 완전한 어음이 되기까지는 어음의 내용이 결정되지 않으므로 이로써 권리를 행사할 수 없고 보충 후에 권리 행사가 가능하다. 즉, 백지어음으로 지급제시해도 적법한 지급제시가 되지 못한다(상환청구권보전절차 흠결). 다만, 보충 전 백지어음에 의한 권리행사에 **시효중단의 효력**(**쟁점436**)에 관해, 재판상·재판 외의 청구를 불문하고 백

지어음에 의한 권리행사에 시효중단의 효력을 인정한다는 긍정설이 통설인데, 판례는 재판상 청구에는 어음의 제시가 요구되지 않지만, 재판 외의 청구에는 완성어음이 요구된다는 입장(62다680)을 변경하여 백지어음에 의한 권리행사에 시효중단의 효력을 인정하였다(2009다48312). 생각건대 보충 전에도 백지어음의 소멸시효는 진행되므로 시효중단이라는 소극적 효과는 인정할 필요가 있어 긍정설(판례)이 타당하다고 본다. 그리고 **발행지 백지의 내국어음**에 의한 지급제시가 적법하다고 판례는 보고 있다(95다36466전합).

② **유통 가능** – 백지어음은 특수한 유가증권으로서 상관습에 따라 완성어음과 동일한 유통방법(배서·교부 or 교부)이 인정된다. 판례도 수취인이 백지인 채로 발행된 어음은 인도에 의하여 어음법적으로 유효하게 양도될 수 있다고 보았다(94다23098).

2) **백지어음상의 권리(기대권·백지보충권)** : 이전되는 권리는 **기대권**(백지어음이 표창하는 정지조건부어음상의 권리)과 **보충권**(백지어음상의 백지부분을 보충할 수 있는 권리)이다. 판례도 백지에 대한 보충권과 백지보충을 조건으로 한 어음상의 권리는 백지어음의 양도와 더불어 양수인에게 이전되어 그 소지인은 언제든지 백지를 보충하여 어음상의 권리를 행사할 수 있다고 보았다(97다57573). 기대권은 백지의 보충이라는 조건이 성취되기 전에도 민법의 규정에 따라 소극적 보호(민148)와 적극적 보호(민149)를 받게 된다. 백지의 보충이라는 정지조건이 성취되면 어음상의 권리는 효력을 발생하는데, 효과가 원칙적으로 소급하지 않는다.

(4) 백지보충권

1) **의 의** : 백지어음의 백지부분을 보충할 수 있는 권리인 백지보충권의 **발생근거**(쟁점437)에 관해, **백지어음행위설**은 보충권은 백지어음행위자의 기명날인(서명)에 의해 발생하므로 백지어음에 표창되어 기명날인자(서명자)가 백지어음의 소지인으로서 보충권을 소유한다는 견해이고, **어음외계약설**(다수설)은 보충권은 어음행위자와 그 상대방 사이에 어음관계 이외의 일반 사법상의 계약에 의하여 상대방에 수여함으로써 생기는 권리로 본다. 생각건대 백지보충권은 어음행위 당사자의 어음외의 계약(원인계약)으로 성립하지만 이는 어음발행시 백지어음에 표창되어 유통되며(어음외계약설), 보충권(행사)의 내용이 어음외의 계약과 불일치

할 경우 어음법 제10조가 적용되어 선의자에 대항할 수 없는 항변(부당보충항변)이 문제된다고 본다. **백지보충권의 성질**(**쟁점438**)에 관해, **특수한 권리**로 보는 견해도 있지만 통설은 미완성어음을 완성어음으로 하고 그 위에 한 어음행위의 효력을 발생시키는 권리라는 **형성권설**을 취하며, 타당하다고 본다.

2) **내 용** : **백지보충권의 내용**(**쟁점439**)에 관해, **백지어음행위설**은 어음상의 권리와 동일하게 당사자 약정과 절연된 무인·추상적 권리로 보고 당사자간의 약정은 인적항변사유에 불과하다고 본다. **어음외계약설**은 보충권의 내용은 당사자간에 구체적으로 합의한 범위의 한정된 구체적인 권리이지만, 어음법 제10조는 어음거래의 안전을 보호하기 위한 규정으로 이해한다. 생각건대 백지보충권은 어음외의 계약상의 권리(형성권)가 어음에 표창되어 특수한 유가증권이 되지만 어음과는 구별되므로 보충권이 무인성을 가지지는 않으며(어음외계약설) 유인성에 따른 선의자 보호를 위해 어음법 제10조가 도입된 것으로 본다.

3) **보충권 행사** : ① 행사기간 – 백지어음은 주채무자에 대해서는 어음상의 권리의 **소멸시효기간 내**에 그리고 상환의무자에 대해서는 상환청구권 보전을 위해 **지급제시기간 내**에 보충권을 행사하여야 한다. 판례도 백지어음의 보충은 보충권이 시효로 소멸하기까지는 지급기일 후에도 이를 행사할 수 있지만, 주된 채무자인 발행인에 대하여 어음금청구소송을 제기한 경우에는 변론종결시까지만 보충권을 행사하여야 하고(94다41812), 사실심변론종결일까지 백지부분을 보충하지 않아 패소판결이 확정되었다면, 백지보충권을 행사하여 전소 피고에게 어음금을 청구하는 것은 전소판결의 기판력에 따라 허용되지 않는다고 보았다(2008다59230).

② 만기백지어음 – **만기백지어음의 보충권의 행사기간**(**쟁점440**)에 관해, 20년설(형성권), 10년설(민사채권), 5년설(상사채권), 5년·10년설(원인채권 성질), 3년설(어음소멸시효), 1년설(일람출급어음), 4년설(일람출급어음+어음소멸시효) 등 다양한 견해가 있으며, 판례는 3년설을 따르고 있다(2003다16214). 생각건대 어음법과 무관한 시효기간은 도입하는 것은 부적절하고, 어음의 단기소멸시효의 취지, 만기 이후 다시 3년의 소멸시효기간이 진행된다는 점을 고려할 때 일람출급어음과 유사하게 보충권행사는 1년 내에 이루어져야 한다고 본다(1년설).

③ 소멸시효 기산점 – **만기백지어음의 보충권의 소멸시효의 기산점**에 관해, 판례는 만기백지어음의 보충권의 소멸시효는 다른 특별한 사정이 없는 한 그 물품

거래가 종료하여 어음상의 권리를 행사하는 것이 법률적으로 가능하게 된 때부터 진행한다고 보았다(96다25050). **발행일 백지의 발행일자 후 정기출급어음**의 경우에도 판례는 발행일을 백지로 하여 발행된 약속어음의 백지보충권의 소멸시효기간도 백지보충권을 행사할 수 있는 때로부터 3년으로 보았다(2001다71507). 수표의 경우에는 만기가 없어 만기 백지수표는 문제되지 않으나, **발행일 백지수표**의 권리행사에서 보충권의 행사기간이 문제된다. 그런데 수표는 발행일자로부터 6월이 경과하면 상환의무자의 의무는 소멸하므로(수51) 이를 감안할 때 6개월 내에 발행일자를 보충하여야 한다고 본다. **판례**는 발행일을 백지로 하여 발행된 수표의 백지보충권의 소멸시효기간은 백지보충권을 행사할 수 있는 때로부터 6개월로 보았다(2001도206).

(5) 보충의 효과

1) **기본적 효과** : 소지인은 백지어음의 보충권을 양수한 자이므로 보충권의 범위 내에서 백지부분을 보충하면 백지어음은 완전한 어음이 되고 어음상의 기대권은 정지조건이 성취되어 어음상의 권리로 전환된다. **보충의 효력발생시기**(쟁점441)에 관해, **소급설**은 보충권행사의 효과가 백지어음행위를 한 시점까지 소급된다는 견해이고, **불소급설**은 보충권의 행사는 어음상의 권리가 효력을 발생하기 위한 정지조건에 해당되고 정지조건이 성취되면 장래에 향하여 효력이 발생한다는 원칙(민147)에 따라 보충권행사의 효과가 소급되지 않는다는 견해이고 타당하다고 본다. **판례**는 백지어음의 어음행위는 백지의 요건이 후일 보충될 것을 정지조건으로 성립되는 것이고 요건의 보충에 의한 조건이 성취되었을 때 비로소 어음행위로서 완전한 효력이 생기므로 배서 등 백지어음에 한 모든 어음 행위는 이때에 효력이 발생하는 것이고 보충의 효과가 조건성취전에 소급하지 않는다고 보았다(65다1217). 다만 백지어음에 있어서 백지의 보충시와 어음행위 자체의 성립시기와는 엄격히 구별되어 어음행위의 성립시기는 그 어음행위 자체의 성립시기로 결정하여야 할 것이므로 백지어음에 만기 전에 한 배서는 만기 후에 백지가 보충된 때에도 기한후배서로 볼 것이 아니라고 보았다(68다1176전합).

2) **기타 문제** : ① 백지어음에 대한 제권판결 – 백지어음도 공시최고에 의한 제권판결의 대상이 될 수 있는가에 관해 판례는 백지어음에 대한 제권판결을 받은 자는 발행인에 대하여 백지보충권과 백지보충을 조건으로 한 어음상의 권리까지

모두 민사소송법 제497조에 규정된 '증서에 의한 권리'로서 주장할 수 있다고 보고, 발행인에 대하여 백지부분에 대하여 어음 외의 의사표시에 의하여 보충권을 행사하고 그 어음금의 지급을 구할 수 있다고 판단하였다(97다57573).

② **어음처분금지 가처분** – 약속어음 발행인의 어음반환청구권을 피보전권리로 하여 약속어음의 배서양도, 점유이전 기타 일체의 처분을 금지하는 가처분은 약속어음이 제3자에게 이전되는 것을 방지하여 그 현상을 유지하기 위한 것이고, 약속어음은 일정한 권리행사기간이 있어 그 기간이 도과하면 본래의 효력을 가질 수 없으므로, 약속어음의 백지보충과 지급제시 등 상환청구권 보전을 위한 조치는 위 가처분에서 금지하는 처분행위에 해당하지 아니한다(2002다13720).

(6) 보충권의 남용

1) **부당보충항변** : 백지어음행위자의 보충권 수여의사와는 달리 보충된 경우로서, 어음이 부당보충된 사실에 대하여 악의 또는 중과실이 없이 취득한 자는 보충된 내용대로 권리를 취득하고 백지어음행위자는 어음소지인에게 **부당보충의 항변**을 주장하지 못한다(어10).

2) **보충권 범위** : 부당보충된 어음을 취득(보충된 어음에 대한 신뢰)한 자가 어음법 제10조에 의해 보호됨에는 의문이 없으나, 보충권의 범위를 오신하고 취득하여 부당보충한 경우, 즉 **보충권의 범위에 대해 신뢰의 보호여부**(쟁점442)에 관해, **적용설**은 이미 보충된 어음의 취득과 취득 후 보충은 본질적으로 다를 것이 없고 어음취득자가 믿은 권리외관은 동일하므로 백지어음행위자는 어음의 선의취득자에 대하여 책임을 부담한다는 견해이고, **부정설**은 보충 후 형식상 완전한 어음을 취득한 자와 보충 전 보충권의 범위를 신뢰하고 취득한 자는 구별되어야 한다는 견해이며, **선의취득설**은 백지어음을 취득한 자가 보충권의 범위를 오신하고 스스로 부당보충을 한 경우에 백지보충권 범위의 선의취득 문제로 보는 견해이다. **판례**는 어음법 제10조를 적용하는 적용설에 따르면서 금액백지의 어음·수표를 취득한 자가 발행인에게 보충권의 내용에 관해 직접 조회하지 않았다면 이는 취득자에게 중대한 과실이 있는 것이라고 보고(77다2020), 이는 백지수표에 관하여도 그대로 적용된다고 본다(95다10945). 생각건대 보충권의 범위에 대한 신뢰를 보호하기 위해서는 어음법 제10조의 유추적용이 요구되지만, 금액백지의 어음에 대한 보충권의 범위를 오신하고 취득한 자는 특히 취득에 중과실에 대항하는

경우가 많다고 본다. 판례도 금액백지의 가계수표의 취득자는 발행인에게 조회하는 등의 방법으로 그 제3자에게 그러한 보충권한이 있는지 여부를 확인함이 마땅하고, 만약 이를 확인하지 아니한 채 수표를 취득하였다면 이는 특별한 사정이 없는 한 중대한 과실에 의한 취득으로 보았다(94다18959).

3) **인적항변과 관계** : **부당보충의 항변과 인적항변의 관계**(**쟁점443**)의 관계에 관해, **특별규정설**은 어음법 제10조를 어음법 제17조의 특별규정으로 이해하여 해의는 요구되지 않고 악의 또는 중과실이 문제된다고 보고, **인적항변설**은 부당보충의 항변도 인적항변의 일종이므로 어음소지인 보호를 위하여 어음법 제10조에도 불구하고 어음법 제17조가 적용되어 어음소지인에게 해의가 있을 경우에만 부당보충의 항변을 할 수 있다고 본다. **판례**는 어음법 제10조 소정의 "악의 또는 중대한 과실로 어음을 취득한 때"란, 소지인이 백지어음의 부당보충사실을 알고 있고 이를 취득할 경우 어음채무자를 해하게 된다는 것을 인식할 것을 요구하면서도(98다37736), 악의 또는 중대한 과실이 없는 한 백지보충권의 소멸시효 경과 후의 백지보충의 항변으로써 대항받지 아니한다고 보아(99다64018) 해의를 요구하지 않고 있다. 생각건대 판례는 일관성이 부족하다고 보며, 부당보충의 항변도 개념상 당연히 인적항변의 일종으로 판단되나 어음법 제10조에서는 인적항변에 적용되는 악의의 항변규정(해의를 요건으로 함)과는 달리 악의·중과실에 대항할 수 있음을 정하고 있어 항변권이 회복되는 요건에 해의를 배제하여 특별규정으로서 어음법 제10조가 우선적용되어야 한다고 본다(특별규정설). ④ **부당보충어음의 악의 취득자의 권리** – 소지인이 악의 또는 중과실로 부당보충된 어음을 취득한 경우에도 발행인은 자신이 유효하게 보충권을 수여한 범위 안에서는 당연히 어음상의 책임을 지며 판례의 입장도 동일하다(98다37736).

제 2 절 어음·수표의 배서

1. 배서의 의의

1) **개 념** : 어음상의 권리자가 어음상의 권리양도를 목적으로 어음의 뒷면에 일정한 사항을 기재하고 기명날인(서명)하여 그 어음을 타인에게 교부하는 어음

행위이다(협의의 배서). 어음상의 권리양도가 아닌 추심위임·질권설정 등을 목적으로 하는 특수한 배서까지 포함하여 권리유통을 목적으로 할 때 광의의 배서개념이 된다. 어음은 법률상 당연한 지시증권성을 가지므로 지시식 어음뿐만 아니라 기명식어음도 배서에 의하여 양도가능하다(어11.1). 어음의 배서성은 어음법에 의해 선언된 것이므로 어음상의 권리를 갖게 된 원인(배서, 비어음법적 방법)이 무엇이든 어음상의 권리를 정당하게 취득한 자는 다시 배서할 수 있다.

2) **법적 성질** : 어음배서의 법적 성질(**쟁점444**)에 관해, 어음상의 권리양도를 목적으로 하는 특수한 채권양도로 파악하는 **채권양도설**(통설)과 피배서인이 어음소유권을 취득함으로써 어음채권을 원시적으로 취득한다고 하는 **소유권취득설**이 있다. 생각건대 어음상의 권리와 어음에 대한 권리가 별개인 것이 아니고 어음은 어음상의 권리의 공시수단에 지나지 않는 점을 고려할 때 어음배서의 본질을 어음상의 권리의 양도로 파악하는 견해가 타당하다고 본다. 요컨대 배서는 채권양도의 실질을 가졌으나 이를 공시하는 방법으로서 어음의 교부가 요구되는 특수한 제도이며, 어음법은 어음의 유통의 실질을 보호하기 위해 어음의 선의취득(어16.2), 항변의 절단(어17), 배서인의 담보책임(어15) 등 특별규정을 두고 있다.

2. 배서의 방식

1) **개 요** : 배서는 발행과 같이 요식행위로서 일정한 방식을 갖추어야만 효력을 가지며, 배서인의 기명날인·서명이 있어야 한다. 배서의 방식은 어음이나 또는 이에 결합한 보전·등본 등에 어음법·수표법이 정하는 필요적 기재사항을 기재하는 것이다. 배서는 어음의 이면에 기재하는 것이 원칙이지만 표면에도 가능하나, 간략백지식배서는 보증·인수와 혼동을 피하기 위해 반드시 어음의 이면에 해야 하며 보전·등본에도 가능하다. 어음법은 배서에도 유익적 기재사항·무익적 기재사항·유해적 기재사항을 정하고 있다. 이하에서는 좁은 의미의 배서의 기재사항에 관해 살펴본다.

2) **필요적 기재사항(배서요건)** : 배서란은 **배서문언**("앞면에 적힌 금액을 _____ 또는 그 지시인에게 지급하여 주십시오")이 기재되며, 배서의사(권리양도의사)를 포함하고 있다. 배서에는 **피배서인**(어음상의 권리를 양수받는 자)이 원칙적으로

기재되며(**기명식배서**), 피배서인의 기재가 생략될 경우(**백지식배서**)도 허용되고, 배서문구도 기재되지 않고 배서인의 기명날인(서명)만 존재하는 배서(**간략백지식배서**)도 허용된다(어13.2). 더 나아가 피배서인을 '소지인'이라 기재한 경우(**소지인출급식배서**)도 허용되는데 이는 백지식배서와 동일한 효력을 가진다(어12.3). 다만 피배서인을 '갑 또는 소지인'이라고 기재하는 것(**지명소지인출급식배서**)**의 허용성**에 관해, 소지인출급식배서가 허용되어 있는 이상 지명소지인출급식은 당연히 허용된다고 보는 견해가 통설이며, 수표의 경우 지명소지인출급식배서는 소지인출급식배서와 동일한 효력을 갖는다(수5.2 참조). 어음의 배서도 어음행위의 일종으로서 어음행위자인 **배서인의 기명날인**(**서명**)이 요구된다. 백지식배서·간략백지식배서도 배서인의 기명날인(서명)은 있어야 배서의 효력을 가지지만, 백지식배서 또는 소지인출급식배서된 어음은 교부만에 의해 양도될 수 있는데 이때 어음의 교부행위는 어음양도의 방식이지만 배서인의 기명날인이 없으므로 배서에 해당하지는 않는다.

3) **유익적·무익적·유해적 기재사항** : **유익적 기재사항**에는 어음배서의 인수·지급무담보문언(어15.1), 수표배서의 지급무담보문언(수18.1 반대해석), 배서금지문언(어15.2), 기타 추심배서·입질배서문언 등 특수배서문언이 해당된다. 배서일자도 배서의 유익적 기재사항이므로 배서일자의 기재가 없거나 발행일과의 관계에서 발행일보다 앞선 모순되는 일자를 기재한 경우에도 배서 자체의 효력에 영향을 미치지 않는다. 배서일자가 없는 어음은 기한전배서로 추정하며(어20.2), 기한후배서인지 여부는 배서일자에 의하지 않고 실제로 배서 또는 교부한 날을 표준으로 한다. 그 밖에 인수제시 요구문언(어22.4), 인수제시기간 단축문언(어23.3), 지급제시기간 단축문언(어34.1 3문), 배서인의 주소(어45.3), 거절증서작성 면제문언(어46.1), 예비지급인의 기재(어55.1), 등본에만 배서하라는 문언(어68.3) 등도 유익적 기재사항에 포함된다. 배서에 붙인 조건은 배서의 단순성에 반하므로 이러한 기재는 효력이 없어 무조건의 배서가 되므로(어12.1), 배서에 붙은 조건은 **무익적 기재사항**이다. 어음법은 일부배서(어음금액을 분할하여 금액일부에 하는 배서)를 무효한 배서로 규정하고 있어(어12.2). 분할배서의 취지는 **유해적 기재사항**이다. 다만 전자어음에서는 전자어음의 특성상 분할배서가 기술적으로 가능하므로 일부배서, 즉 분할배서가 도입되었다(전어7의2).

4) **피배서인의 권리 양도** : 백지식배서라 함은 백지식 어음행위의 일종으로서 피배서인을 공란으로 둔 채 하는 배서를 의미하며 발행행위가 백지식으로 이루어져 성립한 백지어음과는 무관한 개념이다. 백지식배서의 피배서인은 i) 자신·타인을 보충(어14.2 1호)할 수 있는데, 피배서인의 성명을 보충하면 일반배서와 동일하게 되고 양수인의 이름으로 보충하면 백지식배서인으로부터 양수인에게 직접 양도한 것처럼 된다. ii) 보충 없이 일반배서(동항 2호)를 할 수 있는데, 배서의 연속도 인정된다(어16.1). iii) 백지식배서된 양수인에게 어음을 배서 없이 교부(동항 3호)할 수 있다. 타인보충의 경우와 보충 없이 교부를 한 경우 모두 어음상 배서인의 배서행위가 존재하지 않으므로 양도인은 담보책임을 부담하지 않는다. 판례는 수취인백지어음을 보충 없이 배서하는 경우 배서는 요건을 갖추어야 한다고 보았다(96다43393).

3. 배서의 효력

(1) 권리이전적 효력(어14.1)

1) **개 념** : 배서에 의해 어음상의 모든 권리(주채무자·상환채무자·보증인에 대한 권리)가 피배서인에게 이전되는 효력을 의미하며, 배서인의 의사표시에 따른 배서의 본질적 효력이고 피배서인은 어음상의 권리를 승계취득하게 된다. 배서에는 이와 같이 권리이전적 효력이 있지만 단순히 권리를 이전하는 것이 아니라 배서에 의해 인적항변이 차단된다는 점을 고려할 때 배서에 의해 권리는 더욱 강화(**권리강화·정화적 효력**)된다고 볼 수 있다.

2) **종된 권리** : 배서인이 가지는 어음채권에 **종된 권리**(질권·저당권, 보증계약상의 권리, 위약금청구권, 원인관계상의 권리)**의 이전 여부**(쟁점445)에 관해, **긍정설**은 종된 권리는 주된 권리의 처분에 따른다는 원칙과 담보권의 부수성이라는 민법의 원칙에 의하면 당연히 배서에 의하여 부수된 권리도 이전된다고 보는 견해이고, **부정설**은 어음상의 권리에는 그 성질상 어음 외의 담보의 존재를 인정할 수 없고 부수된 권리는 어음상의 권리라고 할 수 없기 때문에 그 이전이 부정되어야 한다는 견해(다수설)이다. 생각건대 종된 권리는 당사자간의 계약에 의한 권리이고 어음이 표창하고 있지 않으므로 그 권리의 이전방법·공시방법을 갖추지 않은 이상 어음상의 권리의 이전을 목적으로 하는 배서에 의해 이전되지 않는다고

(부정설) 본다.

3) **담보적 효력(어**15.1) : 배서인은 반대의 문언이 없으면 인수와 지급을 담보하는데(어15.1), 배서인이 배서에 의해 피배서인과 그 후자 전원에 대하여 어음의 인수와 지급을 담보하는 효력을 배서의 담보적 효력이라 한다. 이는 의사표시에 의한 효력이 아니고 어음유통보호를 위한 **법정책임**이며 배서의 본질적인 효력은 아니다. 다만 여기서 후자 전원에 대해 담보책임을 부담한다는 의미를 정확하게 해석하면, 배서인은 자신의 피배서인에 대해 담보책임을 부담하고 피배서인의 권리는 배서에 의해 다시 그 피배서인에게 이전되므로 결과적으로 후자 전원에게 담보책임을 부담하게 된다. 그러나 어음법이 허용하는 범위 내에서 **담보적 효력을 제한**하는 것(무담보배서, 배서금지배서)도 가능하고, 또 일정한 경우(기한후배서, 추심위임배서) 담보적 효력이 제한된다. 배서의 담보적 효력은 어음의 유통보호를 위한 부수적 효력이지만, 담보적 효력만을 위한 배서(담보배서)도 가능하고 담보배서는 후자에 대해서만 담보적 효력이 발생한다는 점에서 전자에도 효력이 미치는 어음보증과 구별된다.

(2) 자격수여적 효력(어16.1)

1) **개 념** : 배서연속이 있는 어음의 소지인은 적법한 소지인으로 추정되어 실질적으로 권리자라는 증명을 요하지 아니하고 어음상의 권리를 행사할 수 있는 자격을 가지게 하는 배서의 효력을 자격수여적 효력이라 하지만(어16.1), 엄밀하게는 **배서연속의 효력**이다.

2) **배서의 연속** : ① 개념 – 어음의 수취인이 제1배서인이 되고 제1배서의 피배서인이 제2배서인이 되어 현재의 소지인에 이르기까지 배서가 중단됨이 없는 상태를 의미한다. 이는 권리의 실질에 따른 연속성이 아니라 어음의 배서란을 **형식적으로 판단**하며(97다7745), 피배서인과 다음 배서의 배서인이 동일인이어야 한다(중요한 부분의 일치). 판례는 'A회사'가 피배서인인데, 'A회사의 대표이사 B'명의의 배서가 있다면 배서의 연속이 있는 것으로 보나, 'A회사 印'이 있는 경우에는 배서의 연속이 없는 것으로 보았다(97다7745). 그리고 위조의 배서가 있더라도 배서의 연속성에는 아무런 영향이 없고(74다902), 개인명의의 배서 후에 그를 대표자로 하는 법인명의의 배서가 이루어진 사안에서, 배서의 실질적 연속을 인정하

였다(95다7024).

② **백지식배서 – 백지식배서** 다음에 일반배서가 있는 경우 일반배서의 배서인은 백지식배서의 피배서인으로 간주한다는 규정(어16.1)을 두어 배서의 연속을 인정하고 있다. 그리고 **배서의 말소**가 있으면 말소권의 유무나 그 방법, 시기와 관계없이 배서의 연속에 있어서 그 배서는 존재하지 않는 것으로 본다(어16.1 2문).

③ **피배서인 말소** – 배서의 일부말소 특히 **피배서인 말소의 효력**(쟁점446)에 관해, **전부말소설**은 피배서인의 명칭이 일단 기재되면 기명날인과 일체가 되어 특정인에게 권리를 양도하는 단일의 의사표시를 구성하므로 피배서인의 성명을 말소한 뜻은 배서 전체를 철회하려는 의사로 보아야 한다는 견해이고, **백지식배서설**은 말소권한 유무를 어음외관에 의해 확인할 수 없고 백지식배서로 보는 것이 어음관계자의 이익을 위해서는 어음행위 유효해석의 원칙에서 볼 때 타당하다고 보는 견해이며, **권한고려설**은 말소의 권한이 있는 자가 말소한 때에는 백지식배서로 보고 말소의 권한이 없는 자가 말소한 경우에는 말소의 효력이 없고 원래 기재된 대로의 효력을 부여한다는 견해이다. 생각건대 전부말소와 피배서인 말소는 구별되고, 말소권한이 없는 경우에는 변조의 법리를 적용하면 된다. 배서의 연속을 판단함에 있어서는 피배서인이 말소된 경우 백지식 배서와 동일한 외관이므로 백지식 배서의 법리를 유추적용함(백지식배서설)이 타당하다고 본다.

3) **배서불연속의 가교** : 실질적 권리승계(상속)를 증명하여 배서불연속을 회복, 즉 **배서불연속의 가교가능성**(쟁점447)에 관해, **긍정설**(다수설)은 실질적 권리승계를 증명하면 권리를 행사할 수 있을 뿐만 아니라 배서의 연속성이 회복되는 것으로 보는 견해이고, **부정설**은 단절된 배서에 대하여 실질적 권리승계사실을 증명한다고 하여 형식상 배서의 연속이 있거나 또는 이와 동일시할 수는 없다고 보는 견해이다. 판례는 실질적 권리증명에 의한 권리행사(지급제시)를 인정한 바 있다(94다58377). 생각건대 실질적으로 권리가 증명된 경우까지 형식적 불연속을 이유로 권리추정력을 부인하여 정상적인 유통보호의 범위에서 배제하는 것은 부적절하다고 판단되므로 긍정설이 타당하다고 본다. 따라서 실질적 권리승계가 증명된 경우에는 배서의 연속성이 회복되고 배서연속의 효과, 즉 권리의 적법성추정·선의지급·선의취득제도가 적용된다고 본다.

4) **배서연속의 효과** : ① 적법성 추정 – 배서가 연속된 어음을 소지한 자는 적

법한 소지인(정당한 소지인)으로 추정되어 소지인은 자신의 권리를 증명할 필요가 없다(어16.1). 따라서 어음을 취득하려고 하는 자는 배서의 연속만 확인하면 자신이 어음상의 권리를 행사함에 있어서 자신의 권리를 증명할 필요가 없고 오히려 어음금지급을 거절하려는 어음상의 채무자가 권리의 부존재를 증명하여야 하므로 안심하고 어음상의 권리를 취득할 수 있게 한다.

② **선의지급 적용** – 어음의 만기에 지급하는 지급인은 배서가 연속된 어음에 대해 사기 또는 중대한 과실 없이 어음금을 어음소지인에게 지급하면 소지인이 설사 진정한 권리자가 아니더라도 책임을 면하게 되는 효과(어40.3)가 발생한다. 지급인의 조사의무를 경감시킴으로써 어음의 피지급성을 높였고 이로써 결과적으로 배서의 연속이 있는 어음의 유통을 보호한다고 볼 수 있다.

③ **선의취득 적용** – 배서의 연속이 있는 자로부터 어음을 취득한 자는 악의 또는 중대한 과실이 없는 한 취득한 어음이 설사 타인이 상실한 어음이라 하더라도 그 자에게 어음을 반환할 의무가 없다(어16.2). 이를 어음의 선의취득제도라 하며 배서의 연속이 전제된 어음을 배서받은 경우 적법성추정이나 선의지급제도 등 권리행사에서 편의성뿐만 아니라, 어음상실자의 어음반환청구를 차단하는 선의취득제도에 의해 권리의 취득까지 보호하고 있다.

4. 배서금지어음

1) **개 념** : 발행인이 지시금지 또는 이와 동일한 문언(지시·배서금지문구)을 기재한 어음을 의미한다(어11.2). 배서금지어음은 배서라는 어음법상의 특수한 권리이전방식을 이용할 수 없으므로 권리의 양도성이 대폭 위축되나, 양도가 불가능한 것은 아니며 지명채권의 양도방식에 의해 권리이전이 가능하다. 배서금지어음은 발행인이 수취인에 대해 가지는 항변권이 배서에 의해 절단되는 것을 방지하거나, 배서가 계속되어 상환금액이 증대되는 것을 방지하기 위해 이용된다. 지시금지문구를 기재함으로써 배서금지어음을 만들 수 있는 권한은 **발행인**만이 가진다. 이는 배서인이 배서금지의 문언을 기재하는 배서금지배서(어15.2)와 구별된다. 어음법상 발행인만이 배서금지어음을 만들 수 있다는 규정(어11.2)에 따라 **환어음의 인수인**이 지시금지문구를 기재한다면 이는 부단순인수가 되어 인수를 거절한 것이 되고, 인수인은 그 인수의 문언인 지시금지문언에 따라 책임진다고 본다(어26.2).

2) **기재방식** : **지시금지문구**가 어음상에 명시적으로 **명료**하게 기재되어야 하고(문언성), 단순히 발행인과 수취인간에 배서금지의 특약을 한 것만으로 배서금지의 효력이 없으며 악의의 피배서인에게도 대항할 수 없다. 지시금지문구는 통상인이 어음거래를 함에 있어서 어음면상으로 보아 발행인이 배서를 금지하여 발행한 것임을 알 수 있을 정도로 명료하게 기재되어야 하고(75다1100), 통상인이 어음거래를 함에 있어 보통 기울이는 정도의 주의로는 쉽게 알아보기 어려운 상태로 지시금지문구를 표시하여 어음을 발행한 경우에 있어서 발행인의 지시금지어음이라는 항변을 배척하였다(88다카27676). **지시·지시금지문구의 병존시 효력**(**쟁점 448**)에 관해, 무효설, 지시식어음설, 지시금지어음설 등이 대립한다. 판례는 지시금지문구가 지시문구에 우선한다고 보는 지시금지어음설을 따르고(86다카2630). 이때 병기된 지시금지문구는 '지시금지' 또는 이와 동일한 의의가 있는 문언이 기재되어야 하고 '보관용' 또는 '견질용' 기재만으로 부족하다고 보았다(94다9948). 생각건대 지시문구는 대체로 인쇄되어 부동문자화되어 있는 데 반해, 지시금지문구는 발행인이 특별히 기재한 것이므로 지시금지어음설이 타당하다고 본다.

3) **성 질** : 배서금지어음이 발행되면 어음의 배서가 금지되어 결과적으로 어음의 유통성이 상실된다고 볼 수 있다. 만일 배서금지어음에 배서를 하였다면 이러한 배서는 무효하며 단지 지명채권양도방식에 의한 양도만 가능할 뿐이다. 배서금지어음은 지시증권성을 상실하나 유가증권적 속성은 일부 가지고 있으므로 본질은 **기명증권**에 가깝다고 볼 수 있다. 따라서 지명채권양도방식에 따른 양도에서 단순히 채권양도의 합의만으로 부족하고 양도인이 양수인에게 어음을 교부하여야 배서금지어음의 양도가 효력을 가지고 별도의 대항요건을 갖추어야 한다(민450). 판례도 배서금지의 문언을 기재한 약속어음은 양도성 자체까지 없어지는 것이 아니고 지명채권의 양도에 관한 방식에 따라서, 그리고 그 효력으로써 이를 양도할 수 있다고 보았다(88다카20774).

4) **효 력** : 배서금지어음은 지명채권양도방식에 따라 양도되므로 배서에 인정되는 자격수여적 효력(어16.1)·선의취득(어16.2)·항변절단제도(어17) 등이 적용될 여지가 없다. 판례는 양도방법에 관해 민법 제450조의 대항요건(통지 또는 승낙)을 구비하는 외에 약속어음을 인도(교부)하여야 하고 지급을 위하여서는 어음을 제시하여야 하며 또 어음금을 지급할 때에는 이를 환수한다고 보았다(88다

카20774). 배서금지어음이 지명채권양도방식에 따라 양도된 경우 어음의 양도인은 담보책임이 없으나, 배서금지어음도 제시증권성·환수증권성을 가져 어음상의 권리를 행사함에 있어서는 어음을 제시하여야 하고 채무이행시 채무자는 어음을 환수할 필요가 있다.

5. 특수한 배서

(1) 무담보배서

1) **개 념** : 배서인이 어음상의 담보책임을 부담하지 않는다는 뜻을 기재한 배서를 의미하며(어15.1), 어음법 제15조 1항의 반대해석에 근거하여 인정된다. 일반적으로 배서인이 '무담보' 취지의 문언을 기재할 경우 무담보배서가 되며, 일부 무담보배서도 허용되며, 인수담보책임·지급담보책임 전부(cf. 발행인) 또는 일부, 특히 인수담보책임만을 부담하지 않는다는 취지를 기재하는 것도 허용된다.

2) **효 력** : 무담보배서는 전술한 배서금지어음과 달리 유통성의 상실과는 무관하여 피배서인은 배서를 할 수 있으며, 담보적 효력만 제한(피배서인을 포함하여 후자 전원에 대해 배서인은 담보책임을 지지 않음)되고 권리이전적 효력(인적항변의 절단)과 자격수여적 효력(권리추정력·선의취득·선의지급)은 그대로 인정된다. 어음할인 기관이 매입한 C.P.어음(기업어음)을 일반 투자가에게 매출할 때는 거의 예외 없이 무담보배서에 의하고 있는데, 판례는 기업어음(C.P.어음)의 할인을 어음의 매매로 보면서 단자회사가 한 무담보배서에 채무불이행책임·하자담보책임까지 배제하기로 한 취지를 인정한 판례가 있다(84다카1227). 실무에서 무담보배서 대신 백지식으로 배서받아 이를 교부에 의해 양도하여 무담보배서와 동일한 목적을 달성하기도 한다.

(2) 배서금지배서

1) **개 념** : 배서인이 새로운 배서를 금지한다는 뜻을 기재한 배서를 의미하며(어15.2, 금전배서), 배서금지어음(발행인만 발행)과 달리 배서는 가능하며 배서금지배서를 한 배서인은 피배서인 이후의 어음취득자에 대해 담보책임을 지지 않게 될 뿐이다.

2) **효 력** : 배서금지배서가 있더라도 어음의 유통성(배서가능성)이 상실되지 않으며, 자신의 피배서인에 대해서는 담보책임을 부담하고(cf. 무담보배서) 그 후의 피배서인에 대하여 담보의 책임을 부담하지 않게 되므로 담보적 효력이 제한적으로 발생하며, 권리이전적 효력·자격수여적 효력은 인정된다. 하지만 **어음법 제15조 2항의 의미**(**상환의무의 존부**, **쟁점449**)에 관해, 예컨대 A가 B에게 배서금지배서를 한 경우 피배서인(B)으로부터 어음을 배서받은 자(C)가 배서금지배서를 한 배서인(A)에게 상환청구권을 행사하려고 하는 경우 i) 배서인(A)은 그 후의 피배서인(C)에 대하여 상환의무를 부담하지 않는다는 **부정설**(다수설)과 ii) C는 B가 가지는 모든 권리를 양수받으므로 상환청구권도 양수받으나 다만 인적항변이 부착된 채로 이전된다고 보는 **긍정설**이 있다. 생각건대 배서금지배서의 경우 어음법이 명문으로 피배서인의 후자(C)에 대해 담보책임을 부담하지 않는다고 명시하고 있어 배서인(A)에 대한 피배서인(B)의 권리(상환청구권)는 C에게 이전될 수 없고 이전하더라도 이로써 배서금지배서를 한 배서인 A에게 대항할 수 없다고 하여야 하고 이는 어음법 규정에 의한 물적항변의 성질을 가진다.

(3) 환배서

1) **개 념** : 기존의 어음채무자에 대하여 하는 배서를 의미하며(어11.3: 역배서), 인수하지 아니한 지급인에 대한 배서도 환배서에 포함시키고 있다. 환배서가 있으면 어음채무자가 어음상의 권리를 취득함으로써 채무와 채권이 혼동으로 소멸할 수 있지만 혼동의 법리가 배제되어 이미 부착되어 있는 상환청구권을 활용할 수 있다는 점에서 새로운 어음을 발행하는 것보다 유리하다. 어음은 만기에 어음금이 지급되는 것을 목적으로 하는 지급수단이므로 만기지급으로 어음채무가 완전히 소멸하기까지는 지급수단으로서 가치를 지닌다는 점도 환배서를 허용하는 이유의 하나이다. 다만 수표의 경우 지급인에 대한 배서는 환배서의 개념에서 제외되는데(수14.3), 수표의 지급인에 대한 배서는 영수증의 효력만 있고(수15.5) 지급인의 배서는 무효이다(수15.3). 이는 지급증권으로서 수표가 지급인에게 배서되면 지급증권으로서 기능은 종료된다는 수표의 특성을 반영한 것이다.

2) **법적 성질** : 환배서규정의 **법적 성질**(**쟁점450**)에 관해, 유통보호를 위한 특별규정으로 이해하는 견해도 있지만, 주의적 규정으로 보는 견해(통설)는 어음행위의 협동적 성질(모든 어음행위는 만기에 어음금액의 지급(피지급성)과 그 지급

을 받을 지위의 유통성을 확보하기 위해 서로 협동하는 관계에 있다는 성질)로 인해 당연히 어음상의 권리가 소멸하지 않는다고 본다. 생각건대 협동적 성질이 혼동을 배제한다고 보기는 부족하고 오히려 어음채권의 문언성(만기의 지급)에 따라 어음상의 채무자가 이를 취득하더라도 그 증권을 훼멸하지 않는 이상 혼동이 일어나지 않고, 증권에 표창된 어음금지급채무는 시효로 소멸되기 전까지 환배서받은 자는 어음을 유통시킬 수 있고 어음은 선의취득의 대상이 된다고 보아야 한다.

3) **환배서의 법률관계** : 환어음의 발행인·배서인에 대해 환배서가 이루어진 경우(아례 예 참조) C_1의 전자(A·B)에 대해서는 권리를 행사할 수 있지만 C_1의 후자(D·E)에 대해서는 권리를 행사할 수 없다. 왜냐하면 D·E에 대해서 상환청구권을 행사하더라도 D·E는 다시 자신의 전자인 C에게 상환청구권을 행사하게 되므로 D·E에 대한 C의 상환청구권 행사는 무의미해진다. 따라서 환어음의 발행인 또는 약속어음의 수취인과 같이 최종적인 상환의무자에게 환배서가 이루어지면 이들은 주채무자에 대해서만 권리를 행사할 수 있게 된다. 같은 이유로 보증인·참가인수인이 환배서에 의해 어음을 취득한 경우 피보증인 및 피참가인의 전자에 대해서만 권리를 행사할 수 있을 뿐이다. 인수하지 않은 지급인은 어음상의 채무자가 아니므로 이 자에 대한 배서는 엄밀한 의미에서 환배서가 아니지만 어음법은 이를 환배서에 포함시키고 있다. 하지만 인수하지 않은 지급인은 어음채무자의 지위를 가지지 않으므로 환배서에 특유한 법률관계가 발생하지 않으나, 만일 환배서 이후 어음을 인수하게 된다면 뒤에서 보는 주채무자에 대한 환배서와 동일한 법률관계가 생겨난다.

4) **상환청구권의 성질** : 환배서의 가장 큰 특징은 민법상 혼동으로 어음상의 채무가 소멸되지 않는다는 점이다. 어음법은 어음채무자에 대한 배서도 가능하며 이 경우 다시 어음을 배서할 수 있다고 규정하고 있다(어11.3). 가령 약속어음이 A→B→C_1→D→E→C_2(C_1과 동일인)로 이전된 경우, 피배서인(C)의 이중적 지위로 인해 상환청구권 행사에 특수성이 나타나는데, 환배서의 피배서인은 상환의무자(C_1)이면서 상환청구권자(C_2)이므로 중간자(D·E)에 대한 상환청구권을 행사할 수 없게 된다. 환배서에 의해 어음을 취득한 자가 가지는 **상환청구권의 성질**(쟁점451)에 관해, 피배서인이 전자에 대하여 갖는 상환청구권은 피배서인이 종전에 가졌던 어음상의 권리를 회복한 것으로 보는 **권리회복설**(권리부활설)과 어음상

의 권리를 재취득한 것으로 보는 **권리재취득설**이 대립된다. **판례**는 약속어음 발행인으로부터 인적항변의 대항을 받는 어음소지인은 어음 배서·양도한 후 환배서에 의하여 이를 다시 취득하여 소지하게 되었다고 할지라도 발행인으로부터 여전히 위 항변의 대항을 받는다고 보았다(2000다42915). 생각건대 상환의무자(C_1)은 배서시점에 이미 자신의 전자(A, B)에 대한 상환청구권을 피배서인(D)에게 이전하였다고 보아야 하므로 회복 또는 부활될 권리는 없다고 보아야 하고 C_2는 상환청구권을 재취득하였다고 해석하여야 한다. 다만 C는 동일인이므로 항변권은 유지된다고 본다.

5) **주채무자에 대한 환배서의 특수성** : 주채무자에 대한 환배서도 물론 유효하다. 다만 환배서로 어음을 양수한 **주채무자의 만기후배서 가능성**(**쟁점452**)에 관해, **긍정설**은 주채무자는 만기의 지급을 약속하였으므로 만기 후에는 어음상의 권리의 행사·양도를 하지 못하지만 어음채권 자체는 소멸한 것이 아니므로 만기 후 처분사실을 모르고 어음을 취득한 자는 어음상의 권리를 취득한다는 견해이고, **부정설**은 이 경우 어음상의 권리는 예외적으로 혼동의 법리에 의하여 소멸하므로 유통기간 후에 배서·양수한 자는 아무런 권리를 취득하지 못한다는 견해이며, **기한후배서설**은 주채무자의 채무는 소멸시효기간까지 존속하므로 어음상의 권리가 혼동의 법리에 의해 소멸한다고 볼 수 없고 유통기간 후에도 배서·양도될 수 있지만 기한후배서의 효력만 있다고 보는 견해이다. 생각건대 어음법은 환배서를 받은 어음채무자도 다시 배서를 할 수 있다는 규정을 고려할 때 배서는 허용되지만 효력이 제한되는 기한후배서가 되므로 기한후배서설이 타당하다고 본다.

(4) 기한후배서

1) **개 념** : 지급거절증서 작성 후 또는 지급거절증서 작성기간(지급제시기간) 경과 후의 배서를 의미한다(어20.1). 지급거절증서 작성기간이 만기와 구별되는 개념이므로 '만기 후의 배서'가 모두 기한후배서인 것은 아니며 만기후배서라도 지급거절증서 작성 전이거나 지급거절증서 작성기간 경과 전이면 만기 전의 배서와 동일한 효력이 있다(어20.1). 수표의 경우에도 거절증서나 이와 동일한 효력이 있는 선언의 작성 후의 배서 또는 제시기간 경과 후의 배서의 효력을 따로 정하고 있으며(수24.1) 이는 기한후배서에 해당한다. 어음법은 거절증서작성기간 내의 어음배서에 관해 유통성과 피지급성을 보장하고 있으나 부도어음 또는 거절증서작

성기간을 경과한 어음배서, 즉 기한후배서에 대해서는 유통성과 피지급성을 보장하지 않는다.

2) **요 건** : 기한후배서를 결정하는 기준은 지급거절증서의 작성기간경과·작성여부이고 지급거절 여부는 기준이 아니므로 지급거절 후의 배서라도 거절증서 작성 전이면 기한전배서가 된다. 기한후배서가 되는 경우로는, i) **거절증서 작성기간 경과 후 배서** 기한후배서 여부는 실제 배서가 이루어진 시점을 기준으로 결정된다(63다967). 배서일자(유익적 기재사항)가 기재되지 않은 배서도 유효하고 기한전배서로 추정된다(어20.2). 따라서 기한후배서임을 주장하는 자가 지급거절증서의 작성·기간경과 후의 배서임을 증명하여야 한다. 다만 백지어음에 이루어진 배서가 만기 전에 있었으나 백지어음의 보충권행사는 만기 후에 이루어진 경우 판례는 어음행위시점을 기준으로 판단하여 기한전배서로 보았다(68다1176전합). ii) **거절증서 작성후의 배서**(어20.1) 지급거절증서 외에 **인수거절증서 작성** 후의 배서에 관해, 어음법에 규정이 없으나 통설은 인수거절 이후에는 어음의 정상적 유통이 어려우므로 기한후배서로 본다.

3) **기한후 배서여부의 판단** : ① 지급거절증서 작성면제어음 – **지급거절증서 작성면제어음의 기한후배서**(**쟁점453**)에 관해, 1설은 지급거절증서 작성기간 경과 전에는 지급거절사실이 나타나지 않으므로 기한후배서로 볼 수 없어 지급거절증서 작성기간이 경과하여야 한다고 보고, 2설은 지급거절이 있은 후 바로 상환청구절차를 밟을 수 있으므로 기한후배서라고 할 수 있어 지급거절증서 작성기간 경과는 문제되지 않는다고 본다. 생각건대 거절증서작성이 면제된 경우에는 거절증서가 작성된 것과 동일한 상태, 즉 지급거절된 경우 만기에도 지급이 될 가능성이 거의 없으므로 이후 거절증서가 작성된 것과 동일한 효력이 발생한다고 보는 것이 해석상 타당하다고 본다.

② 지급정지 등 – 인수인·지급인의 **지급정지·강제집행부주효**는 만기 전 상환청구원인이지만 반드시 지급제시와 지급거절증서의 작성이 있어야 상환청구할 수 있으며(어44.5), 지급거절증서 작성 후에 한 배서만 기한후배서가 된다.

③ 파산결정 – 지급인·인수인(or 인수제시를 금지한 환어음 발행인)의 **파산결정 이후 배서의 기한후 배서여부**(**쟁점454**)에 관해, **긍정설**은 파산결정서를 제시하면 상환청구할 수 있고(어44.6) 파산결정 이후에는 정상적인 어음유통이 어렵다는 이

유로 기한후배서로 보고, **부정설**은 파산개시사실 등이 어음면상 명료하지 아니하므로 그 후의 배서를 기한후배서로 볼 수 없다고 본다. 생각건대 어음의 피배서인(취득자)이 파산결정을 알 수 없으므로 취득자보호를 위해 기한후배서를 확대해석하는 것은 부적절하므로 부정설이 타당하다고 본다.

④ **지급거절** – 지급거절의 사실(예, 지급은행의 부도문언 기재)이 어음면상 명백하게 나타나 있는 경우 **지급거절문언** 기재 후의 배서에 관해 통설·판례는 지급거절증서가 작성되지 않았으므로 기한후배서로 보지 않는다. 판례도 지급거절이 명기된 어음의 제시기간경과 전 배서는 지급거절증서 작성 전으로서 지급거절증서 작성기간 경과 전이기만 하면 이는 기한후배서가 아닌 만기후배서로서 만기전의 배서와 동일한 효력이 있다고 보았다(99다44250).

4) **효 력** : ① **지명채권양도의 효력** – 기한후배서는 어음·수표가 유통성을 상실한 상태에서 이루어진 배서이므로 정상적인 배서의 효력이 발생하지 않고 **지명채권양도의 효력**만 있는데(어20.1단서), 이는 배서의 효력이 지명채권양도와 같다는 취지(발행인이 배서인에게 대항할 수 있는 사유로서 소지인에게 대항할 수 있음)일 뿐이므로, 민법상 지명채권의 양도·양수절차인 채권양도인의 통지 또는 채무자의 승낙을 필요로 하는 것은 아니다(97다38145).

② **이전적 효력** – 기한후배서도 배서의 일종으로서 어음상의 권리가 배서·교부에 의해 이전되므로(**이전적 효력**) 배서금지어음과는 구별되지만, 통상 배서와 달리 인적항변이 절단되지 않아 권리가 강화되지는 않는다. 다만 이때 어음법 제17조에 포함되는 인적항변만 해당하고, 광의의 인적항변(의사의 흠결 또는 의사표시의 하자의 항변, 보충권남용의 항변, 민법 제124조 또는 상법 제398조 위반의 항변)은 기한후배서라도 영향을 받지 않고 각 조문(민107.2, 108.2, 109.2, 110.3, 어10 등)의 취지에 따라 제3자(취득자)가 보호된다(인적항변절단). 판례는 기한후배서에 지명채권양도의 효력만이 있다 함은 그 배서 당시 이미 발생한 배서인에 대한 항변사실을 피배서인에 대하여도 대항할 수 있다는 것이고 배서 후 비로소 발생한 배서인에 대한 사유까지도 피배서인에 대하여 이를 주장할 수 있다는 것은 아니라 본다(93다50543).

③ **담보책임 등** – 기한후배서는 지명채권의 효력만 있으므로 기한후배서를 한 배서인도 지명채권 양도인과 동일하게 **담보책임**을 부담하지 않는다. 기한후배서는 **자격수여적 효력**을 제한적으로 가진다고 보는 것이 통설·판례의 입장이다. 배

서연속성이 전제될 경우 권리추정력을 가지고 실질적 권리를 증명하지 않고도 어음상의 권리를 행사할 수 있으며 선의지급제도도 적용된다고 본다. 그러나 기한후배서는 채권양도의 효력만 존재하므로 기한후배서에 의해 어음상의 권리를 선의취득할 수는 없다고 본다.

(5) 추심위임배서

1) **개 념** : 피배서인에게 어음상의 권리를 행사할 대리권을 줄 목적으로 추심위임문구를 기재한 배서를 의미한다(어18). 추심위임배서에는 어음에 추심위임문구('회수·추심·대리를 위하여')가 기재된 **공연한 추심위임배서**와 추심위임문구 기재 없이 실질적 추심위임 목적의 배서인 **숨은 추심위임배서**가 있다. 간략백지식 추심위임배서도 부정할 특별한 근거를 찾기는 어려워 허용된다고 본다. 공연한 추심위임배서에는 권리이전적 효력이 없으므로 배서금지어음에도 공연한 추심위임배서가 가능하며 백지식추심위임배서도 가능하다.

2) **효 력** : 추심위임배서인과 피배서인은 위임(고용·도급)관계로서 어음상의 권리는 그대로 배서인(위임인)에게 존속하여 권리이전적 효력은 발생하지 않고 어음상의 권리를 행사할 대리권만 피배서인에게 위임될 뿐이다. 판례도 어음의 추심위임에서 배서인과 피배서인의 관계는 위임계약관계의 성질을 갖는다고 보았는데(2003다61931), 내부관계와는 별개로 구체적인 대리권의 수여가 요구되고, 추심위임배서에 의한 대리권은 일반의 민사대리권과는 달리 그 수권자가 사망하거나 무능력자가 되더라도 소멸하지 아니한다(어18.3).

3) **대리권 범위** : **위임권한**(**대리권**)에는 어음상의 권리뿐만 아니라 어음법상의 권리도 포함되며 재판상의 행위를 할 수 있는 권리도 포함되므로(통설), 배서인명의의 소를 제기한다든지 제권판결을 위한 공시최고신청도 가능하다고 본다. 추심위임배서의 피배서인은 어음상의 권리자가 아니므로 양도배서를 할 수 없고 또 어음상의 권리에 관한 면제·화해·포기 등과 같은 권리의 처분행위를 하지 못하나 재추심위임배서를 할 수는 있다. 추심위임배서는 **인적항변**의 절단이 되지 않으므로 배서인에 대한 항변권을 피배서인에게 행사 가능하지만 피배서인에 대한 인적항변사유로 피배서인에게 대항할 수 없다(어18.2).

4) **숨은 추심위임배서** : ① 개념 – 추심위임의 목적으로 한 통상의 양도배서를 의미하는데, 소송행위를 하게 하는 것을 목적으로 하는 숨은 추심위임배서는 신탁법 제7조의 규정에 의하여 무효라 본다(81다540).

② **법적 성질** – **숨은 추심위임배서의 법적 성질**(**쟁점455**)에 관해, **자격수여설**은 그 실질을 존중하여 공연한 추심위임배서와 동일하게 해석하고, **신탁적 양도설**은 형식을 존중하여 추심의 목적으로 그 목적달성의 범위를 넘어선 권리가 이전되고 배서인에 대하여는 추심의 목적범위 내에서만 권리행사할 의무를 부담하므로 신탁의 법리가 적합하다고 보며, **절충설**은 당사자의 의사가 추심을 위한 경우에는 자격을 수여하는 것이고, 할인을 위한 것일 경우에는 신탁적 양도라고 본다. **판례**는 추심위임을 목적으로 하는 통상의 양도배서, 즉 숨은 추심위임배서도 유효하고 이 경우 어음법 제18조의 규정에 의하여 인적항변이 절단되지 아니한다고 보고 있어(89다카1084) 자격수여설을 따르고 있다고 판단된다. 생각건대 어음상의 권리는 피배서인에게 이전한다고 해석하는 것이 어음행위의 문언성에 부합하고 추심위임의 합의는 양자 사이의 인적항변사유가 되는 데 불과하다고 해석하는 것이 타당하므로 신탁적 양도설이 타당하다고 본다.

③ **효력** – 신탁적 양도설에 따를 경우 숨은 추심위임배서의 **효력**은 권리이전적 효력(인적항변의 절단), 자격수여적 효력(권리추정·선의지급·선의취득)이 있지만, 피배서인이 배서인에게 권리를 행사하려고 할 경우 숨은 추심위임배서라는 인적항변에 의해 대항을 받게 되므로 담보적 효력은 부인된다. 따라서 어음채무자가 숨은 추심위임배서의 배서인에게 대항할 수 있었던 인적항변사유로써 선의의 피배서인에게 대항할 수 없다(신탁적양도설). 판례는 은행이 할인어음의 환매대금채권과 예금반환채권을 상계처리하더라도 어음을 계속점유한다는 특약(상계필어음 유치특약)은 유효이고, 이 경우 채무자가 어음할인의뢰시 행한 양도배서는 추심위임을 위한 배서로 유용되어 은행은 숨은 추심위임배서의 피배서인의 지위에 서게 되므로, 어음채무자는 배서인(즉, 채무자)에 대한 인적항변사유로서 은행에 대항할 수 있다고 보아(94다30201) 자격수여설의 입장에 서 있다. 피배서인(악의임)의 선의취득은 부정되지만 피배서인의 후자는 선의취득이 가능하다. 판례는 예금주가 제3자 발행의 어음을 입금(추심의 위임)과 달리, 은행의 채무자가 그 채무의 변제를 위하여 제3자 발행의 어음을 교부하는 것은 특별한 사정이 없는 한 추심위임이 아닌 어음상의 권리의 양도로 보았다(86다카1954).

(6) 입질배서

1) **개 념** : 어음상의 권리에 질권을 설정한다는 뜻을 기재한 배서(어19)를 의미하며, 배서인이 자기 또는 제3자의 채무를 담보하기 위하여 어음상의 권리에 질권을 설정할 목적으로 한다. 입질배서도 입질배서문구가 어음상에 기재되는지 여부를 기준으로 **공연한 입질배서**와 양도배서의 형식을 가지면서 입질을 목적으로 하는 **숨은 입질배서**로 구별된다. 숨은 입질배서의 효력에 관해서도 숨은 추심위임배서와 유사한 논의가 전개될 수 있으며, 형식에 따라 양도배서로서의 효력을 가지나 배서인과 피배서인간의 입질의 합의는 인적항변사유에 해당한다고 본다(신탁적양도설).

2) **효 력** : 입질배서는 권리이전이 아닌 질권설정을 목적으로 하므로 양도배서의 본질적 효력이라 할 수 있는 권리이전적 효력은 발생하지 않는데, 입질배서의 피배서인은 환어음으로부터 생기는 모든 권리를 행사할 수 있어(어19.1) 추심위임배서와 동일한 효과가 발생한다. 그리고 어음소지인(피배서인)이 한 배서는 대리를 위한 배서의 효력만 있다고 규정하고 있어(동항 단서) 어음상의 권리를 양도할 수 없다. 하지만 어음채무자는 배서인에 대한 인적항변으로 피배서인에게 대항하지 못한다(cf. 추심위임배서). **입질배서의 담보적 효력**(**쟁점456**)에 관해, **부정설**이 있지만 질권자는 어음상의 권리를 행사할 수 있으므로 주채무자가 지급거절할 경우 입질배서의 배서인에 대해 상환청구권을 행사할 수 있다고 보는 긍정설(다수설)이 타당하다고 본다. 입질배서의 피배서인은 질권자로 추정되므로 입질배서에 권리추정력이 있으며 선의지급도 인정되고, 피배서인은 어음상의 권리의 선의취득은 불가능하지만, 어음상의 권리에 대한 질권의 선의취득은 인정되므로 자격수여적 효력을 가진다.

3) **숨은 입질배서** : 양도배서의 형식을 가지고 배서인과 피배서인간에 질권설정의 합의를 한 배서로서, **숨은 입질배서의 법적 성질**(**쟁점457**)에 관해, 입질배서설, 신탁적 양도설(통설)이 대립하지만 숨은 추심위임배서와 동일하게 신탁적 양도설이 어음행위의 문언성 등 어음법의 법리와 부합된다고 본다. 공연한 입질배서에도 담보적 효력·자격수여적 효력이 인정되므로 어느 설을 취하더라도 동일하나, 신탁적 양도설은 이전적 효력 특히 항변절단의 효력을 인정하여 배서인에

대한 항변으로 피배서인에 대항할 수 없다. 배서인과 피배서인간에는 숨은 입질배서의 항변이 가능하지만 이는 인적항변이므로 선의의 소지인에게는 대항하지 못한다(어17.1). 숨은 입질배서에도 담보적 효력이 인정되어 배서인은 피배서인 및 그 후자에 대해 담보책임을 부담하고, 자격수여적 효력도 인정되므로 권리추정력·선의지급제도가 적용되며 선의취득제도도 적용된다.

(7) 담보배서·신탁배서

1) **담보배서** : 어음의 피지급성 확보를 위해 어음을 양도할 의사 없이 오직 담보의 목적으로 하는 양도배서로서, 어음보증과 기능적으로 유사하나 구별된다. **담보배서의 효력**(쟁점458)에 관해, 효력을 부인하는 견해, 권리이전적 효력은 없고 담보적 효력만 있는 특수한 배서로 이해하는 견해, 양도배서로 보고 권리이전적 효력·담보적 효력·자격수여적 효력 모두 인정하며 담보목적은 당사자간에서 실질관계에 기한 항변사유로써만 대항할 수 있다고 보는 견해가 있다. 생각건대 담보배서도 양도배서의 외양을 지니는 이상 양도배서로서 효력이 발생하고 담보의 취지는 담보배서인과 피배서인간의 인적항변으로 이해하는 견해가 타당하다고 본다.

2) **신탁배서** : 배서인이 피배서인에게 어음상의 권리를 양도하지만 피배서인이 배서인과의 실질관계에서 어음상의 권리를 특정한 목적을 위해서만 행사할 의무를 부담하는 배서를 의미한다. 배서인과 피배서인간의 실질관계는 어음상에 나타나지 않고 신탁의 일반원리에 의하는데, 크게 피배서인에게 배서인의 이익을 위해서만 어음상의 권리를 행사할 수 있도록 하는 **관리신탁**과 피배서인에게 피배서인의 이익을 위해서 어음상의 권리를 행사할 수 있도록 하는 **담보신탁**으로 나누어진다. 신탁배서도 형식상 양도배서의 일종이고 피배서인의 신탁의 목적은 어음외의 실질관계로서 당사자간에 항변사유로써 대항할 수 있을 뿐이다. 따라서 숨은 추심위임배서와 숨은 입질배서는 모두 신탁배서의 일종으로 볼 수 있는데, 숨은 추심위임배서는 관리신탁의 일종이고, 숨은 입질배서는 담보신탁의 일종으로 볼 수 있다.

6. 교부만에 의한 어음상의 권리의 양도 등

1) **어음법상 허용된 경우** : 어음상의 권리는 원칙적으로 배서에 의해 이전되나 어음법은 예외적으로 교부(인도)만으로 어음상의 권리가 이전되는 경우로서, 수취인란이 백지로 된 어음, 기명식·지시식으로 발행되었으나 최후의 배서가 소지인출급식·백지식으로 배서된 어음(어12.3, 14.2 3호, 77.1 1호) 등이다. 수표의 경우 발행시부터 소지인출급식 또는 지명소지인출급식 수표가 허용된다(수5). 판례도 교부(인도)만으로써 어음상의 권리를 이전할 수 있는 경우를 수취인란이 백지로 된 어음과 기명식 또는 지시식으로 발행되었으나 최후의 배서가 소지인출급식 또는 백지식으로 배서된 어음에 한정하고 있어, 기명식어음을 교부만으로 양도할 수 없다고 보았고(96다12757), 수취인백지어음상의 권리를 점유개정의 방법으로 이전(보관통장방식에 의한 기업어음 매도)할 수 있다고 보았다(2004다35397).

2) **지명채권양도방식** : 배서금지어음은 지명채권양도방법에 의해 이전될 수 있는데, 통상 어음·수표도 배서·교부가 아닌 민법상 **지명채권양도방법에 의한 어음 이전허용성**(**쟁점459**)에 관해, **긍정설**은 동조를 임의법규로 이해하고 복잡한 지명채권양도방식에 의한 어음양도도 당사자 합의에 의해 허용된다고 보고, 배서금지어음의 양도에 관한 규정(어11.2)을 주의적 규정으로 이해하지만 증권의 교부는 필요하다고 해석한다. **부정설**은 동조를 고유한 양도방법에 관한 강행법규로 이해하고 지명채권양도방식으로 어음상의 권리의 승계가 불가능하다고 보며, 긍정하는 입장은 간편한 어음양도방식을 정한 법취지에 반하고 권리와 증권이 분리되어 유가증권의 본질에 반한다고 본다. **판례**는 배서금지어음에 관해 지명채권양도방법에 의한 양도를 허용하고(94다9764), 배서금지어음이 아닌 일반어음에서도 지명채권양도방법에 의한 어음상의 권리의 양도를 긍정하면서(2000다33737) 단순히 어음의 교부만으로 이전되지 않고 지명채권양도의 대항요건을 갖추어야 한다고 보아(94다9764) 긍정설을 따른다. 생각건대 통상 어음을 지명채권양도방식에 의해 이전하는 것은 입법의 취지에 반하기는 하지만 거래의 안전을 해하는 것은 아니므로 사적 자치의 원칙상 허용함이 적절하다고 보아 어음법 제11조 1항은 임의법규로 본다(긍정설).

7. 수표의 배서제도

1) **교부에 의한 양도** : 수표는 수취인의 기재가 유익적 기재사항이어서 소지인출급식으로 발행할 수 있고 **소지인출급식 수표**는 단순한 교부만에 의해 수표상의 권리가 양도되고 소지인출급식수표에 한 배서에는 권리이전적 효력이 없다. 또 소지인출급식 수표의 소지인은 단순한 소지만에 의하여 적법한 권리자로 추정되고 또 동 수표에 배서가 있다 하여 그 수표가 지시식수표로 변하는 것이 아니므로(수20 단서), 동 수표에 한 배서에는 자격수여적 효력도 없다. 소지인출급식 수표에 한 배서에 전혀 아무런 효력을 인정하지 않는다면 그러한 배서의 기명날인·서명을 믿고 수표를 취득한 자를 해하게 되고 또 동 수표에 배서의 기명날인·서명을 한 자의 의사에도 반하게 되므로 수표법은 소지인출급식 수표에 한 배서에는 담보적 효력을 인정하는 것이 어음소지인 보호에 적합하다고 본다.

2) **지급인의 배서 등** : 환어음을 지급인(인수인)에게, 약속어음을 발행인에게 배서할 수 있고(환배서) 지급인이나 발행인은 이를 다시 제3자에게 배서할 수 있다(어11.3). 그러나 수표의 경우에는 지급인에 대한 배서는 원칙적으로 영수증의 효력만이 있고(수15.5), 지급인이 제3자에 대하여 한 배서는 무효이다(수15.3). 수표를 배서 받은 지급인이 다시 배서를 할 수 있게 되면 지급인은 담보책임을 부담하게 된다. 이는 사실상 지급인에 의한 인수와 동일한 효과가 발생할 수 있어 수표의 인수금지 규정의 탈법이 되므로 이를 금지하고 있다. 수표는 신용증권이 아니므로 입질배서가 허용되지 않으며, 등본제도가 없어 등본에 의한 배서가 허용되지 않고, 일람출급이므로 수표에 한 배서는 지급담보책임만 부담하고 인수담보책임을 부담할 여지가 없다.

제 3 절 환어음의 인수

(1) 의 의

1) **개 념** : 지급인이 어음금액의 지급의무를 부담할 것을 목적으로 하는 환어음 특유의 어음행위를 의미하며, 이를 통해 환어음의 지급인은 지급권한만 가진

자에서 약속어음의 발행인과 같은 **주채무자**(최종적 지급의무자)로 전환된다. 수표는 지급증권의 특성상 인수를 금지한다(수4). 어음소지인이 환어음의 지급인에게 인수제시하면 지급인이 인수하게 되는데, 인수는 어음행위로서 다른 어음행위와 동일하게 지급인이 어음표면에 인수문구를 기재하고 기명날인(서명)하는 요식의 행위이다. 환어음은 만기의 전일까지 인수제시하여야 하는데(어21), 일람출급환어음은 지급인이 일람하는 즉시 만기가 되므로 일람출급의 환어음에는 인수를 인정할 수 없다. 환어음의 인수가 있게 되면 환어음의 소지인은 어음금수령권한이 아닌 인수인에 대한 어음금지급청구권을 가지게 된다.

2) **법적 성질** : **인수의 법적 성질**에 관해서도, **단독행위설**은 인수를 어음채무부담을 목적으로 하는 단독행위로 파악하고 어음소지인의 무능력, 대리권의 흠결 등은 인수의 효력에 영향을 미치지 못한다고 보지만 인수의 효력은 인수인이 어음을 인수제시인에게 반환하였을 때에 발생한다고 본다. **계약설**은 환어음의 인수를 지급인의 인수의 의사표시와 상대방(소지인)의 승낙의 의사표시로 성립하는 계약으로 보고, 인수인은 단순히 인수를 위한 기명날인·서명하는 것만으로는 어음채무를 부담하지 않고, 상대방의 승낙의 의사표시가 있어야 인수의 효과가 발생한다. 생각건대 어음반환 전 인수기재를 말소한 경우 인수를 거절한 것으로 간주하고(어29.1), 인수한 어음을 어음소지인이 수령함으로써 인수의 효력이 발생한다고 보는 것이 당사자의 의사에 부합한다는 점에서 인수도 교부계약의 성질을 가진다고 본다(교부의 흠결은 인적항변).

3) **인수의 말소(철회)** : 환어음의 인수를 기재한 지급인이 그 어음을 반환하기 전에 인수의 기재를 말소한 때에는 인수를 거절한 것으로 보고, 말소는 어음의 반환 전에 한 것으로 추정한다(어29.1). 계약설은 청약이 상대방에 도달하기 전까지는 청약은 구속력을 가지지 않으므로 철회할 수 있다고 이해하고 단독행위설도 인수를 상대방이 있는 단독행위이고 상대방에게 의사표시가 도달하기까지 단독행위는 효력을 발생하지 않으므로 철회가능하다고 볼 수 있다. 인수의 말소에도 불구하고 지급인이 소지인 또는 어음에 기명날인·서명한 자에게 서면으로 인수의 통지를 한 때에는 그 통지한 상대방에 대하여 인수의 문언에 따라 책임을 진다(어29.2).

(2) 인수제시

1) **개 념** : 인수전의 환어음의 소지인이 지급인에게 환어음을 제시하여 환어음의 인수를 청구하는 행위로서, 환어음의 지급인으로 하여금 어음발행을 인식하고 어음금지급 준비를 할 수 있게 한다. 인수제시는 확정적인 어음채무 발생의 계기 또는 인수거절로 인한 만기전 상환청구를 가능하게 하고, 일람후정기출급어음의 만기가 확정되게 한다. **인수제시자**는 어음의 정당한 소지인뿐만 아니라 단순한 점유자(사용인·사자·은행 등 cf. 지급제시자)도 가능하며(어21). **피제시자**는 지급인(대리인)이고 제3자방출급어음이라도 지급담당자에게 인수제시를 할 수 없다(cf. 지급제시). 지급인이 중첩적으로 기재된 경우에는 전원이 피제시자이므로 1인의 인수거절시 만기전 상환청구가 가능하다고 본다(cf. 지급제시).

2) **인수제시 요건** : ① **인수제시자유** – 인수제시는 원칙적으로 어음의 발행일로부터 만기의 전일까지 지급인의 주소에서 할 수 있으나(어21), 인수제시는 강제되지 않고 어음점유자가 인수제시 여부를 판단할 수 있다는 원칙을 **인수제시자유의 원칙**이라 한다. 만기 후 또는 인수제시기간 경과 후에도 어음소지인 및 상환의무자의 이익을 위하여 지급인은 시효기간 내에는 인수할 수 있다고 본다(통설).

② **일람후정기출급어음** – 일람후정기출급어음은 1년 내에 인수제시가 있어야 한다(어23.1). 1년 내에 인수제시가 없을 경우 모든 상환의무자에 대해 인수거절·지급거절로 인한 상환청구권을 상실하게 된다. 다만 발행인은 1년의 기간을 단축 또는 연장할 수 있으나 배서인은 이를 단축할 수만 있다(어23.2,3).

③ **유예기간** – 인수제시(제1제시)를 받은 지급인이 익일에 다시 인수제시(제2제시) 할 것을 요구할 수 있는데, 이 경우 1일간의 여유기간을 **유예기간**·고려기간·숙려기간이라 한다(어24.1). 이해관계인은 제2의 제시요구가 거절증서에 기재된 때에만 그 청구에 응한 제2의 제시가 없었음을 주장할 수 있다(어24.1 2문).

④ **제시증권성** – 소지인은 인수를 위하여 제시한 어음을 지급인에게 교부함을 요하지 아니한다(어24.2). 인수제시는 원칙적으로 자유로우나 발행인이 예외적으로 일정한 경우 인수제시를 금지시키거나 일정한 경우에는 반드시 인수제시를 하도록 정할 수 있다(어22).

3) **인수제시금지** : 환어음의 발행인은 인수제시의 금지를 환어음에 기재할 수

있다(어22.2). 이는 불필요한 인수거절로 인한 만기 전의 상환청구를 미연에 방지하기 위한 취지이다. 인수제시금지의 방법은 일정기간 전 인수제시를 금지시키는 **제한적 금지**(어22.3)와 모든 상환의무자가 인수를 담보하지 않은 것과 동일한 결과가 되는 **전면적 금지**가 있다. 그러나 인수제시가 제한적 또는 전면적으로 금지되더라도 인수가 행해진 경우 인수로서의 효력은 인정된다고 본다. 그리고 인수제시의 전면적 금지는 제3자방출급어음·타지지급어음·일람후정기출급어음에서는 허용되지 않는데(어22.2), 이는 제3자방지급어음은 지급인에게 지급장소(제3자)의 지급준비를 하도록 하기 위해, 타지지급어음은 지급인에게 지급장소를 기재할 기회를 주기 위해, 일람후정기출금어음은 만기확정을 위해서 각각 인수제시가 필요하기 때문이다. 인수제시금지를 위반하여 인수제시하여 인수거절되더라도 상환청구권을 행사할 수 없고, 경우에 따라서는 인수제시를 금지시킨 발행인에게 손해배상책임을 부담한다.

4) **인수제시명령** : 환어음의 발행인 또는 배서인은 기간을 정하거나 정하지 아니하고 인수제시를 할 것을 환어음에 기재할 수 있는데, 이를 인수제시명령이라 한다(어22.1,4). 특히 배서인이 인수제시명령을 할 수 있는 것은 발행인이 인수제시를 금지하지 아니한 경우에 한한다(어22.4). 인수제시명령은 지급인에게 지급의 준비행위를 하게 하거나 지급인의 지급의사를 묻기 위한 취지이다. 인수제시명령의 방식은 기간을 정하거나 정하지 아니하고 인수를 제시하여야 할 뜻을 기재하는 것이다. 인수제시명령이 있음에도 불구하고 이를 위반한 경우 소지인은 모든 상환의무자에 대하여 인수거절·지급거절로 인한 상환청구구권을 행사하지 못하게 된다. 단 인수담보책임을 면할 것을 목적으로 하였음이 명백할 경우 지급거절로 인한 상환청구권을 잃지 않는다고 본다(어53.2). 그러나 배서에 인수제시기간의 기재가 있는 때에는 그 배서인에 한하여 이를 원용할 수 있다(어53.3).

(3) 인수의 방식

1) **기재사항** : 환어음의 인수는 어음표면에 인수문구를 기재하고 지급인이 기명날인(서명)하는 방식(**정식인수**)과 인수문구가 생략된 방식(**약식인수**)이 있는데, 어음표면에 지급인의 단순한 기명날인(서명)이 있으면 이는 약식인수가 된다(어25.1). 인수일자·제3자방지급기재(타지지급어음), 지급장소(동지지급어음) 등은 유익적 기재사항이다. 다만 **인수일자**의 기재는 원칙적으로 인수의 요건이 아니나

일람후정기출급어음, 인수제시명령이 있는 어음, 지급인이 제2제시를 요구하는 경우(어25.2)에는 인수일자(또는 제시일자)기재가 요구되며, 인수일자의 기재가 없는 때에는 소지인은 적법한 시기에 작성시킨 거절증서에 의하여 그 기재가 없었음을 증명하지 아니하면 배서인과 발행인에 대한 상환청구권을 상실한다(어25.2 2문).

2) **부단순인수** : ① **무조건인수 원칙** – 인수는 무조건이어야 하고(어26.1) 어음기재사항을 변경하고 인수를 하는 변경인수는 인수거절로 간주되어(어26.2), 상환청구권행사가 가능하거나 인수인에게 인수문언대로의 책임을 물을 수 있다. 그러나 이러한 지급인(인수인)의 책임은 인수의 효력으로서 어음상의 책임(주채무)을 부담하는 것과는 구별된다. 인수에 붙인 조건(cf. 배서의 조건)은 변경인수와 같이 인수를 거절한 것으로 보지만,

② **조건부인수 – 조건부인수의 효력**(**쟁점460**)에 관해, **긍정설**은 인수인의 책임부담이 인수인의 의사에 합치되고 어음소지인에게 이익이 되며 부단순인수도 넓게 보면 변경인수의 일종으로 볼 수 있다는 점에서 긍정하지만, **부정설**은 어음채무의 추상성 또는 문언성에 반한다는 이유로 이를 부정한다. 생각건대 어음법에 변경인수와 달리 조건부인수의 효과를 규정하고 있지는 않으므로 어음발행의 무조건성을 유추하여 부정설이 타당다고 본다. 그리고 **일부인수**를 한 경우 인수한 금액 내에서는 인수, 나머지에 대해서는 인수거절로 보며, 초과인수의 경우에는 어음금액에 대한 인수효과가 발생한다.

3) **제3자방지급의 기재** : 발행인이 지급인의 주소지와 다른 지급지를 환어음에 기재한 경우(타지지급어음)에 제3자방에서 지급할 뜻을 기재하지 아니한 때에는 지급인은 인수를 함에 있어 그 제3자를 정할 수 있다. 이를 기재하지 아니한 때에는 인수인은 지급지에서 직접 지급할 의무를 부담한 것으로 본다(어27.1). 어음이 지급인의 주소에서 지급될 것인 때에는(설령 동지지급어음이라 하더라도) 지급인은 인수를 함에 있어 지급지에서의 지급장소를 정할 수 있다(어27.2).

(4) 인수의 효력

1) **주채무자 책임** : 지급인이 환어음을 인수하면 **인수인**이 되어 어음금액 또는 상환금액에 대한 제1차적이며 절대적이고 최종적인 지급의무를 부담한다(어28.1).

인수인이 부담하는 책임은 보전절차의 흠결이 있더라도 시효완성되지 않는 한 이행되어야 할 책임이다(어70.1).

2) **책임의 성질** : 상환의무자는 주채무자인 인수인(약속어음의 발행인)의 지급거절을 조건으로 책임을 부담하는 데 반해, 인수인은 타인의 지급거절의 조건으로 하지 않는다는 점에서 1차적(무조건의) 의무이며, 지급제시기간 내에 지급제시하고 지급거절증서를 작성하여야 책임을 부담하는 상환의무자와 달리 이들 절차와 무관하게 어음이 시효로 소멸할 시점까지 환어음의 인수인은 책임을 부담한다는 점에서 절대적 의무이며, 환어음이 지급거절되어 상환청구절차에 들어가더라도 최종적인 상환의무자인 발행인은 결국 환어음의 인수인에 대해 어음금지급청구를 하게 된다는 점에서 최종적인 의무라 할 수 있다.

3) **효력발생시기** : 인수의 효력발생시기에 대해 보면, 인수의 법적 성질에 관해 단독행위설을 취하는 견해도 인수기재 후 어음소지인에게 어음을 교부한 시점에 인수의 효력이 발생한다고 보고 있어 계약설과 인수의 효력발생시기에서 차이가 있는 것은 아니다.

제 4 절 어음·수표의 보증

(1) 의 의

1) **개 념** : 주된 어음행위에 의하여 발생한 채무를 담보할 목적으로 이와 동일한 내용의 어음채무를 부담하는 부속적 어음행위이다. **어음보증**은 원인관계상의 채무 또는 기타 일반채무를 보증하기 위한 **민법상의 보증**과는 보증의 목적에서 구별될 뿐 아니라, 어음보증은 독립성을 가지며 보증인이 합동책임을 부담한다는 점, 어음보증채무의 소멸시효 등에서도 민법상 보증과 구별된다. **수표보증**은 어음보증과 유사하나 지급인이 보증인이 될 수 없다는 점(수25.2)에서 어음보증과 구별된다. 명시적 보증과 달리 배서의 형식을 가진 실질적 어음보증(**숨은 보증**)에서 보증의 취지는 어음보증의 당사자간에서만 주장할 수 있는 인적항변사유에 불과하다고 본다. 판례는 어음보증은 달리 민사상의 원인채무까지 보증하는 의미로 어음보증을 하였다고 볼 특별한 사정이 없는 한, 원인관계채무의 담보를 위한 어

음이라는 것을 알고 있는 어음보증인도 어음상의 채무를 담보하고 원인관계상 채무를 담보하는 것은 아니라고 보았다(98다2051).

2) **법적 성질 : 어음보증의 법적 성질**(**쟁점461**)에 관해, 단독행위설(다수설), 계약설, 권리외관설에 의해 보충된 발행설 등이 대립하고 있으며 **판례**는 약속어음의 지급보증은 발행인을 위하여 그 어음금채무를 담보할 목적으로 하는 보증인의 단독행위로 보았다(2001다58443). 생각건대 어음보증도 다른 부속적 어음행위와 동일하게 교부계약으로 볼 수 있지만 교부흠결의 항변은 인적항변에 지나지 않는다(어음이론 참조).

(2) 성립요건

1) **당사자·방식 : 보증인**의 자격에는 제한이 없으므로 어음상의 기존 채무자이거나 제3자이거나 불문한다(어30.2). **피보증인**은 어음채무자이어야 하므로 발행인·인수인·배서인·참가인수인이 피보증인이 될 수 있으며, 어음채무자가 아닌 자에 대한 보증은 무효이다. 어음보증을 위해서는 어음면에 보증문구와 피보증인의 성명을 기재하고 보증인이 기명날인(서명)하여야 한다(어31.2,4). 다만 어음면이 아니라도 보전·등본에도 어음보증을 할 수 있다고 본다(어31.1). 어음보증요건 중 피보증인을 기재하지 않은 보증을 **약식보증**이라 하며 보증문구까지 없이 보증인의 기명날인만 존재하는 경우를 **간략약식보증**이라 한다. 지급인의 기명날인이 있을 경우에는 약식인수가 되고 어음이면에 기명날인이 있을 경우는 간략백지식 배서가 되므로 간략약식보증은 이들 어음행위와 구별될 수 있도록 어음표면에만 가능하다(어31.3). 간략약식보증이든 약식보증이든 피보증인의 기재가 없어 누구를 위한 보증으로 볼 것인가 하는 점이 문제되는데, 어음법은 발행인을 위한 보증으로 본다는 규정을 두고 있다(어31.4).

2) **제한적 보증** : 일부보증은 가능하지만(어30.1), **조건부보증의 효력**(**쟁점462**)에 관해, **무익적 기재사항설**은 일부배서는 무효이지만(어12.2) 일부보증은 유효인 점을 근거로 무조건의 어음행위가 된다고 보며, **유익적 기재사항설**은 보증인이 면책은 부적절하고 보증인의 명시적 의사를 고려하여 조건을 유효하게 이해하며, 유해적 기재사항설은 어음행위는 특단의 명문규정이 없는 한 조건에 친하지 않는 행위라는 점을 논거로 조건부보증을 유효로 본다. **판례**는 어음보증에 대하여 환어

음 인수의 경우보다 더 엄격하게 단순성을 요구함은 균형을 잃은 해석이고 또 조건부보증을 유효로 본다고 하여 어음거래의 안전성이 저해되는 것도 아니므로 조건을 붙인 부단순보증은 그 조건부보증문언대로 보증인의 책임이 발생한다고 보아(85다카1600) 유익적 기재사항설을 따르고 있다. 생각건대 어음법은 다른 어음행위와 달리 어음보증에 조건을 제한하는 규정을 두고 있지 않으며, 보증은 어음상의 권리를 확정·양도하는 행위가 아니라 이미 성립한 채무를 보증하는 행위라는 점에서 어음의 발행·배서에서의 조건과 동일하게 해석할 필요가 없다고 본다. 따라서 보증인의 의사를 존중하고 거래안전에도 유리한 유익적 기재사항설이 타당하다고 본다.

3) **어음보증의 시기** : 어음법상 제한은 없으나, **지급제시기간 경과 후 상환의무자를 위한 보증의 허용성**(**쟁점463**)에 관해, 주채무자를 위한 보증만 가능하다고 보는 견해가 있으나 어음소지인이 상환청구권 보전절차를 이행하였다면 상환의무는 존속하므로 지급제시기간이 경과한 이후에도 어음보증을 무효하다고 볼 이유는 없다고 본다.

(3) 어음보증의 효과

1) **부종성·수반성** : ① 개념 – 보증인은 피보증인과 동일한 책임을 부담하므로(어32.1), 민법상 보증과 유사하게 부종성·수반성을 가진다. 상계·면제·권리보전절차흠결로 피보증채무가 소멸한 경우 보증채무도 소멸한다(**부종성**). 따라서 어음보증인의 책임은 피보증인의 지위, 피보증인에 대한 상환청구권보전·시효중단절차 이행여부에 따라 책임의 성질·범위가 결정된다. 그리고 피보증인에 대한 어음상의 권리가 이전하면 어음보증인에 대한 어음상의 권리도 원칙적으로 이전한다(**수반성**). 판례는 약속어음상의 권리를 지명채권의 양도에 관한 방식에 따라서 양도함에 있어서는 주채무자인 발행인에 대하여 그 대항요건을 갖추었으면 보증인에 대하여 별도의 대항요건(통지, 승낙)을 갖추지 아니하였어도 주된 채권양도의 효력으로써 보증인에 대하여 이를 주장할 수 있다고 보았다(88다카20774).

② 피보증채무 시효소멸 – **피보증채무의 소멸시효완성에 따른 보증채무의 소멸여부**(**쟁점464**)에 관해, **긍정설**은 피보증채무가 지급·상계 등에 의해 소멸된 경우와 동일하게 시효소멸의 경우에도 어음보증채무의 부종성이 적용되어 소멸된다고 보고, **부정설**은 소멸시효 완성의 경우에는 독립성이 적용되고 부종성이 적용되지

않는다고 본다. 생각건대 독립성이 적용되는 국면은 피보증채무가 실질적 사유로 무효가 된 경우 보증의 문언을 신뢰한 자를 보호하기 위한 원리이므로(상32.2), 유효한 피보증채무의 소멸시효가 완성되어 피보증인이 채무를 면한 경우에는 독립성은 적용될 여지가 없고 부종성에 따라 보증인도 채무를 면한다고 보는 것이 타당하다고 본다.

③ **발행인 어음보증** – **약속어음 발행인(주채무자)을 위한 어음보증**을 한 자는 약속어음 발행인과 동일한 책임을 부담하므로(어32.1), 지급제시기간 내에 지급제시가 없더라도 어음보증인은 책임을 면하지 않는다. 판례도 발행인을 위한 어음보증인은 보증된 자와 동일한 책임을 지는 것이므로 이러한 어음보증인에게도 소지인은 지급을 위한 제시 없이도 어음금청구권을 행사할 수 있다고 보았다(86다카1858).

2) **독립성** : 어음보증에도 어음행위독립의 원칙이 적용되어 피보증인의 채무가 실질적 사유(예, 어음위조발행)로 무효가 되는 경우라도 보증채무는 유효지만(어32.2), 요건흠결 등 형식적 이유로 무효하게 된 경우에는 독립성이 적용되지 않는다. 어음보증의 **부종성과 독립성의 관계**는 서로 모순(부종성은 의존성, 독립성은 비의존성)되는 듯 보이는데, 양 성질은 동일한 관계에서, 적용되는 국면을 달리하는 원칙으로 볼 수 있다. 즉 부종성은 피보증채무가 이행 등을 이유로 소멸된 경우에 나타나는 성질이고 독립성은 피보증채무의 효력 자체가 실질적 하자를 이유로 소급해서 상실하는 경우(실효)에 적용되는 성질이다. 피보증채무가 유효하게 존속하다가 상계·면제·시효완성·권리보전절차의 흠결 등의 이유로 효력을 상실할 경우에는 보증채무는 당연히 함께 효력을 상실한다(부종성). 그러나 피보증채무에 무효·취소·위조 등의 실질적 하자가 있어 소급해서 효력을 상실하더라도 보증채무는 효력을 상실하지 않는다(독립성)는 점에서 양 성질은 구별된다.

3) **합동성** : 보증인과 피보증인은 합동하여 책임을 부담한다(어47.1). 따라서 어음소지인이 보증인에게 보증채무의 이행을 청구할 경우 보증인은 민법상 보증인과 달리 최고·검색의 항변권을 행사할 수 없다(민437). 보증인책임의 합동성으로 인해 연대보증과 유사하며 수인의 어음보증인이 있을 경우에도 분별의 이익은 없다고 해석된다. 따라서 어음소지인은 어음보증인이나 피보증인 중 누구에게나 어음금지급을 청구할 수 있고, 청구받은 어음보증인은 최고·검색의 항변권을 행

사할 수 없어 채무를 이행하여야 한다(어47.2).

4) **항변권 : 피보증인의 인적항변권**(어음소지인에 대한)을 보증인이 행사할 수 있는가(**쟁점465**)에 관해, **긍정설**은 어음보증인은 피보증인의 항변권으로 어음소지인에게 대항할 수 있다고 보고, **부정설**은 어음행위독립의 원칙에 근거하여 피보증인의 채무와 보증인의 채무는 서로 독립적이므로 피보증인이 가지는 인적항변권을 보증인은 행사할 수 없다고 본다. **판례**는 어음보증인은 피보증인의 이러한 인적항변사유를 가지고 어음소지인에게 대항할 수 없지만(부정설) 악의의 소지인에 대하여서도 권리남용의 항변으로 대항할 수 있다고 보았다(86다카1858). 생각건대 보증에서 어음행위독립의 원칙(어32.2)은 피보증채무의 채무의 유효성에 관한 어음소지인의 신뢰보호를 취지로 하는데 반해 항변권은 대체로 채무의 범위와 관련되므로 독립성이 항변권을 부정하는 근거가 되기 어렵고, 보증채무가 주채무에 종속한다는 점에서 긍정설이 타당하다고 본다.

(4) 어음보증채무 이행의 효과

어음보증인이 보증채무를 이행하게 되면 자신의 보증채무가 소멸하면서 동시에 **피보증채무도 소멸**하고, 어음보증인은 피보증인 및 그의 전자인 어음채무자에 대하여 어음상의 권리를 취득한다(어32.3). 어음보증인은 어음법상의 구상권을 취득하는 외에 어음 외의 실질관계에서 발생하는 **민법상 보증인의 구상권**도 취득하므로 어음보증인은 어음법상의 구상권과 민법상의 구상권 중 선택적으로 행사가 능하다고 본다는 견해가 통설이다. 어음보증인의 **어음법상 구상권의 성질**(**쟁점466**)에 관해, **승계취득설**도 있지만, 어음보증인의 구상권취득은 법률의 규정에 의한 원시취득으로 보는 **원시취득설**이 통설이다. 원시취득설은 항변절단의 효력이 있어 피보증인이 어음소지인에 대하여 가지고 있는 인적항변사유로써 구상권을 행사하는 어음보증인에게 대항할 수 없다고 보아, 결과적으로 인적항변의 단절과 악의의 항변 이론을 인정한다. 어음의 **공동보증인의 합동책임**에 따라 공동보증인 각자는 분별의 이익이 없어 어음금 전액에 대해 책임지며, 1인이 보증채무를 이행한 때에는 민법의 일반원칙에 따라 다른 공동보증인에 대한 구상권이 발생한다(민448.2).

제 5 절 환어음의 참가인수

(1) 개 념

어음의 상환청구를 저지하기 위해 제3자가 어음관계에 가입하는 제도인 어음참가에 관해 참가인수와 **참가지급**의 2가지 참가제도를 어음법에 두고 있다. **참가인수**란 만기 전의 상환청구를 저지하기 위하여 어음금을 지급할 것을 약속하는 어음행위이다. 참가인수는 어음행위라는 점에서 **참가지급**과는 구별되며, 인수행위와는 사실상 무관하게 담보책임을 부담하는 행위이다. 참가인수의 법적 성질(**쟁점 467**)에 관해, 보통의 인수의 일종으로 파악하는 인수행위설도 있으나 상환의무부담설이 통설이다. 참가인수인은 피참가인과 동일한 의무를 부담하는데(어58.1), 피참가인은 상환의무자에 한정되므로(어55.2) 참가인수인의 의무 역시 상환의무를 부담하는 것이 되어 인수와 구별된다는 견해이다. 따라서 참가인수인이 부담하는 채무의 소멸시효는 피참가인인 상환의무자와 동일하게 1년 또는 6월이 된다(어70.2,3).

(2) 당사자

참가당사자에는 어음의 기재상 참가가 예정된 자인 예비지급인과 그렇지 않은 협의의 참가인이 있다. **예비지급인**은 어음의 인수거절·지급거절로 인해 상환청구절차에 들어가는 것을 막기 위해 환어음의 발행인·배서인·보증인에 의해 지정된 자이다. 환어음의 지급인·인수인, 약속어음의 발행인은 상환의무자가 아니므로 예비지급인을 지정할 수 없다. 예비지급인이 될 수 있는 자는 어음의 주채무자인 환어음의 인수인, 약속어음의 발행인을 제외한 자로서 환어음의 발행인·배서인·지급인·지급담당자, 어음과 무관한 제3자도 포함된다. 예비지급인은 지정의 효과 발생(어56.2, 60.1)을 위해 지급지 내에 주소를 가져야 한다. **협의의 참가인**의 자격은 예비지급인으로 기재되지 않은 제3자, 지급인, 발행인, 배서인, 상환의무자를 위한 보증인 등은 허용되지만, 인수인, 약속어음의 발행인, 그 보증인은 될 수 없다고 본다.

(3) 참가인수 원인

참가인수는 만기전 상환청구의 저지를 위한 어음행위이므로 만기 전에 상환청구권을 행사할 수 있는 모든 경우에 참가인수가 가능하다(어56.1). 만기 전에 상환청구권을 행사할 수 있는 경우란 만기전 상환청구 원인이 발생하고 인수거절증서가 작성된 경우를 의미하며, 인수제시금지어음은 만기전상환청구가 불가능하므로 참가인수가 허용되지 않는다. 참가인수의 시기는 만기전 상환청구원인이 발생하고 인수거절증서가 작성된 후 시효 등의 원인으로 상환청구권이 소멸되기 전까지 참가인수를 할 수 있다고 본다. 참가인수의 방식은 참가인수문구와 피참가인을 환어음에 기재하고 참가인이 기명날인·서명하여야 한다(어57 1문). 다만 피참가인의 표시가 없는 때에는 발행인을 위하여 한 것으로 본다(어57 2문). 배서인이나 보증인을 위한 참가인수도 허용되므로 참가인수는 등본이나 보전에 할 수 있다고 보는 견해가 통설이다. **일부 참가인수**가 가능한가에 관해 어음법에 특별한 규정이 없어 논란의 여지가 있으나 허용되지 않는다고 본다.

(4) 거절·승낙·경합

1) **참가인수 거절** : 참가인수는 참가인수인의 상환의무부담을 조건으로 어음소지인이 상환청구권이 상실되는 효과가 발생하므로, 어음소지인이 **참가인수를 거절**할 수 있다(어56.3). 참가인수는 참가인수인의 청약과 어음소지인의 승낙으로 성립하지만 어음법은 예비지급인의 참가인수를 거절할 수 없으므로(어56.2,3) 특별히 참가인수의 거절에 관한 규정을 둔 것으로 이해된다.

2) **참가인수 경합** : 수인의 **참가인수 경합**시, 소지인은 참가인수인을 선택할 수 있고 반드시 전자를 위한 참가인수인을 선택하여야 할 의무는 없다고 보나, 후자를 위한 참가인수가 행해진 후 전자를 위한 또 다른 참가인수가 가능하다. 그러나 전자를 위한 참가인수가 있게 되면 후자에 대한 상환청구권은 소멸하므로 후자를 위한 참가인수는 불가능하게 된다.

3) **예비지급인** : **참가인수의 승낙**은 어음소지인의 자유로운 의사결정에 맡겨져 있으나 어음법은 예비지급인이 기재된 경우에는 어음소지인은 예비지급인에게 참가인수의 의사를 확인할 의무를 규정하고 있다(어56.2). 그리고 **예비지급인의 참가**

인수 우선권(**쟁점468**)에 관해, 예비지급인과 제3자의 참가인수가 경합할 경우 예비지급인의 참가인수가 우선한다는 견해와 동지예비지급인만 우선한다고 보는 견해가 있다. 생각건대 동지예비지급인에 대해서는 참가인수제시가 요구된다는 점에서 다른 참가인수와는 성질을 달리하는 점을 고려할 때 동지예비지급인만 우선한다고 본다. 지급지에 주소가 있는 예비지급인의 기재가 있는 경우 어음소지인은 예비지급인에게 어음을 제시하여 거절되었음을 거절증서에 의해 증명하지 아니하면 예비지급인을 기재한 자와 그 후자에 대하여 만기 전에 상환청구권을 행사하지 못하여(어56.2), **동지예비지급인에 대한 어음제시의무**를 규정하고 있다.

(5) 참가인수의 효력

1) **만기전상환청구권의 부분적 소멸** : 참가인수가 있고 이를 어음소지인이 승낙한 경우 어음소지인은 피참가인과 그 후자에 대하여 만기 전의 상환청구권을 상실하므로(어56.3), 작성된 인수거절증서 역시 부분적으로 실효된다. 참가인수가 있더라도 피참가인의 전자나 피참가인은 어음소지인에 대해 상환청구금액을 지급하고 어음을 환수할 수 있다(어58.2). 거절증서와 영수를 증명하는 계산서가 있는 때에는 그 교부도 청구할 수 있다(어58.2 2문).

2) **참가인수인의 의무** : 참가인수인은 어음소지인과 피참가인의 후자에 대하여 피참가인과 동일한 의무를 부담한다(어58.1). 참가인수인이 부담하는 의무는 상환의무로서 제2차적 의무이므로, 어음상의 채무자가 만기에 어음지급을 거절할 경우에 참가인수인에 대해 상환책임을 물을 수 있다. 인수거절증서는 참가인수에 의해 실효되므로 어음소지인이 참가인수인에게 상환책임을 묻기 위해서는 어음채무자에 대한 지급제시와 지급거절증서의 작성이 요구되는 등 상환청구권보전절차를 밟아야 한다. 참가인수가 있더라도 **참가인수인과 피참가인**간에는 아무런 어음상의 관계가 발생하지 않는다.

제 5 장 어음상의 권리

제 1 절 어음의 실질관계

1. 의 의

1) **어음상의 권리의 개념** : 어음이 표창하는 어음금지급청구권과 이에 갈음하는 권리를 의미하며 어음으로부터 생기는 권리(어14.1), 어음에서 생긴 권리(어79)로 표현되고 있다. **어음금지급청구권**은 만기에 약속어음의 발행인, 환어음의 인수인에 대하여 어음금액을 청구할 수 있는 권리로서 이른바 주채무자에 대한 청구권을 말한다. 그리고 **어음금지급청구권에 갈음하는 권리**라 함은 어음의 주채무자가 지급을 거절할 경우 어음법에서 인정하고 있는 상환의무자(환어음의 발행인·배서인 등)에 대한 상환청구권, 보증인에 대한 권리, 참가인수인에 대한 권리, 피보증인과 그 자의 어음채무자에 대한 보증인의 권리, 피참가인 및 그 자의 어음채무자에 대한 참가지급인의 권리 등을 의미한다.

2) **어음법상의 권리** : 어음법이 어음관계의 원만한 진전을 위해 보조적·부수적으로 인정한 권리로서, 악의취득자에 대한 어음반환청구권(어16.2), 일부지급시 어음상의 기재 및 영수증교부청구권(어39.3), 복본교부청구권(어64.3), 이득상환청구권(어79) 등이 포함된다. 어음상의 권리는 어음행위에 의해 발생하고 권리이전에 증권을 요하고, 단기시효에 걸린다. 이에 반해 어음법상의 권리는 어음행위에 의하여 발생하는 것이 아니라 어음법에 의하여 그 요건을 충족한 때 발생하며, 어음법상의 권리의 이전은 어음의 양도방법에 의하는 것이 아니라 지명채권의 양도방법에 의하고 그 권리의 행사에 증권의 소지를 요하지 않는다.

3) **실질관계** : 어음이 발행되거나 배서될 경우 이를 자세히 살펴보면 어음행위의 원인이 되는 법률관계가 있고, 환어음·수표의 발행시에는 자금에 관련된 법률관계가 있으며, 어음·수표의 발행시에 이를 위한 일종의 예약도 존재한다고 볼

수 있다. 이와 같이 어음행위에 관련되는 이들 관계를 원인관계·자금관계(보상관계)·어음예약이라 하며 이들을 통칭하여 어음관계에 대한 실질관계라 한다.

2. 원인관계

(1) 개 념

어음행위 당사자간에 어음행위를 하게 되는 실질적 원인인 법률관계를 의미한다. 매매·도급·증여·소비대차계약에서 비롯된 대금지급의무를 이행하기 위해 어음을 발행 또는 배서할 경우 매매·도급·증여·소비대차계약이 원인관계가 되고, 어음관계에 선행하는 독립적인 법률관계이다. 상업어음을 발행하거나 배서함에 있어서 선행하는 원인관계가 효력을 상실할 경우 원인을 상실한 어음관계의 효력은 어떻게 될 것인가(어음관계에의 영향) 그리고 기존채무의 결제를 위해 어음이 발행되거나 배서된 경우 기존채무는 이행된 것으로 볼 것인가 하는 점(원인관계에의 영향) 등이 문제된다.

(2) 원인관계의 효력이 어음관계에 미치는 영향

1) **원칙(추상성)** : 어음행위는 그 원인이 되는 실질관계의 유무나 효력(무효·취소)에 의해 영향을 받지 않는 성질(추상성, 무인성)을 가지며 어음유통보호를 위한 성질이다. 어음행위의 추상성의 법적 근거를 발행·인수의 절대적 무조건성(어1 2호, 26.1), 배서의 무조건성(어12: 무익적기재사항)으로 보는 데 이견이 없다. 어음행위 당사자간의 원인행위가 효력을 상실하더라도 무인성(추상성)에 따라 어음행위가 유효하므로 어음의 소지인은 어음상의 권리를 행사할 수 있지만(어음은 유효함), 어음행위 상대방에게 어음상의 권리를 행사하면 원인행위가 효력을 상실하였다는 항변(**인적항변**)의 대항을 받으며 다만 이러한 인적항변은 선의의 제3자에게는 행사가 제한된다(인적항변의 절단).

2) **예 외** : 어음의 무인성(추상성)에 대한 예외로는, ① **당사자간 인적항변 허용**(어17) – 어음거래 당사자간에 인적항변이 허용되므로 원인관계의 효력은 예외적으로 어음관계에 영향을 미친다고 볼 수 있다. 하지만 채권자가 권리를 행사함에는 원인채권의 존재를 증명할 필요 없이 어음을 제시하여 권리를 행사하면 족하고 오히려 이를 거절하려는 채무자가 원인관계상의 항변이 존재함을 이유로 채

권자의 권리행사를 거절한다는 점에 관한 증명책임을 부담하게 된다.

② **권리남용** – 어음행위의 무인성에도 불구하고 어음을 소지할 정당한 권한이 없어 어음상의 권리를 행사할 실질적인 이유가 없음에도 불구하고 이를 반환하지 아니하고 소지하고 있는 것을 기화로 권리를 행사하는 것은 권리남용에 해당하기 때문에 어음채무자는 이를 거절할 수 있다(86다카1858). 하지만 원인채무가 변제된 백지약속어음을 소지함을 기화로 이를 부당보충하여 실질적 원인관계 없이 배서양도하였다 하더라도 무인성의 법리에 비추어 그 양수인의 약속어음금 청구가 바로 신의성실의 원칙에 어긋나는 것으로서 권리남용에 해당한다고 볼 수 없다(96다52649).

③ **어음의 소멸시효의 기산점** – 어음이 장래채권의 담보를 위해 발행된 경우, 약속어음 소지인(수취인)의 발행인에 대한 약속어음상의 청구권의 소멸시효는 위 구상채권이 현실적으로 발생하여 그 약속어음상의 청구권을 행사하는 것이 법률적으로 가능하게 된 때부터 진행된다고 본다(2003다33769).

④ **원인채권 압류와 어음채권의 행사** – 국세체납으로 인하여 채권압류가 있은 경우에는 채무자는 채권자에게 채무를 지급할 수 없고 오직 소관 세무공무원에만 지급하여야 할 것이고 체납자인 채권자는 그 압류된 채권을 행사할 수 없다고 보았지만(82다카889), 원인채권에 대한 압류의 효력이 발생하기 전에 원인채권의 지급을 위하여 약속어음을 발행하고 그것이 제3자에게 배서양도된 경우에 그 어음의 소지인에 대한 어음금의 지급이 원인채권에 대한 압류의 효력이 발생한 후에 이루어졌다 하더라도 그 어음을 발행하거나 배서·양도한 원인채무자는 그 어음금의 지급에 의하여 원인채권이 소멸하였다는 것을 압류채권자에게 대항할 수 있다고 보았다(99다1154).

3) **기타 제도** : 이득상환청구권(어79)은 원인관계상의 형평을 고려한 제도여서 원인관계가 어음관계에 영향을 미친 것으로 볼 여지가 있다. 그리고 상환의무(어43)는 어음수수의 원인관계에 의거한 법정책임으로 볼 수 있다.

(3) 어음관계가 원인관계에 미치는 영향

1) **당사자자치** : 어음 자체의 매매를 목적으로 하는 경우 등(소위 목적적 어음관계)을 제외하고는 어음관계는 기존채무의 결제를 위해 형성된다. 어음의 발행 또는 배서 등의 어음행위를 함으로써 기존채무인 원인관계상의 채무가 이행되어

소멸하는지 여부는 당사자자치가 적용되는 영역으로서 당사자의 의사에 맡겨져 있다. 편의상 당사자의 의사를 대체로 '지급에 갈음하여,' '지급을 위하여,' '지급을 담보하기 위하여'의 3가지 의사유형으로 구분할 수 있다.

2) **'지급에 갈음하여' 어음이 교부된 경우** : 어음채권이 성립함으로써 기존채권을 소멸시킬 의사로 어음행위를 한 경우, 어음을 교부함으로써 원인채권은 지급된 것으로 되어 소멸한다. **기존채권의 소멸과 어음채권의 성립의 관계**(쟁점469)에 관해, 경개계약설, 대물변제설, 당사자의 의사에 따라 경개 또는 대물변제로 이해하는 절충설이 있다. 경개설과 절충설은 신채무와 구채무와 유인관계에 있다고 보므로 어음의 무인성에 반하며 어음의 유통성을 저해할 우려가 있어 부적절하다. 따라서 어음의 수수는 기존채무의 지급에 갈음하여 이루어진 것으로 이해하는 대물변제설이 타당하다고 본다. 다만 이 경우 채권자의 승낙이 요구되므로 어음상의 채권자가 지급에 갈음하여 어음을 수령한다는 명시·묵시의 의사표시가 요구된다.

3) **'지급을 위하여' 어음이 교부된 경우** : 어음행위 당사자간에 어음채권과 원인채권이 병존하고 어느 한 채무를 이행함으로써 양자가 소멸하는데, 원인채권과 어음채권 중 **행사순서**에 관해 당사자간에는 어음에 의한 채무의 변제를 의욕하고 있다고 보아 어음채권을 먼저 행사하여야 하는 것으로 해석한다. 원인채권을 행사하기 위한 전제로 어음채권을 어느 정도 행사하여야 하는가(**어음채권 행사방법**)에 관해, 어음을 제시하여 지급·인수거절이 있으면 어음채권은 행사한 것이 되어 원인채권 행사가 가능하며, 상환청구권까지 행사할 필요는 없다고 본다. 그리고 어음은 만기에 지급제시하여 지급받거나 만기 전에 어음을 할인받아 변제에 충당할 수도 있으나 후자의 경우에도 채권자가 어음상의 상환의무를 완전히 면할 때까지는 원인채무는 소멸하지 않는다. **판례**는 채권자가 어음과 원인채권을 분리해서 양도한 경우 채권양수인에 대해 어음 반환 없는 원인채무 이행거절의 항변을 할 수 있으며, 이 경우 어음채권의 만기보다 원인채권의 이행기가 먼저 도래하더라도 채무자는 원인채무의 불이행으로 인한 이행지체에 빠지지 않는다고 본다(2003다13512).

4) **'지급을 담보하기 위하여' 어음이 수수된 경우** : 어음행위 당사자가 어음채권

과 원인채권이 병존하고 어느 채권을 먼저 행사하더라도 무방하다고 본다. **병존채권의 행사순서**에 관해 제한이 없으므로(원인채권의 선행사 가능), 원인채권의 변제기가 도래하면 어음만기의 도래 여부를 불문하고 채무자는 이행지체가 된다. 다만 원인채권을 먼저 행사하는 경우에는 채권자는 채무자에게 **어음을 반환**하여야 한다. **원인채권 행사를 위한 어음반환 요부**(쟁점470)에 관해, **반환불요설**은 원인채무 선변제 한 후 어음의 반환을 청구가 가능하다고 보며, **반환필요설·동시이행항변권설**(통설)은 어음의 반환이 없으면 원인채권을 행사할 수 없다는 견해이다. 판례는 기존의 원인채무와 수표상의 채무가 병존하고 있는 한에서는 채무자로서는 그 수표상의 상환의무를 면하기 전까지는 이중으로 채무를 지급하게 될 위험을 피하기 위하여 원인관계상의 채권자에 대하여 수표의 반환 없는 기존채권의 지급청구를 거절할 수 있다고 보았으며(2003다13512), 양 채무가 병존하는 경우, 채권자가 기존채무의 이행에 관하여 채무자로부터 어음을 교부받은 후 이를 다시 채무자에게 반환하였다면 특단의 사정이 없는 한 채무자로부터 기존의 원인채권을 변제받은 사실을 추정할 수 있다고 보았다(96다41588). 생각건대 채무자의 이중변제의 위험을 고려할 때 반환필요설이 타당하다고 본다.

5) **의사가 불명확할 경우** : 어음의 교부가 원인채권에 미치는 영향은 당사자자치에 따라 3가지 유형의 의사가 있을 수 있지만, 당사자 사이에 특별한 의사표시가 없으면 어음의 교부가 있다고 하더라도 기존 원인채무는 여전히 존속한다고 추정(**양 채무의 병존추정**) 즉 '지급을 위하여' 또는 그 '담보를 위하여' 교부된 것으로 추정된다(통설, 2000다57771). 다만 어음상의 **주채무자가 원인관계상의 채무자와 동일하지 아니한 어음**(예, 타인발행 어음, 은행도어음)이 교부된 때에는 제3자인 어음상의 주채무자에 의한 지급이 예정되고 있으므로 이는 '지급을 위하여' 교부된 것으로 추정한다(93다12213). 채무자가 채권자에게 교부한 어음이 이른바 '은행도 어음'인 경우 '지급을 위하여' 교부된 것으로 추정함이 상당하다고 보았다(2000다57771).

6) **손해배상** : ① **상환청구권 보전의무** – 어음이 '지급을 위하여' 교부된 경우, 어음채권 선행사의무가 있고 이로써 만족을 얻지 못할 경우 원인채권을 행사할 수 있는데, 판례는 이 경우 채권자는 특별한 사정이 없는 한 채무자에 대하여 원인채권을 행사하기 위하여는 어음을 채무자에게 반환하여야 하므로, 채권자가 채

무자에 대하여 자기의 원인채권을 행사하기 위한 전제로서 지급기일에 어음을 적법히 제시하여 **상환청구권 보전절차를 취할 의무**가 있다고 보았다(95다25060).

② **상계** – 만일 채무자에 대한 지급제시를 해태하던 중 어음발행인의 자력이 악화되어 무자력이 됨으로써 채무자가 어음을 반환받더라도 발행인에 대한 어음채권과 원인채권의 어느 것도 행사할 수 없게 된 경우 비로소 자신의 채권에 대하여 만족을 얻지 못하게 되는 손해를 입게 된다. 다만 판례는 이러한 손해는 어음주채무자인 발행인의 자력의 악화라는 특별 사정으로 인한 손해로서 상환청구권 보전의무를 불이행한 어음소지인이 그 채무불이행 당시인 어음의 지급기일에 장차 어음발행인의 자력이 악화될 것임을 알았거나 알 수 있었을 때에만 그 배상채권으로 상계할 수 있다고 보았다(95다25060). 이와 유사하게 어음할인자가 적법한 지급제시 흠결로 상환청구권을 상실한 후 주채무자 자력이 악화된 경우에 손해배상책임을 특별손해로 본 사례도 있고(2002다59849), 수표상의 권리행사를 지체하였음을 이유로 손해배상을 인정한 사례도 있다(2000다55324).

3. 자금관계

(1) 개 념

환어음의 지급인이 인수·지급을 하거나 수표의 지급인이 지급을 하는 원인이 되는 법률관계로서, 지급인이 발행인에게 일정한 채무를 부담하고 있는 경우 이 채무관계가 자금관계가 될 수 있다. 기존의 채무관계가 없을 경우에도 발행인이 환어음을 발행하고 지급인이 지급할 경우 이를 사후적으로 보상할 수도 있으며(이를 **보상관계**라고도 한다), 이는 반대로 지급인의 발행인에 대한 채권관계로 나타날 수도 있다. 환어음이나 수표발행에서 발행인과 지급인의 관계인 자금관계가 약속어음 등에서도 어음발행인인 주채무자와 지급담당자, 보증인과 어음채무자, 참가지급(인수)인과 피참가인간에 유사하게 존재하는데, 이를 **준자금관계**라 한다.

(2) 성질·효력

원인관계와 어음관계는 원인관계를 해소하기 위해 어음관계가 형성되는 관계에 있어 어음관계가 수단적 성질을 가진다. 하지만 자금관계와 어음관계를 보면 오히려 자금관계가 어음관계를 해소하기 위해 이용되거나 새롭게 형성되는 관계에 있다는 점(예컨대 지급인에게 어음자금을 공여하는 경우)에서 자금관계가 수단적 성질을 가진다. 따라서 원인관계가 효력을 상실한 경우 어음관계의 효력에 관해 추상성의 원칙이 필요하지만, 자금관계는 어음관계의 수단에 지나지 않으므로 자금관계가 효력을 상실하더라도 어음관계는 논리적으로 당연히 영향을 받지 않는다고 볼 수 있어 양자간에 효력은 분리되어 있다. 다만 어음행위의 무인성을 넓게 해석할 경우 자금관계로부터 어음관계의 효력이 분리되는 성질(무인적 관계)을 포함하는 개념으로 이해할 수 있다. 그리고 자금관계가 존재하지 않을 경우 당사자간에 항변(인적항변)이 허용된다는 점에서 제한적이나마 양자는 견련관계를 가진다고 이해할 수 있다.

(3) 수표 자금관계의 특징

수표법 제3조는 수표는 처분할 수 있는 자금이 있는 은행을 지급인으로 하여 발행하도록 정하고 있다. 따라서 수표를 발행하기 위해서는 발행인은 은행과 수표계약(당좌계정거래)을 체결하여야 하고 해당 계좌에 처분자금이 있거나 처분자금이 부족하더라도 일정한 한도 내에서 은행이 이를 지급한다는 당좌대월약정을 체결하여야 한다. 당좌계정계약이란 수표의 발행인과 지급은행 사이에 수표의 자금관계에 관하여 맺은 계약으로서 수표계약·당좌예금계약·당좌대월계약 등이 포함되어 있다. 부정수표단속법 제2조는 수표법 제3조를 위반하여 수표를 발행할 경우 5년 이하의 징역 또는 수표금액의 10배 이하의 벌금에 처할 수 있음을 규정하고 있다.

4. 어음예약(가어음)

어음수수에 앞서 당사자 사이에 어떠한 내용(어음의 종류·금액·지급지·만기 등)의 어음을 주고 받을 것인가에 관하여 약정하는 것을 어음예약이라 한다. 어음예약을 위반하여 어음이 발행된 경우에도 그 어음이 유효함은 어음의 무인성에서 볼 때 당연하며 어음예약의 위반사실은 인적항변사유가 될 수 있다.

제2절 어음·수표상의 권리취득 — 어음의 선의취득

(1) 개 념

1) **취 지** : 어음·수표상의 권리자가 어음·수표의 점유를 잃은 경우에 소지인이 악의 또는 중대한 과실 없이 어음·수표를 취득하고 배서의 연속에 의해 권리를 증명한 때에는 사유를 불문하고 어음·수표의 점유를 잃은 자에 대하여 그 어음을 반환할 필요가 없고 어음·수표를 취득하게 하는 제도(어16.2, 수21)이다. 양도인이 어음의 실질적인 권리자인지 여부를 불문하고 어음취득자를 보호함으로써 결과적으로 어음의 유통을 보호한다. 즉 어음법은 일정한 외관요건(배서연속)을 갖출 경우 권리관계의 진정성과 무관하게 적법한 권리를 추정하고 권리가 추정되는 자로부터 어음을 선의로 취득한 경우에는 취득자를 보호한다(어16.2).

2) **동산 선의취득과 비교** : 어음의 선의취득제도는 민법상 **동산의 선의취득제도**(민249~251)와 비교할 때, 동산의 유통보다 어음의 유통이 더 강력하게 보호될 필요가 있다는 이유에서 어음의 선의취득제도를 강화하고 있다. i) 취득자의 경과실이 있더라도 선의취득은 성립할 수 있고, ii) 평온·공연한 양수를 요건으로 하지 않으며, iii) 무권리자로부터 어음을 양수한 경우는 물론 무효한 거래로 취득한 경우에도 일반에 선의취득제도를 확대적용하려는 견해가 유력하게 주장되고 있으며, iv) 도품·유실물의 특례(민250)가 어음에 적용되지 않는다.

(2) 선의취득의 요건

1) **어음법적 유통방법** : 선의취득제도는 어음의 유통을 보호하기 위한 제도이므로 선의취득이 성립하기 위해서는 어음법적 유통방법에 의해서 어음을 취득하여야 한다. 어음법적 유통방법이란 원칙적으로 배서에 의한 취득을 의미하나 최후의 배서가 백지식인 경우, 무기명식 또는 소지인출급식수표의 경우에는 배서 없이 교부에 의한 취득도 허용된다. 따라서 상속·합병과 같은 포괄승계는 포함되지 않으며 특정승계이더라도 지명채권양도방식, 전부명령, 일정한 특수배서(기한후배서, 추심위임배서)에 의한 취득시 선의취득이 부인된다. 그러나 백지어음은 백지가 보충되기 전에는 어음상의 권리를 행사하는 것은 부적법하나 백지인 상태

의 유통은 보호되므로, 백지어음도 배서와 교부에 의해 양도된 경우 선의취득의 대상이 된다.

2) **배서가 연속된 소지인** : 선의취득이 성립하기 위해서는 어음소지인이 어음법 제16조 1항(배서연속)에 따라 권리를 증명하여야 하므로 소지인은 어음이 발행되어 자신에 이르기까지 배서가 연속되었음을 증명할 수 있어야 한다. 배서연속성의 형식적 판단, 배서연속간주(어16.1 4문), 배서연속의 가교에 관해서는 전술하였다.

3) **실질적 하자 있는 어음의 양도** : ① 허용범위에 관한 논의 – 어음소지인이 어음을 무권리자로부터 취득한 경우 선의취득이 성립함은 동산의 선의취득에서와 동일하다. 무권리자로부터의 취득 이외에 **하자 있는 어음취득행위에의 선의취득 허용성**(**쟁점471**)에 관해, **무권리자 한정설**은 선의취득제도는 형식적 자격을 신뢰한 자를 보호하는 제도이지 능력·대리권을 신뢰한 자까지 보호하는 제도는 아니며, 금전·은행권과 비교할 때에도 어음의 경우에만 거래상의 하자까지 보호하는 것은 불균형하다고 한다. **무제한설**은 무권리뿐만 아니라 양도인의 사유로 인해 어음양도행위가 무효 또는 취소될 수 있는 경우에도 선의취득이 성립한다고 보는 견해로서, '양도인이 정당한 소유자가 아닌 때(민249)'와 달리 '사유의 여하를 불문하고 환어음의 점유를 잃은 자'(어16.2)로 표현하고 있어 무권리자에 한정되지 않는다는 점을 논거로 들고 있다. **무능력자 제외설**은 기본적으로는 무제한설에서 출발하지만, 무능력제도를 통한 무능력자의 보호는 어음의 유통보호보다도 더 보호되어야 한다는 이유에서 선의취득의 적용범위에서 배제한다. 그 밖에 대리권·처분권흠결, 피배서인과 양도인의 인적 동일성흠결의 경우만 선의취득을 인정하는 **부분적 제한설**도 주장되고 있다. **판례**는 어음의 선의취득으로 인하여 치유되는 하자의 범위, 즉 양도인의 범위는 양도인이 무권리자인 경우뿐만 아니라 대리권의 흠결이나 하자의 경우도 포함된다고 보았다(94다55217).

② **검토** – 어음법 제16조 2항의 법문을 고려하고, 지급결제수단으로 어음·수표의 유통보호(특별법 영역)는 무능력자보호보다 우선한다는 점, 선의의 제3자 보호규정을 두고 있는 착오·사기·강박·통정허위표시의 어음행위에는 선의취득제도의 적용이 불필요한 점에 비추어, 어음의 선의취득제도는 무능력·무권리자·무처분권·위조·무권대리 등을 이유로 어음행위가 효력을 가지지 못하는 경

우에 적용된다고 보아야 한다. 특히 무능력의 경우에도 선의취득제도가 적용된다고 본다.

4) **악의 또는 중과실 없는 취득** : ① **개념** – 어음소지인이 어음을 취득할 당시 무권리를 포함하여 거래의 실질적 하자에 관해 알았거나 조금만 주의했다면 알 수 있었을 경우에는 어음의 선의취득이 성립하지 않는다. **악의**란 거래의 실질적 하자에 관해 알고 있다는 것이고 **중과실**이란 조금만 주의하면 거래의 실질적 하자를 알 수 있었는데 주의의무를 해태하여 알지 못한 것을 의미한다.

② **판단 기준** – 악의 또는 중과실의 대상이 되는 실질적 하자의 시간적 범위에 관해 **직전 양도인만 기준**으로 하고 설사 그 이전의 자에게 무권리 등의 하자가 존재한다는 사실을 안 경우에도 선의취득은 성립한다고 본다(통설). 악의·중과실의 판단은 **어음의 취득 당시를 기준**으로 하므로, 어음취득시점에는 선의였으나 후에 거래에 하자가 있다는 사실을 알게 되더라도 무방하다. 이는 백지어음의 경우에도 동일하여 어음취득자의 선의에 관한 판단은 백지어음의 보충시점이 아닌 어음의 취득시점을 기준으로 이루어져야 한다.

③ **증명책임** – 악의·중과실에 대한 **증명책임**은 악의·중과실을 주장하는 자에게 있다. 판례는 어음·수표를 취득함에 있어서 통상적인 거래기준으로 판단하여 볼 때 양도인이나 그 어음·수표 자체에 의하여 양도인의 실질적 무권리성을 의심하게 할 만한 사정이 있는데도 불구하고 이에 대하여 상당하다고 인정될 만한 조사를 하지 않고 만연히 양수한 경우에는 중대한 과실이 있다고 보았다(86다카2026).

5) **독립한 경제적 이익을 가질 것** : 어음취득자가 보호되기 위해서는 어음취득자에게 독립적인 경제적 이익이 존재하여야 한다. 그렇지 않은 경우 예컨대 어음상의 권리이전을 목적으로 하지 않고 추심권한만의 이전을 목적으로 하는 추심위임배서의 경우에는 어음취득자에게 독립적인 경제적 이익이 존재하지 않으므로 선의취득이 성립되지 않는다. 숨은 추심위임배서의 경우에는 추심위임배서의 실질을 갖는 것으로 증명되는 한 피배서인에게 독립된 경제적 이익이 없으므로 신탁양도설의 입장에서도 선의취득을 부인하는 것이 타당하다는 견해가 있다. 그러나 입질배서의 피배서인은 독립된 경제적 이익을 갖고 있으므로 질권의 선의취득이 인정된다.

(3) 선의취득의 효과

1) **선의취득자의 권리취득** : 어음법 제16조 2항은 선의취득자는 점유를 잃은 자에 대하여 어음을 반환할 의무가 없다고 규정하여 권리상실자에 대한 반환의무를 부인함으로써 어음의 점유를 잃은 자는 권리를 상실하고 선의취득자는 권리를 **원시취득**하게 된다. 선의취득이 성립할 경우 선의취득은 권리의 귀속의 문제이고 항변은 채무의 범위의 문제이므로 별개의 문제로 보아, **항변권**이 부착된 채로 선의취득된다(통설). 선의취득하게 되는 것은 어음상의 청구권이 표창된 어음이며 그 청구권에 대응하는 각 어음행위자의 채무는 선의취득되는 권리와는 구별된다. 따라서 각각의 어음행위자에 대해 항변절단의 문제는 어음법 제17조에 따라 결정되며 항변부착을 알고 있어도(악의) 선의취득이 성립할 수 있으며, 이 경우 항변이 부착된 채로 어음상의 권리를 취득한다. 하지만 선의취득이 성립하지 않을 경우 적법한 어음소지인의 지위가 되지 않으므로 항변절단의 문제는 무의미해진다.

2) **발행행위의 실질적 하자와 선의취득** : 선의취득은 어음발행에 하자가 있을 경우에는 문제되지 않고 어음유통에 하자가 있을 경우에만 문제된다. 즉, 발행위조의 경우나 발행에 하자가 있어 취소된 경우는 권리의 성립 문제이고 권리의 귀속 문제는 아니므로 선의취득과 무관하다. 선의취득은 권리가 유효하게 성립한 후 권리의 귀속에 충돌이 생길 경우 해결하는 이론이다. 발행행위가 위조된 경우에는 형식상 유효한 어음이 유통되나 피위조자인 발행인은 어음소지인에게 위조의 항변을 할 수 있으므로 어음지급청구권의 취득이 불가능하다. 그리고 발행행위에 의사표시의 하자가 있는 경우에도 형식상 유효한 어음이 유통되나 발행인은 발행행위를 취소함으로써 어음상의 권리를 무효하게 만들 수 있다. 다만 어음소지인이 선의의 제3자일 경우 대항할 수 없게 되는 경우는 있을 수 있다.

3) **제권판결과의 관계** : ① 논의 – 어음을 분실·도난당한 자가 공시최고절차를 거쳐 제권판결을 받은 경우에 어음의 **선의취득자와 제권판결취득자간의 우선성**(**쟁점472**)에 관해, **선의취득자우선설**은 제권판결절차는 소송절차가 아니고 비송사건절차이므로 실질적 권리를 제한할 수 없다는 점, 민사소송법 제485조에 의해서도 실질적 권리의 귀속관계는 일반소송절차에 위임하고 있으며 또 선의취득자가 공시최고의 유무를 아는 것은 매우 어려울 뿐만 아니라 공시최고는 주지방법으로서

도 매우 불완전하여 악의·중과실을 의제할 수 없다는 점, 선의취득자의 권리를 부인하면 증권을 타인에게 양도한 자 등이 제권판결을 받아 불법수단으로 악용할 우려가 있다는 점, 선의취득자에게 권리를 인정하는 것이 거래의 안전을 위한다는 점 등을 근거로 선의취득자가 우선한다고 본다. **제권판결취득자우선설**은 증권을 상실한 본래의 권리자는 무권리자가 아니기 때문에 제권판결을 얻으면 권리를 행사할 수 있고, 따라서 선의취득자의 권리는 부정되는 점, 어음법 제16조 2항에 의하여 선의취득자는 어음을 반환할 의무가 없는데 제권판결취득자가 증권을 반환받은 것과 동일한 효과가 인정되어 이로 인하여 선의취득자의 권리는 예외적으로 부정되는 점, 공시최고절차는 비록 완벽한 것은 아니지만 권리신고를 게을리한 선의취득자보다는 상당한 비용과 시일을 소비한 공시최고신청인을 더 보호할 필요가 있다는 점 등을 논거로 제권판결취득자가 우선한다고 본다. **제한적 선의취득자우선설**은 선의취득자우선설에 따르면서 악의의 선의취득자를 배제하려는 견해로서, 선의취득자가 공시최고의 사실을 알면서 권리의 신고를 하지 않은 경우(악의)에는 선의취득자에게 실질적 권리를 인정할 필요가 없다고 보나, 선의취득자가 과실로 그 사실을 알지 못한 경우(선의)에는 증권의 유통보호상 그에게 실질적 권리를 인정하여야 한다고 본다. 이때 선의취득자의 공시최고에 대한 악의의 증명책임을 주장자에게 부담시키면 증권의 유통도 보호하면서 선의취득제도를 남용하는 자도 규제된다고 본다. 기타 **절충설**로 선의취득자 가운데 제권판결 선고 전에 적법하게 권리를 행사(은행에 적법한 지급제시를 한 수표소지인, 제권판결 전에 약속어음의 발행인에게 어음금의 지급을 청구한 어음소지인 등)한 자만 제권판결취득자에 우선하고 그렇지 아니한 선의취득자는 제권판결에 의하여 그 권리를 상실하게 된다고 해석하는 견해도 있다.

② **판례** – 1965년 판례는 선의취득자우선설을 따르고 있는 것으로 보이나, 그 이후의 판례의 입장은 명확하지 않다고 판단된다. 1976년부터 1990년까지의 판례는 정당한 소지인 또는 실질적 권리자라 하더라도 약속어음상의 권리를 주장할 수 없다고 하여 이를 실질적 권리행사를 부인한 것으로 보면 제권판결취득자우선설에 따르고 있는 듯 보인다. 다만 판례의 입장에 관해 무효가 된 약속어음으로써 약속어음상의 권리를 주장할 수 없다는 제권판결의 소극적 효력을 언급한 것으로서 당연한 논리이고 제권판결취득자우선설을 따랐다고 볼 수 없다는 견해도 있다. 그런데 1991년 판례는 회사법 관련 판례이기는 하나 동 판결에서 어음·수표가 아닌 주권의 제권판결이 있으면 주권의 선의취득자는 적법한 주주로서 권한을

행사할 수 없다고 보아 결의무효소를 상환청구할 이익이 없다고 본 판례는 명백히 주권 선의취득자의 실질적 권리까지 부인한 판례로 보인다. 그런데 1993년 판례부터는 무효한 어음을 유효한 어음이라고 주장하여 어음금을 청구할 수 없다고 하여 선의취득자가 가진 어음에 의한 권리행사만 금지시키고 실질적 권리행사의 가부에 관해서는 판단하고 있지 않아 판례의 입장이 제권판결취득자우선설에서 중립적인 입장으로 사실상 변경되었다고 볼 여지가 있다. 요컨대 판례의 표현에 근거할 경우 판례의 입장은 초기(1965년 판결)에는 선의취득자우선설을 따른 것으로 보이나, 이후 판례에서는 제권판결취득자우선설에 따른 듯 보이며 최근(1993년 판결 이후)에는 어느 견해도 따르지 않고 중립적인 판결을 내고 있다고 판단된다.

③ **검토** – 제권판결제도는 어음·수표가 훼멸되거나 선의취득자 없이 상실된 경우 그 권리를 회복하는 제도로 보아야 하고 어음법이 강력하게 보장하고 있는 선의취득자의 권리를 부인하면서 상실한 권리를 회복하는 제도로 보기는 어렵다고 본다. 따라서 어음·수표의 효력이 소멸한다고 하는 제권판결의 소극적 효력은 절대적 효력이지만, 제권판결취득자는 어음·수표 없이 권리를 행사할 수 있다는 적극적 효력은 상대적 효력으로서 선의취득자가 존재하지 않은 경우에만 적용되고 선의취득자가 존재할 경우에는 선의취득자가 우선하여 그 권리를 입증하여 행사할 수 있다고 보아, 선의취득자우선설에 찬성한다.

제 3 절 어음·수표상 권리의 행사

1. 개 요

어음상의 권리행사에 있어서 어음의 제시가 요구되고(**제시증권성**) 채무자는 채무를 이행하면서 어음을 환수할 수 있다(**환수증권성**). 어음의 제시의 목적은 약속어음·수표의 경우 어음금·수표금의 지급을 받기 위함이고(**지급제시**) 환어음의 경우에는 지급뿐만 아니라 인수를 위해 제시하는 경우(**인수제시**)도 있다. 어음소지인이 만기에 어음상의 주채무자에게 어음을 지급제시하면 주채무자는 어음금을 지급하여야 한다. 주채무자(또는 지급담당자)가 지급을 함에 있어 요구되는 조사의무를 형식화시켜 일정한 사항만 확인하면 설사 무권리자에게 한 지급이라도 선의로 한 변제는 효력이 발생한다(**선의지급**). 그리고 주채무자가 변제할 자력이 없다든지 **항변권**(위조·변조의 항변권, 무권대리, 무능력 등)을 행사하여 지급을 거절할 경우 어음소지인은 전자인 어음행위자에게 담보책임을 묻는 절차, 즉 **상환청구절차**를 진행시킬 수 있다.

2. 지급제시와 지급

(1) 지급제시

어음의 소지인이 지급인·인수인·지급보증인 또는 지급담당자에게 지급장소 또는 지급지에서 어음금을 지급받기 위하여 어음을 제시하는 것을 의미한다(제시증권성, 추심채무성). 이는 어음을 인수인(약속어음의 경우 발행인) 또는 지급인에게 제시하여 지급을 청구하는 행위로서 일정한 요건을 갖춘 지급제시는 상환청구권이 보전되는 등 여러 가지 법률효과를 발생케 한다.

(2) 적법한 지급제시

1) **지급제시의 당사자** : 적법한 지급제시가 되기 위해 **제시자**는 배서의 연속에 의해 형식적 자격을 가지는 어음의 소지인과 그 대리인, 권리를 증명한 어음소지인이어야 한다. 단순한 점유자에 의한 제시는 적법한 지급제시가 되지 않고(cf. 환어음의 인수제시), 대리인이나 사자에는 거절증서의 작성을 위임받은 공증인이나 집행관이 포함된다. **피제시자**는 환어음의 지급인(인수인), 약속어음의 발행인, 수표의 경우 지급인 또는 지급보증인이고 그 대리인·지급담당자가 기재된 경우 지급담당자가 포함된다. 약속어음의 발행인, 환어음의 인수인이 수인인 경우 지급이 거절된 경우 이들 전원에 대하여 지급제시하여야 상환청구절차에 들어갈 수 있다.

2) **지급제시의 장소** : ① **원칙** – 어음·수표의 지급제시장소는 원칙적으로 지급지에 있는 **지급인의 주소**(**영업소**)이다. 지급지 내에 지급인의 영업소나 주소·거소가 없는 경우, 즉 타지지급어음인 경우에는 지급장소 또는 지급담당자의 기재가 요구되는데(**제3자방지급어음**), 지급장소 기재가 있는 경우 그 장소, 지급담당자의 기재가 있는 경우에는 지급담당자의 주소(영업소 소재지)가 지급제시의 장소가 된다(cf. 인수제시는 지급담당자가 아닌 지급인의 주소지임). 지급지 외의 장소를

기재한 제3자방은 무효이어서(통설) 이 경우 지급지 내에 있는 주채무자의 주소(영업소)에서 지급제시하여야 한다. 지급지 내에 지급인의 주소지도 제3자방지급문구도 없을 경우 지급제시가 불가능한 상태이므로 지급지 내에서 지급거절증서를 작성하여야 한다(다수설).

② **지급제시기간 경과** – 지급제시기간의 경과 후 **지급장소의 효력**(쟁점473)에 관해, 지급장소 유효설, 지급장소 실효설, 지급장소·지급지 실효설, 지급지 효력제한설 등의 견해가 대립된다. 생각건대 지급지기재는 필요적 기재사항으로 그 효력은 지급제시기간 경과와 무관하고 지급장소는 유익적 기재사항으로서 지급자금을 지급제시기간에 보관하는 장소의 의미를 가졌으므로 기간이 경과하면 실효한다고 보는 것이 당사자의 의사에 합치한다고 볼 때 지급장소실효설이 타당하다고 본다.

③ **지급장소 변경** – 지급인과 어음소지인간에 어음상의 지급장소 이외의 장소에서 지급하기로 합의한 경우 **지급장소변경합의에 따른 지급제시의 효력**(쟁점474)에 관해, **긍정설**은 지급장소는 어음소지인과 지급인간에만 이해관계를 미치는 사항이라는 이유에서 긍정하고, **부정설**은 어음의 요식증권성에 반한다는 논거로 효력을 부정한다. 생각건대 지급장소는 어음의 요건이 아니고 이러한 합의가 어음관계자의 이익에 반하는 것도 아니라는 점에서 지급제시가 지급장소에서 이루어지지 않더라도 지급인이 이를 용인한 경우에는 적법한 지급제시로 보아야 한다. iv) 지급지·지급장소 기재를 불문하고 **어음교환소를 통한 지급제시**는 적법한 지급제시로 보고(어38.2), 어음교환업무 전자화(전자적 지급제시)의 근거규정(어38.3, 수31.2)을 신설하였다.

3) **지급제시기간** : 어음의 주채무자에 대한 지급제시는 어음채무가 소멸시효로 소멸하기까지 할 수 있어 결국 만기로부터 3년 내에 지급제시할 수 있다(어70.1). 그러나 상환의무자에 대한 상환청구권보전을 위해서는, 확정일출급어음·발행일자후정기출급어음·일람후정기출급어음은 지급을 할 날 또는 이에 이은 2거래일 내이고(어38.1), 일람출급어음의 경우에는 발행일자로부터 1년 내(어34.1)에 지급제시하여야 한다. 수표의 지급제시기간은 국내수표는 발행일로부터 10일, 외국수표는 동일주가 20일, 다른 주는 70일이다(수29.1,2). **지급을 할 날**과 **만기**의 개념은 구별되는데, 지급을 할 날이란 법률상 지급을 하여야 할 날로서 만기가 거래일인 경우에는 만기와 일치하나 만기가 법정휴일인 경우에는 이에 이은 제1거

래일이다(어72.1).

4) **지급제시의 방법** : 어음·수표의 제시증권성에 따라 지급제시는 **완전한 어음**을 피제시자에게 현실로 제시하여야 한다. 따라서 등본이나 보충 전의 백지어음이나 법정기재 사항이 기재되지 않은 어음을 제시하여도 지급제시의 효력이 없어 상환청구권보전의 효력이 없다. 학설은 지급거절할 것이 확실할 경우에도 지급제시하여야 적법한 지급제시의 효과가 발생한다고 보며, 지급지 내에 지급인의 영업소·주소·거소가 없어 지급제시를 할 수 없었던 경우에는 적법한 지급제시가 있었던 것으로 본다. 판례는 재판상의 청구에는 어음 자체로써 제시하지 않더라도 소장(64다1026)이나 지급명령의 송달이 있는 경우 적법한 지급제시가 있는 것으로 보지만, 어음금청구소송에서 당사자가 변론기일에 어음을 증거로 제출하고 상대방이 이를 확인하고 인정하면 충분하다(90다카28405). 백지어음의 경우 사실심 변론종결일까지도 그 백지부분(발행지)이 보충되지 아니한 경우에는 그 어음소지인은 발행인에 대하여 이행기에 도달된 약속어음금 채권을 가지고 있다고 볼 수 없다(94다12098). 화환신용장거래에서 화환어음의 지급제시에 선적서류의 제시가 있어야 적법한 것은 아니다(97다41516).

(3) 지급제시의 효과

1) **기본적 효과** : 어음금채무는 추심채무로서 만기가 경과하더라도 지급제시에 의한 추심이 있어야 어음채무자가 이행지체에 빠지게 되므로 지급제시는 어음금액을 지급받기 위한 권리행사요건이다. 따라서 주채무자는 어음금액과 지급제시 이후의 지연이자를 지급하면 족하고 만기 이후 제시한 때까지의 이자는 지급할 필요가 없으므로 지연이자의 계산도 지급제시에 의존한다. 어음의 지급제시는 민법상의 채무이행 청구에 해당하므로 시효중단의 효과가 발생한다.

2) **상환청구권 보전** : 어음소지인은 주재무자에 대해 지급제시하여 거절되어야 비로소 상환청구권을 행사할 수 있어, 적법한 지급제시는 상환청구권보전을 위한 요건이라 할 수 있다. 지급제시기간 내에 어음을 지급제시하지 않으면 상환청구권이 소멸될 뿐만 아니라 환어음의 지급인은 더 이상 발행인의 계산으로 지급할 수 없으며, 지급장소기재가 더 이상 효력을 가지지 못한다. 수표를 지급제시기간 내에 지급제시하지 않은 경우 상환청구권뿐만 아니라 지급보증인에 대한 권리까

지 소멸하나, 지급제시기간이 경과하더라도 지급위탁의 취소가 없을 경우 지급인은 발행인의 계산으로 수표금을 지급할 수 있다(수32.2). 판례는 앞서 본 바와 같이 적법한 지급제시 흠결로 상환청구권을 상실한 후 주채무자 자력이 악화된 경우 손해배상책임을 인정한 바 있다(2002다59849).

상환의무자에 대한 상환청구권보전을 위해서는 i) 정당한 어음소지인이, ii) 주채무자에게, iii) 지급제시기간 내에 지급제시하여야 하고, 이러한 적법한 지급제시에 대해 iv) 주채무자의 지급거절을 거절증서를 통해 증명하여야 한다(어43, 44).

(4) 지급제시의 면제

지급제시면제특약은 당사자간에는 유효로 해석되는데, 지급제시가 면제되면 당사자 일방이 주채무자일 경우 만기가 도래하면 추심행위 없이도 어음채무는 이행지체에 빠지게 된다는 점에서 **지참채무**로서 성질이 변한다. 다만 특약의 효과는 당사자간에만 발생하므로 다른 상환의무자에게 상환청구권을 행사하기 위해서는 적법한 지급제시가 요구된다. 판례는 지급제시 면제특약과 거절증서 작성면제는 구별되나, 거절증서작성이 면제된 경우 적법한 지급제시가 추정된다고 보았다(83다카1411).

법령 또는 해석상 지급제시가 있는 것과 동일한 효력이 인정되는 경우로는, i) 재판상 어음금을 청구하는 경우에는 소장 또는 지급명령의 송달(통설·판례), ii) 인수거절증서를 작성한 경우, iii) 어음의 경우 불가항력이 만기로부터 30일을 넘어 계속하거나(어54.4) 수표의 경우 수표소지인이 자기의 배서인에 대하여 불가항력을 통지한 날로부터 15일을 넘어 계속하는 경우(수47.4), iv) 지급지 내에 지급인의 영업소·주소 또는 거소를 발견할 수 없거나 지급인을 발견할 수 없을 경우(통설) 등에는 지급제시 없이 권리를 행사할 수 있다.

(5) 지급의 요건

1) **협의의 지급** : 주채무자에 의한 어음금 지급시에는 어음상의 권리가 소멸된다. **협의의 지급**(환어음의 지급인 또는 인수인, 약속어음의 발행인 및 수표의 지급인이 하는 지급)으로 어음관계는 완전히 소멸한다. **광의의 지급**(상환의무자·보증인·예비지급인·참가인수인·제3자의 지급)은 어음관계를 완전하게 소멸시키지는

못하고 지급한 자의 구상을 위하여 어음관계가 잔존하게 된다.

2) **지급의 시기** : ① 만기의 지급 – **만기의 지급**이란 지급제시기간내의 지급으로서 선의지급의 효과(어40.3)가 발생한다. 지급을 할 날(만기) 이후에도 지급제시기간 경과 전에는 어음소지인은 인수인(약속어음 발행인) 또는 지급인에 대하여 지급제시할 수 있고 인수인 또는 지급인도 유효한 지급을 할 수 있으며(**선의지급**) 그 지급의 결과를 자금의무자(발행인)에게 귀속시킬 수 있다. 지급제시기간은 지급거절증서 작성기간과 일치하며, 3일간의 제시기간 중 지급제시가 있으면 즉시 지급하여야 하며 지급제시기간 동안 지급인이 기한의 이익을 갖는 것은 아니다.

② 만기전 지급 – **만기 전의 지급**(임의지급)은 어음법이 예정한 지급이 아니어서 보호를 받지 못한다. 즉 만기 전에는 주채무자는 지급의무도 없고 어음소지인은 청구권도 지급수령의무도 없어(cf. 기한의 이익추정, 민153.1), 만기 전의 지급이 수령된다면 변제의 효과는 발생하지만 선의지급의 효과는 발생하지 않아 지급인의 위험부담하에 지급하는 것으로 본다(어40.2).

③ 만기후 지급 – **만기 후의 지급**에는 선의지급의 효력이 인정되는데, 이는 지급제시기간 경과 후에도 시효기간 내에는 어음의 주채무자는 어음금을 지급할 채무를 부담하기 때문이다. 따라서 환어음의 인수인은 만기 후라도 발행인의 계산으로 어음금을 지급할 수 있지만(지급권한), 인수하지 않은 지급인은 지급제시기간 내의 지급, 즉 만기지급을 위탁받은 것으로 보므로 특약이 없는 한 지급제시기간 경과 후에는 지급을 하여도 그 지급의 결과를 자금의무자에게 귀속시킬 수 없다고 본다(선의지급 부적용, 지급위탁철회 불요). 하지만 수표의 지급인은 지급위탁의 취소가 없는 때에는 제시기간 경과 후에도 지급할 수 있으므로(수32.2), 수표금을 지급한 지급인은 발행인의 계산으로 돌릴 수 있다(선의지급 적용, 지급위탁취소 필요).

3) **지급 방법** : 어음금액이 외국화폐로 기재된 경우에는 당해 외국화폐로 지급하거나 지급지의 통화로 지급할 수 있지만(어41.1), 외국통화 현실지급문구(어41.3), 동명이가 통화(어41.4) 등에 관한 규정을 두고 있다. 어음은 상환증권성·환수증권성을 가지고 이중지급의 위험을 피하기 위해 어음을 회수하여야 하며 어음금의 지급과 어음의 반환 간에 동시이행항변권을 주장할 수 있다고 보며, 영수기

재를 청구할 수 있다(어39.1), 판례는 어음채무자가 어음채무를 지급하는 경우 어음의 상환증권성에 의하여 임의변제의 경우뿐만 아니라 강제집행에 의한 경우에도 그 상환을 필요로 한다고 본다(90다카28405). 어음금(수표금)의 **일부지급**도 가능하지만(어39.2, 수34.2) 이 경우 어음지급인은 어음의 교부를 청구할 수 없고 일부지급한 뜻을 어음에 기재하고 영수증교부를 청구할 수 있다(어39.3, 수34.3). 어음소지인이 일부지급의 수령을 거절할 경우 어음소지인은 거절부분에 대한 상환청구권을 상실하나, 지급제시기간 경과 후에는 일부지급을 거절할 수 있다.

만기 지급의 예외로는 i) 어음이 개서된 경우, ii) 인적항변사유이지만 지급유예특약이 있는 경우, iii) 만기가 변경된 경우, iv) 불가항력에 의한 기간연장(어음지급유예, moratorium, 어54) 등의 경우 있다.

(6) 지급인의 조사의무(선의지급제도)

1) **개 념** : 선의지급제도란 만기에 지급하는 지급인은 배서연속정부(整否)를 조사할 의무가 있으나 사기 또는 중대한 과실이 없이 선의로 지급한 경우 어음소지인이 무권리자라 하더라도 지급인은 책임을 면한다는 원칙이다(어40.3). 이는 채무변제는 진정한 권리자에게 이뤄져야 효력이 있다는 원칙에 대한 예외로서, 지급인은 만기에 지급함에 있어서 주의의무를 다하여 배서의 연속의 정부, 어음의 형식적 요건, 자기의 기명날인(서명)의 진부 등을 조사하여야 하며, 이렇게 조사하고 지급한 경우에는 설사 무권리자에 대한 지급이라 하더라도 선의지급의 효과가 발생한다.

2) **선의지급의 요건** : i) **지급시기**에 관해 만기지급 또는 만기후지급에만 인정되고 만기전지급에는 인정되지 않는다. ii) 지급인이 **조사의무의 주체**인데, 약속어음의 발행인, 환어음의 인수인과 같은 주채무자와 이들을 위한 지급담당자, 환어음의 단순한 지급인, 상환의무자도 포함된다. iii) **조사대상**인 어음소지인의 형식적 자격 즉 **배서연속의 정부(整否)의 개념(쟁점475)**에 관해, 어음의 유효성, 배서의 연속뿐만 아니라 지급인 자신의 기명날인·서명의 진부까지 포함하는 개념으로 보는 견해와 자신의 기명날인(서명)의 진부, 어음방식 등은 어음의 형식적 자격이 아니라 실질적 권리에 관한 사항으로 보는 견해로서, 형식적 흠결을 조사하지 않은 경우 조사의무(어40.3 2문)를 불이행이 아닌 중과실(어40.3 1문)에 의한 책임

을 부담한다고 본다. 생각건대 양설은 결론에서 큰 차이가 없고 중과실의 판단 대상이 되는 사항은 조사의무의 대상이라는 점에서 형식적 흠결을 포함하는 견해가 타당하다고 본다. iv) 선의지급의 효과가 발생하기 위해서는 **사기나 중대한 과실이 없이 지급**하여야 한다. 여기서 **사기**라 함은 지급제시자에게 변제수령의 권한이 없음을 알고 또 소송상 이러한 사실을 증명할 확실한 증거방법을 가지고 있는데도 불구하고 지급한 경우를 의미한다. **중과실**은 지급인이 보통의 조사를 하기만 하면 어음소지인이 무권리자임을 알 수 있고 또 그 무권리자임을 증명할 수단을 확실히 획득하였을 터인데, 이 조사를 하지 않았기 때문에 무권리자인 줄을 모르고 지급한 경우를 의미한다고 보는 견해가 통설이다. **수표**의 경우에는 사기·중과실이 없어야 한다는 요건이 규정되어 있지 않아(수35), 수표지급인의 주의의무에 관해 견해의 대립이 있지만, 수표법 동조에 사기·중과실을 규정하지 않은 것은 입법상 과오로 보고 어음법 규정이 유추적용되어야 하는 것으로 본다.

3) **선의지급의 효과** : 환어음의 지급인이 선의지급의 요건을 갖추고 지급한 경우에는 실제 지급수령자가 무권리자라 하더라도 지급인은 면책된다. **선의지급의 면책대상**, 즉 소지인의 무권리뿐만 아니라 소지인의 수령능력의 흠결, 대리권의 흠결, 동일성의 흠결도 치유되는가에 관해 어음의 유통보호와 지급인의 보호를 위해 지급인은 조사의무는 없어도 조사권은 있으므로 조사 후 사기·중과실이 없을 경우 무권리 이외의 하자도 치유된다고 본다. 면책의 효과는 지급인뿐만 아니라 지급담당자에게도 발생하며, 배서금지어음도 선의지급의 대상이 되나, 배서금지어음이 지명채권 양도방식에 따라 양도된 경우 이에 대해 지급하더라도 선의지급제도가 적용되지 않는다.

4) **실질적 자격의 조사권** : 선의지급제도에도 불구하고 **어음채무자의 어음소지인 실질적 자격조사권한 유무**(**쟁점476**)에 관해, **긍정설**은 실질적 자격에 대한 조사권을 인정하고 조사에 필요한 기간 동안 이행지체가 되지 않는다고 보고, **부정설**은 어음금의 즉시 지급을 위해서는 조사권의 남용이 없어야 하므로 조사권을 인정할 수 없다고 보며, **절충설**은 지급인이 사기·중과실이 되지 않기 위해서는 실질적 자격을 조사할 필요가 있지만 이는 자기의 위험 하에 조사하는 것이어서 소지인의 권리에 문제가 없으면 지체책임을 부담한다고 본다. **판례**는 통상적인 거래기준이나 경험에 비추어 당해 수표가 도난·횡령되었을 가능성이 예상되는 등 의심

할 만한 특별한 사정이 존재하는 경우에는 그 실질적 자격에 대한 조사의무가 수표지급인의 선량한 관리자의 주의의무에 포함되는 것으로 본 바 있다(2000다71494). 생각건대 어음채무자가 사기나 중과실의 책임을 면하기 위해 어음소지인의 자격을 의심할 특별한 사정이 있는 경우에는 합리적 범위 내에서 어음소지인의 실질적 자격에 대한 조사권한이 있다. 만일 어음소지인의 자격을 의심할 특별한 사정이 있어 선의지급제도의 취지를 해하지 않는 합리적 범위 내에서 조사를 하였으나 무권한의 증거를 발견할 수 없었을 경우 지체책임을 부담하지 않는다고 본다.

3. 어음의 상환청구

(1) 의 의

어음이 만기에 지급이 거절되었거나(만기상환청구) 만기 전이라도 지급의 가능성이 현저하게 감소되었을 때(만기전상환청구) 어음의 소지인이 전자인 배서인과 발행인(환어음)에 대하여 본래의 지급에 갈음하여 어음금 기타 비용의 보상을 청구하는 것을 의미하며, 이는 어음행위자의 **담보책임**에 근거한다. 환어음의 발행인·배서인은 발행행위·배서행위를 함으로써 환어음의 인수와 지급을 담보하고(어9, 15), 약속어음의 배서인과 수표의 발행인·배서인은 지급을 담보한다(어77.1, 수12, 18). 담보책임(상환의무)은 어음의 유통성 확보를 위해 매도인의 하자담보책임과 유사한 책임을 환어음의 발행인·배서인에게 인정한 것으로서 일종의 법정 책임이며, 주채무에 부종된 성질의 채무이므로 주채무가 변제 등으로 소멸하면 상환의무도 소멸한다.

(2) 실질적 요건

1) **만기상환청구** : 정당한 어음소지인이 지급제시기간 내에 적법한 지급제시를 하였으나 지급이 거절되면 상환청구를 할 수 있다. i) **정당한 어음소지인**이란 실질적인 어음상의 권리자를 말하고, ii) **지급제시기간 내**에 지급제시하여야 상환청구권을 보전할 수 있는데, 일반적으로 지급을 할 날 또는 이에 이은 2거래일 내에 하여야 한다(어38.1). iii) **적법한 지급제시**란 완성된 어음을 적법한 지급장소(채무자의 영업소 또는 주소지가 원칙이나, 제3자방지급어음의 경우 어음면에 기재된 장소)에서 지급제시함을 의미한다. 지급거절증서 작성이 면제된 경우에도 지

급제시는 요구되며 인수거절증서가 작성되거나(어44.1) 불가항력 등 일정한 경우에만 지급제시가 면제된다(어54.4). 그리고 예비지급인 또는 참가지급인 등이 있을 경우 그들 전원에 대해 지급제시기간의 익일까지 지급제시하여야 한다(어60.1). iv) **지급의 거절**은 적극적으로 거절된 경우뿐만 아니라 소극적으로 지급이 거절된 경우로서 지급인 또는 인수인, 약속어음의 발행인의 부재·소재불명, 상속인의 불명 등의 경우도 포함한다. 지급인이 수인인 경우에는 그 전원이 지급을 거절한 때에만 상환청구할 수 있다. 판례는 만기후배서의 피배서인이 배서인이 지급제시를 하였는지 여부와 관계없이 다시 스스로 적법한 지급제시기간 내에 지급제시를 하여야 상환청구권을 보전할 수 있으며, 배서인이 지급제시함으로써 보전한 상환청구권을 지명채권 양도와 같은 효력으로 승계하였음을 주장하여 이를 행사할 수도 있다고 보았다(99다44250).

2) **만기전상환청구** : ① 요건 – 어음의 신용이 극도로 불안해지는 경우(어음이 인수거절되었거나 파산·지급정지·강제집행부주효 등 주채무자의 신용이 악화된 경우)에 만기전이라도 상환청구가 가능하다(어43). **인수거절**에는 인수의 적극적 거절(어43 1호)은 물론 부단순인수, 지급인의 소재불명, 지급인의 사망과 상속인 불명 등의 원인이 있을 경우를 포함한다. 인수일부거절이 있는 경우 거절부분에 관해 인수거절의 효과가 발생하나 인수제시금지어음은 인수거절되어도 상환청구할 수 없다.

② **인수제시** – 인수제도를 두고 있지 않은 **약속어음의 만기전상환청구**에 관해, 환어음의 인수인과 달리 약속어음 발행인의 신용악화시 상환청구할 수 있다는 규정은 없으나(어77.1 4호), 해석상 상환청구권을 인정하여야 한다는 것이 통설·판례(92다6471)이다. 인수제시는 자유로우므로(인수제시자유의 원칙) 인수제시를 하지 않으면 인수거절로 인한 상환청구권행사를 할 수 없으나, 만기에 지급제시하여 지급받거나 지급거절시 지급거절증서를 작성하여 상환청구권을 행사할 수 있다. 그러나 인수제시명령이 있는 어음(어22.1), 일람후정기출급어음(어23)은 반드시 인수제시하여야 하므로 인수제시기간 내에 인수제시하지 않으면 모든 상환청구권을 상실하게 된다(어53.1 1호, 53.2).

③ **지급제시** – 기타 파산, 지급인·인수인의 지급정지, 강제집행부주효도 만기전상환청구의 원인이지만, 지급인·인수인의 지급정지·강제집행 부주효의 경우 곧바로 상환청구할 수 없고 지급제시하여 거절증서를 작성시킨 후가 아니면 상환

청구권을 행사하지 못한다(어44.5).

(3) 형식적 요건(거절증서)

1) **의　의** : ① 개념 – 인수 또는 지급의 거절은 공정증서(**인수거절증서·지급거절증서**)에 의하여 증명하여야 하지만(어44.1), 파산의 경우에는 파산결정서, 회사정리개시의 경우에는 회사정리개시결정서를 대용할 수 있다. **거절증서**란 어음상의 권리의 행사 또는 보전에 필요한 행위를 한 것과 그 결과를 증명하는 공정증서로서 인수거절증서와 지급거절증서가 포함된다. 거절증서의 법적 성질은 공정증서이고 요식증서로서의 성질을 가진다. **인수거절증서**는 상환청구원인이 인수의 전부 또는 일부의 거절인 경우 인수거절사실을 증명하며, 인수를 위한 제시기간내(제2제시 요구시 그 익일까지)에 작성시켜야 한다(어44.2). 인수인·지급인의 파산선고, 인수제시금지어음, 발행인의 파산선고시 거절증서를 작성할 필요가 없는데, 소지인이 상환청구권을 행사함에는 파산결정서를 제시하면 된다(어44.6).

② 작성기한 – **지급거절증서**는 확정일출급, 발행일자후정기출급 또는 일람후정기출급의 환어음은 지급을 할 날에 이은 2거래일 내에, 일람출급어음은 발행일자로부터 1년 내에 지급거절증서를 작성하여야 한다(어44.3). 다만 인수거절증서가 작성되었거나(어44.4) 지급거절증서 작성이 면제된 경우(어46) 또는 불가항력에 의한 경우(어54) 지급거절증서 작성 없이 상환청구권을 행사할 수 있다. 인수인·지급인의 지급정지·강제집행부주효의 경우 소지인은 지급인에 대하여 지급을 위한 제시를 하고 지급거절증서를 작성시킨 후가 아니면 상환청구권을 행사하지 못한다(어44.5).

2) **거절증서 작성면제** : ① 개념 – 어음의 상환의무자인 발행인·배서인·보증인은 거절증서작성을 면제할 수 있다. 거절증서 작성을 면제하기 위해서는 '무비용상환'·'거절증서작성불요' 등 면제문구를 기재하고 기명날인(서명)하여야 한다(어46.1). **약속어음의 발행인의 면제권한 유무**(**쟁점477**)에 관해 약속어음의 발행인은 상환의무자가 아니므로 그 작성의 면제권이 없다는 부정설이 있으나, 어음법 제46조는 약속어음에도 준용될 뿐만 아니라(어77.1 4호) 환어음의 발행인과 약속어음의 발행인은 그들이 부담하는 책임의 내용은 다르지만 어음의 작성자라는 점에서 같기 때문에 약속어음의 발행인도 작성면제의 기재를 할 수 있고 그 효력은 기명날인·서명한 자 전원에 미친다는 견해가 타당하다고 본다.

② **효력 – 거절증서 작성면제의 효력범위**는 면제자에 따라 다르게 나타나는데, 발행인이 거절증서 작성면제한 경우 모든 어음채무자에게, 배서인·보증인이 거절증서 작성면제한 경우 당사자에게만 효력이 발생하므로 다른 상환의무자에 대하여 상환청구권을 행사하기 위해 거절증서를 작성하여야 한다.

③ **제시·통지의무** – 거절증서 작성을 면제한 경우에도 소지인에 대하여 법정기간 내의 **어음의 제시·통지의무**를 면제하지 아니한다(어46.2 2문). 거절증서 작성 없이 상환청구절차에 들어갈 수 있는 효력을 가질 뿐이지 적법한 지급제시나 상환청구통지까지 면제한 것은 아니기 때문이다. 다만 거절증서 작성이 면제된 경우 법정기간 내에 어음을 제시하고 상환청구통지한 것으로 추정되므로 법정기간의 부준수는 소지인에 대하여 이를 원용하는 자가 증명하여야 한다(어46.2 2문). 판례도 어음배서인이 지급거절증서 작성을 면제한 경우에는 그 어음소지인은 적법한 지급제시를 한 것으로 추정되어 적법한 지급제시가 없었다는 사실은 이를 원용하는 자에게 주장·입증책임이 있다고 보았다(84다카2425).

3) **거절증서 작성기간** : 인수거절증서 작성기간은 인수제시기간 내이고 지급거절증서 작성기간은 지급제시기간(어34)과 실질적으로 동일하다. 어음법·수표법은 불가항력에 의해 지급제시가 불가능할 경우 거절증서 작성기간을 연장하고 있다(어54.1). 여기서 **불가항력**이란 국가법령에 의한 금제 기타 불가항력 등 일반적으로 기대되는 최선의 주의를 다하였더라도 피할 수 없는 지진·홍수·전쟁·폭동·지역봉쇄 등이 포함된다. 불가항력이 종료된 때에는 소지인은 지체 없이 인수 또는 지급을 위하여 어음을 제시하고 필요한 경우에는 거절증서를 작성시켜야 한다(어54.3). 불가항력이 만기로부터 30일을 넘어 계속하는 때에는 어음의 제시 또는 거절증서의 작성 없이 상환청구권을 행사할 수 있다(어54.4). 일람출급 또는 일람후정기출급의 환어음에는 30일의 기간은 제시기간경과 전이라도 소지인이 배서인에게 불가항력의 통지를 한 날로부터 진행한다. 일람후정기출급의 환어음에는 30일의 기간에 어음에 기재한 일람 후의 기간을 가산한다(어54.5). 수표의 경우 불가항력이 15일을 넘어 계속될 경우 거절증서 없이 상환청구권을 행사할 수 있다(어47.4).

(4) 상환청구의 절차

1) **상환청구 당사자** : **상환청구권자**는 적법한 소지인 기타 어음상의 채무(상환

의무·보증의무)를 이행한 '주채무자 이외의 자', 즉 어음환수자·어음보증인·참가지급인·무권대리인이 포함된다. **상환의무자**에는 환어음의 발행인·배서인·보증인이 포함되나 무담보배서인·추심위임배서인·기한후배서인 등은 제외된다. 상환의무자, 즉 환어음의 발행, 인수, 배서 또는 보증을 한 자는 소지인에 대하여 **합동책임**을 진다(어47.1). 따라서 어음소지인은 상환의무자인 어음채무자에 대하여 그 채무부담의 순서에 관계없이 1인, 수인 또는 전원에 대하여 청구할 수 있으며(어47.2), 이는 어음채무자가 어음을 환수한 경우에도 동일하다(어47.3). 그리고 어음채무자의 1인에 대한 청구는 다른 채무자에 대한 청구에 영향을 미치지 아니한다고 규정하여 청구의 상대적 효력을 규정하고 있다. **청구의 상대적 효력**은 청구를 받은 자의 후자에 대하여도 동일하게 나타난다(어47.4). 상환의무자가 자신의 상환의무를 적극적으로 이행할 권리(**상환권**)을 가지는데, 상환의무자는 미리 상환함으로써 상환청구금액이 증대되는 것을 막을 필요가 있어 통설은 이를 인정한다. 상환권을 행사하려는 자가 수인일 경우 어음소지인은 어음채무를 가장 먼저 부담한 상환의무자의 이행을 수령하여야 하며 이로써 가장 많은 상환의무자가 채무관계에서 해방된다.

2) **상환청구통지** : 상환청구절차에 들어갈 경우 상환의무자에게 상환청구원인의 발생사실, 즉 인수거절·지급거절을 알림으로써 상환준비를 시키고, 신속하게 상환하여 상환금액의 증가를 방지하기 위해 어음법은 통지의무를 규정하고 있다(어45). 통지의무자는 소지인 또는 후자로부터 통지를 받은 배서인이고 이들은 통지수령자인 발행인·배서인·보증인 등에게 통지하여 순차적으로 발행인에게 미치게 하는 **순차통지주의**를 취하고 있다(어45.1, 45.2). 통지기간은 어음소지인의 경우 거절증서 작성일(작성면제시 어음제시일) 또는 이에 이은 4거래일이며(어45.1), 각 배서인은 통지를 받은 날에 이은 2거래일 내이다.

3) **상환청구금액** : 어음의 상환청구금액에는 미지급어음금액과 그에 대한 이자의 기재가 있을 경우 이자가 포함된다. 만기상환청구의 경우 만기 이후 연 6푼의 이자가 포함되며 비용, 즉 거절증서 작성비용·통지비용 기타 비용이 포함된다(어48.1). 만기 이후의 연 6푼의 이자는 지급제시기간 내에 지급제시만 하면 만기일에 지급제시를 하지 않았어도 청구할 수 있으므로 지연이자가 아니라 법정이자이다(통설). 만기전상환청구의 경우 법정이자가 가산될 여지가 없으며 오히려 중

간이자가 공제된다(어48.2). 어음을 환수한 자는 **재상환청구금액**으로 지급한 총금액, 지급한 금액에 대한 연 6푼의 이율에 의하여 계산한 지급의 날 이후의 이자, 지출한 비용 등의 지급을 청구할 수 있다(어49).

4) **상환방법** : 소지인은 어음채무자에 대하여 그 채무부담의 순서에 불구하고 그 1인, 수인 또는 전원에 대하여 상환청구를 할 수 있어(어47.2), 순차적·비약적 상환청구 모두 가능하다. 특정 상환의무자에 대한 상환청구는 다른 상환의무자의 상환의무에 영향을 미치지 아니하므로(어47.4), 특정한 상환의무자에 대해 청구한 후 그 전자 또는 후자에 대해 상환청구권을 행사할 수 있다. 상환청구권자는 어음에 반대문언의 기재가 없으면 역어음을 발행함으로써 상환청구권을 행사할 수 있다(어52.1). **역어음**이란 상환청구권자가 발행인이 되고 상환의무자 중 1인을 지급인으로 하여 그 자의 주소에서 지급할 것을 내용으로 하는 일람출급의 새 환어음을 말한다. 상환의무를 이행하면서 상환의무자는 이중상환청구위험에서 벗어나고 자신의 전자에게 재상환청구를 하기 위해 지급과 상환으로 어음, 거절증서, 영수를 증명하는 계산서의 교부를 청구할 수 있으며(어50.1), 환어음을 환수한 배서인은 자기와 후자의 배서를 말소할 수 있다(어50.2). 일부인수 후에 인수되지 아니한 어음금액을 지급하는 자는 상환청구권의 행사를 위해 소지인에게 그 지급한 뜻을 어음에 기재할 것과 영수증의 교부를 청구할 수 있다. 소지인은 그 후의 상환청구를 할 수 있게 하기 위하여 어음의 증명등본과 거절증서를 교부하여야 한다(어51).

(5) 재상환청구

1) **개 념** : 지급거절된 어음을 상환한 상환의무자가 다시 자기의 전자에 대하여 상환청구하는 것을 의미하는데, 어음채무자가 그 어음을 환수한 경우에도 자신에게 상환청구권을 행사한 어음소지인과 동일한 권리가 있다(어47.3). **재상환청구권을 가지는 상환의무이행자의 법적 지위**(**쟁점478**)에 관해, **권리회복설**은 재상환청구에 관해 어음양도 전 소지인의 권리를 회복하는 것으로 이해하고, 어음양도시 어음의 환수를 해제조건으로 하여 권리가 이전된다고 보아, 원래의 자신에 대한 인적항변의 대항을 받게 되나 후자에 대한 인적항변으로 대항하는 것은 불가능하게 된다. **권리재취득설**은 배서에 의하여 어음상의 권리가 확정적으로 피배서인에게 이전되는 것이므로 배서인이 어음을 환수하면 법률의 규정에 의한

어음채권의 양수에 의하여 어음상의 권리를 재취득하는 것으로 보아, 원래의 자신의 인적항변으로 대항받지 않으나 후자에 관해 그가 악의이면 인적항변으로 대항받는다고 본다. **절충설**은 권리재취득설의 입장이면서 항변권은 권리회복설과 동일한 결과를 인정한다. 생각건대 상환의무이행의 효과는 배서의 법적 성질과 관련되는데, 배서의 법적 성질을 채권양도라고 보는 한 권리재취득설이 타당하다고 본다. 권리재취득설에 의하는 경우에만 환어음의 인수 전에 어음을 양도한 발행인 또는 배서인이 상환의무를 이행한 경우에 인수인에 대하여 어음금지급청구권을 갖는다는 점, 재상환청구권의 소멸시효는 상환의무자가 어음을 환수한 때로부터 진행하는 점 등을 모순 없이 설명할 수 있으며, 항변권에 관해선 아래에서 따로 고찰한다.

2) **어음항변권 행사** : A가 발행한 약속어음을 수취인 B와 C·D·E를 거쳐 F가 소지하던 중 어음이 지급거절되어 F가 D에게 상환청구하자 D가 상환의무를 이행하고 C에게 재상환청구하려 하는 경우를 가정한다. **재상환청구권자**(D)**에 대한 재상환의무자**(C)**의 항변권**(쟁점479)에 관해, **권리회복설**에 따르면 D에 대한 C의 항변권은 당연히 부활되어 D가 C에게 권리행사하려 할 때 항변권으로 대항할 수 있다고 보지만, **권리재취득설**에 의하면 D에 대한 항변이 절단되어(어17) C는 D에게 항변권을 행사할 수 없다고 보는 것이 논리적이지만, 인적항변절단의 취지가 어음소지인 보호인데 이 경우에는 특별히 D를 보호할 이유가 없고 D는 동일인이므로 권리회복설과 같이 해석하는 것이 타당하다고 본다. 다음으로 **재상환청구권자의 후자**(F)**에 대한 재상환의무자**(C)**의 항변권**(쟁점480)에 관해, **권리회복설**에 따르면 종전의 권리를 회복하므로 F에 대한 항변권으로 대항할 수 없게 되나, **권리재취득설**에 따르면 F에 대한 C의 항변사유에 관해 D가 해의라면 C는 D에 대해 항변권을 행사할 수 있다고 본다. 생각건대 권리재취득설을 취하면서도 재상환청구권자인 D가 F로부터 어음을 환수한 것은 상환의무의 이행에 따른 강제적 취득이므로 D의 선의·악의를 묻지 않고 C는 D에게 대항할 수 없다고 보아 절충설을 따른다.

3) **재상환청구의 요건** : 상환의무자가 상환청구권자에게 상환의무를 이행하여야 하고 유효한 어음, 거절증서 및 영수증명을 기재한 계산서 등을 교부받아 소지하고 있어야 한다(어50.1). 재상환청구권자가 자기의 전자에 대하여 재상환청구권을 행사하는 경우에도 보통의 상환청구권자가 상환청구권을 행사하는 경우와 같

이 비약적 상환청구도 허용된다. 환어음을 환수한 자는 그 전자에 대하여 재상환청구금액의 지급을 청구할 수 있다. **재상환청구금액**에는 지급한 총금액, 지급금액에 대한 연 6푼의 이율에 의하여 계산한 지급의 날 이후의 이자, 지출한 비용 등이 포함된다(어49). 판례는 소구(상환청구)의무를 부담하지 않는 자가 어음소지인의 상환요구에 응하여 어음금을 지급하고 어음을 취득한 경우에는 전 배서인에 대하여 재소구(상환청구)할 수 없다고 보았으며(90다카9435), 백지식배서에 의하여 어음을 양수한 다음 단순히 교부에 의하여 이를 타인에게 양도한 자가 소지인의 소구(상환청구)에 응하여 상환을 하고 어음을 환수한 경우, 그 전의 배서인에 대하여 당연히 재상환청구권을 취득하는 것은 아니라고 하더라도, 그 상환을 받은 소지(상환청구)인이 그 전의 배서인에 대하여 가지는 상환청구권을 민법상의 지명채권 양도의 방법에 따라 취득하여 행사할 수 있는 것으로 보았다(98다19448).

4) **지급거절증서 작성면제와 재상환청구** : 수취인(B)은 지급거절증서 작성을 면제하였으나 배서인(C)은 지급거절증서 작성을 면제하지 않았는데, 거절증서를 작성하지 않았음에도 배서인(C)이 어음소지인(D)의 상환청구에 대해 상환의무를 이행하였을 경우 배서인은 수취인에 대한 재상환청구권을 가지는가(**쟁점481**)에 관해, 거절증서의 작성을 면제하지 않은 경우 지급이 거절되었음에도 거절증서를 작성하지 않은 때에는 재상환청구권을 상실한다고 보는 견해는 거절증서의 작성을 면제하지 않은 배서인은 상환의무를 부담하지 않으므로 결국 무담보배서인과 마찬가지로 어음법 제47조 3항의 어음채무자라고 할 수 없고, 상환의무를 이행하여 어음을 환수하더라도 전자에 대하여 재상환청구권이 없다고 본다. 하지만 재상환청구권 상실은 B가 거절증서의 작성을 면제하지 않은 경우에만 그러하고 B가 거절증서 작성을 면제한 자라면 사정은 다르다고 본다. 적어도 B에 대한 C의 관계에서, 거절증서 작성 없이 한 D의 상환청구에 대해 C가 상환의무를 이행하였더라도 C의 B에 대한 재상환청구권은 보장되어야 한다고 본다. 왜냐하면 B는 상환청구이든, 재상환청구이든 거절증서가 작성되지 않았다는 이유로 상환의무 이행을 하지 않는다는 항변권을 포기하였기 때문이다. 판례도 유사한 취지로 판단된다(90다카9435).

(6) 합동책임

환어음의 발행·인수·배서 또는 보증을 한 자는 소지인에 대하여 합동하여 책임을 진다. 소지인은 어음채무자에 대하여 그 채무부담의 순서에 불구하고 그 1인, 수인 또는 전원에 대하여 청구할 수 있다. 어음채무자가 그 어음을 환수한 경우에도 소지인과 동일한 권리가 있으며, 어음채무자의 1인에 대한 청구는 다른 채무자에 대한 청구에 영향을 미치지 아니한다. 합동책임은 각 구성원이 채무를 부담한 원인이 모두 상이하다는 점, 구성원이 부담하는 채무의 내용도 모두 상이하다는 점에서 연대채무와 구별된다. 이미 청구를 받은 자의 후자에 대하여도 같다(어47). 약속어음의 발행인과 배서인이 소지인에 대하여 부담하는 합동책임은 연대채무와는 달라 배서인의 채무이행이나 배서인에 대한 권리의 포기는 발행인에 대하여는 영향을 미치지 않는다(87다카1356).

4. 권리행사의 저지 : 어음항변

(1) 의 의

1) **개 념** : 어음채무자의 외관을 가지는 자(피위조자 포함, 지급인은 불포함)가 어음소지인의 어음상의 권리행사를 거절하는 행위를 의미하며, 어음항변의 주체는 어음채무자와 어음채무자의 외관을 가지는 자가 된다(위조의 항변 포함). **어음항변권의 성질**(**쟁점482**)에 관해 형성권설이 있으나 청구권의 행사를 저지하는 권리이므로 일방적 의사표시에 의해 법률관계의 변동을 초래하는 형성권과는 구별되어야 한다고 본다. 그리고 어음항변은 상대방에게 청구권이 있다는 사실을 전제로 하여 그 이행을 거절하는 **좁은 의미의 항변**뿐만 아니라 상대방의 청구권 자체의 불성립 또는 소멸을 주장하는 **넓은 의미의 항변**도 포함한다. 항변의 분류에 관해 새로운 항변분류방식을 주장하는 견해가 이른바 신어음항변이론으로 독일법을 중심으로 나타났지만, 어음항변의 전통적 분류방식은 항변권의 효력을 기준으로 물적항변과 인적항변으로 구분한다. 물적항변은 어음의 기재로부터 발생하는 항변과 어음행위의 효력에 관한 항변을 포함하고, 인적항변은 물적항변을 제외한 항변사유를 의미하는 것으로 이해한다.

2) **어음항변의 제한** : 누구든지 자기가 가진 것보다 많은 권리를 타인에게 양

도할 수 없다는 사법의 일반원칙에 따라 채무자는 채권의 양도인에 대항할 수 있는 사유로 채권의 양수인에게도 대항할 수 있다. 그러나 어음거래에서 이를 그대로 인정할 경우 어음이 유통될수록 항변사유가 누적되어 어음의 유통이 저해될 우려가 있다. 따라서 어음법 제17조는 양도인에 대한 항변을 가지고 양수인에게 대항할 수 없도록 함으로써 어음의 유통성과 피지급성을 보호하고 있다. 어음이 유통되는 경우 인적 관계로 인한 항변이 절단됨으로써 양수인은 결과적으로 양도인이 가졌던 권리보다 더 강화된 권리를 취득하게 되어 어음의 유통이 보호되는데, 이를 **배서의 권리강화적 효력**이라 한다. 그러나 모든 어음항변이 어음유통에서 제한되는 것은 아니고 인적 관계로 인한 항변(**인적항변**)만 제한되고 **물적항변**은 제한되지 않는다.

3) **인적항변 제한의 이론적 근거** : 인적 관계로 인한 항변이 제한되는 법적 근거는 어음법 제17조에서 찾을 수 있지만, **항변제한의 이론적 근거**(**쟁점483**)에 관해, 어음에 표창된 권리외관을 믿고 거래한 자를 보호하기 위하여 법이 정책적으로 특히 인정한 제도라고 하여 권리외관이론에서 그 근거를 구하는 견해(다수설)와 어음의 문언성·무인성에서 찾는 견해, 어음상의 권리는 각 소지인이 독립하여 취득하는 것이므로 인적항변은 승계될 여지가 없다고 하여 어음행위의 독립성에서 그 근거를 구하는 견해도 있다. 생각건대 인적항변의 절단은 무인성, 어음행위독립의 원칙과 무관하고, 어음 자체를 권리의 외관으로 보아 실제와 다른 외관(항변이 나타나지 않는 어음)이 존재하고 그 외관형성에 있어 어음채무자에게 귀책사유가 있을 경우 선의의 어음소지인은 외관(어음의 문언)대로 어음상의 권리를 행사할 수 있게 된다는 점에서 권리외관이론이 어음항변론의 근거가 될 수 있다고 본다.

(2) 물적항변

어음채무자가 어음양도인(배서인)에 대한 항변으로 어음양수인(피배서인)은 물론 모든 어음소지인에게 대항할 수 있는 항변을 의미하는데, 이는 어음소지인의 권리행사를 방해하므로 결과적으로 어음유통을 저해하는 면이 있어 엄격하게 제한할 필요가 있다. 광의의 물적항변에는 어음상의 기재에 기한 사유, 어음제도에 따른 사유, 어음행위의 효력에 관한 사유가 포함된다. i) 어음상의 기재에 기한 사유는 어음요건흠결, 현명주의의 위반, 지급필의 기재, 배서의 불연속이 이에 해당한다. ii) 어음제도에 따른 사유에는 권리보전절차의 흠결, 시효의 완성, 제권판결에 의한 어음의 무효가 포함된다. iii) 어음행위의 효력에 관한 사유에는 어음상의 권리 성립에 문제가 있는 경우로 위조·변조, 행위무능력, 대리권흠결 등이 포함된다.

(3) 인적항변

1) **개 념** : 어음채무자가 어음의 양도인에게만 대항할 수 있는 항변으로서, 어음의 양수인에게는 항변이 절단되어 대항할 수 없을 경우의 항변을 의미한다. 이는 특정한 어음소지인에게만 대항할 수 있는 항변으로서 어음법 제17조에서는 **인적 관계로 인한 항변**이라 하고 있다. 제한적으로만 인정되는 물적항변의 범위에 속하지 않는 모든 항변이 여기에 포함된다고 볼 수 있지만 융통어음의 항변은 제외된다. 인적항변사유는 어음의 유통을 보호하기 위해 대항력이 제한되는데, 이는 결과적으로 어음을 취득하는 자에게 자신의 전자에 대한 채무자의 항변으로부터 권리행사의 독립성을 보장한다고 할 수 있다.

2) **종 류** : 인적항변에는 원인관계에 기한 항변, 어음행위 유효성에 관한 항변, 어음상의 권리소멸에 관한 항변, 무권리의 항변 등이 있다. i) **원인관계에 기한 항변**에는 어음거래의 원인이 된 실질관계에서 발생한 항변(예, 매매계약의 무효·취소, 원인관계불법의 항변 등)이 포함된다. ii) **어음행위 유효성에 관한 항변**에는 통정한 허위표시, 착오·사기·강박의 사유가 어음행위에 개재된 경우 어음행위의 취소, 어음의 교부가 없었다는 항변, 백지어음의 부당보충이 포함된다. iii) **어음상의 권리소멸에 관한 항변**에는 어음상에 기재가 없는 지급·상계·면제 등의 항변이 포함된다. iv) **무권리의 항변**에는 수령능력의 흠결, 절취·습득하였다는 항변이 포함된다. 판례도 어음행위에 착오·사기·강박 등 의사표시의 하자가 있다는 항변은 어음행위 상대방에 대한 인적항변에 불과하다고 보았다(96다49513).

3) **효력(인적항변의 절단)** : 어음법 제17조는 “어음에 의해 청구를 받은 자는 발행인 또는 종전의 소지인에 대한 인적 관계로 인한 항변으로써 소지인에게 대항하지 못한다”고 하여 인적항변절단의 효력을 정하고 있다. 어음채무자가 양도인에게 대항할 수 있는 인적항변사유를 가지고 있더라도 어음을 양수한 제3자에게 그 사유로써 대항할 수 없다. 그러나 어음이 본래의 유통방법인 배서·교부에

의해 이전하지 않고 상속·합병·전부명령·채권양도방법 등에 의해 이전된 경우 항변이 절단하지 않고 기한후배서·숨은 추심위임배서의 피배서인에게도 항변이 절단되지 않는다. 그 밖에 어음을 무상으로 취득한 경우에도 인적항변이 절단되지 않는다고 보는 견해도 있다. 판례는 인적항변을 제한하는 법의 취지는 어음거래의 안전을 위하여 어음취득자의 이익을 보호하기 위한 것이므로 자기에 대한 배서의 원인관계가 흠결됨으로써 어음소지인이 그 어음을 소지할 정당한 권원이 없어지고 어음금의 지급을 구할 경제적 이익이 없게 된 경우에는 인적항변절단의 이익을 향유할 지위에 있지 않다고 보았다(2002다46508).

(4) 악의의 항변

1) **개 념** : 인적항변사유에 해당한다고 하더라도 어음소지인(어음양수인)이 그 채무자를 해할 것임을 알고 어음을 취득한 경우에는 소지인에 대하여 인적항변사유를 가지고 대항할 수 있게 되는데, 이때의 항변을 악의의 항변이라 한다. 악의의 항변은 항변의 종류가 아니라 인적항변사유가 거래상대방의 악의로 인해 절단효가 발생하지 않는 현상을 의미한다. 민법의 채권양도의 법리와 달리 인적항변절단을 인정하는 것은 어음의 유통을 보호하기 위한 취지이다. 이는 선의의 취득자를 보호함으로써 어음유통을 보호하자는 것이지 항변권의 존재사실을 알고 취득한 자까지 보호하는 취지는 아니기 때문에 악의의 항변제도가 존재한다. 어음법 제17조의 2문에서는 "소지인이 채무자를 해할 것을 알고 어음을 취득하는 때에는" 항변이 절단되지 않음을 정하고 있다.

2) **악의(해의)의 개념** : 어음법 제17조의 '채무자를 해할 것을 알고'의 의미(**쟁점484**)에 관해, 채무자를 해할 의사의 공모로 보는 **공모설**과, 항변의 존재사실에 대한 악의로 보는 **악의설**, 항변의 존재사실에 관한 악의이고 자신의 취득으로 항변이 절단되어 채무자를 해할 것임을 아는 것으로 보는 **해의설**이 대립하고 있다. 통설적 견해는 해의설로서 악의설과 구별이 문제되는데, 예를 들어 갑·을간에 매매거래상의 다툼이 있다는 것은 알았으나(항변사실에 관한 악의), 원만하게 해결되리라 믿고(가해인식의 부존재) 취득한 경우에는 악의이나 해의는 되지 않아 악의와는 구별된다고 본다. 판례도 어음법 제17조 단서에서 규정하는 채무자를 해할 것을 알고 어음을 취득하였을 때라 함은, 단지 항변사유의 존재를 아는 것만으로는 부족하고 자기가 어음을 취득함으로써 항변이 절단되고 채무자가 손해를 입

게 될 사정이 객관적으로 존재한다는 사실까지도 충분히 알아야 한다고 하여 해의설을 따르고 있다(96다7120). 항변존재사실에 관해 선의이지만 **중대한 과실**이 있는 경우가 문제될 수 있으나 법문상 해의를 요건으로 하고 있어 선의인 데 중과실이 있는 경우는 해당되지 않는다고 본다. 판례도 어음채무자는 소지인이 그 채무자를 해할 것을 알고 어음을 취득한 경우가 아닌 한, 소지인이 중대한 과실로 그러한 사실을 몰랐다고 하더라 도 종전 소지인에 대한 인적항변으로써 소지인에게 대항할 수 없다고 본다(95다56033). 그리고 악의는 어음 취득시를 기준으로 판단하여야 한다.

3) **엄폐물의 법칙**(shelter rule) : 전자가 선의자여서 어음채무자가 전자에게 항변권을 행사할 수 없는 경우 어음채무자는 후자인 소지인이 취득 당시에 인적항변의 존재에 관해 악의이더라도 악의의 항변에 해당하지 않게 되어 항변으로 대항할 수 없다는 원칙이다(2001다5272). 판례도 백지식배서에 의하여 어음을 양수한 사람은 백지를 보충하지 아니하고 인도에 의하여 어음을 양도하면 배서인으로서의 상환청구의무를 부담하지 아니하지만 현재의 어음소지인의 앞 사람으로서 권리를 양도한 어음상의 권리자였다는 지위에는 변함이 없으므로, 어음상 배서인으로 나타나 있지는 않지만 현재의 어음소지인에게 어음을 양도한 사람이 어음취득 당시 선의였기 때문에 그에게 대항할 수 없었던 사유에 대하여는 현재의 어음소지인이 비록 어음취득 당시 그 사유를 알고 있었다고 하여 그것으로써 현재의 어음소지인에게 대항할 수 없고, 현재의 어음소지인이 지급거절증서 작성 후 또는 지급거절증서 작성기간 경과 후에 어음을 양도받았다고 하더라도 마찬가지라 보았다(2001다5272).

4) **제3자의 항변** : 다른 어음행위자가 어음소지인에 대하여 가지는 항변을 어음채무자가 행사할 경우 이를 제3자의 항변이라 한다. 이에는, 전자의 항변, 후자의 항변, 이중무권의 항변 등이 있으며 어음채무자가 어떤 경우에 제3자의 항변을 행사할 수 있는가가 문제된다.

① **전자의 항변** – 예를 들어 갑이 병에게 어음금에 상응하는 채권을 가지고 있다면 병이 을에게 상환청구할 경우 상환의무자(을)가 주채무자(갑)의 병에 대한 항변(상계의 항변)을 원용할 때 문제된다. 보증인에 의한 피보증인의 항변 원용도 유사한데 이는 '전자에 대한'이 아닌 '전자가 가진' 항변의 문제이므로 인적항변의

절단과 무관하다. 전자의 항변은 인적항변의 개별성의 원칙에 반하지만 복잡한 권리 행사(병 → 을 → 갑 → 병)를 항변권 행사로 간편하게 정리할 수 있고 어음의 유통을 해하지 않아 긍정할 필요가 있다.

② **후자의 항변** – 예를 들어 을과 병간의 채권의 소멸(불법원인)로 병이 권리를 행사할 수 없을 때 병이 갑에게 어음상의 청구를 하면 갑이 을의 항변을 원용할 때 문제된다. 이 역시 후자가 가진 항변의 활용 문제이므로 인적항변절단과 무관한데, 복잡한 권리 행사(병 → 갑, 을 → 병)를 생략할 수 있고 어음의 유통을 저해하지 않으므로 긍정할 수 있다고 본다.

③ **이중무권의 항변** – 예를 들어 갑·을간 및 을·병간의 원인관계가 모두 무효인 경우 갑이 병에게 항변권을 행사할 때 문제되는데 이는 인적항변이 중복된 형태이지만, 역시 불필요한 권리행사(병 → 갑 → 을)를 줄일 수 있다는 이점이 있으며, 판례도 이중무권의 항변을 인정한다(86다카2769). **제3자의 항변의 인정여부**(**쟁점485**)에 관해, 항변부인론, 교부유인론, 권리남용론 등이 주장된다. **판례**는 어음행위의 무인성을 전제로 하지만 어음이 어음을 소지할 정당한 권한이 없어 어음상의 권리를 행사할 실질적인 이유가 없음에도 불구하고 이를 반환하지 아니하고 소지하고 있는 것을 기화로 권리를 행사하는 것은 권리남용에 해당하기 때문에 어음채무자는 이를 거절할 수 있다고 보아(86다카1858) 권리남용설을 취하고 있다.

(5) 융통어음의 항변(절단불요의 항변)

1) **융통어음** : ① **개념** – **협의의 융통어음**이란 상거래가 원인이 되지 않고 타인의 자금융통을 목적으로 발행된 어음이고, **광의의 융통어음**이란 타인이 발행한 어음을 자금융통의 목적으로 인수·배서·보증의 형식을 이용하는 경우를 말한다. 판례는 융통어음은 자금을 필요로 하는 자에게 자기의 신용을 이용하여 자금을 융통할 수 있도록 하기 위하여 발행하는 어음을 말하므로 수취인으로 하여금 자신의 신용을 이용하여 자금을 융통하기 위한 것이 아니라면 당초의 어음이나 그 개서어음을 가리켜 융통어음이라고는 할 수 없다고 보았다(86다카1954).

② **법률관계** – 융통어음은 피융통자가 융통어음을 이용하여 제3자로부터 자금의 융통을 얻은 뒤 융통어음의 만기 전에 이를 변제하고 어음을 회수한 뒤 이를 융통어음의 발행인에게 교부함으로써 종결된다. 판례도 융통어음의 수수 당시 당사자 사이에서는 어음의 만기가 도래하기 이전에 피융통자가 어음을 회수하여 융

통자에게 반환하거나, 융통어음의 결제자금으로 그 액면금에 상당한 금액을 융통자에게 지급하기로 하는 약정이 있었던 것으로 봄이 상당하다고 보았다(98다51398). 타인에게 신용을 줄 목적으로 발행하는 융통어음과 달리 발행인이 자금을 융통하기 위하여 스스로 대가관계 없이 발행하여 할인받을 경우(**원인관계 없이 교부된 어음**) 이러한 어음은 융통어음과는 구별되며, 판례는 인적항변사유에 포함시키고 있다(96다3449).

2) **융통어음 항변** : ① **개념** – 어음상 권리자의 어음금청구에 대해 청구어음에 원인관계가 존재하지 않는다는 항변으로서, 특히 융통자가 피융통자로부터 지급청구를 받은 경우 융통인이 지급을 거절할 수 있는 인적항변사유를 의미하며, 피융통인의 어음금지급청구시 융통인은 융통어음의 항변을 주장할 수 있다.

② 악의 소지인 – 만일 융통어음임을 알고 이를 취득한 제3자가 융통인에게 어음금 지급청구할 경우, **악의의 소지인에 대한 융통어음항변 가부**(**쟁점486**)에 관해, **어음법 제17조 부적용설**은 융통어음항변이 인적항변에 해당하나 제3자의 인식은 해의에 해당하지 않으므로 어음법 제17조는 적용되지 않으므로 지급을 거절할 수 없다고 보고, **절단불요항변설**은 융통어음이 발행된 경우에는 처음부터 제3자에 대한 관계에서는 항변의 절단이 예정되어 있지 않으므로 절단이 불필요한 항변이라고 보며, **어음항변부인설**은 융통어음의 항변은 당사자간에서만 주장할 수 있고 어떠한 경우에도 제3자에 대하여는 주장할 수 없는 항변이어서 인적·물적항변에 포함되지 않는다고 본다. **판례**는 융통어음을 양수한 제3자에 대하여는 선의이거나 악의이거나, 또한 그 취득이 기한후배서에 의한 것이었다 하더라도 대가 없이 발행된 융통어음이었다는 항변으로 대항할 수 없다고 보았다(2001다28176). 생각건대 융통어음임을 알고 융통어음을 취득하는 자는 융통어음사유가 해소되었다고 믿고 취득한 것이 아니므로 해의를 가졌다고 볼 수 있다는 점을 고려할 때, 융통어음의 항변도 어음법 제17조가 적용되는 인적항변이어서 절단가능한 항변이다. 하지만 융통어음항변은 어음법 제17조의 예외로서 악의의 항변이 적용되는 경우는 다른 일반 인적항변과 달리 피융통자와 공모한 경우에만 항변이 절단되는 특수한 항변으로 보아야 한다.

3) **융통어음 항변이 허용되는 예외** : 판례는 피융통인이 결제된 융통수표를 다시 제3자에게 사용한 경우(재도사용), 융통인이 당해 수표가 융통수표이었고, 제3

자가 그것이 이미 사용되어 그 목적을 달성한 이후 다시 사용되는 것이라는 점에 관하여 알고 있었다는 것을 증명하면, 융통인이 피융통인에 대하여 그 재사용을 허락하였다고 볼 만한 사정이 없는 한, 융통인은 위 융통수표 재도사용의 항변으로 제3자에 대하여 대항할 수 있다고 보았으며(2000다38596), 피융통자가 융통어음과 교환하여 그 액면금과 같은 금액의 약속어음을 융통자에게 담보로 교부한 경우에 있어서는 융통어음을 양수한 제3자가 그 어음이 융통어음으로 발행되었고 이와 교환으로 교부된 담보어음이 지급거절되었다는 사정을 알고 있었다면, 융통어음의 발행자는 그 제3자에 대하여 융통어음의 항변으로 대항할 수 있다고 보았다(94다50489).

제4절 어음·수표상의 권리의 소멸

1. 개 요

어음상의 권리도 채권으로서의 성질을 가지므로 채권의 일반적 소멸원인에 의해 소멸한다고 할 수 있다. 민법상 채권의 일반적 소멸원인인 변제·공탁·상계·경개·면제 등에 의해 어음상의 권리도 소멸되나, 어음은 제시증권성·상환증권성·유통증권성을 가지므로 이들 채권소멸원인이 어음에 적용될 경우 약간의 특수성을 가진다. 판례도 어음채권자가 어음채권을 자동채권으로 상계의사표시를 함에 어음채무자의 승낙이 없는 이상 어음의 교부가 없으면 상계의 효력이 생기지 아니한다고 보았다(75다739). 어음의 주채무자에 대한 권리는 시효완성, 어음의 말소·훼손·상실에 의해 소멸하나, 기타 어음상의 채무자에 대한 권리는 시효완성은 물론 권리보전절차의 흠결에 의해서도 소멸된다. 그 밖에 어음소지인의 일부지급의 거절(어39.2)에 의해 어음상의 권리가 소멸되고, 일정한 경우(어56.3, 61)에는 상환청구권이 소멸된다. 아래에서는 어음의 상실과 제권판결제도, 시효제도와 이득상환청구권에 관해서만 살펴본다.

2. 어음의 상실과 제권판결

1) **개 념** : 어음의 상실이란 어음증권의 물리적 멸실(절대적 상실)뿐만 아니

라 소지인의 점유이탈(도난·유실: 상대적 상실) 또는 말소·훼손으로 증권의 동일성을 잃은 경우를 의미한다. 어음은 권리를 표창하는 수단이지 권리 그 자체는 아니므로 어음을 상실하더라도 권리 그 자체를 상실하는 것은 아니다. 그러나 어음의 제시증권성·상환증권성에 비추어 어음이 상실된 경우 권리행사가 불가능하고 제3자에 의해 선의취득될 가능성이 있다. 따라서 어음을 상실한 자의 권리를 보호하기 위해 공시최고에 의한 제권판결제도를 두고 있다.

2) **공시최고절차** : 공시최고라 함은 일정한 기간 내에 신고를 하지 않으면 실권한다는 취지로 그 권리의 신고를 최고하는 법원의 공고를 말한다. 이는 광의의 공시최고이며 이에 관해서는 민사소송법 제475조 이하에서 규정을 두고 있다. 유가증권의 공시최고는 도난·분실·멸실된 증권을 무효화하기 위하여 권리의 신고를 최고하는 것을 의미하는 좁은 의미의 공시최고이다. 이에 관해서는 민사소송법 제492조에서 제497조까지 별도의 규정을 두고 있다(민소492.1).

3) **제권판결** : 공시최고기간 중은 물론이고 공시최고기간이 지난 뒤에도 제권판결에 앞서 **권리·청구의 신고**가 있는 때에는 그 권리를 잃지 아니한다(민소482). 이 경우 법원은 그 권리에 대한 재판이 확정될 때까지 공시최고절차를 중지하거나, 신고한 권리를 유보하고 제권판결을 하여야 한다(민소485). 다만 판례는 제권판결이 있기 전에 그 소지인이 지급은행에 지급제시를 하였다거나 또는 그 수표금 지급청구소송을 제기하였다 하여도 이를 공시 최고법원에 대한 권리의 신고나 청구로 볼 수 없는 것으로서 위와 같은 제권판결의 효력을 좌우할 수 없다고 보았다(83다카1705). 제권판결에서는 증권 또는 증서의 무효를 선고하여야 하며(민소496), 제권판결이 내려진 때에는 신청인은 증권 또는 증서에 따라 의무를 지는 사람에게 증권 또는 증서에 따른 권리를 주장할 수 있다(민소497). 즉, 제권판결은 일반적으로 유가증권의 효력을 상실시키는 효력(**소극적 효력**)과 제권판결 신청인이 유가증권을 소지하지 않고도 증권상의 권리를 행사할 수 있게 하는 효력(**적극적 효력**)을 가진다. 상실된 어음이 멸실되면 문제가 없는데, 유통되어 이를 선의취득한 자가 생길 경우에는 제권판결취득자와 선의취득자간의 권리가 충돌하게 되는데, 양자의 관계에 관해서는 어음의 선의취득에서 자세히 살펴보았다.

4) **증권의 재발행·백지보충** : 주권(상360.2)과 달리, 어음을 상실하여 공시최고

에 의한 제권판결을 받은 자의 어음의 발행인에 대한 **어음의 재발행 청구의 허용성**(**쟁점487**)에 관해, **긍정설**은 재발행을 하여도 특별한 불합리가 없고 오히려 편리하다는 이유로 재발행을 긍정하고, **부정설**은 어음은 주권과 달리 계속적인 권리관계를 표창하는 것이 아니고 금전의 지급이라는 1회적인 권리관계를 표창하는 것인데, 일반적으로 제권판결에 의하여 어음상실자는 충분히 이러한 목적을 달성할 수 있다고 보아 부정한다. 생각건대 백지어음의 경우에도 재발행 없이 의사표시만으로 보충하여 어음상의 권리를 행사할 수 있어 재발행이 실익은 없다는 점에서 부정설이 타당하다고 본다. 상실된 백지어음에 대해서도 공시최고에 의한 제권판결을 받을 수 있는데(통설), **제권판결취득자의 백지보충**(**쟁점488**)에 관해, 제권판결취득자는 제권판결문에 그의 보충의 의사를 명기한 서면을 첨부하여 어음상의 권리를 행사하든가 또는 백지어음을 재발행받아 이에 보충하여 어음상의 권리를 행사할 수밖에 없다는 견해가 있으나, 판례는 제권판결을 취득한 자는 백지부분에 대하여 어음 외의 의사표시에 의하여 보충권을 행사하고 그 어음금의 지급을 구할 수 있다고 본다(97다57573).

3. 어음시효(어70)

1) **개 요** : 어음채무는 신속한 결제를 필요로 하며 어음채무의 엄격성에서 볼 때도 채무의 소멸시효를 단축할 필요가 있다고 볼 수 있다. 따라서 어음법은 어음채무에 관해서 단기의 소멸시효기간을 두고 있는데, 권리의 종류에 따라 각각 다른 소멸시효기간을 정하고 있다. 다만 어음상의 청구권이라 하더라도 판결에 의해 확정된 경우에는 10년의 소멸시효에 걸린다(민165).

2) **시효기간** : ① **주채무자 – 주채무자**(환어음의 인수인, 약속어음의 발행인)에 대한 어음소지인의 권리는 만기의 날로부터 3년이 경과하면 소멸시효가 완성한다(어70.1, 78.1). 소멸시효의 기산점은 만기이고 만기의 날은 불산입(어73)하나, 만기의 날이 휴일인지 여부, 만기에 지급제시하였는지 여부, 만기의 날까지 백지어음이 보충되었는지 여부, 만기 전의 상환청구가 가능한지 여부 등을 불문한다. 장래 발생할 채권담보용으로 발행된 어음은 채권이 현실화된 때부터 진행된다고 보며, 지급유예의 특약이 있는 경우 당사자간에는 지급유예기간중에는 시효가 진행되지 않는다고 해석된다. 판례는 약속어음이 수취인 겸 소지인의 발행인에 대한

장래 발생할 구상채권을 담보하기 위하여 발행된 것이라면, 그 약속어음의 소지인의 발행인에 대한 약속어음상의 청구권의 소멸시효는 위 구상채권이 현실적으로 발생하여 그 약속어음상의 청구권을 행사하는 것이 법률적으로 가능하게 된 때부터 진행된다고 보았다(2003다33769).

② **상환의무자** – 어음소지인의 **상환의무자**에 대한 상환청구권은 거절증서 작성일자 또는 만기의 날로부터 1년이 경과하면 소멸시효가 완성한다(어70.2). 이는 만기 전의 상환청구이든 만기 후의 상환청구이든 동일하며, 적법한 시기에 작성한 수 개의 거절증서가 있는 경우에는 최후에 작성한 거절증서 작성일자가 시효기간의 기산점이 되며(통설), 만기의 날은 불산입(어73)한다. 판례는 만기 전의 소구(상환청구)가 가능한 약속어음의 경우에도 역시 만기 전·후의 소구(상환청구)권행사 여부를 불문하고 그 소멸시효에 관하여는 모두 어음법 제77조 1항 8호에 의하여 준용되는 같은 법 제70조 2항이 적용된다고 해석하였다(2002다62555).

③ **재상환의무자** – 상환자가 그 전자에 대하여 상환청구권을 행사하는 경우, 즉 **재상환청구권**은 환수한 날(제소된 날)로부터 6개월이 경과하면 소멸시효가 완성한다(어70.3). **수표**의 경우 상환청구권이나 재상환청구권 모두 제시기간 경과 후 6개월이며(수51) 지급보증인에 대한 청구권만은 1년이 경과하여야 소멸시효가 완성한다(수58). 주채무자의 **보증인·무권대리인** 등에 대한 어음소지인의 어음상의 권리의 소멸시효는 주채무자에 대한 권리의 소멸시효와 동일하다. 그리고 상환의무자의 보증인·참가인수인·무권대리인 등에 대하여 상환청구권을 행사하는 경우는 상환의무자에 대한 소멸시효와 동일하다. 그리고 주채무자에 대한 권리가 시효로 소멸한 경우 상환청구권도 소멸한다.

3) **시효중단사유** : i) **재판상 청구**는 어음제시 없어도 시효중단의 효력을 통설·판례가 인정하고 있으나, 재판 외의 청구에 관해 판례는 어음의 제시를 요구하지만(62다680), 만기가 기재된 백지 약속어음의 소지인이 그 백지 부분을 보충하지 않고 어음금을 청구한 경우 소멸시효 중단의 효력이 있다고 본다(2009다48312). 통설은 어음제시가 요구되지 않는다는 입장이다. ii) 압류·가압류·가처분은 재판상 청구와 동일하게 법원에 의한 행위이므로 어음의 제시 없이도 시효중단의 효력이 발생한다고 본다. iii) **승인**에 관해서는 어음제시가 요구되지 않는다는 것이 통설·판례의 입장이다. 판례는 어음시효 중단사유로서의 승인은 시효이익을 받을 당사자인 어음채무자가 시효의 완성으로 권리를 상실하게 될 자에 대

하여 그 권리가 존재함을 인식하고 있다는 뜻을 표시함으로써 족하다고 보았다(90다카21541). 수표법상 소구(상환청구)권이 시효에 의하여 소멸된 후에 수표상 채무를 승인했다면 소멸시효의 이익을 포기한 것이라 할 것이다(65다1996). iv) **소송고지**(어80)는 배서인이 어음소지인으로부터 제소를 받아 그의 채무는 시효중단이 되었음에도 불구하고 그 전자에 대한 권리의 소멸시효가 진행되어, 그가 아직 어음을 환수하지 못하여 자기의 전자에 대한 어음상의 권리를 행사할 수 없음에도 소멸시효가 완성되는 것을 방지하기 위한 것이다. 배서인의 소송고지로 인하여 중단된 시효는 재판이 확정된 때로부터 다시 진행을 개시한다(어80.2). 따라서 재판확정시부터 6월의 경과로 배서인의 그 전자에 대한 권리(재상환청구권)는 소멸시효가 완성한다. v) **시효중단의 효력범위**는 그 중단사유가 생긴 자에 대해서만 효력이 생긴다(어71, 77.1 8호). 어음행위는 각각 독립하여 존재하기 때문에 공동발행인의 1인에 대하여 한 시효중단은 다른 발행인에게 영향을 미치지 않으며, 주채무자에 대한 시효중단은 그의 보증인 또는 다른 상환의무자에 대하여 영향을 미치지 않는다.

4) **어음채권의 행사와 원인채권의 시효소멸 중단** : 원인채권의 지급을 담보하기 위한 방법으로 어음이 수수된 경우에 원인채권과 어음채권은 별개로서 채권자는 그 선택에 따라 권리를 행사할 수 있고, 원인채권에 기하여 청구를 한 것만으로는 어음채권 그 자체를 행사한 것으로 볼 수 없어 어음채권의 소멸시효를 중단시키지 못한다. 그러나 어음채권의 행사는 원인채권을 실현하기 위한 것일 뿐만 아니라, 원인채권의 소멸시효는 어음금청구소송에 있어서 채무자의 인적항변사유에 해당한다. 따라서 채권자가 어음채권의 소멸시효를 중단하여 두어도 원인채권이 시효소멸할 경우 채무자의 인적항변에 따라 그 권리를 실현할 수 없게 되는 불합리한 결과가 발생하게 된다. 그러므로 어음채권 행사시 원인채권의 소멸시효를 중단시키는 효력이 있다고 본다(99다16378). 요컨대 판례는 원인채권 행사는 어음채권의 소멸시효를 중단시키지 못하나, 어음채권 행사는 원인채권의 소멸시효를 중단시키는 효력을 인정하고 있다. 그리고 판례는 원인채권의 지급을 확보하기 위하여 어음이 수수된 당사자 사이에 채권자가 어음채권에 관한 집행력 있는 집행권원 정본에 기하여 한 배당요구는 그 원인채권의 소멸시효를 중단시키는 효력이 있다고 보았다(2000다25484).

4. 이득상환청구권

(1) 의 의

1) **개 념** : 환어음·약속어음상의 권리가 권리보전절차의 흠결, 시효완성으로 소멸한 경우 어음소지인이 이로 인하여 원인관계상의 이익을 얻은 어음행위자로부터 이익의 상환을 청구하는 권리(어79)로서, 이는 어음상의 권리가 아니라 어음법상의 권리의 일종이다.

2) **법적 성질 : 이득상환청구권의 법적 성질**(**쟁점489**)에 관해, **잔존물설**은 이득상환청구권을 어음상의 권리의 잔존물로 파악하는 견해로서 이득상환청구권은 실질관계상 어음상의 권리와 연결되어 있고 어음상에 아직 일정한 권리의 잔존물이 남아 있다는 점에 근거하고 있다(변형물설도 유사). **지명채권설**은 이득상환청구권은 형평의 관념에서 법이 인정한 특별한 청구권으로서 그 성질을 민법상의 지명채권의 일종으로 본다(통설·판례). **판례**도 지명채권설의 입장에 서 있어 이득상환청구권은 선의취득의 대상이 될 수 없다고 본다(80다537). 생각건대 잔존물설이 주장하는 바와 같이 이득상환청구권이 어음상의 권리와 관련성이 있고 경우에 따라서 어음에 의해 권리를 행사하여야 할 경우도 있으나, 어음행위와는 무관하게 발생하고 또 어음상의 권리가 소멸한 후에 발생하므로 잔존물이라 보기 어렵다. 따라서 법이 형평의 관념에서 특별히 인정한 지명채권으로 보는 견해가 타당하다.

(2) 발생요건

1) **권리의 존재** : 어음소지인은 유효한 어음상의 권리를 가지고 있어야 하고 불완전한 어음 또는 미완성의 어음을 소지하고 있었던 경우에는 이득상환청구권이 발생하지 않는다고 본다. 특히 **백지어음의 시효소멸시 이득상환청구권의 발생여부**(**쟁점490**)에 관해, **긍정설**은 형평의 관념에서 이득상환청구권이 발생한다고 보고, **부정설**은 보충권 행사 전에 백지어음상의 권리가 시효소멸한 경우 이득상환청구권은 발생하지 않는다고 보는데(다수설), **판례**의 입장도 동일하다(62다680). 생각건대 어음법 제79조는 어음에서 생긴 권리(어음상의 권리)의 소멸을 요건으로 하는데 백지어음이라는 특수한 유가증권이 표창하는 기대권과 보충권은 어음상의

권리가 아니므로 백지어음상의 권리가 시효로 소멸하더라도 어음상의 청구권 소멸시 발생하는 이득상환청구권이 발생하지 않는다고 본다(부정설).

2) **권리의 소멸** : 어음상의 권리가 상환청구권보전절차의 흠결 또는 시효완성으로 소멸하여야 하며 소지인의 과실유무는 묻지 않는다. 그런데 **권리소멸의 정도**(**쟁점491**)에 관해, 어음상·민법상 아무런 구제방법이 없어야 한다는 견해(제1설), 모든 어음채무자에 대한 어음상의 권리가 소멸해야 한다는 견해(제2설), 상대방에 대하여 어음상의 권리가 소멸하면 족하다는 견해(제3설)가 주장된다. 판례는 이득상환청구권은 소지인이 타에 어음상 또는 민법상 하등의 구제방법이 없을 경우에 발행인으로 하여금 그 이득을 취득시킴은 불공평하다는 원칙이라는 점을 근거로 하며(69다1370), 원인채권의 지급을 확보하기 위하여 교부한 경우에는 이득상환청구권이 발생하지 않는다고 본다(93다26991), 생각건대 어음법상 권리보전제도·시효제도를 보완하는 이득상환청구권제도의 취지를 고려하고 어음법 제79조의 문언에 따를 때 모든 어음채무자에 대한 어음상의 권리가 소멸하면 이득상환청구권이 발생한다는 2설의 입장이 타당하다고 보며, 이러한 해석이 다수당사자관계에서 채권회수의 효율성을 제고하는 장점도 가진다.

3) **어음채무자의 이득** : 단순히 어음채무를 면하였다는 것이 아니고 어음수수의 기초인 실질관계에서 현실로 재산상의 이익을 얻은 것을 말하고 이득이 현존할 필요는 없다(cf. 부당이득). 이는 적극적으로 대가 또는 자금을 취득한 경우뿐만 아니라 소극적으로 기존채무를 면한 경우 등을 포함한다. 판례도 어음법 제79조에서 말하는 '받은 이익'이라는 것은 어음채무자가 어음상의 권리의 소멸에 의하여 어음상의 채무를 면하는 것 자체를 말하는 것이 아니라 어음수수의 원인관계 등 실질관계(기본관계)에 있어서 현실로 받은 재산상의 이익을 말한다고 보고 있다(93다10897). 그리고 어음채무자에게 어음법 제79조 소정의 '받은 이익'이 있음과 그 한도에 관하여는 어음소지인인 이득상환청구자가 이를 주장·입증하여야 한다(93다50147).

(3) 당사자

이득상환청구권의 **권리자**는 어음상의 권리가 소멸할 당시의 정당한 어음소지인으로서 배서에 의해 취득한 자 또는 어음을 상환하고 환수한 자 등이다. 어음을 상속받은 자 등 배서의 불연속으로 인해 형식적 권리가 부인되는 자도 실질적 권리자임을 증명하여 어음상의 권리를 행사할 수 있으므로 이러한 자도 이득상환청구권을 취득한다고 본다. 그 밖에 기한후배서에 의해 어음상의 권리를 양수한 자도 어음상의 권리의 소멸 당시 어음을 소지하고 있으면 이득상환청구권자이다(통설). 이득상환청구권자로부터 동 권리를 양수한 자도 이득상환청구권을 행사할 수 있다. 이득상환의 **의무자**는 어음의 경우 발행인·인수인·배서인이며(어79), 수표의 경우에는 발행인·배서인 및 지급보증인이다. 따라서 인수하지 않는 지급인·지급담당자는 원인관계상 이득을 얻고 있지 않으므로 이득상환의무자가 될 수 없다. 요컨대 이득상환청구권의 발생요건이 되는 이득은 발행인과 같이 약속어음을 발행한 자 또는 환어음의 인수인 등 원인관계에서 이득을 얻은 상태에서 어음이 소멸함으로써 결과적으로 채무를 면하여 이득을 얻는 자에 국한된다고 보아야 한다.

(4) 행 사

이득상환청구권을 행사하는 데 있어 **어음의 소지**가 요구되는가에 관해, 지명채권설에 의하면 어음은 일종의 증거증권에 불과하므로 불요설에 따르나, 잔존물설은 필요설의 입장에 선다. **이행장소**에 관해 지명채권설도 이득상환청구권을 추심채무로 해석하여 어음상의 채무에서와 동일하게 채무자의 영업소·주소지가 이행장소가 된다. 이득상환청구권은 청구권자가 권리발생의 요건과 채무자가 얻은 이득을 증명하여야 하지만, **판례**는 은행발행의 자기앞수표에 있어 발행은행은 수표금액만큼 이득을 본 것으로 추정되므로 수표소지인은 발행인의 이득을 증명할 책임이 없고 수표발행은행이 이득이 없다는 것을 증명하여야 한다고 보았다(93다50147). 상환의무자는 어음소지인으로부터 이득상환청구를 받은 경우 어음소지인에게 대항할 수 있었던 모든 **항변권**으로 대항가능하다고 보는 점은 잔존물설이나 지명채권설에서 모두 동일하다. 다만 지명채권설에 따를 경우 이득상환청구권이 양도되더라도 이미 발생된 항변사유는 절단되지 않고 부착된 채 이전되므로 이득상환의무자는 모든 이득상환청구권자에게 대항할 수 있다.

(5) 양도·소멸시효

1) **이득상환청구권의 양도방법**(쟁점492) : **지명채권설**은 지명채권의 양도방법에 따라 대항요건으로서 통지 또는 승낙이 요구되며, 판례도 이득상환청구권은 지명

채권양도의 방법에 의하여 양도할 수 있고 약속어음상의 권리가 소멸된 이후 배서·양도만으로서는 양도의 효력이 없다고 본다(69다1370). 그러나 판례는 자기앞 수표에 근거하여 발생한 이득상환청구권의 양도를 수표의 양도방법에 의한 경우도 인정하고 있다(후술함). **잔존물설**은 이득상환청구권의 양도를 위해서 증권의 교부를 요구한다. 그리고 지명채권설에 따를 경우 이득상환청구권은 채권이므로 선의취득이 성립할 수 없으나, 잔존물설에 의하면 일종의 유가증권이므로 선의취득의 대상이 된다고 본다.

2) **이득상환청구권의 소멸시효**(쟁점493) : **지명채권설**은 민법상 일반채권의 소멸시효기간이 적용되어 10년의 소멸시효기간이 적용된다고 보고, **잔존물설**은 어음의 경우 3년, 수표의 경우 1년의 소멸시효기간이 적용된다고 본다. 그리고 **소멸시효의 기산점**에 관해, 어음상의 권리가 절차의 흠결 또는 시효로 인하여 소멸된 시점에 이득상환청구권이 발생하고 동 권리의 소멸시효의 기산점이 된다. 어음의 경우에는 절차의 흠결로 인하여 이득상환청구권이 발생한 때는 지급제시기간의 익일이고 시효로 인하여 이득상환청구권이 발생한 때에는 어음상의 권리의 시효기간의 익일이다. 이에 반해 수표의 경우에는 후술하는 바와 같이 수표상의 권리를 어떻게 파악하는가에 따라 기산점이 달라진다.

(6) 수표의 이득상환청구권

1) **특 성** : 수표는 약속어음이나 인수된 환어음과 달리 주채무자가 존재하지 않는다. 지급보증인도 지급제시간 내에 지급제시가 있었음을 조건으로 지급채무를 부담하므로 최종적이고 확정적인 채무자인 주채무자로 볼 수 없다. 이러한 특징에 근거하여 **수표소지인의 권리 내용**(쟁점494)에 관해, **수표금수령권한설**은 수표에는 수표금수령권한과 상환청구권이 존재한다고 보는 견해이고, **상환청구권설**은 수표상의 권리는 상환청구권에 제한된다고 보는 견해로서 수표금수령권한은 지급하면 받을 권한에 지나지 않고 소송상 청구할 수 있는 권리가 아니므로 수표상의 권리로 볼 수 없다고 본다. **판례**도 상환청구권설을 따르고 있는 것으로 파악된다(64다63).

2) **발생시기** : **수표의 이득상환청구권의 발생시기**(권리소멸 시점)(쟁점495)에 관해, **정지조건설**(수표수령권한설의 입장)은 지급제시기간이 경과하여도 상환청구

권만 소멸할 뿐 수표상의 권리가 완전히 소멸한 것이 아니므로 아직 이득상환청구권은 발생하지 않는다고 보고, 지급인의 지급거절, 발행인의 지급위탁취소를 이득상환청구권 발생의 정지조건으로 이해하고 정지조건 성취의 효과는 소급효를 가지지 않고 조건이 성취된 시점부터 발생한다고 본다. **해제조건설**(상환청구권설의 입장)은 지급제시기간 경과로 수표상의 유일한 권리라 할 수 있는 상환청구권이 소멸하므로 이득상환청구권이 이 시점에 발생한다고 보고, 상환청구권소멸로 이득상환청구권이 발생하며 지급인의 지급을 동 권리의 해제조건으로 보아 해제조건이 성취되면 이득상환청구권이 소급해서 소멸한다고 이해한다. 판례는 지급인의 지급위탁의 취소가 없어 나중에 유효한 지급이 이루어지면 발행인의 이득상환의무도 소급해서 소멸된다고 본다(64다63).

3) **양도방법** : **자기앞수표**에 근거한 이득상환청구권의 양도방법에 관해 예외적으로 수표의 양도방법에 의해 가능하다고 보아 자기앞수표의 유통관행과 일치하는 해석을 하고 있다(70다2462전합). 생각건대 이득상환청구권의 법적 성질에 관해 지명채권설에 따를 경우 자기앞수표상의 이득상환청구권도 채권양도방법에 의한다고 하는 것이 논리적이나, 현재 확립되어 있는 자기앞수표의 유통관행을 무시할 수도 없으므로 자기앞수표의 교부만으로 이득상환청구권이 양도될 수 있다는 판례의 해석이 불가피하다고 생각된다. 다만 이러한 해석의 논거가 문제되나 자기앞수표의 유통에 관해서는 관행이 확립되어 이미 법적 확신을 얻고 있다는 점에서 거래당사자간에는 자기앞수표의 교부에 의한 이득상환청구권의 양도가 관습법적 효력을 가진다고 본다.

제 6 장 특수한 제도

1. 참가지급

1) **개 념** : 참가제도의 하나인 참가인수에 관해서는 앞서 보았고, 참가지급은 만기 전 또는 만기의 상환청구를 저지할 목적으로 하는 지급이다. 지급의 일종이나 모든 어음채무자의 채무를 소멸시키는 것이 아니라 피참가인의 후자의 채무만을 소멸시킨다는 점에서 통상적인 어음의 지급은 아니며 상환청구권 행사를 저지하기 위한 변제에 유사한 행위라 할 수 있다.

2) **참가지급의 요건** : 참가지급은 소지인이 만기 또는 만기 전에 상환청구권을 행사할 수 있는 모든 경우에 가능하다(어59.1). 만기 또는 만기 전에 상환청구권을 행사할 수 있는 경우란 상환청구원인이 발생하고 지급거절사실이 거절증서의 작성에 의해 증명되는 경우를 의미한다. 참가지급은 어음에 어음금의 영수사실을 기재하고 피참가인을 표시한 후 참가지급인에게 거절증서를 교부하는 방식에 의해 이루어진다. 만일 피참가인을 기재하지 않은 경우에는 발행인을 위해 참가지급한 것으로 간주한다(어62.1). 참가지급금액은 피참가인의 채무액인 상환청구금액이 되며, 일부 참가지급은 허용되지 않는다(어59.2). 참가지급의 시기는 원칙적으로 지급거절증서 작성기간의 익일까지이나, 참가인수인은 피참가인이 지급할 때까지는 언제나 참가지급이 가능하다(어59.3).

3) **참가지급의 거절** : 어음소지인은 제3자의 참가인수에 대해서는 거절할 수 있으나, 제3자의 참가지급은 거절할 수 없다. 참가인수는 채무부담행위에 지나지 않으나, 참가지급은 제한적 효과에도 불구하고 지급행위이므로 어음의 최종적 목적이라 할 수 있는 지급의 효과가 발생하므로 어음소지인이 이를 거절할 이유가 없다고 본다. 만일 어음소지인이 참가지급을 거절할 경우에는 일종의 채권자지체에 해당한다고 볼 수 있어, 어음법은 그 지급으로 인하여 의무를 면할 수 있었던 자에 대한 상환청구권을 잃는다고 규정하고 있다(어61). 참가지급이 경합할 경우 가장 다수의 의무를 면하게 하는 자가 우선한다(어63.3). 만일 선순위참가인이 존

재함을 알면서 자진 참가지급한 자는 선순위의 후자이면서 자신의 전자인 상환의무자에 대한 상환청구권을 상실한다. 예를 들어 전자인 A를 위한 참가인의 존재를 알면서 후자인 B를 위해 참가한 경우 A를 위한 참가를 거절하였다면 A에 대한 상환청구권을 상실하게 된다.

4) **참가지급제시의무** : 예정된 참가지급인이라 할 수 있는 참가인수인·예비지급인은 참가지급할 수 있는 일종의 권한을 가지므로 어음소지인은 이들에게 참가지급제시를 하여야 한다(어60.1). 따라서 어음소지인은 지급지에 주소를 가지는 참가인수인 또는 예비지급인 전원에게 어음을 제시하여 거절증서를 작성시켜야 상환청구권이 보전되며 이로써 예정된 참가지급인의 참가지급의 기회가 보장된다. 참가지급제시의무를 이행하지 않은 경우, 즉 법정된 기간 내에 참가지급거절증서를 작성하지 않은 경우에는 예비지급인을 기재한 자 또는 피참가인과 그 후의 배서인은 의무를 면한다(어60.2).

5) **참가지급의 효력** : 참가지급이 이루어지면 모든 어음채무자에 대한 관계에서 어음소지인의 어음상의 권리는 이행된 것이 되어 소멸한다. **어음소지인의 어음상의 권리소멸**의 효과는 상환의무자가 어음소지인에게 상환의무를 이행한 것과 유사한 효과로 볼 수 있다. 상환의무자에 대한 어음소지인의 어음상의 권리는 소멸되고 피참가인 후자의 상환의무만 소멸되어(어63.2) **면책적 효력**이 발생한다. 참가지급으로 피참가인과 그 전자, 인수인에 대해 **참가지급인은 어음상의 권리를 취득**한다(어63.1). 권리취득의 원인은 승계나 대위가 아닌 독립된 권리를 원시취득하는 것이며 이는 어음보증인의 권리취득과 유사하다고 볼 수 있다.

2. 복본·등본제도

(1) 복 본

1) **의 의** : 동일한 내용, 즉 한 개의 어음상의 권리를 표창하는 여러 통의 증권을 의미한다(어64.1). 복본은 환어음·수표에만 인정되고 약속어음에는 발행이 허용되지 않는다. 복본의 성질은 각 통이 동등한 지위를 가지는 완전한 증권이며, 어느 한 통만으로 권리행사가 가능하나 이 경우 다른 복본은 효력을 상실한다는 점에 특징이 있다. 복본제도의 취지는 어음·수표를 해외에 송부할 경우 분실·멸

실·연착에 대비하기 위한 것으로서, 특히 환어음을 인수제시하는 중 환어음을 배서·양도할 필요가 있을 경우 복본제도가 편리하다. 다만 환어음의 경우에는 소지인의 유통상의 편의를 위하여 소지인의 복본교부청구권이 인정되나 수표는 그렇지 않다. 수표의 경우에는 인수를 위한 제시제도가 없으므로 인수와 관련된 복본제도의 필요성은 없으나, 송부 도중의 분실 등에 대비할 필요성은 환어음과 다르지 않다. 따라서 수표의 복본은 발행지와 지급지가 원거리인 경우에만 허용되고(수48), 소지인출급식수표에는 허용되지 않는다. 왜냐하면 소지인출급식수표는 복본 발행시 각 통 따로 따로 양도된 경우 양도인을 확인할 수 없으므로 복본이 발행되기 어렵기 때문이다.

2) **복본의 발행** : 발행인은 복본을 발행하고 복본번호를 증권의 본문 중에 기재하여야 한다. 만일 복본번호를 기재하지 않았을 경우 각 복본은 독립된 어음·수표로 간주된다(어64.2). 그리고 각 복본은 동일한 어음기재사항이 기재되어야 한다. "어음에 1통만으로 발행한다는 뜻을 기재하지 아니한 때에는 소지인이 자기의 비용으로 복본의 교부를 청구할 수 있다"(어64.3). 환어음에는 복본교부청구권이 인정되는데, 어음소지인은 자기의 직접의 배서인에 대하여 이를 청구하고 그 배서인은 다시 자기의 배서인에 대하여 청구를 함으로써 협력하여 순차로 발행인에게 미치게 하는 순차청구주의를 취하고 있다(어64.3 2문). 이 경우 각 배서인은 새 복본에 배서를 기재하여야 한다(순차배서: 어64.3 3문).

3) **복본의 효력** : 복본의 각 통은 동일한 권리관계를 표창하고 동일한 어음목적을 달성하기 위한 수 통이므로 증권은 복수라도 권리관계는 하나이다(**복본일체의 원칙**). 복본의 1통에 대한 지급이 있는 때에는 이 지급이 다른 복본을 무효로 하는 뜻의 기재(이른바 파훼문구)가 없는 경우에도 의무를 면하게 한다. 그러나 지급인은 인수한 각 통으로서 반환을 받지 아니한 복본에 대하여 책임을 진다(어65.1). 각 복본은 동일한 권리관계를 나타낸다는 복본일체의 원칙에 대해 예외적으로 일정한 경우 복본소지인을 보호하기 위해 **각 통의 독립성**을 인정하고 있다. 엄밀히 말하면 이는 복본 각 통이 독립적인 효력을 가진다는 의미는 아니고, 복본에 어음행위를 한 자가 독립적인 책임을 부담하는 경우가 있다는 의미이다. 인수인은 복본 중 한 통에만 인수하여야 하는데, 수 통에 인수한 경우에는 책임을 부담함은 당연하다. 그런데 복본 중 한 통에 인수하였지만 인수하지 않은 복본에 대

하여 지급하였다면 이 경우에도 인수인은 이중지급의 위험을 부담한다(어65.1). 다음으로 수 인에게 각 별로 복본을 양도한 배서인과 그 후의 배서인은 그 기명날인·서명한 각 통으로서 반환을 받지 아니한 것에 대하여 책임을 진다(어65.2). 다만 인수나 배서에 따라 예외적으로 인수인·배서인이 이중지급할 책임을 부담하는 경우에도 어음소지인에 대한 악의의 항변은 가능할 것이다.

4) **인수를 위한 복본의 송부** : 인수를 위해 복본을 송부할 경우 송부복본과 유통복본으로 구별되는데, 유통복본에 송부복본 소지인을 기재하여야 한다. 그리고 **송부복본** 소지인은 다른 복본의 정당한 소지인에 대하여 이를 교부할 의무가 있다(어66.1). **유통복본**의 소지인은 송부복본의 소지인에게 그 복본교부를 청구하여야 한다. 이를 거절할 경우 복본반환거절증서, 즉 송부복본 반환이 거절되었다는 사실과 유통복본으로 인수·지급이 불가능하였다는 사실을 증명하여 상환청구권을 행사할 수 있다(어66.2). 송부복본 소지인의 기재가 없을 경우에는 유통복본에 의해 상환청구권보전절차만 취하면 복본반환거절증서의 작성 없이 상환청구가 가능하다.

(2) 등 본

1) **의 의** : 등본이라 함은 어음원본을 등사한 것을 말한다. 등본은 배서·보증을 위해서만 이용된다는 점에서 복본과 구별된다. 등본은 약속어음·환어음에만 있고 수표에는 없는 제도이다. 등본은 환어음의 인수제시 중 배서·양도할 필요성이 있는 경우라든가 원본을 보관하면서 어음배서·보증하고자 할 경우에 이용된다.

2) **등본의 발행** : 환어음의 소지인은 등본을 작성할 권리가 있다(어67.1). 등본은 어음소지인이 원본사항을 기재하고 어음말미에 말미표시(경계문언), 예컨대 '이상 등사함' 등 등본임을 표시하고(어67.2) 등본상의 새로운 어음행위와 구별할 수 있도록 하여야 한다. 그리고 원본의 소지인을 기재하여야 하나(어68.1) 이는 유효요건은 아니라고 본다.

3) **등본의 효력** : 등본에는 원본과 동일한 방법에 의하여 동일한 효력으로 배서 또는 보증을 할 수 있다(어67.3). 따라서 등본에 유효한 배서·보증행위를 할

수 있다. 등본은 유효한 어음이 아니므로 등본에 의해 인수나 지급청구 등 어음상의 권리행사는 불가능하다는 점이 복본과 구별된다. 등본에의 참가인수가 가능한가 하는 점에 관해 학설대립이 있으나 배서나 보증만으로 제한함이 타당하다고 본다. 등본작성 전에 한 최후의 배서의 뒤에 "이후의 배서는 등본에 한 것만이 효력이 있다"라고 한 기재를 **차단문언**이라 한다. 차단문언의 효력은 원본의 배서성·양도성을 박탈하는 것이며, 이에 의해 원본에 한 차단문언 후의 배서는 무효가 된다(어68.3).

4) **원본반환청구권과 등본소지인의 상환청구권** : 원본소지인이 기재된 경우에 정당한 어음소지인은 원본반환청구권을 가지며(어68.1) 이를 거절할 경우 원본반환거절증서에 의해 상환청구권행사가 가능하게 된다(어68.2). 다만 이 경우 원본이 없으므로 인수(지급)제시 및 거절증서 작성은 불필요하며 등본의 배서인에 대한 상환청구만 가능하다. **원본소지인이 기재되지 않은 등본의 효력**(**쟁점496**)에 관해, **상환청구권 전면긍정설**은 원본거절증서를 작성하지 않고도 상환청구권행사가 가능하다고 보나, **상환청구권 일부긍정설**은 원본소지인을 탐지하여 원본반환거절증서 작성 후에만 상환청구가능하다고 보는 견해(다수설)로서 타당하다.

3. 화환어음

1) **의 의** : 어음상의 권리가 운송중의 물건에 의하여 담보되어 있는 환어음으로서, 격지매매 당사자간의 급부의 동시이행관계를 실현하고 매매목적물을 운송위탁한 후 매도인은 매매대금을 즉시 활용할 수 있게 한다. 화환어음의 종류에는 매도인이 발행한 환어음을 거래은행에 배서·양도(또는 거래은행을 수취인으로 하여 교부)하는지 아니면 추심위임배서하는지에 따라 할인화환어음과 추심화환어음으로 분류된다. 화환어음사례를 보면, 매매대금을 어음금액으로, 매수인(Y) 또는 매수인이 지정한 은행(BY)을 지급인으로, 수취인을 매도인 자신(X) 또는 자신의 거래은행(BX)으로 한 환어음을 발행하여 운송증권과 함께 자신의 거래은행에 교부(BX를 수취인으로 한 경우)하거나 배서(또는 추심위임: X를 수취인으로 한 경우)한다. X를 수취인으로 한(자기지시환어음) 경우 거래은행(BX)의 역할에 따라 화환어음이 구별되는데, 거래은행(BX)이 어음을 매입할 경우 이를 **할인화환**이라 하고 어음의 추심을 위임받는 데 지나지 않을 경우 이를 **추심화환**이라 한다.

2) **화환어음의 법률관계** : ① 매도인·은행 관계 – 할인화환에서 매도인의 거래은행(BX)이 매도인을 수취인으로 한 **운송증권의 배서·교부의 법적 성질**(쟁점497)에 관해, 이를 상환청구권의 담보로서 운송물을 목적으로 한 질권을 취득한 것으로 이해하는 **질권설정설**과 운송물을 신탁적으로 양도받는 것으로 보는 **신탁적 양도설**(다수설)이 대립하고 있다. 생각건대 매수인이 운송증권의 수취인으로 되어 있는 경우 은행은 운송물 위에 질권을 취득할 수 없고 다만 그 증권을 유치하여 매수인의 어음금액지급을 강제할 수 있을 뿐이므로, 운송물인도청구권을 표창한 운송증권에 질권을 설정한 것으로 이해된다. 판례는 화환어음의 법적 성질에 관해 환어음의 일종으로 보고, 화환신용장 거래에서 선적서류 및 개설의뢰인을 지급인으로 한 환어음이 함께 발행·교부되었다고 하더라도, 그 선적서류의 제시가 어음법상 지급제시나 상환청구의 법정요건은 아니므로, 그 환어음의 소지인인 매입은행이 환어음상의 지급인에 대하여 환어음을 제시하였을 뿐 선적서류를 제시하지 않았다는 사유만으로 그 지급제시가 부적법하다거나 어음법상 소구(상환청구)의 요건을 갖추지 못한 것이라고 볼 수는 없다고 보았다(97다41516).

② 매도인·매수인 관계 – **매도인과 매수인의 관계**를 보면, 매매대금지급채무의 소멸시기는 매도인이 거래은행으로부터 어음을 할인받은 때가 아니라 매수인이 어음금액을 지급하는 시점이다. 운송물의 소유권 이전시기는 매수인이 어음금의 지급과 상환으로 운송증권을 취득할 때로서, 그때 비로소 운송물에 대한 소유권을 매수인이 취득한다.

3) **화환신용장(상업신용장, Letter of Credit: L/C)** : 국제무역거래에 있어서 매수인(수입업자)에 갈음하여 그 거래은행이 화환어음의 발행인인 매도인(수출업자)과 그 어음의 수취인(예, 할인은행)에 대하여 화환어음의 인수 및 지급 또는 매입을 담보한 서면을 의미한다. 화환어음의 담보라 할 수 있는 운송증권이 요인증권이므로 화환어음만으로는 불안하므로, 신용장은 매수인의 거래은행의 담보로서 기능한다. 신용장은 **독립·추상성**을 가져, 그 근거된 매매 기타 계약으로부터 독립된다(신용장통일규칙3a). 그리고 신용장거래에서 **엄격일치의 원칙**이란 신용장거래의 필요서류는 신용장조건에 엄격하게 합치하여야 한다는 원칙으로서, 은행은 신용장에 명시된 모든 서류를 상당한 주의를 기울여 심사함으로써 서류가 문면상 신용장의 제 조건과 일치하게 표시되어 있는가를 확인하여야 한다(규칙13.a). 신용장은 환어음에 운송증권이 첨부되는지를 기준으로 화환신용장·무화환신용장,

신용장에 대한 제3의 은행의 지급약속(확인)이 있는지를 기준으로 확인신용장·무확인신용장, 매입은행의 한정을 기준으로 일반신용장(개방신용장)·특정신용장(매입제한신용장), 수익자에 대한 통지 없이 신용장의 변경·취소가 가능한지 여부를 기준으로 취소가능신용장·취소불능신용장으로 구분된다. 화환어음 매입은행은 신용장조건과의 일치 여부만 조사하면 족하다고 본다.

4) **신용장거래의 법률관계** : ① 매도인·매수인 – 매수인과 매도인간에는 매매계약이 존재하고 동 계약상 매매대금지급은 신용장에 의한다고 특약하는데, 매매계약에서 신용장금액·신용장개설은행·개설장소·개설시기 등과 같은 신용장의 대체적인 내용에 관해서도 약정된다. 이에 따라 매수인은 매도인에 대하여 신용장을 사전에 개설하여 줄 의무(**신용장개설의무**)를 부담하며(선이행의무), 매매대금을 신용장에 따라 지급할 의무를 부담한다.

② 매수인·개설은행 – 매수인(개설의뢰인)과 개설은행(신용장발행은행)의 관계(**쟁점498**)에 관해, 도급계약설과, 위임계약설이 대립한다. 개설은행은 매수인에 대하여 그의 지시에 따라 신용장을 개설하여 매도인에게 통지하고 매도인 또는 매입은행에 대하여 선적서류 등이 신용장조건과 문면상 일치하는지 여부를 심사하여 일치하는 경우에(엄격일치의 원칙) 화환어음의 금액을 지급할 의무를 부담한다.

③ 매도인·개설은행 – 매도인(수익자)과 개설은행 간에는 매수인과 매도인간의 매매계약과는 독립된 신용장 자체의 법률관계에 의존한다(신용장 거래의 독립·추상성). 개설은행은 매도인에 대하여 일방적인 지급약속을 한 것이므로 개설은행의 이러한 채무는 매도인의 승낙을 요하지 아니하고 그의 의사표시가 매도인에게 도달한 때에 그 효력을 발생하며 또한 주채무이다. 따라서 개설은행이 신용장조건에 일치하게 발행한 화환어음을 이유 없이 지급(인수)하지 아니할 경우 매도인에 대하여 채무불이행에 기한 손해배상책임을 부담한다.

4. 어음개서

1) **의 의** : 광의로는 이미 발행한 어음의 어음금을 지급하지 아니하고 어음상의 어음요건 중 일부를 변경하여 새로운 어음을 발행하는 것을 말하고 교체발행·병합·분할을 포괄한다. 협의의 어음개서란 어음금의 지급을 유예하기 위하여

어음을 지급하는 대신 만기를 변경하여 새 어음을 발행하는 것을 의미한다. 이렇게 새로 발행된 어음을 개서어음·연기어음이라고 하며 이는 분할변제, 신용기간의 연장, 시효의 중단, 부도처분 회피를 위해서도 이용된다. 실무에서는 개서어음은 대체로 협의의 어음개서에 의해 발행된 어음을 의미한다.

2) **어음개서계약** : 어음의 개서는 어음의 주채무자와 어음소지인간의 어음개서계약을 원인으로 하여 변경된 만기의 어음을 작성·교부함으로써 이루어진다. 어음개서계약과 개서어음은 무인적 관계에 있고 어음개서계약은 인적항변사유에 지나지 않는다. 어음개서계약을 체결할 때 일반적으로 구 어음의 회수에 관해 약정한다. 상법 제398조가 적용되어 구 어음에 관해 이사회의 승인이 있었더라도 개서어음을 발행할 경우 다시 이사회의 승인을 얻어야 하는지가 문제되나 만기연장은 회사의 입장에서는 새로운 부담이 될 수 있으므로 승인이 요구된다고 보는 견해가 타당하다.

3) **어음개서의 효과** : ① **법적 성질** – 어음개서로 인한 신어음채무의 성립에 의해 구 어음채무는 소멸한다. **어음개서의 법적 성질**(**쟁점499**)에 관해, 경개설, 대물변제설(다수설), 신의칙설 등이 있으나 어음의 유통보호를 위해 신어음의 효력을 구어음으로부터 절연시키기 위해 대물변제설이 타당하다고 본다.

② **구어음의 반환** – 구 어음반환을 약정한 경우 개서어음만으로 권리행사가 가능하지만, 구 어음반환을 약정하지 않은 경우에는 신·구 양 어음(양 어음채권)이 병존하고 신어음의 만기 전에 구 어음의 지급청구를 받은 경우 채무자가 지급유예의 인적항변을 제기할 수 있다. 그리고 채무자는 이중지급의 위험을 피하기 위해 어음금의 지급에 있어 신·구 양 어음의 반환을 청구할 수 있고 양 어음의 반환과 어음금지급을 동시이행의 항변으로 주장할 수도 있다. 개서어음이 발행되면 개서어음과 구어음간의 동일성(**신·구어음의 동일성**)이 인정된다. 양자 사이에 어음채무 또는 어음상의 권리관계가 동일성을 유지하여, 어음의 지급기일에 채무의 지급을 연기하기 위하여 채무자가 지급기일이 도래한 어음에 갈음하여 새로운 어음을 채권자에게 담보로 제공하여도 특별한 사정이 없는 한, 기본채무는 동일성을 유지한다.

③ **담보·보증** – 구 어음채무에 대한 **담보나 보증**은 신어음상의 채무에 그대로 존속한다. 왜냐하면 구 어음은 소멸하여도 원인관계인 채무는 그대로 존속하고

신어음은 이 원인채무의 이행을 위하여 발행한 것이므로 담보는 소멸하지 않기 때문이다. **판례**도 어음개서에서 구 어음상의 채무와 신어음상의 채무가 실질적으로 동일한 때에는 특별한 사정이 없는 한 구 어음상의 채무에 대한 담보나 민사상 보증은 신어음상의 채무에 대하여도 그대로 존속한다고 판시하고 있다(2001다61456). 어음개서는 만기연장에 지나지 않고 양자간에 동일성이 인정되므로 구 어음의 권리에 대한 **항변권**은 신어음에 대해서도 주장할 수 있다고 본다. 다만 구 어음에 관한 시효완성의 항변은 만기가 연장된 신어음에 대해서는 주장할 수 없다고 보는 것이 타당하다. 구 어음취득시 선의여서 선의취득이 성립하였다면 신어음을 취득할 당시는 악의라고 하더라도 이미 성립한 선의취득의 효과가 부정되지는 않는다.

5. 어음할인

1) **의 의** : 어음소지인이 어음의 만기 전에 이를 환가하기 위하여 금융기관에 그 어음을 양도하고 어음금액에서 만기일까지의 이자 및 수수료를 공제한 금액을 받는 거래를 의미한다. 이는 할인어음의 재할인을 통해 금리차익을 실현하는 금융기관의 여신업무의 일종으로서, 만기가 도래하지 않은 어음을 마치 상품과 같이 대가를 지급하고 매매하는 것으로 어음대부와는 구별된다. 융통어음 등 특정한 어음할인을 법규로 금하는 경우도 있으나 이들 규정은 단속규정으로 이해하여 어음할인의 효력에는 영향이 없다고 본다. 판례도 통상 어음할인이라 함은 아직 만기가 도래하지 아니한 어음의 소지인이 은행 등 금융업자에게 어음을 양도하고 은행 등이 어음금액으로부터 만기까지의 이자 기타 비용을 공제한 금액을 할인의뢰자에게 수여하는 거래를 말하므로, 액면금 전액을 지급하고 어음을 취득하는 것은 특별한 사정이 없는 한 어음할인의 성질이나 거래관행에 어긋난다고 보았다(94다20709). 통상 할인은 만기가 있는 어음을 대상으로 하고 수표의 경우에는 만기가 없어 개념상 **수표할인**은 불가능하다. 하지만 판례는 특정기일 전까지 지급제시를 하지 않기로 하고 수표금액에서 그 기간까지의 이자를 공제하는 방법에 의한 수표할인은 가능하다고 보았다(2001다55598).

2) **법적 성질** : 기업어음(C.P.)할인은 거래당사자들이 상업어음할인과 달리 어음을 투자상품으로 보고 거래하므로 그 법적 성질이 매매라고 보는데 이견이 없

다. **어음할인의 법적 성질**(**쟁점500**)에 관해, **매매설**(다수설·판례)은 할인의뢰인은 어음을 할인받음에 있어 일정한 자금을 대차하는 것이 아니라 자기가 소지하고 있는 어음을 양도하고 그 대금을 수령하면 매매계약에서와 같이 어음의 소유관계로부터 떠난다는 의사를 가지고 있다고 보아 당사자의 의사를 근거로 볼 때 어음할인은 어음의 매매로 본다(99다13669). 다만 사인간의 어음·수표의 할인은 그 거래의 실태와 당사자의 의사에 의하여 결정되지만, 할인의 성질은 소비대차로 볼 여지가 많다고 보았다(2001다55598). **소비대차설**은 어음할인을 주로 담당하는 은행실무에서 은행은 할인의뢰인의 신용을 중시하여 할인하여 주고, 또 은행여신거래기본약관 등에 광범위한 할인어음의 환매를 특약하고 있어 할인 후에도 은행은 할인의뢰인의 책임을 묻는 점 등에서 볼 때 어음할인은 어음의 매매라기보다는 소비대차로 보는 것이 타당하다는 실무상의 견해이다. 그밖에 매매와 소비대차의 **혼합계약설**과 어음할인에 관해서는 그 내용을 일률적으로 정할 수 없고 구체적으로 당사자의 의사 내지 관습에 따라 그 내용을 결정하여야 할 것이므로 어음할인은 소비대차도 아니고 매매도 아닌 일종의 무명계약이라 하는 **무명계약설**도 있다. 생각건대 금융기관에 어음을 할인을 할 경우 당사자의 의사를 기준으로 볼 때 소비대차로 보기는 어렵고 어음의 매매로 보는 매매설이 타당하다고 본다.

3) **환매청구권** : 할인의뢰인인 거래처 또는 주채무자의 신용악화를 나타내는 일정한 사실이 발생하거나 당해 어음에 관하여 채권보전의 필요가 있다고 인정되는 때 은행이 할인의뢰인인 거래처에 대하여 할인어음의 환매를 청구할 수 있는 권리를 환매청구권이라 한다. 어음할인시에 은행은 할인의뢰인과 환매약정을 체결하고 이에 따라 은행은 상환청구권행사의 절차를 밟지 않고도 또 그 요건이 구비되어 있지 않아도 할인대가의 반환을 청구할 수 있게 된다. **환매청구권의 법적 성질**(**쟁점501**)에 관해, **매매설**은 할인의뢰인이나 약속어음 발행인의 자산상태가 악화된 경우는 상환청구권 발생요건(어43)에 해당하지 않지만 당사자간에 환매약정을 한 경우에는 환매약관부 어음매매가 체결된 것이 된 것으로 보고, 환매청구권의 행사에 의한 할인의뢰인의 환매채무와 할인은행의 어음반환의무는 대가적인 견련관계에 있으므로 양 의무는 동시이행의 관계에 있다고 본다. **소비대차설**은 할인의뢰인이나 약속어음 발행인의 자산상태가 악화된 경우는 거래약정서에 정해져 있는 기한이익의 상실약관으로 이해할 수 있으며, 환매청구권의 법적 성질은 대

금반환청구권으로 이해할 수 있다. 따라서 이 규정에 의해 할인어음의 지급기일 이전이라도 은행은 소비대차상의 채무의 이행을 청구하여 할인의뢰인의 예금과 상계가능하게 된다.

4) **환매청구권 행사의 효과** : 환매청구할 경우 회수하는 금액은 당초의 할인대가가 아니고 어음금액이며 만기 이후 환매일까지의 이자가 가산된다. 이율은 할인율과 동일하거나 특약에 의한 이율이 적용된다. 만기 전에 환매할 경우 미경과 이자를 공제한 어음금액을 금융기관에 할인의뢰인이 반환하여야 한다. 환매청구권의 가장 큰 효과는 할인은행이 환매청구권의 발생에 의하여 할인의뢰인의 예금과 상계적상을 만들어 할인의뢰인의 채권자 등이 동 예금에 대하여 강제집행하는 것으로부터 할인은행의 채권을 확보하는 데에 있다. 할인은행은 동 예금이 압류된 후에 상계의 의사표시를 하면, 압류 전에 이미 환매청구권이 성립하여 상계적상에 있어 상계의 효력이 소급하므로(민493.2) 할인은행은 채권을 확보할 수 있게 된다. 환매청구권의 환매사유는 약정서에 명시되는데, 예를 들어 할인의뢰인 또는 어음의 주채무자의 신용이 악화된 경우 또는 은행의 채권보전을 위하여 필요하다고 인정되는 때 등의 경우이다. 환매청구권의 법적 성질을 채권의 재매매로 보면 상사채권으로 볼 수 있어 5년의 소멸시효에 걸린다.

5) **상계필 어음의 유치특약** : 은행이 어음할인 후 일정 사유로 환매권을 행사한 다음 그 환매대금채권과 채무자의 은행에 대한 예금반환채권을 상계처리한 경우에는 원칙적으로 그 어음을 채무자에게 반환하여야 한다. 그런데 그 채무자에게 곧 이행하여야 할 나머지 채무가 있고 그 어음에 채무자 이외의 다른 어음상 채무자가 있는 때에는 은행은 그 어음을 계속 점유하고 추심 또는 처분하여 임의로 채무의 변제에 충당할 수 있다는 취지의 이른바 상계필어음의 유치특약은, 은행이 채무자의 위임에 의하여 그 채무자를 대신하여 어음을 추심 또는 처분하는 권한을 부여받는 약정으로서 유효하다. 그리고 상계필어음의 유치특약은 은행이 그 어음의 추심을 위임받은 것으로서 유효하고 은행은 숨은 추심위임배서의 피배서인의 지위를 갖는다고 보았다(94다30201).

6. 어음대부

금전을 대부함에 있어서 차주로부터 차용증서를 받는 대신 또는 이것과 함께 채권을 확보하기 위하여 어음을 담보로 받고 행하는 대부를 의미한다. 이 때 교부되는 어음을 **대부어음**이라 하며 은행실무상 양건예금 등에서 활용되어 왔다. 양건예금이란 어음대부에서 대부금의 일부를 은행이 정기예금으로 묶어 두는 예금을 의미한다. **어음할인과 어음대부의 구별**(쟁점502)에 관해, 1설은 어음작성시기가 어음거래를 하기 전인가 후인가, 즉 어음작성시기에 따라 구별하려는 견해, 2설은 융통어음인 경우에는 어음대부이고 상업어음인 경우에는 어음할인이라고 하여 어음발행원인을 기준으로 하는 견해, 3설은 소비대차가 존재하고 그 변제의 담보를 위하여 어음이 수수된 경우는 어음대부이고 어음 자체를 매매한 경우 어음할인이라고 하여 어음수수의 원인관계를 기준으로 하는 견해이다. 생각건대 어음할인은 상업어음만이 대상이 될 수 있지만 어음대부는 차용증을 대신하는 일종의 융통어음만이 대상으로 될 수 있다는 특징을 가진다는 점에서 2설이 타당하다고 본다. 어음대부의 법률관계를 보면 어음대부의 원인관계는 소비대차계약이고 이 계약상의 채무의 이행을 담보 내지 확보하기 위하여 어음의 교부가 이루어지므로 은행은 소비대차상의 채권과 어음상의 권리를 가진다. 판례는 회사가 금원을 차용하면서 약속어음을 차용증서에 갈음하여 발행한 것이라면, 이러한 약속어음의 발행은 어음매매의 성질을 가진 어음할인이라기보다는 그 차용금채무의 지급의 담보 내지 확보를 위한 것으로 보았다(87다카541).

제 7 장 약속어음과 수표

제 1 절 약속어음

1) **성질·기능의 차이** : 어음법은 환어음에 관해 규정을 두고 약속어음에 대해서는 이를 준용하도록 하고 있어(어77), 이하의 논의는 환어음과 차이가 있는 부분 위주로 설명한다. 약속어음은 지급약속증권으로서 발행인과 수취인의 2당사자 구조를 가진다. 발행인은 약속어음의 발행을 통해 수취인에 대해 만기에 어음금액의 지급을 약속하는데 이때 어음발행인이 부담하는 의무는 제1차적·무조건의무이며, 절대적 의무·최종적 의무이다. 이는 환어음의 발행인이 최종적인 상환의무를 부담하는 점과 구별되며, 환어음의 인수인이 부담하는 의무와 흡사하다. 약속어음은 매매대금의 지급이라든가 원인관계에서 발생한 채무의 이행을 위한 지급수단으로 적합하여 국내 어음거래는 대부분 약속어음에 의해 이루어진다. 이는 환어음이 격지자간의 송금·추심의 방법으로 국제거래에 이용되는 데 반해, 약속어음은 지급증권으로서의 기능이 주된 기능이기 때문이다.

2) **어음요건** : 약속어음을 발행할 경우 어음요건에는 환어음의 환어음문구·지급위탁문구에 대신하여 약속어음문구(어75 1호)와 지급약속문구(어75 2호)가 기재되어야 한다. 약속어음의 만기는 환어음과 동일하나 일람후정기출급의 약속어음의 경우 약속어음에는 인수를 위한 제시가 있을 수 없으므로 제시기간을 발행일 후 1년 내로 법정하고 있다(어78.2 → 23). 일람 후의 기간은 발행인이 어음에 일람의 뜻을 기재하고 일자를 부기하여 기명날인·서명한 날로부터 진행한다. 발행인이 일람의 뜻과 일자의 기재를 거절한 때에는 거절증서에 의하여 이를 증명하여야 하고 그 일자는 일람 후의 기간의 초일로 한다(어78.2). 그리고 약속어음은 2당사자관계이므로 지급인은 존재하지 않아 어음요건에서 지급인이 빠져 있는 점이 환어음과 구별된다. 그러나 대개의 약속어음은 지급장소를 은행으로 하는 은행도어음이어서 약속어음에서 제3자방지급문구, 즉 지급장소·지급담당자는 어음요건은 아니지만 중요한 기재사항이다. 이러한 약속어음은 발행인이 지급장소

로 기재한 거래은행에 대하여 발행인의 당좌예금계좌에서 위 약속어음금을 결제하여 줄 것을 요청하는 단순한 지급위탁어음이다. 은행은 약속어음의 소지인에 대하여 약속어음금의 지급과 관련한 어떠한 주의의무도 부담하지 않는다.

3) **기타 제도상의 차이** : 약속어음에는 지급인이 없으므로 지급인의 인수행위도 없어 인수제도가 적용되지 않는다. 그리고 앞서 본 바와 같이 약속어음에도 환어음에 인정되는 만기전상환청구가 적용되는가에 관해 학설이 대립하고 있다. 환어음상에 인정되는 참가인수제도의 적용 여부에 관해 학설이 대립하고 있으며(전술함), 환어음상의 복본제도는 준용하지 않는다. 판례는 어음법상 약속어음에 관하여는 환어음의 경우와 같은 **만기전 상환청구**에 관한 규정을 두고 있지 않으나 약속어음에 있어서도 발행인의 파산이나 지급정지 기타 그 자력을 불확실하게 하는 사유로 말미암아 만기에 지급거절이 될 것이 예상되는 경우에는 만기 전의 소구(상환청구)가 가능하다고 보았다(2002다62555).

4) **약속어음 공정증서** : 부정수표단속법에 의해 형사책임을 지는 수표와는 달리 약속어음은 부도가 되어도 발행인이 형사책임을 지지 않으므로 부도사태가 빈발한 실정이어서 약속어음의 지급을 확실하게 도모하고자 생긴 제도가 약속어음 공정증서제도이다. 즉, 약속어음이 부도가 된 경우 판결절차 없이 바로 강제집행할 수 있도록 약속어음을 공증한 증서이다. 약속어음공정증서는 집행증서, 즉 공증인이 일정한 금액의 지급이나 대체물 또는 유가증권의 일정한 수량의 급여를 목적으로 하는 청구에 관하여 작성한 공정증서로서 채무자가 강제집행할 것을 승낙한 기재가 있는 것은 집행권원이 되어 이에 의하여 강제집행을 실시할 수 있다. 사인이 작성한 사서증서의 성립이 진정하다거나 그 기재사실이 틀림없다는 것을 공증기관이 확인한 인증증서나 집행인락조항 없는 공정증서와는 달리 즉시 강제집행이 가능하므로 집행증서의 일종이다. 판례는 약속어음 공정증서는 집행권원으로서 집행력은 있으나 확정판결과 같은 기판력은 없으며, 약속어음에 공증이 된 것이라고 하여 이 약속어음이 "판결과 동일한 효력이 있는 것에 의하여 확정된 채권"이라고 할 수 없고, 이 약속어음채권이 민법 제165조 2항 소정의 채권으로서 10년의 소멸시효에 걸린다고 할 수 없다고 보았다(92다169).

제 2 절 수 표

(1) 수표·수표행위의 특성

1) **지급증권** : 수표는 지급위탁증권의 본질을 가지고 있어 3당사자관계이며 발행인의 지위는 환어음의 발행인의 지위와 동일하고, 약속어음의 발행인과는 구별된다. 따라서 수표의 발행인은 주채무자가 아니라 최종적인 상환의무자의 지위에 선다. 수표는 지급수단성을 가지고 어음과 달리 신용수단의 기능을 가지지 않는다. 즉, 만기가 없으며 일람출급성을 가지고 있으므로 발행된 수표를 지급제시하면 지급인은 항상 지급하여야 한다. 지급제시기간이 10일이고(수29.1) 시효기간이 6월로 단축되어 있어(수51) 수표는 지급증권으로서 가능하면 빨리 결제될 것을 예정하고 있다고 볼 수 있다. 그 밖에도 지급인의 인수를 금지하고(수4) 수표보증을 금지하는 등(수25.2) 수표의 신용증권화를 막고 있으나, 이와 동시에 수표의 피지급성을 확보하기 위해 지급인의 자격제한, 수표발행인의 제한(수3), 부도수표에 대한 제재, 지급보증제도(수53 이하) 등을 규정하고 있다. 수표에는 인수나 참가인수를 금지함으로써 신용증권화되는 것을 막고 있으며 지급인에 대한 배서의 효력을 제한하고 지급인의 배서를 무효로 간주하고(수15.3,5), 지급인의 수표보증을 금지함으로써(수25.2) 재차 수표의 신용증권화를 막고 있다. 수표에 대한 주채무자 또는 보증인적 지위에 있는 자가 없음으로 인해 수표의 신용이 불확실하게 되는 것에 대한 보완장치로 수표지급의 확실화를 도모할 제도를 두고 있다. 즉, 지급보증, 횡선제도, 지급위탁취소의 제한 등의 제도에 의해 수표의 피지급성을 높이고 있다. 그 밖에 어음과 달리 소지인출급식수표의 발행을 허용하고 있으며(수5.1 3호), 약정이자문구 기재는 허용하지 않는다(수7). 그리고 상환청구절차를 간편하도록 하기 위해 지급거절증서를 대체할 수 있는 방법을 도입하여 상환청구절차의 간이화를 기하고 있다(수39).

2) **발 행** : 발행단계에서 수표와 어음의 중요한 차이점은 지급지 기재에서 나타난다. 지급지의 기재가 없는 때에는 지급인의 명칭에 부기한 지를 지급지로 보고, 지급인의 명칭에 수 개의 지를 부기한 때에는 수표의 초두에 기재한 지에서 지급할 것으로 한다(수2.2). 그리고 지급인명칭에 부기지 기타 다른 표시가 없는

때에는 발행지에서 지급할 것으로 한다(수2.3). 환어음의 경우 이자약정이 예외적으로 일람출급어음과 일람후정기출급어음의 경우 유익적 기재사항이 되는데(어5), 수표의 경우에는 예외 없이 무익적 기재사항이 된다(수7). 수취인이 유익적 기재사항이 되어 수취인을 기재하지 않더라도 유효한 수표가 되어 소지인출급식수표의 발행이 허용된다(수5). 지급인의 자격을 은행으로 엄격하게 제한하고 있으며, 수표계약이 체결되어 있고 수표자금을 예치하고 있는 자만 수표를 발행할 수 있도록 제한하고 있다(수3). 그리고 이러한 제한을 위반한 경우 수표의 무인성에 따라 수표 자체는 유효하나 50만원 이하의 과태료가 부과될 뿐 아니라(수67), 부정수표단속법에 의해 5년 이하의 징역, 수표금액의 10배 이하의 벌금에 처한다. 그리고 수표발행에 의해 수표발행인은 지급담보책임을 부담한다(수12).

3) **배서·보증의 제한** : 지급인의 배서도 무효로 하며, 지급인에 대한 배서도 영수증의 효력만이 있다(수15.3, 5). 소지인출급식수표는 수표의 교부에 의해 양도가능하며, 배서도 가능하나 배서로 인해 지시식수표로 변하는 것은 아니다(수20). 수표보증은 주된 수표행위에 의하여 발생한 채무를 담보할 것을 목적으로 하는 종된 수표행위이나 지급인의 수표보증은 금지된다(수25.2). 판례는 부정수표단속법 제5조에서 처벌하는 행위는 수표의 발행에 관한 위조·변조를 말하고, 수표의 배서를 위조·변조한 경우에는 수표의 권리의무에 관한 기재를 위조·변조한 것으로서, 형법 제214조 제2항에 해당하는지 여부는 별론으로 하고 구 부정수표단속법 제5조에는 해당하지 않는다고 본다(2019도12022).

4) **지급보증** : 수표의 지급보증이란 제시기간 내에 수표가 제시된 경우 지급인이 그 수표금액의 지급채무를 부담하기로 하는 지급인의 수표행위를 의미한다. 지급인은 수표에 지급보증을 할 수 있으며(수53.1) 지급보증은 수표의 표면에 '지급보증' 기타 지급을 할 뜻을 기재하고 일자를 부기하여 지급인이 기명날인·서명하여야 하고(수53.2), 무조건이어야 한다(수54.1). 지급보증에 의하여 수표의 기재사항에 가한 변경은 이를 기재하지 아니한 것으로 본다(수54.2). 지급보증을 한 지급인은 제시기간 경과 전에 수표를 제시한 경우에 한하여 지급할 의무를 부담한다(상55.1). 제시기간 경과 전에 지급제시하였음에도 지급보증인이 지급을 거절할 경우 수표의 소지인은 지급거절증서 등(수39)에 의해 수표의 제시를 증명하여야 한다(수55.2). 지급보증과 수표상의 채무자의 책임에 관해, 수표법은 발행인 기

타 수표상의 채무자는 지급보증으로 인하여 그 책임을 면하지 못한다는 규정을 두고 있다(수56). 지급보증을 한 지급인에 대한 수표상의 청구권은 제시기간 경과 후 1년간 행사하지 아니하면 소멸시효가 완성한다(수58). 수표보증은 수표상의 채무(상환의무)를 담보하기 위한 종된 수표행위이나, 지급보증은 수표상의 주채무(조건부)를 부담하기 위한 독립된 수표행위이다. 요컨대 지급보증인의 채무는 제1차적 지급의무이나 제시기간 경과 전 수표제시를 조건으로 하는 상대적 의무에 지나지 않는다. 수표의 지급보증제도는 지급의 확실성을 기하기 위한 제도이나 실무상 자기앞수표에 의해 대체되어 현재 거의 이용되고 있지 않다.

5) **자기앞수표** : 자기앞수표란 발행인이 스스로(동일 점포가 아니라도 무방)를 지급인으로 하여 발행한 수표를 의미하며 수표발행인이 수취인이 되는 자기지시수표와는 구별된다. 자기앞수표의 법률관계를 보면, 먼저 발행의뢰인과 은행의 관계에 관해서는 위임계약설·대물변제설·매매설 등이 대립하고 있다. 그리고 발행의뢰인이 자기앞수표를 분실 또는 도난당하여 은행에 대하여 수표금의 지급의 중지를 요구하더라도 그것은 수표법상의 지급위탁의 취소가 아니라 사고신고의 의미밖에 없다고 본다. 소지인과 은행의 관계에서 은행은 발행인으로서의 지위와 지급인으로서의 지위를 동시에 가지므로, 자기앞수표는 지급제시기간 경과 후에도 지급위탁의 취소가 불가능하므로 지급이 사실상 보장되어 있다고 볼 수 있다. 판례는 자기앞수표 발행은행은 지급인의 자격으로서는 단순히 지급위탁을 받은 것이고 수표상의 채무를 부담하는 것은 아니므로 언제든지 지급청구에 응할 의무가 있는 것이라고는 할 수 없으나, 발행인의 자격으로서는 소지인이 소구(상환청구)권을 행사할 수 있는 요건을 구비하여 상환청구를 한 때에는 언제든지 이에 응할 의무가 있다고 보았다(86다카1559). 그리고 예금을 타행 발행의 소지인출급식 자기앞수표로 입금받은 은행은 예금주로부터 자기앞수표에 관하여 단지 추심을 위임받은 것이 아니라 자기앞수표를 양도받은 것이라고 보고 항변절단의 효력을 인정한 바 있다(96다52205).

6) **가계수표** : 가계수표는 발행금액이 제한되고 개인발행이 예정되어 있는 당좌수표로서, 일반 당좌수표와 동일하나 개인발행·수표금액 제한이라는 특징을 가지고 발행한도를 초과한 수표도 유효하게 보는 것이 판례의 입장이다(95도1663). 가계수표는 개인발행의 수표이어서 수표의 신용이 낮아 유통이 되지 않을 우려가

있으므로 이를 보완하기 위해 가계수표보증제도(수표카드제도)를 운용하고 있다. 판례는 가계수표의 한도초과 액면금을 기재하여 제3자에게 발행한 수표를 소지인이 배서·양도받은 경우, 발행인으로서는 소지인이 당해 수표를 취득함에 있어 발행인에게 발행한도액을 초과한 경위를 확인하지 아니한 것이 중대한 과실에 해당한다는 이유로 수표금의 지급을 거절할 수는 없다고 보았다(97다48319). 가계수표에 대한 은행의 지급보증책임은 당해 은행의 거래처인 수표보증카드 소지인이 그 카드와 당해 은행으로부터 교부받은 가계수표용지에 표시되어 있는 요건과 방식에 따라 가계수표를 발행하면 그에 의하여 성립되는 수표채무에 부종·수반하는 연대보증채무라 보았다(86다카1696).

(2) 수표의 지급

1) **지급제시** : 수표는 일람출급성을 가져 만기를 정할 수 없으므로 만기는 무익적 기재사항이다(수28.1). 수표의 지급제시기간에 관해 수표법은 국내수표의 경우에는 10일, 외국수표의 경우에는 20일, 타주수표는 70일로 정하고 있다(수29). 지급제시장소는 지급인인 은행의 영업소이나 어음교환소도 포함된다(수31). 지급제시를 해태한 경우, 즉 수표소지인이 제시기간 내에 지급제시를 하지 않으면 전자에 대한 상환청구권과 지급보증을 한 지급인에 대한 권리를 상실하고 이득상환청구권만 행사할 수 있게 된다(수63). 판례는 수표 되막이방법에 의한 경우 그 기존채무는 쌍방간의 약정에 따라 새로운 수표의 지급기일(선일자 수표의 발행일)까지 그 지급을 유예해 준 것일 뿐 기존채무가 소멸되는 것은 아니므로, 새로운 수표가 지급되어야만 기존채무가 소멸된다고 보았다(97다54512).

2) **선일자수표** : 선일자수표란 수표의 실제 발행일이 수표상의 발행일자보다 앞서 발행되는 수표를 의미하고, 실제 발행일이 수표상의 발행일자보다 늦은 후일자수표에 대립되는 개념이다. 지급제시기간을 연장하거나 기재한 발행일자까지 수표자금을 마련하고자 할 때 선일자수표의 효용이 나타나며, 경우에 따라서는 당좌대월에 의한 수표발행시 이자감소의 효과를 가져올 수도 있다. 수표행위의 문언성과 추상성에서 볼 때 사실상 발행일과 수표상의 발행일이 달라도 발행의 효력에는 영향이 없다. 수표소지인과 지급인간의 관계에서 수표상의 발행일자 전의 지급제시를 금지한다면 이는 수표의 일람출급성에 반하고 신용증권화할 우려가 있으므로 발행일자 전의 지급제시는 유효하여(수28.2) 지급하여야 하고, 수표

자금이 없을 경우 발행인은 책임을 부담하게 된다. 발행인과 수취인간의 발행일자 전의 **지급제시금지특약**은 선량한 풍속 기타 사회질서에 반하지 않으므로 유효하고 이에 위반하여 지급제시한 때에는 수표예약의 채무불이행으로서 손해배상책임을 부담한다고 보는 유효설이 통설이다. 판례는 보험모집인이 청약의 의사표시를 한 보험계약자로부터 제1회 보험료로서 선일자수표를 발행받고 보험료 가수증을 해 주었더라도 그가 선일자수표를 받은 날을 보험자의 책임발생 시점이 되는 제1회 보험료의 수령일로 보아서는 안 된다고 보았다(88다카33367).

3) **지급위탁의 취소** : 지급위탁의 취소란 수표를 발행함으로써 지급인에게 부여한 지급권한을 철회하는 것으로서 수표의 효력에 영향을 미치는 것은 아니다. 이는 수표계약의 취소와는 구별되는 개념이며, 자기앞수표는 발행인과 지급인이 동일한 자로서 지급위탁의 취소는 불가능하다고 본다. 지급위탁취소의 방법은 서면·구두 모두 가능하나 통지 도달시점부터 효력이 발생한다. 그러나 수표의 피지급성을 확보하기 위해 지급제시기간 경과 후에만 허용하여 지급위탁의 취소를 제한하고 있다(수32.1). 지급제시기간 내에 지급위탁의 취소가 있는 경우에도 지급인은 수표를 지급하고 그 결과를 발행인에게 귀속시킬 수 있다. 이는 강행법규적 성질을 가지고 있다고 해석되어 이에 반하는 특약은 무효한 것으로 해석된다. 그리고 지급제시기간이 지났더라도 지급위탁의 취소가 없는 한 지급인은 유효한 지급을 할 수 있다는 점에서(수32.2) 환어음과 다르다. 수표를 발행한 후 발행인이 사망하거나 무능력자가 된 경우에도 그 수표의 효력에 영향을 미치지 아니한다(수33).

4) **횡선수표** : 횡선수표란 수표의 표면에 두 줄의 평행선을 그어 수표금수령자격자를 제한하는 수표를 의미한다. 수표는 일람출급성·소지인출급식이라는 성질로 인해 수표 상실시 취득자가 지급받을 가능성이 높으며, 수표상실시 발행인은 지급제시기간의 경과를 기다려 지급위탁을 취소할 수 있을 뿐이다. 이에 따라 지급인은 횡선수표의 발행을 통해 은행이나 지급인의 거래처에 대해서만 지급할 수 있도록 지급수령자격을 제한하여 무권리자에 대한 지급을 억제할 수 있다. 이와 유사한 취지의 **계산수표**가 있는데, 이는 위험방지의 목적으로 현금지급을 금지하고 이체·상계 등 기장의 방법으로만 결제하는 수표를 의미한다(수65). 횡선수표의 기재권자는 수표의 발행인 또는 소지인인데(수37.1), 자격강화를 위한 변경은 허용

되나 완화는 불허하며(수37.4), 횡선의 말소는 무익적 기재사항이다(수37.5). 횡선수표에는 일반횡선수표와 특정횡선수표가 있다. **일반횡선수표**는 수표의 표면에 두 줄의 평행선을 긋고 그 안에 아무것도 기재하지 아니하든가, 은행 또는 이와 동일한 의미의 문자를 기재한 수표이다(수37.2). 일반횡선수표의 수령자격자는 은행 또는 지급인의 거래처가 된다(수38.1). 여기서 거래처란 현재 지급은행과 거래관계가 있는 자를 의미하는데, 그 거래관계의 범위는 당좌거래뿐만 아니라 어음거래 정기예금, 보통예금의 거래라도 상관없고 목적론적 해석이 요구된다. 이에 대해 **특정횡선수표**란 횡선 사이에 특정한 은행명을 기재한 횡선수표로서 수령자격자는 피지정은행, 피지정은행이 지급인일 경우 자신의 거래처가 된다(수38.2). 다만 수 개의 특정횡선이 있을 경우 지급인은 지급하지 못한다고 본다(수38.4). 은행은 자기의 거래처 또는 다른 은행으로부터만 횡선수표를 취득할 수 있고 기타의 자를 위한 추심도 불가능하지만(수38.3), 횡선수표도 선의취득의 대상이 된다.

5) **상환청구** : 수표의 상환청구원인은 환어음과 달리 인수거절 기타 만기 전의 상환청구원인 등은 존재하지 않는다. 그리고 지급인의 파산·지급정지·강제집행부주효가 상환청구원인이 아니다(수39). 지급인이 지급을 거절할 경우 지급거절의 증명방법에 관해 지급거절증서 외에 지급인의 선언(제시일·선언일 기재), 어음교환소의 선언도 증명수단으로 유효성을 인정한다(수39). 거절증서 작성이 면제되는 사유 중의 하나로서 불가항력에 관해 불가항력의 통지를 한 날로부터 15일 이상 계속될 경우 지급거절증서 작성이 면제된 것으로 본다(수47.4). 환어음과 달리 상환청구권 행사방법으로서 역어음제도는 없으며, 상환청구권의 시효기간은 상환청구권이든 재상환청구권이든 모두 6월이다(수51). 판례는 수표의 지급거절선언은 수표자체에 기재하여야 하고 수표가 아닌 지편에 되어 있는 지급인의 지급거절선언은 가사 그 지편이 수표에 부착되어 간인까지 되어 있는 경우라 하더라도 부적법하다고 보았다(81다107).

(3) 기타 특성

수표의 복본발행은 제한되며(수48), 복본교부청구권은 없다. 수표상의 상환청구권의 소멸시효는 6월이나(수51), 지급보증인에 대한 권리는 1년의 소멸시효기간이 적용된다(수58). 수표는 환어음과 달리 **이득상환청구권의 발생시점**(쟁점503)에 관해, 해제조건설과 정지조건설이 대립됨에 관해서는 전술하였다.

쟁점색인

판례색인

[회사법]

[상법총칙·상행위법]

[보험편]

[어음·수표법]

사항색인

[ㅂ]

저자소개

정경영

서울대학교 법과대학 졸업
서울대학교 대학원 법학과 졸업(상법학 박사)
사법시험, 변호사시험 출제·채점위원 역임
법무부 상법·회사법 개정위원 역임
성균관대학교 법학전문대학원 교수(상법 담당)

저 서

상법학강의(박영사), 전자금융거래와 법(박영사)
상법판례백선(공저, 법문사) 등

전정판

상법학쟁점

초판발행 2016년 8월 25일
전정판발행 2021년 9월 10일

지은이 정경영
펴낸이 안종만·안상준

편 집 이승현
기획/마케팅 정연환
표지디자인 이수빈
제 작 고철민·조영환

펴낸곳 (주)박영사
서울특별시 금천구 가산디지털2로 53, 210호(가산동, 한라시그마밸리)
등록 1959. 3. 11. 제300-1959-1호(倫)
전 화 02)733-6771
f a x 02)736-4818
e-mail pys@pybook.co.kr
homepage www.pybook.co.kr
ISBN 979-11-303-3990-0 93360

정 가 47,000원